Untersuchungen zum Europäischen Privatrecht

Band 10

FRANK L. SCHÄFER

Das Bereicherungsrecht in Europa

Das Bereicherungsrecht in Europa

Einheits- und Trennungslehren im gemeinen, deutschen und englischen Recht

Von

Frank L. Schäfer

Duncker & Humblot · Berlin

Gedruckt mit Unterstützung der Deutschen Forschungsgemeinschaft.

Die Deutsche Bibliothek – CIP-Einheitsaufnahme

Schäfer, Frank L.:
Das Bereicherungsrecht in Europa : Einheits- und Trennungslehren im gemeinen, deutschen und englischen Recht / von Frank L. Schäfer. – Berlin : Duncker und Humblot, 2001
(Untersuchungen zum europäischen Privatrecht ; Bd. 10)
Zugl.: Heidelberg, Univ., Diss., 2000
ISBN 3-428-10351-3

D 16

Fotoprint: Werner Hildebrand, Berlin
Printed in Germany

ISSN 1438-6739
ISBN 3-428-10351-3

Gedruckt auf alterungsbeständigem (säurefreiem) Papier
entsprechend ISO 9706 ♾

Den Flug eines Pfeiles stellten sich die Eleaten, wie man sagt, als eine Serie von Ruhezuständen vor; eigentlich, so schien es ihnen, bewegt sich der Pfeil gar nicht, denn in jedem gegebenen Augenblick befindet er sich immer an einer bestimmten Stelle.

Norbert Elias (Über den Prozeß der Zivilisation, Soziogenetische und psychogenetische Untersuchungen)

Vorwort

Die vorliegende Abhandlung wurde im Sommersemester 2000 als Dissertation an der Juristischen Fakultät der Universität Heidelberg angenommen. Meinem Doktorvater, Herrn Prof. Dr. Dr. h. c. Adolf Laufs, möchte ich an dieser Stelle herzlich für seine unermüdliche Unterstützung danken. Er hat das Thema der Dissertation in einem Seminar über „100 Jahre BGB: Rechtsgeschichte und Rechtsvergleichung" angeregt. Unter den vielen, die das Projekt förderten, seien ferner stellvertretend hervorgehoben Herr Bibliotheks-Oberrat Dr. Bredehorn, Universität Marburg, die Herren Professoren Dr. Misera und Dr. Schroeder, beide Universität Heidelberg, sowie nicht zuletzt Herr Dr. Dan Maor, LL.M., Tel Aviv. Besonders erwähnt seien Herr Ltd. Regierungsdirektor Pannier, Bundesgerichtshof Karlsruhe, für die Benutzung der Bibliotheken des Bundesgerichtshofs und des Reichsgerichts, sowie Herr Prof. Dr. Rückert, Universität Frankfurt am Main, für zahlreiche Hinweise und Gespräche zu Friedrich Carl von Savigny. Für die Durchsicht des Textes bin ich den Damen und Herren Corlita A. Babb, LL.B., LL.M., Cambridge, Kai Felkendorff, Berlin, Daniel Hahn, Jena, Paul Hans Neu, Rheinstetten, Dr. Thomas M. Rupp, New Haven, und Dr. Martin Schwab, Heidelberg, verpflichtet. Gefördert wurden das Projekt und seine Drucklegung von der Studienstiftung des deutschen Volkes, vom DAAD sowie von der DFG. Dem Verlag Duncker & Humblot schließlich danke ich für die Aufnahme der Arbeit in die vorliegende Schriftenreihe.

Es seien noch einige Worte zur Literaturauswahl angeführt. Wesentliche Hilfe war vor allem die Reichsgerichtsbibliothek, die dem Autor viele Stunden mühsamer Suche ersparte. Die in der Literatur ausgemachten Erschwernisse wegen Sicherungsmaßnahmen können im wesentlichen nicht bestätigt werden. Auch heute noch gilt für die Reichsgerichtsbibliothek wie zu Leipziger Zeiten der Satz, die Bibliothek des höchsten ordentlichen Gerichts diene nicht nur der Rechtspflege, sondern zugleich der Rechtswissenschaft.[1] Die Lektüre der zahlreichen, seit langen Jahren unbeachteten Kolleghefte aus der „Schatzkammer" der Bibliothek war Anlaß, eine systematische Suchaktion in Deutschland, Österreich und der Schweiz zu starten. Das übrige verwandte Material in Druckform oder als Fotomedien stammt aus einer Vielzahl deutscher und ausländischer Bibliotheken und Forschungseinrichtungen.

---

[1] Siehe aus dem Jahre 1929 *Lobe*, Fünfzig Jahre Reichsgericht, S. 48.

Im Anhang finden sich Protokollabschnitte und andere Materialien zum Sächsischen Bürgerlichen Gesetzbuch sowie bisher unveröffentlichte Ausschnitte zu Friedrich Carl von Savigny, die ebenfalls schwer zugänglich sind und teilweise bisher unbekannt waren. Es wurden exemplarisch die Pandektennachschriften Göriz, die anonyme Nachschrift der Reichsgerichtsbibliothek 1818/19 und die Institutionennachschrift Jasper ausgewählt, weil diese Handschriften klar und fast ohne Abbreviaturen sind, also Authentizität gewahrt wird. Von einem Abdruck des Abschnitts aus den späten Pandektenkollegien v. Gröning oder Kuckuck zu den Kondiktionen wurde dagegen abgesehen; sie stimmen bis auf die besprochenen geringfügigen Modifikationen mit den älteren Heften überein. Schließlich befinden sich im Anhang zwei größtenteils unveröffentlichte Urteile des Reichsgerichts. Aus der Sicht des Lesers erschien es benutzerfreundlicher, alle diese Texte zusammenhängend wiederzugeben, anstatt sie in den Fußnoten zu zersplittern und den Fußnotenapparat über Gebühr auszudehnen. Der Abdruck der Texte erfolgte, falls erforderlich, mit freundlicher Genehmigung der zuständigen Stellen. Nähere bibliographische Angaben zu den ungedruckten Quellen sind dem Anhang zu entnehmen. Englische wie deutsche Literatur und Rechtsprechung sind auf dem Stand vom Januar 2001. Späteres Material konnte nur noch in Einzelfällen berücksichtigt werden.

Heidelberg, September 2001 *Frank Ludwig Schäfer*

Inhaltsübersicht

Inhaltsverzeichnis

Einleitung

Erster Teil

Deutsches Recht

Dritter Teil

Europäischer Ausblick

Register

Abkürzungsverzeichnis

AC	The Law Reports, Appeal Cases (1891 ff.)
ActJur	Acta Juridica
Ad&E	Adolphus and Ellis' King's/Queen's Bench Reports
ADHGB	Allgemeines Deutsches Handelsgesetzbuch
ADWO	Allgemeine Deutsche Wechselordnung
A-G	Attorney-General
AlbertaLR	Alberta Law Review
All ER	The All England Law Reports
All ER (Comm)	The All England Law Reports, Commercial Cases
ALR	Australian Law Reports
AmJCL	American Journal of Comparative Law
AnnKassel	Annalen der Justiz und Verwaltung im Bezirke des K. Appellationsgerichts und der K. Regierung zu Cassel
AnnRG	Annalen des Reichsgerichts; Sammlung aller wichtigen Entscheidungen des Reichsgerichts sowie aller auf die Reichsrechtsprechung bezüglichen Erlasse und Verfügungen
AnnSächsOAG	Annalen des Königl. Sächs. Oberappellationsgerichts zu Dresden
AnnSächsOLG	Annalen des Kgl. Sächs. Oberlandesgerichts zu Dresden
App Cas	The Law Reports, Appeal Cases (1875–1890)
ArchSachsen	Archiv für Civilrechtliche Entscheidungen der Sächsischen Justizbehörden
B	Baron
B&Ad	Barnewall and Adolphus' King's Bench Reports
BadAnn	Annalen der Großherzoglichen Badischen Gerichte
Bad. Rechtspraxis	Badische Rechtspraxis; Annalen der Badischen Gerichte
BayOGH	Oberster Gerichtshof für Bayern
BayOGHE	Sammlung von Entscheidungen des Obersten Gerichtshofes für Bayern in Gegenständen des Civilrechts und Civilprozesses; ab Bd. 8 (1881) Sammlung von Entscheidungen des Obersten Landesgerichtes für Bayern in Gegenständen des Civilrechtes und Civilprozesses

BC	Borough Council
BCLC	Butterworths Company Law Cases
BE	Entwurf eines Bürgerlichen Gesetzbuchs für das Königreich Bayern
BE 1811	Entwurf eines Bürgerlichen Gesetzbuchs für das Königreich Bayern von 1811, Revidirter Codex Maximilianeus Bavaricus civilis
bes.	besonders
BL	Badisches Landrecht
BlRpfl	Blätter für Rechtspflege in Thüringen und Anhalt
Bolze	Die Praxis des Reichsgerichts in Civilsachen; bearbeitet von A. Bolze
Bos&Pul	Bosanquet and Puller's Common Pleas Reports
BostonULR	Boston University Law Review
Brod&B	Broderip and Bingham's Common Pleas Reports
Bros	Brothers
BS	Building Society
bspw.	beispielsweise
Burr	Burrow's King's Bench Reports
CA	Court of Appeal
CaliforniaLR	California Law Review
CambrianLR	Cambrian Law Review
CamLJ	The Cambridge Law Journal
Cap.	Capitulum / Caput
Car&P	Carrington and Payne's Reports
CB	Chief Baron
CBNS	English Common Bench Reports, New Series
CBR	The Canadian Bar Review
Cc	Code civil
CC	City Council
CFILR	The Company, Financial and Insolvency Law Review
Ch	Law Reports, Chancery Division (1891 ff.)
Ch.	Chapter
Ch D	The Law Reports, Division I. – Chancery (1875–1890)
Chicago-KentLR	Chicago-Kent Law Review
CILJSA	Comparative and International Law Journal of Southern Africa
CJ	Lord Chief Justice

CJLJ	Canadian Journal of Law and Jurisprudence
CLC	CCH Commercial Law Cases
CLP	Current Legal Problems
CLR	The Commonwealth Law Reports
CMBC	Codex Maximilianeus Bavaricus civilis (Chur-Bayrisches Land-Recht)
Co	Company
ColumbiaLR	Columbia Law Review
Co Rep	Coke's Reports
CornellLQ	Cornell Law Quarterly
Corp	Corporation
CP	Court of Common Pleas
CS	Court of Session
DC	District Council
DE	Dresdner Entwurf eines allgemeinen deutschen Gesetzes über Schuldverhältnisse
De G J&Sm	De Gex, Jones and Smith's Chancery Reports
ders.	derselbe
dies.	dieselbe / dieselben
Diss.	Dissertatio
DLR	Dominion Law Reports
DP	Dalloz, Recueil périodique et critique de jurisprudence, de législation et de doctrine
E I	Erster Entwurf eines Bürgerlichen Gesetzbuchs für das Deutsche Reich
E II	Zweiter Entwurf eines Bürgerlichen Gesetzbuchs für das Deutsche Reich
East	East's King's Bench Reports
EdinburghLR	The Edinburgh Law Review
EGLR	Estates Gazette Law Reports
EJCL	Electronic Journal of Comparative Law (Internet)
EmoryLJ	Emory Law Journal
ER	The English Reports
E-RJA	Vorentwurf eines Bürgerlichen Gesetzbuchs des Reichsjustizamts
EuRPL	European Review of Private Law
Ex	Exchequer Reports
FamLR	Family Law Reports

Fasz.	Faszikel
FSR	Fleet Street Reports of Patent Cases
GrünhutsZ	Zeitschrift für Privat- und Öffentliches Recht der Gegenwart; C. S. Grünhut (Hrsg.)
H&N	Hurlstone and Norman's Exchequer Reports
HansGZ	Hanseatische Gerichtszeitung
HansRZ	Hanseatische Rechts-Zeitschrift für Handel, Schiffahrt und Versicherung, Kolonial- & Auslandsbeziehungen, sowie für Hansestädtisches Recht
HarvardLR	Harvard Law Review
HE	Entwurf eines Bürgerlichen Gesetzbuchs für das Großherzogtum Hessen
HessRspr	Hessische Rechtsprechung
HGZ	Handelsgerichts-Zeitung
HL	House of Lords
HU	Humboldt-Universität
HyBl	Henry Backstone's Common Pleas Reports
ICLQ	International and Comparative Law Quarterly
ICR	Industrial Cases Reports
i. E.	im Ergebnis
i. e. S.	im engeren Sinne
IJSL	International Journal of the Sociology of Law
Inc	Incorporated
insbes.	insbesondere
Inst.Nschr.	Institutionennachschrift
IowaLR	Iowa Law Review
IRC	Inland Revenue Commissioners
IRLE	International Review of Law and Economics
IsraelLR	Israel Law Review
J	Judge
JA	Judge of Appeal
JbAkDR	Jahrbuch der Akademie für Deutsches Recht
Jb Bad. Oberhofgericht	Jahrbücher des Großherzoglich Badischen Ober-Hofgerichts zu Mannheim
JBL	The Journal of Business Law
Jb römisches Recht	Jahrbücher für historische und dogmatische Bearbeitung des römischen Rechts
JCL	Journal of Contract Law

JIBFL	Journal of International Banking and Financial Law
JJ	Judges
JLE	The Journal of Law and Economics
JurReview	Juridical Review
KB	The Law Reports, King's Bench Division
KCLJ	King's College Law Journal
KGR	KG Report Berlin
Landrechtsnschr.	Landrechtsnachschrift
LB	Landesbibliothek
LBC	London Borough Council
LC	Lord Chancellor
Ld Raym	Lord Raymond's King's Bench and Common Pleas Reports
Lib.	Liber
LindesZ	Zeitschrift für Civilrecht und Prozeß; J. T. B. Linde / Th. G. L. Marezoll / A. W. von Schröter (Hrsg.)
LJ	Lord Justice
LJ Ex	The Law Jourr al Reports, Exchequer Division, New Series
LJJ	Lord Justices
LJ KB	The Law Journal Reports, King's Bench, New Series
Lloyd's Rep	Lloyd's Law Reports
LMCLQ	Lloyd's Maritime and Commercial Law Quarterly
LouisianaLR	Louisiana Law Review
LQR	The Law Quarterly Review
LR Ch App	The Law Reports, Chancery Appeal Cases (1865–1875)
LR CP	The Law Reports, Common Pleas Division
LR Ex	The Law Reports, Court of Exchequer (1865–1875)
LR HL	The Law Reports, The House of Lords (1866–1875)
LR QB	The Law Reports, Court of Queen's Bench (1865–1875)
LS	Legal Studies
Ltd	Limited
LTR	Law Times Reports
M&S	Maule and Selwyn's King's Bench Reports
M&W	Meeson and Welsby's English Exchequer Reports
MaasJEuCL	Maastricht Journal of European and Comparative Law
Man&G	Manning and Granger's Common Pleas Reports

MBC	Metropolitan Borough Council
MDC	Metropolitan District Council
MichiganLR	Michigan Law Review
MLR	The Modern Law Review
MMR	MultiMedia und Recht
MR	Master of the Rolls
MULR	Melbourne University Law Review
Nachschrift	Nschr.
N. F.	Neue Folge
NLJ	New Law Journal
NZLR	New Zealand Law Review / New Zealand Law Reports
OAGE Lübeck-Frankfurt	Sammlung der Entscheidungen des Ober-Appellationsgerichts der vier freien Städte zu Lübeck in Frankfurter Rechtssachen
OAGE Lübeck-Lübeck	Sammlung von Entscheidungen des Oberappellationsgerichts zu Lübeck in Lübecker Rechtssachen
OAGE Rostock	Entscheidungen des Großherzoglich Mecklenburgischen Oberappellationsgerichts zu Rostock
OG	Obergericht
OhioSLJ	Ohio State Law Journal
OLGR Br/Dr/Je/Na/Ro	OLG Report Brandenburg Dresden Jena Naumburg Rostock
OLGR Br/Ha/Schl	OLG Report Bremen Hamburg Schleswig
OLGR Düsseldorf	OLG Report Düsseldorf
OLGR Ka/St	OLG Report Karlsruhe Stuttgart
OLGR Ko/Sa/Zw	OLG Report Koblenz Saarbrücken Zweibrücken
OLGR Köln	OLG Report Köln
OLGR Mü/Ba/Nü	OLG Report München Bamberg Nürnberg
OLGR München	OLG Report München
OntarioR	Ontario Reports
OT	Preußisches Ober-Tribunal
OtagoLR	Otago Law Review
OTE	Entscheidungen des Königlichen Ober-Tribunals
ÖVj	Oesterreichische Vierteljahresschrift für Rechts- und Staatswissenschaft
OxJLS	Oxford Journal of Legal Studies
OxUCLF	Oxford University Comparative Law Forum (Internet)
P	Law Reports, Probate, Divorce and Admiralty Division

P&CR	Property, Planning and Compensation Reports
Pand.Nschr.	Pandektennachschrift
PC	Privy Council
PE-OR	Entwurf eines Bürgerlichen Gesetzbuchs für die preußischen Staaten, Dritter Teil, Obligationenrecht
PE-SR	Entwurf eines Bürgerlichen Gesetzbuchs für die preußischen Staaten, Zweiter Teil, Sachenrecht
Plc	Public limited company
pr.	principium
prALR	Allgemeines Landrecht für die preußischen Staaten
prALR RE	Entwurf Gesetzesrevision zum preußischen Allgemeinen Landrecht (1831/32)
Prot.	Protokolle
Pty	Proprietary
PucheltsZ	Zeitschrift für französisches Civilrecht; Sammlung von civilrechtlichen Entscheidungen der deutschen, sowie der französischen, belgischen und italienischen Gerichte mit kritischen und erläuternden Bemerkungen; Heinsheimer, Max (Hrsg. nach dem Tod von Sigismund Puchelt)
QB	The Law Reports, Queen's Bench Division (1891–1900, 1952 ff.)
Qu.	Quaestio
r	recto folio
RE	Reformentwurf Bereicherungsrecht in den Gutachten und Vorschlägen zur Überarbeitung des Schuldrechts
RHE	Revidierter Hessischer Entwurf eines Bürgerlichen Gesetzbuchs
Rheinisches Museum	Neues Rheinisches Museum für Jurisprudenz
RJ	Rechtshistorisches Journal
RJA	Reichsjustizamt
RLR	The Restitution Law Review
ROHGE	Entscheidungssammlung des Reichsoberhandelsgerichts
RPC	Reports of Patent, Design and Trade Mark Cases
S	Recueil Sirey
s.	section
SA	South African Law Reports
Sä-BGB	Bürgerliches Gesetzbuch für das Königreich Sachsen
Sä-BGB E 1852	Entwurf eines Bürgerlichen Gesetzbuchs von 1852 für das Königreich Sachsen

Sä-BGB TE-OR	Vorlage Siebenhaars für das Sächsische Bürgerliche Gesetzbuch zum Besonderen Schuldrecht
SächsArch	Sächsisches Archiv für Bürgerliches Recht und Prozeß
SächsRpfl	Sächsisches Archiv für Rechtspflege
Sammlung sämtlicher Erkenntnisse	Sammlung sämmtlicher Erkenntnisse des Reichsgerichts, 1879 ff.
SC	Cases Decided in the Court of Session
SchlettersJb	Jahrbücher der deutschen Rechtswissenschaft und Gesetzgebung; H. Th. Schletter (Hrsg.)
SCLR	Scottish Civil Law Reports
SCR	Canada Law Reports, Supreme Court of Canada
Sec.	Sectio
ShCt	Sheriff Court
Sig.	Signatur
SJLS	Singapore Journal of Legal Studies; Formerly Malaya Law Review
SLT	Scots Law Times
SSRN	Social Science Research Network Electronic Paper Collection (Internet)
StanfordLR	Stanford Law Review
STB	Staatsbibliothek
str.	strittig
SUB	Staats- und Universitätsbibliothek
SupremeCourtLR	Supreme Court Law Review
SydneyLR	The Sydney Law Review
Taunt	Taunton's Common Pleas Reports
TE-OR	v. Kübel, Teilentwurf zum Obligationenrecht, Abteilung Ungerechtfertigte Bereicherung
Term Rep	Durnford and East's Term Reports
TE-SR	Johow, Teilentwurf zum Sachenrecht
TexasLR	Texas Law Review
TexasLR Symposium	Texas Law Review Symposium: Restitution and Unjust Enrichment, Jan. 12–13, 2001, Austin, Texas (Internet)
TIL	Theoretical Inquiries in Law
Tit.	Titulus
TLI	Trust Law International
TLR	Times Law Reports
TulaneCLF	Tulane Civil Law Forum

TulaneLR	Tulane Law Review
UB	Universitätsbibliothek
ULB	Universitäts- und Landesbibliothek
UrhG 1870	Gesetz, betreffend das Urheberrecht an Schriftwerken, Abbildungen, musikalischen Kompositionen und dramatischen Werken, v. 11. Juni 1870
UTorLJ	University of Toronto Law Journal
UWALR	The University of Western Australia Law Review
v	verso folio / versus
v.	von / vom
V-C	Vice-Chancellor
VirginiaLR	Virginia Law Review
Vol.	Volume / Volumen
Web JCLI	Web Journal of Current Legal Issues (Internet)
WLR	Weekly Law Reports
Wochenbl. für Rechtsfälle	Wochenblatt für merkwürdige Rechtsfälle in actenmäßigen Darstellungen aus dem Gebiete der Justizpflege und Verwaltung zunächst für das Königreich Sachsen
Y&J	Younge andq Jervis' Exchequer Reports
YaleLJ	The Yale Law Journal
ZB	Zentralbibliothek
ZBernJV	Zeitschrift des Bernischen Juristen-Vereins
ZEuP	Zeitschrift für Europäisches Privatrecht
ZGG	Zeitschrift für die freiwillige Gerichtsbarkeit und die Gemeindeverwaltung
ZRpflBay	Zeitschrift für Rechtspflege in Bayern
ZRpfl Braunschweig	Zeitschrift für Rechtspflege im Herzogthume Braunschweig
ZS.	Zivilsenat
ZSR	Zeitschrift für Schweizerisches Recht

Anmerkung: Zu sonstigen juristischen Abbreviaturen siehe Hildebert Kirchner, Abkürzungen für Juristen, 2. Aufl., Berlin / New York 1993. Abkürzungen zu historischen Werken sind nach Möglichkeit an älteren Auflagen von Kirchner orientiert, englische an Derek French, How to Cite Legal Authorities, Blackstone Press, London 1996. Allgemeine Abkürzungen sind, soweit hier nicht aufgeführt, dem Duden zu entnehmen.

Einleitung

I. Rechtswissenschaft und Rechtspolitik

Noch 1957 konnte Imre Zajtay in „Die Rezeption fremder Rechte und die Rechtsvergleichung“ festhalten, die europäische Rechtsvereinheitlichung sei zur Notwendigkeit geworden, es fehle allerdings der politische Faktor, der die Initiative ergreife.[1] Viele Jahre waren diese Worte Wirklichkeit. Mehr als drei Jahrzehnte später faßte das Europäische Parlament am 26. Mai 1989 den ersten Beschluß zur Vereinheitlichung des Zivil- und Handelsrechts.[2] Über Sinn oder Nichtsinn eines gesamteuropäischen Privatrechts läßt sich trefflich streiten.[3] Sicherlich bereiten die Sprachenvielfalt[4] und kulturell-religiöse Differenzen im Familien- und Erbrecht nicht zu unterschätzende Probleme. Man mag eine gemeinsame europäische Zivilrechtskodifikation deshalb in Teilen oder im ganzen für verfehlt halten. Nicht bestritten werden kann jedenfalls die Existenz mehrerer Projekte, die ein Europäisches Zivilgesetzbuch vorbereiten wollen. Zu nen-

---

[1] *Zajtay*, in: AcP, Bd. 156 (1957), S. 361 (379).

[2] ABlEG C 158/400.

[3] Aus der allgemeinen, kaum noch überschaubaren Literatur seien repräsentativ für die positive Haltung gegenüber einem Europäischen Zivilgesetzbuch genannt: *Smits*, Good Samaritan, S. 40–50; *Tilmann*, in: ZEuP, Bd. 5 (1997), S. 595–598; für Kodifikation des Schuldrechts *Basedow*, in: AcP, Bd. 200 (2000), S. 442 (489); differenzierend *Grundmann*, in: Festschrift für *Fikentscher*, S. 671–694; *Koopmans*, in: (1997) 5 EuRPL 541, 546 f.; *Micklitz*, in: ZEuP, Bd. 6 (1998), S. 253 (270–272); *Sonnenberger*, in: JZ 1998, S. 982 (bes. 988 f.); skeptisch z. B. *Hondius*, in: *Schulte-Nolke/Schulze*, Europäische Rechtsangleichung, S. 393 (401 f.); *Markesinis*, in: (1997) 5 EuRPL 519–524; *Weir*, in: ZEuP, Bd. 3 (1995), S. 368–374. Auf die gemeineuropäische Rechtswissenschaft als Voraussetzung einer länderübergreifenden Kodifikation will noch warten *Kötz*, in: *Caroni/Dilcher*, Norm und Tradition, S. 153 (163 f.); ähnlich *Horn*, in: NJW 2000, S. 40 (46).

Einen komprimierten Überblick über die divergierenden Meinungen gibt *Harmathy*, in: Festschrift für *Drobnig*, S. 39 (40 f.); vgl. auch *v. Bar*, Gemeineuropäisches Deliktsrecht, Bd. 1, Rn. 409 f.; *Lord Goff of Chieveley*, in: *Markesinis*, Millennium Lectures, S. 239–249; *Grobecker*, Implied terms, S. 21–24; *Hommelhoff*, in: 50 Jahre BGH, Bd. 2, S. 889–925; *Klauer*, Europäisierung des Privatrechts. Literaturübersichten: *Hondius*, in: (2000) 8 EuRPL 385–416; *ders.*, in: *Hartkamp/Hesselink/Hondius/Joustra/du Perron*², Towards a European Civil Code, S. 3 (3–6); *Reinhard Zimmermann*, in: *Hartkamp/Hesselink/Hondius/Joustra/du Perron*², Towards a European Civil Code, S. 21 (21–24). Literaturhinweise über den Wert rechtsgeschichtlicher Methoden zum Europäischen Privatrecht später auf S. 57, Fn. 70.

[4] Siehe aus der Sicht der Politik *Mosiek-Urbahn*, in: ZRP 2000, S. 297 (299 f.).

nen sind hier die sogenannte Lando-Kommission über die „Principles of European Contract Law“, das „Trento Project on The Common Core of Private Law in Europe“ und schließlich die Arbeitsgruppen zum „European Civil Code“. Aber auch Lehrbücher und Monographien befassen sich zunehmend mit dem Thema, ein Ende der Entwicklung ist nicht abzusehen.[5] Das ist gleichwohl nur die akademische Seite der Medaille.

Denn die Frage, ob ein Europäisches Zivilgesetzbuch erstrebenswert ist, stellt sich weniger auf dem Feld der Rechtswissenschaft als auf dem Gebiet der Rechtspolitik; nicht die szientifische Wahrheitsfindung, sondern der Konsens auf politischer Ebene innerhalb der Europäischen Union steht zur Debatte. Manch einem mag es in Deutschland leichtfallen, das Bürgerliche Gesetzbuch zu verwerfen, von dem heute kaum jemand behaupten kann, er wisse, in welchen Normen des Allgemeinen Teils der schuldrechtliche Grundsatz „pro rata temporis“ ausgesprochen ist. Vollkommen vergessen wird bei aller Diskussion, daß einige unserer Nachbarländer einem Europäischen Zivilgesetzbuch wesentlich kritischer gegenüberstehen dürften. Auf dem Gipfeltreffen in Tampere/Finnland im Oktober 1999 konnten sich die Staaten der Europäischen Union für den politisch überschaubaren Zeitraum lediglich auf einen Beschluß über den Ausbau des gemeinsamen europäischen Rechtsraums für bestimmte Justizfragen einigen. Für den Rechtswissenschaftler muß daher ein vereinheitlichtes Privatrecht trotz vielversprechender Ansätze noch in weiter Ferne liegen, will er sich nicht in rechtspolitischer Spekulation verlieren.[6]

Eine autoritative Entscheidung abzuwarten, geht jedoch an der Geschichte einer jeden Kodifikation vorbei. Gesetzgebungsprojekte haben ihren geistigen Hintergrund, kein Recht kann ohne wissenschaftliches Fundament entstehen. Erste unabdingbare Voraussetzung jeder Rechtsintegration ist die Bestandsaufnahme, auf deren Basis weitere Schritte überhaupt möglich sind. Selbst wenn es niemals ein Europäisches Zivilgesetzbuch geben sollte, darf die zunehmende Integration nicht den juridischen Diskurs übergehen. Die rechtliche Konfiguration der Europäische Union gibt den nationalen Rechtswissenschaften ohne Zweifel neue Impulse für Rechtsvergleichung und Rechtsgeschichte. Aus diesem Grund erscheint es geboten, die einzelnen Rechtsinstitutionen auf ihren Integrationsstatus zu überprüfen und Rechtsvergleichung und Rechtsgeschichte auf europäischer Ebene einer neuen Aufgabe zuzuführen, neben der die traditionelle Funktion der beiden Sparten – das muß nachdrücklich betont werden – weiterhin ihre berechtigte Existenz hat.

---

[5] Etwa *Kötz*, Europäisches Vertragsrecht, Bd. 1.

[6] *Schurig*, in: Festschrift für *Großfeld*, S. 1089 (1095 f.). Vgl. zur politischen Lage *Basedow*, in: Festschrift für *Hans Hermann Seiler*, S. 79 (82 f.).

Vorliegend soll das Recht der rechtsgrundlosen Bereicherung in seiner sachrechtlichen Komponente, genauer, die grundlegenden Strukturen und Entwicklungsschritte, auf Gemeinsamkeiten und Unterschiede geprüft werden.[7] Es wäre fatal, einfach den vermeintlich sicheren Kenntnisstand über die Geschichte der Kondiktionen in Deutschland in die europaweite Diskussion einzubringen, sich immer wieder mit Hinweisen auf Friedrich Carl v. Savignys „System des heutigen Römischen Rechts" zu bescheiden, ohne jemals zu den Quellen gestiegen zu sein. Für zukünftige Vorhaben zur besseren Adaption des Bereicherungsrechts in Europa sind weniger Detailfragen als grundlegende Weichenstellungen erforderlich, die ohne eingehende dogmengeschichtliche Analyse unvollendet bleiben müssen.

Skeptisch zu beurteilen sind deshalb die sogenannten European Principles über Vertrags-, Treuhand- und Deliktsrecht,[8] denn sie sind trotz ihrer Bezeichnung keine bloßen Rechtsprinzipien, die der nationale Rechtspraktiker unbesehen beachten könnte, sondern konkrete Rechtsregeln, wie man sie in jedem Privatgesetzbuch vorfindet.[9] Sie mit den Restatements des American Law Institute zu vergleichen, ist angesichts der Fallrechtsmethode im anglo-amerikanischen Rechtskreis nur wenig geglückt. Abseits der wissenschaftlichen Grundlagenarbeit erscheinen derzeit auf gesetzestechnischer Ebene andere Handlungsformen zur Rechtsannäherung wie Richtlinien oder Kollisionsrecht ungleich erfolgversprechender.[10] Der deutsche Gesetzgeber hat bereits teilweise eingegriffen und jetzt endlich das Recht der rechtsgrundlosen Bereicherung in das Einleitungsgesetz zum Bürgerlichen Gesetzbuch mit Gesetz vom 21. Mai 1999 inkorporiert.[11]

---

[7] In der vorliegenden Schriftenreihe Bd. 2: *Giglio*, „Condictio proprietaria und europäisches Bereicherungsrecht". Weiterhin auf gemeinrechtlicher Grundlage *Coing*, „Europäisches Privatrecht", Bd. 1, §§ 96–99 (S. 492–502); Bd. 2, bes. §§ 102 f. (S. 501–509); demnächst *Johnston/Zimmermann* (Hrsg.), „Comparative Law of Unjust Enrichment"; grundlegend *Detlef König*, „Ungerechtfertigte Bereicherung: Tatbestände und Ordnungsprobleme in rechtsvergleichender Sicht"; demnächst *Thomas Krebs*, „Restitution at the Crossroads: a comparative study"; umfassend *Schlechtriem*, „Restitution und Bereicherungsausgleich in Europa", 2 Bände.

Zur Relevanz des Bereicherungsrechts im Plan der Rechtsvereinheitlichung weiterhin *Timme*, in: ZRP 2000, S. 301 (303).

[8] Neben der *Lando*-Kommission zu den Principles of European Contract Law sind die Principles of European Trust und European Tort Law zu erwähnen.

[9] Treffend *Basedow*, in: AcP, Bd. 200 (2000), S. 442 (bes. 448, 461–463, Zitat nach 448): „Eine solche Rechtsfindung transzendiert gerade die Grenzen gesetzgeberischer Anordnungen und bringt typischerweise Gelehrtenrecht hervor"; vgl. des weiteren *Canaris*, in: *Basedow*, Europäische Vertragsvereinheitlichung, S. 3–31; *Grundmann*, in: NJW 2000, S. 14 (15). Schließlich sei auf die bereicherungsrechtlichen Versuche *Kellmanns* und *Kaehlers* unten ab S. 403, 405 hingewiesen, die tatsächlich deutsches Recht und common law zu einer Art Metarecht verbinden.

[10] Zu den verschiedenen Implementationsformen z. B. *Gebauer*, Europäisierung des Privatrechts.

[11] Näher dazu unten auf S. 401.

Die europäische Kollisionslösung bleibt abzuwarten; sollte sich dabei ebenfalls ein Konsens abzeichnen, bestünde in Zukunft noch weniger Handlungsbedarf als bisher, ein Europäisches Bereicherungsrecht zu „entwickeln".

Die hier aufgezeigten Gedanken verstehen sich folglich mehr als Leitlinien, als Analyse von Rechtsprinzipien und Methodenlehre, denn als konkreter Fassungsvorschlag für das europäische Recht; sie sind keine „Principles of the Law of Unjustified Enrichment". Die Grundlagenforschung behält ihre Berechtigung selbst dann, wenn man sich auf ein gemeinsames europäisches Kollisionsrecht einigen könnte. Denn Problemstrategien und Erfahrungen aus Rechtsvergleichung und Rechtsgeschichte, die helfen, Fehler der Vergangenheit zu vermeiden und künftige Schwierigkeiten zu prognostizieren, sind Voraussetzung einer jeden rationalen Anwendung der Rechtsmaterie.[12] Sie sollten zum einen im wissenschaftlichen Disput auf europäischer Ebene beachtet werden. Vor allem aber, und darauf wird der Schwerpunkt zu legen sein, können sie auf der nationalen Ebene für die deutsche Rechtsdogmatik gewinnbringenden Nutzen entfalten.

II. Rechtsgrundlose Bereicherung

Jede vergleichend-geschichtliche Studie muß selektiv verfahren; die vorliegende Untersuchung beschränkt sich deswegen im wesentlichen auf die Umsetzung der Bereicherungsidee im gemeinen, deutschen und englischen Recht.[13] Gerade in Deutschland haben Lehre und Praxis eine lange und bisweilen leidvolle Geschichte über die Suche nach dem goldenen Weg zwischen Kasuistik und omnipotenter Zauberformel erlebt. Kein anderes Land in Europa verfügt hinsichtlich des Bereicherungsrechts über solche literarischen Ressourcen. Das mag ein Vorteil oder Nachteil sein. Zumindest jedoch rücken im Bürgerlichen Gesetzbuch alle nur denkbaren Probleme wie unter einem Mikroskop in den Blick der Rechtswissenschaft. Daher sollen die deutsche Rechtsgeschichte und Rechtsdogmatik zum heutigen Bürgerlichen Gesetzbuch einen der Schwerpunkte der Untersuchung bilden. Der Generalklausel des § 812 Abs. 1 S. 1 BGB und ihrem Verständnis in Theorie und Praxis kommt exemplarische Bedeutung zu, um das Rad – die Lösung von Basisfragen – nicht erneut zu erfinden.

Kernpunkt der Kontroverse ist, ob das deutsche Modell einen einheitlichen Tatbestand (Einheitslehre) darstellt oder in verschiedene Typen (Trennungs-

---

[12] Ebenso *Timme*, in: ZRP 2000, S. 301 (303), m. w. N.

[13] Zur Beschränkung auf wenige Rechtsordnungen vgl. *Giglio*, Condictio proprietaria, S. 19 f.; weiterhin *Lord Goff of Chieveley*, Foreword, in: *Grantham/Rickett*, Enrichment and Restitution, S. vii f.

lehre) gegliedert wird. Als Ansatzpunkt der Diskussion dient § 812 Abs. 1 S. 1 BGB mit den Tatbestandsmerkmalen „auf dessen Kosten" und „ohne rechtlichen Grund". Dabei werden nicht zuletzt die Auswirkungen der verschiedenen Denkansätze zu diskutieren sein. Da die heute herrschende Trennungslehre das Tatbestandsmerkmal „auf dessen Kosten" bei der Leistungskondiktion eliminiert und durch eine extensiv-begriffliche Interpretation des Tatbestandsmerkmals „Leistung" kompensiert, muß auch auf den Leistungsbegriff eingegangen werden. Im einzelnen folgt daraus:

Trennungs- und Einheitslehren sollen vornehmlich auf der Tatbestands- und weniger auf der Rechtsfolgenseite analysiert werden.[14] Es ist zwar zuzugeben, daß sich auf der Grundlage der Distinktion von Leistung und Nichtleistung Differenzierungen auf der Rechtsfolgenseite ableiten lassen,[15] aber selbst im Lager der Trennungslehre dürfte das nicht die herrschende Meinung sein.[16] Weiterhin können nicht alle denkbaren Mehrpersonenverhältnisse erörtert werden, sondern nur solche, die besonders exemplarisch erscheinen. Alles andere sei den Großkommentaren vorbehalten. Die Analyse soll nur so weit reichen, wie sie sich aus Einheits- oder Trennungslehre deduzieren läßt – falls dies überhaupt möglich ist. Erscheint die Lösung eines multipolaren Bereicherungsverhältnisses von der Ausgangslage (Einheits- oder Trennungslehre) unabhängig, also von eher konkreten als begrifflich-systematischen Erwägungen getragen, dann genügt es in dogmatischer Hinsicht festzustellen, die Problemstellung sei eben nicht von Einheits- oder Trennungslehre bestimmt. Die Literatur hat sich im vergangenen Jahrhundert zu allen nur denkbaren Konstellationen dermaßen gründlich ausgelassen, daß es beinahe vermessen erscheint, hier tatsächlich Neues vortragen zu wollen, ohne den Eindruck wissenschaftlicher Extravaganz um jeden Preis zu erwecken oder an versteckte ältere Literatur anzuknüpfen. Besonders über die „Leistung" ranken sich Myriaden an Abhandlungen; doch wie in so vielen Dingen zum Bereicherungsrecht scheint der Reformeifer sichtlich abgeklungen zu sein. Jeder Rechtsbegriff gelangt bei einer bestimmten Anzahl an Lebenssachverhalten und zu bewältigender Interessenlagen an die Obergrenze seiner „Speicherkapazität", um Peter Schlechtriem zu zitieren.[17] Zugleich erreicht die Dogmatik als Teil der systematisierenden Auslegungs-

[14] Zur anspruchsausfüllenden, nicht anspruchsbegründenden Analyse des Bereicherungsrechts kann auf *Wendehorst*, Anspruch und Ausgleich, S. 205–315, verwiesen werden. *Wendehorst*, a. a. O., bes. S. 6, 45, 49, 52 f., betont explizit die Rechtsfolgenorientiertheit ihres Ansatzes.

[15] *Detlef König*, Ungerechtfertigte Bereicherung, S. 37 f., 170–173; *Reuter/Martinek*, Ungerechtfertigte Bereicherung, vor allem § 3 I 2 (S. 42–46), § 14 II (S. 523–527).

[16] Dagegen etwa *Larenz/Canaris*, Schuldrecht, Bd. II/2, § 67 IV 2 a (S. 143); mit Nachdruck *Bertram Ebert*, Bereicherungsausgleich, 1. Teil, II. 5 a (zitiert nach Manuskript), für die Rechtsfolgen von Eingriffs- und Leistungskondiktion.

[17] *Schlechtriem*, in: ZHR, Bd. 149 (1985), S. 327 (335).

methode, die Gerechtigkeitsfragen in ihren Einzelbereichen einsatzfähig zu implementieren hat, ihrerseits die Grenzen.[18] Aus rechtsvergleichender Sicht jedenfalls wird man den Meinungsstand kaum noch vermitteln können.

Es ist nicht nach dem „richtigen" Ergebnis oder der einzig authentischen Argumentation zu suchen, vielmehr sind die Gründe zu erfragen, welche die Basismodelle trotz vieler Konvergenzen dazu veranlassen, sich immer wieder gegeneinander abzugrenzen. Beispielsweise können das didaktische oder methodologische Motive sein. Der Leistungsbegriff soll als dogmenhistorisches Faktum hingenommen werden, der keine grundsätzliche Kritik um seiner selbst willen verdient, sondern nur zu beachten ist, wenn er die Dichotomie von Einheits- oder Trennungslehre reflektiert. Die Frage lautet, weshalb konkrete Ergebnisse für bestimmte Fälle oft recht wenig mit dogmatischen Postulaten harmonisieren. Dasselbe gilt für die Zuweisungslehre. Das sogenannte Subsidiaritätsdogma hingegen bedarf vertiefter Betrachtung. Denn auf der Basis der Trennungslehre bedeutet die grundsätzliche Subsidiarität der Nichtleistung zur Leistung, daß die Typologie des Bereicherungsrechts einer Hierarchie im Sinne von Über- und Unterordnung weicht. Auch zeigt sich das Einheitsmodell eher für eine Gleichschaltung von Leistung und Nichtleistung prädestiniert.

III. Law of Restitution

Stellvertretend für die anderen europäischen Rechtsordnungen wurde das englische law of restitution ausgewählt.[19] Rechtsvergleichend gesehen behandelt die Materie alle Ansprüche auf Herausgabe einer rechtsgrundlosen Bereicherung im weitesten Sinne, obwohl man beim Begriff „Restitution" zuerst an die gemeinrechtliche restitutio in integrum oder Restitution von enteignetem Vermögen aus der Zeit des Nationalsozialismus erinnert sein mag. Sehr oft wird „restitution" mit „unjust enrichment" – ungerechte Bereicherung – gleichgesetzt, einem Begriff, der eher dem der rechtsgrundlosen Bereicherung entspricht. Ähnlichkeiten im deutschen und englischen System sind nicht von der

[18] Vgl. *Esser*, in: AcP, Bd. 172 (1972), S. 97 (113); *Eike v Savigny*, in: *Neumann/Rahlf/ders.*, Dogmatik und Wissenschaftstheorie, S. 100 (106, 108).

[19] Aktuelle Übersichten bei *Daniel Busse*, Internationales Bereicherungsrecht, S. 30, 43, 48–51; *Werner Lorenz*, in: *Julius v. Staudinger*[13], Vorb. § 812, Rn. 16–21; *Meier*, Irrtum und Zweckverfehlung, S. 12–28; *Plaßmeier*, Ungerechtfertigte Bereicherung, S. 94–158; *Schlechtriem/Coen*, Restitution und Bereicherungsausgleich, Bd. 1, Rn. 1/107–109; historisch auf dem Stand von 1930 bei *Wolfgang Friedmann*, Bereicherungshaftung im anglo-amerikanischen Rechtskreis, S. 29–148; mit Schwerpunkt auf dem US-amerikanischen law of restitution *Kobbelt*, Schutz von Immaterialgüterrechten, S. 109–153; mit schottischem Akzent *Schneiderhan*, Quasi-Contract im schottischen und englischen Recht, S. 34–40, 43–50, 80–91, 119–134, 145–148; siehe auch *Samuel/Rinkes*, in: *Müller-Graff*, Gemeinsames Privatrecht, S. 163 (205 f.).

Hand zu weisen.[20] Wie dem deutschen Bereicherungsrecht kommt dem law of restitution eine exemplarische Funktion zu. Das Bereicherungsrecht des Bürgerlichen Gesetzbuchs ist Platzhalter der romanistisch inspirierten Kodifikationen, das englische law of restitution vertritt die Rechtsordnungen des common law, in denen unjust enrichment inzwischen eine feste Position einnimmt: Australien, Kanada und Neuseeland.

Während das deutsche Recht auf eine sehr lange Tradition zurückblicken kann, glänzt das englische Bereicherungsrecht durch sein stürmisches Wachstum in den letzten zehn Jahren. Das englische Recht hat zwar aufgrund der Fallrechtsmethode keine Vorbildfunktion für Kontinentaleuropäer, es liefert gleichwohl aus rechtsvergleichender Sicht reiches Anschauungsmaterial.[21] Im Jahre 1991 erkannte das House of Lords das principle of unjust enrichment in seiner Grundsatzentscheidung *Lipkin Gorman (a firm)* v *Karpnale Ltd* erstmals an,[22] nachdem Lord Goff of Chieveley den „Gang durch die Institutionen" vom Mitautor der Enzyklopädie des „Law of Restitution" zum Lordrichter vollendet hatte.[23] 1993 wurde eine eigene Fachzeitschrift – „The Restitution Law Review" – ins Leben gerufen,[24] inzwischen existiert gar ein elektronisches Diskussionsforum.[25] Seit 1995 erscheinen vermehrt Monographien,[26] die das manchmal fragmentarische Gefüge des Handbuchs von Lord Goff und Gareth Jones und der Lehrbücher von Peter B. H. Birks und Andrew S. Burrows um systematische Aspekte ergänzen und althergebrachte englische Rechtsinstitutionen rationaler einordnen.[27] Ganz besonders hervorzuheben sind hier Graham J. Virgos 1999 erschienene „The Principles of the Law of Restitution".[28] Sie ziehen die Summe der Klassifikationstendenzen der letzten Jahre und verfolgen wegweisende Konzeptionen.

---

[20] Z. B. *Dickson*, in: (1995) 54 CamLJ 100, 119; *Gallo*, in: (1992) 40 AmJCL 431, 436; *Zweigert/Kötz*[3], Rechtsvergleichung, S. 557. Allgemein zum Vergleich des deutschen und englischen Rechts *Dickson*, in: (1987) 36 ICLQ 751–787.

[21] Siehe auch die Einschätzung *Jan Wilhelms*, in: JZ 1994, S. 585 (585, Fn. 9).

[22] *Lipkin Gorman (a firm)* v *Karpnale Ltd* [1991] 2 AC 548.

[23] *Lord Goff of Chieveley/Jones*, Law of Restitution, 1. Aufl. 1966, 5. Aufl. 1998. Ab der 4. Aufl. nur noch von *Jones* (Cambridge) bearbeitet.

[24] Jahreshefte von 1993–1999, ab 2000 Quartalshefte.

[25] Restitution Discussion Group, betreut von *Lionel D. Smith* (McGill University/Kanada). Zugang über die Restitution-Seite von *Hedley* (Cambridge) unter *http://www.law cam.ac uk/restitution.*

[26] Hervorzuheben sind für ihre wissenschaftliche Selbständigkeit *Chambers*, Resulting Trusts, Oxford 1997; *Joachim Dietrich*, Restitution: A New Perspective, Sydney 1998; *Lionel D. Smith*, The Law of Tracing, Oxford 1997. Von *Lionel D. Smith* liegt nun ein umfassendes Lehrbuch vor: „Restitution", Dartmouth Publisher 2001.

[27] *Birks* (Oxford) An Introduction to the Law of Restitution, Oxford 1985 (Neuauflage mit Anhang 1989); *Burrows* (University College, London), The Law of Restitution, London 1993. Demnächst *Birks* (Hrsg.), English Private Law, Oxford University Press.

[28] *Virgo* (Cambridge), Principles of the Law of Restitution, Oxford 1999.

Den Worten Birks' zufolge sollte dieses Jahr nach dem amerikanischen Restatement zum law of restitution von 1933[29] und Lord Goffs und Jones' Erstauflage von 1966 die dritte Zeitenwende im Rechtskreis des common law einleiten.[30] Und tatsächlich erfüllte sich die Prophezeiung nur mit unwesentlicher Verspätung in *Foskett* v *McKeown*.[31] Die Lordrichter Browne-Wilkinson, Hoffmann, Hope of Craighead, Millett und Steyn schärften im Schatten Lord Goffs die äußere Gestalt des law of restitution. Man muß nicht die Auspizien lesen um zu erkennen, daß das Rechtsgebiet noch lange nicht am Ende der Systembildung angelangt ist; die Konsolidierungsphase hat kaum eingesetzt. Weitere große Taten sind nicht zuletzt deshalb zu erwarten, weil Andrew Kull das dritte Restatement zum amerikanischen law of restitution für die Mitte der Dekade in Angriff nimmt. Besonders von Lord Hobhouse of Woodborough im House of Lords darf sich der „restitution lawyer" weitere „powerful judgements" erhoffen.[32] Trotz aller Bewegung im law of restitution werden aber die entscheidenden Impulse mit Sicherheit weiterhin von der Lehre zu Oxford und Cambridge ausgehen.

Inhaltlich erscheinen erste Systematisierungstendenzen bei der Rechtsgrundlosigkeit und die Dichotomie von Leistung und Eingriff am wichtigsten. Daneben verdient wiederum die Lösung von Mehrpersonenverhältnissen Beachtung, soweit damit das Verhältnis von System und Fallrecht geklärt wird. Überall in der Rechtsvergleichung mögen die konkreten Techniken differieren, Prinzipien, Ergebnisse und grundlegende Wertungen bleiben trotz wechselnder Inhalte meist dieselben. Anders als die Analyse des Bürgerlichen Gesetzbuchs kann sich die Rechtsvergleichung nicht mit der starren Aufspaltung von condictio und rei vindicatio begnügen. Da das law of restitution selbst dingliche Rechtsfolgen anordnet, muß das Sachenrecht als integraler Bestandteil mitbedacht werden.

Wie im deutschen Recht wird man sich jedoch einige Selbstbeschränkungen auferlegen müssen. So sollen zum englischen Recht weniger die Fälle als vielmehr die neuere Literatur ab 1990 im Vordergrund stehen, die das Fallmaterial erst ordnet und Prinzipien formuliert. Das Fallrecht wird dabei selbstverständlich als alleinige Gesetzesquelle mitbedacht,[33] denn nicht immer trennt die eng-

---

[29] Publiziert wurden die Restatements erst 1936/37.

[30] *Birks*, in: (1999) 28 UWALR 13, 15.

[31] *Foskett* v *McKeown* [2000] 2 WLR 1299. Näher unten ab S. 632

[32] Zum Einfluß von *Hobhouse* am High Court unten ab S. 652.

[33] Vgl. die Übersichten bei *Birks/Swadling*, in: [1999] All ER, Annual Review 312–326; *dies.*, in: [1998] All ER, Annual Review 390–416; *dies.*, in: [1997] All ER, Annual Review 385–407; *dies.*, in: [1996] All ER, Annual Review 366–395; *Swadling*, in: [1995] All ER, Annual Review 438–458; *ders.*, in: [1994] All ER, Annual Review 349–369; *ders.*, in: [1993] All ER, Annual Review 363–373; *ders.*, in: [1992] All ER, Annual Review 255–284.

lische Lehre ausreichend zwischen Überlegungen de lege lata und de lege ferenda.[34] Im einzelnen werden diejenigen Fälle, die das Pendant der Leistungskondiktion bilden, nur kursorisch behandelt.[35] Ganz ausgeklammert bleibt die Materie, die man in Deutschland dem öffentlichen Recht zuordnet. Das betrifft die Restitution im Verhältnis zu staatlichen Stellen, also öffentlich-rechtliche Erstattungsansprüche,[36] sowie die Gewinnabschöpfung bei Straftaten.[37]

Wenn es einen Weg gibt, gemeinsame Prinzipien als Vorlage für die Rechtsintegration zu formulieren, dann ist die Rechtsvergleichung der erste Ansatzpunkt.[38] Hiermit allein darf es aber nicht sein Bewenden haben, weil sich das deutsche und das englische Recht in unterschiedlichen Entwicklungsstadien befinden. Während das deutsche Bereicherungsrecht inzwischen außer auf dem Gebiet von law and economics in absehbarer Zeit kaum Neues bieten kann, erweist sich das law of restitution als eine ständige Quelle neuer Eingebungen und Ideen.

---

[34] Vgl. *Virgo*, Principles of the Law of Restitution, S. VII: „But sometimes they [Anm. d. Verf.: *Birks* und *Burrows*] take this too far and create categories of restitution which are inconsistent with the cases"; weiterhin *ders.*, in: (2000) 116 LQR 678, 681: „Jurists in the common law tradition cannot afford to depart too radically from the law as it is, otherwise they will not carry the judiciary with them."

[35] Dazu kann auf *Meier*, Irrtum und Zweckverfehlung, mit umfangreichen Nachweisen, verwiesen werden; vgl. auch die Rezension aus englischer Sicht von *Thomas Krebs*, in: [1999] RLR 271–282, und *Meier* selbst, in: *Birks/Rose*, Lessons of the Swaps Litigation, S. 168–213. Siehe näher unten ab S. 661.

[36] Paradigmatisch der leading case *Woolwich Equitable BS* v *IRC* [1993] AC 70, zur Rückerstattung zu Unrecht eingezogener Steuern; siehe jetzt auch die Kodifikation im Finance Act 1997. Näher *Meier*, Irrtum und Zweckverfehlung, S. 215–250.

[37] Sog. „proceeds of crimes", dazu jetzt Cabinet Office, Rep. June 2000, Proceeds of Crime; aus der Literatur etwa *Jones*, in: [2000] 1 TIL 59–82; *Virgo*, Principles of the Law of Restitution, S. 556–588; für die Ausklammerung dieser Materie *Burrows*, Law of Restitution, S. 380.

Im deutschen Recht ist an Verfall und Einziehung nach den §§ 73 ff. StGB oder an die Vermögensstrafe nach § 43a StGB zu denken; dazu aus zivilrechtlicher Sicht *Bertram Ebert*, Geschäftsanmaßung, S. 71–79, m. w. N.

[38] Vgl. *Kötz*, in: *Müller-Graff*, Gemeinsames Privatrecht, S. 149–162. *Eidenmüller*, in: JZ 1999, S. 53 (61); *Mattei*, etwa in: *Gambaro/Rabello*, European Ius Commune, S. 149–168, hingegen möchten das Europäische Privatrecht auf der Basis der Ökonomischen Analyse des Rechts entwickeln; vgl. allgemein zu Rechtsvergleichung, Rechtsvereinheitlichung und Ökonomischer Analyse *van Aaken*, in: Tagungsband der Gesellschaft Junger Zivilrechtswissenschaftler, S. 125–147. Zur Rechtseffizienz im Bereicherungsrecht unten ab S. 707.

IV. Dogmengeschichte und Gemeines Recht

Neben der Rechtsvergleichung im eigentlichen Sinne soll die Rechtsgeschichte Erkenntnismittel sein, um das englische und das deutsche Recht adäquat zu vergleichen. Die Aufgaben und Ziele der Rechtsgeschichte müssen dabei im Kontext der europäischen Integration vielschichtiger als bisher gesehen werden.

1. Ausgangslage

Zunächst ist bei der Analyse des englischen Rechts schwerpunktmäßig die aktuelle Entwicklung des law of restitution zu betonen. Über die Rechtsgeschichte des Quasikontrakts existieren bereits eine Anzahl englischer und deutscher Werke, die das Thema in angemessener Tiefe behandeln.[39] Und nicht zuletzt zeichnet sich die gegenwärtige englische Dogmatik durch eine bewußte Abkehr vom älteren Recht aus, die über das bloße Spiel mit anderen Namen in der deutschen Rechtsordnung hinausführt. Auf der deutschen Seite wird man ein anderes Fazit ziehen müssen. Obwohl die Literatur zum Recht der rechtsgrundlosen Bereicherung quantitativ die Abhandlungen zum law of restitution bei weitem übertrifft, sind dogmenhistorische Aspekte für die Ära des gemeinen Rechts bisher nur in Teilen erforscht. Anders als im Richterrecht des common law versiegte in Deutschland durch die Einführung des Bürgerlichen Gesetzbuchs der ideengeschichtliche Strom romanistischer Tradition, auf dem die meisten Kodifikationen Europas aufbauen. Deswegen soll einer der Schwerpunkte auf dem gemeinen Recht des späten 17. bis zum Ende des 19. Jahrhunderts liegen: Die Untersuchung erweitert sich damit vom deutschen und englischen auf das gemeine Recht.

Die vorliegende Analyse wird sich wiederum beschränken müssen: Nicht jeder Aspekt, der wissenschaftliches Interesse verdient, kann auf kurzem Raum diskutiert werden. In rechtshistorischer Sicht sind die früheren Kontroversen um die Entschuldbarkeit des Irrtums bei der condictio indebiti, die Unterscheidung von Rechts- und Tatsachenirrtum und Beweislast fast vollständig ausge-

---

[39] Aus der Literaturfülle seien hervorgehoben: *Manfred Heemann*, Action for money had and received; *Martinek*, in: RabelsZ, Bd. 47 (1983), S. 284 (287–293); *Meier*, in: ZEuP, Bd. 1 (1993), S. 365 (371–373); *dies.*, Irrtum und Zweckverfehlung, S. 2–9. Aus dem englischen Schrifttum: *Baker*, in: *Schrage*, Unjust Enrichment, S. 31–57; *ders.*, in: Festschrift für *Jones*, S. 37–56; *ders.*, English Legal History, S. 409–426; *ders.*, Legal Profession, S. 393–432; *Birks*, in: *Schrage*, Unjust Enrichment, S. 171–195; *Ibbetson*, in: *Schrage*, Unjust Enrichment, S. 121–148; *ders.*, Historical Introduction, S. 263–293; *Jones*, in: *Schrage*, Unjust Enrichment, S. 149–169; *McMeel*, Modern Law of Restitution, S. 25–39, und *George E. Palmer*, in: International Encyclopedia, Vol. 10, Ch. 3, Rn. 1, 4–15, alle m. w. N.

blendet.[40] Sie nehmen in der damaligen Literatur – zum Beispiel in den Protokollen zum Dresdner Entwurf – einen beachtlichen Raum ein, sie sind aber für die anfangs aufgeworfene Fragestellung nicht von Bedeutung. Die enigmatische Versionsklage schließlich wird nur in dem Maß tangiert, als sie die Unmittelbarkeit der sogenannten Vermögensverschiebung oder die condictio sine causa erklärt. Ein Gleiches gilt für die Geschäftsführung ohne Auftrag. Diese Klagen haben in der Geschichte oft den einheitsstiftenden Bereicherungsgedanken getragen, ihn mit dem Ende der naturrechtlichen Kodifikationen im 19. Jahrhundert indes zugunsten der Kondiktionen wieder verloren. Das wird bei der Entstehungsgeschichte des Sächsischen Bürgerlichen Gesetzbuchs evident werden.

Soweit zur Subtraktionsliste der Dogmengeschichte. Auf jeden Fall soll die bislang zu beobachtende strategische Spaltung der Historischen Rechtsschule vom usus modernus aufgehoben werden, weil – was zu beweisen ist – v. Savigny für sein System des Bereicherungsrechts in hohem Maße auf die Lehren der Jahrhunderte zuvor zurückgriff. Der Dreiklang von rechtsgrundloser Bereicherung, Bereicherung zum Schaden eines anderen und condictio sine causa generalis hat im 19. Jahrhundert einen nicht immer geradlinigen Weg eingeschlagen. Alle drei Begriffe sind deshalb heute mit Vorurteilen beladen. Vor allem die Einheitslehre nimmt sie für ihre Zwecke in Anspruch. Kompliziert wird die Lage zusätzlich dadurch, daß allgemeine Bereicherungsansprüche oft nicht neben den klassischen Kondiktionen standen, sondern mit ihnen verwoben wurden. In anderen Fällen muß der Blick auf Felder gelenkt werden, die eher abseits dessen stehen: die Eingriffs- und Verwendungsfälle im Sachenrecht der historischen Gesetzgebungsvorhaben.

2. Rezeption und Auslegung

Die Auswahl des dogmengeschichtlichen Stoffes mag dem einzelnen überlassen sein, über das Verhältnis von Rechtsgeschichte und Rechtsvergleichung ranken sich aber zahlreiche methodologische Kontroversen, an denen nicht vorbeizukommen ist. Da die Rechtsvergleichung seit jeher ein eher unkompliziertes Verhältnis zur Dogmatik pflegt,[41] empfiehlt es sich, zuerst die Ziele der Rechtsgeschichte zu erkunden. In der Rechtsdogmatik wird der Wert der Privat-

---

[40] Dazu sei auf die zeitgenössische Literatur verwiesen, z. B. bei *Hesse*, in: AcP, Bd. 57 (1874), S. 182–253; *Friedrich Zimmermann*, in: AcP, Bd. 48 (1865), S. 60–79; zusammenfassend aus heutiger Sicht *Harald Koch*, Bereicherung und Irrtum, S. 105–123; *Mayer-Maly*, in: Festschrift für *Lange*, S. 293–304.

[41] Vgl. nur *Heiss*, Formmängel und Sanktionen, S. 3–5. Zur Methodenlehre der Rechtsvergleichung bes. *Peters/Schwenke*, in: (2000) 49 ICLQ 800–834; weiterhin *Twining*, in: (2000) 6 MaasJEuCL 217, 229–243, jeweils m. w. N.

rechtsgeschichte der Neuzeit, die hier konkret im Mittelpunkt rechtsgeschichtlicher Reflexion steht, bisweilen sehr kritisch betrachtet.

Der Streit um die subjektiv-historische Auslegung auf der Basis des gesetzgeberischen Willens hat jedoch nur unter der Prämisse Relevanz, daß die Intention des ursprünglichen Gesetzgebers in jeder Situation bindend sei. Das kann bei jüngeren Gesetzen der Fall sein, das Bürgerliche Gesetzbuch wurde indes in der Zeit der Spätpandektistik verkündet. Dogmatische Festlegungen können nur so lange binden, als Streit besteht, nach welcher Theorie zur Zeit der Gesetzgebung in einem bestimmten Punkt zu entscheiden ist.[42] Es wäre illusorisch zu glauben, die höchstrichterliche Rechtsfortbildung und die vielen beschriebenen Aufsatz- und Lehrbuchseiten könnten mit dem pandektistischen Geist vor einhundert Jahren beiseite geschoben werden. Orientierte man sich an den dogmatischen Streitentscheidungen von 1896, so wäre das rechtliche Geschäft weniger Applikation als reine Rechtshistorie. In der Tat wird dies von niemandem gefordert. Die Dogmengeschichte des Bereicherungsrechts in der Form des gesetzgeberischen Willens darf daher im Auslegungskanon keine Verbindlichkeit beanspruchen. Jenseits subjektiver und objektiver Theorienansätze, die sich in ihrer unerbittlichen Schärfe längst überlebt haben,[43] können historische Argumente dennoch einen wichtigen Forschungsbeitrag leisten.

Der heutige Jurist muß die Gesetzgebungs- und Dogmengeschichte abseits des engen subjektiv-historischen Auslegungsbegriffs als Problem- und Argumentationstradition in der Form der genetisch-historischen Auslegung im Gedächtnis behalten.[44] Der Wortlaut des § 812 Abs. 1 BGB stellt sich so kompakt dar, daß der objektive Sinn der grammatischen Auslegung mehrdeutig ist – ansonsten wäre das Bereicherungsrecht heute konsensfähiger. Objektiv-teleologische[45] und systematische Auslegungspunkte stehen kaum besser da. Angesichts der Vielzahl divergierender Meinungen drängt sich eher der Verdacht auf, die teleologische Methode sei im Bereicherungsrecht Apologie willkürlicher Entscheidungen hinter der Maske des Interpreten. Die Dogmengeschichte bietet sich als letzter Fixpunkt an. Rechtsgeschichtliche Daten mögen keinen Verbindlichkeitsanspruch begründen können, die Vergangenheit sollte aber bei der aktuellen Rechtsfindung auf jeden Fall beachtet werden.

---

[42] *Pawlowski*, Methodenlehre, Rn. 411, nach seiner Prämisse der Gleichbehandlung.

[43] Statt aller *Larenz/Canaris*, Methodenlehre, S. 137–141; zum Meinungsstand etwa *Thomas Honsell*, Historische Argumente, S. 19–21.

[44] In diese Richtung *Heinrich Honsell*, in: *Dieter Simon*, Akten des Rechtshistorikertages, S. 299 (300); speziell zum Bereicherungsrecht *Detlef König*, Ungerechtfertigte Bereicherung, S. 16.

[45] Eigentlich müßte es telologisch und Telologie heißen, nicht teleologisch und Teleologie; der Genitiv des altgriechischen Nomens τέλος in Verbindung mit λόγος wurde verfälscht.

Über das Auslegungsgeschäft hinaus liefert die Rechtsgeschichte auf dogmatischer Ebene Hinweise und Argumente im Kontext der Problemtradition. Alte, längst überwundene Streitstände dürfen nicht erneut in anderem Gewand aufgerollt werden: Wenn bei einer veränderten Konstruktion dasselbe unlösbare Dilemma auftaucht, zeigt das ihre Untauglichkeit. Die Dogmengeschichte bietet darüber hinaus weitere Argumente: Rechtskonstruktionen und Rechtsbegriffe sind gleich geschichtlichen Tatsachen nur in begrenzter Anzahl vorhanden.[46] Leicht stellt sich heraus, daß der „Entdecker" einer prima facie innovativen Theorie nur unbewußt längst Gedachtes rezipierte. Das Neuartige spiegelt sich im System, nicht in der einzelnen Erkenntnis.

Damit stellt sich die Geschichte des Rechts als Teil der Rezeption dar; Rechtsgeschichte ist Rezeptionsgeschichte.[47] Alte Inhalte und Strukturen werden, sei es auch unbewußt, immer wieder neu aufgenommen und verarbeitet. Rezeptive Vorgänge finden sich überall, beispielsweise in der Literatur, den bildenden Künsten oder der Musik. Auch die Rechtsanwendung durch Auslegung selbst ist Rezeption: Rechtsnormen werden vom Anwender aufgenommen und bewußt umgesetzt. Man könnte dem nun entgegenhalten, in anderen Disziplinen werde die gegebene Materie nicht angewandt, sondern vorausgesetzt. In der Tat gibt es verschiedene Rezeptionsformen, bewußte und unbewußte, wissenschaftliche und kreative, interpretative und transformative, kontemplative und applikative, theoretische und praktische. Das sollte uns jedoch nicht darüber hinwegtäuschen, daß allen Rezeptionsvorgängen eines gemeinsam ist: Das Subjekt nimmt das „Gegebene" auf und adaptiert es seinen Erkenntniszielen. In die Auslegung von Gesetzen fließen vorhandene Praxisentscheidungen und Literatur ein, die Rechtsgeschichte baut als Entwicklungsstrom gedacht auf den jeweils vorhergehenden Epochen auf.

Als Beispiel für ein Zusammenspiel der dogmatischen und historischen Rezeption seien hier die Wertungsmaßstäbe in bereicherungsrechtlichen Dreiecksverhältnissen angeführt, die heute in erster Linie Claus-Wilhelm Canaris als Verdienst zugerechnet werden.[48] In der ersten Festschrift für Karl Larenz stellte er zur Lösung von Anweisungsfällen drei „Gerechtigkeitspunkte" auf: Erhalt der eigenen, Schutz vor fremden Einwendungen, zu guter Letzt die gerechte

---

[46] So *Mayer-Maly*, in: JZ 1971, S. 1 (3); *Wieacker*, Privatrechtsgeschichte, S. 428, für das Recht; allgemein für die Geschichte *Popper*, Offene Gesellschaft und ihre Feinde, Bd. 2, S. 312.

[47] Hier wird nur intradisziplinären Rezeptionswegen nachgegangen. Zur interdisziplinären Rezeptionsforschung bes. *Most*, z. B. in: (1996) 23 Critical Inquiry 145–182, am Beispiel von *Raphaels* „Schule von Athen". Vgl. allgemein zum Rezeptionsbegriff *Jauß*, Theorie der Rezeption; speziell zur Rezeption anderer Rechtsordnungen *Zajtay*, in: AcP, Bd. 156 (1957), S. 361–381.

[48] Als Urheber gilt in erster Linie *Canaris*, siehe z. B. *Eckl*, in: Festschrift für *Hanisch*, S. 59 (61, Fn. 18): „Prägend: Canaris".

Verteilung des Konkursrisikos.[49] Canaris' Argumente lassen sich in ihren Wurzeln für die Einwendung bis auf Philipp Heck und für das Konkursrisiko bis auf Paul Oertmann zurückführen.[50] Zwar hat Canaris diese Gedanken erst zu einer umfassenden Theorie ausgebaut, er steht aber im Fluß der Dogmengeschichte. Das System – die „Einheit der mannigfaltigen Erkenntnisse unter einer Idee"[51] – befindet sich immer am Ende der Entwicklung. Nur die Zusammenhänge der einzelnen Elemente werden anders bewertet. Die Dogmengeschichte kann Ansatzpunkte für neue Systeme liefern, indem sie das Material abstrahiert und ordnet.

3. Hermeneutische Aspekte

Gegen dieses Anwendungsfeld der Dogmengeschichte wird bisweilen vorgebracht, die Rechtsfiguren würden aus ihrem historischen Kontext gelöst; die Frage von Genese und zeitgebundener Funktion trete zu Unrecht vor der Prämisse in den Hintergrund, daß die Rechtsgeschichte eben eine Disziplin der Geschichtswissenschaft sei.[52] Diese Einwände beruhen auf dem Axiom, die geschichtliche Forschung dürfe nur kontemplativ ausgerichtet sein, die Applikation sei hingegen kein gangbarer Weg für die Rechtsgeschichte. Kritik und Gegenkritik wollen sorgfältig abgewogen sein. Denn es ist gerade die Frage, *wie* die Rechtsgeschichte mit ihrem Gegenstand umgehen muß.

Die Hermeneutik sollte – um es vorwegzunehmen – im juristischen Kontext applikativ genutzt werden.[53] Den Gang des Bereicherungsrechts in den letzten

---

[49] *Canaris*, in: Festschrift für *Larenz*, S. 799 (bes. 802 f.).

[50] *Heck*, Schuldrecht, § 144 I 5 (S. 432), für den Schutz eigener Einwendungen; *Oertmann*$^{3/4}$, § 812, Anm. 2 d β (S. 1022), für das Insolvenzrisiko, um mittelbare Bereicherung auszuschließen.

[51] *Kant*, Kritik der reinen Vernunft, S. 748 [A 832/B 860].

[52] Etwa *Klippel*, Juristische Zeitgeschichte, S. 21 f.; *Rückert*, in: *Stolleis*, Juristische Zeitgeschichte, S. 23 (25); kritisch *Dieter Simon*, in: NJW 2001, S. 1029 (1031).

[53] Skeptisch zur Applikation z. B. *Dieter Simon*, in: RJ, Bd. 4 (1985), S. 265 (266); weniger stark *ders.*, Artikel „Rechtsgeschichte", in: *Görlitz*, Handlexikon zur Rechtswissenschaft, Bd. 2, S. 315: gewisser isagogischer und kritischer Nutzen; tendenziell für Applikation etwa *Heinrich Honsell*, in: *Dieter Simon*, Akten des Rechtshistorikertages, S. 299 (bes. 310); *Schulze*, in: *Müller-Graff*, Gemeinsames Privatrecht, S. 127 (bes. 128); deutlich für Applikation *Coing*, Europäisches Privatrecht, Bd. 1, S. V; *ders.*, in: *ders.*, Quellen und Literatur, Bd. I, S. 11–14; *Harder*, in: ZEuP, Bd. 4 (1996), S. 364 (364); *Hans Hermann Seiler*, in: *Karsten Schmidt*, Rechtsdogmatik und Rechtspolitik, S. 109 (116); *Wesenberg/Wesener*, Privatrechtsgeschichte, § 1 I (S. 1): Privatrechtsgeschichte als „Entwicklung privatrechtlicher Dogmen und privatrechtlicher Institutionen"; klassisch *Hans Julius Wolff*, in: Festschrift für *v. Hippel*, S. 687–710.

Kritisch zum gegenwärtigen Diskussionsstand aus methodologischer Sicht *Senn*, in: ZNR, Bd. 15 (1993), S. 66 (71), und *Picker*, in: RJ, Bd. 5 (1986), S. 367–382, der als

150 Jahren zu betrachten, kann kein Eigenwert sein, jede Analyse muß trotz historischer Unvoreingenommenheit daran orientiert sein, neue Erkenntnisse für das geltende Recht zu gewinnen. Deshalb ist hier von Applikation die Rede. Karl Kroeschell faßte das einmal in die Worte:[54] „[D]ie rechtshistorische Erforschung eines Rechtsprinzips kann [...] selbst dann nicht rein kontemplativ bleiben, wenn sie über Jahrhunderte oder gar Jahrtausende zurückgreifen muß. Jede historische Erkenntnis vermehrt nicht lediglich den Bestand an bekannten Fakten, sondern verändert zugleich das gesamte Problembewußtsein, so daß der Rechtshistoriker an der aktuellen Verantwortung Anteil hat, die auf dem praktischen Juristen liegt."

Man setzt sich damit zwar in Widerspruch zu Franz Wieackers pointierter These, es sei „nicht mehr Aufgabe des Rechtshistorikers, aktuelle Rechtstitel und Ansprüche historisch zu begründen [...]." Vielmehr sei „die Erkenntnisfrage der Rechtsgeschichte wie die jeder anderen historischen Disziplin nicht im vorgegebenen Material der einzelnen Daten und Fakten und ihrem Nutzwert für die Gegenwart begründet, sondern in der Geschichtlichkeit unserer eigenen Existenz selbst".[55] Ihm ist darin zuzustimmen, die Hermeneutik müsse bei der Betrachtung geschichtlicher Vorgänge insofern kontemplativ sein, als mit ihr nicht einseitig die eigene dogmatische Zielsetzung fundiert werden darf. Auf der anderen Seite wäre eine rein kontemplative Anschauung undurchführbar, weil sie stets durch die eigenen Interessen des Autors gefiltert wird.

Vorzugsweise in der Dogmengeschichte des Bereicherungsrechts – fast alle neueren grundlegenden Abhandlungen greifen bis auf v. Savigny zurück – stehen längst formulierte dogmatische Positionen auf der Tagesordnung. Außerdem ist der Übergang von Rechtsgeschichte und Rechtsdogmatik über ihr Bindeglied Zeitgeschichte fließend. Als Beispiel sei der Streit angeführt, der in den Jahren 1996 und 1997 um die revolvierenden Sicherheiten entbrannte. Wer glaubt tatsächlich, alle nur erdenklichen Argumente zwischen fiducia und Gewohnheitsrecht würden noch zehn Jahre später diskutiert? Die Rechtsgeschichte des deutschen Privatrechts ist mit der Kodifikation des Bürgerlichen Gesetzbuchs keinesfalls abgeschlossen. Deswegen die Dogmengeschichte ganz aus der Privatrechtsgeschichte auszugliedern, ist allerdings nur ein Zirkelschluß kontemplativer Axiomatik. Wieacker geht mit seiner Bemerkung fehl, die

---

Replik auf *Stolleis*, in: RJ, Bd. 4 (1985), S. 251–264, den Subjektivismus in der Methodendiskussion bemängelt. Siehe auch *Gagnér*, Methodik rechtsgeschichtlicher Untersuchungen, und die Nachweise zur Europäischen Methodenlehre unten auf S. 57, Fn. 70.

[54] *Kroeschell*, Haus und Herrschaft, S. 59; i. E. aus ontologischer Sicht zustimmend *Janssen*, in: Festschrift für *Kroeschell*, S. 467 (493 f.); tendenziell auch *Conrad*, Rechtsgeschichte, Bd. 1, S. XVII.

[55] *Wieacker*, Privatrechtsgeschichte, S. 15 f.; ebenso *ders*., Artikel „Methode der Rechtsgeschichte", in: HRG, Bd. 3, Sp. 518 (524 f.), unter Hinweis auf *Betti*, Hermeneutik, bes. S. 49.

Rechtsgeschichte beschreibe ein zusammenhängendes Ordnungsgefüge, in dem die einzelnen Rechtssätze nur bewegliche und austauschbare Elemente seien. Auch spricht der Hinweis auf Schwierigkeiten und Unübersichtlichkeiten, die Dogmengeschichte zu würdigen, nicht für das Gegenteil;[56] ansonsten müßten viele Zweige der historischen Wissenschaften ebenfalls ausgegliedert werden. Andererseits sieht auch Wieacker den „Nutzen“ der Rechtsgeschichte in ihren Beiträgen zur Struktur- und Prinzipienlehre.[57]

Verfehlt ist es jedenfalls, vor langer Zeit vorgetragene Rechtsansichten mit „richtig“ oder „falsch“ zu bewerten, denn sogar eine auf die Spitze getriebene Nutzanwendung muß stets zeitliche Differenzen im Auge behalten.[58] Hans-Georg Gadamer hat übrigens gegen mancherlei Mißverständnis niemals einer planen Applikation den Weg geebnet, sondern stets ihren ontologischen Aspekt als Voraussetzung jeglichen Verstehens betont.[59] Seine „Applikation“ ist keine traditionelle in der Trennung Verstehen – Anwendung, sondern Adaption, da für ihn das Verstehen selbst Anwendung ist. Gadamer separiert mit seinen eigenen Worten die „ausschließlich“ kontemplative Rechtshistorie von der „ausschließlich“ anwendungsorientierten Aufgabe des „praktischen Juristen“.[60]

Applikation nach dem vorgetragenen Verständnis hat nicht die Rechtsgeschichte per se zum Gegenstand, nur das geltende Recht wird angewandt. Es ist das Objekt, welches appliziert und in der Anwendung durch Auslegung erst konkrete Gestalt annimmt. Die Rechtsgeschichte als Rezeptionsgeschichte ist aber ein Glied in der Argumentationskette, denn Argumente sind das entscheidende Kriterium im juristischen Diskurs. Der Blick auf den übergreifenden Rezeptionszusammenhang hebt den scheinbaren Widerspruch von Dogmatik und Historie auf. Die Geschichte ist nicht der allein bestimmende Faktor, gilt es doch, Historizismus und Legitimationskunde zu meiden.[61] Schon v. Savigny als

---

[56] *Wieacker*, Privatrechtsgeschichte, S. 16 f., Fn. 12 f.

[57] *Wieacker*, Privatrechtsgeschichte, S. 429.

[58] Dazu pointiert *Kiesow*, in: RJ, Bd. 16 (1997), S. 729 (738).

[59] *Gadamer*, Wahrheit und Methode, Bd. 1, bes. „Die exemplarische Bedeutung der juristischen Hermeneutik“, S. 330–335; *ders.*, Wahrheit und Methode, Bd. 2, Vorwort zur 2. Aufl., S. 437 (442): „Applikation ist ein Moment des Verstehens selbst“. In diese Richtung verstehen *Gadamer* etwa *Dworkin*, Law's Empire, S. 55; *Grondin*, Hermeneutische Wahrheit, S. 175 f., und *Senn*, Rechtshistorisches Selbstverständnis, S. 133, mit ausdrücklichem Hinweis auf das rechtshistorische Mißverständnis; anders *Wieacker*, z. B. in: Ausgewählte Schriften, Bd. 1, S. 27 (bes. 38 f.), 84 (99–101).

[60] Explizit *Gadamer*, Wahrheit und Methode, Bd. 2, Vorwort zur 2. Aufl., S. 437 (442). Siehe auch *Senn*, in: *Caroni/Dilcher*, Norm und Tradition, S. 269 (275): „Die Rechtsgeschichte ist applikativ, insofern sie das geschichtliche Denken nur *denkend* vergegenwärtigt.“

[61] Auf diese Gefahr weisen *Dilcher*, in: AcP, Bd. 184 (1984), S. 247 (273), und *Ogorek*, in: *Caroni/Dilcher*, Norm und Tradition, S. 183 (189 f.), hin. Vgl. allgemein *Popper*, Elend des Historizismus.

Haupt der Historischen Rechtsschule – nicht des Historizismus – konstatierte, die „geschichtliche Ansicht der Rechtswissenschaft wird völlig verkannt und entstellt, wenn sie häufig so aufgefaßt wird, als werde in ihr die aus der Vergangenheit hervorgegangene Rechtsbildung als ein Höchstes aufgestellt".[62]

Über den hermeneutischen Augenblick hinaus muß also die Rezeption durch Auslegung innerhalb der Rechtsdogmatik mit der Erforschung der Rezeptionsvorgänge innerhalb der Dogmengeschichte so verbunden werden, daß beide Disziplinen ihren angemessenen Eigenwert behalten, die eine jedoch durch die andere positiv bereichert wird. Es gibt weder undogmatische Geschichte noch geschichtslose Dogmatik, sondern nur dogmatische Geschichte und geschichtliche Dogmatik. Am Schnittpunkt von Rechtsgeschichte als Rezeptionsgeschichte und Rechtsdogmatik als zeitgebundene Rezeption steht die Rezeption in der Form der genetisch-historischen Auslegung. Sie rezipiert Historisches und begreift zugleich ihren Rezeptionsgegenstand, die Dogmengeschichte, ihrerseits als Rezeptionsgeschichte. Die Rezeption der Vergangenheit muß dabei nicht in allen Fällen ein bewußter Vorgang sein; selbst diejenigen, die glauben, von der Vergangenheit abstrahierte Theorien zu entwickeln, werden allzuoft von unbewußter Rezeption, sei es auch als Gegenhaltung, beeinflußt. Sich von unbewußten Rezeptionsmustern leiten zu lassen, käme der Aufgabe des rationalen Elements in der Rechtsfindung und damit dem Ende der Rechtswissenschaft gleich. Die bewußte Analyse der Rezeption hingegen hält dem Rechtsanwender jede Möglichkeit offen. Sollte er aus der Rechtsgeschichte die Erkenntnis gewinnen, daß die bisherige Entwicklung verfehlt sei, kann er sich immer noch anhand teleologisch-systematischer Kriterien anders entscheiden. Dieser Entschluß sollte jedoch *bewußt* gefaßt werden und nicht geschichtsmetaphysischen Vorurteilen unterliegen. Der Rezeptionsgeschichte kommt die Funktion zu, Paradigmen unterschiedlicher hermeneutischer Methoden zum Begriff des Rechts vorzugeben, die unter einer auf die Gegenwart fixierten Hermeneutik vergessen werden.

Man sollte auch einmal einen Blick über den eigenen Tellerrand wagen. Andere Länder Europas haben hier seit jeher differenzierte Standpunkte eingenommen. In England beispielsweise beschäftigen sich Lehrwerke zur history of law vornehmlich mit dogmengeschichtlichen Aspekten.[63] Das mag ein Grund dafür sein, warum in Deutschland trotz des quantitativ hohen Standes an rechtsgeschichtlicher Literatur in der Dogmengeschichte zwischen Justinian und der Entstehung des Bürgerlichen Gesetzbuchs besonders für die Zeit von 1800 bis zu v. Savignys „System des heutigen Römischen Rechts" eine nicht zu überse-

---

[62] *F. C. v. Savigny*, System, Bd. 1, S. XIV.

[63] Stellvertretend sei hier verwiesen auf *Baker*, English Legal History, S. 360–608; zu anderen Strömungen in der englischsprachigen Welt *Reimann*, in: *Caroni/Dilcher*, Norm und Tradition, S. 209 (bes. 218–222).

hende Lücke klafft. Usus modernus und Historische Rechtsschule geben hinsichtlich der Kondiktionen trotz positiver einzelner Ansätze noch viele Rätsel auf. Die neuere Rechtsgeschichte im Verbund mit der Rechtsvergleichung muß das gesamte Spektrum ihres Forschungsobjekts ausfüllen. Sie darf es nicht länger dulden, daß andere juristische Disziplinen geschichtliche Fakten rein selektiv und subjektiv gefärbt wie einen Steinbruch benutzen,[64] während sie im Abseits steht. Vor allem im Bereicherungsrecht beklagt mancher die Auswirkungen allzu angewandter Rechtsgeschichte.[65] Teile der Literatur haben sich deswegen ganz von der Geschichte des Bereicherungsrechts abgewandt.[66] Wenn mit der Dogmengeschichte rechtsdogmatisch argumentiert wird, dann von der Warte der Rechtsgeschichte aus, nicht umgekehrt.

4. Europäische Methodenlehre

Inzwischen hat die Methodendiskussion internationale Züge angenommen, womit der Bogen zur Rechtsvergleichung geschlagen ist. Seit dem ersten Beschluß des Europäischen Parlaments zum europäischen Zivilrecht, aber auch schon zuvor,[67] plädieren vor allem Rechtshistoriker dafür, das ius commune als Plattform eines künftigen ius communitatis zu bedenken. Die applikative Funktion des römischen Rechts ist hier offensichtlich.[68] Gleichzeitig tritt die Rechtsgeschichte mit der Rechtsvergleichung, beides „Holz vom gleichen Stamm",[69] intensiv in einen neuen Diskurs ein. Das Methodenproblem um Kontemplation oder Applikation wird auf supranationale Ebene transzendiert. Im einzelnen soll das Für und Wider, welches sich in der Zwischenzeit entzündet hat, nicht nachgezeichnet werden. Wie sooft wird die methodologische „Wahrheit" in der Mitte zwischen purer Kontemplation und reiner Applikation liegen. Wandelung und Minderung als ädilizische Rechtsbehelfe der kurulischen Ädilen sind heute

---

64 *Luig*, in: RJ, Bd. 5 (1986), S. 290 (319 f.), und *Martinek*, in: AcP, Bd. 198 (1998), S. 612 (614 f., 618 f.), warnen zu Recht vor selektivem Einsatz historischer Argumente.

65 *Lieb*, in: Münchener Kommentar, § 812, Rn. 3, Fn. 8, rechte Sp., über den „zum Teil tendenziösen" Überblick bei *Reuter/Martinek*, Ungerechtfertigte Bereicherung, § 2 (S. 22–38); andere Beurteilung bei *Schlechtriem*, in: ZHR, Bd. 149 (1985), S. 327 (328).

66 Vor allem *Knieper*, in: KJ, Bd. 13 (1980), S. 117 (118): „Gesetzgebungs-Geschichte und Wortlaut der §§ 812 BGB gelten nicht viel"; *Welker*, Bereicherungsausgleich wegen Zweckverfehlung, S. 16; *Lutz-Christian Wolff*, Zuwendungsrisiko und Restitutionsinteresse, S. 180 f.: „Allzu großer Respekt [...] scheint deshalb nicht angebracht."

67 Neben *Zajtay*, in: AcP, Bd. 156 (1957), S. 361–381, seien aus der Nachkriegszeit *Koschaker*, Europa und römisches Recht, sowie aus dem Jahre 1981 *Kötz*, in: Festschrift für *Zweigert*, S. 480–500, hervorgehoben.

68 Deutlich *Giaro*, in: RJ, Bd. 12 (1993), S. 326 (bes. 343); *Ogorek*, in: *Caroni/Dilcher*, Norm und Tradition, S. 183 (189 f.).

69 *Zweigert/Kötz*[3], Rechtsvergleichung, S. 8; auch schon *Kötz*, in: JZ 1992, S. 20 (20); zustimmend etwa *William Ewald*, in: ZEuP, Bd. 7 (1999), S. 553 (bes. 558).

nicht mehr zeitgemäß.[70] Sie sind, wie in der deutschen Zeitgeschichte das Beispiel des Zivilgesetzbuchs der DDR zeigt, unabhängig vom „gesellschaftlichen Überbau" überholt. Grundsätze wie „impossibilium nulla obligatio est" und „falsa demonstratio non nocet" erfreuen sich dagegen noch heute ungebrochener Beliebtheit.[71]

Differenzierungen sind daher angesagt, wenn von der Renaissance des ius commune die Rede ist. Zusätzlich muß man die schwierige Quellenlage im Auge behalten; nur ganz wenige Bibliotheken verfügen über einen angemessenen Fundus des 17. und 18. Jahrhunderts. Doch soll hier nicht zu weit ausgeholt werden: In der Methodenkontroverse zeigt sich zumindest, daß die Rechtsgeschichte weder tot ist noch ihr Anliegen an Aktualität verloren hat.[72] Verfehlt wäre es, einen Schulenstreit nachzuzeichnen.[73] Ob allerdings nach der „Friedenskonferenz" auf dem Monte Verità tatsächlich Einigkeit herrscht,[74] daran darf man berechtigte Zweifel hegen. Immerhin werden selbst die Skeptiker zugeben müssen, es sei ein bedeutender Fortschritt, bei dogmatischen Problemen nicht nur auf das klassische römische Recht, sondern auch auf die eigentliche Grundlage unseres Rechtssystems, das gemeine Recht, zu rekurrieren.

---

[70] Aus der überreichen Literatur neueren Datums für Applikation des römischen Rechts, bes. in der Form des gemeinen Rechts, *Reinhard Zimmermann*, zuerst mit Nachdruck in: JZ 1992, S. 8 (bes. 18 f.); umfassend *ders.*, European Law, S. 107–189; ihm folgend *Knütel*, in: JuS 1996, S. 768–778; *ders.*, in: ZEuP, Bd. 2 (1994), S. 244–276; eher skeptisch *Edward*, in: *Miller/Zimmermann*, Civilian Tradition and Scots Law, S. 309 (310 f.); *Dieter Simon*, in: RJ, Bd. 12 (1993), S. 315–321; *Simshäuser*, in: *Schlosser*, BGB, S. 97 (115–118); *Sonnenberger*, in: JZ 1998, S. 982 (990); ganz ablehnend *Kubler*, in: RJ, Bd. 12 (1993), S. 307 (309–312); *Ogorek*, in: *Caroni/Dilcher*, Norm und Tradition, S. 183 (185–190).

Siehe auch *Flessner*, in: ZEuP, Bd. 7 (1999), S. 513 (516–520); *Luig*, in: ZEuP, Bd. 7 (1999), S. 521–530; zu den Applikanten *Luig*, in: *Caroni/Dilcher*, Norm und Tradition, S. 169 (171–179); *ders.*, in: ZEuP, Bd. 5 (1997), S. 405 (410–425); dezidiert zum Meinungsstand *Markus Hofmann*, in: RJ, Bd. 18 (1999), S. 421 (425): „Inszenierung"; *Kötz*, in: RJ, Bd. 13 (1994), S. 505–509; sehr pointiert des weiteren *Baldus/Wacke*, in: ZNR, Bd. 17 (1995), S. 283–293 (bes. 287); offen läßt die Frage noch *Schulze*, in: *ders.*, Europäische Geschichte, S. 3 (32–34), alle m. w. N.; schließlich *Giaro*, in: RJ, Bd. 16 (1997), S. 231 (327–344).

Speziell zum Bereicherungsrecht die Hinweise bei *Reinhard Zimmermann*, in: *Caroni/Dilcher*, Norm und Tradition, S. 281 (317–319); *ders.*, in: *Miller/ders*, Civilian Tradition and Scots Law, S. 259 (282 f.), und *ders.*, in: (1996) 112 LQR 576, 603–605. Vgl. auch die Nachweise zum generellen Meinungsstand Applikation/Kontemplation oben auf S. 52, Fn. 53.

[71] *Celsus*, D. 50, 17, 185 und *Marcianus*, D. 35, 1, 33 pr.

[72] Allgemein zum Status der Rechtsgeschichte an den Juristischen Fakultäten etwa *Stolleis*, in: NJW 2001, S. 200 (201).

[73] Dazu auch *Zimmermann/Knutel/Meincke*, in: Festschrift für *Hans Hermann Seiler*, S. VII f.: „Glaubenskrieg"; *Knütel*, in: ZEuP, Bd. 2 (1994), S. 244 (248, Fn. 12.), mit Bezug auf *Wiegand*, in: RJ, Bd. 12 (1993), S. 277–384.

[74] In diese Richtung *Ruckert*, in: *Caroni/Dilcher*, Norm und Tradition, S. 21 (23 f.).

Das römisch-deutsche Pandektenrecht ist gleichwohl nur ein Teil des gesamteuropäischen Erbes. Im Rahmen der Dogmengeschichte wird man in der europäischen Perspektive zumindest in Ansätzen auch das holländische, französische, österreichische und schweizerische Recht berücksichtigen müssen, weil diese Rechtsordnungen – wenn auch in unterschiedlicher Weise – einen beträchtlichen Anteil am heutigen deutschen Bereicherungsrecht zu verantworten haben.[75] Nicht umsonst wurde die Reichsgerichtsbibliothek umfassend mit Literatur unserer Nachbarländer ausgestattet. Der Pandektistik und dem Naturrecht ginge ein ansehnlicher Teil verloren, betrachtete man sie nur im nationalen Rahmen. Zu allen Zeiten fand der wissenschaftliche Austausch über die Grenzen statt; so lehrten etwa Hugo Donellus in Heidelberg und Samuel Pufendorf vice versa in Schweden. Undenkbar ist es gar, die Rechtsprechung des 19. Jahrhunderts und die Genese des Bürgerlichen Gesetzbuchs ohne ihre Bezüge zum Code civil oder zum Schweizer Obligationenrecht zu sehen. Falls die Rechtsgeschichte legitime Argumente liefern soll, die nicht nur in Deutschland, sondern darüber hinaus konsensfähig sind, dann ist es unabdingbar, zumindest in der eigenen Rechtsordnung historische Verbindungslinien zu anderen europäischen Staaten aufzuzeigen. Auch dabei wird man sich wieder Selbstbeschränkungen aufzuerlegen haben und die Bedeutung des außerdeutschen Rechts auf die Grundfrage nach Einheits- oder Trennungsmodell zurückführen müssen.

Die Rechtsvergleichung kommt also im Rahmen der rechtsgeschichtlichen Analyse zum Tragen; daneben hat sie ihre eigenständige Rolle beim Vergleich des deutschen Rechts mit anderen aktuellen Rechtsordnungen. Kühle Protagonisten der europäischen Idee mögen zwar konzedieren, Vergleiche des deutschrömischen mit dem englischen Recht wirkten synthetisch. Doch das kann nicht einmal für die Gegenüberstellung des heutigen deutschen Bereicherungsrechts mit dem law of restitution gelten. In der positivrechtlichen Ordnung der Details und den Haftungsfolgen sind in der Tat noch bedeutende Unterschiede anzutreffen, die zugrundeliegenden Prinzipien zeigen aber Gemeinsamkeiten auf, welche die Kluft zwischen den verschiedenen Methoden – Kodifikation und case law – überspannen. Noch viel weniger aber trifft das angesichts zahlreicher Entwicklungsparallelen für das gemeine Recht zu,[76] wenn auf der Grundlage der romanistischen Genealogie der englische Ansatz zu untersuchen ist.[77]

---

[75] Vgl. des weiteren *Ranieri*, in: *Schulze*, Europäische Geschichte, S. 89 (100–102).

[76] Positive Nachweise der Rezeption des common law vom gemeinen und kanonischen Recht bei *Coquillette*, Civilian Writers, S. 215–296; *Graziadei*, in: ZEuP, Bd. 7 (1999), S. 531 (535 f.); *ders*, in: *Reimann*, Reception of Continental Ideas, S. 115–163; *Johnston*, in: ZEuP, Bd. 7 (1999), S. 560 (564–566); *Martínez-Torrón*, Anglo-American and Canon Law; *Reinhard Zimmermann*, in: *Müller-Graff*, Gemeinsames Privatrecht, S. 103 (bes. 105); *ders.*, in: *Caroni/Dilcher*, Norm und Tradition, S. 281 (296–304);

Nichts spricht dagegen, die Rechtsvergleichung gleich der Rechtsgeschichte um Aspekte der Nachbardisziplin zu erweitern, ohne den selbständigen Geltungsanspruch des Fachs aufzugeben. Damit ist weniger die längst bekannte Phänomenologie einzelner Aspekte wie des Rechtsirrtums gemeint,[78] sondern strukturelle Gleichläufe in der Form der genetisch-historischen Auslegung, die in ihrer Methodik über Detailfragen weit hinausgehen.[79] Diese sind einerseits durch die oft zitierte Natur der Sache bedingt, andererseits jedoch durch den kontinental-römischen Einfluß seitens des Kirchenrechts, des Court of Admiralty und nicht zuletzt der regii professores zu erklären. Im konkreten Fall soll die Frage nach Einheits- oder Trennungsmodell im Bereicherungsrecht diesen notwendigen Abstraktionsgrad vermitteln. Es wird zu beweisen sein, daß die Dogmengeschichte des deutschen Bereicherungsrechts Parallelen zum englischen law of restitution aufweist, auf deren Grundlage sich prinzipielle europäische Gemeinsamkeiten destillieren lassen, ohne freilich zwangsläufig zu einem Europäischen Einheitsbereicherungsrecht gelangen zu müssen.

Um es zusammenzufassen: Rechtsgeschichte und Rechtsvergleichung sollten im europäischen Kontext zur vergleichenden Rechtsgeschichte und rechtsgeschichtlichen Rechtsvergleichung ausgebaut werden. Die Rechtsvergleichung erweitert im Zeitstrahl innerhalb der Materie der Rechtsgeschichte den Blickwinkel. Auf der aktuellen Zeitebene kommen der Rechtsvergleichung umgekehrt historische Perspektiven zugute, wenn mehrere Rechtsordnungen analysiert werden. All diese Mechanismen kann man als Teil der Rezeption im umfassenden Sinne begreifen. Denn stets stehen verschiedene Systeme im Austausch miteinander, die Rechtsordnungen Europas waren zu keiner Zeit streng voneinander abgeschirmte Reservate. Der vermeintliche hermeneutische Gegensatz von Applikation und Kontemplation wird durch die Rezeptionsmethode neutralisiert. Ziel der Suche muß es sein, fundamentale Rechtsprinzipien für

ders., in: ZEuP, Bd. 1 (1993), S. 4–51; *ders.*, in: JZ 1992, S. 8 (15–18); *ders.*, in: *Schulze*, Europäische Geschichte, S. 61 (73–78).

Eher skeptisch in bezug auf methodologische Gemeinsamkeiten von common law und römischem Recht *Samuel*, in: ZEuP, Bd. 3 (1995), S. 375 (394–397). Verhalten auch *Reimann*, in: ZNR, Bd. 21 (1999), S. 357–381, bei seinem Überblick aus englischer Perspektive; dazu wiederum *Stein*, in: ZNR, Bd. 22 (2000), S. 255 f. Speziell zum Bereicherungsrecht *Gordley*, in: ZEuP, Bd. 1 (1993), S. 498 (504–506).

[77] Zu Entwicklungsparallelen vorerst *Schrage/Nicholas*, in: *Schrage*, Unjust Enrichment, S. 9 (27, 30); vgl. auch *Reinhard Zimmermann*, in: JZ 2000, S. 778 (778). Siehe zusammenfassend unten ab S. 720.

[78] Dazu rechtsvergleichend *Winkel*, in: *Swadling*, Limits of Restitutionary Claims, S. 244–256; *Zimmermann/Hellwege*, in: Festschrift für *Großfeld*, S. 1367–1401, freilich noch auf dem Stand vor der neuen Grundsatzentscheidung im englischen Recht, *Kleinwort Benson Ltd* v *Lincoln CC* [1998] 4 All ER 513.

[79] Vgl. auch *Reimann*, in: ZEuP, Bd. 7 (1999), S. 496 (511 f.), der mit Recht trotz wissenschaftlicher Tiefe eine hohe Abstraktion fordert.

das deutsche und englische Bereicherungs- resp. Restitutionsrecht zu finden.[80] Sie können nicht im luftleeren Raum entwickelt werden, sondern benötigen ihren Halt in der Tradition der bestehenden und bewährten Rechtsordnungen, die von ganz verschiedenen Methoden ausgehen.

Daher soll nach dem chronologischen Verlauf der Rezeptionsgeschichte das deutsche Recht auf seiner römisch-europäischen Grundlage untersucht werden, im Anschluß daran das englische law of restitution. Erst dann lassen sich grundlegende Prinzipien kristallisieren,[81] die für die deutsche Dogmatik im Hinblick auf die Rechtsvereinheitlichung in Europa zu beachten sind. Die herkömmliche, für die Rechtsvergleichung typische funktionale Gliederung nach Rechtsinstitutionen – vornehmlich Leistung und Eingriff – bietet sich auf der Basis der hier vorgeschlagenen Methode weniger an, weil bei dieser Darstellungsweise der innere Zusammenhang der Rezeptionsgeschichte nicht ausreichend gewahrt werden kann.

---

[80] Zur Methodenlehre auch *Klaus Peter Berger*, in: ZEuP, Bd. 9 (2001), S. 5–29; *Jacoby*, Allgemeine Rechtsgrundsätze, bes. S. 112–150; *Möllers*, Rolle des Rechts, S. 47–76; *Röver*, Vergleichende Prinzipien, S. 88–94; *Schulze*, in: ZEuP, Bd. 1 (1993), S. 442 (458–467); bes. instruktiv *Smits*, in: (1999) 6 MaasJEuCL 25–46.

[81] Vgl. *Bant*, in: (1999) 28 UWALR 315, 320, Fn. 21:

> „A thorough critique of unjust enrichment theory would also require a historical and contemporary analysis, given the firm historical and contemporary support for a law of unjust enrichment in many civilian jurisdictions."

Erster Teil

Deutsches Recht

§ 1 Das Dilemma

I. Erste Impressionen

Die lange und manchmal nicht einfache Geschichte des Bereicherungsrechts klang bereits an. Deutsche Gelehrte finden ganz im Gegensatz zu ihren Kollegen im anglo-amerikanischen Rechtskreis heute kaum noch geistige Erbauung an der Materie.[1] Hermann Weitnauer beklagte vor nunmehr geraumer Zeit die „bis ins Ungemessene [...] explodierte" Literatur zum Thema[2] – mit anderen Worten: Das Bereicherungsrecht als Herbarium des deutschen Juristen ist ein weites Feld. Immerhin wurde nach den Stellungnahmen zu den Entscheidungen des Bundesgerichtshofs in Zessions- und Veranlassungsfällen zu Beginn des vergangenen Jahrzehnts quantitativ gesehen nur relativ wenig publiziert. Der Wunsch, es mögen weniger Dissertationen zu Dreiecksverhältnissen erscheinen,[3] wurde erhört, doch die Lehre hat bisher ihre Reihen noch nicht neu formieren können. So konstatiert Canaris, das Thema sei teilweise „wohl sogar" zum „Schrecken der Lehrenden"[4] – „überforderter Professoren"[5] – geworden. Die Verlustliste an „seriöser Stoffvermittlung"[6] ließe sich fast beliebig fortset-

---

[1] Siehe zur englischen Haltung treffend *Langbein*, in: Festschrift für *Jones*, S. 57 (62): „Restitution is still in many ways an open book, and what fun it is to write on blank pages."

[2] *Weitnauer*, in: DB 1984, S. 2496 (2496); etwa auch *Flume*, in: AcP, Bd. 199 (1999), S. 1 (1); *Gernhuber*, Bürgerliches Recht, § 45, Literatur (S. 428).

[3] *Reifner*, in: ZRP 1999, S. 43 (44). Allerdings bestehen berechtigte Zweifel, ob es tatsächlich so viele Dissertationen speziell zu Dreiecksverhältnissen gibt. In praxi ist es weniger als eine Dissertation in drei Jahren. Wohl nicht erfüllt hat sich dagegen noch *Schuberts* Wunsch in: JR 1984, S. 151 (151), die Lehre werde für diese intrikaten Fälle „bald ein praktikables Modell" anbieten.

[4] *Larenz/Canaris*, Schuldrecht, Bd. II/2, Vorwort (S. VI).

[5] Der Titel seines Aufsatzes in: NJW 1992, S. 3143–3145, lautete „Überforderte Professoren?!" Der Aufsatz war eine Antwort auf *Jakobs*, in: NJW 1992, S. 2524–2529, der seinerseits neben *Canaris* v. a. *Martinek*, in: JZ 1991, S. 395–400, kritisiert hatte. *Jakobs* hatte vorgetragen, die Materie habe einen Schwierigkeitsgrad erreicht, bei dem selbst „Professoren mit einer Spezialisierung im Kondiktionsrecht" überfordert seien.

[6] *Esser/Weyers*[7], Schuldrecht, Bd. II, § 47, 1 e (S. 419), m. w. N., schreiben, eine „seriöse Stoffvermittlung der Lehre stößt auf große Schwierigkeiten". In der 8. Aufl. des Lehrbuchs fehlt dieser Befund.

zen; Klagen vieler namhafter Gelehrter sind Legion.[7] Nur ganz vereinzelt spüren Experten wie Michael Martinek als Mitautor des einschlägigen Handbuchs bei einer „in den letzten zehn, fünfzehn Jahren zunehmend wiedergewonnenen Lehrbarkeit und Lernbarkeit [...] unverkennbar immer festeren Boden unter den Füßen.“[8]

Wenn die Kenner des Bereicherungsrechts schon darüber streiten, ob endlich Licht am Horizont zu sehen sei, dann offenbart sich lediglich die gegenwärtige Unsicherheit. Es verwundert kaum, daß die Rechtsprechung manchmal die sogenannte „herrschende Lehre“ nicht von der „Mindermeinung“ abzugrenzen vermag.[9] Beispielsweise tadelte das Landgericht Hamburg das zuständige Amtsgericht, es teile eine „offensichtlich falsche Rechtsauffassung“, die „offensichtlich den herrschenden bereicherungsrechtlichen Grundsätzen“ widerspreche.[10] Dabei war das Amtsgericht der ganz überwiegenden Lehrmeinung zur Drittzahlung gemäß § 267 Abs. 1 BGB auf fehlende Valutaschuld[11] gefolgt und hatte eine Direktkondiktion des zahlenden Dritten gegen den vermeintlichen Gläubiger angenommen. Die Berufungsinstanz bereicherte aber immerhin die Kuriositätenspalte des Nachrichtenmagazins „Der Spiegel“.[12]

Die heutige Situation ist keineswegs neu. Im Reformjahr 1970 sah Larenz, der als einer der letzten auf die „moderne Bereicherungslehre“ eingeschwenkt war, im Vorwort zur vielzitierten zehnten Auflage seines Schuldrechtslehrbuches die Dinge noch positiver. Bereits in der darauffolgenden Edition mußte auch er resigniert eingestehen, inzwischen sei „so vieles kontrovers“, „daß man

[7] Weitere Nachweise bei *Fest*, Verletzung von Immaterialgüterrechten, S. 15; auf den Punkt gebracht wird die Stimmung von *Wesel*, in: NJW 1994, S. 2594 f.

[8] *Martinek*, in: NJW 1998, S. 967; dagegen wiederum *Schnauder*, in: JuS-Information, Heft 11/1999, S. LXII (LXV): „Es stellt sich nämlich grundsätzlich die Frage, ob bei der generellen Unfähigkeit zur Konsensbildung in diesem Rechtsgebiet ein fester Boden überhaupt geschaffen werden kann.“

[9] Siehe als Stimme aus der Praxis *Hartlieb*, in: MDR 1987, S. 721 (722): Bedeutung der Materie „nur im Rahmen von staatlichen Prüfungskommissionen, um an Kandidaten abstruse Fragen zu stellen“; ebenso von akademischer Seite energisch *Jakobs*, in: NJW 1992, S. 2524 (2524). Dagegen wieder *Giesen*, in: Jura 1995, S. 169 (169): „Die Beherrschung der bereicherungsrechtlichen Grundprinzipien gehört zu den unabdingbaren Voraussetzungen für den Erfolg im Staatsexamen“; *Martinek*, in: NJW 1992, S. 3141 (3143); differenzierend nach den Lehrinhalten *Flume*, in: NJW 1987, S. 635 (635): Es komme darauf an, den Studentinnen und Studenten das Bereicherungsrecht ohne den „Wirrwarr der modernen Auslassungen“ vorzutragen.

[10] Nach *Peter Krebs*, in: NJW 1988, S. 1895 (1895).

[11] Etwa *Loewenheim*, Bereicherungsrecht, S. 48, mit umfangreichen weiteren Nachweisen: „herrschende Meinung“; *Larenz/Canaris*, Schuldrecht, Bd. II/2, § 70 V 3 b, Fn. 110 (S. 243): „im Ergebnis heute herrschende Lehre“; *Lieb*, in: Münchener Kommentar, § 812, Rn. 108: „Rechtsprechung und ganz herrschende Lehre“.

[12] SPIEGEL, Heft Nr. 2 / 1988, S. 182: „Hohlspiegel“, zitiert nach *Peter Krebs*, in: NJW 1988, S. 1895 f.

sich fragen muß, ob der Ertrag noch den Aufwand lohnt. [...] Auch dem erfahrenen Juristen dürfte es schwerfallen, sich in diesem Dickicht noch zurechtzufinden."[13] Die Aufbruchstimmung, welche die „moderne Bereicherungslehre" begleitete, hatte zu einer Demokratisierung des wissenschaftlichen Diskurses mit unerwünschten Nebeneffekten geführt – die alten dogmatischen Autoritäten waren verfallen und die Enttäuschung über die neuen Lehren, die inzwischen einem eher nüchternen epistemologischen Relativismus gewichen ist, stellte sich innerhalb weniger Jahre ein.

Der unbefangene Beobachter dieses aporetischen und bisweilen subjektiv gefärbten Diskurses muß sich fragen,[14] weshalb eine Rechtsinstitution, der dogmatische Imponderabilien immanent zu sein scheinen, trotzdem oder gerade deshalb für die Lehre eine solche Anziehungskraft entfalten kann. Das dürfte zum einen auf dem von Friedrich Carl v. Savigny in den deutschen Rechtskreis eingeführten Trennungs- und Abstraktionsprinzip beruhen, welches das Recht der rechtsgrundlosen Bereicherung in einem gewissen Grad als Korrelation bedingt; zum anderen aber darauf, daß die Rechtsdogmatik in § 812 Abs. 1 BGB ihr methodologisches Paradigma gefunden hat. Die Norm ist für viele der „Probierstein" dafür, ob sich aus allgemeinsten Rechtsregeln oder gar bloßen Rechtsprinzipien konkrete Fallösungen deduzieren lassen. Kein anderer Tatbestand im Bürgerlichen Gesetzbuch kann eine derartige Vielzahl von Lebenssachverhalten nachweisen, angefangen von gescheiterten Verträgen bis hin zum Immaterialgüterrecht. Kein anderer Tatbestand weist solche Affinitäten zum fast schon biblisch anmutenden Moralgebot des „Bereichere Dich nicht!" auf.[15] Die Übergänge von Recht und Moral zerfließen. Deshalb soll das Bereicherungsrecht für viele Problemlagen der Stein der Weisen sein. Der amerikanische Rechtsvergleicher John Philip Dawson resümierte bereits vor einem halben Jahrhundert, die magische Anziehungskraft des generalisierenden Bereicherungsgedankens verführe selbst recht nüchterne Menschen dazu, ins Wasser zu springen.[16] Es erstaunt darum nicht, daß eine Norm mit gerade 48 Wörtern im Gegensatz zu seitenlangen Paragraphen im Steuerrecht als intrikate Regel gilt. Ja, auf das Recht der rechtsgrundlosen Bereicherung finden sich im Bürgerlichen Gesetzbuch mehrere Dutzend Verweisungen.

Die Praxis gerät so „rasch in riffreiches Wasser, in dem kein prinzipienorientierter Kurs gesteuert werden kann und doch wiederholt anwendbare Regeln

---

[13] *Larenz*[10], Schuldrecht, Bd. 2, Vorwort, S. V f.; *ders.*[11], a. a. O., Vorwort.

[14] Zum Subjektivismus im Bereicherungsrecht sei nur auf *Harders* Replik gegen *Canaris*, in: AcP, Bd. 182 (1982), S. 372 (377, Fn. 13), im Anschluß an *v. Jhering* hingewiesen: „Ich bin nicht Zöllner genug, um dem Pharisäer gegenüber an meine Brust zu schlagen und zu sagen: Gott sei mir Sünder gnädig!"

[15] Sehr lesenswert hier *Sturm*, Form des Rechts, S. 117–126.

[16] *Dawson*, Unjust Enrichment, S. 8.

entwickelt und durch verallgemeinerungsfähige Gesichtspunkte begründet werden müssen", gibt Niklas Luhmann zu bedenken.[17] Die Kunde vom Bereicherungsrecht und seinen Subtilitäten für Justiz und Lehre ist also offenbar sogar zu den Soziologen vorgedrungen. Auffallend ist, wie wenige bereicherungsrechtliche Problemfälle den Weg zum Bundesgerichtshof finden. Während jährlich mehrere hundert Fälle aus dem Schadensersatzrecht die BGH-Senate beschäftigen, gelangen aus dem Bereicherungsrecht nur etwa 20 Rechtssachen an den Bundesgerichtshof.[18] Von Zeit zu Zeit entspannen sich anhand der wenigen Urteile Grundsatzdiskussionen mit immensem Blätterwerk; schon ein kurzer Blick in das Informationssystem „JURIS" offenbart die Beliebtheit des Topos Bereicherungsausgleich in Dreiecksfällen.

Bei alledem wird die fachliche Diskussion durch die unklare Quellenlage erschwert. Unklar ist, wie die Lehren v. Savignys im „System des heutigen Römischen Rechts" zu deuten sind; unklar bleiben aber auch die Intention der Gesetzgebungskommissionen zum Bürgerlichen Gesetzbuch und der Gang der Entwicklung in den vergangenen zweihundert Jahren im allgemeinen. Trotzdem scheinen a prima vista die Fronten um das „richtige" System geklärt zu sein. Die bereicherungsrechtliche Standardliteratur mit ihren Lehrbüchern, Kommentaren und Handbüchern folgt gemeinhin der sogenannten Trennungslehre,[19] das heißt, § 812 Abs. 1 S. 1 BGB wird strikt in Leistungs- und Nichtleistungskondiktion getrennt. Auf der gegenüberliegenden Frontenlinie sind die Vertreter der sogenannten „neuen Einheitslehren" in Position, die in vielerlei Differenzierungen eine Abkehr von der herrschenden Trennungslehre fordern.[20]

Die klare Frontenstellung fundiert auf einem zentralen Punkt: Verfechter von Trennungs- und Einheitslehren mögen die dogmatische Haltung der anderen anfechten, sie stimmen aber darin überein, das Bereicherungsrecht habe sich in einer spezifischen Weise dogmengeschichtlich entwickelt. Die Intention der Gesetzgebungskommissionen zum Bürgerlichen Gesetzbuch und der weitere Werdegang des § 812 Abs. 1 S. 1 BGB sind in den Augen der Anhänger beider Lager eben gerade *nicht* unklar. Der dogmengeschichtliche Traditionskanon hat sich vordergründig bewährt. Streit besteht lediglich darüber, wie die geschichtlichen Fakten vom Standpunkt der eigenen Ansicht aus zu bewerten sind, beispielsweise, ob Trennung Modernität bedeute,[21] die Trennungslehre gleichsam

---

[17] *Luhmann*, Recht der Gesellschaft, S. 10.

[18] Nach *Medicus*, Gesetzliche Schuldverhältnisse, § 23 II (S. 119).

[19] Z. B. *Koppensteiner/Kramer*, Ungerechtfertigte Bereicherung oder *Reuter/Martinek*, Ungerechtfertigte Bereicherung. Ausführliche Nachweise unten ab S. 366.

[20] Etwa *Kupisch*, in: Festschrift für *Hans Hermann Seiler*, S. 431–472. Ausführliche Nachweise unten ab S. 402.

[21] Z. B. *Reuter/Martinek*, Ungerechtfertigte Bereicherung, Überschrift von § 2 II (S. 26), setzen „moderne Bereicherungslehre" mit „Trennungslehre" gleich.

der „Kritik der reinen Vernunft" eine kopernikalische Erkenntniswende herbeigeführt habe.[22] Vordergründig fände hier Thomas S. Kuhn seinen Terminus „Paradigmenwechsel" bestätigt. Nach gängiger Diktion, die nicht nur in Deutschland selbst verbreitet ist,[23] liest sich die Dogmengeschichte in Legendenform etwa folgendermaßen:[24]

Nachdem im usus modernus noch die Kasuistik die wahre Rechtsquelle gewesen sei, habe v. Savigny für das deutsche Recht die Kondiktionen im Sinne einer Einheitslehre zusammengeführt. Die erste Kommission zum Bürgerlichen Gesetzbuch habe aber im Anschluß an Franz Philipp Friedrich v. Kübel einem weit aufgegliederten Trennungsmodell den Vorzug gegeben. Nach der Kritik Otto v. Gierkes sei die zweite Kommission dann zur verunglückten Generalklausel des § 812 Abs. 1 BGB übergegangen. Die ersten Kommentare und Lehrbücher hätten im weiteren Verlauf fast ausschließlich die Einheitslehre mit dem Dogma der Vermögensverschiebung vertreten und sich auf die Billigkeit berufen. Erst Fritz Schulz habe sich von überholten Vorstellungen emanzipiert und die Eingriffskondiktion entdeckt. Auf seinen Pfaden hätten die „Avantgardisten"[25] Walter Wilburg und Ernst v. Caemmerer in einer erneuten „Wende" nach 1934 der Trennungslehre den Weg geebnet. Mit Hans-Wilhelm Kötter schließlich sei der Leistungsbegriff und das Subsidiaritätsdogma aufgekommen. Die neue Lehre stünde zwar im Gegensatz zur Entstehungsgeschichte des Bürgerlichen Gesetzbuchs und zur Lehre der ersten Jahrhunderthälfte, sie sei aber durch die Erkenntnis gerechtfertigt, daß Leistung und Eingriff fundamental verschieden seien.

Es wird offenbar davon ausgegangen, es gebe im Bereicherungsrecht eine qualitative Schrittfolge, die nach dem Vorbild der Eleaten weniger eine kontinuierliche Entwicklung als lose Fragmente verschiedener unabhängiger Rechtszustände abbildet. Mit dem Begriff des Paradigmenwechsels ist diese Vorstellung nicht unweigerlich verbunden, denn der Sprung, die „Wende", muß sich nicht im eigentlichen Erkenntnisgegenstand Recht vollziehen. Der Wechsel kann ein reiner Reflex der Perspektive sein. Gewöhnlich wird der erste Weg bevorzugt; objektive Kontinuitäten werden mit subjektiven Standpunkten vertauscht, Neuerungen überzeichnet und aus ihrem genetisch-historischen Kontext gerissen. Deshalb ist kritisch zu hinterfragen, wie die gängige Historiogra-

---

[22] *Kupisch*, in: JZ 1997, S. 213 (217), variiert den Befund mit den Worten „säkulare Wende".

[23] Als bes. aufschlußreich erweisen sich die Variationen von *Henry Smith*, in: (1997) 9 OtagoLR 144, 160–162, der auf der rechtsvergleichenden englischsprachigen Literatur aufbauend zum deutschen Bereicherungsrecht ausführt, *v. Savigny* habe „1825" [!] im „System des heutigen Römischen Rechts" seine neue Lehre zum Bereicherungsrecht entwickelt.

[24] Zusammenfassend vor allem *Reuter/Martinek*, Ungerechtfertigte Bereicherung, §§ 1 f. (S. 4–38); vgl. des weiteren die Übersichten bei *Zimmermann/du Plessis*, in: [1994] RLR 14, 17 f.; *Reinhard Zimmermann*, in: (1985) 18 CILJSA 1, 6–8, und *Lutz-Christian Wolff*, Zuwendungsrisiko und Restitutionsinteresse, S. 170–183; sehr differenzierte Darstellung aus schweizerischer Sicht bei *Kaufmann-Bütschli*, Ungerechtfertigte Bereicherung, S. 24–32, 113–147.

[25] *Reuter/Martinek*, Ungerechtfertigte Bereicherung, § 2 I 1 (S. 23, Fn. 11).

phie des Bereicherungsrechts zu ihren Erkenntnissen gelangt. So folgerte schon Wilhelm Collatz aus Bernhard Windscheids Lehrbuch des Pandektenrechts entgegen der dargestellten Sichtweise, die „allgemeine herrschende Meinung" [sic!] des Jahres 1911 lehne eine einheitliche Formel zur rechtsgrundlosen Bereicherung ab.[26] Die Rechtslage wird jedoch noch komplexer: Wenn Collatz als Beweis seiner These Ludwig Enneccerus ins Feld führt, vereinfacht er geflissentlich dessen Ausführungen. Enneccerus hatte zwar festgestellt, die Rechtsgrundlosigkeit lasse sich nicht durch ein einheitliches Prinzip bestimmen,[27] andererseits wollte er schon das römische Recht und erst recht das geltende Recht auf ein einheitliches Grundprinzip zurückführen.[28] Ein einheitliches Grundprinzip bei verschiedenen Auslegungen des fehlenden Rechtsgrundes – sollte sich Enneccerus hier etwa in logische Widersprüche verfangen haben? Wie lassen sich solche Antinomien erklären? Vorläufig sei ein non liquet angebracht und nur ein kleiner Anstoß zur kritischen Reflexion des weitläufigen Axioms gegeben, die Trennungslehre der Wertungsjurisprudenz stehe einer Einheitslehre der dogmengeschichtlichen Frühzeit gegenüber.

II. Systematisierung der Phänomene

Als Fazit der Phänomenologie und insbesondere der Ausführungen Collatz' bleibt die Erkenntnis, daß Trennungs- und Einheitslehre nicht strikt voneinander abgegrenzt werden können. *Die* Einheits- und *die* Trennungslehre gibt es nicht. Zu gewaltig sind die Variationen innerhalb der beiden Gruppen, zu sehr leidet ein binäres Denken in reinen Trennungs- und Einheitskategorien an klassifikatorischen Unschärfen. Denn in der Literatur wird nicht nur § 812 Abs. 1 BGB in der Diskussion berücksichtigt, sondern auch dahinterstehende Rechtsprinzipien. Darauf basiert ein Lösungsansatz neueren Datums. Canaris will im Bereicherungsrecht den Tatbestand vom Rechtsprinzip trennen; Manfred Lieb schließt sich dem mit dem Hinweis an, letztlich handele es sich „nur um Spielarten des bereichernden Vorgangs [...], die an der Gemeinsamkeit der Ausgleichsfunktion nichts ändern."[29] Näher führen sie den Gedanken nicht aus; sie begnügen sich mit der Feststellung, zwischen Prinzipien- und Tatbestandsebene

[26] *Collatz*, Theorie der ungerechtfertigten Bereicherung, S. 22.

[27] *Enneccerus*³, Bürgerliches Recht, Bd. 1, § 442 pr. (S. 1114).

[28] *Enneccerus*³, Bürgerliches Recht, Bd. 1, § 440 II 1 (S. 1110): Die condictio sine causa sei „der allgemeine Typus der Kondiktio", der in den einzelnen Fällen nur abweichenden Vorschriften unterliege.

[29] *Larenz/Canaris*, Schuldrecht, Bd. II/2, § 67 IV 1 b (S. 142 f.); zustimmend *Schlechtriem*, Schuldrecht, Besonderer Teil, Rn. 635, Fn. 5; *Lieb*, in: Münchener Kommentar, § 812 Rn. 6, mit Hinweis auf *Canaris* in Rn. 8, Fn. 10, und wieder umgekehrt *Larenz/Canaris*, Schuldrecht, Bd. II/2, § 67 IV 1 b (S. 143, Fn. 29): *Lieb* als „vermittelnde Ansicht".

müsse separiert werden. Bemerkenswerterweise gibt sich Canaris generell als Vertreter der Trennungslehre zu erkennen. Lieb schreibt sich selbst eine „vermittelnde Ansicht" zu, wird aber von vielen Anhängern der Trennungslehre der Einheitslehre zugerechnet.[30] Beide Literaten treffen sich in ihrem Bemühen, das Theoriendickicht mit demselben Ansatz zu lichten, Lieb sieht gar Canaris eine mittlere Stellung einnehmen. Sollte es etwa zwischen Trennungs- und Einheitslehre noch eine dritte oder gar vierte Meinungsgruppe geben?

1. Auslegung

Der Ansatz der beiden genannten Rechtslehrer liefert eine wertvolle Basis, nur muß er präzisiert werden. Der Tatbestand als Ordnungsebene ist eine Obergruppe; zwischen Tatbestand und konkreter Rechtsanwendung liegen mehr Zwischenschritte, als das klassische Syllogismusmuster vorspielt. Tatbestände müssen im Prozeß der Rechtsfindung ausgelegt werden; das ist bereits in der sprachlichen Unschärfe angelegt. Ausgelegt werden die verschiedenen Satzelemente des Tatbestandes. Die Tatbestandsmerkmale sind indes keine Axiome, sie sind gleichfalls nicht apriorischer Natur. Der Topos Auslegung kann daher nur ein Obergesichtspunkt sein, wenn es gilt, mit Sachverhalt und Gesetzesnorm den Rechtsfall zu lösen.

Nimmt man auf der Tatbestandsseite die hypothetische Norm X mit den Worten a, b, c, so kann man den Normtext so auslegen, daß daraus ein einziges Tatbestandsmerkmal mit den Worten a, b, c resultiert. Der Text kann weiterhin in drei Tatbestandsmerkmale A, B und C oder zum Beispiel zwei Tatbestandsmerkmale (A: a, b; B: c bzw. A: a; B: a, b) zerlegt werden. Auf § 812 Abs. 1 S. 1 BGB übertragen ist in einem ersten gedanklichen Auslegungsschritt der Text in Tatbestandsmerkmale zu gliedern.[31] Man könnte dabei im Falle des § 812 Abs. 1 BGB zum Beispiel das Wort „Leistung" streichen, falls das noch Auslegung sein sollte, oder das Tatbestandsmerkmal „auf dessen Kosten" der „Leistung" und der Bereicherung „in sonstiger Weise" zuordnen. Diese erste Stufe der Auslegung soll im Folgenden als *formelle* Auslegung bezeichnet werden, als eine Deutung, welche die Norm nur syntaktisch strukturiert, ohne inhaltlich zu gestalten. Sie ist Ausgangspunkt aller weiteren Auslegungsprozesse. Davon trennt sich die semantische Stufe, die *materielle* Auslegung. Auf ihr

---

[30] Vgl. dazu *Liebs* eigene Einschätzung, in: Symposium für *Detlef König*, S. 94, als Replik auf den Vortrag *Schlechtriems*, in: Symposium für *Detlef König*, S. 57 (58, Fn. 8) (vgl. zu *dessen* Duplik Symposium für *Detlef König*, S. 108 f.); ebenso *Lieb*, in: Münchener Kommentar, § 812, Rn. 8a.

[31] Siehe auch *Zippelius*, Methodenlehre, § 9 I (S. 45), unter Hinweis auf *F. C. v. Savignys* „System des heutigen Römischen Rechts", der an der Konstruktion der verbalen Ausgangsbasis vor allem syntaktisch-systematische Elemente beteiligt sieht.

wird den durch die formelle Auslegung gefundenen Tatbestandsmerkmalen eine inhaltliche Qualität verliehen. Beispielsweise werden die Bausteine „ohne rechtlichen Grund“ und „auf dessen Kosten“ in einem ganz bestimmten Sinn interpretiert.

Ohne die Gliederung in formelle und materielle Auslegung gingen mögliche Kombinationen von Einheits- und Trennungsmodell verloren. Es sei ein Exempel anhand von § 812 Abs. 1 S. 1 BGB gegeben: Selbst wenn syntaktisch gesehen das Tatbestandsmerkmal „auf dessen Kosten“ auch für die Leistung gelten sollte, könnte man immer noch die Tatbestandsmerkmale „ohne rechtlichen Grund“ und „auf dessen Kosten“ je nach dem Kontext Leistung oder Nichtleistung unterschiedlich auslegen. Die einseitige Sichtweise in den Kategorien Einheit *oder* Trennung würde solche Differenzierungen einebnen.

Nun ist man versucht einzuwenden, Syntax und Semantik seien im Auslegungsvorgang nicht eindeutig zu trennen, das Vorverständnis des einen bedinge das andere. Und in der Tat hat sich die moderne Semantik von der bloßen Wortsemantik abgewandt;[32] die Satzbedeutung läßt sich nicht mehr nach der Formel Satzbedeutung = Wortbedeutung + syntaktische Regeln bestimmen. Neben die Kategorien Wortsemantik und Syntax tritt die Satzsemantik. Das führt aber nicht notwendigerweise dazu, daß man das Schema materielle – formelle Auslegung um eine dritte Klasse erweitern müßte. Die neuere Sprachwissenschaft hat zwar die Einsicht gewonnen, die Semantik des einzelnen Wortes sei nicht völlig beziehungslos zum Satzganzen. In der Rechtswissenschaft sind derartige Erkenntnisse jedoch nichts Neues. Mit Hilfe der juristischen Auslegung sind Fälle zu lösen, sie hatte schon immer applikativen Charakter.[33] Im Prozeß der Gesetzesauslegung wäre es unmöglich, die einzelnen Tatbestandsmerkmale nicht im Hinblick auf den ganzen Tatbestand auszulegen. Die Anwendungsorientierung juristischer Auslegung zwingt in besonders hohem Maße dazu, alle Denkschritte bei der Rechtsanwendung gegenseitig abzugleichen. Wenn hier von materieller und formeller Auslegung und verschiedenen Schritten die Rede ist, sind damit keine starren Dichotomien gemeint; die materielle Auslegung konstituiert mehr als den Sinn des einzelnen Wortes, umgekehrt kann die formelle Auslegung nicht ohne die semantische Ebene bestehen.[34] Die Trennung von formeller und materieller Auslegung hat mehr heuristischen als kategorischen Charakter, keinesfalls reproduziert sie den zeitlichen Verlauf der Normauslegung.

---

[32] Vgl. *Dietrich Busse*, Juristische Semantik, S. 255 f., 274–277; *Grewendorf/Hamm/Sternefeld*, Sprachliches Wissen, S. 298 f., 317–373; *v. Polenz*, Satzsemantik, S. 49–73.

[33] Z. B. *Betti*, Allgemeine Auslegungslehre, S. 602; *Coing*, Auslegungsmethoden und Hermeneutik, S. 23; *Gadamer*, Wahrheit und Methode, Bd. 1, S. 335. Siehe näher bereits oben ab S. 49.

[34] Vgl. *Lutzeier*, Linguistische Semantik, S. 132, für die Relation Semantik–Syntax.

Außerdem ist die juristische Applikation in erster Linie an tatbestandlichen Strukturen orientiert. Syntaktische und semantische Regeln geben allein nur unzureichend den Prozeß der Rechtsfindung anhand des Gesetzestextes wieder. Dreh- und Angelpunkt der Auslegung ist das einzelne Tatbestandsmerkmal. Über den auf den konkreten Einzelfall adaptierten Tatbestand mit seinen einzelnen Merkmalen wird dem Lebenssachverhalt nach dem Konditionalschema eine Rechtsfolge zugeordnet. Semantik und Syntax hingegen haben nicht die Funktion, aus Sachverhalten Folgen herzuleiten. Oder deutlicher gesagt: Für die Sprachwissenschaft ist der Text deskriptives Endprodukt, vom hermeneutischen, speziell juristischen Standpunkt aus gesehen bloßes präskriptives Zwischenprodukt.[35] Um die verschiedenen Theorien zu § 812 Abs. 1 BGB zu erfassen, die allesamt normativer Natur sind, muß das Erfassungsraster ebenfalls normativ am Tatbestand ausgerichtet sein. Mit einer eigenständigen Klasse der Satzsemantik ist für die Auslegung kein zusätzlicher Erkenntniswert gewonnen.

Bereits v. Savigny legte die methodologische Distinktion in seinen Schriften an: Er differenzierte die grammatische von der logischen Auslegung. Sein prominenter Schüler Jakob Grimm hat diese Gedankenführung in seiner Vorlesungsnachschrift nach dem mündlichen Vortrag dahin präzisiert, die logische Auslegung gebe „das Verhältnis der Teile unter sich an."[36] Der grammatische Teil bedeutete für v. Savigny die „Darstellung des Mediums wodurch der Gedanke ausgesprochen worden."[37] Im „System des heutigen Römischen Rechts" findet sich endlich der heute bekannte Methodenkanon. „Das grammatische Element der Auslegung hat zum Gegenstand das Wort, welches den Übergang aus dem Denken des Gesetzgebers in unser Denken vermittelt. Es besteht daher in der Darlegung der von dem Gesetzgeber angewendeten Sprachgesetze. Das logische Element geht auf die Gliederung des Gedankens, also auf das logische Verhältnis, in welchem die einzelnen Theile desselben zu einander stehen", definierte v. Savigny.[38] Er begründete die grammatische Auslegung mit dem einzelnen Wort und seinen Sprachgesetzen, die logische mit der Gliederung des übergeordneten Gedankens als Satzganzem.

Die heutige Methodenlehre vollzieht die bei v. Savigny angedeutete Trennung beim Auslegungsvorgang teilweise nicht nach. Manche erkennen nur im Zusammenhang der systematischen Auslegung an, daß auch das einzelne Wort vom Satzganzen her ausgelegt werden muß, ohne allerdings zwischen Inhalt

---

[35] Darauf weist allgemein *Gadamer*, Wahrheit und Methode, Bd. 2, „Text und Interpretation", S. 330 (341, 345), hin. Siehe näher bereits oben ab S. 49.

[36] *F. C. v. Savigny*, Methodennschr. 1802/03 (*Jakob Grimm*), S. 19.

[37] *F C v Savigny*, Manuskript Methodologie 1802/03, Bl. 5r, in: *ders.*, Methodologie, S. 89; ähnlich *ders* , Manuskript Einleitung zu den Pandekten 1811, Bl. 174r, in: *ders.*, Methodologie, S. 176.

[38] *F C. v. Savigny*, System, Bd. 1, S. 213 f.

und Stellung im Satz zu unterscheiden.[39] Andere Methodenlehren trennen im Anschluß an v. Savigny dagegen die logische von der grammatischen Auslegung. Die Terminologie ist leider uneinheitlich.[40] Die Bezeichnung „logisch" und „grammatisch" sollte aufgegeben werden, sie führt nur in die Irre. „Grammatik" kann sowohl die Strukturbeschreibung einer Sprache als auch primär die Feststellung sprachlicher Inhalte bezeichnen. Das Adjektiv „logisch" als Auslegungsattribut ist ebenfalls mehrdeutig.[41]

2. *Resultierende Arbeitshypothese*

Wenn formelle und materielle Auslegung berücksichtigt werden, erhält man folgende Matrix, um Trennungs- und Einheitslehren im Bereicherungsrecht adäquat einordnen zu können:

a) Prinzipienebene

Die Prinzipienebene ist die erste Stufe für die Klassifikation bereicherungsrechtlicher Theorien im Spannungsfeld von Einheits- und Trennungsmodell. Eine ideale Einheitslehre wird das gesamte Bereicherungsrecht auf ein einziges Rechtsprinzip zurückführen, die Trennungslehre mindestens zwei Prinzipien unterscheiden. Unter Rechtsprinzipien sind Postulate zu verstehen, die keine unmittelbare Geltung im Sinne des Konditionalschemas „wenn ... dann ..." beanspruchen, mit dem Tatbestand und seiner Auslegung nicht identisch sind, aber Lenkungsfunktion für das positive Recht einnehmen.[42] Rechtsprinzipien

---

[39] *Engisch/Otto/Würtenberger*, Juristisches Denken, S. 94 f.; *Larenz/Canaris*, Methodenlehre, S. 145.

[40] *Alexy*, Recht, Vernunft, Diskurs, S. 85, teilt die Auslegungsmethode „linguistisches Argument" in semantische und syntaktische Argumente; *Fikentscher*, Rechtsmethoden, Bd. 3, S. 672: zur Wortinterpretation zähle auch die sog. „syntaktische Auslegung"; *Horn*, Rechtswissenschaft und Rechtsphilosophie, Rn. 178: „sprachlich-grammatische" Auslegung mit Satzbau und Sprachgebrauch; *Röhl*, Rechtslehre, S. 628, unter der Rubrik „Wort- und Satzsemantik" in „Wortlautauslegung" (lexikalische Definition von Prädikatoren) und „grammatische Auslegung" (Sätze als Bedeutungsträger); *Zippelius*, Methodenlehre, § 8 (S. 42 f.), in „grammatische Auslegung" (Sinn der Gesetzesworte) und als Untergruppe das „logische" Element" (syntaktische und systematische Zusammenhänge).

[41] *Horn*, Rechtswissenschaft und Rechtsphilosophie, Rn. 178, Fn. 49; *Raisch*, Juristische Methoden, S. 76. Vgl. des weiteren *Brugger*, in: AöR, Bd. 119 (1994), S. 1 (22 f.); *Koch/Rüßmann*, Begründungslehre, § 17, 2 a (S. 166 f.); *Larenz/Canaris*, Methodenlehre, S. 99–168, *Friedrich Müller*, Juristische Methodik, Rn. 351–359, 480.

[42] Definitionen aus zivilrechtlicher Sicht z. B. bei *Larenz*, Richtiges Recht, S. 23. Grundlegend *Dworkin*, Taking Rights Seriously, bes. S. 24 f., später in der deutschen Lehre *Alexy*, etwa Theorie der Grundrechte, bes. S. 71–97.

können auch kodifiziert sein, sie müssen nicht ungeschrieben „hinter" den oft in sichtbare Gesetzesform gegossenen Rechtsregeln stehen. Rechtsregeln und Rechtsprinzipien sind in keinem hierarchischen, sondern in einem normlogischen Verhältnis zueinander zu sehen. Beide Normgruppen können grundsätzlich nur *mittelbar* in der Rechtsanwendung konkurrieren.[43] Die Konkurrenz ist lediglich indirekt, denn Rechtsprinzipien müssen erst einen Abwägungsprozeß durchlaufen und sich zu direkt ausführbarem Recht wie Rechtsregeln „verdichten",[44] um unmittelbar in Anwendungskonkurrenz mit den originären Rechtsregeln zu treten. Wenn Regeln und Rechtsprinzipien umgangssprachlich miteinander kollidieren, dann sind in Wahrheit verschiedene Rechtsprinzipien untereinander zu tarieren, die mit der Geltung oder Auslegung einer Rechtsregel verknüpft sind.[45]

Die Grundrechte geben ein Beispiel par excellence für kodifizierte Rechtsprinzipien, sie führen unter bestimmten Umständen nach einem umfangreichen Gewichtungsprozeß sogar zu direkten Ansprüchen gegen staatliche Instanzen. Entscheidend ist aber, daß selbst solche Rechtsprinzipien kein festes Tatbestands-Rechtsfolgenschema liefern. Sie bedürfen erst der Abwägung.[46] Daß die Geltendmachung von Grundrechten die Nichtigkeit einfachrechtlicher Gesetze zur Folge haben kann und über die verfassungskonforme Auslegung das einfache Gesetzesrecht steuert, liegt nicht am Prinzipiencharakter der Grundrechte, sondern an ihrer höheren Position in der staatlichen Normhierarchie aufgrund positiver Anordnung. Das Zitiergebot in Art. 19 Abs. 1 S. 2 GG etwa kann umgekehrt ebenfalls zur Nichtigkeit von Gesetzen führen, obwohl es kein Rechtsprinzip ist.

Im Bürgerlichen Gesetzbuch gibt es dagegen keine kodifizierten Rechtsprinzipien, die als selbständige Normen auftreten.[47] Selbst die §§ 138 Abs. 1 und 242 BGB ordnen eine Rechtsfolge an: die eine die Nichtigkeit des Rechtsgeschäfts, die andere erlegt bestimmte Verhaltenspflichten auf. Wenn hier von Rechtsprinzipien die Rede ist, sind deswegen aus spezifisch zivilrechtlicher Sichtweise nur solche gemeint, die nicht im Gesetz kodifiziert sind, die also in erster Linie die Rechtsanwendung nur über die Auslegung steuern können. Auf diese Funktion der Rechtsprinzipien wird noch genauer einzugehen sein.[48] Das

---

[43] A. A. offenbar *Jansen*, Struktur der Gerechtigkeit, S. 80: „Kollision einer Regel mit einem Prinzip".

[44] Vgl. *Alexy*, Theorie der Grundrechte, S. 92: „Prinzip ein Grund für eine Regel".

[45] Siehe *Simmonds*, Central Issues in Jurisprudence, S. 98; auch *Hart*, Concept of Law, S. 262, der jedoch zusätzlich die Deutungsmöglichkeit erkennen will, Rechtsregeln und -prinzipien könnten direkt miteinander konkurrieren.

[46] *Dworkin*, Taking Rights Seriously, S. 26 f.: „dimension of weight".

[47] Damit ist selbstverständlich nicht geleugnet, daß einzelne Elemente verschiedener Rechtsregeln im BGB, bspw. in § 242, ihrerseits als Rechtsprinzipien ausgestaltet sind.

[48] Siehe unten ab S. 76.

ist aber keine spezifische Eigenschaft der Prinzipien;[49] auch Rechtsregeln sind in der Lage, die Interpretation anderer Rechtsregeln über die Technik der Legaldefinitionen vorzugeben.

Wenn es im Bürgerlichen Gesetzbuch keine kodifizierten Rechtsprinzipien in der Form autonomer Normen gibt, ließe sich immerhin ihre ungeschriebene Existenz denken. Doch zur Transformation bedarf es immer eines Ansatzpunktes in Form einer Rechtsregel, beispielsweise § 242 BGB. Selbständige ungeschriebene Rechtsprinzipien wären mit der Kodifikationsidee des Bürgerlichen Gesetzbuches anders als im kollektiven Arbeitsrecht unvereinbar. Für Rechtsregeln gilt im übrigen dasselbe. Die Rechtsinstitution der culpa in contrahendo oder die positive Forderungsverletzung etwa sind zwar Rechtsregeln aus Gewohnheitsrecht; das Kodifikationsprinzip wird hier durch Legitimation kraft Gewohnheit ergänzt. Die Frage, ob Rechtsprinzipien nach einem Abwägungsvorgang oder Rechtsregeln zu Ansprüchen führen können, ist somit keine Frage ihrer unterschiedlichen Normqualität, sondern ein Legitimationsproblem.[50] Selbst wenn man § 242 BGB als Rechtsprinzip ansieht, ändert sich nichts an dem Befund, weil dann das Prinzip selbst kodifiziert ist, das Kodifikationsprinzip bleibt gewahrt. Darauf sollte man hinweisen, um definitorische Unklarheiten zwischen den vor allem im öffentlichen Recht und in der Rechtstheorie einerseits und den im Zivilrecht andererseits verwandten Vorstellungen über den Begriff „Rechtsprinzip" vorzubeugen.

b) Tatbestandsebene

Die nächste Ebene betrifft den Tatbestand mit den verschiedenen Tatbestandselementen in der Form der formellen Auslegung. Die Rechtsfolge als zweite Komponente der Rechtsregeln soll außer Betracht bleiben, weil das Einheits- und Trennungsmodell tatbestandlich, aber nicht aus der Sicht der in § 812 Abs. 1 S. 1 und vor allem in § 818 BGB angeordneten Rechtsfolgen betrachtet werden soll.[51] Im Falle des § 812 Abs. 1 S. 1 BGB sind als gemeinsame Nenner die Tatbestandselemente „etwas erlangt" und „ohne rechtlichen Grund" relevant. Strittig ist zwischen Einheits- und Trennungslehre, wie es sich mit „auf dessen Kosten", „durch Leistung" und „in sonstiger Weise" verhält.

Für die Einheitslehre kann „durch Leistung" keinen Bestand haben. Sie muß § 812 Abs. 1 S. 1 BGB auf Tatbestandsebene daher wie folgt lesen:

> „Wer auf irgendwelche Weise etwas auf Kosten eines anderen ohne rechtlichen Grund erlangt, ist ihm zur Herausgabe verpflichtet."

---

[49] Siehe *Alexy*, Theorie der Grundrechte, S. 91.

[50] Vgl. *Hart*, Concept of Law, Postscript, S. 264–266.

[51] Dazu bereits oben auf S. 43.

Die herkömmliche Formulierung, die man der Einheitslehre tatbestandlich unterschiebt, lautet:[52]

> „Wer durch die Leistung eines anderen auf dessen Kosten oder in sonstiger Weise auf dessen Kosten etwas ohne rechtlichen Grund erlangt [...].“

Damit wäre zwar das Tatbestandsmerkmal „auf dessen Kosten“ vor die Klammer „durch Leistung“ und „in sonstiger Weise“ gezogen. Tatbestandlich gäbe es jedoch noch immer zwei unterschiedliche Tatbestandsmerkmale, nämlich die Bereicherungsmodi „durch Leistung“ und alternierend „in sonstiger Weise“ als Nichtleistung. Normlogisch liest sich § 812 Abs. 1 S. 1 BGB dann wie folgt:

> Allgemeine Voraussetzungen (Vermögensverschiebung + Rechtsgrundlosigkeit) + konkretisierter Bereicherungsmodus („Leistung“ oder alternativ Nichtleistung „in sonstiger Weise“)

Man könnte mit Vertretern der Einheitslehren immerhin in Erwägung ziehen, „Leistung“ als bloß hervorgehobenen Beispielfall der „sonstigen“ Bereicherungsfälle zu begreifen,[53] also „in sonstiger Weise“ als „normalerweise“ auszulegen. § 812 Abs. 1 S. 1 BGB hätte dann den Inhalt:

> „Wer insbesondere durch Leistung eines anderen oder in sonstiger Weise etwas auf dessen Kosten erlangt [...].“

Die Formulierung „insbesondere“ zeigt allerdings an, daß immer dann, wenn jemand etwas geleistet hat, der Tatbestand erfüllt ist. „Insbesondere“ genügt durchaus dem Konditionalschema und weist tatbestandlichen Charakter auf.[54] Das gleiche Ergebnis resultiert im übrigen aus der Formulierung „zum Beispiel durch Leistung“. In beiden Fällen ist § 812 Abs. 1 S. 1 BGB so zu verstehen, es gebe n + 1 Tatbestandsmerkmale (allgemeiner Bereicherungsanspruch + Beispielfall Leistung):

> Allgemeine Voraussetzungen (Vermögensverschiebung + Rechtsgrundlosigkeit + allgemeiner Bereicherungsmodus) + hervorgehobener Bereicherungsmodus „Leistung“

Deswegen kann ein Einheitsmodell stringenterweise das Merkmal „Leistung“ auf Tatbestandsebene nur ganz streichen, um die Logik des einheitlichen Tatbestandes zu wahren. Jede andere Wortkonfiguration führt zu einem „kleinen“ Einheitsmodell, das die „Leistung“ nicht zu eliminieren vermag. Bei Robert Krawielicki, der einer der schärfsten Vertreter der älteren Einheitslehren war, wird dieses Dilemma allzu deutlich offenbar, wenn er auf der einen Seite

---

[52] Siehe *Medicus*, Schuldrecht, Bd. 2, Rn. 632.

[53] *Kaufmann-Bütschli*, Ungerechtfertigte Bereicherung, S. 126, verwirft die Lesart. Der Gesetzeswortlaut sollte aber zumindest aus Sicht der Anhänger der Einheitslehren auch diese Deutungsmöglichkeit zulassen.

[54] Ebenso für die Formulierung „insbesondere“ im allgemeinen *Michael*, Allgemeiner Gleichheitssatz, S. 82; *Hans Schneider*, Gesetzgebung, Rn. 362.

die §§ 813–817 BGB als Sonderfälle des „allgemeinen Bereicherungsanspruchs" § 812 BGB begreift, aber den Bereicherungsmodus alternierend bestimmen will.[55] Entweder sind „Leistung" und in „sonstiger Weise" alternativ angeordnet – „auf dessen Kosten" zählt dabei auch für die Leistung –, oder „Leistung" ist tatsächlich nur ein additiv hervorgehobener Beispielfall der allgemeinen Kondiktion. Es gibt keine dritte Möglichkeit, die das Leistungsmerkmal integriert. Sollte Krawielicki den „allgemeinen Bereicherungsanspruch" tatsächlich als Tatbestand ohne „Leistung" verstanden haben, ergibt sich dasselbe Problem: Die Aussage, „Leistung" und in „sonstiger Weise" alternierten, ist mit einem Einheitstatbestand, der die „Leistung" streicht, unvereinbar.

Die Trennungslehre wird im Gegensatz dazu § 812 Abs. 1 S. 1 BGB folgendermaßen lesen:

> „Wer etwas ohne rechtlichen Grund durch Leistung eines anderen oder durch Nichtleistung auf Kosten eines anderen erlangt [...]."

Durch das Wort „Nichtleistung" im Gegensatz zur Gesetzesformulierung „in sonstiger Weise" soll vermieden werden, daß „auf dessen Kosten" doch noch als Element der Leistungskondiktion aufgefaßt wird. Leistung und Nichtleistung dürfen sich nicht überschneiden, sie sind für das strikte, das „große" Trennungsmodell auf Tatbestandsebene exklusiv angelegt.

c) Interpretationsebene

Die Interpretationsebene steht für den Prozeß der materiellen Auslegung einer Rechtsregel; als mögliche Auslegungsobjekte kommen die Tatbestandsmerkmale des § 812 Abs. 1 BGB in Betracht. Für die Auslegung bietet sich sowohl ein einheitlicher Tatbestand (Einheitsmodell) als auch ein variierter Tatbestand (Trennungsmodell) an. Auf der Interpretationsebene wird die Einheitslehre zu einer einheitlichen Auslegung für alle Fälle gelangen, das Trennungsmodell hingegen vor allem beim Tatbestandsmerkmal „ohne rechtlichen Grund" differenzieren. Die Prinzipien-, Tatbestands- und Interpretationsebene bilden zusammen eine trichotomische Matrix.

d) Relation der verschiedenen Ebenen zueinander

Wichtig ist das Zusammenspiel der verschiedenen Ebenen in der Rechtsanwendung. Die Elemente der Matrix könnten beziehungslos nebeneinander ste-

[55] *Krawielicki*, Bereicherungsanspruch, S. 1.

hen oder interdependent sein. Beide Lösungsmöglichkeiten sind nur Maximalpositionen. Das Einheitsmodell auf Tatbestandsebene muß das Wort „Leistung" eliminieren. Daher verkürzt das Einheitsmodell auf dieser Ebene die Auslegungsgrundlage auf der Interpretationsebene. Die Relation zwischen Tatbestands- und Interpretationsstufe besteht folglich darin, daß das Modell auf Tatbestandsebene die Auslegungsbasis auf der Interpretationsebene weitgehend vorgibt. Ein Einheitsmodell auf Tatbestandsebene bedingt jedoch noch nicht zwangsläufig ein Einheitsmodell auf Interpretationsebene. Das Tatbestandsmerkmal „Leistung" kann zwar nicht mehr direkt auf der Interpretationsebene ausgelegt werden, aber das Element „ohne rechtlichen Grund" könnte je nach Situation unterschiedlich interpretiert werden. Sogar das Merkmal „auf dessen Kosten" mag in den Fällen von Leistung und Nichtleistung eine unterschiedliche Auslegung erfahren, auch wenn man das Wort „Leistung" auf Tatbestandsebene gänzlich streicht.

Komplizierter gestaltet sich die Relation von Rechtsprinzip auf der einen und Tatbestand und Interpretation auf der anderen Seite. Die Auslegung als Oberbegriff von Tatbestand und Interpretation ist zunächst keine Besonderheit der Rechtsregeln. Auch Rechtsprinzipien müssen syntaktisch und semantisch analysiert werden. Rechtsprinzipien und Rechtsregeln stehen in keinem direkten Konkurrenzverhältnis, nur das Kodifikationsprinzip weist den Prinzipien ihren ausschließlichen Platz beim Auslegungsprozeß im Bürgerlichen Gesetzbuch zu. Der „zweidimensionalen" zeitbedingten Einzelansicht auf Tatbestands- und Interpretationsebene der Rechtsregeln wird durch das Rechtsprinzip ein argumentativer Hintergrund vermittelt. Prinzipien haben teleologischen Charakter;[56] sie liefern Argumente und Begründungen.[57] Sie wirken im Auslegungsprozeß gesetzesprägend. Ihnen ist das Gebot „idealen Sollens" immanent, sie sind auf Optimierung ausgerichtet[58] und müssen deshalb erst konkretisiert werden.[59] Auf der Tatbestandsebene legitimieren Rechtsprinzipien die äußerliche Konfiguration der Wortelemente, während sie auf der Interpretationsebene semantische Vorgaben treffen.

---

[56] *Larenz/Canaris*, Methodenlehre, S. 153 f., m. w. N. in Fn. 42, bei im Detail abweichender Terminologie; *Sieckmann*, Regelmodelle und Prinzipienmodelle, S. 78 f.; vgl. auch *Betti*, Allgemeine Auslegungslehre, S. 650: „ratio iuris"; *Canaris*, Systemdenken und Systembegriff, S. 50; *Esser*, Grundsatz und Norm, S. 52: „ratio legis".

[57] *Bydlinski*, Methodenlehre, S. 451; *Esser*, Grundsatz und Norm, S. 20: „autorisierte und legale Basis der Argumentation", S. 24 f.; *Larenz/Canaris*, Methodenlehre, S. 263; *Sieckmann*, in: ARSP, Bd. 83 (1997), S. 14 (bes. 25).

[58] *Alexy*, in: RTh, Beiheft 1 (1979), S. 59 (79–82); *ders*., in: ARSP, Beiheft 25 (1985), S. 13 (19–21); *Bydlinski*, Fundamentale Rechtsgrundsätze, S. 112, 126; *Sieckmann*, Regelmodelle und Prinzipienmodelle, S. 74–76.

[59] *Bydlinski*, Fundamentale Rechtsgrundsätze, S. 12, 14; *Esser*, Grundsatz und Norm, S. 40; *Penski*, in: JZ 1989, S. 105 (111, 114); allgemein *Engisch*, Konkretisierung.

Man kann nicht nachdrücklich genug auf die Konkretisierungsfunktion der Rechtsprinzipien hinweisen. In keinem Fall „programmiert" ein Rechtsprinzip Interpretation und Tatbestand einer Rechtsregel ohne Zwischenschritte. Konkretisierung steht nicht für das Verhältnis vom Generellen zum Speziellen. Da Auslegung immer die Rechtsnorm dem Lebenssachverhalt und den Lebenssachverhalt der Rechtsnorm annähert, gibt das Prinzip nur den äußersten Orientierungsrahmen vor. Innerhalb dieses absoluten Rahmenprogramms sind Gesetzgebung, Rechtsprechung und Lehre relativ, das heißt, verschiedene Argumentationsstränge und Ergebnisse sind gleich „richtig".[60] Zu konkretisieren meint daher etwas völlig anderes als zu deduzieren. Die Relation Norm – Tatbestand – Interpretation wäre deduktiv, falls Tatbestand und Interpretation nur Teilmengen des Rechtsprinzips sind. Denn deduktiv verfährt, wer in der Konklusion keine neuen Erkenntnisse erlangt, die nicht schon in ihren Prämissen enthalten sind.[61] Die Rechtsnorm ist stets an der Fallösung zu messen; während der Sachverhalt konstruiert und die Norm ausgelegt wird, sind dogmatische, pragmatische, manchmal auch soziologische und politische Erwägungen einzubeziehen. Die Rechtsanwendung ist damit immer ein Stück Empirie. Kein abstraktes Gesetz, allenfalls ein Maßnahmegesetz, kann ohne Zwischenschritte angewandt werden. Daran scheitert der bloße Deduktionismus.[62] Prozedural gesehen verläuft die Relation von Prinzip und Regel über die Auslegung als dialektischer Diskurs, als hermeneutischer Zirkel.[63]

3. Legitimation der Arbeitshypothese

a) Erkenntniswert von Rechtsprinzipien

Positivistische Ansätze mögen idealerweise dazu tendieren, Prinzipien aus der juristischen Entscheidungsfindung auszuklammern, naturrechtliche Positionen in ihren modernen Lesarten dazu, sie dem Rechtsbegriff selbst zu unterstellen. Die Matrix dient jedoch lediglich als Arbeitsplattform; ihre Funktion erschöpft sich darin, bereicherungsrechtliche Gegebenheiten verständlich zu

---

[60] Vgl. auch *Bydlinski*, Fundamentale Rechtsgrundsätze, S. 13, 126 f.

[61] *Zoglauer*, Formale Logik, S. 58.

[62] I. E. ebenso *Bydlinski*, System und Prinzipien, S. 40; *Esser*, Grundsatz und Norm, bes. S. 40, 50, 171; *Kaufmann*, Rechtsphilosophie, S. 78, 84 f., 148.

A. A. *Koch/Rüßmann*, Begründungslehre, § 10, 3 (S. 97–104), die das Resultat direkt aus Rechtsprinzipien und den weiteren Normkonkretisierungsfaktoren ableiten wollen; dagegen wieder *Finnis*, Natural Law and Natural Rights, S. 286, mit dem Hinweis, selbst dann sei kein rein deduktives Verfahren möglich.

[63] *Esser*, Vorverständnis und Methodenwahl, S. 42: Hermeneutischer „Vorgriff"; im Anschluß an *Gadamer*, Wahrheit und Methode, Bd. 1, S. 44, bes. S. 330–335, über „Die exemplarische Bedeutung der juristischen Hermeneutik".

machen und das Wichtige vom Unwichtigen zu trennen.[64] Das sollte selbstverständlich nicht darüber hinwegtäuschen, daß auch „echte" Theorien selektive Positionen einnehmen.[65] Die Gegensatzpaare Recht und Moral, Faktizität und Normativität stehen hier nicht zur Debatte; die Matrixhypothese ist unabhängig von solchen Distinktionen. Wenn Rechtsprinzipien normlogisch auf eine Ebene mit Rechtsregeln gestellt werden, dann sind sie kein „höheres" Recht mehr, sie sind in ihrem Ausgangspunkt genauso operational wie alle anderen Normen. Die Hypothese ist Produkt rezeptiver Analyse aus Rechtsgeschichte und Rechtsvergleichung, um auf den europäischen Methodenrahmen zurückzukommen. Sie soll das geltende Recht in seiner Geschichtlichkeit über Ländergrenzen hinweg erklären helfen und nicht deduktiv eingesetzt werden.

b) Bereicherungsrecht und Generalklauseln

Ebenso wie die Rechtsprinzipien zählt auch das Wort „Generalklausel" zu den oft zitierten, aber kontroversen Begriffen im Zusammenhang mit dem Thema Bereicherungsrecht. Denn die Regelung des § 812 Abs. 1 S. 1 BGB wird häufig als Generalklausel aufgefaßt.[66] Das Gepräge einer Generalklausel

---

[64] Exemplarisch seien hier die exponiertesten Vertreter genannt, die auf diametrale Weise Rechtsprinzipien in ihr Gesamtsystem integrieren: Einerseits *Dworkin*, Taking Rights Seriously, bes. S. 2–45: Rechtsprinzipien seien nicht mit der „rule of recognition" vereinbar; und andererseits *Hart*, Concept of Law, Postscript, S. 259–268: Der Unterschied zwischen Rechtsregeln und –prinzipien sei eine Abstufungs-, aber keine kategorische Frage. Daher streitet nur *Dworkin*, nicht aber *Hart* als Vertreter des Rechtspositivismus die Geltung von Rechtsprinzipien im System des Positivismus ab. In neueren Werken *Dworkins*, bspw. in „Freedom's Law: The Moral Reading of the American Constitution", ist die Prinzipienlehre kein integraler Argumentationsbaustein mehr. Vgl. zu allem *Jules L. Coleman*, Practice of Principle, S. 67–148.

Allgemein kritisch zu Rechtsprinzipien aus deutscher Sicht *Pawlowski*, Methodenlehre, Rn. 165 f.: Sie seien wegen ihres zeitunabhängigen Charakters nur zur Deskription des geltenden Rechts zu gebrauchen.

[65] Vgl. *Popper*, Offene Gesellschaft und ihre Feinde, Bd. 2, S. 306.

[66] In diese Richtung schon *v. Caemmerer*, in: Festschrift für *Rabel*, S. 333 (376) = Gesammelte Schriften, Bd. 1, S. 209 (252): „Generaltatbestand"; des weiteren etwa *Deutsch*, in: VersR 1996, S. 1309 (1309): „Beinahe-Generalklausel"; *Flessner*, in: *Bydlinski/Krejci/Schilcher/Steininger*, Bewegliches System, S. 159 (167); *Kunisch*, Bereicherungsansprüche in Dreiecksverhältnissen, S. 22: „generalklauselartige Weite"; *Wakke*, in: Beiträge zum Privatrecht, S. 131 (137); *Wendehorst*, Anspruch und Ausgleich, S. 208: „Generaltatbestand" (auf die Leistungskondiktion bezogen); *Lutz-Christian Wolff*, Zuwendungsrisiko und Restitutionsinteresse, S. 188. Auf der Seite der Einheitslehren z. B. *Lieb*, in: Münchener Kommentar, § 812, Rn. 8: „umfassende Generalklausel". *Kaufmann-Bütschli*, Ungerechtfertigte Bereicherung, S. 158, erkennt eine „limitierte Generalklausel" an; aus der Zeit vor 1945 *Titze*², Schuldrecht, § 49, 1 (S. 126).

A. A. vor allem *Esser*², Schuldrecht, § 189, 1 (S. 776). Unklar *v. Caemmerer*, in: Festschrift für *Rabel*, S. 333 (335) = Gesammelte Schriften, Bd. 1, S. 209 (211 f.), der die Begriffe „*Pomponius*-Satz", § 812 BGB, „Generalklausel" und „Tatbestand" neben-

hat die Einheitslehre maßgeblich dazu inspiriert, alle Varianten des Bereicherungsanspruchs monomisch zu begründen. Auf der Gegenseite könnte man jedoch versucht sein, die Worte Generalklausel und Rechtsprinzip gleichzusetzen, § 812 BGB in das „Reich höherer Gerechtigkeit" abzuschieben und statt dessen durch präzisere Anspruchsgrundlagen im Sinne der Trennungslehre zu ersetzen.[67] An die Stelle der in Gesetzesform gegossenen Worte müßten dann konkretere Rechtssätze zu Leistung, Eingriff und den anderen Fällen treten; § 812 BGB wäre selbst nur der erste Wegweiser, dem nicht die normative Kraft einer Rechtsregel zufiele. Der Übergang von Rechtsregeln als Generalklauseln zu Rechtsprinzipien, die sehr oft ebenfalls generalklauselartig gehalten sind, ist in der Tat fließend. Hinzu kommt die Verwirrung, die der Begriff „Generalklausel" stiftet; in der Regel setzt man das Wort unreflektiert ein, ohne sich seiner Bedeutung zu vergewissern.[68] Unklar bleibt, welchen Gehalt verschiedene Autoren dem Begriff überhaupt beimessen.

Nach der hier vorgeschlagenen Definition sind Generalklauseln Sätze, die aufgrund ihrer offenen Formulierung eine unbestimmte Anzahl von Auslegungsmöglichkeiten eröffnen.[69] Der Begriff ist keine rechtstheoretische, sondern eine semantische Kategorie, die sowohl Rechtsprinzipien als auch Rechtsregeln beschreibt. In letzter Instanz ist jeder Satz mehrdeutig, deswegen ist die scharfe Teilung in Generalklauseln und „normale" Normen zu einseitig. Tatbestände können als Generalklauseln gestaltet sein, aber auch Rechtsfolgen oder Rechtsprinzipien. Generalklauseln im Gewand einer Rechtsregel oder eines Rechtsprinzips unterscheiden sich nur darin, daß Rechtsprinzipien eine Abwägung untereinander erfordern, während Tatbestände oder einzelne Tatbestandsmerkmale eine fest vorgegebene Reihenfolge einnehmen. Es ist irreführend, Generalklauseln und Rechtsprinzipien den Rechtsregeln gegenüberzustellen.[70]

Mit dem vagen Begriff der Generalklausel ist somit wenig für die Analyse der rechtsgrundlosen Bereicherung gewonnen. § 812 Abs. 1 S. 1 BGB kann sowohl als vollständige wie auch als „partielle", „gemischte" oder „limitierte"

---

einander erwähnt. Allgemein zum Recht der ungerechtfertigten Bereicherung und zur Generalklausel *Kaufmann-Butschli*, Ungerechtfertigte Bereicherung, S. 8–10.

[67] Daß dies selbst auf der Seite der Trennungslehre nicht der Fall sein muß, beweisen *Esser/Weyers*[8], Schuldrecht, Bd. II/2, § 47, 3 a (S. 34): „Generaltatbestand".

[68] Diese Einschätzung wird geteilt von *Ralph Weber*, in: AcP, Bd. 192 (1992), S. 516 (523). Siehe im Gegensatz dazu die normlogischen Erklärungsmuster bei *Dreier*, in: Staatslexikon, Bd. 2, Sp. 863–866, m. w. N.

[69] Bedeutend enger ist die Definition *Ralph Webers*, in: AcP, Bd. 192 (1992), S. 516 (524): Selbst ein Begriffskern soll nicht mehr vorhanden sein dürfen. Nach seiner Definition wäre § 812 sogar nach dem Einheitsmodell keine Generalklausel. Das belegt nur zu deutlich, daß der Begriff „Generalklausel" wenig erhellend ist.

[70] Dies ist kein Widerspruch zu *Dawson*, in: Festschrift für *Rheinstein*, Bd. 2, S. 789 (791), der § 812 BGB nicht mit § 242 BGB vergleichen will. Auch Generalklauseln sind in ihrer textuellen Offenheit graduierbar.

Generalklausel bezeichnet werden. Über die allgemeine Frage, ob „Leistung" nur Beispielcharakter habe oder eine eigenständige Gruppe neben „in sonstiger Weise" bilde, kommt die Generalklausel mit ihren verschiedenen Attributen nicht hinaus. Anhänger der Einheitslehre konnten sich schon immer mit dem Gedanken anfreunden, § 812 BGB sei eine Generalklausel. Doch selbst auf dem Boden des Trennungsmodells sollte es möglich sein, die Norm in diesem Sinne zu verstehen: Als v. Caemmerer im Jahre 1954 die Typologie der Bereicherungsansprüche entwickelte, hatte ihn dazu gerade der Befund veranlaßt, § 812 BGB sei eine Generalklausel, die man konkretisieren müsse.[71] Einheits- und Trennungslehren berufen sich auf denselben Begriff, um Grundlagenentscheidungen zu treffen. Beide Ansichten setzen den Terminus nicht ganz zu Unrecht ein, da vage Rechtssätze immer in zwei Richtungen semantisch geschärft werden können, zum einen in eine sehr abstrakte, wenn auch eindeutige Fassung, zum anderen zur Kasuistik und Fallgruppenbildung hin. Die Generalklausel ist nach allem das denkbar ungeeignetste Instrument, um die Implementation des Einheits- oder Trennungsmodells im Bereicherungsrecht zu untersuchen und zu begründen.[72]

c) Bereicherungsrecht und Rechtsprinzipien

Der richtige Ansatzpunkt ist vielmehr, den Unterschied von Rechtsregeln und Rechtsprinzipien zu beachten. Speziell in der bereicherungsrechtlichen Diskussion bestreitet kein Autor, § 812 Abs. 1 BGB lägen Rechtsprinzipien zugrunde.[73] § 812 Abs. 1 BGB ist trotz seiner allgemeinen Formulierung kein bloßes Rechtsprinzip;[74] die Norm ist vielmehr eine Generalklausel in der Ge-

---

[71] Näher zu *v. Caemmerer* unten ab S. 368; siehe auch *Flessner*, in: *Bydlinski/Krejci/Schilcher/Steininger*, Bewegliches System, S. 159 (167): „ausfüllungsbedürftige Generalklausel".

[72] Anders *Kaufmann-Bütschli*, Ungerechtfertigte Bereicherung: Sie erhebt die Generalklausel zum zentralen Ansatzpunkt.

[73] Positiv z. B. *Bydlinski*, System und Prinzipien, bes. 234 f.; *Canaris*, Systemdenken und Systembegriff, S. 48; *Esser*, Grundsatz und Norm, explizit z. B. S. 48: „rhetorisches" Prinzip; *Stathopoulos*, in: Festgabe für *Sontis*, S. 203 (233); generell z. B. *Kaufmann*, in: *ders./Hassemer*, Rechtsphilosophie und Rechtstheorie, S. 30 (128); *Llompart*, Geschichtlichkeit der Rechtsprinzipien, S. 8.

[74] *Markesinis/Lorenz/Dannemann*, German Law of Obligations, Vol. 1, S. 712; *Röhl*, Rechtslehre, S. 272; *Stathopoulos*, in: Festgabe für *Sontis*, S. 203 (232 f.); a. A. *Flume*, in: Festschrift für *Niedermeyer*, S. 103 (140); *Martinek*, in: RabelsZ, Bd. 47 (1983), S. 284 (328): § 812 Abs. 1 S. 1 BGB sei kein Tatbestand. Letztere Autoren berücksichtigen nicht hinreichend die Dichotomie von Rechtsprinzip und Rechtsregel. Der vage Begriff der Generalklausel mag ebenfalls zur Meinung beitragen, § 812 BGB sei kein Tatbestand.

stalt einer Rechtsregel. Die Formulierung „ohne rechtlichen Grund" zum Beispiel beschränkt die Restitution aus rechtsgrundloser Bereicherung auf den Fall, daß tatsächlich keine causa für die Bereicherung ersichtlich ist. Innerhalb der Auslegung von § 812 Abs. 1 S. 1 BGB können Rechtsprinzipien funktionsentscheidend sein. Wenn aber alle Tatbestandsmerkmale erfüllt sind, kann die Herausgabe der rechtsgrundlosen Bereicherung nicht mit dem Argument verneint werden, ein anderes Rechtsprinzip als § 812 Abs. 1 S. 1 BGB überwiege, daher sei ausnahmsweise kein Anspruch gegebenen. Falls der Bereicherungsanspruch nach § 242 BGB wegen Mitverschuldens gemindert werden soll,[75] dann wird nicht der Anspruch mit dem Mitverschulden abgewogen, sondern es werden mehrere sequentielle Schritte nachvollzogen.

Umgekehrt kann man die Rückforderung nicht mit dem Argument bejahen, ausnahmsweise sei eine Rückforderung aufgrund anderer Rechtsprinzipien angebracht, obwohl die Bereicherung gar nicht rechtsgrundlos ist.[76] Das erklärt auf der anderen Seite, weshalb § 242 BGB kein kodifiziertes Rechtsprinzip sein kann.[77] Es ist ein Unterschied, ob innerhalb von § 242 BGB Rechtsprinzipien gegeneinander abgewogen werden oder ob die konkretisierte Rechtsfolge selbst nicht das letzte Wort ist. Niemand kommt auf den Gedanken, das Mitverschulden nach § 242 BGB gegen den Bereicherungsanspruch oder eine Einrede aus Treu und Glauben mit dem entgegenstehenden Anspruch abzuwägen. In der Rechtsanwendung treten deutliche Unterschiede zwischen Rechtsregeln und Rechtsprinzipien zutage. Wäre § 812 Abs. 1 S. 1 BGB ein Rechtsprinzip, müßte es ungefähr wie folgt formuliert sein:

> „Niemand soll sich ungerechtfertigt durch Leistung oder in sonstiger Weise auf Kosten eines anderen bereichern."

Wer immer noch kritisiert, das Sollensgebot führe zu einer allgemeinen Handlungs- oder Unterlassungspflicht, wird vielleicht noch vager formulieren:

> „Die Bereicherung durch Leistung oder in sonstiger Weise darf nicht ungerechtfertigt erfolgen."

Das Gesetz aber ist anders gestaltet. Die Frage kann allein sein, ob der Tatbestand des § 812 Abs. 1 S. 1 BGB einem oder mehreren Rechtsprinzipien unterliegt. Manche führen das Recht der rechtsgrundlosen Bereicherung auf die Digestenparömie des Pomponius in D. 50, 17, 206 zurück,[78] einem „fine-

---

Früher bereits a. A. *Hellwig*, Verträge auf Leistung an Dritte, S. 135. Er sprach der Bereicherung „in sonstiger Weise" im Gegensatz zur Leistungsbereicherung die Tatbestandsqualität ab.

[75] BGH, 14.10.1971 – VII ZR 313/69, in: BGHZ 57, 137 (152 f.).

[76] Siehe *Dworkin*, Taking Rights Seriously, S. 27 f.

[77] Zu den verschiedenen Deutungen des § 242 ausführlich *Jürgen Schmidt*, in: *Julius v. Staudinger*[13], § 242, Rn. 126–135.

[78] Ansatzweise *Larenz/Canaris*, Schuldrecht, Bd. II/2, § 67 IV 1 b (S. 142).

sounding slogan without any practical significance, merely expressing some kind of theoretical ideal."[79] In der Tat ist der Spruch des Pomponius eine Altlast Justinians, die Generationen von Juristen beschäftigte.[80] Man könnte hinter dem Bereicherungsrecht auch Aristoteles' Nikomachische Ethik vermuten. In ihr forderte Aristoteles, der Richter müsse „die Gewinnseite an die Verlustseite" angleichen, „indem er von dem ungerechten Gewinn (des Täters) wieder etwas wegnimmt."[81] Auch die Maxime der equity, „no man may profit from his own wrong",[82] oder „suum cuique tribuere" kommen in Betracht. Andererseits wäre es denkbar, der Leistungs- wie auch der Nichtleistungskondiktion ganz unterschiedliche Rechtsprinzipien zuzuordnen; die Leistungskondiktion könnte zum Beispiel mit dem Rechtsprinzip der Privatautonomie und die Eingriffskondiktion als Hauptfall der Nichtleistung mit dem des subjektiven Rechts legitimiert werden. Und als letzter Argumentationspunkt könnte die Billigkeit Grundlage aller Bereicherungsansprüche sein.[83]

4. *Konsequenzen der Arbeitshypothese*

Mit der Matrixhypothese lassen sich insgesamt acht verschiedene Kombinationsmöglichkeiten entwickeln, während die herkömmliche Sichtweise lediglich binär *zwischen* Einheit oder Trennung differenzieren kann und folglich nur einen Vorrat von zwei Lösungsmöglichkeiten zur Verfügung hat. Des weiteren ist mit der trichotomischen Matrixhypothese a priori eher eine Entscheidung für das Trennungs- als für das Einheitsmodell verbunden. Denn jedes Prinzip muß konsequenterweise konkretisiert werden. Es genügt nicht, es in Begriffe zu gießen und ihm ein dogmatisches Gerüst beizugeben. Das Prinzip muß sich in seiner Konkretisierung an den durch die Norm geregelten Lebenssachverhalten orientieren. Diese sind im Fall des § 812 Abs. 1 BGB sehr unterschiedlich: Sie reichen von gescheiterten Verträgen (condictio indebiti) über enttäuschte Erwartungen (condictio ob rem), Rückgriffsfragen, Impensen, über den gutgläubigen Erwerb (§ 816 BGB), Wettbewerbsrecht,[84] Immaterialgüterrecht,[85] all-

---

79 *Hallebeek*, in: *Schrage*, Unjust Enrichment, S. 59 (62).

80 Näher zum *Pomponius*-Satz auf Prinzipienebene unten auf S. 693.

81 *Aristoteles*, Nikomachische Ethik, S. 129 [1131b 32–1132a 19]. Näher zur *Aristotelischen* Gerechtigkeitskonzeption unten ab S. 694.

82 Beispiel nach *Dworkin*, Taking Rights Seriously, S. 26.

83 Näher zum Inhalt der Rechtsprinzipien und zu methodologischen Fragen im Schlußteil ab S. 687.

84 Freilich sehr str., siehe die Nachweise zur Literatur unten auf S. 375, Fn. 243; S. 446.

85 Z. B. BGH, 18.12.1986 – I ZR 111/84 („Chanel No. 5"), in: BGHZ 99, 244 (246 f.).

gemeines Persönlichkeitsrecht[86] bis hin zur Korrektur des Zugewinnausgleichs bei Ehegatten.[87] Sogar Falschparker sehen sich einer Kondiktion ausgesetzt.[88] Mit law and feminism als eigenständigem Rechtsgebiet wurde das Bereicherungsrecht in Deutschland dagegen noch nicht in Verbindung gebracht.[89]

Wer die Tatbestands- und Interpretationsebene im Sinne des Einheitsmodells bestimmen möchte, fährt zwischen Scylla und Charybdis. Entweder werden die unterschiedlichen Lebenssachverhalte ignoriert, oder die Norm wird derart unbestimmt, daß die Entscheidungskompetenz völlig auf die Gerichte übergeht.[90] Im ersten Fall wird der Anwendungsbereich des Bereicherungsrechts möglicherweise stark zurückgenommen, der zweite Fall ist rechtsstaatlich bedenklich. Trotzdem darf der Versuch einer Einheitslehre auf Tatbestands- und Interpretationsebene nicht von vornherein verurteilt werden. Die Matrixhypothese soll wegen ihrer grundsätzlichen Offenheit gegenüber Einheits- und Trennungsmodell eine vorschnelle Weichenstellung verhindern.[91] Vielleicht zeigt der Gang der Dogmengeschichte ein gelungenes Beispiel auf, in dem das Einheitsmodell mehr als der alte Traum vom universellen Rechtssatz ist.

5. Fazit

In der Diskussion um die Basisplattform der rechtsgrundlosen Bereicherung wird fast immer nur zwischen Einheitslehren und Trennungslehren unterschieden. Differenzierte Modelle, die zwischen Leistung und Nichtleistung vermitteln wollen, werden nicht erfaßt. Vollkommen unverständlich sind auf dieser Grundlage ältere Auffassungen, die in der Zeit der Vermögensverschiebung von der herrschenden Trennungslehre sprachen. Die Geschichte der Rechtsinstitution darf nicht willkürlich manipuliert werden, es sind andere Bilder und Argumente zu entwerfen, die an die Stelle der konventionellen dogmenhistorischen Sicht treten. Dabei müssen Prinzip, Grundlage, Fundament und Billigkeitssatz einerseits sowie Tatbestand, Einzelfall und Rechtssicherheit andererseits keine

---

[86] Z. B. BGH, 26.6.1981 – I ZR 73/79 („Carrera"), in: BGHZ 81, 75 (78 f.).

[87] Z. B. BGH, 10.7.1991 – XII ZR 114/89, in: BGHZ 115, 132–141.

[88] Dazu *Schwarz/Ernst*, in: NJW 1997, S. 2550 (2551).

[89] Vgl. *Howe*, in: (1997) 25 IJSL 263–282.

[90] In diese Richtung *Markesinis/Lorenz/Dannemann*, German Law of Obligations, Vol. 1, S. 718, aus englischer Perspektive. Sie gelangen zu der aus englischer, allerdings nicht aus deutscher Sicht erklärbaren Deutung, das führe zu Fällen, bei denen zwar prima facie eine Bereicherung ohne Rechtsgrund vorliege, trotzdem aber nicht kondiziert werden dürfe. Zur englischen Sichtweise, die nur selektive unjust-Gründe, jedoch kein generelles Tatbestandsmerkmal „ohne rechtlichen Grund" anerkennt, unten ab S. 511.

[91] Auf die Bedeutung von Arbeitshypothesen weist *Costede*, Dogmatische und methodologische Überlegungen, S. 44, hin.

Gegensätze sein. Als untauglich erwies sich lediglich der Begriff Generalklausel, den jedes System für sich in Anspruch zu nehmen vermag. Die Vielzahl an verschiedenen Lösungen zum Recht der rechtsgrundlosen Bereicherung läßt sich nicht exakt in zwei völlig homogene Lager aufteilen. Nach der aufgestellten Matrix, die zwischen abstrakter Prinzipien-, konkreter Interpretations- und gesetzlicher Tatbestandsebene nuanciert, kann ein und dieselbe Lehre sowohl in Richtung Einheit des Bereicherungsrechts deuten als auch die vielfältigen Aspekte deutlich separieren. Verschiedene Normtypen und Anwendungsstufen des Gesetzes dürfen nicht unreflektiert gleichgesetzt werden. Am greifbarsten wird das nach der vorliegenden Hypothese auf der Tatbestandsebene; vermeintliche Einheitslehren auf dieser Stufe verfechten oft kein echtes „großes“ Einheitsmodell, sondern nur Kompromisse, eben unechte „kleine“ Einheitsmodelle, die in Wahrheit Trennungsmodelle sind.

§ 2 Römisch-deutsche Rechtsgeschichte

I. Verschollene Quellen

Ausgangspunkt aller Analysen des heutigen Bereicherungsrechts sind die Lehren Friedrich Carl v. Savignys (1779–1861), des Repräsentanten „jener nicht seltenen Verbindung hochstehenden, fleißigen und charaktervollen Amtsadels mit bürgerlichem Gelehrtentum."[1] Die Bedeutung seines Werkes im allgemeinen für die deutsche Rechtswissenschaft hervorzuheben, hieße Eulen nach Athen zu tragen, zumal schon exemplarisch sein Wirken auf den Auslegungskanon vorgestellt wurde.[2] Aber auch für das Bereicherungsrecht im speziellen hat er Hervorragendes geleistet. v. Savigny legte 1841 seine Gedanken richtungweisend im Kapitel „Die Condictionen" im fünften Band des „Systems des heutigen Römischen Rechts" nieder. Höchst voreilig wäre es allerdings, nach dieser Lektüre das Urteil über v. Savigny fällen zu wollen,[3] denn das „System" ist nur der Schlußpunkt.

In jüngerer Zeit werden in der Reihe Savignyana unter der Herausgeberschaft Joachim Rückerts sonst schwer zugängliche Texte des „Meisters" einem breiteren Publikum zugänglich gemacht.[4] Weiterhin versprechen unveröffentlichte Vorlesungsnachschriften sowie v. Savignys eigene Manuskripte in Marburg zusätzliche Erträge zu den Kondiktionen.[5] Im Anschluß an die bisher bekannten Nachschriften[6] konnten mehr als 30 „neue" Kolleghefte aufgefunden und herangezogen werden.[7] Die wichtigsten Kontribute befinden sich in der

---

[1] *Erik Wolf*, Große Rechtsdenker, S. 469 f.

[2] Vgl. nur *Ruckert*, in: (1989) 37 AmJCL 121–137; *ders.*, in: JuS 1991, S. 624–629; *ders.*, in: *Mohnhaupt*, Rechtsgeschichte, S. 34–71, über seinen Einfluß auf die Jurisprudenz in Deutschland nach 1900.

[3] So aber *Lutz-Christian Wolff*, Zuwendungsrisiko und Restitutionsinteresse, S. 170 f.

[4] Bisher sind in der Reihe folgende Quellen erschienen: Bd. 1, Pandektenvorlesung 1824/25 (Hrsg. *Hammen*), 1993; Bd. 2: Vorlesungen über juristische Methodologie 1802–1842 (Hrsg. *Mazzacane*), 1993; Bd. 3: Landrechtsvorlesung 1824 (Hrsg.: *Wollschläger*), 1. Halbbd. 1994, 2. Halbbd. 1998; Bd. 5: Politik und Neuere Legislationen, Materialien zum „Geist der Gesetzgebung" (Hrsg. *Akamatsu/Rückert*), 2000.

[5] Zuvor speziell zu den Kondiktionen *Ruckert*, in: ZRG Rom. Abt., Bd. 104 (1987), S. 666 (670 f.), und *Hammen*, Bedeutung v. Savignys, S. 196–198.

Kritisch zur bloßen Beschränkung auf bereits veröffentlichte Texte z. B. *Nörr*, Savignys philosophische Lehrjahre, S. 5. Vgl. auch *Akamatsu*, in: *F. C. v. Savigny*, Politik und Neuere Legislationen, S. XVII: „neuestes Niveau" der *v. Savigny*-Forschung.

[6] Grundlegend dazu *Ruckert*, Idealismus, Jurisprudenz und Politik, bes. S. 63 f., 445.

[7] Nach der Übersicht des Verfassers befinden sich bisher in der Literatur nicht genannte Kolleghefte an folgenden Standorten: STB Berlin – Pand.Nschr. 1828/29 (*v. Bomsdorff*); Pand.Nschr. 1831/32 (*Feltzdorff*); Inst.Nschr. 1826 (*v. Garczynski*); Halle – Pand.Nschr. ab 1820 (*Halle anonym*); Jena – Pand.Nschr. 1841/42 (*v. Goethe*) und München – Pand.Nschr. 1836/37 sowie Inst.Nschr. 1836 (beides *Heren*). Zu weiteren

Reichsgerichtsbibliothek,[8] an der Humboldt-Universität zu Berlin[9] und in der Zentralbibliothek Zürich.[10] Zusammengerechnet sind derzeit mehr als 90 Nachschriften zu Pandekten, Institutionen, preußischem Landrecht und Gajus öffentlich zugänglich. Doch es ist durchaus vorstellbar, daß in Zukunft weitere Handschriften an das Tageslicht treten werden. Jedenfalls ist die Quellenforschung noch nicht vollkommen konsolidiert.[11]

Bei v. Savigny allein darf es nicht sein Bewenden haben. Vertiefende Hinweise zu den Kondiktionen liefern Vorlesungsnachschriften anderer Professoren, beispielsweise zu Moritz August v. Bethmann-Hollweg (1795–1877), Georg Arnold Heise (1778–1851) oder Johann Friedrich Martin Kierulff (1806–1894), die ebenfalls keine gedruckten Pandektenlehrbücher verfaßten. Erst durch die zeitgenössische Quellenanalyse wird die Haltung v. Savignys zu

---

Nachschriften siehe die folgenden Fußnoten. Eine nähere Beschreibung all dieser Hefte, deren Inhalt im folgenden Text zitiert wird, ist dem Anhang ab S. 842 zu entnehmen. Weiterhin sind noch die Hefte *Bluntschlis* zu nennen, die in der Milton S. Eisenhower Library der Johns Hopkins University in Baltimore/USA aufbewahrt werden. Im einzelnen handelt es sich um: Pand.Nschr. 1827/28, Sig. Bluntschli Collection MS 140, box 4, Vol. 1 und Vol. 2; Inst.Nschr. 1828, Sig. Bluntschli Collection MS 140, box 3, Vol. 3; und ein Pandektenfragment ohne Jahresangabe, das mit dem Obligationenrecht beginnt, Sig. Bluntschli Collection MS 140, box 4, Vol. 3.

Neben diesen vom Verfasser selbst ermittelten „neuen" Kollegheften wurden freundlicherweise bereitgestellt: von Prof. *Ruckert* die Pand.Nschr. 1830/31 (*v. Welser*) und von Prof. *Kern* die Pand.Nschr. 1838/39 (nähere Daten unbekannt).

[8] Pand.Nschr. 1818/19 (*RG anonym*); Inst.Nschr. 1829 (*Buddenberg*).

[9] Nach ihrem Inhalt werden zitiert: Pand.Nschr. 1825/26 (*Berlin anonym)*; Pand. Nschr. 1829/30 (*Hinschius*); Pand.Nschr. 1832/33 (*Jahncke*); Pand.Nschr. 1837/38 (*v. Harbou*); Inst.Nschr. 1825 (*Berlin anonym*); Inst.Nschr. 1829 (*Hinschius*); Inst.Nschr. 1832 (*Jahncke*); Inst.Nschr. um 1837 (*Jasper*). Drei weitere Nachweise aus derselben Bibliothek zu zwei Landrechtskollegien aus den Jahren 1829 und 1832 sowie zu einem Pandektenfragment bei *Frank L Schäfer*, in: ZRG Germ. Abt., Bd. 118 (2001), S. 367 (370, Fn. 21).

[10] Nach ihrem Inhalt werden zitiert: Pand.Nschr. 1818/19 (*C. Ulrich*); Pand.Nschr. 1818/19 (*David Ulrich*); Inst.Nschr. 1819 (*C. Ulrich*); Inst.Nschr. 1819 (*David Ulrich*); Inst.Nschr. 1820/21 (*Ferdinand Meyer*). Zwei weitere Nachweise aus derselben Bibliothek zu einem Landrechtskolleg und zu einer weiteren Inst.Nschr. ebenfalls bei *Frank L. Schäfer*, in: ZRG Germ. Abt., Bd. 118 (2001), S. 367 (370, Fn. 20).

[11] Unerreichbar sind derzeit die bei *Ruckert*, Idealismus, Jurisprudenz und Politik, S. 63 f., aufgelisteten Kollleghefte Pand.Nschr. 1821/22 (*von der Leithen*); Pand.Nschr. 1836/37 (*Wunderlich*) und Inst.Nschr. 1840 (*Dirksen*).

Die sich in Privatbesitz befindende Pand.Nschr. *von der Leithen* war dem Verfasser nicht zugänglich. Ebenso ist der Verbleib der zweiten Pand.Nschr. *Wunderlich* ungeklärt. Ursprünglich wurde das Heft am Institut für Rechtsgeschichte der Universität Frankfurt a. M. unter der Sig. IX B 29/1 aufbewahrt. Die Inst.Nschr. *Dirksen* schließlich soll in der Universitäts- und Stadtbibliothek Köln sein. Jedoch kann die dortige Handschriftenabteilung nur eine anonyme Inst.Nschr., Sig. 5 P 235 („Kurze Bemerkungen zu den Institutionen des Justinian"), nachweisen, die bereits der Gliederung nach als Aufzeichnung zu *v Savigny* ausscheidet.

den Kondiktionen komplettiert.[12] Besonders die sehr seltenen Kolleghefte zwischen 1800 und 1830 versprechen, neue Aspekte der Frühphase der Historischen Rechtsschule im Übergang vom usus modernus zum heutigen Recht zu erhellen. Eine an Dozenten und Jahreszahlen quantitativ breit angelegte Auswahl sollte die qualitative Streuung der verwandten Materialien auf ein vertretbares Maß reduzieren.[13]

Um v. Savignys Leistung überhaupt richtig zu würdigen, muß man sich die Lage vor Erscheinen des fünften Systembandes im Jahre 1841 vergegenwärtigen. Zwei Aspekte seien dabei berührt. Zum einen die Rechtslage im 17. und 18. Jahrhundert, des Rechts, das v. Savigny selbst noch als Student in Göttingen und Marburg lernte.[14] Hier scheint sich in der Forschung eine strategische Lükke zwischen Romanisten (Analyse des usus modernus) und Germanisten (Analyse der Historischen Rechtsschule) aufzutun, die es bislang verhinderte, Kontinuitäten über die Jahrhunderte aufzuzeigen.[15] Sie geht bis auf die Zeit zurück, als die großen Romanisten des 19. Jahrhunderts die Kondiktionen erforschten, während die Germanisten nicht einmal ansatzweise das Bereicherungsrecht mit Ausnahme wechselrechtlicher Besonderheiten in ihren Lehrbüchern behandelten.[16] Das alles verhinderte, die Dogmengeschichte als kontinuierliche Rezeptionsgeschichte zu begreifen. Selbstverständlich darf Kontinuität nicht mit Uniformität verwechselt werden; die condictio sine causa kann nicht vom usus modernus bis hin zu den Spätpandektisten auf einen Blick betrachtet werden.

Auf der anderen Seite verdient die Entwicklung im 19. Jahrhundert bis zum Erscheinen des „Systems des heutigen Römischen Rechts" eine weitaus größere Beachtung als bisher. Aus Sicht der Rezeptionsgeschichte gesehen sind das zwei unterschiedliche Rezeptionsstufen: v. Savigny rezipierte den usus modernus und naturrechtliches Gedankengut und entwickelte auf dieser Basis sein eigenes Kondiktionensystem. Sein System wiederum wurde in einem zweiten Rezeptionsschritt zur Vorlage für eine ganze Rechtsgelehrtengeneration. Die Vorlesungen v. Savignys sind die maßgebliche Quelle; deshalb wird v. Savignys Entwicklung bis hin zum „System" der allgemeinen Lehre zwischen 1800 und

---

[12] Siehe den Hinweis von *F. C. v. Savigny*, System, Bd. 1, S. XLVIII, über seine Vorlesungen als Grundlage des „Systems".

[13] Kritisch zur Nutzung einzelner Sätze aus selektierten Vorlesungsnachschriften *Jakobs*, Geschichtliche Rechtswissenschaft, S. 265 f. Ausführliche Quellenanalysen zuletzt von *Avenarius*, Savignys Lehre vom intertemporalen Privatrecht.

[14] Mit Ausnahme des Naturrechts werden nur Schriften aus dem 18. Jahrhundert, die aber teilweise auf Vorauflagen aus dem späten 17. Jahrhundert basieren, berücksichtigt.

[15] Vgl. auch *Reinhard Zimmermann*, in: Festschrift für *Hans Hermann Seiler*, S. 1 (15 f.). Siehe bereits oben auf S. 49.

[16] Zu Art. 83 ADWO z. B. *Renaud*, in: AcP, Bd. 46 (1863), S. 359–381; *ders.*, in: AcP, Bd. 47 (1864), S. 1–25. Allgemein zum Stand der condictio im deutschgermanischen Recht *Mellinghoff*, Verhältnis des § 812 zu §§ 816 f. BGB, S. 20 f.

1841 vorangestellt, damit Rezeptionsaspekte um so deutlicher hervortreten.[17] Zum Thema Rezeption wird man ein besonderes Augenmerk auf Bernhard Windscheid (1817–1892) legen müssen. Seine bisher wenig beachteten Pandekten- und Institutionenmanuskripte befinden sich in Göttingen.[18] Windscheids Rolle für die Systembildung im Bereicherungsrecht sollte entscheidend sein.

Doch nicht nur die Lehre, auch Gesetzgebung und Praxis verdienen die ihnen gebührende Aufmerksamkeit. Von den Kodifikationen wurden neben dem heutigen Bürgerlichen Gesetzbuch der preußische, hessische und bayerische Entwurf eines Bürgerlichen Gesetzbuchs sowie der Dresdner Obligationenentwurf ausgewählt, ferner das Schweizer Obligationenrecht mit seinen Vorläufern und das Sächsische Bürgerliche Gesetzbuch als in Kraft gesetzte Vorbilder. Die sächsische Kodifikation hat in der Zwischenzeit durch neu erschlossene Quellen erheblich an Attraktivität für die Rechtsgeschichte gewonnen.[19] Neben Franz Philipp Friedrich v. Kübels (1829–1884) Kommentierung zu seinem Vorentwurf Obligationenrecht dürften die bislang zum Bereicherungsrecht noch nicht ausgewerteten sächsischen Materialien die ausführlichsten und ergiebigsten sein. Erst diese Quellen erhellen die Hintergründe späterer Gesetzgebung, kontrastieren Bereicherungsstrukturen und liefern genealogische Ausgangsdaten für den nur wenig jüngeren Dresdner Entwurf. Anders als das spätere gesamtdeutsche Bürgerliche Gesetzbuch ist die sächsische Kodifikation noch viel stärker vom unverfälschten pandektistischen Geist beseelt. Paul Koschakers Bemerkung, das Bürgerliche Gesetzbuch Sachsens sei ein in Gesetzesform gegossenes Pandektenlehrbuch, gewinnt mit den neuen Materialien erheblich an Plausibilität.[20] Die naturrechtlich inspirierten Gesetzbücher – das Allgemeine Bürgerliche Gesetzbuch, das Allgemeine Landrecht für die preußischen Staaten sowie das Badische Landrecht und der französische Code civil – werden nur peripher tangiert. Sie sind für die Kodifikationen des Bereicherungsrechts in der zweiten Hälfte des 19. Jahrhunderts nur noch am Rande von Bedeutung. Dasselbe könnte man zwar auch vom preußischen Entwurf eines Bürgerlichen

---

[17] „System" ist im folgenden Abkürzung für *F. C. v. Savignys* „System des heutigen Römischen Rechts".

[18] Nach dem Stand vom Sommer 1998 zuletzt 1987 eingesehen; von *Wollschläger* in den 70er Jahren erschlossen. Näheres dazu siehe im Anhang ab S. 869.

Windscheids Gegenspieler in Sachen Bereicherungsrecht, *v. Jhering*, hinterließ leider keine auswertbaren Aufzeichnungen zu den Kondiktionen in seinem Pandektenmanuskript; siehe SUB Göttingen, Nachlaß Jhering, Cod. Ms. Rudolph von Jhering, Fasz. 18:2, §§ 307–312.

[19] Erschlossen für das 20. Jahrhundert wieder durch *Ahcin*, Entstehung des Sä-BGB, siehe bes. S. 192, Fn. 1, S. 194, Fn. 5, S. 196 f., Fn. 4, S. 244–250; ohne diese Quellen noch *Schnabl*, in: *Mohnhaupt*, Rechtsgeschichte, S. 426–463. Näheres ist dem Anhang ab S. 873 zu entnehmen.

[20] *Koschaker*, Europa und römisches Recht, S. 258; a. A., wohl zu Unrecht, *Buschmann*, in: JuS 1980, S. 553 (558).

Gesetzbuchs wegen seiner Nähe zum Allgemeinen Landrecht behaupten, er soll aber als Kontrast zu den späteren Projekten dienen und deshalb etwas ausführlicher behandelt werden.

Neben Kollegheften und Gesetzesmaterialien versprechen Dokumente zum Reichsgericht neue Quellen. Aus den unveröffentlichten Beständen der „Sammlung sämmtlicher Erkenntnisse des Reichsgerichts" vor 1900 wurden im Hauptarchiv der Reichsgerichtsbibliothek die Urteile des gemeinrechtlichen III. Senats systematisch auf die Stichworte „actio in factum" und „condictio" ausgewertet.[21] Die anderen Senate sind durch Stichproben und Hinweise in publizierten Sammlungen erfaßt. Dabei konnten nur sehr wenige nach der Erkenntnis des Verfassers bisher „unbekannte" Urteile „entdeckt" werden, die tatsächlich Neues vermittelten. Offenbar wurden alle wichtigen Fälle des Reichsgerichts zu den Kondiktionen in der offiziellen Sammlung oder anderen Kollektionen abgedruckt oder zumindest erwähnt. Verwundern kann das kaum, da die Gerichte seit jeher durch die Materie bedingt selten über Bereicherungsfälle zu entscheiden haben. Daher ist die Wahrscheinlichkeit im Vergleich zu anderen Rechtsgebieten hoch, alle wichtigen Judikate in Druckform anzutreffen.[22]

Die nun in Edition begriffene Sammlung der reichsgerichtlichen Erkenntnisse ab 1900 eröffnete eher den Blick auf bisher unbekannte Fälle;[23] sie kann die publizierten Entscheidungen aber gleichfalls nur ergänzen. Das „Nachschlagewerk des Reichsgerichts" für den Zeitraum ab 1900 zu den §§ 812–822 und 951 ist gleichermaßen in den Gang der Untersuchungen einbezogen.[24] Es weist ei-

---

[21] In den Fußnoten sind diese Urteile aus der „Sammlung sämmtlicher Erkenntnisse", die nicht in Druckform zu ermitteln waren, als solche kenntlich gemacht. Zwei Entscheidungen sind im Volltext im Anhang ab S. 931 abgedruckt. Vgl. zur Rspr. des RG auch *Glöckner*, in: Ius Commune, Bd. 25 (1998), S. 391–425; *Schubert/Glöckner*, in: NJW 2000, S. 2971–2976.

Für die Einheitlichkeit der Quellenwiedergabe wurden alle Namen der natürlichen Personen als Verfahrensbeteiligte in den RG-Urteilen auf zwei Buchstaben anonymisiert. Freilich war diese Vorgehensweise nicht immer üblich, siehe RG, 26.4.1881 – II. Senat (ohne nähere Angaben), in: BlRpfl, Bd. 29 (1882), S. 15–21, unten auf S. 277. Dieser Fall enthält die Klarnamen der Prozeßbeteiligten im gedruckten Urteilstext. Auch die JW vor 1900 druckte die Namen zumindest im Anschluß an Urteilsdatum und Aktenzeichen ab.

[22] Siehe auch die Anmerkung zum BGH oben auf S. 64.

[23] Allgemein *Schubert*, in: *ders.*, Edition Sammlung sämtlicher Erkenntnisse des RG, Bd. 1 (1900/1901), S. 1–102; *Wolfgang Wagner*, in: *Dölemeyer*, Repertorium ungedruckter Quellen, Bd. 2, S. 1035 f. Verwendet wurden *Schuberts* Edition der Jahre 1900 bis 1908 und daneben die originale Sammlung sämtlicher Erkenntnisse des RG der noch nicht edierten Urteile ab 1909, aber auch der bereits edierten Urteile, um den vollen Sachverhalt und die Entscheidungsgründe zu erfassen.

[24] Zur Analyse fand im August 1999 das Original in Karlsruhe Verwendung. Inzwischen liegt das Nachschlagewerk zu den §§ 812–822, 951 ff. auch in der Reihe von *Schubert/Glöckner*, Edition, vor. Für den Zeitraum vor 1900 war dagegen kein Reperto-

nige interessante Urteile auf, doch bis auf wenige Ausnahmen lassen sie sich bei zielgerichteter Suche wiederum in den einschlägigen Entscheidungssammlungen oder Zeitschriften nachweisen. Das höchstrichterliche Repertorium hat daneben bei veröffentlichten Judikaten den nicht von der Hand zu weisenden Vorteil, die Rechtsprechung systematisch geordnet zu präsentieren, während die meisten Zeitschriften von 1900 bis 1945 die Fälle über Paragraphen ohne nähere Inhaltsangabe erschließen. Bei den Entscheidungen, zu denen kein Nachweis in Druckwerken gelang oder deren Wiedergabe allzu delphisch erschien, wurde ergänzend die Sammlung sämtlicher Erkenntnisse ab 1900 konsultiert. Doch besonders bei sibyllinisch formulierten Urteilen in den zeitgenössischen Zeitschriften offenbart der Blick in die Karlsruher Sammlung, daß die vollständigen Entscheidungen in den wenigsten Fällen aussagekräftiger als die gedruckte Zusammenfassung sind. Summa summarum kann man für das Bereicherungsrecht den Schluß ziehen, mehr als 95 Prozent aller für das Rechtsgebiet maßgebenden Entscheidungen seien publiziert.

Im übrigen wurden systematisch alle gängigen Sammelwerke zur gemeinrechtlichen Judikatur des 19. Jahrhunderts resp. Rechtsprechung nach Bürgerlichem Gesetzbuch ausgewertet, die sich in den Beständen der Universitätsbibliothek Heidelberg, des Bundesgerichtshofs und der Reichsgerichtsbibliothek befinden.[25] Im Gegensatz zu den unveröffentlichten Quellen ergeben sich hier durch umfassende Suche weitaus mehr neue Erkenntnisse. Doch bevor die Rechtsprechung in den Blickwinkel gerät, sei auf die historischen Grundlagen des ganzen Rechtsgebiets eingegangen, auf v. Savignys eigene Erkenntnisquellen, auf das Recht, das zu seiner Zeit als Student in Göttingen und Marburg herrschte.

---

rium aufzufinden. Siehe näher im Anhang auf S. 931; allgemein zum Nachschlagewerk *Schubert/Glöckner*, in: *dies.*, Edition, Bd. 1, §§ 1–133, S. IV–XLIV.

Alle zitierten Entscheidungen, die im Nachschlagewerk unter §§ 812–822 und § 951 BGB aufgeführt sind, werden als solche ausgewiesen. Die Fälle im Nachschlagewerk waren für den Gang der reichsgerichtlichen Rspr. von besonderer Bedeutung und verdienen daher ebenso wie RGZ hervorgehoben zu werden. Sie bildeten für die Reichsgerichtsräte die wichtigste Datenquelle, um einen Überblick über die Judikatur zu erhalten. Die Einträge im Nachschlagewerk werden selektiv zu bestimmten Urteilen abgedruckt, um den Einblick zu ermöglichen, aus welcher Perspektive man am RG die Entscheidung sah. Manchmal treten dabei Differenzen zur Urteilsinterpretation durch die Literatur auf.

[25] Es wurden die Entscheidungssammlungen und die Zeitschriften nach dem Index durchsucht, die verschiedenen Jahresübersichten zur Rspr. ausgewertet und Hinweisen in abgedruckten Entscheidungen und im Nachschlagewerk des RG nachgegangen. Eine Übersicht über die wichtigsten Sammlungen liefert *Wollschläger*, Geschäftsführung ohne Auftrag, S. 329–333; umfangreich *Mohnhaupt*, in: *Ranieri*, Gedruckte Quellen der Rspr., Bd. 1, S. 95–325. Entscheidungen jenseits von RGZ sind nach Möglichkeit mit allen vorhandenen Fundstellen nachgewiesen, eine Garantie kann der Verfasser angesichts des unübersichtlichen Quellenstandes dafür ebensowenig wie für die Tatsache übernehmen, daß als „unveröffentlicht“ ausgegebene Fälle letztendlich doch abgedruckt sind.

II. Usus modernus und Naturrecht

Die Rechtswissenschaft des 17. und 18. Jahrhunderts ist aus dem Sichtfeld der herkömmlichen historischen Auslegung im Rahmen der Rechtsdogmatik verschwunden. Sie bleibt weitgehend der rechtshistorischen Spezialliteratur vorbehalten. Das ist kein Zufall: Seit den Tagen der Historischen Rechtsschule wird die Epoche nur noch sehr selten zitiert, teils, weil die lingua franca Latein den Zugang erschwert, teils aber auch, weil das 18. Jahrhundert als eher unproduktives Zeitalter gilt, das kaum Juristen von europäischem Format hervorgebracht habe.[26] Solchen Urteilen, sie mögen berechtigt oder unberechtigt sein, soll nicht nachgegangen werden; denn die Historische Rechtsschule ist keineswegs voraussetzungslos entstanden. v. Savigny selbst hörte im letzten Jahrzehnt des 18. Jahrhunderts in Marburg die Pandekten. Damals speiste sich die Rechtswissenschaft neben der Eleganten Jurisprudenz und dem kanonischen Recht aus drei weiteren Quellen, die im Vordergrund stehen sollen: aus dem philosophisch orientierten Naturrecht, dem eher praktisch veranlagten gemeinen Recht in der Form des usus modernus und den Partikularkodifikationen.

1. Präliminarien

Naturrecht, usus modernus und Partikularrecht entnahmen ihren Anschauungsvorrat wiederum aus älteren Materialien, allen voran aus den byzantinischen Kompilationen.[27] Wie so viele andere Rechtsinstitutionen, so hat auch das Recht der rechtsgrundlosen Bereicherung seine Wurzeln im Corpus Iuris Civilis Justinians, genauer, in den Digesten: zum einen in den heute noch im Bürgerlichen Gesetzbuch vertretenen Leistungskondiktionen, der condictio indebiti,[28] causa data causa non secuta,[29] ob turpem vel iniustam causam;[30] zum anderen in der amorphen condictio sine causa[31] und der Nichtleistungskondiktion ex furtiva.[32] Letztere Kondiktion steht – vereinfacht gesagt – dem Eigentümer gegen den Dieb zu.[33]

---

[26] *Wieacker*, Privatrechtsgeschichte, S. 224.

[27] Vgl. zusammenfassend *Giglio*, Condictio proprietaria, S. 32–52, m. w. N.

[28] D. 12, 6; C. 4, 5; vgl. § 812 Abs. 1 S. 1 Alt. 1 BGB.

[29] D. 12, 4; C. 4, 6, auch condictio ob rem oder ob causam datorum genannt; vgl. § 812 Abs. 1 S. 2 Alt. 2 BGB.

[30] D. 12, 5; C. 4, 7; vgl. § 817 S. 1 BGB.

[31] D. 12, 7; C. 4, 9; vgl. § 812 Abs. 1 S. 1 BGB.

[32] D. 13, 1.

[33] Zu Einzelheiten über die condictio furtiva z. B. *Kaser*, Römisches Privatrecht, Bd. 1, § 143 (S. 614–619).

Die condictio sine causa umschließt ein Sammelsurium an Fällen ohne erkennbaren Zusammenhang, die meistens gar nicht unter dem Titel D. 12, 7 auftauchen, beispielsweise die verschiedenen Varianten der Leistung ob causam finitam[34] oder den Verbrauch fremden Geldes.[35] Zumindest D. 19, 1, 30 pr. ist dabei für den Geldverbrauch nach heutiger Terminologie eine Eingriffskondiktion, während sich D. 12, 1, 19, 1 eher auf eine vorhergehende datio bezieht. Auch die Herausgabe des Kaufpreises taucht im nachklassischen Recht unter der Rubrik condictio auf.[36] Der Verwendungsersatz (Impensen) des Besitzers gegen den Eigentümer ist ohne Bezug zu den Kondiktionen unter der rei vindicatio geregelt.[37] Obwohl die condictio sine causa im Wechselspiel des Bereicherungsrechts zwischen Einheits- und Trennungslehren später eine wichtige Rolle spielen sollte, ist der Quellenlage nach in ihr weder das eine noch das andere explizit angelegt, denn der Einzelfall stand im Mittelpunkt.

Weiter sind die akademischen Begriffe condictio sine causa specialis und generalis einzuführen.[38] Wenn die condictio sine causa generalis erwähnt wird, muß sie sorgfältig von der condictio generalis getrennt werden. Mit condictio generalis wollte man im gemeinen Recht die Möglichkeit einer Konkurrenz von Vertragsklage und Kondiktion ausdrücken.[39] Die condictio sine causa specialis ist die Kondiktion, die subsidiär neben den Spezialkondiktionen anwendbar ist; die condictio sine causa generalis hingegen beschreibt die durchgehende Konkurrenz der condictio sine causa mit den Spezialfällen. Die condictio sine causa generalis umfaßt nach dieser Lesart sowohl den Anwendungsbereich der condictio sine causa specialis als auch den der restlichen Kondiktionen. Doch selbst die condictio sine causa generalis bezieht sich nur auf den fragmentarischen Anwendungsbereich der römischen Quellenstellen. Keinesfalls impliziert sie eine allgemeine Bereicherungsklage im Sinne der Einheitslehren, die über die Digesten hinaus jede Bereicherung sine causa erfaßt.

---

[34] Z. B. *Ulpianus*, D. 12, 7, 2: Schadensersatz für vermeintlichen Eigentumsverlust bezahlt; *Diocletianus/Maximianus*, C. 4, 9, 2: Schuldschein nach Schuldtilgung; siehe heute § 812 Abs. 1 S. 2 Alt. 1 BGB. Weitere Nachweise zur condictio sine causa allgemein bei *Heimbach*, Artikel „Condictio", in: *Weiske*, Rechtslexikon, Bd. 2, S. 875 (900 f.).

[35] *Iulianus*, D. 12, 1, 19, 1; *Africanus*, D. 19, 1, 30 pr. Der letzte Fall bezieht sich ausdrücklich auf den Verbrauch durch den Gutgläubigen.

[36] *Africanus*, D. 12, 1, 23; anders in D 3, 5, 48: actio negotiorum gestorum directa.

[37] De rei vindicatione, D. 6, 1. Zu Details zum klassischen und nachklassischen römischen Recht sei verwiesen auf *Greiner*, Verwendungsersatz, S. 70–109; *Hans Simon*, Geltendmachung des Verwendungsanspruchs, S. 1–21, und *Verse*, Verwendungen im Eigentümer-Besitzer-Verhältnis, S. 13–25.

[38] Ein den Quellen unbekannter Begriff. Siehe schon *Rolf Schmitt*, Subsidiarität, S. 67–75, 77–84.

[39] Siehe *Mitteis*, in: JherJb, Bd. 39 (1898), S. 153 (154); zum römischen Recht *Ulpianus*, D. 12, 1, 9 pr.–3.

Dafür konnten jedoch andere Quellenstellen einstehen. Einerseits ist an die actio in factum zu denken.[40] In den Digesten ist sie in D. 19, 5 „De praescriptis verbis et in factum actionibus“ hervorgehoben. Ursprünglich waren die actiones in factum im klassischen römischen Recht Vorläufer der Innominatkontrakte, von Klagen, die eindeutig im Lager der Vertragsklagen im weiteren Sinne standen. Mit dem Bereicherungsgedanken war die actio in factum von Anfang an dadurch in Kontakt, daß sie eine Klage war, welche die condictio ob causam datorum ersetzte. Außerdem lud ihre bona-fides-Formel mit „dare facere oportere ex fide bona“ dazu ein, sie im gemeinen Recht, das mit den Quellen mehr kreativ als um Authentizität ringend umging, zur Ergänzung der Kondiktionen stricti iudicii einzusetzen. Andererseits wurden Generalisierungstendenzen durch Erbschaften der spätantiken Philosophie gefördert. So proklamieren die beiden bekanntesten Parömien von Pomponius, es entspreche natürlicher Gerechtigkeit, daß sich niemand zum Schaden eines anderen bereichern dürfe.[41] Der Moralsatz des „Bereichere Dich nicht!“ sollte sich im Lauf der Dogmengeschichte als inhaltliches Substrat aller formalen Klagen, sei es condictio sine causa oder actio in factum, erweisen.

2. *Naturrecht*

Das römisch-byzantinische Recht war Ausgangslage für die Gelehrtenwelt, die sich vor der Aufgabe sah, die Titel der Digesten über die Kondiktionen mit der Neuzeit zu vereinen. Ihre Speerspitze wurde durch das Naturrecht geformt. Die Naturrechtslehre war eine europäische Bewegung mit Schwerpunkten in Frankreich, den Niederlanden, Spanien und Deutschland. Sie setzte nicht nur inhaltlich, sondern auch strukturell neue Maßstäbe. Die Systematisierung des Rechts anhand rationaler Kriterien jenseits des zusammenhanglosen Schemas der Digesten ermöglichte es den Gelehrten, Prinzipien stärker hervorzuheben und Rechtsinstitutionen herauszubilden. Die Institutionen im Corpus Iuris Civilis zeigten zwar ein System aus Vertrag, Quasivertrag, Unrecht und Quasiunrecht auf,[42] in praxi erwies sich das aber als Prokrustesbett für die neuzeitliche Rechtswissenschaft: Die condictio indebiti steht in Justinians Institutionen unter „De obligationibus quasi ex contractu“, die condictio furtiva unter „De obligationibus quae ex delicto nascuntur“.[43] Auch die von Gajus angedeutete

---

[40] Speziell zur actio in factum eingehend *Rolf Schmitt*, Subsidiarität, S. 36–39, 49 f.

[41] *Pomponius*, D. 12, 6, 14: „Nam hoc natura aequum est neminem cum alterius detrimento fieri locupletiorem“; *ders.*, D. 50, 17, 206: „Iure naturae aequum est neminem cum alterius detrimento et iniuria fieri locupletiorem“. Andere Stellen sind z. B. *Ulpianus*, D. 12, 4, 3, 7: „naturali aequitate“; *ders.*, D. 12, 4, 5, 3: „aequum“; *Tryphoninus*, D. 12, 6, 64: „condictione naturaliter“.

[42] Inst. 3, 13, 2.

[43] Inst. 3, 27, 6 und 4, 1, 19.

Einteilung in Vertrag, Unrecht und vermischte Fälle konnte dem Bereicherungsrecht keinen konstruktiven Halt bieten.[44] Die Naturrechtslehre vermochte sich teilweise aus dem starren Korsett der römischen Vorgaben zu befreien und über die Neuordnung der Rechtsinstitutionen den materiellen Gehalt der Kondiktionen neu zu definieren.

a) Grotius

Der holländische Gelehrte Hugo Grotius (1583–1645) war der erste, dem jenseits der antiquierten Vorgaben des römischen Rechts ein großer Wurf zum Thema Bereicherung gelang. Weder die Kanonisten, die spanischen Spätscholastiker noch die Glossatoren und Kommentatoren waren zu einer Klage durchgedrungen, die sowohl das Pathos der Pomponius-Parömie als auch die Praktikabilität der römischen Kondiktionen schlüssig vereinigte.[45] In seiner „Inleidinge tot de Hollandsche rechtsgeleerdheid" legte Grotius den Grundstein für die konkret anwendbare universelle Bereicherungsklage. Vorauszuschicken ist, daß er sich wie andere vor ihm an der Pomponius-Formel orientieren konnte. Unter dem Titel „Verbindlichkeit aus Bereicherung"[46] legte Grotius als Grundsatz fest, Obligationen aus Bereicherung entstünden, „wenn jemand sine causa einen Vorteil aus dem Vermögen eines andern zieht oder (in der Zukunft) einen Vorteil ziehen könnte."[47] In „De iure belli ac pacis" verwandte er eine ähnliche Formel, allerdings ohne das Merkmal „sine causa"; das war aber dort nicht notwendig, weil er nur Klagen aus Eigentum abhandelte.[48]

An anderer Stelle zur holländischen Jurisprudenz ging Grotius auf konkrete Klagen ein. Er entwarf neben den traditionellen Kondiktionen[49] in der Form indebiti, causa data causa non secuta, ob turpem causam und sine causa dati eine sehr weite, unmittelbar anwendbare Bereicherungsklage. Sie lautet: „Der vierte Fall ist die Rückforderung desjenigen, was in anderer Weise als aufgrund von Leistung, Bezahlung oder Versprechen in das Vermögen des einen aus dem

---

[44] *Gaius*, D. 44, 7, 1 pr.: „[...] ex variis causarum figuris."

[45] Weiterführend etwa *Feenstra*, in: *Schrage*, Unjust Enrichment, S. 197 (198 f.), und *Visser*, in: *Feenstra/Zimmermann*, Römisch-holländisches Recht, S. 369 (374), jeweils m. w. N.

[46] *Grotius*, Inleidinge, Book III, Ch. 30 (S. 449): „Van verbintenisse uit baet-trekking".

[47] *Grotius*, Inleidinge, Book III, Ch. 30, I (S. 449); deutsche Übersetzung nach *Visser*, in: *Feenstra/Zimmermann*, Römisch-holländisches Recht, S. 369 (371). Sicherlich wäre bei *Visser* anstelle von „sine causa" auch „ohne Rechtsgrund" zu erwägen. Des weiteren *Grotius*, Inleidinge, Book III, Ch. 1, XIV f. (S. 297).

[48] *Grotius*, De iure belli ac pacis, Buch II, Kap. 10, II 1 (S. 381).

[49] *Grotius*, Inleidinge, Book III, Ch. 30, IV; 30, XIII (S. 451); 30, XVII (S. 455); 30, XV (S. 453); letzteres ist der Fall der condictio sine causa specialis im Leistungsfall.

Vermögen des anderen ohne jeden Rechtsgrund gelangt ist".[50] Deutlich klingt die rechtsgrundlose Bereicherung in Nichtleistungsfällen an.[51] Ob Grotius allerdings tatsächlich jenseits der condictio sine causa specialis eine generelle Bereicherungsklage für Nichtleistungsfälle einführen wollte, ist in der heutigen Literatur umstritten.[52] Dafür könnte die Stelle in „De iure belli ac pacis" sprechen, welche die Bereicherungsklage immer dann einsetzt, „worüber die Gesetze nichts bestimmt haben."[53] Unbestreitbar ist zumindest, daß sich bereits bei Grotius Anklänge an die sogenannte Lehre von der Vermögensverschiebung finden („vom Vermögen des einen in das des anderen gekommen"). Grotius kombinierte auch den vagen Pomponius-Satz mit dem sine causa-Erfordernis in den Digesten und ermöglichte dadurch die direkte Anwendung der Bereicherungsformel. Selbst die traditionellen Kondiktionen wurden mit dem Gedanken der Bereicherung unterlegt.

b) Deutsche Naturrechtslehrer

Auf deutscher Seite tat sich vor allem Christian Wolff (1679–1754) in der Frage der Bereicherungshaftung hervor. Nach dem eigentlichen Schadensrecht stellte er die Forderung auf, jeder sei, „der durch oder aus meiner Sache, die aber nicht mehr vorhanden ist, reicher worden, mir so viel zu ersetzen schuldig, als er reicher worden ist."[54] Aus den Bemerkungen zum Schaden läßt sich schließen, die Bereicherungshaftung solle auf Fälle beschränkt sein, in denen jemandem „wieder seinen Willen das Seine" entzogen wurde. Wie bei Grotius ist Wolffs allgemeine Bereicherungsformel daher primär auf Nichtleistungsfälle bezogen. Aus diesem Grundsatz wird zum Beispiel der Anspruch auf Verwendungsersatz – nach redlichem und unredlichem Besitzer gestaffelt – deduziert. Die eigentlichen Kondiktionen, also vornehmlich die Leistungsfälle, begründete Wolff anders als Grotius noch ausschließlich nach den Vorgaben der Institutionen als Quasikontrakt zwischen dem Kondizenten und dem Bereicherungsschuldner. Der Quasivertrag war eine „erdichtete Verabredung", obwohl hier ebenfalls ein Willenswiderspruch konstruiert werden könnte.[55]

---

[50] *Grotius*, Inleidinge, Book III, Ch. 30, XVIII (S. 455); Fassung im Text in Anlehnung an *Visser*, in: *Feenstra/Zimmermann*, Römisch-holländisches Recht, S. 369 (379).

[51] *Visser*, in: *Feenstra/Zimmermann*, Römisch-holländisches Recht, S. 369 (379).

[52] Zum Streitstand *Feenstra*, in: *Schrage*, Unjust Enrichment, S. 197 (205–207).

[53] *Grotius*, De iure belli ac pacis, Buch II, Kap. 10, II 1 (S. 381).

[54] *Christian Wolff*, Grundsätze des Natur- und Völkerrechts, § 271 (S. 168). Vgl. auch *ders.*, Ius naturale, §§ 581–586 (S. 438–441).

[55] *Christian Wolff*, Grundsätze des Natur- und Völkerrechts, §§ 269, 281, 686, 693 f. (S. 166, 174, 471, 476–478).

Schon zuvor unterschied Samuel Pufendorf (1632–1694) abweichend von Grotius die klassischen Kondiktionen, die zumeist Leistungsfälle waren, von den übrigen Bereicherungskonstellationen. In „De iure naturae et gentium" leitete er 1677 die klassischen Kondiktionen aus dem Muster des Quasivertrags ab.[56] Der Quasivertrag war für Pufendorf keinesfalls reine Fiktion. „Quasi" bedeute, so folgerte er, nichts anderes als ein stillschweigendes Darlehen. Jenseits der eigentlichen condictio verknüpfte Pufendorf gleich Christian Wolff den Bereicherungssatz mit Eigentumsfragen. Aus dem Grundsatz, daß niemand „unverdientermaßen aus dem Schaden eines anderen Gewinn" ziehen dürfe, leitete er im Anschluß an Grotius' „De iure belli ac pacis"[57] und D. 50, 17, 206 einen Bereicherungsanspruch des Eigentümers gegen den gutgläubigen Verbraucher einer fremden Sache ab.[58] Auch die Herausgabe des Kaufpreises sollte in bestimmten Fällen nach dem Bereicherungssatz möglich sein.[59] Aber nicht nur der Sachverbrauch und der Sachverkauf wurden auf das Bereicherungsverbot zurückgeführt. In seinen „Elementa iuris naturae et gentium" legitimierte Johann Gottlieb Heineccius (1681–1741) den Ausgleich bei Verbindung und Vermischung ebenfalls mit dem vielzitierten Pomponius-Spruch.[60] Grotius hatte hier den Bereicherungsanspruch verneint, weil er annahm, das Eigentum gehe weder durch Verbindung noch Vermischung über, es entstehe vielmehr gemeinschaftliches Eigentum.[61]

3. *Usus modernus*

Die zweite wichtige Säule war die nach Samuel Stryks (1640–1710) „Specimen Usus Moderni Pandectarum" benannte Lehre zwischen 1600 und 1800. v. Savigny war mit dieser Literatur selbstverständlich wohl vertraut, als er mit seinen Studenten die führenden Lehrwerke der Epoche besprach.[62] Ebenso bekannt war ihm das alte Übel der römischen Rechtslehre, die mangelnde Struktur der Quellen. Anders als im 19. Jahrhundert begriff man das römische Recht

---

[56] *Pufendorf*, De iure naturae et gentium, Book IV, Ch. 13, § 5 (S. 666) und Book V, Ch. 7, § 4 (S. 749).

[57] *Grotius*, De iure belli ac pacis, Buch II, Kap. 10, X 5 (S. 384), für den Fall des Fruchtverzehrs.

[58] *Pufendorf*, De officio hominis, Buch I, Kap. 13, § 3 (S. 114); siehe auch a. a. O., §§ 4 und 6 (S. 114); *ders.*, De iure naturae et gentium, Book IV, Ch. 13, § 6 (S. 666 f.).

[59] *Pufendorf*, De iure naturae et gentium, Book IV, Ch. 13, § 12 (S. 669).

[60] *Heineccius*, Elementa iuris naturae et gentium, Buch II, Kap. 9, § 257 (S. 192); ohne derartige Überlegungen aber *Pütter/Achenwall*, Elementa iuris naturae, §§ 303–331 (S. 101–111).

[61] *Grotius*, De iure belli ac pacis, Buch II, Kap. 8, XIV 1 und XXII (S. 365).

[62] Siehe bereits *F. C. v. Savigny*, Manuskript Methodologie 1802/03, Bl. 27r–28v, in: *ders.*, Methodologie, S. 120–124.

zur Zeit des usus modernus ganz mehrheitlich nach der Einteilung der Digesten oder Institutionen.[63] Nur wenige Institutionenhandbücher entwickelten die Anordnung des Legalsystems zu einem rationalen System weiter. Der usus modernus blieb in dieser Hinsicht deutlich hinter dem wesentlich fortschrittlicheren Naturrecht zurück.

a) Qualifikation der Kondiktionen

Das hatte zwangsläufig Folgen für die Klassifikation der Kondiktionen; die römische Kategorie des Quasivertrags war zunächst das bestimmende Systemelement. Die Lehre stufte fast immer die condictio indebiti und oft auch die condictio sine causa als Quasikontrakt[64] und die condictio causa data causa non secuta als Innominatkontrakt ein,[65] während die condictio ob turpem vel iniustam causam manchmal den Quasidelikten zugesprochen wurde.[66] Die condictio furtiva wurde als Delikt tituliert.[67]

---

[63] Zu den Kondiktionen und Bereicherungsklagen bereits *Kupisch*, in: *Schrage*, Unjust Enrichment, S. 237 (bes. 248, 252–260); zum Quasivertrag *Birks/McLeod*, in: (1986) 6 OxJLS 46–85; vgl. auch *Giglio*, Condictio proprietaria, S. 53–59.

[64] *Ayblinger*, Commentarius, Pars III, Lib. XII, Tit. VI f. (S. 414, 418), zu condictio indebiti und sine causa; *v. Berger/Bach*, Oeconomia iuris, Lib. III, Tit. VI, Nr. VI, II; Lib. III, Tit. VI, Nr. VII, I (S. 569 f.), zu condictio indebiti und sine causa; *Johann Philipp Hahn*, Compendium systematicum, S. 68, Fn. 6, zur condictio indebiti; *Heineccius*, Elementa iuris civilis secundum ordinem institutionum, § CMLXXXVII (S. 425), zur condictio indebiti; *ders.*, Elementa iuris civilis secundum ordinem pandectarum, Pars III, § 54 (S. 365), zur condictio indebiti; *Johann Hieronymus Hermann*, Teutsches Systema Juris Civilis, Lib. XII, Tit. VI f. (S. 399, 407), zu condictio indebiti und condictio sine causa; *Höpfner*, Kommentar, § 953 (S. 181), zur condictio indebiti; *Hofacker*, Elementa iuris civilis romanorum, § 584 (S. 323), zur condictio indebiti: „quasi ex mutui datione"; *ders.*, Principia iuris civilis romano-germanici, Tomus III, § 3083 (S. 403), zur condictio indebiti; *Lauterbach*, Collegii theorico-practici, Pars I, Lib. XII, Tit. VII, § IV (S. 869), zur condictio sine causa; *Liekefett*, Handbuch Bürgerliches Recht, Bd. VII/2, S. 1055, zur condictio indebiti; *Ludovici*, Doctrina pandectarum, Lib. XII, Tit. VI, § 1 (S. 254), zur condictio indebiti; *Struve*, Iurisprudentia romano-germanica, Lib. III, Tit. XVIII, Nota XVI et XXII (S. 368, 370), zu condictio indebiti und sine causa; *Struve/Müller*, Syntagma iurisprudentiae, Pars I, Exerc. XVIII, Lib. XII, Tit. VI, Nota XXX (S. 1172), Tit. VII, Nota XLVI (S. 1191); *Westenberg*, Principia iuris, Tomus I, Lib. XII, Tit. VI, § 3 (S. 558).

[65] *Heineccius*, Elementa iuris civilis secundum ordinem pandectarum, Pars III, § 41 (S. 359); *Johann Hieronymus Hermann*, Teutsches Systema Juris Civilis, Lib. XII, Tit. V (S. 392).

[66] Siehe *v. Berger/Bach*, Oeconomia iuris, Lib. III, Tit. XII, Nr. VI (S. 674); *Struve*, Iurisprudentia romano-germanica, Lib. III, Tit. XXVI, Nota IV–VI (S. 415). *v. Rohr*, Introductio, Sect. VIII, Cap. XXIII, Lib. XII, Tit. V (S. 984–988), ordnete sie gar „De Materia Delictorum" ein.

[67] Explizit etwa *v. Rohr*, Introductio, Sect. VIII, Cap. XIII, Lib. XLVII, Tit. II, § 12 (S. 943).

Über die genaue Bedeutung des Kürzels „Quasicontract“ waren sich die Kommentatoren indes uneinig.[68] Die römischen Quellen geben über diese Frage ein weitgehend homogenes Meinungsbild ab. Einige Stellen betonen, quasi ex contractu stehe für „kein Vertrag“,[69] daher ist selbst die nicht autorisierte Zahlung auf eine Nichtschuld durch ein Mündel eine datio.[70] Im usus modernus bestand dagegen kein klares Bild über die Definition des Quasivertrags mehr. Der holländische Gelehrte Johannes Voet (1647–1713) argumentierte in seinem Kommentar:[71] „Ad mutuum proxime accedit indebiti solutio; etsi in eo differat, quod non verus sed quasi contractus sit“. Die condictio indebiti sollte kein „wahrer“ Vertrag, andererseits jedoch auch nicht vollkommen davon verschieden sein. „Quasi contractus sunt praesumptae conventiones, ex quibus mediante facto valida nascitur obligatio. [...] Erroneum proinde est tacitam quasi contractibus inesse convenientionem; cum ita magis veri contractus essent [...]“, ist weiter zu lesen.[72] Bei Heineccius steht ebenfalls geschrieben, quasi ex contractu stehe zwar für keinen stillschweigenden Vertrag, aber „[b]ene quoque facit, quod concedit, quasi contractum ex consensu ficto vel praesumpto nasci.“[73] Er zog in seinen „Academischen Reden“ das Fazit gegen den stillschweigenden Vertrag, als er ausführte:[74]

> „Was hiernächst noch unter grossen Rechtsgelehrten, welche keinen wahren Begriff von den Römischen quasi contractibus gehabt haben, für Irrungen und Uneinigkeiten entstanden sind, damit wollen wir uns zur Ungebühr nicht aufhalten, sondern unsere Zuhörer aus Liebe zur Wahrheit und redlicher Absicht absonderlich dafür warnen,

---

[68] Vgl. zur Methodik des Quasigedankens, Analogie und Fiktion *Hackl*, in: Festschrift für *Hans Hermann Seiler*, S. 117–127.

[69] Speziell zur condictio indebiti *Gaius*, D. 44, 7, 5, 3: „Is quoque, qui non debitum accipit per errorem solventis, obligatur quidem quasi ex mutui datione et eadem actione tenetur, qua debitores creditoribus: sed non potest intellegi is, qui ex ea causa tenetur, ex contractu obligatus esse: qui enim solvit per errorem, magis distrahendae obligationis animo quam contrahendae dare videtur.“ Des weiteren Inst. 3, 27, 6; allgemein Inst. 3, 27 pr.: „Post genera contractuum enumerata dispiciamus etiam de his obligationibus, quae non proprie quidem ex contractu nasci intelleguntur, sed tamen, quia non ex maleficio substantiam capiunt, quasi ex contractu nasci videntur.“

[70] *Iulianus*, D. 12, 1, 19, 1. Siehe aber auch für die Bereicherung des Mündels Inst. 3, 14, 1.

[71] *Voet*, Commentarius ad pandectas, Tomus I, Lib. XII, Tit. VI (S. 520).

[72] *Voet*, Commentarius ad pandectas, Tomus II, Lib. XLIV, Tit. VII (S. 735).

[73] *Vinnius/Heineccius*, Institutionum imperialium commentarius, Tomus II, Lib. III (S. 181); siehe auch *Heineccius*, Akademische Reden, §§ 965–967 (S. 744): „Da wir aber hinzu fügen, es entstehe solche Verbindlichkeit aus einer vermuthlichen oder erdichteten Einwilligung: so ist hier zu gedencken, daß wir oben [...] bereits angemercket haben, solches sey hauptsächlich der eigentliche Unterschied zwischen den veris und quasi contractibus, da jene ex consensu vero, diese aber ex ficto et praesumpto zu erwachsen pflegen.“ Ebenso etwa *Hoppe*, Commentatio ad institutiones, Lib. III, Tit. XXVIII (S. 712).

[74] *Heineccius*, Akademische Reden, §§ 965–967 (S. 745).

daß sie sich das Ansehen grosser und berühmter Rechtsgelehrten, deren Namen wir wegen ihrer großen Verdienste jederzeit zu schonen gewohnet sind, bei dem unbegründeten Vorgeben, als wenn tacitus und praesumptus consensus auf eines hinausliefe, nicht verleiten lassen."

Nur sehr wenige Stimmen ließen den echten stillschweigenden Vertrag noch gelten. Wolfgang Adam Lauterbach (1618–1678) begründete die condictio sine causa wie folgt:[75] „[...] quod expresse agitur, ex bono et aequo, atque conventione tacita sive quasi contractu nascitur. Aequum enim est, rem ad me pertinentem, et apud alium sine causa existentem, mihi restitui." Aber selbst bei ihm sind Quasivertrag und stillschweigender Vertrag zwei unterschiedliche Kategorien.

Eine ganze Reihe von Autoren wollte sich in letzter Instanz nicht mit dem Quasivertrag als Erklärung begnügen. Wenn man den Begriff „quasi contractus" nicht als echte Willensübereinstimmung kraft Stillschweigens deutet, dann war folglich zu klären, weshalb die Kondiktionen durch praesumptio oder fictio *wie* Verträge behandelt werden sollten. Der Vertragsgedanke selbst schied im Gegensatz zur Analogie als materielle Basis der extensiven Gesetzesanwendung aus: Die Methodenfigur der Fiktion unterscheidet sich von der Analogie gerade darin, daß sie keine direkte Wertungsgleichheit des gleichzusetzenden Sachverhalts voraussetzt. Jede Präsumtion oder Fiktion bedarf demnach einer externen Rechtfertigung, weil das fingierte Rechtsobjekt nicht unmittelbar die Begründung bereitstellt. Primär stützten sich die Gelehrten auf die aequitas und die Pomponius-Parömie als Fundament der Kondiktionen. Johann August Hellfeld (1717–1782), dessen Lehrbuch vielen Autoren als Vorbild diente, begründete die condictio indebiti wie folgt:[76] „Aequitas, quae non permittit, ut quias cum alterius damno fiat locupletio, obligat eum, qui ex alterius errore indebiti aliquid accepit, ad restitutionem accepit [...]". Ähnlich lautet die deutsche Wendung eines anderen Schreibers:[77] „Grund dieser Klage ist die von den Gesetzen bestätigte natürliche Billigkeit, daß derjenige, welcher eine Nichtschuld aus Versehen erhalten, durch deren verweigerte Zurückgabe sich mit des Andern Schaden nicht bereichere." Gleichlautende Passagen existieren zur condictio sine causa.[78]

---

[75] *Lauterbach*, Collegii theorico-practici, Pars I, Lib. XII, Tit. VII, § IV (S. 869).

[76] *Hellfeld*, Iurisprudentia, § 827 (S. 291); *Justus Henning Böhmer*, Introductio, Pars I, Lib. XII, Tit. VI (S. 331): „ex obligatione aequitatis naturalis"; *ders.*, Doctrina de actionibus, Sect. II, Cap. V, §§ XVIII–XXI (S. 383–387): „bonum et aequum", „ex aequitate naturali", „neminem debere locupletari per iniuriam cum damno alterius"; *v. Cocceji*, Ius civile controversum, Pars I, Lib. XII, Tit. VI, Qu. I (S. 660); *Struve/Müller*, Syntagma iurisprudentiae, Pars I, Exerc. XVIII, Lib. XII, Tit. VI, Nota XXXX, Fn. δ (S. 1173); Wiener Heineccius, §§ 62–65 (S. 212).

[77] *Liekefett*, Handbuch Bürgerliches Recht, Bd. VII/2, S. 1060.

[78] Wiederum *Liekefett*, Handbuch Bürgerliches Recht, Bd. VII/2, S. 1077, und *Struve/Muller*, Syntagma iurisprudentiae, Pars I, Exerc. XVIII, Lib. XII, Tit. VII, Nota

Der Holländer Ulrik Huber (1636–1694) stellte die Kondiktionen als Quasivertrag aus natürlicher Gerechtigkeit gleichfalls echten vertraglichen Konstruktionen gegenüber:[79] „Illic primo fundamentum eius vidimus Quasi-contractum, eiusque causam non adeo tacitum consensum, quam manifestam aequitatem, et correctionem inaequalitatis". Karl Christoph Hofacker (1749–1793) unterlegte die aequitas sowie den Pomponius-Satz gar sämtlichen Kondiktionen einschließlich der condictio furtiva mit Ausnahme der condictio indebiti:[80] „Ita ex regula hac, quod nemo contra aequitatem naturalem lucrum nancisi debeat ex damno alterius, proditae sunt condictiones: causa data causa non secuta, ob turpem vel iniustam causam, sine causa atque furtivae." Es sei nochmals an Heineccius angeknüpft, der auf die Frage, „was denn eigentlich zu solcher Vermuthung und fiction Anlaß gebe", antwortete, der „Grund hiervon in nichts anders, als in der natürlichen Billigkeit und in den handgreiflichen Nutzen zu suchen sey."[81]

In „De causis obligationum" ging Johann Ortwin Westenberg (1667–1737) sogar noch ein Stück weiter, er verwarf ausdrücklich alle vertraglichen und quasivertraglichen Anklänge. Den stillschweigenden Vertrag aufzugeben und ihn durch Fiktion ex aequitate zu ersetzen, war ihm nicht genug:[82]

> „Fundamentum autem Obligationis, quae ex Quasi Contractu oritur, in Aequitate et Utilitate communi, ponendum est. [...] Minime itaque fundamentum Obligationis, quae Quasi ex Contractu nascitur, in tacito Consensu, ponendum est." Die condictio sine causa sollte in eine Gruppe *jenseits* der Quasikontrakte fallen:[83] „Sed negotium, ex quo hic actio nascitur, nulli ex contractibus est simile, neque usquam inter quasi contractus refertur; plurimum etiam inter hoc et solutionem indebiti interest, ut eius exemplo hic quasi contractus constitui nequeat. Aequissimum tamen est, ut res nostra, quae apud alium est sine causa, nobis restituatur; adeoque causa huius actionis extraordinaria statuenda, et ad varias causarum figuras referenda est."

Eine homogene Meinung zum Wesen der Kondiktion gab es nach allem nicht. Die Begründung des Quasivertrags als Fiktion, Vermutung oder gar als stillschweigende echte Vereinbarung wechselte sich mit dem ex bono et aequo ab. Vom Quasivertrag in Fiktionsform war es nicht mehr weit zu Westenbergs gänzlich ablehnender Haltung, denn der Grund der Fiktion, der Bereicherungsgedanke, trat gegenüber dem Konsens als Worthülse in den Vordergrund.

XLVI, Fn. α (S. 1191); aber auch *Heineccius*, Elementa iuris civilis secundum ordinem pandectarum, Pars III, § 62 (S. 369); *Westenberg*, Principia iuris, Tomus I, Lib. XII, Tit. VII, § 7 (S. 565).

[79] *Ulrich Huber*, Praelectionum iuris romani, Pars II, Lib. XII, Tit. VI (S. 894).

[80] *Hofacker*, Elementa iuris civilis romanorum, § 585 (S. 324); ebenso *ders.*, Principia iuris civilis romano-germanici, Tomus III, § 3092 (S. 411).

[81] *Heineccius*, Akademische Reden, §§ 965–967 (S. 744).

[82] *Westenberg*, De causis obligationum, Diss. II, Cap. III, §§ 11, 16 (S. 59, 61); Fundstelle schon nachgewiesen von *Glück*, Erläuterungen, Bd. XIII/1, § 836 (S. 210).

[83] *Westenberg*, De causis obligationum, Diss. VII, Cap. IV, §§ 7 f. (S. 242 f.).

b) Dare oportere

Obwohl die communis opinio doctorum getreu den Quellen die Kondiktionen in erster Linie als schillernden Quasikontrakt darstellte, fehlte es nicht an weiterführenden Systematisierungsversuchen. In seiner „Doctrina Pandectarum" formulierte Jakob Friedrich Ludovici (1671–1723) zu Beginn des 18. Jahrhunderts unter „De condictio furtiva":[84] „In condictionibus hactenus recensistis dominium semper translatum fuit, illaque condictiones ex quasicontractu instituuntur: hic autem dominium non est translatum, et ex delicto agitur." Ebenso erläuterte Samuel v. Cocceji (1679–1755):[85] „[N]am per condictionem iuris Gentium intendo *dari oportere*, id est, ut dominium in me transferatur: In hac condictionis specie autem nunquam amisi dominium, indeque dari mihi non potest, quod meum adhuc est, neque enim tunc condictio datur, sed rei vindicatio [...]". Für die Kondiktionen im allgemeinen sollte es also typisch sein, daß Eigentum übertragen wird, nur die condictio furtiva war als Deliktsklage eine Ausnahme. Auch Lauterbach sah den „extraordinären" Charakter der condictio furtiva.[86] Die Urform der Vermögensverschiebung, das dare, geht somit zeitlich weit über v. Savigny hinaus. Schon mehr als einhundert Jahre vor seiner ersten Pandektenvorlesung war die Gelehrtenwelt mit den atypischen Eigenschaften der condictio ex causa furtiva konfrontiert. Es ginge jedoch sicherlich zu weit, im dare ob causam zur Zeit des usus modernus das prägende Element zu sehen. Diese Funktion war noch Quasikontrakt und aequitas vorbehalten.

c) Condictio sine causa, actio in factum und actio utilis

Während sich die akademische Lehre nur eher beiläufig mit den Grundlagen der Kondiktionen beschäftigte, stritt sie sich mit Eifer um verschiedene Spielarten des Irrtums, etwa, ob der error iuris ein Irrtum im Sinn der condictio indebiti sei. Für die vorliegende Analyse ist die condictio sine causa von weitaus größerem Interesse, denn sie vereinigte sowohl Fälle, die heute als Leistung eingestuft werden, als auch Fälle jenseits der Leistung. Überwiegende Meinung zum Begriff der condictio sine causa war, sie sei zum einen die generelle Bezeichnung für alle Kondiktionen, zum anderen aber greife sie subsidiär ein, wenn die speziellen Kondiktionen nicht einschlägig sind. Ludovici schrieb stellvertretend knapp:[87] „Haec condictio in significatu lato cum praecedentibus

---

[84] *Ludovici*, Doctrina pandectarum, Lib. XIII, Tit. I, § 1 (S. 255).

[85] *v. Cocceji*, Ius civile controversum, Pars I, Lib. XIII, Tit. I, Qu. I (S. 681 f.).

[86] *Lauterbach*, Collegii theorico-practici, Pars I, Lib. XIII, Tit. I, § I (S. 871).

[87] *Ludovici*, Doctrina pandectarum, Lib. XII, Tit. VII, § 1 (S. 255); ähnlich *Ayblinger*, Commentarius, Pars III, Lib. XII, Tit. VII (S. 418); *Justus Henning Böhmer*, In-

concurrit, in stricto autem tunc locum habet, quando reliquae deficiunt.“ Die condictio sine causa generalis sollte mit den übrigen Kondiktionen konkurrieren, indes nicht über die überlieferten Kondiktionsfälle hinausreichen.

Auch die Bekenntnisse zur Pomponius-Formel dürfen an dieser Stelle zu keinen Fehlschlüssen verleiten. Die Wendung von der Bereicherung zum Schaden eines anderen tauchte immer nur als Begründung der Kondiktionen auf, ihr wurde keine eigene anspruchsbegründende Kraft zuteil. Ansonsten ließe es sich nicht erklären, daß die Pomponius-Stelle im 50. Buch der Digesten stets in den Kommentierungen übergangen wurde. Es ist zweifelhaft, ob das deutsche gemeine Recht überhaupt Naturrechtslehren bei den Kondiktionen im großen Stil rezipierte, denn es zeugt mehr von gewissenhafter Exegese als von Systemdenken, die Billigkeitswendungen in den Digesten aufzunehmen. Die verschiedenen Einsprengsel über die naturalis aequitas waren keine Erfindung von Naturrecht oder gemeiner Lehre, sondern ein Erbe der Zeit Justinians. Einigen Autoren ging selbst die Konkurrenz der condictio sine causa generalis mit den Spezialkondiktionen zu weit. Sie wollten die condictio sine causa allein in der Form der condictio sine causa specialis anerkennen. Stryk hielt fest:[88] „[H]aec condictio maximam partem subsidiaria est, si res penes alterum existens alia condictione repeti nequeat, et adversarius nullam detinendi causam habeat.“ In v. Coccejis Aufzählung bestand die condictio sine causa zum Beispiel aus einer bunt gemischten Gruppe, zu der unter anderem die Vertreibung von einem Grundstück,[89] die Rückgabe einer Arrha bei Vertragserfüllung[90] oder eines Schuldscheins nach Zahlung zählten.[91]

---

troductio, Pars I, Lib. XII, Tit. VII (S. 336); *Dieterich*, Systema elementae iurisprudentiae, § 1069 (S. 546 f., Fn. *); *Heineccius*, Elementa iuris civilis secundum ordinem pandectarum, Pars III, § 62 (S. 369); *Hofacker*, Elementa iuris civilis romanorum, § 588 (S. 326); *ders.*, Principia iuris civilis romano-germanici, Tomus III, § 4002 (S. 418); *Johann Thaddäus Müller*, Systema pandectarum, Pars II, § 838 (S. 838, insbes. Fn. c); *Voet*, Commentarius ad pandectas, Tomus I, Lib. XII, Tit. VII (S. 529); *Westenberg*, Principia iuris, Tomus I, Lib. XII, Tit. VII, §§ 4–6 (S. 564).

Andere Tendenz bei *Schaumburg*, Compendium iuris digestorum, Lib. XII, Tit. VII (S. 377): „Sic et ille, qui indebitum tenet, vel ob causam futuram, quae non sequitur, item ex causa turpi vel iniusta accepit, sine causa habet.“

88 *Stryk*, Specimen usus moderni pandectarum, Tomus I, Lib. XII, Tit. VII (S. 512); ähnlich *v. Rohr*, Introductio, Sect. VI, Cap. III, Lib. XII, Tit. VII, § 3 (S. 616); *Struve/Müller*, Syntagma iurisprudentiae, Pars I, Exerc. XVIII, Lib. XII, Tit. VII, Nota XLVII (S. 1191).

89 *Ulpianus*, D. 47, 2, 25, 1.

90 *Ulpianus*, D. 19, 1, 11, 6.

91 *Diocletionus/Maximianus*, C. 4. 9, 2.

Weitaus erfolgversprechender im Hinblick auf einen allgemeinen Bereicherungssatz war die actio in factum in Buch 19, Titel 5 der Digesten.[92] Im gemeinen Recht sah man ihr Potential, die in den Quellen festgesetzten Klagen dann zu ergänzen, wenn das Ergebnis anderenfalls zu einer unbilligen Bereicherung des Beklagten geführt hätte: „Denique Actiones in Factum non raro vocantur Actiones Subsidiariae, ex sola aequitate."[93] Ähnlich klingt die Wendung eines anderen Gelehrten:[94] „Werden auch diejenigen Actiones in factum genennet, welche in factum civilium vel praetoriarum, directarum und utilium, von dem Praetore praeter mentem Legis, ex aequitate in subsidium gegeben werden." Die actio in factum als farblose Klageart war aber nur Ausdruck des allgemeinen Bereicherungssatzes, nicht ihr Ursprung. Sie fungierte lediglich als eines von mehreren Gewändern, in das der materielle Bereicherungssatz hineinschlüpfen konnte. Eine andere Klagehülse war zum Beispiel der Impensenersatz, als Samuel Stryk die Haftung des redlichen Besitzers für konsumierte Früchte unter der Frage des „Quod si locupletior factus?" erörterte.[95]

Weitere Kristallisationspunkte des Bereicherungsgedankens boten die actiones utiles. Stryk hielt stellvertretend zur actio utilis im Sammelband „Dissertationum Iuridicarum" fest:[96] „Utilem vero, non quod Praetore introducta, sed quod utilitatem ad casum non multo dissimilem a mente legis indulgeatur." Die actio in factum setzte man – nicht zu Unrecht – oft mit der actio utilis gleich.[97] Denn sowohl bei der actio in factum als auch bei der actio utilis trat der Bereicherungsgedanke als maßgebende ratio der Gesetzesanwendung hervor. Während er bei der Variante der actio in factum *unmittelbar* durch den Richter auf den konkreten Einzelfall angewandt wurde, diente er bei der actio utilis formal gesehen *kraft Analogie* als Begründung für die Ausdehnung vorhandener Rechtssätze. Entgegen der Prämisse der Analogiemethode erweiterte man aller-

---

[92] Übersicht bei *Westenberg*, De causis obligationum, Diss. V (S. 153–185); instruktiv auch *Arndts v. Arnesberg/Pfaff/Hofmann*, Pandekten, § 100 (S. 171); *Heimbach*, Artikel „Actio in factum", in: *Weiske*, Rechtslexikon, Bd. 1, S. 39; vgl. des weiteren *Heimbach*, Artikel „Bereicherung", in: *Weiske*, Rechtslexikon, Bd. 1, S. 925–931.

[93] *Westenberg*, Principia iuris, Tomus I, Lib. XIX, Tit. V, § 12 (S. 741); ähnlich *Ayblinger*, Commentarius, Pars III, Lib. XIX, Tit. V (S. 548).

[94] *Johann Hieronymus Hermann*, Teutsches Systema Juris Civilis, Lib. XIX, Tit. VI (S. 633).

[95] Siehe *v. Leyser*, Meditationes ad pandectas, Vol. II, Specimen XCIX ad Lib. VI, Tit. I, V und VI (S. 355–359), mit Übersicht über den damaligen Streitstand, ob der redliche Besitzer für Fruchtverbrauch hafte.

[96] *Adam Ebert*, in: *Stryk*, Dissertationum iuridicarum, Vol. V, Disp. XII, Membrum I, Sect. I, § XI, Br. 4 (S. 19).

[97] Freilich str., wie hier *Westenberg*, De causis obligationum, Diss. V, Cap. II, § 4 (S. 160): „Actiones in factum appelantur, quae alio nomine dicuntur Utiles"; a. A. *Gluck*, Erläuterungen, Bd. XVIII/1, § 1075 (S. 160), er unterschied ausdrücklich zwischen actio in factum und actio utilis.

dings keine Norm aufgrund eines wertungsgleichen Sachverhalts; vielmehr stellte der Pomponius-Satz das treibende argumentative Element zur Verfügung. Im größeren Zusammenhang verband sich damit die actio in factum mit der actio de in rem verso utilis und actio negotiorum gestorum utilis, beides typische Bereicherungsklagen des usus modernus in der Form der actio utilis. Gleichzeitig verblaßte der methodologische Unterschied zum fingierten Quasivertrag bei den Kondiktionen: Die actio utilis bezog die Rechtfertigung für ihre lückenfüllende Funktion gleich der condictio für ihre Vertragsfiktion nicht unmittelbar aus dem Normgehalt der korrespondierenden actio directa, sondern aus der expansiven Tendenz der Bereicherungshaftung.

Allgemein gesehen konnte die actio in factum ihrer Ausgangslage nach universell eingesetzt werden; einer der wichtigsten Fälle war die Bereicherung, die sich jenseits der traditionellen Kondiktionen fortsetzte:[98] „Actiones in factum quidem ex eodem fundamento nascuntur, sed generaliores et magis indeterminatae sunt; hae condictiones certam quandam determinatamque supponunt speciem, et ob suam frequentiam a legibus introductae sunt, ut iuris praetorii subsidio non indigeant“, deutete Justus Henning Böhmer (1674–1749) in „De actionibus“. Trotz seiner optimistischen Einschätzung wird man im 18. Jahrhundert der actio in factum in der Praxis keine überragende Rolle zugestehen können. Allein die Indizes der verschiedenen Konzilien zeigen deutlich, daß die Stellung der actio in factum neben den Kondiktionen quantitativ gesehen verschwindend gering gewesen sein muß. Keinesfalls erwecken die Quellen den Eindruck, als habe die Klage die herkömmlichen Kondiktionen verdrängt und an ihre Stelle die generelle Bereicherungsklage gesetzt. Die actio in factum war im Gegenteil eine actio subsidiaria, ein Rechtsbehelf zur Lückenfüllung. Berthold Kupisch wies bereits in einer Analyse universitärer Judikate die Anwendung der actio in factum bei der Herausgabe des Kaufpreises bei unberechtigter Sachveräußerung nach. Die universelle actio in factum attestiert auch er nicht.[99] In der Tat entspricht die Häufigkeit der actio in factum in der Rechtsprechung der Suche nach der Nadel im Heuhaufen; sehr wenige Rechtsfälle erwähnen überhaupt die Klage:

Ein „erwählter Compromiß-Gerichtshof“ entschied in der Mitte des 19. Jahrhunderts zwischen der Staatsregierung Preußens und dem Großherzogtum Sachsen-Weimar-Eisenach einen Streit, der durch die Wirren des Reichsdeputationshauptschlusses entstanden war. Es ging um die Herausgabe der jährlichen Nutzungen aus Zinsrechten des Collegialstiftes Beatae Mariae Virginis, welche die eine Partei gezogen hatte.[100] Die gängigen Kondiktionen hielt der Gerichtshof nicht für einschlägig. Vielmehr wurde ent-

---

[98] *Justus Henning Böhmer*, Doctrina de actionibus, Sect. II, Cap. V, § XIX (S. 383 f.).

[99] *Kupisch*, in: *Schrage*, Unjust Enrichment, S. 237 (257–260).

[100] „Erwählter Compromiß-Gerichtshof“, 1.4.1848, in: Wochenbl. für Rechtsfälle, Bd. 1 N. F. (1853), S. 297 (301).

schieden, dies sei ein „Fall [...] wo Jemand ohne Recht sich eine fremde Sache anmaaßt, und es wird daher die Klage insoweit als eine rei vindicatio utilis oder actio in factum subsidiaria zu bezeichnen sein."

Die reichsgerichtliche Rechtsprechung mußte sich später ebenfalls nur sehr vereinzelt mit der allgemeinen actio, diesmal in der Spielart der actio utilis, auseinandersetzen. Das illustriert folgender Fall des Königlichen Appellationsgerichts zu Kassel, der eher zur actio negotiorum gestorum utilis als zur actio in factum tendiert:[101]

Der Appellationsrichter nahm an, daß, wenn jemand im Auftrage eines anderen, ohne diesen Auftrag mitzuteilen, mit einem Dritten einen Vertrag abschließt, dem Auftraggeber kraft actio utilis ein direkter Anspruch gegen den Dritten zusteht. Doch das Reichsgericht lehnte in der Revision diesen kühnen Spruch, der auf einer fingierten Zession aufbaute, als viel zu weitgehend ab.

4. Kodifikationen um 1800

Drittes Gestaltungselement des Bereicherungsrechts neben Naturrecht und usus modernus war die Kodifikation. Im Zeitraum zwischen 1794 und 1812 wurden die drei wichtigsten naturrechtlich inspirierten Kodifikationen in Kraft gesetzt.[102] Auf den ersten Blick ist zu vermuten, gerade diese Gesetze hätten einen allgemeinen bereicherungsrechtlichen Tatbestand umschlossen, der nach dem Vorbild Grotius' den Bereicherungssatz mit den Kondiktionen zu verschmelzen vermochte. Die gesetzgeberische Praxis stellte sich freilich unter dem Einfluß des usus modernus und seiner bereicherungsrechtlich geprägten actio de in rem verso utilis und actio negotiorum gestorum utilis anders dar.

a) Preußisches Allgemeines Landrecht

So umfaßte das Allgemeine Landrecht für die preußischen Staaten von 1794 keine normierte condictio sine causa generalis, sondern nur die üblichen Spezialkondiktionen im ersten Buch unter dem sechzehnten Titel „Von der Zahlung", §§ 166 ff., daneben weit verstreute Fälle der condictio sine causa specialis, beispielsweise für die Draufgabe in prALR I 5 § 216.[103] Im weiteren hatte man die berühmten Generalklauseln der Geschäftsführung ohne Auftrag und Versionsklage festgelegt (prALR I 13 §§ 230, 262), die sich nach ihrem Wort-

---

[101] RG, 5.3.1880 – III. 507/79, in: RGZ, Bd. 1 (1880), S. 314 f. Weitere Beispiele aus dem 19. Jahrhundert unten auf S. 263, 268.

[102] Zum CMBC von 1756 und zum Entwurf von 1811 näher beim bayerischen Entwurf von 1861–64 unten auf S. 233 im Rahmen der Gesetzgebung; nochmals zum CMBC bei der Rspr. des 19. Jahrhunderts ab S. 260.

[103] Weitere Beispiele bei *Jacobi*, Nützliche Verwendung, S. 213, Fn. 87.

laut eher als allgemeine Bereicherungsklagen eigneten.[104] Bereits Pufendorf hatte erwogen, ob die actio de in rem verso nicht auf dem Pomponius-Satz basiere.[105] Da das Allgemeine Landrecht Grundlage des Entwurfs eines Bürgerlichen Gesetzbuchs für Preußen war, soll auf die preußischen Bereicherungsklagen erst in letzterem Zusammenhang genauer eingegangen werden.[106]

b) Französischer Code civil und Badisches Landrecht

Seinem Wortlaut nach stellt der Code civil als zweites Gesetzbuch in der Reihe ebenfalls keine condictio sine causa generalis zur Verfügung, unter dem Namen „Quasi Contrats" legte man die condictio indebiti, „répétition de l'indu", in Art. 1376 Cc fest. Erst 1892 entwickelte der Court de Cassion die allgemeine „Enrichissement sans cause" in der Form der „action de in rem verso" im Anschluß an die Rechtsprechung des II. Zivilsenats des Reichsgerichts.[107] Auch das Badische Landrecht von 1809/10, eine um badische Besonderheiten angereicherte Übersetzung des Code civil, bot in seiner „Papierform" in Art. 1376 nur die condictio indebiti an.[108] Johann Nikolaus Friedrich Brauer (1754–1813), der sich für die Transformation verantwortlich zeichnete, kommentierte die condictio indebiti bezeichnenderweise ohne Anklänge an das Naturrecht.[109] Entgegen dem preußischen Recht kannten der Code civil und sein Derivat also nicht einmal einen nominellen, im Gesetzbuch verankerten Anspruch, aus dem sich eine generelle Bereicherungsklage hätte entfalten können.

---

[104] PrALR I 13 § 230:

> „Doch darf sich niemand die Vortheile fremder Sachen oder Handlungen ohne besonderes Recht zueignen, und sich also mit dem Schaden eines Andern bereichern."

PrALR I 13 § 262:

> „Derjenige, aus dessen Vermögen etwas in den Nutzen eines Andern verwendet worden, ist dasselbe entweder in Natur zurück, oder für den Werth Vergütung zu fordern berechtigt."

[105] *Pufendorf*, De iure naturae et gentium, Book IV, Ch. 13, § 6 (S. 667).

[106] Siehe näher unten ab S. 222 bei der Gesetzgebung und auf S. 263 bei der Rspr. des 19. Jahrhunderts.

[107] Im berühmten Fall *Boudier*, DP 1892.1.596 = S 1893.1.281. Zum RG näher unten auf S. 263. Vgl. allgemein zum französischen Bereicherungsrecht *Marx*, Abschöpfung der Eingriffsbereicherung, S. 42–79; *Schlechtriem/Schmidt*, Restitution und Bereicherungsausgleich, Bd. 1, Rn. 1/2–11, beide m. w. N.

[108] Ein Vergleich des Badischen Landrechts mit dem BGB findet sich bei *Heinsheimer*, BGB und badisches Recht, Bd. 1, S. 282–291; *Helbling*, Deutsches und badisches Recht, § 120 (S. 458–462).

[109] *Brauer*, Ueber Zusaz 1377a (S. 285); siehe auch *Hachenburg*, § 1376 BL (S. 271).

c) Österreichisches Allgemeines Bürgerliches Gesetzbuch

Das Allgemeine Bürgerliche Gesetzbuch geht wie das preußische Recht merklich weiter. Wie in den anderen Kodifikationen tauchen spezialisierte Kondiktionen auf. Im Abschnitt zu den Kondiktionen legte man nur die condictio indebiti, § 1431 ABGB, und die condictio sine causa specialis in der Spielart der condictio ob causam finitam, § 1435 ABGB, nieder. An anderen Stellen der Kodifikation sind – nach heutigem Stand[110] – im wesentlichen die condictio ob turpem causam, § 1171 Abs. 1 S. 3 ABGB, und die condictio sine causa specialis wegen „Mangels der Einwilligung", § 877 ABGB, verstreut. Die condictio causa data causa non secuta soll sich aus einer Analogie zur condictio ob causam finitam ergeben.[111] Die condictio sine causa generalis ist dem Gesetzbuch seinem Wortlaut nach jedoch fremd.

Franz Anton v. Zeiller (1751–1828), sozusagen der Vater des Allgemeinen Bürgerlichen Gesetzbuchs, wollte die Kondiktionen ursprünglich über Pomponius rechtfertigen. So liest man, die condictio indebiti des österreichischen Rechts sei kein Rechtssatz aus bloßer Billigkeit oder Quasikontrakt, „sondern in der natürlichen, von dem positiven Gesetze ausgesprochenen, Gerechtigkeit, mit fremdem Schaden sich nicht zu bereichern, gegründet."[112] Die condictio indebiti wurde naturrechtlich legitimiert, ohne damit einem allgemeinen, über die Spezialfälle hinausgehenden Billigkeitstatbestand neben den kodifizierten Typen den Weg zu ebnen.

Dadurch setzte sich v. Zeiller vom Codex Theresianus aus dem Jahre 1766 ab, der vor den Kondiktionen als Spezialbestimmungen[113] noch ausdrücklich

---

[110] *v. Zeiller*, Index (S. 45), zählte im ursprünglichen Gesetzbuch auf:

Condictio causa data causa non secuta, § 1048 ABGB:

> „Ist eine Zeit bedungen, zu welcher die Uebergabe geschehen soll, und wird in der Zwischenzeit entweder die vertauschte bestimmte Sache durch Verboth außer Verkehr gesetzt, oder zufälliger Weise ganz, oder doch über die Hälfte am Werthe zu Grunde gerichtet, so ist der Tausch für nicht geschlossen anzusehen."

Condictio ex turpi vel iniusta causa, § 1174 ABGB:

> „Was jemand wissentlich zur Bewirkung einer unmöglichen, oder unerlaubten Handlung gegeben hat, kann er nicht wieder zurück fordern. In wie fern es der Fiscus einzuziehen berechtigt sey, bestimmen die politischen Verordnungen. Ist aber etwas zur Verhinderung einer unerlaubten Handlung demjenigen, der diese Handlung begehen wollte, gegeben worden; so findet die Zurückforderung statt."

Siehe weiterhin *v Zeiller*, § 1435 ABGB, zu §§ 709 f., 980, 1001, 1265 f., 1428.

[111] *Ehrenzweig*, Österreichisches Privatrecht, Bd. II/1, § 418 II (S. 742).

[112] *v. Zeiller*, § 1431 ABGB (S. 156).

[113] Codex Theresianus, Teil 3, Kap. 20 („Von denen aus bloßer natürlicher Billigkeit verbindenden Handlungen"), § 2: „Von Zuruckforderung einer Sache wegen nicht erfolgter Ursache, aus der sie gegeben worden." § 3: „Von Zuruckforderung einer aus ungebührlicher oder unbilliger Ursache empfangenen Sache." § 4: „Von Zuruckforderung des ohne Ursach vorenthaltenen fremden Guts."

die „Grundregel der Billigkeit" aufgestellt hatte, daß alles, „was Jemanden von fremden Gut ohne rechtmäßige Ursache zu Handen kommt oder zu seinem Nutzen verwendet wird", zurückzuerstatten sei, damit sich „Niemand mit Schaden des Andern bereicheret".[114] Diese Grundregel war mehr als eine bloße Begründung der nachfolgenden Tatbestände, „die Anrufung der Regel sollte keineswegs auf diese Fälle beschränkt sein."[115] Auch sah der Codex vor:[116] „Ueberhaupt ist Jedermann befugt, sein in Handen eines Anderen ohne rechtmäßiger Ursach vorenthaltendes Gut, wodurch dieser mit seinen Schaden bereicheret würde, zuruckzufordern [...]." Anders als die in Kraft getretenen Gesetzbücher Frankreichs, Preußens und die spätere österreichische Kodifikation, die den Bereicherungsgedanken nur über Versionsklage oder Geschäftsführung ohne Auftrag zuließen, kannte der Codex eine universelle Bereicherungsklage. Wie alle Entwürfe, die einen allgemeingültigen Bereicherungsanspruch vorsahen, wurde er nicht zum Gesetz erhoben.

Prima facie ließ sich jedoch die Versionsbestimmung, § 1041 ABGB,[117] nach dem Vorbild des preußischen Rechts wegen des weiten Wortlauts als allgemei-

---

Die condictio indebiti war jedoch nicht im Billigkeitskapitel, sondern ein Kapitel zuvor unter den Quasikontrakten niedergelegt, siehe Codex Theresianus, Teil 3, Kap. 19 („Von denen Handlungen, welche denen Contracten gleichkommen"), § 3 („Von Zahlung aus Irrthum"), obwohl in Teil 3, Kap. 19, § 3, Nr. 38 „Billigkeit" und *Pomponius*-Parömie angesprochen werden. *Johann Bernhard v. Hortens* (1735–1786) Entwurf hatte in Teil 3, Kap. 21 („Von den aus bloßer natürlicher Billigkeit herrührenden Verbindungen") die condictio indebiti mit den anderen Kondiktionen dagegen wieder zusammengezogen.

[114] Codex Theresianus, Teil 3, Kap. 20, § 1 („Von denen Grundregeln der natürlichen Billigkeit, wonach ohne Vertrag eine persönliche Verbindlichkeit herfließet"), Nr. 1:

> „Die vierte Gattung verbindlicher Handlungen sind jene, woraus ohne Vertrag aus bloßer natürlicher Billigkeit eine persönliche Verbindung entstehet, maßen unzählige Fälle erübrigen, wo weder eine wahre, noch vermuthete Einwilligung in einen Vertrag, weder ein wahres, noch dafür geachtetes Verbrechen unterwaltet, und doch die Billigkeit Einen dem Andern etwas zu leisten verbindet."

Codex Theresianus, Teil 3, Kap. 20, § 1, Nr. 2:

> „Alle diese Fälle aber fassen folgende zwei Grundregeln der Billigkeit in sich, als die eine, daß Jedermann Dasjenige thue oder zulasse, was ohne seinen Schaden dem Andern zum Nutzen gereichen kann, und die andere, damit Alles, was Jemanden von fremden Gut ohne rechtmäßige Ursache zu Handen kommt oder zu seinem Nutzen verwendet wird, dem Eigenthümer zurückgestellet oder ersetzet, und also Niemand mit Schaden des Andern bereicheret werde."

[115] Zitat *Johann Bernhard v. Zenckers* (†1785), in: *v. Harrasowsky*, Codex Theresianus, Bd. 3, S. 336, Fn. 2.

[116] Codex Theresianus, Teil 3, Kap. 20, § 4, Nr. 29.

[117] § 1041 ABGB:

> „Wenn ohne Geschäftsführung eine Sache zum Nutzen eines anderen verwendet worden ist, kann der Eigentümer sie in Natur oder, wenn dies nicht mehr geschehen kann, den Wert verlangen, den sie zur Zeit der Verwendung gehabt hat, obgleich der Nutzen in der Folge vereitelt worden ist."

ne Bereicherungsklage nutzen. Gesetzgeber und Rechtspraxis machten von dieser Option aber niemals konkreten Gebrauch. Schon in den Gesetzesberatungen lehnte es die Kommission ab,[118] einen weitläufigen Billigkeitssatz zur Versionsklage zu kodifizieren.[119] Die Lehre im 19. Jahrhundert verschloß sich ebenso den preußischen Vorgaben. Sie wollte im Anschluß an die gemeinrechtliche Entwicklung in § 1041 ABGB keinen generellen Bereicherungsanspruch sehen.[120] In der neuzeitlichen österreichischen Dogmatik wird in die Norm ebenfalls keine Generalermächtigung hineingedeutet. Die Literatur lehnt nicht nur den in § 1041 ABGB angedeuteten Versionsdurchgriff ab,[121] sondern beschränkt den Paragraphen darüber hinaus auf Anwendungsfälle jenseits von Leistungsverhältnissen, also auf die Eingriffs- und Verwendungskondiktion im deutschen Sinne.[122] Trotzdem ist nach österreichischem Recht heute anerkannt, die Synopse der §§ 1041, 1431, 1435 ABGB und anderer Spezialvorschriften komme einem generellen Anspruch aus rechtsgrundloser Bereicherung jenseits der kasuistischen Kodifikation zumindest nahe. Damit hat sich das heutige Verständnis sehr von den Ursprüngen des Gesetzes entfernt. Die Bruchlinie wird

---

[118] *v. Zeiller*, § 1041 ABGB, läßt in seiner Kommentierung nicht erkennen, die Verwendungsklage sei als allgemeiner Bereicherungsanspruch gedacht.

[119] Siehe Sitzung 106, in: *Ofner*, Protokolle ABGB, Bd. 2, S. 173 f., zu „Von vermutheten Verträgen", bes. deutlich § d:

> „Aus dem Grundsatze, daß Niemand aus dem Vermögen, oder den Handlungen eines andern, ohne dessen Willen, oder ohne eine besondere Vorschrift der Gesetze einen Vortheil ziehen, und sich mit dem Schaden des andern bereichern soll, kann auch derjenige, welcher fremde Geschäfte, bloß um den Nutzen des Eigenthümers zu befördern, ohne Auftrag besorget, den Aufwand für die noch fortdauernden Nutzungen fordern."

Des weiteren konnte sich nicht der Vorschlag *v. Haans* durchsetzen, den Satz selbst zu kodifizieren: „Doch kann auch Niemand sich mit dem Schaden des Andern bereichern"; siehe Sitzung 107, in: *Ofner*, Protokolle ABGB, Bd. 2, S. 178.

Zur Entstehungsgeschichte des § 1041 ABGB vor allem *Wellspacher*, Versio in rem, S. 44–77; auch *Apathy*, Verwendungsanspruch, S. 11–19, m. w. N.; allgemein zur Geschichte des österreichischen Bereicherungsrechts *Beck-Mannagetta*, in: Festschrift für *Wesener*, S. 47–58, m. w. N., auch zu den Entwürfen *v. Hortens* und *Carl Anton v. Martinis* (1726–1800), die wie der Codex Theresianus zum allgemeinen Bereicherungsanspruch neigten.

[120] *Krainz*, Österreichisches Privatrecht, Bd. II/1, § 416, Fn. 3 (S. 287): „Man könnte versucht sein, einen allgemeinen Satz im §. 1041 zu finden; allein er handelt von der rem versio, die eine Verwendung ohne Leistung voraussetzt, während bei der condictio eine Leistung vorausging, die nun angefochten wird." I. E. wird die Norm auf Nichtleistungsfälle eingeschränkt, siehe *ders.*, a. a. O., Bd. II/2, § 411 (S. 327–331). *v. Bonnott/Schreiber*, in: *v. Stubenrauch*, § 1041 ABGB (S. 231 f.), geben ihr ebenfalls keinen allgemeinen Charakter; *Joseph Unger*, Österreichisches Privatrecht, Bd. 2, erwähnt § 1041 ABGB nicht einmal.

[121] Siehe nur *Apathy*, Verwendungsanspruch, S. 81–96, m. w. N., auch aus der Rspr.

[122] *Apathy*, in: Praxiskommentar, § 1041 ABGB, Rn. 8; *Ehrenzweig*, Österreichisches Privatrecht, Bd. II/1, § 415 I 6 (S. 723–725).

von der Ablösung der actio de in rem verso utilis durch das System Wilburgs markiert, das die Lücken im Bereicherungsrecht über die Kondiktionen selbst und nicht mehr über Pomponius schließt.[123] Immerhin kann es als gesicherte Erkenntnis gelten, die §§ 1431 ff. ABGB stünden als Leistungskondiktion der Nichtleistungskondiktion aus § 1041 ABGB gegenüber.

5. Savignys Studienjahre

Naturrecht, usus modernus und die Gesetzeswerke in Frankreich, Österreich und Preußen waren der geistige Hintergrund des jungen v. Savigny. Doch der Mitbegründer der Historischen Rechtsschule wurde in seiner Lehrzeit nicht zuletzt vom akademischen Unterricht geprägt. Im Winter 1795/96 hörte v. Savigny bei Philipp Friedrich Weis (1766–1808) die Pandekten.[124] In der Vorlesungsnachschrift v. Savignys entfaltet sich ein authentisches Bild des Lehrbetriebs im ausgehenden 18. Jahrhundert. Weis hielt seine Pandektenvorlesung getreu der Tradition des usus modernus noch im alten Legalsystem. Die Kondiktionen werden deshalb im 12. und 13. Buch der Digesten angesprochen. v. Savignys Lehrer resümierte zur condictio ob turpem vel iniustam causam, es sei „also hier eine causa (inhonesta) vorhanden, und dadurch unterscheidet sich die Klage von der condictio sine causa.“ Die condictio sine causa selbst „begreift alle bisherigen Condictionen, da nämlich immer ein rechtlicher Grund fehlt.“ Der Titel 6 zur condictio indebiti schließlich enthält einige grundsätzliche Ausführungen. Die allgemeine Basis der Klage sei die „aequitas naturalis“, lehrte Weis seinen Schüler. Weiter schrieb v. Savigny auf:[125] „Das nächste Fundament liegt in dem facto der Annahme (es ist ein Quasicontract).“ Im Marburger Kolleg wurde v. Savigny von Weis demnach mit dem gängigen Muster über die Kondiktionen vertraut gemacht; Quasivertrag und aequitas bildeten das Gerüst der Kondiktionen. Das in der Universitätsbibliothek Marburg überlieferte Vorlesungsheft ist kein Dokument experimentellen Inhalts; vielmehr reflektiert es den konventionellen Stand der damaligen Wissenschaft.

---

[123] Siehe *Krasnopolski/Kafka*, Österreichisches Privatrecht, Bd. 3, § 93 (S. 477). Nach *Honsell/Mader*, in: Praxiskommentar, Vorb. §§ 1431 ff. ABGB, Rn. 6, enthält das ABGB nur einzelne, konkrete Tatbestände, die allerdings durchaus analogiefähig seien.

Allgemein zum österreichischen Bereicherungsrecht aus rechtsvergleichender Sicht *Werner Lorenz*, in: *Julius v. Staudinger[13]*, Vorb. § 812, Rn. 7 f.; *Schlechtriem*, Restitution und Bereicherungsausgleich, Bd. 1, Rn. 1/34–37.

[124] Im Vorwort zum Recht des Besitzes, S. IV, von *Savigny* als „mein Lehrer Weis“ bezeichnet.

[125] Zitate nach *Weis*, Pand.Nschr. (*F. C. v. Savigny*), Bd. 1, S. 618, 622, 621.

6. Fazit

Das Urteil über v. Savignys Studienjahre, die am Ende des usus modernus und mit den großen Kodifikationen am Beginn einer neuen juristischen Zeitrechnung standen, bietet aus heutiger Sicht ein ambivalentes Szenario. Innovative Schrittmacher wie Grotius, Mittler auf der Seite der deutschen Naturrechtslehre und konservative Kräfte im usus modernus rangen um die Vorherrschaft zwischen kasuistischen Kondiktionen, Quasivertrag, actio in factum, Pomponius' Enunziation, negotiorum gestio und actio de in rem verso utilis. Auch wenn im 18. Jahrhundert der Pomponius-Satz mit den Kondiktionen in Verbindung gebracht wurde, so kann daraus nicht geschlossen werden, man habe im usus modernus einer universellen Klage auf dem Boden der condictio sine causa generalis oder der subsidiären actio in factum den Weg geebnet. Obwohl sich zum dare erste Systematisierungstendenzen abzeichneten, gelang es der herrschenden Lehre nicht, den Bogen von der condictio sine causa specialis zu einer Klage zu spannen, die man nicht erst aus dem römischen Fallrecht mühsam destillieren und durch Analogie erweitern mußte, ohne zugleich in den Fehler des moralisierenden Satzes des „Bereichere Dich nicht!" zu verfallen. Jede einzelne condictio bedurfte im Gegenteil besonderer Legitimation, die Vermögensverschiebung ohne Rechtsgrund war als universeller Gedanke, der frei alle Bereicherungsfälle zu bewältigen vermag, in weiter Ferne. Die condictio stricti iudicii stand für die Regel, actiones in factum und utilis für die Ausnahme. Der Bereicherungsgedanke hatte sich noch nicht für seinen endgültigen Platz entschieden, der Kampf zwischen negotiorum gestio, actio de in rem verso utilis und Kondiktionen um das Erbe des Pomponius befand sich in vollem Gange.

Für die Kodifikationsprojekte des 19. Jahrhunderts, die schließlich zum deutschen Bürgerlichen Gesetzbuch hinführten, spielten die naturrechtlichen Kodifikationen zum Thema Bereicherungsrecht nur eine unbedeutende Rolle, weil sie den Bereicherungssatz nicht mit den althergebrachten Kondiktionen, als Quasivertrag klassifiziert, zu vereinen wußten. Vielmehr verlegten alle diese Gesetzbücher das Entwicklungspotential des Bereicherungssatzes außerhalb der Kondiktionen in das Recht der Versionsklage resp. der Geschäftsführung ohne Auftrag. Die Kondiktionen waren typischerweise weit über das Gesetz in zahllosen Einzelvorschriften verstreut, so daß die condictio sine causa generalis von vornherein redundant war. Grotius, dessen Verdienst weniger in der Formel der rechtsgrundlosen Bereicherung als in der neuen Verbindung der klassischen Kondiktionen mit dem Bereicherungssatz lag, war noch weithin ein ungehörter Prophet. Die deutschen Naturrechtslehren trennten die Kondiktionen aus Quasivertrag vom allgemeinen Bereicherungssatz. Und selbst heute findet die ältere Linie der naturrechtlichen Kodifikationen Anhänger in Europa.[126] In Italien beispielsweise wird im Codice civile von 1942 das „pagamento dell'indebito" (Artt. 2033–2040) vom subsidiären allgemeinen Bereicherungsanspruch, „arricchimento senza causa“ (Artt. 2041 f.), unterschieden.[127] Das neue niederländische Burgerlijk Wetboek aus dem Jahre 1992 schließlich trennt in Artt. 6:203 bis 211 ebenfalls die condictio indebiti („Onverschuldigde betaling“) von der allgemeinen Bereicherungsklage in Art. 6:212 („Ongerechtvaardigde verrijking“), ohne aber die Leistungsfälle aus Quasivertrag herzuleiten.[128]

III. Die Lehren Friedrich Carl von Savignys

Erst die Lehre v. Savignys zur Vermögensverschiebung, welche die Kondiktionen sine causa mit dem Bereicherungsgedanken zu vereinen wußte,[129] machte die Gesetzeswerke um 1800 für die weitere Fortentwicklung der römischen Kondiktionen innerhalb von weniger als drei Jahrzehnten obsolet.

1. Pandektenmanuskript

Wichtigstes Zeugnis des akribischen Schaffens v. Savignys ist zweifellos sein Pandektenmanuskript, das in seiner Struktur bekanntlich auf Heises Grundriß für Pandektenvorlesungen zurückreicht.[130] Das Manuskript entstand vermutlich zum größten Teil in der Landshuter Zeit, als v. Savigny es während seiner einjährigen Pandektenvorlesung im Sommer 1809 und Winter 1809/10 erstmals vortragen konnte.[131] Später hielt er bis 1841/42 nur noch halbjährige Kollegien, die mit wenigen Ausnahmen im Wintersemester stattfanden.[132]

---

[126] Vgl. jetzt umfassend *Schlechtriem*, Restitution und Bereicherungsausgleich, Bd. 1, Rn. 1/2–77, zu den kodifizierten Rechtsordnungen Europas.

[127] Dazu jetzt wie erwähnt *Giglio*, Condictio proprietaria; weiterhin *Schlechtriem/ Becker*, Restitution und Bereicherungsausgleich, Bd. 1, Rn. 1/12–19.

[128] Dazu *Schrage*, in: [1994] RLR 208–221; weiterhin *Schlechtriem/Schmidt-Kessel*, Restitution und Bereicherungsausgleich, Bd. 1, Rn. 1/58–61.

[129] Neben den folgenden Ausführungen sei zu *F C v. Savignys* Lehre über die Kondiktionen verwiesen auf folgende wichtige Punkte: condictio ob iniustam causam (unten S. 307), Bereicherungswegfall (unten S. 217) und schließlich actio, Quasivertrag und obligatio ex lege (unten ab S. 410).

[130] Näheres zur Verbindung *F. C. v. Savignys* mit *Heise* unten ab S. 159.

[131] Im Detail *Rückert*, Idealismus, Jurisprudenz und Politik, S. 88–90.

[132] Dazu die eigenen Aufzeichnungen *F. C. v. Savignys* im Pandektenmanuskript 1809–1841/42, Bl. 1–30: Sommersemester 1811, 1812, Wintersemester 1813/14–1818/ 19, Sommersemester 1820, Wintersemester 1821/22–1825/26; Wintersemester 1827/28–1841/42; Hinweise liefern auch seine Materialien zu Prüfungsaufgaben (UB Marburg, Ms. 955/44 [olim Mat. 11]), welche die Unregelmäßigkeit im Wintersemester 1819/20, Sommersemester 1820 und Wintersemester 1820/21 mit der ersten Vorlesung zum Allgemeinen Landrecht im Winter 1819/20, den Vorträgen über die Institutionen des *Gajus*

Allgemeine Grundsätze der Kondiktionen stehen nicht unter der condictio sine causa oder einer allgemeinen Einleitung vor allen Kondiktionen, wie man zuerst vermuten sollte, sondern an etwas versteckter Stelle als linker Einschub auf den Manuskriptzetteln unter „§ 209. Condictio ob turpem causam". Der eingefügte Text will eine „Übersicht über die folgenden Condictionen" anbieten. Gleich zu Beginn sollen gemeinsame Eckpunkte der Kondiktionen festgehalten werden. Das Manuskript betont dabei vor allem das „datum ob causam", das Geben auf einen „bestimmten juristischen Grund", der „gegenwärtig, vergangen oder künftig" sein kann. Für die causa wird dann weiter differenziert in „1.) causa turpis", die „eigene Regeln" habe, und „2.) causa honesta", die in die Untergruppen futura, praesens oder praeterita (condictio sine causa) aufgeteilt sei. Die condictio indebiti, so steht geschrieben, sei „blos Ausnahme von jener", der condictio sine causa.

Neben der causa hob v. Savigny die sogenannte Vermögensverschiebung als einigendes Band hervor, das „dare". Es könne auch in einem Obligieren oder Liberieren bestehen. Für v. Savigny waren die gemeinsamen Merkmale der verschiedenen Kondiktionen beinahe selbstverständlich, argumentierte er doch im Manuskript, „die Römer unterscheiden die verschiedenen Formen der condictio nicht genau".[133] Im Anschluß daran wollte v. Savigny kurz auf die condictio ex lege eingehen, die in seinem System aber keine größere Signifikanz hatte und mehr als Antiquität auffiel. Nähere Überlegungen zu generellen Grundsätzen für die Kondiktionen lassen sich der Randbemerkung nicht entlocken; fest steht zumindest, daß v. Savigny sie nachträglich einfügte. Der Tintenfarbe nach zu urteilen ist die condictio ex lege erst in einem zweiten Schritt hinzugekommen.

Unter „§ 204. Condictio furtiva" sind ebenfalls interessante Notizen nachträglich eingeschaltet. Dort ist die Rede von der „Beschaffenheit und Anomalie" der condictio furtiva. Weiter ist zu lesen, es bestehe ein „Zusammenhang mit der condictio ob turpem causam, die einen Theil dieser Anomalie auch hat (nämlich daß es nicht auf Irrthum ankommt)".[134] Die im Zusammenhang mit dem Einheits- und Trennungsmodell besonders aufschlußreiche condictio sine causa teilte v. Savigny in die Fälle der „repetitio dati ob causam", also aus Lei-

---

im selbigen Semester und der Institutionenvorlesung im Winter 1820/21 erklären. Die Vorlesung zu *Gajus* basiert auf dem Umstand, daß *Niebuhr* 1816 in der Stiftsbibliothek von Verona eine Handschrift des Werkes gefunden hatte. Vgl. etwa *F. C. v. Savigny*, Gajusnschr. 1819/20 (*Ribbentrop*), SUB Göttingen, Sig. 8° Cod. Ms. jurid. 22^{f}, ohne substantielle Hinweise zu den Kondiktionen. 1826/27 unternahm *F. C. v. Savigny* wegen eines nervösen Kopfleidens eine ausgedehnte Italienreise. Siehe auch zur Institutionenvorlesung unten auf S. 130, 226.

[133] Alles *F. C. v. Savigny*, Manuskript Pandekten 1809–1841/42, Bl. 735r [533r der Originalfoliierung].

[134] *F. C. v. Savigny*, Manuskript Pandekten 1809–1841/42, Bl. 722r [521r].

stung, und solche ohne Leistung. Als Textbeispiele für die Nichtleistung jenseits des dare notierte er die Kondiktion des Kaufpreises bei der Veräußerung fremder Sachen,[135] die nicht mehr vindiziert werden können, die Konsumtion fremder Früchte durch den Bösgläubigen[136] sowie den Eigentumsübergang aus Verbindung beweglicher Sachen (adiunctio).[137] Daneben sind noch Quellenzitate zur Fruchtkonsumtion angegeben, unter anderem zur Fruchtziehung nach abgelaufener Pachtzeit.[138]

Die genaue Datierung der nachträglichen, am Rande niedergeschriebenen Bemerkungen läßt sich lediglich indirekt ermitteln. Auch Kolleghefte helfen nicht weiter, weil aus der Landshuter Ära nur eine anonyme Nachschrift von 1808/09 mit dem Titel „Erläuterungen und Aufsätze zu Gustav Hugos Lehrbuch des römischen Rechts" erhalten ist.[139] Die Kondiktionen werden in dieser Nachschrift leider nicht tangiert. Aufzeichnungen in den Bänden zu Adversaria geben glücklicherweise Hilfestellung.[140] Auf zwei Seiten im dritten Band, der laut Titel im Januar 1808 begonnen wurde, sind die Kondiktionen skizziert. Als v. Savigny seine Notiz verfaßte, waren ihm nach seiner eigenen Bemerkung die Kondiktionen „noch sehr dunkel". Wie die aufgeschriebenen Digestenstellen zeigen, wollte er den Widerspruch in den römischen Gesetzestexten zwischen condictio furtiva und den übrigen Kondiktionen auflösen. Das systematisierte Ergebnis lag in der Formel des dare oportere; der gegenwärtige Eigentümer könne nur im Fall der condictio furtiva kondizieren.[141] Nicht weit vor den fraglichen beiden Seiten notierte v. Savigny eine Rezension vom 4. März 1809 in der Jenaischen Allgemeinen Literatur-Zeitung.[142] Die Studien zu den Kondiktionen sind daher mit aller Wahrscheinlichkeit um die Mitte des Jahres 1809 entstanden. Ein Verweis zu folio 546 des Pandektenmanuskripts deutet auf den

---

[135] *Africanus*, D. 12, 1, 23.

[136] *Diocletianus/Maximianus*, C. 4, 9, 3; sowie nachträglich am Rande vermerkt *Papinianus*, D. 12, 6, 55: Einziehung von Mietzinsen durch den widerrechtlichen bösgläubigen Besitzer.

[137] Inst. 2, 1, 26: Einweben fremder Purpurfäden in ein Kleid („accessionis vice cedit vestimento"); dieser Punkt ist nachträglich am Rand des Manuskripts eingefügt. Alles *F. C. v. Savigny*, Manuskript Pandekten 1809–1841/42, Bl. 749v [546v].

[138] *Ulpianus*, D. 12, 1, 4, 1.

[139] In der Bibliothek der Ludwig-Maximilians-Universität München unter Sig. 4° Cod. ms. 891.

[140] Die Ausführungen sind einem freundlichen Hinweis Prof. *Rückerts* zu verdanken.

[141] *F. C. v. Savigny*, Adversaria, Bd. 3, S. 101.

[142] *F C. v. Savigny*, Adversaria, Bd. 3, S. 67. Die Verweise auf S. 95, 102 der Adversaria auf Briefe von/zu *Unterholzner* vom Januar und 13. März 1811 vermögen wohl kaum das Gegenteil zu belegen, weil diese Einträge in Glossenform nachträglich eingefügt worden sein könnten. Dasselbe gilt für den Verweis zu „Gajus" auf S. 102, dessen Institutionen wie erwähnt erst 1816 wiederentdeckt wurden.

Niederschrieb dieser Gedanken *nach* dem ersten Durchlauf des Manuskripts hin. Die Randbemerkungen in der Vorlesungsvorlage wurden nachträglich eingefügt, weil im Gespür v. Savignys das Verhältnis der einzelnen Kondiktionen noch klärungsbedürftig war. Folglich dürften die Randnotizen im Manuskript, die offensichtlich auf den Adversaria basieren, gleichfalls auf Mitte 1809 zu datieren sein. v. Savignys Bereicherungssystem ist damit erheblich älter, als es die gewöhnlichen Zitate aus dem „System" vermuten lassen.

2. *Vorlesungen zu Obligationen und Pandekten*

Über v. Savignys Vorlesungen geben neben den Manuskripten zahlreiche Nachschriften ein beredtes Zeugnis ab, angefangen von Methodologie und Erbrecht 1802/03 bis hin zur Berliner Pandektenvorlesung 1841/42. Im Folgenden richtet sich das Augenmerk vor allem auf die Kondiktionen im Verlauf der Pandektenvorlesung, aber auch auf v. Savignys Kolleg zu Rechtsgeschichte, Altertümern und Institutionen.

a) Obligationenrecht 1803/04

Die „Vorlesungen über das Obligazionenrecht" vom 8. November 1803 bis 14. Februar 1804 in Marburg sind uns Heutigen durch Nachschriften von Wilhelm und Jakob Grimm (1786–1859 und 1785–1863), populär als Gebrüder Grimm, tradiert. Das originale Manuskript ist verschollen.[143] Die beiden erhaltenen Autographen geben leider fragmentarisch nur Allgemeines zum Schuldrecht wie die Entstehung der Obligationen preis.[144] Ausführungen v. Savignys zu den Kondiktionen fehlen.

b) Pandekten 1811–1818/19

Eine wesentlich bessere Quellenlage bieten die frühen Berliner Pandektenvorlesungen v. Savignys bis 1820: Vorlesungsnachschriften für die ersten drei Berliner Pandektenvorlesungen zwischen Sommer 1811 und Winter 1813/14 sind nach derzeitiger Quellenlage zwar nicht vorhanden, dafür aber sieben Nachschriften zwischen Winter 1814 und 1818 in Bibliotheken im deutschen Sprachraum.

---

[143] Siehe *Rückert*, Idealismus, Jurisprudenz und Politik, S. 138 f., 143, insbes. Fn. 654.

[144] *F. C. v. Savigny*, Obligationennschr. 1803/04 (*Jakob Grimm*), S. 36–53; *ders.*, Obligationennschr. 1803/04 (*Wilhelm Grimm*), S. 34–53.

aa) Pandekten 1814/15

Vom Germanisten Carl Gustav Homeyer (1795–1874) ist an der Staatsbibliothek zu Berlin die älteste noch erhaltene Pandektennachschrift überliefert. Im Dritten Buch, Siebtes Kapitel seines Vortrags ordnete v. Savigny die Kondiktionen neben der actio quod metus causa, interdictum unde vi, Verbindlichkeiten aus Empfangscheinen und precarium unter „Obligationen auf ein Zurückgeben" ein, geordnet in die condictio furtiva und condictio ob turpem causam unter „I. Aus unerlaubten Handlungen" und die condictio ob causam datorum, indebiti und sine causa unter „II. Aus anderen Gründen".[145] Allgemeine Grundsätze zu den Kondiktionen tauchen wie im Manuskript erst bei der condictio ob turpem causam auf:[146] „Die Condictio ist Zurückforderung von Eigenthum welches man aufgegeben hat", ist zu lesen. Die Kondiktionen hätten „das Gemeinschaftliche daß durch meinen Willen etwas auf einen andern kommt, dessen Rückgabe ich nicht aus Vertrag sondern ex aequitate fordern kann." Nach v. Savignys Vorstellungen muß die Hingabe ob causam geschehen, zu einem „juristischen Zweck", zum Beispiel ein „datum ob causam solvendum". Die sogenannte Verschiebung von Eigentum vom Vermögen des Kondizenten in das des Schuldners (Vermögensverschiebung) und die verfehlte subjektive Intention (datio ob causam) bilden das Gerüst der Kondiktion.

Die causa wird im weiteren in die bereits im Pandektenmanuskript geschilderten Typen unterteilt. Auch finden sich wie im Manuskript die Sätze, die Namen unterschieden die einzelnen Kondiktionen nur sehr beschränkt, und die Römer hätten die Differenzierung nicht so genau genommen. Die condictio ob turpem causam, so heißt es, folge besonderen Regeln; sie setze keinen Irrtum über den verfolgten Zweck wie andere Kondiktionen voraus.[147]

Die herkömmliche Einteilung des usus modernus in condictio sine causa specialis und generalis wird mit der Begründung verworfen, daß „überhaupt die Condictionen nicht streng begrenzt sind und es eigentlich nur eine Condictio giebt." v. Savigny führte die condictio sine causa wie die anderen Kondiktionen in erster Linie auf das dare zurück, ordnete sie also primär dem Bereich der Leistung zu. Aber neben der Leistung kannte v. Savigny Fälle, die unter der condictio sine causa stehen, obwohl nichts hingegeben wird. Dies sind die Konsumtion von fremden Früchten durch den Unredlichen und die Kondiktion des Kaufpreises bei Veräußerung einer fremden Sache. Der erste Fall soll sich aus einer Analogie zur condictio furtiva erklären, der letztere folge eigenen Re-

---

[145] *F. C. v. Savigny*, Pand.Nschr. 1814/15 (*Homeyer*), S. 490–512, bes. S. 490, 499, 501, 505.

[146] *F. C. v. Savigny*, Pand.Nschr. 1814/15 (*Homeyer*), S. 499 f.

[147] Alle Zitate und Stellen *F. C. v. Savigny*, Pand.Nschr. 1814/15 (*Homeyer*), S. 499 f.

geln.[148] Ebenso wie die condictio sine causa fällt die condictio furtiva aus dem Schema des dare ob causam: Sie setze, lehrte v. Savigny, keinen Eigentumsübergang voraus, sondern erkläre sich aus dem „odium furum", dem Haß gegen Diebe.[149]

bb) Pandekten 1816/17

In der zweitältesten noch erhaltenen Pandektennachschrift zu Rostock aus dem Jahr 1816/17 sind ähnliche Worte v. Savignys konserviert. Die Kondiktionen, so ist zu lesen, „haben das Gemeinschaftliche, daß ohne Vertrag, ob causam aus einem juristischen Grund etwas gegeben ist." Nur die condictio furtiva mache eine Ausnahme. Von einem Übergang vom Vermögen des einen in das des andern ist hier noch keine Rede.[150] Erst unter der Rubrik condictio sine causa steht die Wendung „aus dem Vermögen des einen in das des andern gekommen ist [...]."Auch die causa-Typologie in causa honesta und turpis taucht wieder auf.

Die condictio sine causa, die aus der aequitas entspringe, stellte v. Savigny mittels des traditionellen Schemas, eingeteilt in condictio sine causa generalis und specialis, vor. Im ersten Fall konkurriere die condictio sine causa mit den anderen Kondiktionen, zum Beispiel der condictio indebiti, im letzteren sei sie allein anwendbar. Wie in der Vorlesung 1814/15 wird der Differenzierung kein praktischer Wert beigemessen, weil es nur eine rein begriffliche Einteilung sei. Für die condictio sine causa specialis zählt v. Savigny neben Fällen des dare wiederum auch solche auf, bei denen kein dare vorliegt, die Konsumtion der Frucht durch den bösgläubigen Besitzer und die Kondiktion des Kaufpreises. Signifikante Unterschiede zu Homeyers Nachschrift ergeben sich daher nicht.

cc) Pandekten 1818/19

In der nächsten zugänglichen Pandektenvorlesung vom Winter 1818 faßte v. Savigny nach den Aufzeichnungen seiner Studenten wiederum Gemeinsames zu den Kondiktionen unter „I. Aus unerlaubten Handlungen, D. Condictio ob turpem causam, Allgemeine Einleitung" bzw. „Von den Condictionen überhaupt" zusammen.[151] Er vermittelte seinem Auditorium in den Worten des

---

[148] Alle Zitate *F. C. v. Savigny*, Pand.Nschr. 1814/15 (*Homeyer*), S. 506.

[149] *F. C. v. Savigny*, Pand.Nschr. 1814/15 (*Homeyer*), S. 494.

[150] Alle Zitate und Stellen im Folgenden *F. C v. Savigny*, Pand.Nschr. 1816/17 (*Rostock anonym*), S. 381, 384 f.

[151] *F. C. v. Savigny*, Pand.Nschr. 1818/19 (*RG anonym*), Bd. 2, No. 111 = Anhang, S. 848; *ders.*, Pand.Nschr. 1818/19 (*v. Zschüschen*), S. 282; etwas andere Überschriften

Handschriftenexemplars der Reichsgerichtsbibliothek, „aus bloßer aequitas" könne „alles was aus meinem Vermögen oder Besitz[152] in eines anderen Vermögen oder Besitz gekommen ist" zurückgefordert werden.[153] In der Zürcher Nachschrift von C. Ulrich und der Bonner Nachschrift von Friedrich Bluhme (1797–1874) ist zum Thema Vermögensverschiebung nur zu lesen:[154] „Wenn ich etwas das aus meinem Besitz in eines Andern Besitz gekommen ist [...]." Die Nachschrift der Reichsgerichtsbibliothek und die Nachschrift v. Zschüschen erwähnen im Vergleich dazu immerhin das Vermögen neben dem Besitz. Sogar die condictio furtiva will v. Savigny unter dem Blickpunkt der Verschiebung betrachten, obwohl er sie wegen des „in odium furum" für eine Anomalie hält.[155] Das ist eine deutliche Abweichung zu den früheren und allen späteren Kollegheften bis 1838/39, die zwischen der condictio furtiva und den restlichen Kondiktionen ein dogmatisches Spannungsverhältnis im Sinne der Alternativität der beiden Gruppen aufbauen.

Ebenso wichtig sind die Notizen zu D. 12, 7. Die condictio sine causa als „Abstractum der condictio indebiti", bemängelte v. Savigny, sei „unconsequenterweise weit über ihre Grenzen, über das Dare ausgedehnt."[156] Jenseits des dare befindet sich die Nichtleistungskondiktion, wenn „ein Anderer ohne meinen Willen bereichert ist."[157] Offenbar überkamen v. Savigny Zweifel dabei, sein auf dem dare ob causam beruhendes System auf atypische Fallgestaltungen zu übertragen. Als Beispielfall der erweiterten condictio sine causa erscheinen wiederum die Fruchtkonsumtion durch den bösgläubigen Besitzer und die condictio pretii.[158] In letzter Konsequenz hätte er diese beiden Fälle wegen ihrer abweichenden ratio neben die condictio furtiva stellen müssen. v. Savigny

---

bei *dems.*, Pand.Nschr. 1818/19 (*Bluhme*), S. 384: „Unerlaubte Handlungen", S. 391: „Andere Gründe".

[152] Besitz war im gemeinen Recht in erster Linie nur der rechtlich qualifizierte Besitz („possessio"), nicht die rein faktische Innehabung („detentio"), wie sie dem BGB zugrunde liegt. Zu dieser Unterscheidung *F. C. v. Savigny* selbst, Recht des Besitzes, S. 25–29.

[153] *F. C. v. Savigny*, Pand.Nschr. 1818/19 (*RG anonym*), Bd. 2, No. 111 f. = Anhang, S. 848; ähnlich *ders.*, Pand.Nschr. 1818/19 (*v. Zschüschen*), S. 282.

[154] *F. C. v. Savigny*, Pand.Nschr. 1818/19 (*Bluhme*), S. 390; sinngemäß auch *ders.*, Pand.Nschr. 1818/19 (*C. Ulrich*), Bd. 1, S. 342.

Bei *F. C. v. Savigny*, Pand.Nschr. 1818/19 (*David Ulrich*), S. 520, ist nur vom „Vermögen" und nicht vom „Besitz" die Rede.

[155] *F. C. v. Savigny*, Pand.Nschr. 1818/19 (*RG anonym*), Bd. 2, No. 112 = Anhang, S. 848; ähnlich *ders.*, Pand.Nschr. 1818/19 (*v. Zschüschen*), S. 283; etwas enger *ders.*, Pand.Nschr. 1818/19 (*Bluhme*), S. 390.

[156] *F. C. v. Savigny*, Pand.Nschr. 1818/19 (*RG anonym*), Bd. 2, No. 114 = Anhang, S. 855; ähnlich *ders.*, Pand.Nschr. 1818/19 (*v. Zschüschen*), S. 288; *ders.*, Pand.Nschr. 1818/19 (*Bluhme*), S. 395.

[157] *F. C. v. Savigny*, Pand.Nschr. 1818/19 (*Bluhme*), S. 395.

[158] *F. C. v. Savigny*, Pand.Nschr. 1818/19 (*Bluhme*), S. 395.

schreckte davor trotz aller Zweifel zurück, er bewies nur zu deutlich, daß er das System über die Quellentreue stellte.

dd) Exkurs: Condictio possessionis

Im Vergleich zu überlieferten Vorlesungen anderer Jahre ging v. Savigny also davon aus, neben dem Vermögen könne auch der bloße Besitz Gegenstand des Übergangs vom Kondizenten zum Beklagten sein. Das ist um so bemerkenswerter, weil in v. Savignys grundlegender Monographie zum Recht des Besitzes die sogenannte condictio possessionis übergangen wird.[159] In der restlichen Pandektistik erkannte man ganz im Gegensatz zu v. Savigny die condictio possessionis fast einhellig an.[160] Hinter dem heute nur noch selten verwandten und schillernden Begriff „condictio possessionis" könnte man einen eigenständigen Typ neben condictio indebiti, sine causa et cetera vermuten. Die condictio possessionis ist aber lediglich die Bezeichnung dafür, auch der Besitz könne Gegenstand der Kondiktion sein.[161] Ein eigenständiges Klagenfundament fehlt.

Beispiel 1:[162] A hat von Eigentümer E eine Sache ausgeliehen. Mit Genehmigung von E überläßt er den Sachgebrauch B. B war bei Vertragsschluß geschäftsunfähig. Kann A von B die Sache zurückfordern? § 861 BGB scheitert an verbotener Eigenmacht, § 1007 Abs. 2 BGB am Abhandenkommen, da B und nicht A geschäftsunfähig ist.[163] A kann auch nicht über E an B herankommen; E ist aus § 598 BGB nicht zur positiven Wiederbeschaffung verpflichtet, eine Einziehungsermächtigung für A über den Anspruch aus § 985 BGB kommt nur ins Spiel, falls E von A Schadensersatz verlangt, § 255 BGB. Zuvor kann nur die condictio indebiti auf Wiederverschaffung des Besitzes helfen.

Beispiel 2: Der redliche Nichteigentümer A übereignet auf eine nicht bestehende Schuld hin an B eine abhanden gekommene Sache. A hat nun gegen B einen Anspruch aus § 812 Abs. 1 S. 1 Alt. 1 BGB auf Rückgabe des Besitzes, die rei vindicatio, § 985 BGB, scheidet mangels Eigentums aus. Andere Probleme ergeben sich im Hinblick auf

---

159 Darauf weist *Klinkhammer*, Besitz und Bereicherungsanspruch, S. 15, hin.

160 Etwa *Bolze*, in: AcP, Bd. 79 (1892), S. 183 (216); *Bruns*, Besitzklagen, S. 189–211; *Erxleben*, Condictiones sine causa, Bd. 1, S. 208–211; *Baron*, Pandekten, § 280 II 1 (S. 512); *v. Brinz*, Pandekten, Bd. II/2, § 300 (S. 508); *Pfersche*, Bereicherungsklagen, bes. S. 60; *Alfred Pernice*, Pandekten, § 250 (S. 92); *Sintenis*[3], Gemeines Zivilrecht, Bd. 2, § 109 (S. 528); *Windscheid*[3], Pandektenrecht, Bd. 2, § 421, 1 (S. 535 f.), § 422, 2 b (S. 539); vermittelnd *Seuffert/Seuffert*, Pandektenrecht, Bd. 2, § 435 a, Fn. 6 (S. 446); ablehnend noch *Witte*, Bereicherungsklagen, z. B. S. 41. Siehe auch die Übersicht bei *Heuer*, Subsidiarität und Besitzkondiktion, S. 56, Fn. 1.

161 Ausdrücklich *Bruns*, Besitzklagen, S. 188. Für Besitz als Gegenstand der Bereicherungshaftung heute z. B. *Larenz/Canaris*, Schuldrecht, Bd. II/2, § 71 I 1 (S. 255); *Werner Lorenz*, in: *Julius v Staudinger*[13], § 812, Rn. 73.

162 Nach *Arnthal*, Condictio possessionis, S. 1.

163 Bei Geschäftsunfähigkeit von A wäre die Sache abhanden gekommen, siehe *Gursky*, in: *Harry Westermann*, Sachenrecht, § 49 I 3 (S. 402), m. w. N.

eine Kondiktion des Berechtigten, wenn der Nichtberechtigte eine *nicht* abhanden gekommene Sache an den Redlichen ohne Rechtsgrund leistet.[164]

Die aufgezeigten Fälle behandeln jeweils die Leistungskondiktion; die Eingriffskondiktion wegen Besitzentziehung ist konsequent zu Ende gedacht redundant, da der Besitz wieder über §§ 985, 861 oder zumindest § 1007 BGB erlangt werden kann. Keine condictio possessionis ist folgende Eingriffskondiktion, weil der Besitz Grundlage des Geldanspruchs und nicht selbst Gegenstand der Kondiktion ist:[165]

A hat von E eine Plakatwand gemietet, B benutzt diese unberechtigt für seine eigenen Reklamezwecke. A fordert nun von B ein Entgelt für die unberechtigte Nutzung der Plakatwand.

c) Pandekten 1820–1824/25

aa) Allgemeines

In der anderen anonymen Pandektennachschrift der Reichsgerichtsbibliothek und dem Kollegheft Fontenay – zumindest die letztere Handschrift stammt definitiv vom Wintersemester 1821/22 – folgt die Vorlesung einer neuen Struktur. Unter „Obligationen auf ein Zurückgeben“ dozierte v. Savigny nach dem depositum „Von der Zurückforderung ex causa“. Im Gegensatz zu den vorhergehenden Kollegien bis 1818/19 wurden die gemeinsamen Gesichtspunkte Vermögensverschiebung und causa nun nicht mehr bei der condictio ob turpem causam, sondern in einer *allgemeinen* Einleitung festgehalten.[166] Erst im Anschluß daran setzte er sich mit den verschiedenen Kondiktionen auseinander.[167] Das neue Vorlesungsschema konnte v. Savigny frühestens ab dem Sommersemester 1820 einführen: Heise, an dessen Vorlesungsgrundriß sich v. Savigny bekanntlich orientierte, hatte erst 1819 in der dritten Auflage das Kondiktionenschema in der neuen Form geordnet.[168]

Sicher bezeugen läßt sich die modifizierte Einteilung aber erst für die Pandektenvorlesung des Winters 1821, da vom Kolleg im Sommer 1820 keine

---

[164] Dazu unten auf S. 493.

[165] A. A. *Kurz*, Besitz als Gegenstand der Eingriffskondiktion. Ob der Besitz an sich „Zuweisungsgehalt“ hat, ist eine Frage, auf die nicht näher eingegangen werden soll.

[166] *F. C. v. Savigny*, Pand.Nschr. 1821/22 (*Fontenay*), Bd. 2, S. 522–525; *ders.*, Pand. Nschr. um 1821/22 (*RG anonym*), S. 362–364. Vgl. zum Standortwechsel bereits *Rükkert*, in: ZRG Rom. Abt., Bd. 104 (1987), S. 666 (671).

[167] *F. C. v. Savigny*, Pand.Nschr. 1821/22 (*Fontenay*), Bd. 2, S. 525–544; *ders.*, Pand. Nschr. um 1821/22 (*RG anonym*), S. 364–376.

[168] Näheres dazu und zum *umgekehrten* Einfluß *v. Savignys* auf *Heise* bei der Analyse von *Heises* Grundriß unten ab S. 159 sowie ab S. 165 zu *Heises* Pandektenkolleg.

Nachschrift zum Obligationenrecht verfügbar ist.[169] In den Handschriften des Jahres 1821/22 haben die Kondiktionen je nach Nachschrift eine unterschiedliche Reihenfolge.[170] Das dürfte durch persönliche Präferenzen der Nachschreiber zu erklären sein; auch spätere Autographen wie die Nachschriften v. Bassewitz, v. Bomsdorff, Göriz und eine weitere anonyme enthüllen Abweichungen im Aufbau.[171] Im Wintersemester 1822/23 sind die Kondiktionen in den Nachschriften Deiters und v. Rönne dann in der Reihenfolge furtiva, indebiti, ob causam datorum, ob turpem causam und sine causa angeordnet.[172] Die weiteren Pandektenvorlesungen behielten dieses Schema bei.[173]

bb) 1824/25: Vermögensverschiebung und causa

Die Pandektenvorlesung der Jahre 1824/25 verdient eine etwas ausführlichere Stellungnahme, denn die anonyme Bonner Nachschrift ist sehr ausführlich und bislang die einzige, die in der Savignyana-Reihe erschienen ist. Zugleich läßt sie sich mit den anderen Heften zwischen 1821/22 und 1824/25 vergleichen und somit ihre Authentizität evaluieren.

v. Savigny lehrte nach der edierten Handschrift unter „Von der Zurückforderung ex causa: Allgemeine Einleitung", das „Gemeinsame der Condictionen" bestehe im „dare",[174] „in dem Hinübergehen eines Theils des Vermögens des

---

[169] Von der Pand.Nschr. 1820 (*Kraut*) ist in der Niedersächsischen SUB Göttingen unter 4° Cod. Ms. jurid. 52[ea] lediglich der Bd. 3 zum Familienrecht überliefert.

[170] *F. C. v. Savigny*, Pand.Nschr. um 1821/22 (*RG anonym*), zeigt die Reihenfolge condictio ob causam datorum, sine causa, indebiti, ob turpem causam und furtiva (schlecht strukturiert, da keine Überschriften); anders *ders.*, Pand.Nschr. 1821/22 (*Fontenay*): Reihenfolge condictio furtiva, indebiti, ob causam datorum, ob turpem causam, sine causa.

[171] *F C v Savigny*, Pand.Nschr. ab 1822/23 (*v. Bassewitz*), S. 331–342: Depositum fehlt ganz, ebenso die condictio ob turpem causam und ob causam datorum; die restlichen Kondiktionen stehen in der Folge condictio sine causa, indebiti, furtiva. *Ders.*, Pand.Nschr. 1828/29 (*v. Bomsdorff*), S. 172–177: condictio furtiva, indebiti, ob causam datorum, sine causa, ob turpem causam. *Ders.*, Pand.Nschr. um 1827/28 (*Göriz*), S. 315–325 = Anhang, ab S. 858: condictio furtiva, ob turpem causam, ob causam datorum, sine causa, indebiti. *Ders.*, Pand.Nschr. ab 1820 (*Berlin anonym*), S. 208–212: condictio furtiva, indebiti, ob causam datorum, sine causa, ob turpem causam.

[172] *F. C. v. Savigny*, Pand.Nschr. 1822/23 (*Deiters*), S. 585–599; *ders.*, Pand.Nschr. 1822/23 (*v. Rönne*), S. 636–650.

[173] Bezeugt ab den Nachschriften *F. C. v. Savigny*, Pand.Nschr. 1824/25 (*Potthoff*), und *ders.*, Pand.Nschr. 1824/25 (*Bonn anonym*).

[174] *F. C. v. Savigny*, Pand.Nschr. 1824/25 (*Bonn anonym*), S. 465, in: *ders.*, Pandektenvorlesung 1824/25, S. 322; ähnlich *ders.*, Pand.Nschr. 1821/22 (*Fontenay*), Bd. 2, S. 524; *ders.*, Pand.Nschr. um 1821/22 (*RG anonym*), S. 363; *ders.*, Pand.Nschr. 1822/23 (*Deiters*), S. 585 f.; *ders.*, Pand.Nschr. 1822/23 (*v. Rönne*), S. 636; *ders.*, Pand.Nschr. ab 1822/23 (*v. Bassewitz*), S. 331 f.; *ders.*, Pand.Nschr. 1824/24 (*Potthoff*), S. 282.

einen in das des andern, mag das Uebergehn durch Vertrag oder aequitas begründet seyn".[175] Speziell bei der condictio indebiti erfolge „ein Uebergang aus einem Vermögen in das andre durch freien Willen, der freilich auch durch Irrthum bedingt seyn kann."[176] Zu dieser Erkenntnis gelangt er, indem er die Konditionen im heutigen engen Sinne mit der „Condictio ex mutuo" und der Zurückforderung aus strenger Stipulation verglich und für Darlehen wie auch condictio indebiti anführte, man wolle „grade eben so viel [...] zurückhaben", als „aus meinem Vermögen in ein andres" übergegangen sei.

Neben der Verschiebung des Vermögens akzentuierte v. Savigny wiederum den causa-Gedanken. Die „juristische causa" sei „ein Rechtszweck, der erreicht werden soll". Am Beispiel des datum ob causam zeigte v. Savigny auf, daß die Rückforderung auf einem „Irrthum" wegen Zweckverfehlung basiere.[177] Er legte weniger Wert auf das objektive Fehlen der causa als auf den verfehlten Zweck des dare. Die causa selbst teilte v. Savigny wie gewohnt in causa futura für die condictio ob causam datorum, causa praesens vel praeterita als Grundlage der condictio sine causa und zuletzt in deren Spezialfall causa solvendi, die zur condictio indebiti als „Quasi Contract"[178] führe.

Bei allem soll die Unterscheidung verschiedener Kondiktionen lediglich heuristische Zwecke verfolgen, praktische Bedeutung komme dem eigentlich nicht zu.[179] Das sind ebenfalls vertraute Worte. Der Grundsatz der Kondiktionen finde jedoch „keine Anwendung bei der Condictio ob turpem causam und bei der Condictio furtiva, welche Fälle ganz konsequent selbst die Römer als anomale behandeln".[180] Bei der condictio furtiva sei „gar nicht von einem datum ob causam die Rede und überhaupt ändert sich durch den Diebstahl nichts

---

[175] *F. C. v. Savigny*, Pand.Nschr. 1824/25 (*Bonn anonym*), S. 464, in: *ders.*, Pandektenvorlesung 1824/25, S. 321 f. Diese Stelle dürfte vom Nachschreiber etwas verfälscht sein. Richtigerweise ist die Rückforderung, nicht der die Rückforderung auslösende Vorgang der Vermögensverschiebung durch Vertrag (beim mutuum) oder aequitas (Kondiktionen i. e. S.) begründet.

[176] *F. C. v. Savigny*, Pand.Nschr. 1824/25 (*Bonn anonym*), S. 465, in: *ders.*, Pandektenvorlesung 1824/25, S. 322.

[177] Zitate aus *F. C v. Savigny*, Pand.Nschr. 1824/25 (*Bonn anonym*), S. 464 f., in: *ders.*, Pandektenvorlesung 1824/25, S. 322.

[178] *F. C. v. Savigny*, Pand.Nschr. 1824/25 (*Bonn anonym*), S. 471, in: *ders* , Pandektenvorlesung 1824/25, S. 326; ähnlich *ders.*, Pand.Nschr. 1824/25 (*Potthoff*), S. 282.

[179] *F. C. v. Savigny*, Pand.Nschr. 1824/25 (*Bonn anonym*), S. 465, in: *ders.*, Pandektenvorlesung 1824/25, S. 322; ähnlich z. B. *ders.*, Pand.Nschr. 1821/22 (*Fontenay*), Bd. 2, S. 525.

[180] *F. C. v. Savigny*, Pand.Nschr. 1824/25 (*Bonn anonym*), S. 466, in: *ders.*, Pandektenvorlesung 1824/25, S. 323; ähnlich *ders.*, Pand.Nschr. um 1821/22 (*RG anonym*), S. 372; *ders.*, Pand.Nschr. 1822/23 (*Deiters*), S. 586; *ders.*, Pand.Nschr. ab 1822/23 (*v. Bassewitz*), S. 333, 342; *ders.*, Pand.Nschr. 1824/25 (*Potthoff*), S. 283. *Ders.*, Pand. Nschr. 1822/23 (*v. Rönne*), S. 637, erwähnt nur die condictio furtiva.

im Vermögen, es wird nur factisch der Besitz geändert."[181] Nach 1818/19 kehrte v. Savigny also offenbar wieder zur reinen Vermögensverschiebung zurück. Die condictio ob turpem causam weicht vom Grundschema ab, weil sie keinen Irrtum in der causa voraussetzt.

cc) Exkurs: Iusta causa traditionis

Rei vindicatio und condictio waren für v. Savigny alternative, keine kumulativen Rechtsbehelfe, weil er die bloße Besitzkondiktion mit der Ausnahme im Winter 1818 nicht anerkannte. Der Besitz an sich ist für ihn keine vermögenswerte Position. Diese Grundhaltung weist eine immanente Verbindung mit einer anderen Strategie v. Savignys auf, der abstrakten Verfügung. Im gemeinen Recht war man lange Zeit über das Verhältnis der causa für die Übereignung (causa traditionis) und der causa für das endgültige Behaltendürfen (causa restitutionis) im Unklaren.[182] Konkret ging es um den Widerspruch zwischen kausaler Übereignung und condictio indebiti. Konsequent zu Ende gedacht, führt das fehlende Schuldgeschäft auf der Basis des Kausalprinzips zur Unwirksamkeit der traditio und damit des Eigentumsübergangs mangels iusta causa. Neben der rei vindicatio wird dann die condictio als bloße Besitzkondiktion weithin überflüssig. Viele Pandektisten versperrten sich diesem weitgehenden Ergebnis.[183] Man war der Auffassung, die traditio bedürfe einer iusta causa, ließ jedoch oft, um der condictio indebiti neben der vindicatio noch Raum zu lassen, die Einigung über das dauerhafte Behaltensollen des Empfängers als subjektiv verstandene causa genügen. Ausreichend war zum Beispiel ein bloß vermeintliches Schuldgeschäft, eine der Übereignung zugrundeliegende wirksame Obligation sollte entbehrlich sein (sog. causa solvendi putativa oder iusta causa putativa).[184]

---

[181] *F. C. v. Savigny*, Pand.Nschr. 1824/25 (*Bonn anonym*), S. 470 f., in: *ders.*, Pandektenvorlesung 1824/25, S. 325 f.; ähnlich *ders.*, Pand.Nschr. 1822/23 (*Deiters*), S. 590; *ders.*, Pand.Nschr. ab 1822/23 (*v. Bassewitz*), S. 342; *ders.*, Pand.Nschr. 1824/25 (*Potthoff*), S. 283.

[182] Siehe *Kupisch*, Ungerechtfertigte Bereicherung, S. 32–35; auch z. B. *Windscheid*, Voraussetzung, S. 210 f., im Anschluß an *Donellus*.

[183] Mit Ausnahme *Renauds*, in: AcP, Bd. 29 (1846), S. 147 (162 f.); *ders.*, in: AcP, Bd. 29 (1846), S. 428 (449): Konkurrenz von Vindikation und Kondiktion; in Ansätzen wie dieser *Carl Christiansen*, Naturalis obligatio und condictio indebiti, S. 63, i. E. aber wie die h. M. auf S. 64: trotz Irrtums bei der condictio indebiti Eigentumsübergang. Vgl. auch die Erwägungen zum Sä-BGB: Sitzung 40, Revisionskommission Sä-BGB, S. 9–28 = *Ahcin*, Entstehung des Sä-BGB, S. 244–248; *Ahcin*, Entstehung des Sä-BGB, S. 216–218; aus Vorlesungsheften *v. Gneist*, Pand.Nschr. 1856/57 (*Hübler*), Bd. 1, Bl. 47v/48r.

[184] *Bucher*³, Pandekten, § 136 (S. 182): iusta causa muß „der erfolgten Uebergabe entweder wirklich, oder der Ueberzeugung des Tradenten nach, vorausgegangen sein"; *Gö-*

v. Savigny beschritt indes einen weitergehenden Weg: Anstatt den causa-Begriff aufzuweichen, griff er auf die Denkfigur einer abstrakten Übereignung durch traditio zurück, um den Gegensatz der traditio zur condictio aufzuheben. Diese Verbindung des Abstraktionsprinzips mit der condictio als Korrelat kommt im „Obligationenrecht" klar zum Ausdruck.[185] v. Savigny lehrte das allerdings schon zuvor an der Universität wie zum Beispiel im Winter 1824:[186] „die Traditio überträgt nur dann Eigenthum, wenn der Tradens diese Absicht hat (animus dominii transferendi)." Dadurch wahrte er den reziproken Gleichklang von rechtlich wirksamer Vermögensverschiebung und Rückforderungsobligation. Die Ausklammerung des Besitzübergangs erscheint konsequent, denn die Kondiktion des Besitzes ist gerade der Fall, welcher der Abstraktionsthese widerspricht. Seine Zeitgenossen nahmen das Abstraktionsprinzip nachweislich bereits mindestens ab 1824 in Schriften und Vorlesungen auf. Das Wort „iusta" in Verbindung mit causa, so ist zu lesen, zeige „nicht mehr an, als daß eine die Veräußerung ihrer rechtlichen Natur nach ausdrückende Handlung" erforderlich sei.[187]

Der Streit um den causa-Begriff ist selbst heute noch nicht ganz ausgestanden, er schleppt sich mit „subjektiver" und „objektiver Theorie" auf anderer Ebene bei der Interpretation des Tatbestandsmerkmals „ohne rechtlichen Grund" fort.[188] Nicht zu übersehen ist bei allen Gegensätzen, wie sehr sich der

---

schen, Gemeines Zivilrecht, Bd. II/1, § 278 (S. 175); *Valett*, Pandektenrecht, Bd. 1, § 245 (S. 181): „Dieses Geschäft braucht aber nicht gerade ein gültiges zu seyn, und namentlich genügt auch ein putatives"; *v. Wening-Ingenheim*[3], Gemeines Zivilrecht, Bd. 1, § 125 (S. 227 f.); *Gluck*, Erläuterungen, Bd. XIII/1, § 833 (S. 111 f.); ohne den subjektiven Zusatz *Mackeldey*, Römisches Recht, § 311 (S. 296).

Zusammenfassend *Exner*, Rechtserwerb durch Tradition, S. 284; *Franz Hofmann*, Titulus und modus adquirendi, S. 65–67, 108, 135; aus der nachpandektistischen Ära seien die Belege bei *Felgentraeger*, v. Savignys Einfluß auf Übereignungslehre, bes. S. 6 f.; *Fuchs*, Iusta causa traditionis, S. 70–81; *Giglio*, Condictio proprietaria, S. 179–205, und *Ranieri*, in: *Coing/Wilhelm*, Wissenschaft und Kodifikation, Bd. 2, S. 90 (90 f.), m. w. N., genannt.

[185] *F. C. v. Savigny*, z. B. Obligationenrecht, Bd. 2, § 78 (S. 256–266), in Verbindung mit der stipulatio. Siehe auch *ders.*, System, Bd. 3, S. 359 f.

[186] *F. C. v. Savigny*, Pand.Nschr. 1824/25 (*Bonn anonym*), S. 144, in: *ders.*, Pandektenvorlesung 1824/25, S. 106. Nachweise bis zu *F. C. v. Savigny*, Inst.Nschr. 1811/12 (*Reinert*) bei *Frank L. Schäfer*, in: ZRG Germ. Abt., Bd. 118 (2001), S. 367 (379).

[187] Bereits sehr früh im Jahre 1824 *Roßhirt*, Römisches Recht, § 60 (S. 150 f.); ähnlich *Schweppe*, Römisches Privatrecht, § 242 (S. 191 f.): nötig sei Eigentumsüberlassungsabsicht, das Grundgeschäft könne nicht Titel heißen, eher noch iusta causa praecedens. Zu weiteren *v. Savigny*-Schülern, die bereits zuvor das Abstraktionsprinzip vertraten, vgl. *Felgentraeger*, v. Savignys Einfluß auf Übereignungslehre, S. 42. Ein konkretes Beispiel ist *Warnkoenig*, in: AcP, Bd. 6 (1831), S. 111 (117 f.). Weitere Nachweise bei *Frank L. Schafer*, in: ZRG Germ. Abt., Bd. 118 (2001), S. 367 (381).

[188] Darauf weist *Kupisch*, in: NJW 1985, S. 2370 (2372 f., beachte: S. 2372 ist als S. 2370 paginiert!), hin; schon *Bähr*, Anerkennung als Verpflichtungsgrund, S. 83, deu-

subjektive Begriff der iusta causa putativa im tatsächlichen Ergebnis bei Irrtumsfällen dem Abstraktionsprinzip angenähert hat. Allein in Konstellationen, in denen keine putative Einigung über die causa stattfand, kann es zu Differenzen zwischen Kausalprinzip auf subjektiver Grundlage und Abstraktionsprinzip kommen: Schon die berühmten Digestenstellen D. 12, 1, 18 pr. und 41, 1, 36, in denen der eine von einer Schenkung und der andere von einem Darlehen ausgeht, widerstreiten sich in der Frage, ob das Eigentum übertragen wird. Hier dissentieren die Vertragsparteien über den Obligationszweck, sie legen nach umstrittener Meinung der traditio keine iusta causa zugrunde.[189] Für das Trennungs- und Abstraktionsprinzip ist das eigentlich unschädlich, da nicht nur die *äußerliche* Fehlerfolge des Kausalgeschäfts, sondern auch die *inhaltliche* Zwecksetzung abstrahiert wird, die im konkreten Fall aus Dissens fehlt. Vor allem Werner Flume hingegen will allein die sogenannte äußerliche Abstraktion anerkennen. Ohne Konsens hinsichtlich des Kausalgeschäftes – mag es auch materiell unwirksam sein – müsse selbst nach dem Abstraktionsprinzip kein Eigentum übergehen, wird argumentiert.[190] Kausal- und Abstraktionsprinzip lassen sich also in einer Grauzone schwer voneinander unterscheiden.

dd) 1824/25: Sonderfälle der condictio sine causa

Bemerkenswert gestalten sich im Winter 1824 v. Savignys Ausführungen zum Verkauf einer fremden Sache im Rahmen der condictio sine causa. Er gab dem Eigentümer gegenüber demjenigen, der die Sache „verkauft und sich so bereichert" hat, eine Kondiktion, obwohl von einem datum gar keine Rede sei. v. Savigny argumentierte, die allgemeine condictio sei ein „supplementarisches Rechtsmittel". Sein Gedankengang wird allerdings noch klarer, betrachtet man seinen nächsten Sonderfall.

Auch im Falle, daß „jemand meine Sache mala fides besitzt, und die Früchte consumirt", sei die condictio sine causa anwendbar. v. Savigny führte dafür einen prozessualen Grund ins Feld: Es sei „möglich, daß der judex bei der Vindicatio im Urtheil die consumirten Früchte übergeht, und deswegen habe ich noch eine Condictio auf die beim malae fidei possessor vorkommenden Früchte".[191] Hier tritt die Ergänzungsfunktion der condictio zur rei vindicatio klar hervor; wo die vindicatio versagt, setzt sie sich in der Kondiktion fort. v. Savignys spä-

---

tete an, der Irrtum bei der condictio indebiti enthalte ein objektives (Indebitum) und ein subjektives Element (Irrtum), beide Element seien jedoch aufeinander bezogen.

[189] Vgl. *Göschen*, Gemeines Zivilrecht, Bd. II/1, § 278 (S. 176 f.).

[190] *Flume*, Allgemeiner Teil, Bd. 2, § 12 III 5 c (S. 181 f.); dazu *Schnauder*, Leistungskondiktion bei Drittbeziehungen, S. 52–59, m. w. N.

[191] Alle Zitate nach *F. C. v Savigny*, Pand.Nschr. 1824/25 (*Bonn anonym*), S. 481 f., in: *ders.*, Pandektenvorlesung 1824/25, S. 333.

tere Erörterungen zum Rechtsfortwirkungscharakter des Bereicherungsrechts deuten sich bereits an. Auf sie ist im „System" nochmals Bezug zu nehmen. Der supplementarischen Funktion der Kondiktionen liegt der Gedanke zugrunde, rei vindicatio und condictio seien keine kumulativen, sondern alternative Rechtsbehelfe. Bei allem hegte v. Savigny aber wie im Winter 1818 Zweifel, weil er die condictio sine causa jenseits des dare als Anomalie ansprach. Noch deutlicher wird dies in der Nachschrift Potthoff.[192]

d) Pandekten 1825/26–1838/39

Die Pandektennachschriften zwischen dem Wintersemester 1825/26 und 1838/39 führen die Linie der vorhergehenden Vorlesungen fort. Die Kondiktionen hätten die Gemeinsamkeit, „daß aus meinem Vermögen etwas in das Vermögen des Andern gekommen ist ob causam" („Vermögenserweiterung"[193] des Schuldners). Wieder wurde hervorgehoben, die Differenzierung der einzelnen Kondiktionen habe mehr theoretischen als praktischen Wert.[194] Als Anwendungsfälle der „Lückenbüßer"-[195] resp. „Aushülfe"[196]-Kondiktion, der condictio sine causa, wurden auch „anomalische" Nichtleistungsfälle erfaßt, die jenseits des „allgemeinen Princips" der Kondiktionen stehen, des Prinzips der „freien juristischen Handlung des Gebers, wodurch das Vermögen des andern bereichert ist".[197] Anwendungsfälle der anomalischen condictio sine causa waren wieder die Kondiktion des Kaufpreises, wenn der Pfänder die Sache an einen anderen verschenkt und dieser sie unauffindbar verkauft, sowie die Herausgabe der bösgläubig gezogenen Früchte.[198]

Auf den ersten Blick scheint v. Savigny beim Thema Nichtleistungskondiktion keinen Zusammenhang zu Eingriffen aus Verbindung, Vermischung und Verarbeitung zu erkennen. Ganz abseits nur im zweiten Buch zum Sachenrecht ist bereits vom Winter 1824 überliefert, die Entschädigung für specificatio (Verarbeitung) gehöre in die Lehre von den Obligationen.[199] Auch die Verwen-

---

[192] *F. C. v. Savigny*, Pand.Nschr. 1824/25 (*Potthoff*), S. 288; die Bezeichnung „Anomalie" taucht auf bei *dems.*, Pand.Nschr. 1821/22 (*Fontenay*), Bd. 2, S. 542.

[193] *F. C. v. Savigny*, Pand.Nschr. 1829/30 (*Hinschius*), S. 340.

[194] Etwa *F. C. v. Savigny*, Pand.Nschr. um 1827/28 (*Göriz*), S. 316 = Anhang, S. 859.

[195] *F. C. v. Savigny*, Pand.Nschr. um 1827/28 (*Göriz*), S. 322 = Anhang, S. 861.

[196] *F. C. v. Savigny*, Pand.Nschr. 1829/30 (*Hinschius*), S. 354.

[197] *F. C. v. Savigny*, Pand.Nschr. 1829/30 (*Hinschius*), S. 354; zur Anomalie auch *ders.*, Pand.Nschr. 1836/37 (*Heren*), S. 268.

[198] Etwa *F. C. v. Savigny*, Pand.Nschr. um 1827/28 (*Göriz*), S. 322 = Anhang, S. 861; *ders.*, Pand.Nschr. 1828/29 (*v. Varnbüler*), Bd. 6, S. 339 f.

[199] Bereits *F. C. v. Savigny*, Pand.Nschr. 1824/25 (*Bonn anonym*), S. 153, in: *ders.*, Pandektenvorlesung 1824/25, S. 112. Bei der Durchsicht der vor Ort eingesehenen Kol-

dungen des Besitzers werden in keinem größeren Kontext gesehen.[200] Aus Sicht der römischen Quellen ist das folgerichtig, da sie Ersatzansprüche im Rahmen des Eigentumsübergangs oft nicht unter dem Stichwort condictio thematisieren.[201] In den späteren Vorlesungen werden diese Fälle gleichfalls nur spärlich behandelt. Durch Hinschius ist immerhin überliefert,[202] daß v. Savigny sehr wohl den Zusammenhang zwischen Sachenrecht und Kondiktionen sah: In der Nachschrift vom Winter 1829 wird im Text für die Akzession (Eigentumsübergang durch Verbindung) als dritter Fallgruppe der Nichtleistung festgesetzt, bei zufälliger Bereicherung sei der Wert der Bereicherung herauszugeben.[203]

Da v. Savigny die Nichtleistungsfälle außerhalb des Prinzips der Leistungskondiktionen stellte, mußte er sie besonders rechtfertigen. Mit der „Billigkeit“[204] oder „aequitas“[205] allein, wie sie in den allermeisten Kollegheften geschrieben steht, wollte er sich bei genauerem Hinsehen nicht zufrieden geben. In der sehr ausführlichen Nachschrift Friedrich Karl Gottlob v. Varnbülers (1809–1889) von 1828/29 ist zu lesen, die Ausdehnung der condictio sine causa sei zwar etwas Anomalisches, aber durch die aequitas „per analogium“ gerechtfertigt, „weil doch dieses Moment übrig geblieben war, daß der Andere aus unserem Vermögen bereichert worden ist.“[206] Der nachmalige schweizerische Landammann und Ständerat Johannes Roth (1812–1879) hielt zum methodologischen Aspekt noch fest, das datum ob causam werde hier fingiert.[207] Allzu große Bedeutung kann v. Savigny der condictio sine causa aber nicht beigelegt haben. Weder ist die condictio eine universelle Klage jenseits der überlieferten Fälle, noch vermag sie den Gegensatz von Ausgleichsansprüchen im Sachen- und Schuldrecht durchgehend aufzubrechen.

---

leghefte fehlte ansonsten immer ein Hinweis auf das Obligationenrecht. Selbst das ausführliche Kollegheft *F. C. v. Savigny*, Pand.Nschr. 1818/19 (*RG anonym*), Bd. 1, gab keine Anhaltspunkte.

[200] Siehe schon *F. C. v. Savigny*, Pand.Nschr. 1824/25 (*Bonn anonym*), S. 135 f., in: *ders.*, Pandektenvorlesung 1824/25, S. 99. Bei der Durchsicht der vor Ort eingesehenen Kolleghefte ließ sich in den Aufzeichnungen keine Verbindung des Impensenersatzes mit den Kondiktionen oder der Bereicherung auf Kosten eines anderen nachvollziehen.

[201] Siehe näher unten zur allgemeinen Lehre im 19. Jahrhundert auf S. 193, 204.

[202] Vermutlich *Franz Hinschius* († 1877), Vater von *Paul Hinschius*.

[203] *F. C. v. Savigny*, Pand.Nschr. 1829/30 (*Hinschius*), S. 354 f.

[204] *F. C. v. Savigny*, Pand.Nschr. 1837/38 (*v. Harbou*), Bd. 2, S. 439; ähnlich *ders.*, Pand.Nschr. 1833/34 (*Johannes Roth*), S. 207.

[205] *F. C. v. Savigny*, Pand.Nschr. 1830/31 (*v. Welser*), S. 379; *ders.*, Pand.Nschr. 1832/33 (*Jahncke*), S. 409. *Ders.*, Pand.Nschr. 1833/34 (*Johannes Roth*), S. 205, und *ders.*, Pand.Nschr. 1838/39 (*Leipzig unbekannt*), S. 206, erwähnen die aequitas als Begründung für die condictio furtiva.

[206] *F. C. v. Savigny*, Pand.Nschr. 1828/29 (*v. Varnbuler*), Bd. 6, S. 338 f.

[207] *F. C. v. Savigny*, Pand.Nschr. 1833/34 (*Johannes Roth*), S. 207.

Differenzen ergeben sich in den Kollegheften der späten Jahre für die condictio ob turpem causam und furtiva. In der Nachschrift Osterrath um 1826/27 ist nur noch die condictio furtiva „anomal“, weil sie weder auf datum noch Irrtum beruhe.[208] Auch v. Varnbüler hielt in der Vorlesung vom Winter 1828 neben der condictio aus Stipulation einzig die condictio furtiva als Ausnahme fest.[209] Es darf indessen nicht übersehen werden, daß v. Savigny den Nachschriften zufolge trotzdem betonte, die condictio ob turpem causam beruhe eben nicht auf Irrtum, selbst wenn er der Aussage offenbar keinen klassifikatorisch-kategorischen Wert beimaß.[210] Dagegen erscheinen in der Nachschrift Göriz (etwa 1827/28) sowohl die condictio ob turpem causam als auch die condictio furtiva als „Ausnahmen“, die auf „ganz abweichenden Regeln“ basierten.[211] Der condictio furtiva sagte v. Savigny nach, sie sei anomalisch, da sie erstens kein zweckgerichtetes datum voraussetze und zweitens gar kein Vermögensübergang stattfinde. Ihr wahrer Grund sei die aequitas, lehrte v. Savigny.[212] Die condictio ob turpem causam sei andersartig, weil es gleichgültig sei, ob die causa „eine vera oder falsa ist, ob der Zweck, weswegen das Geld gegeben wurde, erreicht wurde oder nicht“.[213] In der Sache stimmt das mit den Kollegheften Heren, Hinschius, Jahncke, v. Thile, v. Welser sowie mit einer anonymen Nachschrift aus dem Wintersemester 1825/26 überein.[214]

In der Zeit kurz vor der Veröffentlichung des „Systems des heutigen Römischen Rechts“ tauchen im Semester 1837/38 ähnliche Äußerungen auf. Neben den anderen Kondiktionen stünden noch „2 anomalische condictiones, die auf einem anderen Princip beruhenden condictio furtiva, und condictio ob turpem causam, wenn ich etwas gebe, aber diese causa eine turpis ist.“[215] Betont wird das später im „System“ und schon im Winter 1824 angeführte Argument, die condictio furtiva bringe „processualische Vortheile“ für den Kläger mit sich.[216] Die Vorlesung des Winters 1837 scheint die erste zu sein, in der v. Savigny das

---

[208] *F. C. v. Savigny*, Pand.Nschr. um 1826/27 (*Osterrath*), S. 258.

[209] *F. C. v. Savigny*, Pand.Nschr. 1828/29 (*v. Varnbüler*), Bd. 6, S. 311 f.

[210] *F. C. v. Savigny*, Pand.Nschr. um 1826/27 (*Osterrath*), S. 262.

[211] *F. C. v. Savigny*, Pand.Nschr. um 1827/28 (*Göriz*), S. 316 = Anhang, S. 859.

[212] *F. C. v. Savigny*, Pand.Nschr. um 1827/28 (*Göriz*), S. 318 = Anhang, S. 860.

[213] *F. C. v. Savigny*, Pand.Nschr. um 1827/28 (*Göriz*), S. 320 = Anhang, S. 860.

[214] *F. C. v. Savigny*, Pand.Nschr. 1836/37 (*Heren*); *ders*, Pand.Nschr. 1829/30 (*Hinschius*), S. 340; *ders*, Pand.Nschr. 1832/33 (*Jahncke*), S. 401; *ders.*, Pand.Nschr. 1830/31 (*v. Thile*), S. 373; *ders*, Pand.Nschr. 1830/31 (*v Welser*), S. 372; *ders.*, Pand. Nschr. 1825/26 (*Berlin anonym*), S. 216, 220.

[215] *F. C. v. Savigny*, Pand.Nschr. 1837/38 (*Steinann*), unpaginiert; bedeutungsgleich *ders.*, Pand.Nschr. 1837/38 (*v Harbou*), Bd. 2, S. 431, mit der Einteilung in „regelmäßige“ und „unregelmäßige“ Kondiktionen.

[216] Alle Zitate nach *F. C. v. Savigny*, Pand.Nschr. 1837/38 (*Steinann*), unpaginiert; ohne letzteren Gesichtspunkt *ders.*, Pand.Nschr. 1837/38 (*Frankfurt a. M. anonym*), S. 304 f., aber unter Hinweis auf odium furum.

depositum nicht mehr der „Zurückforderung ex causa“ im siebten Kapitel des Obligationenrechts voranstellte. Alle erhaltenen späteren Pandekten, so auch das Leipziger Kollegheft von 1838/39, beginnen mit den Kondiktionen. Hingegen plazieren die Nachschriften Feltzdorff 1831/32 und Heren 1836/37 beispielsweise das depositum noch vor den Kondiktionen; inhaltlich hatte das allerdings keinerlei Auswirkungen auf das Bereicherungsrecht.

e) Pandekten zur Zeit des „Systems“

aa) Pandekten 1840/41

Die vorletzte Pandektenvorlesung im Wintersemester 1840/41 ist schon ganz vom „System“ beseelt; v. Savigny muß seine Vorlesung hinsichtlich der Kondiktionen im Zeitraum vom Sommer 1839 an innerhalb eines Jahres modifiziert haben. Das Wesen der Kondiktion wird verstärkt „organisch“ nach v. Savignys Rechtsverständnis entwickelt:[217] Zuerst erfolgte die Auseinandersetzung mit den Aktionen, wie sie aus früheren Vorlesungen geläufig ist.[218] Dann ging v. Savigny mit der Bemerkung zum Darlehen über, die condictio sei das „Surrogat der Vindikation“. Weiter im Kontext behandelte er das depositum, schließlich folgt das dare ob causam. Das entspricht dem späteren Aufbau im „System des heutigen Römischen Rechts“.

Auch die allgemeinen Strukturen der Kondiktionen werden nun verändert vorgetragen. v. Savigny stellte die condictio furtiva neben der condictio ex lege zwar immer noch als Anomalie dar, er näherte sie allerdings den anderen Kondiktionen mit einer altbekannten Argumentationsbrücke an: Wie bereits im Wintersemester 1818 wird das dare auf „den bloßen Besitz“ ausgedehnt.[219] Gleichzeitig fungiert die condictio sine causa verstärkt als Katalysator der rechtsgrundlosen Bereicherung. Sie werde, folgt man der Nachschrift v. Gröning, „gebraucht auch da, wo überhaupt nicht ein wirkliches datum vorliegt: Die condictio furtiva sei ein Beispiel davon.“[220] Kuckuck gab v. Savigny mit den Worten wieder, die condictio furtiva sei „anomalischer Natur“, jedoch „nach der condictio sine causa gebildet, wo sich Jemand eigenmächtig bereichert aus meinem Vermögen.“[221] Die condictio sine causa mag immer noch keine Generalkondiktion für alle Bereicherungsfälle sein, über die condictio inde-

---

[217] Näher zur „organischen“ Methode unten auf S. 145.

[218] *F. C. v. Savigny*, Pand.Nschr. 1840/41 (*v. Gröning*), S. 399 f.

[219] *F. C. v. Savigny*, Pand.Nschr. 1840/41 (*v. Gröning*), S. 402.

[220] *F. C. v. Savigny*, Pand.Nschr. 1840/41 (*v. Gröning*), S. 406.

[221] *F. C. v. Savigny*, Pand.Nschr. 1840/41 (*Kuckuck*), S. 357, siehe auch S. 358; ähnliche Formulierung bei *dems.*, Pand.Nschr. 1840/41 (*Kuckuck*), S. 365.

biti einerseits und condictio furtiva andererseits hat sie aber schon deutlich das Feld der Spezialkondiktionen eingenommen.

bb) Pandekten 1841/42

Nach Veröffentlichung des fünften Systembandes hielt v. Savigny im Winter 1841 eine letzte Pandektenvorlesung. Sie ist uns von Maximilian Wolfgang v. Goethe (1820–1883) überliefert, dem Lieblingsenkel des Dichterfürsten. In der Nachschrift ist zu lesen, die Grundlage der Kondiktionen „ist die Bereicherung aus meinem Vermögen ohne hinreichenden Grund".[222] Das siebte Kapitel „Von der Zurückforderung ex causa" ist leider nur sehr kurz ausgefallen. Weitere Hinweise zu v. Savignys letzten Pandekten lassen sich der Nachschrift nicht entnehmen.

3. Institutionenmanuskripte

a) Institutionen 1803/04 und 1808/09

Neben den Pandekten sind die Vorlesungen zu Rechtsgeschichte, Rechtsaltertümern und Institutionen aufzuführen. Das früheste noch erhaltene Institutionenmanuskript v. Savignys datiert auf den Winter 1803 zu Marburg. Unter „Vierter Abschnitt. Obligationenrecht" ist die Entstehung der Obligationen angesprochen, eingeteilt in mannigfaltige Typen, die nur wenig Ähnlichkeit mit späteren Vorlesungssystemen haben. Es sind Vertrag (Nominati: Verbis, Literis, Re, Consensu; Innominati: do ut des, do ut facias, facio ut des, facio ut facias; Pactum praetor; Pactum nudum) und Einseitige Handlungen (Erlaubte und Unerlaubte). Die „condictio causa data" ist den Innominatkontrakten, Untergruppe „do ut facias" zugeordnet.[223] Unter den „Einseitigen Handlungen" steht in der Gruppe „Erlaubt – obligationes quasi ex contractu" als fünfter Punkt das „Indebitum", also die condictio indebiti.[224] Die condictio furtiva hingegen fehlt im Umfeld des furtum. Nähere Hinweise zu den Kondiktionen weisen v. Savignys Notizen nicht auf.

Das Institutionenmanuskript aus den Jahren 1808/09 schweigt sich ganz über nähere Einzelheiten zum Obligationenrecht aus.[225] Es ist daher eine offene Fra-

---

[222] *F. C. v. Savigny*, Pand.Nschr. 1841/42 (*v. Goethe*), Bl. 59r.

[223] *F. C. v. Savigny*, Manuskript Institutionen 1803/04, Bl. 125v [20v der Originalfoliierung].

[224] *F. C. v. Savigny*, Manuskript Institutionen 1803/04, Bl. 126r [21r].

[225] Vgl. *F. C. v. Savigny*, Manuskript Institutionen 1808/09, Bl. 155v [15v].

ge, ob v. Savigny in Landshut bereits in der Institutionenvorlesung zum Winter 1808 die Kondiktionen in der von den Pandekten 1809–10 bekannten Form vortrug.

b) Berliner Institutionen 1810/11–1841

Positiver gestaltet sich die Quellenlage für die späteren Kollegien. Seine Institutionenvorlesung hielt v. Savigny in der Regel im Sommersemester. Das Institutionenmanuskript der Berliner Jahre ab Winter 1810 faßt die Kondiktionen unter „Kapitel 7. Variae causarum figurae, 1., Einige, verwandt den Contracten" zusammen.[226] Dabei stehen die Forderungen aus vermischten Gründen hinter der Gruppe Vertrag in der Form von benannten Real-, Innominat-, Konsensual-, Litteral-, Verbalkontrakten[227] und anderen Verträgen sowie der Deliktsgruppe.[228] v. Savigny notierte im siebten Kapitel, es gebe „eine Reihe von Condictionen, ähnlich dem Realcontract und besonders dem mutuum". Im Anschluß daran deutete er kurz die Figur von der Vermögensverschiebung für das Eigentum an. Das „datum ob causam" wird hervorgehoben.

Es müsse ein Vermögensrecht betreffen, das datum könne entweder „dare", „obligare" oder „liberare" sein. Ob causam grenzte v. Savigny als bestimmten juristischen Grund ein, „um etwas juristisches zu bewirken". Über die causa sollen die Kontrakte ausgeklammert werden, beispielsweise das mutuum. Weitere Voraussetzungen der Kondiktion seien Freiwilligkeit und Irrtum. Wie gehabt wird dann zwischen causa futura, praesens und praeterita differenziert. Der „wichtigste Fall unter allen Fällen" der condictio sine causa ist, so liest sich die Notiz, die condictio indebiti. Mit der ganzen Typologie der Kondiktionen hätten es „die Römer nicht genau" genommen, wollte v. Savigny wie in den Pandekten seinen Zuhörern vortragen, „nur condictio überhaupt" sei wichtig. Die con-

---

[226] Nach dem Conspectus im Manuskript Berliner Institutionen 1810/11–1841, Bl. 1–28, las *F. C. v. Savigny* die Institutionen im Wintersemester 1810/11, 1811/12, 1812/13, Sommersemester 1814–1819, Wintersemester 1820/21, Sommersemester 1822–1826, Sommersemester 1828–1841. Im Wintersemester 1819/20 hielt *F. C. v. Savigny* Vorträge über Institutionen des *Gajus*. Die Unregelmäßigkeiten in den Sommern 1820 und 1821 erklären sich durch die Landrechtsvorlesung 1819/20 und die verschobene Pandektenvorlesung im Sommer 1820. Im Sommer 1821 hielt *v. Savigny* seine zweite Landrechtsvorlesung. Die Unterbrechung im Sommersemester 1827 resultiert wie bei der fehlenden Pandektenvorlesung im Wintersemester 1826/27 aus seiner Krankheit.

Siehe bereits zur Pandektenvorlesung oben auf S. 111, Fn. 132.

[227] Beim Verbalkontrakt wird die condictio stipulationis abgehandelt, siehe *F. C. v. Savigny*, Manuskript Berliner Institutionen 1810/11–1841, Bl. 136r/v [Zwischenblatt, ohne Originalfoliierung].

[228] Zur Einteilung siehe *F. C. v. Savigny*, Manuskript Berliner Institutionen 1810/11–1841, Bl. 129r [67r der Originalfoliierung].

dictio furtiva wird ebenso wie die condictio beim Darlehen zum Schluß mit der Bemerkung abgetan, „daneben" gebe es auch diese noch.[229] Die Kondiktion aus Diebstahl taucht allerdings bereits zuvor unter den Delikten auf.[230]

4. *Institutionenvorlesungen*

Die korrespondierenden Nachschriften geben den Stand wieder, der im Erwartungshorizont für diese Manuskripte angelegt ist.

a) Institutionen 1803/04

Anders als die Obligationennachschriften aus demselben Wintersemester reproduzieren die Nachschriften der Brüder Grimm vom 7. November 1803 bis 4. März 1804 zu v. Savignys früher Institutionenvorlesung den Besonderen Teil der Obligationen. Wie zu erwarten ist, befindet sich die condictio causa data causa non secuta unter „contractus innominati", „2. conventio do ut facias"[231] und die condictio indebiti unter „Mittelbare Obligazion durch das einseitige Fakt des Debitor", „1. Die obligirende Handlung des Debitor ist erlaubt", „e. Indebitum".[232] Die condictio causa data causa non secuta stufte v. Savigny also als Innominatkontrakt ein, die condictio indebiti als „obligatio quasi ex contractu".[233] Die condictio furtiva wird zwar nicht explizit erwähnt, sie dürfte aber unter „2. Die obligirende Handlung des Debitor ist unerlaubt", „α. furtum" einzuordnen sein.[234]

b) Berliner Institutionen 1810/11–1838

Eine Nachschrift der ersten Institutionenvorlesung in Berlin ließ sich nicht ermitteln. Doch liefert die Nachschrift Reinert im Maximilianeum zu München bereits ein Bild von der zweiten Institutionenvorlesung im darauffolgenden

---

[229] *F. C v. Savigny*, Manuskript Berliner Institutionen 1810/11–1841, Bl. 145r, 145v, 146r [76r, 76v, 77r].

[230] *F. C. v. Savigny*, Manuskript Berliner Institutionen 1810/11–1841, Bl. 138 r [70r].

[231] *F. C. v. Savigny*, Inst.Nschr. 1803/04 (*Jakob Grimm*), S. 160, 163 f.; *ders.*, Inst. Nschr. 1803/04 (*Wilhelm Grimm*), S. 168, 172 f.

[232] *F. C. v. Savigny*, Inst.Nschr. 1803/04 (*Jakob Grimm*), S. 167–169; *ders.*, Inst. Nschr. 1803/04 (*Wilhelm Grimm*), S. 177, 179.

[233] *F. C. v. Savigny*, Inst.Nschr. 1803/04 (*Jakob Grimm*), S. 160, 167; *ders.*, Inst. Nschr. 1803/04 (*Wilhelm Grimm*), S. 168, 177, 179.

[234] *F. C. v. Savigny*, Inst.Nschr. 1803/04 (*Jakob Grimm*), S. 169 f.; *ders.*, Inst.Nschr. 1803/04 (*Wilhelm Grimm*), S. 179 f.

Wintersemester 1811/12. Die Handschrift Reinert ist die älteste noch erhaltene, aber aufgrund ihrer Kürze etwas delphische Überlieferung der Berliner Kollegien.

aa) Institutionen 1811/12

Die Kondiktionen sind nun nach Gajus' Vorbild unter „§ 7. Variae causarum figurae" zusammengefaßt,[235] die condictio furtiva steht zuvor bereits unter den Delikten beim furtum,[236] auch die condictio causa data causa non secuta ist bereits bei den „unbenannten Contrakten" angedeutet.[237] Wie im Institutionenmanuskript vorgegeben, wird die condictio in Verwandtschaft mit der Darlehensobligation gesehen. Hier wie dort sei Voraussetzung, „daß mein Eigenthum in fremdes übergeht – condictionen sezen voraus ein datum ob causam" aus Freiwilligkeit. Nach der bekannten Einteilung der causa folgt noch ein Exkurs zur „Ausnahme" der condictio ob turpem causam.

bb) Institutionen 1814

In den beiden nächstältesten Heften aus dem Sommersemester 1814 von E. Gerhard und Homeyer ist Ähnliches zu lesen. Die Kondiktionen sind wiederum unter „Obligationes ex variis causarum figuris" anzutreffen.[238] Sie hätten viele Gemeinsamkeiten mit den Realkontrakten, nötig sei ein „Datum ob causam um einen juristischen Zweck zu erreichen." Im Anschluß an die allgemeinen Erwägungen werden die Kondiktionen wie gehabt nach der causa differenziert, also in die Kondiktionen aus einer causa honesta (ob causam datorum, sine causa und indebiti als Sonderfall der condictio sine causa) und die condictio ob turpem causam. Auf die condictio furtiva wird unter diesem Punkt wie schon 1811/12 nicht separat eingegangen, dafür aber unter den „Obligationes ex delicto", genauer gesagt, dem „Furtum":[239] „Hier ist freilich nicht Eigenthum zum Besten des Beklagten aufgegeben, aber diese Abweichung von der Regel ist zur billigen Strafe des Diebes und Begünstigung des Bestohlnen gemacht."

---

[235] *F. C. v. Savigny*, Inst.Nschr. 1811/12 (*Reinert*), unpaginiert, nach Faszikelzählung: Fasz. 28, Bl. 3v/4r.

[236] *F. C. v. Savigny*, Inst.Nschr. 1811/12 (*Reinert*), Fasz. 27, Bl. 4v.

[237] *F. C. v. Savigny*, Inst.Nschr. 1811/12 (*Reinert*), Fasz. 25, Bl. 1r.

[238] Alle Zitate und Stellen im Folgenden von *F. C. v. Savigny*, Inst.Nschr. 1814 (*Gerhard*), Bl. 54r/v; *ders.*, Inst.Nschr. 1814 (*Homeyer*), S. 263 f.

[239] *F. C. v. Savigny*, Inst.Nschr. 1814 (*Homeyer*), S. 237 f.

cc) Institutionen ab 1819

In den weiteren Autographen ab Sommer 1819 treten die condictio furtiva und meist auch die condictio ob turpem causam wie in der Pandektenvorlesung als anomalisch hervor. Ansonsten wird die Konzeption der älteren Nachschriften beibehalten, wesentliche Änderungen sind bis 1838 in keiner der Nachschriften auszumachen.[240] Nur der Vergleich der Kondiktionen mit den Realkontrakten taucht in vielen der jüngeren Hefte nicht mehr auf. Die Nachschrift Jasper begründet die condictio furtiva explizit damit, „daß es billiger sei, daß die gestohlene Sache nicht beim Diebe sondern beim Eigenthümer sei." Wie in der Pandektenvorlesung wird die condictio furtiva ausdrücklich von den Delikten abgegrenzt, sie sei nur „ex aequitate occasione maleficis."[241] Die condictio furtiva erscheint jenseits der Kondiktionen als Anomalie im sechsten Abschnitt zu den Delikten.[242] Zusätzlich wird sie nun bei den übrigen Kondiktionen im siebten Abschnitt erwähnt; ihr anomalischer Charakter tritt bisweilen erst dort hervor.[243]

An entlegener Stelle läßt sich die condictio sine causa für Nichtleistungen schließlich in dem Umfang nachweisen, wie man es von Savigny eigentlich bereits in der Pandektenvorlesung erwartet hätte. Ganz am Ende des Abschnittes zum Obligationenrecht, noch nach den Kondiktionen, steht beispielsweise im Kollegheft David Ulrichs: „Obligationen, die sich auf Eigenthumserwerb be-

---

[240] Bspw. *F. C. v. Savigny*, Inst.Nschr. ab 1819 (*Berlin anonym*), S. 180 f.; *ders.*, Inst. Nschr. 1819 (*David Ulrich*), S. 311–314; *ders.*, Inst.Nschr. 1820/21 (*Kraut*), S. 447–449; *ders.*, Inst.Nschr. 1820/21 (*Ferdinand Meyer*), S. 197–199; *ders.*, Inst. Nschr. 1823 (*Deiters*), S. 234–236; *ders.*, Inst.Nschr. 1823 (*v. Kehler*), S. 258–261; *ders.*, Inst.Nschr. 1823 (*v. Rönne*), S. 487–495; *ders.*, Inst.Nschr. 1825 (*Garnn*), S. 286–288; *ders.*, Inst. Nschr. 1825 (*Berlin anonym*), S. 135 f.; *ders.*, Inst.Nschr. 1826 (*v. Garczynski*), Bl. 103 r/v; *ders.*, Inst.Nschr. 1828 (*Seyer*), S. 244 f.; *ders.*, Inst.Nschr. 1828 (*Berlin anonym*), S. 251–255; *ders.*, Inst.Nschr. 1829 (*Buddenberg*), S. 187; *ders.*, Inst.Nschr. 1829 (*Hinschius*), Bd. 2, S. 356–358; *ders.*, Inst.Nschr. 1830 (*v. Thile*), S. 441–445; *ders.*, Inst.Nschr. 1832 (*Jahncke*), S. 215; *ders.*, Inst.Nschr. 1833 (*Johannes Roth*), unpaginiert, ca. Bl. 99v; *ders.*, Inst.Nschr. 1836 (*Heren*), S. 176–179; *ders.*, Inst.Nschr. um 1837 (*Jasper*), S. 255 f. = Anhang, S. 864–866; *ders.*, Inst.Nschr. um 1837 (*Frankfurt a. M. anonym*), S. 238 f.; *ders.*, Inst.Nschr. 1838 (*Frankfurt a. M. anonym*), Bl. 128r/v.; *ders.*, Inst.Nschr. bis 1839 (*Pohle*), S. 233 f.

[241] *F. C. v. Savigny*, Inst.Nschr. um 1837 (*Jasper*), S. 249.

[242] Bes. deutlich *F. C. v. Savigny*, Inst.Nschr. um 1837 (*Jasper*), S. 249 = Anhang, S. 865; nur am Rande erwähnt etwa bei *dems.*, Inst.Nschr. 1825 (*Berlin anonym*), S. 128; *ders.*, Inst.Nschr. 1828 (*Seyer*), S. 236; *ders.*, Inst.Nschr. 1829 (*Hinschius*), Bd. 2, S. 342; *ders.*, Inst.Nschr. 1832 (*Jahncke*), S. 210 f.; *ders*, Inst.Nschr. 1836 (*Heren*), S. 169.

Zur condictio stipulationis, bei der ebenfalls schon die Vermögensverschiebung angesprochen wird, siehe unter den Verbalkontrakten, bspw. *F C v Savigny*, Inst.Nschr. 1828 (*Seyer*), S. 229.

[243] Siehe *F. C v. Savigny*, Inst.Nschr. 1836 (*Heren*), S. 178 f.

ziehen. In solchen Fällen hat derjenige, welcher Eigenthum verliert, gegen den welcher sich bereichert hat, eine condictio sine causa".[244] Anders als in der Vorlesung zu den Pandekten wird die condictio sine causa ohne Zögern auf den Bereich jenseits des dare ob causam ausgedehnt. v. Savignys Bedenken in der Parallelvorlesung kann das indessen nur wenig abschwächen, denn die Institutionen sollten mehr die systematischen Grundzüge als das konkrete Fallrecht der römischen Quellen vermitteln.

c) Berliner Institutionen zur Zeit des „Systems"

In der Vorlesung im Sommersemester 1840 – der letzten aus der Reihe der uns überlieferten – findet der Leser die vertrauten Aussagen zu causa und Vermögensverschiebung.[245] Die condictio ob turpem causam und condictio furtiva lehrte v. Savigny als „eine anomale Condiction". Im Gegensatz zu vorhergehenden Vorlesungen ist die condictio furtiva mit den parallelen Pandekten jedoch eine condictio sine causa mit dem „einzigen Nebenpunkte", daß rei vindicatio und condictio mangels dare konkurrierten.[246]

5. Fazit zu Manuskripten und Vorlesungen

Im Vergleich zum usus modernus fällt bei v. Savignys Vorlesungen nachweislich spätestens ab Mitte 1809 der Versuch auf, durch Vermögensverschiebung und causa mit Nachdruck systematische Zusammenhänge zu bilden. Die alten Hindernisse, angefangen vom Quasivertrag bis hin zu Pomponius, mußten überwunden werden. Die traditionelle Ordnung der Vorlesungen und Traktate nach der Legalordnung der Digesten und Institutionen stand von vornherein umfassenden Systematisierungsbestrebungen entgegen. In der Grundanlage der Vorlesung ging v. Savigny zunächst noch Kompromisse ein. Für einen Allgemeinen Teil zu den Kondiktionen blieb vorerst kein eigener Platz: v. Savigny mußte allgemeine Grundlinien bis 1818/19 noch unter die condictio ob turpem causam zwängen, denn Heises Vorlesungsgrundriß, an dem sich v. Savigny orientierte, sah dafür in der ersten und zweiten Auflage keine separate Stelle vor. Im einzelnen ließ sich v. Savigny dadurch aber nicht beirren, er baute über die

---

[244] *F. C. v Savigny*, Inst.Nschr. 1819 (*David Ulrich*), S. 318. In fast allen anderen Heften findet sich dieser Abschnitt, der erst am Ende von Kap. 7 steht, nicht mehr. *v. Savigny* brach dann die Vorlesung etwa mit den Worten ab, sonstige Klagen seien hier entbehrlich, weil es auf die allgemeinen Begriffe und nicht auf materielle Vollständigkeit ankomme.

[245] *F. C. v Savigny*, Inst.Nschr. 1840 (*v. Gröning*), S. 230.

[246] *F. C. v Savigny*, Inst.Nschr. 1840 (*v. Gröning*), S. 231.

Jahre sein dogmatisches System der causa und Vermögensverschiebung kontinuierlich nach seiner Methodenlehre aus.

a) Causa

Ansatzpunkt des causa-Begriffs war in den Quellen die condictio sine *causa*. Abseits dessen qualifizierten die gelehrten Juristen die causa bereits im Mittelalter als Aristotelische causa finalis, als Zwecksetzung, und unterschieden weiter zwischen causa praesens, praeterita und futura. Ähnliche Anklänge erscheinen auch im Schrifttum des usus modernus.[247] v. Savignys causa-Typologie ist daher kein originäres Gedankengut. Das ist nicht weiter verwunderlich, weil diese Strukturen in den Digesten selbst angelegt sind. In der Einleitung zur condictio ob turpem vel iniustam causam in den Digesten lautet es: „Omne quod datur aut ob rem datur ob causam, et ob rem aut turpem aut honestam".[248] v. Savigny war gleichwohl einer der wenigen, die sich zu Beginn des 19. Jahrhunderts der alten und pädagogisch verständlichen Einteilung unter der Rubrik „Allgemeines" erinnerten. In der Pandektenvorlesung benutzte er die Quellenstellen explizit, um die causa nach Typen gliedern zu können. Zusammen mit der Einleitung zur condictio ob causam datorum und anderen Belegstellen ließ sich damit das Gegensatzpaar causa honesta – causa inhonesta aufbauen.[249]

b) Vermögensverschiebung

Auch die Lehre von der Vermögensverschiebung findet in Grotius einen literarischen Vorläufer.[250] v. Savigny kombinierte die alten Kondiktionen mit der Vermögensverschiebung. Mutatis mutandis hatte das schon Grotius vollzogen, indem er allen Bereicherungsansprüchen, also auch den Kondiktionen, das Prinzip der Bereicherung auf Kosten eines anderen vorangestellt hatte. Der Berliner Gelehrte setzte die Linie behutsam fort, er verband das System des Naturrechts in seinen Vorlesungen mit den römischen Rechtsquellen. Er enthob Gro-

---

[247] Siehe ausführlich *Schermaier*, Wesentlicher Irrtum, bes. S. 215–225; *Sollner*, in: ZRG Rom. Abt., Bd. 77 (1960), S. 182 (189–212); *Weimar*, in: *Schmidlin*, Skizzen zum gemeineuropäischen Privatrecht, S. 95 (100), m. w. N. Lesenswert zur causa weiterhin die grundlegenden Ausführungen bei *Kupisch*, in: JZ 1985, S. 101–109; S. 163–169; *ders.*, in: NJW 1985, S. 2370–2375.

Aus der Literatur des usus modernus stellvertretend *Heineccius*, Akademische Reden, §§ 991 f. (S. 759 f.).

[248] *Paulus*, D. 12, 5, 1 pr.

[249] *Ulpianus*, D. 12, 4, 1 pr.

[250] Darauf weist *Reinhard Zimmermann*, Law of Obligations, S. 885, hin.

tius' Gedankengut somit dem Odem des Naturrechts und machte es für das herkömmliche gemeine Recht des 19. Jahrhunderts fruchtbar.

Kernpunkt der Vermögensverschiebung in ihrer *konkretesten* Stufe war das in den römischen Quellen angelegte und später im usus modernus aufgegriffene dare, die Verfügung über quiritisches Eigentum. Facere, obligare und liberare standen für v. Savigny nicht im Zentrum der Systembildung. Was durfte näher liegen, als das dare für ein übergreifendes System heranzuziehen. Es wurde mit der causa nach dem Vorbild der Quellen zum dare ob causam zusammengezogen.[251] Eines Rekurses auf die problematischen Pomponius-Digestenstellen, die sich im Sinne naturrechtlicher Lehren aufdrängten, bedurfte es nicht mehr.[252] So konnte v. Savigny schwierige Auslegungsklippen umschiffen. Seine Lehre ließ sich nicht wie D. 12, 6, 14 damit entkräften, sie beziehe sich nur auf den Kontext Gewaltunterworfener. Am Scheideweg von D. 12, 6, 66 präferierte er sicheren Boden und entschied sich gegen den ersten Halbsatz des Fragments, „ex bono et aequo", für den zweiten Teil: „quod alterius apud alterum sine causa deprehenditur, revocare consuevit."

Neben dem dare ob causam taucht in der Vorlesung auf der nächsten, *abstrakteren* Stufe stets die Wendung auf, es sei etwas vom Vermögen des einen in das des anderen übergegangen. Der Vermögensübergang läßt sich in dieser Form nicht direkt aus den Quellen entnehmen, er ist eine Entwicklung v. Savignys jenseits des Corpus Iuris Civilis im Anschluß an das Naturrecht.[253] Was sollte unter Vermögen zu verstehen sein? Schon im Manuskript zur Institutionenvorlesung des Winters 1808 wird der Terminus „Sachen-Vermögensrecht" festgelegt. Es sei entweder „unmittelbar" auf Sachen als Sachenrecht bezogen (ius in rem) oder in der Form des Obligationenrechts „mittelbar", aber „unmittelbar auf fremde Handlungen" (ius ad rem, in personam) gerichtet. Das Obligationenrecht „tendirt immer auf irgend eine Weise auf ein dingliches Recht". Das Vermögen sei die „Totalität der Vermögensrechte eines Menschen in einem gegebenen Moment" als „veränderliche Größe".[254] Ähnliche Formulierungen finden sich später im „System des heutigen Römischen Rechts".[255] Das Vermögen als Dispositionsmacht des einzelnen war einer der Eckpfeiler der Privat-

---

[251] Siehe wieder *Paulus*, D. 12, 5, 1.

[252] *Pomponius*, D. 12, 6, 14; 50, 17, 206.

[253] *Behrends*, in: Symposion für *Wieacker*, S. 257 (257, Fn. 1), möchte die römischen Quellen als Ansatzpunkt für die Analyse der Dogmatik bei *F. C. v. Savigny* verwenden. Dieser Ansatz geht von der richtigen Erkenntnis aus, daß *Savigny* seine Lehren aus dem Zitatenschatz des römischen Rechts schöpfte. Dabei muß freilich zugleich der Perspektive zu Beginn des 19. Jahrhunderts Rechnung getragen werden, weil die Pandektisten ein viel freieres Quellenverständnis als die Romanisten unter der Ägide des BGB hatten.

[254] Zitate nach *F. C. v. Savigny*, Manuskript Institutionen 1808/09, Bl. 170v/171r [14v/15r der Originalfoliierung].

[255] *F. C. v. Savigny*, System, Bd. 1, S. 339 f.

rechtslehre v. Savignys. Über das dare als Spezialfall der Vermögensbewegung mit Eigentum konnte er den abstrakten Begriff „Vermögen“ mit den römischen Quellen verbinden und die Kondiktionen als allgemeinen Ausgleichsmodus für verfehlte Vermögensverschiebungen innerhalb des generellen Vermögenssystems etablieren. Damit war die „Universalität“,[256] die Verbindung der einzelnen Rechtsinstitution mit dem Gesamtsystem erreicht.

In den Vorlesungen war die Vermögensverschiebung das Mittel, auch die Nichtleistungsfälle in den Lehrvortrag einzubinden. Die Vermögensverschiebung bei den Kondiktionen aus Leistung durch dare ob causam ist für die Nichtleistungskondiktionen unbrauchbar, da hier, wie v. Savigny selbst sah, kein bewußter Vermögensübergang zu einem bestimmten juristischen Zweck erfolgt. Man könnte das dare ob causam auch als *konkrete* Vermögensverschiebung bezeichnen. Der *abstrakte* Begriff „Vermögensverschiebung“ ist dagegen von der romanistischen Erblast der willentlichen Vermögensübertragung befreit, er ist besser mit Bereicherungen vereinbar, die nicht vom Kondizenten veranlaßt wurden.

Die Figur der Verschiebung wechselte im Laufe der Zeit ihren Inhalt. Sollte zumindest in der Vorlesung von 1818/19 noch der bloße Besitz neben dem Vermögen für den Übergang genügen, so legte sich v. Savigny spätestens seit 1821/22 auf seine eng gefaßte Lehre vom Eigentumsübergang fest, die den reinen Besitz als taugliches Objekt neben dem eigentlichen Vermögen ausschloß. Erst mit den Institutionen 1840 vollzog sich eine erneute Wende. Die Tatsache, daß die Besitzverschiebung in den älteren Pandektennachschriften vom Winter 1814 und 1816 nicht erwähnt wird, deutet bei aller Vorsicht gegenüber möglichen Lücken in den beiden Handschriften auf eine Singularität der Vorlesung im Winter 1818 hin. Das fügt sich gut zur Bemerkung v. Savignys, seine Vorlesungen seien ihm Experimente.[257] Trotzdem war für ihn die condictio furtiva selbst unter Berücksichtigung des Winters 1818/19 immer eine Ausnahme von der Regel.

c) Teleologie der Kondiktionen

Ungeachtet der Systematisierungsversuche durften causa und Vermögensverschiebung nicht im Abstrakten verbleiben, denn die Universitätskollegien waren anders als das gedruckte „System“ praktische Anleitung zur Lösung konkreter Rechtsprobleme. Schon in der Pandektenvorlesung 1814/15 schrieb Homeyer nieder, die Vermögensverschiebung sei in den Fällen des dare ob causam

---

[256] *F. C. v. Savigny*, Manuskript Methodologie 1802/03, Bl. 7 r/v, in: *ders.*, Methodologie, S. 92.

[257] Zitiert nach *Avenarius*, in: ZRG Rom. Abt., Bd. 112 (1995), S. 629 (634).

eine bewußte Mehrung fremden Vermögens, die zu einem juristischen Zweck erfolge. Neben den tatsächlichen Befund, daß der eine ärmer und der andere reicher werde, treten zwei weitere Komponenten: das Bewußtsein, Vermögen zu verschieben, und die Zwecksetzung. Ersteres Merkmal läßt sich in der Vorlesung eindeutig als Bestandteil der Vermögensverschiebung selbst identifizieren.

Die Zwecksetzung liegt etwas komplizierter. Sie ist eng mit dem Irrtumserfordernis des gemeinen Rechts verbunden. Der gemeinrechtliche Tatbestand in den Jahren v. Savignys setzte sich, wenn man die Quersumme der verschiedenen Literaturstimmen zieht, im wesentlichen aus dare, indebitum und error zusammen.[258] Wie sich diese drei Tatbestandsmerkmale zueinander verhalten sollten, war nur vage bestimmt; wichtige Weichenstellungen standen erst bevor. Deswegen ähnelte die condictio indebiti mehr einer losen Ansammlung traditioneller Bedingungen als einem rationalen, durch teleologisch-systematische Auslegung gesteuerten Tatbestand. Unbeachtet blieb das Spannungspotential zwischen condictio indebiti und condictio sine causa: Zum einen konnte die Eigenständigkeit der condictio indebiti betont werden, so daß der Irrtum aus verfehlter Schuldtilgung im Mittelpunkt stand. Zum anderen konnte der Irrtum auf die fehlende causa bezogen werden, indem man das für die condictio sine causa typische causa-Element in die condictio indebiti einbezog und somit das indebitum formalisierte.

An dieser Stelle konnte v. Savigny sein Talent zur Durchgliederung von Rechtsfiguren voll zur Geltung bringen. Er beließ es zwar beim Irrtum, ergänzte ihn allerdings um die Zwecksetzungskomponente, um für die condictio indebiti und condictio ob causam datorum Gemeinsamkeiten bilden zu können. Das dare wurde zum dare ob causam. Deutlich wird zu diesem Punkt die Nachschrift Jasper:[259] „Es kann etwas ob causam datum sein, das datum mag nun ein wirkliches dare, oder liberare, oder obligare sein. Causa steht für einen juristischen Grund, daß eine juristische Wirkung beabsichtigt worden ist, andere Motive sind hier nicht darunter enthalten."

---

[258] *Glück*, Erläuterungen, Bd. XIII/1, § 827 (S. 73 f.): Zahlung, Nichtschuld, Irrtum; *Haimberger*, Römisches Privatrecht, Bd. 3, § 590 (S. 220): Nichtschuld, Irrtum; *Makkeldey*, Römisches Recht, § 680 (S. 641): Zahlung als indebitum, error; *Schweppe*, Römisches Privatrecht, § 615 (S. 509): Leistung, keine Verbindlichkeit, irriger Glaube an Verpflichtung aufgrund Irrtums; *Valett*, Pandektenrecht, Bd. 2, § 673 (S. 261 f.): Leistung auf Nichtschuld, Nichtschuld des Geleisteten, Irrtum; *v. Wening-Ingenheim*[3], Gemeines Zivilrecht, Bd. 1, § 293 (S. 630 f.): Er betonte das Nichtbestehen einer Verbindlichkeit und den Irrtum.

[259] *F. C. v. Savigny*, Inst.Nschr. um 1837 (*Jasper*), S. 255 = Anhang, S. 865; siehe ähnlich *ders.*, Pand.Nschr. 1818/19 (*Bluhme*), S. 390; *ders.*, Pand.Nschr. 1824/25 (*Bonn anonym*), S. 464 f., in: *ders.*, Pandektenvorlesung 1824/25, S. 322.

Die Zwecksetzung wird offenbar zumindest teilweise der causa zugewiesen. Im Kollegheft David Ulrichs zu den Institutionen steht weiter,[260] es „muß ein datum ob causam zum Grund liegen, und zwar in gewissem Sinn immer ein datum ob falsam causam." Die falsche Zwecksetzung, falsa causa, sollte möglicherweise den negativen und damit kondiktionsauslösenden Rechtsgrund konstituieren, denn das zweckgerichtete dare war ein dare ob causam, zu einem bestimmten juristischen Zweck. Obwohl v. Savigny dabei vieles im Unklaren beließ, darf man vermuten, daß bei der condictio indebiti die fehlende causa die Negation des „juristischen Zwecks" war, die verfehlte Zwecksetzung, die auf einem Irrtum basierte.[261] Die abstrakt gehaltene Zweckverfehlung wechselt sich in der Vorlesung zugleich mit dem Irrtum als *konkretem* Merkmal der condictio indebiti ab. Andererseits war die Zwecksetzung Attribut des dare selbst. Die Vermögensverschiebung in der Form des dare und die causa sind miteinander durch den juristischen Zweck verbunden. Man darf darin den Vorläufer unseres heutigen Leistungsbegriffs sehen, der sich ebenfalls aus der bewußten und zweckgerichteten Mehrung fremden Vermögens zusammensetzt, aber auf das Verschiebungsmoment verzichten will.

In der Konzeption v. Savignys erfüllte die causa verschiedene Funktionen. Zum einen war sie Anlaß der Kondiktion: Die causa war in den Leistungsfällen die juristische Zwecksetzung. Heute unterscheidet man zwischen der durch den Leistungsbegriff resp. subjektiven Rechtsgrundbegriff vorgegebenen Zwecksetzung/-verfehlung und dem Irrtum, der in § 814 BGB zum negativen Tatbestandsmerkmal abgemildert ist. In den Nachschriften läßt sich in dieser Frage jedoch noch keine durchgehende Linie zwischen Irrtum und Zweckverfehlung finden. Zum zweiten bot die causa das passende Abgrenzungskriterium zu den Klagen aus Vertrag. Die Rückforderung als Quasivertrag konnte nur „ohne Vertrag" erfolgen, das heben die Nachschriften Feltzdorff und Jasper explizit hervor.[262] Und drittens öffnete die Formel „ohne Vertrag" über die Brücke „sine causa" einem allgemeineren Rechtsgrundbegriff für die Leistungskondiktionen den Weg. Sine causa meint zunächst nicht mehr, als daß kein die Vermögensverschiebung rechtfertigender Vertrag vorhanden ist. Das wird von Savigny in der Institutionennachschrift Jasper mit den Worten angedeutet, die causa setze voraus, daß kein Vertrag bestehe, denn sonst läge ein Realkontrakt vor.[263]

---

[260] *F. C. v. Savigny*, Inst.Nschr. 1819 (*David Ulrich*), S. 312.

[261] Vgl. allgemein *Rothoeft*, in: AcP, Bd. 163 (1964), S. 215 (225 f.).

[262] *F. C v. Savigny*, Pand.Nschr. 1831/32 (*Feltzdorff*), S. 204; *ders.*, Inst.Nschr. um 1837 (*Jasper*), S. 255 = Anhang, S. 866; siehe auch *v. Gneist*, Pand.Nschr. 1856/57 (*Hubler*), Bd. 1, Bl. 243v. Zu den römischen Quellen oben auf S. 97; zum Bereicherungsrecht als gesetzlichem Schuldverhältnis unten auf S. 167, 414 zu *Bluhme*.

[263] *F. C. v. Savigny*, Inst.Nschr. um 1837 (*Jasper*), S. 255 = Anhang, S. 866.

Dadurch löste v. Savigny zwei Probleme mit einer Rechtsfigur: Zum einen den überlebten Gedanken, die Kondiktionen entsprängen quasi ex contractu, zum anderen die Schwierigkeiten, die condictio sine causa aus Nichtleistung homogen in das Kondiktionenschema einzufügen. Er erklärte seinen Zuhörern einfach, ohne Vertrag bedeute Quasivertrag. Somit konnte v. Savigny, vielleicht aus pädagogischen Gründen, weiterhin das Bild des Quasikontrakts für die Kondiktionen verwenden, da Quasikontrakt nun nicht mehr als „Nichtkontrakt" bedeutete. Jeder Anklang, die Kondiktionen seien Fiktion oder implizierte Vertragsklagen, war verschwunden. Gleichzeitig erfüllte das bereinigte Leitmotiv vom Quasivertrag nun die Anforderungen der condictio sine causa aus Nichtleistung: Erklärt man zum Beispiel den Fall der Fruchtkonsumtion durch den Bösgläubigen als vertragsnahe Klage, die eigentlich alle Elemente eines Vertrages aufweise, gelangt man schnell zur Schwierigkeit, einen überflüssigen fingierten Vertrag und die causa-Typologie rechtfertigen zu müssen. Die negative Formel „ohne Vertrag" paßt dagegen schon eher zu Nichtleistungsfällen, weil nun die Kondiktion klar im Gegensatz zu vertraglichen Beziehungen steht, die bei vielen Eingriffsfällen gerade nicht, auch nicht vermutet oder fingiert, vorhanden ist. Den Preis, den v. Savigny dafür zu zahlen hatte, war allerdings, daß er wie bei der Vermögensverschiebung die konkrete Anwendung – das dare aus Irrtum – mit einer abstrakten Kategorie – der Bereicherung aus Nichtvertrag – eintauschen mußte. Aus dem traditionellen Konglomerat indebitum, error und datio ob causam verblieb zugunsten der Bereicherung sine causa allein das vom indebitum, vom Nichtgeschuldeten, abstrahierte Element der Vertragslosigkeit.

d) Condictio sine causa und aequitas

Im Hinblick auf das Bereicherungsrecht zwischen Einheits- und Trennungsmodell ist naturgemäß die condictio sine causa von größtem Interesse. Sie erscheint zunächst nur als Abstraktum der condictio indebiti, also primär als Leistungskondiktion. Die Kondiktion des Kaufpreises wird im Winter 1814 noch durch Analogie zur condictio furtiva gebildet. Daneben tauchen die Konsumtion fremder Früchte durch den Bösgläubigen und sehr selten noch Akzessionsfälle auf. Um die condictio indebiti einzubeziehen, zitierte v. Savigny von Anfang an stets D. 12, 5, 6 und nicht D. 12, 7, 1 pr.[264] Eigentlich wäre die

---

[264] Siehe nur *F. C. v. Savigny*, Pand.Nschr. 1818/19 (*Bluhme*), S. 395; *ders.*, Pand. Nschr. 1829/30 (*Hinschius*), S. 353; *ders.*, Pand.Nschr. 1836/37 (*Heren*), S. 267. Vgl. auch *Simonius*, in: Festschrift für *Lewald*, S. 161 (bes. 164–166), und *Wollschläger*, in: Symposion für *Wieacker*, S. 41–88.

Ulpianus, D. 12, 5, 6: „Perpetuo Sabinus probavit veterum opinionem existimantium id, quod ex iniusta causa apud aliquem sit, posse condici: in qua sententia etiam Celsus est." D. 12, 7, 1 pr.: „Est et haec species condictionis, si quis sine causa promiserit vel si solverit quis indebitum. [...]"

letztere Stelle „richtig" gewesen, da die condictio sine causa auch gegeben sein soll, „si solverit quis indebitum". Die erste Referenz ist allerdings viel weiter angelegt, weil hier „quod ex iniusta causa apud aliquem sit, posse condici" erscheint. Mit diesem Quellenzitat konnte v. Savigny die condictio sine causa am Vorabend des fünften „System"-Bandes umgekehrt zu seiner früheren Haltung als Obergruppe zum Nichtleistungsfall condictio furtiva sehen, ohne seine Quellenbelege ändern zu müssen. D. 12, 5, 6 fügt sich nahtlos an die Parallelstelle D. 12, 7, 1, 3, die v. Savigny im Kontext mit der condictio sine causa aus Nichtleistung im Pandektenmanuskript erwähnte:[265] „Constat id demum posse condici alicui, quod vel non ex iusta causa ad eum pervenit vel redit ad non iustam causam." Schien ihm beispielsweise noch 1818/19, 1824/25 oder 1828/29 die Ausdehnung der condictio sine causa auf Nichtleistungsfälle bedenklich oder doch zumindest rechtfertigungsbedürftig, so schloß er seit 1840 ohne Zögern sogar das Musterbeispiel der Nichtleistungskondiktion, die condictio furtiva, ein. v. Savigny führte zu den Leistungskondiktionen, zum dare ob causam, keinen argumentativen Bruch herbei. Vielmehr entwickelte er die Nichtleistungsfälle behutsam durch Analogiebildung und Fiktion ex aequitate, wie uns die Nachschriften Homeyer, Ulrich und v. Varnbüler überliefern. Das war an die Methode der actiones utiles im usus modernus angelehnt.

Es fragt sich schließlich, ob v. Savignys Kondiktionen aus heutiger Sicht als Einheits- oder Trennungslehre einzustufen sind. Da die Matrixhypothese primär auf Kodifikationen und nicht auf die akademisch aufbereiteten römischen Quellen zugeschnitten ist, bleibt v. Savigny in der Retrospektive sehr ambivalent. Die römischen Rechtsquellen waren ihrer byzantinischen Ausgangslage nach zersplittert und unsystematisch. Ein Autor, der sich nicht vollkommen vom römischen Recht lösen und an seine Stelle sein eigenes Metarecht setzen wollte, konnte von vornherein zu keinem universellen Bereicherungsanspruch im Sinn einer Rechtsregel nach dem Kodifikationsprinzip gelangen. Die Matrixhypothese muß deshalb für das gemeine Recht modifiziert werden, weil sie primär auf die Form der Rechtsregel zugeschnitten ist. Das gemeine Recht als Gewohnheitsrecht zur Zeit v. Savignys war durch das Wechselspiel von akademischen Begriffen und Systemen einerseits und Erkenntnisgegenstand Recht andererseits bestimmt, das vornehmlich durch die Digesten vorgegeben war. Um beide Eckpunkte zu vermitteln, bedurfte es einer präzisen Methodenlehre. Rechtsquellen, Dogmatik, Methode und Rechtsprinzip standen in einem weit engeren Verhältnis als in der Kodifikation. Wenn man bei allen Vorbehalten das Rechtsprinzip separat analysieren will, kann es noch am besten von einer „An-

---

Bei *F. C. v. Savigny*, Manuskript Pandekten 1809–1841/42, Bl. 749r [546r], taucht das Zitat aber erst zur Einbeziehung der condictio ob iniustam causam unter die condictio sine causa auf.

[265] Siehe *F. C. v. Savigny*, Manuskript Pandekten 1809–1841/42, Bl. 749v [546v].

wendungsebene" geschieden werden, welche die Funktion der kodifikatorischen Tatbestands- und Interpretationsebene übernimmt.

Auf diese Weise lassen sich immerhin einige Grundlinien bei v. Savigny nachzeichnen: In Gestalt der condictio sine causa manifestierte sich auf „Anwendungsebene" prima facie ein fragmentarisches Einheitsmodell. Die condictio sine causa sollte sowohl Grundfall der condictio indebiti (Leistung) als auch der condictio furtiva (Nichtleistung) sein. Nicht mehr die überkommene Einteilung in condictio sine causa specialis und generalis, sondern causa und Vermögensverschiebung waren die neuen Zentralgestirne der Kondiktionen. Dagegen ist nicht zu übersehen, daß die condictio sine causa die Spezialfälle nicht konsumierte, sie blieb de facto primär condictio sine causa specialis. Die überkommenen Kondiktionstypen waren noch nicht wegzudenken. Es bleibt daher für den Aspekt des „Tatbestandes" innerhalb der Anwendungsebene auf den zweiten, genaueren Blick doch beim Trennungsmodell, weil dem Gedanken der Kondiktionen sine causa eher heuristische als forensische Funktion zukam. Auf Prinzipienebene zeichnet sich jedoch mit der rechtsgrundlosen Vermögensverschiebung als Erklärungsfaktor für sämtliche Kondiktionen das Einheitsmodell ab.

Methodologisches Bindeglied im Zusammenspiel der Anwendungs- und Prinzipienebene war in der Vorlesung vornehmlich die Analogiefigur. Denn die Rechtfertigung neuer Fälle sollte nach dem Vorbild der actiones utiles nur über die Rückkoppelung an vorhandenes Material kraft Analogie möglich sein.[266] Ein weiterer wichtiger argumentativer Punkt verkörperte sich in der aequitas, sie taucht wie ein roter Faden von der ältesten Pandektennachschrift an auf. v. Savigny verwandte die Figur beispielsweise in der allgemeinen Einleitung, bei der condictio furtiva oder bei der condictio sine causa in den Fällen jenseits des dare als einigende ratio der Kondiktionen.[267] Seine vorsichtige Behandlung der condictio sine causa aus Nichtleistung zeigt andererseits nachdrücklich, die Billigkeit dürfe zu keiner uferlosen Ausdehnung des Bereicherungsrechts führen. Eine Einheit jenseits des Systems der mannigfaltigen Quellen widersprach dem Methodenverständnis v. Savignys.[268]

Seine Vermögensverschiebungslehre fügt sich in den Geist seiner Zeit ein. Mit Anbeginn des 19. Jahrhunderts entfalteten die Naturwissenschaften ihre eigene Methode der kausalen Naturerkenntnis. Um die Mitte des Jahrhunderts war der Legitimationsdruck auf die Geisteswissenschaften so stark, daß auch sie die kausale Methode übernahmen, die schließlich in den wissenschaftlichen

---

[266] Vgl. *F. C. v. Savigny*, Manuskript Methodologie 1809, Bl. 48r, in: *ders.*, Methodologie, S. 150: Der Richter solle nach Analogie entscheiden.

[267] Siehe oben bes. auf den S. 115, 116, 120, 126.

[268] Siehe *F. C. v. Savigny*, Manuskript Methodologie 1802/03, Bl. 12r, in: *ders.*, Methodologie, S. 100.

Positivismus mündete.[269] Nun sind die Rechtswissenschaften zwar keine Geisteswissenschaft, sie gingen jedoch ebenfalls zu kausalorientierten Erklärungsmodellen über. Die strafrechtlichen Kausaltheorien für den Handlungsbegriff geben Zeugnis davon, wie sehr positivistisches Gedankengut im 19. Jahrhundert Fuß faßte. v. Savignys Vermögensverschiebungslehre hat ebenfalls ein kausales Element. Es ist die Vorstellung, der Schuldner habe etwas aus dem Vermögen des Kondizenten erhalten; die Kausalität von altem und neuem Vermögenszustand ist offensichtlich. Selbstverständlich soll nicht behauptet werden, die Vermögensverschiebungslehre gehe auf den Positivismus zurück. Zumindest aber ist v. Savignys Ansatz ein gutes Beispiel für parallele Entwicklungen in verschiedenen Wissenschaftsbereichen.

e) Qualität der Nachschriften

Zum Schluß stellt sich noch die Frage, ob den ausgewerteten Handschriften ein tatsächlicher „Beweiswert" zukommt oder ob ihr Inhalt nicht mehr oder minder zufällig von der Aufnahmekapazität des Nachschreibers abhängt. Eine selektive Analyse, die Änderungen im Laufe der Jahre darstellt, hinterließe sicherlich das hohe Restrisiko, den typischen Besonderheiten der Kolleghefte erlegen zu sein. Eine zusätzliche Information in der einen Nachschrift muß nicht mehr als eine Auslassung durch den Nachschreiber in einer anderen sein. Für die vorliegende Untersuchung aber wurden fast sämtliche in Deutschland und der Schweiz öffentlich zugänglichen Kolleghefte herangezogen. Sie erschließen im Zeitraum von 1811/12 bis 1841/42 etwa zwei Drittel der gehaltenen Vorlesungen v. Savignys. Allein auf diese Weise lassen sich Daten jenseits des Zufalls gewinnen. Zu einigen Jahren, den Pandekten im Winter 1818, den Institutionen im Sommer 1823 und den Pandekten im Winter 1837, konnten sogar mindestens drei Exemplare herangezogen werden. Der einzige echte inhaltliche „Ausreißer", der weder am Anfang noch am Ende der Lehrtätigkeit v. Savignys steht, ist mit den Pandekten 1818/19 verbunden. Unter Vorbehalt scheint es sich tatsächlich um eine Variation seitens v. Savignys zu handeln. Ansonsten lesen sich bestimmte Aussagen, die nicht in allen Nachschriften festgehalten sind, in immer mindestens zwei aufeinanderfolgenden Autographen. Das nimmt der Differenz zu anderen Kollegien den Anschein des Willkürlichen. Hier ist zum Beispiel an die Begriffe condictio sine causa generalis und specialis zu denken. Sie lassen sich nicht nur in den ersten überlieferten Pandekten von 1814/15, sondern auch für das Semester 1816/17 nachweisen. In allen tradierten Vorlesungen ab 1818/19 werden sie nicht mehr erwähnt.

---

[269] Vgl. *Tripp*, Einfluß des Positivismus, S. 159–165; *Lepsius*, Gegensatzaufhebende Begriffsbildung, S. 239–244, m. w. N. Zu Parallelentwicklungen im Strafrecht *Karl Friedrich Scheel*, Kausalproblem, S. 9–36.

Insgesamt gesehen bieten die Vorlesungsnachschriften für die Kondiktionen ein weitgehend stringentes Bild. Im Gegensatz zu den Exzeptionen der Winter 1814, 1816, 1818, 1840 und 1841 erscheinen noch Abweichungen, die bei weniger gewissenhaften Nachschriften zu reinen Auslassungen führen. Sie dürften eher durch Qualitätsunterschiede in den Nachschriften als durch konzeptionelle Änderungen v. Savignys zu erklären sein. Denn der inhaltliche Vergleich aller Pandektennachschriften zeigt, daß sehr viele Exemplare – wie beispielsweise die anonyme Hallenser Nachschrift – vom Textvolumen aus gesehen nur durchschnittlich sind.[270] Folglich gingen Detailinformationen der Vorlesung verloren, die nicht in den Originalmanuskripten stehen. Die Edition der Pandektenvorlesung 1824/25 ist dagegen eine umfassende Wiedergabe des historischen Pandektenkollegs. Der Vergleich mit den Kollegheften zwischen 1820/21 und 1824/25, aber auch mit den späteren Handschriften demonstriert die gewissenhafte Reproduktionsleistung des anonymen Nachschreibers der Bonner Handschrift. Zusammen mit der Reichsgerichtsnachschrift 1818/19 und dem Kollegheft Hinschius 1829/30 dürfte es die beste Überlieferung zu den Pandekten in öffentlichen Bibliotheken sein.

6. Zwischenspiel: Materialien zum Obligationenrecht

Neben den Vorlesungsmaterialien beherbergt die Marburger Sammlung auch Schätze zu v. Savignys „Das Obligationenrecht“. Die beiden gedruckten Bände zum „Obligationenrecht“ behandeln wie bekannt ganz überwiegend nur Aspekte des Allgemeinen Schuldrechts. Das Besondere Obligationenrecht sollte weiteren Bänden vorbehalten bleiben, kam dann aber leider zum Erliegen. Immerhin sind dazu in Marburg einige Vorarbeiten erhalten. Die Materialien zu geplanten weiteren Bänden zeigen eine detaillierte Inhaltsübersicht, die auch die Kondiktionen umfaßt. Der Handschrift nach zu urteilen dürften die Anmerkungen erst um 1830 anzusiedeln sein;[271] auf dem fraglichen Papierbogen sind auf jeden Fall am Rand zwei Vermerke eingetragen, die aus zwei späteren Lebensabschnitten stammen.

v. Savigny wollte die Kondiktionen erörtern unter „Siebentes Kapitel. Einzelne Obligationen aus vermischten Entstehungsgründen: I. Verwandt mit anderen Obligationen: 1. Mit Contracten – Quasicontracte: A. Condictiones ohne Vertrag, wegen datum ex causa“. Punkt „A“ ist dann wiederum gegliedert in „Gemeinsamer Gesichtspunkt“, „Regelmäßige“ („causa futura – ob causam da-

---

[270] *F. C. v. Savigny*, Pand.Nschr. ab 1820 (*Halle anonym*), Bl. 134v–137r, zu den Kondiktionen.

[271] Nach Schätzungen von Herrn Dr. *Bredehorn*, UB Marburg. Für eine spätere Einordnung (um 1840) gibt es (noch) keine Anhaltspunkte.

torum; causa praesens, praeterita: indebiti, sine causa") und „Anomalische" („furtiva und ob turpem causam"). Zu den genannten Kondiktionen läßt die eine Anmerkung aufhorchen: Die condictio ob turpem causam sei eine „Wahre Delictenklage, des Zusammenhangs wegen hierher zu stellen", notierte v. Savigny.[272] Mit seiner Skizze zum Obligationenrecht blieb v. Savigny im Rahmen seiner Pandektenvorlesung. Es wurde noch nicht der Versuch unternommen, die sogenannten anomalischen Kondiktionen in ein größeres System einzubinden.

7. *Schlußstein: System des heutigen Römischen Rechts*

Im gedruckten „System des heutigen Römischen Rechts", das im Blickpunkt dogmenhistorischer Analysen steht, entwickelte v. Savigny seine bereicherungsrechtliche Theorie dann „mit gewohnter Meisterschaft"[273] weiter.

a) Organische Entwicklung

Zu Beginn der Beilage XIV. des fünften Bandes setzte er sich mit dem Unterschied actio – condictio auseinander. Dieses Begriffspaar behandelte v. Savigny bereits in seinen Vorlesungen. Als Axiom stellte er die Behauptung voran, die Kondiktionsfälle seien durch „organische Bildungskraft", durch „regelmäßige Bildung der Begriffe" aus einem „einfachen, gemeinschaftlichen Princip" abzuleiten.[274] Später sollte dies v. Savigny das beinahe ironische Urteil einbringen, die „organische Bildungskraft" sei „geradezu seherische Kraft".[275] Doch dürfte dieses Verdikt der Methode v. Savignys nicht gerecht werden. Wenn man das „System" mit den Vorlesungen vergleicht, fällt zweierlei auf: Die höhere Abstraktion jenseits der konkreten Kondiktionen und Fallprobleme, aber auch die intensive, in der Vorlesung nur am Beginn des Kondiktionenabschnitts anzutreffende Begründung des gegenwärtigen Rechts aus dem römischen Recht.

Damit sind die beiden Eckpfeiler angesprochen, die Systematisierung der Rechtsinstitutionen durch Begriffsbildung und Abstraktion sowie die Legitimation der Ergebnisse durch Quellennachweise als der wichtigsten Aufgabe der „historischen Behandlung" der Jurisprudenz.[276] v. Savigny hatte bereits in sei-

---

[272] *F. C. v. Savigny*, Materialien zum Obligationenrecht, Bl. 187r [12r der Originalfoliierung].

[273] *v. Bethmann-Hollweg*, Zivilprozeß, Bd. 2, S. 271, Fn. 63.

[274] *F. C. v. Savigny*, System, Bd. 5, S. 507, 511, 525, Fn. d.

[275] *Esser*, Grundsatz und Norm, S. 170.

[276] *F. C. v. Savigny*, Manuskript Methodologie 1802/03, Bl. 10v, in: *ders.*, Methodologie, S. 97.

nen Aufzeichnungen zur Methodenlehre vom Winter 1802 den Dreiklang der historischen Wissenschaft, der philosophisch-systematischen Wissenschaft und deren Verbindung durch die Quellenexegese erkannt. Rechtsgeschichte, Exegese und Systematik sollten zwar zunächst getrennt erfolgen, dann aber als Teil des Ganzen gesehen werden.[277] „Organische Bildungskraft" ist deshalb eine durchaus treffende Wortwahl v. Savignys; sie betont das Zusammenspiel von systematisierender Dogmatik und Rechtsquellen in einem ganzheitlichen, also organischen Verständnis. System und Rechtsgeschichte als Rechtsquellenlehre sollten kein Widerspruch sein. Ihre Synthese fand nach dem Programm v. Savignys im System als fortschreitend gedachter Erläuterung durch Beispiele ihren idealen Ausdruck.[278]

Zugleich sollte die „organische Bildungskraft" Anspielung auf den menschlichen Organismus sein. v. Savigny lehrte bereits in seiner Vorlesung,[279] „so wie von allen Seiten des geistigen Daseins der Mensch nie als etwas Ruhendes, sondern als in steter organischer Entwicklung begriffen betrachtet werden muß, so auch das Recht, wenn man gleich nicht die kleinen Zeitmomente unterscheiden kann; wir müßten daher eigentlich den Wechsel des Rechts in Rom zu jedem Augenblick kennen". Die Rechtsgeschichte als Element neben Exegese und System war also keinesfalls ein statischer Zustand, sie sollte als fortwährende Entwicklung gedacht werden. Die Methode, die Rechtsinstitutionen durch Beispiele abzubilden, verdeutlicht demnach auch die historische Abfolge und Entwicklung.

Durch die Einteilung der Digesten angeregt, nahm v. Savigny seiner Methode gemäß das Darlehen zum beispielhaften Ausgangspunkt, aus dem sich die anderen Fälle entwickeln ließen.[280] Wie die spätere Romanistik nachwies, hatten die Kondiktionen tatsächlich beim Darlehen ihren ersten historischen Urgrund.[281] Maßgeblich für das Darlehen sei das credere, das Vertrauen auf die Zuverlässigkeit des Darlehensnehmers, denn für die Übereignung des Geldes erhalte man die Kondiktion anstelle der Vindikation. Ganz allgemein, so folgerte daraus v. Savigny, könne nur dann kondiziert werden, wenn man sich seines Eigentums begeben habe (die heute so genannte „Vindikationsersatzfunk-

---

[277] *F. C. v. Savigny*, Manuskript Methodologie 1802/03, Bl. 2v–3v, in: *ders.*, Methodologie, S. 87 f. Aus den Vorlesungen z. B. *ders.*, Inst.Nschr. um 1837 (*Jasper*), S. 9 f.

[278] *F. C. v. Savigny*, Manuskript Methodologie 1802/03, Bl. 4r, in: *ders.*, Methodologie, S. 88.

[279] *F. C. v. Savigny*, Inst.Nschr. um 1837 (*Jasper*), S. 9.

[280] *F. C. v. Savigny*, System, Bd. 5, S. 109 f.

[281] Stellvertretend *Kaser*, Römisches Privatrecht, Bd. 1, § 139 (S. 593). Zur genetisch-historischen Analyse der römischen Kondiktionen im 19. Jahrhundert sei verwiesen auf *Baron*, Kondiktionen; *Bekker*, Aktionen des römischen Privatrechts, Bd. 1, S. 97–134; auch *v. Koschembahr-Łyskowski*, Condictio als Bereicherungsklage, Bd. 1.

tion").[282] An das Darlehen knüpfte er im weiteren das depositum an, er gelangte Schritt um Schritt den verschiedenen Rechtsinstitutionen entlang zu immer größeren Abstraktionsgraden. Auch beim depositum werde dem Nehmer die Sache anvertraut; es gehe zwar zunächst kein Eigentum über, es könne aber zum Beispiel zerstört werden. Ja, sogar im Falle der negotiorum gestio dürfe kondiziert werden, wenn der Geschäftsführer nicht einmal den Besitz vom Geschäftsherrn erhalte, ihn aber gleichwohl an sich reiße. Den Untergang der Sache wird man sich wohl hinzudenken müssen.

Neben den Vertrauensfällen mutuum, depositum und Führung fremder Geschäfte führt v. Savigny die eigentlichen Kondiktionen aus datum ob causam an (condictio indebiti, ob causam datorum, sine causa, ob turpem causam). Hier werde das Vertrauen durch den Irrtum ersetzt. So weist v. Savigny an anderer Stelle auch ausdrücklich auf den Irrtum als Grund der Kondiktionen ob causam hin.[283] Die condictio indebiti sei „auf einer irrigen causa beruhend".[284] Als gemeinsame Klasse von Vertrauen und Irrtum läßt sich die enttäuschte Erwartung denken, die man in seinen Vertragspartner gesetzt hat. Wenn man die Kondiktionen in einer Linie mit den Vertrauensfällen sieht, kristallisiert sich das Fundament der condictio zu mehr als dem bloßen error. Wie in der Pandektenvorlesung, gleichfalls schwächer, klingt der Gedanke der verfehlten Zwecksetzung an. Nur die condictio ob turpem causam blieb jenseits der Ordnung. Sie habe eine abweichende Natur,[285] sei kein eigener Klagegrund, sondern eine Modifikation der condictio sine causa und condictio ob causam datorum, weil sie keinen Irrtum voraussetze.[286]

b) Nichtleistungsfälle und Vermögensverschiebung

Bereits das depositum deute an, daß nicht nur Hingegebenes in der reinen Form des dare kondiziert werden kann: „Auch dasjenige kann condicirt werden, was aus meinem Vermögen anders als durch meinen Willen in fremdes Eigenthum übergeht, sey es daß der Andere durch seine Handlung, oder durch zufällige Umstände, auf meine Kosten bereichert werde." Wie in der Pandektenvorlesung werden als Belegstellen D. 12, 5, 6 und 12, 7, 1, 3 genannt. Als Textbeispiele zählt v. Savigny den Verkauf einer fremden Sache durch den entgeltlichen Erwerber, Sachverzehr, Sachverbindung und schließlich die condictio fur-

---

[282] *F. C. v. Savigny*, System, Bd. 5, S. 513–515, auch S. 519.

[283] *F. C. v. Savigny*, System, Bd. 3, S. 447, 452: error als „wahre Bedingung der Condiction"; Bd. 5, S. 525.

[284] *F. C. v Savigny*, System, Bd. 3, S. 360 f.

[285] *F. C. v. Savigny*, System, Bd. 5, S. 521, Fn. a.

[286] *F. C. v. Savigny*, System, Bd. 3, S. 360 f., Fn. d; Bd. 5, S. 521, Fn. a, 608.

tiva auf.[287] Die Impensenklagen bleiben weiterhin unerwähnt. Auch an diesem Punkt fällt erneut die Deckungsgleichheit der Quellenbelege mit denen des Pandektenmanuskripts auf.

Der einigende Gedanke der Vermögensverschiebung soll nicht in eine Klage sui generis gefaßt, sondern mit der condictio sine causa verbunden werden. Mit dieser Klage lasse sich „aus innerer Gemeinschaft"[288] sowohl das auf dem „freyen Willen" beruhende dare als auch die „durch bloßen Zufall, oder auch durch die Handlung des Beklagten" herbeigeführte Bereicherung rückgängig machen.[289] Das Gemeinsame aller Fälle sei, so ist zu lesen, „die Erweiterung eines Vermögens durch Verminderung eines andern Vermögens, die entweder ohne Grund war, oder ihren ursprünglichen Grund verloren hat."[290] Heute nennt man das gemeinhin Vermögensverschiebung und Rechtsgrundlosigkeit. v. Savigny wollte als terminus technicus auch „grundlose Bereicherung des Andern aus unsrem Vermögen" gelten lassen.[291] Die Namen der verschiedenen Kondiktionen sind im „System" wie in der Pandektenvorlesung „hauptsächlich ein theoretisches Erleichterungsmittel, praktische Folgen knüpfen sich an diese einzelnen Arten weniger."[292] Anders als in den Kollegien treten sie jedoch noch stärker in den Hintergrund.

Unterfall der condictio sine causa sei sogar die condictio furtiva.[293] Doch die Klage fügt sich, das muß v. Savigny zugeben, eigentlich nicht in seine Ordnung, in seine Vermögensverschiebungslehre, ein, weil nach seinem engen Vermögensbegriff kein Vermögen übergeht und somit rei vindicatio und condictio kumulativ und nicht alternativ konkurrieren. Sie sei dadurch zu erklären, daß dem Bestohlenen dem Dieb gegenüber eine Beweiserleichterung an die Hand gegeben werden soll.[294] Da v. Savigny keine der Vermögensverschiebung immanente Begründung für die condictio furtiva zur Hand hat, definiert er sie als bloße „Anomalie",[295] die unter „einige, nicht bedeutende, ganz positive Erweiterungen" seiner Struktur falle.[296] Das alles lehrte er bereits in seinen Kollegien. v. Savigny sieht sich gar bemüßigt, den zweifelhaften Spruch „Die Ausnahme

---

[287] *F. C. v. Savigny*, System, Bd. 5, S. 523 f., insbes. Fn. b.

[288] *F. C. v. Savigny*, System, Bd. 5, S. 526.

[289] *F. C. v. Savigny*, System, Bd. 5, S. 524.

[290] *F. C. v. Savigny*, System, Bd. 5, S. 525, 552.

[291] *F. C. v. Savigny*, System, Bd. 5, S. 526, weitere Formulierung auf S. 564.

[292] *F. C. v. Savigny*, System, Bd. 5, S. 608.

[293] *F. C. v. Savigny*, System, Bd. 5, S. 524, Fn. b, S. 584. Ähnlich *Pika*, Ex causa furtiva condicere, bes. S. 9, 117, für das klassische römische Recht: condictio furtiva sei mit den Kondiktionsregeln vereinbar.

[294] *F. C. v. Savigny*, System, Bd. 5, S. 523.

[295] *F. C. v. Savigny*, System, Bd. 5, S. 566, auch S. 542.

[296] *F. C. v. Savigny*, System, Bd. 5, S. 565.

bestätigt die Regel“ zu zitieren.[297] Ihm gelang es ebensowenig wie in seinen Vorlesungen im Winter 1818 und wieder ab 1840, die condictio furtiva als Musterfall der Nichtleistung zusammen mit den anderen Kondiktionen auf eine tragfähige gemeinsame Grundlage zu stellen.

c) Abstrakte Vermögensverschiebung

Trotzdem darf die gescheiterte Einordnung der condictio furtiva nicht darüber hinwegtäuschen, daß die Vermögensverschiebung weiter gefaßt ist als in den Pandektenkollegien. Vor allem am folgenden Satz hat sich unter Anhängern der neueren Einheitslehren eine Kontroverse entzündet:[298] „Eben so ist es aber auch nöthig, daß Dasjenige, welches dem Andern zur Bereicherung diente, vorher schon wirklich einmal zum Vermögen Dessen gehört habe, welcher darauf eine Condiction gründen will.“ Jan Wilhelm zufolge ist der Widerspruch der Kondiktion des Kaufpreises zu den Leistungsfällen dadurch aufzuheben, v. Savigny habe mit dem Begriff der „Bereicherung“ einen zum dare übergeordneten abstrakten Begriff geschaffen.[299] Das trifft in der Tat zu, wenn man die Entwicklungen von der Vorlesung hin zum „System“ mit seiner allgemeinen Formel „grundlose Bereicherung“ betrachtet. v. Savigny löste sich bereits teilweise in der Vorlesung von seiner eigentumsorientierten Betrachtungsweise bei den klassischen Leistungsfällen, um auch die Nichtleistungsfälle wie die Fruchtkonsumtion oder den Sachverkauf zu erfassen. Mit dem dare ob causam wäre das nicht geglückt, in ihm spiegelte sich die condictio sine causa aus Nichtleistung nur als durch aequitas gerechtfertigte Anomalie wider.

Die Terminologie im „System“, die „Bereicherung“, ist noch weiter als der Satz „vom Vermögen des einen in das des anderen“ in der Vorlesung. Denn letztere Formulierung mag zwar bei der Fruchtkonsumtion keine Zweifel hervorrufen, dafür aber bei der Kondiktion des Kaufpreises, weil der geschuldete Gegenstand, das Geld, unmittelbar betrachtet nicht aus dem Vermögen des Gläubigers, sondern aus dem eines Dritten stammt. Die Lehre im „System“ stellt mit der Bereicherung weniger auf die Vermögensverschiebung als auf das Resultat, die rechtsgrundlose Vermögens*bereicherung*, ab. Sie geht also in ihrer Abstraktionsstufe noch weiter als die Vermögens*verschiebung* der Vorlesung, sie abstrahiert nicht nur vom Merkmal der Willentlichkeit. Es wird implizit die Haltung verworfen, der Bereicherungsgegenstand müsse in jedem Fall unmit-

---

[297] *F. C. v. Savigny*, System, Bd. 5, S. 511, 542.

[298] *F. C. v. Savigny*, System, Bd. 5, S. 526 f.

[299] *Jan Wilhelm*, Rechtsverletzung und Vermögensentscheidung, S. 31–33; zustimmend *Hammen*, Bedeutung v. Savignys, S. 190 f.; vgl. auch die Übersicht bei *Joachim Wolf*, Stand der Bereicherungslehre, S. 5, 9.

telbar vom Kondizenten stammen. Das Bereicherungsrecht ist endgültig von der Justinianischen Bereicherung „mit dem Schaden des anderen" befreit.

Die Gegenansicht („dingliche Vermögensverschiebung"), die v. Savigny enger verstehen will, ist von den Quellen überholt:[300] Sie behauptet, das „System" könne nur so interpretiert werden, daß sich der Verlust des Kondizenten und die Bereicherung des Schuldners gegenständlich decken. Im Fall der Kondiktion des Kaufpreises bei Veräußerung durch den Unbefugten zum Beispiel trifft dieses restriktive Kriterium nicht zu. Für v. Savigny war in seiner Pandektenvorlesung zwar die Ausdehnung der condictio sine causa jenseits des dare ob causam nicht völlig stimmig; gleichwohl billigte er sie aus Gründen der aequitas. Der Gedanke der Bereicherung diente dazu, den Makel des fehlenden dare zu überwinden und die Fallgruppen der Leistung und Nichtleistung zusammenzuführen. Selbst die Formulierung „auf Kosten" läßt sich vereinzelt für die Vorlesung nachweisen.[301] Die Ausführungen im „System" setzten die angelegte Linie nur fort und konzentrierten sich noch stärker auf die normative Bereicherung, sie rückten noch intensiver vom unmittelbaren Kausalzusammenhang zwischen Gewinn und Verlust ab. Ob man das überhaupt noch als Vermögensverschiebung in abstrakter Weise bezeichnen will, ist eine rein terminologische Frage, die nichts über materiellrechtliche Zusammenhänge aussagen kann.

d) Rechtsgrundlosigkeit

Wesentlich unbestimmter als die Vermögensverschiebung bleibt die Rechtsgrundlosigkeit als Abstraktum zur causa der römischen Quellen. Denn eine genauere Definition ist im „System" nicht niedergelegt. Th. Kiesselbach bemerkte nicht ganz zu Unrecht, der „sine causa"-Gedanke sei ein *„negativ qualificirtes Factum"*.[302] Leistungs- und Nichtleistungsfälle sollten konzis miteinander verbunden werden; das ist nur um den Preis eines abstrakten, alles umfassenden Begriffs der Rechtsgrundlosigkeit möglich, der vieles offenläßt. Die abstrakte Vermögensverschiebung und Rechtsgrundlosigkeit erklären sich aus v. Savignys Motivation, alle Kondiktionen gemeinschaftlich zu begründen. Es wäre dem „Obligationenrecht" vorbehalten gewesen, hier näher aufzuklären und wieder die Verbindung zu den römischen Rechtsquellen herzustellen. v. Savigny

---

[300] Zuerst *Jakobs*, Eingriffserwerb und Vermögensverschiebung, S. 49, Fn. 134.

[301] *F. C. v. Savigny*, Pand.Nschr. 1829/30 (*Hinschius*), S. 340:

> „Wir finden, daß die Römischen Juristen den Namen condictiones nur da gebrauchen, wo eine Obligation entstanden ist mit ursprünglicher Erweiterung eines Vermögens auf Kosten eines andern, wobei der Entstehungsgrund der Obligation (ob Vertrag oder Delict) durchaus gleichgültig ist."

[302] *Kiesselbach*, in: JherJb, Bd. 5 (1861), S. 1 (41); ähnliche Kritik bei *Ernst Zimmermann*, Theorie der condictio indebiti, S. 7, Fn. 17.

kam jedoch über zwei Bände zum Allgemeinen Schuldrecht nicht mehr hinaus. Vor einer allzu wörtlichen Interpretation des „Systems“ im Kontext der heutigen „angewandten“ Dogmengeschichte sei daher gewarnt. Dem „System“ läßt sich aber immerhin entnehmen, daß v. Savigny wie in seinen Vorlesungen den Grund der Leistungskondiktionen im Irrtum des Leistenden über den von ihm gesetzten Zweck sah. Wenn man die Vorlesungen vergleichend heranzieht, ist wohl davon auszugehen, der Irrtum habe auch im „System“ die *konkrete* causa, die Rechtsgrundlosigkeit der Leistungskondiktionen, konstituiert.

e) Pomponius-Satz

Das Korsett aus Vermögensbereicherung und Rechtsgrundlosigkeit half v. Savigny, sich sichtbar von der Pomponius-Sentenz abzusondern. Im „System“ schrieb er explizit, nicht jede Bereicherung berechtige zur Rückforderung.[303] Vielmehr sei der Gedanke, daß sich niemand zum Schaden eines anderen bereichern dürfe, höchstens als einzelnes Element in „praktischen Regeln“ enthalten, „wo sie nur in Verbindung mit sehr concreten Voraussetzungen Leben und Wirksamkeit“ erhielten.[304] v. Savignys gegenteilige Äußerung im Obligationenrecht mit der „Grundlosen Bereicherung aus fremdem Vermögen“ scheint den Notizen im „System“ entgegenzustehen.[305] Da es sich bei der Einteilung aber nur um ein allgemeines Klagenraster innerhalb des ius gentium handelt, sollte man der Literaturstelle keine konkrete Aussage über die unmittelbare Anwendung dieses allgemein-abstrakten Prinzips beilegen. Erhellend wirkt wieder der Kontext zur Pandektenvorlesung, welche die Kondiktionen in vielerlei Hinsicht mit der aequitas legitimierte, sie jedoch nicht mit der Pomponius-Parömie gleichsetzte. Die Bereicherung auf Kosten eines anderen ist vom Schadenserfordernis des Pomponius losgelöst. Auch die Billigkeit vermochte für v. Savigny die Kondiktionen nicht per se zu erweitern, sie mußte durch weitere Bausteine ergänzt werden, um überhaupt eingreifen zu können.

f) Fazit

Walter Wilburg machte v. Savigny einmal den Vorwurf, er sei der „suggestiven Macht der Leistungskondiktion“ erlegen und habe sie als „bequemes Mittel“ verwandt, um „auch die Bereicherung in sonstiger Weise [...] mit einem Schlag zu erfassen“.[306] Wilburgs pauschalem Urteil kann nur teilweise zuge-

---

[303] *F. C. v. Savigny*, System, Bd. 5, S. 564, Fn. a.
[304] *F. C. v. Savigny*, System, Bd. 3, S. 451.
[305] *F. C. v. Savigny*, Obligationenrecht, Bd. 1, S. 26.
[306] *Wilburg*, Ungerechtfertigte Bereicherung, S. 15.

stimmt werden. Zwar hat v. Savigny die Vermögensverschiebung nach vielen Jahren des Zögerns während seiner Vorlesungen im „System" auf eine abstrakte Ebene transzendiert. Die Abstraktion war jedoch zugleich Transformation der in den Quellen auf die condictio indebiti zugeschnittenen Begriffe hin zur condictio sine causa generalis und zur rechtsgrundlosen Bereicherung: Indebitum und error wurden für die Nichtleistungsfälle mit der Vertragslosigkeit eingetauscht. Innerhalb der condictiones ob causam kam die juristische Zwecksetzung als einigendes Band der condictio causa data causa non secuta und der condictio indebiti hinzu. Das dare als Eigentumsübertragung wich zugunsten der Vermögensverschiebung und später zugunsten der reinen Vermögensbereicherung auf Kosten eines anderen. Die Abstraktion in Stufen war kein bequemes Mittel, sondern Ausdruck der methodologischen Grundhaltung v. Savignys, das Recht „organisch" in Quellenbeispielen zu begreifen.

Daß er den Rechtsfortwirkungsgedanken, der vor allem für die Eingriffskondiktion eine große Rolle spielt, bei der Entwicklung der Kondiktionen von der Basis der condictio indebiti aus nicht erkannt hätte, kann angesichts seiner Äußerungen im „System des heutigen Römischen Rechts" als widerlegt gelten. Die Lehren v. Savignys sind keineswegs gänzlich überholt. Vielmehr ist die Vindikationsersatzfunktion ein Prinzip, das noch im Zeitalter der Wertungsjurisprudenz zu überzeugen weiß. Ob v. Savigny allerdings unter „dem unverkennbaren Einfluß kantischer Individual-Ethik" stand,[307] als er die Grundlagen seiner Kondiktionenlehre entwarf, erscheint zweifelhaft. Denn bereits Wolff begründete seine Bereicherungslehre mit dem Widerspruch zum Willen des Entreicherten; auch darf Grotius' Lehre nicht außer acht gelassen werden. v. Savignys Vermögensverschiebung und causa sind daher im allgemeinen dogmengeschichtlichen Kontext zu sehen, weniger in Immanuel Kants Rechtsphilosophie.

Aus dem Blickwinkel der Matrixhypothese liefert v. Savignys Hauptwerk wiederum keine Vorlage für ein Einheitsmodell, wie es die neueren Einheitslehren behaupten. Die abstrakte Vermögensverschiebung in der Form der Vermögensbereicherung spricht in dieser schwierigen Frage zugegebenermaßen auf den ersten Blick dafür. Auf den zweiten muß man erkennen, daß v. Savigny immer noch die Vermögensverschiebung durch dare (Leistung) von der tatsächlichen Bereicherung, beispielsweise durch Fruchtkonsumtion, unterschied. Und für den Gehalt der ebenfalls abstrakten causa läßt sich überhaupt kein gemeinsamer Nenner finden, der über den negativen Begriff „Rechtsgrundlosigkeit" hinausreicht. Nicht zu vergessen ist weiterhin, in welchem hohen Maße v. Savigny selbst im „System des heutigen Römischen Rechts" den Grund der Rückforderung im Irrtum des Leistenden sah. Deswegen war v. Savigny auf der

---

[307] *Reuter/Martinek*, Ungerechtfertigte Bereicherung, § 1 I 3 (S. 13 f.); ähnlich bereits *Joerges*, Bereicherungsrecht als Wirtschaftsrecht, S. 21 f.

Anwendungsebene bei allen Ambivalenzen nach heutigem Verständnis der Materie wie bereits im Pandektenkolleg eher dem Trennungsmodell zugeneigt, wenn man das auf Kodifikationen zugeschnittene Klassifikationsschema vorsichtig auf das gemeine Recht überträgt. Im Hintergrund erst steht der überspannende Gedanke der rechtsgrundlosen Bereicherung, im „Obligationenrecht" sogar der Pomponius-Satz. Da v. Savigny daraus aber keine konkreten Fälle deduzierte, sind diese Topoi auf die Prinzipienebene zu verweisen.

Im Vergleich zum Pandektenkolleg zeichnet sich gleichwohl eine Akzentverschiebung ab, die dem „System des heutigen Römischen Rechts" aus heutiger Sicht einen zwiespältigen Charakter vermittelt.[308] v. Savignys „System" näherte sich seinem Inhalt nach anders als die Vorlesung nicht dem herkömmlichen Pandektenlehrbuch an. Als Monographie zum römischen Recht stand dem Titel nach der abstrakte Systemgedanke als Methodenbaustein neben Rechtsgeschichte und Exegese im Mittelpunkt. Die Vermittlung der römischen Gesetze zur Fallösung trat demgegenüber zurück.

Gleichzeitig weichen die Analogiemethode und die klassischen Einzelkondiktionen der Vorlesung der naturrechtlich inspirierten rechtsgrundlosen Vermögensbereicherung, die einem selbständigen Rechtssatz angenähert ist. Das wird besonders bei der condictio furtiva deutlich, die mit allen erdenklichen exegetischen Ausflüchten beinahe um jeden Preis den anderen Kondiktionen angepaßt werden soll. Der allgemeine Gedanke der rechtsgrundlosen Vermögensbereicherung auf Kosten eines anderen ist autonomer als das dare ob causam der Kollegien und der römischen Quellen; es schimmert bereits die Rechtsregel des späteren § 812 Abs. 1 S. 1 BGB durch. v. Savigny sah sich gleichwohl selbst im „System" prinzipiell an die kasuistischen römischen Quellen gebunden, so daß sein Entwurf zum Bereicherungsrecht von vornherein nicht von zentrifugalen Tendenzen frei war. Hätte v. Savigny ex hypothesi sein Obligationenrecht vollenden können, wäre ohne Zweifel der Widerspruch des Fallrechts zur systematischen Methode ungleich schärfer erschienen. Im Vergleich zur Vorlesung neigte v. Savignys geschriebenes Werk bei allen berechtigten Vorbehalten allerdings viel stärker zu einem Einheitsmodell auf Anwendungsebene.

Das konkrete und entscheidende Zusammenspiel der Anwendungs- mit der Prinzipienebene bleibt vielfach trotz oder gerade wegen der offenen methodologischen Prämissen v. Savignys im Dunkeln. Nicht mehr die Analogie oder die Fiktion ex aequitate, sondern der abstrakte, „organisch" entwickelte Satz der rechtsgrundlosen Vermögensbereicherung als Produkt systematischer Exegese sollte maßgebend sein. Der Satz war die Synthese der Jurisprudenz v. Savignys: die Klassifikation der Rechtsinstitutionen aus den inneren Zusammenhängen

[308] Siehe auch im Zusammenhang mit *Pfersches* System unten auf S. 192. Vgl. weiterhin *Rückert*, in: ZRG Rom. Abt., Bd. 104 (1987), S. 666 (668–672).

des Rechts selbst, aus der historischen Analyse der Rechtsquellen. Abstrakte und konkrete, systematische und exegetische Elemente wurden zu einer methodologischen Einheit geformt, die exemplarisch v. Savignys Rechtsverständnis vom System als genealogisch geformter natürlicher Ordnung widerspiegelt. Nicht zu Unrecht wird das Bereicherungsrecht als beispielhafte Beilage zum Aktionensystem im Hauptteil des fünften Systembandes eingeführt.

Das hatte den Verlust an methodologischer und dogmatischer Sicherheit jenseits der akademischen-philologischen Jurisprudenz für den pandektistischen Alltag zur Folge: Zu sehr drängte sich v. Savignys Ziel, die Rechtsinstitution der rechtsgrundlosen Vermögensbereicherung zu schaffen, in den einzelnen Quellenexegesen in den Vordergrund. Das vorweggenommene Ergebnis wird zwar ausführlich aus den Quellen hergeleitet, die Legitimation aus den Quellen steht nunmehr aber nur noch in einer Hilfsfunktion, um die rechtsgrundlose Bereicherung besser in den allgemeinen Vermögensbegriff integrieren zu können. Nicht das „praktische" gemeine Recht in der Form eines Pandektenlehrbuchs wurde erstrebt, vielmehr war das „System" eine Monographie, bei der die Systematik Priorität hatte. Einzelfragen der traditionellen Kondiktionen waren hier nur wenig relevant; sie tauchen im „System des heutigen Römischen Rechts" zur condictio indebiti vornehmlich im dritten Band bei der Irrtumsfrage auf. Die Analogiemethode der Pandektenkollegien gab sich für die Rechtsanwendung des gemeinrechtlichen Alltagsgeschäfts bedeutend nachvollziehbarer.

Trotz vieler nicht näher aufzuklärender Punkte wird man dem „System des heutigen Römischen Rechts" im Gesamtfazit Positives attestieren können. In der ersten Hälfte des 19. Jahrhunderts war es durch seine detaillierte Quellenexegese und seine gleichzeitige Abstraktion ein großer Fortschritt. Es führte die Pandektenvorlesung weiter und entwickelte ein abstrakteres Begriffsinstrumentarium und System. Sein Ringen um den universellen Bereicherungssatz zwischen Naturrecht und Abstraktion einerseits sowie Gesetzesquellen und praktischer Deduktion andererseits ist selbst heute ein unerreichtes Vorbild.

Der fehlende „praktische" Bezug des „Systems" wurde durch Verdeutlichung und argumentativ-exegetische Legitimation der Rechtsinstitution Bereicherungsrecht aufgewogen. v. Savigny schuf mehr als ein formales Schema. Denn für ihn war das juristische System keine bloße äußerliche Ordnung, es sollte „die Verkettung der sich gegenseitig bedingenden und verdeutlichenden Rechtsbegriffe" sein.[309] Beinahe noch wichtiger als seine Haltung zum gemeinen Recht erscheint aus Sicht der Rezeptionsgeschichte indessen v. Savignys späterer Einfluß auf seine Schüler, Studenten und Bewunderer, die unmittelbar den Inhalt des Bürgerlichen Gesetzbuchs beeinflußten. Denn anders als in den

---

[309] *F. C. v. Savigny*, Inst.Nschr. um 1837 (*Jasper*), S. 9.

römischen Quellen bot die neu zu schaffende Kodifikation einen Rahmen, der zu unbelasteter Abstraktion einlud und nicht an Details vergangener Zeiten gebunden war.

IV. Die Lehre zwischen 1800 und dem „System"

1. Konventionelle Literatur bis 1830

In der Tat gelang es v. Savigny sehr früh, seine neue Lehre in der Gelehrtenwelt zu verbreiten. Doch setzte die traditionelle, von den Berliner Vorlesungen unbeeinflußte Doktrin vorerst die Kontrapunkte. Nach 1800 waren die einzelnen Kondiktionstypen häufig unter den verschiedensten Gesichtspunkten verstreut. Das im usus modernus vorherrschende Schema der Justinianischen Institutionen mit Kontrakt, Quasikontrakt, Unrecht, Quasiunrecht wurde zunehmend durch neue Systeme modifiziert, überlagert oder ganz abgelöst. So trennte eine beachtliche Anzahl von Werken die Kondiktionen nunmehr in Unrechtshandlungen und restliche Handlungen. Manchmal fiel unter die erste Handlungsgruppe nur die condictio furtiva, doch öfters zusätzlich noch die condictio ob turpem vel iniustam causam.[310] Teilweise separierte man die condictio causa data causa non secuta zu den Innominatkontrakten.[311] Auch das System „Verbrechen", „Quasicontracte" und „Verbindlichkeiten nach allgemeinen Billigkeitsregeln" taucht auf.[312]

---

[310] *Schweppe*, Römisches Privatrecht, § 554 (S. 459): „Vergehen", §§ 614–625 (S. 508–517): „Vermischte Fälle"; *Seuffert*, Pandektenrecht, Bd. 2, § 397 (S. 288, Fn. 1): „Obligationen aus Vergehen", §§ 436–439 (S. 360–372): „Vermischte Fälle"; letzteres bei *Hugo*, Zivilistischer Kursus, Bd. 4, § 176 (S. 135): „Beschädigungen", §§ 180, 182 (S. 137 f.): „Vermischte Fälle"; *Hufeland*, Zivilrecht, Bd. 1, § 577 (S. 235): „Güterwegnahme aus Gewinnsucht", § 594 (S. 245–247): „Zahlung einer Nichtschuld"; *Mackeldey*, Institutionen, §§ 719, 727 (S. 800, 805 f.): „Klagen aus Delicten" und „Obligatio quasi ex delicto", §§ 712, 723, 732 (S. 793, 802, 809): „Unbenannter Realcontract", „Obligatio quasi ex contractu", „Sonstige persönliche Klagen"; *Thibaut*, Pandektenrecht, Bd. 2, §§ 1150 f. (S. 332 f.): „Ueber Verbrechen", §§ 1157–1160, 1171 (S. 339–342, 349): „Ueber die Entstehung persönlicher Rechte aus andern Gründen"; *Valett*, Pandektenrecht, Bd. 2, §§ 612, 648 (S. 215, 240 f.): „Obligationen aus widerrechtlicher Handlung", §§ 673–681 (S. 261–269): „Obligationes quasi ex contractu".

[311] *Mackeldey*, Römisches Recht, § 619 (S. 596); *ders.*, Institutionen, § 712 (S. 793); *Thibaut*[8], Pandektenrecht, Bd. 2, § 468 (S. 25); auch *Höpfner/Weber*, Kommentar, § 957 (S. 711); ähnlich *v. Langenn/Kori*, in: *dies.*, Erörterungen, Bd. 1, S. 1 (1); ausführlich zur Natur der Klage *Carl Georg v. Wächter*, Condictio causa data causa non secuta, bes. S. 1–35.

[312] *Theodor Anton Heinrich Schmalz*, Institutionen, § 687 (S. 272): condictio furtiva, § 706 (S. 278 f.): condictio indebiti, §§ 729–731 (S. 288): condictio causa data causa non secuta, ob turpem vel iniustam causam, sine causa; ein anderes System bei *Walch*, Institutionen, S. 19: condictio indebiti unter „Obligationen quasi ex contractu", die übri-

Trotz der neuen Strukturen stellten die meisten Autoren die Kondiktionen, besonders die condictio indebiti, zumindest inhaltlich in den Zusammenhang mit den Quasikontrakten.[313] Die Kondiktionen waren also noch keine *eigene* Kategorie jenseits der klassischen Typen oder jenseits der pauschalen, auf Gajus zurückgehenden Bezeichnung „vermischte Fälle".[314] Dabei rügten Einzelstimmen Quasivertrag und Quasiunrecht bereits um 1800 als inkonsequente Klassifikationen.[315] Selbst die Abgrenzung der einzelnen Kondiktionstypen blieb bisweilen kontrovers: Beispielsweise wurde die condictio ob turpem vel iniustam causam teilweise thematisch und räumlich in die Unterfälle condictio ob turpem und ob iniustam causam aufgegliedert.[316]

Grundsätzliche Erörterungen, die mehr oder weniger alle Kondiktionen erklären sollten, fehlten meist. Entweder beschränkte man sich auf die Feststellung, daß niemand sich gegen die natürliche Gerechtigkeit zum Schaden eines anderen bereichern dürfe,[317] oder bestritt wie Anton Friedrich Justus Thibaut (1772–1840) gänzlich einen Zusammenhang unter den Kondiktionen.[318] Allein Christian Friedrich Glück (1755–1831), der ein erklärter Gegner des quasivertraglichen Gedankens war, vertrat in seinem enzyklopädischen Pandektenkommentar die Ansicht, die „condictio sine causa hat dies mit allen den Condictionen [...] gemein, daß sie dem Nichteigenthümer gegen denjenigen zusteht, auf den die Sache des Klägers eigenthümlich übertragen worden ist. Sie findet daher nicht Statt, wenn dem Kläger sein Eigenthumsrecht unverändert verblieben ist, und daher die Reivindication angestellt werden kann."[319] Die condictio furtiva war für Glück daher im Anschluß an den usus modernus eine Ausnahme von dieser Regel.[320]

---

gen Kondiktionen in einer eigenen Kategorie jenseits von Quasikontrakt und Quasidelikt.

[313] Etwa *Höpfner/Weber*, Kommentar, § 953 (S. 707); *Warnkoenig*, Commentarii, Tomus II, § 737 (S. 385). Siehe auch die Seite zuvor die Aufzählung in Fn. 310.

[314] Zum Verschwinden der Quasidelikte *Hochstein*, Obligationes quasi ex delicto, S. 147–151.

[315] *Adolph Dieterich Weber*, Natürliche Verbindlichkeit, S. 68–74. Umfassende Übersicht über die Pandektensysteme bei *Björne*, Rechtssysteme, bes. S. 131–210.

[316] Bspw. *Schweppe*, Römisches Privatrecht, § 623 f. (S. 515 f.); *Seuffert*, Pandektenrecht, Bd. 2, § 438 (S. 367 f.); *Valett*, Pandektenrecht, Bd. 2, §§ 648, 680 (S. 240, 269), dividierte gar unter Unrecht einerseits und sonstige Fälle andererseits.

[317] *Gluck*, Erläuterungen, Bd. XIII/1, §§ 827, 836 (S. 71 f., 209); *Höpfner/Weber*, Kommentar, § 953 (S. 707); *Schweppe*, Römisches Privatrecht, § 614 (S. 508); *Warnkoenig*, Commentarii, Tomus II, § 737 (S. 385 f.); *Adolph Dieterich Weber*, Natürliche Verbindlichkeit, S. 95 f., zur condictio indebiti; *ders.*, Erläuterungen, Bd. 1, ad § 832 (S. 401), zur condictio indebiti, ad § 839 (S. 407), sogar zur condictio furtiva.

[318] *Thibaut*, Pandektenrecht, Bd. 2, § 1152 (S. 334).

[319] *Glück*, Erläuterungen, Bd. XIII/1, § 836 (S. 183).

[320] *Glück*, Erläuterungen, Bd. XIII/1, § 837 (S. 211 f.).

Im Verhältnis zu den anderen Kondiktionen unterschied die Lehre wie in den Jahrhunderten zuvor zwischen condictio sine causa generalis und specialis.[321] Die condictio sine causa generalis stand für die gleichzeitige Anwendung der Generalkondiktion neben den Spezialkondiktionen;[322] das dürfte die damalige Lehre mit „alternativer" Anwendung im Sinne von „wahlweise" gemeint haben.[323] Die condictio sine causa specialis sollte die subsidiäre Anwendung der condictio sine causa in den Fällen bezeichnen, in denen eine Spezialkondiktion nicht einschlägig war. Unklarheiten ließen sich jedoch nicht vollkommen beseitigen, denn die zeitgenössische Literatur definierte das Anwendungsspektrum nur sehr vage:[324] Wenn die Spezialkondiktion wegen eines bestimmten Tatbestandsmerkmals nicht einschlägig war und dafür die condictio sine causa angewandt wurde, obwohl der Fall eigentlich in den Regelungsbereich der Spezialkondiktion fiel, fragt es sich, ob der Fall begrifflich als condictio sine causa specialis oder generalis einzustufen ist. Solcherlei Verwirrungen mögen v. Savigny dazu bewogen haben, die Unterscheidung noch vor 1820 in seiner Vorlesung als didaktisch unbrauchbar aufzugeben. Er stand an diesem Punkt nicht allein: Einige kritische Stimmen im Schrifttum befürchteten,[325] die condictio sine causa generalis könnte die Tatbestandsvoraussetzungen der Spezialkondiktionen aushebeln. Die condictio sine causa specialis wird man deswegen primär mit den in den Quellen tradierten Fällen identifizieren müssen, während die condictio sine causa generalis ein Janusgesicht zeigte: Ihrer Ausgangslage nach war sie nur ein verallgemeinerter Ausdruck der speziellen Kondiktionen, doch schien sie in den Köpfen der Gelehrten teilweise das fein austarierte Regelungsgefüge der restlichen Kondiktionen unterlaufen zu haben. Die Spezialkondiktionen inklusive der bekannten Fälle der condictio sine causa specialis waren dann lediglich noch eine Untermenge der Anwendungsmöglichkeiten der condictio sine causa generalis.

Der Anwendungsbereich der condictio sine causa specialis bestand wie im usus modernus aus einem Sammelsurium an Fällen, die sich nicht an anderen Orten einordnen lassen:[326] Typische Beispiele waren die condictio ob causam finitam aus Arrha bei Vertragserfüllung, die Schenkung unter Ehegatten[327] oder

---

321 *Valett*, Pandektenrecht, Bd. 2, § 681 (S. 269).

322 Dafür etwa *Schweppe*, Römisches Privatrecht, § 625 (S. 516); *Seuffert*, Pandektenrecht, Bd. 2, § 439 (S. 369 f.).

323 Etwa *v. Wening-Ingenheim*[3], Gemeines Zivilrecht, Bd. 1, § 296 (S. 639.

324 Darauf macht bereits *Rolf Schmitt*, Subsidiarität, S. 77–79, aufmerksam.

325 *Gensler*, in: AcP, Bd. 2 (1821), S. 277 (283); *Glück*, Erläuterungen, Bd. XIII/1, § 836 (S. 184); *Thibaut*, Versuche über Rechtstheorie, Bd. 2, S. 134.

326 Umfassende Übersichten bei *Glück*, Erläuterungen, Bd. XIII/1, § 836 (183–210), und *Seuffert*, Pandektenrecht, Bd. 2, § 439 (S. 369–371).

327 Zu den Aspekten der Schenkung unter Ehegatten im klassischen römischen Recht siehe *Misera*, Schenkung unter Ehegatten.

der Dissens von Geber und Nehmer über den Vertragstyp;[328] ferner die Leistung durch eine geschäftsunfähige Person[329] oder die Kondiktion vom Gutgläubigen, der eine gestohlene Sache erhalten hatte. In den beiden letzteren Fällen mußte die Herausgabe unmöglich sein, zum Beispiel durch Sachverbrauch.[330] Weiter ist die Veräußerung einer fremden Sache anzuführen, wenn die Sache selbst nicht mehr vindiziert werden kann.[331] Manche Rechtslehrer versuchten, Nichtleistungsfälle wie die Zurückgabe einer gestohlenen Sache von einem Dritten (nicht dem Dieb) mit der condictio ob iniustam causam zu begründen.[332]

Der Fall des Dissenses über den Vertragstyp ist ein Beispiel für die Lehre vom Quasivertrag. Es kommt zwischen den Parteien keine Einigung zustande; obwohl sich beide Seiten im Irrtum befinden, greift nicht die condictio indebiti, sondern die condictio sine causa ein.[333] Wer die condictio indebiti als wie auch immer gearteten Vertrag einstufte, mußte die condictio indebiti ablehnen, weil ja zwischen den Vertragsparteien gerade kein Konsens bestand. Übrig blieb deshalb nur die condictio sine causa als Auffangbecken, die dann allerdings nicht quasivertraglich verstanden wurde.

Die Leistung des Geschäftsunfähigen könnte auf den ersten Blick ebenfalls als eine quasivertragliche Anomalie eingestuft werden. Richtiger dürfte es allerdings sein, diesen Fall der condictio sine causa auf die Situation zu beschränken, in der kein Irrtum vorliegt. Da im gemeinen Recht der Irrtum noch Tatbestandsmerkmal der condictio indebiti war, konnte die Klage folglich nicht eingreifen. Der bloße Umstand der fehlenden Geschäftsfähigkeit allein mußte also nicht zwangsläufig zur condictio sine causa anstelle der condictio indebiti führen, wenn man die nichtrechtsgeschäftliche Leistung durch ein facere mitbedenkt.

---

[328] *Ulpianus*, D. 12, 1, 18, 1.

[329] *Ulpianus*, D. 12, 6, 29.

[330] Den Bösgläubigen belangte man mittels der condictio furtiva.

[331] Der Anwendungsbereich des letzten Falles (condictio pretii) war aber bereits vor *v. Jhering* umstritten (dazu näher unten ab S. 206). Sehr oft erfolgten Einschränkungen, bspw. auf den Fall, daß man die Sache unentgeltlich erhalten hatte (so *Schweppe*, Römisches Privatrecht, § 625 (S. 517)).

[332] Z. B. *v. Wening-Ingenheim*[3], Gemeines Zivilrecht, Bd. 1, § 296 (S. 640).

[333] Siehe Inst. 3, 19, 23: Kein Schuldverhältnis bei Dissens. Ob Eigentum bei Dissens über den Vertragszweck übergehen konnte, darüber waren schon die Quellen uneins; siehe oben auf S. 124.

2. *Frühe Rezeptionsliteratur*

a) Savignys Vorlesungshilfe

Bisher war nur von Stimmen die Rede, die entweder unabhängig von Savigny ein System entwickelten oder die Kasuistik bevorzugten. Bereits im zweiten Jahrzehnt des 19. Jahrhunderts trat Literatur in Erscheinung, die aus Sicht der Rezeptionsvorgänge durch v. Savignys neue Lehre beeinflußt war. Sein Kollege Heise, auf den grundsätzlich das Schema des Bürgerlichen Gesetzbuchs zurückreicht,[334] reihte ab 1819 in seinem für viele als Vorbild dienenden systematischen Grundriß *alle* Kondiktionsfälle inklusive der condictio furtiva unter „Obligationen auf ein Zurückgeben, Von der Zurückforderung ex causa" ein,[335] ohne dabei den Quasivertrag als Klassifikationsmuster bemühen zu müssen.

Zu v. Savignys Vorlesungen ergeben sich bei Heise bereits in einem früheren Stadium erstaunliche Parallelen: Vergleicht man v. Savignys Konzeption im Vorlesungsmanuskript von 1809–1841/42 mit der ersten Auflage des Grundrisses von 1807, fallen schon dort viele Ähnlichkeiten auf. Beide behandeln die Kondiktionen unter „Obligationen auf ein Zurückgeben", unterteilt in unerlaubte Handlungen und übrige Fälle. Der exakte Aufbau bei Heise im dritten Buch, siebtes Kapitel unter „Obligationen auf ein Zurückgeben" lautete: „Aus unerlaubten Handlungen" (condictio furtiva, actio quod metus causa, Restitution aus abgezwungenem Besitz: interdictum unde vi, Von der Spolien-Klage, condictio ob turpem causam), „Aus erlaubten Geschäften" (condictio ob causam datorum, condictio indebiti, condictio sine causa, „Verbindlichkeit aus Empfangscheinen bei Darlehen und Brautschatz" und precarium).[336]

In der Wintervorlesung 1818 trennte v. Savigny zwischen den Kondiktionen aus „unerlaubten Handlungen" (condictio furtiva, condictio ob turpem causam) und „anderen Fällen" (übrige Kondiktionen).[337] Das ist wiederum genau die Struktur, die Heise in der zweiten Auflage seines Grundrisses von 1816 unter „Obligationen auf ein Zurückgeben" vorschlug.[338]

---

[334] Zu weiteren Details *Wollschläger*, in: *F. C. v. Savigny*, Landrechtsvorlesung 1824, Bd. 2, S. 983–985; ergänzend *Frank L. Schafer*, in: ZRG Germ. Abt., Bd. 118 (2001), S. 367 (377–379), mit dem Nachweis, daß *v. Savigny* bereits spätestens ab 1810/11 auf *Hugo* aufbauend ein System benutzte, das sich der 5-Bücher-Ordnung in Allgemeiner Teil, Schuld-, Sachen-, Familien- und Erbrecht annäherte.

[335] *Heise*^{3}, Gemeines Zivilrecht, S. 102–105. Zu *Heises* eigener Pandektenvorlesung unten auf S. 165.

[336] *Heise*, Gemeines Zivilrecht, S. 49–51; vgl. damit *F. C. v. Savigny*, Manuskript Pandekten 1809–1841/42, Bl. 719r ff.

[337] *F. C. v. Savigny*, Pand.Nschr. 1818/19 (*Bluhme*), S. 384 ff.

[338] *Heise*^{2}, Gemeines Zivilrecht, S. 88–91.

1819 zog Heise wie erwähnt in seiner dritten Auflage schließlich die Kondiktionen unter „Zurückforderung ex causa" zusammen, sie reihten sich mit anderen Rechtsinstitutionen unter der Obergruppe „Obligationen auf ein Zurückgeben" ein in der Folge depositum, „Von der Zurückforderung ex causa": condictio furtiva, condictio indebiti, condictio ob causam datorum, condictio ob turpem causam und condictio sine causa, Verbindlichkeit aus Empfangscheinen und actio quod metus causa. Dieselbe Sequenz benutzte v. Savigny nachweislich ab 1821/22, höchstwahrscheinlich schon im Sommersemester 1820 in seiner Pandektenvorlesung. Sie bot im die Gelegenheit, die allgemeine Einleitung von der versteckten Stelle bei der condictio ob turpem causam in einen eigenen Abschnitt am Beginn der Kondiktionen zu verschieben.

v. Savigny lieferte selbst die Erklärung für die Übereinstimmungen. Zur Landshuter Zeit, als das Pandektenmanuskript entstanden war, bemerkte v. Savigny in einem Brief an Heise, er habe die Pandekten nach seinem Grundriß gelesen.[339] Das Titelblatt des Vorlesungsmanuskripts bezieht sich ausdrücklich auf Heise, und v. Savignys persönliches Exemplar der zweiten Auflage des Grundrisses verweist vor „Condictio ob turpem causam" auf die allgemeine Übersicht im Pandektenmanuskript.[340] In der Pandektenvorlesung 1824/25 beispielsweise empfahl v. Savigny seinen Studenten Heises Heft.[341] Dabei ist v. Savigny keineswegs einseitig dem Grundriß gefolgt, er hat ihn zumindest ab der zweiten Auflage bei seiner Briefkorrespondenz mit Heise aktiv beeinflußt.[342] Im Vorwort der dritten Auflage ist über die erheblichen Veränderungen zu den „Obligationen auf ein Zurückgeben" zu lesen, ein „großer Theil dieser Aenderungen ist ebenfalls durch die Erinnerungen des Herrn Professor *von Savigny* veranlaßt worden".[343] Ob Heise erst auf Veranlassung seines Berliner Freundes die Kondiktionen umstellte und neu betitelte, läßt sich dem Briefwechsel zwischen Heise und v. Savigny leider nicht entnehmen.[344]

---

[339] *Lenel*, in: ZRG Rom. Abt., Bd. 36 (1915), S. 96 (116): „Ich habe für die Pandekten ein ganzes Jahr hindurch (doch nur in 300 Stunden) nach Ihrem Entwurf gelesen, dessen Vortrefflichkeit ich bey dieser Gelegenheit erst erprobt habe."

[340] *F. C. v. Savigny*, Privatexemplar von *Heise*², Gemeines Zivilrecht, S. 89 (dazu näher im Anhang unten auf S. 837).

[341] *F. C. v. Savigny*, Pand.Nschr. 1824/25 (*Bonn anonym*), S. 5, in: *ders.*, Pandektenvorlesung 1824/25, S. 5, insbes. Fn. a; dazu auch *Hammen*, in: *F. C. v. Savigny*, Pandektenvorlesung 1824/25, S. XLIII, m. w. N. in Fn. 32; kritisch zu der Änderung *Gans*, Römisches Obligationenrecht, S. 42.

[342] Siehe den Briefwechsel bei *Lenel*, in: ZRG Rom. Abt., Bd. 36 (1915), S. 96–156.

[343] *Heise*³, Gemeines Zivilrecht, S. XII; auch schon *Heise*², Gemeines Zivilrecht, S. VI f.

[344] Siehe *Lenel*, in: ZRG Rom. Abt., Bd. 36 (1915), S. 96 (156); auch *Heises* eigenes Privatexemplar von *Heise*², Gemeines Zivilrecht, S. 88–90, läßt keine Details erkennen (dazu näher im Anhang unten auf S. 837).

b) Erste Spuren in Lehrbüchern

Neben der frühen Koinzidenz zwischen Pandektenmanuskript und Vorlesungsgrundriß lassen sich weitere Rezeptionsspuren verfolgen. Karl Franz Ferdinand Bucher (1786–1854), ein Hörer v. Savignys in Marburg,[345] stellte bereits 1811 in der zweiten Auflage seines Pandektenlehrbuchs den Kondiktionen einen ersten Allgemeinen Teil voran. v. Savignys Vorlesung ist in ihren Umrissen angedeutet, es ist „Von der Rückgabe des wegen einer nicht vorhandenen Verbindlichkeit Gegebenen (Repetitio ob causam datorum)“ zu lesen. Auch die causa-Typologie wird in einer etwas anderen Darstellungsweise eingeführt. Die Vermögensverschiebungsformel ist zwar nicht explizit erwähnt, dafür aber der Realvertrag als Fundament der Kondiktionen.[346] Ähnliche Äußerungen lassen sich Buchers „Das Recht der Forderungen“ ab 1815 entnehmen; hier ist wiederum die Rede von „repetitio ob causam datorum“, Realvertrag und gestaffelter causa.[347]

Interessant ist die Rezeptionsfrage: Bucher übernahm v. Savignys Lehre höchstwahrscheinlich nicht aus seiner Marburger Zeit, da weder das frühe Institutionenmanuskript noch die Grimm'schen Nachschriften etwas in diese Richtung andeuten. Noch 1808 trennte Bucher in der ersten Auflage seines Pandektenlehrbuchs, das damals nicht mehr als ein Vorlesungsgrundriß war, die Kondiktionen in die condictio indebiti als Quasikontrakt und „von einigen sonstigen Verbindlichkeiten“. Die Formulierung „Repetitio ob causam datorum“ erscheint vereinzelt in Nachschriften zu v. Savignys Kollegien ab 1809;[348] ebenso wird in den älteren Berliner Institutionennachschriften die Ähnlichkeit der Kondiktionen mit Realkontrakten betont. Das alles – unter Vorbehalt weiterer Entdeckungen – könnte darauf hindeuten, Bucher habe Fragmente der Vorlesungen v. Savignys ab seiner Landshuter Zeit übernommen.

c) Weitere Anzeichen

Nächster im Bunde war Karl August Dominikus Unterholzner (1787–1838); er führte im Jahre 1817 in seinem „Entwurf zu einem Lehrgebäude des bei den

[345] *v. Stintzing*, in: ADB, Bd. 3, 477. Seine eigenen Nachschriften zu *v. Savigny* sind nicht mehr aufzufinden. *Jakob Grimm* zufolge hielt *Bucher* aber Vorlesungen nach seinen eigenen Nachschriften zu *v. Savignys* frühem Kolleg über das Obligationenrecht; siehe *Rückert*, Idealismus, Jurisprudenz und Politik, S. 14, Fn. 28, S. 15, m. w. N.

[346] *Bucher²*, Pandekten, § 307 (S. 255); auch später 1822 in *Bucher³*, Pandekten, § 286 (S. 419 f.).

[347] *Bucher*, Recht der Forderungen, § 110 (S. 236 f.); auch später 1830 in *ders.²*, Recht der Forderungen, § 103 (S. 359 f.).

[348] *F. C. v. Savigny*, Inst.Nschr. 1828 (*Berlin anonym*), S. 252.

Römern geltenden bürgerlichen Rechts“ unter „Von den Schuldverhältnissen aus einer Übertragung von Rechten in Ermangelung eines hinreichenden Rechtsgrundes“ die Kondiktionen mit Ausnahme der condictio furtiva an. Vor die condictio indebiti stellte er eine Einleitung unter dem Titel „Überhaupt“.[349] Erstaunlich ist das nicht, denn 1811 berief man ihn durch v. Savignys Vermittlung nach Breslau, nachdem er seit 1809 in Landshut an der Seite seines Förderers als Privatdozent gelehrt hatte.[350] Wahrscheinlich rezipierte er zu dieser Zeit die Lehren v. Savignys.

Ebenso wie viele andere Studenten besuchte auch Georg Christian Burchardi (1795–1882) im Winter 1815/16 die Vorlesungen v. Savignys.[351] In seinem eigenen Vorlesungsgrundriß faßte er 1823 unter „Obligationes ex variis causarum figuris“, „I. Obligationen auf Restitution erworbenen Eigenthums an den früheren Eigenthümer, wegen Mängel des Erwerbsgrundes“ die Kondiktionen mit Ausnahme der condictio furtiva zusammen.[352]

d) Plagiate

Deutlicher werden die Rezeptionsspuren in Bayern. Der Königliche Bayerische Hofrat Johann Nepomuk v. Wening-Ingenheim (1790–1831)[353] ordnete gleich Heise ebenfalls 1823 alle Kondiktionen unter „Von der Zurückforderung ex causa“ ein.[354] Daß v. Wening-Ingenheim zu dem selben Aufbau gelangte, kann nicht näher verwundern, warfen ihm doch die Kollegen vor, sein Pandektenlehrbuch sei nichts weiter als ein Plagiat des Grundrisses von Heise.[355] Im Titel konzediert er die Herkunft von Heises Büchlein. Auffallend ist im Lehrbuch v. Wening-Ingenheims die „Allgemeine Einleitung“ vor den einzelnen Kondiktionen. Er erwähnte die Vermögensverschiebung („Wenn Jemand aus dem Vermögen eines Andern etwas ohne einen dem Zivilrechte nach gültigen Grund (causa) erhält“), maß ihr aber anscheinend keine grundsätzliche Bedeutung bei. v. Wening-Ingenheim war vielmehr in Anschluß an v. Savignys Widersacher Eduard Gans (1797–1839) der Meinung, das „Fundament dieser

---

349 *Unterholzner*, Entwurf, S. 111 f.

350 *v. Stintzing/Landsberg*, Geschichte der Rechtswissenschaft, Bd. III/2, Text, S. 292.

351 Seine Pand.Nschr. aus dem Winter 1815/16 zu *v. Savigny* ist nach den Aussagen *Felgentraegers* verschollen, siehe *Rückert*, Idealismus, Jurisprudenz und Politik, S. 63.

352 *Burchardi*, Römisches Recht, § 398 (S. 133). Zu *Bluhmes* Vorlesungsgrundriß aus dem Jahre 1829 näher bei dessen Pandektenvorlesung unten auf S. 167.

353 Ungenau *v. Eisenhart*, in: ADB, Bd. 41, S. 723: „Wenning“ anstatt „Wening“.

354 *v. Wening-Ingenheim*, Gemeines Zivilrecht, Bd. 2, §§ 234–243 (S. 274–290).

355 Dazu ausführlich *v. Stintzing/Landsberg*, Geschichte der Rechtswissenschaft, Bd. III/2, Noten, S. 42 f., m. w. N.

condictio liegt demnach in einem Haben ohne Grund, wodurch sich Jemand zum Schaden eines Andern bereichern würde."[356]

e) Savigny in Reinform

Völlig ans Tageslicht treten v. Savignys Pandektenkollegien im Werk eines Heidelberger Dozenten. Bei Konrad Eugen Franz Roßhirt (1793–1873), Großherzoglicher Badischer Hofrat und Ordinarius, sind Ausführungen festzustellen, die v. Savignys eigenem Vortrag entnommen sein könnten. Sie stammen aus dem Jahre 1824 und sind im Vergleich zu Bucher weitaus enger an die Landshuter und Berliner Pandektenvorlesung des „Meisters" angelehnt. Roßhirt schreibt unter dem Titel „Von den Restitutionsobliegenheiten" wörtlich:

> „Hier kömmt fast Alles auf die causa an. Das Gemeinsame dabei ist, daß etwas aus unserem Vermögen in das eines andern gekommen ist, welches aus besondern rechtlichen Gründen hier nicht bleiben kann."

Im Anschluß daran zählt er die verschiedenen causa-Formen auf, zuerst die causa honesta, untergliedert in futura (condictio causa data causa non secuta) und praeterita (condictio sine causa, condictio indebiti als „species derselben"), dann die causa turpis (condictio ob turpem causam).[357] Die condictio furtiva bleibt wegen ihrer elektiven Konkurrenz zur rei vindicatio an dieser Stelle unerwähnt.[358] Außerdem führt Roßhirt die condictio indebiti inkonsequenterweise nach der herkömmlichen Lehre noch einmal unter „Von den obligationibus quasi ex contractu" auf.[359] Für die aestimatio fructuum consumtorum beim malae fidei possessor betont er die Vindikationsersatzfunktion der Kondiktion.[360]

Wer ist der Urheber dieser Gedankengänge? Roßhirt belegte sein Rechtsstudium in Landshut vom Herbst 1809 bis 1810,[361] just also zu der Zeit, in der v. Savigny dort den zweiten Teil der Pandekten lehrte.[362] Daher wird der badische Rechtslehrer das System v. Savignys von seiner Landshuter Zeit rezipiert haben. Das deutet zusätzlich zu den beim Pandektenmanuskript erläuterten

---

[356] *v. Wening-Ingenheim*, Gemeines Zivilrecht, Bd. 2, § 234 (S. 274), nach *Gans*, Römisches Obligationenrecht, S. 40 f., ähnlich S. 43; auf die Urheberschaft *Gans'* für den Terminus „Haben ohne Grund" weisen auch *Schneider/Otto*, in: *Otto/Schilling/Sintenis*, Corpus Iuris Civilis, Bd. 2, S. 43, Fn. 51, und *Fritz Schwarz*, Condictio im römischen Recht, S. 219, hin.

[357] Zitate aus *Roßhirt*, Römisches Recht, § 208 (S. 516–518).

[358] *Roßhirt*, Römisches Recht, § 201 (S. 504).

[359] *Roßhirt*, Römisches Recht, § 195 (S. 492).

[360] *Roßhirt*, Römisches Recht, § 208 (S. 520).

[361] Laut *v. Schulte*, in: ADB, Bd. 29, S. 260.

[362] Das wird explizit in der Biographie bei *v. Weech*, Badische Biographien, Bd. 2, S. 196, betont.

Hinweisen darauf hin, daß v. Savigny die Nachträge im Vorlesungsmanuskript zu den Grundsätzen der Kondiktionen bereits für die Landshuter Pandektenvorlesung konzipiert hatte. Und noch zu Beginn des 20. Jahrhunderts soll ein vorzügliches Kollegheft zur Pandektenvorlesung nach v. Savigny in der Bibliothek Roßhirts gewesen sein.[363]

Eines ist aber jenseits rechtshistorischer Quellenspekulation evident: Roßhirts Grundlinien sind die erste Publikation, die causa und Vermögensverschiebung als Grundsatz des Bereicherungsrechts über das Maß eines Vorlesungsgrundrisses hinaus postulieren; an diesem Faktum ist nicht vorbeizukommen. Die zeitgenössische Literatur nahm die Gedanken Roßhirts freilich nicht zur Kenntnis.[364] In Anbetracht von Roßhirts Nachruf unter Fachkollegen ist das kaum verwunderlich: Er sei zwar ein sehr produktiver Schriftsteller gewesen, keine von seinen Schriften wisse jedoch, „mit den mannigfachen, aber unklar durcheinander wirbelnden Ideen, die Roßhirt offenbar nur zu leicht zuströmten, methodisch gründlich zu wirtschaften."[365] Im „Gemeinen deutschen Civilrecht" von 1840 tauchen bei Roßhirt Vermögensverschiebung und causa-Typologie dann nicht mehr auf.[366] Offenbar war sich Roßhirt nicht des Wertes seiner früheren Äußerungen bewußt.

3. Vorlesungen bis 1830

Neben den gedruckten Quellen bieten auch die Autographensammlungen der Universitätsbibliotheken einige Neuigkeiten zur Rezeptionsgeschichte. Ein nicht näher zu identifizierender Dozent Meyer lehrte 1809 zur Zeit des parallelen Landshuter Pandektenkollegs noch ganz nach der alten Legalordnung, stellte aber den Kondiktionen allgemeine Bemerkungen voran.[367] Daraus läßt sich immerhin so viel entnehmen, daß er die Kondiktionen „ex aequitate naturali" legitimierte. v. Savignys causa-Typologie ist mit dem Gegensatz causa honesta

---

[363] Darauf machte freundlicherweise Prof. *Rückert* aufmerksam. Das Kollegheft in fünf Bänden ist in einem Brief *Eugen Ehrlichs* (1862–1922) im Archiv von Duncker & Humblot erwähnt. Vielleicht befand sich diese Nachschrift im Nachlaß *Roßhirts*. Eine Suche in Heidelberg nach dem Nachlaß verlief indes (bisher) ergebnislos.

Allerdings kann es sich dabei nicht um *Roßhirts* eigenes Heft handeln, denn die Handschrift soll aus dem Jahre „1819" stammen. *Roßhirt* könnte das Heft von einem jüngeren Studenten erworben haben.

[364] Mit Ausnahme *Carl Sells*, De Condictionibus quaestiones duae, S. 127, Fn. c.

[365] *v. Stintzing/Landsberg*, Geschichte der Rechtswissenschaft, Bd. III/2, Text, S. 341; positiver *v. Schulte*, Geschichte des Kanonischen Rechts, Bd. III/1, S. 351; vgl. auch *Nötzoldt/v. Drygalski*, Heidelberg in Anekdoten, S. 69 f.

[366] *Roßhirt*, Gemeines Zivilrecht, Bd. 2, §§ 474–479 (S. 509–521).

[367] *Meyer*, Pand.Nschr. 1809 (*v. Tiesenhausen*), S. 253–259.

– inhonesta angedeutet.[368] Die condictio furtiva wird von den anderen Kondiktionen mit der Begründung geschieden, „diese Condictio geht nicht auf ein dare aliquid oportere, wie die andern condictionen, sondern auf ein restituere aliquid oportere hinaus."[369] Ungewöhnlich ist die Überlieferung nicht, da die Literatur des vorhergehenden Jahrhunderts die condictio furtiva ebenfalls als Anomalie eingestuft hatte. Zusammen mit Glücks Kommentar gesehen wird v. Savignys Urheberschaft zu den Grundzügen der rechtsgrundlosen Bereicherung deutlich relativiert. Denn Glück und Meyer flogen dieselben Gedanken wie v. Savigny genau zu dem Zeitpunkt zu, als der Begründer der Historischen Rechtsschule in Landshut die Feder ansetzte und sein Pandektenmanuskript entwarf.

Nicht alle Professoren vermochten die Zukunft der Kondiktionen zu erahnen. An der wiederbegründeten Ruperto Carola zu Heidelberg unterrichtete Thibaut im Sommersemester 1816 in seiner Institutionenvorlesung das Bereicherungsrecht noch in hergebrachten Bahnen. Die condictio causa data causa non secuta wollte er seinen Studenten unter den Realkontrakten, Unterfall Innominatkontrakte, näherbringen, die condictio indebiti in der Gruppe der Quasikontrakte. Die condictio furtiva wird gar in das Kriminalrecht verwiesen.[370] Die Pandektenvorlesung im nächsten Wintersemester (1816/17) ordnet sich gemäß dem Titel „nach dem System des Pandekten-Rechts" ganz nach seinem gleichnamigen Lehrbuch, also ebenfalls noch nach herkömmlichem Muster.[371]

Auch Ferdinand Mackeldey (1784–1834), Johann Peter Waldeck (1751–1815) und Albrecht Schweppe (1783–1829) hielten sich im konventionellen Rahmen. Waldeck lehrte im Winter 1813 sogar noch im alten Legalschema, obwohl inzwischen eine Vielzahl von systematischen Vorlesungsgrundrissen verfügbar war.[372] Schweppe stellte in seinem Kolleg zwar alle Kondiktionen mit Ausnahme der condictio furtiva unter „condictiones ex variis causarum figuris" vor,[373] gleichwohl ist in der Nachschrift aus dem Jahre 1811 wie später bei Mackeldey 1824/25 nichts über Gemeinsamkeiten der verschiedenen Typen zu lesen.[374]

Deutlich interessanter gestaltete sich die Vorlesung eines näheren Bekannten v. Savignys. Heise lehrte in Göttingen, nachdem er Heidelberg 1814 verlassen hatte, um 1815 gleich v. Savigny die Pandekten nach seinem Grundriß. Daher klassifizierte er wie v. Savigny alle Kondiktionen unter „Obligationen auf ein

---

[368] *Meyer*, Pand.Nschr. 1809 (*v Tiesenhausen*), S. 253.

[369] *Meyer*, Pand.Nschr. 1809 (*v Tiesenhausen*), S. 259.

[370] *Thibaut*, Inst.Nschr. 1816 (*Abegg*), unpaginiert.

[371] *Thibaut*, Pand.Nschr. 1816/17 (*Abegg*), unpaginiert.

[372] *Waldeck*, Pand.Nschr. 1813/14 (*List*), S. 349–360.

[373] *Schweppe*, Pand.Nschr. 1811 (*Göttingen anonym*), S. 492, 495 f.

[374] *Mackeldey*, Pand.Nschr. 1824/25 (*Osterrath*), Bd. 2, S. 426.

Zurückgeben". Getreu Heises Erstauflage des Grundrisses waren die Kondiktionen noch in Unrechtshandlungen und erlaubte Handlungen separiert. Obwohl Heise rein äußerlich dieselbe Vorlesungsstruktur wie v. Savigny gewählt hatte, gelangte er nur ansatzweise zu einer materiellen Systembildung, die über die bloße didaktische Zusammenstellung aller Kondiktionen im gleichen Kapitel hinausging. Er differenzierte wie v. Savigny die Fälle der freiwilligen Zurückforderung am Beginn des Abschnitts über die condictio ob turpem causam in Irrtum (condictio indebiti), unerfüllte Gegenleistung (condictio ob causam datorum) und condictio ob turpem causam.[375]

Aber schon bei der condictio sine causa als „Supplementklage"[376] ging Heise andere Wege; er hatte weitaus weniger Skrupel, sie als universelle Klage zu verwenden. Er lehrte seine Studenten, sie könne mit den anderen Kondiktionen konkurrieren, so mit der condictio indebiti, wenn der Rechtsgrund von Anfang an fehle.[377] Auch die condictio ob turpem causam und die condictio causa data causa non secuta könnten mit der condictio sine causa konkurrieren.[378] Außerdem, so dozierte Heise, greife die condictio sine causa selbst da ein, wo jemand nicht freiwillig bezahlt hat, sondern ihm etwas entwendet worden ist, die condictio furtiva aber nicht zum Zuge komme.[379] Die condictio sine causa scheint nach Heises Vorstellung zwar keine allgemeine Bereicherungsklage nach Pomponius gewesen zu sein, in seiner Vorlesung tritt gleichwohl deutlich hervor, daß sie mehr als nur zu den anderen Kondiktionen subsidiär sein sollte. Das dürfte der condictio sine causa generalis nahekommen.

Die bisher vorgestellten Kollegien waren aus Sicht der Rezeptionsgeschichte von der Landshuter Pandektenvorlesung unabhängig. Erst im Winter 1827/28 läßt sich über v. Bethmann-Hollwegs Institutionen eine Vorlesung nachweisen, die offenbar von den neuen Lehren inspiriert war. v. Bethmann-Hollweg studierte in Göttingen und Berlin, bis er sich 1819 in Berlin habilitierte.[380] Obwohl in der Nachschrift, die in der Humboldt-Universität aufbewahrt ist, die Kondiktionen noch nach alter Weise in Innominatkontrakt (condictio ob causam datorum),[381] Quasikontrakt (condictio indebiti)[382] und furtum (condictio furtiva)

---

[375] *Heise*, Manuskript Pandekten, Fasz. 10, Bl. 26r; *ders.*, Pand.Nschr. um 1815 (*Rinck*), Bd. 3, S. 299.

[376] *Heise*, Pand.Nschr. um 1815 (*Rinck*), Bd. 3, S. 312.

[377] *Heise*, Pand.Nschr. um 1815 (*Rinck*), Bd. 3, S. 313; zur Konkurrenz auch *ders.*, Manuskript Pandekten, Fasz. 10, Bl. 43r–44r.

[378] *Heise*, Pand.Nschr. um 1815 (*Rinck*), Bd. 3, S. 313.

[379] *Heise*, Pand.Nschr. um 1815 (*Rinck*), Bd. 3, S. 313.

[380] Siehe *Fischer*, in: NDB, Bd. 2, S. 187.

[381] *v. Bethmann-Hollweg*, Inst.Nschr. 1827/28 (*Hinschius*), S. 418, 420.

[382] *v. Bethmann-Hollweg*, Inst.Nschr. 1827/28 (*Hinschius*), S. 497 f.

aufgesplittert werden,[383] stehen unter dem Titel der condictio indebiti allgemeine Ausführungen:

„Wenn einem andern ein Vermögensrecht verschafft wird und dadurch sein Vermögen erweitert ist (Dare im weiten Sinne), so ist, wenn es Schenkung ist, eine Rückforderung nicht möglich, durch Vertrag zur Rückgabe verpflichtet, so ist es Realcontract, ein Fall, der weder Schenkung, noch Realcontract ist, aber dem Realcontract ähnlich, ist der Fall, wenn ein Vermögensrecht ob causam hingegeben ist [...] um eines Rechtsverhältnisses willen [...].“

Im weiteren tauchen die typischen Ausführungen v. Savignys zur causa und kurze Notizen zu den anderen Kondiktionen auf.[384] Die condictio furtiva wird ebenfalls als Anomalie behandelt.[385]

Bluhme, wie erwähnt ein weiterer Hörer v. Savignys, dessen Kollegheft in Bonn erhalten ist, trug seinen Studenten wohl schon mindestens ab 1829 die Kondiktionen ganz im Sinne seines früheren Dozenten vor. In seiner Institutionenvorlesung entwickelte er wie in seinem Vorlesungsgrundriß unter der wegweisenden Klassifikation „Gesetzliche Schuldverhältnisse“ bei den „Geschäftsobligationen“ die These vom „Eigenthumsübergang“.[386] Die condictio sine causa sollte „eine allgemeine Ergänzungsklage neben den schon erwähnten condictiones“ sein. Sie trete ein, „wenn aus fehlerhaften Rechtsgeschäften ein Vermögensübergang stattgefunden hat. Es wird also in der Regel eine unbillige Bereicherung vorausgesetzt.“[387] Die condictio furtiva erscheint indes unter den „Deliktsobligationen“ im Sinne v. Savignys als „eine sehr große Anomalie“: „Der Bestohlene aber verliert das Eigenthum gar nicht.“[388]

Ebenfalls in Richtung neue Lehre tendierte Carl Georg v. Wächter (1797–1880). Er lehrte als junger Dozent im Winter 1828 nach dem Lehrbuch v. Wening-Ingenheims. Alle Kondiktionen wurden wie bei v. Savigny und Heise unter „Von der Zurückforderung ex causa“ behandelt, da das Pandektenlehrbuch v. Wening-Ingenheims in seiner Struktur an den Vorlesungsgrundriß Heises angelehnt ist. Zur condictio sine causa las v. Wächter seinen Studenten vor, die Klage könne nur angestrengt werden, wenn man das Eigentum an der zurückzufordernden Sache an den Empfänger verloren habe. Die condictio sine causa soll aber keine allumfassende Kondiktion sein, sie sei nur eine „Aushilfsklage“, die gegen den angestellt werden könne, der eine Sache sine causa

[383] *v. Bethmann-Hollweg*, Inst.Nschr. 1827/28 (*Hinschius*), S. 470 f.

[384] *v. Bethmann-Hollweg*, Inst.Nschr. 1827/28 (*Hinschius*), S. 497 f.

[385] *v. Bethmann-Hollweg*, Inst.Nschr. 1827/28 (*Hinschius*), S. 471.

[386] *Bluhme*, Inst.Nschr. (ohne Jahresangabe, *RG anonym*), S. 152. Siehe zum Grundriß *Bluhme*, Pandektenrecht, S. 57 f.; anders später *ders.*^{2}, Pandektenrecht, S. 65 f., unter „Einseitige Geschäftsobligationen“, „Rükgabe [!] aus allgemeinen Gründen“.

[387] *Bluhme*, Inst.Nschr. (ohne Jahresangabe, *RG anonym*), S. 153.

[388] *Bluhme*, Inst.Nschr. (ohne Jahresangabe, *RG anonym*), S. 165.

besitze.[389] Die causa-Typologie findet sich nicht, v. Wening-Ingenheim führte sie ebenfalls nicht an. In der Institutionenvorlesung des vorhergehenden Sommersemesters stufte v. Wächter die condictio causa data causa non secuta noch unter „unbenannte Realcontrakte" ein.[390] Der Vorlesungstitel verrät, daß sich v. Wächter an Mackeldeys Lehrbuch orientierte. Seine dogmatische Grundausrichtung hing offenbar mehr vom verwandten vorlesungsbegleitenden Material als von einer eigenständigen dogmatischen Haltung ab. Selbst zu seiner Leipziger Zeit stützte er sich auf das Lehrmaterial seiner Kollegen.[391]

4. Literatur ab 1830

a) Allgemeine Literatur

Ab den 30er Jahren des 19. Jahrhunderts mehrten sich die Stimmen, die in Kondiktionsbeziehungen eine Vermögensverschiebung ohne causa walten sahen und alle Kondiktionen, manchmal mit, manchmal ohne die condictio furtiva, zusammenzogen.[392] Unterholzner wird 1840 aus seinem Nachlaß zitiert, die „an dieser Stelle zu erreichenden Condictionsrechte setzen insgesammt voraus, daß jemand auf Kosten eines Anderen etwas für sein Vermögen erworben hat, und kein genügender Rechtfertigungsgrund wahrzunehmen ist, weshalb er diesen Gewinn überhaupt oder über eine gewisse Zeit hinaus behalten sollte."[393] Auch das „Haben ohne Grund" rückte in den Vordergrund der Systematisierungsversuche.[394]

---

[389] *Carl Georg v. Wächter*, Pand.Nschr. 1828/29 (*Niethammer*), Bd. 2, Bl. 120v.

[390] *Carl Georg v. Wächter*, Inst.Nschr. 1828 (*Niethammer*), Bl. 100v.

[391] Siehe *Carl Georg v. Wächter*, Pand.Nschr. 1868 (*Richter*), S. 211–217, mit Hinweis auf *Arndts v. Arnesbergs* Pandektenlehrbuch; weiterhin *ders.*, Pand.Nschr. 1849/50 (*Riecke*), Bd. 2, bes. S. 220, mit Hinweis auf *v. Vangerows* Pandektenlehrbuch.

[392] *Lang*, Römisches Recht, § 289 (S. 293); weniger ausgeprägt bei *Göschen*, Gemeines Zivilrecht, Bd. II/2, § 654 (S. 693), der nur schreibt: „Ueberall wird vorausgesetzt, daß Jemand irgend etwas *empfangen* habe"; davon abgesehen ähneln seine Ausführungen sehr stark denen *Roßhirts*. Ähnlich, wenn auch nicht so prägnant, weiterhin *Puchta*, Gemeines Zivilrecht, § 90 (S. 173); *ders.* schon 1829, Institutionenvorlesungen, S. 59; bloße Aufzählung unter einheitlichem Titel bei *Warnkoenig*, Grundriß, S. 21; herkömmlich noch *Glück/v. Reinhardt*, Ergänzungen, Bd. IV/1 u. 2, S. 325–442; *Göschen*, Grundriß, §§ 636–638 (S. 314 f.), zur condictio indebiti; des weiteren *Haimberger*, Römisches Privatrecht, Bd. 3, §§ 580–595 (S. 210–226).

[393] *Unterholzner*, Schuldverhältnisse, Bd. 2, § 307 (S. 6).

[394] *Hasse*, in: Rheinisches Museum, Bd. 6 (1834), S. 1 (60); *Heimbach*, Artikel „Condictio", in: *Weiske*, Rechtslexikon, Bd. 2, S. 875 (877); *Mühlenbruch*, Pandektenrecht, Bd. 2, § 378 (S. 348) kategorisierte unter „Obligationen auf ein Zurückgeben aus einem Haben ohne rechtlichen Grund"; *Puchta*, Pandekten, § 298 (S. 326).

Trotzdem wurde noch stellenweise auf den Grundsatz, daß sich niemand zum Schaden eines anderen bereichern dürfe, rekurriert.[395] Die Autoren, welche die Vermögensverschiebung vertraten, haben in ihren Lebensläufen meist eines gemeinsam: sie waren mit v. Savigny in Kontakt. Unterholzner wurde schon erwähnt, Johann Friedrich Ludwig Göschen (1778–1837) war von 1813–1822 als ordentlicher Professor Fakultätskollege v. Savignys,[396] und Georg Friedrich Puchta (1798–1846) gilt neben v. Savigny als bedeutendster Vertreter der Historischen Rechtsschule.

b) Universelle Bereicherungslehre

Nicht alle wollten sich den neuen Erkenntnissen anschließen; einige beschritten dogmatische Sonderwege. Im Jahre 1833 veröffentlichte Georg Wilhelm August Sell (1804–1848), damals Privatdozent in Gießen,[397] in seinem „Versuche im Gebiete des Civilrechts" nach eigenem Bekunden in der Ära der Historischen Rechtsschule die erste Monographie „Ueber den Grundsatz des römischen Rechts, daß Niemand mit oder aus dem Schaden eines Andern sich bereichern dürfe". Dieses Prinzip fließt für Sell aus der auf das „*natürliche Rechts- und Billigkeitsgefühl* gegründeten aequitas",[398] die aus Quellen wie D. 12, 6, 14 oder 50, 17, 206 folgt. Es wird daneben der schon bekannte „ganz allgemeine Grundsatz" für die Fälle proklamiert, „in welchen etwas aus dem Vermögen des Einen (mit dessen Nachtheil) in das Vermögen des Andern (zu dessen Vortheil) übergegangen ist."[399] Programmatischen Wert darf man der beiläufigen Erwähnung der Vermögensverschiebung aber nicht beimessen, sie hat für Sell keinesfalls tragenden Charakter. Mögliche Bereicherungsformen, so doziert Sell, seien die Bereicherung durch Handlung des Bereicherten und die Bereicherung durch den Verlierenden selbst.[400] Die Essenz des Bereicherungsrechts faßt er prägnant in folgende Sätze:

> „Der Grundsatz, daß Niemand mit oder aus dem Nachtheile eines Andern sich bereichern solle, ist nach römischem Rechte ein völlig allgemeiner, durch das ganze Rechtssystem durchgehender. Er ist darum nicht bloß auf die Fälle zu beziehen, für welche sich in den Gesetzen eine ausdrückliche Anwendung findet, sondern ebenso

---

[395] *Mühlenbruch*, Pandektenrecht, Bd. 2, § 453 (S. 479); *Heimbach*, Artikel „Condictio", in: *Weiske*, Rechtslexikon, Bd. 2, S. 875 (893); *ders.*, a. a. O., S. 875 (889) sah die Grundlage der condictio indebiti in der natürlichen Billigkeit.

[396] *v. Stintzing/Landsberg*, Geschichte der Rechtswissenschaft, Bd. III/2, Noten, S. 117.

[397] *v. Eisenhart*, in: ADB, Bd. 33, S. 681.

[398] *G. W. A. Sell*, Versuche im Zivilrecht, Bd. 1, S. 2.

[399] *G. W. A. Sell*, Versuche im Zivilrecht, Bd. 1, S. 49; zuvor schon ablehnend *v. Langenn/Kori*, in: *dies.*, Erörterungen, Bd. 1, S. 1 (4, 11).

[400] *G. W. A. Sell*, Versuche im Zivilrecht, Bd. 1, S. 13 f.

auch auf diejenigen Fälle, welche in den Gesetzen nicht ausdrücklich angeführt sind, wenn nur der Grund selbst, nämlich die Bereicherung mit oder aus dem Nachtheile eines Andern, wirklich vorhanden ist."[401]

Die Billigkeit allein ist im „Versuche im Gebiete des Civilrechts" indes nicht ausreichend, um einen konkreten Anspruch zu begründen. Der bloße Nachteil eines anderen genüge keineswegs, vielmehr sei zu unterscheiden, ob „Jemand ein wirkliches Recht" innehabe. Nur wenn dies nicht der Fall sei, erscheine die Bereicherung als widerrechtlich, die es nach dem „natürlichen Rechtsgesetze (naturalis aequitas)" auszugleichen gelte.[402] Rechtsgeschäfte führten zu keiner Bereicherungshaftung, da „dann immer ein besonderer Grund für die Rechtserwerbung und Verpflichtung vorhanden ist", „denn das Rechtsgeschäft selbst, z. B. der Vertrag, ist nach seiner rechtlichen Natur auf Ausgleichung aller Vortheile und Nachtheile gerichtet, und darum findet für alle diese Beziehungen die Klage aus dem Rechtsgeschäft statt." Bei einem ungültigen Rechtsgeschäft komme das Prinzip als subsidiäre Klage allerdings in Form der actio utilis oder actio in factum zu Geltung.[403] Sell stellt den Rechtsgeschäften die obligatio ex re als Gegensatz zur Verbindlichkeit aus Willensäußerung entgegen,[404] das Faktum der Bereicherung sei Verpflichtungsgrund ex re.[405] Als Sammelbegriff für alle Bereicherungsklagen taucht an manchen Stellen über den Bereich ungültiger Rechtsgeschäfte hinaus die besagte actio in factum auf,[406] die zum Beispiel subsidiär im Falle der Sachverbindung zuständig sei.[407]

Wegen des universellen Charakters der Pomponius-Sentenz wird eine genauere Abgrenzung zu anderen Rechtsinstitutionen notwendig. Der Unterschied zur negotiorum gestio liege in der fehlenden Geschäftsbesorgungsabsicht, die actio de in rem verso soll eng gefaßt bleiben und kein universelles Prinzip symbolisieren.[408] Ausfluß des allgemeinen Prinzips seien aber par exemplum die actio quod metus causa, actio de peculio,[409] die Kondiktion vom gutgläubigen Erbschaftsbesitzer[410] oder Verwendungen des bösgläubigen Besitzers.[411] Auch

---

[401] *G. W. A. Sell*, Versuche im Zivilrecht, S. 116.

[402] Zitate nach *G. W A. Sell*, Versuche im Zivilrecht, Bd. 1, S. 13.

[403] Zitate nach *G. W. A. Sell*, Versuche im Zivilrecht, Bd. 1, S. 14, 34 f.

[404] *G. W. A. Sell*, Versuche im Zivilrecht, Bd. 1, S. 14.

[405] *G. W. A. Sell*, Versuche im Zivilrecht, Bd. 1, S. 48.

[406] Bspw. auf S. 67.

[407] *G. W. A. Sell*, Versuche im Zivilrecht, Bd. 1, S. 91; ähnlich *Christian Friedrich Koch*, Recht der Forderungen, Bd. 3, § 265 (S. 346 f.); *Muhlenbruch*, Pandektenrecht, Bd. 2, § 453 (S. 479).

[408] *G. W. A. Sell*, Versuche im Zivilrecht, Bd. 1, S. 38–46.

[409] *G. W. A. Sell*, Versuche im Zivilrecht, Bd. 1, S. 53 f.

[410] *G. W. A. Sell*, Versuche im Zivilrecht, Bd. 1, S. 57, unter Hinweis auf *Papinianus*, D. 12, 6, 3 und *Ulpianus*, D. 5, 3, 20, 6.

die gebräuchlichen Kondiktionen fielen unter das allgemeine Prinzip, merkt Sell an:[412]

> „Diese sind ihrem Zwecke nach auf Rückgabe einer Sache [...] gerichtet, welche der Andre entweder ohne allen Rechtsgrund (causa), oder aus einem schimpflichen, überhaupt aus einem unrechtlichen Grunde besitzt".

Die condictio furtiva wird gar als Musterfall des Bereicherungsgedankens hervorgehoben.[413] Das zeigt einmal mehr, wie sehr Sell um die allgemeine Bereicherungsklage bemüht war. Sie war keine leere Programmatik, wie sich besonders deutlich beim Impensenersatz zeigt, den Sell entgegen der ganz herrschenden Meinung nicht als bloßes Zurückbehaltungsrecht,[414] sondern als normale Klage einstufte. Nicht die „pigeonholes" der römischen Klagen gaben den Anwendungsbereich vor, der Bereicherungssatz mutierte vielmehr zum autonomen Ausgangspunkt in Rechtsregelform. Das Regel-Ausnahme-Konzept von quellengetreuen Aktionen und vom Bereicherungsgedanken kehrt sich um. Pomponius war kein rechtfertigendes Rechtsprinzip mehr, er gab auf der Anwendungsebene selbst die Klagengrundlage vor.

Anders als v. Savignys System wurde Sells Ansatz jedoch in der Fachwelt nahezu einmütig verworfen.[415] Zu unbestimmt, zu ungenau und mit den Quellen nur schwer zu vereinen war seine allgemeine Bereicherungsklage auf der Grundlage der actio in factum. Dogmenhistorisch gesehen war seine Monographie in der Tat ein „Versuch". Für die folgenden Jahrzehnte kam ihr aber die Funktion zu, all diejenigen auf der Linie der Lehre v. Savignys zu halten, die noch generalisieren wollten. Die Gelehrten waren sich der Konfusion bewußt, die Sell ausgelöst hatte; diesen Fehler wollten sie nicht zu ihrem eigenen machen.

5. Vorlesungen ab 1830

Von Sell abgesehen bewegte sich die Literatur im vierten Jahrzehnt des 19. Jahrhunderts auf günstigen Bahnen für v. Savigny. Auch der Vorlesungsbetrieb entwickelte sich zunehmend in eine Richtung, die v. Savigny erfreut stimmen mußte. Immer weniger Dozenten vermochten sich der argumentativen

---

411 *G. W. A. Sell*, Versuche im Zivilrecht, Bd. 1, S. 58, unter Hinweis auf *Paulus*, D. 5, 3, 38: „non enim debet petitor ex aliena iactura lucrum facere".

412 *G. W. A. Sell*, Versuche im Zivilrecht, Bd. 1, S. 76 f, auch 102.

413 *G. W. A. Sell*, Versuche im Zivilrecht, Bd. 1, S. 80 f.

414 Näher unten auf S. 205.

415 Etwa *v. Mayr*, Condictio, S. 297; *Seuffert/Glück*, in: SeuffBl, Bd. 1 (1836), S. 177–184; *Carl Georg v. Wächter*, Erörterungen, Bd. 1, S. 1 (12); auch in der Sache *ders.*, Erörterungen, Bd. 2, S. 43 (98 f.).

Kraft der neuen Lehre zu widersetzen. Der Heidelberger Gelehrte Thibaut dagegen unterrichtete wie in den vergangenen beiden Jahrzehnten im „Sommercurs" 1833 noch nach der herkömmlichen Weise. Er stellte in der Institutionenvorlesung die condictio indebiti zu den Quasikontrakten, die condictio causa data causa non secuta zu den Innominatkontrakten und die condictio furtiva gar in das „Criminalrecht" zu den „Poenae privatae".[416] Verbindungslinien zwischen den einzelnen Kondiktionen zeigte Thibaut nicht auf, er klassifizierte die condictio indebiti als fiktives Darlehen, als er dozierte:[417]

> „Wenn nämlich Jemand aus entschuldbarem Irrthum etwas als Schuld bezahlt, was er gar nicht schuldig war, so wird der Empfänger behandelt, als ob er ein mutuum contrahirt hätte, und kann dann durch die condictio indebiti auf Zurückgabe belangt werden."

Auch Thibauts Pandektenvorlesungen folgten weiterhin diesen Vorgaben, verstanden sie sich doch als „Zusätze" zu seinem Pandektenlehrbuch.[418] Ähnlich konservativ referierte Carl Julius Meno Valett (1787–1845) 1838/39 in seiner Institutionenvorlesung auf der Grundlage seines Pandektenlehrbuchs. Die condictio ob turpem causam wird zusammen mit der condictio furtiva unter „obligationes aus widerrechtlichen Handlungen" gestellt,[419] systematische Grundsätze zu den Kondiktionen sind nicht angedeutet. Die meisten Rechtslehrer aber erkannten in den 1830ern den Wert des Neuen an:[420]

> „Die condictio im engsten Sinn setzt voraus den [...] Uebergang eines Vermögensrechts aus dem Vermögen des einen in das des andern, ebenso, daß entweder von Anfang an der Innehaber keine justa causa des Besitzes für sich anführen kann, oder wenigstens späterhin eine justa causa sich nicht findet."

Nicht v. Savigny sprach 1832 diese Worte, sondern der frischgebackene Dr. iur. Kierulff in seiner eigenen Pandektenvorlesung. Im Vergleich zu v. Savigny hat Kierulffs Vorlesung ein beachtliches Niveau. So soll nur noch die condictio furtiva Ausnahme von der Regel sein („durch das furtum kein wirklicher juristischer, sondern ein faktischer Vermögensübergang"), die condictio ob turpem causam stuft er nicht als anomalisch ein. Die condictio sine causa erscheint gleich den späten Pandektenvorlesungen v. Savignys als generelle Klage, die auch condictio indebiti und condictio causa data causa non secuta umfasse. In der Institutionenvorlesung im darauffolgenden Wintersemester werden

[416] *Thibaut*, Inst.Nschr. 1833 (*Ammann*), unpaginiert, §§ 245, 234, 142.

[417] *Thibaut*, Inst.Nschr. 1833 (*Ammann*), unpaginiert, § 245.

[418] So die Titel mehrerer Pand.Nschr., etwa *Thibaut*, Pand.Nschr. 1838/39 (*Demmer*).

[419] *Valett*, Inst.Nschr. 1838/39 (*Mertens*), S. 290, 300; die condictio indebiti, causa data causa non secuta und sine causa erscheinen unter den „Obligationes quasi ex contractu", so *ders.*, Inst.Nschr. 1838/39 (*Mertens*), S. 309–311.

[420] Alle Zitate nach *Kierulff*, Pand.Nschr. 1832 (*Hensen*), S. 109 f.

die Kondiktionen ebenfalls auf einen Schlag wie bei v. Savigny unter „Obligationes ex variis causarum figuris" erwähnt.[421]

Kierulff ist nicht die einzige Stimme, welche die Lehren v. Savignys den Studenten näherbrachte. Karl Friedrich Dollmann (1811–1867) unterrichtete im Jahre 1836, man habe ein Zurückforderungsrecht, wenn jemand etwas aus einem „juristischen Zweck (causa)" hingegeben habe. Das ähnelt der Formulierung v. Savignys zum dare ob causam. Wie bei v. Savigny erscheint die condictio indebiti als besonderer Fall der condictio sine causa, die condictio ob causam datorum wird von der condictio indebiti und sine causa durch die auf die Zukunft gerichtete causa geschieden. Zum Schluß erwähnte Dollmann noch die condictio ob turpem causam und die condictio furtiva.[422] Auch v. Bethmann-Hollweg trug weiterhin im neuen Stil vor; das läßt sich zum Beispiel für seine Pandektenvorlesung im Winter 1838 nachweisen. In der Sache vertrat er den Gedanken des dare ob causam.[423] Die für v. Savigny markante causa-Typologie und die condictio indebiti als Spezialfall der condictio sine causa tauchen ebenfalls auf.[424] Die condictio furtiva wird in der Nachschrift aber noch neben der actio furti und nicht neben den anderen Kondiktionen erörtert.[425]

Neben traditionellen und fortschrittlichen Stimmen liegen viele Autographen im Zwischenbereich. In Göttingen betonte Göschen 1834 wie in seinem Lehrbuch in der Vorlesung über die Obligationen in Ansätzen das Gemeinsame der Kondiktionen. „Überall wird vorausgesetzt, daß Jemand etwas empfangen habe", verkündete er. Dazu müsse dann noch die fehlende causa treten, fuhr Göschen fort.[426] Anders als bei Kierulff oder v. Bethmann-Hollweg sind die Kondiktionen aber auseinandergerissen, nicht nur die condictio furtiva, sondern selbst die condictio sine causa wird von den übrigen Fällen getrennt.[427] In einer Institutionennachschrift aus derselben Zeit steht sogar die condictio ob turpem causam abseits unter den Vergehen.[428] v. Savignys Kernsatz der Vermögensverschiebung taucht in der Nachschrift ebensowenig wie in seinem Lehrbuch auf. In Nachschriften zu Adolph August Friedrich Rudorff (1803–1873) und Samuel Marum Mayer (1798–1862) werden immerhin die Kondiktionen mit Ausnahme

---

[421] *Kierulff*, Inst.Nschr. 1832/33 (*Waitz*), S. 234 f.

[422] *Dollmann*, Inst.Nschr. 1836 (*Mackwirth*), unpaginiert. Die Schrift ist an dieser Stelle leider nur schwer leserlich, daher konnte nicht näher geklärt werden, welche Worte der Student *Mackwirth* zu Unterschieden oder Gemeinsamkeiten mit „obigem Grundsatz" notierte.

[423] *v. Bethmann-Hollweg*, Pand.Nschr. 1838/39 (*Frankfurt a. M. anonym*), S. 835.

[424] *v. Bethmann-Hollweg*, Pand.Nschr. 1838/39 (*Frankfurt a. M. anonym*), S. 836.

[425] *v. Bethmann-Hollweg*, Pand.Nschr. 1838/39 (*Frankfurt a. M. anonym*), S. 803 f.

[426] *Göschen*, Obligationennschr. 1834 (*Dedekind*), S. 496.

[427] *Göschen*, Obligationennschr. 1834 (*Dedekind*), S. 472.

[428] *Göschen*, Inst.Nschr. 1833/34 (*Dedekind*), S. 359.

der condictio furtiva darstellerisch zusammengezogen.[429] Und auch Christian Friedrich Mühlenbruch (1785–1843) systematisierte die Kondiktionen mit Ausnahme der condictio furtiva unter „Von den Obligationen auf ein Zurückgeben". Die Nachschrift aus dem Jahre 1835 tradiert allerdings keine näheren Grundsätze zu den Kondiktionen.[430]

Pikanterweise war Kierulff nicht einmal Schüler v. Savignys, sondern studierte in Kiel und München unter anderem bei Burchardi und v. Wening-Ingenheim. Besonders vom ersten Dozenten könnte er das Kondiktionensystem übernommen haben, wenn man bedenkt, daß Burchardi im Wintersemester 1815/16 bei v. Savigny die Pandekten gehört hatte. Dollmann studierte 1830/31 in Berlin, bevor er ab 1835 in München dozierte,[431] während v. Bethmann-Hollweg und Rudorff bereits etwas früher die berühmten Kollegien besucht hatten.[432] Für v. Bethmann-Hollweg, Dollmann und Rudorff ist der Einfluß v. Savignys daher evident. Der dogmatische Gleichklang v. Savignys mit seinen Kollegen belegt eindeutig, welchen tatsächlichen Einfluß das Haupt der Historischen Rechtsschule auf seine Fachkollegen aus Sicht der Rezeptionsgeschichte ausübte.

6. Fazit

Hatte schon Grotius die Formel von der rechtsgrundlosen Bereicherung auf Kosten eines anderen erdacht, so setzte sich die Figur des Übergangs vom Vermögen des einen in das des anderen literarisch bei Glück und in den akademischen Vorlesungen fort. Trotzdem sind v. Savignys Verdienste nicht in Abrede zu stellen. Er war es, der maßgeblich nach 1800 naturrechtliches Gedankengut vom unseligen Pomponius-Geist befreite und die Restitution rechtsgrundloser Vermögensvorteile auf eine tragfähige Grundlage stellte. Die causa-Typologie konnte er wie das dare vom usus modernus übernehmen. v. Savigny verband jedoch causa und Vermögensübergang zum dare ob causam, zum zweckgerichteten Geben. Ebenso gelang es ihm, Grotius' Ansätze mit den römischen Kondiktionen zu verbinden: Er benutzte die Vermögensverschiebung, um die Leistungskondiktionen aus dem Realkontrakt zu entwickeln. Nichtleistungsfälle, die bei seinen Zeitgenossen nur eine lose Gruppe unter dem Begriff der condic-

---

[429] *Rudorff*, Pand.Nschr. 1833 (*Waitz*), S. 189–191; *Mayer*, Inst.Nschr. 1838/39 (*Belser*), S. 130 f.

[430] *Mühlenbruch*, Pand.Nschr. 1835 (*v. Dewitz*), S. 289, 291–294.

[431] *v. Stintzing/Landsberg*, Geschichte der Rechtswissenschaft, Bd. III/2, Noten, S. 304.

[432] Von *Rudorff* ist ein Fragment zu *v. Savignys* Pandektenkolleg 1823/24 an der Universität Tübingen erhalten, siehe *Rückert*, Idealismus, Jurisprudenz und Politik, S. 63. Zu *v Bethmann-Hollweg* bereits oben auf S. 166.

tio sine causa waren, verband v. Savigny mit der Leistung, dem dare ob causam, indem er die Bereicherung auf Kosten eines anderen in der Form der abstrakten Vermögensverschiebung ohne Rechtsgrund als übergeordnetes Band verwandte. Im Unterschied zu Grotius wurden naturrechtliche Themen beinahe „organisch", so wie es v. Savignys Methode entsprach, mit den Kondiktionen verknüpft. Alles andere hätte seinem Gespür für gewachsene Rechtsstrukturen widersprochen. v. Savigny erkannte, daß er die zahlreichen überlieferten Probleme und Lösungen des usus modernus mit einer abstrakteren Kategorie – der rechtsgrundlosen Bereicherung auf Kosten eines anderen – verbinden mußte. v. Savigny war damit nicht Novator, er war der große Moderator, der alles historisch zu entwickeln und zu verbinden wußte und den alten Rechtsinstitutionen einen neuen, historisch gewachsenen Geist einhauchte. Paul Koschakers „nur scheinbar paradoxe These", „die deutsche Pandektistik war Fortsetzung des Naturrechts mit anderen Mitteln", erhält neue Plausibilität.[433]

Des weiteren darf man nicht den allgemeinen literarischen Kontext vergessen. Nach 1800 brach in der deutschen Rechtswissenschaft nicht zuletzt durch v. Savignys Monographie zur Besitzlehre eine neue Zeitrechnung an. Die Literatur wurde fortan mit Ausnahme der Dissertationen fast nur noch in Deutsch verfaßt, die Autoritäten des usus modernus verblaßten, in der Frage der Kondiktionen herrschte eine gewisse Ziellosigkeit. Erst v. Savigny gelang es wieder, an alte Lehren anzuknüpfen und sie in dem Maße fortzuentwickeln, daß sie praktisch anwendbar waren. Sell verlor sich im Abstrakten, Glück in der Kasuistik. v. Savignys Vermögensverschiebungs- und causa-Lehre übte auf seine Kollegen einen überragenden Einfluß aus. Wer bei ihm die Vorlesungen besucht hatte, konnte sich kaum dem Bann seiner Worte entziehen. Schon lange vor dem „System des heutigen Römischen Rechts" traten literarische Stellungnahmen hervor, deren Ursprung sich in v. Savignys Vorlesungen zu Landshut und Berlin rekonstruieren läßt. Paradigmatisch ist der Grundriß von Roßhirt aus dem Jahre 1824. Das älteste Rezeptionsfragment erscheint bereits 1811 bei Bucher. Den gesamten Rezeptionsvorgang der Kondiktionenlehre v. Savignys könnte man in Anlehnung an die Monographie Felgentraegers zum Abstraktionsprinzip auch „Felgentraeger-Effekt" nennen.

Fehl geht auf jeden Fall der im angloamerikanischen Rechtskreis verbreitete Glaube, im Deutschland des 19. Jahrhunderts habe sich das Bereicherungsrecht erst entwickeln können, als sich das Vertragsrecht ausgebildet hatte.[434] v. Savignys systembildender Geist, sein Wissen über das gemeine Recht darf nicht an den Kategorien des dogmatisch weniger geschulten Praktikers des common

---

[433] *Koschaker*, Europa und römisches Recht, S. 269.

[434] *Langbein*, in: Festschrift für *Jones*, S. 57 (59), unter mißverständlicher Berufung auf *Reinhard Zimmermann*, in: (1995) 15 OxJLS 403–429, auf den sich *Langbeins* Thesen nicht stützen lassen.

law zur selben Zeit gemessen werden. Allein v. Savignys heute in Bonn befindliche Privatbibliothek zeigt, welche wissenschaftlichen Ressourcen ihm zu Gebote standen. Daß er bereits um 1809 die Kondiktionen weit jenseits des Legalsystems entwickelte, ist ein unumstößliches Faktum. Für sein Abstraktionsmodell war dies von strategischer Bedeutung. Andere Rechtsordnungen wie das common law mögen den Quantensprung von der Prozeßformel zur rechtsgrundlosen Bereicherung erst nach jahrzehntelangem Ringen erfahren haben. Einem einzelnen, zumal von so hoher wissenschaftlicher Reputation wie v. Savigny, kann das im Vergleich dazu in einem Atemzug gelingen.

Eine nicht zu unterschätzende Rolle spielte dabei der Vorlesungsgrundriß Heises, der v. Savignys Vorlesung die strukturelle Vorlage bot. Auch den Namen des Hegelianers Gans gilt es sich einzuprägen, der sich in der Sache mit seinem Kondiktionensystem zwar nicht durchsetzen konnte, dessen Begriff „Haben ohne Grund" aber bei vielen als Synonym für die Bereicherung auf Kosten eines anderen ohne Rechtsgrund in Erinnerung war. Sells Lehre schließlich lieferte das antipodische Modell der Billigkeitshaftung nach dem Pomponius-Satz. Sein Lehrgebäude muß auf viele seiner Zeitgenossen einen heilsamen Abschreckungseffekt ausgeübt haben. Im weiteren Verlauf findet sich im 19. Jahrhundert kein ernsthafter Versuch mehr, Pomponius tatsächlich zu praktizieren. Sell lieferte in der Tat das Einheitsmodell, das v. Savigny nie vertrat.

V. Weitere Entwicklung der Lehre

Nachdem v. Savigny damit begonnen hatte, sein „System des heutigen Römischen Rechts" zu publizieren, setzte bald die Rezeption seiner Auffassungen zum Bereicherungsrecht in der Juristengeneration ein, deren Vertreter man zu Recht seine Erben nennen darf.[435]

1. Rechtsgrundlose Bereicherung

Einer der bekanntesten Gelehrten, die v. Savignys Vermächtnis weiterführten, war Windscheid, Autor des wohl berühmtesten Pandektenlehrbuchs und Mitglied der ersten Kommission zum Bürgerlichen Gesetzbuch. Wie so viele andere Juristen seiner Generation hörte er in jungen Jahren v. Savignys Kollegien zu Berlin.[436]

---

[435] Dazu die treffliche Übersicht bei *Wolffenstein*, Wesen der condictio, S. 11–69.

[436] Nachweis bei *Ruckert*, in: *Mohnhaupt*, Rechtsgeschichte, S. 34 (35–37).

a) Lehre von der Voraussetzung

Er verfaßte 1850 in seiner frühen Dozentenzeit an der Universität Basel „Die Lehre des römischen Rechts von der Voraussetzung".[437] Der Begriff der sogenannten Voraussetzung soll die condictio indebiti, condictio ob causam datorum und den auf dem Willen des Entreicherten beruhenden Teil der condictio sine causa erklären.[438] Anwendungsbereich der Lehre von der Voraussetzung sind daher nicht alle Kondiktionsfälle, sondern nur solche, die sich in Form der heute so bezeichneten „Leistung" auf vermögensrechtliche Rechtsgeschäfte wie Eigentumsübertragung, Verpflichtung und Schuldbefreiung beziehen.[439] Leistung ist danach eine rechtsgeschäftliche Vermögensaufopferung auf der einen Seite, verbunden mit einer Vermehrung fremden Vermögens auf der anderen.[440]

Die Quellen der Voraussetzung schöpft Windscheid aus conditio, causa und modus.[441] Inhalt der Voraussetzung ist für Windscheid die „Selbstbeschränkung des Willens"; die Voraussetzung führe dazu, daß das Rechtsverhältnis für den Erklärenden zwar mit dem „*wirklichen*, aber gegen seinen *eigentlichen* Willen" besteht. Den Gegensatz zur Bedingung macht Windscheid an der Rechtswirkung fest: Die Bedingung sei mit der Existenz des Rechtsverhältnisses selbst verknüpft, während die Voraussetzung als „unentwickelte Bedingung" das Rechtsverhältnis ohne Bedingung begründe. Im Falle der Voraussetzung soll der Wille nur für „unwirksam", nicht für „nichtig" erklärt werden. Die Leistung besteht zunächst rechtswirksam. Aufgabe der mangelnden Voraussetzung in Verbindung mit der condictio ist es aber, diese Rechtswirkung, die von Rechts wegen nicht anzuerkennen sei, rückgängig zu machen,[442] also die Leistung zu restituieren.[443]

Windscheid grenzt die Voraussetzung auch vom Irrtum ab: Nicht jeder Irrtum sei eine unerfüllte Voraussetzung und umgekehrt. Als Beispiel nennt er die Arrha. Er mißt dem Irrtum aber Beweiswert für die Existenz der Voraussetzung

---

[437] Zur Voraussetzung auch *Windscheid*³, Pandektenrecht, Bd. 1, § 97–100 (S. 249–258); *ders.*, in: AcP, Bd. 78 (1892), S. 161–202, und zuvor *ders.*, Lehre des Code Napoleon, S. 270–322.

Aus heutiger Sicht *Falk*, Ein Gelehrter wie Windscheid, S. 193–214, m. w. N.; *Schermaier*, Wesentlicher Irrtum, bes. S. 513–516; *Simshäuser*, in: AcP, Bd. 172 (1972), S. 19–38.

[438] *Windscheid*, Voraussetzung, S. V.

[439] *Windscheid*, Voraussetzung, S. 3, 9 f; enger *Kiesselbach*, in: JherJb, Bd. 5 (1861), S. 1 (49 f.): Nur im Falle der Voraussetzung sei eine Kondiktion statthaft.

[440] *Windscheid*, Voraussetzung, S. 9 f.

[441] *Windscheid*, Voraussetzung, S. 41–58.

[442] Zitate nach *Windscheid*, Voraussetzung, S. 1 f., 3.

[443] *Windscheid*, Voraussetzung, S. 59.

zu;[444] mangelnder Irrtum deute auf Schenkungsabsicht hin.[445] Die Voraussetzung muß überdies für den anderen aus Gründen der Rechtssicherheit zumindest erkennbar sein.[446] Als Anwendungsfälle der Voraussetzung werden zum Beispiel die Leistung eines indebitum oder der nachträgliche Wegfall der Verbindlichkeit aufgezählt.[447] Daneben erwähnt Windscheid die „unerlaubten Voraussetzungen", ohne explizit den Namen condictio ob turpem vel iniustam causam in sein System einzuführen.[448]

Da prinzipiell jede Absicht Grundlage einer Voraussetzung sein könnte, engt Windscheid zum Schutz des Erklärungsgegners das Feld noch weiter ein: Nur die sogenannten „ersten Absichten" fielen sämtlich unter den Voraussetzungsbegriff. Das sollen nur solche primären Zwecke sein, „auf welche zunächst und unmittelbar der Wille gerichtet ist", ohne welche die Vermögensaufopferung „ein Schemen ohne Fleisch und Bein" sei.[449] Primäre Absichten, erläutert Windscheid, seien zum Beispiel die Schenkungsabsicht, die Absicht, auch ohne Vertrag eine Gegenleistung zu erlangen, oder die Tilgungsabsicht. Es sei aber unmöglich, neben animus donandi, obligandi und solvendi alle Fälle abschließend aufzuzählen.[450] Sekundäre Absichten, „deren Ermangelung die Willenserklärung nicht in ihrem Kern berührt", erkennt Windscheid nur in engen Grenzen an.[451]

Wenn man zur Voraussetzungslehre ein Fazit ziehen soll, wird man feststellen, daß Windscheid mit ihr nur den Bereich der Leistungskondiktionen abdeckte. Die Nichtleistungskondiktion aus condictio sine causa wird nicht erfaßt. Im Gegensatz zu v. Savigny, bei dem Irrtumserfordernis und juristische Zwecksetzung gleichberechtigt nebeneinander stehen, konzentrierte sich Windscheid ganz auf die Zweckkomponente. Seine Lehre wurde von den Zeitgenossen jedoch überwiegend kritisch betrachtet, weil sie sich in ihren subjektivistischen Verästelungen zu weit vom Irrtumserfordernis und den Gesetzesquellen entfernte.[452] Sie sollte aber im weiteren Verlauf der Dogmengeschichte der Distinktion der Leistung von den Nichtleistungsfällen Vorschub leisten.

---

[444] *Windscheid*, Voraussetzung, S. 6.

[445] *Windscheid*, Voraussetzung, S. 203 f.

[446] *Windscheid*, Voraussetzung, S. 6, 82. Ob sie einseitiges Rechtsgeschäft oder Vertrag war, läßt er nicht eindeutig erkennen.

[447] *Windscheid*, Voraussetzung, S. 12 f.

[448] *Windscheid*, Voraussetzung, S. 176 f.

[449] *Windscheid*, Voraussetzung, S. 87 f.

[450] *Windscheid*, Voraussetzung, S. 88 f.

[451] *Windscheid*, Voraussetzung, S. 102.

[452] Etwa *Voigt*, Condictiones ob causam, S. 515–523; *Witte*, Bereicherungsklagen, S. 64–67, m. w. N. In der Tendenz wie *Windscheid*, aber im Detail abweichend *Erxle-*

b) Bereicherungstheorie im Pandektenlehrbuch

Dafür bot Windscheid an anderer berufener Stelle das umfassende System, das man in seiner segmentären Voraussetzungslehre vermißt. „Die Thatsache, daß Jemand aus fremdem Vermögen in ungerechtfertigter Weise bereichert worden ist, erzeugt für ihn die Verpflichtung, dem Benachtheiligten herauszugeben, worum er reicher geworden ist", resümierte er zur allgemeinen Bereicherung in seinem berühmten Pandektenlehrbuch.[453] Denn Windscheid war es, der die heutige Bezeichnung „Ungerechtfertigte Bereicherung" in die Lehrbuchliteratur einführte.[454] An anderer Stelle ist von der condictio sine causa als „allgemeine Bezeichnung für jede Condiction wegen grundlosen Habens" zu lesen.[455] Der Begriff condictio sine causa ist nicht mehr quellengetreu zu verstehen. In den Augen Windscheids sind Bereicherung und Rechtsgrundlosigkeit das Fundament der Bereicherungsklage, die er von der Versionsklage und der Geschäftsführung ohne Auftrag abgrenzt.[456] Ausdrücklich verwirft er den Pomponius-Merksatz.[457]

Mit der Formulierung, die Bereicherung sei „eine Bereicherung aus fremdem Vermögen nicht bloß dann, wenn durch ihren Inhalt die Verminderung des fremdem Vermögens von selbst gegeben ist, sondern auch dann, wenn sie durch Mittel des fremden Vermögens [...] bewirkt worden ist",[458] setzt er sich vom allzu gegenständlichen dare ab. Windscheids Satz dürfte aber nicht so zu verstehen sein, als genüge jede mittelbare Bereicherung, obwohl ihm die Trennung der unmittelbaren von der mittelbaren Vermögensverschiebung noch nicht geläufig war. Vielmehr sollen nur die Fälle der Nichtleistung einbezogen werden, die in den Quellen angelegt sind, also der „Gebrauch, Verbrauch, Hingabe, Belastung, Nichtvermehrung des fremden Vermögens".

Windscheid betonte deutlich den Unterschied zwischen der Bereicherung durch „Rechtsgeschäft", welche die Leistungsfälle umfaßt, und der sonstigen

---

ben, Condictiones sine causa, Bd. 2, bes. S. VI; *Windscheid* zustimmend *Seuffert/ Seuffert*, Pandektenrecht, Bd. 2, § 435a (S. 445).

[453] *Windscheid*³, Pandektenrecht, Bd. 2, § 421 pr. (S. 534); ähnlich *Wendt*, Pandekten, § 288 (S. 677); kritisch zum Terminus Bereicherungsklagen *Dernburg*, Pandekten, Bd. 2, § 138 (S. 364). Anmerkung: Die hier zitierte Auflage des Pandektenlehrbuchs von *Windscheid* ist die dritte, zweiter Abdruck von 1873; die wesentlich umgestaltete 5. Aufl. von 1882 bot im Abschnitt zum Bereicherungsrecht keine relevanten Neuerungen.

[454] Darauf weist *Kuntze*, Institutionen, § 722, Fn. 7 (S. 507), hin.

[455] *Windscheid*³, Pandektenrecht, Bd. 2, § 424, 1, Fn. 1 (S. 547).

[456] *Windscheid*³, Pandektenrecht, Bd. 2, § 421 pr., Fn. 2 (S. 535); ebenso *ders.*, Zwei Fragen, S. 29.

[457] *Windscheid*³, Pandektenrecht, Bd. 2, § 421 pr., Fn. * (S. 534 f.); ebenso *ders.*, Zwei Fragen. S. 29; *ders.*, in: KritVj, Bd. 1 (1859), S. 115 (115).

[458] *Windscheid*³, Pandektenrecht, Bd. 2, § 421, 2 (S. 537).

Bereicherung.[459] Da er die Bereicherungsmodi differenzierte, kommt Windscheid beinahe zwangsläufig zum Schluß, die Rechtsgrundlosigkeit der Bereicherung lasse sich nicht „mit einer allgemeinen Formel" beantworten.[460] Bei den Leistungsfällen („mit dem Willen des Benachtheiligten") sei der Rechtsgrund zu vermuten, bei den Nichtleistungsfällen sei zu unterscheiden.[461] Der Rechtsgrundbegriff bei den Nichtleistungskondiktionen wird damit schon viel genauer als bei v. Savigny gefaßt; es wird zum Beispiel der Hinweis gegeben, eine Rechtsveränderung sei dann kein Rechtsgrund, wenn sie ein rein formaler Gesichtspunkt sei, der nur den Übergang selbst, aber nicht die Vermögensveränderung rechtfertige. Als Leistungskondiktionen werden die condictio ob turpem vel iniustam causam und die Fälle der Voraussetzungslehre (condictio indebiti, ob causam datorum, ob causam finitam) aufgezählt.[462] Beispielfälle für die Nichtleistung sind die heute vertrauten Eingriffsfälle aus Gebrauch, Verbrauch, Verarbeitung fremder Sachen und Verbindung, im weiteren der Verkauf einer fremden Sache, ja sogar Verwendungen und condictio furtiva.[463] Windscheid führt damit das System v. Savignys fort, er zieht noch stärker alle Bereicherungsfälle, die nicht direkt als condictio ausgewiesen sind, unter den neuen Gesichtspunkt der rechtsgrundlosen Bereicherung.

c) Vorlesungsmanuskripte

Leicht anders akzentuiert wird die Bereicherungslehre in den Göttinger Vorlesungsmanuskripten. Das Institutionenmanuskript, das Windscheid seinen eigenen Datierungen zufolge mindestens ab 1858 benutzte,[464] stellt die Kondiktionen noch nicht unter die Vorgaben seiner Bereicherungstheorie. Dafür wird die Voraussetzungslehre in den Mittelpunkt gerückt.[465]

Windscheids Manuskript zu den Pandekten orientierte sich dagegen weithin an den Vorgaben, die dem Leser aus dem Lehrbuch bekannt sind. Ebenso wie dort behandelte er den Stoff unter „Forderungen aus vertragsähnlichen Gründen, Ungerechtfertigte Bereicherung". Windscheids Aussagen reduzieren sich

---

[459] *Windscheid*^{3}, Pandektenrecht, Bd. 2, § 421, 3 (S. 537 f.). Die Einteilung findet sich auch bei *dems.*, Zwei Fragen, S. 258.

[460] *Windscheid*^{3}, Pandektenrecht, Bd. 2, § 422 pr. (S. 538).

[461] *Windscheid*^{3}, Pandektenrecht, Bd. 2, § 422, 1, 2 (S. 538 f.).

[462] *Windscheid*^{3}, Pandektenrecht, Bd. 2, § 423, 1, Fn. 5 (S. 543), 3 b, c, Fn. 10–12 (S. 545).

[463] *Windscheid*^{3}, Pandektenrecht, Bd. 2, § 422, 2 a, b, insbes. Fn. 2, 4–6 (S. 539–542).

[464] *Windscheid*, Manuskript Institutionen, Fasz. 11, 2, Bl. 199v. *Windscheid*, Inst. Nschr. 1878 (*Nüscheler*), S. 90, konnte hier wegen der Kürze der Informationen über die Kondiktionen keine weiteren Erkenntnisse liefern.

[465] *Windscheid*, Manuskript Institutionen, Fasz. 11, 2, Bl. 194r.

unter „1. Überhaupt“ auf den Kernsatz:[466] „Jemand ist aus fremdem Vermögen ohne rechtfertigenden Grund reicher geworden. Dadurch ist für ihn die Verpflichtung begründet, die Bereicherung dem Ärmer gewordenen herauszugeben.“ Gleich dem Pandektenlehrbuch schließen sich im Manuskript zur Pandektenvorlesung „Besondere Fälle“ an. Windscheid hob hier verstärkt das konventionelle Kondiktionenschema hervor, während der Begriff der rechtsgrundlosen Bereicherung etwas zurücktritt. Die große Einteilung in Leistung („mit dem Willen des Ärmergewordenen“) und Nichtleistung („ohne Willen des Ärmergewordenen“) wird dann unter der condictio sine causa präsentiert.[467] Als Beispielfälle der condictio sine causa aus Nichtleistung nennt Windscheid im Manuskript den Verkauf einer fremden Sache und den Fall, daß jemand seine Schulden mit fremdem Geld bezahlt.[468] Die condictio furtiva als Unterfall der Besitzkondiktion fällt ebenfalls unter die Großgruppe Nichtleistung.[469]

d) Fazit

Die Bereicherungslehre im Pandektenlehrbuch, flankiert durch die Voraussetzung bei den Kondiktionen ob causam, war eine der mächtigsten Lehren zu den Kondiktionen im 19. Jahrhundert. Windscheid verfeinerte das Systemgebäude v. Savignys vor allem für die Rechtsgrundlosigkeit und die Nichtleistungskondiktion. Im „System des heutigen Römischen Rechts“ war bereits die Legitimation dafür gelegt, die römischen Quellen der condictio beträchtlich zu erweitern. Windscheid konnte sich deshalb ganz den Themen zuwenden, für die sein Vorgänger noch keine schlüssigen Konzepte entwickelt hatte. Auf dem Gebiet der causa nahm er die Dichotomie von Leistung und Nichtleistung auf und konkretisierte die apodiktischen Sätze des „Systems“. Den Irrtum als Grundlage der condictio indebiti modifizierte er zu einer prägnanten, wenn auch sehr umstrittenen Zwecksetzungslehre.

Das Differenzierungsvermögen Windscheids trat besonders beim Interpretationsaspekt der Anwendungsebene hervor, auf der er mit der in mehrere Kategorien aufgeteilten Rechtsgrundlosigkeit dem Trennungsmodell den Vorzug gab. An seiner Lehre war nicht vorbeizukommen. Das alles wurde von der rechtsgrundlosen Bereicherung auf Kosten eines anderen programmatisch überspannt, einer Formel, die als sehr anwendungsnahes Rechtsprinzip schon bedeutend einer Rechtsregel angenähert war. Anders als im Bürgerlichen Gesetzbuch, das maßgebliche Systembauteile seiner Lehre übernahm, sah Windscheid

[466] *Windscheid*, Manuskript Pandekten, Fasz. 4, 4, Bl. 389r.
[467] *Windscheid*, Manuskript Pandekten, Fasz. 4, 4, Bl. 396v, 397v.
[468] *Windscheid*, Manuskript Pandekten, Fasz. 4, 4, Bl. 398r.
[469] *Windscheid*, Manuskript Pandekten, Fasz. 4, 4, Bl. 397v.

jedoch wie zuvor v. Savigny immer sein Legitimationsbedürfnis in den römischen Quellen. Im Gegensatz zu v. Savigny ging Windscheid andererseits wesentlich freier mit dem Gesetz um, noch viel stärker als im „System" steht der abstrakte Gedanke im Vordergrund. Analogieschlüsse aus den bekannten Digestenstellen und die klassischen Kondiktionen traten zugunsten der rechtsgrundlosen Bereicherung selbst zurück, die bei v. Savigny in der Vorlesung noch durch die Analogie und im „System" durch die „organische" Methode eingekleidet worden war.

2. *Condictiones sine causa*

Doch sollte nicht nur Windscheids Werk im Vordergrund stehen, wenn die spätpandektistischen Bereicherungstheorien zur Sprache kommen. Albrecht Erxleben (1814–1887) lieferte in seinem unvollendeten zweibändigen Handbuch über die „Condictiones sine causa" einen weiteren einflußreichen Systementwurf zum Bereicherungsrecht nach 1841. Im Vorwort hält Erxleben den Stand der Bereicherungslehre fest:[470]

> „Die Einsicht, daß alle diejenigen Condictionen, durch welche etwas zurückgefordert wird, was in Folge bestimmter, rechtlicher oder factischer Vorgänge ohne Grund, aus dem Vermögen des Einen in das des Anderen gekommen ist, der großen Verschiedenheit ihrer thatsächlichen Voraussetzungen ungeachtet, dennoch insgesamt Ausflüsse eines und desselben Princips sind, welches sich in der Entwicklung des Römischen Rechts darin festgestellt hat, ‚posse condici alicui, quod vel non ex justa causa ad eum pervenit, vel redit ad non justam causam', ist heutzutage so allgemein durchgedrungen, daß man darüber die ältere Ansicht fast gänzlich vergessen hat, welche bloß die specielle Condictio sine causa auf diesen Grundsatz zurückführte, dieser aber zugleich insofern die Bedeutung einer Condictio generalis zuschrieb, als sie mit allen übrigen Condictionen concurriren sollte, auf deren besonderen Veranlassungsgrund ihr eigenthümliches Princip Anwendung litte."

In einigen Fällen werde das abstrakte Prinzip in der Pomponius-Parömie gesehen, einem „völlig vagen und keine sicheren Anwendung fähigen" Grundsatz.[471] Daher sei es an der Zeit, die Kondiktionen im besonderen zu untersuchen und zu klären, inwiefern sie im konkreten Fall Ausfluß des allgemeinen Prinzips seien, das auf der aequitas fuße.[472] Erxleben schließt sich damit v. Savigny an, wenn auch mit Abweichungen im Detail. Abstrakte Sätze sind ihm allein kein Allheilmittel zur Reform des Bereicherungsrechts. Im weiteren fährt Erxleben mit der condictio indebiti als erstem Anwendungsfall seiner Grundthesen fort. Er führt sie zum einen auf Vermögensverschiebung und fehlende

---

[470] *Erxleben*, Condictiones sine causa, Bd. 1, S. V.

[471] *Erxleben*, Condictiones sine causa, Bd. 1, S. VI.

[472] *Erxleben*, Condictiones sine causa, Bd. 1, S. VI–IX.

causa zurück;[473] ob die Verschiebung unmittelbar erfolgen muß, bleibt unklar.[474] Darüber hinaus wird auf die aequitas – ex bono et aequo – rekurriert.[475] Die condictio indebiti sei weder aus dem Pomponius-Satz noch aus Vertrag, fingiertem Vertrag oder Quasivertrag zu begründen, referiert Erxleben weiter.[476] Anders als v. Savigny kann er jedoch wie Windscheid mit dem Irrtum nichts anfangen. Es widerspreche vielmehr dem „Geiste wahrer Gerechtigkeit",[477] wenn die fehlende causa in Form einer rechtsgeschäftlichen Zwecksetzung als „materielles Recht des Gebers" gegenüber dem „formellen Recht des Empfängers"[478] unberücksichtigt bleibe.

Nach der condictio indebiti behandelt Erxleben im zweiten Band die condictio causa data causa non secuta, bei der die Zwecksetzungslehre am deutlichsten hervortrete.[479] Ebenso wie die condictio indebiti, so bemerkt er, sei die condictio causa data causa non secuta durch „sittliche Erwägungen", „höhere Gerechtigkeit", ex bono et aequo geleitet.[480] Im Gegensatz zur condictio indebiti setze sie ein künftiges Ereignis voraus (ob rem), während die erstere condictio durch die Vergangenheit bestimmt sei (ob causam).[481] Ausdrücklich verwirft Erxleben den Gedanken, die condictio causa data causa non secuta falle unter die Kategorie Innominatkontrakt.[482] Da die „Condictiones sine causa" nicht mehr zur condictio sine causa im engeren Sinn durchdringen, bleibt Erxlebens Haltung zum Verhältnis der Kondiktionen ob causam gegenüber den Fällen jenseits des dare offen.

Auch in anderen Punkten erscheint Erxlebens Gedankengebäude recht undurchsichtig. Obwohl er an verschiedenen Stellen ausdrücklich darauf hinweist, der Satz des Pomponius sei untauglich, stützte er sich gleichwohl auf die aequitas ex bono et aequo. Nach seinem Gespür liegt in der Pomonius-Formel der Hang zur allgemeinen Bereicherungsklage, die er gerade nicht billigt, während Treu und Glauben weitaus ungefährlicher erscheinen. Anders als dem Satz des Pomponius mißt Erxleben der billigen Gerechtigkeit prinzipiellen Wert bei, während der Satz über die Bereicherung mit dem Schaden eines anderen zu sehr anwendungsfähige Regel war, die mit den überlieferten Quellen kollidieren konnte.

---

[473] *Erxleben*, Condictiones sine causa, Bd. 1, S. 37, 89 f., 208.
[474] Vgl. *Erxleben*, Condictiones sine causa, Bd. 1, S. 162 f.
[475] *Erxleben*, Condictiones sine causa, Bd. 1, S. 1, 35, 38, 54, 68, 90, 117, 199.
[476] *Erxleben*, Condictiones sine causa, Bd. 1, S. 2–25, 183.
[477] *Erxleben*, Condictiones sine causa, Bd. 1, S. 31.
[478] *Erxleben*, Condictiones sine causa, Bd. 1, S. 35.
[479] *Erxleben*, Condictiones sine causa, Bd. 2, S. III.
[480] *Erxleben*, Condictiones sine causa, Bd. 2, S. 1, 34.
[481] *Erxleben*, Condictiones sine causa, Bd. 2, S. 1.
[482] *Erxleben*, Condictiones sine causa, Bd. 2, bes. S. 31.

3. *Handlungsbezogene Bereicherungsklagen*

Weitaus deutlicher wurde die nächste bedeutende Monographie aus dem Jahre 1859. Sie stammt von Hermann Witte, der sich selbst als Schüler von Carl Georg Bruns (1816–1880) bezeichnet.[483] Die Themen, die er unter dem Titel „Die Bereicherungsklagen des gemeinen Rechts“ behandelt, ähneln der heutigen Vielzahl an Lebenssachverhalten: „die Verbesserung einer fremden Sache in dem Glauben, sie sei die eigene“, „die Besorgung fremder Geschäfte mit eigenem Aufwand, ohne daß man den dominus negotiorum kennt“, „Leistungen im Irrthum über bestehende Verbindlichkeiten oder in Erwartung zukünftiger Ereignisse“, „Verwendungen fremden Gutes zum Vortheil eines Dritten“, „die Bereicherung durch eigenmächtige rechtswidrige Eingriffe in fremde Vermögen oder Handlungen, zu deren Vornahme man ein wohlbegründetes Recht zu haben glaubt“, „Eigenthumsveränderungen durch Naturereignisse u. s. w.“[484]

Den allgemeinen Satz in D. 12, 6, 14 und 50, 17, 206 lehnt er als bloße Billigkeitsforderung wie Erxleben, v. Savigny und Windscheid vehement ab. Witte erkennt den Unterschied zwischen Rechtsprinzip und Rechtsregel, wenn er urteilt, der allgemeine Billigkeitssatz der Digesten könne „als unmittelbar anwendbarer, praktischer Rechtssatz nicht angesehen werden“, damit gerate man nur in Widerspruch zu bestimmten Grundsätzen des „positiven Rechtes“ wie der Ersitzung, die im gemeinen Recht als kondiktionsfest galt. Er bezeichnet die Pomponius-Parömie ausdrücklich als „Princip“ und stellt sie den „bindenden Regeln“ gegenüber.[485] Trotzdem erkennt Witte dem Billigkeitsprinzip eine überragende Bedeutung für das Bereicherungsrecht zu, obwohl für ihn aus Gründen der Rechtssicherheit immer die „concreten Umstände“, „die einzelnen möglichen Rechtsverhältnisse selbst ordnenden Normen“ maßgeblich sind. Eine solche konkrete Rechtshilfe sei der Gedanke des sine causa in Verbindung mit der unmittelbaren Vermögensverschiebung.[486] Überhaupt ist die Schrift „Die Bereicherungsklagen“ eine der ersten, die unmittelbare und mittelbare Vermögenverschiebungen zu differenzieren weiß. Possessio und detentio vermögen in dieser Konzeption dem Unmittelbarkeitskriterium nicht zu genügen.[487]

---

[483] Nähere biographische Daten leider unbekannt.

[484] *Witte*, Bereicherungsklagen, S. IV. Siehe auch *ders.*, in: JherJb, Bd. 5 (1861), S. 88–124, als Verteidigung auf *Jacobi* (zu diesem als nächstem).

[485] Zitate nach *Witte*, Bereicherungsklagen, S. V f. (beachte: Paginierfehler auf S. V f.: Zählfolge ist V, *VII*, VIII!); ähnliche Warnung vor Vermischung von Prinzip und positivem Recht schon bei *Chambon*, Obligationenrecht, Bd. 1, S. 138 f.

[486] *Witte*, Bereicherungsklagen, S. VII f., 42.

[487] *Witte*, Bereicherungsklagen, S. 41.

Ähnlich der Typologie der auf Ernst v. Caemmerer zurückgehenden Trennungslehre fächert Witte die Bereicherungsklagen im einzelnen ontologisch nach Handlungsformen auf, und zwar in „Bereicherung durch den Verlierenden selbst“ (konkret: „Ohne Rechtsgeschäft zwischen den Parteien“, „Vermittelst eines Rechtsgeschäftes zwischen den Parteien“, genannt condictiones datorum), „Bereicherung durch Vermittlung eines Dritten“, „Bereicherung durch Handlungen des Gewinnenden selbst“ und zuletzt „Bereicherung durch Zufall“.

Im Falle der Bereicherung aufgrund eigener Handlung des Kondizenten unterteilt Witte also in die Situationen rechtsgeschäftlicher und nichtrechtsgeschäftlicher Beziehungen zwischen den Parteien. Zuerst sei der letzte Typ angesprochen. Er wird wiederum in Impensen einerseits und Geschäftsführung ohne Auftrag andererseits gegliedert. Die Verwendungsfälle, bei denen das Eigentum kraft Akzession übergeht, so judiziert Witte, zögen keine Bereicherungsklage nach sich, denn ein „jeder dispositionsfähige Mensch muß seine Handlungen sorgfältig erwägen, und hat die Folgen derselben zu tragen.“[488]

Als nächste Gruppe werden die condictiones datorum („Bereicherung durch den Verlierenden selbst vermittelst eines Rechtsgeschäftes zwischen den Parteien“) abgehandelt. Wie nicht anders zu erwarten ist, sind die üblichen Kondiktionen – ob iniustam causam, turpem causam, causa data causa non secuta, indebiti und sine causa – aufgelistet. Gemeinsames Band sei das Merkmal sine bzw. iniusta causa, analysiert Witte. Die causa erscheine nicht als monistischer Begriff, weil sie durch verschiedene Gründe bedingt sei. Der mangelnde Rechtsgrund beruhe „entweder darauf, daß dem Willen des Gebers durch das Gesetz die bindende Kraft abgesprochen ist (condictio ob turpem causam), oder darauf, daß der auf eine Vermögensübertragung gerichtete Wille bei richtiger Interpretation als unter den gegebenen Verhältnissen gar nicht mehr vorhanden erscheint“ (condictio ob causam datorum, indebiti).[489] Quasikontrakte seien die condictiones ob causam datorum aber nicht, resümiert Witte.[490]

Der folgende Typ, die Bereicherung mittels eines Dritten, interessiert hier weniger, weil Witte unter dieser Rubrik im wesentlichen die actio de in rem verso anspricht. Die letzte Klasse, die „Bereicherung durch Handlungen des Gewinnenden selbst“, ist aber wieder von Interesse. Sie betrifft den wichtigsten Bereich der Nichtleistungskondiktion, den Eingriffsfall. Konsumtion und Veräußerung einer fremden Sache durch den Gutgläubigen begründen für Witte grundsätzlich keinen Bereicherungsanspruch, wenn der Eingreifer die Sache durch Rechtsgeschäft mit einem Dritten erworben oder durch eigene Handlung an sich gebracht hat, weil der aus der Sache gezogene Gewinn „nie zum Ver-

---

488 *Witte*, Bereicherungsklagen, S. 2.

489 *Witte*, Bereicherungsklagen, S. 63.

490 *Witte*, Bereicherungsklagen, S. 41 f.

mögen" des Eigentümers gehört habe.[491] Nur der titellose Besitzer, der die Sache nicht von einer anderen Person erlangt habe, könne ausnahmsweise bereicherungsrechtlich belangt werden.[492] Auch sei eine Klage unbillig, weil der gutgläubige Besitzer auf das Rechtsgeschäft mit dem Dritten vertrauen dürfe.[493] Das erste Argument, der Gewinn sei dem Vermögen des Eigentümers nicht zuzuordnen, gibt einen deutlichen Hinweis darauf, wie sehr Witte nur unmittelbare dingliche Vermögensverschiebungen als kondiktionsfähig betrachtet. Das zweite Argument über die Leistung eines Dritten und das Vertrauen des Empfängers taucht auch noch heute in der dogmatischen Diskussion im Zusammenhang mit Subsidiaritätsdogma und Empfängerhorizont auf.

Im Detail leistete Wittes Schrift nur wenig Spektakuläres. Wichtiger ist für das moderne Bereicherungsrecht die Tatsache, daß zum ersten Mal die verschiedenen Bereicherungsklagen handlungsorientiert gegliedert werden. Im Gegensatz zu Windscheid steht die Kondiktion aus Impensen im deutlichen Unterschied zu den Eingriffsfällen. Das Trennungsmodell auf der Anwendungsebene tritt mit Nachdruck hervor, während die Billigkeit auf der Ebene der Rechtsprinzipien den gleichmäßigen argumentativen Hintergrund bildet. Wittes ontologisches Instrumentarium hätte anderen Gelehrten als Plattform für verfeinerte Analysen der verschiedenen Bereicherungsmodi dienen können. Gerade die ausdifferenzierten Klagen ermöglichten es, den komplexen Zusammenhang der Pomponius-Formel mit den Bereicherungstypen weiterzuentwickeln. Doch statt dessen wollte fast niemand an seine Monographie anknüpfen, da er in der Frage der Besitzkondiktion einen eigenwilligen Weg ging. Trotzdem bleibt ein positives Fazit für die Systematisierung des Bereicherungsrechts zu verbuchen. Witte war in der bereicherungsrechtlichen Literatur der erste, der sich offen mit dem Problem der Unmittelbarkeit der Vermögensverschiebung auseinandersetzte.[494]

4. Trennung nach Rechtsinstitutionen

Nur kurze Zeit nach Witte publizierte Simon Leonhard Jacobi (1832–1900) 1861 in den „Jahrbüchern für die Dogmatik des heutigen römischen und deutschen Privatrechts" seine Vorstellungen zum Recht der rechtsgrundlosen Bereicherung. Gleich v. Savigny und Witte lehnt er die unmittelbare Fallanwendung

---

[491] *Witte*, Bereicherungsklagen, S. 295, 305, 325 f., 328 f., 333; der bösgläubige Besitzer ist selbstverständlich auch für *Witte* Bereicherungsschuldner, siehe *ders.*, Bereicherungsklagen, S. 316 f.

[492] *Witte*, Bereicherungsklagen, S. 326–333.

[493] Dazu *Windscheid*, in: KritVj, Bd. 1 (1859), S. 115 (117): „willkürlich".

[494] *Witte*, Bereicherungsklagen, z. B. S. VIII, 41.

des allgemeinen Pomponius-Satzes ab;[495] für ihn gibt es keine selbständigen, das heißt nur auf dem Pomponius-Spruch basierenden Bereicherungsklagen.[496] Damit ist zugleich die noch von Sell favorisierte actio in factum als Ausdruck des Bereicherungsprinzips abgelehnt.[497] Ausdrücklich verwirft er den Billigkeitsgedanken.[498] Jacobi möchte allerdings ungeachtet seiner grundsätzlich skeptischen Haltung wie Witte der Pomponius-Formel Eingang in die Rechtsanwendung verschaffen. Er führt aus, dieser Satz sei „kein selbständiges Klagefundament", aber „in fast unzähligen Fällen und zwar als Rechtssatz practisch anwendbar".[499]

Die Ablehnung der Pomponius-Parömie und ihre „praktische" Anwendbarkeit müssen sich nicht widersprechen, denn Jacobi weiß über die Figur der aequitas die Ungereimtheiten aus dem Weg zu räumen. Aequitas stehe im Gegensatz zur subjektiven Einzelfallgerechtigkeit der Billigkeit jenseits der Gesetze.[500] Das „wenigstens annähernd zu erreichende Resultat" der aequitas sei die „Congruenz des Rechts mit den Gegenständen seiner Anwendung"; kurz: Das konkrete Rechtsverhältnis soll die maßgebende Determinante sein, der Bereicherungsgedanke des Pomponius sei nur ein Element davon.[501] So kommt Jacobi auf Basis der aequitas zu einem Beweglichen System im Sinn Walter Wilburgs, das sich zusammensetzt aus Verkehrspflichten nach Treu und Glauben, Zuteilung und Anerkennung von angemessenen Vor- und Nachteilen, Freiheit der Willenserklärung und Berücksichtigung der Individualität des konkreten Rechtsverhältnisses.[502] Der scheinbare Widerspruch des Pomponius-Satzes und des konkreten Rechtsverhältnisses wird dadurch aufgelöst, daß der Bereicherungsgedanke nach heutigem Verständnis nicht anspruchsbegründendes Tatbestandsmerkmal ist, sondern die Rechtsfolge betreffen soll („nicht „Klagegrund", sondern „herauszugebender Gegenstand"). Seine Zeitgenossen warfen ihm vor, er wolle gar den Gedanken der rechtsgrundlosen Bereicherung als selbständiges Klagefundament verleugnen.[503] Allem Anschein nach wollte Jacobi aber nur die Bereicherung als alleinige Basis kritisieren, nicht den konstituierenden causa-Begriff, denn ansonsten hätte er wohl kaum in der betreffenden Paragraphenüberschrift die „grundlose Bereicherung" erwähnt.

---

[495] *Jacobi*, in: JherJb, Bd. 4 (1861), S. 159 (160 f.).

[496] *Jacobi*, in: JherJb, Bd. 4 (1861), S. 159 (162, 171, 187, 190 f.).

[497] *Jacobi*, in: JherJb, Bd. 4 (1861), S. 159 (171, 177 f., 181 f.); ebenso *Renaud*, Wechselrecht, S. 187, Fn. 9.

[498] Z. B. *Jacobi*, in: JherJb, Bd. 4 (1861), S. 159 (162, 164, bes. 172 f.); ebenso *ders.*, Nützliche Verwendung, S. 211 f., Fn. 84.

[499] *Jacobi*, in: JherJb, Bd. 4 (1861), S. 159 (162 f.).

[500] *Jacobi*, in: JherJb, Bd. 4 (1861), S. 159 (172 f.).

[501] *Jacobi*, in: JherJb, Bd. 4 (1861), S. 159 (174–176, 255).

[502] *Jacobi*, in: JherJb, Bd. 4 (1861), S. 159 (176 f.).

[503] *Windscheid*³, Pandektenrecht, Bd. 2, § 42, Fn. 1 (S. 535).

Die Fälle, in denen der Bereicherungsgedanke hervortritt, werden zu drei Großgruppen systematisiert: Eigentum, Vertrag und einseitiges Rechtsgeschäft.[504] Eine Klage aus Eigentum, freilich ohne Rücksicht auf Entreicherung, sei die condictio furtiva.[505] Weiterhin wird der „Abfindungsanspruch" aus Vermischung, Verbindung und Verarbeitung in der Eigentumskategorie aufgezählt.[506] Interessant ist bei Jacobis Überlegungen, daß er die Klagen aus Eigentum gemäß seiner aequitas-Prämisse im Eigentumsrecht selbst anlegt. Somit ist es ihm möglich, zu dem Satz zu gelangen:[507] „Nur dann hat der Berechtigte das, was ihm gebührt, wenn jeder solcher Vortheile ihm herauszugeben oder vergütet worden ist." Auch zum einseitigen Rechtsgeschäft gibt es Prägnantes zu berichten: „Wer eine Sache oder Geldsumme als *Bezahlung einer Schuld übernimmt*, verpflichtet sich eben dadurch zur Restitution für den Fall der Nichtschuld", argumentiert Jacobi.[508] Die condictio indebiti und die allgemeinere condictio sine causa resp. ob causam datorum sollen daher Klagen aus einseitigem Rechtsgeschäft sein.[509] Neben den drei Kategorien Eigentum, Vertrag und einseitiges Rechtsgeschäft wird eine weitere Gruppe „im Interesse der öffentlichen Sittlichkeit aufgestellten Normen" identifiziert. Darunter fallen die condictio ob turpem und ob iniustam causam. Jacobi hebt zu alledem explizit hervor, die Klagen aus Eigentum, Sittlichkeit und einseitigem Rechtsgeschäft seien „materiell ganz verschieden".[510]

In der Gesamtschau verwendet Jacobi eine völlig andere Typologie als Witte. Während letzterer ontologisch das gemeine Recht klassifiziert, orientiert sich Jacobi an den verschiedenen Rechtsinstitutionen, die das Recht selbst bereitstellt: Vertrag, einseitige Rechtsgeschäfte und Eigentum. Zwangsläufig folgt seine Einteilung materiellrechtlichen Kriterien, wie sie auch heute noch für die Leistungskondiktion als vertragsnahem Rückabwicklungsmodus oder für die Eingriffskondiktion als Schutz von Eigentum und anderen subjektiven Rechten verwandt werden. Ebenso wie Witte fand Jacobi keinen großen Zuspruch beim Publikum. Das lag nicht zuletzt daran, daß er sich etwas mißverständlich zur Bedeutung der Bereicherung äußerte. Der Gegensatz von rechtsgrundloser Bereicherung und vager Pomponius-Formel kommt nicht ausreichend zum Ausdruck. Auch seine Annahme, die condictio indebiti basiere auf einer einseitigen Verpflichtung des Bereicherten zur Rückgabe des Geleisteten, war ein herber Rückschlag; zum Quasivertrag war es hier nicht mehr fern. Über den Tag hin-

[504] *Jacobi*, in: JherJb, Bd. 4 (1861), S. 159 (229).
[505] *Jacobi*, in: JherJb, Bd. 4 (1861), S. 159 (236, Fn. 93 auf S. 236 f.).
[506] *Jacobi*, in: JherJb, Bd. 4 (1861), S. 159 (246–254).
[507] *Jacobi*, in: JherJb, Bd. 4 (1861), S. 159 (232 f.).
[508] *Jacobi*, in: JherJb, Bd. 4 (1861), S. 159 (287). Hervorhebungen im Original.
[509] *Jacobi*, in: JherJb, Bd. 4 (1861), S. 159 (288, 303).
[510] Zitate nach *Jacobi*, in: JherJb, Bd. 4 (1861), S. 159 (304).

weg brachte Jacobis System keinen wesentlich weiterführenden Beitrag zur Dogmengeschichte des Bereicherungsrechts.

5. Causatheorie

Noch wesentlich problematischer war eine weitere Schrift in Monographieformat. Der „wackere und grundgelehrte, aber eigenwillige"[511] Moritz Voigt (1826–1905) hielt 1862 in seiner schwer verständlichen Lexikographie „Über die condictiones ob causam und über causa und titulus im allgemeinen" seine Ansichten zu den Kondiktionen fest. Das Wesen der condictiones ob causam stellt sich für ihn dar als „durch gewisse juristische Objecte vermittelte Bereicherung des einen Interessenten auf Unkosten des Anderen, herbeigeführt durch gewisse juristische Vorgänge unter Lebenden [...], denen eine causa von gewisser vitiöser Qualität unterliegt."[512] Zweck der Kondiktionen sei die Aufhebung der Bereicherung („Rescission"), nicht der Schadensersatz,[513] gestützt auf einen „obersten Grundsatz der absoluten Rechtsidee: mit dem Principe nemo cum damno alterius locupletior fiat."[514]

Erster zentraler Punkt sei, so doziert Voigt, die Vermögenserwerbung; sie müsse durch einen „Rechts-Erwerbsmodus" vermittelt sein, „da ja überhaupt nur durch einen solchen der Vermögenserwerb aus der Sphäre der rein actuellen Beziehung des Innehabens zum potentiellen Verhältnisse der juristischen Vermögenszuständigkeit sich erhebt."[515] Weiter setzt die Kondiktion einen „pecuniär indifferenten Erwerbsmodus" voraus.[516] Mit anderen Worten: Das Vermögen muß rechtswirksam und entgeltlich verschoben sein,[517] Aneignung, Dereliktion und Ersitzung scheiden wegen ihrer typischen Unentgeltlichkeit aus, ebenso kausale Schuldverhältnisse.[518] Allein bei der condictio furtiva sei davon eine Ausnahme zu machen.[519] Die Vermögensverschiebung will Voigt aber weiter als im „System des heutigen Römischen Rechts" fassen: „Da die cond. ob causam ihrem Wesen nach sich darstellt als Klage auf rescission einer dem Kläger nachtheiligen vitiösen Bereicherung des Beklagten, so ist von Vornherein als Object der Condiction gerade Das, wie auch alles Das geboten, was als

[511] *v. Stintzing/Landsberg*, Geschichte der Rechtswissenschaft, Bd. III/2, Text, S. 882.

[512] *Voigt*, Condictiones ob causam, S. 315.

[513] *Voigt*, Condictiones ob causam, S. 316.

[514] *Voigt*, Condictiones ob causam, S. 450, 452.

[515] *Voigt*, Condictiones ob causam, S. 322.

[516] *Voigt*, Condictiones ob causam, S. 421–446.

[517] Siehe auch *Voigt*, Condictiones ob causam, S. 385 f.

[518] *Voigt*, Condictiones ob causam, S. 425, 448.

[519] *Voigt*, Condictiones ob causam, S. 386.

Mittel der Bereicherung sich darstellt, oder was mit Einem Worte zu den bona gehört."[520] Im einzelnen könnten das res, possessio, ius in re aliena, obligatio und liberatio sein.

Die Kondiktionstypen ermittelt Voigt über die verschiedenen Fehlerquellen der causa als Kern seiner Bereicherungstheorie.[521] Unter causa versteht er eine sogenannte sekundäre obligatorische causa, die er von der primären causa (rechtsgültiger Vermögenserwerb) absondert:[522] das nullum (condictio sine causa), furtivum (condictio furtiva), iniustum (condictio ob iniustam causam), turpe (condictio ob turpem causam), non secutum (condictio causa data causa non secuta), finitum (condictio causa finita) und zu guter Letzt das falsum (condictio indebiti). Exemplarisch seien Fälle der verschiedenen Kondiktionstypen aufgezählt: Wucherzinsen, Zinseszinsen, Gewinnauszahlung aus Spielvertrag, durch vis erzwungenes Rechtsgeschäft[523] (condictio ob iniustam causam), Vorleistung zur Begehung eines Verbrechens[524] (condictio ob turpem causam), Restitution einer Zahlung auf ein irrtümlich vorausgesetztes Darlehen oder einer zu hohen Mietzinszahlung bei der locatio conductio[525] (condictio indebiti), Leistung zur Erfüllung der aus der künftig zu erwerbenden Erbschaft erwachsenden Verpflichtung[526] (condictio causa data causa non secuta), Schadensersatz für eine abhanden gekommene Sache, die später wieder auftaucht[527] (condictio causa finita), Verarbeitung, Vermischung,[528] (condictio sine causa), nicht die Ersitzung,[529] schließlich die „violente" Besitzergreifung fremder Sachen[530] (condictio furtiva).

Für Voigt ist die condictio sine causa keine Generalkondiktion, die alle anderen Fälle umschließt und kumulativ neben den Spezialkondiktionen anwendbar ist. Das folgt bereits aus seiner causa-Kasuistik. Einendes Band der verschiedenen Fälle der condictio sine causa sei vielmehr der Gedanke der Vindikationsersatzfunktion.[531] Damit knüpft Voigt wenigstens an bekannte Argumente an. Ferner versteht er die Bezeichnung „sine causa" wörtlich und fordert, im Falle der condictio sine causa dürfe gar keine causa existieren. Da nun eine

---

[520] *Voigt*, Condictiones ob causam, S. 325.

[521] *Voigt*, Condictiones ob causam, S. 454, 621.

[522] *Voigt*, Condictiones ob causam, S. 472–491.

[523] *Voigt*, Condictiones ob causam, S. 626, 628.

[524] *Voigt*, Condictiones ob causam, S. 633.

[525] *Voigt*, Condictiones ob causam, S. 641, 644.

[526] *Voigt*, Condictiones ob causam, S. 681.

[527] *Voigt*, Condictiones ob causam, S. 705.

[528] *Voigt*, Condictiones ob causam, S. 745 f.

[529] *Voigt*, Condictiones ob causam, S. 387.

[530] *Voigt*, Condictiones ob causam, S. 768.

[531] *Voigt*, Condictiones ob causam, S. 756 f.

unwirksame causa immer noch eine causa, wenn auch eine logisch widersprüchliche causa nulla ist, grenzt er das Feld weiter ein, indem er fordert, die Bereicherung dürfe durch kein Rechtsgeschäft mit dem Entreicherten vermittelt sein; ansonsten liege eine condictio indebiti oder eine andere Kondiktion vor.[532] Für die condictio sine causa bleiben somit nach Voigt'scher Terminologie weitestgehend nur „einfache juristische Handlungen“ und „juristische Ereignisse“ auf dem Gebiet der Nichtleistung übrig.[533] Von der condictio furtiva wird die condictio sine causa durch die Redlichkeit des Bereicherten abgegrenzt.[534] In Voigts eigenen Worten hört sich das folgendermaßen an:[535]

> „Demnach stellt sich als Tatbestand der cond. Sine causa fest: eine Bereicherung des Einen und eine correspondirende Benachtheiligung des Anderen der beiden Interessenten, vermittelt durch einen in einfacher juristischer Handlung des Bereicherten oder in juristischen Ereignissen bestehenden und ersteren Falles von bona fides des Erwerbers begleiteten Eigenthumserwerbsmodus, welchem zum Zeitpunkt seiner Verwirklichung nach specifisch juristischem Gesichtspunkte eine existente causa nicht unterliegt.“

Summarisch betrachtet waren Voigts Überlegungen schon für seine pandektistisch geschulten Kollegen nur mühsam nachvollziehbar. Die zahlreichen Zitate vermitteln dem heutigen Leser wahrscheinlich ein ähnliches Bild. Maßgeblich ist für ihn allein der causa-Begriff mit seinen mannigfaltigen Fehlermöglichkeiten, die je nach Rechtsmangel unterschiedliche Kondiktionen nach sich ziehen. Über den reinen lexikographischen Wert der Quellensammlungen hinaus konnte Voigt daher keinen signifikanten Beitrag für das gemeine Bereicherungsrecht leisten.

6. Ablehnung der Bereicherungslehre und Methodenaspekte

Letzter im Bunde der Verfasser umfassender Systementwürfe zur rechtsgrundlosen Bereicherung ist Emil Pfersche (1854–1916) mit seiner Monographie „Die Bereicherungs-Klagen.“ Wie alle anderen übernahm er die Formel von der Bereicherung auf Kosten des Klägers sine causa und lehnte den Pomponius-Satz als selbständigen Klagegrund ab.[536] Im Gegensatz zu der von Pfersche als herrschend erachteten Meinung, daß die Bereicherungsklagen eine geschlossene Rechtsinstitution darstellten, erscheint für ihn „ihre systematische Vereinigung in der Lehre und im Gesetze nicht notwendig oder ersprießlich“.[537]

---

[532] *Voigt*, Condictiones ob causam, S. 391.

[533] *Voigt*, Condictiones ob causam, S. 744.

[534] *Voigt*, Condictiones ob causam, S. 744, 761.

[535] *Voigt*, Condictiones ob causam, S. 745.

[536] *Pfersche*, Bereicherungsklagen, S. 1 f.

[537] *Pfersche*, Bereicherungsklagen, S. 1.

Es sei im Anschluß an Windscheid zu beachten, wie das Merkmal sine causa „für sich noch gar nichts sagt, daß es nur die Form einer Regel ist, welche ihre Ausfüllung noch erwartet."[538]

Wesentlich sei, ob die Formel von der rechtsgrundlosen Bereicherung auf Kosten eines anderen eine Regel sei oder nicht, denn trotz ihrer ausfüllungsbedürftigen Formulierung hätte die abstrakte Regel Auswirkungen auf die Lösung von Fällen, die nicht ausdrücklich in den Quellen genannt sind. Weiter heißt es, sei der Bereicherungssatz eine Regel, müsse man nicht mehr die Analogie zu vorhandenen Quellenentscheidungen bemühen, um für bisher ungelöste Fälle eine Bereicherungsklage zu statuieren.[539]

Das ist in der Tat der entscheidende Fixpunkt; schon v. Savigny begründete in seiner Pandektenvorlesung Nichtleistungsfälle unter der condictio sine causa mit einer Analogiebildung zur condictio sine causa aus dare ob causam oder condictio furtiva. Folgt man den Prämissen Pfersches, benutzte v. Savigny den Satz der rechtsgrundlosen Bereicherung auf Kosten eines anderen in seiner Vorlesung noch nicht als Rechtsregel. Diese These wird durch v. Savignys zweifelnde Behandlung der condictio sine causa in Nichtleistungsfällen untermauert. Während die Kollegien noch zur quellenbedingten Kasuistik tendieren, schlägt das Pendel in v. Savignys Hauptwerk mehr in die andere Richtung aus. Das erklärt, weshalb im „System" die konkreten Anwendungsbeispiele der condictio sine causa ohne dare ob causam mit Ausnahme der condictio furtiva keine größere Rolle mehr spielen: Ist der Satz der rechtsgrundlosen Bereicherung der Rechtsregel zunehmend angenähert, kehrt sich das Legitimationsschema um. Nichtleistungsfälle können sozusagen prima facie einen Bereicherungsanspruch begründen, vorausgesetzt, der Rechtsgrund fehlt.

In der Pandektenvorlesung zu Berlin bedurften Fälle jenseits des dare noch besonderer Rechtfertigung aus Analogie, selbst wenn kein Rechtsgrund ersichtlich war. Wie später bei Windscheid, der sich nochmals ein Stück in Richtung Rechtsregel bewegte, bleibt das „System" aber in einem normlogischen Zwischenstadium stehen. Nur Sell gelangte zur vollständigen Rechtsregel, weil er sich im Gegensatz zu v. Savigny und Windscheid vollkommen vom Gesetzesrecht löste. Somit zeigt sich eine Methodenreihe vom Rechtsprinzip zur Rechtsregel, angefangen mit v. Savignys Vorlesung, die mit der Analogiemethode am stärksten quellenorientiert arbeitete, über das „organisch" argumentierende „System des heutigen Römischen Rechts" und weiter über Windscheids Bereicherungslehre, welche schon wie selbstverständlich die rechtsgrundlose Bereicherung zur ratio der Rechtsinstitution erhob, bis hin zu Sells Verständnis des Bereicherungssatzes als autonomer Rechtsregel. Das alles sind weniger Fragen,

---

[538] *Pfersche*, Bereicherungsklagen, S. 2, insbes. Fn. 2.

[539] *Pfersche*, Bereicherungsklagen, S. 2 f.

die um Einheits- oder Trennungsmodell gesponnen sind; vielmehr steht der Wechsel im methodologischen Grundverständnis in seinem Verhältnis zum vorgegebenen Quellenmaterial zur Disposition.

Pfersche selbst stellt sich auf den Standpunkt, es gebe keine allgemeine Bereicherungsregel. Ähnlich wie Witte teilt er die Bereicherungsfälle in verschiedene Typen ein, von denen die wichtigsten die „Rückforderung zufälliger Bereicherung“ (aufgeteilt in die Bereicherungsmodi Handlungen des Bereicherungsschuldners, des Bereicherungsgläubigers und ohne menschliches Zutun) und die „Bereicherung mit Willen des Verlierenden“ sind. Die erste Großgruppe heißt „zufällige Bereicherung“, weil sie von der Bereicherung durch Delikt abgegrenzt wird. Pfersche muß also anders als Windscheids Bereicherungstheorie jeden Fall einzeln aus den Quellen begründen. Für die Vermischung von Geldstücken und die Sachkonsumtion kommt er deswegen zum Ergebnis, es sei mangels Erwähnung in den römischen Gesetzen kein genereller Ausgleichsanspruch gegeben.[540] Rudolf v. Jhering (1818–1892) sollte im größeren Zusammenhang diese Methode noch übernehmen.[541]

7. Allgemeine Literatur

a) Literatur zwischen „System“ und 1860

Anders als Pfersche war der Hauptstrom der Lehre bemüht, den Quellen zu entfliehen und verstärktes Gewicht auf die allgemeine Formel zu legen. In den 40er und 50er Jahren setzte man das Werk des vorangegangenen Jahrzehnts fort und begann allgemein, den Kondiktionen generelle Grundsätze voranzustellen und Legitimationsstrategien zu entwickeln, die jenseits von Vertrag und Delikt liegen. Einige Autoren wie Karl Friedrich Ferdinand Sintenis (1804–1868) begründeten die Kondiktionen mit dem „Haben ohne rechtlichen Grund“ von Gans,[542] vermengten das allerdings mit der herkömmlichen Pomponius-

[540] *Pfersche*, Bereicherungsklagen, bes. S. 57.

Paulus, D. 9, 2, 30, 2 läßt für den Sachverbrauch offen, ob nur der malae fidei possessor von der actio utilis betroffen ist. *Ulpianus*, D. 12, 1, 4, 1 gibt ebenfalls nicht klar zu erkennen, ob auch der gutgläubige Besitzer bei Fruchtziehung haften soll. *Papinianus*, D. 12, 6, 55 bezieht sich hingegen für die condictio ausdrücklich nur auf den bösgläubigen Besitzer, der Mietzinsen eingezogen hat. *Africanus*, D. 19, 1, 30 pr. betrifft schließlich nur die condictio gegen den gutgläubigen *Geldkonsumenten*. Die Stelle *Ulpianus*, D. 10, 4, 9, 4, die bei Geldvermischung eine actio in factum gegen den gutgläubigen Besitzer vorsieht, läßt *Pfersches* Behauptungen zur Geldvermischung aber fragwürdig erscheinen.

[541] Dazu näher unten ab S. 209.

[542] *Deurer*, Institutionen, § 198 (S. 346), mit Verweis auf *v. Savignys* System; *Heerwart*, in: BlRpfl, Bd. 2 (1855), S. 251 (251); *Mühlenbruch/v. Madai*, Pandektenrecht,

Sentenz.[543] Teilweise beließ man es ganz beim alten Prinzip, „daß niemand sich ohne rechtlichen Grund mit dem Schaden eines anderen bereichern soll."[544] Andere, wie zum Beispiel v. Savignys Musterschüler Puchta oder Karl Ludwig Arndts v. Arnesberg (1803–1878) betonten mehr Vermögensverschiebung und Rechtsgrundlosigkeit und beriefen sich auf v. Savigny,[545] wobei sich einzelne kumulativ auf Naturrecht und bonum et aequum stützten.[546] Immerhin zog man jetzt fast einhellig alle Kondiktionen mit Ausnahme der condictio furtiva darstellerisch zusammen.[547]

b) Literatur ab 1860

Ab den 60er Jahren des 19. Jahrhunderts setzte sich v. Savignys „System" in der Lehrbuchliteratur endgültig durch. Autoren wie Eduard Böcking (1802–1870), Johann Gustav v. Mandry (1832–1902) oder v. Wächter übernahmen es als selbstverständlich. Die communis opinio produzierte Grundsätze wie: „Wo etwas aus dem Vermögen oder aus Vermögensrechten des Einen in das Vermögen eines Anderen gekommen ist, und die für Letzteren auf Kosten des Ersteren

Bd. 2, § 378 (S. 367), in der Überschrift; *Otto Müller*, Institutionen, § 135 (S. 435); *Sintenis*, Gemeines Zivilrecht, Bd. 2, § 109 (S. 513).

[543] *v. Holzschuher*, Gemeines Zivilrecht, Bd. II/2, S. 452, Fn. *.

[544] *Burchardi*, Römisches Privatrecht, Bd. II/3, § 277 (S. 867), der außerdem die Kondiktionen noch als Quasikontrakt einordnete; *Heimbach*, Artikel „Bereicherung", in: *Weiske*, Rechtslexikon, Bd. 1, S. 925 (928). *Burchardi* hatte aber – wie bereits oben auf S. 162, Fn. 351 erwähnt – nachweislich die Vorlesung *F. C. v. Savignys* besucht.

[545] *Puchta*[3], Pandekten, §§ 307–312 (S. 436–444) mit dem ausdrücklichen Hinweis auf *v. Savigny* bei der Vermögensverschiebung (§ 307, Fn. b, S. 436); *ders.*, Institutionen, Bd. 3, § 272 (S. 95); *ders.*, Vorlesungen, Bd. 2, § 307 (S. 154); *Arndts v. Arnesberg*, Pandekten, § 340 (S. 518), unter „Klagen auf Rückerstattung grundlosen Gewinns", Hinweis in Fn. 1 und 3 (S. 519); des weiteren *Mackeldey/Fritz*, Römisches Recht, Bd. 2, § 475 (S. 239), Hinweis in Fn. a.; *Carl Georg v. Wächter*, Erörterungen, Bd. 2, S. 43 (92); ohne *v. Savigny*-Reminiszenz, aber in der Sache ebenso *Johannes Christiansen*, Institutionen, §§ 32, 35 (S. 405 f., 410), zur condictio sine causa; *v. Gneist*, Formelle Verträge, bes. S. 193; *Christian Friedrich Koch*, Recht der Forderungen, Bd. 3, § 258 (S. 299, 304); *Carl Sell*, in: Jb römisches Recht, Bd. 1 (1841), S. 116 (134–136). Anders noch etwa *Bruno Schilling*, Pandektenrecht, §§ 726–734 (S. 758–767).

[546] *Christian Friedrich Koch*, Recht der Forderungen, Bd. 3, § 258 (S. 301); *Carl Georg v. Wächter*, Erörterungen, Bd. 2, S. 43 (98 f.), wollte in bestimmten Fällen die aequitas als causa gelten lassen.

[547] Etwa *Bluhme*, System des Privatrechts, § 348 (S. 272); *v. Holzschuher*, Gemeines Zivilrecht, Bd. II/2, S. 452–492; *Mühlenbruch/v. Madai*, Pandektenrecht, Bd. 2, §§ 378–382 (S. 367–376); *Sintenis*, Gemeines Zivilrecht, Bd. 2, § 109 (S. 513–541) *v. Vangerow*, Pandektenvorlesungen, Bd. 3, §§ 624–628 (S. 367–389); anders noch *Marezoll*, Institutionen, § 130 (S. 295): condictio ob causam datorum unter erweiterten Realkontrakten, § 144 (S. 323): condictio indebiti unter Quasikontrakt, § 146 (S. 327): condictio furtiva unter furtum; *Thibaut/v. Buchholz*, Pandektenrecht, Bd. 1, §§ 393, 555 (S. 335, 464).

eingetretene Vermögensvermehrung eines *rechtlichen* Grundes ermangelt, da ist es recht und billig, das hierin liegende Unrecht wieder aufzuheben."[548] Aber auch die Formulierungen vom „*Haben* ohne rechtsgültigen Grund"[549] oder von der „Bereicherung Jemandes mit dem Schaden eines Anderen"[550] tauchen weiterhin auf.

Obwohl sich ein konturierter Tatbestand mit causa und einer vermögensrechtlichen Komponente durchgesetzt hatte, berief sich die Lehre gelegentlich auf die Pomponius-Parömie[551] oder die Billigkeit.[552] Fallentscheidende Kraft wurde dem freilich nicht mehr beigemessen. Selbst quasikontraktliche Klassifikationen tauchen noch auf;[553] sie hatten jedoch mehr antiquarischen Wert und sollten keinesfalls einen fingierten oder stillschweigenden Vertrag zur Voraussetzung der Kondiktionen machen.[554] Die Autoren stellten ihren Erklärungen allgemeine Grundsätze voran und akzeptierten folglich, daß die Kondiktionen von einem gemeinsamen Fundament getragen werden. Über die Vermögensverschiebung hinaus läßt sich freilich kein common sense erkennen, zu unterschiedlich waren die divergierenden Meinungen. Allein Karl Adolph v. Vangerow (1808–1870) stand in Opposition zu v. Savignys neuer Lehre, er überging nicht nur die Figur der Vermögensverschiebung, sondern übte vehe-

---

[548] *Seuffert/Seuffert*, Pandektenrecht, Bd. 2, § 435 a (S. 444 f.); ähnlich *Arndts v. Arnesberg/Pfaff/Hofmann*, Pandekten, § 340 (S. 659 f.); *Böcking*, Pandekten, Überschrift vor § 192 (S. 167); *ders.*, Institutionen, § 25 (S. 137); *Bruns/Eck/Mitteis*, Pandektenrecht, § 73 (S. 394 f.); *v. Keller*, Pandekten, § 300, 1 (S. 574); siehe auch § 306 pr. (S. 579), zur condictio ex lege und weiteren Kondiktionen; *v. Mandry*, in: AcP, Bd. 48 (1865), S. 220 (227, 241), mit der Bemerkung, das bedürfe keines Beweises; *Alfred Pernice*, Pandekten, § 250 (S. 92 f.); *Puchta/Krüger*, Institutionen, Bd. 2, § 272 (S. 352); *Puchta/Rudorff*, Pandekten, § 307 (S. 475); *Quaritsch*, Institutionen, § 233 (S. 264); *v. Scheuerl*, Institutionen, § 137 (S. 267); *Carl Georg v. Wächter*, Pandekten, Bd. 2, § 218 (S. 498), zur condictio sine causa im engeren Sinne. *Hölder*, Institutionen, § 76 (S. 239), und *Rudolf Leonhard*, Institutionen, § 141 (S. 482) benutzen sogar den Terminus „Vermögensverschiebung"; ansatzweise auch *Pagenstecher*, Pandektenpraktikum, § 107 (S. 449–461); gewohnt unsystematisch und nur wenig durch *v. Savigny* beeinflußt *v. Vangerow*, Pandekten, Bd. 1, § 139, Anm. III (S. 205–209); *ders.*, Bd. 3, §§ 624–628 (S. 389–412).

[549] *Sintenis*^{3}, Gemeines Zivilrecht, Bd. 2, § 109 (S. 529); *Carl Georg v. Wächter*, Pandekten, Bd. 2, § 218 (S. 497 f.); ähnlich *Hesse*, Gemeines Zivilrecht, § 144 (S. 232).

[550] *Baron*, Pandekten, § 280 (S. 512).

[551] *Kuntze*, Institutionen, § 422 (S. 507); *Seuffert/Seuffert*, Pandektenrecht, Bd. 2, § 435 a, Fn. 3 (S. 445).

[552] *Carl Georg v. Wächter*, Pandekten, Bd. 2, § 219 (S. 498), zu condictio indebiti und naturalis aequitas; *Ernst Zimmermann*, Theorie der condictio indebiti, S. 5.

[553] *Bekker*, Pandektenrecht, Bd. 2, § 100 (S. 153); *v. Brinz*, Pandekten, Bd. II/2, § 300 (S. 503): „Quasikontraktliche Realschulden"; *Hesse*, Gemeines Zivilrecht, § 144 (S. 232); *Sohm*, Institutionen, § 70 (S. 307).

[554] Ausdrücklich *v. Brinz*, Pandekten, Bd. II/2, § 300 (S. 507 f.).

mente Kritik an der Vindikationsersatzfunktion der Kondiktion.[555] Die Versuchung, in den Kondiktionen eine subsidiäre Bereicherungsklage im Sinne der actio in factum zu sehen, war jedoch bei allen Gelehrten abgeklungen.[556]

c) Rezeptionsaspekte

Der Einfluß des „Systems des heutigen Römischen Rechts" im besonderen und v. Savignys im allgemeinen auf den Gang der Rezeption bereicherungsrechtlicher Ideen ist kaum zu unterschätzen. Rudorff, Professor an der v. Savigny-Fakultät, lobte schon 1843, endlich „ändert die Wiederherstellung der Condictionenlehre, mit welcher Savigny den fünften Band seines Systems beschlossen und seine Untersuchungen über das Actionenrecht gekrönt hat, die bisherigen Grundlagen des Obligationenrechts".[557] Autoren beriefen sich wiederholt auf „den ersten unserer Juristen",[558] „dem Erneuerer der Wissenschaft des römischen Rechts",[559] nicht wenige Werke sind ihm von seinen Schülern, Bewunderern und Freunden gewidmet.[560] Leopold August Warnkoenig (1794–1866) pries in gar als „Führer der Rechtswissenschaft".[561] Bei v. Savignys großer Schülerschaft ist es nicht weiter verwunderlich, daß sich seinen Anhängern jedes Wort des „Meisters" als juristisches Evangelium offenbarte.

8. Vorlesungen

Auch Vorlesungsnachschriften belegen den neuen Geist an den Universitäten. Nur Heidelberger Dozenten vermochten sich ihm vorläufig zu widersetzen. So vermittelte v. Vangerow den Studenten in seiner berühmten Pandektenvorle-

---

[555] *v. Vangerow*, Pandekten, Bd. 1, § 139, Anm. II 3 (S. 203); ebenso später *Bolze*, in: AcP, Bd. 78 (1892), S. 422 (433 f.); *v. Mayr*, Condictio, S. 295 f.

[556] Exemplarisch *Prager*, Privatrecht, Bd. 2, § 102 (S. 356).

[557] *Rudorff*, Gemeines Zivilrecht, S. IV.

[558] Zitat nach *Friedrich Adolph Schilling*, Institutionen, Bd. 3, S. IX; zu *v. Savigny*-Zitaten siehe z. B. *Arndts v. Arnesberg/Pfaff/Hofmann*, Pandekten, § 340, Fn. 1 (S. 660): „vorzüglich Savigny"; *Mühlenbruch/v. Madai*, Pandektenrecht, Bd. 2, § 378, Fn. * (S. 378), heben „besonders die neues Licht über diese ganze Lehre verbreitenden trefflichen Ausführungen in v. Savigny's System" hervor; *Reinhard*, in: AcP, Bd. 29 (1846), S. 233 (234): „Das Bedeutendste, welches über das Condictionenrecht geleistet worden, verdanken wir wohl unstreitig *v Savigny*"; *Seuffert/Seuffert*, Pandektenrecht, Bd. 2, § 435 a, Fn. 1: „vorzüglich *Savigny*"; *Sintenis*^{3}, Gemeines Zivilrecht, Bd. 2, § 109, Fn. 1 (S. 525 f.).

[559] *Windscheid*, Voraussetzung, Widmung.

[560] Etwa *Arndts v. Arnesberg*, Pandekten; *Bluhme*, System des Privatrechts; *Böcking*, Pandekten; *Burchardi*, Rechtssystem der Römer; *Windscheid*, Voraussetzung.

[561] *Warnkoenig*, Juristische Enzyklopädie, in der Widmung.

sung zu Heidelberg noch Mitte der 60er Jahre des 19. Jahrhunderts eine Kondiktionenlehre, die mit den Systematisierungsbestrebungen v. Savignys wenig gemein hatte. Der Heidelberger Rechtsgelehrte benutzte sein Lehrbuch, das – wie erwähnt – den Pandektenstoff wenig strukturiert darbot und dem modernen System gleichfalls feindlich gegenüberstand, als Vorlage und umgekehrt. Er ordnete die Kondiktionen zwar unter „Condictiones datorum ob causam" ein, gelangte dann jedoch nur ansatzweise zu übergeordneten Gesichtspunkten.[562] Immerhin stellte er die Kondiktionen mit Ausnahme der condictio furtiva in der Vorlesung gemeinsam vor. Gleichwohl erscheint die condictio causa data causa non secuta nochmals unter dem Stichwort Innominatkontrakt.[563] Zur zeitgenössischen Lehre bemerkte v. Vangerow, der Name „condictio sine causa" werde „nicht selten für alle hier genannten Kondiktiones datorum angewandt". Davon separierte er die condictio sine causa im „engeren Sinn".[564]

In seiner Institutionenvorlesung gab sich v. Vangerow noch intensiver dem alten Schema hin. Die condictio indebiti sprach er bei den Quasikontrakten an,[565] die condictio furtiva bei den Deliktsobligationen[566] und die condictio causa data causa non secuta bei den Innominatkontrakten.[567] Sein Dozentenkollege Ernst Ferdinand Friedrich Wilhelm Deurer lehrte in seiner Institutionenvorlesung gleichfalls nach dem alten Schema.[568] Zur Ehrenrettung der Heidelberger Juristischen Fakultät sei immerhin angemerkt, daß selbst in Rudorffs später Institutionenvorlesung im Winter 1868/69 die Kondiktionen weit verstreut standen.[569]

Ganz anders als die Heidelberger Schule ging die Mehrheit der Dozenten ab dem fünften Jahrzehnt des 19. Jahrhunderts vor. In Gottlieb Karl Georg Plancks (1824–1910) Nachschrift zu Puchtas Pandekten 1842/43 ist zumindest die causa-Typologie angedeutet.[570] Friedrich Ludwig v. Keller (1799–1860), der schon zu Schweizer Zeiten mit v. Savignys Lehren sympathisiert hatte,[571] stellte im Revolutionswinter 1848 alle Kondiktionen nacheinander dar und bezeichnete

---

[562] *v. Vangerow*, Pand.Nschr. 1864/65 (*Carl Schulz*), S. 582.

[563] *v. Vangerow*, Pand.Nschr. 1864/65 (*Carl Schulz*), S. 505 f.

[564] *v. Vangerow*, Pand.Nschr. 1864/65 (*Carl Schulz*), S. 587.

[565] *v. Vangerow*, Inst.Nschr. 1864 (*Carl Schulz*), S. 183.

[566] *v. Vangerow*, Inst.Nschr. 1864 (*Carl Schulz*). S. 158.

[567] *v. Vangerow*, Inst.Nschr. 1864 (*Carl Schulz*), S. 184.

[568] *Deurer*, Inst.Nschr. 1841/42 (*Moessner*), S. 129, zur condictio indebiti unter „Variae causarum figurae, quasi contractus".

[569] *Rudorff*, Inst.Nschr. 1868/69 (*Berlin anonym*), S. 194: condictio sine causa unter den Innominatkontrakten; S. 208 f.: condictio indebiti unter „Quasi-Contracte".

[570] *Puchta*, Pand.Nschr. 1842/43 (*Planck*), S. 253.

[571] *v. Keller* hatte schon in den 1820ern das Abstraktionsprinzip vorgetragen, siehe *Frank L. Schäfer*, in: ZRG Germ. Abt., Bd. 118 (2001), S. 367 (381, Fn. 64).

die condictio furtiva als anomalischen Fall,[572] während Mayer die Formel vom Vermögensübergang benutzte.[573] Gustav Ludwig Theodor Marezoll (1794–1873) bot die Kondiktionen – ganz im Gegensatz zu seinem Institutionenlehrbuch – im selben Semester wie v. Keller schon klar im Lichte der neuen Lehre dar.[574] Unter „Allgemeine Bemerkungen über die Condictionen überhaupt" ist zu lesen:[575]

> „Alle diese Condiktionen haben nun folgende Eigenschaften:
>
> a., Sie setzen voraus, daß der Kläger, der die Sache condicirt, vorher Eigenthümer der Sache war aber sein Eigenthum an den andern verloren hat; [...] Nur die condictio furtiva macht dabei eine exorbitante Ausnahme; denn diese hat der Bestohlne gegen den Dieb, obgleich er in der That durch das erlittne Furtum sein Eigenthum an der Sache nicht verloren hat und also wirklich die gestohlne Sache vindiciren kann. Die Römer geben als Grund dieser Ausnahme an, daß man einen Dieb dessen nicht schonen dürfe [...].
>
> b., Alle Condiktionen setzen voraus, daß derjenige, gegen den sie gerichtet worden, aus dem Vermögen des Klägers auf irgend eine Weise bereichert worden ist, aber kein Recht, keine causa hat, diese Bereicherung zu behalten [...]".

Die condictio sine causa wurde im Anschluß daran herkömmlich als condictio sine causa specialis und generalis vorgestellt.[576] Für das nächste Jahrzehnt sind ähnliche Worte von Heinrich Rudolph v. Gneist (1816–1895) erhalten. Er brachte seinen Zuhörern die Kondiktionen unter den Quasikontrakten als „die Condictionen wegen mangelhafter causa" nahe.[577] Für ihn kam die condictio dann vor, wenn „ein Gegenstand ohne rechtlichen Grund so in das Vermögen des Gegners übergegangen ist, daß der verlierende Theil keine vindicatio hat." Bei der condictio furtiva lesen sich dieselben Anmerkungen wie bei Marezoll.[578]

Vorlesungsnachschriften aus den 70er und 80er Jahren zeigen sich endgültig im Zeichen des „Systems des heutigen Römischen Rechts". Windscheid selbst folgte in der Pandektenvorlesung nach dem Beispiel der Professoren Thibaut und v. Vangerow seinem eigenen Pandektenlehrbuch, also seiner Bereicherungstheorie und der Einteilung der condictio sine causa in Leistungs- und

---

[572] *v. Keller*, Pand.Nschr. 1848/49 (*Berlin anonym*), S. 349–354.

[573] *Mayer*, Pand.Nschr. 1842/43 (*v. Sarwey*), Bd. 1, S. 540; *ders.*, Inst.Nschr. 1842 (*v. Sarwey*), S. 146–148, zog die Kondiktionen bis auf die condictio furtiva zumindest unter Quasikontrakt zusammen.

[574] *Marezoll*, Pand.Nschr. 1848/49 (*Graessner*), S. 308–311.

[575] *Marezoll*, Pand.Nschr. 1848/49 (*Graessner*), S. 308.

[576] *Marezoll*, Pand.Nschr. 1848/49 (*Graessner*), S. 311.

[577] *v. Gneist*, Pand.Nschr. 1856/57 (*Hübler*), Bd. 1, Bl. 243v–248v.

[578] *v. Gneist*, Pand.Nschr. 1856/57 (*Hübler*), Bd. 1, Bl. 229r/v.

Nichtleistungsfälle.[579] Hervorzuheben wäre noch, daß Windscheid ausdrücklich die Pomponius-Sentenz mit den überlieferten Worten verwarf:[580] „Der Satz ist geradezu falsch." Andere Rechtslehrer wie Ernst Immanuel Bekker (1827–1916) und Otto Karlowa (1836–1904) in Heidelberg – die dortigen Professoren waren nun etwas näher am Zeitgeist als ihre berühmten Vorgänger – sahen das Wesentliche im Begriff der „Condictiones sine causa, quod sine causa apud alterum est"[581] bzw. in den Klagen der condictiones sine causa, welche auf „Rückgabe des grundlos aus dem Vermögen des Einen in des Andern" Übergegangenen gerichtet seien.[582]

Desgleichen schloß sich Ernst Wilhelm Eduard Eck (1838–1901) in Berlin v. Savignys Formulierungskünsten im „System" an, für ihn lag das Wesentliche in der „Bereicherung auf Kosten eines Andern ohne Rechtsgrund".[583] Sein Fakultätskollege Alfred Pernice (1841–1901) stellte schon zu Beginn der Kondiktionen klar, sie seien in erster Linie „Bereicherungsklagen".[584] Ähnliches ist von Bruns wiederum aus Berlin zu berichten, er wählte die condictio sine causa als Oberbegriff.[585] Karl Adolf Schmidt (1815–1903) in Leipzig variierte das Thema mit Gans, indem er das Haben ohne Grund bevorzugte.[586] Sein Tübinger Kollege v. Mandry lehrte die Kondiktionen unter „Die quasicontractlichen Obligationen", „Rechtlose Vermögens Vermehrung".[587] Er ging vom „Allgemeinen Ausgangspunkt" aus, „Ein Vermögenswerth geht aus meinem Vermögen in des andern über", eine Ausnahme mache nur die condictio furtiva.[588]

Aber auch innerhalb dieses Meinungsspektrums berief man sich in der Vorlesung noch vereinzelt auf die Billigkeit oder naturalis aequitas als Anspruchsfundament, wie ein Autograph aus derselben Fakultät zu den Institutionen Heinrich Degenkolbs (1832–1909) belegt.[589] Präziser ist Degenkolb in seinen

---

579 *Windscheid*, Pand.Nschr. 1878/79–79 (*Nüscheler*), Bd. 1, S. 243–247; *ders.*, Pand. Nschr. 1883/84–84 (*Seckel*), Bd. 1, S. 597–616. Zu *Windscheids* Pandektenmanuskript schon oben auf S. 180.

580 *Windscheid*, Pand.Nschr. 1883/84–84 (*Seckel*), Bd. 1, S. 598.

581 *Bekker*, Pand.Nschr. 1881/82 (*Wurzmann*), S. 654; ähnlich *ders.*, Pand.Nschr. 1882/83 (*Karl Mittermaier*), S. 513; *ders.*, Inst.Nschr. 1892 (*Heidelberg anonym*), unpaginiert.

582 *Karlowa*, Inst.Nschr. 1884/85 (*v. Reck*), unpaginiert.

583 *Eck*, Pand.Nschr. 1885/86 (*v. Reck*), S. 159.

584 *Alfred Pernice*, Pand.Nschr. 1886/87 (*Blanck*), Bd. 2, unpaginiert, § 250.

585 *Bruns*, Pand.Nschr. um 1870 (*Rudolf Leonhard*), S. 569 f.; *ders.*, Pand.Nschr. 1872/73 (*Syring*), S. 746.

586 *Karl Adolf Schmidt*, Inst.Nschr. 1878 (*RG anonym*), S. 181.

587 *v. Mandry*, Pand.Nschr. 1883 (*Seckel*), Bd. 3, S. 286–299.

588 *v. Mandry*, Pand.Nschr. 1883 (*Seckel*), Bd. 3, S. 286 f.

589 *Degenkolb*, Inst.Nschr. 1883 (*Tübingen anonym*), S. 231.

Pandekten unter „Außercontractliche Verbindlichkeiten resp. Ansprüche", „Ansprüche wegen ungerechtfertigten Erwerbs resp. Habens" tradiert:[590]

> „In den Quellen findet sich der Ausspruch, es sei unbillig, daß Jemand sich auf Kosten eines Andern bereichere, vorsichtiger ausgedrückt, es sei unbillig, daß er sich zu Unrecht auf Kosten eines Andern bereichere (l. 14 D. 12, 6; l. 206 D. 50, 17.). In der letztern Fassung ist der Satz nicht geradezu unrichtig, aber er gibt uns für keinen einzelnen Fall an sich schon die Entscheidung, denn er gibt uns keinerlei Kriterium für die Unrechtlichkeit an der Bereicherung; außerdem ist es bedenklich, alle hier zu beschreibenden Fälle unter den Gesichtspunkt der ungerechtfertigten Bereicherung und ihrer Rückforderung zu bringen [...]".

9. Einzelprobleme

Beinahe noch wichtiger als die verschiedenen Rezeptionspfade erscheinen die Einzelprobleme unter dem Dach der rechtsgrundlosen Bereicherung. Die Lehre des ausgehenden 19. Jahrhunderts mußte der Papierform nach durch ihr neues System eher als der usus modernus dazu bereit sein, rationale Entscheidungen jenseits der reinen Quellen zu treffen.

a) Vermögensverschiebung und Rechtsgrundlosigkeit

Als wichtigste Determinanten standen Vermögensverschiebung und Rechtsgrundlosigkeit zur Verfügung. Hier war freilich wie heute vieles kontrovers. v. Savignys Formulierung, „daß Dasjenige, welches dem Andern (dem Beklagten) zur Bereicherung diente, vorher schon wirklich einmal zum Vermögen Dessen gehört habe, welcher darauf eine Condiction gründen will", wurde meist nicht als dingliche Vermögensverschiebung ausgelegt, die nach den Vorgaben des Pomponius einen *konkreten Schaden* auf der Kondizentenseite impliziert. Man verstand sie mehr im Sinne einer abstrakten Güterbewegung, nicht als dinglich-eigentumsorientierte Verschiebung.[591] Schon klassisch ist die Interpretation Arndts v. Arnesbergs, v. Savigny werde falsch interpretiert, „wenn er so verstanden würde, daß, was dem Andern zugekommen ist, vorher im Vermögen des Condicirenden gewesen sein müsse."[592] Der Terminus „Unmittel-

---

[590] *Degenkolb*, Pand.Nschr. 1883/84 (*Sprinkhardt*), S. 483 f.

[591] *Arndts v. Arnesberg/Pfaff/Hofmann*, Pandekten, § 340, Fn. 3 (S. 662); *v. Brinz*, Pandekten, Bd. II/2, § 300 (S. 520); *Dernburg*, Pandekten, Bd. 2, § 138, 1 (S. 363); *Seuffert/Seuffert*, Pandektenrecht, Bd. 2, § 435, Fn. 2 (S. 444); *Vering*, Geschichte und Pandekten, § 198 I (S. 552): „Das in das Vermögen eines Anderen Uebertragene oder gesetzlich so Anzusehende, wie wenn es aus einem fremden Vermögen erworben wäre".

[592] *Arndts v. Arnesberg/Pfaff/Hofmann*, Pandekten, a. a. O.

barkeit" der Vermögensverschiebung war nur den wenigsten geläufig.[593] Der Sache nach wurde er aber fast allgemein akzeptiert,[594] da die Kondiktionen gegenüber der Versionsklage abgegrenzt werden mußten. Witte vertrat den Unmittelbarkeitsbegriff am nachdrücklichsten, er engte damit den Bereicherungsanspruch entgegen v. Savignys Intention über Gebühr ein.

In der Frage der Rechtsgrundlosigkeit, insbesondere der Intergration von condictio indebiti und causa, herrschte noch weniger Einigkeit. Über die umstrittene Feststellung, den Leistungskondiktionen liege ein Irrtum zugrunde, die fehlende causa werde also durch den Irrtum konstituiert, kamen die meisten kaum hinaus.[595] Ein anderer Teil der Literatur beließ es bei der Ansicht, der Irrtum sei bei der condictio indebiti nur Tatbestandsmerkmal *neben* der Vermögensverschiebung und der Nichtschuld, ohne zugleich die Rechtsgrundlosigkeit vorzugeben.[596] Dafür betonten sie die causa in anderer Form: Erxleben beispielsweise hob die Zwecksetzung als entscheidendes Kriterium hervor, vermischte sie andererseits ziemlich unklar mit bonum et aequum und fehlender Obligation. Überlagert wurden diese Lehren durch die ältere Doktrin von der iusta causa putativa.

Bestand schon bei der Implementation des Irrtums im Rechtsgrund keine Einigkeit, so war nicht zu erwarten, daß die Vermögensverschiebung bei Leistungen über die Definition als bewußte Vermögensverschiebung hinausreichte. Zwar finden sich Stimmen, die jenseits des Horizonts im „System" mit v. Savignys Pandektenvorlesung oder mit Windscheids Voraussetzungslehre von einer juristischen Zwecksetzung reden und sich der Leistungsdefinition als bewußter, zweckgerichteter Vermögensvermehrung annähern.[597] Ein Konsens in dieser Sache läßt sich aber bei weitem nicht ausmachen. Die althergebrachten Tatbestandsmerkmale der condictio indebiti, allen voran das Irrtumserfordernis, waren noch nicht in letzter Instanz in die neue Formel „ungerechtfertigte Ver-

---

[593] Siehe die Erwähnung des Begriffs bei *Arndts v. Arnesberg/Pfaff/Hofmann*, Pandekten, § 341, 2 (S. 663); *v. Brinz*, Pandekten, Bd. II/2, § 300 (S. 520), mit Verweis auf die Veräußerung fremder Sachen in Fn. 61.

Die Nachweise bei *Coing*, Europäisches Privatrecht, Bd. 2, S. 507, lassen nur implizit, aber nicht ausdrücklich das Unmittelbarkeitskriterium erkennen. Ebenso bedenklich in die entgegengesetzte Richtung *Nebenzahl*, Unmittelbare Vermögensverschiebung, S. 50–54, der in diesem Zeitraum keine Stellungnahmen zur Unmittelbarkeit erkennt.

[594] Terminologisch, wahrscheinlich aber nicht sachlich tendenziell a. A. *v. Brinz*, Pandekten, Bd. II/2, § 300 (S. 520); *Seuffert*, in: SeuffBl, Bd. 11 (1846), S. 337–340.

[595] Irrtum als fehlender Rechtsgrund, z. B. *Bähr*, Anerkennung als Verpflichtungsgrund, S. 73.

[596] *Erxleben*, Condictiones sine causa, Bd. 1, bes. S. 26 f., 37, 55, 90 (siehe auch näher oben ab S. 182); *Hesse*, in: AcP, Bd. 56 (1873), S. 367 (377 f.); *Ernst Zimmermann*, Theorie der condictio indebiti, bes. S. 7, m. w. N.

[597] *Baron*, Pandekten, § 281 (S. 515): „Daß die Leistung behufs Erfüllung der irrthümlich vorausgesetzten Schuld geschehe, muß äußerlich hervortreten [...]".

mögensverschiebung" integriert. Entwirrt man die divergierenden Standpunkte, lassen sich zwei idealtypische Positionen für die condictio indebiti aufzeigen: zum einen der um die Vermögensverschiebung modernisierte traditionelle Tatbestand (Vermögensverschiebung, causa-Typologie, Irrtum), zum anderen der dogmenevolutionär weiterreichende Ansatz, der den Irrtum mit den anderen Merkmalen zu der Sequenz einer bewußten zweckgerichteten Vermögensverschiebung und Rechtsgrundlosigkeit aus irrtümlicher Zweckverfehlung verband. Windscheid trieb den neuen Weg mit seiner Voraussetzungslehre wohl am weitesten.

Jenseits der Leistung sah es noch finsterer für die causa aus; die wenigsten konnten ein schlüssiges Konzept anbieten.[598] Mit Windscheids Dichotomie des Rechtsgrundes in Leistung und Nichtleistung vermochte die Literatur kaum etwas anzufangen.[599] Otto Heinrich Wendt (1846–1911) war gar der Ansicht, man müsse „aus der Vergleichung aller überlieferten Fälle das Gemeinschaftliche und Allgemeine" ermitteln, er sprach sich also gegen Windscheid aus.[600] Vor allem Alois v. Brinz (1820–1887) leuchtete auf der Gegenseite als Lichtblick, er stellte ein eigenes System für die Rechtsgrundlosigkeit vor, unterteilt in die causa-Typen ex furtiva, condictio ob turpem vel iniustam causam und die übrigen Leistungskondiktionen.[601]

Insgesamt gesehen herrschte also über die Grundformel der rechtsgrundlosen Vermögensverschiebung weitgehend Einigkeit. Das Verhältnis dieser Formel zu den traditionellen „Zutaten" der condictio indebiti – dare, indebitum und error – war trotzdem nicht geklärt. Erst recht ließ sich kein Konsens für die Rechtsgrundlosigkeit auf dem Feld der Nichtleistungskondiktion finden. Vor allem v. Savigny und Windscheid zogen ihre Spuren, ohne aber die Lehre zu einer einheitlichen Meinung formen zu können. Heutige Unsicherheiten, den Rechtsgrund zu bestimmen, knüpfen daher an längst überwunden geglaubte Inkonsistenzen des gemeinen Rechts an.

---

[598] Siehe *Haniel*, Irrtum bei condictio indebiti, S. 13, Fn. 3, mit der Bemerkung, über die Frage „ungerechtfertigt" herrsche Streit. *Dernburg*, Pandekten, Bd. 2, § 138, 2 a, b (S. 363 f.), unterschied immerhin Erwerb mit und ohne Verschulden.

[599] *v. Brinz*, Pandekten, Bd. II/2, § 300 (S. 506 f., Fn. 13), registrierte *Windscheid* und beklagte zuvor die Konzeptionslosigkeit der Literatur zum Thema Rechtsgrundlosigkeit (S. 504 f., Fn. 8).

[600] *Wendt*, Pandekten, § 288, 1 (S. 679).

[601] *v. Brinz*, Pandekten, Bd. II/2, § 300 (S. 504).

b) Condictio sine causa

Mit der Formel Windscheids von der rechtsgrundlosen Bereicherung jenseits der Quellen war die traditionelle condictio sine causa nicht mehr die zentrale Anlaufstelle für Systematisierungsversuche. Einige Stimmen in der Literatur wollten folglich nach 1841 die condictio sine causa generalis nicht anerkennen,[602] andere sahen sie als bloße Denkfigur.[603] Kiesselbach urteilte in der wohl pointiertesten Stellungnahme, die condictio sine causa sei eine „römische Antiquität",[604] die Interpretation des Titels D. 12, 7 als Kondiktion wegen fehlenden Rechtsgrundes sei „sprachlich und juristisch barbarisch".[605] Die überwiegende Meinung unterteilte weiter die condictio sine causa in causa generalis und supplementarische condictio sine causa specialis, verwandte aber für die Generalkondiktion nun den Sammelbegriff der „condictiones sine causa".[606] Zumeist bezog man jetzt das Bereicherungsrecht auch auf Fälle jenseits der sogenannten Leistungskondiktionen, beispielsweise auf Vermischung, Verbindung oder Verwendung.[607]

c) Eingriffs- und Verwendungsfälle

Derart mit den neuen Begriffen und Methoden ausgerüstet, konnte sich die Lehre verstärkt bis dahin neben der unseligen Irrtumsdebatte vernachlässigten Themen zuwenden. In diesem Zusammenhang können nochmals Einzelaussagen der vorgestellten Bereicherungssysteme von Windscheid bis Pfersche ausgeleuchtet werden. Im Kern ging es dabei um die über die Digesten verteilten Fälle der condictio sine causa und verwandter Klagen, genauer gesagt, um die Vorläuferregelungen zu §§ 812 Abs. 1 S. 1 Alt. 2, 816 und 951 BGB.

---

[602] *Kiesselbach*, in: JherJb, Bd. 5 (1861), S. 1 (3–6); *Reinhard*, in: AcP, Bd. 29 (1846), S. 233 (240–242); *Ernst Zimmermann*, Theorie der condictio indebiti, S. 9 f., Fn. 18.

[603] *v. Mayr*, Condictio, S. 319 f.

[604] *Kiesselbach*, in: JherJb, Bd. 5 (1861), S. 1 (50 f.).

[605] *Kiesselbach*, in: JherJb, Bd. 5 (1861), S. 1 (29).

[606] *Arndts v. Arnesberg/Pfaff/Hofmann*, Pandekten, § 345, Fn. 1 (S. 671); *v. Brinz*, Pandekten, Bd. II/2, § 300 (S. 503 f.), § 305 (S. 551); *Dernburg*, Pandekten, Bd. 2, § 143 (S. 374); *Carl Georg v. Wächter*, Pandekten, Bd. 2, § 219 (S. 498); der Sache nach auch *Seuffert/Seuffert*, Pandektenrecht, Bd. 2, § 439 (S. 458); kritisch zur condictio sine causa specialis *Windscheid*[3], Pandektenrecht, Bd. 2, § 424, 1, Fn. 1 (S. 547): Der Begriff gebe den systematischen Zusammenhang nur unzureichend wieder.

[607] Neben den oben ab S. 176 genannten Autoren z. B. *Arndts v. Arnesberg/Pfaff/Hofmann*, Pandekten, § 345, Fn. 2 (S. 671 f.); *Burchardi*, Römisches Privatrecht, Bd. II/3, § 277 (S. 869); *Dernburg*, Pandekten, Bd. 2, § 143 (S. 374 f.); *Sintenis*[3], Gemeines Zivilrecht, Bd. 2, § 109 III (S. 547–549); *Wendt*, Pandekten, § 288, 2 (S. 680); a. A. *Kuntze*, Institutionen, § 722 (S. 507); *v. Mayr*, Condictio, S. 301; *Salkowski*, Institutionen, § 135 V (S. 338).

aa) Eingriff und Verwendung

Grotius hatte in den Fällen der Verbindung und Vermischung noch den Eigentumsübergang geleugnet; er löste die Zuordnungsfrage durch gemeinschaftliches Eigentum. Im gemeinen Recht bevorzugte man hingegen eher das Alleineigentum als eindeutige sachenrechtliche Lösung. Das setzte notwendigerweise den Übergang des Eigentums der einen Seite voraus, daher rückte die Ausgleichsfrage aus Eigentumsverlust in den Mittelpunkt. Der Eigentumserwerb konnte, vereinfacht dargestellt, durch Verbindung (accessio) von Hauptsachen mit Nebensachen, bei Vermischung von Geld[608] oder Verarbeitung (specificatio) eintreten.[609]

Vermischung (confusio) und Vermengung (commixtio) von Sachen führten nur zu Miteigentum, in manchen Fällen wie der Vermengung von Getreide wurde sogar zu fortbestehendem Alleineigentum an den jeweiligen Körnern tendiert. Die wichtigsten Unterfälle der accessio waren inaedificatio, adiunctio und plantatio. Bei der Verbindung beweglicher Sachen mit Grundstücken zu einem Gebäude (inaedificatio) sollte nach dem Grundsatz „superficies solo cedit" das Gebäude im Eigentum des Grundstückseigners stehen, das Eigentum an den eingebauten Sache jedoch nur ruhen, also nicht endgültig übergehen.[610] Die Verbindung zweier beweglicher Sachen (adiunctio), von denen eine als Hauptsache anzusehen war, konnte ebenso wie das Pflanzen (plantatio) zum Eigentumsverlust an der Nebensache führen.

In der zweiten Hälfte des 19. Jahrhunderts setzte sich das bunte Bild der vorhergehenden Jahrzehnte[611] zum Thema Kondiktion bei Eingriff aus Vermischung, Verbindung und Verarbeitung fort, kamen doch für den Eigentumsverlust verschiedene Klagen als Ausgleichsmodi in Frage. Eindeutigkeit herrschte beim unredlichen Eingreifer: den Dieb belangte man mit der condictio furtiva, den sonst Bösgläubigen mit der actio ad exhibendum. Uneinig war man sich jedoch über die richtige Klagegrundlage für den redlichen Bereicher-

---

[608] § 947 Abs. 1 BGB ordnet heute für die Vermischung in der Regel nur Miteigentum wie bei anderen beweglichen Sachen an.

[609] Einteilung und Terminologie waren nicht uniform, die hier vorgestellte entspricht im wesentlichen der von *Arndts v. Arnesberg/Pfaff/Hofmann*, Pandekten, §§ 150–152 (S. 270–273). Oft wurden die römischen Bezeichnungen nicht mehr verwandt; aus heutiger Sicht zum römischen Recht *Holthöfer*, Sachteil und Sachzubehör.

[610] Siehe z. B. *Windscheid*[3], Pandektenrecht, Bd. 1, § 188 (S. 539 f., insbes. Fn. 7). Die genaue Konstruktion war aber str. In § 946 BGB wird hingegen nicht mehr zwischen dem Gebäude und den eingebauten Sachen unterschieden.

[611] Siehe z. B. *Bucher*[3], Pandekten, § 130 (S. 173): Bereicherungsausgleich bei accessio; *Göschen*, Gemeines Zivilrecht, Bd. II/1, § 271 (S. 153): doppelter Wertersatz bei Verbindung durch Bauen durch die de tigno iuncto actio, § 273 (S. 160): actio in factum bei Verbindung, § 247 (S. 82): actio in factum bei Verarbeitung; *Thibaut*, Pandektenrecht, Bd. 2, § 814 (S. 50): „Entschädigung" bei accessio.

ten.[612] Hier standen die Geschäftsführung ohne Auftrag in der Klageform der sogenannten utilis actio negotiorum gestorum directa,[613] condictio sine causa,[614] actio in factum,[615] actio de tigno iuncto,[616] einfache Entschädigungsforderung oder die Klage aus Bereicherung zur Debatte.[617] Ebenso wurde eine sogenannte rei vindicatio utilis als Surrogat der rei vindicatio erwogen.[618] Streit herrschte weiterhin über die Eingriffsmodalitäten, die ohne Ausgleich bleiben sollten. Im Fall der Geldvermischung vertraten nicht wenige die Ansicht, es sei keine Entschädigung zu leisten.[619] Ein homogenes Meinungsbild zum Ausgleich für Eigentumsverlust gab es also nicht.

Deutlich zurückhaltender und damit sogar quellentreuer als in vorhergehenden Jahrhunderten gab man sich bei Verwendungen (Impensen). Hatte der ehemalige Eigentümer die Verbindung selbst hergestellt, sollte nach der fast einhelligen Meinung der Romanisten eine Klage ausgeschlossen sein, ihm aber gleichwohl ein Zurückbehaltungsrecht (Retentionsrecht) für seinen Aufwand zustehen.[620] Der Impensenersatz sollte des weiteren nach Gutgläubigkeit resp.

---

[612] Quellenstellen sind z. B. für Akzession und Spezifikation *Ulpianus*, D. 6, 1, 5, 3: actio utilis bei Versetzung eines Baumes auf fremden Boden; *Paulus*, D. 6, 1, 23, 5.

[613] Dazu *Ernst Zimmermann*, Negotiorum gestio, S. 43–57: Die Klage aus Geschäftsführung ohne Auftrag sei hier nur ein anderer Name für die condictio sine causa.

[614] *Burchardi*, Römisches Privatrecht, Bd. II/3, § 277 (S. 869) für specificatio und accessio; *Carl Georg v. Wächter*, Erörterungen, Bd. 2, S. 43 (99).

[615] *v. Jhering*, in: JherJb, Bd. 16 (1878), S. 230 (246), für accessio; *Pagenstecher*, Lehre vom Eigentum, Bd. 2, S. 122, 144, für specificatio und accessio; *v Gneist*, Pand. Nschr. 1856/57 (*Hübler*), Bd. 1, Bl. 45v, für specificatio.

[616] *Pfersche*, Bereicherungsklagen, S. 54, zum Fall der Sachverbindung; daneben erwähnt er noch actio in factum und rei vindicatio utilis.

[617] Für Entschädigungsforderung *Puchta*^{3}, Pandekten, § 164 (S. 232); für Klage aus ungerechtfertigter Bereicherung *Siemsen*, Bereicherungsklage bei specificatio, S. 27, für specificatio; *Windscheid*^{3}, Pandektenrecht, Bd. 1, § 187 (S. 537). Noch anders wie erwähnt *Jacobi*, in: JherJb, Bd. 4 (1861), S. 159 (246–254): „Abfindungsanspruch".

[618] *Pagenstecher*, Lehre vom Eigentum, Bd. 3, S. 22–35, bes. S. 32–35, zur specificatio; siehe auch *v. Jhering*, in: JherJb, Bd. 1 (1857), S. 101 (138 f.); *ders.*, in: JherJb, Bd. 16 (1878), S. 230 (248), für accessio und specificatio.

[619] *Baron*, Pandekten, § 139 (S. 263); *v. Jhering*, in: JherJb, Bd. 16 (1878), S. 230 (245); wie erwähnt auch *Pfersche*, Bereicherungsklagen, S. 57 (zu diesem oben auf S. 193 in bezug auf die Quellenlage).

[620] Es seien als Beispiele genannt *Arndts v. Arnesberg/Pfaff/Hofmann*, Pandektenrecht, § 152, Fn. 4 c und g (S. 274 f.); *Pfersche*, Bereicherungsklagen, S. 84; *Windscheid*^{3}, Pandektenrecht, Bd. 1, § 190 (S. 545); *ders.*, Zwei Fragen. S. 33, wies immerhin darauf hin, daß sich bloßes Retentionsrecht und (aktiver) Anspruch i. E. Ergebnis ähnelten; *Witte*, Bereicherungsklagen, S. 3–6.

A. A. im Anschluß an den usus modernus im Sinne einer selbständigen Klage z. B. *Brinkmann*, Actio communi dividundo, S. 19–23, Fn. 2; *G. W. A. Sell*, Versuche im Zivilrecht, Bd. 1, S. 58–61, auf der Grundlage seiner bereits oben ab S. 169 vorgestellten universellen Bereicherungslehre, und *Ernst Zimmermann*, Negotiorum gestio, S. 93–95.

Bösgläubigkeit des Verwendenden gestaffelt sein: Nur der Redliche sollte nach Maßgabe der Bereicherung für die bloß nützlichen Verwendungen Ersatz erhalten (impensae utiles), der Bösgläubige hingegen auf die notwendigen Verwendungen beschränkt sein (impensae necessariae). Für die restlichen Verwendungen, die sogenannten impensae voluptuariae, stand allein ein Wegnahmerecht (ius tollendi) zur Verfügung.[621] Ebenso wie zur Eingriffsvariante vertrat die akademische Lehre im Falle von Verwendungen die gesamte Bandbreite an möglichen Klagen,[622] wobei die Autoren nur selten den näheren Zusammenhang mit anderen Bereicherungsfällen sahen.

bb) Veräußerung einer fremden Sache

Schwierigste Fallgruppe war die Veräußerung einer fremden Sache. Vorauszuschicken ist, daß dem gemeinen Recht der gutgläubige Erwerb einer solchen Sache unbekannt war: „nemo plus iuris transferre potest quam ipse habet". Es ging dabei um folgende Konstellation: Der gutgläubige[623] Besitzer einer fremden Sache veräußert diese an einen Dritten. Die Vindikation des Eigentümers vom Dritten scheitert dann daran, daß die Sache in der Zwischenzeit verbraucht oder ersessen wurde oder auf sonstige Weise unterging. Hier stand bei bloßem Sachuntergang dem ehemaligen Eigentümer gegen den Veräußerer nur noch die condictio pretii zu Gebote.[624] Die Gelehrten fragten sich, ob der Eigentümer stets vom gutgläubigen ehemaligen Besitzer das commodum ex negotiatione herausverlangen könne oder ob die Klage zu beschränken sei. Besonders

---

Überblick zum Meinungsstand aller Epochen bei *Ledermann*, Ersatz von Verwendungen, S. 70–81; auch *Verse*, Verwendungen im Eigentümer-Besitzer-Verhältnis, S. 25 f.

[621] Z. B. *Baron*, Pandekten, § 153 (S. 281 f.); *Leist*, Erlaubtes ungerufenes Eingreifen, S. 18–60; *Windscheid*[3], Pandektenrecht, Bd. 1, § 195 (S. 551–553).

Zur gegenteiligen Ansicht (Gleichstellung des Bösgläubigen mit dem Gutgläubigen), die teilweise in den Jahrhunderten zuvor vertreten wurde, siehe aus heutiger Sicht *Rosenlöcher*, Entwicklungen des Eigentümer-Besitzer-Verhältnisses, S. 83–85; *Verse*, Verwendungen im Eigentümer-Besitzer-Verhältnis, S. 25 f., 29–32.

Vor allem *G. W. A. Sell*, Versuche im Zivilrecht, Bd. 1, S. 59–61; *Ernst Zimmermann*, Negotiorum gestio, S. 44–54, tendierten im 19. Jahrhundert ebenfalls noch dazu, dem Bösgläubigen Ersatz über die notwendigen Verwendungen hinaus zuzubilligen. Siehe auch *Witte*, Bereicherungsklagen, S. 21–23, m. w. N.; aus heutiger Sicht *Greiner*, Verwendungsersatz, S. 116–118.

[622] *Brinkmann*, Actio communi dividundo, S. 29, Fn. 1: actio negotiorum gestorum utilis; *Karl Theodor Pütter*, Lehre vom Eigentum, S. 122: condictio sine causa; *Windscheid*[3], Pandektenrecht, Bd. 2, § 422, 2 b (S. 541 f.): ungerechtfertigte Bereicherung; *Ernst Zimmermann*, Negotiorum gestio, S. 94 f.: actio in factum.

[623] Der Bösgläubige haftete unbestritten auf jeden Fall mittels condictio furtiva.

[624] *Africanus*, D. 12, 1, 23; *Iulianus*, D. 39, 6, 19. Zum Verhältnis zur actio negotiorum gestorum directa näher bei der Rspr. des 19. Jahrhunderts ab S. 271, insbes. Fn. 900, 901.

v. Jhering wollte die Kondiktion des Eigentümers gegen den ehemaligen gutgläubigen Besitzer auf den Kaufpreis nur dann zulassen, wenn der Besitzer keinen Titel für sich vorweisen konnte.[625] Die andere Position – jeder gutgläubige Besitzer ist der Kondiktion ausgesetzt – vertrat vor allem Windscheid.[626] Eine vermittelnde Meinung, die unter anderen v. Savigny vertrat, aber wenig Beachtung fand, wollte den Ausgleichsanspruch lediglich bei unentgeltlich erworbenem Besitz gestatten.[627] Die Position v. Jherings weist Ähnlichkeiten mit einem auch heute noch aktuellen Problem auf, der Subsidiarität der Eingriffs- gegenüber der Leistungskondiktion.

Bisher nicht eindeutig geklärt ist der Bedeutungsgehalt des Subsidiaritätsbegriffs. Daher soll eine kurze historische Exkursion gegeben werden: „Subsidiarität" war in der ersten Hälfte des 20. Jahrhunderts zumeist in einem anderen Kontext als heute gebräuchlich. Man verstand darunter das heftig diskutierte Problem, ob die Bereicherungsansprüche gegenüber anderen Ansprüchen wie Vindikation oder Delikt subsidiär seien, nicht jedoch, ob der Bereicherungsanspruch durch ein Leistungsverhältnis ausgeschlossen wird.[628] Im gemeinen Recht war die Konkurrenz der Bereicherungsklagen mit anderen Actionen dagegen für die Literatur noch wenig virulent.

---

[625] *v. Jhering*, Abhandlungen, S. 81–84; *ders.*, in: JherJb, Bd. 16 (1878), S. 230 (bes. 307); auch etwa *Bruns*, Pand.Nschr. 1872/73 (*Syring*), S. 748; *Witte*, Bereicherungsklagen, S. 295–314; *Ernst Zimmermann*, Negotiorum gestio, S. 44–54; weitere umfassende Nachweise bei *Windscheid*, Zwei Fragen, S. 4, Fn. 1. Teilweise, aber nicht nach *v. Jhering* selbst, sollte als Behaltensgrund auch ein bloßer titulus putativus genügen.

Instruktiv zum Streit zwischen *v. Jhering* und *Windscheid* ist die Besprechung von *Seidel*, Anwendbarkeit des § 816 BGB, S. 21–24; aus heutiger Sicht *Falk*, Ein Gelehrter wie Windscheid, S. 64–66.

[626] Dezidiert *Windscheid*, Zwei Fragen, bes. S. 3 f.; *ders.*, Pandekten, § 422, 2 b, Fn. 4 (S. 540 f.).

[627] *F. C. v. Savigny*, System, Bd. 5, S. 523; anders in seiner Pandektenvorlesung ohne Beschränkung auf die Unentgeltlichkeit, z. B. *ders.*, Pand.Nschr. 1824/25 (*Bonn anonym*), S. 481 f., in: *ders.*, Pandektenvorlesung 1824/25, S. 333; *ders.*, Pand.Nschr. 1837/38 (*Steinann*), unpaginiert. Zur Lehre zwischen 1800 und 1830 oben auf S. 158, Fn. 331.

[628] Siehe dazu die Rspr., die annahm, die Bereicherungsansprüche könnten mit anderen Ansprüchen konkurrieren, etwa OLG Braunschweig, 12.11.1907, in: OLGRspr, Bd. 18 (1909), S. 48 f. Der Verweis auf RG, 25.4.1901 – VI. 33/01, in: RGZ, Bd. 48 (1901), S. 139 (142 f.) = Nachschlagewerk des RG, § 812, Nr. 1, § 814, Nr. 1 = *Schubert/Glöckner*, Nachschlagewerk des RG, §§ 812–825, S. 5, 95, ist etwas irreführend, weil die tragenden Entscheidungsgründe dieses RG-Urteils nur das Problem behandeln, ob eine Entreicherung ausgeschlossen ist, wenn der Kläger bei Dritten Regreß nehmen kann. Siehe zum Parallelproblem unter „passing on" im englischen law of restitution näher auf S. 582.

Im heutigen Sinne könnte der Begriff Subsidiarität u. U. benutzt worden sein von *Freund*, Eingriff in fremde Rechte, S. 19–21.

In der Zeit nach 1950 verwandte man den Begriff schließlich in einem weiteren Sinn. Nach dem von Kötter angestoßenen sogenannten „Subsidiaritätsdogma“, neuerdings Subsidiaritätsgrundsatz genannt, soll eine Eingriffskondiktion ausgeschlossen sein, wenn dem Bereicherten die Sache von einem Dritten geleistet wurde. Auch dem gutgläubige Besitzer v. Jherings mußte geleistet worden sein. Zumindest wird diese Parallele über das Titelerfordernis angedeutet, denn ein Titel ergibt sich zum Beispiel aus Kauf oder Tausch, eben aus einer Leistungshandlung durch Rechtsgeschäft.[629] Parallelen zwischen der heutigen Problemlage und dem Streit vor mehr als 120 Jahren sind nicht von der Hand zu weisen; die Subsidiarität ist also kein reines Eigengewächs der Trennungslehre. Das wird später noch genauer zu untersuchen sein.[630]

cc) Konsumtion

Der allgemeine Sachverbrauch schließlich taucht in der zeitgenössischen Diskussion mangels eindeutiger Anhaltspunkte eher nur am Rande auf.[631] Die Meinungen über die Frage, ob ein Ausgleichsanspruch zu gewähren sei, waren geteilt.[632] Wenn das Schlagwort „Verbrauch“ in der pandektistischen Diskussion fällt, ist damit fast immer der in den Digesten bezeichnete Verbrauch des Besitzers von Früchten einer ihm fremden Sache bezeichnet. Der gutgläubige Besitzer mußte nach der Regel „bonae fidei possessor fructus consumtos suos facit“ keinen Ersatz leisten; Grotius hatte das noch anders gesehen.[633] Die Kondiktionssperre für Früchte im Gegensatz zur Sache selbst erklärt sich daraus, daß der gutgläubige Sacherwerb selbst nicht geschützt war, wohl aber in gewissen Grenzen der Fruchterwerb. Auch v. Savigny billigte dem Eigentümer nur gegen den bösgläubigen Besitzer bei Fruchtverbrauch die condictio sine causa

---

[629] In diese Richtung deutlich *v. Jhering*, in: JherJb, Bd. 16 (1878), S. 230 (317).

[630] A. A. *Kupisch*, in: JZ 1997, S. 213 (216, Fn. 72). Siehe auch *Wallmann*, Subsidiaritätsgrundsatz, S. 95, die keine tragfähigen historischen Argumente für ihren sog. „zweiten Subsidiaritätsgrundsatz“ erkennt. Zudem trifft die von ihr i. E. verworfene Versionsklage als historischer Ausgangspunkt schon deshalb nicht den Kern der Sache, weil die actio de in rem verso utilis nicht auf Eingriffsfälle zugeschnitten war, bei denen der Entreicherte gänzlich unbeteiligt blieb. Zum Subsidiaritätsdogma im Rahmen des heutigen deutschen Rechts ab S. 475.

[631] Etwa bei *Burchardi*, Römisches Privatrecht, Bd. II/3, § 277 (S. 869), und *v. Jhering*, in: JherJb, Bd. 16 (1878), S. 230 (266–269). Zur Quellenlage bereits bei *Pfersche* oben auf S. 193.

[632] Dafür z. B. *Burchardi*, Römisches Privatrecht, Bd. II/3, § 277 (S. 869); wie erwähnt *Windscheid*[3], Pandektenrecht, Bd. 2, § 422, 2 b (S. 539); dagegen z. B. *v. Jhering*, in: JherJb, Bd. 16 (1878), S. 230 (255 f., Fn. 1); wie erwähnt *Pfersche*, Bereicherungsklagen, bes. S. 57; teilweise auch *Witte*, Bereicherungsklagen, S. 326–333.

[633] *Grotius*, De iure belli ac pacis, Buch II, Kap. 10, V (S. 384).

zu. Das war wegen der klaren Quellenlage ganz herrschende Meinung.[634] Aus heutiger Sicht fällt der Fruchtgenuß dagegen etwas aus dem Blickwinkel des Bereicherungsrechts: Der gutgläubige Besitzer wird in der Regel nach den §§ 955 Abs. 1, 2 oder 957 BGB Eigentümer der Früchte der fremden Muttersache. Die schuldrechtliche Position des gutgläubigen Besitzers ist also zu einer eigentumsrechtlichen Position aufgewertet, die Spezialregeln folgt.[635]

dd) Systematisierung der Fallgruppen

Der Streit um das Titelerfordernis bei der condictio pretii zwischen v. Jhering und Windscheid führte maßgeblich zur Vereinheitlichung der Kasuistik im Bereich der Bereicherung aus Nichtleistung. Ohne die übergeordnete Idee wäre es schwierig nachzuvollziehen, warum man für bestimmte Fallgruppen Ausgleichsansprüche zubilligte und für andere wiederum nicht. Besonders haftungsfreundlich war Windscheid. Um seine Bereicherungsthese besser positionieren zu können, verallgemeinerte er in seiner Dekanatsrede von 1878 den Gedanken der rechtsgrundlosen Bereicherung für fast alle Quellenstellen jenseits der Leistungsfälle auf Sachveräußerung, Sachverbrauch, Akzession und Spezifikation. Nicht alle Quellenzitate ließen sich indessen problemlos in das neu gewonnene System integrieren.

Den Verwendenden verwies selbst Windscheid in konservativer Auslegung der Quellen auf die bloße Möglichkeit, die Sache dem Eigentümer gegenüber zurückzuhalten. Überdies beschnitt man bei Verwendungen den bösgläubigen Besitzer, obwohl er ja nicht selbst ex causa furtiva aus Bereicherung haftete. Im Bürgerlichen Gesetzbuch setzte sich die ungleiche Behandlung des Verwendungsersatzes leicht modifiziert fort. Denn nach den §§ 1000 f. BGB steht dem Verwender, solange er im Besitze der Sache ist, ebenfalls zunächst nur ein Zurückbehaltungsrecht für seine Verwendungen zu. Allerdings hat der Verwender wenigstens nach Rückgabe einen durchsetzbaren Anspruch. Windscheid versuchte die Ausnahme in seiner Dekanatsrede noch als gesetzesbedingte Singularität abzuschwächen.[636] In der Tat ist es eine nur schwer nachvollziehbare Anomalie, denn die Pandektisten feilten so lange an fast allen anderen unsy-

---

[634] Z. B. *Windscheid*, in: LindesZ, Bd. 4 N. F. (1847), S. 55 (128, Fn. 43); abweichend in der Begründung – keine condictio sine causa, sondern Eigentumssurrogation – nur *Heimbach*, Lehre von der Frucht, S. 119 f.

[635] In der Pandektistik gab es freilich teilweise die Tendenz, dem gutgläubigen Besitzer sofort die Früchte dinglich zuzusprechen; a. A. aber z. B. *Windscheid*[3], Pandektenrecht, Bd. 1, § 186 (S. 529–534), m. w. N.; *F. C. v. Savigny*, Pand.Nschr. 1824/25 (*Bonn anonym*), S. 175 f., in: *ders.*, Pandektenvorlesung 1824/25, S. 128. Siehe auch die Motive, Bd. 3, S. 364 f. = *Mugdan*, Bd. 3, S. 202.

[636] *Windscheid*, Zwei Fragen. S. 32 f.

stematischen Teilen des römischen Rechts, bis sie das Fallrecht in gesetzmäßige Sätze transformiert hatten. Die Lehre von der rechtsgeschäftlichen Stellvertretung ist ein schlagendes Beispiel dafür.

Für v. Jhering hingegen waren Impensen sowie die fehlende condictio gegen den redlichen Fruchtkonsumenten willkommener Anlaß, nach Pfersches methodologischen Vorgaben den fragmentarischen Charakter der Bereicherungsklagen zu betonen. Dafür waren andere Quellenstellen der eigenen Auffassung nur wenig zuträglich. Vor allem betraf das die Akzessionsfälle: Windscheid konnte nachweisen, die entsprechenden Digestenstellen enthielten gar kein Titelerfordernis. Deshalb versuchte v. Jhering, die condictio sine causa für die Fallgruppen accessio und specificatio in die actio in factum oder rei vindicatio utilis umzudeuten. Außerdem eliminierte er exegetisch den Ersatzanspruch bei Sachverbrauch oder Geldvermischung, um so legitimatorische Schwächen seiner Ansicht zu kaschieren. Im Hintergrund wollte er stets seine Titeltheorie verteidigen.[637] Das hielt v. Jhering indes nicht davon ab, im künftigen Bürgerlichen Gesetzbuch auch gegen den untitulierten Besitzer in diesen Fällen die condictio sine causa einzufordern.[638]

§ 951 BGB und die Fallgruppen zu § 812 Abs. 1 S. 1 Alt. 2 BGB zeigen, daß sich Windscheid durchsetzte; die alten Anomalien des Fruchtverbrauchs und der Impensen wurden in Spezialkomplexe abgeschoben (§§ 953 ff., 994 ff. BGB). Die auf den ersten Blick eher theoretische Kontroverse, ob die Kondiktion nur bei fehlendem Titel offensteht, hat für die übergreifende Fragestellung nach Einheits- oder Trennungsmodell eine zentrale Bedeutung. Denn hätten v. Jhering oder Witte mit seiner strengen Unmittelbarkeitslehre die Oberhand behalten, wären die wichtigsten Fallgruppen der Nichtleistungskondiktion nie zur Entwicklung gelangt. Die Kondiktionen wären dann fast ausschließlich auf Leistungsfälle beschränkt geblieben, die Frage nach Trennungs- oder Einheitslehre wäre mangels gemeinsamer Ausgangsbasis erst gar nicht entstanden.

d) Mehrpersonenverhältnisse

Neben dem bereicherungsrechtlichen Makrokosmos soll ein weiterer Ausschnitt der Materie kurz auf dem Hintergrund der dynamischen Entwicklung in der zweiten Hälfte des 19. Jahrhunderts analysiert werden. Die Rede ist von der Rückabwicklung in Mehrpersonenverhältnissen.[639] Beinahe naturgemäß erwek-

---

[637] *v. Jhering*, in: JherJb, Bd. 16 (1878), S. 230 (240–256).

[638] *v. Jhering*, in: JherJb, Bd. 16 (1878), S. 230 (317 f.).

[639] Aus dem historischen Schrifttum seien hier neben den in den folgenden Fn. aufgeführten Autoren genannt: *Müller*, in: AcP 15 (1832), S. 263–277; *Schagen*, Voraussetzungen der condictio indebiti; *Voigt*, Condictiones ob causam, S. 358–378. Einen umfas-

ken sie besonderes Interesse. Schon damals entwickelte die Lehre auf der Basis des römischen Rechts weitreichende Lösungsansätze, gekreuzt durch neuere Zahlungsmodalitäten wie Wechsel und Scheck. Bei der Frage des Bereicherungsrechts zwischen Einheits- und Trennungsmodell steht besonders die Vermögensverschiebung im Mittelpunkt, basieren die Einheitslehren doch vor allem auf dem Tatbestandsmerkmal „auf dessen Kosten". Aus heutiger Sicht könnte man zuerst meinen, man habe sich wie nach 1900 auf die Unmittelbarkeit der Vermögensverschiebung fixiert und sie dann je nach Bedarf zurechtgebogen. Das traf keineswegs zu.

Einigkeit bestand nach der römischen Vorlage zunächst darüber, bei Anweisungslagen sei „über Eck" zu kondizieren,[640] selbst wenn der Zahlende eigene Mittel aufgewandt hatte: „Nec novum, ut quod alius solverit alius repetat", steht in D. 12, 6, 5. Traditionell orientierte man sich an bekannten Rechtsinstitutionen, allen voran Mandat und Delegation.[641] Botho Ludwig Wilhelm v. Salpius (1823–1874) nahm in seiner Monographie „Novation und Delegation" die spätere Lehre unter dem Bürgerlichen Gesetzbuch vorweg, als er den Terminus der „indirekten Vermögenszuwendung" einführte, die fingiere, der Angewiesene habe an den Anweisenden und dieser an den eigentlichen Empfänger bezahlt.[642] „Anweisung" wurde dabei wie heute, wenn die Rechtsprechung von der „Anweisung im weiteren Sinn" spricht, untechnisch verstanden.[643]

Ein weitreichender Unterschied zur heutigen Rechtslage ist jedoch, daß im 19. Jahrhundert noch keine klare Trennung zwischen eigentlicher Anweisung und zugrundeliegendem Deckungsgeschäft bestand.[644] Selbst Schecks und

---

senden Überblick über die römischen Quellen liefert *Windscheid*, in: Festgabe für *Otto Müller*, S. 1 (1–21).

Aus heutiger Sicht *Kupisch*, in: Festschrift für *Hans Hermann Seiler*, S. 431 (435–448), mit umfangreichen weiteren Nachweisen; *Andreas Weber*, Irrtümliche Eigenleistung, S. 9–26; auch *Flume*, in: AcP, Bd. 199 (1999), S. 1 (3 f., 11, 17 f.).

[640] Siehe nur *F. C. v. Savigny*, Pand.Nschr. 1824/25 (*Bonn anonym*), S. 477 f., in: *ders.*, Pandektenvorlesung 1824/25, S. 330.

[641] Zum klassischen römischen Recht *Meder*, Bargeldlose Zahlung, S. 174–199. Die Terminologie ist wie folgt: Delegat (Angewiesener), Delegant (Anweisender), Delegatar (Drittempfänger).

[642] *v. Salpius*, Novation und Delegation, S. 473 f.

[643] Ungenau ist es daher, aus §§ 783 ff. BGB das Grundmuster herleiten zu wollen. Dafür aber *Meder*, Bargeldlose Zahlung, S. 12; dagegen *Oliver Seiler*, Bereicherungsausgleich im Überweisungsverkehr, S. 29 f., m. w. N.; *Schimansky*, in: *ders./Bunte/ Lwowski*, Bankrechts-Handbuch, Bd. 1, § 50, Rn. 1: „Mehr als eine – entbehrliche – Argumentationshilfe sind diese Parallelen im Grunde nicht". Die Terminologie „Anweisung" ist jenseits von §§ 783 BGB im einzelnen str., teilweise werden auch andere Bezeichnungen benutzt. Siehe *Christina Wolf*, Drittleistung und Leistungsmittlung.

[644] Vgl. *Jan Wilhelm*, in: AcP, Bd. 175 (1975), S. 304 (333–338); des weiteren *v. Kübel*, in: *Schubert*, Redaktorenvorlagen, Schuldrecht, Bd. 3, S. 587–589 [1–3 der Originalpaginierung].

Postanweisungen als Vorläufer des heutigen Zahlungsverkehrs wurden damals oft noch unter dem Oberbegriff „Vertretung" im untechnischen Sinn behandelt.[645] Die Abstraktion von Vollmacht im Außenverhältnis zum Innenverhältnis befand sich erst in den Anfängen.[646] Dasselbe gilt für mandatum und delegatio. Daher war auch noch nicht vollkommen geklärt, wie genau die Fälle zuzuordnen sind, in denen zwar keine technische Stellvertretung vorliegt, aber dennoch zur Tilgung der Schuld eines anderen bezahlt wird.

Zum einen bot sich an, danach zu unterscheiden, in wessen Namen bezahlt wurde, zum anderen, ob sich der unmittelbar Zahlende dem Schuldner im Dekkungsverhältnis zur Zahlung verpflichtet glaubte.[647] Noch weiter ging die Meinung, die dem unmittelbar Zahlenden nur dann die condictio gegen den Empfänger verweigern wollte, wenn die Zahlung tatsächlich im Auftrag des angeblichen Schuldners erfolgt war.[648] Die erste Lösung orientierte sich am Außenverhältnis, am äußeren Auftreten des Zahlenden gegenüber dem Gläubiger, die zweite und dritte am subjektiven oder objektiven Innenverhältnis zwischen Zahlendem und eigentlichem Schuldner. Heute setzt sich dieses Abgrenzungsproblem darin fort, wenn die Zahlung auf eigene Schuld, Drittleistung nach § 267 Abs. 1 BGB und Anweisungslagen unterschieden werden müssen. Die Norm § 267 Abs. 1 BGB, nach der man zwar auf eine fremde Schuld, aber aus eigenem Interesse zahlt, steht dabei am Scheidepunkt. Die Vorschrift ist vom Deckungsverhältnis abstrahiert, läßt aber ihrerseits den genauen Unterschied zwischen der Zahlung „suo" und „alineo nomine" offen. Die Verwirrung war nach 1900 noch bei Erich Jung zu verspüren, als er andachte, der Gläubiger erhalte eine Zahlung selbst dann mit causa, wenn der Drittleistende irrigerweise auf eigene Schuld zahlt.[649] Und sogar in der Gegenwart wird darum gestritten, ob bei einer Leistung nach § 267 Abs. 1 BGB suo oder alieno nomine bezahlt wird, ob also die Kondiktion des Drittleistenden gegen den vermeintlichen Gläubiger oder die Kondiktion gegen den Putativschuldner der richtige Rückabwicklungsweg sei.[650]

---

[645] Siehe nur *v. Brinz*, Pandekten, Bd. II/2, § 300 (S. 512–514, Fn. 32), er verwandte den Oberbegriff „Vertreter im weitesten Sinne", der u. a. folgende Fallgruppen enthalten soll: Vertreter im eigentlichen Sinne, Delegat.

Aus der Rspr. des BGH etwa BGH, 9.5.1983 – II ZR 241/82, in: BGHZ 87, 246 (250): „Anweisung im weiteren Sinne".

[646] Grundlegend *v. Jhering*, in: JherJb, Bd. 1 (1857), S. 273 (bes. 313); später wurde diese Erkenntnis bekanntlich von *Paul Laband* (1838–1918) ausgebaut.

[647] Vgl. *Oertmann*, in: AcP, Bd. 96 (1905), S. 1 (35 f.), einerseits und *ders.*, in: AcP, Bd. 82 (1894), S. 367 (457–466), andererseits.

[648] Siehe *Schloßmann*, in: GrünhutsZ, Bd. 9 (1882), S. 553 (554), m. w. N.

[649] *Jung*, Bereicherungsansprüche, S. 83 f., Fn. 133, S. 90 f., Fn. 143.

[650] Stellvertretend *Reuter/Martinek*, Ungerechtfertigte Bereicherung, § 12 III 2 b, 3 (S. 465–471), m. w. N.

In den konkreten Ergebnissen entschied man ebenso wie in der ersten Hälfte des darauffolgenden Jahrhunderts. Die Abwicklung hatte grundsätzlich „übers Eck“ zu erfolgen, die „recta via“ zwischen Angewiesenem und Drittempfänger war nur zulässig, wenn Deckungs- als auch Valutavertrag zugleich unwirksam waren.[651] Der Dritte konnte sich in dieser Situation gemäß D. 12, 6, 44 nicht auf ein wirksames Vertragsverhältnis berufen:[652] „Repetitio nulla est ab eo qui suum recepit, tametsi ab alio quam vero debitore solutum est.“ Über die sachenrechtliche Lage bestand dabei keine Einigkeit. Während v. Jhering sich für die direkte Eigentumsübertragung vom Angewiesenen an den Drittempfänger ohne Vermittlung des Anweisenden aussprach,[653] schloß sich v. Savigny der Durchgangslehre an, die bei der traditio des Angewiesenen an den Dritten zumindest fiktiv den Durchgangserwerb des Anweisenden annahm.[654]

Bei allem spielte die Bereicherung auf Kosten eines anderen eine eher periphere Rolle. Der Hauptgrund, warum die Vermögensverschiebung im Gegensatz zur ersten Hälfte des 20. Jahrhunderts nicht der Fixpunkt bereicherungsrechtlicher Überlegungen im Mehrpersonenverhältnis war, dürfte in der konkreten Anlage der verschiedenen Kondiktionen zu suchen sein. Obwohl die Formel von der rechtsgrundlosen Vermögensverschiebung breite Anerkennung fand, kam ihr im gemeinen Recht bei weitem nicht die normative Kraft einer Rechtsregel zu. Die rechtsgrundlose Bereicherung half zwar bei der Konsoli-

---

651 Vgl. den Ansatz in *Celsus*, D. 12, 6, 47.

Hier arbeitete die Lehre mit verschiedenen Begründungen. Siehe etwa *v. Brinz*, Pandekten, Bd. II/2, § 300 (S. 515 f.): „Billigkeit“; *Erxleben*, Condictiones sine causa, Bd. 1, S. 163: Gründe der Bequemlich- und Zweckmäßigkeit; *Paul Herrmann*, in: GrünhutsZ, Bd. 27 (1900), S. 35 (65–70); *Schloßmann*, in: GrünhutsZ, Bd. 9 (1882), S. 553 (563); *Wendt*, Allgemeines Anweisungsrecht, S. 59 f.: „successive Durchführung der beiden principalen Condictionen“ (mit Nachweisen zu anderen Argumenten); *Witte*, Bereicherungsklagen, S. 78 f.: condictio sine causa aus Billigkeitsrücksichten.

652 Siehe auch *Ulpianus*, D. 12, 6, 26, 12; *Paulus*, D. 44, 4, 5, 5 und 46, 2, 12.

653 *v. Jhering*, in: JherJb, Bd. 1 (1857), S. 273 (bes. 331); *ders.*, in: JherJb, Bd. 2 (1858), S. 67 (bes. 137 f.).

654 *F. C. v. Savigny*, System, Bd. 4, S. 590 f.: „Es wird nämlich so betrachtet, als wäre das Geld von dem Schuldner an den Mann, von diesem an die Frau gegeben worden“; noch deutlicher *v. Scheuerl*, in: JherJb, Bd. 2 (1858), S. 1 (bes. 4–13), der sich nicht nur für Fiktion, sondern für realen Durchgangserwerb aussprach. Vgl. auch *Schloßmann*, in: GrünhutsZ, Bd. 9 (1882), S. 505–552.

Aus heutiger dogmatischer Sicht zur Durchgangstheorie *Hassold*, Leistung im Dreipersonenverhältnis, S. 62–79, m. w. N. Ob die Digesten, etwa *Ulpianus*, D. 24, 1, 3, 12, ursprünglich Durchgangserwerb annahmen, sich auf Fiktion im Sinne des „als ob“ beschränkten oder sich lediglich auf die schuldrechtliche Seite bezogen, darüber herrscht in der Romanistik keine Einigkeit, siehe nur *Flume*, in: NJW 1984, S. 464 (465, Fn. 4); *Kupisch*, in: Festschrift für *Hans Hermann Seiler*, S. 431 (435–448), beide m. w. N. Angesichts des offenen Wortlauts der entscheidenden Digestenstellen ist es ungeachtet zahlreicher Deutungsversuche falsch verstandene Applikation, daraus Schlüsse für das geltende Recht zu ziehen.

dierung und Systematisierung der Kondiktionen und verwandter Fälle, bei Dreiecksverhältnissen blieben ihr aber weitgehend die Türen verschlossen. Sehr klar kommt das in der Regel „suum recepit" zum Ausdruck: Die Gelehrten waren über ihren Wert für die Problemlösung uneins.[655] Wirklich integrieren ließ sie sich, wie Erxleben zu Recht betonte,[656] nur auf der Basis des Satzes, daß jemand etwas ohne Rechtsgrund zum Nachteil eines anderen empfangen hat. Da sich die Digestenstellen zum „suum recepit" am Behaltendürfen des Empfängers orientieren, bot sich dieser Satz für die Zukunft zur Generalisierung im Rahmen des Systems von der rechtsgrundlosen Bereicherung unter dem Tatbestandsmerkmal „Rechtsgrundlosigkeit" an.

In der Zwischenzeit konnte man sich auf Bewährtes verlassen. v. Brinz löste ebenso wie Windscheid die Abwicklung in Mehrpersonenverhältnissen ohne die Lehre von der Vermögensverschiebung.[657] Wörtlich schreibt er: Allein „stets muß, damit dieses möglich und geboten sei, derjenige, welcher condictione belangbar sein soll, als nach derselben Maßgabe eigentliche Geber oder Verlierende erscheinen." Wie aber sollte man Geber und Verlierer bestimmen? Ausschlaggebend seien die „zwischen diesen Personen von Rechtswegen statthabenden Forderungen: auf Herausgabe oder Anrechnung des Empfangenen dort (Valutaverhältnis): auf Ersatz, Anrechnung (Regreß, Deckung) hier."[658] Das Valutaverhältnis zwischen dem Anweisenden und dem Dritten und das Deckungsverhältnis zwischen dem Anweisenden und dem Angewiesenen, die Rückabwicklung anhand der Vertragsverhältnisse sollte jeweils Gläubiger und Schuldner bestimmen. Ein Durchgriff war damit grundsätzlich ausgeschlossen, abzuwickeln war „über Eck" entlang der Vertragsbeziehungen. Das einzige Attribut, welches diese Lehre noch von der „modernen" Trennungslehre in Mehrpersonenverhältnissen unterscheidet, ist die Terminologie. Vertragsbeziehungen von Geber und Nehmer, erste und zweite Absicht bei der Voraussetzung nannte man es damals, Leistung heute. Über größere Zeiträume gesehen war der allzu starre Umgang mit dem Gesetz in Mehrpersonenrelationen zwischen 1900 und der Elektrogeräte-Entscheidung Exzeption und nicht Regel.

---

[655] Ob diesen Digestenstellen eine allgemeine Bedeutung für Anweisungen zukommt, war umstritten. Dagegen z. B. *Windscheid*, Voraussetzung, S. 94, Fn. 9; dafür *Erxleben*, Condictiones sine causa, Bd. 1, S. 156 f.; *Witte*, Bereicherungsklagen, S. 77 f.

[656] *Erxleben*, Condictiones sine causa, Bd. 1, S. 156.

[657] Siehe *Windscheid*, Voraussetzung, S. 93–96, und bes. *ders.*, in: Festgabe für *Otto Müller*, S. 1 (4): Beziehungen im Deckungs- und Valutaverhältnis „Grundleistungen", unmittelbarer Zahlungsvorgang (die heutige „Zuwendung") „Vollzugsleistung".

[658] *v. Brinz*, Pandekten, Bd. II/2, § 300 (S. 511 f., insbes. Fn. 30).

10. Exkurs: Versionsklage

Im Zusammenhang mit den Kondiktionen muß eine andere Rechtsinstitution tangiert werden, die durchaus die Möglichkeit offerierte, durch Vertragsbeziehungen „hindurchzugreifen". Gemeint ist die actio de in rem verso utilis, auch Versionsklage genannt, einer der ambivalentesten Mechanismen des gemeinen Rechts.[659] Für viele Gelehrte war die actio Synonym einer Bereicherungsklage.[660] Sie entwickelte sich aus der antiken actio de in rem verso, die dem Vertragspartner des Gewaltunterworfenen (Hauskinder und Sklaven) gegen dessen Gewalthaber gegeben wurde, wenn der Unterworfene das aus dem Verpflichtungsgeschäft Erlangte zur Bereicherung seines Herrn verwandt hatte.[661] Mit der Zeit erodierten die Grenzen der actio, und sie galt dem Vertragspartner auch bei Verträgen mit Freien in der Form einer actio utilis. Doch nicht alle vollzogen diese Erweiterung der Versionsklage nach, v. Savigny zum Beispiel behandelte in seiner Pandektenvorlesung die Versionsklage strikt nach klassischem Muster.[662]

Der Anwendungsbereich der Klage war sehr weiträumig. Man konnte sie bei entsprechender Interpretation auch für Zweipersonenverhältnisse, dem Gebiet der condictio sine causa, heranziehen.[663] Diese Deutung verstand das Wort „Verwendung" wörtlich und formulierte einen allgemeinen Satz wie: „Wer etwas in das Vermögen eines anderern verwandt hat". Die actio de in rem verso war damit ganz erheblich erweitert. Dreiecksverhältnisse im Umkreis der negotiorum gestio entsprachen dagegen schon eher dem klassischen Typus der Klage. Es sollte verhindert werden, daß der eigentlich begünstigte Geschäftsherr sich bereichern kann, ohne einem anderen zu haften.

Die juristische Unschärfe führte schließlich zum schlechten Leumund der Klage. Nicht ganz zu Unrecht verglichen kritische Stimmen die überweite Versionsklage mit „den von Quacksalbern ausgebotenen Universalmedicinen".[664]

---

[659] Aus der Vielzahl an Übersichten sei nur auf *Brandi*, Bereicherung aus fremdem Vertrag, S. 3–65, hingewiesen.

[660] Etwa *Heimbach*, Artikel „Bereicherung", in: *Weiske*, Rechtslexikon, Bd. 1, S. 925 (926, 929 f.); *v. Langenn/Kori*, Erörterungen, Bd. 1, S. 1 (2 f.); *G. W. A. Sell*, Versuche im Zivilrecht, Bd. 1, S. 49; anders aus heutiger Sicht *Niederländer*, Bereicherungshaftung im römischen Recht, S. 63 f.

[661] Siehe gemeinrechtlich *Ruhstrat*, in: JherJb, Bd. 15 (1877), S. 268–311; *ders.*, in: JherJb, Bd. 19 (1881), S. 416–458; zum klassischen Recht *Kaser*, Römisches Privatrecht, Bd. 1, § 141 II 2 (S. 607).

[662] *F. C. v. Savigny*, Pand.Nschr. 1824/25 (*Bonn anonym*), S. 334 f., in: *ders.*, Pandektenvorlesung 1824/25, S. 236 f. Kritisch zur extensiven Versionsklage auch *ders.*, Obligationenrecht, Bd. 2, S. 31 f.

[663] Zur Rechtslage bei der preußischen Versionsklage, insbesondere zu ihrer Anwendung in *Zweipersonenverhältnissen*, näher unten ab S. 224, 263.

[664] *Seuffert/Glück*, in: SeuffBl, Bd. 1 (1836), S. 133 (133).

Spätestens seit dem Aufsatz Ferdinand Kämmerers (1784–1841) im Jahre 1835 begann ihr Abstieg.[665] Man hoffte, daß dem als „gespensterhaft grasirenden Ungethüm eines über alles Maass hinaus ausgedehnten Rechtsinstituts endlich der Lebensfaden abgeschnitten" werde.[666] Lange vor dem Bürgerlichen Gesetzbuch für das Deutsche Reich fand sich die Hoffnung in der Literatur zu großen Teilen erfüllt.[667] Auch die Rechtsprechung nahm bereitwillig die kritischen Stimmen auf und beschnitt die Klage.[668] Andere versuchten, die actio de in rem verso utilis durch mancherlei Restriktionen zu retten. Man schlug vergleichsweise vor, der für den Hintermann Handelnde müsse dem Dritten gegenüber erkennbar für jenen aufgetreten sein.[669]

Insgesamt gesehen war die Versionsklage in der zweiten Hälfte des 19. Jahrhunderts deutlich im Verfall begriffen. An ihren universellen Charakter wollte niemand mehr glauben. Die Analogiemethode der actio utilis war spätestens seit v. Savignys Pandektenvorlesung auf die Kondiktionen übertragen worden, so daß der Bereicherungsgedanke nicht mehr auf die Versionsklage angewiesen war. Die im gemeinen Recht entwickelte Lehre von der Stellvertretung begünstigte den Abstieg der Klage, da ein Durchgriff nun mittels Stellvertretung möglich war. Bei den Beratungen zum Sächsischen Bürgerlichen Gesetzbuch wurde die Versionsklage zuletzt als eigenständige Rechtsinstitution unter anderem mit dem Argument aussortiert, ihre Fälle gehörten zur Stellvertretung.[670] Die Väter des Bürgerlichen Gesetzbuchs griffen daher die allgemeine Strömung ihrer Zeit auf, als sie unter die Versionsklage den endgültigen Strichpunkt zogen. Keinesfalls war das „Verbot" eine revolutionäre Tat.

11. Fazit

Bisher wurden immer nur die Elemente der gemeinrechtlichen Kondiktion erörtert und unter systematischen Aspekten betrachtet. Die Anspruchsgrundlage

---

[665] *Kämmerer*, in: LindesZ, Bd. 8 (1835), S. 341 (349–361); zustimmend etwa *Ude*, in: AcP, Bd. 50 (1867), S. 370 (395).

[666] *Kuntze*, in: SchlettersJb, Bd. 8 (1862), S. 209 (212).

[667] Kritisch etwa *v. Keller*, Pandekten, § 236 (S. 466 f.); *Schloßmann*, in: JherJb, Bd. 28 (1889), S. 287 (331); *ders.*, in: JherJb, Bd. 35 (1896), S. 78–99; *ders.*, in: JherJb, Bd. 36 (1896), S. 316–335. Gegen *Schloßmann v. Tuhr*, in: JherJb, Bd. 35 (1896), S. 431–450.

[668] Deutlich BayOGH, 16.4.1873 – UB. des I. Sen. Nr. 58, in: BayOGHE, Bd. 3 (1874), S. 401–404. Zu Versuchen in Preußen unten auf S. 263.

[669] Bspw. *Arndts v. Arnesberg/Pfaff/Hofmann*, Pandekten, § 248 (S. 492); *v. Tuhr*, Actio in rem verso, S. 314–316; ablehnend etwa *Dernburg*, Pandekten, Bd. 2, § 14 (S. 41); *Carl Georg v. Wächter*, Pandekten, Bd. 2, § 203 (S. 457).

[670] Sitzung 151, Revisionskommission Sä-BGB, S. 16 f. = Anhang, S. 919; siehe auch ausführlicher unten auf S. 242.

des Bereicherungsrechts läßt sich aber auch mit der Rechtsfolgenseite zusammenführen und in eine größere Ordnung stellen. Wie schon beim Streit um den titulus putativus setzte Windscheid die entscheidenden Maßstäbe.

a) Synthese des Tatbestandes

Obwohl er seine Voraussetzungslehre nicht im Bürgerlichen Gesetzbuch verankern konnte, obsiegte der „Neubeleber der Wissenschaft des praktischen Civilrechts“[671] im übergeordneten Blickwinkel. Die „Lehre des römischen Rechts von der Voraussetzung“ war allein ein Beispiel für die rechtsgrundlose Bereicherung aus Leistung. Wurde die Voraussetzungslehre auch nicht in das Bürgerliche Gesetzbuch übernommen, so setzte sich die Terminologie „ungerechtfertigte Bereicherung“ in Wissenschaft und Kodifikation durch. § 812 Abs. 1 S. 1 BGB steht im 24. Abschnitt unter eben diesem Titel, die Norm enthält die Termini „Leistung“ und „in sonstiger Weise“, mag man nun das Bereicherungsrecht dualistisch oder monistisch erfassen. Erst Windscheid vermochte in seinem Streit mit v. Jhering um die condictio pretii der durch v. Savigny angeregten Einteilung des Bereicherungsrechts in Leistung und andere Fälle für den Bereich der Nichtleistung Leben einzuhauchen. Standen vor Windscheid die vielen Varianten der Verwendung, Verbindung, Vermischung, Verarbeitung, des Sachverkaufs und schließlich der Konsumtion beziehungslos nebeneinander, so gliederte er sie unter dem Aspekt der rechtsgrundlosen Bereicherung in ein System *über* den altbekannten Kondiktionen ein. Die historische, in den Digesten angelegte Ausgangslage, die mehr nach konkreten Sachproblemen als nach abstrakten Merkmalen geordnete Einteilung, war nun endgültig überwunden und der Weg für das nächste Jahrhundert vorbereitet.

b) Exkurs: Synthese von Tatbestand und Rechtsfolge

Windscheid war es erst, der das Recht der Kondiktionen zum Recht der rechtsgrundlosen Bereicherung transzendierte und das System v. Savignys vollendete. v. Savigny bot mit dem Bereicherungsbegriff einen Ansatzpunkt für die Begründung des Anspruchs. Wie sich der Bereicherungsdanke auf der Rechtsfolgenseite auswirken sollte, darüber läßt sich v. Savignys offiziellen Schriften nur sehr wenig entnehmen. Ihm gelang es zwar, die Pomponius-Sentenz tatbestandlich durch Vermögensverschiebung und Rechtsgrundlosigkeit zu bändigen, die Folgen des Anspruchs wurden jedoch nicht mitbedacht.

---

[671] *Josef Kohler*, Patentrecht, Widmung.

Hier konnte Windscheid sein Werk fortsetzen. Gegen eine beachtliche Strömung in der Literatur verfocht er die Meinung, „hinterheriger Wegfall der Bereicherung schließt die Verpflichtung aus, wenn der Wegfall ohne Schuld des Bereicherten" eingetreten ist.[672] Die Gegenansicht orientierte sich für den wichtigsten Fall, die condictio indebiti, mit einigen Varianten wie zu römischen Zeiten an den allgemeinen Regeln des Schuldrechts:[673] Bei Stückschulden (Infungiblien) entlastet danach unverschuldete Unmöglichkeit oder Entreicherung, bei Gattungsschulden und Geld (Fungiblien) ist der Untergang des herauszugebenden Gegenstandes für den Bereicherungsanspruch wie beim Rückzahlungsanspruch aus Darlehen ohne Belang.

Dies war bereits vor Windscheids Auftreten umstritten. Glück hing am Anfang des Jahrhunderts zwar noch ganz der alten Unterscheidung in Fungiblien und Nonfungiblien an, er befürwortete aber generell den Bereicherungswegfall.[674] v. Savignys Haltung läßt sich seiner Pandektenvorlesung immerhin in Fragmenten entlocken. Er gab auf die von ihm selbst gestellte Frage, was bei der Rückforderung zu leisten sei, zu Protokoll:[675]

> Offenbar „ist der Zweck der Ganzen Rückforderung der, daß der Kläger zurückversetzt werde in die frühere durch die irrige Haltung veränderte Lage. Hat der Kläger fungible Sachen gegeben, so muß eine gleiche Quantität derselben fungiblen Sachen zurückgegeben werden; eine specielle Sache wird speciell erstattet. [...] Wenn die Sache untergegangen ist, so fordert er das, was daraus in dem Vermögen des Andern ist. Hat der Andere zB. die Sache verkauft, so fordert der Kläger das Kaufpretium."

Der Sache nach unterteilt auch das Pandektenmanuskript v. Savignys traditionell die Verbindlichkeit aus der Kondiktion in Fungiblien und Nonfungiblien.[676] Vielleicht wurde in der Pandektenvorlesung wenigstens für Speziessachen der Bereicherungswegfall vertreten; das könnte die Wendung „was daraus

---

[672] *Windscheid*[3], Pandektenrecht, Bd. 2, § 424, 1, insbes. Fn. 3 (S. 548). Konkret mußte der Bereicherungswegfall „ohne Schuld", d. h. in Unkenntnis der Verpflichtung aus ungerechtfertigter Bereicherung, erfolgt sein. Zur pandektistischen Lehre bereits *Detlef König*, Ungerechtfertigte Bereicherung, S. 52–58.

[673] Aus der Zeit *Windscheids* etwa *v. Brinz*, Pandekten, Bd. II/2, § 300 (S. 516–518); *ders.*, in: SeuffBl, Bd. 17 (1852), S. 49 (53–58); *Erxleben*, Condictiones sine causa, Bd. 1, S. 182–211; *v. Keller*, Pandekten, § 299 (S. 573); *Witte*, Bereicherungsklagen, bes. S. 139–142, m. w. N. *Dernburg*, Pandekten, Bd. 2, § 141, 4 c (S. 370 f.), nahm vom Bereicherungswegfall immerhin noch Geld aus; aus der älteren Literatur z. B. *Schweppe*, Römisches Privatrecht, § 616 (S. 510); *Seuffert*, Pandektenrecht, Bd. 2, § 436 (S. 365); *v. Wening-Ingenheim*[3], Gemeines Zivilrecht, Bd. 1, § 293 (S. 634 f.).

[674] *Gluck*, Erläuterungen, Bd. XIII/1, §§ 827, 835 (S. 75, 160, 166).

[675] *F. C. v. Savigny*, Pand.Nschr. 1828/29 (*v. Varnbüler*), Bd. 6, S. 332; siehe auch die etwas kürzere Fassung in *ders.*, Pand.Nschr. 1832/33 (*Jahncke*), S. 407. Die allermeisten Pand.Nschr. schweigen sich zum Gegenstand der condictio indebiti aus oder gehen nur sehr fragmentarisch darauf ein.

[676] *F. C. v. Savigny*, Manuskript Pandekten 1809–1841/42, Bl. 745r [542r].

in dem Vermögen des Andern ist“ bedeuten. v. Savignys Haltung zur Gattungsschuld läßt sich nicht zweifelsfrei identifizieren.

Das Verdienst Windscheids besteht darin, daß er die bis in den usus modernus zu verfolgende Ansicht,[677] die Rechtsfolge der Kondiktion sei auf die Bereicherung zu beschränken, mit dem Tatbestand der rechtsgrundlosen Bereicherung verknüpfte. Andere Autoren seiner Zeit erkannten zwar die generelle Beschränkung auf die noch vorhandene Bereicherung an, bei ihnen erschien diese Restriktion aber mehr als Fremdkörper, da sie auf der Tatbestandsseite noch nicht systematisch-konsequent mit der Formel der rechtsgrundlosen Bereicherung arbeiteten.[678] Bezeichnend ist Valett, der bereits 1828 die Haftung generell auf die Bereicherung begrenzte, systembildende Bausteine zu den Kondiktionen jedoch vermissen ließ.[679] Das gegenteilige Extrem verdeutlichen Sell und Adolph Dieterich Weber (1753–1817). Beide benutzten noch die unreflektierte Pomponius-Formel, sie kamen daher fast zwangsläufig zum generellen Bereicherungswegfall.[680]

Bei Windscheid hingegen knüpft der Bereicherungswegfall auf der *Rechtsfolgenseite* nahtlos an die Bereicherungsbegründung ohne Rechtsgrund auf der *Tatbestandsseite* an. Die Erweiterung der ursprünglich an Leistungsfällen orientierten Kondiktionen zum Recht der rechtsgrundlosen Bereicherung für Leistungs- als auch Nichtleistungsfälle geht mit der erleichterten Haftung einher, die den weiten Anwendungsbereich des Bereicherungstatbestands abfedert.[681] Ein anderer Grund für die Haftungserleichterung mag gewesen sein, daß die an vertraglichen Leistungsstörungen orientierte ältere Lehre mit dem Wegfall des Quasikontrakts als Fundament der Kondiktionen ihre Plausibilität in den Augen derer verloren hatte, die vertragliche Anklänge nunmehr ablehnten.

[677] Darauf weist *Kupisch*, in: *Schrage*, Unjust Enrichment, S. 237 (262 f.), zu *Justus Henning Böhmer*, Doctrina de actionibus, Sect. II. Cap. V, § XXVI (S. 392 f.), XXVII (S. 394 f.), XXVIII (S. 395), XXIX (S. 396 f.), XXX (397), hin. A. A. noch *Flume*, in: Festschrift für *Niedermeyer*, S. 103 (bes. 145), der *Glück*, Erläuterungen, Bd. XIII/1, § 827 (S. 75), als Urheber bezeichnet. *Justus Henning Böhmers* Werk „Doctrina de actionibus“ war aber als Beleg bereits bei *Glück* selbst in der Fußnote genannt.

[678] *Arndts v. Arnesberg*, Pandekten, § 341, 2 (S. 663 f.); *Baron*, Pandekten, § 280 II 1 a (S. 513); *Puchta/Rudorff*, Pandekten, § 309 (S. 480); *Seuffert/Seuffert*, Pandektenrecht, Bd. 2, § 436 (S. 453); *Wendt*, Pandekten, § 289 (S. 680 f.).

[679] *Valett*, Pandektenrecht, Bd. 2, § 676 (S. 265).

[680] Zu *G. W. A. Sell* näher oben ab S. 169; *Adolph Dieterich Weber*, Erläuterungen, Bd. 1, § 832 (S. 401).

[681] *Visser*, in: *Zimmermann/ders.*, Southern Cross, S. 523 (527), unter Berufung auf die Skizze bei *Reinhard Zimmermann*, Law of Obligations, S. 900. Die englische Lehre und Rspr. argumentieren parallel mit ihrer „floodgate“-Metapher: Der Bereicherungswegfall verkleinere wieder die Schleußenöffnung, die durch den Bereicherungsgedanken geschaffen worden sei.

Erst nach Erscheinen von Windscheids Pandektenlehrbuch gewann der Entreicherungseinwand in den 1860ern bei den Gesetzgebern vollends Akzeptanz; selbst noch der bayerische Entwurf von 1861/64 folgt wie die vorhergehenden Kodifikationspläne dem alten Schema.[682] Das Sächsische Bürgerliche Gesetzbuch, dessen Beratungen zur Materie 1858 stattfanden und das in der Frage des Bereicherungswegfalls maßgeblich durch Sintenis beeinflußt wurde, ist in der Frage ambivalent. Die Revisionskommission erörterte den Vorschlag Sintenis', den allgemeinen Bereicherungswegfall einzuführen, verwässerte ihn aber, indem sie die Speziessachen in der Beratung von anderen Bereicherungsgegenständen abtrennte. Die endgültige Regelung im Sächsischen Bürgerlichen Gesetzbuch ist zwar grundsätzlich im Sinne der Lehre vom allgemeinen Bereicherungswegfall gehalten, aber noch wenig prägnant formuliert.[683] Der etwas jüngere Dresdner Entwurf von 1866[684] und darauffolgende Entwürfe[685] erscheinen eindeutig im Sinne des späteren § 818 Abs. 3 BGB.

Die Pomponius-Sentenz des „Bereichere Dich nicht!“ wurde somit ihrer anspruchsbegründenden Kraft enthoben und an den Ort verschoben, an dem sie keinen Schaden mehr anrichten konnte: auf die Rechtsfolgenseite.[686] Erst wenn

---

[682] Artt. 915 f. BE; zuvor schon §§ 774, 778, 785 PE-OR; Artt. 654, 656 HE; § 995 Sä-BGB E 1852.

[683] §§ 1527, 1538, 1546, 1550 Sä-BGB; dazu die Materialien: Sitzung 150, Revisionskommission Sä-BGB, S. 11–18 = Anhang, S. 908–909; Sitzung 50, Redaktionskommission Sä-BGB, unpaginiert = Anhang, S. 924. Wie hier im Sinne des Bereicherungswegfalls auch bei Geld *Hoffmann/Kaden/Scheele*, § 1527 Sä-BGB, Anm. 2 (S. 636); *Wengler/Brachmann*, § 1527 Sä-BGB, Anm. 3 (S. 629); aus heutiger Sicht ebenso *Detlef König*, Ungerechtfertigte Bereicherung, S. 55; a. A. im Sinne der traditionellen Lehre *Siebenhaar*, Sächsisches Privatrecht, § 457 (S. 725); literarische Kritik an der sächsischen Kodifikation wegen Bereicherungswegfalls jenseits der condictio indebiti bei *Lang*, Entwurf eines bayerischen BGB, Bd. 2, S. 203; *Joseph Unger*, Revidierter Entwurf eines Sä-BGB, S. 67 f.; *ders.*, Revidierter sächsischer Entwurf, Replik, S. 30 f.; abschwächend *Arndts v. Arnesberg*, in: *ders.*, Gesammelte Schriften, Bd. 3, S. 444 (455), und *Pöschmann*, Gegner des Entwurfs, S. 40.

Anders als das Prinzip in § 818 Abs. 3 BGB noch *Siebenhaar*, Vorlage, in: Akten der Revisionskommission Sä-BGB, Vol. 4, Bl. 493v, 494r, 499r, 502r/v, 503v, in §§ 25, 33, 39 f., 44 = Anhang, S. 883, 885, 886; beachte aber den Bereicherungswegfall bei *dems.*, a. a. O., Bl. 505v/506r, in § 51 = Anhang, S. 887 zur allgemeinen Bereicherungsklage; kritisch zu *Siebenhaars* Vorlage *Sintenis*, Bemerkungen, in: Akten der Revisionskommission Sä-BGB, Vol. 4, Bl. 670 v, 673r/v, 675v = Anhang, S. 889, 890, 891, 892, und *ders.*, Fassungsvorschlag, a. a. O., Bl. 680r/v, 681r, 682v, 683r/v, in §§ 1, 3, 6, 21, 26 = Anhang, S. 895, 897.

[684] Art. 981 DE.

[685] §§ 5, 16, 28 TE-OR; §§ 739 Abs. 2, 744, 745 Abs. 2, 748 Abs. 3 E I; § e Abs. 2 E-RJA. Siehe auch Art. 73 aOR.

[686] Auf den Zusammenhang von *Pomponius*-Parömie und Bereicherungswegfall weist schon *Flessner*, Wegfall der Bereicherung, S. 6 f., hin.

eine Bereicherung aufgrund Leistung oder Nichtleistung ohne Rechtsgrund vorliegt, kommt der allgemeine Bereicherungsgedanke zum Zuge. Windscheid zähmte den vagen Billigkeitssatz, indem er ihm tatbestandliche Zügel gab. Funktional gesehen wurde die Enunziation, man dürfe sich nicht zum Schaden eines andern bereichern, auf den Kopf gestellt: Das Bereicherungsverbot kann nicht nur so verstanden werden, als richte es sich allein an den Bereicherungsschuldner. Sieht man das Verbot im größeren Kontext, muß es sich der Gläubiger selbstverständlich auch zu seinen Lasten anspruchsbeschränkend vorhalten lassen; denn durch eine Kondiktion beim entreicherten Schuldner wäre der Gläubiger seinerseits auf Kosten des Schuldners bereichert. Hatte daher der Pomponius-Satz bei Sell noch anspruchsbegründende Kraft – er gab dem Gläubiger eine Klage an die Hand – so besteht die Funktion der Justinianischen Kompilation seit Windscheid darin, die Klage des Gläubigers zu beschränken. Das war Windscheids Verdienst.

c) Windscheids Sieg

Seine Gegner vermochten nur einen Pyrrhussieg zu erringen, als sie die Voraussetzungslehre mit Erfolg kritisierten. Windscheids System konnte das keinen Abbruch tun, weil der konkrete Inhalt der Leistungskondiktionen nicht auf Gedeih und Verderben mit der Dichotomie von Leistung und Nichtleistung verknüpft ist. Auch heute muß die Kritik an Leistungsbegriff oder Zuweisungsgehalt nicht lebensnotwendig mit einer Dekonstruktion des Trennungsmodells verbunden sein. In der Lehre von der rechtsgrundlosen Bereicherung kommt Windscheids ganze dogmatische Luzidität zum Tragen, er vereinte die Bausteine Vermögensverschiebung, Nichtleistungsfälle, causa und Bereicherungsverbot zu einem tragfähigen Koordinatensystem, das keine Extreme kennt, sondern sich in der Mitte zwischen Konkretisierung und Abstraktion bewegt. Abstrahiert wird durch die Bereicherung für Anspruchsgrundlage *und* Rechtsfolge, konkretisiert durch die Rechtsgrundlosigkeit.

Die in der Praxis geschätzte Fähigkeit Windscheids zu vermittelnden Lösungen tritt offen zutage, er wurde allem gerecht, sowohl dem moralischen Bedürfnis des „Bereichere dich nicht!“ als auch der praktikablen Begriffsbestimmung der maßgeblichen Rechtsgrundlosigkeit. Die heutige Fokussierung auf die Voraussetzungslehre verwundert freilich nicht. Denn oft sind es die von den Zeitgenossen bewunderten praktisch-vermittelnden Lösungen, die in der Nachwelt mangels Einseitigkeit und eigenwilliger Prägnanz allzu schnell in Vergessenheit geraten. v. Wächter zum Beispiel, dem Windscheid sein Pandektenlehrbuch widmete, galt bei seinen Standesgenossen als herausragende Persönlichkeit, als Mittler zwischen Romanisten und Germanisten; die wissenschaftsgeschichtliche Nachwelt schenkte seinem Schaffen jedoch lange Zeit nur wenig angemessene Beachtung.[687] Wie sollte es da verwundern, daß selbst Windscheids großer Bogen zur rechtsgrundlosen Bereicherung viel weniger bekannt ist als die Schlagworte „Voraussetzung“ oder „Vermögensverschiebung“.

VI. Kodifikationen zwischen Savigny und BGB

Nachdem die Rezeptionswege der Gelehrten des 17. bis 19. Jahrhunderts verfolgt wurden, fragt es sich im Anschluß, ob und wie die Praxis ihre Theorien zum Bereicherungsrecht aufnahm. Dafür bieten sich Rechtsprechung und Gesetzgebung an. Zunächst sei auf die Kodifikationsseite eingegangen. Bereits tangiert wurden die Gesetzesbücher, die um 1800 entstanden und die Kondiktionen nur fragmentarisch regelten. Ihnen war gemeinsam, daß der Bereicherungsgedanke in anderen Rechtsinstitutionen als den Kondiktionen seinen Platz fand. Dies war das typische Kennzeichen dieser Epoche.

1. Entwurf eines Preußischen Bürgerlichen Gesetzbuchs

Auch der Entwurf eines Bürgerlichen Gesetzbuchs für die preußischen Staaten konnte sich dem traditionellen Schema nicht entziehen.[688] Der preußische Entwurf verband die älteren Kodifikationen mit den eigentlichen Vorläufern des späteren Bürgerlichen Gesetzbuches für das Deutsche Reich. Nach den Befreiungskriegen spürte die preußische Administration, das überbordene Allgemeine Landrecht bedürfe dringend einer Revision. In den Jahren 1825/26 wurde eine Revisionskommission gebildet, der unter anderem v. Savigny angehörte. In den 30er Jahren machte die Revision tatsächlich beträchtliche Fortschritte; alle Materien eines Zivilgesetzbuches wurden in Entwürfe gefaßt, aber der Tod Friedrich Wilhelms III. im Jahr 1840 sowie v. Savignys Amtsantritt als Justizminister 1842 stoppten die umfassende Zivilrechtsreform. Aus dem Blickwinkel des Kodifikationsstreits mit Thibaut ist diese Entwicklung leicht nachvollziehbar. Heute liegen an Gesetzesmaterialien zum Obligationenrecht Entwürfe aus den 30er Jahren vor, die sich noch am Titelschema des preußischen Allgemeinen Landrechts orientieren, und in einer nächsten Revisionsstufe Entwürfe eines Bürgerlichen Gesetzbuchs ab 1840.

---

[687] Anders die neuere Forschung, siehe jetzt stellvertretend *Jungemann*, v. Wächter und das Strafrecht.

[688] Dazu *Dölemeyer*, in: *Coing*, Quellen und Literatur, Bd. III/2, S. 1440 (1494 f.); weiterhin die Beiträge bei *Gans*, Revision der preußischen Gesetzgebung; allgemein *Kern*, Preußischer BGB-Entwurf.

a) Allgemeines

Für das Bereicherungsrecht von besonderer Wichtigkeit sind die Entwürfe „Bürgerliches Gesetzbuch für die Preussischen Staaten. Zweiter Theil. Sachenrecht" (1840) und „Dritter Theil. Obligationenrecht. Erste Abtheilung. Obligationenrecht im Allgemeinen" (1842). Die Kondiktionen aus Leistung sind im wesentlichen im Allgemeinen Obligationenrecht unter dem Abschnitt „Von der Zahlung" in den §§ 759–798 kodifiziert. Aus heutiger Sicht ist die Anordnung des Bereicherungsrechts im Allgemeinen Schuldrecht etwas gewöhnungsbedürftig, aber nicht vollkommen atypisch, wie das Schweizer Obligationenrecht belegt. Der Entwurf stimmt mit seinem Vorläufer, der „Gesetzrevision, Pensum XIV, Entwurf – Allgemeines Landrecht, Theil I, Titel 14 und 16" von 1832 (§§ 173–212), inhaltlich überein, lediglich die Druckumbrüche sind leicht modifiziert. Die Rechtsinstitutionen Geschäftsführung ohne Auftrag (§§ 422 ff. PE-OR) und Versionsklage (§§ 455 ff. PE-OR) spielen im bereicherungsrechtlichen Konzept des Entwurfs ebenfalls eine Rolle, wie noch zu zeigen sein wird. Sie wurden anders als die Kondiktionen vom Entwurf des Jahres 1832 nochmals für die Vorlage von 1842 revidiert.

Die Kondiktionen knüpfen ihrer Stellung nach an den Zahlungsvorbehalt an (§§ 753 ff. PE-OR). Die condictio indebiti erscheint in den §§ 759 ff. PE-OR („Von der Rückforderung einer aus Irrthum geleisteten Zahlung") an der Spitze, darauf folgen in den §§ 783 ff. PE-OR („Von der Rückforderung der zu einem bestimmten Zwecke geleisteten Zahlung") und den §§ 789 ff. PE-OR („Von Zahlungen aus einem unerlaubten Vertrage oder zu einem unerlaubten Zwekke") die condictio causa data causa non secuta resp. die condictiones ob turpem vel iniustam causam. Mit Ausnahme der letztgenannten Kondiktionen, die im Landrecht noch in ausdrückliche Verbotsgesetze und unerlaubte Zwecke (prALR I 16 §§ 172 ff. und 205 ff.) geteilt waren, konvergiert die Kondiktionstypologie mit der des Allgemeinen Landrechts. Laut den Motiven, die ihrerseits überwiegend den Landrechtsredaktor Carl Gottlieb Svarez (1746–1798) zitieren, liegt der condictio indebiti das Prinzip „quod nemo locupletior fieri debeat cum damno alterius" zugrunde; gleichzeitig müsse das Prinzip aus Gründen der Verkehrssicherheit eingeschränkt werden. Ansatzpunkt für die Restriktion des allgemeinen Prinzips sollte der Irrtum des Leistenden sein.[689]

[689] Nach *Schubert*, Preußische Gesetzgebung, Abt. 2, Bd. III, S. 856 f. [108 der Originalpaginierung].

b) Generelle Bereicherungsklagen

aa) Versionsklage

Allein die condictio sine causa ist als solche unauffindbar. Teilweise wurde die Lücke durch weit im Gesetz verstreute, wenig spektakuläre Spezialvorschriften ausgefüllt.[690] Den Motiven zum Revisionsentwurf von 1832 zufolge ist es „nicht nöthig, daß wir der Klage, die in einem solchen Falle Statt findet, einen Namen geben, oder ihrer besonders gedenken". Vielmehr könne man sie unschwer aus prALR RE I 13 § 233,[691] dem späteren § 455 PE-OR des Entwurfs von 1842,[692] herleiten. Der allgemeine Bereicherungsgedanke residierte also nicht in der condictio sine causa generalis, sondern in den Nachfolgenormen zur Versionsklage des Landrechts.

Mit Zweipersonenverhältnissen, die eher im Blickfeld der condictio sine causa liegen, hat die Versionsklage in ihrer klassischen Ausgangsstellung wenig gemeinsam. Allerdings dehnte sich die Klage schon im usus modernus auf einige Konstellationen in zweigliedrigen Beziehungen aus, wodurch der condictio sine causa ihr Gewicht genommen wurde.[693] Das ursprüngliche Landrecht tendierte ganz in diese Richtung: Svarez, auf den sich die Motive berufen, zog den Grundsatz heran, niemand dürfe sich zum Schaden eines anderen bereichern. Der Pomponius-Satz sollte als konkretisierungsbedürftiges Rechtsprinzip nach dem Vorbild des usus modernus in die Versionsklage hineingedeutet werden. War der Satz aber das argumentative Fundament der Klage, mußte sie *sämtliche* Bereicherungsfälle, also auch Zweipersonenverhältnisse jenseits der typischen Dreiecksrelationen erfassen. Die Leistung an einen Geschäftsunfähigen und mit ihr das Zweipersonenverhältnis wurden zum Hauptanwendungsfall der preußischen Versionsklage. Die technische Bezeichnung condictio sine causa war Svarez im Zusammenhang mit prALR I 13 § 262 hingegen fremd.[694]

---

[690] Siehe bereits oben S. 104, insbes. Fn. 103.

[691] Sehr ähnlich mit prALR I 13 § 262 und dem hier signifikanten § 455 PE-OR. PrALR RE I 13 § 233:

> „Derjenige, aus dessen Vermögen etwas in den Nutzen eines Andern verwendet worden, erlangt dadurch an den letztern einen Anspruch auf Vergütung."

[692] § 455 PE-OR:

> „Derjenige, aus dessen Vermögen etwas in den Nutzen eines Andern verwendet worden, ist berechtigt, dasselbe entweder in Natur zurück oder für den Werth Vergütung zu fordern."

[693] Grundlegend die Untersuchungen bei *Kupisch*, Versionsklage, S. 38–40.

[694] *Schubert*, Preußische Gesetzgebung, Abt. 2, Bd. III, S. 643 [247]; in diese Richtung auch *Kupisch*, Versionsklage, S. 75–88, 90. Zur Versionsklage in der gemeinrechtlichen Literatur des 19. Jahrhunderts siehe den Exkurs oben auf S. 215.

Die Literatur hat später in prALR I 13 § 262 daran unter veränderter Perspektive angeknüpft. Nachdem v. Savigny die kasuistische condictio sine causa in sein Bereicherungssystem eingebunden hatte, mußte man nicht mehr die Versionsklage als materielles Fundament bemühen, um den Bereicherungssatz zu implementieren. Dafür ließ sich die condictio sine causa vice versa als neue Basis des Bereicherungsgedankens in die Hülle der landrechtlichen Versionsvorschrift portieren.[695] An eine separate condictio sine causa war ohne gesetzliche Grundlage nicht zu denken. Heinrich Dernburg (1829–1907) zum Beispiel hob den unterschiedlichen Ausgangspunkt von Versionsklage und Kondiktionen nach römischem Recht hervor, konzedierte gleichwohl, die preußische Gesetzgebung im Landrecht habe die weite gemeinrechtliche Praxis übernommen, die Versionsklage in allen Fällen zuzusprechen, in denen „etwas aus dem Vermögen des Einen in das des Anderen verwendet worden ist" und habe dadurch die landrechtliche Institution der condictio sine causa angenähert.[696] Eine Vermögensverschiebung nach der Versionsklage könne auch unmittelbar erfolgen.[697] Als Beispiele führt Dernburg den Fall an, in dem jemand aus nichtigem Geschäft an einen anderen etwas leistet oder auf fremdem Grundstück etwas pflanzt oder baut. Folgt man seiner Auslegung, ist prALR I 13 § 262 von der Kondiktion fast nicht mehr zu unterscheiden. Die Revisionskommission konnte daher schon Jahrzehnte zuvor an der Versionsklage im Bewußtsein festhalten, damit auch die condictio sine causa getroffen zu haben.

---

[695] *Dalcke*, in: *Christian Friedrich Koch*, prALR I 16 § 199, Fn. 57 (S. 366); *Christian Friedrich Koch*, Recht der Forderungen, Bd. 3, § 258 (S. 307); *v. Rönne*, prALR I 13 §§ 262 ff. 1 a (S. 109 f.), erkannte darin eine Konkretisierung des prALR I 13 § 230; *Pickert*, Condictio indebiti, S. 9, sah den „Grundsatz der römischen condictio indebiti deutlich ausgesprochen"; *Förster*, in: *Christian Friedrich Koch*, prALR I 13 § 262 ff., erwähnte aber keine condictio sine causa, sondern nur die actio de in rem verso, deren Weite er beklagte; ebenso *Christian Friedrich Koch* selbst im Recht der Forderungen, Bd. 3, § 258 (S. 307); kritisch zur Interpretation im Sinne des Bereicherungsrechts auch *Hiersemenzel*, prALR I 13 §§ 262–280 (S. 101).

Aus heutiger Sicht *Hammen*, Bedeutung v. Savignys, S. 186: eine der condictio sine causa angenäherte Versionsklage; ausführlich zur Versionsklage des prALR *Kupisch*, Versionsklage, S. 57–91.

[696] *Dernburg*, Preußisches Privatrecht, Bd. 2, § 287 (S. 876–878), aber nicht unbestritten, vgl. die Nachweise bei *Dernburg* auf S. 878, Fn. 8; wie *Dernburg Otto Fischer*, Preußisches Privatrecht, § 88 (S. 497).

[697] *Dernburg*, Preußisches Privatrecht, Bd. 2, § 288 (S. 879 f.), unter Berufung auf *Svarez*; ebenso *Otto Fischer*, Preußisches Privatrecht, § 88 (S. 498): eine Einschränkung auf Dreiecksfälle entbehre des gesetzlichen Anhaltspunktes; *Förster/Eccius*, Preußisches Privatrecht, Bd. 2, § 148 (S. 477–480), mit aufschlußreichen Bemerkungen zur prALR-Genese, wollten gar mittelbare Verschiebungen komplett ausschließen; a. A. *Christian Friedrich Koch*, Preußisches Privatrecht, Bd. 2, § 573 (S. 205): dies sei der Fall der negotiorum gestio; § 636, Fn. 2 (S. 327): „unwissenschaftliche Praxis"; Rechtsprechungsnachweise zur Ausuferung der Versionsklage bei *Hiersemenzel*, prALR §§ 262–280 (S. 101 f.).

bb) Geschäftsführung ohne Auftrag

Neben § 455 PE-OR konnte die Generalklausel § 422 PE-OR unter „Von der Geschäftsführung ohne Auftrag" eine condictio sine causa aufnehmen.[698] Dem naturrechtlich inspirierten Vorläufer prALR I 13 § 230, wonach sich „niemand die Vortheile fremder Sachen oder Handlungen ohne besondere Rechte zueignen, und sich also mit dem Schaden eines Andern bereichern" dürfe, wurde in der Tat teilweise zugeschrieben, er könne eine condictio sine causa legitimieren. Bereits v. Savigny stand der Ausdehnung aber ablehnend gegenüber, so daß er in seiner Vorlesung diese Klage auf ihren ursprünglichen Gehalt reduzierte.[699] Ebenso verschwand im Reformentwurf von 1832 jeder Anklang an den Bereicherungsgedanken unter dem Abschnitt der Geschäftsführung ohne Auftrag. Die Kommission hielt die Bereicherungsklage insoweit für überflüssig und strich das Relikt deshalb.[700] Statt dessen wählte man eine weniger grundsätzliche, um Pomponius entschärfte Formulierung in prALR RE I 13 §§ 203–205.[701] Erst im Entwurf von 1842 taucht prALR I 13 § 230 in § 422 PE-OR wieder an seinem alten Ort auf. Die Wiederbelebung der Bereicherungsklage im Gewand der Geschäftsführung ohne Auftrag im Anschluß an das Landrecht und die actio negotiorum gestorum utilis des usus modernus sollte allerdings nicht von Dauer sein.

---

[698] § 422 PE-OR:

> „Doch darf Niemand aus fremden Sachen oder Handlungen ohne besonderes Recht Vortheil sich zueignen, und also mit dem Schaden des Andern sich bereichern."

[699] *Förster*, in: *Christian Friedrich Koch*, prALR I 13 § 230, Fn. 6 (S. 174); kritisch *Dernburg*, Preußisches Privatrecht, Bd. 2, § 284 (S. 870): Gesichtspunkt der ungerechtfertigten Bereicherung „wenn auch ein einwirkender, keineswegs der allein bestimmende." Andererseits behandelte er die Rechtsinstitution unter „Ungerechtfertigter Vermögensverlust". Zu *F. C. v. Savigny* siehe *ders.*, Landrechtsnschr. 1824 (*Jaehnigen*), S. 155, in: *ders.*, Landrechtsvorlesung 1824, Bd. 2, S. 734, 736; *ders.*, Landrechtsnschr. 1824 (*Deiters*), S. 209, in: *ders.*, Landrechtsvorlesung 1824, Bd. 2, S. 735, 737; *ders.*, Landrechtsnschr. 1824 (*v. Rönne*), S. 229, in: *ders.*, Landrechtsvorlesung 1824, Bd. 2, S. 735, 737. Weitere Hinweise bei *Frank L. Schäfer*, in: ZRG Germ. Abt., Bd. 118 (2001), S. 367 (381 f.).

[700] *Schubert*, Preußische Gesetzgebung, Abt. 2, Bd. III, S. S. 644 [248].

[701] PrALR RE I 13 § 203:

> „In der Regel ist Niemand befugt, sich in die Geschäfte eines Andern ohne dessen Auftrag, oder ein anderes durch ausdrückliche Gesetze ihm besonders beigelegtes Recht zu mischen."

PrALR RE I 13 § 205:

> „Für bereichert wird derjenige angesehen, dessen Vermögen durch den Aufwand eines Andern, oder durch Handlungen, wofür derselbe bezahlt zu werden pflegt, erhalten, vermehrt oder verbessert worden."

cc) Nichtleistungsfälle und Zwischenfazit

Die Stellung der condictio sine causa zu den anderen Kondiktionstypen – generelle Konkurrenz oder subsidiäre Spezialität – lassen die Motive offen.[702] Erhellend geben sich zeitgenössische Kommentierungen zu den prALR I 13 §§ 230, 262, welche zum Teil die condictio sine causa nach heutigem Verständnis als condictio ob causam finitam auffaßten, ihr also keinesfalls generelle Bedeutung zumaßen.[703] Doch gab es zahlreiche Gegenstimmen: Dernburg ließ die condictio sine causa zwar in den Fällen der Bereicherung durch Zufall oder Eigenmacht eingreifen, er legitimierte die condictio für Nichtleistung jedoch anders als für Leistung aus den Digesten und nicht aus prALR I 13 §§ 230, 262, weil die Versionsklage nach dem Landrecht eine „Handlung seitens des Klägers" voraussetze.[704] Eine ähnliche Einteilung findet sich heute in Österreich.

Weitere Einzelheiten der condictio sine causa im Landrecht, insbesondere das präzise Verhältnis der condictio zur Geschäftsführung ohne Auftrag und Versionsklage, blieben kontrovers; prALR I 13 § 230 wurde auch Billigkeit beigemessen.[705] Wegen der zahlreichen unabwägbaren Unklarheiten verwundert es kaum, daß sich die Gesetzgebungskommission nicht gerade bemühte, eine Generalkondiktion zu kodifizieren. Die eher beiläufige Erwähnung der condictio sine causa in den Motiven zum Reformentwurf 1832 deutet auf ihren untergeordneten Charakter hin.[706] In Verbindung mit den Motiven zur Geschäftsführung ohne Auftrag und zur Versionsklage verdichtet sich der Eindruck, die Kommission sei dem Bereicherungsgedanken im Gewand der Kondiktion eher skeptisch gegenübergestanden. Versionsklage und Geschäftsführung ohne Auftrag schienen nach alter Tradition noch die besseren Ansprechpartner in Sachen Pomponius zu sein.

c) Eingriffs- und Verwendungsfälle im Sachenrecht

Neben den über das Gesetz verstreuten Kondiktionen sine causa specialis verdienen Sondervorschriften im Sachenrecht erwähnt zu werden, die man

---

[702] *Schubert*, Preußische Gesetzgebung, Abt. 2, Bd. III, S. 867 [119].

[703] *Dalcke*, in: *Christian Friedrich Koch*, prALR I 16 § 199, Fn. 57 (S. 366).

[704] *Dernburg*, Preußisches Privatrecht, Bd. 2, § 288 (S. 879); auch *Christian Friedrich Koch*, Preußisches Privatrecht, Bd. 2, § 641 (S. 334), unter Veweis auf die Digesten.

[705] Vgl. die Nachweise bei *v. Rönne*, prALR I 13 § 230 (S. 107 f.): subsidiäre, eventuelle Bereicherungsklage, die auf dem Billigkeitsprinzip beruhe; etwas differenzierter *Leist*, Erlaubtes ungerufenes Eingreifen, S. 180: „Äquitätsprincip [...] richtig hervorgehoben im § 230."

[706] Die condictio sine causa wird im Motivabschnitt zum Bereicherungsrecht nur noch auf S. 859 [111] erwähnt (in: *Schubert*, Preußische Gesetzgebung, Abt. 2, Bd. III).

heute unter § 812 BGB faßt. Denn typische Fälle der Bereicherung aus Eingriff und Verwendung sind im Entwurf gar nicht im Obligationenrecht angeordnet. Unter „Zweiter Abschnitt. Von der Erwerbung des Eigenthums" sind beispielsweise aufgelistet: Wertersatz bei Verbindung, Vermengung, Vermischung beweglicher Sachen durch den neuen Eigentümer selbst (§ 296, 294 PE-SR), Verarbeitung (§§ 299, 298, 296 PE-SR), Vergütung von Baukosten beim Bau auf fremdem Grundstück im Verwendungsfall (§ 302 PE-SR) und Entschädigung beim Eingriff durch Bau mit fremdem Material auf eigenem Boden (§ 305 PE-SR). Eine spezielle Regelung für die sogenannte „Dritteingriffskondiktion",[707] bei der Bereicherter und eigentlicher Eingreifer auseinanderfallen, hielt man anders als im Allgemeinen Landrecht nicht mehr für notwendig.[708]

Allgemeine Verwendungen regelt bereits der Abschnitt zum Besitz in den §§ 141 ff. PE-SR. Das Pendant zur condictio pretii findet sich schließlich für den redlichen Besitzer in § 398 PE-SR. Mit dem Bereicherungsrecht bringen die Motive alle diese Fälle nicht in Verbindung,[709] und nur § 398 PE-SR läßt im Wortlaut den Bereicherungsgedanken erahnen.[710]

d) Fazit

Insgesamt gesehen bietet der preußische Entwurf ein konventionelles, eher in die dogmatische Vergangenheit gewandtes Bild.[711] v. Savignys Grundsatz der Vermögensverschiebung wird nur bei der Geschäftsführung ohne Auftrag und der Versionsklage angedeutet. Zum eigentlichen Bereicherungsrecht, den Kondiktionen, erwähnen die Motive die Vermögensverschiebung nicht, vielmehr „zahlt" der Putativschuldner (condictio indebiti), er „gibt" oder „leistet" (condictio causa data causa non secuta, condictio ob turpem vel iniustam causam). In der abschließenden Bewertung wird man zu Recht sagen dürfen, das Kodifikationsprojekt sei eher seinem Vorgänger verhaftet geblieben, als daß es neues Ideengut aufgegriffen hätte. Angesichts der Mitgliedschaft v. Savignys in der Revisionskommission und unter Berücksichtigung seines späteren Ministeramts erscheint dieses Ergebnis selbst dann noch ungewöhnlich, wenn man seine zögerliche Haltung gegenüber Privatgesetzbüchern bedenkt. v. Savigny hegte in seiner Landrechts- und Pandektenvorlesung zwar keine Sympathien für die Geschäftsführung ohne Auftrag und Versionsklage als Vehikel der rechtsgrundlo-

---

[707] Terminologie nach *Larenz/Canaris*, Schuldrecht, Bd. II/2, § 69 I 3 a (S. 178).

[708] *Schubert*, Preußische Gesetzgebung, Abt. 2, Bd. II/2, S. 816 [78].

[709] Siehe *Schubert*, Preußische Gesetzgebung, Abt. 2, Bd. II/2, S. 815 f. [77 f.].

[710] § 398 PE-SR: „[...] noch vorhandenen Vortheil [...]".

[711] Vergleichende Darstellung des preußischen Rechts mit dem BGB bei *Leske*, Vergleichende Darstellung, Bd. III/1, § 98 (S. 325–332).

sen Bereicherung auf Kosten eines anderen.[712] Zumindest aber hätte er dogmatische Einzelpositionen seiner Lehre zum Durchbruch in Preußen verhelfen können. Die Chance wurde vertan, bereits in der ersten Hälfte des 19. Jahrhunderts ein sichtbares Zeichen gegen Versionsklage und negotiorum gestio als Fundament des Bereicherungsgedankens zu setzen. Erst in der zweiten Jahrhunderthälfte rezipierte man teilweise seine Bereicherungslehren für das preußische Landrecht, die Literatur brachte prALR I 13 §§ 230, 262 und I 16 §§ 166 ff. immerhin unter den gemeinsamen Nenner Vermögensverschiebung,[713] ohne von den allgemeinen Bereicherungsklagen aus negotiorum gestio und actio de in rem verso utilis abzulassen.

2. *Entwurf eines Hessischen Bürgerlichen Gesetzbuchs*

Wesentlich aufgeschlossener gab man sich in Hessen. Fast unmittelbar nach den preußischen Entwürfen publizierte das Großherzogtum Hessen im Zeitraum von 1845–1853 seinen Entwurf eines Bürgerlichen Gesetzbuches. Es war der erste Versuch nach v. Savignys fünftem Band des „Systems".[714] Im Gegensatz zum benachbarten Herzogtum Nassau[715] gelangten die Arbeiten im Großherzogtum in ein weit fortgeschrittenes Stadium, erlahmten dann allerdings nach der Märzrevolution unter anderem deshalb, weil liberalnationale Kreise mit dem hessischen Privatgesetzbuch einer gemeindeutschen Kodifikation nicht im Wege stehen wollten.[716] Inhaltlich gesehen war der hessische Entwurf viel fortschrittlicher als der preußische, er steht eindeutig bereits auf der Seite der Kodifikationsprojekte, die in direkter Linie zum Bürgerlichen Gesetzbuch für das Deutsche Reich hinführen.

a) Allgemeines

„Nach dem Vorbilde des gemeinen Rechts" faßte die Gesetzgebungskommission die meisten Kondiktionstypen unter „Titel VIII. Von den Verbindlichkeiten aus der Bereicherung auf Kosten eines Anderen" zusammen.[717] Einheit-

[712] Näher *Frank L. Schäfer*, in: ZRG Germ. Abt., Bd. 118 (2001), S. 367 (381 f.), m. w. N. Vgl. weiterhin oben auf S. 226.

[713] Bes. deutlich *Engelmann*, Preußisches Privatrecht, § 186 (S. 427 f.) im Gegensatz zu *Fürstenthal*, Preußisches Zivilrecht, §§ 445–452, 511–513 (S. 337–340, 387–389), der in den 1840ern noch keinen Grundsatz zu erblicken vermochte.

[714] Allgemein *Carl Joseph Anton Mittermaier*, in: AcP, Bd. 36 (1853), S. 94–119.

[715] Dazu *Roland Zimmermann*, Privatrechtskodifikation Nassau, bes. S. 82–133.

[716] *Dölemeyer*, in: *Coing*, Quellen und Literatur, Bd. III/2, S. 1440 (1528 f.).

[717] Anmerkung: Alle folgenden Artt. beziehen sich auf Vierte Abteilung, Zweites Buch, des Hessischen Entwurfs.

liches Band, so argumentierte der Gesetzgeber, sei, daß „auf Kosten des Anderen" „Etwas aus dem Vermögen des einen in das Vermögen des Anderen ohne rechtliche Grund" übergegangen ist. Man diversifizierte trotz des Vermögensverschiebungsdogmas tatbestandlich die Kondiktionen, weil sich die causa nicht einheitlich fassen lasse, „bald gar kein Grund, bald zwar ein Grund, aber nur ein falscher oder widerrechtlicher vorliegen kann". Im einzelnen werden die condictio sine causa (Art. 640 HE),[718] die condictio indebiti (Art. 641 HE) und die condictio causa data causa non secuta (Art. 659 HE) kodifiziert. Die Kondiktionen ob turpem causam und ob iniustam causam plazieren sich „ihrer Eigentümlichkeit wegen" unter „Titel IX. Von den aus unerlaubten Handlungen entspringenden Verbindlichkeiten insbesondere" (Artt. 678, 680–683 HE).[719]

b) Kondiktionen

Im Gegensatz zum preußischen Entwurf wird im Art. 640 HE stellvertretend für die anderen Kondiktionstypen das Dogma der Vermögensverschiebung wiedergegeben. Die condictio sine causa ist in den hessischen Motiven trotzdem ein gespaltener Begriff. Zum einen knüpft er an die rechtsgrundlose Bereicherung im generellen an, er dient quasi als Synonym. Zum anderen sahen die Gesetzesverfasser in Art. 640 HE eine condictio sine causa „im eigentlichen Sinne", also eine condictio sine causa *specialis*.[720] Ihr Anwendungsbereich erstreckt sich ähnlich wie bei Voigt auf die Fälle, in denen überhaupt keine causa vorliegt, während die übrigen Kondiktionen den Motiven zufolge einen „falschen" (condictio indebiti, causa data causa non secuta) oder „widerrechtlichen" (condictio ob turpem vel iniustam causam) Grund voraussetzen. Die condictio ob causam finitam fällt unter den Anwendungsbereich der condictio sine causa, vgl. Art. 660 HE. Damit weist der hessische Entwurf keinen allgemeinen Bereicherungsanspruch auf, obwohl der Wortlaut des Art. 640 HE zunächst dafür spricht. Die causa der condictio sine causa specialis in Art. 640 HE ist mit dem Rechtsgrundbegriff der anderen Kondiktionen unvereinbar.

---

[718] Art. 640 HE:

„Kommt Etwas aus dem Vermögen des Einen in das Vermögen des Anderen, während es der für den Letzteren auf Kosten des Ersteren eingetretenen Vermögensvermehrung an einem rechtlichen Grunde gebricht, so ist der Bereicherte, in Ermangelung anderweitiger, näherer gesetzlicher Bestimmungen, zur Zurückgabe beziehungsweise zur Erstattung dessen, um was er sich zur Zeit der Klage noch bereichert befindet, verpflichtet."

[719] Zitate nach Motive HE, Bd. IV/2, S. 243.

[720] Motive HE, Bd. IV/2, S. 243 f.

c) Eingriffs- und Verwendungsfälle im Sachenrecht

Die Fälle der heutigen Eingriffs- und Verwendungskondiktion sind wie im preußischen Entwurf erst gar nicht als Kondiktionen ausgewiesen, sondern in der „Zweiten Abtheilung, enthaltend: die Titel von den Vermögensgegenständen und deren Eintheilung, von dem Besitze, von dem Eigenthume, von den Dienstbarkeiten, von der Verjährung und Ersitzung" verstreut. Unter „Von der Erwerbung des Eigenthums" finden sich die Fälle, die heute den Eingriffs- bzw. Verwendungskondiktionen zugeordnet werden:[721] Der Wertersatz aus Eingriff beim Bau mit fremdem Material auf eigenem Boden (Art. 42 Abs. 2 HE),[722] Verwendungsersatz beim Bau auf fremdem Boden mit eigenem Material (Artt. 43 Abs. 2, 22 f. HE),[723] Wertersatz vom Neueigentümer aus Vermischung, Vermengung oder Verbindung beweglicher Sachen durch sein eigenes Handeln, das des Alteigentümers, eines Dritten oder durch Zufall (Artt. 47, 46 HE),[724] schließlich Wertersatz bei Verarbeitung (Art. 48 Abs. 2 HE).[725] In Art. 18 Abs. 2 HE wird Wertersatz angeordnet, wenn der beklagte Besitzer nach Mitteilung der Klage die Sache „unvermeidlich" veräußert, beispielsweise, weil die Sache „dem Verderben ausgesetzt" gewesen war.[726]

Besonders interessant erscheint die Vorschrift in Art. 44 HE für den Fall, daß jemand fremdes Material auf einem fremdem Grundstück verwendet.[727] Drei Personen sind zugleich beteiligt, nämlich der Grundstückseigentümer, der ehemalige Eigentümer des Baumaterials und derjenige, der die Materialien tatsächlich einbaut (Dritteingriffskondiktion). Hier bestimmt der hessische Entwurf, der Alteigentümer der Materialien könne vom Einbauenden Wertersatz fordern, der selbst nach Maßgabe der Artt. 43 Abs. 2, 22 HE gegen den Grundstückseigentümer vorgehen müsse. Aus Sicht des heutigen Subsidiaritätsdogmas betrachtet, sperrt also die Leistung des Einbauenden auf das Grundstück einen Wertersatzanspruch des Alteigentümers der Baumaterialien gegen den Neueigentümer.

Schließlich beläuft sich der allgemeine Verwendungsersatz für den redlichen Besitzer im Falle nützlicher Aufwendungen auf die Bereicherung des Eigentümers. Der Ersatz ist gleichzeitig durch die tatsächlichen Auslagen des Aufwen-

---

[721] Anmerkung: Alle folgenden Artt. beziehen sich auf Zweite Abteilung, Titel Drei, des Hessischen Entwurfs.

[722] Art. 43 Abs. 2 RHE.

[723] Artt. 44 Abs. 2, 22 f. RHE.

[724] Artt. 47, 48, 50–53 RHE.

[725] Art. 49 Abs. 2 RHE.

[726] Art. 18 RHE.

[727] Art. 45 RHE.

denden beschränkt (Art. 22 HE).[728] Der Ersatz beim Bau auf fremdem Boden mit eigenem Material dürfte dazu lex specialis sein, weil Art. 43 Abs. 2 HE auf die Rechtsfolgen des allgemeinen Verwendungsersatzes verweist.

Die Motive bringen dabei nur die Regelung des Art. 22 HE mit dem Bereicherungsgedanken in Verbindung.[729] Eine vollkommene Bereicherungshaftung stellt dies bei weitem nicht dar, der Anspruch ist durch die Auslagen auf der Entreichertenseite beschränkt. Allgemein fällt auf, daß die Eingriffsfälle im hessischen Entwurf den strikten Wertersatz fordern, während die nützlichen Verwendungen für den redlichen Besitzer partiell auf der Bereicherung des Begünstigten aufbauen. Der Bereicherungsgedanke hatte – zusammengefaßt – einen sehr beschränkten Anwendungsbereich.

d) Fazit

Der hessische Entwurf hebt sich eindringlich vom nur unwesentlich älteren preußischen Versuch ab. Formell gesehen scheint die rechtsgrundlose Bereicherung auf Kosten eines anderen in Verbindung mit den Kondiktionen den Sieg davongetragen zu haben, aber die Motive belehren den Leser, daß der allgemein gehaltene Art. 640 HE nicht die condictio indebiti und die anderen Spezialkondiktion umfassen sollte. Er war in der Sprache des gemeinen Rechts für die condictio sine causa specialis und nicht für die große Variante sine causa generalis gedacht. Freilich darf das enorme Entwicklungspotential der Norm keinesfalls übersehen werden, die nicht zwischen Leistung und Nichtleistung unterschied. Eine liberale Rechtsprechung hätte jenseits des Gesetzgebers den Art. 640 HE durchaus ähnlich wie im Schweizerischen Obligationenrecht als allumfassende Formel und die nachfolgenden Kondiktionen als lediglich hervorgehobene Beispiele deuten können. Das sind jedoch rechtshistorische Spekulationen. Unter der Matrixhypothese betrachtet verwirklichte das Kodifikationsprojekt nach den Prämissen seiner Urheber auf Prinzipienebene mit dem Gedanken der rechtsgrundlosen Bereicherung das Einheitsmodell, auf Tatbestands- und Interpretationsebene kam hingegen mit den verschiedenen Spezialkondiktionen das Trennungsmodell zum Zuge.

---

[728] Art. 22 RHE.

[729] Siehe Motive HE, Bd. II, S. 84 f., 94–101. A. a. O., S. 85: „[...] weil sich der Eigenthümer nicht mit fremdem Schaden bereichern soll [...]".

3. Entwurf eines Bayerischen Bürgerlichen Gesetzbuchs

Auch in Bayern bemühte man sich um eine für die damaligen Verhältnisse moderne Kodifikation, die den Anforderungen des aufkommenden Industriezeitalters zumindest teilweise nachkommen sollte. Der alte Codex Maximilianeus Bavaricus civilis von Wiguläus Xaverius Aloysius v. Kreittmayr (1705–1790) aus dem Jahre 1756 definierte Quasikontrakte ähnlich wie der Codex Theresianus noch als Ausfluß der „natürlichen Billigkeits-Regul“, daß man sich nicht zum Schaden eines anderen bereichern dürfe.[730] Im einzelnen wurde neben der „solutio indebiti“,[731] der „solutio ob causam non secuta“[732] und der „solutio ob turpem causam“[733] eine subsidiäre condictio sine causa bereitgestellt.[734] Der Entwurf eines Bürgerlichen Gesetzbuchs für das Königreich Bayern von 1811, an dem unter anderem Paul Johann Anselm v. Feuerbach (1775–1833) mitgewirkt hatte, beschränkte sich im Gegensatz dazu darauf, die Konditionen als vertragsähnliche Rechtsgeschäfte zu bezeichnen; Anklänge an die Billigkeit fehlen im Entwurf.[735] Dafür sollte die actio de in rem verso utilis neu

---

[730] CMBC Teil 4, Kap. 13, § 1 („Von Quasicontractibus überhaupt“):

„In verschiedenen Handlungen wird der Consens offt ohne oder gar wieder Willen deren Interessenten auf einer oder beeder Seiten von dem Gesatz selbst supplirt, und zwar aus der natürlichen Billigkeits-Regul, nach welcher 1mo ein jeder dasjenige will, was ihm nutzlich scheint, 2do keiner mit des anderen Schaden bereichert werden soll, 3^tio^ Niemand das Consequens zuwieder seyn mag, deme das Antecedens gefällig gewest. Dergleichen Handlungen nun werden insgemein Quasi-Contractus genannt, und nicht anders beurtheilt, als hätten allerseitige Interessenten ausdrücklich darauf eingewilliget, ob sie schon etwan ein ganz anderes bey sich gedacht oder gewolt haben. Dieselbe bestehen in folgenden besonderen Gattungen.“

Zu den Kondiktionen des bayerischen gemeinen Rechts ohne Rekurs auf den *Pomponius*-Satz *Krüll*, Handbuch bayerisches gemeines Recht, Bd. 3, §§ 1002, 1010, 1011 (S. 208, 219 f.); auf den *Pomponius*-Satz bezog sich aber *v. Kreittmayr*, CMBC Teil 4, Kap. 13, §§ 5, 6, 9 (543, 553). Kritisch zum alten Codex die Motive, in: *Demel/Schubert*, BE 1811, S. 643.

[731] CMBC Teil 4, Kap. 13, § 5 f.

[732] CMBC Teil 4, Kap. 13, § 7.

[733] CMBC Teil 4, Kap. 13, § 8.

[734] CMBC Teil 4, Kap. 13, § 9 („Oder sine causa“):

„Giebt man etwas ohne Ursach hin, so kan man auch solches von dem Empfänger oder dessen Erben Condictione sine Causa, sofern kein anderes Rechts-Mittel zu solchem Ende mehr übrig ist, wiederum forderen.“

[735] BE 1811 Teil 4, Kap. 14, § 1 („Von vertragsähnlichen Rechtsgeschäften“):

„Freiwillige Handlungen eines Menschen, woraus, nach gesetzlicher Verordnung, eine Verbindlichkeit gegen eine dritte Person, zuweilen eine gegenseitige Verbindlichkeit verschiedener Personen entsteht, und welche nach den Grundsätzen von einem Contracte beurtheilt werden, heißen vertragsähnliche Geschäfte (obligationes quasi ex contractu). Außer denen, welche bereits in anderen Theilen dieses Gesetzbuches bestimmt worden, z. B. der Erbschaftsantretung, Gemeinschaft

eingeführt und aus dem Pomponius-Satz abgeleitet werden.[736] Bei den eigentlichen Kondiktionen änderte sich nur wenig.[737]

Nach dem Scheitern des Entwurfs von 1811 unternahm man ab 1848 im Königreich Bayern den letzten Anlauf, ein modernes Zivilgesetzbuch einzuführen. Seit 1858 tagte eine Gesetzgebungskommission, die einen Entwurf für ein Bürgerliches Gesetzbuch für das Königreich ausarbeitete. Die ersten drei Bücher des Entwurfs wurden schließlich zwischen 1861 und 1864 publiziert, das weitere Projekt verlief sich aber wie in Hessen „im Sand". Das Vorhaben scheiterte nicht zuletzt deshalb, weil ab 1863 in Dresden die Kommission zur Schaffung eines gesamtdeutschen Schuldrechts tagte. Eine partikulare Kodifikation erschien somit überholt.[738]

a) Allgemeines

Die Kondiktionen sind unter „Vierundzwanzigstes Hauptstück. Verbindlichkeit aus ungerechtfertigter Bereicherung" geregelt. Der Aufbau entspricht ungefähr dem des hessischen Entwurfs. Am Anfang steht eine allgemeine Formel (Art. 902 BE),[739] dann folgen die „1) Rückforderung wegen irrthümlicher Vor-

---

und dergleichen, kommen hauptsächlich diejenigen in Betrachtung, worüber in den nächstfolgenden §§ verordnet ist."

[736] BE 1811, Teil 4, Kap. 14, § 4 („Von nüzlicher Verwendung (versio in rem)"). Siehe die Motive, in: *Demel/Schubert*, BE 1811, S. 643.

[737] BE 1811, Teil 4, Kap. 14, § 6–9 („Von der Bezahlung einer Nichtschuld"); § 10 („Von anderen Gründen der Rückforderung des Gegebenen"): enthaltend die condictio causa data causa non secuta, ob turpem causam und sine causa; der Wortlaut der letzteren condictio lautet:

„III., wenn das Gegebene von dem Andern entweder gleich anfangs ohne allen rechtlichen Grund beseßen wurde, oder wenn der rechtliche Grund aus welchem anfangs die Sache beseßen wurde, nachher wieder aufgehört hat (condictio sine causa), wie z. B. wenn der ausgestellte Schuldschein nach getilgter Schuld, sich noch in den Händen des Gläubigers befindet oder, wenn nach geleistetem Ersaz für eine dem Eigenthümer verloren gegangene Sache, dieser nachher die Sache selbst unentgeltlich wieder erhalten hat."

[738] *Dölemeyer*, in: *Coing*, Quellen und Literatur, Bd. III/2, S. 1440 (1476–1479).

[739] Anmerkung: Alle folgenden Artt. beziehen sich, falls nicht anders vermerkt, auf den Zweiten Teil des bayerischen Entwurfs.

Art. 902 BE:

„Ist Jemand auf dessen Kosten des Vermögens eines Anderen eine Bereicherung zugekommen, welche eines Rechtsgrundes ermangelt, so findet, vorbehaltlich besonderer gesetzlicher Bestimmungen, gegen den Empfänger nach Maßgabe der folgenden Artikel eine Rückforderung statt.

Unter der Bereicherung ist nicht nur die Uebertragung von Eigenthum oder anderen Rechten, sondern auch die Uebernahme oder der Erlaß einer Verbindlichkeit,

aussetzung einer Verbindlichkeit" (condictio indebiti, Artt. 903 ff. BE), „2) Rückforderung wegen Nichteintrittes der Voraussetzung" (condictio causa data causa non secuta, Artt. 925 ff.), „3) Rückforderung wegen verwerflichen Empfanges" (condictio ob turpem causam, Artt. 933 ff.) und zuletzt „4) Rückforderung aus anderen Gründen" (Artt. 936 ff.).[740] Die condictio ob iniustam causam als eigener Abschnitt wurde ausgelassen; man wähnte sie größtenteils ausreichend in Spezialbestimmungen (BE Teil 1 Art. 15 und 18) berücksichtigt.[741]

Gemeinsamer Gedanke aller Rückforderungsansprüche, so bemerken die Motive, sei, „daß sich Niemand ohne Rechtsgrund auf Kosten eines Andern bereichern soll, oder in genauerer Formulirung, daß Vermögenszuwendungen, welche eines Rechtsgrundes entbehren", rückgängig zu machen seien. An anderer Stelle wird stellvertretend für die condictio indebiti festgehalten, das Fundament liege in dem Umstand, „daß etwas ohne Grund aus dem Vermögen des Gebers in das des Empfängers übergegangen ist."[742] Ferner rekurrieren die Gesetzesverfasser auf die „evidente Billigkeit".[743] Um dem Mißbrauch des allgemeinen Prinzips vorzubeugen, wird in Art. 902 BE auf die nachfolgenden Spezialbestimmungen verwiesen.[744] Die Spitzennorm hat damit nur deklaratorischen Aussagewert und ist noch weitaus kraftloser als ihr hessisches Pendant in Art. 640 HE.

b) Condictio sine causa und Versionsklage

Der bayerische Entwurf normiert im Gegensatz zum hessischen in einiger Ausführlichkeit verschiedene Anwendungsfälle der condictio sine causa. Während man in Hessen die condictio sine causa specialis in einen Tatbestand faßte, ist die condictio sine causa in Bayern zersplittert. Folglich konnte ihr a priori keine einheitsstiftende Funktion für die übrigen Kondiktionen zukommen. Nicht vergessen werden darf weiterhin, daß die einleitende Formel in Art. 902 BE kein selbständiger Tatbestand ist, sondern lediglich auf die nachfolgenden Vorschriften verweist. Von einer condictio sine causa generalis, die alle Leistungs- und Nichtleistungsfälle umfaßt, sah der Entwurf ab, da „ein so abstrakter Satz unverkennbar zu manchen Mißverständnissen und Mißdeutungen füh-

---

die Bestellung eines dinglichen Rechtes und der Verzicht auf eine solche, sowie die Leistung von vergeltlichen Diensten zu verstehen."

[740] Positiv zum Bereicherungsrecht im Entwurf *Lang*, Entwurf eines bayerischen BGB, Bd. 2, S. 203.

[741] Motive BE, Teil 2, S. 589 [285 der Originalpaginierung].

[742] Motive BE, Teil 2, S. 582 [278].

[743] Motive BE, Teil 2, S. 578 [274].

[744] Motive BE, Teil 2, S. 579 [275].

ren“ könne.[745] Statt dessen normierte man in Art. 936 BE eine Kondiktion aus Leistung auf ein verbotenes (ob iniustam causam) oder anfechtbares Geschäft und in Art. 937 BE die condictio ob causam finitam. In Art. 940 BE wird im Gegensatz zum Entwurf aus dem Jahre 1811 ausdrücklich die Versionsklage exkludiert, um ihrem Mißbrauch vorzubeugen.[746] Ersatzweise verweist die Norm auf den eng gefaßten Art. 750 BE zur Geschäftsführung ohne Auftrag.

c) Eingriffs- und Verwendungsfälle im Sachenrecht

Im Falle der Verbindung oder Vermischung beweglicher Sachen schuldet der neue Eigentümer dem ehemaligen Wertersatz (Artt. 109 Abs. 1, 107 BE),[747] wenn er der Eingreifende war. Entsprechendes gilt für die Verbindung beweglicher mit unbeweglichen Sachen (Artt. 103 Abs. 1, 101 BE). Der Fall des Dritteingriffs ist in Artt. 110, 104 BE wie im hessischen Entwurf wieder so gelöst, daß sich der ehemalige Eigentümer an den halten muß, der den Eingriff vornimmt, und nicht an den bereicherten neuen Eigentümer selbst. Bei Verarbeitung wird Wertersatz des Stoffes geschuldet (Art. 113 BE). Im Verwendungsfall haftet der neue Eigentümer auf seine Bereicherung, wenn die Verwendung lediglich eine nützliche war (Artt. 110, 104, 170 und 104, 170 BE), ansonsten ist die Bereicherung wie in der Eingriffsalternative ohne Bedeutung. Der leitende Gesichtspunkt für den Ersatz in der Verwendungsmodalität soll nach den Motiven in der Bereicherung des Eigentümers zu suchen sein.[748] Der bayerische Entwurf statuiert sogar für den Fall der „Veräußerung“ einen Bereicherungsanspruch gegen den Gutgläubigen (Art. 175 BE), der nach den Materialien auf dem Grundsatz beruht, „daß sich Niemand auf Kosten eines Anderen ohne Rechtsgrund bereichern soll.“[749]

Allgemeine Impensen sind als Zurückbehaltungsrecht in Art. 170 BE geregelt, und nur die nützlichen Verwendungen des redlichen Besitzers verweisen auf die Bereicherung. Die Restriktion auf die tatsächlichen Ausgaben des Be-

---

[745] Motive BE, Teil 2, S. 589 [285].

[746] Motive BE, Teil 2, S. 589 [285], 532 [228].

Art. 940 BE:

> „Gegen denjenigen, welcher durch die Handlung eines Anderen auf dessen Kosten des Vermögens eines Dritten bereichert ist, findet ein Anspruch auf Rückerstattung nur unter den Voraussetzungen des Art. 750 statt.“

[747] Anmerkung: Alle folgenden Artt. beziehen sich, falls nicht anders vermerkt, auf den Dritten Teil des bayerischen Entwurfs.

[748] Motive BE, Teil 3, S. 657 [47].

[749] Motive BE, Teil 3, S. 672 [62].

sitzers beim hessischen Entwurf entfällt. Einen Bezug zum Bereicherungsrecht und zu den Kondiktionen stellen die Motive indes nicht her.[750]

d) Fazit

Für den bayerischen Entwurf darf man ein ähnliches Resümee wie zum hessischen Projekt ziehen. Ebenso wie in Hessen ist der allgemeine Bereicherungssatz mit Art. 902 BE bei näherem Hinsehen mehr eine „Placebonorm" als ein wirkliches Bekenntnis zum Einheitsmodell auf Tatbestandsebene. Die Redaktoren waren sogar noch wesentlich vorsichtiger und zerschlugen selbst die condictio sine causa specialis in mehrere Fälle, um jedes Aufkeimen der byzantinischen Geister zu verhindern. Wie beim hessischen Entwurf vermag es daher kaum zu verwundern, daß die Sondernormen im Sachenrecht zu Verwendung und Eingriff meistens auf bereicherungsunabhängigen Wertersatz anstatt auf Bereicherungsherausgabe angelegt sind. Das Bewußtsein war offenbar noch nicht reif dafür, die Zusammenhänge verschiedener Bereicherungsmodi zu erkennen. Erst Windscheid und v. Jhering sollten das dogmatische Gespür 1878 in aller Form schärfen.

4. Sächsisches Bürgerliches Gesetzbuch

Das erste tatsächlich in Kraft getretene Werk in der Reihe ist das Bürgerliche Gesetzbuch für das Königreich Sachsen von 1863/65. Dem Gesetzbuch war 1852 ein Entwurf des Oberappellationsrats Gustav Friedrich Held (1804–1857) vorausgegangen, der aber unter anderem aus regierungsinternen und außenpolitischen Gründen gescheitert war.[751] Der starke wirtschaftliche Aufschwung Sachsens führte dazu, daß unter dem neuen Regenten Johann, der im Kreis seiner fürstlichen Standesgenossen der „Jurist" hieß, die Kodifikationspläne trotzdem ab Ende 1855 konkrete Gestalt annahmen.[752]

Eine sogenannte „Revisions-Commission" als Hauptkommission bearbeitete das Besondere Schuldrecht nach einer nicht näher begründeten Vorlage von Oberappellationsrat Eduard Siebenhaar (1806–1893) in zwei Lesungen. Mitglieder der Revisionskommission, welche die Kondiktionen beriet, waren unter anderem Appellationsgerichtspräsident Friedrich Robert v. Criegern, Geheimer Finanzrat Glöckner, Geheimer Justizrat Heerwart, Oberappellationsrat Gustav Friedrich Theodor v. König, Oberappellationsrat Marschner, Oberappellations-

---

[750] Motive BE, Teil 3, S. 670 f. [60 f.].

[751] Grundlegend zu allem *Ahcin*, Entstehung des Sä-BGB, S. 156–184, bes. 183 f.

[752] *Ahcin*, Entstehung des Sä-BGB, S. 185–188.

gerichtspräsident Friedrich Otto Ortloff (1797–1868) und Appellationsgerichtsvizepräsident Robert Schneider. Oberappellationsgerichtspräsident Friedrich Albert v. Langenn (1798–1868) fungierte als Vorsitzender, Siebenhaar war als Urheber des Entwurfs zum Besonderen Schuldrecht der Referent.[753]

Siebenhaar war es übrigens auch, der den ersten Kommentar und die „Speciellen Motive“ zum Gesetzbuch herausgab. Daneben wurde eine „Redactions-Commission“ eingesetzt, welche den Entwürfen der Revisionskommission ihre genaue Fassung geben sollte und dem König Bericht zu erstatten hatte – aus letzterem Umstand dürfte sich die aufwendige Aufmachung der Redaktionsprotokolle mit roter Tinte für die redigierten Paragraphen und schwarzer für Vorüberlegungen erklären.[754] In der Redaktionskommission waren in den Sitzungen zu den Kondiktionen Ortloff, Marschner, Siebenhaar und Schneider unter dem Vorsitz v. Langenns vertreten.[755] Neben den Kommissionssitzungen und Siebenhaars Vorlage ist außerdem Sintenis' Gegenvorschlag zum Bereicherungsrecht zu erwähnen, dem eine eingehende Kritik und ein allgemeiner Überblick zur gemeinrechtlichen Bereicherungsdoktrin beigefügt sind.[756]

a) Erster Entwurf 1852

Der Entwurf aus dem Jahre 1852 erfaßte die Kondiktionen ähnlich wie im preußischen Entwurf noch unter „Von der Zahlung“ im Allgemeinen Schuldrecht (§§ 990–1000), vermengt mit anderen gesetzlichen Schuldverhältnissen.[757] Von der condictio sine causa wurde nach dem Vorbild des Allgemeinen Bürgerlichen Gesetzbuchs der Unterfall der condictio ob causam finitam als „subsidiäre Vorschrift“ kodifiziert (§ 1000 Sä-BGB E 1852),[758] ansonsten nur

---

[753] Nähere biographische Daten zu den Kommissionsmitgliedern waren leider nicht aufzufinden.

[754] Überblick bei *Wulfert*, in: SächsArch, Bd. 1 (1891), S. 42–58.

[755] Siehe auch Allgemeine Motive Sä-BGB, S. 426 f.

[756] *Siebenhaar*, Vorlage, in: Akten der Revisionskommission Sä-BGB, Vol. 4, Bl. 481–664 = Anhang, ab S. 881; *Sintenis*, Bemerkungen und Vorlage, in: Akten der Revisionskommission Sä-BGB, Vol. 4, Bl. 666–684 = Anhang, ab S. 888.

[757] Allgemein kritisch zu den Kondiktionen des Entwurfs *Carl Georg v. Wächter*, Entwurf eines Sä-BGB, S. 13–17.

[758] § 1000 Sä-BGB E 1852 („Rückforderung einer Sache wegen Wegfalls des Grundes, sie zu behalten“):

> „Auch Sachen, welche als eine wahre Schuldigkeit gegeben worden sind, kann der Geber von dem Empfänger zurückfordern, wenn der rechtliche Grund, sie zu behalten, aufgehört hat.
>
> So ist namentlich, wer von dem Anderen für eine demselben anvertraute, doch von demselben verlorene Sache eine Entschädigung erhalten gehabt, diese insoweit zurückzugeben schuldig, als später der Schaden wegfällt.“

die condictio indebiti (§ 990 Sä-BGB E 1852).[759] Laut den Motiven war eine spezielle Normierung der anderen Kondiktionsfälle überflüssig, da man schon Spezialregelungen wie die Ungültigkeit einer Willenserklärung (§ 677 Sä-BGB E 1852) getroffen habe.[760]

Der Grund der Kondiktionen liege in der „billigen Ansicht", „daß Niemand ohne ein Recht hierzu durch den Schaden des Anderen bereichert werden solle", wie er auch bei der Geschäftsführung ohne Auftrag und „der Verwendung zum Nutzen eines Anderen" (§§ 747 ff., 760 ff. Sä-BGB E 1852) seinen Ausdruck gefunden habe.[761] An anderer Stelle ist in der Gesetzesbegründung vom „natürlichen Rechte", der „aequitas", die Rede.[762] Die allgemeine Regel der Geschäftsführung ohne Auftrag in § 747 Abs. 2 Sä-BGB E 1852 lautete ähnlich wie die allgemeine Bereicherungsklage im preußischen Recht:[763] „Es darf sich auch Niemand aus fremden Sachen oder Handlungen ohne besonderes Recht Vortheil sich zueignen und dadurch mit dem Schaden des Anderen sich bereichern." Nach der Ordnung der Rechtsinstitutionen reicht der sächsische Entwurf bei weitem nicht an den nur wenig älteren hessischen heran, der den gene-

---

[759] Siehe zum ABGB v. a. § 1431 ff. (condictio indebiti); § 1435 (condictio ob causam finitam).

[760] Spezielle Motive Sä-BGB E 1852, S. 211.

[761] Spezielle Motive Sä-BGB E 1852, S. 157 f., 160, 210 f. Auch *Curtius*, Handbuch sächsisches Zivilrecht, Bd. III/1, § 1195 (S. 252), § 1220 (S. 324–326, insbes. Fn. c).

[762] Spezielle Motive Sä-BGB E 1852, S. 211.

[763] § 747 Sä-BGB E 1852 („I. Von der Geschäftsführung ohne Auftrag. Allgemeine Regel."):

> „In der Regel darf Niemand ohne Auftrag oder ein ihm sonst zustehendes Recht sich in die Geschäfte eines Anderen mischen.
>
> Es darf aber auch Niemand aus fremden Sachen oder Handlungen ohne besonderes Recht Vortheil sich zueignen und dadurch mit dem Schaden des Anderen sich bereichern."

§ 748 Sä-BGB E 1852:

> „Für bereichert durch einen Anderen (§ 747) wird der geachtet, dessen Vermögen durch den Aufwand des Anderen oder durch Handlungen, wofür derselbe bezahlt zu werden pflegt, erhalten, vermehrt oder verbessert worden ist, insoweit dieser Andere zu den Verwendungen und Handlungen nicht verpflichtet war."

Teilweise kritisch Sächsische Landtagsakten 1854, Beilagen 2. Kammer, Bd. 3, S. 230:

> „Indem die Deputationen im Allgemeinen den in den Motiven zu diesem Abschnitt entwickelten Ansichten beitraten, hielten sie es doch zur größern Sicherstellung gegen grundlose Ansprüche aus unberufenen Einmischungen in die Angelegenheiten Anderer für nothwendig, in bezug auf die Geschäftsführung ohne Auftrag genauer festzusetzen, inwiefern eine solche *ausnahmsweise* zulässig sein soll, daher die in § 747. aufgestellte Regel näher zu bestimmen, ferner die in § 761 – 767. behandelten Fälle unter eben diesen Gesichtspunct zu bringen und die auf einer Verwendung in den Nutzen beruhenden Ansprüche in engere Gränzen einzuschränken."

rellen Bereicherungsgedanken über die Kondiktionen begründete. Helds Entwurf verharrt im Gedankengebäude der Naturrechtskodifikationen, die bereicherungsrechtliche Ideen jenseits der Kondiktionen bei der Geschäftsführung ohne Auftrag oder Versionsklage kodifizierten, aber keine condictio sine causa generalis unter der Rechtsinstitution der Kondiktionen vorsahen.[764] Damit fiel er hinter den Stand der sächsischen Lehre selbst zurück, die nach 1841 schnell v. Savignys neue Ideen im Grundsatz rezipiert hatte.[765] Sowohl Versionsklage als auch negotiorum gestio wurden dort im Gegensatz zu Held nicht mehr als allgemeine Bereicherungsklagen aufgefaßt, selbst wenn sie weiterhin deutlich über die durch v. Savigny intendierten engen Bahnen hinausgingen.[766]

b) Revisionsentwurf 1863 im allgemeinen

Wesentlich progressiver erscheint der zweite Anlauf aus der Zeit der Kommissionssitzungen im Jahre 1858. Die Kondiktionen sind im Gegensatz zum Entwurf von 1852 nun im Besonderen Schuldrecht unter „Forderungen aus verschiedenen Gründen“ angelegt.[767] Siebenhaar ordnete ursprünglich die Kondiktionen am Anfang des Besonderen Schuldrechts unter „Forderungen aus Verträgen und vertragsähnlichen Verhältnissen“ an. In der endgültigen Fassung stehen sie zwischen den anderen gesetzlichen Schuldverhältnissen: „I. Rückforderung wegen Leistung einer Nichtschuld“ erfaßt die condictio indebiti (§ 1519 Sä-BGB), „II. Rückforderung des unter Voraussetzung eines künftigen Ereignisses Geleisteten“ die condictio causa data causa non secuta (§ 1534 Sä-BGB), „III. Rückforderung wegen unsittlichen oder unrechtlichen Grundes“ die condictio ob turpem causam (§ 1540 Sä-BGB) und condictio ob iniustam causam (§ 1545 Sä-BGB) und ferner „IV. Rückforderung wegen Mangels jeden Grundes“ die condictio sine causa (§§ 1547–1550 Sä-BGB). Anzumerken ist, daß die condictiones ob turpem und ob iniustam causam erst im Laufe der Gesetzgebungsarbeiten zu einer einzigen Gruppe zusammengefaßt wurden.[768]

---

[764] Das kritisierte i. E. auch *Joseph Unger*, Entwurf eines Sä-BGB, S. 31 f.

[765] Siehe *Curtius*, Handbuch sächsisches Zivilrecht, Bd. III/1, § 1200, Fn. a (S. 265 f.): „Die Frage über den allgemeinen Charakter der Condictionen ist noch jetzt von praktischer Wichtigkeit. Der Verdienst ihrer befriedigenden Lösung gebührt *Savigny*, der mit gewohnter Klarheit und Schärfe diese Frage [...] erörtert hat.“

[766] *Curtius*, Handbuch sächsisches Zivilrecht, Bd. III/1, § 1198 (S. 260 f.), §§ 1220–1226 (324–342).

[767] Zum Wechsel vom Allgemeinen Teil zum Besonderen Schuldrecht siehe die einleitenden Bemerkungen *Siebenhaars*, in: Akten der Revisionskommission Sä-BGB, Vol. 4, Bl. 481r = Anhang, S. 881. Vergleiche des sächsischen mit dem reichsdeutschen BGB bei *Hermann Otto*, Verschiedenheit des BGB zum Sä-BGB, Bd. 1, S. 171–173; *Heim*, Neuerung des BGB im Vergleich mit dem Sä-BGB, S. 90–93.

[768] Sitzung 151, Revisionskommission Sä-BGB, S. 9 = Anhang, S. 918; dazu *Siebenhaar*, Vorlage, in: Akten der Revisionskommission Sä-BGB, Vol. 4, Bl. 500v–502v: „4.,

c) Condictio sine causa, Versions- und Bereicherungsklage

Eine Generalkondiktion ähnlich § 812 Abs. 1 S. 1 BGB kennt das Sachsenrecht gleichsam nicht. Die condictio sine causa des § 1547 Sä-BGB regelt nur Leistungsfälle (vgl. den Wortlaut „geleistet“), der § 1549 Sä-BGB Nichtleistungsfälle, nämlich die unbefugte Weggabe einer Sache durch den Vertreter oder Bereicherung durch „Zufall“.[769] Dazwischen betrifft § 1548 Sä-BGB die condictio sine causa specialis in der Form ob causam finitam. Die „Speciellen Motiven“ geben dazu lapidar an, die Regelung der §§ 1547 bis 1550 Sä-BGB, die vom bisherigen Recht in keiner Weise abwichen, bedürften keiner besonderen Rechtfertigung.[770]

Die unveröffentlichten Materialien zum Sächsischen Bürgerlichen Gesetzbuch geben eine wesentlich tiefere Motivation preis. Die Quellen zeigen den ganz erheblichen Rechtfertigungsbedarf für die condictio sine causa in ihrer konkreten Form. Die Revisionsprotokolle in erster Lesung enthüllen, daß der Abschnitt 4 über die „Rückforderung wegen Mangels jeden Grundes“ sich aus No. 6 (§§ 41–44 Sä-BGB TE-OR, „Rückforderung wegen Mangels jeden Grundes“) und No. 7 (§§ 45–53 Sä-BGB TE-OR, „Forderung wegen Verwendung in den Nutzen und wegen Bereicherung“) der Vorlage Siebenhaars zusammensetzt.[771] Die Einteilung der condictio sine causa nach dem Gegenvorschlag von Sintenis in zwei selbständige Kapitel – getrennt nach Leistung („1. des ohne jeden Grund Gegebenen“, § 1) und Nichtleistung („5. im Fall einer ohne Uebergabe des Verlierenden entstandene Bereicherung“, § 26) – nahmen die Kommissionsmitglieder nicht auf.[772]

Rückforderung wegen unsittlichen oder unehrenhaften Grundes“ (§§ 35–39) und „5., Rückforderung wegen unrechten Grundes“ (§ 40) = Anhang, S. 885; ähnlich wie *Siebenhaar* auch *Sintenis*, Vorlage, in: Akten der Revisionskommission Sä-BGB, Vol. 4, Bl. 683r–684r: „4., des aus unsittlichen Gründen Gegebenen“ (§§ 22–25), und „6., im Fall der Bereicherung durch eigene, verbotene Handlung“ (§ 27) = Anhang, S. 897.

[769] § 1549 Sä-BGB:

> „Derjenige, aus dessen Vermögen ein Anderer Etwas durch Zufall erhalten, oder ein Stellvertreter ohne Grund Etwas geleistet hat, ist zur Rückforderung berechtigt.“

[770] Spezielle Motive Sä-BGB, S. 845; ebensowenig erhellend die Literatur, bspw. *Grützmann*, Sächsisches Privatrecht, Bd. 2, § 188 (S. 172–174).

[771] *Siebenhaar*, Vorlage, in: Akten der Revisionskommission, Vol. 4, Bl. 502v ff. = Anhang, ab S. 886.

[772] *Sintenis*, Vorlage, in: Akten der Revisionskommission, Vol. 4, Bl. 680r, 683v = Anhang, S. 895, 898.

aa) Condictio sine causa für Leistungsfälle

Mit einigen Umstellungen und Kürzungen fand die Vorlage No. 6 über die condictio sine causa aus Leistung (spätere §§ 1547, 1548 Sä-BGB) das Plazet der Revisionskommission.[773] Das war in der 151. Kommissionssitzung noch die unproblematischste Variante der condictio sine causa. § 1547 Sä-BGB war dabei entgegen seines Wortlauts nicht als allgemeine Kondiktion in Leistungsfällen gedacht, welche die anderen Spezialkondiktionen bei entsprechender Auslegung überflüssig machen konnte. Denn eine von Marschner gewünschte Einschaltung von „rechtsgenügenden" zwischen die Worte „ohne Grund" des späteren § 1547 Sä-BGB lehnte die Redaktionskommission ab, weil sie befürchtete, die „lediglich als ein aushülfliches Rechtsmittel" zu betrachtende condictio sine causa könne sonst in das Gebiet der anderen Kondiktionen übergreifen.[774]

bb) Versionsklage

Die Verwendungs- und Bereicherungsklagen nach No. 7 der Vorlage strich man hingegen fast vollständig. Zur Versionsklage (§§ 45 f. Sä-BGB TE-OR) erklärte sich die Kommissionsmehrheit zunächst gegen den Gedanken Marschners, die allgemeine Voraussetzung der Verbindlichkeit ex in rem verso sei „schon in dem Satz, daß Niemand mit dem Schaden eines Andern sich bereichern dürfe", begründet.[775] Die actio war daher von vornherein vom Bereicherungsrecht abgekoppelt. Sie sollte noch weiter beschnitten werden. Den Fall, daß der Vertreter nur in seinem eigenen Namen handelt, die Sache dann aber trotzdem dem Geschäftsherrn aushändigt, gliederte man aus dem Abschnitt zur Stellvertretung nach § 791 Sä-BGB aus.[776] Und den Fall des Stellvertreters, der seine Befugnisse überschreitet, ordneten die Kommissionsmitglieder als condictio sine causa ein,[777] so daß die Versionsklage als selbständige Institution keinen Platz mehr fand. In § 1357 Sä-BGB wurde niedergelegt, die bloße Verwendung in den Nutzen eines anderen berechtige zu keinem Anspruch.

---

[773] Siehe Sitzung 151, Revisionskommission Sä-BGB, S. 9–13 = Anhang, S. 918.

[774] Sitzung 51, Redaktionskommission Sä-BGB, unpaginiert = Anhang, S. 930.

[775] Sitzung 151, Revisionskommission Sä-BGB, S. 13–15, zur Debatte = Anhang, S. 919.

[776] Sitzung 151, Revisionskommission Sä-BGB, S. 16 = Anhang, S. 920, und Sitzung 51, Redaktionskommission Sä-BGB, unpaginiert = Anhang, S. 930. Einen Fall dazu entschied das Königliche OAG, 1.12.1870, in: Wochenbl. für Rechtsfälle, Bd. 20 N. F. (1872), S. 417–421.

[777] Späterer § 1579 Sä-BGB. Siehe Sitzung 151, Revisionskommission Sä-BGB, S. 17 f. = Anhang, S. 920; Sitzung 51, Redaktionskommission Sä-BGB, unpaginiert = Anhang, S. 930.

cc) Allgemeine Bereicherungsklage

Mit der allgemeinen Bereicherungsklage ging man noch strenger ins Gericht. Siebenhaar hatte in seiner Vorlage die allgemeine Bereicherungsformel im Recht der Geschäftsführung ohne Auftrag gestrichen und sie statt dessen als eigenständige Klage neben die Kondiktionen gestellt,[778] §§ 47–53 Sä-BGB TE-OR. Ein Bereicherungsanspruch soll begründet sein, „wenn der Eine mit dem Schaden des Andern bereichert worden ist" (§ 47 Sä-BGB TE-OR). Einschränkendes negatives Tatbestandsmerkmal war der vage Begriff des „Rechtsgeschäfts" (§§ 48, 50 Sä-BGB TE-OR): Die Bereicherung durfte nicht aus einem wirksamen Rechtsgeschäft resultieren. Vielmehr erforderte die allgemeine Bereicherungsklage in der Vorlage dem § 52 Sä-BGB TE-OR zufolge eine „widerrechtliche Bereicherung" und begnügte sich ebenso wie Sells Lehre nicht mit der reinen Bereicherung zum Schaden eines anderen. Auch die causa mußte nach §§ 48, 50 Sä-BGB TE-OR fehlen, sie wurde in Siebenhaars Vorlage nach Sells Diktion als „Rechtsgeschäft" beschrieben.

Die Mitglieder der Revisionskommission und Sintenis in seinen Bemerkungen interpretierten die §§ 48, 50 Sä-BGB TE-OR wegen der Formulierung „Rechtsgeschäft" zwar dahin, sie beschränkten die Bereicherungsklage aus § 47 der Vorlage auf Nichtleistungsfälle. Nach dieser Interpretation wäre § 47 in Verbindung mit §§ 48, 50 Sä-BGB TE-OR nur ein Generaltatbestand für die Nichtleistung und das Merkmal „Rechtsgeschäft" kein fehlender Rechtsgrund, kein fehlendes Kausalgeschäft, sondern bloße Abgrenzung zur Leistung. Vergleicht man den Vorschlag Siebenhaars hingegen mit Sells Lehre, die Leistung als auch Nichtleistung umfaßt, die Bereicherung jedoch durch den vagen negativen Begriff des Rechtsgeschäfts beschränkt, erscheint es plausibler, auch Leistungsfälle erfaßt zu sehen. Dafür spricht der zweite Teil von § 50 Sä-BGB TE-OR, der bestimmt, das der Vermögensverschiebung zugrundeliegende Rechtsgeschäft müsse zumindest aufgehoben worden sein. Das Merkmal „Rechtsgeschäft" wäre nach dieser Deutung die causa. Die genaue Auslegung des Normkomplexes mag jedoch auf sich beruhen.

Denn schon Sintenis hatte die Bereicherungsklage in seinen Bemerkungen zur Vorlage Siebenhaars als verfehlt bezeichnet. Er hielt der Bereicherungsklage zwar zugute, sie lasse das allen Kondiktionen immanente Prinzip der Bereicherung ohne Rechtsgrund hervortreten, das er im Anklang an v. Savigny Geben ohne Grund und nach seinem eigenen Lehrbuch Haben ohne Grund nannte.

[778] Die Ersatzregelung zu § 747 Sä-BGB E 1852 in *Siebenhaar*, Vorlage, in: Akten der Revisionskommission Sä-BGB, Vol. 4, Bl. 553r, § 180, lautete:

> „Wenn Jemand die Besorgung fremder Geschäfte ohne Quittung übernimmt, so entsteht zwischen ihm und demjenigen, dessen Geschäfte er besorgt, ein dem Auftrage ähnliches Verhältnis."

Dieses Prinzip sei in der Vorlage bei den übrigen Kondiktionen nicht genügend angeklungen, ließ er die Kommissionsmitglieder wissen. Trotzdem dürfe die Bereicherungsklage nicht von den anderen Klagen separiert werden; auch sei § 47 Sä-BGB TE-OR in bedenklicher Nähe zur Versionsklage gebracht.[779] In seinem Gegenvorschlag versuchte Sintenis deshalb, bei allen Kondiktionen durch entsprechende Formulierungen stärker den Bereicherungsgedanken zu betonen. In der Abschnittsüberschrift seines Entwurfs sollte das durch den Begriff „Rückforderung aus grundloser Bereicherung" vermittelt werden. Die Revisionskommission schloß sich im Resultat den Bedenken Sintenis' an, indem sie den Komplex nicht in die Endfassung übernahm. Die Bereicherungsklage sei „an für sich allein, nicht im Allgemeinen, sondern nur in speciellen Fällen als einen ausreichenden Grund für Ansprüche" tragbar, meinten die Mitglieder.[780] Referent Siebenhaar gab sich mit dem Hinweis konziliant, er habe die entsprechenden Paragraphen nur für den Fall eingebracht, „wenn, gegen seine eigne Ansicht, das Princip der Bereicherung schon an sich und im Allgemeinen als ein, den Bereicherten zur Herausgabe des Gewonnenen verpflichtendes Moment angesehen werden solle." Im übrigen ordnete man die Fälle der Bereicherung als bloße „quaestiones facti" ein.[781] Die Kommissionsmitglieder waren in ihrer Abneigung gegen den allgemeinen Bereicherungssatz nur zu deutlich vom schlechten Eindruck beeinflußt, den man von Sells Monographie gewonnen hatte.

dd) Condictio sine causa für Nichtleistungsfälle

Vom Abschnitt No. 7 des Vorentwurfs blieb die eng zugeschnittene condictio sine causa specialis für Nichtleistung übrig. § 48 der Vorlage, der nun die Bereicherung durch Nichtleistung behandeln sollte, entfremdete man seiner ursprünglichen Funktion als Tatbestandskorrektiv der allgemeinen Bereicherungsklage. Die Norm wurde zur condictio sine causa in den Fällen der Bereicherung durch einen Vertreter oder durch Zufall aufgewertet und in den vierten Abschnitt des Kondiktionenkomplexes gestellt.[782]

Ob unter die Tatbestandsalternative „Zufall" zum späteren § 1549 Sä-BGB auch die Bereicherung durch Handlung des Schuldners fällt, das läßt sich den Protokollen zu den Kondiktionen direkt nicht entnehmen; sie geben als explizites Beispiel nur die Bereicherung durch Naturereignis an. Sintenis erwähnt in

---

[779] *Sintenis*, Bemerkungen, in: Akten der Revisionskommission Sä-BGB, Vol. 4, Bl. 669r–670v = Anhang, S. 888.

[780] Sitzung 151, Revisionskommission Sä-BGB, S. 18 f. = Anhang, S. 920.

[781] Zitate nach Sitzung 151, Revisionskommission Sä-BGB, S. 19 = Anhang, S. 920.

[782] Sitzung 151, Revisionskommission Sä-BGB, S. 19–21 = Anhang, S. 920.

seinen Bemerkungen und alternativen Fassungsvorschlägen ausdrücklich neben dem Bereicherungsmodus „Zufall" eine zweite Gruppe, die Bereicherung durch Handlungen des Schuldners.[783] Die zufällige Bereicherung scheint etwas anderes als schuldnervermittelte Bereicherung zu sein. Auch Siebenhaars literarische Bemerkungen deuten in dieselbe Richtung.[784] Folgt man dieser Auslegung, könnten die Fälle der Bereicherung durch den Bereicherungsschuldner allenfalls durch die condictio ob iniustam causam (§ 1545 Sä-BGB) erfaßt werden. Dadurch entstünde eine Lücke, weil die Bereicherung durch schuldlos handelnde Bereicherungsschuldner nicht geregelt wird.[785]

Für die extensive Interpretation, die unter „Zufall" sogar Handlungen des nichtdeliktischen gutgläubigen Bereicherungsschuldners versteht, sprechen systematische Gründe. Aus der Definition des § 126 Sä-BGB zum Begriff des Zufalls geht hervor, daß unter Zufall auch das Handeln des nichtdeliktischen Bereicherten fallen kann.[786] Die sächsische Rechtsprechung schloß sich dieser lebensnäheren Auslegung für den Fall an, in dem der Eigentümer einer Sache, die bei einem Dritten im Wege der Zwangsvollstreckung gepfändet und versteigert worden war, gegen den Gläubiger, auf dessen Antrag die Pfändung erfolgt war, eine Klage auf Herausgabe des Versteigerungserlöses stellte.[787] „Zufall" ist deshalb eine reine Verschuldenskategorie und kein Begriff, der einen Handlungsmodus bestimmt. Doch selbst die vorgeschlagene Auslegung reicht nicht so weit zu behaupten, § 1549 Sä-BGB sei eine condictio sine causa generalis für Nichtleistung. Zu stark war der Nachhall Sells, als daß die Gesetzgebungskommission auf kaltem Wege eine allgemeine Klage für alle Nichtleistungsfälle akzeptiert hätte.

---

[783] *Sintenis*, Bemerkungen, in: Akten der Revisionskommission Sä-BGB, Vol. 4, Bl. 672r = Anhang, S. 890; in die Richtung, die „Zufall" extensiv interpretiert, wahrscheinlich aber *ders.*, Anleitung zum Studium, § 1549 (S. 425).

[784] *Siebenhaar*, Sächsisches Privatrecht, § 460 (S. 729); auch *Pöschmann*, in: *Siebenhaar*, § 1549 Sä-BGB (S. 399). *v. Kübel*, in: *Schubert*, Redaktorenvorlagen, Schuldrecht, Bd. 3, S. 748 [88 f.], unterscheidet Zufall und Handlungen des Bereicherungsschuldners.

[785] Näher zu den Kondiktionen ob iniustam causam und ex iniusta causa bei der Entstehung des reichsdeutschen BGB unten ab S. 306.

[786] *Hoffmann/Kaden/Scheele*, § 1549 Sä-BGB, Anm. 1 (S. 647): „*Zufall* im Sinne von § 1549 ist ein Ereigniß, vermöge dessen etwas aus dem Vermögen des Einen in das des Andern übergeht, ohne daß der Uebergang durch eine rechtswidrige Handlung Desjenigen, der es erhält, und ohne den Willen Desjenigen erfolgt, dem es entzogen wird." In dieselbe Richtung *Pfersche*, Bereicherungsklagen, S. 52 f.; anders *Witte*, Bereicherungsklagen, S. 334.

[787] Landgericht zu D., 3.12.1881, in: ArchSachsen, Bd. 4 N. F. (1883), S. 183 (185). Siehe auch LG Dresden, 28.12.1883, in: ArchSachsen, Bd. 5 N. F. (1884), S. 430 (431). In dieselbe Richtung bereits OAG Dresden, 4.9.1874 – 505/493, in: AnnSächsOAG, Bd. 21 (1876), S. 330 (330 f.).

d) Eingriffs- und Verwendungsfälle im Sachenrecht

Der Ausgleich in Fällen der Verarbeitung, Verbindung und Vermischung ist wie in den anderen zivilrechtlichen Entwürfen im Sachenrecht lokalisiert. Eine Haftungsfreistellung für den redlichen Eingreifer findet sich im Gegensatz zum Entwurf aus dem Jahre 1852 nicht mehr. Helds Vorlage hatte den gutgläubigen Besitzer in § 144 noch von jeglicher Haftung aus Eingriff für Verbrauch und Veräußerung freigesprochen und in § 296 für Verbindung und Vermischung keinen Ersatz im Falle des Eingriffs durch den Neueigentümer vorgesehen.[788] § 246 Sä-BGB gewährt im Gegensatz dazu bei beweglichen Sachen für Umarbeitung und Umbildung dem ehemaligen Eigentümer gegen den anderen „Ersatz“, bei Gutgläubigkeit nach Maßgabe der Bereicherung. Verbindung beweglicher Sachen und Vermischung folgen denselben Grundsätzen (§§ 247, 251 Sä-BGB). Für die Verbindung mit unbeweglichen Sachen (§§ 284, 287 Sä-BGB) gilt die gleiche Rechtsfolge.

Dem Wortlaut der Norm zufolge differenziert die sächsische Regelung nicht danach, ob der Eigentumsübergang durch den alten Eigentümer (Verwendung), einen Dritten (Dritteingriff) oder den neuen Eigentümer (Eingriff) verursacht wurde. Zwischen Verwendung und Eingriff wird daher nicht unterschieden.[789] Der begünstigte Neueigentümer ist außerdem nun anders als in den früheren Entwürfen einer Dritteingriffskondiktion des verlierenden Alteigentümers ausgesetzt. Diese Deutung wird durch die Materialien untermauert: Die Regelung zu Verbindung, Vermischung und Verarbeitung ging im wesentlichen auf Ortloffs Vorentwurf zurück,[790] während Sintenis' Vorlage,[791] die zwischen Eingriff, Dritteingriff und Verwendung unterschieden hatte, vor der Kommission keine Zustimmung fand, obwohl sie seinen Fassungsvorschlag ihren Beratungen zugrunde gelegt hatte.[792]

Uneins waren sich die Kommissionsmitglieder über den Grund des Ersatzanspruchs. Konsens scheint gewesen zu sein, quanto factus locupletior est spiele eine bedeutende Rolle.[793] Nicht durchzusetzen vermochten sich aber Ortloff und Marschner mit ihrer Forderung, die Details der Rückforderung seien unter

---

[788] § 296 Sä-BGB E 1852 ordnete nur Wertersatz im Verwendungsfall an.

[789] Siehe *Siegmann*, in: *Siebenhaar*, § 287 Sä-BGB (S. 294 f.).

[790] *Ortloff*, Vorlage, in: Akten der Revisionskommission Sä-BGB, Vol. 3, Bl. 177r–178r = Anhang, S. 876.

[791] *Sintenis*, Vorlage, in: Akten der Revisionskommission Sä-BGB, Vol. 3, Bl. 279v–280r = Anhang, S. 879.

[792] Sitzung 36, Revisionskommission Sä-BGB, S. 27 = Anhang, S. 900.

[793] Sitzung 36, Revisionskommission Sä-BGB, S. 28, 30 = Anhang, S. 900; siehe auch *Heerwart*, Bemerkungen, in: Akten der Revisionskommission Sä-BGB, Vol. 3, Bl. 300r = Anhang, S. 879.

der actio de in rem verso oder negotiorum gestio zu regeln.[794] Es blieb wie zuvor im preußischen, hessischen und bayerischen Entwurf bei der Sonderregelung im Sachenrecht.

Neben dem Ersatzanspruch aus Verwendung für Verarbeitung, Verbindung und Vermischung ist ein allgemeiner, ausdrücklich nicht auf das reine Retentionsrecht beschränkter Verwendungsanspruch anzutreffen. Der Entwurf Helds ordnete diese Normen noch den Vorschriften über den Besitz in §§ 146–156 E 1852 Sä-BGB zu; davon war die Revisionskommission ebenfalls wieder abgekommen.[795] Die §§ 312 ff. Sä-BGB regeln im Anschluß an Ortloffs Vorlage die Impensen nach gemeinrechtlichen Kategorien gestaffelt,[796] die nützlichen Verwendungen des redlichen Besitzers bauen wie im bayerischen Entwurf auf der Bereicherung des Eigentümers auf. Die Beschränkung des hessischen und Held'schen Entwurfs auf den tatsächlichen Aufwand auf der Seite des Verwenders, die Sintenis in seinem eigenen Fassungsvorschlag für die Revisionskommission ebenfalls vertreten hatte, wurde aufgegeben.[797] Bei allem sollte nach dem Vorentwurf von 1852 und den Protokollen der Ersatz nützlicher Verwendungen auf dem Bereicherungsverbot beruhen.[798]

e) Fazit

Auf dem Weg der Vereinheitlichung der verschiedenen Anspruchsgrundlagen der rechtsgrundlosen Bereicherung kommt das Sächsische Bürgerliche Gesetzbuch im Kernfeld nur unwesentlich weiter als der hessische und bayerische Entwurf. Unter dem vierten Abschnitt stehen zwar mit den §§ 1547 und 1549 zwei Normen, die jeweils für Leistung und Nichtleistung getrennt ein weites Anwendungsfeld abdecken; nach dem Willen der Redaktoren sollten sie jedoch gleichwohl keine allgemeinen Bereicherungsansprüche auf ihrem Gebiet sein.

---

[794] *Marschner*, Bemerkungen, in: Akten der Revisionskommission Sä-BGB, Vol. 3, Bl. 19v = Anhang, S. 875; Sitzung 36, Revisionskommission Sä-BGB, S. 25–27 = Anhang, S. 899. Die zeitgenössische Literatur wies den Wertersatz als Eigentumssurrogat aus, siehe *Joseph Unger*, Entwurf eines Sä-BGB, S. 170, zum Sä-BGB E 1852.

[795] Sitzung 18, Revisionskommission Sä-BGB, S. 8 = Anhang, S. 899; s. a. *Hänel*, Bemerkungen, in: Akten der Revisionskommission Sä-BGB, Vol. 3, Bl. 153r = Anhang, S. 876; *Ortloff*, Bemerkungen, in: Akten der Revisionskommission Sä-BGB, Vol. 3, Bl. 187r = Anhang, S. 877; *Groß*, Bemerkungen, in: Akten der Revisionskommission Sä-BGB, Vol. 3, Bl. 389v = Anhang, S. 880.

[796] *Ortloff*, Vorlage, in: Akten der Revisionskommission Sä-BGB, Vol. 3, Bl. 190r–191v = Anhang, S. 877.

[797] *Sintenis*, Vorlage, in: Akten der Revisionskommission Sä-BGB, Vol. 3, Bl. 286v = Anhang, S. 879.

[798] Spezielle Motive Sä-BGB E 1852, S. 33; *Robert Schneider*, in: Sitzung 50, Redaktionskommission Sä-BGB, S. 2 = Anhang, S. 901.

Zu § 812 Abs. 1 S. 1 BGB war es ein weiter Weg. Dafür gab es an anderer Stelle Fortschritte, wenn man die Spezialansprüche im Sachenrecht betrachtet. Zumindest die Haftung des Gutgläubigen beläuft sich weitgehend auf die noch vorhandene Bereicherung und nicht mehr auf strikten Wertersatz, den der preußische Entwurf am konsequentesten vertreten hatte und in weiten Teilen auch in den bayerischen und hessischen Projekten vorherrschte. Daher war es in Zukunft etwas einfacher, die verschiedenen Eingriffs- und Verwendungsfälle, bei denen Eigentum übergeht, mit dem Hauptstamm des Bereicherungsrechts zu vereinen.

5. Dresdner Entwurf

Es war dem letzten Kodifikationsversuch auf deutschem Boden vorbehalten, hier fortzufahren und das Erbe der römischen Quellen endgültig zu überwinden. Die Rede ist vom „Entwurf eines Allgemeinen Deutschen Obligationenrechtes" aus dem Jahre 1866. Auf eine Initiative von zehn Bundesregierungen hin tagte die gegen den Widerstand Preußens von der Bundesversammlung eingesetzte Kommission für das Obligationenrecht 1863 bis 1866 in Dresden. Nach dem großdeutschen Krieg im letzten Jahr der Beratungen war der Entwurf jedoch zum Scheitern verurteilt, er übte nichtsdestoweniger seinen Einfluß auf das Schweizer Obligationenrecht und das Bürgerliche Gesetzbuch des Reichs aus.[799]

a) Allgemeines

In der achten Abteilung des Besonderen Schuldrechts regelte die Kommission die „Schuldverhältnisse aus ungehöriger Bereicherung", unterteilt in die üblichen Hauptstücke „Rückforderung wegen irrthümlicher Leistung" (condictio indebiti, Art. 976 DE), „Rückforderung wegen Nichteintritts der Voraussetzung" (condictio causa data causa non secuta, Art. 988 DE), „Rückforderung wegen verwerflichen Empfangs" (condictio ob turpem causam, Art. 993 DE, condictio ob iniustam causam, Art. 996 DE) und sonstige Fälle unter „Rückforderung wegen grundlosen Habens" (Artt. 998–1006 DE). Im Gegensatz zum bayerischen und hessischen Entwurf fehlt ein vorangestellter allgemeiner Bereicherungssatz. Allerdings darf das nicht dazu verleiten anzunehmen, die Kommissionsmitglieder hätten keine Gemeinsamkeiten aller Kondiktionen gesehen.

---

[799] Allgemein *Dölemeyer*, in: *Coing*, Quellen und Literatur, Bd. III/2, S. 1440 (1562–1568).

Die Protokolle führen zur condictio indebiti beispielhaft aus, das „grundlose Haben des Empfängers“ verstoße „gegen die in der natürlichen Billigkeit gegründete Regel, daß sich Niemand mit Unrecht aus dem Schaden eines Anderen bereichern solle“,[800] die Klage beruhe auf „aequum und bonum“.[801] An anderer Stelle erwähnen die Materialien die „aequitas“ als Grundlage.[802] Auch die Vermögensverschiebung taucht auf,[803] wobei der Kaufpreis bei der Veräußerung einer Sache im Anschluß an Wittes Gedanken nur als mittelbare Vermögensverschiebung eingestuft wird.[804] Damit sind die Kondiktionen grundsätzlich auf die unmittelbare Vermögensverschiebung festgelegt. Daneben taucht in Art. 767 DE wieder die Versionsklage auf, sie hat aber wie im bayerischen Entwurf nicht mehr die Anlage zu einer allgemeinen Bereicherungsklage.[805]

b) Condictio sine causa

Diejenigen Situationen, die man nicht den Spezialkondiktionen jenseits der condictio sine causa zuordnen mochte, sind im vierten Hauptstück kodifiziert: die Leistung eines Vertragsunfähigen, die Leistung auf ein gesetzlich verbotenes Geschäft (Art. 998 DE) als „Supplement der condictio indebiti“,[806] Anfechtung (Art. 999 DE), rechtliche Unmöglichkeit (Art. 1000 DE), der altbekannte Dissens über den Vertragstyp (Art. 1001 DE) und zuletzt die condictio ob causam finitam (Art. 1002 DE). Das alles waren Fälle, die man unter condictio sine causa specialis im weiteren Sinn einordnen konnte.

Art. 1003 DE zufolge kann von demjenigen kondiziert werden, „welchem ohne rechtlichen Grund aus dem Vermögen eines Anderen ohne dessen Willen Etwas zugekommen ist“.[807] Damit erfaßt die Norm eher die sogenannte condic-

---

[800] Sitzung 245, Protokolle DE, Bd. 5, S. 3563.

[801] Sitzung 245, Protokolle DE, Bd. 5, S. 3575.

[802] Sitzung 319, Protokolle DE, Bd. 6, S. 4625.

[803] Sitzung 245, Protokolle DE, Bd. 5, S. 3575.

[804] Sitzung 319, Protokolle DE, Bd. 6, S. 4625.

[805] Art. 767 DE:

„Ist in Folge eines von dem Geschäftsführer als solchem mit einem Dritten geschlossenen Geschäftes Etwas aus dem Vermögen des Letzteren in den Nutzen des Geschäftsherrn verwendet worden, so ist dieser, wenn er das Geschäft weder genehmigt hat, noch solches als für sich verbindend anerkennen muß, soweit er bereichert ist, dem Dritten zum Ersatz verpflichtet, ohne Unterschied, ob die Verwendung durch eine Vermehrung des Vermögens oder durch Ersparung von Auslagen bewirkt worden ist.“

[806] Sitzung 246, Protokolle DE, Bd. 5, S. 3589.

[807] Art. 1003 DE:

„Derjenige, welchem ohne rechtlichen Grund aus dem Vermögen eines Anderen ohne dessen Willen Etwas zugekommen ist, sei es, daß ein rechtlicher Grund von

tio sine causa generalis, sie ist jedoch dem Wortlaut nach („ohne dessen Willen“) auf die Nichtleistung begrenzt. Wenn argumentiert wird, diese Form der Nichtleistungskondiktion habe sich nur auf Fälle der Bereicherung ohne Zutun des Bereicherten, also auf „Zufall“ im engeren Sinne bezogen,[808] so stehen dem die Protokolle des Dresdner Entwurfes entgegen. Aus ihnen geht hervor, daß sich die Wendung „ohne dessen Willen“ nicht auf den Bereicherten, sondern auf denjenigen bezieht, aus dessen Vermögen etwas abgezogen wurde.[809] Art. 1003 DE kodifiziert nicht die Bereicherung ohne den Willen des *Bereicherten*, sondern die Bereicherung ohne Willen des *Entreicherten*. Letzte Zweifel müssen allerdings wegen der knappen Formulierungen in den Protokollen bestehen bleiben; die vorgeschlagene Auslegung stimmt mit dem sächsischen Recht überein.

Die Generalnorm für die Nichtleistung hat im übrigen eine für das spätere Bürgerliche Gesetzbuch sehr aufschlußreiche Vorgeschichte: Die Redaktoren fügten sie erst im Laufe der zweiten Lesung mit Rücksicht „auf die bekannte Doctrin und auf den Vorgang neuerer Civilgesetzbücher, wie z. B. des Zürcher und des Sächsischen Gesetzbuches“ ein. Ein anonymer Kommissionsabgeordneter schlug unter Hinweis auf „die condictio sine causa im engeren Sinne“[810] eine noch weitergehende Fassung vor, um sogar jede Form nichtiger Leistungsbeziehungen jenseits der Nichtleistungsfälle zu erfassen.[811] Sein abgelehnter Vorschlag lautete:[812]

> „Hat Jemand einem Anderen Etwas geleistet oder ist Jemandem ohne dessen Willen (aus Zufall) aus dem Vermögen eines Anderen Etwas zugekommen, obschon hierzu ein rechtlicher Grund von Anfang an nicht vorhanden war oder der vorhandene später weggefallen ist, so kann, soweit nicht sonstige Bestimmungen entgegenstehen, das Empfangene zurückgefordert werden.“

Deutlich tritt die Dichotomie Leistung-Nichtleistung wie in § 812 Abs. 1 S. 1 BGB zutage, doch auch in der Dresdner Variante kann die Stellung der Worte „aus dem Vermögen eines Anderen“ zu Mißdeutungen Anlaß geben. Die

---

Anfange nicht vorhanden war, oder später weggefallen ist, ist das ihm Zugekommene Demjenigen, welchem es gebührt, zurückzuerstatten verpflichtet.“

[808] *Schubert*, in: ZRG Rom. Abt., Bd. 92 (1975), S. 186 (227 f., Fn. 172): Art. 1003 DE stehe für die Bereicherung ohne Willen des Bereicherten.

[809] Sitzung 318, Protokolle DE, Bd. 6, S. 4622:

> „[...] mithin jetzt noch für diejenigen Fälle Vorsehung zu treffen sei, in denen das grundlose Haben ohne den Willen des Berechtigten stattfinde. Mit Rücksicht hierauf ist der allgemeine Ausdruck ‚zugekommen sei‘ gewählt worden, um auch die Fälle zu decken, in denen ein Zufall den Gegenstand der Condiction in die Hand des Verpflichteten gebracht habe, welchen Fall auch das Sächsische Gesetzbuch § 1549 neben Anderen besonders erwähne.“

[810] Sitzung 318, Protokolle DE, Bd. 6, S. 4622.

[811] Alles nach Sitzung 318, Protokolle DE, Bd. 6, S. 4622 f.

[812] Sitzung 318, Protokolle DE, Bd. 6, S. 4622 f.

abgelehnte Proposition ist ohne Zweifel ein wichtiger Schritt hin zur Generalklausel des Bürgerlichen Gesetzbuchs. Wurde bei § 47 Sä-BGB TE-OR ein allgemeiner Tatbestand von der Pomponius-Formel aus konstruiert, so war diesmal wie in Art. 640 HE die entgegengesetzte condictio sine causa Ausgangspunkt. Wieder zogen die Kommissionsmitglieder ihren visionären Plan in letzter Sekunde zurück, sie bewilligten andererseits immerhin wie im sächsischen Recht einen potentiell umfassenden Bereicherungsanspruch für die Nichtleistung. Treffend erscheint da die zeitgenössische Feststellung zum Dresdner Entwurf:[813]

> Noch „schwanken jedoch inmitten dieser Gährungen die einzelnen Rechtsinstitute, bald von der einen, bald von der anderen Strömung erfaßt, und es mag dahin gestellt bleiben, ob diese Zeit des Ueberganges den vorhandenen Rechtsstoff aus den tosenden Wogen verschiedener Anschauung mit Präcision und Reinheit erfassen und in eine Codification hinstellen kann."

c) Eingriffsfälle

Substantiell Neues ist beim Thema Bereicherung aus Rechtsübergang anzutreffen. Die Artt. 1005 f. DE decken die Eingriffskondiktion bei Verbindung, Verbrauch und Veräußerung ab. Innovativ ist, daß diese Typen anders als in den vorhergehenden Entwürfen und Gesetzen den klassischen Kondiktionen zugeordnet sind. Es wird bereits die Endfassung des Bürgerlichen Gesetzbuchs von 1896 vorweggenommen. Vermutlich ist das durch die Beschränkung des Dresdner Entwurfs auf das Schuldrecht bedingt: Ein Abgeordneter monierte, die Normen gehörten in das Sachenrecht, er wies auf die fehlende Gesetzgebungskompetenz hin.[814] Die Kommission war dagegen der Ansicht, in beiden Artikeln „lediglich Fälle der Condictionen" zu behandeln.[815] Ein Verwendungsanspruch des Besitzers gegen den Eigentümer wurde nicht kodifiziert. Das entspricht, obwohl im Widerspruch zu anderen früheren Entwürfen, der Logik des gemeinen Rechts, da Impensen nur eine Einrede gegen die Vindikation geben und folglich besser im Sachenrecht aufgehoben waren.

---

[813] *Peter Koller*, in: ÖVj, Bd. 15 (1865), S. 121 (122), in einem der wenigen Aufsätze zum DE.

[814] Zur Gesetzgebungskompetenz siehe Sitzung 2, Protokolle DE, Bd. 1, S. 5; skeptisch allgemein zur Beschränkung des Entwurfs auf Obligationen *v Helm*, in: ÖVj, Bd. 18 (1866), S. 136 (137).

[815] Sitzung 319, Protokolle DE, Bd. 6, S. 4624.

d) Fazit

Obwohl der Dresdner Entwurf im Kontrast zu den Plänen in Hessen und Bayern weniger abstraktes Pathos verbreitet, geht er substantiell gesehen über seine Vorgänger hinaus. Der Entwurf unterläßt es zwar, Art. 640 HE fortzuschreiben, er vereinheitlicht auf der Habenseite aber zumindest die Nichtleistungskondiktionen in den Artt. 1003, 1005 f. DE. Nicht einmal das Bürgerliche Gesetzbuch drang vor der letzten Revision derart weit vor. Selbst wenn Art. 640 HE und BE Teil 2 Art. 902 allgemeine Bereicherungsansprüche gewesen wären, hätten sie sich immer noch mit Spezialansprüchen fernab im Sachenrecht konfrontiert gesehen. Der weitere Weg war gewiesen, wie v. Savignys und Windscheids System in schwarze Gesetzeslettern zu gießen sei. Müßig ist es fast, zu betonen, daß die Dresdner Beschlüsse im Trennungsmodell auf Tatbestands- und Interpretationsebene verharren, wie alle anderen Projekte auf Prinzipienebene aber mit der rechtsgrundlosen Bereicherung ein einheitliches Muster zu erkennen geben.

6. Schweizerisches Obligationenrecht

Der letzte Schritt hin zu § 812 BGB wurde in zeitlicher und gesetzestechnischer Form in der Schweiz mit dem Obligationenrecht von 1881/83 vollzogen. Sein Abschnitt zum Bereicherungsrecht sollte für die endgültige Fassung des deutschen Rechts das wohl entscheidende Leitmotiv werden. Daher sei es hier kurz beleuchtet.

a) Allgemeines

Im Obligationenrecht ist zu Beginn des Abschnitts über das Bereicherungsrecht ein universeller Rechtssatz in Form der condictio sine causa generalis plaziert (Art. 70 aOR).[816] Somit geht die schweizerische Kodifikation über den bayerischen und hessischen Entwurf mit ihrer nur beschränkten Generalklausel hinaus. Sie umfaßt wie zuvor das Graubündner Zivilgesetzbuch von 1862 einen

---

[816] Zur Entstehungsgeschichte des Bereicherungsrechts im OR sei zusätzlich auf schweizerisches Spezialschrifttum verwiesen: Grundlegend *Kaufmann-Bütschli*, Ungerechtfertigte Bereicherung, S. 15–19, 33–37, 38–55; siehe auch *Nietlispach*, Gewinnherausgabe, S. 272–283; *Schaufelberger*, Bereicherung durch unerlaubte Handlung, S. 95–97; *Rolf H. Weber*, in: ZSR, Bd. 133/I (1992), S. 333 (347); allgemein rechtsvergleichend *Schlechtriem*, Restitution und Bereicherungsausgleich, Bd. 1, Rn. 1/38–41.

Art. 70 aOR:

„Wer ohne rechtmässigen Grund aus dem Vermögen eines Andern bereichert wurde, ist zur Rückerstattung verpflichtet."

allgemeinen Bereicherungsanspruch.[817] Im konzeptionellen Gegensatz zur gesamtschweizerischen und Graubündner Linie lagen die früheren, auf Walther Munzinger (1830–1873) zurückgehenden Entwürfe des Obligationenrechts[818] und die restlichen kantonalen Privatrechtsbücher. Dabei ist vor allem das von Johann Caspar Bluntschli (1808–1881) entworfene Privatrechtliche Gesetzbuch für den Kanton Zürich hervorzuheben.[819] Bluntschli folgte noch der konventio-

---

[817] Bündnerisches Zivilgesetzbuch von 1862 unter „Forderungen aus ungehöriger Bereicherung", § 467. Daneben gab es aber für „Besondere Fälle" nochmals eine Spezialnorm für die condictio indebiti.

§ 467 („Allgemeine Bestimmungen"):

> „Die ungehörige Bereicherung einer Person tritt dadurch ein, daß dieselbe ohne Rechtsgrund auf Kosten einer andern sich bereichert, d. h. durch direkten Abbruch an dem Vermögen einer andern einen Zuwachs zu ihrem eigenen erhält.
>
> Wer auf Kosten eines Andern sich bereichert, ist letzterem zur Rückgabe der Sache oder, wenn sie nicht möglich ist, zum Ersatze ihres Werthes verpflichtet und haftet in dieser Beziehung, je nachdem er in guten oder bösen Treuen sich bereicherte, als redlicher oder unredlicher Besitzer (§ 216 und § 217). Die Rückgabe des Erworbenen hat auch dann zu erfolgen, wenn zwar von Anfang an ein Rechtsgrund vorhanden war, derselbe aber in der Folge weggefallen ist."

[818] Entwurf *Munzingers* zum Schweizerischen Obligationenrecht von 1870 in Artt. 107–117 unter „Obligationen aus ungehöriger Bereicherung"; die condictio indebiti war in Art. 107 an der Spitze, die condictio sine causa stand am Ende in Art. 116 mit dem Wortlaut nach Originalgrammatik und -orthographie:

> „Ist überhaupt Jemanden ohne rechtlichen Grund aus dem Vermögen eines Andern etwas zugekommen, sei es, dass ein rechtlicher Grund schon von Anfang an nicht vorhanden war oder dass ein solcher später weggefallen ist, so findet eine Rükforderung statt."

Ebenso Schweizerisches Obligationenrecht, Entwurf, bearbeitet nach den Beschlüssen einer Kommission vom 22.–28. Oktober 1869 und vom 6.–13. Oktober 1872: Das Bereicherungsrecht war in den Artt. 103–112 unter „Obligationen aus ungerechtfertigter Bereicherung" festgehalten, die condictio indebiti in Art. 103 an der Spitze, die condictio sine causa erst in Art. 111. Dieselbe Einteilung findet sich im Schweizerischen Obligationenrecht, Entwurf nach den Beschlüssen einer Kommission vom 16. bis 21. Mai 1876 und vom 18. September bis 7. Oktober 1876 (allgemein kritisch zum Entwurf *Rott*, in: ZBernJV, Bd. 12 (1877), S. 360–380).

Im neuen Sinne dagegen Schweizerisches Obligationen- und Handelsrecht; Entwurf des eidgenöss. Justiz- und Polizei-Departementes, bearbeitet auf Grundlage der Berathungen und Beschlüsse einer Kommission; Juli 1879, in Artt. 78–83 unter „Aus ungerechtfertigter Bereicherung", allgemeiner Bereicherungsanspruch in Art. 78.

[819] § 1234 des Privatrechtlichen Gesetzbuchs für den Kanton Zürich von 1855 im Abschnitt „Von den Forderungen aus ungehöriger Bereicherung auf Erstattung", unterteilt in „Rückforderung aus bezahlter Nichtschuld" (§§ 1216–1228) und „Andere Forderungen aus ungehöriger Bereicherung" (§§ 1229–1234). Das Privatrechtliche Gesetzbuch für den Kanton Schaffhausen von 1863–65 etwa schloß sich diesen Vorgaben in den §§ 1147–1165 eng an. Das Zivilgesetzbuch für den Kanton Solothurn von 1842/43 kannte nur die condictio indebiti in den § 1469 f. Zum Zürcher Gesetzbuch vgl. auch die Kommentierung vom Gesetzesredaktor *Bluntschli* in seinem Kommentar zu § 1234 (Bd. 3, S. 242), der „die unbillige Bereicherung des einen auf Kosten des andern" betont.

nellen Einteilung der Kondiktionen, obwohl er selbst bei v. Savigny 1827/28 die Pandekten und 1827 das Kolleg zu Rechtsgeschichte und Institutionen gehört hatte.[820]

In der ursprünglich in Kraft getretenen, auf Paul Friedrich v. Wyss (1844–1888) zurückgehenden Fassung des Obligationenrechts schließt sich auf Art. 70 mit Art. 71[821] die condictio sine causa im engeren Sinne, die condictio causa data causa non secuta und ob causam finitam mit den Fällen an, daß jemand ohne jeden Grund, aus einem nicht verwirklichten Grund oder aus einem nachträglich weggefallenen Grund etwas erlangt hat. Heute sind die Artt. 70 und 71 aOR nach der Revision der Jahre 1911/12 in Art. 62 OR vereinigt,[822] ohne daß sich in der Sache die Kodifikation geändert hätte. Auffallend ist die Ähnlichkeit der neuen Gesetzesfassung mit Ferdinand Źródłowskis Entwurf eines Bürgerlichen Gesetzbuchs von 1893,[823] der bislang unbeachtet blieb. Die schweizerischen Materialien nach der Jahrhundertwende geben indes keine Anhaltspunkte zum Hintergrund der Änderung.[824] Neben der für die deutschen Gesetzesredaktoren faszinierenden Generalklausel sollte man das juristische Tagwerk in Form der speziellen Kondiktionen gleichfalls nicht aus den Augen verlieren: Art. 72 aOR regelt die condictio indebiti, Art. 75 aOR befaßt sich mit der condictio ob turpem vel iniustam causam in ihrer Rechtsfolge. An der gemeinrechtlichen Kondiktionskasuistik hatte sich im Endergebnis nichts geändert.

---

[820] Von ihm sind die Pand.Nschr. 1827/28 in zwei Bänden, die Inst.Nschr. 1828 und ein weiteres Fragment zu den Pandekten ohne Jahresangabe überliefert. Näheres zu diesen Nachschriften bereits oben auf S. 84, Fn. 7.

[821] Art. 71 aOR:

„Insbesondere tritt diese Verbindlichkeit dann ein, wenn Jemand ohne jeden Grund oder aus einem nicht verwirklichten Grunde oder aus einem nachträglich weggefallenen Grunde eine Zuwendung erhalten hat.“

[822] In veränderter Numerierung ab Art. 62 OR.

Art. 62 OR:

„Wer in ungerechtfertigter Weise aus dem Vermögen eines andern bereichert worden ist, hat die Bereicherung zurückzuerstatten.

Insbesondere tritt diese Verbindlichkeit dann ein, wenn jemand ohne jeden gültigen Grund oder aus einem nicht verwirklichten oder nachträglich weggefallenen Grund eine Zuwendung erhalten hat.“

[823] *Źródłowski*, Entwurf eines BGB, § 447:

„Wer ohne rechtmässigen Grund aus dem Vermögen eines Anderen bereichert ist, ist zur Rückerstattung verpflichtet.

Insbesondere tritt diese Verbindlichkeit ein, wenn Jemand ohne jeden Grund oder aus einem nicht verwirklichten Grund oder aus einem nachträglich weggefallenen Grund eine Zuwendung erhalten hat.“

[824] Siehe immerhin *Eugen Huber*, Entwurf zum Obligationenrecht von 1904 in Art. 1071a als Vorlage zu Art. 62 OR.

Nähere Beweggründe für die konkrete Normierung des schweizerischen Bereicherungsrechts und für den Wechsel von der traditionellen Kasuistik zum allgemeinen Tatbestand teilt uns allein v. Wyss in einiger Ausführlichkeit mit.[825] v. Wyss folgerte aus der Position der rechtsgrundlosen Bereicherung im Allgemeinen Teil des Obligationenrechts, die Institution müsse in sich ebenfalls einen Allgemeinen Teil aufweisen; ansonsten sei das Besondere Obligationenrecht der bessere Ort:[826] „Dann haben wir in der That ein Stück allgemeinen Theiles vor uns, ein wahres Gegenstück zu Titel I und II, einen positiv obligationserzeugenden Thatbestand von allgemeiner Tragweite [...].“ Auch die Symmetrie zu den allgemeinen Typen von Vertrag und Delikt spreche dafür. Nach den Motiven sind all diese Kondiktionen „mehr beispielsweise“ Hervorhebung von „practisch besonders bedeutsamen“ Spezialfällen, lediglich „eine Modifikation des allgemeinen Klagefundamentes“, die das Grundprinzip „näher zu präcisiren, zu begrenzen und durchzuführen“ habe.[827]

b) Ratio des Bereicherungsrechts

Die zeitgenössische Literatur führte an, Art. 70 aOR beruhe auf dem Prinzip, „daß es nicht erlaubt ist, einen Gewinn zu behalten, den man auf Kosten des Vermögens eines Andern unter solchen Umständen gemacht hat, daß sie denselben als einen nicht gerechtfertigten erscheinen lassen.“[828] Ob die Vermögensverschiebung als Grundlage der Kondiktionstatbestände unmittelbar erfolgt sein müsse, darüber war sich die Fachwelt nicht einig.[829] Man verglich die Generalnorm sogar mit der Versionsklage nach prALR I 13 §§ 262 ff.[830] Art. 70 sollte neben den speziellen Tatbeständen kumulativ zur Anwendung gelangen.[831] Schließlich war man der Ansicht, das Bereicherungsrecht sei Billigkeits-

[825] *v. Wyss*, Motive zum Entwurf des OR 1877, S. 8–19.

[826] *v. Wyss*, Motive zum Entwurf des OR 1877, S. 9.

[827] *v. Wyss*, Motive zum Entwurf des OR 1877, S. 9 f., 13.

[828] *Haberstich*, Obligationenrecht, Bd. 1, S. 189; ähnlich *Schneider/Fick*, Art. 70 aOR, Anm. 1 (S. 93); ohne „auf dessen Kosten“ *Oser*, in: *Egger/Escher/ders./Reichel/Wieland*, Vorb. Artt. 62–67 OR, Anm. I 1 a (S. 249).

[829] Dafür anscheinend *Schneider/Fick*, Art. 70 aOR, Anm. 3 (S. 94); dagegen *Oser*, in: *Egger/Escher/ders./Reichel/Wieland*, Art. 62 OR, Anm. II 3 (S. 252): ein Kausalzusammenhang genüge; *Eugen Huber*, Nschr. Schweizerisches OR (*Oftinger*), Bd. 1, S. 320, schloß sich *F. C. v. Savignys* Alternativitätsthese an; *v. Tuhr*, Allgemeiner Teil Obligationenrecht, Bd. 1, § 52 I (S. 369), behauptete, der Bereicherungsanspruch könne über den Verlust des Klägers nicht hinausgehen.

[830] *Hafner/Goll*, Art. 70 aOR (S. 22).

[831] *Haberstich*, Obligationenrecht, Bd. 1, S. 189: „Ueberall, wo diese allgemeine Voraussetzung zutrifft, ist eine Klage auf Rückforderung begründet.“

recht.[832] Sehr konservativ gab sich Eugen Huber (1849–1923) als Urheber des späteren Zivilgesetzbuchs, dessen Haltung sich nur über Kolleghefte erschließen läßt. Wenn man einer Nachschrift seiner Berner Obligationenvorlesung folgen darf, sind die Ansprüche aus rechtsgrundloser Bereicherung vertragsähnliche Rückforderungsansprüche, die über das Gebiet der Kontraktsklagen aus der „Ratio der allgemeinen Billigkeit (moderne ratio)“ ausgedehnt wurden.[833]

c) Fazit

Das Schweizer Obligationenrecht kommt in der Nachfolge der Graubündner Kodifikation von allen bisher vorgestellten Kodifikationen dem Einheitsmodell am nächsten. Auf Tatbestandsebene ist Art. 70 aOR vordergründig eine Einheitslösung, es addieren sich jedoch die Artt. 71 ff. aOR, die wieder die verschiedenen Leistungskondiktionen einführen. Sie sind zwar, wie das Wort „insbesondere“ in Art. 71 aOR zum Ausdruck bringt, nur Beispielfälle, aber selbst diese weisen tatbestandliche Qualität auf. Daher kann im Anschluß an die deutsche Regelung nur konstatiert werden, auf Tatbestandsebene verwirkliche das eidgenössische Obligationenrecht kein echtes Einheitsmodell, sondern nur ein Mischsystem, ein „kleines“ Einheitsmodell. Auf der Interpretationsebene bleibt die historische Auslegung des Tatbestandsmerkmals der Rechtsgrundlosigkeit verschwommen, über allgemein gehaltene Formulierungen kam die Literatur nicht hinaus. Damit ist noch die Prinzipienebene zu klären. Wenn v. Wyss im Generaltatbestand Art. 70 aOR das Grundprinzip sah, wird dahinter die Einschätzung stehen, das Recht der rechtsgrundlosen Bereicherung sei von einem einzigen Prinzip geleitet. Auf Prinzipienebene ist folglich vom Einheitsmodell auszugehen.

Summa summarum bietet das ursprüngliche Obligationenrecht auf der Tatbestandsebene keine klare Einheitslösung. Die Artt. 70 ff. aOR gehen immerhin ein Stück weiter als der hessische oder bayerische Entwurf, obwohl diese beiden Kodifikationen bei der ersten Lektüre ebenfalls eine Generalklausel aufweisen. Der Unterschied ist darin begründet, daß das Schweizer Obligationenrecht auf Tatbestandsebene partiell das Einheitsmodell verwirklicht, auch wenn es auf halber Strecke stehenbleibt. Man mag das bedauern oder begrüßen, immerhin war Art. 70 aOR ganz entscheidend Vorbild für das Bürgerliche Gesetzbuch.

Inzwischen ist die aktive Rezeption des Art. 70 aOR auf seiten Deutschlands weitgehend Vergangenheit. Die heutige Lehre in der Schweiz übernimmt um-

---

[832] *Haberstich*, Obligationenrecht, Bd. 1, S. 195.

[833] *Eugen Huber*, Nschr. Schweizerisches OR (*Oftinger*), Bd. 1, S. 319; ähnlich auch *ders.*, Nschr. Schweizerisches Privatrecht 1910 (*Kinkelin*), unpaginiert, § 136, Bl. 1v.

gekehrt zunehmend deutsches Gedankengut und folglich neben der Trennungslehre leider das Gift unzähliger Kontroversen.[834] Das Tatbestandsmerkmal „aus dem Vermögen eines anderen" erfährt zumindest eine geteilte Interpretation für Leistung und Nichtleistung,[835] die Rechtsgrundlosigkeit wird ebenfalls aufgegliedert. Das soll freilich an dieser Stelle nicht weiter verfolgt werden. Allerdings wird anhand der Schweizer Lösung besonders deutlich, daß die gesetzgeberischen Vorgaben, die im Fall der Schweiz viel eindeutiger in Richtung Einheitsmodell als in Deutschland zeigen, der Trennungslehre nicht entgegenstehen müssen.

7. Gesamtfazit

Unter den Privatrechtsgesetzbüchern und Entwürfen kristallisieren sich im wesentlichen drei verschiedene Lösungen für das Verhältnis von condictio sine causa generalis, negotiorum gestio, actio de in rem verso utilis und Bereicherungsgedanken heraus. Die erste Gruppe, zu welcher der preußische und der sächsische Entwurf von 1852 zählen, halten an der herkömmlichen Struktur der naturrechtlichen Kodifikationen in Baden, Frankreich, Österreich und Preußen fest. Die condictio indebiti steht ganz im Vordergrund, während die condictio sine causa in vielen Einzelfällen ohne inneren Zusammenhang weit über das Gesetz verstreut ist. Dafür wird über die Geschäftsführung ohne Auftrag oder die Versionsklage dem Pomponius-Satz Rechnung getragen.

Eine zweite Kodifikationsreihe – zu nennen sind das Sächsische Bürgerliche Gesetzbuch, das Zürcher Privatgesetzbuch und der Dresdner Entwurf – nimmt bereits die condictio sine causa in mehr oder minder allgemeiner Form mit separaten Tatbeständen für Leistung oder Nichtleistung zu den restlichen Kondiktionen. Dafür ist die Geschäftsführung ohne Auftrag um ihren bereicherungsrechtlichen Gehalt gekürzt und die Versionsklage entweder ganz weggelassen oder stark beschnitten. In der Tat besteht kein Grund mehr dafür, diese Rechtsinstitutionen möglichst weit zu fassen, da sie nun mit den um die con-

---

834 Siehe nur *Schulin*, in: *Honsell/Vogt/Wiegand*, Art. 62 OR, Rn. 11–26; vermittelnd mit Tendenz zur Einheitslehre *Nietlispach*, Gewinnherausgabe, S. 159 f.: Trennung habe eher klassifikatorische als rechtliche Bedeutung, daher Einheitlichkeit des Bereicherungsanspruchs. Des weiteren *Holenstein*, Wertersatz oder Gewinnherausgabe, sie vertritt die Zuweisungslehre. Weiterführend sei hier auf *Werner Lorenz*, in: *Julius v. Staudinger*[13], Vorb. § 812, Rn. 9–11, und *Schwenzer*, in: Symposium für *Schlechtriem*, S. 59 (74–76) verwiesen.

835 *Schulin*, in: *Honsell/Vogt/Wiegand*, Art. 62 OR, Rn. 8, der einen „Sachzusammenhang" fordert; des weiteren etwa *Wenner*, Ungerechtfertigte Bereicherung, S. 62–64, der sich mit „Konnexität" von Ent- und Bereicherung begnügt; weiterhin die Nachweise bei *Schwenzer*, in: Symposium für *Schlechtriem*, S. 59 (73–75). Gänzlich gegen die Vermögensverschiebung *Holenstein*, Wertersatz oder Gewinnherausgabe, bes. S. 4–6.

dictio sine causa erweiterten Kondiktionen konkurrieren. In den Materialien zum sächsischen Recht wird denn auch ausdrücklich erwähnt, die meisten Konstellationen ließen sich über die Stellvertretung oder die condictio sine causa lösen.

Die dritte Gruppe schließlich umfaßt den hessischen Entwurf, das Graubündner Gesetzbuch und das Schweizerische Obligationenrecht. In diesen Kodifikationen steht die condictio sine causa an der Spitze, allerdings werden in den folgenden Normen immer noch die anderen Spezialkondiktionen, vor allem die condictio indebiti, einzeln erwähnt. Unterschiede gibt es bei der Ausgestaltung der condictio sine causa: Während sie in den Schweizer Kodifikationen eine echte condictio sine causa generalis für Leistung und Nichtleistung ist, beschränkt sie sich in Hessen auf die condictio sine causa specialis. In der Schweizer Lösung dienten die Spezialkondiktionen nur als verdeutlichende Beispielfälle. Beiden Untergruppen ist gemeinsam, daß sie in verschiedener Intensität und mit unterschiedlicher Kodifikationstechnik Leistung und Nichtleistung in *einem* Tatbestand zusammenführen. Das ähnelt dem späteren Vorentwurf des Reichsjustizamtes für die zweite Kommission zum Bürgerlichen Gesetzbuch. Für die Versionsklage und die Geschäftsführung ohne Auftrag als Bereicherungsklagen ist bei einer condictio sine causa generalis kein wirkliches Bedürfnis mehr vorhanden: Die Versionsklage kann entweder ganz wegfallen oder den römischen Quellen gemäß eng gefaßt werden, und die Geschäftsführung ohne Auftrag beschränkte sich auf ihren eigentlichen Anwendungsbereich. Der moralische Druck der Pomponius-Parömie auf die Gesetzeskommissionen wurde in ein neues Gefäß, in die Kondiktionen, umgeleitet.

Aus Sicht von Einheits- und Trennungsmodell nimmt die dritte Gruppe auf Tatbestandsebene eine weithin ambivalente Haltung ein, weil selbst in der Schweizer Variante neben der condictio sine causa generalis noch Leistungskondiktionen in darauffolgenden Normen kodifiziert sind. Dies offenbart sich besonders im bayerischen Entwurf, dessen Generalklausel rein deklaratorische Bedeutung hatte. Der bayerische Entwurf läßt sich deswegen gar nicht einordnen, denn von seiner Motivation aus gesehen scheint er die allgemeine Bereicherungsklage anzustreben, während die condictio sine causa aus Furcht vor der Pomponius-Sentenz im Resultat sogar hinter die zweite Gruppe zurückfällt. Umfassende Klauseln sprechen für das Einheitsmodell, die Spezialkondiktionen jedoch für das Trennungsmodell. Einerseits wollte der Gesetzgeber dem Geist der wegweisenden neuen Lehre folgen, andererseits aber schreckte man noch vor einer allzu radikalen Einheitsformel im Bewußtsein zurück, ansonsten in den Sog der gescheiterten Entwürfe im Codex Theresianus und in Siebenhaars sächsischer Vorlage zu geraten.

Da sich selbst für die dritte Gruppe auf Tatbestandsebene kein klares Einheitsmodell aufspüren läßt, wird auf Interpretationsebene dasselbe gelten. Auf

Prinzipienebene freilich gibt der an den Anfang gestellte allgemeine Satz von der rechtsgrundlosen Bereicherung auf Kosten eines anderen klar darüber Auskunft, daß der Gesetzgeber jeweils ein einheitliches Prinzip hinter allen Ansprüchen walten sah. v. Savignys „System des heutigen Römischen Rechts“ war Vorbild. Auch für die zweite Gruppe wird man das annehmen dürfen, obwohl hier auf Tatbestands- und Interpretationsebene eindeutig das Trennungsmodell favorisiert wird. Die erste Gruppe hat sogar auf der Prinzipienebene wenig Einheitliches erkannt. Im preußischen Entwurf wird nur sehr selten auf die condictio sine causa Bezug genommen, auch sind die Kondiktionen kein bloßer Sonderfall der Bereicherungsklagen aus Geschäftsführung ohne Auftrag bzw. der Versionsklage. Der Held'sche Entwurf von 1852 stellt lediglich die condictio sine causa specialis als condictio ob causam finitam in den größeren Zusammenhang der Bereicherungsklagen. Für die condictio indebiti lassen das die Motive nicht erkennen. Bei den älteren Gesetzesprojekten werden die Zentrifugalkräfte verstärkt durch den fehlenden Bezug auf den Bereicherungswegfall als Rechtsfolge.[836]

Allen Gesetzesvorhaben ist mit Ausnahme des wegweisenden Dresdner Entwurfes gemein, daß sie die Kondiktionen im Schuldrecht von Eingriffs- und Verwendungsfällen hinsichtlich des Eigentums im Sachenrecht trennen. Selbst die ausführlichen Vorlagen und Materialien zum Sächsischen Bürgerlichen Gesetzbuch geben nur wenige Hinweise auf das vertraute „quanto locupletior factus est“. Obwohl der hessische und bayerische Entwurf mehr oder weniger die condictio sine causa generalis implementieren, ist der Anwendungsbereich der allgemeinen Kondiktion damit weithin von Eingriffs- und Verwendungsfällen abgegrenzt. Beide Entwürfe können unter die condictio sine causa nur das lange bekannte subsidiäre Sammelsurium fassen; große Felder der Nichtleistungskondiktion bleiben unerschlossen. Erst ein Vierteljahrhundert nach den wegweisenden Vorschlägen des Dresdner Entwurfes sollten die Gedanken eingelöst werden, die man in seine Beratungen hineingelegt hatte.

VII. Rechtsprechung im 19. Jahrhundert

Neben Lehre und Gesetzgebung ist die Rechtspraxis für die geschichtliche Betrachtung von enormer Bedeutung. Nur das „law in action“ vermag ein komplettes Bild zu liefern.[837] Nicht umsonst ist das römische Recht in erster Linie Fallrecht; daher darf das case law trotz aller Systematisierungsversuche der Historischen Rechtsschule unter v. Savigny und anderen Gelehrten von Rang

---

[836] Dazu bereits oben ab S. 217.

[837] Treffend *Canaris*, in: Festschrift für *Medicus*, S. 25 (26–28), zu problem- und fallbezogenem Arbeiten.

nicht aus den Augen verloren werden. Zu einer Zeit, als das gemeine Recht, das ehemals kaiserliche, kraft Gewohnheit seine Durchsetzung verlangte, mußte die Praxis mit Ausnahme Sachsens mangels moderner Privatgesetzbücher die romanistische Lehre in ihre Entscheidungsfindung einbeziehen, um sich nicht in der landrechtlichen oder anderweitigen partikularrechtlichen Kasuistik zu verlieren. Die Mittlerrolle zwischen der bisweilen antagonistisch gesehenen „Theorie" und „Praxis" konnten die Spruchkollegien der Fakultäten einnehmen. Ebenso wie das an den Universitäten gelehrte römische Recht sind die Urteile des 19. Jahrhunderts in der heutigen Zeit kontemplativer Maßstab – in ihrer eigenen waren sie Applikation. Auch das zeigt, daß Rechtsgeschichte und Rechtsdogmatik keine unversöhnlichen Gegensätze darstellen.

1. Einzelstaaten

In der Zeit zwischen Reichskammergericht und Reichsoberhandelsgericht mußten die Obergerichte der Partikularstaaten das judikative Vakuum ausfüllen. Es mag eine idealistische Sichtweise sein, betrachtet man die Größe Preußens oder die mangelnde Relevanz der kaiserlichen Rechtsprechung in ihren letzten Zügen. Das gemeine Recht, welches in vielen Teilen des Deutschen Bundes zumindest subsidiär galt, war das einigende Band der Rechtsfindung. Es herrschte, von nur wenigen Spezialgesetzen durchbrochen, in einem Streifen vom Norden Deutschlands in den Süden, entlang des Code civil im Westen, des Jütisch Low im Norden, des Landrechts im Osten und des bayerischen und badischen Rechts im Süden. Vor allem die Obergerichte in Frankfurt am Main, Hamburg, Lübeck und ganz besonders zu Rostock waren die Schrittgeber der gemeinrechtlichen Rechtsprechung.

a) Pomponius-Satz und condictio sine causa

So urteilte das Oberappellationsgericht zu Lübeck noch 1846 in Lübecker Rechtssachen, zu „den mancherlei Anwendungen, welche das gemeine Recht von dem Princip macht, daß sich Niemand mit fremdem Schaden bereichern solle, gehört auch die [...] condictio sine causa".[838] Das Sächsische Oberappel-

---

[838] OAG Lübeck, 30.3.1846, in: OAGE Lübeck-Lübeck, Bd. 2 (1858!), S. 486 (493); ähnlich OAG Wolfenbüttel, 4.2.1845, in: SeuffArch, Bd. 10 (1856!), S. 69 (69), unter Hinweis auf *Africanus*, D. 23, 3, 50; *Paulus*, D. 12, 6, 13; *Pomponius*, D. 12, 6, 14; OAG München, 28.4.1863, in: SeuffArch, Bd. 18 (1865), S. 273 (274), jeweils für die condictio sine causa.

Siehe auch Appellationsgericht Kassel, in: AnnKassel, Bd. 21 (1875), S. 142: condictio indebiti als quasikontraktliches Verhältnis.

lationsgericht meinte, die condictio indebiti sei „blos aus dem Grunde, weil Niemand mit des Anderen Schaden bereichert werden soll“, eingeführt; es sei billig, das zurückzugeben, was man „ohne rechtlichen Grund“ ex aequo et bono erhalten habe.[839] Während diese Urteile der Pomponius-Parömie mehr deklaratorische als konstitutive Bedeutung zumessen, treten auch Fälle auf, in denen man direkt, ohne den Umweg über die Kondiktionen, auf den um die causa angereicherten Satz zurückgriff. Das Oberlandesgericht Hamburg stützte noch 1884 die Klage des Lieferanten einer Gas- und Wasserleitungsanlage bei unrechtmäßigem Zwangsverkauf der eingebauten Teile direkt „auf die grundlose Bereicherung des Beklagten aus dem Vermögen des Klägers“.[840]

Die Leipziger Juristenfakultät in Rechtssachen warnte jedoch vor dem Pomponius-Satz. Man müsse sich hüten „vor dem leicht unterlaufenden Irrthume [...], allgemeine in die Pandectenfragmente mit aufgenommene Aeußerungen der Juristen, welche diese zur Erläuterung der speciellen Fälle nebenher ausgesprochen haben, in extensiver Allgemeinheit und außer dem ganzen Zusammenhange zur Anwendung zu bringen.“[841] Eine allgemeine Bereicherungsklage neben der traditionellen condictio sine causa wurde deshalb abgelehnt.

In Jena setzte man bei der condictio sine causa selbst an: Sie könne nicht zur Anwendung kommen, falls sie nicht zur „Ergänzung der übrigen Condictionen“ diene, sondern eine Spezialkondiktion vertreten solle und ein Merkmal dieser Spezialkondiktion fehle, urteilte das Oberappellationsgericht.[842] Die condictio sine causa generalis war dadurch nicht zwangsläufig abgelehnt, weil sie nach möglicher Lesart nur mit den Spezialkondiktionen konkurriert, aber nicht über sie hinausreicht.[843] Am Ende des Jahrhunderts entschied das Oberlandesgericht zu Oldenburg für die Konsumtion des zuvor irrtümlich geleisteten Geldes, daß die condictio sine causa specialis aus Verbrauch mit der condictio indebiti kon-

---

[839] OAG Dresden, 14.7.1842, in: Wochenbl. für Rechtsfälle, Bd. 4 (1844), S. 169 (171). Weiterhin OAG Dresden, Juni 1844, in: SeuffArch, Bd. 2 (1848), S. 243, unter Hinweis auf *Pomponius*, D. 12, 6, 14; *Papinianus*, D. 12, 6, 66, und OAG Dresden, 26.9.1861, in: SeuffArch, Bd. 15 (1862), S. 310 (312): „Die condictio indebiti stellt sich ohne Zweifel als ein Institut dar, welches sich lediglich auf das Gesetz der Billigkeit gründet, daß niemand aus dem Irrthum eines andern Nutzen ziehen, etwas ihm nicht Gebührendes behalten, und so mit dem Schaden eines andern sich bereichern dürfe.“

[840] OLG Hamburg, 17.1.1884, in: SeuffArch, Bd. 40 (1885), S. 37 (37).

[841] Juristenfakultät Leipzig, in: Wochenbl. für Rechtsfälle, Bd. 5 (1845), S. 1 (4); i. E. ebenso OG Wolfenbüttel, 15.5.1877, in: SeuffArch, Bd. 34 (1879), S. 50 (51).

[842] OAG Jena, 7.7.1825, in: SeuffArch, Bd. 8 (1854!), S. 202 (202), unter Hinweis auf *Papinianus*, D. 12, 6, 54; *Ulpianus*, D. 12, 7, 1 pr.; auch BayOGH, 7.1.1871 – UB d. I. Sen. Nr. 5, in: BayOGHE, Bd. 1 (1872), S. 67 (69).

[843] Siehe dazu RG, 22.1.1872, in: HGZ, Bd. 5 (1872), Beilage, S. 17 (20): Die „allgemeine“ condictio sine causa sei das Synonym für die anderen Spezialkondiktionen, während die „spezielle“ condictio sine causa nicht erhoben werden dürfe, wenn lediglich die Voraussetzungen der condictio indebiti usw. fehlten.

kurriert.[844] Im Ergebnis gestattete das Gericht die condictio sine causa generalis, ohne jedoch die allgemeine Bereicherungsklage einzuführen. Der Bayerische Oberste Gerichtshof wollte weitaus restriktiver die condictio sine causa nur subsidiär anwenden. Damit ist implizit die condictio sine causa generalis verneint.[845] Verallgemeinern sollte man den Urteilsspruch allerdings nicht, weil er eine Spezialität des CMBC Teil 4 Kapitel 13 § 9 widerspiegelt, der ausdrücklich die Subsidiarität anordnet.

Sehr schnell sollte der Rechtsprechung die condictio sine causa durch die neue Lehre weniger suspekt erscheinen. Im Jahre 1855 führte das Preußische Königliche Obertribunal als Kondiktionsprinzip an, „daß dasjenige, was Jemand aus dem Vermögen eines Andern in einer bestimmten Absicht erhalten hat, entweder in Natur oder seinem Werthe nach, soweit es in dem Vermögen des Empfängers noch vorhanden", zurückzugeben ist, „wenn der Rechtsgrund wegfällt oder irrig vorausgesetzt wurde, oder die Voraussetzung nicht zutrifft."[846] In der Sache spricht das Tribunal Vermögensverschiebung und causa-Gedanken v. Savignys an.

Die preußische Rechtsprechung läßt jedoch keine ungeprüften Rückschlüsse auf andere Teile Deutschlands zu. Das Badische Oberlandesgericht mußte noch 1886 ein Landgericht zum Badischen Landrecht dahingehend berichtigen, zur Verurteilung des Beklagten reiche die Regel nicht aus, niemand dürfe sich zum Schaden eines andern bereichern.[847] In einer anderen Rechtssache stellte dasselbe Oberlandesgericht allerdings einige Jahre später fest, der eben getadelte Satz sei „überhaupt so tief in der Natur und Aufgabe des Rechtes begründet, daß er nicht abgelehnt werden kann".[848] Der Bereicherungssatz allein sollte einen Anspruch begründen können. Richtigerweise dürfte das um das Tatbestandsmerkmal der Rechtsgrundlosigkeit zu ergänzen sein.[849] Vielleicht ließ sich das badische Gericht durch das Urteil Boudier des französischen Kassati-

---

[844] OLG Oldenburg, 12.2.1896, in: SeuffArch, Bd. 51 (1896), S. 408–409.

[845] BayOGH, 8.7.1872 – UB. d. IV. Sen. Nr. 50; in: BayOGHE, Bd. 2 (1873), S. 196 (197 f.). Eher in die andere Richtung deutet BayObLG, 7.1.1880 – UB. d. III. Sen. Nr. 1, in: BayOGHE, Bd. 8 (1881), S. 164 (167): condictio sine causa umfasse sämtliche Spezialkondiktionen.

[846] OT, 22.2.1855, in: OTE, Bd. 30 (1855), S. 76 (81 f.).

[847] OLG Karlsruhe, in: BadAnn, 16.6.1886, Bd. 54 (1888), S. 289 (289); siehe auch BadAnn, Bd. 52 (1886), S. 370 (371); ähnlich auch OLG Karlsruhe, 3.11.1893, in: BadAnn, Bd. 60 (1894), S. 241 (242).

[848] OLG Karlsruhe, in: BadAnn, 18.10.1892, Bd. 59 (1893), S. 69 (70). Auch noch das RG, 14.4.1899 – I. 448/98, in: JW, Bd. 28 (1899), S. 327 (327); Bad. Oberhofgericht Mannheim, 26.4.1825/23.9.1825, in: Jb Bad. Oberhofgericht, Bd. 3 (1826), S. 24 (30).

[849] So später das RG, 23.12.1902 – II. 291/02, in: JW, Bd. 32 (1903), S. 112:

> „Die Ausführung des B. R. ist nicht zu beanstanden, daß im rheinisch-französischen Recht der Satz gilt, daß niemand sich zum Schaden eines andern aus dessen Vermögen *ungerechtfertigterweise* bereichern soll".

onshofs aus dem Jahre 1892 inspirieren, denn in Baden galt der von Brauer übersetzte und modifizierte Code civil. Bislang unbeachtet blieb die Geltung des französischen Rechts im Rheinland und damit die Jurisdiktion des zuständigen II. Zivilsenats des Reichsgerichts. Dieser Senat hatte bereits 1887 für den rheinländischen Code civil die allgemeine condictio sine causa eingeführt[850] und bei Gelegenheit einen Rückgriffsanspruch aus actio in factum ebenfalls aus „dem den Code in der Materie der Quasikontrakte beherrschenden Grundsatz der natürlichen Billigkeit“ begründet.[851]

b) Allgemeine Bereicherungsklagen nach dem Landrecht

Speziell zum Allgemeinen Landrecht für die preußischen Staaten gibt es einige Urteile, welche die Grundsätze der Kondiktion und Bereicherung näher behandeln. Das Obertribunal sah die Geschäftsführung ohne Auftrag und die Generalklausel in Verwendungsfällen wie die Literatur als Bereicherungsklagen an.[852] In prALR I 13 §§ 262 ff. fand man das „Prinzip der Condictionen“ anerkannt,[853] konkret die condictio sine causa.[854] Der Grundsatz sei selbstverständlich, argumentierte das Gericht, er bedürfe keiner ausdrücklichen Bestimmung.[855] Das Obertribunal trieb die Annäherung von condictio sine causa und

---

[850] Aus den unveröffentlichten Urteilen des RG sei hier bes. das Grundsatzurteil genannt v. 19.4.1887 – II. 416/86 = Sammlung sämtlicher Erkenntnisse des RG, II. ZS., 1887, 2. Quartal, Nr. 11 = Anhang, S. 931 = JW, Bd. 16 (1887), S. 240 (240) (allerdings nur auszugsweise mit einem Absatz) = Bolze, Bd. 4 (1887), S. 88 f. (nur Zusammenfassung). Dieses Urteil wurde bisher in der Literatur offenbar nicht beachtet; siehe nur den fehlenden Nachweis bei *Detlef König*, Bereicherungsanspruch gegen Drittempfänger. Des weiteren aus den Sammelwerken RG, 30.4.1897 – II. 64/97, in: RGZ, Bd. 39 (1897), S. 377 (380), mit Verweis auf die genannte unveröffentlichte Entscheidung. Weiterhin RG, 11./18.12.1891 – II. 226/91, in: Bolze, Bd. 13 (1892), S. 84 f.: „Die Klage wegen ungerechtfertigter Bereicherung ist auch unter der Herrschaft des Code, welcher nur die condictio indebiti aufführt, zulässig.“

RG, 5.10.1888 – II. 174/88, in: RGZ, Bd. 22 (1889), S. 368–371, erwog die actio de in rem verso für das französische Recht, ohne aber darauf näher einzugehen.

[851] RG, 18.11.1890 – II. 191/90, in: Sammlung sämtlicher Erkenntnisse des RG, II. ZS., 1890, 4. Quartal, Nr. 51 = Bolze, Bd. 11 (1891), S. 64 f. (nur Zusammenfassung).

[852] OT, 2.3.1863, in: OTE, Bd. 49 (1863), S. 106 (111 f.); OT, 27.2.1873, in: OTE, Bd. 69 (1873), S. 69 (71).

[853] OT, 22.2.1855, in: OTE, Bd. 30 (1855), S. 76 (81 f.).

[854] OT, 13.12.1847, in: OTE, Bd. 16 (1848), S. 172 (173 f.); aus der Rspr. des Reiches seien hier genannt ROHG, 21.2.1874 – 1127/73, in: ROHGE, Bd. 12 (1874), S. 438 (439), zu prALR I 13 § 262, und ROHG, 6.12.1873 – 888/73, in: ROHGE, Bd. 12 (1874), S. 32 (37), zu prALR I 13 §§ 228 ff.; RG, 16.2.1888 – VI. 315/87, in: JW, Bd. 17 (1888), S. 142 (142), zu prALR I 13 §§ 262 ff., faßt die actio de in rem verso und condictio sine causa zusammen.

[855] OT, 13.12.1847, in: OTE, Bd. 16 (1848), S. 172 (174).

den beiden Bereicherungsklagen gar so weit, daß es den Bereicherungsausgleich mit einer akademischen Mindermeinung ganz auf Zweipersonenbeziehungen beschränken wollte.[856]

Fehl geht es aber, in diese Einschränkung das Abstraktionsprinzip für den Eigentumserwerb durch traditio hineindeuten zu wollen,[857] denn im Landrecht war über das Titelerfordernis das Kausalprinzip angeordnet. Selbst v. Savigny konnte durch seine Landrechtsvorlesung das preußische Recht nicht zum Abstraktionsprinzip führen, obwohl er das Titelerfordernis im Landrecht in den bloßen animus transferendi umdeutete.[858] Vielmehr folgte das Obertribunal der Intention der Gesetzesverfasser, welche eher Zweipersonenbeziehungen als Dreiecksfälle im Sinne hatten, als sie die bereicherungsrechtlichen Generalklauseln formulierten. Das Reichsoberhandelsgericht lehnte die restriktive Interpretation der preußischen Versionsklage genauso wie später das Reichsgericht in der vielzitierten Entscheidung im ersten Band der amtlichen Sammlung ab.[859]

c) Condictio sine causa im Einzelfall

Als Beispielfall der condictio sine causa führte das Obergericht zu Wolfenbüttel im Herzogtum Braunschweig noch 1874 den mangelnden Konsens über die Natur des abzuschließenden Rechtsgeschäfts an.[860] Das erinnert an die alte Quasivertragsdoktrin. Andere Anwendungsfälle sollten sein die Rückforderung bei Wucher,[861] des Schuldscheins nach erfolgter Zahlung,[862] bei Leistung durch einen Dispositionsunfähigen,[863] bei Darlehenshingabe eines Juden an einen

---

[856] OT, 18.1.1866, in: OTE, Bd. 56 (1866), S. 114 (116–120).

[857] *Reuter/Martinek*, Ungerechtfertigte Bereicherung, § 1 II 2 (S. 19).

[858] Näher *Frank L. Schäfer*, in: ZRG Germ. Abt., Bd. 118 (2001), S. 367 (bes. 381).

[859] ROHG, 28.10.1871 - 462/71, in: ROHGE, Bd. 3 (1872), S. 377 (380); ROHG, 26.9.1873 - 615/73, in: ROHGE, Bd. 11 (1874), S. 134 (138); RG, 14.1.1880 - I. 126/79, in: RGZ, Bd. 1 (1880), S. 143 (bes. 145–147); bestätigt durch RG, 3.5.1888 - IV. 32/88, in: RGZ, Bd. 21 (1888), S. 236 (238).

Freilich wollten auch diese Urteile keinen allgemeinen Bereicherungsanspruch anerkennen, da sie die Klage an die Voraussetzungen der Geschäftsführung knüpften und damit den Anspruch nur in den Kontext der Leistungsfälle stellten.

[860] OG Wolfenbüttel, 14.10.1869, in: ZRpfl Braunschweig, Bd. 21 (1874), S. 44 (44 f.). Ebenso Spruchkollegium, 9.3.1848, in: Wochenbl. für Rechtsfälle, Bd. 11 (1851), S. 36 (37); OLG Hamburg, 2.6.1893, in: SeuffArch, Bd. 50 (1895), S. 32 (33).

[861] OAG Lübeck, 21.2.1852, in: SeuffArch, Bd. 9 (1855), S. 382 (383).

[862] OAG Jena, 25.2.1876, in: SeuffArch, Bd. 34 (1879), S. 187 (187), unter Hinweis auf *Diocletianus/Maximianus*, C. 4, 9, 2.

[863] OAG Dresden, 10.6.1864 - 313/365, in: SeuffArch, Bd. 19 (1866), S. 247 f. = AnnSächsOAG, Bd. 8 (1865), S. 425 f., unter Hinweis auf *Ulpianus*, D. 12, 6, 29.

Christen,[864] die Kondiktion wegen Wegfalls des Rechtsgrundes,[865] des Brautgeschenkes bei nicht zustande gekommener Ehe[866] oder die Löschung einer Hypothek.[867] Beim Wucher wäre weiterhin an eine condictio ob iniustam causam zu denken. Auch die zur Erfüllung eines Vertrages geschehene Leistung sollte zurückgefordert werden können, wenn der vertragsschließende Stadtrat nicht die erforderliche Zustimmung der Regierungsbehörden erlangt.[868] Schließlich ist auf der Eingriffsseite an die Herausgabe des Erlöses bei unbefugter Veräußerung von Waren[869] oder an die Kondiktion des Wertes der vom malae fidei possessor konsumierten Früchte durch condictio fructuum zu denken.[870]

Accessio, specificatio und andere Formen des Eigentumsübergangs hingegen scheinen nicht unter dem Stichwort der „condictiones", dafür aber unter dem der Bereicherungsklage geführt worden zu sein. Zum Beispiel wurde bei Spezifikation eine Entschädigung nach dem Pomponius-Satz gewährt.[871] Weiterhin untersuchte man die Verwendungsklage aus inaedificatio eines Klägers, der wissentlich auf fremdem Boden ein Gebäude errichtete, ganz allgemein unter dem Satz der Bereicherung auf Kosten eines anderen, lehnte sie allerdings im Ergebnis ab.[872] Der normale, als Retentionsrecht ausgestaltete Impensenersatz scheint hingegen niemals unter dem Stichwort der Kondiktionen oder der rechtsgrundlosen Bereicherung aufzutreten.[873]

Ganz überwiegend erkannten die Gerichte v. Savignys Vorgabe an, die Kondiktionen stünden zur Herausgabe aus Eigentum im Alternativverhältnis.[874] Das

---

[864] BayOGH, 16.10.1850 – Nr. 1509 48/49, in: SeuffBl, Bd. 16 (1851), S. 169–172.

[865] Dazu RG, 27.11.1895 – I. 256/95, in: JW, Bd. 25 (1896), S. 235 (235).

[866] OG Wolfenbüttel, 14.2.1862, in: SeuffArch, Bd. 17 (1864), S. 89, unter Hinweis auf *Ulpianus*, D. 12, 7, 1, 2; *Africanus* D. 12, 7, 4; OT, 17.4.1879, in: SeuffArch, Bd. 35 (1880), S. 122. Hier läßt sich auch an eine condictio causa data causa non secuta denken, siehe *F. C. v. Savigny*, Pand.Nschr. 1828/29 (*v. Varnbüler*), Bd. 6, S. 334.

[867] Appellationsgericht H., 13.4.1865, in: BlRpfl, Bd. 15 (1868), S. 244 f.

[868] Königliches LG zu L., 9.1.1856, in: Wochenbl. für Rechtsfälle, Bd. 6 N. F. (1858), S. 13 (16).

[869] Etwa OAG Lübeck 30.3.1846, in: OAGE Lübeck-Lübeck, Bd. 2 (1858!), S. 486 (493 f.), unter Hinweis auf *Africanus* D. 12, 1, 23; 19, 1, 30; OAG Lübeck, 17.4.1860, in: SeuffArch, Bd. 14 (1861), S. 396 (396).

[870] BayObLG, 8.11.1880, in: SeuffArch, Bd. 36 (1881), S. 187 (188 f.). Der redliche Besitzer haftete – wie bereits erwähnt – nicht; siehe dazu BayOGH, 23.11.1878, in: SeuffBl, Bd. 44 (1879), S. 45–47.

[871] BayOGH, 4.2.1879, in: SeuffArch, Bd. 34 (1879), S. 402 (403) = SeuffBl, Bd. 44 (1879), S. 127 (128), unter Berufung auf *Paulus*, D. 13, 1, 13; *Iulianus*, D. 13, 1, 14, 3.

[872] BayOGH, 19.7.1879, in: SeuffBl, Bd. 44 (1879), S. 297 (298).

[873] Siehe nur RG, 3.5.1884 – I. ZS., in: AnnRG, Bd. 10 (1884), S. 425–428.

[874] OT, 22.2.1855, in: OTE, Bd. 30 (1855), S. 76 (80); OAG Darmstadt, 29.4.1853, in: SeuffArch, Bd. 6 (1853), S. 453 (455); Appellationsgericht Leipzig, 12.6.1868, in: Wochenbl. für Rechtsfälle, Bd. 16 N. F. (1868), S. 446 (446); OG Wolfenbüttel, 14.10.1869, in: ZRpfl Braunschweig, Bd. 21 (1874), S. 44 (44); Appellationsgericht Leipzig,

sollte freilich nur für den Fall gelten, daß Eigentümer und Kondizent zusammenfallen; derjenige, der irrtümlich mit fremdem Geld seine Putativschuld bezahlte, konnte nach Konsumtion ebenfalls mit der condictio indebiti vorgehen.[875]

d) Mehrpersonenverhältnisse

Mehrgliedrige Konstellationen beschäftigten bereits im 19. Jahrhundert die Rechtsprechung. Das Bayerische Oberste Landesgericht gab dazu eine präzise Stellungnahme ab:[876]

> „Falls nämlich Jemand im Namen und für Rechnung des wahren Schuldners an Stelle desselben in Folge einer Zahlungsanweisung, einer Delegation u. s. w. in der irrthümlichen Annahme des Bestehens einer Schuld seinerseits demjenigen gegenüber, in dessen Namen er leistete, eine Zahlung oder sonstige Leistung gemacht hat, so erscheint der Assignant, Delegant u. s. w. als der eigentliche Zahler, der die Zahlung thatsächlich Leistende hiergegen ist nur Stellvertreter des Assignanten und der Assignatar tritt zu dem Assignaten bloß insoweit in ein Rechtsverhältniß, als der Letztere bei Annahme des Zahlungsmandats zu dessen Erfüllung verpflichtet wird, während der Assignatar, wenn er die angewiesene Leistung vom Assignaten entgegennimmt, nur das erhalten hat, was er vermöge der angenommenen Assignation vom Assignaten als Stellvertreter des Assignanten zu beanspruchen hatte."

Maßgebend war, daß der Empfänger „suum recepit" dasjenige erhalten hatte, was ihm gegenüber dem Anweisenden im Valutaverhältnis zustand.[877] Das galt indessen nur, wenn der Zahlende auf den Namen des echten Schuldners geleistet hatte.[878] Anders sollte die Situation zu beurteilen sein, in der im Deckungs- *und* Valutaverhältnis ein sogenannter Doppelmangel vorliegt. Das Oberappella-

8.6.1879, in: ArchSachsen, Bd. 2 N. F. (1881), S. 15 (16); a. A. der Nachweis bei OAG Kassel, 22.9.1851, in: SeuffArch, Bd. 3 (1851), S. 201 (201); Appellationsgericht H., 13.4.1865, in: BlRpfl, Bd. 15 (1868), S. 244 (244).

[875] OAG Rostock, 20.4.1874 – Do. 428/1874, in: OAGE Rostock, Bd. 8 (1874), S. 165 (167 f.), zu *Iulianus*, D. 12, 1, 19, 1 und *Ulpianus*, D. 46, 3, 14, 8. Dasselbe gilt für die condictio possessionis des Detentors gegen den neuen Besitzer, siehe ROHG, 14.6.1877, in: SeuffArch, Bd. 34 (1879), S. 79–81.

[876] BayObLG, 22.11.1894 – Reg. I. 55, in: BayOGHE, Bd. 15 (1896), S. 404 (408 f.). Dieselben Grundsätze finden sich bei BayOGH, 7.12.1850 – Nr. 409 48/49, in: SeuffBl, Bd. 16 (1851), S. 176, unter Berufung auf *Paulus*, D. 12, 6, 44; 46, 2, 12 und *Ulpianus*, D. 46, 2, 13; siehe auch OAG Darmstadt, 29.8.1872, in: SeuffArch, Bd. 28 (1873), S. 367 f.

[877] Siehe OAG Rostock, 27.4.1874 – Pe. 647/1873, in: OAGE Rostock, Bd. 9 (1875), S. 96 (100), unter Hinweis auf *Paulus*, D. 12, 6, 44; 12, 6, 8; *Ulpianus*, D. 12, 7, 1, 3; *Paulus*, D. 44, 4, 5, 5; 46, 2, 12; *Ulpianus*, D. 46, 2, 13.

[878] Z. B. OAG Lübeck, 24.9.1827, in: SeuffArch, Bd. 4 (1851), S. 369, unter Berufung auf *Ulpianus*, D. 5, 3, 31; *Pomponius*, 12, 6, 19, 1; *Paulus*, D. 12, 6, 65, 9; *Africanus*, D. 46, 3, 38, 2.

tionsgericht Rostock bewilligte in einer Grundsatzentscheidung aus dem Jahre 1874 eine direkte Kondiktion des Zahlenden gegen den Drittempfänger sogar dann, wenn dem Zahlenden gegen den Anweisenden eine condictio indebiti oder actio mandati contraria auf Erstattung des Geleisteten zustand.[879] Ebenso beurteilte das Gericht die Zahlung *ohne* Geheiß für fremde Rechnung, also den Fall des § 267 Abs. 1 BGB; dann könne sich der unmittelbar Zahlende an den direkten Empfänger halten.[880] Mit Ausnahme des Doppelmangels ist das alles noch heute herrschende Meinung. Zuweilen gaben Fälle zu Überlegungen jenseits der typischen Leistungskonstellationen Anlaß. Illustriert wird dies durch folgende Entscheidung des Oberlandesgerichts Braunschweig mit fünf Beteiligten:[881]

Der Kläger war vom Amtsgericht dazu ermächtigt, als „Specialcurator" für seine minderjährige Tochter mit dem Beklagten einen Vertrag abzuschließen. Er verwandte weiterhin Gelder des Ehemanns der Tochter dazu, Handschulden des Beklagten bei einem Dritten zu begleichen. Dazu war der Kläger aber laut Kuratoriumsvertrag nicht ermächtigt, er zahlte die Schulden des Beklagten daher nur irrtümlich. Gegenüber dem Dritten war der Irrtum des Klägers ein „rechtlich bedeutungsloses Motiv", der Kläger erfüllte daher die Schuld des Beklagten. Das Oberlandesgericht entschied, dem Kläger stehe keine actio negotiorum gestorum contraria gegen den Beklagten zu, weil er nicht für den Beklagten, sondern für seine Tochter handeln wollte; es fehlte somit am Tatbestandsmerkmal des Fremdgeschäftsführungswillens gegenüber dem Geschäftsherrn.[882]

Der Kläger konnte aber gegen den Beklagten wegen Irrtums aus der condictio indebiti oder condictio sine causa im allgemeinen vorgehen.[883] Da der Vertrag zwischen der

---

[879] OAG Rostock, a. a. O. (99), unter Berufung auf *Iulianus*, D. 39, 5, 2, 4 und *Ulpianus*, D. 44, 4, 7, 1.

[880] OAG Rostock, a. a. O. (99), unter Berufung auf *Paulus*, D. 3, 6, 7 pr.; 12, 6, 6, 1 und 3; *Proculus*, D. 12, 6, 53.

[881] OLG Braunschweig, 7.4.1891, in: SeuffArch, Bd. 49 (1894), S. 34–37.

[882] In einem Fall mit anderem Sachverhalt entschied das ROHG auf diese Klage, siehe ROHG, 23.12.1874 – 869/74, in: ROHGE, Bd. 15, S. 245 (247). Unumstritten ist die enge Auslegung der actio negotiorum gestorum contraria des OLG freilich nicht, siehe *Witte*, Bereicherungsklagen, S. 35–41, unter Nachweis extensiver Ansichten. Zu den Quellen *Labeo*, D. 3, 5, 5, 5; dazu jetzt *Bertram Ebert*, Geschäftsanmaßung, S. 27–34, bes. 32, mit umfangreichen weiteren Nachweisen.

[883] BayObLG, 19.10.1891 – Reg. I. 48, in: BayOGHE, Bd. 13 (1892), S. 534 (537), nahm für den Rückgriff nur die condictio sine causa an. Vgl. auch RG, 18.3.1905 – I. 574/04, in: RGZ, Bd. 60 (1905), S. 284–294 = Nachschlagewerk des RG, § 812, Nr. 32 = *Schubert/Glöckner*, Edition, §§ 812–825 ff., S. 13, zu der Kondiktion des Berechtigten, wenn ein Dritter im eigenen Namen mit dem Geld des Berechtigten auf dessen vermeintliche Schuld bei einem anderen zahlt. Der Leitsatz dieses Urteils im Nachschlagewerk des RG, § 812, Nr. 32 lautet:

> „Die von einem *Dritten geleistete Zahlung auf eine nicht bestehende Schuld* berechtigt den angeblichen Schuldner nicht, diese Zahlung zu kondizieren, und zwar auch dann nicht, wenn feststeht, daß der Dritte die Zahlung mit Mitteln des angeblichen Schuldners geleistet hat, es sei denn, daß er sie im Namen des letzteren geleistet hätte."

minderjährigen Tochter und dem Beklagten die Zahlung nicht umfaßte, lag keine Anweisungszahlung vor, die „über Eck“ abzuwickeln war. Aus heutiger Sicht wäre das Urteil ein seltener Fall, in dem tatsächlich eine Rückgriffskondiktion nach § 812 Abs. 1 S. 1 Alt. 2 BGB mangels Geschäftsführung ohne Auftrag notwendig ist.

Einen anderen Rückgriffsfall, in dem eine Geschäftsführung ohne Auftrag wegen des klaren entgegenstehenden Willens des Geschäftsführers ausschied, entschied später das Reichsgericht zum Code civil mit demselben Endergebnis.[884]

Auch die besonders umstrittene Zessionsproblematik hielt bereits im 19. Jahrhundert die Gerichte in Atem. Der in Bayern entschiedene Fall war eine der seltenen Gelegenheiten, in denen ein Gericht auf die actio in factum im bereicherungsrechtlichen Zusammenhang einging:[885]

Georg K. hatte eine nicht bestehende Forderung gegen Augustin W. an einen Dritten zediert, worauf W. irrtümlicherweise die Scheinschuld an den „Zessionar“ zahlte. W. verlangte daraufhin seine Zahlung von K., nicht vom Dritten, an den er bezahlt hatte, zurück. Der Bayerische Oberste Gerichtshof nahm die Vermögensverschiebung zum Ansatzpunkt. Unter Berufung auf D. 12, 6, 49 entschied das Gericht,[886] eine „mittelbare Vermögensmehrung“ genüge nicht, der Zessionar sei „nicht als Stellvertreter des Cedenten zu betrachten“. Das treffe selbst dann zu, wenn man nicht die condictio sine causa, sondern die actio in factum als Klage heranziehe. W. hatte daher keinen Anspruch gegen den Zedenten K.

Der Bayerische Oberste Gerichtshof entschied sich also ebenso wie später das Reichsoberhandelsgericht und das Reichsgericht mit der allgemeinen Meinung in der Rechtsprechung für den Zessionar als den treffenden Bereicherungsschuldner.[887] Zu guter Letzt sei auf ein Urteil des Oberlandesgerichts zu Dresden in Wechselsachen hingewiesen.

---

[884] RG, 18.11.1890 – II. 191/90, in: Bolze, Bd. 11 (1891), S. 64 f.

[885] BayOGH, 28.3.1878 – UB d. I. Sen. Nr. 36, in: BayOGHE, Bd. 7 (1880), S. 354–359.

[886] *Modestinus*, D. 12, 6, 49: „His solis pecunia condicitur, quibus quoquo modo soluta est, non quibus proficit.“

[887] Ein gemeinrechtliches Urteil des RG und seines Vorläufers liegt nach der Übersicht des Verfassers nicht vor; die Lehre zum gemeinen Recht befürwortete die Kondiktion gegen den Zessionar, siehe *Bähr*, in: JherJb, Bd. 1 (1857), S. 351 (442 f.).

Nach prALR: ROHG, 27.6.1871 – 319/71, in: ROHGE, Bd. 2 (1871), S. 412 (415). I. E. wird der Sachverhalt im besagten Fall jedoch entgegen der Vorinstanz nicht als Zession, sondern als Anweisung gedeutet, so daß ein Durchgriff ausschied. Weiterhin RG, 6.7.1895 – I. 170/95, in: Bolze, Bd. 21 (1896), S. 100. Nicht einschlägig: RG, 9.11.1885 – IV. 196/85 = Sammlung sämtlicher Erkenntnisse des RG, IV. ZS., 1885, 4. Quartal, Nr. 54 = Bolze, Bd. 2 (1886), S. 116 f. (nur Zusammenfassung), betrifft lediglich den Fall, daß ein Nichtberechtigter eine bestehende Forderung zedieren wollte und der Schuldner an den vermeintlichen neuen Gläubiger zahlte.

Nach französischem Recht: RG, 22.4.1887 – II. 423/86, in: RGZ, Bd. 18 (1887), S. 331 (334); RG, 5.10.1888 – II. 174/88, in: RGZ, Bd. 22 (1889), S. 368–371.

Jemand leistete ohne Anweisung auf die vermeintliche Schuld eines anderen. Die Frage war nun, ob der Dritte oder der Scheinschuldner vom Scheingläubiger kondiziert. Das Obergericht entschied „in Übereinstimmung mit Wissenschaft und Praxis", der Zahlende dürfe selbst kondizieren, weil dies „auch der Natur der Sache" entspreche. In der weiteren Begründung deutet sich die spätere Bedeutung der Vermögensverschiebung zur Lösung von Mehrpersonenfällen an, wenn das Gericht ausführt, der vermeintliche Schuldner habe an seinem Vermögen ja keine Einbuße erlitten. Genauere Argumente wurden nicht gegeben.[888]

Im Gegensatz zu den gemeinrechtlichen Urteilen fällt auf, daß das Oberlandesgericht bei der Lösung des Problems nicht mehr auf die gemeinrechtliche Lehre und ihren Zitatenschatz aus den römischen Quellen zurückgriff. Dadurch sah sich das Gericht offenbar außerstande, die an Wertungen orientierte gemeinrechtliche Lehre zu rezipieren. Der richtige Ausweg schien vielmehr die genaue Bestimmung der Vermögensverschiebung zu sein. Die Unmittelbarkeit der Vermögensverschiebung war in Sachsen als Abgrenzungskriterium in Dreiecksfällen bereits recht früh bekannt;[889] in der allgemeinen Rechtsprechung tauchte der Begriff jedoch nur sehr selten auf.[890]

2. *Reichsobergerichte*

Die Linie der Oberappellationsgerichte und späteren Oberlandesgerichte setzte sich auf höherer Ebene fort. Das Reichsgericht stand Pomponius sehr skeptisch gegenüber. Fälle seien nicht nach den „allgemeinen Erwägungen", sondern nach den „Voraussetzungen des Anspruchs in den Gesetzen" zu ent-

---

Zu den Partikulargerichten: BayOGH, 24.10.1873, in: SeuffArch, Bd. 29 (1874), S. 55 f.; BayObLG, 22.11.1894 – Reg. I. 55, in: BayOGHE, Bd. 15 (1896), S. 404 (409); BayOGH, 24.10.??, in: SeuffBl, Bd. 38 (1873), S. 381–383.

Die hier aufgeführten Urteile wurden offenbar mit Ausnahme von ROHGE, Bd. 2 (1871), S. 412, und RGZ, Bd. 22 (1889), S. 368, durch der Literatur nicht rezipiert; vgl. z. B. *Bayer*, in: JuS 1990, S. 883 (885 f.)).Wie bereits *Werner Lorenz*, in: AcP, Bd. 191 (1991), S. 279 (283–285); *ders.*, in: *Julius v. Staudinger*[13], § 812, Rn. 41, nachwies, ist ein weiteres, bei *Detlef König*, Ungerechtfertigte Bereicherung, S. 197, Fn. 568, aufgeführtes Urteil nur bedingt aussagekräftig: RG, 18.5.1895 – I. 54/95, in: RGZ, Bd. 35 (1895), S. 216–226, eine Entscheidung nach prALR, hat einen ganz anderen Themenschwerpunkt. Der Leitsatz lautet ohne Zusammenhang zum Problem:

> „Hinterläßt der teilweise Erlaß einer Forderung stets eine natürliche Verbindlichkeit für den erlassenen Teil derart, daß die Rückforderung auch irrtümlich geleisteter Zahlung derselben ausgeschlossen ist?"

[888] Alle Zitate nach OLG Dresden, 18.6.1894 – O VII. 18/94, in: SächsArch, Bd. 4 (1894), S. 559 (560).

[889] OAG Dresden, 4.9.1874 – 505/493; in: AnnSächsOAG, Bd. 21 (1876), S. 330 (331 f.).

[890] Siehe OLG Braunschweig, 26.4.1880, in: SeuffArch, Bd. 36 (1881), S. 59 (60), zur condictio causa data causa non secuta in einem Zweipersonenverhältnis.

scheiden, obwohl man oft von einem Anspruch aus rechtsgrundloser Bereicherung schlechthin spreche.[891] „Die ältere Theorie, welche auf den Ausspruch der Römischen Quellen: ‚Natura aequum esse neminem cum alterius detrimento fieri locupletiorem' sich stützend annahm, daß die bloße Thatsache der Bereicherung eine Klage erzeuge", war in den Augen der Reichsgerichtsräte überholt.[892] Zur Systematik merkte das Reichsoberhandelsgericht an, „die Bezeichnung condictio sine causa im weiteren Sinne" umfasse „alle Fälle der Haftung wegen grundloser Bereicherung".[893]

a) Condictio sine causa

Besonders wichtig erscheinen bei der Analyse der Urteile des Reichsgerichts und des Reichsoberhandelsgerichts Fälle über die condictio sine causa, da die Klage Ansatzpunkt zur Vereinheitlichung des Bereicherungsrechts war. Eine interessante Entscheidung behandelt die condictio pretii und v. Jherings Titeltheorie:[894]

Der geschäftsunfähige Erblasser übertrug durch seinen Vertreter, den Makler Hö., dem beklagten Kaufmann Wie. ein Grundstück. Nach den partikularrechtlichen Vorschriften war die Auflassung rechtswirksam, der Beklagte war also trotz der Geschäftsunfähigkeit des Erblassers Grundstückseigentümer geworden. Der Beklagte hatte daraufhin an einen Dritten das Grundstück aufgrund eines Kaufvertrages aufgelassen. Die Erben verlangten nun von Wie. den Kaufpreis mit der condictio sine causa heraus.

Obwohl die Verfügung des Erblassers von Rechts wegen vom Nichtigkeitsgrund der Geschäftsunfähigkeit abstrahiert war, nahm der VI. Zivilsenat des Reichsgerichts unter Vorsitz des Präsidenten Karl Hocheder (1825–1913) keine condictio indebiti an. Wahrscheinlich stand das Gericht dabei noch unter dem Eindruck der alten Vorstellung von der condictio indebiti als Quasivertrag.[895] Möglicherweise wurde die condictio sine causa auch deshalb gewählt, weil mit ihr der Gewinn kondiziert werden darf. Auf eine causa aus der Übereignung konnte sich der Beklagte nicht stützen; die Normen, welche die Wirksamkeit der Auflassung bedingten, waren nur formeller Natur und folglich als Rechtsgrund von vornherein ungeeignet. Der Beklagte konnte sich ferner nicht auf die durch v. Jhering begründete Titellehre berufen, weil wegen der Geschäftsunfähigkeit des Erblassers kein wirksamer Kaufvertrag zustande gekommen war. Wie. hatte nur einen

---

[891] RG, 6.2.1885 – III. 248/84, in: RGZ, Bd. 13, S. 172 (181). Siehe auch ROHG, 27.3.1872 – 193/72, in: ROHGE, Bd. 6 (1872), S. 381 (384).

[892] RG, 19.4.1887 – II. 416/86, in: Sammlung sämtlicher Erkenntnisse des RG, II. ZS., 1887, 2. Quartal, Nr. 11, S. 4 = Anhang, S. 931.

[893] ROHG, 9.11.1872 – 704/72, in: ROHGE, Bd. 7 (1873), S. 433 (435).

[894] RG, 18.11.1889 – VI. 226/89, in: RGZ, Bd. 25 (1890), S. 130–138. Dazu auch *Bertram Ebert*, Geschäftsanmaßung, S. 299 f.

[895] Zur condictio sine causa weiterhin das BayObLG, 4.7.1884 – Reg. Nr. I. 84/1884, in: SeuffArch, Bd. 40 (1885), S. 171–172, zu dem Fall, daß das Grundstück wegen Weiterverkaufs nicht mehr zurückverlangt werden kann.

„Putativtitel“ vorzuweisen, der nach Ansicht des Reichsgerichts selbst nach der Titellehre nicht genügen konnte. Die Erben durften deshalb den Kaufpreis herausverlangen.

Anders als die Gesetzgebungskommissionen zum Bürgerlichen Gesetzbuch problematisierte das Reichsgericht nicht die unmittelbare Vermögensverschiebung, sondern verwies einfach auf die römischen Quellen.[896]

b) Vermögensverschiebung und Immaterialgüterrechte

Weitaus unsicherer gab sich die höchstrichterliche Rechtsprechung auf anderem Gebiet. Die Figur der Vermögensverschiebung sollte durch eine Rechtsmaterie, die dem romanistischen Zweig der Historischen Rechtsschule weit entfernt lag, empfindlich erschüttert werden. Mit den aufkommenden Immaterialgüterrechten türmten sich dunkle Wolken über der vom römischen Wirtschaftsdenken geprägten Kondiktionsdogmatik auf. Der führende Kopf des neuen Rechtsgebiets, Josef Kohler (1849–1919), sah im Ersatz für Verletzungen von Immaterialgüterrechten keinen Zusammenhang zum Bereicherungsrecht, er berief sich auf Arthur Schopenhauers Lehren in „Die Welt als Wille und Vorstellung“.[897]

Konkret war eine vom Urheber nicht genehmigte Inszenierung von „Richard's Wanderleben“ durch einen gutgläubigen Veranstalter der Stein des Anstoßes.[898] Das Reichsoberhandelsgericht klassifizierte in dieser Sache 1877 den Anspruch nach §§ 54, 55 Abs. 4 UrhG 1870 zunächst als condictio sine causa.[899] Die Richter erklärten, bei dem aus der Aufführung resultierenden Gewinn handele es sich um kein „Werthobject, welches aus dem Vermögen der Klägerin in dasjenige des Beklagten übergegangen wäre, sondern um einen von dem Beklagten, allerdings mit einem Vermögensobject der Klägerin, erzielten Erwerb, der niemals zu dem Vermögen der Klägerin gehört“ habe. Eine condictio sine causa scheide demnach aus. Dafür bewilligte das Reichsoberhandelsge-

---

[896] Auf *Africanus*, D. 3, 5, 48; 12, 1, 23; siehe auch *Alexander*, C. 4, 51, 1 und *Ulpianus*, D. 6, 1, 17.

[897] *Josef Kohler*, Patentrecht, S. 3 f., unter Berufung auf *Schopenhauer*, Welt als Wille und Vorstellung, Bd. 1, § 62 (S. 477 f.):

> „Denn *Eigentum*, welches *ohne Unrecht* dem Menschen nicht genommen wird, kann, unserer Erklärung des Unrechts zufolge, nur dasjenige sein, welches durch seine Kräfte bearbeitet ist, durch Entziehung dessen man daher die Kräfte seines Leibes dem in diesem objektivierten Willen entzieht, um sie dem in einem anderen Leibe objektivierten Willen dienen zu lassen [...].“

Siehe auch *Bertram Ebert*, Geschäftsanmaßung, S. 329–333; *Jakobs*, Eingriffserwerb und Vermögensverschiebung, S. 68–71, 79–90; *Ullmann*, in: GRUR 1978, S. 615 (615 f.).

[898] ROHG, 13.9.1877 – 788/77, in: ROHGE, Bd. 22 (1878), S. 338 (340 f.).

[899] UrhG 1870 v. 11.6.1870 (BGBl. des Norddeutschen Bundes, 1870, S. 339), § 55 Abs. 4:

> „Trifft den Veranstalter der Aufführung kein Verschulden, so haftet er dem Berechtigten auf Höhe seiner Bereicherung.“

richt der Klägerin unter den §§ 54, 55 Abs. 4 UrhG 1870 eine actio negotiorum gestorum directa, bei der nach gemeinem Recht die Unkenntnis des redlichen Eingreifenden vom fremden Geschäft für die Klage des Geschäftsherrn gegen den Geschäftsführer anders als nach § 687 Abs. 1 BGB unerheblich war.[900]

Mit der Differenzierung, die actio negotiorum gestorum directa sei in diesem Fall ein anderer Ausdruck für die condictio sine causa, war das auf der Gegenseite nur schwer zu verbinden.[901] Sollte die Klage des Geschäftsherrn tatsächlich der condictio sine causa gleichen, hätte das Reichsoberhandelsgericht seine Bedenken gegen die Vermögensverschiebung *auch* für die Klage aus Geschäftsführung ohne Auftrag anbringen müssen. Die Entscheidung zeigt neben dem Problem der Vermögensverschiebung daher, daß negotiorum gestio und condictio sine causa sich im gemeinen Recht begrifflich und inhaltlich überschnitten und die Abgrenzung der beiden Rechtsinstitutionen zu Komplikationen führte.[902]

Noch in der gemeinrechtlichen Epoche vertrat das Reichsgericht 1898 hingegen eine weniger restriktive Linie.[903]

Als Inhaber eines Reichspatents forderte der klagende Patentinhaber Br. aus Berlin vom Königlichen Amtsrat We. wegen schuldhafter Verletzung dieses Patents eine Entschädigung. We. hielt der „Entschädigung" nach §§ 34, 35 PatG[904] entgegen, „Entschä-

---

[900] Zur umstrittenen Rechtslage z. B. *Brinkmann*, Actio communi dividundo, S. 18 f.; *v. Vangerow*, Pandektenvorlesungen, Bd. 3, § 664, Anm. II 1 a) (S. 482); *Windscheid*[3], Pandektenrecht, Bd. 2, § 431 (S. 580). Aus heutiger Sicht *Bertram Ebert*, Geschäftsanmaßung, S. 27–34, bes. 32, S. 291–296; *Jakobs*, Eingriffserwerb und Vermögensverschiebung, S. 90–98, beide m. w. N. Dies war allerdings kein typischer Fall der actio aus Geschäftsführung ohne Auftrag, weil nur auf die noch vorhandene Bereicherung gehaftet wurde.

[901] So etwa das RG, 6.2.1885 – III. 248/84, in: RGZ, Bd. 13 (1885), S. 172 (180–185): zur actio negotiorum gestorum und condictio sine causa für Herausgabe des Erlöses bei Pfandverkauf durch den Gutgläubigen. Die actio negotiorum gestorum directa sei in diesem Fall ein anderer Name für die condictio sine causa. RG, 2.4.1890 – VI. 7/90, in: JW, Bd. 19 (1890), S. 165 (nur Leitsatz) = HansGZ, Bd. 11 (1890), Beiblatt, S. 193 (194); RG, 19.1.1883 – III. 370/82, in: Sammlung sämtlicher Erkenntnisse des RG, III. ZS., 1883, 1. Quartal, Nr. 18, S. 2 f. Aus der Literatur bspw. *Windscheid*[3], Pandektenrecht, Bd. 2, § 431 (S. 580, Fn. 18). Streitstellen in den Digesten waren *Africanus*, D. 3, 5, 48 und 12, 1, 23; dazu *Bertram Ebert*, Geschäftsanmaßung, S. 30 f.

[902] Siehe näher umfassend *Bertram Ebert*, Geschäftsanmaßung, S. 291–327; vgl. allgemein *Leist*, Erlaubtes ungerufenes Eingreifen, S. 105–107.

[903] RG, 31.12.1898 – I. 360/98, in: RGZ, Bd. 43 (1899), S. 56–61; schon RG, 11.4.1896 – I. 446/95, in: RGZ, Bd. 37 (1896), S. 41 (44 f.), zum sog. „Erfinderrecht", auch unter Verweis auf die allgemeine Bereicherungsklage nach prALR I 13 §§ 228 ff.

[904] Patentgesetz v. 25.5.1877 (RGBl. 1877, S. 501), § 34 PatG:

> „Wer wissentlich den Bestimmungen der §§. 4 und 5 zuwider eine Erfindung in Benutzung nimmt, wird mit Geldstrafe bis zu fünftausend Mark oder mit Gefängniß bis zu Einem Jahre bestraft und ist dem Verletzten zur Entschädigung verpflichtet. [...]"

Patentgesetz v. 7.4.1891 (RGBl. 1891, S. 79), § 35 PatG:

> „Wer wissentlich oder aus grober Fahrlässigkeit den Bestimmungen der §§. 4 und 5 zuwider eine Erfindung in Benutzung nimmt, ist dem Verletzten zur Entschädigung verpflichtet. [...]"

digung" bezeichne nur den entgangenen Gewinn. Br. habe den Gewinn gar nicht erzielen können, den er, der Beklagte, aus der Patentverletzung tatsächlich gezogen hatte. Folglich könne der Kläger nur die viel niedrigere Lizenzgebühr als Entschädigung verlangen. Das Reichsgericht, I. Zivilsenat unter Vorsitz des Präsidenten Friedrich Wilhelm Albert Bolze (1834–1912), sah in der Entschädigungsregelung des Patentgesetzes ebenso wie im Urhebergesetz eine abschließende Sonderregelung. Die Gewinnherausgabe rechtfertigten die Räte aus dem Gedanken, daß „eine Bereicherung aus fremdem Vermögen" vorliege. In den römischen Quellen werde „die Pflicht zur Herausgabe in Ansehung eines Gewinnes anerkannt, den der Berechtigte nicht gezogen hat, ohne das zur Bedingung gemacht wird, daß er ihn hätte ziehen können [...]".[905] Eine Bereicherung aus fremdem Vermögen könne daher auch durch Sachbenutzung oder Gebrauch erfolgen.

Später sollte dieses Urteil als einer der Wegweiser für die sogenannte dreifache Schadensberechnung bekannt werden.[906] Viel wichtiger als die Berechnungsmethode des Schadensersatzes, die in ihrer merkwürdigen Gemengelage zwischen Bereicherung und Schaden heute sehr kritisch gesehen wird, sind die Ausführungen zur Bereicherung. Das Reichsgericht zögerte nicht, anders als noch das Reichsoberhandelsgericht von einer rechtsgrundlosen Bereicherung auszugehen, die eine Vermögensverschiebung impliziert. Ausdrücklich wird betont, Patentverletzungen gingen auf Kosten des Vermögens des Patentinhabers. Gerechtfertigt wird das durch Verweise auf römisches Recht.[907] Dies ist selbst unter dem Aspekt der abstrakten Vermögensverschiebung sehr weitgehend, weil der Gewinn nicht unbedingt eine objektive Bereicherung nach heute herrschender Auslegung des § 818 Abs. 2 BGB sein muß. Das Reichsgericht legte offensichtlich einen subjektiven Bereicherungsbegriff wie im Falle der condictio pretii in § 816 Abs. 1 S. 1 BGB zugrunde.

Ein Gegensatz zum Urheberrecht tat sich gleichwohl nicht auf. Denn das Reichsgericht hatte bereits drei Jahre zuvor in seiner ersten Entscheidung zur dreifachen Schadensberechnung im Rahmen von § 18 Abs. 6 UrhG 1870, dem Ariston-Fall, klargestellt,[908] der Gewinn des Verletzers sei „auf Kosten des Ur-

---

[905] RG, 31.12.1898 – I. 360/98, in: RGZ, Bd. 43 (1899), S. 56 (59 f.).

[906] Die drei Berechnungsmethoden sind: (a) tatsächlicher Schaden (konkreter Lizenzausfall), (b) Nutzungsentgelt (abstrakter Lizenzausfall) und (c) Gewinn. Nur die Punkte (b) und (c) kommen als bereicherungsrechtliche Rechtsfolgen in Betracht.

[907] *Iulianus*, D. 4, 2, 18; *Paulus*, D. 5, 3, 22; 6, 1, 17; 12, 6, 65, 7; 44, 7, 35; *Africanus*, D. 12, 1, 23; *Pomponius*, D. 13, 6, 13, 1; *Ulpianus*, D. 42, 8, 10, 24.

[908] § 18 UrhG 1870:

„(1) Wer vorsätzlich oder aus Fahrlässigkeit einen Nachdruck (§§. 4 ff.) in der Absicht, denselben innerhalb oder außerhalb des Norddeutschen Bundes zu verbreiten, veranstaltet, ist den Urheber oder dessen Rechtsnachfolger zu entschädigen verpflichtet und wird außerdem mit einer Geldstrafe bis zu Eintausend Thalern bestraft. [...]

(5) Eine erkannte Buße schließt die Geltendmachung eines weiteren Entschädigungsanspruches aus.

hebers" erlangt und das Urhebergesetz bilde eine abschließende Sonderregelung.[909] § 18 Abs. 6 UrhG 1870 war in den Augen der Rechtsprechung ein Billigkeitsbehelf aus dem Grundsatz, daß sich niemand zum Schaden eines andern bereichern dürfe.[910] Die Unstimmigkeit mit der Judikatur zu § 55 UrhG 1870 erwähnte das Gericht jedoch nicht. Wahrscheinlich dürfte die disparate Normanwendung auf dem gewandelten Verständnis der Bereicherungshaftung nach dem Urhebergesetz beruhen. Während das Reichsoberhandelsgericht anscheinend noch einen echten Schaden für § 18 Abs. 6 UrhG 1870 gefordert hatte,[911] wollte das Reichsgericht später die Bereicherungshaftung nicht mehr auf die tatsächlich entstandene Schadenshöhe beschränken.[912] Angesichts der vieldeutigen Formulierungen in den Urteilen zur dreifachen Schadensberechnung in Immaterialgüterfällen ist die reichsgerichtliche Rechtsprechung nur wenig transparent.[913] Doch zumindest läßt sich von „Richard's Wanderleben" zur späteren Rechtsprechung ein geändertes Gespür für die Vermögensverschiebung ablesen.

---

(6) Wenn den Veranstalter des Nachdrucks kein Verschulden trifft, so haftet er dem Urheber oder dessen Rechtsnachfolger für den entstandenen Schaden bis zur Höhe seiner Bereicherung."

[909] RG, 8.6.1895 – I. 13/95, in: RGZ, Bd. 35 (1895), S. 63 (74), zur Vermögensverschiebung, und RG, 24.3.1884 – I. 471/83, in: RGZ, Bd. 12 (1884), S. 105–108, zum Urhebergesetz als abschließender Spezialregelung. Die Frage nach den Grundsätzen des gemeinen Rechts über die Herausgabe einer ungerechtfertigten Bereicherung konnte hier dahingestellt bleiben.

Unklar bleibt beim RG allerdings das Verständnis der älteren Rspr.: Das ROHG hatte in ROHGE 22, 338 den § 55Abs. 4 UrhG 1870 als *Konkretisierung* der condictio sine causa aufgefaßt und sich folglich direkt auf das UrhG gestützt, anstatt eine *eigenständige* condictio sine causa zu prüfen. Das RG interpretierte das ROHG-Urteil später jedoch dahingehend, das ROHG habe neben dem UrhG die condictio sine causa als *eigenständige* Klage aufgefaßt.

[910] RG, 24.3.1884 – I. 471/83, in: RGZ, Bd. 12 (1885), S. 105 (107 f.), zur Charakterisierung des § 18 Abs. 6 UrhG 1870.

[911] Siehe das obiter dictum bei ROHG, 13.9.1877 – 788/77, in: ROHGE, Bd. 22, S. 338 (341).

[912] RG, 8.6.1895 – I. 13/95, in: RGZ, Bd. 35 (1895), S. 63 (71 f.).

[913] Vgl. weiterführend *Bertram Ebert*, Geschäftsanmaßung, bes. S. 329–333, 346–350.

c) Mehrpersonenverhältnisse

Wesentlich weniger stürmisch verlief die Rechtsprechung auf anderen Gebieten. Das Reichsgericht hatte in einem Rechtsstreit nach bayerischem Recht einen Vorläufer des bekannten Postanweisungs-Falls zu entscheiden:[914]

Ein „Post- und Bahnexpeditor" stellte sich im eigenen Namen Postanweisungen aus, ohne die angegebene Summe tatsächlich einbezahlt zu haben. Die entsprechenden Beträge wurden von der Poststelle am Bestimmungsort schließlich an die Beklagten ausbezahlt. Der Postfiskus als Kläger verlangte dann die Gelder von den Beklagten zurück. Nachdem das Reichsgericht klargestellt hatte, daß auch für die condictio indebiti nach CMBC Teil 4, Kapitel 13, § 5 die Grundsätze des gemeinen Rechts über die rechtsgrundlose Bereicherung auf Kosten eines anderen gelten, widmete es sich der Dreiecksproblematik, genauer: dem Fall, ob dem Zuwendenden bei mangelndem Deckungsverhältnis, aber bestehendem Valutaverhältnis der Durchgriff im Zuwendungsverhältnis offensteht. Nach seinen eigenen Worten war für das Gericht der Begriff der „Bereicherung" entscheidend um zu ermitteln, von wem der Postfiskus letztendlich kondizieren dürfe. Die Reichsgerichtsräte gingen jedoch nicht genauer auf die Bereicherung ein. Vielmehr war für sie faktisch der Umstand maßgeblich, der „Postfiscus" habe nicht bezahlt, „um eine ihm gegenüber dem Empfänger [...] obliegende Schuld zu erfüllen, sondern um dem Auftrage" des Anweisenden zu entsprechen. Daher sei „dem Letzteren in der Person des Beklagten geleistet worden". Erst am Ende dieser Ausführung ging das Reichsgericht wieder auf die Bereicherung ein und stellte fest, folglich sei der Post- und Bahnexpeditor der Bereicherte. In Wahrheit war also nicht die Vermögensverschiebung, sondern die schuldrechtliche Relation die ratio der Entscheidung.

In anderen Aspekten lag die höchstrichterliche Rechtsprechung ebenfalls auf der Linie der Untergerichte. Ebenso wie in Rostock wurde entschieden, „suum recepit" greife nur ein, wenn die Leistung im Namen des eigentlichen Schuldners erfolge.[915] Ansonsten billigte man mangels Schuldnerbefreiung die direkte Rückforderung vom Drittempfänger, wenn im Irrtum bezahlt worden war, selbst Schuldner zu sein.[916] Auch bei gefälschter Anweisung war wie nach der

---

914 RG, 25.2.1889 – VI. ZS., in: SeuffArch, Bd. 44 (1889), S. 416–419. Dieses Urteil war nicht in der Sammlung sämtlicher Erkenntnisse des RG, VI. ZS., 1. Quartal 1889, unter den Urteilen v. 25.2.1889, zu finden.

915 RG, 3.7.1899 – I. 171/99, in: RGZ, Bd. 44 (1900), S. 136 (143), unter Hinweis auf *Paulus*, D. 12, 6, 44.

916 ROHG, 4.10.1878, in: SeuffArch, Bd. 34 (1879), S. 276, unter Hinweis auf *Pomponius*, D. 12, 6, 19, 1 und *Africanus*, D. 46, 3, 38, 2. Das ROHG billigte auch bei einem Auftrag „in Mangel der erforderlichen Form" eine mandati actio directa bzw. condictio sine causa gegen den Drittempfänger. Allerdings nahm das ROHG an, der Zahlende habe den Empfänger seinerseits beauftragt: siehe ROHG, 24.4.1872 – 201/72, in: ROHGE, Bd. 6 (1872), S. 388–392. Ebenso die Literatur, vgl. *Witte*, Bereicherungsklagen, S. 76; *Erxleben*, Condictiones sine causa, Bd. 1, S. 151–153.

Zur parallelen Rechtslage nach BGB etwa RG, 15.6.1932 – V. 11/32, in: WarnRspr, Bd. 24 (1932), S. 282 (284 f.) = SeuffArch, Bd. 86 (1932), S. 325 (326); RG, 18.3.1920 – IV. 480/19, in: SeuffArch, Bd. 75 (1920), S. 279 f. = Nachschlagewerk des RG, § 812, Nr. 174, § 817, Nr. 37, Anmerkung = *Schubert/Glöckner*, Edition, §§ 812–825, S. 57, 120.

späteren Rechtsprechung des Bundesgerichtshofs die direkte Kondiktion möglich, das Reichsgericht erklärte die vorhandene bona fides des Zahlungsempfängers und sogar die Möglichkeit einer tatsächlichen Forderung im Valutaverhältnis für unerheblich.[917] Eine weitere Ausnahme behandelt der nächste Fall:[918]

Der Kläger, Maurermeister No., hatte dem Beklagten Ar. einen „Hypothekenposten" über M 32.000 „zuschreiben" lassen, der im Rang den zuvor an Lü. und Rö. über M 11.700 zugeschriebenen Hypothekenposten nachstehen sollte. Aufgrund eines Versehens des Klägers bekam der Beklagte aber rechtswirksam für seinen Posten dieselbe Rangstelle wie Lü. und Rö. Der Beklagte hatte also eine Hypothek mit einer besseren Priorität als vereinbart, er war auf Kosten des Klägers bereichert. Da der Kläger dem Beklagten die bessere Rangstelle gar nicht zukommen lassen wollte, lag auch keine Leistungskondiktion aus condictio indebiti, sondern nur eine condictio sine causa als Auffangklage vor. Der Beklagte wandte nun ein, der Kläger sei nicht aktivlegitimiert, weil er im Auftrag des Grundeigentümers St. gehandelt habe.

Der I. Zivilsenat des Reichsgerichts verwarf unter Vorsitz des Präsidenten Karl August Eduard Drechsler (1821–1897) diesen Einwand. Er argumentierte, es treffe zwar zu, daß der Beauftragte auf der Empfängerseite nach D. 12, 6, 57, 1 nicht Beklagter und deshalb auch nicht der Beauftragte auf der Geberseite analog D. 12, 6, 57, 1 selbst Kläger sein könne.[919] Im konkreten Fall hatte der Kläger jedoch irrtümlich die bessere Rangposition vermittelt, so daß diese Bereicherung gar nicht mehr vom Auftrag St. an No. umfaßt war. Dem klagenden Maurermeister stand daher die condictio sine causa mangels Anweisung zu. Nach heutigem Recht wäre freilich noch näher zu untersuchen, ob dem Kläger als Nichteigentümer tatsächlich die Rangposition zugewiesen war.

A. A. offenbar *Jung*, Bereicherungsansprüche, S. 83 f., Fn. 133, der aus § 267 BGB und „suum recepit" den Schluß zieht, daß sogar die Zahlung des Dritten auf vermeintlich eigene Schuld (nicht auf fremde Schuld, wie § 267 BGB vermuten läßt!) Tilgungswirkung bezüglich der Forderung des Gläubigers gegen seinen wahren Schuldner haben könnte. Diese Ansicht setzt die Unsicherheiten des gemeinen Rechts fort, die bei der Leistung auf fremde und eigene Schuld bestanden. Dazu schon oben auf S. 212.

Zur Möglichkeit, die Leistung auf vermeintlich eigene Schuld nachträglich in eine Drittleistung zwecks Regresses beim wahren Schuldner umzuleiten, grundlegend *v. Caemmerer*, in: Festschrift für *Dölle*, S. 135 (bes. 147–156) = Gesammelte Schriften, Bd. 1, S. 336 (348–358); *Maier*, in: AcP, Bd. 152 (1952/53), S. 97–111; aus der Rspr. z. B. per obiter dictum OLG Köln, 22.6.1999 – 15 U 170/98, in: NJW 2000, S. 1044 (1045), m. w. N. aus der Rspr.; verneinend LG Dortmund, 13.10.1999 – 21 S 127/99, in: NJW-RR 2000, S. 939 (939).

[917] RG, 5.5.1886 – I. 76/86, in: RGZ, Bd. 18 (1887), S. 309 (310–312). Siehe auch RG, 3.11.1887 – IV. 204/87, in: RGZ, Bd. 19 (1888), S. 332 (339): Dem unmittelbar Zahlenden steht die condictio zu, wenn er das Geld durch auftragswidriges Verhalten an einen anderen als den bezeichneten Gläubiger überbracht hat, ungeachtet dessen, daß dem Empfänger eine Forderung gegen den vermeintlich Anweisenden zusteht.

[918] RG, 4.3.1882 – I. 680/81, in: RGZ, Bd. 10 (1884), S. 111–113.

[919] *Papinianus*, D. 12, 6, 57, 1:

„Creditor, ut procuratori suo debitum redderetur, mandavit: maiore pecunia soluta procurator indebiti causa convenietur: quod si nominatim, ut maior pecunia solveretur, delegavit, indebiti cum eo qui delegavit erit actio, quae non videtur perempta, si frustra cum procuratore lis fuerit instituta."

Das Reichsgericht argumentierte hier anders als das Oberlandesgericht Dresden nicht mit der Vermögensverschiebung, sondern mit Digestenstellen zum Auftragsverhältnis. Das war geboten, handelte es sich doch nicht um die Anwendung des Sächsischen Bürgerlichen Gesetzbuchs, sondern um das gemeine Recht. Nach heutigem Problemverständnis ging es darum, ob dem Auftraggeber die Leistung als eigene zugerechnet werden mußte, so daß nur eine Rückabwicklung zwischen No. und St. resp. St. und Ar. gestattet ist, während ein Durchgriff im Zuwendungsverhältnis No.–Ar. ausscheidet.

Zum Schluß läßt sich in der reichsgerichtlichen Rechtsprechung sogar ein Fall „ausgraben“, der den beliebten Streit um Empfängerhorizont oder Leistungswillen vorwegnimmt:[920]

Go. erhielt von Kommerzienrat Si. Lose; sie gingen ihm über die Adresse der Frau Rachel Ka. zu. 10 Lose verkaufte Go. über Ka. an den Rat zurück, dieser verweigerte aber, den Kaufpreis an Ka. zu entrichten, nachdem er die Lose empfangen hatte. Darauf klagte Ka. gegen den Kommerzienrat. Der Fall wurde dadurch kompliziert, daß der Beklagte davon ausging, Go. habe ihm über die Klägerin die Lose im *eigenen* Namen zurückverkauft, während die Klägerin im Gegenteil meinte, Go. habe dem Beklagten die Lose in *ihrem* Namen offeriert, er habe also für ihre Rechnung gehandelt. In der Sprache des Leistungsbegriffs lag daher ein Dissens über die Person des Leistenden vor. Welche Sichtweise sollte entscheidend sein: der Wille des Leistenden oder der Empfängerhorizont?

Das Landgericht Meiningen entschied zunächst unter Berufung auf das Abstraktionsprinzip, eine rei vindicatio scheide wegen Eigentumsübergangs an den Beklagten aus. Anders als die Vorinstanz des Oberlandesgerichts Jena prüfte der II. Zivilsenat des Reichsgerichts unter Vorsitz des badischen Präsidenten Adrian Bingner (1830–1902) trotz Dissenses über den konkreten Vertragszweck (Vertrag zwischen Klägerin–Beklagtem oder Go.–Beklagtem) nicht die condictio sine causa, sondern die condictio indebiti. Die Klägerin irrte darüber, eine eigene Schuld zu tilgen, während der Vertragspartner von einer Schuld Go.'s ausging. Aus beweisrechtlichen Gründen wurde die Klage abgewiesen; auch sollte der Irrtum der Klägerin durch ein Verschulden ihrer Fehlvorstellung nach gemeinem Recht unbeachtlich sein. Obwohl das Reichsgericht somit nicht näher in die Problematik eindrang, ist dem Verfahren eindeutig zu entnehmen, daß wegen des Irrtumskriteriums für die gemeinrechtliche condictio indebiti der Wille des Leistenden und nicht der Empfängerhorizont maßgebend sein sollte.

Zum selben Ergebnis gelangte das Reichsgericht in der bereits erwähnten Entscheidung aus dem Jahre 1887 zum Code civil.[921] Der II. Senat wies in diesem Urteil darauf hin, Kondizent und Bereicherter müßten sich für die condictio indebiti nicht in Willensübereinstimmung befunden haben, da die Kondiktion keine Vertragsklage sei.

---

[920] RG, 26.4.1881 – II. Senat (ohne nähere Angaben), in: BlRpfl, Bd. 29 (1882), S. 15–21.

[921] RG, 19.4.1887 – II. 416/86 = Sammlung sämtlicher Erkenntnisse des RG, II. ZS., 1887, 2. Quartal, Nr. 11 = Anhang, S. 931.

3. Fazit

Wie heute gibt es quantitativ gesehen relativ wenige Urteile zum Bereicherungsrecht, somit läßt sich kein komplettes Bild von der Haltung der Praxis zu den Kondiktionen erstellen. Zusätzlich ist zu bedenken, daß damals in großen Teilen Deutschlands das gemeine Recht und damit auch die Kondiktionen nur subsidiär zur Anwendung kamen. Rein zahlenmäßig erscheint die condictio indebiti am häufigsten, die condictio furtiva am seltensten.[922] Noch weniger beschäftigen sich Urteile mit Verwendungen.[923] Der Unterschied der rechtsgrundlosen Bereicherung bei Leistungs- und Nichtleistungsfällen wurde nur sehr selten gesehen. Ein bayerisches Urteil stützte sich immerhin auf Windscheid und entschied, die „Thatsache, daß Jemand aus fremdem Vermögen ungerechtfertigter Weise bereichert worden ist, hängt von der Vorfrage ab, ob die Bereicherung mit oder ohne Willen des Benachtheiligten eingetreten ist."[924]

Ganz allgemein fällt die kursorische Darstellung der Kondiktionen auf – den Urteilen läßt sich kein eigenes System entnehmen. Die landesherrlichen Obergerichte etwa im Königreich Preußen oder Herzogtum Braunschweig beriefen sich auf die Lehren v. Savignys.[925] Selbst Untergerichte nahmen bei den führenden Rechtsgelehrten ihrer Zeit Rat; das Stadtgericht Lübeck urteilte 1857 in der „Sammlung der Entscheidungen des Ober-Appellationsgerichts der vier freien Städte zu Lübeck in Frankfurter Rechtssachen" mit Verweis auf den zweiten Band des Obligationenrechts v. Savignys und Sells Bereicherungsmonographie.[926] Sogar das „System des heutigen Römischen Rechts", speziell das Kapitel zum Bereicherungsrecht im fünften Band, wurde 1859 von einer badischen Kreisregierung in einer Beamtensache erwähnt.[927]

---

[922] Zur condictio furtiva etwa OAG Rostock, 18.6.1863, in: OAGE Rostock, Bd. 5 (1865), S. 282–284; BayOGH, 27.1.1874 – UB. d. IV. Sen. Nr. 14, in: BayOGHE, Bd. 4 (1875), S. 353 f.; OLG Celle, 6.3.1895, in: SeuffArch, Bd. 50 (1895), S. 291 (291), für die Herausgabe unrechtmäßig gepfändeten Geldes. Zum RG siehe RG, 14.3.1882 – III. 155/81, in: Sammlung sämtlicher Erkenntnisse des RG, III. ZS., 1882, 1. Quartal, Nr. 94, S. 1–4 (unvollständig abgedruckt ohne Hinweis auf die Kondiktion in: RGZ, Bd. 6 (1882), S. 203 f.).

[923] RG, 21.6.1881 – III. 9/81, in: Sammlung sämtlicher Erkenntnisse des RG, III. ZS., 1881, 2. Quartal, Nr. 102, S. 1 f., zu nützlichen Verwendungen, allerdings ohne jeden Hinweis auf die condictio sine causa oder andere Rechtsgedanken. Mit Verweis auf die condictio indebiti aber OAG Berlin, 28.5.1870, in: SeuffArch, Bd. 27 (1873), S. 52–53.

[924] BayObLG, 30.3.1880 – UB. d. III. Sen. Nr. 28, in: BayOGHE, Bd. 8 (1881), S. 336 (337); siehe auch RG, 2.4.1890 – VI. 7/90, in: JW, Bd. 19 (1890), S. 165 (165) (nur Leitsatz) = HansGZ, Bd. 11 (1890), Beiblatt, S. 193 (196).

[925] OT, 22.2.1855, in: OTE, Bd. 30 (1855), S. 76 (80 f.); OG Wolfenbüttel, 14.10.1869, in: ZRpfl Braunschweig, Bd. 21 (1874), S. 44 (44).

[926] OAG Lübeck, 7.8.1857, in: OAGE Lübeck-Frankfurt, Bd. 4 (1860), S. 271 (273).

[927] Kreisregierung, 2.12.1859, in: ZGG, Bd. 8 (1866), S. 52 (54).

Doch sollte man sich nicht von den Bekenntnissen der Rechtsprechung zu v. Savigny und seinen Nachfolgern über den tatsächlichen Gehalt solcher Aussagen täuschen lassen. Wenn der Bayerische Oberste Gerichtshof in einem Urteil festhält, abgesehen „von der condictio furtiva ist die gemeinschaftliche Voraussetzung aller dieser in den Quellen als condictiones bezeichneten Klagen" die rechtsgrundlose Bereicherung auf Kosten eines anderen,[928] so relativiert sich die Aussage bei näherer Betrachtung: Sie war mehr obiter dictum als ratio decidendi.

Die Vermögensverschiebung als tragender Baustein der neuen Lehren knüpft nahtlos an die ambivalente Haltung an. Bereits beim Verständnis der pandektistischen Rechtswissenschaft zu Dreiecksfällen wird offenbar, daß sie vor 1900 in den klassischen, vom usus modernus tradierten Feldern eine recht marginale Rolle für die Frage spielte, wer Kläger und wer Beklagter sei. Symptomatisch war die condictio pretii, bei der das Reichsgericht alle möglichen Probleme mit Ausnahme der Unmittelbarkeit der Vermögensverschiebung problematisierte.[929] Es lassen sich auf der anderen Seite Gegenbeispiele aus der Rechtsprechung für klassische Konstellationen wie die Geldkonsumtion finden, in denen unter die Formel von der rechtsgrundlosen Bereicherung auf Kosten eines anderen subsumiert wurde.[930] In Gebieten jenseits der alten Themen war die Bereicherung auf Kosten eines anderen weitaus wichtiger, denn den Digesten ließen sich nur bei größter Phantasie die Lösung der Gewinnhaftung bei Verletzung von Immaterialgüterrechten entlocken. Für die altbekannte condictio pretii und in Dreiecksfällen hingegen konnten die Gerichte die Lösung bereits über die römischen Quellen, notfalls auch per Analogie, finden. Das zeigt, wie wenig die von der Lehre postulierte Vermögensverschiebung Eingang in die Praxis fand. Vor 1900 stand viel stärker der vom abstrakten System enthobene Einzelfall im Mittelpunkt. Zu grundlegenden Fragen wie der Einheit oder Vielheit der Bereicherungsansprüche mußten die Gerichtshöfe noch nicht vordringen.

VIII. Entstehung des Bürgerlichen Gesetzbuchs

Erst mit dem Bürgerlichen Gesetzbuch für das Deutsche Reich konnten Vermögensverschiebung und Rechtsgrundlosigkeit die Stellung einnehmen, die ihnen von Windscheid zugedacht worden war. Mit einem Schlag mußten alle Gerichte nach denselben Normen urteilen, der alte beschwerliche Flickenteppich verschwand. Bis dahin war es aber ein weiter Weg. Nach der Lex Lasker/Miquel (1873) wurde erst eine Vorkommission und dann eine Kommis-

---

[928] BayObLG, 9.11.1889 – Reg. I. 72, in: BayOGHE, Bd. 12 (1890), S. 440 (442).

[929] Vgl. auch *Bertram Ebert*, Geschäftsanmaßung, S. 296–303.

[930] OLG Oldenburg, 12.2.1896, in: SeuffArch, Bd. 51 (1896), S. 408 (409).

sion unter Vorsitz des Präsidenten des Reichsoberhandelsgerichts, Heinrich Eduard Pape (1816–1888), vornehmlich zwischen 1881 und 1889 mit der Ausarbeitung eines Entwurfs beauftragt.[931]

1. Teilentwürfe Obligationenrecht und Sachenrecht

Den Kommissionsberatungen lagen Vorentwürfe zugrunde, um den Gang der Gesetzgebungsarbeiten zu beschleunigen. Obertribunaldirektor v. Kübel fertigte den maßgeblichen Teilentwurf Obligationenrecht an, er konnte ihn allerdings nicht vollkommen fertigstellen. Neben Praktikern waren die Professoren Windscheid und Paul Rudolf v. Roth (1820–1892) in der Kommission vertreten, später trat für den 1884 verstorbenen v. Kübel der Tübinger Romanist v. Mandry in die Arbeiten ein.

a) Allgemeines

Redaktor v. Kübel lieferte 1882 in 28 Paragraphen seine Vorlage zum Thema „Schuldverhältnisse aus ungerechtfertigter Bereicherung“ ab. Streng wurde im Anschluß an die gemeinrechtliche Kasuistik und die bisherigen deutschen Kodifikationsprojekte die „Rückforderung wegen Leistung einer Nichtschuld“ (condictio indebiti, §§ 1 ff. TE-OR) von der „Rückforderung wegen Nichteintritts des vorausgesetzten künftigen Ereignisses“ (condictio causa data causa non secuta, §§ 14 ff. TE-OR), der „Rückforderung wegen verwerflichen Empfangs“ (condictio ob turpem causam, condictio ob iniustam causam, §§ 18 ff. TE-OR) und der „Rückforderung wegen grundlosen Habens“ (im wesentlichen die condictio sine causa, §§ 23 ff. TE-OR) getrennt. Dies sei „im Interesse leichterer Uebersichtlichkeit und größerer Handlichkeit der Bestimmungen, sowie schärferer Erkennbarkeit des Prinzips“, ist in der Begründung zum Vorentwurf zu lesen.[932]

In den Materialien verwandte v. Kübel ähnlich wie Bekker und andere als Oberbegriff für die Kondiktionen den Terminus „condictiones sine causa“.[933] Getreu der gemeinrechtlichen Doktrin der zweiten Jahrhunderthälfte sollte das Bereicherungsrecht auf zwei Säulen als „Prinzip“ beruhen: Erstens, auf der unmittelbaren Vermögensverschiebung, das heißt der „zu Gunsten des einen

---

[931] Zum Vorentwurf *v. Kübels* und zum E I grundlegend die Quellenanalysen bei *Schubert*, in: ZRG Rom. Abt., Bd. 92 (1975), S. 186–233.

[932] *v. Kübel*, in: *Schubert*, Redaktorenvorlagen, Schuldrecht, Bd. 3, S. 675 [15].

[933] *v. Kübel*, in: *Schubert*, Redaktorenvorlagen, Schuldrecht, Bd. 3, S. 661 [1].

Theils auf Kosten des anderen bewirkte[n] Vermögensveränderung".[934] Zweitens, auf der Rechtsgrundlosigkeit dieser Vermögensverschiebung.[935] Ähnlich wie v. Savigny argumentierte v. Kübel, die condictio furtiva lasse in ihrem Ausnahmecharakter die Vermögensverschiebung nur um so schärfer hervortreten.[936] Schon selbstverständlich erscheint es da, daß er sich auf Tatbestandsebene von Sells Theorie, niemand dürfe sich zum Schaden eines anderen bereichern, absetzte.[937] Das Unbehagen v. Kübels ist förmlich zu spüren, als er den Entwurf zum Schweizerischen Obligationenrecht wegen seiner Generalklausel verurteilte. Die Lösung im Schweizer Recht erinnerte ihn an die allgemeine, „der Billigkeit entsprechende Rechtsregel" Sells und anderer, obwohl Vermögensverschiebung und causa-Gedanke seinen eigenen Präferenzen entsprachen.[938] Gleichzeitig gestand er durchaus den *prinzipiellen* Wert des Pomponius-Satzes ein.[939] An anderer Stelle berufen sich die Materialien ebenso unbekümmert auf den „höheren Gesichtspunkt der Billigkeit".[940]

Jenseits grundsätzlicher Überlegungen differenzierte v. Kübel im Anschluß an Windscheid Leistungsfälle („eigene Handlung des Benachtheiligten") und Nichtleistungsfälle („Handlung des anderen Theiles [...] oder durch eine andere Thatsache").[941] Unter der Rubrik der Nichtleistung werden all diejenigen Typen aufgeführt, die heute geläufig sind, also Konsumtion, Veräußerung einer fremden Sache, Verarbeitung, Verbindung und Verwendungen für den Fall, daß jemand unwissentlich die Geschäfte eines anderen führt.[942] Leider vermochte selbst v. Kübel nicht den gordischen Knoten der Rechtsgrundlosigkeit zu lösen. Er mußte eingestehen, die „Grundlosigkeit" sei ein „abstrakter Begriff".[943] Allein für die Leistungsfälle vermag er das bewährte Theoriengebäude der Wind-

---

[934] *v. Kübel*, in: *Schubert*, Redaktorenvorlagen, Schuldrecht, Bd. 3, S. 661 [1]; zur Unmittelbarkeit *v. Kübel*, in: *Schubert*, Redaktorenvorlagen, Schuldrecht, Bd. 3, S. 671 [11].

[935] *v. Kübel*, in: *Schubert*, Redaktorenvorlagen, Schuldrecht, Bd. 3, S. 663 [3]. Zu den beiden Elementen auch auf S. 669 [9].

[936] *v. Kübel*, in: *Schubert*, Redaktorenvorlagen, Schuldrecht, Bd. 3, S. 661 [1].

[937] *v. Kübel*, in: *Schubert*, Redaktorenvorlagen, Schuldrecht, Bd. 3, S. 698 [38].

[938] *v. Kübel*, in: *Schubert*, Redaktorenvorlagen, Schuldrecht, Bd. 3, S. 669 f. [9 f.]; auch *ders.*, in: *Schubert*, Redaktorenvorlagen, Schuldrecht, Bd. 3, S. 675 [15].

[939] *v. Kübel*, in: *Schubert*, Redaktorenvorlagen, Schuldrecht, Bd. 3, S. 661 [1]; auch S. 667 [7 f.] zum prALR.

[940] *v. Kübel*, in: *Schubert*, Redaktorenvorlagen, Schuldrecht, Bd. 3, S. 698 [38]; auf „ex aequo et bono" wurde sich ebenfalls berufen: *v. Kübel*, in: *Schubert*, Redaktorenvorlagen, Schuldrecht, Bd. 3, S. 704 [44].

[941] *v. Kübel*, in: *Schubert*, Redaktorenvorlagen, Schuldrecht, Bd. 3, S. 661 f. [1 f.]. Deutliche Bezugnahme auf *Windscheid* auf S. 665 [5], aber Kritik an dessen Voraussetzungslehre.

[942] *v. Kübel*, in: *Schubert*, Redaktorenvorlagen, Schuldrecht, Bd. 3, S. 670 [10].

[943] *v. Kübel*, in: *Schubert*, Redaktorenvorlagen, Schuldrecht, Bd. 3, S. 663 [3].

scheid'schen Voraussetzungslehre ins Feld zu führen.[944] Die seitenlangen Erörterungen über Irrtum, Quasikontrakt und dergleichen dürfen im übrigen nicht darüber hinwegtäuschen, daß sich dies nur auf die Kondiktion aus Leistung beziehen kann.

b) Condictio sine causa

Unter „IV. Rückforderung wegen grundlosen Habens" ordnete v. Kübel nach dem Vorbild der condictio sine causa specialis schließlich all das ein, was nach seiner Meinung nicht recht in die anderen drei Hauptgruppen passen wollte. Wie alle Kondiktionen beruhen nach der Vorlagebegründung die Kondiktionen im vierten Abschnitt auf dem „gemeinsamen Kondiktionsprinzip, daß nämlich dasjenige, was ohne anerkannten Rechtsgrund aus dem Vermögen des einen in das eines Anderen gekommen, als ungerechtfertigte Bereicherung zu erstatten ist."[945] Wie im Dresdner Entwurf, im Sächsischen Bürgerlichen Gesetzbuch oder in Siebenhaars Vorlage werden die Leistungen eines Geschäftsunfähigen, aus anfechtbarem oder verbotenem Vertrag sowie zu einem rechtlich unmöglichen Erfolg separat kodifiziert (§§ 23–25 TE-OR). Auch die condictio ob causam finitam erscheint (§ 26 TE-OR). Am wichtigsten aber sollte im Anschluß an den Dresdner Entwurf die allgemeine Formel der condictio sine causa in § 27 TE-OR für Nichtleistungsfälle werden. Danach kann derjenige, „aus dessen Vermögen ohne seinen Willen Etwas in das Vermögen eines Anderen gekommen ist, [...] wenn ein rechtlicher Grund hierzu von Anfang an nicht vorhanden war oder derselbe später weggefallen ist, die Rückerstattung von Letzterem fordern."

Die condictio sine causa ist im Anschluß an das Sächsische Gesetzbuch und den Dresdner Entwurf nicht als allgemeiner Auffangtatbestand für Leistung als auch Nichtleistung konzipiert. v. Kübel schwebte zu deutlich die allgemeine Billigkeitsformel des Pomponius als abschreckendes Beispiel vor.[946] Die condictio sine causa soll wie schon in den vorherigen Kodifikationsprojekten lediglich als subsidiärer Rechtsbehelf dienen. Daß die Implementation der Nichtleistungsfälle unter den Begriff „Condictio" nicht vollkommen dogmatisch gedanklich verinnerlicht ist, belegen v. Kübels Äußerungen zur Unmittelbarkeit der Vermögensverschiebung als Abgrenzungskriterium zur Versionsklage: Die Bereicherung aus Verarbeitung, Verbindung, Verzehren und Veräußerung sei eine Ausnahme von der Unmittelbarkeitsregel, glaubte er zu-

---

[944] *v. Kübel*, in: *Schubert*, Redaktorenvorlagen, Schuldrecht, Bd. 3, S. 663–667 [3–7].

[945] *v. Kübel*, in: *Schubert*, Redaktorenvorlagen, Schuldrecht, Bd. 3, S. 738 [78].

[946] *v. Kübel*, in: *Schubert*, Redaktorenvorlagen, Schuldrecht, Bd. 3, S. 738, 740, 748 [78, 80, 88].

geben zu müssen.[947] Tatsächlich dürfte diese dogmatische Haltung ein Relikt der Auffassung sein, die Wurzel der Kondiktionen sine causa liege im dare, der Leistung von Eigentum. Woher v. Kübel seine konservativen Ansichten zum Thema Vermögensverschiebung bezog, darüber kann man nur Vermutungen anstellen. Möglicherweise hatte er sich durch Wittes Monographie inspirieren lassen. Bereits die Protokolle des Dresdner Entwurfs lassen an einer Stelle dunkel anklingen, Konsumtion und Veräußerung führten einzig zur mittelbaren Bereicherung.[948]

c) Eingriffsfälle

In der Kasuistik der Eingriffskondiktion knüpft der Entwurf vornehmlich an das gemeine Recht an.[949] Der Bereicherungsanspruch aus Eingriff kann erstens aus Verarbeitung (§§ 149 f. TE-SR), Verbindung von beweglichen Sachen mit Grundstücken (§ 146 TE-SR) und Verbindung, Vermischung oder Vermengung beweglicher Sachen (§§ 147 f. TE-SR) ausgelöst werden. Weiterhin kommen der Sachverbrauch und Sachverkauf bei anschließendem Untergang der Sache in Frage, aber auch der gutgläubige Erwerb von Grundstücken (§§ 124, 24 TE-SR), der aus dem deutschen Recht übernommen wurde. Schon das Bayerische Hypothekengesetz vom 1. Juni 1822 kannte den Erwerb durch den Redlichen an Immobilien kraft guten Glaubens auf die Richtigkeit des Grundbuchs.[950] Nach der römischen Rechtsregel „nemo plus iuris transferre potest quam ipse habet" war der gutgläubige Erwerb an beweglichen Sachen dagegen noch ausgeschlossen, so daß die Gruppe mit Ausnahme der Sonderregel in § 135 TE-SR vorerst nicht bereicherungsrechtlich relevant war.

Obwohl die Materialien zum Teilentwurf Obligationenrecht Verbrauch, Vermengung und Vermischung als Anwendungsfeld des § 27 TE-OR aufzählen,[951] sollten besagte Eingriffsfälle durch die condictio sine causa im Schuldrecht nicht erfaßt werden. Das erscheint folgerichtig, da nach v. Kübels orthodoxer Ansicht diese Fälle auf keiner unmittelbaren Vermögensverschiebung basierten; § 27 TE-OR scheidet daher implizit als Anspruchsgrundlage aus. Die Fälle sind vielmehr Gegenstand des komplexen Normgefüges in den §§ 151, 196 des Teil-

---

[947] *v. Kübel*, in: *Schubert*, Redaktorenvorlagen, Schuldrecht, Bd. 3, S. 671 [11].

[948] Sitzung 319, Protokolle DE, Bd. 6, S. 4625.

[949] Dazu schon vor der Untersuchung *Detlef Königs*, Ungerechtfertigte Bereicherung, S. 157–165, die ausführliche Analyse bei *Bartels*, Indirekte und mittelbare Bereicherungsansprüche, S. 23–28; *Freund*, Eingriff in fremde Rechte, S. 9–11; *Sieper*, Erörterungen über § 816 BGB, S. 12 f. Siehe auch *Werner Lorenz*, in: *Julius v. Staudinger*[13], § 816, Rn. 1 f.

[950] Allgemein zur Entwicklung: Motive, Bd. 3, S. 209 f. = *Mugdan*, Bd. 3, S. 116.

[951] *v. Kübel*, in: *Schubert*, Redaktorenvorlagen, Schuldrecht, Bd. 3, S. 748 [88].

entwurfs Sachenrecht von Reinhold Heinrich Sigismund Johow (1823–1904). Im einzelnen gibt sich die Regelung recht unübersichtlich, doch ist ein Überblick über den Regelungsmechanismus im Hinblick auf die heutige Rechtslage interessant: Für Verbindung, Vermischung, Vermengung und Verarbeitung (§§ 146 ff. TE-SR) ist § 151 TE-SR die Zentralnorm,[952] die in Eingriffsfällen auf die Generalnorm § 196 TE-SR und bei Eigentumsverlust durch Verwendung auf die §§ 185 ff. TE-SR verweist. Sowohl § 185 als auch § 196 TE-SR sind Normen des Eigentümer-Besitzer-Verhältnisses.[953] Vorläufig sei nur der Eingriff, also die Verweisung auf § 196 TE-SR besprochen.

Nach §§ 151 Nr. 2, 196 Abs. 1 Nr. 1 TE-SR hat der Entreicherte bei Eingriff aus Verarbeitung, Verbindung und Vermischung einen eigenständigen Bereicherungsanspruch gegen den gutgläubigen Neueigentümer. Die verschiedenen Modi sind mit dem Sachverkauf und dem -verbrauch zu einer einheitlichen An-

---

[952] § 151 TE-SR:

„Die Ansprüche desjenigen, welcher das Eigenthum nach §§. 146 – 150 verliert, gegen denjenigen, welcher den Verlust herbeigeführt hat, oder gegen denjenigen, in dessen Vermögen die Sache übergegangen ist, sind nach den besonderen Rechtsverhältnissen der Betheiligten zu beurteilen. Vornehmlich kommen hierbei in Anwendung die Bestimmungen im fünften Titel dieses Abschnitts, und zwar:

1. wenn der Eigenthümer selbst den Verlust seiner Sache herbeigeführt hat, die Bestimmungen über die Gegenansprüche des Besitzers wegen der auf die herauszugebende Sache gemachten Verwendungen (§§. 185 – 189);

2. anderenfalls die Bestimmungen über den Anspruch desjenigen, welcher das Eigenthum der Sache nach oder vor der Erhebung der Klage verloren hat (§§. 181 – 183, 196, 197).“

[953] § 185 TE-SR:

„Dem Besitzer steht ein Gegenanspruch zu wegen der auf die Sache gemachten Verwendungen, soweit die Verwendungen nothwendig waren oder dem nach den persönlichen Verhältnissen des Eigenthümers zu beurtheilenden Interesse desselben entsprechen, auch der Werth der Sache durch die Verwendungen erhöht ist und die Wertherhöhung zur Zeit der Herausgabe noch fortdauert. [...]“

§ 196 TE-SR:

„Wer das Eigenthum einer beweglichen Sache dadurch verloren hat, daß ein Anderer dieselbe ohne Erwerbsgrund, oder in dem Glauben, daß sie ihm gehöre, besessen und

1. die Sache verbraucht oder deren Eigenthum in Folge ihrer Verarbeitung oder ihrer Verbindung, Vermischung oder Vermengung mit einer eigenen Sache erlangt hat, oder

2. die Sache veräußert, und der Erwerber das Eigenthum, sei es sogleich, sei es durch Ersitzung erlangt hat,

hat gegen den Anderen Anspruch auf Herausgabe des durch den Verbrauch, die Gewinnung oder die Veräußerung der Sache erlangten Vortheils.

Diesen Anspruch hat der Eigenthümer gegen den redlichen Veräußerer seiner Sache auch dann, wenn er dieselbe von dem Erwerber gegen Bezahlung des demselben nach §. 186 zustehenden Gegenanspruches zurückerhalten hat, jedoch nicht über den bezahlten Betrag hinaus.“

spruchsgrundlage zusammengefaßt, siehe § 196 Abs. 1 Nr. 1, 2 TE-SR. § 196 TE-SR ist mithin die gemeinsame Anspruchsbasis aller Eingriffskondiktionen. Der bösgläubige Besitzer haftet verschärft in den §§ 151 Nr. 2, 181 f. bzw. 181 f. TE-SR, nach denen der Unredliche gemäß den Regeln der Geschäftsführung ohne Auftrag belangt werden kann. Wegen v. Kübels restriktiver Haltung zum Unmittelbarkeitsdogma darf kaum angenommen werden, der Bösgläubige solle zusätzlich über die allgemeine Bereicherungsnorm § 27 TE-OR haften. Schon v. Kübel erwog zur systematischen Anordnung des § 196 TE-SR im Sachenrecht:[954]

> „[Es] wird übrigens zu erwägen sein, ob die Bestimmungen [...] nicht in das Obligationenrecht und zwar etwa an den Schluß des ganzen Abschnitts von den Kondiktionen in entsprechender Fassung herüberzunehmen sind, da dieselben nicht eine Spezialfrage durch positive Vorschrift regeln, sondern eine durchgreifende Entscheidung über eine Frage des Kondiktionsrechts geben, welche nicht blos der Uebersichtlichkeit wegen, sondern aus systematischen Gründen in das Obligationenrecht [...] zu stellen sein dürfte".

Erst die Endfassung des Bürgerlichen Gesetzbuchs sollte ihm recht geben. Der Anspruch aus § 196 Abs. 1 TE-SR ist aber dadurch stark eingeschränkt, daß er nur gegen denjenigen redlichen Besitzer gerichtet werden kann, der die fragliche Sache „ohne Erwerbsgrund" besitzt. Johow dehnte im Anschluß an die Kontroverse aus dem Jahre 1878 zwischen v. Jhering und Windscheid das Postulat vom gutgläubigen betitelten Besitzer von der Kondiktion des Kaufpreises auf *alle* Eingriffsfälle aus.[955] De facto ist damit im Vorentwurf die Eingriffskondiktion gegen den gutgläubigen Besitzer zur Leistung durch einen Dritten subsidiär.

Während bei der Veräußerungs-, Verarbeitungs- und Verbrauchsvariante in § 196 TE-SR Eingreifer und Bereicherter wohl stets koinzidieren, scheint der Entwurf für Verbindung, Vermischung und Vermengung Dritteingriffsfälle zu übersehen, in denen Begünstigter und Eingreifer auseinanderfallen, etwa beim Einbau fremden Materials auf dem Grundstück eines Dritten. Das trifft jedoch im Regelfall keineswegs zu. Bei näherer Betrachtung sind diese Fälle bereits mit der Teleologie des § 196 TE-SR zu lösen: Sachen werden gewöhnlich nicht eingebaut, ohne daß sie als Teil der Einbauleistung mitverkauft werden.[956] Der eigentliche Eingreifer, der die Sache zum Eingriffszeitpunkt besaß, läßt sich bereits nach den gesetzlichen Vorgaben belangen, da er die eingebaute Sache gleichzeitig verkauft hat (§ 196 Abs. 1 Nr. 2 TE-SR). Wegen des Titelerforder-

---

[954] *v. Kübel*, in: *Schubert*, Redaktorenvorlagen, Schuldrecht, Bd. 3, S. 750 [90]; prinzipiell auch *Johow*, in: *Schubert*, Redaktorenvorlagen, Sachenrecht, Bd. 1, S. 954–956 [820–822].

[955] Siehe *Johow*, in: *Schubert*, Redaktorenvorlagen, Sachenrecht, Bd. 1, S. 1090 [956].

[956] Gutgläubiger Erwerb war wohlgemerkt nicht möglich.

nisses ist es im Vorentwurf auf der anderen Seite nicht mehr denkbar, neben dem Veräußerer könne auch der Erwerber, der sich anschließend durch die Sache bereichert, haften. Der Sachverkauf verschafft dem Erwerber stets den erforderlichen Titel, woraus der Haftungsausschluß resultiert. Wenn also der Eingreifer die Sache veräußert und gleichzeitig beim Erwerber einbaut, kann nach § 196 Abs. 1 Nr. 2 TE-SR nur er als direkter Eingreifer haften, vorausgesetzt, er weist gleichfalls keinen Titel nach. Johow deutete zusätzlich an, wenn Besitzer und Erwerber auseinanderfallen, könnten bei zufälligem Erwerb durch Handlung eines Dritten die allgemeinen Kondiktionen zu erwägen sein.[957] Regelungslücken sind daher nicht zu befürchten.

d) Verwendungsfälle

Erfolgt der Sachverlust durch den Eigentümer selbst, liegt folglich ein Verwendungsfall vor, sollen Ansprüche nur durch die Vorläuferregelungen zum Eigentümer-Besitzer-Verhältnis erfaßt werden, siehe §§ 151 Nr. 1, 185 ff. TE-SR. Wie in der gemeinrechtlichen Lehre ist der Anspruch nur als Retentionsrecht ausgeformt und zwischen bös- und gutgläubigem Besitzer differenziert, lediglich für letzteren baut der Impensenersatz durchgehend auf dem Bereicherungsgedanken auf.[958] Der Vorentwurf rückte anders als die vorhergehenden Kodifikationsprojekte aber ein wenig weiter in die Richtung der Bereicherungsherausgabe, weil der redliche Besitzer nicht nur die nützlichen, sondern sogar die notwendigen Verwendungen nach Maßgabe der Bereicherung des Eigentümers ersetzt verlangen kann.

e) Fazit

Nochmals zusammengefaßt werden Eingriffs- und Verwendungsfälle wie folgt geregelt: § 196 TE-SR erfaßt den gutgläubigen Eingreifer, §§ 185 ff. TE-SR Verwendungen. § 151 TE-SR ist bloßer Stichwortgeber für die Bereicherungsnormen aus Eingriff und Verwendung. Durch die Anordnung der Haupttypen des Eingriffs und der Verwendung im Sachenrecht wird der universell anmutende Bereicherungsanspruch bei Nichtleistung in § 27 TE-OR von vornherein auf wenige Fälle reduziert. Das entspricht ganz der Vorliebe v. Kübels, das Bereicherungsrecht kasuistisch zu ordnen. Anders als der hessische und bayerische Entwurf oder das zeitgleiche Schweizer Obligationenrecht vermied er sorgsam, einen umfassenden Tatbestand zu schaffen. Auf der Tatbestands-

---

957 *Johow*, in: *Schubert*, Redaktorenvorlage, Sachenrecht, Bd. 1, S. 956 [822].

958 Siehe *Johow*, in: *Schubert*, Redaktorenvorlagen, Sachenrecht, Bd. 1, S. 1058 [924].

und Interpretationsebene folgte v. Kübel daher klar dem Trennungsmodell. Nur auf der ungefährlichen Prinzipienebene konzedierte er, die unbillige Bereicherung auf Kosten eines anderen liege allen Kondiktionen zugrunde. Gleichzeitig zeigte er sich der Pomponius-Parömie auf Prinzipienebene keineswegs abgeneigt; er fürchtete sich nur davor, ihr den Charakter einer umfassenden Rechtsregel zuzubilligen.

2. Erste Kommission

a) Allgemeines

Ähnliches ist über den offiziellen Ersten Entwurf zu berichten. Die erste Kommission zum Bürgerlichen Gesetzbuch des Deutschen Reiches stellte im Gegensatz zur Endfassung von 1896 dem Bereicherungsrecht im Einklang mit v. Kübel keine Einheitsformel an die Spitze.[959] Im Abschnitt „Bereicherung" des Schuldrechts behandelte die Kommission vorzugsweise die Leistungskondiktion. Dort steht zuerst die „Leistung einer Nichtschuld" (§§ 737 ff. E I), dann der „Nichteintritt des bei einer Leistung vorausgesetzten künftigen Ereignisses oder rechtlichen Erfolges" (§§ 742 ff. E I), der „Wegfall des Rechtsgrundes einer Leistung" (§§ 745 f. E I), der „Verwerfliche Empfang" (§ 747 E I) und erst im letzten Paragraphen das „Sonstige grundlose Haben" (§ 748 E I).[960]

„Die Vorschriften des Entwurfs über die Bereicherung [...] beruhen nicht auf dem in der früheren gemeinrechtlichen Theorie und Praxis mißverständlich aufgestellten und gehandhabten allgemeinen Billigkeitssatz, Niemand dürfe sich mit dem Schaden eines Anderen bereichern [...]",[961] so lautete der Standpunkt der Kommission. Die preußische Verwendungsklage nach prALR I 13 § 262 wurde ebenso verworfen. „Auf der Verschiedenheit jener Umstände",[962]

---

[959] Grundlegend – wie erwähnt – *Schubert*, ZRG Rom. Abt., Bd. 92 (1975), S. 186 (190–233).

[960] § 748 E I:

> „Derjenige, aus dessen Vermögen nicht kraft seines Willens oder nicht kraft seines rechtsgültigen Willens ein Anderer bereichert worden ist, kann, wenn hierzu ein rechtlicher Grund gefehlt hat, von dem Anderen die Herausgabe der Bereicherung fordern.
>
> Als rechtlicher Grund ist es im Zweifel anzusehen, wenn ein Rechtsverlust auf einer diesen bestimmenden Vorschrift beruht.
>
> Auf die Verpflichtung desjenigen, welcher die Bereicherung herauszugeben hat, finden die Vorschriften des § 737 Abs. 3 und der §§ 739, 740, sowie des § 741 Abs. 2 entsprechende Anwendung. Die Verpflichtung zum Schadensersatz aus unerlaubter Handlung bleibt unberührt."

[961] Motive, Bd. 2, S. 829 = *Mugdan*, Bd. 2, S. 463.

[962] Genauer: des Rechtsgrundes.

so folgerte sie, „beruht die im Entwurfe enthaltene Klassifizirung der Kondiktionen".[963] Zum Wesen der rechtsgrundlosen Bereicherung waren die Kommissionsmitglieder der Meinung:

> „[D]er Entwurf [...] stellt die Grundsätze über die Kondiktionen im Anschluß an die heutzutage herrschende [...] Anschauung auf, wonach die Kondiktionen persönliche Ansprüche auf Rückgängigmachung desjenigen an sich nach den maßgebenden Vorschriften eingetretenen Rechts- und Vermögenserwerbes sind, welcher eines Rechtsgrundes entbehrt." „Der Mangel des rechtfertigenden Grundes ist aber auf verschiedene rechtlich relevante Umstände zurückzuführen, welche die Wirksamkeit der eingetretenen Rechts- und Vermögensänderung derart affizieren, daß deren Wiederaufhebung verlangt werden kann." Zusätzlich, so betonen die Materialien, sei bei den Leistungskondiktionen das Abstraktionsprinzip „von höchster Bedeutung".

Die actio de in rem verso utilis sollte nach Meinung der Kommission dogmatisch vollkommen überflüssig sein. Ausdrücklich erwähnen die Motive, zur Bereicherung bedürfe es eines unmittelbaren Vermögensübergangs[964] bzw. einer „Vermögensverschiebung";[965] ein Kondiktionsanspruch gegen Dritte bestehe nicht.[966] Im Gegensatz zu § 245 der Vorlage v. Kübels zur Geschäftsführung ohne Auftrag strich man die Versionsklage selbst in ihrer sehr engen, bereinigten Fassung.[967] Das war konsequent, um eine Umgehung des Unmittelbarkeitserfordernisses zu vermeiden.

b) Condictio sine causa

Von Kübels Abschnitt über die condictio sine causa ließ die Kommission nur einen Paragraphen, § 748 E I, für Nichtleistungen übrig. In den Motiven wird ausdrücklich erwähnt, die condictio indebiti sei kein Unterfall der condictio si-

---

[963] Alle Zitate im Folgenden Motive, Bd. 2, S. 829 = *Mugdan*, Bd. 2, S. 463.

[964] Motive, Bd. 2, S. 830 = *Mugdan*, Bd. 2, S. 463.

[965] Motive, Bd. 2, S. 851 = *Mugdan*, Bd. 2, S. 475.

[966] Ausführlich zur Ablehnung der Versionsklage Motive, Bd. 2, S. 871–873 = *Mugdan*, Bd. 2, S. 487 f.

[967] § 245 TE-OR:

> „Hat Jemand in Folge eines Rechtsgeschäftes, welches für ihn ein Anderer als Geschäftsführer ohne Ermächtigung hierzu mit einem Drittem geschlossen hat und welches von ihm nicht genehmigt worden ist, aus dem Vermögen des Dritten einen Vermögensvortheil erlangt, auf welchen ihm auch gegenüber dem Geschäftsführer ein Recht nicht zusteht, so haftet er dem Dritten hierfür bis zum Belange seiner Bereicherung."

Anmerkung: Diese Fassung der Versionsklage beschränkt sich auf Fälle, in denen weder im Verhältnis Entreicherter – Geschäftsführer noch Bereicherter – Geschäftsführer ein Rechtsgrund vorliegt. Sie entspricht im Resultat der älteren Auffassung zu § 812 BGB, die einen Durchgriff bei Doppelnichtigkeit im Deckungs- und Valutaverhältnis befürwortete. Mit der Versionsklage des preußischen und gemeinen Rechts hat sie eigentlich keine Ähnlichkeiten mehr.

ne causa:[968] „Eine auf dem rechtsgültigen Willen des Leistenden oder Verlierenden beruhende Bereicherung kommt“ nach der Kommission „*hier* nicht in Betracht.“ Alle Leistungsfälle der condictio sine causa specialis fielen dem gesetzgeberischen Rotstift zum Opfer.

§ 25 TE-OR der Vorlage, der die Leistung bei rechtlich unmöglichem Erfolg behandelt, wurde auf Antrag Windscheids als bloßer Unterfall der condictio causa data causa non secuta gestrichen.[969] Die Spielarten der condictio ob causam finitam in den §§ 24 und 26 TE-OR faßte man „wegen der nahen Verwandtschaft“ mit den anderen Leistungskondiktionen in einem eigenen Abschnitt zwischen der condictio causa data causa non secuta und ob turpem causam in einer Norm zusammen (§§ 745 f. E I).[970] Wieder war ein Antrag Windscheids die treibende Kraft.[971] Auch § 23 TE-OR, der die Leistung bei gesetzlichem Verbot und die Leistung eines Geschäftsunfähigen betrifft, konnte vor der Kommission keinen Gefallen finden. Die aus der condictio ob iniustam causam des gemeinen Rechts übernommene Leistungskondiktion bei gesetzlichem Verbot hielt man für entbehrlich.

Im Falle des Geschäftsunfähigen, so wurde erwogen, könne das Geleistete bereits vindiziert werden. Sei der Empfänger aber nicht mehr in der Lage, das Geleistete herauszugeben, helfe die allgemeine Nichtleistungskondiktion in § 27 TE-OR. „Der Einwand, das Prinzip des § 27 finde auf den vorliegenden Fall keine Anwendung, weil dieses Prinzip auf die Fälle beschränkt sei, in welchen ohne Willen des Kondizierenden das Vermögen des Gegners bereichert werde, treffe nicht zu.“[972] Die Leistung eines Geschäftsunfähigen stellte sich also für die Kommissionsmitglieder nicht als Fall der condictio indebiti dar. Sie ordneten das Geben durch den Minderjährigen vielmehr als condictio sine causa specialis ein. Zwar könnte man argumentieren, da der Minderjährige erst durch einen späteren Eingriff entreichert werde, sei dies aus heutiger Sicht eine Eingriffskondiktion.[973] Aber die Beratung zeigt deutlich, daß die „Leistung des Minderjährigen“ als faktische, wenn auch nicht als rechtlich relevante Leistung gesehen wurde. Beim facere oder der bloßen Besitzverschaffung wird offen-

---

[968] Motive, Bd. 2, S. 851 = *Mugdan*, Bd. 2, S. 475.

[969] *Windscheid*, Antrag (Nr. 244), in: Sitzung 162, Prot. I, S. 1575 = *Jakobs/Schubert*, Beratungen des BGB, §§ 812–822, S. 812.

[970] Sitzung 163, Prot. I, S. 1577 = *Jakobs/Schubert*, Beratungen des BGB, §§ 812–822, S. 813.

[971] *Windscheid*, Antrag (Nr. 244), in: Sitzung, 162, Prot. I, S. 1572 = *Jakobs/Schubert*, Beratungen des BGB, §§ 812–822, S. 811.

[972] Sitzung 162, Prot. I, S. 1570 f. = *Jakobs/Schubert*, Beratungen des BGB, §§ 812–822, S. 825; siehe auch Motive, Bd. 2, S. 853 = *Mugdan*, Bd. 2, S. 477.

[973] In diese Richtung *Schubert*, in: ZRG Rom. Abt., Bd. 92 (1975), S. 186 (224), der die Leistung des Minderjährigen eher als Eingriffskondiktion durch den anschließenden Sachuntergang deutet.

sichtlich, daß der Geschäftsunfähige jenseits von Rechtsgeschäften zur Leistung fähig sein kann.[974]

Das wird durch einen Vergleich mit der heutigen Rechtslage bestätigt: Wenn der Geschäftsunfähige den Besitz leistet und der Leistungsempfänger die Sache verbraucht, wird die Frage der Unmöglichkeit der Herausgabe nach § 818 Abs. 2 BGB relevant. Erst wenn ein Dritter die Sache verbraucht, wird mangels Leistung eine andere Anspruchsgrundlage als § 812 Abs. 1 S. 1 Alt. 1 BGB in der Form der Eingriffskondition notwendig. Daß der Geschäftsunfähige überhaupt unter die Nichtleistungskategorie fiel, erklärt sich aus der Logik der alten Lehre vom Quasikontrakt. In § 748 E I, dem früheren § 27 TE-OR, stellte man die Kondiktion des Geschäftsunfähigen – wiederum auf Ansinnen Windscheids – durch den Zusatz: „nicht kraft seines Willens oder nicht kraft seines rechtsgültigen Willens" unstreitig, um neben den eigentlichen Nichtleistungsfällen die Leistung durch den Geschäftsunfähigen zu erfassen.[975] Wie Werner Schubert bereits im Detail hervorhob, hatte Windscheid in der Tat maßgeblichen Anteil daran, den Ersten Entwurf von der gemeinrechtlichen „Rumpelkammer" der Kondiktionen sine causa specialis zu befreien.

c) Eingriffsfälle

Die Eingriffskondiktionen wurden im Anschluß an Johow teilweise im Sachenrecht reglementiert. Anders als der Vorentwurf Johows weist der Erste Entwurf nicht mehr die Generalnormen §§ 151 und 196 TE-SR auf, die Eingriffs- und Verwendungsfälle größtenteils zusammenfassen. Statt dessen zersplitterte man die Nichtleistungskondiktionen wieder. Im Vergleich zur Vorlage kompliziert sich die Rechtslage dadurch ganz erheblich.

Auf Vorschlag Plancks und Gottfried v. Schmitts (1827–1908) strich man § 151 TE-SR und setzte an seine Stelle einen bloßen Bereicherungsanspruch aus Rechtsverlust durch Verbindung, Vermischung und Verarbeitung (§ 897 E I).[976] Ausdrücklich heben die unveröffentlichten Materialien hervor, der Be-

---

[974] Auf die Dienstleistung und die condictio possessionis machen die Materialien selbst aufmerksam. Siehe Motive, Bd. 2, S. 853 = *Mugdan*, Bd. 2, S. 477; Sitzung 162, Prot. I, S. 1571 = *Jakobs/Schubert*, Beratungen des BGB, §§ 812–822, S. 825. Weiterhin das römische Recht in *Paulus*, D. 12, 6, 15, 1: Hier wird datio bei Ersitzung angenommen, obwohl das Eigentum anders als durch die eigentliche Leistung übergeht. Zur heutigen Diskussion um die Fähigkeit des Geschäftsunfähigen zur Leistung im bereicherungsrechtlichen Sinn siehe nur *Larenz/Canaris*, Schuldrecht, Bd. II/2, § 67 II 1 e (S. 133 f.).

[975] Sitzung 164, Prot. I, S. 1589 = *Jakobs/Schubert*, Beratungen des BGB, §§ 812–822, S. 828.

[976] *Planck*, Antrag 3 (Nr. 111, 4) und *Gottfried v. Schmitt*, Antrag 2 (Nr. 110), in: Sitzung 330, Prot. I, S. 4066 f. = *Jakobs/Schubert*, Beratungen des BGB, § 951, S. 658 f.

reicherungsanspruch nach § 897 E I werde nicht dadurch ausgeschlossen, daß der Bereicherte einen Titel vorweisen kann.[977] Warum aber, so fragt man sich, hatte der Gesetzgeber diese Eingriffsfälle nicht unter die Generalnorm § 748 E I gefaßt? Im Gegensatz zu v. Kübels engherziger Ansicht über die Unmittelbarkeit sahen die Kommissionsmitglieder in der Vermögensverschiebung kein grundsätzliches Probleme mehr.[978] Aus dieser Sicht war eine separate Kodifikation redundant. Die Lösung liegt vielmehr in der Vermutung des § 748 Abs. 2 E I: Die Rechtsgrundlosigkeit sollte danach nicht Regel, sondern Ausnahme sein. Man wollte daher klarstellen, ein solcher Rechtserwerb sei kein Rechtsgrund im Sinne des Bereicherungsrechts.[979] Das hatte zugleich Auswirkungen auf den allgemeinen Bereicherungsanspruch gegen den Gutgläubigen aus Eingriffserwerb. Da § 897 E I nun den Eingriff in besagten Fällen selbst regelte, war die Generalnorm § 196 TE-SR, auf die § 151 TE-SR noch verwiesen hatte, für diese Konstellationen überflüssig. Doch § 196 TE-SR sollte noch weiter beschränkt und verändert werden. Die erste Kommission führte den gutgläubigen Erwerb von Mobilien in § 877 E I mit fünf gegen fünf Stimmen bei Stichentscheid des Vorsitzenden entgegen dem gemeinen Recht im Anschluß an § 306 ADHGB ein.[980] Für Immobilien hatte man bereits in der Vorlage mit § 195 TE-SR die bereicherungsrechtlichen Konsequenzen gezogen.[981]

Die Ausgangslage der condictio pretii war, daß jemand unbefugt fremdes Eigentum an einen gutgläubigen Dritten veräußert hatte und das Eigentum im Anschluß daran unterging. Die Vindikation stand dem Eigentümer dann nicht mehr zu Gebote. Der Eigentümer hatte jetzt die Möglichkeit, gegen den unberechtigten Veräußerer seiner Sache vorzugehen und von ihm mit der condictio pretii den Kaufpreis herauszufordern, um den er bereichert war. Alternativ

---

[977] Sitzung 341, Prot. I, S. 4227 = *Jakobs/Schubert*, Beratungen des BGB, §§ 812–822, S. 863.

§ 897 E I:

„Wer in Gemäßheit der §§ 890–896 einen Verlust erleidet, kann von demjenigen, welcher dadurch bereichert ist, die Herausgabe der Bereicherung fordern. Die Vorschriften des § 748 Abs. 3 finden Anwendung."

[978] Zur Haltung der Kommission die Sitzung 163, Prot. I, S. 1584 f. = *Jakobs/Schubert*, Beratungen des BGB, §§ 812–822, S. 827.

[979] Motive, Bd. 3, S. 362 f. = *Mugdan*, Bd. 3, 201.

[980] Dazu Sitzung 328, Prot. I, S. 4004 = *Jakobs/Schubert*, Beratungen des BGB, §§ 932–936, S. 598; Motive, Bd. 3, S. 344–350 = *Mugdan*, Bd. 3, S. 191–194. Außerdem *Wendt*, in: AcP, Bd. 89 (1899), S. 1–84.

[981] § 195 TE-SR:

„Wer das Eigenthum eines Grundstücks dadurch verloren hat, daß ein Anderer in dem irrigen Glauben, hierzu berechtigt zu sein, die Eintragung als Eigenthümer in dem Grundbuche erhalten und das Grundstück einem Dritten aufgelassen hat, hat gegen den Auflassenden den Anspruch auf Herausgabe des durch die Veräußerung des Grundstücks erlangten Vortheils."

mochte er sich nach der Bereicherungstheorie Windscheids an den Käufer halten, der die Sache verbraucht hatte. Nach v. Jherings Lesart war die Haftung des Käufers dagegen über das Titelprivileg exkludiert. Über den gutgläubigen Erwerb war der Käufer dagegen nun auch ohne titulus kraft Redlichkeit geschützt. Die Neuregelung der Materie wurde unumgänglich, weil andernfalls dem Erwerber abhanden gekommener Sachen eine unverdiente Kondiktionssperre zugekommen wäre. Darüber hinaus befand man mit Windscheids Dekanatsrede von 1878, „der titulierte Nichtberechtigte" vermehre „in gleichem Maße wie der nicht titulierte Nichtberechtigte infolge der Veräußerung sein Vermögen."[982]

Bei allem bestand in der Kommission Einigkeit darüber, der gutgläubige Erwerber solle keinem Bereicherungsanspruch ausgesetzt sein.[983] Die Anspruchssperre gegenüber dem Gutgläubigen mußte im Gesetzbuch nicht konkret geregelt werden; sie wurde vielmehr vorausgesetzt. So und nicht anders ist das folgende Motivzitat zu lesen:[984] „Der Dritte, welcher unter dem Schutze des öffentlichen Glaubens vom Nichtberechtigten gültig erworben hat, haftet dem Berechtigten nicht. Er hat für den Erwerb in § 837 einen rechtlichen Grund, der nach § 748 dem Bereicherungsanspruch entgegensteht." Diese Deutung wird durch die am Beratungsverlauf orientierten Protokolle untermauert. Die Frage der Haftung des gutgläubigen Erwerbers wurde sofort am Anfang einhellig negiert, während man sich im Anschluß daran dem Problem widmete, „ob der unberechtigte Veräußerer, welcher zufolge der zu Gunsten der gutgläubigen Erwerbung bestehenden Vorschriften wirksam veräußert hat, die ihm hierdurch zugehende Bereicherung soll herausgeben müssen."[985]

Festzuhalten bleibt, daß der tragende Gedanke des § 196 TE-SR, der Schutz des redlichen titulierten Besitzers, nun redundant war. Deshalb erfolgte eine spezielle Normierung des Bereicherungsausgleichs im Sachenrecht an anderer, sachnäherer Stelle jeweils nach der Regelung des gutgläubigen Erwerbs für Grundstücke und bewegliche Sachen in den §§ 839, 880 E I.[986] Die Eingriffs-

---

[982] Sitzung 341, Prot. I, S. 4226 f. = *Jakobs/Schubert*, Beratungen des BGB, §§ 812–822, S. 863.

[983] Motive, Bd. 3, S. 225 = *Mugdan*, Bd. 3, S. 124; Sitzung 341, Prot. I, S. 4223 = *Jakobs/Schubert*, Beratungen des BGB, §§ 812–822, S. 860.

[984] Motive, Bd. 3, S. 225 = *Mugdan*, Bd. 3, S. 124, und *Jakobs/Schubert*, Beratungen des BGB, §§ 812–822, S. 862, Fn. 3, zu Grundstücken. Des weiteren Motive, Bd. 3, S. 350 = *Mugdan*, Bd. 3, S. 194, zu beweglichen Sachen, die nur die erstgenannte Fundstelle komprimiert wiederholen und den Eindruck vermitteln, als werde tatsächlich eine Kondiktionssperre gegen den Käufer angeordnet.

[985] Sitzung 160, Prot. I, S. 4223 = *Jakobs/Schubert*, Beratungen des BGB, §§ 812–822, S. 850.

[986] § 839 E I:

„Wer in Gemäßheit der §§ 837, 838 den Verlust eines Rechtes erleidet, kann von demjenigen, welcher unberechtigt verfügt hat, oder an welchen eine ihm nicht gebührende Leistung erfolgt ist, die Herausgabe der dadurch erlangten Bereicherung

kondiktion aus Verfügung eines Nichtberechtigten basierte im Anschluß an v. Kübel nach Meinung der Kommission auf keiner (unmittelbaren) Vermögensverschiebung. Sie folgerte nach den Motiven, da „*er aus dem Vermögen des Berechtigten* nichts erhalten hat, insbesondere die nach dem Veräußerungsgeschäft dem Erwerber obliegende Gegenleistung dem bis dahin Berechtigten niemals zugestanden hat“, sei aus „Billigkeit“ eine spezielle Regelung im Anschluß an die Vorschriften des gutgläubigen Erwerbs geboten.[987]

Neben Verbindung, Vermischung, Verarbeitung und gutgläubigem Erwerb bleibt der Verbrauch fremder Sachen als Eingriffsfall. Für ihn wäre ein stark verkürzter § 196 TE-SR ein Residuum gewesen, zumal in v. Kübels Motiven zum Vorentwurf nicht nur die condictio pretii, sondern auch der Verbrauch aus dem Rahmen der unmittelbaren Vermögensverschiebung fällt. Doch die Kommission lehnte den Antrag ab, den Verbrauch zusammen mit dem gutgläubigen Erwerb zu reglementieren.[988] Der Kommission bereitete es keine Probleme, die Bereicherung „auf *rein thatsächlichem Wege*“[989] durch Verbrauch oder Verzehr eines fremden Gutes ohne weiteres unter § 748 E I zu subsumieren.[990] Offenbar bestand jetzt ebenso wie zu den Fällen in § 897 E I kein Zweifel mehr daran, der Sachverbrauch erfolge durch unmittelbare Vermögensverschiebung. Die einheitliche Anspruchsgrundlage der Nichtleistungskondiktion, § 196 TE-SR, war endgültig zerschlagen.

d) Verwendungsfälle

Anders als im Teilentwurf Sachenrecht regelte man im Anschluß an den französischen Rechtskreis und an Plancks Vorschlag den Verwendungsersatz in den §§ 936–938 E I als echten Bereicherungsanspruch, der nicht mehr system-

---

fordern. Die Vorschriften des § 748 Abs. 3 finden Anwendung. Ausgeschlossen ist der Anspruch wegen solcher Nutzungen, zu deren Herausgabe in Gemäßheit des § 930 eine Verpflichtung nicht besteht.“

§ 880 E I:

„Wer in Gemäßheit der § 877–879 den Verlust eines Rechtes erleidet, kann von demjenigen, welcher unberechtigt verfügt hat, die Herausgabe der dadurch erlangten Bereicherung fordern. Die Vorschriften des § 748 Abs. 3 finden Anwendung.“

[987] Motive, Bd. 2, S. 853 = *Mugdan*, Bd. 2, S. 476; Motive, Bd. 3, S. 224 f. = *Mugdan*, Bd. 3, S. 124; ähnlich, aber vorsichtiger Sitzung 341, Prot. I, S. 4225 = *Jakobs/Schubert*, Beratungen des BGB, §§ 812–822, S. 861.

[988] *Anonym*, Antrag 3 a), in: Sitzung 341, Prot. I, S. 4221 f. = *Jakobs/Schubert*, Beratungen des BGB, §§ 812–822, S. 860.

[989] Originale Hervorhebung.

[990] Motive, Bd. 2, S. 851 = *Mugdan*, Bd. 2, S. 475; siehe auch Sitzung 163, Prot. I, S. 1585 = *Jakobs/Schubert*, Beratungen des BGB, §§ 812–822, S. 827.

widrig nach subjektiven Elementen auf der Seite des *Entreicherten* differenzierte.[991] Die Motive zum E I stellen den Anspruch nach § 936 Abs. 1 explizit in den Zusammenhang mit der condictio sine causa aus Nichtleistung; sie betonen den Symmetriegedanken von allgemeiner condictio sine causa und spezieller condictio sine causa im Verwendungsfall. Mehrfach wird in den Materialien auf die Bestimmungen des Rechts der rechtsgrundlosen Bereicherung verwiesen.[992] Trotzdem sind die Impensen durch § 938 E I anders als im sächsischen Recht als Zurückbehaltungsrecht ausgebildet; dies nimmt den Gedanken der Verwendung als Bereicherung wieder etwas zurück und lenkt ihn mehr in konventionelle Bahnen. Dem Wortlaut nach liegt die Konkurrenz von § 936 Abs. 1 mit § 897 E I im Bereich des Möglichen. Die Regelung im Eigentümer-Besitzer-Verhältnis sollte jedoch lex specialis zu § 897 E I in Verwendungsfällen sein.[993] Die Nachfolgenorm zu § 151 TE-SR umfaßte damit nur noch Eingriffsfälle.

e) Fazit

In der Gesamtschau war der Erste Entwurf zum Bürgerlichen Gesetzbuch im Abschnitt zum Bereicherungsrecht kein „großer Wurf", sondern mehr eine fleißige Kompilation. Andererseits beschnitt die Kommission – bereits nach der Anzahl der Anträge vor allem unter Windscheids Führung – das dichte und kasuistische Regelungswerk der Vorlage und führten es auf eine überschaubare Anzahl an Paragraphen zurück. Im Materiellen erwuchsen die größten Unterschiede zum Vorentwurf durch die Einführung des gutgläubigen Erwerbs an beweglichen Sachen. Gleichzeitig wurde der Einheitstatbestand für die Nichtleistung im Sachenrecht aufgelöst; auf der Habenseite gestaltete man den Impensenersatz erstmals rein bereicherungsrechtlich aus. Grundlegend änderte sich dadurch nichts, denn nach wie vor war das Bereicherungsrecht auf Tatbestands- und Interpretationsebene im Sinne des Trennungsmodells formiert. Auf der Ebene der Rechtsprinzipien aber sah die erste Kommission wie zuvor v. Kübel mit der rechtsgrundlosen Bereicherung auf Kosten eines anderen einen gemeinsamen Gedanken walten.

[991] *Planck*, Antrag 3 (Nr. 133, 1), in: Sitzung 162, Prot. I, S. 4183 = *Jakobs/Schubert*, Beratungen des BGB, § 994–998, S. 812. Zum Charakter des Verwendungsanspruchs als Bereicherungsklage deutlich die Beweggründe in: Sitzung 338, Prot. I, S. 4183 = *Jakobs/Schubert*, Beratungen des BGB, §§ 994–998, S. 812 f.

[992] Motive, Bd. 3, S. 412 f., 415, 417 = *Mugdan*, Bd. 3, S. 230–233. Zu Bedenken der Kompatibilität von unredlichem Besitzer und Bereicherungsrecht siehe Sitzung 338, Prot. I, S. 4195 = *Jakobs/Schubert*, Beratungen des BGB, §§ 994–998, S. 813 f.

[993] Motive, Bd. 3, S. 363 = *Mugdan*, Bd. 3, S. 201.

f) Kritik

Wie der gesamte Entwurf eines Bürgerlichen Gesetzbuches erfuhr auch die Kodifizierung des Bereicherungsrechts Kritik.[994] Zu sehr kopierte das neue Gesetz überkommene Strukturen, allen voran die condictio sine causa specialis. Otto v. Gierke (1841–1921) als pointiertester Opponent auf dogmatischem Gebiet war der Ansicht, der ganze Aufbau der verschiedenen Bereicherungstatbestände widerspreche „einem gesunden Rechtsgefühl und dem praktischen Bedürfnis".[995] Während Otto Bähr (1817–1895) im wesentlichen nur die konkrete Form der condictio indebiti angriff und kleinere sprachliche Randkorrekturen anbringen wollte,[996] ging es ihm um Grundsätzliches.

Vor allem habe es der Gesetzgeber versäumt, den Grundsatz der rechtsgrundlosen Bereicherung, daß jede ohne rechtlichen Grund erfolgte Bereicherung einen Anspruch auf Rückerstattung gewährt, an die Spitze des Titels zu stellen, behauptete v. Gierke. Die schweizerische Regelung in Art. 70 aOR, so fuhr er fort, sei dafür ein gelungenes Beispiel.[997] Auf diese Weise glänze die „doktrinäre" und „verkünstelte" Ausgestaltung des Kondiktionssystems und mit ihm die eigenartige condictio sine causa in § 748 E I durch „Verschrobenheit" und „Unhandlichkeit". v. Gierke resümierte, dies sei höchstens durch eine versuchte Wiederbelebung des römischen Aktionenschemas zu erklären.[998] Speziell zur

---

[994] Etwa bei *Bingner*, in: SächsArch, Bd. 1 (1891), S. 81 (97 f.); *Bekker*, Pandektenrecht, Bd. 2, § 101 (S. 167); Zusammenfassung: Gutachtliche Äußerungen zum Entwurf eines BGB, Bd. 2, S. 420–432, m. w. N.

[995] *v. Gierke*, Entwurf eines BGB, S. 274 = Gutachtliche Äußerungen zum Entwurf eines BGB, Bd. 2, bes. S. 420.

[996] *Bähr*, Beurteilung des Entwurfs eines BGB, S. 93 f. Die Leistungskondiktionen bleiben nach wie vor von der condictio sine causa separiert und ihr vorangestellt. Der alternative § 748 E I sollte lauten (*Bähr*, Gegenentwurf, § 770, S. 160):

> „Ist Jemandem durch Zufall oder Irrung ohne Rechtsgrund Vermögen eines Anderen zugewendet worden, so kann dieser im Umfange der jenem zu Theil gewordenen Bereicherung das Zugewendete zurückfordern. [...]"

Ähnlich wie *Bähr* auch *Hartmann*, in: Anwaltliche Gutachten zum Entwurf eines BGB, S. 323–358 = Gutachtliche Äußerungen zum Entwurf eines BGB, Bd. 2, S. 421–425, der die Grundstrukturen ebenfalls unberührt läßt. Sein Vorschlag zu § 748 E I, der allerdings der Versionsklage angenähert war, lautete in § 744 (*Hartmann*, in: Anwaltliche Gutachten zum Entwurf eines BGB, S. 323 (337)):

> „Wer sich mittelbar oder unmittelbar Vermögen eines Andern aneignet, ohne daß für die hierdurch diesem gegenüber bewirkte Vermögensminderung ein rechtlicher Grund besteht, ist zur Rückleistung der sich angeeigneten Vermögensgegenstände verpflichtet.
>
> Als ein rechtlicher Grund ist es im Zweifel anzusehen, wenn ein Rechtsverlust auf einer diesen bestimmenden Vorschrift beruht. [...]"

[997] *v. Gierke*, Entwurf eines BGB, S. 272 f.

[998] Alles *v. Gierke*, Entwurf eines BGB, S. 273.

Nichtleistungskondiktion bekundete er, § 748 E I ziele wohl auf die Rettung einer eigenartigen subsidiären condictio sine causa specialis ab.[999]

Der Kritik ist deutlich ihre antiromanistische Haltung abzulesen. Das Lob des kompakt formulierten schweizerischen Rechts läßt die Sympathien für Kodifikationen erkennen, die im römischen Recht und somit in der Kondiktionenkasuistik keine maßgebliche Rechtsquelle mehr sehen. v. Gierke führte im Bereicherungsrecht zwar nicht seinen berühmten „Tropfen sozialistischen Öls" ein, seine Bemerkungen liegen jedoch durchaus auf der ablehnenden Gesamtlinie seiner Haltung zum Ersten Entwurf.[1000] Der Sache nach schloß er sich Windscheids System im Pandektenlehrbuch und der umfassenden Formel von der rechtsgrundlosen Bereicherung an. v. Gierke stand mit seiner Kritik allerdings nicht allein:[1001] Selbst die Gesetzgebungskommission hatte schon vorsichtig erwogen, ob die condictio sine causa des § 748 E I nicht „bei der Schlußredaktion" den anderen Kondiktionen voranzustellen sei.[1002]

3. Vorkommission des Reichsjustizamtes

Die negativen literarischen Stimmen sollten Folgen haben. Durch die vehemente Kritik sah sich die Vorkommission des Reichsjustizamts zum zweiten Entwurf eines Bürgerlichen Gesetzbuchs (1890–1893) veranlaßt, die gesetzgeberische Konzeption vollkommen zu ändern. Andererseits dürfen Stimmen nicht übergangen werden, die den Kondiktionen in ihrer grundsätzlichen Anordnung zustimmten.[1003]

Im Reichsjustizamt bestand „darüber Einvernehmen, daß an die Spitze des Abschnitts ein das Prinzip der Bereicherungsklagen zum Ausdrucke bringender allgemeiner Rechtssatz gestellt werden müsse, daß alsdann gemeinschaftliche Vorschriften für die Kategorie der rechtsgeschäftlichen Kondiktionen folgen müßten und daß er-

---

[999] *v. Gierke*, Entwurf eines BGB, S. 273 = Gutachtliche Äußerungen zum Entwurf eines BGB, Bd. 2, S. 432.

[1000] Zusammenfassend zur Haltung *v. Gierkes Pfennig*, Kritik v. Gierkes, S. 182–186; siehe auch *Haack*, v. Gierkes Kritik am E I, bes. S. 75–140.

[1001] I. E. ähnlich wie *v. Gierke* in bezug auf einen allgemeinen Bereicherungssatz an der Spitze *v. Jacubezky*, Bemerkungen zum Entwurf eines BGB, S. 177; *Lenel*, in: AcP, Bd. 74 (1889), S. 213 (237 f.) = Gutachtliche Äußerungen zum Entwurf eines BGB, Bd. 2, S. 420: „Derjenige, aus dessen Vermögen ein Anderer ohne rechtlichen Grund bereichert worden ist, kann von dem Andern die Herausgabe der Bereicherung fordern."

[1002] *Jakobs/Schubert*, Beratungen des BGB, §§ 812–822, S. 832.

[1003] Zu den Arbeiten des RJA auf dem Gebiet des Bereicherungsrechts bereits *Schulte-Nölke*, Reichsjustizamt und BGB, S. 299 f.

Neutral gaben sich zum E I in bezug auf die condictio sine causa die Bundesstaaten, in: Äußerungen der Bundesregierungen zum Entwurf eines BGB, Bd. 2, S. 78–80; *Meischeider*, in: *Becker/Fischer*, Erläuterung des Entwurfs eines BGB, S. 70–76. Siehe auch *Bähr* und *Hartmann*, a. a. O.

forderlichen Falles am Schlusse auszusprechen sei, inwieweit diese Vorschriften sich auf solche Bereicherungsansprüche anwenden ließen, die nicht auf der Grundlage einer rechtsgeschäftlichen Leistung beruhten."[1004]

Man war der Ansicht, „durch diese Anordnung werde einerseits eine Vereinfachung und bessere Uebersichtlichkeit des Gesetzes herbeigeführt, andererseits die Vermeidung zahlreicher, das Verständniß erschwerender Verweisungen erreicht."[1005] Erst die weitere Dogmengeschichte der vergangenen 100 Jahre sollte eines Besseren belehren.

Ebenso wie die erste Kommission sah man das Merkmal der Vermögensverschiebung als maßgebend an. Offenbar gab es im Reichsjustizamt aber Diskussionen über das Tatbestandsmerkmal „aus dem Vermögen" als Sinnbild der Vermögensverschiebung. Die Kommission stellte nämlich fest, daß die Ausdrucksweise „nicht völlig genau sei und daß es vielleicht richtiger sei, [...] den Ausdruck ‚auf Kosten eines anderen' zu wählen. Indessen sei ein Mißverständniß nicht zu besorgen, da jene Ausdrucksweise die bisher übliche sei und insbesondere auch in dem Sächs. G. B. und dem Schweizer-Obl.-R. sich finde."[1006] Die Eingriffskondiktion gemäß §§ 839, 880 E I wurde im Reichsjustizamt hingegen nicht erörtert.[1007] Dafür hatte man mit der Kritik an der Ausgestaltung des Verwendungsanspruchs ein Einsehen und nahm den Bereicherungsgedanken aus dem Anspruch heraus: Wie im gemeinen und im heutigen Recht wurde wieder zwischen redlichem und unredlichem Besitzer unterschieden.[1008]

4. Zweite Kommission

a) Allgemeines

In der zweiten Kommission (1890–1896) stellte Hermann Carl Sigismund Struckmann (1839–1922) nach der Vorlage des Reichsjustizamtes im Kreis der Kommission den Antrag, die Bestimmungen über das Bereicherungsrecht mit folgender Norm zu beginnen:[1009] „§ a Hat jemand aus dem Vermögen eines

---

[1004] Sitzung 87, Prot-RJA, S. 581 = *Jakobs/Schubert*, Beratungen des BGB, §§ 812–822, S. 833.

[1005] Sitzung 87, Prot-RJA, S. 581 = *Jakobs/Schubert*, Beratungen des BGB, §§ 812–822, S. 833.

[1006] Sitzung 87, Prot-RJA, S. 581 f. = *Jakobs/Schubert*, Beratungen des BGB, §§ 812–822, S. 833 f.

[1007] *Jakobs/Schubert*, Beratungen des BGB, §§ 812–822, S. 868.

[1008] Sitzung 95 f., Prot-RJA, S. 953, 960 = *Jakobs/Schubert*, Beratungen des BGB, §§ 994–998, S. 819–821.

[1009] *Struckmann*, Antrag 1 (Nr. 245), in: *Jakobs/Schubert*, Beratungen des BGB, §§ 812–822, S. 841.

Anderen etwas ohne rechtlichen Grund erlangt, so ist er dem Anderen zur Herausgabe verpflichtet." Eine separate condictio sine causa war dann überflüssig. Die Leistungskondiktionen sollten im Anschluß daran geregelt werden (§ b) und die condictio indebiti, condictio causa data causa non secuta, condictio ob causam finitam und schließlich die condictio ob turpem vel iniustam causam umfassen.[1010] Die Kommission beschloß daraufhin, den Gegenentwurf der Beratung zugrunde zu legen. Zur Generalklausel § a und den Leistungskondiktionen in § b wurden verschiedene Modifikationen beantragt.

Bevor die Kommissionsmitglieder eine Grundsatzentscheidung trafen, berieten sie zunächst, ob der Ausdruck „aus dem Vermögen" durch „von Seiten" oder „auf Kosten" zu ersetzen sei. Planck hatte die Alternative „auf Kosten" bereits in der ersten Kommission im Zusammenhang mit § 748 E I beantragt,[1011] und auch im Reichsjustizamt war das Problem diskutiert worden. Die Kommission entschied sich schließlich für die Formulierung „auf Kosten".[1012] Im Anschluß daran besprach man zuerst § b, da ohne § b über § a nicht entschieden werden könne. Karl August v. Jacubezky (1845–1909) und v. Mandry sprachen sich in ihren Anträgen gegen die Normierung der Leistungskondiktionen in einem eigenen Paragraphen aus; dem folgte die Kommissionsmehrheit.[1013]

Waren die Präliminarien geklärt, konnte sich die Kommission ganz § a zuwenden.[1014] v. Jacubezky schlug eine Fassung vor, die folgenden Wortlaut hatte:[1015]

> „Hat Jemand von Seite eines anderen durch eine Leistung desselben oder in anderer Weise etwas ohne rechtlichen Grund oder aus einem rechtlichen Grund erlangt, der später weggefallen ist [...]."

[1010] *Jakobs/Schubert*, Beratungen des BGB, §§ 812–822, S. 841. Wortlaut § b:

> „Eine Leistung kann wegen mangelnden rechtlichen Grundes zurückgefordert werden, wenn sie ohne Zweckbestimmung erfolgt oder die Zweckbestimmung nichtig ist oder wenn der bestimmte Zweck nicht erreicht oder später weggefallen oder der Art ist, daß der Empfänger durch die Annahme der Leistung gegen ein gesetzliches Verbot oder gegen die guten Sitten verstößt."

[1011] *Planck*, Antrag 2 (Nr. 252, 1), in: Sitzung 163, Prot. I, S. 1583 = *Jakobs/Schubert*, Beratungen des BGB, §§ 812–822, S. 826.

[1012] *Jakobs/Schubert*, Beratungen des BGB, §§ 812–822, S. 843, gemäß *anonymem* Antrag 1, in: *Jakobs/Schubert*, Beratungen des BGB, §§ 812–822, S. 842.

[1013] *v. Jacubezky*, Antrag b) 1 a) (Nr. 297, 2) und *v. Mandry*, Antrag b) 2 a) (Nr. 290, 2), in: *Jakobs/Schubert*, Beratungen des BGB, §§ 812–822, S. 842 f.

[1014] Hinweis: Die Anträge, Eventual- und Gegenanträge sind in den Protokollen zu allen aufgeworfenen Punkten sehr verschachtelt. Daher tauchen im Folgenden in den Anträgen immer noch Begriffe wie „aus dem Vermögen" aus. Für die vorliegende Untersuchung sind alle Anträge nach den Punkten, welche die Kommission klären wollte, gegliedert.

[1015] *v. Jacubezky*, Antrag a) 2 (Nr. 297, 1), in: *Jakobs/Schubert*, Beratungen des BGB, §§ 812–822, S. 842.

Struckmann, der den Gegenentwurf des Reichsjustizamtes eingebracht hatte, konterte mit einer Neufassung seines § a:[1016]

> „Hat Jemand aus dem Vermögen eines Anderen durch eine Leistung desselben oder in anderer Weise etwas ohne rechtlichen Grund oder aus einem rechtlichen Grund erlangt [...]."

Ein Eventualantrag Plancks zu § a lautete:[1017]

> „Hat Jemand etwas (oder eine Vermögensvermehrung) auf Kosten eines Anderen ohne rechtlichen Grund [...] erlangt, so ist er das Erlangte dem Anderen herauszugeben verpflichtet. Dies gilt auch dann, wenn die Bereicherung auf einer Leistung des Anderen beruht [...]."

Ein weiterer anonymer Antrag vermittelte die Begriffe „Vermögen" und „auf Kosten":[1018]

> „Was Jemand aus dem Vermögen eines Anderen oder auf dessen Kosten ohne Rechtsgrund erlangt hat, ist er dem Anderen herauszugeben verpflichtet."

Durchsetzen sollte sich aber der anonyme Antrag Nr. 4, dessen Abs. 1 dem § 812 Abs. 1 S. 1 BGB schon sehr nahe kam. Er ist dem verworfenen Vorschlag zu Art. 1003 DE nachgebildet:[1019]

> „Hat Jemand durch die Leistung eines Anderen oder in sonstiger Weise auf dessen Kosten etwas ohne rechtlichen Grund erlangt, so ist er dem Anderen zur Herausgabe des Erlangten verpflichtet."

Anhand der Geschichte des § 812 BGB in den Beratungen der zweiten Kommission kommt unmißverständlich zum Ausdruck, daß das Tatbestandsmerkmal „auf dessen Kosten" sowohl die Leistungs- als auch die Nichtleistungskondiktion betrifft. Verhielte es sich anders, wäre eine Abweichung der Vorschläge Plancks und Struckmanns näher erörtert worden, die das Kostenmerkmal *vor* die Leistungsvariante setzten. Zur Fassung „auf dessen Kosten" führen die Materialien in der allseits bekannten Wendung aus:[1020]

> „[S]ie sei insofern weiter, als sie auch diejenigen Fälle mit umfasse, in denen das Objekt der Bereicherung, ohne bereits in das Vermögen des Kondiktionsberechtigten übergegangen zu sein, doch den Vermögensstand desselben" berühre. Die Fassung schließe sich überdies an den bisher in der „Gesetzgebung, der Doktrin und Praxis herrschenden Sprachgebrauch an."

1016 *Struckmann*, Antrag a) 3 (Nr. 298), in: *Jakobs/Schubert*, Beratungen des BGB, §§ 812–822, S. 842.

1017 *Planck*, Antrag b) 3 b) (Nr. 299, 1–2), in: *Jakobs/Schubert*, Beratungen des BGB, §§ 812–822, S. 844.

1018 *Anonym*, Antrag b) 5, in: *Jakobs/Schubert*, Beratungen des BGB, §§ 812–822, S. 844.

1019 *Anonym*, Antrag b) 4, in: *Jakobs/Schubert*, Beratungen des BGB, §§ 812–822, S. 844.

1020 Sitzung 160, Prot. II, S. 2943, in: Protokolle BGB, Bd. 2, S. 685 = *Mugdan*, Bd. 2, S. 1171.

Man wollte klarstellen, auch derjenige, der die Erbschaft ausschlägt oder Verwahrer mit bloßer „Inhabung“[1021] sei, könne kondizieren. Ob die Kommission mit der Formulierung „auf dessen Kosten“ generell die Vermögensverschiebungslehre auflockern wollte, darüber waren sich die Kommentatoren seit jeher uneins. Es lassen sich für jede Interpretation von „auf dessen Kosten“ Argumente finden. Der Kommission aber eine bestimmte Intention unterlegen zu wollen, das dürfte angesichts der vagen Quellenlage zu weit gehen. Dies muß vor allem für die heutigen Versuche gelten, den Streit um die Gegenstands- oder Vermögensorientierung des Bereicherungsrechts durch historische Exegese zu ergründen.[1022] Die Debatte soll freilich nicht näher verfolgt werden.[1023] Das Beispiel der Schweiz mit „aus dem Vermögen eines andern“ zeigt, daß die Auslegung von „aus dem Vermögen“ oder „auf dessen Kosten“ zu denselben Ergebnissen führen kann.[1024]

Zur Begründung der neuen Gesetzesfassung schließlich wird in den Protokollen ähnlich wie im Reichsjustizamt in den bekannten Sätzen angeführt:[1025] „[D]ie Vorschriften gewinnen hierdurch wesentlich an Uebersichtlichkeit und Klarheit. Auch systematisch sei es richtiger, das allgemeine, die ganze Lehre beherrschende Prinzip an die Spitze zu stellen; jedenfalls verdiene dies vom Standpunkt der Gesetzgebungstechnik den Vorzug, zumal hierdurch die Möglichkeit geschaffen werde, die gerade in diesem Titel häufig wiederkehrenden Verweisungen einer Vorschrift auf die andere zu vermeiden.“

Ebenso wie das Reichsjustizamt sollte die zweite Kommission damit einem Irrtum unterliegen. Gerade der Kompromiß zwischen Generalklausel und Kasuistik in einem einzigen Tatbestand gab zu kontroversen Debatten Anlaß. Der Methodenlehre wurde mit dem konkret-allgemeinen Satz in § 812 Abs. 1 S. 1 BGB eine nur schwer zu lösende Aufgabe gestellt.

1021 „Innehabung“ bezeichnet die römische detentio, die der E I in §§ 797–825 noch vom „Besitz“ (possessio) trennte. Die zweite Kommission gab diese Unterscheidung nach der heftigen Kritik am E I auf, siehe dazu z. B. Bemerkungen Mecklenburg-Schwerins zum Entwurf eines BGB, Bd. 1, S. 178–181; Bemerkungen Preußens zum Entwurf eines BGB, S. 145 f.; Vorschläge Hessens zum Entwurf eines BGB, S. 114–121; vgl. auch *Ernst*, Eigenbesitz und Mobiliarerwerb, S. 3–24, und oben auf S. 117, Fn. 152.

1022 Siehe dazu nur *Flume*, in: Gedächtnisschrift für *Knobbe-Keuk*, S. 111 (112–114, insbes. Fn. 7); *Reuter*, in: Festschrift für *Gernhuber*, S. 369 (373 f.).

1023 Zur Auslegung des § 818 Abs. 1 und Abs. 2 aus entstehungsgeschichtlicher Sicht ausführlich *Schauhoff*, Bereicherungshaftung wegen Nutzung, S. 109–126.

1024 Siehe *Nietlispach*, Gewinnherausgabe, S. 188–192, 200–202, mit der Bemerkung, die französische Fassung des OR sei mit „auf dessen Kosten“ zu übersetzen.

1025 Sitzung 160, Prot. II, S. 2940, in: Protokolle BGB, Bd. 2, S. 684 = *Mugdan*, Bd. 2, S. 1170.

b) Leistungsfälle

Die Leistungskondiktion diente der zweiten Kommission nur noch zur Verdeutlichung des allgemeinen Tatbestandes.[1026] Die Protokolle führen über die Rechtsgrundlosigkeit im Fall der Leistungskondiktion aus:[1027]

> „[D]er Rechtsgrund der Leistung bilde [...] materiell einen Bestandteil des Leistungsgeschäfts; die Leistung werde nur um des Zweckes Willen gemacht und könne deshalb auch nicht unter Ablehnung der Zweckbestimmung entgegengenommen werden. Eine ohne Zweckbestimmung erfolgte Leistung sei von vornherein ein unvollständiges Geschäft und dürfe auch nur als solches vom Empfänger behandelt werden; eine Leistung, deren Zweck nichtig oder nicht zu Stande gekommen sei oder später wegfalle, entbehre des Rechtsgrundes [...]".

Zu einer näheren Definition der Zwecksetzung im Gesetz mochte sich die Kommission aber nicht durchringen:[1028]

> „Die unüberwindliche Schwierigkeit liege darin, daß es sich um die Zerlegung eines in Wirklichkeit einheitlichen Geschäfts in zwei Theile handele, das Leistungsgeschäft und die Zweckbestimmung, von denen die letztere die Wirksamkeit des ersteren an sich nicht bedinge, aber doch den Einfluß übe, daß die durch das Leistungsgeschäft herbeigeführte Vermögensverschiebung wieder beseitigt werden könne, wenn die Leistung des Rechtsgrundes entbehre [...]. Dieses komplizierte Verhältniß könne in der Sprache des Gesetzes nicht zum Ausdruck gebracht werden."

Den Hintergrund der Bedenken der Kommission bildete die Voraussetzungslehre Windscheids, die im Ersten Entwurf ihren Niederschlag gefunden hatte, aber durch die gegenläufige Rechtsprechung des Reichsgerichts hinfällig geworden war. Die Voraussetzungslehre war damit für die Definition der Rechtsgrundlosigkeit bei den Leistungskondiktionen diskreditiert; eine bessere Formulierung ließ sich jedoch nicht finden.[1029] Daher beschränkte sich die Kommission auf die Bemerkung, daß „die Zweckbestimmung den Rechtsgrund der Leistung bilde, werde sich ohne Schwierigkeit aus den besonderen Vorschriften über die Leistung einer Nichtschuld und über den verwerflichen Empfang erkennen lassen."[1030] Die Kommissionsmitglieder wollten allerdings nicht so weit gehen, die condictio causa data causa non secuta als Keimzelle der Voraussetzungslehre ganz zu streichen. Vielmehr stellte man sie zusammen mit der

---

[1026] Sitzung 161, Prot. II, S. 2956, in: Protokolle BGB, Bd. 2, S. 692 = *Mugdan*, Bd. 2, S. 1174.

[1027] Sitzung 161, Prot. II, S. 2591 f., in: Protokolle BGB, Bd. 2, S. 689 = *Mugdan*, Bd. 2, S. 1173.

[1028] Sitzung 161, Prot. II, S. 2955 f., in: Protokolle BGB, Bd. 2, S. 691 = *Mugdan*, Bd. 2, S. 1174.

[1029] Anders etwa *Krückmann*, Institutionen, § 41 I 2 (S. 335), der die Voraussetzungslehre auch im BGB verwirklicht sieht.

[1030] Sitzung 161, Prot. II, S. 2956, in: Protokolle BGB, Bd. 2, S. 692 = *Mugdan*, Bd. 2, S. 1174.

condictio ob causam finitam in einen eigenen Satz hinter den allgemeinen Bereicherungsanspruch aus § 812 Abs. 1 S. 1 BGB, weil nach der Meinung der Kommission ihre Erfassung durch die Generalklausel unsicher war.[1031] Die condictio ob turpem vel iniustam causam fand ebenso einen separaten Platz, siehe § 817 S. 1 BGB.

c) Eingriffsfälle

Zur Kondiktion aus gutgläubigem Erwerb lag von Alexander Georg Achilles (1833–1900) angesichts der Kritik am Ersten Entwurf und der Stellungnahmen der verschiedenen Bundesregierungen der Antrag vor, den gutgläubigen Erwerb auf den entgeltlichen zu beschränken.[1032] Mit 9 gegen 9 Stimmen unter Stichentscheid des Vorsitzenden wurde sein Antrag indessen verworfen und umgekehrt der Komplementärantrag v. Jacubezkys angenommen, bei unentgeltlichen Geschäften dem Geschädigten einen Anspruch auf Herausgabe der Bereicherung gegen den Erwerber trotz gutgläubigen Erwerbs zu gewähren.[1033] Erst in der Revision des Zweiten Entwurfs faßte man die Eingriffskondiktion aus gutgläubigem Erwerb bei Mobilien und Immobilien (§§ 839, 880 E I) sowie den gutgläubigen Erwerb aufgrund des Erbscheins (§ 2232 E II) zusammen und gliederte sie hinter § 740 E II als § 740a E II ein.[1034] Die Norm hatte den gleichen Sinn wie § 816 BGB, nur waren beide Absätze noch zusammengezogen.[1035] In den Protokollen ist ferner wie im Ersten Entwurf zu lesen, die Eingriffskondiktion aus gutgläubigem Erwerb sei auch bei der Formulierung

---

[1031] Sitzung 161, Prot. II, S. 2957, in: Protokolle BGB, Bd. 2, S. 692 = *Mugdan*, Bd. 2, S. 1175. Die Angliederung der condictio ob causam finitam an den allgemeinen Bereicherungssatz geht auf *v. Mandrys* Antrag a) 4 (Nr. 290, 1), in: *Jakobs/Schubert*, Beratungen des BGB, §§ 812–822, S. 842 f., zurück.

Zur Dogmengeschichte der condictio ob rem sei auch auf *Lachner*, Condictio ob rem, S. 15–24; *Söllner*, in: AcP, Bd. 163 (1964), S. 20 (23–28), hingewiesen.

[1032] *Achilles*, Antrag (Nr. 12, Ziff. 34), in: *Jakobs/Schubert*, Beratungen des BGB, §§ 812–822, S. 868 f., Fn. 12. Näher zum gutgläubigen Erwerb *Schubert*, Besitz- und Eigentumsübertragung, S. 139–141.

[1033] *v. Jacubezky*, Antrag (Nr. 17), in: *Jakobs/Schubert*, Beratungen des BGB, §§ 812–822, S. 869.

[1034] *v. Jacubezky*, Antrag (Nr. 48, 1), in: *Jakobs/Schubert*, Beratungen des BGB, §§ 812–822, S. 871.

[1035] § 740a E II:

„Ist eine Verfügung, die ein Nichtberechtigter über einen Gegenstand getroffen hat, oder eine an einen Nichtberechtigten erfolgte Leistung dem Berechtigten gegenüber wirksam, so kann der Berechtigte von demjenigen, welcher unbefugt verfügt oder die Leistung empfangen hat, die Herausgabe des dadurch Erlangten fordern. Hat der Nichtberechtigte unentgeltlich verfügt, so steht dem Berechtigten der gleiche Anspruch gegen denjenigen zu, welcher durch die Verfügung einen rechtlichen Vorteil hat.“

„auf dessen Kosten" keine Vermögensverschiebung.[1036] § 951 BGB, der für Verbindung, Vermischung und Verarbeitung auf das allgemeine Bereicherungsrecht verweist und in den Grundlinien § 897 E I folgt, blieb weiterhin bestehen, obwohl das nicht mehr zwingend war, nachdem man die Rechtsgrundregel in § 748 Abs. 2 E I gestrichen hatte.

d) Verwendungsfälle

Nach der Kritik am Ersten Entwurf ersetzte die zweite Kommission im Anschluß an das Reichsjustizamt die Bereicherungsregelung der §§ 936–938 E I durch die heute bekannten Verwendungsersatznormen der §§ 994 ff. BGB,[1037] die wie im gemeinen Recht nicht mehr primär an der Bereicherung des Eigentümers orientiert sind: Notwendige Verwendungen sind, unabhängig von der bestehenden Bereicherung, immer zu ersetzen (§ 994 BGB), nützliche nur dem gutgläubigen Besitzer (§ 996 BGB). Anknüpfungspunkt ist also die Gutgläubigkeit oder Bösgläubigkeit des Verwendenden. Da man den Bereicherungsgedanken weitgehend wieder aus dem Eigentümer-Besitzer-Verhältnis entfernt hatte, konnte sich nach 1900 bei der Nichtleistungskondiktion in § 812 Abs. 1 S. 1 Alt. 2 BGB ein eigenständiger Anspruch für Verwendungen aus rechtsgrundloser Bereicherung etablieren.

Ob diese Entwicklung vom Gesetzgeber intendiert war, dazu geben die Materialien nur sibyllinische Hinweise. Über das Verhältnis der §§ 987 ff. BGB zum Bereicherungsrecht dachte der Gesetzgeber bewußt nach, als er festhielt, der Bereicherungsanspruch aus Eingriff habe trotz des Eigentümer-Besitzer-Verhältnisses Bestand.[1038] Schwieriger ist die Quellenlage zu den §§ 994 ff. BGB: Während die Motive zur ersten Kommission explizit zu erkennen geben, die §§ 897, 748 Abs. 1 E I griffen nicht bei Verwendungen ein, fehlt in den Protokollen der zweiten Kommission eine klare Stellungnahme. Allerdings darf § 951 Abs. 2 S. 1 BGB nicht übersehen werden, der erklärt, Verwendungsersatzansprüche blieben von § 951 Abs. 1 unbeschadet. Die Motive zu § 951 Abs. 2 S. 1 lesen sich vieldeutig. Sie führen nur aus, es verstehe sich „von selbst [...], daß neben dem Bereicherungsanspruche oder an seiner Stelle Verwendungsansprüche, die dem Beschädigten etwa auf Grund eines besonderen Rechtsverhältnisses, z. B. einer Geschäftsführung ohne Auftrag zustehen, durch

[1036] Sitzung 160, Prot. II, S. 2942, in: Protokolle BGB, Bd. 2, S. 685 = *Mugdan*, Bd. 2, S. 1171.

[1037] Zur Kritik an der Regelung im E I z. B. Bemerkungen Mecklenburg-Schwerins zum Entwurf eines BGB, Bd. 1, S. 222.

[1038] Motive, Bd. 3, S. 401 = *Mugdan*, Bd. 3, S. 223; Sitzung 341, Prot. I, S. 4229 = *Jakobs/Schubert*, Beratungen des BGB, §§ 812–822, S. 864.

die Vorschrift [...] nicht ausgeschlossen werden."[1039] Die §§ 994 ff. BGB werden in der Begründung zwar nicht ausdrücklich erwähnt, hätte die Kommission die Konkurrenz im Gegensatz zum Ersten Entwurf aber anders lösen wollen, hätte sie das wohl angedeutet. Der Vergleich des Regelungsverhältnisses zwischen Eigentümer-Besitzer-Verhältnis und § 951 BGB spricht im Hinblick auf die Lösung Johows und des Ersten Entwurfes dafür, auch das Eigentümer-Besitzer-Verhältnis sei ein „besonderes Verhältnis" im Sinne der Protokolle. Letzte Zweifel lassen sich hier indes nicht beheben.

In der heutigen Lehre ist die Frage nach der Verwendungskondiktion aus § 812 BGB neben §§ 994 ff. BGB immer noch nicht ausdiskutiert.[1040] Doch das ist für die vorliegenden Fragestellung nicht weiter von Belang. Wichtig war es nur zu zeigen, daß der monistisch geformte Anspruch aus rechtsgrundloser Bereicherung nach Bürgerlichem Gesetzbuch eine Vielzahl verschiedener Wurzeln hat. Dies ist sowohl für die Einheits- als auch für die Trennungslehre wichtig. Der Erste Entwurf umspannte Verwendungsfälle, die im gemeinen Recht lange Zeit als Retentionsrecht abseits des Bereicherungsrechts standen. Daraus können Anhänger der Einheitslehre historische Argumente gewinnen. Die heutige Regelung des Verwendungsersatzes hingegen deutet eher wieder zur römischen Lösung und damit zu einer strikten Trennung der Leistung von der Nichtleistung im Verwendungsfall hin. Hier vermag die Trennungslehre anzusetzen.

e) Fazit

Auf der Basis der Matrixhypothese wird man den Zweiten Entwurf kaum als stringente Einheitslösung ansehen können: Auf Tatbestandsebene kann es aus normlogischen Gründen nur das Trennungsmodell geben.[1041] Unklar bleibt in den Materialien die Interpretationsebene. Die Kommission dürfte eher zum Trennungsmodell tendiert haben, da kaum anzunehmen ist, ihre umfangreichen Erörterungen zu Rechtsgrund und Leistung sollten auch für die Nichtleistungskondiktion gelten.[1042] Dahin weisen weiterhin die Überlegungen, die Leistungskondiktion und deren Beschränkung bei Entreicherung fußten wegen der bewußten Vermögensweggabe auf Billigkeit, während die Beschränkung der Nichtleistungskondiktion bei Entreicherung eher auf den gesetzlichen Vorschriften als auf der Billigkeit beruhe.[1043] Ob zumindest auf der Prinzipienebe-

---

[1039] Prot. II, S. 8820, in: *Mugdan*, Bd. 3, S. 648.

[1040] Generell zum Meinungsstand, dem hier nicht weiter nachzugehen ist, *Verse*, Verwendungen im Eigentümer-Besitzer-Verhältnis, S. 8–11, 159 f., m. w. N.

[1041] Siehe bereits oben ab S. 72.

[1042] Siehe bereits *Johannes Scheel*, Entwicklung des Rechtsgrundbegriffes, S. 171.

[1043] Sitzung 162, Prot. II, S. 2986–2989, in: Protokolle BGB, Bd. 2, S. 706 f. = *Mugdan*, Bd. 2, S. 1184 f.

ne ein Einheitsmodell angestrebt wurde, darüber gibt die Gesetzgebungsgeschichte ebenfalls nur indirekte Auskunft. § a des Vorentwurfs sollte Ausdruck des allgemeinen Prinzips sein, niemand dürfe sich auf Kosten eines anderen rechtsgrundlos bereichern. Auch in die Nachfolgenorm § 812 BGB deutete die Kommission denselben Grundsatz hinein. Daher liegt es nahe, auf Prinzipienebene der zweiten Kommission dieselbe Haltung wie der ersten Kommission, also das Einheitsmodell, zu attestieren.

f) Erste Stellungnahmen

Frühe Stimmen vor 1900 zum Zweiten Entwurf vermochten im Kardinalsatz § 812 Abs. 1 S. 1 BGB zumeist nur eine einzige Bereicherungsklage zu sehen, die je nach Rechtsgrund „verschieden schattiert" werde.[1044] Ähnlich der gemeinrechtlichen condictio sine causa formulierte man den leitenden Gedanken der Norm, wer auf Kosten eines anderen etwas ohne rechtlichen Grund erlangt habe, sei dem anderen zur Herausgabe verpflichtet.[1045] Das führte leider teilweise zur Vermengung von Rechtsprinzip und Rechtsregel in den Köpfen der Juristen.[1046] Die Literatur in den 90er Jahren des 19. Jahrhunderts sah indes bereits das Entwicklungspotential, das § 812 BGB infolge seiner offenen Fassung in sich trug und immer noch trägt.[1047] Noch weitaus interessanter ist die Tatsache, daß selbst die Grundlinien des Zweiten Entwurfs umstritten waren; exemplarisch ist ein anonymer Gegenentwurf, der zwar die Klammermethode des Reichsjustizamtes aufgriff, jedoch die Leistungskondiktionen von der Bereicherung „in sonstiger Weise" trennte.[1048] Noch weiter ging Senatspräsident Bolze im Archiv für die civilistische Praxis, als er das Tatbestandsmerkmal „auf dessen Kosten" nur für die Bereicherung „in sonstiger Weise" gelten lassen wollte.[1049]

[1044] *Hermann Otto*, in: SächsArch, Bd. 9 (1899), S. 1 (1); ähnlich *Weyl*, Vorträge über das BGB, Bd. 1, S. 517, der die „Zwangsjacke der römischrechtlichen Terminologie" ablehnte; *Philler*, Vorlesungen, S. 187; andere Richtung bei *Bendir*, Deutsches Privatrecht, S. 504–507, der die gemeinrechtlichen Kondiktionstypen hervorhebt. Vgl. auch *v. Buchka*, Vergleichende Darstellung, S. 170–173. Allgemein: Denkschrift BGB.

[1045] *Hermann Otto*, in: SächsArch, Bd. 9 (1899), S. 1 (1).

[1046] *Anger*, in: SächsArch, Bd. 7 (1897), S. 657 (657).

[1047] *Anger*, in: SächsArch, Bd. 7 (1897), S. 657 (658).

[1048] Anonymes Reichsgesetzbuch, §§ 661–673 (S. 147–149); § 665:

> „Wer in sonstiger Weise etwas ohne Rechtsgrund auf Kosten eines Andern erlangt oder im Besitze hat, ist diesem zur Herausgabe verpflichtet."

Kritisch auch *Schollmeyer*, Schuldverhältnisse im BGB, S. 104: „Immerhin wäre eine schärfere Abgrenzung" der ungerechtfertigten Bereicherung möglich und erwünscht gewesen.

[1049] *Bolze*, in: AcP, Bd. 82 (1894), S. 1 (9).

5. Gesamtfazit

a) Elimination der condictio furtiva und ex iniusta causa

Beim Gang der Gesetzgebung fällt auf, daß für die condictio furtiva kein Platz mehr blieb. Sie wurde nicht in die Kodifikation übernommen. In den Vorhaben vor dem Bürgerlichen Gesetzbuch hingegen hatten die Redaktoren sie teilweise unter die condictio ob iniustam causam rubriziert.[1050] Das war nach der Lehre des gemeinen Rechts durchaus möglich, da man unter die condictio ob iniustam causam nicht nur das dare ob causam aufgrund ungesetzlichen Vertrags[1051] und Zwischenfälle wie die Leistung aufgrund eines abgenötigten Vertrags,[1052] sondern darüber hinaus echte Nichtleistungsfälle aus condictio furtiva einordnete.[1053] Gemeinsames Bindeglied war die unerlaubte, die rechtswidrige Handlung als kondiktionsauslösendes Moment. Terminologisch ungeklärt war, ob diese condictio nun „ob iniustam causam" oder „ex iniusta causa" entstand;[1054] die zeitgenössische Literatur und Rechtsprechung lassen keine evidente Linie erkennen.[1055] Auch wurde innerhalb der condictio ob iniustam causam nicht zwischen den Leistungs- und Eingriffsfällen getrennt.

[1050] Aus der Gesetzgebung seien genannt § 793 PE-OR; Art. 678 HE; *Siebenhaar*, Vorlage, in: Akten der Revisionskommission Sä-BGB, Vol. 4, Bl. 502r/v, § 40 = Anhang, S. 886; auch *Sintenis*, Vorlage, in: Akten der Revisionskommission Sä-BGB, Vol. 4, Bl. 683v/684r, § 27 = Anhang, S. 898; § 1545 Sä-BGB; Art. 996 DE; § 21 TE-OR.

Abzugrenzen sind diese Normen von der Leistung auf verbotenen Vertrag, siehe Art. 936 BE; *Siebenhaar*, Vorlage, in: Akten der Revisionskommission Sä-BGB, Vol. 4, Bl. 502r/v, § 42 = Anhang, S. 886; § 1547 Sä-BGB; Art. 998 DE; § b E-RJA; § 817 S. 1 BGB. § 747 E I spricht, obwohl nicht auf causa futura beschränkt, nur von unsittlichen oder gegen die öffentliche Ordnung verstoßenden Zwecken.

[1051] Bspw. bei Gewinn aus unerlaubtem Spiel, C. 3, 43, 2; Wucherzinsen, C. 4, 32, 18.

[1052] *Paulus*, D. 12, 5, 9 pr.

[1053] Vor allem *Puchta*[3], Pandekten, § 311 (S. 442); *Wendt*, Pandekten, § 292 (S. 687). Siehe zur condictio ob iniustam causam aus Nichtleistung bereits oben ab S. 156 zur Lehre zwischen 1800 und 1830.

[1054] Für ersteres RG, 28.12.1899 – VI. 259/99, in: RGZ, Bd. 45 (1900), S. 170–174 = SeuffArch, Bd. 55 (1900), S. 288–291 (ausführlicher Sachverhalt); aus der Literatur *Arndts v. Arnesberg/Pfaff/Hofmann*, Pandekten, § 344 (S. 670 f.); *Baron*, Pandekten, § 284 (S. 518); *Dernburg*, Pandekten, Bd. 2, § 140 (S. 366); *Puchta*[3], Pandekten, § 311 (S. 442); für letzteres Motive, Bd. 2, S. 851 = *Mugdan*, Bd. 2, S. 475; *v. Kübel*, in: *Schubert*, Redaktorenvorlagen, Schuldrecht, Bd. 3, S. 733 [73]; Sitzung 319, Protokolle DE, S. 4620; aus der Literatur *Seuffert/Seuffert*, Pandektenrecht, Bd. 2, § 438 (S. 456).

[1055] Beispielhaft ist hier das Urteil RG, 17.1.1896 – III. 297/95, in: SeuffArch, Bd. 51 (1896), S. 286–287, das im Falle einer erpreßten Zahlung die condictio ob iniustam causam anwendet; die Überschrift im Archiv spricht aber von der condictio ex iniusta causa. Ähnlich unschlüssig *v. Brinz*, Pandekten, Bd. II/2, § 302 (S. 528); *Wendt*, Pandekten, § 292 (S. 687); vgl. auch *Sintenis*[3], Gemeines Zivilrecht, Bd. 2, § 109 (S. 541 f., Fn. 71).

„Richtig“ kann eigentlich nur die Bezeichnung condictio ex iniusta causa sein, weil die Formulierung „ob causam“ auf eine Leistungskondiktion hindeutet. Die condictio ob iniustam causam im weiteren Sinne ist folgerichtig in die condictio *ob iniustam causam* aus Leistung und die condictio *ex iniusta causa* aus Nichtleistung zu trennen. Dadurch vermeidet man, daß die condictio ob iniustam causam wegen der Eingriffsfälle nicht mehr mit der condictio ob turpem causam symmetrisch verläuft. Denn letztere war eine Leistungskondiktion auf eine causa futura, erstere eine condictio auf causa praesens vel praeterita. Die Abgrenzung erweist sich dabei als durchaus schwierig, weil beispielsweise eine erpreßte Zahlung wohl kaum als solutio indebiti aus Irrtum, sondern lediglich als allgemeine Leistung sine causa specialis aufgefaßt werden kann.

Die ganze Begriffsverwirrung dürfte durch die bereits von Savigny zitierte Digestenstelle D. 12, 5, 6 zu erklären sein, in der die Generalformel „ex iniusta causa“ unter dem Titel der condictio ob turpem vel iniustam causam auftaucht.[1056] Bezeichnenderweise verwandte v. Savigny diese Quelle, um die condictio sine causa zu rechtfertigen. Um die condictio ob iniustam causam aus Leistung war er weniger besorgt. v. Savigny wollte sie nicht selbständig gelten lassen. Für ihn war sie nur eine condictio indebiti mit umgekehrter Beweislast zum Irrtum, wie der Leser zum Beispiel bei David Ulrich im Winter 1818 erfährt: „Von der Zurückforderung der Zahlung aus nichtigen Geschäften. Dieser Punkt wurde bey der condictio indebiti abgehandelt“.[1057]

Der condictio ob iniustam causam konnte in der Lesart der condictio ex iniusta causa schon deshalb keine universelle Bedeutung zukommen, weil sie ein qualifiziertes rechtswidriges Handeln voraussetzte. Vom gutgläubigen Konsumenten einer fremden Sache kann man aber lediglich behaupten, er handele schlicht rechtswidrig, weil ohne Erlaubnis des Eigentümers. Mittels der condictio ex iniusta causa konnten zwar gewisse Leistungen, zum Beispiel durch Androhung von Gewalt, oder Nichtleistungen, Raub etwa, vereinigt werden. Maßgebendes Merkmal war jedoch die qualifizierte Rechtswidrigkeit der Leistung oder der Handlung des Bereicherten. Der Eingriff des Redlichen hingegen stellte sich im weitesten Sinne als „Zufall“ dar und konnte nur mit der von Verschulden und Rechtswidrigkeit unabhängigen condictio sine causa gelöst werden. Das hatte bereits die Rechtsprechung zum sächsischen Recht erkannt, als sie die unberechtigte Zwangsvollstreckung der condictio sine causa aus „Zufall“ zusprach.[1058]

1056 Siehe auch den Titel von C. 4, 9: „De condictione ex lege et sine causa vel iniusta causa“.

1057 *F. C. v. Savigny*, Pand.Nschr. 1818/19 (*David Ulrich*), S. 526.

1058 Siehe oben auf S. 244.

Gegen Ende des 19. Jahrhunderts wollten Gesetzgebung und Wissenschaft den unsicheren Schwebezustand beenden. Das Sterbeglöckchen der condictio ex iniusta causa war eingeläutet. v. Kübel als Redaktor des Vorentwurfs vermerkte, diese condictio sei ein Unterfall der condictio sine causa für Bösgläubige; eine separate Normierung biete sich lediglich der Übersichtlichkeit wegen an.[1059] Die erste Kommission zum Bürgerlichen Gesetzbuch lehnte die condictio ex iniusta causa auf Anträge Windscheids und Plancks hin im ganzen mit der Begründung ab, sie sei schon hinreichend durch das Deliktsrecht und die allgemeine condictio sine causa erfaßt.[1060] Von der ursprünglichen amorphen condictio ob iniustam causam blieb nur eine von den Fällen der causa futura auf causa praesens und praeterita ausgedehnte Leistungskondiktion ob turpem causam übrig. Selbst sie wurde schnell konsumiert, da die um den Irrtum bereinigte allgemeine Leistungskondiktion in § 812 Abs. 1 S. 1 Alt. 1 BGB ein viel breiteres Anwendungsspektrum als die alte condictio indebiti aufweist. Die neue Rückabwicklung bei Leistung umfaßt sowohl condictio indebiti als auch condictio sine causa specialis.[1061]

Die Dogmengeschichte liefert nach allem kein völlig homogenes Bild. Zumindest läßt sich der Minimalkonsens bilden, der condictio ex iniusta causa komme keine wesentliche einheitsstiftende Kraft für das Bereicherungsrecht zu.[1062] Sicherlich trug sie ihren Teil dazu bei, die verschiedenen Kondiktionen zusammenzuführen. Aber man sollte nicht verkennen, daß die condictio sine causa als kleinster gemeinsamer Nenner der adäquate Platz war, an dem Gesetzgebungskommissionen und Professoren ihre Gedanken über eine allgemeine Bereicherungsklage bündelten. Bestätigt wird dieser Befund durch die damals vertretene Ansicht, die condictio ex iniusta causa sei nur ein Unterfall der condictio sine causa.[1063] Die condictio universalis wurde nicht aus einer um das Merkmal der Rechtswidrigkeit abstrahierten condictio ob iniustam causam,

---

[1059] *v. Kübel*, in: *Schubert*, Redaktorenvorlagen, Schuldrecht, Bd. 3, S. 734, 737 [74, 77]. Allgemein zum § 817 BGB und seiner Entstehungsgeschichte *Heinrich Honsell*, Rückabwicklung sittenwidriger Geschäfte, S. 98–108.

[1060] *Windscheid*, Antrag 1 (Nr. 244), *Planck*, Antrag 2 (Nr. 246, 7), in: Sitzung 161, Prot. I, S. 1561 f. = *Jakobs/Schubert*, Beratungen des BGB, §§ 812–822, S. 821; siehe auch Motive, Bd. 2, S. 851 = *Mugdan*, Bd. 2, S. 475.

[1061] Näher unten ab S. 310.

[1062] In eine andere Richtung deutet aber *Schubert*, in: ZRG Rom. Abt., Bd. 92 (1975), S. 186 (227, Fn. 172), der offenbar *Jakobs* Thesen zur Eingriffskondiktion bevorzugt und deshalb die condictio ex iniusta causa in den Mittelpunkt der Vereinheitlichung des Bereicherungsrechts stellen möchte.

[1063] *Arndts v. Arnesberg/Pfaff/Hofmann*, Pandekten, § 344 (S. 671); *Bernhard Gottlob Schmidt*, Vorlesungen, Bd. 1, § 132 (S. 488); *Sintenis*, Anleitung zum Studium, § 1545 (S. 424), mit der Darlegung des Meinungsstandes. Anders *v. Brinz*, Pandekten, Bd. II/2, § 362 (S. 528–533), der unter condictio ex iniusta causa die Fälle der condictio sine causa zusammenfaßt.

sondern primär aus den Fallgruppen gewonnen, die von Anfang an weder Verschulden noch Rechtswidrigkeit voraussetzen. Vielleicht dürfte das Mißverständnis um die condictio ob iniustam causam aus der applikativen Tendenz zu erklären sein, die sogenannte Rechtswidrigkeitslehre verankern zu wollen.[1064] Auf der Basis der von jedweder qualifizierten Rechtswidrigkeit unabhängigen condictio sine causa läßt sich die Rechtswidrigkeit in der Tat nur schwerlich dogmenhistorisch herleiten.

b) Konzentration der Bereicherungsfälle

Die epigrammatische Norm des § 812 Abs. 1 S. 1 BGB ist ein eindrucksvoller Beleg für das Bemühen um gedankliche Knappheit und Schärfe. Hatte Siebenhaars Entwurf zum Sächsischen Bürgerlichen Gesetzbuch noch 53 Paragraphen, sind es im heutigen Recht gerade noch elf. Insgesamt lassen sich zwei Konzentrationstendenzen ausmachen: Zum einen werden die klassischen Leistungskondiktionen mit Ausnahme der nach der Reform der Bestechungsdelikte fast bedeutungslosen condictio ob turpem vel iniustam causam (§ 817 S. 1 BGB) in einem Paragraphen zusammengezogen (condictio indebiti, condictio sine causa specialis, § 812 Abs. 1 S. 1 Alt. 1 BGB, condictio ob causam finitam, § 812 Abs. 1 S. 2 Alt. 1 BGB, und condictio causa data causa non secuta, § 812 Abs. 1 S. 2 Alt. 2 BGB). Zum anderen werden die Nichtleistungsfälle mit den Leistungsfällen in § 812 BGB zusammengeführt. Johow hatte in seinem Vorentwurf die Verwendungs- und Eingriffskondiktionen, wenn auch gebündelt, noch im Sachenrecht plaziert.

Die erste Kommission gliederte die Konsumtionsfälle unter die allgemeine Nichtleistungskondiktion ein; die nachfolgende Kommission tat ein Gleiches mit der Eingriffskondiktion aus gutgläubigem Erwerb und dem Verweis in § 951 BGB. Schließlich differenzierte der Zweite Entwurf wieder zwischen bös- und gutgläubigem Besitzer für den Verwendungsanspruch im Eigentümer-Besitzer-Verhältnis, so daß der Verwendungsersatz kraft Bereicherung ebenfalls aus dem Sachenrecht in den allgemeinen Tatbestand des § 812 Abs. 1 S. 1 Alt. 2 BGB „hineinrutschte“. Das Bürgerliche Gesetzbuch vollzog den Windscheid'schen Gedanken der rechtsgrundlosen Bereicherung nach und konzentrierte Fälle aus Verbindung, Vermischung, Verarbeitung oder bloßem Verbrauch, die früher abseits der klassischen Kondiktionen, ja auch abseits der condictio sine causa standen, im Zeichen der Generalnorm. Zugleich ließ die offene Formulierung „in sonstiger Weise“ Raum für die Bildung neuer Fallgruppen, beispielsweise der in der Praxis eher selten behandelten Rückgriffskondiktion.

[1064] Näher vor allem unten ab S. 328.

In § 812 Abs. 1 S. 1 BGB offenbart sich außerdem der Hang des Bürgerlichen Gesetzbuchs zu Allgemeinen Teilen, den v. Wyss schon in seinen Kommentaren zum Schweizerischen Obligationenrecht vorweggenommen hatte. Das erste Buch und das Allgemeine Schuldrecht sind solche Konstruktionen. Auch das Recht der rechtsgrundlosen Bereicherung hat seinen Allgemeinen Teil, nämlich die §§ 812 Abs. 1 S. 1 und 818 BGB. Auf der Tatbestandsseite tritt einem die allgemeine Norm gegenüber, daß dasjenige herauszugeben sei, was auf Kosten eines anderen ohne Rechtsgrund erlangt wurde. Auf der Rechtsfolgenseite wird der Anspruch auf die Bereicherung eingeschränkt, § 818 Abs. 3 BGB. Auf ganzer Linie setzte sich die Konzeption Windscheids durch, dem es gelang, zwischen Pomponius-Satz und gemeinrechtlicher Kasuistik einen praxisorientierten kodifikatorischen Weg einzuschlagen. Die Redaktoren sahen gleichwohl nicht voraus – und konnten es auch wohl nicht –, zu welchen Sophismen sie mit ihrer knapp formulierten Wortschöpfung Anlaß geben sollten.

c) Irrtum als negatives Tatbestandsmerkmal

Der zweite Stein des Anstoßes für die nachfolgenden Juristengenerationen sollte das Verhältnis von § 812 Abs. 1 zu § 814 BGB werden, der die Unkenntnis des fehlenden Rechtsgrundes im Falle der condictio indebiti zum negativen Tatbestandsmerkmal kodiert.[1065] Vorausgegangen war ein endloser Streit in der Pandektistik, wer den Irrtum beweisen müsse. v. Savignys Vorlesungsnachschriften lassen erahnen, mit wie vielen Ausnahmen die Beweislastregeln zum Irrtum überfrachtet waren.[1066] Die meisten Kodifikationsprojekte des 19. Jahrhunderts zogen daraus ihre Konsequenzen und verlagerten die Beweislast auf den Bereicherten.[1067] Der Irrtum war noch positives Tatbestandsmerkmal, wenn auch bei umgekehrter Beweislast.[1068] Erst die Kommission zum Ersten Entwurf entschied sich im Anschluß an v. Kübel dafür, den fehlenden Irrtum aus Beweislastgründen separat als Ausschlußgrund anzuführen.[1069] Damit wurde fast jeder Anklang an die vertraute condictio indebiti ausgelöscht; § 812 Abs. 1 S. 1

[1065] Dazu aus dogmenhistorischer Sicht bereits *Detlef König*, Ungerechtfertigte Bereicherung, S. 33 f., 39–41, und RG, 8.5.1905 – VI. 493/04, in: RGZ, Bd. 60 (1905), S. 419 (420 f.) = Nachschlagewerk des RG, § 814, Nr. 9 = *Schubert/Glöckner*, Edition, §§ 812–825, S. 97.

[1066] Siehe nur *F. C. v. Savigny*, Pand.Nschr. 1824/25 (*Bonn anonym*), S. 474–476, in: *ders.*, Pandektenvorlesung 1824/25, S. 328–330.

[1067] Art. 652 HE; Art. 913 Abs. 2 BE; § 1533 Sä-BGB; Art. 987 DE. Eingeschränkt der preußische Entwurf in § 768 PE-OR; gänzlich nicht im Sä-BGB E 1852.

[1068] § 759 PE-OR; Art. 641 HE; § 990 Sä-BGB E 1852; Art. 903 BE; § 1519 Sä-BGB; Art. 976 DE.

[1069] §§ 1 S. 2 TE-OR; 737 Abs. 4 E I; d Abs. 1 E-RJA.

Alt. 1 BGB mutierte zur Einheitskondiktion für *alle* Leistungsfälle. Die Norm vereint den Kernfall der Leistungskondiktion, die condictio indebiti, mit weiteren Leistungsfällen, die bislang unter der Rubrik der condictio sine causa specialis aufgeführt worden waren, beispielsweise der Kondiktion bei Dissens über den Vertragszweck. § 812 Abs. 1 S. 1 Alt. 1 BGB heute noch in condictio indebiti und condictio sine causa aus dare ob causam zu trennen,[1070] macht keinen Sinn mehr, da der Gesetzgeber mit § 814 BGB ausdrücklich die alte condictio indebiti auflöste und eine neue Obergruppe, die Leistungskondiktion, einführte.

Über den Begriff „Leistung" hatte sich die gemeinrechtliche Lehre kein klares Urteil gebildet, für sie stand ganz der Irrtum bei der condictio indebiti im Vordergrund, wenn man sich die endlosen Debatten über den Rechtsirrtum, den verschuldeten Irrtum oder den Zweifel in das Gedächtnis zurückruft.[1071] v. Savigny hatte zwar bereits in seiner Pandektenvorlesung den Irrtum in die causa integriert und die Zwecksetzung betont, die gemeinrechtliche Lehre in der zweiten Hälfte des 19. Jahrhunderts folgte ihm dabei aber nicht vorbehaltlos. Das sollte sich bis in die Gesetzgebungsarbeiten auswirken. § b der Vorlage des Reichsjustizamtes formuliert, eine Leistung könne zurückgefordert werden, wenn sie ohne Zwecksetzung erfolgt sei. Zweck und Leistung werden hier offensichtlich noch gedanklich abstrahiert Stünde in § 812 Abs. 1 S. 1 BGB die Wendung: „Wer durch die irrtümliche Leistung eines anderen oder in sonstiger Weise [...]", wäre der Tatbestand deutlicher ausgefallen. Es wäre zumindest ein erhöhter argumentativer Aufwand erforderlich, die explizite tatbestandliche Existenz der Leistungsfälle zu leugnen oder einen einheitlichen Begriff der Rechtsgrundlosigkeit zu fordern. Die Kommission entschied sich jedoch unter dem Eindruck der gemeinrechtlichen Lehre anders und öffnete damit den Spekulationen um den „richtigen" Standort der Zwecksetzung Tür und Tor.

d) Offenheit der Norm

Der Wortlaut des § 812 Abs. 1 S. 1 BGB ist nach genetisch-historischer Auslegung sowohl der Einheits- als auch der Trennungslehre zugänglich. Erstere vermag das gesetzgeberische Bemühen um äußerste Kürze und den Umstand anzuführen, daß im Gegensatz zum hessischen und bayerischen Entwurf sowie zum Vorschlag des Reichsjustizamtes und zum Schweizerischen Obligationenrecht neben der Generalklausel keine separate Norm für die condictio indebiti mehr vorgesehen wurde. Anhänger der Trennungslehre können wiederum mit dem gemeinrechtlichen Hintergrund, insbesondere Windscheids Lehre und den

[1070] Vgl. vor allem *Heimann-Trosien*, in: RGRK[12], § 812, Rn. 75–78, und *Reuter/ Martinek*, Ungerechtfertigte Bereicherung, § 5 I 1 (S. 126–129).

[1071] Zu allen diesen Punkten schon die Nachweise oben auf S. 49, Fn. 40.

Bedenken gegenüber dem Billigkeitssatz des Pomponius argumentieren. Die Entstehungsgeschichte des Bürgerlichen Gesetzbuches vor dem Hintergrund der Vorkodifikationen und der Lehre ist aber zu komplex, als daß sie sich evident für die eine oder andere Ansicht einfangen ließe. § 812 Abs. 1 BGB war zum Stichtag 1. Januar 1900 trotz seiner ambivalent-weiten Formulierung kein völlig leeres Blatt, auf dem man beliebig eigene Meinungen reproduzieren konnte. Die Norm ähnelte eher einem Formular, das einige pandektistische Traditionen vermengt mit gesetzgeberischen Neuerungen in Druckschrift vorgab, dabei jedoch genügend Freiheiten in den Zwischenräumen zur Fortentwicklung des Rechts beließ.

Die Väter des Bürgerlichen Gesetzbuches führten im Geiste Windscheids, vom schweizerischen Recht inspiriert, weit entfernte Fälle der rechtsgrundlosen Bereicherung auf Kosten eines anderen in einer Norm zusammen. Sie legten indes nicht fest, ob die verschiedenen Bereicherungsmodi völlig ineinander aufgehen sollten; das mußte der Wissenschaft und Praxis des neuen Jahrhunderts überlassen bleiben. Nichts hinzuzufügen ist den Worten:[1072] In „dem Anspruch aus ungerechtfertigter Bereicherung eines Anderen steckt *ein großer Gedanke*, der jedoch nicht zu Ende in die Wirklichkeit übersetzt werden konnte, weil die Idee der Gerechtigkeit hier reiner zum Ausdruck kommen müßte, als es in der sozial und wirtschaftlich unvollkommenen Wirklichkeit möglich erscheint. Trotzdem – oder vielleicht deshalb – ist der Rechtsgedanke gut und groß.“

[1072] *Elster*, in: *Stier-Somlo/ders.*, Handwörterbuch, Bd. 6, S. 210 (210 f.).

§ 3 Deutsches Bürgerliches Gesetzbuch

I. Lehre in der ersten Jahrhunderthälfte

Der 1. Januar 1900 sollte für das Bereicherungsrecht in der Tat eine einschneidende Zäsur sein. Praxis und Wissenschaft waren vom Gesetzgeber weitreichende Weichenstellungen überlassen, sie mußten das Formular der gesetzlichen Tatbestandsvorgaben erst mit Leben erfüllen. Das gemeine Recht der Spätpandektistik bot dazu jenseits kasuistischer Anflüge eine erste Standortbestimmung. Auf dieser Basis emanzipierte sich die Lehre nach 1900 mehr von alten Detailfragen als von den bekannten Grundlinien Windscheids;[1] nur wenige wandten sich in kühnen Versuchen ganz von den traditionellen Denkansätzen ab. Die romanistische Terminologie der verschiedenen Kondiktionstypen wurde und wird noch bis heute benutzt.[2] Selbst in der Zeit des Nationalsozialismus, in der man ein wie auch immer germanisiertes Verständnis der Materie erwarten sollte, waren Erläuterungen zum Recht der rechtsgrundlosen Bereicherung von den altbekannten Termini durchzogen.[3]

1. Allgemeine Entwicklung

Grundkonsens der generellen Literatur war, die rechtsgrundlose Bereicherung setze eine Vermögensverschiebung voraus.[4] Wie selbstverständlich nahm man an, das Tatbestandsmerkmal „auf dessen Kosten" gelte für *alle* Bereiche-

---

[1] Siehe etwa *Eck/Leonhard*, Vorträge, Bd. 1, § 102 pr. (S. 594); *Scheiff*, Bürgerliches Recht, § 206 II (S. 448, Fn. 1), der konzedierte, die gemeinrechtlichen Tatbestände fänden sich auch im BGB wieder; deutlich skeptischer *Endemann*, Bürgerliches Recht, Bd. 1, § 198, 1 (S. 1234, Fn. 5): Ausbildung des neuen Rechts auf gemeinrechtlicher Grundlage stehe erst noch bevor; *Warneyer*[2], Vorb. § 812 (S. 1397).

Mehr eine Übersicht zum alten Recht als ein Neubeginn waren die frühesten Kommentierungen vor 1900, siehe hier *Scherer*, §§ 812–822 (S. 1199–1238).

[2] Z. B. bei *Rudolf Schmidt*, Bürgerliches Recht, § 113 (S. 279–283). Nur *Stampe*, Grundriß der Wertbewegungslehre, Bd. 2, löste sich vom Schema indebiti, ob causam finitam, ob rem und ob turpem vel iniustam causam.

[3] Vor allem *Henle*, Bürgerliches Recht, Bd. 2, § 120 (S. 710–724).

[4] Etwa *Collatz*, Theorie der ungerechtfertigten Bereicherung, S. 23; *Cosack*, Bürgerliches Recht, Bd. 1, § 167 II 1 (S. 623); *Dernburg*, Bürgerliches Recht, Bd. II/2, § 374 II (S. 676); *Eltzbacher*, Einführung, S. 238; *Endemann*, Bürgerliches Recht, Bd. 1, § 198, 4 (S. 1245); *Enneccerus*[3], Bürgerliches Recht, Bd. 1, § 441 II 3 (S. 1113); *Heck*, Schuldrecht, § 141, 4 b (S. 420); *Heilfron*, Grundriß, Bd. 2, § 53 (S. 207); *Kreß*, Besonderes Schuldrecht, § 35, 1 a und 3 a (S. 327 und 335); *Landois*, in: *Planck*[4], Vorb. § 812, Anm. 1 (S. 1611); *Franz Leonhard*, Schuldrecht, Bd. 2, § 239 (S. 454); *v. Mayr*, Bereicherungsanspruch, S. 193; *Hugo Neumann*, § 812, Fn. § 812, 7 (S. 871) und Fn. § 812, 9 b (S. 872); *Oertmann*[3/4], Vorb. § 812, Anm. 1 a (S. 1017); *Jobst Bernhard Waechter*, Subsidiarität des Bereicherungsanspruchs, S. 16.

rungsansprüche.[5] Nur sehr wenige Stimmen stellten sich dem entgegen. Richard Plessen wollte auf die Vermögensverschiebung und somit auf „dessen Kosten“ verzichten, weil er das rechtsgrundlose Haben und nicht das rechtsgrundlose Erlangen in den Mittelpunkt rückte.[6] Die ganz herrschende Meinung zeigte sich sichtlich unbeeindruckt: Die Leistung und ihre Spielarten in § 812 Abs. 1 S. 2 BGB sollten lediglich einen besonders hervorgehobenen Beispielfall der allgemeinen tatbestandlichen Generalklausel bilden,[7] der von den Kondiktionen in sonstiger Weise abzugrenzen sei,[8] ohne das einigende Band der rechtsgrundlosen Vermögensverschiebung aufzugeben. Ebenso unbeeindruckt verhielt sich die herrschende Lehre gegenüber Zweiflern, die gar die tatbestandliche Qualität des § 812 BGB zur Disposition stellten.[9] Für die communis opinio war die Norm unter dem Blickwinkel des Kodifikationsgrundsatzes selbständige Rechtsquelle im Gegensatz zum gemeinen Recht und insbesondere zu Pfersche, bei dem das ständige Schwanken zwischen Digestenstellen und akademischem Prinzip am deutlichsten zum Vorschein gekommen war.

Analysiert man das Verständnis der §§ 812 ff. BGB nach 1900 gemäß den Vorgaben der Matrixhypothese, dann zeigt sich, daß die „Leistung“ zwar nicht als exklusiver Tatbestand im Verhältnis zu den anderen Kondiktionsfällen gesehen wurde, als Beispiel war der Begriff jedoch immerhin eine additive Auslegungshilfe. Das genügt für das Trennungsmodell auf Tatbestandsebene. Nicht

---

[5] Siehe nur *v. Mayr*, Bereicherungsanspruch, S. 193; *Reininghaus*, Rechtsgrundmangel, S. 22; *Wuttke*, Ungerechtfertigte Bereicherung, S. 22.

[6] *Plessen*, Moderne condictio, bes. S. 27–29 Damit gelangte er zu folgender Fassung des § 812 Abs. 1 S. 1 BGB, die „auf dessen Kosten“ eliminierte:

> „Wer durch die Leistung eines anderen oder in sonstiger Weise etwas ohne rechtlichen Grund hat, ist zur Herausgabe verpflichtet.“

[7] Etwa *Goldmann/Lilienthal*, Bürgerliches Gesetzbuch, Bd. 1, § 224 I (S. 863, Fn. 3); *Edgar Haas*, Condictio indebiti, S. 10; *Heck*, Schuldrecht, § 141, 4 (S. 420); *Hundrieser*, Ungerechtfertigte Bereicherung, S. 1 f.; *Landois*, in: *Planck*^{4}, § 812, Anm. 2 a (S. 1612); bes. deutlich *Krawielicki*, Bereicherungsanspruch, S. 1 (zu dem ihm eigenen Widerspruch siehe bereits oben ab S. 72); *v. Mayr*, Bereicherungsanspruch, S. 33–37, 41 f.

Plessen, Moderne condictio, S. 33, hielt die Unterscheidung von „Leistung“ und „in sonstiger Weise“ gar für überflüssig. Noch weitergehend *Nelken*, Unmittelbarkeit der Bereicherungsansprüche, S. 5 f.:

> „Wer auf Kosten eines anderen etwas ohne rechtlichen Grund erlangt, ist ihm zur Ausgleichung verpflichtet.“

[8] Deutlich *Oertmann*$^{3/4}$, Vorb. § 812, Anm. 1 b (S. 1017): Erwerb durch Leistung oder in sonstiger Weise als oberstes Einteilungsprinzip.

[9] *Hellwig*, Verträge auf Leistung an Dritte, S. 135: Er sprach der Bereicherung „in sonstiger Weise“ im Gegensatz zur Leistungsbereicherung anscheinend die Tatbestandsqualität ab. In dieselbe Richtung zielten vielleicht *Windscheid/Kipp*, Pandektenrecht, Bd. 2, § 422 [BGB] (S. 877). Dagegen bes. *Stammler*, in: Festgabe für *Fitting*, S. 131 (132 f.). Siehe auch *Hartmann*, in: ArchBürgR, Bd. 21 (1902), S. 224 (236): Der Bereicherungsanspruch entbehre „keineswegs einer scharfen, seine praktische Möglichkeit bedingenden Begrenzung“.

erforderlich ist, „Leistung" und „sonstige" Bereicherungsfälle als alternative Tatbestandsmerkmale aufzufassen und die „Leistung" der „Nichtleistung" gegenüberstellen. Vielmehr ist es ausreichend, die Leistung tatbestandlich zur allgemeinen Bereicherung (nicht zur Nichtleistung!) hinzutreten zu lassen. Damit wird kein alternierendes Trennungsmodell, sondern ein kumulatives Trennungs- oder „kleines" Einheitsmodell auf Tatbestandsebene erreicht.

a) Unmittelbarkeit der Vermögensverschiebung

Eine Vermögensverschiebung allein genügte nicht, um der Versionsklage des gemeinen Rechts zuvorzukommen und die Vorstellungen des Gesetzgebers im Umkehrschluß zu §§ 816 Abs. 1 S. 2 und 822 BGB zu verwirklichen. Man interpretierte daher die Vermögensverschiebung restriktiv. Aus dem Tatbestandsmerkmal „auf dessen Kosten" wurde von der ganz herrschenden Meinung entgegen beachtlicher Gegenstimmen gefolgert, es bedürfe im Gegensatz zu den genannten Sondernormen stets der Unmittelbarkeit der Vermögensverschiebung.[10] Mit der Versionsklage vermochten sich wegen des klaren Gesetzesauftrags nur ganz wenige unter dem Dach des § 812 Abs. 1 S. 1 BGB anzufreunden.[11] Trotz der Vermögensverschiebung rückte allerdings nur eine Minderheit

---

[10] Siehe nur *Altsmann*, Bürgerliches Gesetzbuch, § 70 I 1 (S. 189); *Amrhein*, Mittelbare Bereicherung, S. 44–61; *Engelmann/Keidel*, in: *Julius v. Staudinger*[9], § 812, Anm. I 2 c (S. 1676); *Enneccerus/Lehmann*[12], Bürgerliches Recht, Bd. 2, § 218 III pr. (S. 726); *Fischer/Ebert*, § 812, Anm. 4 (S. 561); *Heck*, Schuldrecht, § 144 I 9 (S. 434); *Keßler*, in: *Soergel/Lindemann*[2], § 812, Anm. 5 (S. 814); *Loewenwarter/v. Ameln*, § 812 (S. 99); *Hugo Neumann*, § 812, Fn. § 812, 7 (S. 871); *Siméon/David*, Bürgerliches Recht, Bd. 1, § 84, 1 (S. 639); *Bruno Wolf*, in: *ders.*, § 812, 1 (S. 189).

A. A. neben den in der folgenden Fn. genannten Autoren in vielerlei Variationen, die größtenteils mit wenigen Randkorrekturen zu denselben Ergebnissen wie die h. M. führten, vor allem *Enneccerus*[3], Bürgerliches Recht, Bd. 1, § 441 II 3 (S. 1113, Fn. 10). Weiterhin bedeutend *Nebenzahl* Unmittelbare Vermögensverschiebung, S. 77–85: er unterschied die mittelbare Bereicherung „im engeren und im weiteren Sinne"; auch *Heinrichs*, Erfordernis der Unmittelbarkeit, S. 25–58; *Kahn*, Mittelbare Bereicherung, S. 28: „Kausalzusammenhang"; *Kreß*, Besonderes Schuldrecht, § 35, 3 b (S. 336–338): der mittelbare kausale Zusammenhang könne genügen (freilich sind die Ausführungen ambivalent); *Nelken*, Unmittelbarkeit der Bereicherungsansprüche, bes. S. 31–42; *Wuttke*, Ungerechtfertigte Bereicherung, S. 24–30; tendenziell auch *Eduard Dietrich*, Mittelbare Bereicherung, S. 17–21; *Hedemann*[2], Schuldrecht, § 67 II 4 b (S. 421); *Lobe*, in: RGRK[8], § 812, Anm. 3 (S. 551–553). Andeutungsweise auch *Cosack*, Bürgerliches Recht, Bd. 1, § 167 II 1 (S. 624); *Heilfron*, Bürgerliches Recht, Bd. 2, § 96 b 2 (S. 873). Speziell für Durchgriff bei sog. Strohmanngeschäften *Hedemann*, Bereicherung durch Strohmänner, S. 1 (14–36). Die Reichweite der Vermögensverschiebung mußte dann v. a. mittels der Rechtsgrundlosigkeit limitiert werden.

[11] So aber mit unterschiedlicher Begründung und Intensität *Bartels*, Indirekte und mittelbare Bereicherungsansprüche, S. 60–62; *Crome*, Bürgerliches Recht, Bd. 2, § 321 III (S. 997 f.); *Dernburg*, Bürgerliches Recht, Bd. II/2, § 380 V (S. 689 f.); *Ewald*, in:

das Bereicherungsrecht in die Nähe der Delikte, indem sie im Anklang an Pomponius über die abstrakte Vermögensverschiebung hinaus explizit einen Schaden des Kondizenten forderte und den Standpunkt der konkret-dinglichen Vermögensverschiebung einnahm.[12] Für die herrschende Meinung war der Schaden nicht mehr als jede faßbare Vermögensminderung, der die Bereicherung als Aktivposten nicht entsprechen mußte.[13]

Bei Anweisungslagen in Dreiecksverhältnissen, von Ernst Stampe treffend mit dem Begriff „Simultantilgung" beschrieben,[14] mußten das Vermögensverschiebungsdogma und die Lehre von der Unmittelbarkeit jedoch zwangsläufig in Erklärungsschwierigkeiten geraten. Kettenleistungen ließen sich damit noch bewältigen, da sich in einer solchen Fallgestaltung die Vermögensverschiebung immer nur von Vertragspartner zu Vertragspartner vollzieht. Schwieriger lagen bereits die abgekürzten Lieferungen „über Eck". Nicht das Ergebnis als solches, die Kondiktion im Deckungs- und Valutaverhältnis, stand zur Disposition – sondern der Weg, wie dieses Ergebnis plausibel zu erreichen sei, ohne das Tatbestandsmerkmal „auf dessen Kosten" aufzugeben. Die Lehre mußte begründen, weshalb dem Angewiesenen, der mit eigenem Geld einen Dritten auf Anweisung auszahlt, bei Fehlern im Deckungs- oder Valutaverhältnis nicht die

---

Gruchot, Bd. 65 (1921), S. 150–179; *ders.*, in: HansRZ, Bd. 4 (1921), Sp. 859–861. Siehe dazu auch *Günther*, Verzicht auf Verwendungsklage, S. 26–43.

[12] *Cosack*, Bürgerliches Recht, Bd. 1, § 167 I (S. 623); *Engelmann*, Bürgerliches Recht, § 150, 1 (S. 465). Weiterhin ohne ausdrücklichen Rekurs auf den Begriff „Schaden", in der Sache aber mit der Deckungsgleichheit von Ent- und Bereicherung: *Pinzger*, in: *Palandt*[3], § 812, Anm. 4 A (S. 762); ansatzweise auch *Kisch*, in: LZ, Bd. 21 (1927), Sp. 667 (673); *v. Mayr*, Bereicherungsanspruch, S. 210.

Wenn *Barnstedt*, Merkmal der Rechtsgrundlosigkeit, S. 22, dies als h. M. bezeichnet, dürfte das bei weitem übertrieben sein und selbst auf die Spezialliteratur zum Immaterialgüterrecht nicht zutreffen. Ebenso überzieht *Fritz Schulz*, in: AcP, Bd. 105 (1909), S. 1 (440 f.), der den Bereicherungsanspruch auf den „Schaden" des Kondizenten begrenzt sieht. Seine Referenzen erweisen sich teilweise als nicht einschlägig: *Jung* und *Oertmann* sprechen nur von der Identität des Umstandes, der Ent- und Bereicherung begründet. Vgl. zur Legendenbildung bei *Fritz Schulz* nur *Albrecht H. Fischer*, in: Festschrift für *Zitelmann*, S. 1 (16, Fn. 22).

[13] Eingängig *Albrecht H. Fischer*, in: Festschrift für *Zitelmann*, S. 1 (16); des weiteren z. B. *Barnstedt*, Merkmal der Rechtsgrundlosigkeit, S. 47: „das ‚Plus' auf der Seite des Bereicherten braucht dem ‚Minus' auf der Seite des Entreicherten nicht in dem Sinne zu entsprechen, daß es sich um genau denselben Vermögenswert handelt"; *Crome*, Bürgerliches Recht, Bd. 2, § 317, 3 a (S. 983); *Engelmann/Keidel*, in: *Julius v. Staudinger*[9], § 812, Anm. 2 a (S. 1675 f.); *v. Gierke*, Deutsches Privatrecht, Bd. 3, § 218 III 2 (S. 1002); *Haymann*, in: JherJb, Bd. 77 (1927), S. 188 (250); *Heck*, Schuldrecht, § 141, 5 (S. 421); *Landois*, in: *Planck*[4], § 812, Anm. I 2 b (S. 1623); *Lobe*, in: RGRK[8], § 812, Anm. 2 (S. 550); *Stammler*, in: Festgabe für *Fitting*, S. 131 (157).

Vgl. weiterhin aus heutiger Sicht *Bertram Ebert*, Bereicherungsausgleich, 1. Teil., II. 5 d aa (zitiert nach Manuskript), m. w. N.

[14] *Stampe*, in: AcP, Bd. 107 (1911), S. 274 (283–292). Von ihm stammt gleichfalls der Ausdruck „Leistungskondiktion".

Kondiktion gegen den Dritten zusteht. Unzweifelhaft bot der Wortlaut des § 812 Abs. 1 S. 1 BGB keinen rechten Anhaltspunkt. Ohne weiteres ist es möglich, die Direktkondiktion über die Grenzen der Vertragsverhältnisse hinweg durch § 812 BGB zu legitimieren, weil prima facie ein Rechtsgrund zwischen Angewiesenem und Drittempfänger nicht vorhanden ist und sich die sichtbare Vermögensverschiebung zwischen beiden unmittelbar vollzieht. Um die bereits im gemeinen Recht als interessengerecht empfundene Rückabwicklung entlang der Vertragsverhältnisse zu erreichen, versuchte die Literatur nun, mit mehr oder weniger Erfolg den reinen Normwortlaut teleologisch zu ergänzen.

aa) Die Leistung

Die „Leistung" bot dabei noch keinen Rückhalt. Zwar betonte damals nicht nur Hugo Kreß dem Grundsatz nach, daß im Fall der Leistung eine bewußte und zweckgerichtete Handlung vorliegt,[15] die heutige Leistungsdefinition war jedoch nicht zuletzt wegen zahlreicher divergierender Meinungen keineswegs Allgemeingut.[16] Klare Definitionen wie in der Inauguraldissertation Hans Walter Conradys als „bewußte und gewollte Vermehrung fremden Vermögens" blieben die Ausnahme.[17] Das Zweckelement stand für die Lehre nicht im Vordergrund, eher verband man die Leistung mit der bewußten Vermögensverschiebung[18] oder begnügte sich mit einem Verweis auf die Definition in § 241

---

[15] Darauf machen bereits *Ehmann*, in: NJW 1969, S. 398 (bes. 398), und *Heinrich Wieling*, in: JuS 1978, S. 801 (801), aufmerksam.

Siehe zum damaligen Schrifttum: *Herzfeld*, Berufung auf fremdes Rechtsverhältnis, S. 50: „Leistung ist [...] die gewollte, d. h. auf Grund eines, wenn auch nur vermeintlichen Schuldverhältnisses erfolgende Vermögensverschiebung"; *Hundrieser*, Ungerechtfertigte Bereicherung, S. 5: „Leistung und Zweck bilden eine Einheit"; *Larenz*, Vertrag und Unrecht, Bd. 2, § 44 I (S. 107 f.): „Leistung ist jede Verschaffung eines Rechts", eine „Leistung pflegt man jedoch nicht ohne einen bestimmten Zweck zu machen"; *Franz Leonhard*, Schuldrecht, Bd. 2, § 242 (S. 461): „Unter einer Leistung ist das absichtliche Verschaffen von Vorteilen zu verstehen." *Ders.*, a. a. O., § 251 (S. 480), ergänzte die Leistung dann durch die Angabe des Rechtsgrunds als wirtschaftliche Bestimmung, wozu die Leistung diene. *Kreß*, Besonderes Schuldrecht, § 35, 1 a (S. 327): Leistung als „vertragliche Vermögensverschiebung", maßgebend sei die „Zweckvereinbarung" der Beteiligten.

Siehe auch die Übersicht bei *Jolk*, Anspruchsvoraussetzungen, S. 9–14, und auf heutigem Stand bei *Henke*, Leistung, S. 13–90.

[16] Zu den Erfüllungslehren des gemeinen Rechts und in der Anfangszeit des BGB siehe *Klein*, Natur der causa solvendi.

[17] *Conrady*, Erfordernis der Unmittelbarkeit, S. 33.

[18] Etwa *Keßler*, in: *Soergel/Lindemann*[2], § 812, Anm. 3 (S. 814): „Leistung ist jedes menschliche Verhalten, das auf die Befriedigung menschlicher Bedürfnisse gerichtet ist"; *Pinzger*, in: *Palandt*[3], § 812, Anm. 2: „Leistung ist jede Zuwendung, die eine Ver-

BGB.[19] Folglich diente das Tatbestandsmerkmal der Leistung weniger der konkreten Problemlösung als der Klassifikation der Bereicherungsansprüche. Am weitesten ging Andreas v. Tuhr in seinem imponierenden Lehrbuch des Allgemeinen Teils. Er wollte anhand seines zweckorientierten Zuwendungsbegriffs die Kondiktion entlang des Deckungs- und Valutaverhältnisses geben;[20] die kondiktionsauslösenden „Zuwendungen" zwischen Angewiesenem und Anweisendem bzw. Anweisendem und Zahlungsempfänger seien vom tatsächlich sichtbaren Vorgang, der „Leistung" des Angewiesenen an den Drittempfänger, zu unterscheiden.

Die ganz überwiegende Anzahl der Literaten hielt demgegenüber an der Vermögensverschiebung als maßgeblichem Kriterium fest: Teilweise argumentierte man zwar, der *Anweisende* sei im Dreiecksverhältnis derjenige, der rechtlich gesehen an den Drittempfänger leiste.[21] Aber auch diese Konstruktion war noch nicht von „auf dessen Kosten" gelöst, denn die Relation vom Leistenden zum Leistungsempfänger sollte nur ein anderer Ausdruck für die rechtlich relevante Vermögensverschiebung sein. Bezeichnend sind in diesem Zusammenhang andere Stimmen, die in den Anweisungsfällen umgekehrt den *Angewiesenen* als den rechtlich gesehen Leistenden im Verhältnis zum Drittempfänger betrachteten.[22] „Auf dessen Kosten" und „Leistung" mußten dann auseinanderfallen, um zur Kondiktion „über Eck" zu gelangen, weil „auf dessen Kosten" entlang des Deckungs- und Valutaverhältnisses auszurichten war, während die „Leistung" im Zuwendungsverhältnis verblieb.

bb) Varianten der Unmittelbarkeit

War die Vermögensverschiebung für die große Masse des Schrifttums für Leistungsfälle unentbehrlich, mußte sie selbst „kreativ" umgesetzt werden. Die konkrete Auslegung der Unmittelbarkeit der Vermögensverschiebung stand zur

---

mögensverschiebung bewirkt"; *Plessen*, Moderne condictio, S. 30: „freiwillige Tätigkeit".

[19] *Engelmann*, in: *Julius v. Staudinger*[2], § 812, Anm. I 1 pr. (826).

[20] *v. Tuhr*, Allgemeiner Teil, Bd. II/2, § 71 I 4 a (S. 57, insbes. Fn. 55), § 71 IV (S. 92–96); ähnlich *Enneccerus/Lehmann*[12], Bürgerliches Recht, Bd. 2, § 218 III 1 b (S. 727 f.); *Lobe*, in: RGRK[8], § 812, Anm. 4 (S. 553): Durch die „Leistung" des Angewiesenen an den Drittempfänger zwei „Zuwendungen" jeweils im Deckungs- und Valutaverhältnis.

[21] *Oertmann*[5], Vorb. § 812, Anm. 2 c α αα, ββ (S. 1329); *Schüller*, Unmittelbarkeit der Vermögensverschiebung, S. 51.

[22] Etwa *Larenz*, Vertrag und Unrecht, Bd. 2, § 44 I (S. 111 f.); *Warneyer*[9], § 812, III (S. 504). Zu den begrifflichen Divergenzen vgl. *Hans-Wilhelm Kötter*, in: AcP, Bd. 153 (1954), S. 193 (196, 198, insbes. Fn. 20).

Debatte.[23] Konrad Cosack zum Beispiel führte in seinem Lehrbuch den Fall an, daß A den B anweist, mit eigenem Vermögen an C zu leisten, dabei aber fälschlicherweise den D bezeichnet. Nun könne A von D kondizieren, dieser sei nicht auf B's sondern auf A's Kosten bereichert, weil B von der Sendung „keinen Nachteil“ habe.[24] Teilweise wurde der Angewiesene auch als bloße „Zahlstelle“,[25] „Vermittler“,[26] „Beauftragter“[27] oder gar „Stellvertreter“[28] betitelt. Andere stuften die Zuwendung des Angewiesenen an den Empfänger als „indirekte Bereicherung“[29] des Empfängers durch den Anweisenden ein, die von der nur „mittelbaren“ Bereicherung zu trennen sei, bei welcher der Verschiebungsvorgang über das Vermögen eines Dritten ablaufe.[30]

Das alles sollte dazu dienen, die unmittelbare Vermögensverschiebung entlang der Anweisungsverhältnisse zu konstruieren. Weitere Rechtslehrer faßten die Unmittelbarkeit extensiver auf: Sie forderten einen unmittelbaren Kausalzusammenhang[31] oder definierten, die Verschiebung müsse durch einen einheitlichen Vorgang erfolgt sein.[32] Anders als bei den Abwandlungen der Unmittel-

---

[23] Vgl. des weiteren die Übersichten bei *Amrhein*, Mittelbare Bereicherung, S. 36–44; *Bartsch*, Unmittelbare Vermögensverschiebung; *Conrady*, Erfordernis der Unmittelbarkeit, S. 12–15; *Feldhoff*, Mittelbare Bereicherung, S. 5–47; *Heinrichs*, Erfordernis der Unmittelbarkeit, S. 18–23; *Nebenzahl*, Unmittelbare Vermögensverschiebung, S. 13–28; *Wilburg*, Ungerechtfertigte Bereicherung, S. 108–112; aus der neueren Literatur *Batsch*, Vermögensverschiebung und Bereicherungsherausgabe, S. 24–28.

[24] *Cosack*, Bürgerliches Recht, Bd. 1, § 167 II 1 (S. 623).

[25] *Landois*, in: *Planck*[4], § 812, Anm. 2 c β (S. 1626).

[26] *Hugo Neumann*, § 812, Anm. 5 (S. 869).

[27] *Dernburg*, Bürgerliches Recht, Bd. II/2, § 381 II (S. 691).

[28] Im untechnischen Sinne, obwohl das nicht deutlich wird, siehe *Müller/Meikel*, Bürgerliches Recht, Bd. 1, § 193, 1 (S. 647).

[29] *Keßler*, in: *Soergel/Lindemann*[2], § 812, Anm. 5 (S. 814).

[30] *v. Mayr*, Bereicherungsanspruch, S. 207 f.

Kritisch zur nichtssagenden Distinktion von „indirekter“ und „mittelbarer“ Bereicherung, die im Schrifttum keinesfalls einheitlich verwandt wurde, *Herzfeld*, Berufung auf fremdes Rechtsverhältnis, S. 39. *Koester*, Ungerechtfertigte Bereicherung, S. 25, setzt „mittelbar“ mit „indirekt“ gleich.

[31] Zuerst wohl *Jung*, Bereicherungsansprüche, S. 154 f.: „eine Vermehrung der Aktivseite beziehentlich eine Verminderung der Passivseite bei dem einen Vermögen muß direkt kausal gewesen sein für eine Verminderung der Aktivseite beziehentlich für eine Vermehrung der Passivseite bei dem anderen“; weiterhin *Achilles/Greiff*[12], § 812, Anm. 3 (S. 387); *v. Gierke*, Deutsches Privatrecht, Bd. 3, § 218 III 2 (S. 1004 f.).

[32] Sog. „Identität des den Verlust des einen und den Gewinn des andern vermittelnden Umstandes“ (Wendung nach der Rspr., siehe unten auf S. 336); zuerst wohl *Jung*, Bereicherungsansprüche, S. 145 f.: „Es muß eine Wertbewegung *direkt* zwischen dem Kondizenten und dem Bereicherten stattgefunden haben; ein und derselbe Vorgang muß die Vermögenslage des Kondizenten ungünstig und die des Bereicherten günstig beeinflußt haben.“ Siehe auch die Variationen bei *Enneccerus/Lehmann*[12], Bürgerliches Recht, Bd. 2, § 218 III pr. (S. 726); *Franz Leonhard*, Schuldrecht, Bd. 2, § 246 (S. 471): „Verschiebung“ muß „auf einem einzigen Verschiebungsakt“ beruhen; *Oertmann*[5], Vorb.

barkeit, die den Angewiesenen zum Boten marginalisieren, kann man bei den zuletzt genannten Spielarten durchaus neben den Vermögensverschiebungen entlang der Vertragsverhältnisse eine direkte Verschiebung des Angewiesenen an den Drittempfänger erkennen. Obwohl sich also mit letzteren Varianten der Versionsdurchgriff eher im geltenden Recht denken läßt, sollte er gleichsam ausgeschlossen sein.[33] Das war primär eine Wertungsfrage, die am deutlichsten im teleologisch orientierten Standpunkt zutage tritt, entscheidend sei, *wessen* Vermögen günstig beeinflußt werde, *wer* also bereichert sei.[34]

cc) Zwischenfazit

Der damaligen Lehre gelang es nicht, sich auf einen gemeinsamen Nenner zu einigen; selbst identischen Termini wurden teils unterschiedliche Bedeutungen unterlegt. Gleichzeitig war die Grenze der weit verstandenen „Unmittelbarkeit" und der Mindermeinung fließend, die das im Gesetz fragmentarisch ausgesprochene Element vollkommen ablehnte. Welcher Literat welcher Position zuzuordnen war, ließ sich oft nicht mit letzter Bestimmtheit ausmachen. Nicht zu Unrecht beschäftigte sich deswegen eine ganze Anzahl von Dissertationen mit der Problematik,[35] und die Rechtswissenschaftliche Fakultät in Frankfurt am Main schrieb 1927 eine Preisaufgabe über „Die Unmittelbarkeit der Vermögensverschiebung bei der ungerechtfertigten Bereicherung" aus.[36] Unter anderem ging daraus Ernst Nebenzahls gleichnamige Monographie als Preisschrift hervor. Noch größere Kalamitäten warfen sich ferner beim Doppelmangel auf. Die Lehre konnte sich hier nicht über die Direktkondiktion ver-

---

§ 812, Anm. 2 d pr. (S. 1331); *Landois*, in: *Planck*[4], § 812, Anm. 2 c (S. 1624); *Pinzger*, in: *Palandt*[3], § 812, Anm. 4 B a (S. 763); *Siber*, Schuldrecht, § 74 II 2 pr. (S. 420): Er wollte den Durchgriff bei den sog. „Strohmännern" gestatten.

Zur nicht ganz einfachen Konstruktion der direkten Vermögensverschiebungen bei dieser Variante der Unmittelbarkeit im Deckungs- und Valutaverhältnis siehe *Kupisch*, in: JZ 1997, S. 213 (217 f.); *Larenz*, Schuldrecht, Bd. 2, § 62 II b (S. 304 f.).

[33] Wenn *Kupisch*, in: JZ 1997, S. 213 (217 f., insbes. Fn. 52), anführt, diese Vermögensverschiebung sei „neutralisiert", und sich auf das Lehrbuch von *Enneccerus/Lehmann* mit den Worten beruft, der Angewiesene habe „nach Sinn und Zweck" nur an den Anweisenden „geleistet", dann ist dies eine mögliche Wertung, aber keine apriorische Konsequenz der Lehre von der unmittelbaren Vermögensverschiebung.

[34] *Oertmann*[3/4], Vorb. § 812, Anm. 2 c α αα (S. 1020).

[35] Etwa *Amrhein*, Mittelbare Bereicherung; *Bartsch*, Unmittelbare Vermögensverschiebung; *Walter Beckmann*, Mittelbare Bereicherung; *Conrady*, Erfordernis der Unmittelbarkeit; *Feldhoff*, Mittelbare Bereicherung; *Kahn*, Mittelbare Bereicherung; *Nebenzahl*, Unmittelbare Vermögensverschiebung; *Nelken*, Unmittelbarkeit der Bereicherungsansprüche; *Schuster*, Bereicherungsanspruch; *Toepper*, Unmittelbarkeit der Vermögensverschiebung, alle m. w. N.

[36] So die Angabe *Toeppers* im Lebenslauf seiner gleichnamigen Inauguraldiss.

ständigen.[37] Denn unweigerlich sah man sich der Frage ausgesetzt, wie die direkte Inanspruchnahme des Drittempfängers mit der an Valuta- und Deckungsverhältnis orientierten normativen Vermögensverschiebung in Einklang zu bringen sei.

Bei allen Zweifeln kreiste die Diskussion um die begriffliche Frage, ob man in Anweisungslagen mit der „direkten" oder „mittelbaren" Vermögensverschiebung operieren müsse.[38] Die Wendung „unmittelbare Vermögensverschiebung durch mittelbare Zuwendung", eine petitio principii im wahrsten Sinne, zeigt den gesamten Widerspruch auf.[39] Allenfalls bei Konstellationen wie dem doppelten Geheißerwerb läßt sich über das sogenannte Streckengeschäft eine unmittelbare Vermögensverschiebung konstruieren: Durchgangserwerb des Anweisenden vom Angewiesenen mittels Übergabe an Dritten, gleichzeitig vermittelt der Angewiesene die Übergabe bei Eigentumsübergang vom Anweisenden zum Dritten. Allerdings wurde nicht einmal diese Möglichkeit zur damaligen Zeit ernsthaft in Erwägung gezogen. Bei Immobilien aber mit dem Publizitätszwang des Grundbuchs auf Unmittelbarkeit zu insistieren, das ähnelt eher der Quadratur des Kreises. Vor allem Ludwig Enneccerus zog daraus die durchaus treffende Konsequenz, indem er das Unmittelbarkeitskriterium zugunsten der genauen Analyse der Rechtsgrundlosigkeit aufgab.[40] Die Probleme um Mehrpersonenverhältnisse gingen auf den Glauben zurück, man könne für alle Bereicherungsfälle das Tatbestandsmerkmal „auf dessen Kosten" einheitlich auslegen.[41] Das Einheitsmodell für die Vermögensverschiebung geriet damit in Konflikt mit dem gegenläufigen Trennungsmodell für die Rechtsgrundlosigkeit.

---

[37] Gegen den Durchgriff vor allem *Heck*, Schuldrecht, § 144 I 6 (S. 433 f.), auf der Grundlage der Interessenjurisprudenz; kritisch auch *Enneccerus/Lehmann*[12], Bürgerliches Recht, Bd. 2, § 218 III 1 pr. (S. 728, Fn. 11); *Henle*, Bürgerliches Recht, Bd. 2, § 123 (S. 735 f.); *Krawielicki*, in: JherJb, Bd. 81 (1931), S. 257 (312 f., Fn. 143); *Franz Leonhard*, Schuldrecht, Bd. 2, § 246 (S. 472 f.); *Nelken*, Unmittelbarkeit der Bereicherungsansprüche, S. 37–39; *v. Tuhr*, Allgemeiner Teil, Bd. II/2, § 71 V 3 b (S. 100, Fn. 216).

A. A. im Sinne des Durchgriffs etwa *Barnstedt*, Merkmal der Rechtsgrundlosigkeit, S. 50; *Kreß*, Besonderes Schuldrecht, § 35, 3 b (S. 338, Fn. 54 f.); *Lobe*, in: RGRK[8], § 812, Anm. 4 c (S. 554); *Oertmann*[3/4], § 784, Anm. 4 c (S. 981); *Schüller*, Unmittelbarkeit der Vermögensverschiebung, S. 55 f.; *Eugen Ulmer*, in: AcP, Bd. 126 (1926), S. 129 (162). Umstritten war sogar, welche Ansicht überhaupt die h. M. sei.

[38] Darauf weist *Heck*, Schuldrecht, § 144 II 4 (S. 432), hin.

[39] *Enneccerus/Lehmann*[12], Bürgerliches Recht, Bd. 2, § 218 III 1 a (S. 727).

[40] *Enneccerus*[6/8], Bürgerliches Recht, Bd. I/2, § 441 II 4 (S. 597–599); zustimmend *Koester*, Ungerechtfertigte Bereicherung, S. 26 f. Siehe auch *Barnstedt*, Merkmal der Rechtsgrundlosigkeit, bes. S. 54 f.

[41] *Landsberg*, Bürgerliches Gesetzbuch, Bd. 1, § 155 I 3 (S. 539); *Landois*, in: *Planck*[4], § 812, Anm. 2 pr. (S. 1623).

b) Rechtsgrundlosigkeit und Fundament des Bereicherungsrechts

Uneinig waren sich die Gelehrten im weiteren über das „Wesen“ des Bereicherungsrechts;[42] die Ansichten füllten das gesamte Spektrum juristischer Erklärungsversuche aus. Die Analyse wird dabei durch den gemischten Gebrauch der Begriffe „Prinzip“ und „Generalklausel“ erschwert.[43] Oft ist an Stellen von Prinzipien die Rede, in denen eigentlich konkrete Rechtsregeln bezeichnet sind; darauf muß man Rücksicht nehmen. Trotz definitorischer Verwirrung werden sich der Literatur immerhin einige Grundlinien entnehmen lassen.

Entgegen landläufiger Vorurteile in der heutigen Lehre vertrat die überwiegende Mehrheit im damaligen Schrifttum ähnlich wie zuvor Windscheid die Meinung, der Rechtsgrund sei bei der Leistungs- und bei der Nichtleistungskondiktion verschieden.[44] Häufig tauchte die Wendung auf, der Rechtsgrund der Nichtleistungsfälle beruhe anders als für die Leistung nicht auf Vertrag, sondern auf den gesetzlichen Vorschriften. Auf der Interpretationsebene war somit das Trennungsmodell verwirklicht. Es finden sich sogar Stimmen, die überhaupt einen gemeinsamen Grundsatz im Bereicherungsrecht negierten und sogar zum Trennungsmodell auf Prinzipienebene gelangten.[45]

---

[42] Guter Überblick bei *Oertmann*[3/4], Vorb. § 812, Anm. 1 c (S. 1017–1019). Lesenswert *Sturm*, Form des Rechts, S. 79–95; siehe auch *Amrhein*, Mittelbare Bereicherung, S. 9–14.

[43] Bspw. *André*, in: *Achilles*, Vorb. § 812, Anm. 1 (S. 224): „Das B. G. B. stellt statt mehrerer Einzelklagen im §. 812 Abs. 1 Satz 1 ein einheitliches Prinzip auf [...].“ Bedeutet „Prinzip“ hier Rechtsprinzip oder Tatbestand?

[44] *Cosack*, Bürgerliches Recht, Bd. 1, § 167 III pr. (S. 624); *Crome*, Bürgerliches Recht, Bd. 2, § 317, 1 a und b (S. 979 ff.) (obwohl er „die in Betracht kommenden Fälle auf ein einheitliches Prinzip“ zurückführen wollte); *Dernburg*, Bürgerliches Recht, Bd. II/2, § 374 III (S. 677); *Endemann*, Bürgerliches Recht, Bd. 1, § 198, 3 (S. 1239); *Enneccerus*[3], Bürgerliches Recht, Bd. 1, § 442 pr. (S. 1114); *v. Gierke*, Deutsches Privatrecht, Bd. 3, § 218 II (S. 996); *Guilleaume*, Ungerechtfertigte Bereicherung, S. 4; *Edgar Haas*, Condictio indebiti, S. 19; *Hellwig*, Verträge auf Leistung an Dritte, S. 135; *Landois*, in: *Planck*[4], § 812, Anm. 3 (S. 1627); *Larenz*, Vertrag und Unrecht, Bd. 2, § 44 pr. (S. 107); *Franz Leonhard*, Schuldrecht, Bd. 2, § 248 (S. 474); *Lobe*, in: RGRK[8], § 812, Anm. 6 pr. (S. 554 f.); *Matthiaß*, Bürgerliches Recht, § 141 III pr. (S. 402); *Siber*, Schuldrecht, § 74 I 1, 2 (S. 4 17); *Schacht*, Bereicherungsanspruch bei Patentverletzung, S. 29 f.; *Windscheid/Kipp*, Pandektenrecht, Bd. 2, § 422 [BGB] 1 (S. 877).

Bickenbach, Verletzung von Urheber- und Patentrechten, S. 30, meinte sogar, „ohne rechtlichen Grund“ bedürfe keiner Begriffsbestimmung, es sei vielmehr von Fall zu Fall zu entscheiden. Überblick über den Diskussionsstand z. B. bei *Ratjen*, Mangel des rechtlichen Grundes, S. 24–72; aus heutiger Sicht *Rümker*, Tatbestandsmerkmal „ohne Rechtsgrund“, S. 10–15. Speziell zur causa bei der Leistungskondiktion auch *Staffel*, in: SächsArch, Bd. 13 (1903), S. 497–516. Vgl. auch unten auf S. 424 zur Einheitslehre.

[45] *Endemann*, Bürgerliches Recht, Bd. 1, § 198, 1 (S. 1235); *Heck*, Schuldrecht, § 140, 3 (S. 417): „keine Lebenseinheit“; *Oertmann*[3/4], Vorb. § 812, Anm. 1 b η (S. 1018): „vielleicht muß man sich mit einer Vielheit koordinierter Gesichtspunkte begnügen“.

Ganz im Gegensatz dazu sahen einige in allen Bereicherungsansprüchen jedenfalls auf der Prinzipienebene Einheitliches walten.[46] Eine starke Meinungsströmung, zu der auch die Minderansicht Robert Krawielickis zählt, ging noch weiter in die Einheitsrichtung und betonte auf der Interpretationsebene für das Tatbestandsmerkmal der Rechtsgrundlosigkeit unifizierende Gedanken. Von Rudolf Stammlers „Lehre vom richtigen Recht" ausgehend war das Argument weit verbreitet, die Rechtsgrundlosigkeit solle „dem Prinzipe der Gerechtigkeit zum Siege [...] verhelfen gegenüber den Härten, die das Recht um seiner formalen Natur willen nicht selten mit sich bringt":[47] summum ius, summa iniuria. Ähnlich klingt die klassische Formulierung Heinrich Dernburgs, durch das Bereicherungsrecht heile das Recht die Wunden, „welche es selbst schlägt".[48] Philipp Heck und Justus Wilhelm Hedemann hielten dem freilich später entgegen, „auch die Kondiktionen sind kein ‚Allheilmittel für Rechtsschäden' ",[49] wie der „Anfänger im Studium und der schwache Kopf in der Praxis nur allzu leicht" annehme.[50] Viele Kommentatoren sahen schließlich den Bereicherungsanspruch in besonders hohem Maße von Billigkeit oder Treu und Glauben geprägt,[51] obwohl fast niemand den alten Pomponius-Satz als geltendes Recht er-

---

[46] *Enneccerus*[3], Bürgerliches Recht, Bd. 1, § 440 II 1 (S. 1110); *Landois*, in: *Planck*[4], Vorb. § 812, Anm. 2 a (S. 1612); tendenziell auch *Otto Schwarz*, Bürgerliches Recht, Bd. 1, S. 814 f., der § 812 BGB mit der condictio sine causa gleichsetzte.

[47] Grundlegend *Stammler*, in: Festgabe für *Fitting*, S. 131 (bes. 161–167). Textzitat nach *Engelmann*, in: *Julius v. Staudinger*[2], § 812, Anm. 4 pr. (S. 828); ähnlich z. B. *Koester*, Ungerechtfertigte Bereicherung, S. 29–95; siehe des weiteren *Crome*, Bürgerliches Recht, Bd. 2, § 316 (S. 976): Ausgleich von „Unebenheiten der formalen Rechtsordnung". Dagegen etwa *Oertmann*[5], Vorb. § 812, Anm. 1 d ε (S. 1325). Bei anderen Autoren tauchte der „Gegensatz des formalen zum materiellen Rechte" nur als Rechtsprinzip des Bereicherungsrechts auf; siehe z. B. *Bartsch*, Unmittelbare Vermögensverschiebung, S. 1.

Ebenfalls einheitlicher Begriff der Rechtsgrundlosigkeit bei *Collatz*, Ungerechtfertigte Vermögensverschiebung, bes. S. 20, 35: Rechtfertigung durch ein Schuldverhältnis, „kraft dessen der Bereicherte von dem Geschädigten die Vermögenszuwendung zu fordern berechtigt war", mit der Folge, daß Vermögensverschiebungen jenseits von Zuwendungen stets ungerechtfertigt seien; *v. Mayr*, Bereicherungsanspruch, S. 428 f.: „Mangel der relativen Beziehung zwischen den Parteien"; ihm zustimmend *Plessen*, Moderne condictio, S. 45–51. Pointiert *Krawielicki*, Bereicherungsanspruch, allgemein S. 2–6: „Rechtsgrund ist ein Tatbestand, der zum Behalten einer Vermögensverschiebung berechtigt". *Krawielicki* zufolge ist der Rechtsgrund schuldrechtlicher Natur, zusätzlich sieht er die Ausschlußgründe nach §§ 814, 815, 817 S. 2 BGB als Rechtfertigung an. Näher dazu im Rahmen der heutigen Einheitslehren unten ab S. 407. Ambivalent schließlich *Barnstedt*, Merkmal der Rechtsgrundlosigkeit, S. 24–27, der einerseits mit *Wilburg* feststellte, die Rechtsgrundlosigkeit lasse sich auf keinen gemeinsamen Nenner bringen, andererseits jedoch mit *Krawielicki* sympathisierte.

[48] *Dernburg*, Bürgerliches Recht, Bd. II/2, § 374 IV (S. 677).

[49] *Heck*, Schuldrecht, § 140, 3 (S. 418).

[50] *Hedemann*[2], Schuldrecht, § 67 V a (S. 425).

[51] *Burchard*, Bürgerliches Recht, Bd. 1, § 93 I (S. 168); *Crome*, Bürgerliches Recht, Bd. 2, § 316 (S. 977): Ausgleich einer Anomalie wider „Billigkeit und Recht", § 321 pr.

achten wollte.[52] Daran erinnert man sich heute nur zu gern. Vergessen wird dabei ganz, daß einige der Meinungsführer die Billigkeit im Bereicherungsrecht kategorisch verwarfen.[53]

c) Abgrenzung von Leistung und Nichtleistung

Unabhängig davon, inwiefern die Lehre „Leistung" und „in sonstiger Weise" trennte oder zusammenführte, stellte sich die Frage, wie die beiden Tatbestandselemente zueinander abzugrenzen sind. Es gab in der Frühzeit Stimmen, welche den Unterschied der Bereicherung aus Leistung und in sonstiger Weise mit rechtsgeschäftlicher und nichtrechtsgeschäftlicher Bereicherung gleichsetzten[54] oder nach Windscheids Grobraster für die condictio sine causa aus der Kondizentensicht in willentliche und nichtwillentliche Vermögensverschiebungen einteilten.[55] Doch Windscheids Einteilung paßte nur auf die Leistungsfälle innerhalb der condictio sine causa specialis, weil hier der Irrtumsfaktor im Gegensatz zur condictio indebiti nicht entscheidend war.

Die Literatur zum Bürgerlichen Gesetzbuch überzeugte sich daher ganz im Gegensatz dazu in nur wenigen Jahren von einer Abgrenzung zwischen Leistung und Nichtleistung, die im wesentlichen der heutigen entspricht. Die Kon-

---

(S. 995, Fn. 3); *Erdel*, Bürgerliches Recht, § 28 (S. 245); *Heinrichs*, Erfordernis der Unmittelbarkeit, S. 1; *Jolk*, Anspruchsvoraussetzungen, S. 4; *Kahn*, Mittelbare Bereicherung, S. 2; *Keßler*, in: *Soergel/Lindemann*², Vorb. § 812 (S. 813); *Klingmüller*, Begriff des Rechtsgrundes, S. 105; *Kuhlenbeck*, Vorb. § 812 (S. 659); *Lobe*, in: RGRK⁸, Vorb. § 812, Anm. 1 (S. 542); *Pinzger*, in: *Palandt*³, Vorb. § 812, Anm. 1 pr. (S. 758); *Otto Schwarz*, Bürgerliches Recht, Bd. 1, S. 814; *Siméon*, Bürgerliches Recht, Bd. 1, § 84, 1 (S. 630); *Stück*, Bereicherungsanspruch, S. 10; *Sturm*, Form des Rechts, bes. S. 100; *Türcke/Niedenführ/Winter*, § 812, Anm. 2 pr. (S. 681); *Wuttke*, Ungerechtfertigte Bereicherung, S. 9.

Vermittelnd *Windscheid/Kipp*, Pandektenrecht, Bd. 2, § 424 [BGB] (S. 889): auch § 812 BGB unterliege § 242 BGB.

[52] Exemplarisch *Korn*, Zivilrecht, S. 242, der den Satz mit dem Merkmal „ohne rechtlichen Grund" abschwächte; siehe auch *André*, in: *Planck*¹ ², Vorb. § 812, III (S. 575); a. A. aber *Heinrich Rosenthal*, Anhang, § 812, Anm. II pr. (S. 980): „Niemand soll sich mit dem Schaden eines anderen bereichern" als „Wegweiser" für das BGB.

[53] *Engelmann*, in: *Julius v. Staudinger*², § 812, Anm. I 4 pr. (S. 828); *Georg Hoffmann*, in: RGRK², § 812, Anm. 1 (S. 755); *Jung*, Bereicherungsansprüche, S. 136, Fn. 207, S. 139 f.; *Josef Kohler*, Bürgerliches Recht, Bd. II/1, § 166 III (S. 454); *Franz Leonhard*, Schuldrecht, Bd. 2, § 248 (S. 475); *v. Mayr*, Bereicherungsanspruch, S. 41; *Stammler*, in: Festgabe für *Fitting*, S. 131 (135). Des weiteren *Koester*, Ungerechtfertigte Bereicherung, S. 32; *Loewenwarter*, § 812 (S. 439); *Ratjen*, Mangel des rechtlichen Grundes, S. 6, 9; *Thayssen*, Condictio und Bereicherungsanspruch, S. 19 f.

[54] *Anger*, in: SächsArch, Bd. 7 (1897), S. 657 (658).

[55] *Kallmann*, Bereicherungsanspruch, S. 12 f.; *Kuhlenbeck*, § 812, Anm. 1 (S. 661). Siehe selbst noch *Scheyhing*, in: AcP, Bd. 157 (1958/59), S. 371 (373).

diktionstypologie Ernst v. Caemmerers war zwar unbekannt, trotzdem verhinderte selbst das Verständnis von § 812 BGB als Generalklausel nicht, das Bereicherungsrecht aufzugliedern: Obwohl viele für die „Leistung“ das Zweckelement vernachlässigten, faßte man die Verwendungskondiktion mitnichten als Unterfall der Leistung auf. Das wäre bei einem weiten Verständnis der willentlichen Vermögensverschiebung durchaus möglich gewesen,[56] doch der romanistische Hintergrund der Lehre verhinderte diese Verirrung.[57] Die Leistung wurde von den Fällen „in sonstiger Weise“ geschieden, die auf das Handeln des Bereicherten, eines Dritten, auf Zufall oder das nicht zweckgerichtete Handeln des Entreicherten selbst zurückgehen. Prägnant formulierte dabei Erich Barnstedt, die Bereicherung „in sonstiger Weise“ durch den Entreicherten werde von der Leistung durch die fehlende subjektive Haltung des Entreicherten, eine Leistung zu erbringen, abgegrenzt.[58] Leistung und Verwendung konnten sich nicht mehr überschneiden.

Auf der anderen Seite scheinen innerhalb des Anwendungsbereichs der Nichtleistungskondiktion Verwendungsfälle für die Lehre weithin unbeachtlich gewesen zu sein, beispielsweise definierte man, Bereicherung „in sonstiger Weise“ trete nur ein, wenn etwas ohne Mitwirkung des Entreicherten in die Sphäre des Bereicherten gelange. Verwendungen können hier kaum gemeint sein, weil sie gerade vom Entreicherten ausgehen. Andererseits wollte die Dogmatik die Kondiktion aus Verwendung nicht als Leistungskondiktion sehen. Aber selbst Autoren, deren Definition von „in sonstiger Weise“ für die Verwendungskondiktion Platz bot, übergingen oft – wenn auch nicht immer – diese Bereicherungsvariante.[59] Im Rahmen des § 951 BGB scheute man sich jedoch weniger, Verwendungsfälle einzubeziehen.[60]

---

[56] Vgl. *Scheyhing*, in: AcP, Bd. 157 (1958/59), S. 371 (376).

[57] Exemplarisch *Hartmann*, in: ArchBürgR, Bd. 21 (1902), S. 224 (226 f., insbes. Fn. 2).

[58] *Barnstedt*, Merkmal der Rechtsgrundlosigkeit, S. 20 (mit Druckfehler: es muß der „Entreicherte seinerseits“ und nicht der „Bereicherte seinerseits“ sein, damit die Passage Sinn macht); des weiteren z. B. *Enneccerus*[3], Bürgerliches Recht, Bd. 1, § 442 II (S. 1117 f.); *Jung*, Bereicherungsansprüche, bes. S. 45, Fn. 81; *v. Mayr*, Bereicherungsanspruch, S. 426 f.

Enger z. B. *Lobe*, in: RGRK[8], § 812, Anm. 5 (S. 544), der nicht den Entreicherten unter „in sonstiger Weise“ erwähnte (siehe aber auch *ders.*, a. a. O., Anm. 6, 2 (S. 555), hier wird die „nicht gewollte Handlung des Benachteiligten“ aufgezählt). Ebenso *Engelmann/Keidel*, in: *Julius v. Staudinger*[9], § 812, Anm. 1 e (S. 1674 f.); *Landois*, in: *Planck*[4], § 812, Anm. II b (S. 1634 f.); *Oertmann*[5], Vorb. § 812, Anm. 2 c β (S. 1330); *Plessen*, Moderne condictio, S. 32, der die Bereicherung in „sonstiger Weise“ in Vermögensverschiebungen unterteilt, die durch den Bereicherten, einen Dritten oder durch Zufall veranlaßt sind.

[59] Siehe die Spezialliteratur zum Verwendungsersatz, die stets nur auf die §§ 994 ff. BGB einging: *Friedrich Kötter*, Recht auf Verwendungsersatz, S. 17–37; *Hans Simon*, Geltendmachung des Verwendungsanspruchs, S. 54–69; *Steinbach*, Ansprüche wegen

2. Theorie vom Kausalgeschäft

Bisher wurde noch kein universelles Bereicherungssystem im einzelnen vorgestellt; das sei nun nachgeholt. Zu nennen ist dabei vor allem Erich Jung, auf den sich selbst die heutige Lehre gerne beruft. Er lieferte den ersten pointierten Entwurf zur Deutung des neuen Gesetzes. In seiner Monographie „Die Bereicherungsansprüche und der Mangel des rechtlichen Grundes" aus dem Jahre 1902 entwickelte Jung ein systematisches Gedankengebäude.[61] Zunächst will er in induktiver Weise von den verschiedenen Fallgruppen ausgehend das maßgebliche Prinzip suchen; deduktiven Lösungsversuchen mißtraut er angesichts der offenen Fassung des § 812 Abs. 1 S. 1 BGB.[62] Jung unterscheidet daher die Bereicherung durch Leistung eines anderen von der Bereicherung in sonstiger Weise und widmet sich zuerst der letzteren Fallgruppe.

Für Jung ist der Bereicherungstatbestand der Nichtleistungskondiktion eingetreten, wenn durch einen originären Rechtserwerb der Übergang eines Rechts aus dem Vermögen des einen in das des anderen bewirkt wurde. Zur Leistungskondiktion stellt er fest, daß „die Rückgabe des Geleisteten dann wegen verfehlten Zwecks der Leistung gefordert werden kann, wenn die mit der Leistung bezweckte rechtliche *Einwirkung auf die relativen Beziehungen des Empfängers*, regelmäßig auf die zum Leistenden, ausgeblieben ist."[63] Die Bereicherung erfolge hier „durch Leistung", während die Bereicherung „in sonstiger Weise auf dessen Kosten" gegeben sei. Jung nimmt partiell Wilburg vorweg, denn das Kostenmerkmal ist nach seiner Lesart für die Leistung unerheblich. Was durch Leistung erlangt sei, „habe ich immer auf dessen Kosten" erlangt, erklärt er.[64] Außerdem stehe ein einheitlicher Tatbestand als „Abstraktion von dem Sinnlichen des Vorgangs" zur „erstrebenden Veräußerlichung des Thatbestandes" im Widerspruch.[65] Ebenso wie v. Tuhr betont Jung dafür das Zweckelement der

---

Verwendungen. Anders explizit *Barnstedt*, Merkmal der Rechtsgrundlosigkeit, S. 20; *Enneccerus*^{3}, Bürgerliches Recht, Bd. 1, § 442 II 3 (S. 1118); *Hartmann*, in: ArchBürgR, Bd. 21 (1902), S. 224 (226 f., insbes. Fn. 2); *Keßler*, in: *Lindemann/Soergel*^{2}, § 812, Anm. 5 (S. 814); *v. Mayr*, Bereicherungsanspruch, S. 426 f., die Verwendungen in § 812 Abs. 1 S. 1 BGB einbeziehen.

60 Anders *Ernst Rosenthal*, Bereicherung durch inaedificatio, S. 54 f.; *Windscheid/Kipp*, Pandektenrecht, Bd. 2, § 422 [BGB] 3 (S. 879): sie wollten eher auf die §§ 994 ff. BGB zurückgreifen.

61 *Jung*, Bereicherungsansprüche, S. 129; siehe auch *ders.*, in: RG-Praxis im dt. Rechtsleben, Bd. 3, S. 143 (147–164).

62 *Jung*, Bereicherungsansprüche, S. 16, 24–26.

63 Zitate nach *Jung*, Bereicherungsansprüche, S. 126 f.

64 *Jung*, Bereicherungsansprüche, S. 56, insbes. Fn. 94, S. 144 f., 152.

65 *Jung*, Bereicherungsansprüche, S. 129; sowie S. 127, Fn. 193, de lege ferenda: „[...] daß eine schärfere Trennung in *der Aussprache der gesetzlichen Thatbestände* durchführbar und meines Erachtens angemessen wäre [...]".

Leistung,[66] die causa ist „der obligatorische Zweck, d. h. die mit der Leistung bezweckte Einwirkung auf die relativen Beziehungen des Empfängers".[67] Durch den Bezug auf Schuldverhältnisse soll gleichzeitig die ausufernde Tendenz der Voraussetzungslehre bekämpft werden. Mehrpersonenverhältnisse können mit dem gefundenen Instrumentarium nun vollkommen unabhängig von der unmittelbaren Vermögensverschiebung gelöst werden. Allein die Zwecksetzung soll das Leistungsverhältnis festlegen.[68]

Obwohl Jung also der herrschenden Deutung zu § 812 BGB sehr kritisch gegenübersteht, sieht er einen „allgemeiner Thatbestand"; er ist aber weniger Gesetzestext als „Grundsatz" und „Prinzip":[69]

> „Das Wesentliche haben demnach die beiden Hauptarten von Bereicherungsthatbeständen gemeinsam, nämlich daß eine Vermögensverschiebung erfolgt ist, der es an einer rechtlichen *Unterlage in den Beziehungen der beiden bestimmten Beteiligten, der es an der obligatorischen Unterlage* fehlt."

Bei der Leistung werde der Zweck nicht erreicht, in den anderen Fälle liege überhaupt kein Wille zur Vermögensverschiebung vor. Noch abstrakter gefaßt ist für Jung das Bereicherungsrecht ein Korrektiv, welches das auf Güterbewegungen ausgelegte Schuldrecht unterstützen soll.

Nicht jeder, der für eine tatbestandliche Ausdifferenzierung der Kondiktionstypen eintritt, muß folglich die Kondiktionen unterschiedlich dogmatisch legitimieren. Nach der Matrixhypothese eingeordnet vertritt Jung auf Prinzipienebene das Einheitsmodell. Für die Tatbestandsebene kommt er eher zum Trennungs- als zum Einheitsmodell. „Auf dessen Kosten" ist tatbestandlich überflüssig, da das Element stets mit der „Leistung" erfüllt sein soll.[70] Auf Interpretationsebene könnte man ihn so deuten, er vertrete das kleine Einheitsmodell, da er in die Leistung die Wertung der Vermögensverschiebung hineindeuten möchte. Aber selbst dann ist das formal gesehen noch ein Trennungsmodell. Die Leistung ist eben mehr als die reine Vermögensverschiebung bei Nichtleistung.

---

[66] *Jung*, Bereicherungsansprüche, S. 58, allgemeiner S. 67 f., 127:

> „Leistung ist diejenige, mit dem Willen des verlierenden Vermögensinhabers eintretende Rechtsveränderung, welche ihre Wirkung nicht erschöpfen soll in dieser Veränderung der absoluten Rechtslage, sondern welche außerdem in den rechtlichen Beziehungen des Empfängers zu bestimmten anderen Personen eine bestimmte Wirkung hervorbringen soll."

[67] *Jung*, Bereicherungsansprüche, S. 109, siehe auch S. 128.

[68] *Jung*, Bereicherungsansprüche, bes. S. 87 f.

[69] *Jung*, Bereicherungsansprüche, S. 127 f.

[70] Es wäre freilich auch möglich, *Jung* so zu deuten, „auf dessen Kosten" werde durch die „Leistung" lediglich konkretisiert. Das Ergebnis wäre dann das „kleine" Einheitsmodell auf Tatbestandsebene. Diese Lösung wird im eigenen Lösungsansatz des Verfassers verfolgt; siehe unten ab S. 464.

„Die Bereicherungsansprüche und der Mangel des rechtlichen Grundes" sind auf jeden Fall ein sehr facettenreicher Versuch, das neue Recht rational zu ordnen. Jungs Zeitgenossen waren dem Werk gegenüber sehr kritisch eingestellt.[71] Sie sahen in erster Linie die für die Nichtleistungskondiktion überzeichnete Lehre vom obligatorischen Rechtsgrund, die faktisch zu einer Vermutung der Rechtsgrundlosigkeit jenseits der Leistungsfälle führte. Jung selbst gibt freimütig zu, die Leistungskondiktion sei im Zweifel gerechtfertigt, während es sich in allen anderen Fällen gerade andersherum verhalte.[72] Rechtfertigende Faktoren wie §§ 892 oder 932 ff. BGB werden dadurch leider übergangen.

3. Rechtswidrigkeitstheorie

Noch einschneidendere Abweichungen vom alten Recht wollte Fritz Schulz durchsetzen. Mit seinem 488-seitigen (!) Beitrag im Archiv für die civilistische Praxis des Jahres 1909 stellte er ein Modell für die privatrechtliche Eingriffshandlung vor. Nicht nur die Rechtswidrigkeitstheorie stammt aus Schulz' Feder,[73] auch die heute allgemein anerkannte Auslegung der §§ 281 und 687 Abs. 2, 684 BGB hat er zuerst mit Nachdruck vertreten. Schulz geht in seinen Ausführungen so weit, daß er gar die Bezeichnung „Bereicherungsanspruch" ablehnt und die Bereicherungsansprüche als Rechtsbehelfe bezeichnet, mit denen auf Eingriffe in die Rechtssphäre reagiert werde.[74] Er fordert mit beinahe revolutionärem Pathos schlicht die *„Auflösung dieser ganzen Anspruchskategorie"*.[75]

Zentraler Gesichtspunkt ist für ihn das „Recht auf den Eingriffserwerb" als „Recht auf alles, was durch den Eingriff in ein fremdes Recht erworben worden ist".[76] Schulz entwickelt das Bereicherungsrecht also von der Eingriffskondiktion aus, während Jung nach römischem Vorbild die Kondiktionen ob causam hervorhebt. Konstitutiv für den Bereicherungsanspruch seien nur noch Eingriffshandlung, Erwerb, Kausalzusammenhang von Eingriffshandlung und Erwerb sowie Widerrechtlichkeit. Absolut widerrechtlich sei „eine Handlung, die gegen zwingende Gebots- oder Verbotsvorschriften verstößt". Relativ wider-

---

[71] Statt aller *Dernburg*, Bürgerliches Recht, Bd. II/2, § 374 III (S. 677). Zustimmend indes *Julius Segall*, Verwandtschaft des Bereicherungs- mit dem Schadensersatzanspruch, bes. S. 22–33.

[72] *Jung*, Bereicherungsansprüche, S. 128.

[73] Von *Fritz Schulz* auch Rechtsverletzungstheorie tituliert, siehe in: AcP, Bd. 105 (1909), S. 446; zur Rechtswidrigkeitstheorie sei weiterhin auf *Bertram Ebert*, Geschäftsanmaßung, S. 73–79, m. w. N., verwiesen.

[74] *Fritz Schulz*, in: AcP, Bd. 105 (1909), S. 427.

[75] *Fritz Schulz*, in: AcP, Bd. 105 (1909), S. 473.

[76] *Fritz Schulz*, in: AcP, Bd. 105 (1909), S. 427.

rechtlich sei „eine Handlung, die ohne gegen zwingende Gebots- oder Verbotsnormen zu verstoßen einen Eingriff in ein subjektives Privatrecht darstellt, den der Betroffene sich nicht gefallen zu lassen braucht, zu dessen Unterlassen der Handelnde verpflichtet war". Leistungs- und Nichtleistungskondiktion seien eigentlich gleich zu behandeln. Als Beispiele einer relativen, das heißt genehmigungsfähigen Rechtswidrigkeit, hebt Schulz vor allem den Fall der condictio indebiti hervor. Der Erwerb werde nicht dadurch rechtmäßig, daß der Scheinschuldner freiwillig leiste, vielmehr liege Rechtswidrigkeit vor, weil der Betroffene nicht zur Leistung verpflichtet sei und er folglich den Empfang beim Scheingläubiger nicht dulden müsse. Mit Hilfe der Rechtswidrigkeitskategorie könne das causa-Problem aufgelöst werden, denn eine causa und damit das Tatbestandsmerkmal „ohne rechtlichen Grund" seien nun überflüssig.[77]

Ebenso wie der Rechtsgrund soll das Tatbestandsmerkmal „auf dessen Kosten" *de lege ferenda* abgelöst werden. Schulz geht davon aus, das Bereicherungsrecht sei von einem realen „Schaden" des Kondizenten und somit von einer Vermögensverschiebung völlig unabhängig.[78] Maßgeblich sei nur noch eine rechtswidrige Bereicherung des Schuldners. Noch heute gilt sein Satz, „nicht im Vermögen des Verletzten, wie beim Schadensersatz, sondern im Vermögen des Verletzers soll der Zustand hergestellt werden, wie er ohne den [...] Eingriff bestehen würde" (Abschöpfungsgedanke).[79] Schulz lehnt es im Gegensatz zur modernen Lehre allerdings ab, das Tatbestandsmerkmal „auf dessen Kosten" *de lege lata* in bestimmten Fallgruppen zu ignorieren. „Wo immer der Gewinnerwerb durch Rechtsverletzung, aber nicht unter gleichzeitiger Vermögensschädigung erfolgt, kann man nicht von einem Gewinn auf Kosten eines anderen reden", argumentiert er. Solche Fälle könnten nur mittels einer Analogie zu § 812 BGB erfaßt werden.[80]

Insgesamt fallen Ungereimtheiten im Konzept der Rechtswidrigkeitstheorie auf. Die Begründung der Eingriffskondiktion im engeren Sinne über die Rechtswidrigkeit mag durchaus noch verständlich sein. Indem Schulz jedoch die Rechtswidrigkeit der Leistungskondiktion unterschiebt, überschreitet er in umgekehrter Weise wie Jung den Rubikon der bereicherungsrechtlichen Systematik. Die Rechtswidrigkeit als alleiniges Kriterium der Leistungskondiktion bleibt farblos und unbestimmt. Will man zu angemessenen Ergebnissen kommen, müssen andere Wertungsfaktoren bemüht werden, so daß die Rechtswidrigkeit zur reinen Chiffre verkommt. Ohne Frage schwebt Schulz zumindest de

[77] Zitate nach *Fritz Schulz*, in: AcP, Bd. 105 (1909), S. 433, 435, 479 f., 480, Fn. 1191.

[78] *Fritz Schulz*, in: AcP, Bd. 105 (1909), S. 441. Siehe bereits oben auf S. 316, Fn. 12.

[79] *Fritz Schulz*, in: AcP, Bd. 105 (1909), S. 445, 457.

[80] Zitate nach *Fritz Schulz*, in: AcP, Bd. 105 (1909), S. 478 f.

lege ferenda ein reines Einheitsmodell auf allen Ebenen vor. Mag Schulz dabei zu weit gegangen sein, so trug er doch seinen Anteil an der Entwicklung hin zur modernen Lehre bei. Er ist quasi der „Entdecker" der Eingriffskondiktion, nachdem die condictio furtiva eliminiert worden war. Zu Unrecht wird aber im Handbuch des Schuldrechts von der „ersten Wende" im Bereicherungsrecht gesprochen.[81] Die Wende, versteht man sie als breiten Umschwung im Meinungsbild, kam auf ganz andere Art und Weise erst viele Jahre später zustande. Denn die zeitgenössische Literatur stand Schulz fast einhellig ablehnend gegenüber.[82] Erst über Wilburg, der wieder an die Eingriffskondiktion anknüpfte, wurde die Rechtswidrigkeitstheorie im Nachhinein wieder publik. Treffender erscheint es daher, diese Theorie als Vorbereiter der Trennungslehre zu sehen.

4. Erste Anzeichen der Zuweisungs- und Trennungslehre

Der Stimmungsumschwung im Bereicherungsrecht wurde nicht direkt durch Schulz' radikale Thesen, sondern durch eine Tendenz vorbereitet, die sich zunächst leise und dann immer deutlicher in der Literatur Gehör verschaffte. Der Eingriffsgedanke war nur ein Baustein. Wilburg setzte ihn später in sein System ein, das noch von ganz anderen Meinungsströmungen beeinflußt wurde. Der Großteil der Lehre kam über die Distinktion der Rechtsgrundlosigkeit nicht hinaus, und die weitergehende Aussage, die Bereicherungsansprüche seien von keinem einheitlichen Prinzip getragen, war zu vage, um den 24. Abschnitt neu zu strukturieren. Trotzdem vermochten einige Stimmen jenseits des Tatbestandsmerkmals „ohne rechtlichen Grund" die Leistung deutlich von der Nichtleistung zu trennen.

Den ersten teleologisch fundierten Versuch unternahm Paul Oertmann in seinem Kommentar zum Bürgerlichen Gesetzbuch,[83] nachdem bereits kurz vor 1900 Konrad Hellwig in dunklen Andeutungen am Tatbestandscharakter der Nichtleistungsfälle gezweifelt hatte.[84] Die Leistung, so führte Oertmann aus, beruhe auf dem „Gegensatz zwischen dem rechtlichen Zweck des Aktes und

---

[81] *Reuter/Martinek*, Ungerechtfertigte Bereicherung, § 2 I 2 (S. 24).

[82] Etwa *Heck*, Schuldrecht, § 144 V (S. 435 f.); *Enneccerus/Lehmann*[12], Bürgerliches Recht, Bd. 2, § 219 pr., Fn. 1 (S. 732): „Dieser Angriff gegen die im römischen und mehr noch als einem neueren Recht erprobte Gestaltung der Kondiktionen scheint in der Hauptsache nicht berechtigt zu sein"; *Oertmann*[3/4], Vorb. § 812, pr. b (S. 1016): „eigenartige [...] Schrift", oder *Landois*, in: *Planck*[4], § 812, Anm. 3 (S. 1627); anders *Siber*, Schuldrecht, § 74 I 2 (S. 417).

[83] *Oertmann*[3/4], Vorb. § 812 Anm. 1 c η (S. 1018); siehe auch *Oertmann*[5], Vorb. § 812, Anm. 1 d η (S. 1326), und die Bemerkungen *Oertmanns* zu *Wilburg* in: JW, Bd. 64 (1935), S. 685 (685).

[84] *Hellwig*, Verträge auf Leistung an Dritte, S. 135. Siehe bereits oben auf S. 314, Fn. 9.

den aus irgendwelchen Gründen von der Rechtsordnung als selbständig anerkannten Mitteln", in den anderen Fällen auf dem Widerspruch der konkreten mit der abstrakten Wertzuweisung. Oertmann kritisierte hier weitaus mehr als die Einheit des Bereicherungsrechts, er bot einen eigenständigen Lösungsansatz. Für ihn stand in Leistungsfällen die verfehlte Zwecksetzung im Vordergrund, ganz so, wie die Trennungslehre die Zwecksetzung zum maßgeblichen Kriterium erhebt. Der Zuweisungsgedanke für die Nichtleistung deutet ebenfalls in uns heute bekannte Bahnen. Zwar gelang es Oertmann noch nicht, seine prinzipienhaften Skizzen im konkreten Tatbestand § 812 Abs. 1 S. 1 BGB umzusetzen – er verharrt noch bei der Vermögensverschiebung – ein erster konzeptioneller Schritt zur Trennungslehre jedoch war bereits getan.

Im Zuge der neuen Methodologie, der Interessenjurisprudenz, entwickelte Philipp Heck die Zuweisungslehre weiter. Ähnlich der heutigen Lehre vom Zuweisungsgehalt bei der Eingriffskondiktion wollte er den Umfang der Herausgabepflicht danach ausrichten, inwiefern die „Erwerbsmöglichkeiten der fraglichen Beschaffenheit dem Gläubiger zugewiesen sind".[85] Bemerkenswert ist außerdem sein Verständnis von der Kondiktion in Dreiecksverhältnissen, die er vor allem mit dem Schutz der Einwendungen gegen den Vertragspartner begründete.[86] Auf die unmittelbare Vermögensverschiebung mochte zwar auch Heck nicht verzichten, seine an den Vertragsverhältnissen orientierte Lehre von der Rückabwicklung ist allerdings der direkte Vorläufer der später unter dem Leistungsbegriff vorgetragenen Argumente. Heck geht noch ein Stück weiter als Oertmann: Er gliederte das Bereicherungsrecht ansatzweise auf der Interpretationsebene nach Leistung und Nichtleistung. Noch mehr in Richtung des Trennungsmodells gelangte Franz Leonhard. Seiner 1931 publizierten „Unterscheidungslehre" zufolge gilt das Tatbestandsmerkmal „auf dessen Kosten" für die Leistung, es soll für Leistung und Nichtleistung unterschiedlich ausgelegt werden.[87] In seinem „Lehrbuch des Besonderen Schuldrechts" schlug Kreß 1934 ebenfalls einen ähnlichen Weg ein, als er die rechtsgrundlose Bereicherung in „vertragliche Leistung" und sonstige Fälle unterteilte.[88] Aber selbst er vertraute auf die Vermögensverschiebung als Element für Leistung *und* Nichtleistung.

---

[85] *Heck*, Schuldrecht, § 141, 5 pr. (S. 421).

[86] *Heck*, Schuldrecht, § 144 II 5 (S. 432).

[87] *Franz Leonhard*, Schuldrecht, Bd. 2, bes. § 238 f. (S. 453–456); ablehnend *Guilleaume*, Ungerechtfertigte Bereicherung.

[88] *Kreß*, Besonderes Schuldrecht, § 35 (S. 327–339).

5. Fazit

Mit Oertmanns Kommentierung war bereits von Anfang an der Keim für eine Lehre gelegt, welche die Vermögensverschiebung nicht mehr im Zentrum des Bereicherungsrechts sehen sollte. Andere beschritten in verschiedene Richtungen den Weg weiter, allen voran Heck, Leonhard und v. Tuhr. Die ganz herrschende Meinung hingegen hielt an der unmittelbaren Verschiebung des Vermögens fest. Die Zwecksetzung war folglich noch nicht das Herz der Leistungskondiktion. Getreu der pandektistischen Tradition differenzierte man immerhin die Rechtsgrundlosigkeit. In die Zange genommen wurde die offizielle Lehrmeinung zusätzlich von Außenseitern wie Jung und Schulz, die auf ihre Weise bestimmte Aspekte des Bereicherungsrechts stärker als zuvor betonten: Jung hob die Leistungskondiktion hervor, Schulz vice versa die Eingriffskondiktion. Der Boden war für die Trennungslehre geistig gut vorbereitet; die zahllosen Probleme in Mehrpersonenverhältnissen mit den herkömmlichen Begriffen waren ein allzu deutliches Zeichen, daß die Zukunft des Bereicherungsrechts jenseits der unmittelbaren Vermögensverschiebung zu suchen sei.

II. Die Rechtsprechung

1. Allgemeines

Die Rechtsprechung, allen voran das Reichsgericht, war in weit stärkerem Maße als die Lehre bis zur Wende im Elektrogeräte-Fall ein treuer Diener der Vermögensverschiebungslehre. Sie gab den Kommentatoren nicht wenige Rätsel über die genaue Abgrenzung der Unmittelbarkeitsdoktrin auf.[89]

a) Billigkeit

Untermauert wurde die konventionelle Sicht der Gerichte durch den Billigkeitsgedanken. So urteilte das Reichsgericht, maßgebend seien „Billigkeitsrücksichten, auf welchen die durch den Bereicherungsanspruch vom Gesetz erstrebte Ausgleichung von Vermögensverschiebungen, die auf Grund formalen Rechtes eingetreten sind", beruhe.[90] Zweck der Bereicherungsklage sei es, so

---

[89] Siehe neben den zeitgenössischen Kommentaren vor allem *Detlef König*, Ungerechtfertigte Bereicherung, bes. S. 186–236.

[90] RG, 24.3.1915 – V. 453/14, in: RGZ, Bd. 86 (1915), S. 343 (348) = Nachschlagewerk des RG, § 812, Nr. 136, § 818, Nr. 26 = *Schubert/Glöckner*, Edition, §§ 812–825, S. 43, 138. Erwähnung der Billigkeit für Saldierung bei gegenseitigen Verträgen auch in RG, 20.12.1918 – II. 204/18, in: RGZ, Bd. 94 (1919), S. 253 (254) = Nachschlagewerk des RG, § 812, Nr. 163, § 818, Nr. 38 = *Schubert/Glöckner*, Edition, §§ 812–825,

führte das Oberlandesgericht Dresden in der Vorinstanz zum bekannten Postanweisungs-Fall mit ähnlichen Worten aus, „eine in formeller Beziehung nicht zu beanstandende Leistung aus Gründen der Billigkeit und deswillen rückgängig zu machen, weil sie des Kausalgrundes ermangelt [...].“[91] In einer Wechselstreitigkeit hielt das Reichsgericht schließlich fest:[92]

> Der „Rückforderungsanspruch der §§ 812, 813 BGB. beruht auf dem allgemeinen Grundsatze der Billigkeit und Gerechtigkeit. Er soll die Ausgleichung einer eingetretenen Vermögensänderung da herbeiführen, wo diese Veränderung ohne rechtfertigenden Grund eingetreten ist. Die Zubilligung des Anspruchs darf demnach nur erfolgen unter Berücksichtigung der gesamten zwischen den Parteien obwaltenden Rechtslage und unter Berücksichtigung des Grundsatzes, daß jedermann sein Verhalten so einrichten muß, wie es Treu und Glauben mit Rücksicht auf die Verkehrssitte fordern.“

Verallgemeinern sollte man die positive Haltung der Gerichte zur Billigkeit aber bei weitem nicht. Es ginge zu weit, der höchstrichterlichen Rechtsprechung in der ersten Hälfte des 20. Jahrhunderts pauschal zu unterstellen, sie habe das Bereicherungsrecht als Billigkeitsrecht verstanden. Jedenfalls sind die gewöhnlich angeführten Belege nur wenig stichhaltig: In einem Urteil des VII. Zivilsenats unter Senatspräsident Freiherr v. Richthofen von 1935 wird vornehmlich die Einrede der unzulässigen Rechtsausübung angesprochen. Der „Im Namen des Deutschen Volkes“ erwähnte Satz, das Bereicherungsrecht sei „im besonderen Maße“ den „Grundsätzen der Billigkeit“ unterworfen, sollte vielleicht im allgemeinen Kontext dieser Zeit gesehen werden:[93] Beklagte Partei war das Land Preußen, vertreten durch den Reichs- und Preußischen Minister für Ernährung und Landwirtschaft, und in der Sache standen die „Grundsätze der nationalsozialistischen Staatsführung, die den Bauernschutz auf ihre Fahnen geschrieben habe“, zur Debatte.

Ein weiteres herangezogenes Urteil verwendet Treu und Glauben nur für die Einrede der gegenwärtigen Arglist.[94] In der letzteren Entscheidung stellte sich das Reichsgericht geradezu auf den diametral entgegengesetzten Standpunkt: Seine Haltung sei keine bloße Billigkeitserwägung, sondern „läßt sich aus den Grundsätzen des Bereicherungsrechts selbst, also aus dem objektiven Recht

---

S. 54 f., 141; Zitat aus dem Urteil: „Es entspricht vielmehr dem natürlichen Rechtsgefühl und der Billigkeit [...]“; weiterhin RG, 5.5.1911, in: WarnRspr, Bd. 4 (1911), S. 363 (364).

Des weiteren OLG Dresden, 22.1.1904 – 2 O 71/03, in: AnnSächsOLG, Bd. 26 (1904), S. 291 (292); OLG Dresden, 27.9.1917 – 5 O 8/17, in: SeuffArch, Bd. 73 (1917), S. 80 (82).

[91] OLG Dresden, 22.1.1904, a. a. O.

[92] RG, 29.11.1905 – I. 318/05, in: JW, Bd. 35 (1906), Beilage, S. 69 f.

[93] RG, 29.3.1935 – VII. 203/34, in: RGZ, Bd. 147 (1935), S. 280 (285).

[94] RG, 17.3.1932 – IV. 372/31, in: RGZ, Bd. 135 (1932), S. 374 (376) = Nachschlagewerk des RG, § 812, Nr. 281 = *Schubert/Glöckner*, Edition, §§ 812–825, S. 84.

ableiten."[95] In diesen Rahmen paßt es ebenfalls, daß die Rechtsprechung während der Inflationszeit Bereicherungsansprüche nicht nach § 242 BGB aufwertete, sondern § 818 BGB und damit eine bereicherungsspezifische Norm anwenden wollte.[96]

In einem anderen Fall heißt es:[97] „Vorschriften über ungerechtfertigte Bereicherung haben nicht die Bedeutung, daß mit ihrer Hilfe rechtskräftig entschiedene Streitfälle nach Belieben wieder aufgenommen werden können." Und bloße „Billigkeitserwägungen [...] können niemals dazu führen, einen unter dem Schutze der Rechtsordnung erlangten Erwerb dennoch als des Rechtsgrundes ermangelnd zu behandeln".[98] Das Fundament des Bereicherungsrechts lag in einem anderen Grund. Der Rechtsgedanke des § 812 BGB gehe dahin, „Vermögenswerte, die im Laufe wirtschaftlicher Vorgänge Personen zugeflossen sind, welchen sie nach den maßgebenden Wirtschaftsbeziehungen im Verhältnis zu anderen Personen nicht zukommen, denjenigen zuzuführen, denen sie gebühren."[99] Mit anderen Worten: Der Billigkeit kam keinerlei anspruchserzeugende Kraft zu. Sehr deutlich wird dieser Punkt im Gleisanlagen-Fall ausgesprochen: „Gewiß können Billigkeitserwägungen für die Anwendbarkeit des § 812 BGB. allein nicht ausschlaggebend sein".[100]

Als vermittelnde Ansicht läßt sich ein Urteil des IV. Zivilsenats unter Mitwirkung des Präsidenten des Reichsgerichts, des Wirklichen Geheimen Rats Freiherr Rudolf Daniel August v. Seckendorff, verstehen:[101]

> „Die Ansprüche aus ungerechtfertigter Bereicherung beruhen zwar auf Gründen der Billigkeit und höherer Gerechtigkeit. Aber [...] Billigkeitserwägungen können dabei, ganz abgesehen davon, daß sie für sich allein niemals ausschlaggebend sind [...], immer nur eine Rolle spielen, soweit das Verhältnis der Parteien zu einander in Frage kommt und dieses eine Beurteilung nach Treu und Glauben mit Rücksicht auf die Verkehrssitte erfordert."

---

[95] RG, 17.3.1932 – IV. 372/31, in: RGZ, Bd. 135 (1932), S. 374 (377) = Nachschlagewerk des RG, § 812, Nr. 281 = *Schubert/Glöckner*, Edition, §§ 812–825, S. 84.

[96] RG, 4.10.1926 – IV. 195/26, in: RGZ, Bd. 114 (1927), S. 342–347 = Nachschlagewerk des RG, § 812, Nr. 236, § 818, Nr. 55 = *Schubert/Glöckner*, Edition, §§ 812–825, S. 72 f., 145.

[97] RG, 15.6.1915 – II. 61/15, in: JW, Bd. 44 (1915), S. 1123 = Nachschlagewerk des RG, vor § 812, Nr. 2 = *Schubert/Glöckner*, Edition, §§ 812–825, S. 3.

[98] RG, 21.9.1908 – IV. 637/07, in: RGZ, Bd. 69 (1909), S. 245 (247).

[99] RG, 10.3.1928 – I. 228/27, in: RGZ, Bd. 120 (1928), S. 297 (299).

[100] RG, 20.12.1919 – V. 299/19, in: RGZ, Bd. 97 (1920), S. 310 (312) = Nachschlagewerk des RG, § 812, Nr. 172 = *Schubert/Glöckner*, Edition, §§ 812–825, S. 57.

[101] RG, 5.12.1912 – IV. 363/12, in: Recht, Bd. 17 (1913), Nr. 1590 (Nur Leitsatz), vollständige Angaben in: Sammlung sämtlicher Erkenntnisse des RG, IV. ZS., 1912, 4. Quartal, Nr. 121, Zitat nach S. 4 = Nachschlagewerk des RG, § 812, Nr. 127 = *Schubert/Glöckner*, Edition, §§ 812–825, S. 41.

Im konkreten Fall lehnten es die Räte ab, den Umstand zu berücksichtigen, daß die Klägerin bereits von Dritten Ersatz für ihre Entreicherung erhalten hatte.[102] Für die Rechtsbeziehung der Streitparteien sei nur das Verhältnis zwischen Klägerin und Beklagtem maßgebend, ist im Urteil zu lesen.

b) Vermögensverschiebung

Geschlossener war das Meinungsbild zur Vermögensverschiebung. Bereits 1902 machte der VI. Zivilsenat des Reichsgerichts unter Senatspräsident Heinrich Hermann Friedrich Winchenbach die Vorgabe, es bestehe Übereinstimmung darin,[103] „daß auch der Bereicherungsanspruch des Bürgerlichen Gesetzbuches zur *Ausgleichung* einer zwischen dem Benachtheiligten und dem Bereicherten ohne rechtlichen Grund eingetretenen Vermögensverschiebung dienen soll [...]“. Das Reichsgericht hatte von Anfang an keine Zweifel daran, das Tatbestandsmerkmal „auf dessen Kosten“ gelte auch für die Leistung.[104] Der Terminus Vermögensverschiebung wurde zum richterlichen Allgemeingut.[105]

---

[102] RG, a. a. O., in: Sammlung sämtlicher Erkenntnisse des RG, a. a. O., S. 3:

> „Für die Frage, ob die Beklagte der Klägerin zur Herausgabe ihrer Bereicherung verpflichtet ist, können nur die Rechtsbeziehungen in Betracht kommen, die zwischen den Parteien bestehen, die Rechtslage, in der sich die Parteien Dritten gegenüber befinden, hat keine Bedeutung.“

I. E. ebenso das obiter dictum in RG, 25.4.1901 – VI. 33/01, in: RGZ, Bd. 48 (1901), S. 139 (142 f.) = Nachschlagewerk des RG, § 812 Nr. 1, § 814, Nr. 1 = *Schubert/ Glöckner*, Edition, §§ 812–825, S. 5, 95; RG, 15.1.1902 – V. 346/01, in: JW, Bd. 31 (1902), S. 155 = Nachschlagewerk des RG, § 812, Nr. 4 = *Schubert/Glöckner*, Edition, §§ 812–825, S. 6:

> „Klagt eine Versicherungsgesellschaft die von ihr gezahlte Versicherungssumme von dem Verursacher des Brandes ein, so kann dieser keinen Einwand aus § 812 herleiten, daß die Gesellschaft *durch Rückversicherung gedeckt* sei.“

Des weiteren die parallele englische Rspr.; näher unten auf S. 582.

[103] RG, 10.11.1902 – VI. 222/02, in: JW, Bd. 32 (1903), Beilage, S. 8 (8) = DJZ, Bd. 8 (1903), S. 55 (55 f.) = Nachschlagewerk des RG, § 812, Nr. 13 = *Schubert/ Glöckner*, Edition, §§ 812–825, S. 8.

[104] RG, 25.4.1901 – VI. 33/01, in: RGZ, Bd. 48 (1901), S. 139–144 = Nachschlagewerk des RG, § 812 Nr. 1, § 814, Nr. 1 = *Schubert/Glöckner*, Edition, §§ 812–825, S. 5, 95; siehe auch RG, 24.3.1915 – V. 453/14, in: RGZ, Bd. 86 (1915), S. 343 (347) = Nachschlagewerk des RG, § 812, Nr. 136, § 818, Nr. 28 = *Schubert/Glöckner*, Edition, §§ 812–825, S. 43, 138; RG, 29.4.1927 – VI. 44/27, in: RGZ, Bd. 117 (1927), S. 43 (46).

[105] Etwa RG, 24.3.1915 – V. 453/14, in: RGZ, Bd. 86 (1915), S. 343 (347) = Nachschlagewerk des RG, § 812, Nr. 136, § 818, Nr. 28 = *Schubert/Glöckner*, Edition, §§ 812–825, S. 43, 138; OLG Dresden, 10.6.1920 – 1 C 224/19, in: SeuffArch, Bd. 76 (1921), S. 138 (138).

2. *Leistungskondiktionen*

a) Kriterium der Unmittelbarkeit

Die Ausgliederung des Irrtums nach § 814 BGB veranlaßte die Rechtsprechung auch sehr schnell, die Leistungskondiktion näher zu definieren. Fast als Ausrutscher zu bewerten hat man eine Entscheidung von 1901, in der steht:[106]

> Zur „Begründung eines Anspruches wegen ungerechtfertigter Bereicherung nach § 812 gehört, wenn es sich um die Rückforderung einer *Leistung* des Klägers handelt, die Angabe, zu welchem Zwecke, in welchem Sinne diese gemacht worden sei, und inwiefern es dem gegenüber objektiv an einem rechtlichen Grunde für diesen Erwerb des Beklagten fehle."

Normalerweise verband das Reichsgericht nicht derart grundsätzlich die Zwecksetzung mit der Leistungskondiktion. Kernpunkt war vielmehr das Unmittelbarkeitskriterium. Es wurde im Dezember 1904 begrifflich durch den IV. Senat begründet,[107] in der Sache aber bereits durch den VI. Senat in einer Entscheidung vom Vormonat.[108] Die Unmittelbarkeit konkretisierte man in einem Urteil von 1908 im Anschluß an die Literatur zunächst als „Identität des den Verlust des einen und den Gewinn des anderen vermittelnden Umstandes".[109] Das Nachschlagewerk des Reichsgerichts zeichnet über dieses Urteil des VI. Zivilsenats die Sätze auf:[110]

---

[106] RG, 11.7.1901 – VI. 151/01, in: RGZ, Bd. 49 (1902), S. 49 (50) = Nachschlagewerk des RG, § 812, Nr. 2 = *Schubert/Glöckner*, Edition, §§ 812–825, S. 5 f.

[107] RG, 15.12.1904 – IV. 207/04, in: JW, Bd. 34 (1905), S. 80 = Nachschlagewerk des RG, § 812, Nr. 29 = *Schubert/Glöckner*, Edition, §§ 812–825, S. 12; auch RG, 4.5.1905 – VI. 378/04, in: JW, Bd. 34 (1905), S. 391 (391); RG, 6.6.1907 – IV. 4/07, in: *Schubert*, Edition, Bd. 7 (1907), IV. ZS., 2./3. Quartal, Nr. 84 (S. 653–656) = Nachschlagewerk des RG, § 812, Nr. 77 = *Schubert/Glöckner*, Edition, §§ 812–825, S. 27 f. Siehe des weiteren vor allem vom VII. ZS., 26.4.1907 – VII. 292/06, in: RGZ, Bd. 66 (1907), S. 77 (80) = Nachschlagewerk des RG, § 812, Nr. 73 = *Schubert/Glöckner*, Edition, §§ 812–825, S. 26 f.; RG, 22.11.1907 – VII. 81/07 = Recht, Bd. 12 (1908), Sp. 329 = Nachschlagewerk des RG, § 812, Nr. 29, Verweis = *Schubert/Glöckner*, Edition, §§ 812–825, S. 12; RG, 24.3.1915 – V. 453/14, in: RGZ, Bd. 86 (1915), S. 343 (347) = Nachschlagewerk des RG, § 812, Nr. 136 = *Schubert/Glöckner*, Edition, §§ 812–825, S. 43; RG, 27.3.1934 – VII. 345/33, in: RGZ, Bd. 144 (1934), S. 217 (219), obiter dictum.

Siehe auch OLG Dresden, 16.10.1913 – 1 O 133/13, in: AnnSächsOLG, Bd. 37 (1916), S. 261 (262 f.); OLG Karlsruhe, 10.5.1906, in: Recht, Bd. 11 (1907), Sp. 181.

[108] RG, 21.11.1904 – VI. 23/04, in: JW, Bd. 34 (1905), S. 49 f. = Nachschlagewerk des RG, § 812, Nr. 28 = *Schubert/Glöckner*, Edition, §§ 812–825, S. 12:

> „Dem BGB. ist eine *actio de in rem verso* neben dem Anspruch aus der auftraglosen Geschäftsführung und der ungerechtfertigten Bereicherung fremd."

[109] RG, 7.5.1908 – VI. 396/07, in: JW, Bd. 37 (1908), S. 432 (432) = WarnRspr, Bd. 1 (1908), S. 326 (327). Zur Lehre siehe oben auf S. 319.

[110] Nachschlagewerk des RG, § 812, Nr. 95 = *Schubert/Glöckner*, Edition, §§ 812–825, S. 34.

„Der § 812 erfordert eine Vermögensverschiebung, die unmittelbar zwischen den Parteien stattgefunden hat. Die Bereicherung kann indirekt geschehen sein, – z. B. durch Vermittlung eines Stellvertreters, – aber sie darf nicht mittelbar erlangt sein, d. h. nicht auf dem Umwege über ein anderes Vermögen, durch Rechtsgeschäft mit einem Dritten. Der letztere Fall liegt vor, wenn der Geschäftsführer einer Wirtschaft in eigenem Namen von einem Dritten Darlehen aufgenommen und das Geld zur Bezahlung von Geschäftsschulden des Geschäftsinhabers (jetzigen Beklagten) verwendet hat."

Wichtigster Grund der Unmittelbarkeit war die Aufgabe der unseligen actio de in rem verso utilis. Wenn jemand in eigenem Namen kontrahiere, komme gegen den Hintermann ein Bereicherungsanspruch nach Abschaffung der Versionsklage durch den Gesetzgeber nicht in Betracht. Durch die §§ 816 und 822 BGB werde das nur bestätigt, entschied das Reichsgericht.[111] Bereits 1902 versagte der II. Zivilsenat unter Senatspräsident Karl Wilhelm Richard Förtsch einen Anspruch gegen einen Dritten mangels „auf dessen Kosten" in einem Fall, in dem der Kaufvertragspartner des klagenden Verkäufers zahlungsunfähig geworden war.[112] Die Einschränkung der Vermögensverschiebung machte sich in der Praxis auch in anderen Fällen bemerkbar:[113]

Der Gläubiger einer GmbH, dessen Forderung bei der Liquidation der Gesellschaft nicht berücksichtigt worden war, klagte gegen den Alleingesellschafter, an den der Liquidationsüberschuß ausgeschüttet wurde. Vom Reichsgericht wurde die Klage wegen nur mittelbarer Bereicherung, die nicht „auf Kosten" des Klägers gehe, abgewiesen. „Die Vermögensverschiebung muß sich unmittelbar zwischen dem Kondiktionskläger und seinem Gegner vollzogen haben, darf nicht auf dem Umweg über das Vermögen eines Dritten durch ein Rechtsgeschäft mit diesem zustande gekommen sein, der nicht als Vertreter, sondern in eigenem Namen handelt [...]."[114] Die Klage scheiterte hier deshalb

---

[111] RG, 7.5.1908 – VI. 396/07, in: JW, Bd. 37 (1908), S. 432 (432) = WarnRspr, Bd. 1 (1908), S. 326 (327). Allgemein zur Rspr. des RG in bezug auf die Versionsklage *Pringsheim*, in: RG-Praxis im dt. Rechtsleben, Bd. 3, S. 114–118.

[112] RG, 23.12.1902 – II. 278/02, in: JW, Bd. 32 (1903), Beilage, S. 24 = Recht, Bd. 7 (1903), S. 180. Weiteres zum Versionsverbot unten ab S. 359.

Über das richtige Urteilsdatum herrscht Konfusion: Die JW gibt an 11.12.1902, *Schubert*, Edition, Bd. 2 (1902), II. ZS., 4. Quartal, Nr. 115 (S. 104), den 16.12.1902, „Das Recht" und das Nachschlagewerk des RG, § 812, Nr. 15, § 951, Nr. 2 = *Schubert/Glöckner*, Edition, §§ 812–825, S. 9, §§ 854–1296, S. 310, den 23.12.1902. Nach Einsicht in die Sammlung sämtlicher Erkenntnisse des RG, II. ZS., 1902, 4. Quartal, Nr. 115, ist der 23.12.1902 das richtige Datum: Der 16.12. war die mündliche Verhandlung, der 23.12. aber der entscheidende Tag der Urteilsverkündung und der 29.12. der Eintrag in das Verzeichnis des RG.

[113] RG, 21.1.1918 – VI. 339/17, in: RGZ, Bd. 92 (1918), S. 77 (82 f.) = Nachschlagewerk des RG, § 812, Nr. 158 = *Schubert/Glöckner*, Edition, §§ 812–825, S. 51 f.; siehe auch obiter dictum in RG, 7.4.1930 – IV. 316/29, in: Gruchot, Bd. 71 (1931), S. 524 (526 f.), m. w. N. = Nachschlagewerk des RG, § 812, Nr. 263, Anmerkung = *Schubert/Glöckner*, Edition, §§ 812–825, S. 79 f.

[114] Aus dem u. a. zitierten Urteil des RG, 26.4.1912 – II. 517/11, in: RGZ, Bd. 79 (1912), S. 285–287 = Nachschlagewerk des RG, § 812, Nr. 124, § 814, Nr. 22, § 818, Nr. 22, § 819, Nr. 5 = *Schubert/Glöckner*, Edition, §§ 812–825, S. 40, 99, 138, 150, läßt

an der zwischengeschalteten Gesellschaft, welche den Liquidationsüberschuß an den Beklagten ausschüttete.

Es finden sich aber ebenso Gegenbeispiele, die noch unter die unmittelbare Vermögensverschiebung fielen. So ist im Nachschlagewerk zu lesen:[115]

> „Vorliegen des Erfordernisses der Unmittelbarkeit der Bereicherung [...] ist bejaht worden in einem Falle, in dem ein Pfarrer auf Grund eines zwischen der Kirchengemeinde und einem Dritten über Pfarrgrundstücke geschlossenen Kaufvertrages in seiner Eigenschaft als Nießbraucher des Pfarrackers (also für seine Person, nicht als Vertreter der Kirchengemeinde) vom Käufer die Zinsen des vereinbarten Kaufpreises bezahlt erhalten hatte. Die Bereicherung des Pfarrers ist hier als nicht auf dem Umwege über die Kirchengemeinde, sondern als unmittelbar erfolgt erachtet."

Ein Grenzfall schließlich waren Geisteskranke. Sie durften nach der Rechtsprechung nicht kondizieren, wenn sie mit geliehenem Geld leisteten.[116] Dieser Fall könnte jedoch auf der Grundlage der condictio possessionis, welche die Zustimmung des Reichsgerichts fand,[117] anders entschieden werden.

b) Mehrpersonenverhältnisse im allgemeinen

Eigentlich war die Unmittelbarkeit nach ihrer Ausgangslage das Kriterium, um Mehrpersonenverhältnisse zu lösen. Der bekannte Postanweisungs-Fall im 60. Band der Entscheidungssammlung ist ein getreues Abbild der 15 Jahre älteren Entscheidung zum gemeinen Recht.[118] Und wie schon damals wollten eini-

---

sich dieser Satz jedoch nur indirekt entnehmen. Der Eintrag im Nachschlagewerk unter § 812, Nr. 124 lautet:

> „Die Zahlung einer Nichtschuld an einen Prokuristen begründet den Anspruch aus ungerechtfertigter Bereicherung gegen den Prinzipal."

[115] RG, 14.5.1917 – IV. 65/17, in: Nachschlagewerk des RG, § 812, Nr. 152 = *Schubert/Glöckner*, Edition, §§ 812–825, S. 49.

[116] OLG Braunschweig, 20.3.1914, in: OLGRspr, Bd. 34 (1917), S. 95 f.

[117] Siehe nur RG, 9.2.1920 – IV. 466/19, in: RGZ, Bd. 98 (1920), S. 131 (135) = Nachschlagewerk des RG, § 818, Nr. 42 = *Schubert/Glöckner*, Edition, §§ 812–825, S. 142.

[118] RG, 12.1.1905 – VI. 111/04, in: RGZ, Bd. 60 (1905), S. 24–29 = Nachschlagewerk des RG, § 812, Nr. 30 = *Schubert/Glöckner*, Edition, §§ 812–825, S. 13. In RGZ ist als Urteilsdatum fälschlich 12.1.1904 vermerkt. Zum richtigen Datum, wie bereits *Kunisch*, Bereicherungsansprüche in Dreiecksverhältnissen, S. 51, Fn. 182, und *Detlef König*, Ungerechtfertigte Bereicherung, S. 195, Fn. 564, vermerkten, siehe JW, Bd. 34 (1905), S. 172–174, und das Nachschlagewerk. Die Vorinstanz war OLG Dresden, 22.1.1904 – 2 O 71/03, in: AnnSächsOLG, Bd. 26 (1904), S. 291–294. Ebenso in einem ähnlichen Fall das OLG Dresden, 17.10.1903 – 7 O 108/03, in: OLGRspr, Bd. 8 (1904), S. 87 f. = SächsArch, Bd. 14 (1904), S. 381–383, ebenfalls unter Bezug auf die Tilgungsproblematik und nicht auf das Vermögensverschiebungsdogma.

Weiterhin die anderen Senate: RG, 4.1.1923 – IV. 68/22, in: Nachschlagewerk des RG, § 812, Nr. 203 = *Schubert/Glöckner*, Edition, §§ 812–825, S. 64:

ge Literaturstimmen der Post die condictio indebiti gegen den Zahlungsempfänger gewähren.[119] Doch das Reichsgericht entschied, Postanweisungen könnten nicht anders als zu Zeiten der Pandekten behandelt werden. „Dafür, daß diese der Natur der Sache entsprechende Auffassung für das gegenwärtige Recht keine Geltung mehr habe", böten weder der Wortlaut des Gesetzes noch die Entstehungsgeschichte Anhaltspunkte, argumentierten die Reichsgerichtsräte. Entscheidend sei, ob die Post nur an den betrügerischen Postbeamten oder an den Drittempfänger leiste. Wenn der Zahlende daher irrtümlich meine, er sei dem Anweisenden gegenüber zur Tilgung seiner Schuld bei einem Dritten verpflichtet,[120] sei als Bereicherungsschuldner „nicht der Empfänger des bezahlten Betrages, sondern der, dessen Schuld getilgt worden war, anzusehen", hielt das Reichsgericht im Resultat fest. Das Zuwendungsverhältnis schied demnach als Rückabwicklungsverhältnis aus, die angewiesene Post konnte nur im Dekkungsverhältnis vom betrügerischen Bankbeamten kondizieren. Dieselben Grundsätze wandte das Reichsgericht auf Banken an, die bloße „Zahlstellen" seien.[121] Auffallend ist, daß die Vermögensverschiebung bei der Ermittlung des

---

> „Wenn ein Schuldner auf Grund einer Vereinbarung mit seinem Gläubiger das diesem Geschuldete an einen Dritten leistet, so ist ihm gegenüber die an den Dritten bewirkte Leistung rechtlich als an den *Gläubiger* bewirkt anzusehen. Ist die Leistung an den Dritten ohne rechtlichen Grund erfolgt, so steht der Bereicherungsanspruch gegen den Dritten dem *Gläubiger*, nicht dem Schuldner zu."

RG, 28.4.1930 – IV. 388/29, in: HRR, Bd. 6 (1930), Nr. 1447 = Nachschlagewerk des RG, § 812, Nr. 267 = *Schubert/Glöckner*, Edition, §§ 812–825, S. 81, für ein Akzept des Zuwendenden.

[119] Siehe unter Berufung auf postrechtliche Besonderheiten folgende Stellungnahmen:

Für condictio der Bank gegen den Zahlungsempfänger z. B. *Bull*, in: AcP, Bd. 136 (1932), S. 321–330; *Scherer*, Vorb. § 783, Anm. 11 II (S. 1156 f.); *ders.*, in: PucheltsZ, Bd. 20 (1890), S. 138–156; *Friedrich Schmidt*, in: Gruchot, Bd. 34 (1890), S. 177 (zusammenfassend 256 f.); dagegen z. B. auf der Linie des RG *Jung*, in: JherJb, Bd. 70 (1921), S. 207 (bes. 213).

[120] Im konkreten Fall sollte erst gar kein wirksamer Anweisungsvertrag zustande gekommen sein. Aus heutiger Sicht ist der Fall wohl als wirksame Anweisung bei unwirksamem Deckungsverhältnis einzustufen.

[121] Siehe RG, 15.3.1938 – VII. 221/37, in: JW, Bd. 67 (1938), S. 1329 (1330) = SeuffArch, Bd. 92 (1938), S. 268 (269) = Nachschlagewerk des RG, § 812, Nr. 304 = *Schubert/Glöckner*, Edition, §§ 812–825, S. 89; ebenso schon RG, 16.3.1914 – IV. 664/13, in: SeuffArch, Bd. 69 (1914), S. 347 (348); RG, 16.10.1914 – II. 284/4, in: LZ, Bd. 9 (1915), S. 287 = Recht, Bd. 19 (1915), Nr. 1996; RG, 20.1.1917 – IV. 329/16, in: WarnRspr, Bd. 10 (1917), S. 177 (179) = Gruchot, Bd. 61 (1917), S. 792 (797 f.) = Nachschlagewerk des RG, § 812, Nr. 145 = *Schubert/Glöckner*, Edition, §§ 812–825, S. 46 f.:

> „Die Sparkasse der klagenden Stadtgemeinde hatte dem D. ein Darlehn zugesagt und ein Bankhaus ersucht, den Darlehnsvertrag an D. zu zahlen und ihr Konto damit zu belasten. D. erschien in Begleitung des Beklagten bei der Bank und erhielt von dieser den Betrag gegen Quittung gezahlt, in der er bescheinigte, den Betrag für Rechnung der Sparkasse der Stadtgemeinde von dem Bankhause erhalten zu haben. Sodann übergab D. dasselbe Geld dem Beklagten mit dem Auftrage,

richtigen Bereicherungsschuldners überhaupt keine Rolle spielte, sondern erfüllungsrechtliche Analysen und die Frage herangezogen wurden, an wen „geleistet" werde. Der Postanweisungs-Fall sollte deswegen nicht mit der Lehre von der Vermögensverschiebung in Verbindung gesetzt werden.[122]

In den Grundlinien bestimmte also bereits die frühe Rechtsprechung zum Bürgerlichen Gesetzbuch den Kläger und Beklagten in Mehrpersonenverhältnissen durch den Begriff der Leistung. Das klingt im Postanweisungs-Fall in der Revisionsinstanz, aber auch beim Oberlandesgericht Dresden in der Berufung an. Die sächsische Instanz urteilte, „*Leistungsempfänger im Rechtssinne* ist und bleibt der Absender, dem in der Person des Adressaten geleistet wird [...]."[123] Deutlicher wird ein reichsgerichtliches Urteil aus dem Jahre 1917, das die Zuwendung des Angewiesenen von der Zuwendung des Anweisenden trennt.[124] Schon damals war der Angewiesene als „Bote" nicht Leistender „im Rechtssinne". Ausschlaggebend sei, so führen die Reichsgerichtsräte aus, ob der auf fremde Rechnung Zahlende bei der Zahlung dem Empfänger gegenüber noch einen besonderen Zweck erkläre. Nur wenn eine selbständige Zweckset-

---

> drei Wechsel bei dem Wechselgläubiger einzulösen. Diese Wechsel hatte D. akzeptiert; einen davon hatte der Beklagte ausgestellt, zwei von ihnen mit seinem Giro versehen. Der Beklagte führte den Auftrag aus und erhielt die Wechsel ausgehändigt. Nachträglich stellte sich heraus, daß D. wegen Geisteskrankheit geschäftsunfähig war. Die Klage der Stadtgemeinde gegen den Beklagten auf Erstattung der gezahlten Wechselbeträge wegen ungerechtfertigter Bereicherung ist für gerechtfertigt erachtet worden mit folgender Begründung:
>
> [...] 2. Der Beklagte ist ferner *auf Kosten der Klägerin* bereichert:
>
> a) Die Bereicherung erfolgt auf Kosten des anderen auch dann, wenn ein Dritter als Zahlstelle oder Erfüllungsgehilfe die Zahlung für Rechnung des anderen vermittelt hat. Der Bereicherungsanspruch steht also der *Klägerin*, nicht dem Bankhause zu [...]".

Des weiteren RG, 29.10.1925 – IV. 174/25, in: Nachschlagewerk des RG, § 812, Nr. 227 = *Schubert/Glöckner*, Edition, §§ 812–825, S. 69:

> „Auch wenn eine Leistung unmittelbar von A an B gemacht wird, liegt eine Bereicherung des B auf Kosten von A dann nicht vor, wenn A die Zuwendung seiner Leistung an C beabsichtigt hatte und sie an B nur deshalb gerichtet hat, weil dieser ihm von C als *Zahlstelle* für C bezeichnet wurde."

[122] Vgl. *Medicus*, Bürgerliches Recht, Rn. 663.

[123] OLG Dresden, 22.1.1904 – 2 O 71/03, in: AnnSächsOLG, Bd. 26 (1904), S. 291 (293).

[124] RG, 20.1.1917 – IV. 329/16, in: WarnRspr, Bd. 10 (1917), S. 177 (179) = Gruchot, Bd. 61 (1917), S. 792 (797 f.); siehe auch schon RG, 2.6.1910 – 410/09, in: JW, Bd. 39 (1910), S. 752 = Nachschlagewerk des RG, § 812, Nr. 112 = *Schubert/Glöckner*, Edition, §§ 812–825, S. 37. Urteilszitat:

> „So wird nicht selten zweifelhaft sein, ob die Zahlung als Leistung des Zahlenden selbst, oder ob sie nicht vielmehr als Leistung des Dritten anzusprechen und deshalb ein Rückforderungsrecht des eigentlich Zahlenden von vornherein ausgeschlossen ist."

zung gegenüber dem Zahlungsempfänger vorliege, sei der Kläger gegenüber dem Empfänger aktivlegitimiert. Die Zwecksetzung im eigenen Interesse war das Gegenteil der nur vom Boten vermittelten Zwecksetzung eines Dritten, bei welcher der Überbringer keine eigenen Interessen gegenüber dem Zahlungsempfänger verfolgt.[125] „Die Girozahlung als solche [...] enthält nichts weiter als die Tatsache einer abstrakten Vermögensverschiebung; sie gewinnt den Charakter einer Schuldtilgung nur durch die mit ihr zugleich abgegebenen oder nebenher laufenden rechtsgeschäftlichen Erklärungen.“[126]

In einem späten Fall von 1938 wurde sogar die heutige Terminologie mit umgekehrten Vorzeichen vorweggenommen, als das Reichsgericht formulierte, im Falle der sogenannten „indirekten Zuwendung“ in Dreiecksverhältnissen fielen „Leistung und Zuwendung“ auseinander.[127] Im Anschluß an v. Tuhr waren Leistungs- und Zuwendungsbegriff noch vertauscht, die Zahlung des Angewiesenen an den Zahlungsempfänger wurde als Leistung, die Kondiktionen „über Eck“ als Zuwendungen bezeichnet.

Nicht nur der Standardfall zu Anweisungen beschäftigte die Justiz,[128] vor allem in der Rechtsprechung der Oberlandesgerichte wurde das Grundmotiv der Anweisungslage vielfach variiert. Bei Mängeln, die der Anweisung selbst anhafteten, konnte ein direkter Bereicherungsanspruch der Bank gegen den Zahlungsempfänger gegeben sein. So hatte in einem Fall, der in Kiel zu entscheiden war, die Bank die Anweisung erhalten, erst auszuzahlen, nachdem der beklagte Empfänger seinerseits gegenüber dem Anweisenden ein Grundstück aufgelassen hatte.[129] Die klagende Bank schrieb dem Beklagten den Betrag aber

---

[125] Siehe RG, 6.3.1930 – VI. 359/29, in: HRR, Bd. 6 (1930), Nr. 972 = Nachschlagewerk des RG, § 812, Nr. 265 = *Schubert/Glöckner*, Edition, §§ 812–825, S. 80:

> „Die Vermögensverschiebung kann zwischen B. und C. auch dann erfolgen, wenn A. die Leistung an C. zwar nicht im Namen, aber für Rechnung des B. bewirkt. Dann muß aber aus den Umständen hervorgehen, daß der Leistende die Leistung nicht als eigene bewirken wollte. Dies kann der Fall sein, wenn ein Rechtsverhältnis zwischen A. und B. besteht, aus dem sich ergibt, daß ein eigenes Interesse des A., die Leistung als eine solche des B. und nicht als eigene zu bewirken, besteht [...]. Die Leistung muß, wenn auch nur auf Grund der inneren Beziehungen zwischen A. und B., das Vermögen des B. sofort berühren.“

[126] OLG Hamburg, 10.2.1910, in: OLGRspr, Bd. 22 (1911), S. 353 (354) = HansGZ, Bd. 32 (1911), Hauptblatt, S. 89 (90 f.).

[127] RG, 15.3.1938 – VII. 221/37, in: JW, Bd. 67 (1938), S. 1329 (1330) = SeuffArch, Bd. 92 (1938), S. 268 (270) = Nachschlagewerk des RG, § 812, Nr. 304 = *Schubert/Glöckner*, Edition, §§ 812–825, S. 89. Siehe auch bereits RG, 21.10.1931 – IX. 187/31, in: JW, Bd. 61 (1932), S. 735 (738).

[128] Neben dem Folgenden RG, 6.1.1928 – II. 383/27, in: SeuffArch, Bd. 82 (1928), S. 145–147.

[129] OLG Kiel, 6.7.1920 – U II. 70/20, in: SeuffArch, Bd. 76 (1921), S. 140 f. = SchlHA, Bd. 84 N. F. (1920), S. 202 f. Eine andere konditionale Anweisung findet sich

zu, ohne daß es zu einer Auflassung gekommen war. Hier konnte die Klägerin direkt vom Zahlungsempfänger kondizieren. Ebenso entschieden die Richter in Hamburg zugunsten der Bank für den Fall der Doppelüberweisung,[130] für die gefälschte Anweisung[131] und in Dresden für die Auszahlung eines Schecks, den ein Geisteskranker ausgestellt hatte.[132] Das Oberlandesgericht Frankfurt am Main bewilligte den Durchgriff ebenfalls für den Fall, daß die Bank die Anweisung irrtümlich falsch ausführte.[133] Für den berechtigenden Vertrag zugunsten Dritter konnte nach dem Nachschlagewerk des Reichsgerichts gleichfalls eine direkte Kondiktion in Frage kommen;[134] ebenso entschied das Reichsgericht

---

bei RG, 8.2.1926 – IV. 564/25 = Nachschlagewerk des RG, § 812, Nr. 231 = *Schubert/Glöckner*, Edition, §§ 812–825, S. 70 f.:

> „Die klagende Bank überwies einen dem A. geschuldeten Betrag, um dessen Barzahlung an sich A. ausdrücklich gebeten hatte, irrtümlich der beklagten Bank, die diesen Betrag von dem bei ihr bestehenden Debetsaldo des A. abbuchte. A. erkannte die Gutschrift nicht an, sondern verlangte von der Klägerin Barzahlung, die er erhielt. Hier ist die Vermögensverschiebung zwischen der Klägerin und der Beklagten eine unmittelbare, obwohl die Überweisung durch Vermittelung der Girozentrale durch die Reichsbank und obwohl die Buchung auf das Konto des A. erfolgte. Der rechtliche Grund der Überweisung fehlte, da A. ausdrücklich Barzahlung verlangt hatte. Subjekt der Leistung war die Klägerin. Die Bereicherung kam durch Gutschrift auf das Konto des A. nicht in Wegfall. Was die Beklagte so auf Kosten der Klägerin erhielt, ist ihr auf Grund einer Leistung zugeflossen, deren nach dem Inhalt des Rechtsgeschäfts bezweckter Erfolg nicht eingetreten ist."

[130] OLG Hamburg, 28.5.1920 - Bf. V 63/20, in: SeuffArch, Bd. 76 (1921), S. 232 f. Zitiert wird vom OLG Hamburg als gegensätzliche Ausgangslage *Paulus*, D. 12, 6, 44. Siehe auch das obiter dictum in RG, 21.10.1931 – IX. 187/31, in: JW, Bd. 61 (1932), S. 735 (739).

[131] OLG Hamburg, 10.2.1910, in: OLGRspr, Bd. 22 (1911), S. 353 (354 f.) = HansGZ, Bd. 32 (1911), Hauptblatt, S. 89 (90 f.).

[132] OLG Dresden, 25.9.1922 – 9/10 O 325/20, in: SeuffArch, Bd. 77 (1923), S. 285 (285). Siehe auch RG, 24.3.1915 – V. 453/14, in: RGZ, Bd. 86 (1915), S. 343–350 = Nachschlagewerk des RG, § 812, Nr. 136, § 818, Nr. 28 = *Schubert/Glöckner*, Edition, §§ 812–825, S. 43, 138.

[133] OLG Frankfurt a. M., 22.6.1920 – U 265/19, in: HessRspr, Bd. 21 (1920), Sp. 145 f.

[134] RG, 16.11.1923 – VII. 164/23, in: Nachschlagewerk des RG, Nr. 206 = *Schubert/Glöckner*, Edition, §§ 812–825, S. 65:

> „Wenn A in Erfüllung einer dem B gegenüber eingegangenen Verbindlichkeit etwas an C geleistet hat, so hat er einen Anspruch aus rechtloser Bereicherung nur gegenüber B, es sei denn, daß C durch den von A mit B geschlossenen Vertrag ein eigenes selbständiges Recht auf die Leistung erlangt hatte."

Die vollständige Entscheidung in der Sammlung sämtlicher Erkenntnisse des RG, VII. ZS., 1923, 2.–4. Quartal, Nr. 171, spricht jedoch lediglich aus, die Behauptung, daß C aufgrund des Vertrages A–B ein eigenes und selbständiges Recht erworben hat, sei nicht erwiesen: „Damit entfällt die Möglichkeit, etwaige Bereicherungsansprüche gegenüber dem Kläger zu verfolgen."

Noch unergiebiger ist ein anderes Urteil, wie bereits etwa *Hadding*, Vertrag zu Rechten Dritter, S. 35 f., anmerkte, nämlich RG, 27.4.1915 – II. 603/14, in: JW, Bd. 44

schließlich für die fehlende Anweisung.[135] Ob diese Fälle als Leistungs- oder als Nichtleistungskondiktion aufzufassen sind, darüber war sich schon die damalige Rechtsprechung uneins.[136] Beim zeitgenössischen Auslegungsstand für das Tatbestandsmerkmal „auf dessen Kosten“ hatte dieser Punkt nicht die heutige Relevanz, weil das Kostenelement auch Merkmal der Leistungskondiktion war.

Die Wendung „suum recepit“, das Bestehen einer Forderung im Valutaverhältnis, geisterte in der Rechtsprechung nach 1900 weiterhin umher.[137] Diese Formel war, so sollte man meinen, eigentlich nur für den Doppelmangel erheblich, bei dem sich zahlreiche obiter dicta für den Durchgriff aussprachen.[138] Alle anderen Dreiecksvarianten waren konzeptionell auf die römische Rechtsregel nicht mehr angewiesen. Trotzdem rekurrierte die Rechtsprechung gelegentlich auf den Satz. Ein Beleg in diese Richtung scheint eine Entscheidung des Reichsgerichts aus dem Jahre 1922 zu sein, in der bei Überschreitung der Weisung dem Angewiesenen im Deckungsverhältnis ein Bereicherungsanspruch gegen den beklagten Auftraggeber bewilligt wurde.[139] Dieser sollte da-

---

(1915), S. 652 f. = WarnRspr, Bd. 8 (1915), S. 243 f. Vgl. auch *Gottschalk*, in: JherJb, Bd. 78 (1927/28), S. 290–324, mit umfangreichen weiteren Nachweisen.

[135] RG, 21.10.1931 – IX. 187/31, in: JW, Bd. 61 (1932), S. 735 (738 f.).

[136] OLG Hamburg, 28.5.1920 – Bf. V 63/20, in: SeuffArch, Bd. 76 (1921), S. 232 f.

[137] Vgl. *Jung*, Bereicherungsansprüche, S. 53, 83 mit Fn. 133: „Dieser Satz steht zwar nirgends für uns geschrieben; er muß aber [...] auch künftighin gelten“; *von der Pfordten*, in: LZ, Bd. 13 (1919), Sp. 221–227.

[138] RG, 24.3.1915 – V. 453/14, in: RGZ, Bd. 86 (1915), S. 343 (347) = Nachschlagewerk des RG, § 812, Nr. 136, § 818, Nr. 28 = *Schubert/Glöckner*, Edition, §§ 812–825, S. 43, 138, löst das Problem in Sinne des direkten Durchgriffs (hier war der Anweisende aber geschäftsunfähig, so daß der Doppelmangel nicht eigentliche Ursache, sondern nur Folge der fehlerhaften Anweisung kraft Geschäftsunfähigkeit war).

Weitere obiter dicta in RG, 8.1.1925 – 13 W 82/25, in: JW, Bd. 54 (1925), S. 2269; RG, 7.1.1929 – IV. 321/28, in: Recht, Bd. 33 (1929), S. 251 (252) = Nachschlagewerk des RG, § 812, Nr. 260 = *Schubert/Glöckner*, Edition, §§ 812–825, S. 78 f.:

> „Zahlt A an C eine in Wahrheit nicht bestehende Schuld des B, so hat er einen Bereicherungsanspruch gegenüber C nur dann, wenn entweder C, sei es unmittelbar, sei es infolge eines zwischen A und B geschlossenen Vertrages, einen selbständigen Anspruch auf die Leistung erlangt hatte, oder keine wirksame Verpflichtung des A gegenüber dem B zur Leistung an C *und* auch keine solche des B gegenüber dem C bestand, beide Kausalgeschäfte also fehlerhaft waren. Hatte sich dagegen A dem B gegenüber zur Zahlung von dessen Schuld an C wirksam verpflichtet und demzufolge die Zahlung an C geleistet, so kann er sich beim Nichtbestehen der Schuld nur an B halten.“

Ferner RG, 21.10.1931 – IX. 187/31, in: JW, Bd. 61 (1932), S. 735 (738 f.): hier lag gar keine Anweisung mangels entsprechenden Auftrags vor; RG, 18.4.1934 – V. 334/33, in: SeuffArch, Bd. 88 (1934), S. 267 (268 f.) = JW, Bd. 63 (1934), S. 2458 (2459) = Nachschlagewerk des RG, § 816, Nr. 18, § 822, Nr. 5 = *Schubert/Glöckner*, Edition, §§ 812–825, S. 109, 157.

[139] RG, 25.4.1922 – III. 497/21, in: Recht, Bd. 26 (1922), Nr. 1555.

durch bereichert sein, daß durch die Zahlung des Angewiesenen an den Dritten im Valutaverhältnis die Schuld des Beklagten erloschen sei. Der Sachverhalt der Entscheidung spricht eher dafür, den Fall von vornherein als Drittleistung nach § 267 Abs. 1 BGB und nicht als Leistung auf vermeintliche Anweisung zu deuten. In der Tat ist dann allein relevant, ob die Schuld im Valutaverhältnis getilgt werden konnte. Für die Interpretation, die Klägerin habe sich zumindest einer vermeintlichen Anweisung des Beklagten aus ihrem Geschäftsbesorgungsvertrag unterwerfen wollen, gibt der Sachverhalt zu wenig Anhaltspunkte. Außerdem solle man nochmals die Lage im gemeinen Recht bedenken, als das Reichsgericht bei gefälschter und folglich fehlerhafter Anweisung judizierte, das Bestehen der Schuld im Valutaverhältnis sei mangels Anweisung irrelevant. Der Satz „suum recepit“ ließ sich also bereits vor 1900 nicht generalisieren. Im betonten Gegensatz dazu stehen andere Entscheidungen, etwa der Doppelüberweisungs-Fall des Oberlandesgerichts Hamburg:[140] Das Gericht machte den Durchgriff der Bank davon abhängig, ob im Valutaverhältnis die Beklagte den Betrag nicht ebenfalls zu fordern hatte; „suum recepit“ habe auch „unter der Herrschaft des Bürgerlichen Gesetzbuchs“ nichts von seiner Attraktivität eingebüßt.

c) Zessionsfälle

Wichtiger als die unzähligen Spielvarianten in Mehrpersonenbeziehungen mag dem dogmatisch Interessierten die Zessionsproblematik erscheinen, die in historischer Perspektive in erster Linie von Detlef König untersucht wurde.[141]

In diese Richtung deutet i. E. *Flume*, in: AcP, Bd. 199 (1999), S. 1 (11–13), unter Berufung auf *Hermogenianus*, D. 44, 4, 16, wenn er bei bestehender Schuld im Valutaverhältnis und fehlerhafter Anweisung gem. § 267 dem Angewiesenen eine Rückgriffskondiktion und keinen Durchgriff gegen den Partner des Anweisenden im Valutaverhältnis gestatten will. Siehe bereits *ders.*, in: NJW 1991, S. 2521 (2522), und ähnlich *Jan Wilhelm*, Rechtsverletzung und Vermögensentscheidung, S. 162; wohl auch *Lutz-Christian Wolff*, Zuwendungsrisiko und Restitutionsinteresse, S. 249 f.

Ebenfalls mit „suum recepit“ arbeitet *Kupisch*, in: ZIP 1983, S. 1412 (1420), im Fall des Widerrufs einer Anweisung. Vgl. auch *Bälz*, in: Festschrift für *Gernhuber*, S. 3 (bes. 54 f., 60).

Gegen die Vermengung der Leistung nach § 267 BGB und der eigentlichen Anweisungslagen die heute ganz h. M., siehe nur *Werner Lorenz*, in: *Julius v. Staudinger*[13], § 812, Rn. 49, 51; *Oliver Seiler*, Bereicherungsausgleich im Überweisungsverkehr, S. 94–97, beide m. w. N.; ebenso jetzt auch *Kupisch*, in: Festschrift für *Hans Hermann Seiler*, S. 431 (468, Fn. 117).

[140] OLG Hamburg, 28.5.1920 – Bf. V 63/20, in: SeuffArch, Bd. 76 (1921), S. 232 f.; siehe auch RG, 21.10.1931 – IX 187/31, in: JW, Bd. 61 (1932), S. 735 (738).

[141] *Detlef König*, Ungerechtfertigte Bereicherung, S. 197–199, und die Kritik dieser Fundstellen bei *Werner Lorenz*, in: AcP, Bd. 191 (1991), S. 279 (283–290); *ders.*, in: *Ju-*

Die in Rede stehenden reichsgerichtlichen Urteile waren bisher zum Teil unbekannt, zum Teil ließen sie wegen ungenügender Wiedergabe in Druckform mehr Fragen offen als sie beantworten konnten. Für die Kondiktion gegen den Zessionar sprach sich bereits 1904 der II. Zivilsenat in einem unveröffentlichten Fall kurz mit den Worten aus:[142]

> „Da die Klägerin lediglich an die Stelle der ursprünglichen Gläubigerin getreten ist, ist insbesondere sie es, welche durch die Leistung der Beklagten auf Kosten derselben den zuviel bezahlten Betrag ohne rechtliche Grund erlangt hat und um denselben bereichert worden ist."

Sehr zweifelhaft erscheint dagegen der im Schrifttum gegebene Hinweis auf eine vieldeutige Kompilation einer Entscheidung desselben Senats von 1910, die als Stellungnahme zugunsten der Kondiktion gegen den Zedenten gedeutet wird.[143] Ein Blick in die Reichsgerichtsbibliothek erhellt einige Besonderheiten; zu näheren Angaben über den Sachverhalt sei auf den Anhang verwiesen.[144] Zwar gesteht das Reichsgericht die Kondiktion gegen den Zedenten zu, die Frage nach der Bereicherung des Zedenten scheint aber eine Beweisfrage und keine Rechtsfrage gewesen zu sein. Ohne weiteren Kommentar stellten die Reichsgerichtsräte fest, die Annahme des Berufungsrichters, der beklagte Zedent sei bereichert, obwohl der Kläger an den Zessionar zahlte, unterliege keinen rechtlichen Bedenken. Es sei Sache des Beklagten, das Gegenteil darzulegen. Warum der beklagte Zedent bereichert sein sollte, darüber verliert das Urteil kein Wort, die Sachverhaltsdarstellung ist wenig hilfreich. All das läßt sich nur unter prozessualen Gesichtspunkten erklären.

Nach damaliger Rechtsprechung war es die Pflicht des Beklagten zu beweisen, er sei nicht bereichert worden. Der Kläger hatte nur die Beweislast für die Tatsache, der Beklagte habe etwas auf seine Kosten erlangt.[145] Das ist auch heute im Grundsatz nicht anders, wenn man getreu dem Wortlaut des Gesetzes zwischen dem „Erlangten" und dem Bereicherungswegfall nach § 818 Abs. 3 BGB trennt. Die damalige Rechtsprechung scheint in § 818 Abs. 3 BGB jedoch weit mehr als den Entreicherungseinwand gesehen zu haben; offenbar wurde

---

lius v. Staudinger[13], § 812, Rn. 41. In der vorliegenden Untersuchung sollen *Werner Lorenz'* Ausführungen vor allem durch bisher unveröffentlichte Quellen ergänzt werden.

Siehe schon zum gemeinen Recht oben ab S. 268.

[142] RG, 20.5.1904 – II. 425/03, in: *Schubert*, Edition, Bd. 4 (1904), II. ZS., 1904, 2./3. Quartal, Nr. 71 (S. 626–629).

[143] RG, 28.10.1910 – II. 19/10, in: LZ, Bd. 5 (1911), Sp. 61.

[144] Siehe unten ab S. 935.

[145] Lese RG, 20.11.1922 – IV. 117/22, in: Nachschlagewerk des RG, § 812, Nr. 200 = *Schubert/Glöckner*, Edition, §§ 812–825, S. 64:

> „Wer einen Anspruch auf ungerechtfertigte Bereicherung geltend macht, ist zwar dafür beweispflichtig, daß der Gegner etwas auf seine Kosten erlangt hat, nicht aber dafür, daß der Gegner dadurch bereichert worden ist."

dem Kläger sogar ein Teil seiner Beweislast für das „Erlangte“ abgenommen. Durch die wirtschaftlich-vermögensrechtlich geprägte Betrachtungsweise des Reichsgerichts[146] – man denke nur an die immer wieder auftauchende „vermögenswerte Ersparnis“ des Beklagten als das „Erlangte“ – verwischten sich die Grenzen zwischen dem Anspruch nach § 812 Abs. 1 S. 1 BGB und seinem am Vermögen ausgerichteten Gegenstück § 818 Abs. 3 BGB. Beide Normen erhielten ein einheitliches vermögensorientiertes Gepräge, sie waren nicht mehr streng voneinander abzugrenzen. Das könnte der Grund dafür sein, warum das Reichsgericht die Beweislast im Ergebnis zu Ungunsten des Beklagten verschob. Man wird der Entscheidung des II. Senats daher keine rechtsgrundsätzliche Bedeutung beimessen dürfen. Sie ist allein durch beweisrechtliche Besonderheiten zu erklären. Im Zentrum stand nicht die gesuchte Rechtsfrage, sondern Beweisfragen. In dieses Bild paßt es auch, daß man am Reichsgericht dem Fall keine größere Relevanz für das Recht der rechtsgrundlosen Bereicherung beilegte, denn die Entscheidung fehlt im Nachschlagewerk unter der Rubrik der §§ 812 ff. BGB.

Ebensowenig informativ ist ein anderes von der Wissenschaft erörtertes, drei Jahre jüngeres Urteil des II. Zivilsenats, das die mehrfache Zession derselben Forderung betrifft.[147] Aus ihm lassen sich gleichsam keine Schlußfolgerungen ziehen.

Die in der Literatur aufgeführte Entscheidung des IV. Zivilsenats von 1910 hat eine Sicherungszession einer hypothekarisch gesicherten Forderung zum Thema.[148] Nur wenige Sätze gehen auf das eigentliche Problem ein. Das Reichsgericht betont zunächst, man könne wegen des Sicherungscharakters zweifeln, ob nicht das Vermögen des Zedenten vermehrt worden sei. Dann scheint das Urteil auf die gemeinrechtliche Linie mit der Bemerkung einzuschwenken, immerhin habe der beklagte Zessionar nach außen die Stellung eines Hypothekengläubigers. Ohne Zweifel ist diese Entscheidung nur mit größ-

---

[146] Etwa RG, 14.3.1903 – V. 458/02, in: RGZ, Bd. 54 (1903), S. 137 (140–142) = Nachschlagewerk des RG, § 812, Nr. 16 = *Schubert/Glöckner*, Edition, §§ 812–825, S. 9.

[147] RG, 21.10.1913 – II. 275/13, in: RGZ, Bd. 83 (1914), S. 184–189. Trotzdem wird das Urteil wegen seiner Veröffentlichung in RGZ öfters im aktuellen Kontext zitiert, siehe nur *Tiedtke*, in: WM 1999, S. 517 (519, Fn. 18).

Zur Doppelzession bereits RG, 19.2.1907 – VII. 197/06, in: Nachschlagewerk des RG, § 812, Nr. 68 = *Schubert/Glöckner*, Edition, §§ 812–825, S. 24 f.:

> „Wenn der Schuldner einer Forderung, die vom Gläubiger zweimal nacheinander an verschiedene Personen abgetreten worden ist, in Kenntnis dieses Umstandes an den Zessionar der späteren Abtretung Zahlung leistet, so kann er sich auf diese Zahlung dem ersten Zessionar gegenüber nicht berufen. Letzterer hat daher gegen den zweiten Zessionar keinen Bereicherungsanspruch auf Herausgabe der diesem geleisteten Zahlung.“

[148] RG, 19.11.1910 – IV. 729/09, in: WarnRspr, Bd. 4 (1911), S. 30 f.

ter Vorsicht zu betrachten, nicht zuletzt deshalb, weil die sachenrechtliche Komponente der Hypothek nicht genügend gewürdigt wird.

Ein anderes reichsgerichtliches Urteil desselben Senats von 1913, das im Schrifttum besprochen wird und im Ergebnis der Kondiktion gegen den Zedenten zuzuneigen scheint, spricht das Problem ebenfalls rein indirekt an. Die in der Entscheidung verwandte untypische Terminologie läßt vielmehr den Schluß zu, daß der rechtlich relevante Sachverhalt von den Untergerichten zu mehrdeutig aufbereitet worden war.[149] Der Eintrag im Nachschlagewerk des Reichsgerichts gibt nur sehr dunkle Hinweise, wenn es heißt:

„Leistet jemand als Schuldner eines andern eine Zahlung an einen Dritten, so hängt die Entscheidung der Frage, von wem die Herausgabe des ohne rechtlichen Grund Bezahlten zu verlangen ist, nicht davon ab, auf welches Rechtsverhältnis sich der Irrtum des Zahlenden bezieht, sondern davon, wessen Vermögen durch die Leistung eine Mehrung erfahren hat. Das Vermögen des Zahlungsempfängers erfährt keine Mehrung, wenn ihm gegen denjenigen, dessen (vermeintlich dem Zahlenden gegenüber bestehende) Forderung mit der Zahlung getilgt werden sollte, eine der Zahlung gleichwertige Forderung zusteht. In diesem Falle tritt die Vermögensverschiebung nur zugunsten desjenigen ein, dessen Schuld bei dem Zahlungsempfänger getilgt wird.“

Des weiteren schlägt sich ein Urteil des VII. Zivilsenats unter Präsident Wilhelm Leberecht Fürchtegott Maßmann auf die Seite des Zessionars:[150]

In der auch in der Juristischen Wochenschrift abgedruckten, jedoch bisher unter dem in concreto erörterten Aspekt in der Literatur nicht aufgeführten Entscheidung aus dem Jahre 1906 hatte der klagende Metzgermeister Ju. von einem Kaufmann namens Schr. eine in Wahrheit nicht bestehende Kaufpreisforderung abgetreten erhalten. Der Vater der beklagten Kaufpreisschuldnerin Fräulein v. E. übertrug dem Kläger an Zahlungsstatt unter Übergabe des Sparkassenbuchs ein Sparkassenguthaben auf den Namen seiner Tochter. Nachdem der Kläger von diesem Konto M 1000 abgehoben hatte, widersprach die Beklagte weiteren Zahlungen bei der Sparkasse. Ju. verklagte das Fräulein daraufhin auf Einwilligung in weitere Auszahlungen, der Vater zedierte seinen Bereicherungsanspruch gegen den Kläger an seine Tochter.

Entscheidend war nun, ob die Beklagte dem Kläger einen Anspruch aus rechtsgrundloser Bereicherung entgegenhalten konnte. Die Reichsgerichtsräte urteilten, der Kaufvertrag sei wegen Anfechtung auch gegenüber dem Zessionar unwirksam, seine Redlichkeit sei unbeachtlich: „Es ist daher völlig gleichgültig, ob der Kläger beim Erwerbe der Kaufpreisforderung die Anfechtbarkeit des Kaufvertrages, also den behaupteten Betrug seines Zedenten, des Kaufmanns Schr., gekannt hat oder nicht, sowie aus welchem Rechtsgrunde die Zession der Kaufpreisforderung an ihn erfolgt ist und ob er dafür ein Entgelt gewährt hat oder nicht.“ Der Beklagten wurde gegen den Kläger aus abgetretener Forderung die condictio indebiti zugesprochen, die das Recht einschließe, weiteren Auszahlungen zu widersprechen.

---

[149] RG, 13.10.1913 – IV. 238/13, in: JW, Bd. 43 (1914), S. 79 = Nachschlagewerk des RG, § 812, Nr. 132, eine etwas schwer verständliche Entscheidung.

[150] RG, 1.5.1906 – VII. 400/05, in: JW, Bd. 35 (1906), S. 379 f. = Nachschlagewerk des RG, § 812, Nr. 49 = *Schubert/Glöckner*, Edition, §§ 812–825, S. 18.

Derselbe Senat entschied sich unter Vorsitz des Reichsgerichtsrats Schleyer 1938 wieder für die Kondiktion vom Zessionar,[151] diesmal sogar für eine Sicherungszession. Der richtige Bereicherungsschuldner steht in dieser Entscheidung erstmals eindeutig im Mittelpunkt der Revision.

1929 hatte die Beklagte, die Firma Knobloch & Volz, Ansprüche aus Bauarbeiten gegen die klagende Reichspost der Handels- und Gewerbebank AG Heilbronn mit der Maßgabe abgetreten, sämtliche Zahlungen der Reichspost hätten auf das Konto der Beklagten bei der Bank einzugehen. Erst ein Jahr später unterrichtete die Heilbronner Bank die Klägerin über die Abtretung und legte damit die bis dahin „stille" Zession offen; 1935 forderte die Bank die Reichspost nunmehr auf, nicht mehr über das Konto der Beklagten, sondern nur noch unmittelbar an sie selbst zu zahlen. Die Klägerin machte geltend, sie habe auf das Konto der Beklagten bei besagter Bank erhebliche Überzahlungen geleistet.[152] Ohne das Ergebnis zu hinterfragen, versagten die Reichsgerichtsräte der Klägerin die Kondiktion gegen die Zedentin und wiesen die neue Putativgläubigerin als die richtige Passivlegitimierte aus.

Knapp ein Jahr später hatte sich der gleiche Senat unter Vorsitz Schacks erneut mit der Reichspost und dem schwäbischen Baumeister Vo., der als Alleininhaber nunmehr anstelle der Baufirma auftrat, in derselben Angelegenheit zu beschäftigen.[153] Die bisher in der Literatur offenbar unbeachtete Entscheidung ist ebenfalls im Nachschlagewerk des Reichsgerichts ausgewiesen:[154]

In der zweiten Verhandlung vor dem Oberlandesgericht Stuttgart stritten sich die Parteien im wesentlichen um die Frage, ob ungeachtet der Forderung überhaupt eine Abtretung stattgefunden habe, denn die Zahlungen sollten zunächst über das Konto der Baufirma erfolgen. Entgegen der Berufungsinstanz bejahte das Reichsgericht die rechtliche Möglichkeit der zunächst „stillen" Zession und legte sich auf die Bank als neue Gläubigerin fest. Der Umstand, daß der Beklagte zumindest bis 1935 zur Einziehung der Forderungen auf sein Konto ermächtigt gewesen sei, ändere daran nichts.

Doch im zweiten Urteil von 1939 erschien der Sachverhalt dem Reichsgericht weniger evident: Der Sachverhalt „läßt vielmehr noch kein Urteil darüber zu, ob nicht durch Zahlungen der Klägerin an die Bank die Firma Knobloch & Volz nunmehr der Beklagte, auf Kosten der Klägerin unmittelbar bereichert sein kann. [...] Das kann nur beurteilt werden, wenn klargestellt ist, wie sich die (als rechtsgrundlos zu unterstellende) Leistung der Klägerin an die Bank im Ergebnis ausgewirkt hat. Insofern kann also die vorerwähnte Beurteilung, die der erkennende Senat an der angeführten Stelle seines frühe-

[151] RG, 15.3.1938 – VII. 221/37, in: JW, Bd. 67 (1938), S. 1329–1331 = SeuffArch, Bd. 92 (1938), S. 268–270 = Nachschlagewerk des RG, § 812, Nr. 304 = *Schubert/Glöckner*, Edition, §§ 812–825, S. 89.

[152] Zu betonen ist, daß im konkreten Fall die Überzahlung nicht auf ein Versehen des Schuldners, sondern auf den Gläubiger zurückzuführen war. Wertungsmäßig liegt daher die Nichtexistenz nur eines Teils der Forderung nicht anders als das gänzliche Fehlen der Forderung.

[153] RG, 24.2.1939 – VII. 145/38, in: DR, Bd. 9 (1939), S. 865 f. = Nachschlagewerk des RG, § 812, Nr. 311 = *Schubert/Glöckner*, Edition, §§ 812–825, S. 90.

[154] Zur Lücke in der heutigen Kommentarliteratur siehe nur *Klaus Schreiber*, in: Jura 1986, S. 539 (539), der lediglich auf das etwas ältere Urteil eingeht.

ren Urteils der Rechtslage gegeben hat, die sich aus der Feststellung einer wirksamen Abtretung ergibt, nicht als abschließend bezeichnet werden.“

Man geht bei allem wohl nicht zu weit, dem Reichsgericht wie schon vor 1900 als Regel zu unterstellen, die Kondiktion sei gegen den Zessionar zu richten. Abweichende Entscheidungen – wie der zuletzt besprochene Fall – waren alle viel zu vage gefaßt, um als verbindliche Leitsätze zu gelten.[155]

d) Vermögensverschiebungen jenseits des Zahlungsverkehrs

Bisher waren nur Fälle im Bankenverkehr im Blickfeld. Definition und Grenzen der Vermögensverschiebung sind durch die schuldrechtliche Ausgestaltung der Transaktionen weniger wichtig und problematisch. Die Rechtsprechung nahm teilweise an, die Vermögensverschiebung vollziehe sich unmittelbar zwischen Anweisendem und Angewiesenem, nicht zwischen dem Zahlungsempfänger und dem Angewiesenen.[156] Nach einer anderen Variante bestand im Verhältnis vom Anweisenden zum Zahlungsempfänger zwar nur eine indirekte Vermögensverschiebung, trotzdem sei die Bereicherung des Empfängers aufgrund des einheitlichen Vorgangs auf Kosten des Anweisenden im Valutaverhältnis erfolgt.[157] Aus dem Nachschlagewerk des Reichsgerichts sei dazu folgende Zusammenfassung hervorgehoben:[158]

> „Hat A dem B für ein von diesem erdichtetes Geschäft einen Geldbetrag zu Händen einer Bank vorgestreckt und überträgt dann die Bank auf Anweisung des B den Geldbetrag auf das Konto des C, so liegt eine rechtsgrundlose Bereicherung des C auf Kosten des A auch dann, wenn die Hergabe des Geldes seitens des A an B und die Empfangnahme des Geldes durch C zeitlich zusammenfallen, nicht vor, da rechtlich A die Zahlung an B geleistet hat.“

Im Fall des doppelten Geheißerwerbs mangelte es im Zuwendungsverhältnis bereits an der unmittelbaren Vermögensverschiebung. Das Eigentum wird entlang von Deckungs- und Valutaverhältnis übereignet, Vertragsbeziehungen und

---

[155] Vgl. auch RG, 3.5.1913 – IV. 113/13, in: JW, Bd. 42 (1913), S. 862 = DJZ, Bd. 18 (1913), S. 1138 = LZ, Bd. 7 (1913), Sp. 788 f. = Nachschlagewerk des RG, § 812, Nr. 131, § 818, Nr. 27 = *Schubert/Glöckner*, Edition, §§ 812–825, S. 41 f., 138. Der Fall behandelt die Zession durch einen Geschäftsunfähigen, ohne allerdings direkt zur Frage der Kondiktion des Schuldners Stellung zu nehmen.

[156] RG, 12.3.1920 – II. 398/19, in: RGZ, Bd. 98 (1920), S. 237 (240) = Nachschlagewerk des RG, § 814, Nr. 28, § 815, Nr. 3 = *Schubert/Glöckner*, Edition, §§ 812–825, S. 100 f., 104. Siehe auch RG, 4.3.1926 – IV. 549/25, in: LZ, Bd. 21 (1926), Sp. 822 (823 f.) = Nachschlagewerk des RG, § 812, Nr. 232 = *Schubert/Glöckner*, Edition, §§ 812–825, S. 71.

[157] KG Berlin, 18.3.1931 – 33 U 16138/30, in: DAR, Bd. 6 (1931), Sp. 107 f.; OLG Hamburg, 10.2.1911, in: OLGRspr, Bd. 22 (1911), S. 353 (354).

[158] RG, 2.12.1918 – VI. 246/18 = Nachschlagewerk des RG, § 812, Nr. 162 = *Schubert/Glöckner*, Edition, §§ 812–825, S. 53 f.

dingliche Rechtslage sind kongruent. Dieser Fall ist deshalb ebenfalls unproblematisch. Wesentlich kniffliger gestalteten sich Dreiecksverhältnisse jenseits des Geheißerwerbs.

Das Reichsgericht ging in einigen Fällen davon aus, der Angewiesene habe direkt an den Drittempfänger übereignet. Beispielhaft ist hier der sogenannte Bierkutschen-Fall.[159] Da der Empfängerhorizont des Drittempfängers und der Leistungswille des Angewiesenen auseinanderfielen (der eine nahm eine Leistung des Anweisenden an, der andere wollte im eigenen Namen selbst leisten), sollte auch kein Rechtsgrund zwischen den Streitparteien vorliegen.[160] Die Reichsgerichtsräte schlossen sich damit der Rechtsprechung zum gemeinen Recht an,[161] obwohl der Irrtum nur noch negatives Tatbestandsmerkmal war und nach der Voraussetzungslehre Windscheids die Zwecksetzung vom Empfängerhorizont aus gedeutet werden sollte. Trotzdem war die Durchgriffskondiktion nicht erfolgreich, weil das Reichsgericht dem Beklagten gestattete, seine Kaufpreiszahlung im Valutaverhältnis nach § 818 Abs. 3 BGB in Abzug zu bringen. Aus heutiger Sicht ist die Entscheidung bemerkenswert: Sie schlägt sich auf die Seite der unmittelbaren Vermögensverschiebung im Zuwendungsverhältnis und nimmt im Resultat – auch wenn dies nicht ausgesprochen wird – eine rechtliche Leistung im Zuwendungsverhältnis an. Auf der Sekundärebene des Bereicherungswegfalls hingegen wird keine direkte Vermögensverschiebung, sondern über das Valutaverhältnis eine echte Mehrpersonenbeziehung konstruiert. Das erscheint dem „modernen“ Bereicherungsrechtler nur wenig konsequent.

Die Vermögensverschiebung sah sich bei Immobilien einem besonderen Dilemma gegenüber. Grundstücke können bei Anweisung nicht in einem Vorgang erst an den Anweisenden und dann an den Drittempfänger aufgelassen werden – die Grundbuchformalitäten setzen dem Erfindungsreichtum des Geheißerwerbs Grenzen. Damit ist aber die Unmittelbarkeit der Vermögensverschiebung zwischen Angewiesenem und dem Vertragspartner des Anweisenden hergestellt.[162] In einem solchen Fall vermeinte der Kläger auf Anweisung seines Ar-

---

[159] RG, 20.1.1920 – II. 286/19, in: RGZ, Bd. 98 (1920), S. 64–66 = Nachschlagewerk des RG, § 812, Nr. 173, § 818, Nr. 41 = *Schubert/Glöckner*, Edition, §§ 812–825, S. 57, 142. Siehe auch die Nachweise unten ab S. 359 zum Verbot der Versionsklage.

[160] Zum selben Ergebnis kommt RG, 4.2.1921 – II. 301/20, in: RGZ, Bd. 101 (1921), S. 320 (322) = Nachschlagewerk des RG, § 812, Nr. 183 = *Schubert/Glöckner*, Edition, §§ 812–825, S. 59 f., allerdings wurde weitere Sachverhaltsaufklärung angemahnt.

[161] Siehe ebenfalls RG, 18.3.1909 – IV. 314/08, in: JW, Bd. 40 (1909), S. 274 = Nachschlagewerk des RG, § 812, Nr. 102 = *Schubert/Glöckner*, Edition, §§ 812–825, S. 35: Auch hier lag ein Dissens über den Leistungszweck vor, der Beklagte konnte sich auf § 818 Abs. 3 BGB berufen, weil er dem Anweisenden eine Quittung erteilt hatte, so daß er seine Forderung im Valutaverhältnis verloren hatte.

[162] Explizit RG, 24.3.1915 – V. 453/14, in: RGZ, Bd. 86 (1915), S. 343 (347) = Nachschlagewerk des RG, § 812, Nr. 136, § 818, Nr. 28 = *Schubert/Glöckner*, Edition,

beitgebers eine Hypothek als Dienstkaution zu bestellen; die beklagte Bank sah die Hypothek jedoch als Sicherheit für eine Forderung gegen den Anweisenden an.[163] Das Reichsgericht hielt für Recht, der Kläger könne nicht kondizieren, er müsse sich an seinen Arbeitgeber im Deckungsverhältnis wenden.[164] Den Umstand, daß zwischen den Parteien eine direkte Vermögensverschiebung durch die Bestellung einer Hypothek auf Anweisung eines Dritten stattgefunden hatte, empfanden die Richter offenbar als unproblematisch. Sie stellten ganz auf die vertragliche Wertungslage ab, ohne das Tatbestandsmerkmal „auf dessen Kosten“ zu erörtern.[165]

In diesem speziellen Fall war der Dissens unbeachtlich, weil im Verhältnis vom klagenden Arbeitnehmer zur beklagten Bank Einigkeit darüber bestand, der Kläger sei nur der Angewiesene. Der Kläger mochte sich über das Valutaverhältnis und der Beklagte über das Deckungsverhältnis geirrt haben. Aber ebenso wie die Rückabwicklung nur in der Kette Deckungsverhältnis – Valutaverhältnis zwischen den Vertragspartnern zu vollziehen ist, so ist ein Irrtum über ein Vertragsverhältnis eines Dritten mit dem eigenen Vertragspartner unbeachtlich. Der Unterschied zum beachtlichen Dissens liegt in der Richtung der Fehlvorstellung: Sie muß sich auf die Person des eigenen Vertragspartners beziehen. Daher ist es nur folgerichtig, daß das Reichsgericht auf dem Boden der alten Rechtsprechung zur gemeinrechtlichen condictio indebiti den Anspruch versagte: Schon v. Savigny grenzte den für die condictio indebiti relevanten Irrtum vom unbeachtlichen Motiv über die juristische Zwecksetzung ab, die falsche Annahme über einen anderen als den Vertragspartner liegt jenseits der nur auf den direkten Vertragspartner angelegten Zwecksetzung.

---

§§ 812–825, S. 43, 138, allerdings wurde hier wie bereits erwähnt ein Doppelmangel diskutiert.

[163] RG, 29.5.1915 – V. 60/15, in: RGZ, Bd. 87 (1916), S. 36–43 = Nachschlagewerk des RG, § 812, Nr. 137 = *Schubert/Glöckner*, Edition, §§ 812–825, S. 43. Das RG verwies jedoch noch auf die weitere Tatsachenaufklärung, da nach seiner Ansicht alternativ ein Pfandvertrag zwischen dem Kläger und seinem Arbeitgeber in Betracht kommen könne. Die Folge sei eine Direktkondiktion gegen den Beklagten. Auch bei dieser Alternative war für das RG das Tatbestandsmerkmal „auf dessen Kosten“ unproblematisch.

[164] Ebenso i. E. RG, 28.10.1931 – V. 81/31, in: HRR, Bd. 8 (1932), Nr. 511 = DNotZ, Bd. 32 (1932), S. 67 (nur Leitsatz) = Nachschlagewerk des RG, § 812, Nr. 275 = *Schubert/Glockner*, Edition, §§ 812–825, S. 82 f.:

> „Wenn A. ein Grundstück an B. und dieser weiter an C. verkauft, wenn A. dann unmittelbar an C. aufläßt und A. und B. später die Aufhebung ihres Kaufvertrags vereinbaren, so kann A. alsdann die unmittelbar an C. geschehene Auflassung nicht kondizieren, weil C. die Auflassung aus dem bestehen gebliebenen Rechtsgrund seines Kaufvertrags mit B. erlangt hat.“

Die Durchgriffskondiktion wurde also über „ohne rechtlichen Grund“ gesperrt.

[165] Siehe ebenso RG, 22.12.1927 – VI. 183/27, in: RGZ, Bd. 119 (1928), S. 332 (335) = Nachschlagewerk des RG, § 816, Nr. 15 = *Schubert/Glöckner*, Edition, §§ 812–825, S. 108.

Ein weiterer Fall, der den Sachverhalten der Elektrogeräte- und Hemden-Entscheidungen ähnelt, soll zum Abschluß nochmals verdeutlichen, wie sehr die damalige Rechtsprechung den Irrtum des Leistenden der Empfängersicht vorzog:[166]

Der Fall wurde vom Oberlandesgericht Zweibrücken entschieden. Beklagter A sollte S zwei Grundstücke verkaufen, S im Gegenzug Wohnhäuser darauf errichten. S beauftragte in seinem Namen Architekt B und Maurermeister L mit den Bauarbeiten. B bestellte vom Kläger eiserne Träger für Rechnung und im Namen des A, obwohl er sie für S hätte bestellen müssen. Es war offenbar, daß der Kläger nur an den Beklagten, aber nicht an die finanziell angeschlagenen anderen Beteiligten liefern wollte, der Lieferant ging deshalb irrtümlich davon aus, B habe in Vertretung des Beklagten gehandelt. Aus Sicht des Klägers lag eine Leistung an den Beklagten vor, während der Beklagte davon ausging, die Lieferung sei vom Kläger über S als selbständige Mittelsperson an ihn erfolgt. Schließlich baute L die Träger in die Gebäude ein.

Zur Übereignung der Grundstücke kam es nie, da der Beklagte von seinem Vertrag mit S zurückgetreten war. Das Oberlandesgericht lehnte mangels Vertretungsmacht des B und weil der Kläger ausschließlich an den Beklagten liefern wollte, einen Eigentumsübergang durch Übereignung ab.[167] Der Kläger verlor sein Eigentum erst durch den Einbau seitens des L. Die vermeintliche Leistung des S an den Beklagten läßt das Urteil nicht gelten: „[D]er Rechtsverlust der Klägerin ist zunächst ihm als dem Grundstückseigentümer zu gute gekommen und der Beklagte hat, mag er auch durch die Leistung der Klägerin nicht mehr erhalten haben, als ihm durch eine von S. zu machende Leistung in Aussicht stand“, nach §§ 946, 94 BGB das Eigentum erlangt. Daher obsiegte der Kläger mit seinem Bereicherungsanspruch aus § 951 Abs. 1 BGB.

3. *Nichtleistungskondiktionen*

Die Kondiktion des „in sonstiger Weise“ Erlangten war ebenfalls nicht einfach zu handhaben. Es sei mit dem Sonderfall des § 816 BGB begonnen. So prüfte der II. Zivilrechtssenat 1903 bei gutgläubigem Erwerb trotz § 816 BGB einen allgemeinen Bereicherungsanspruch nach § 812 BGB gegen den Erwerber und lehnte einen Anspruch nur deswegen ab, weil der Beklagte die Sache vom Nichteigentümer aus einem rechtsgültigen Vertrag, also „suum recepit“ erworben habe.[168] Die Entscheidungsgründe deuten in der Tat darauf hin, daß

---

[166] OLG Zweibrücken, 10.1.1906, in: ZRpflBay, Bd. 2 (1906), S. 364 f.

[167] Siehe OLG Zweibrücken, a. a. O., und die Darstellung unten auf S. 356, Fn. 180.

[168] RG, 2.10.1903 – II. 99/03, in: JW, Bd. 32 (1903), Beilage, S. 125 = *Schubert*, Edition, Bd. 3 (1903), II. ZS., 4. Quartal, Nr. 4 (S. 544–547), in vollständigem Abdruck = Nachschlagewerk des RG, § 812, Nr. 18 = *Schubert/Glöckner*, Edition, §§ 812–825, S. 9 f.:

> „Wenn ein Kommissionär Waren im Namen des Kommittenten, aber ohne Vertretungsmacht, gekauft, der Kommittent diesen Kauf auch nicht nachträglich als in seinem Namen abgeschlossen genehmigt hat, und wenn die Waren von dem Kommissionär zur Ausführung des Kommissionsvertrags dem Kommittenten, der im Glauben war, der Kommissionär habe die Waren seinerseits für eigene Rech-

dem Reichsgericht eine Art Subsidiarität der Eingriffskondiktion gegenüber der Leistung vorschwebte. Möglicherweise ging das Reichsgericht von einer Leistung des Nichtberechtigten an den Beklagten aus, weil der Kläger meinte, der Beklagte sei sein Vertragspartner, vertreten durch einen anderen, während der Beklagte in Wahrheit dem Kommissionär keine Vertretungsmacht erteilt hatte. Der Beklagte erwarb deshalb das Eigentum nicht direkt vom Kläger, sondern mittels gutgläubigen Erwerbs vom Kommissionär durch ein selbständiges Rechtsgeschäft.

Ob der Anspruch aus rechtsgrundloser Bereicherung aber tatsächlich eine Leistungskondiktion und keine Nichtleistungskondiktion war, darüber vermag der komplette Urteilstext keine Auskunft zu geben. Auf dem Boden der Vermögensverschiebungslehre war das irrelevant. Nach der Auflistung unter § 816 BGB im Nachschlagewerk des Reichsgerichts kann nur von einer frühen Einzelentscheidung die Rede sein. Schon im selben Jahr urteilte der V. Senat, der gutgläubige Erwerb kompensiere den Mangel des „objektiven Verfügungsrechts".[169] Dies deckt sich mit der überwiegenden heutigen Literatur, die das Verhältnis von Leistung und Eingriff nicht über die Subsidiarität, sondern über den Rechtsgrundbegriff lösen will.

Jenseits von § 816 BGB lassen sich nur in der Retrospektive verschiedene Muster in der Rechtsprechung erkennen. Zu sehr hatte die Vermögensverschiebung den Mittelpunkt eingenommen, als daß man darüber nachgedacht hätte, nach Fallgruppen zu entscheiden. Aus heutiger Sicht wird man immerhin drei größere Typenfelder unterscheiden können: Eingriff durch den Bereicherten, durch einen Dritten und Bereicherung durch den Rechtsinhaber.

a) Eingriff durch den Bereicherten

Für die erste Gruppe sei auf eine Entscheidung des IV. Zivilsenats unter Präsident Max Emil Richard Mansfeld hingewiesen.[170]

---

nung als Kommissionär gekauft, übergeben worden sind, so hat der Kommittent das Eigentum der Waren erworben und ist um deren Wert reicher geworden. Diese Bereicherung geschah indes nicht *ohne rechtlichen Grund*, da der Erwerb auf Grund eines rechtsgültigen Vertrags mit dem Kommissionär erfolgt ist.

Der rechtliche *Grund* muß nicht in einem Verhältnisse zu dem Geschädigten bestehen, um den Bereicherungsanspruch nach § 812 auszuschließen."

[169] RG, 11.7.1903 – V. 8/03, in: JW, Bd. 32 (1903), Beilage, S. 115 = Nachschlagewerk des RG, § 816, Nr. 1 = *Schubert/Glöckner*, Edition, §§ 812–825, S. 105.

[170] RG, 15.2.1923 – IV. 514/22, in: RGZ, Bd. 106 (1923), S. 4–7 = Nachschlagewerk des RG, § 951, Nr. 9 = *Schubert/Glöckner*, Edition, §§ 854–1296, S. 311 f.

Ähnlicher Fall bei OLG Dresden, 7.7.1910 – 1 O 88/10, in: SeuffArch, Bd. 66 (1911), S. 104–106; OLG Kiel, 23.6.1923 – 3a U 126/23, in: SchlHA, Bd. 88 N. F.

Zwei Angestellte der Klägerin, der Krupp AG, manipulierten Frachtanweisungen derart, daß das Eigentum der Klägerin, Rundstahl, nicht an die vorgesehenen Empfänger, die Thyssen und Phönix AG, sondern an einen Dritten versandt wurde. Der Dritte verkaufte den Rundstahl an die Beklagte, die ihn in ihrem Betrieb verarbeitete. Die Klägerin verlangte von der Beklagten Wertersatz bezüglich des Stahls. Das Reichsgericht hielt § 935 Abs. 1 auf den Stahl für anwendbar, die Beklagte konnte demnach kein Eigentum von der dritten Partei erwerben. Das Urteil gab deshalb einem Bereicherungsanspruch aus §§ 951 Abs. 1, 950 BGB statt.[171] Entgegen dem Landgericht lehnten es die Reichsgerichtsräte ab, den von der Beklagten an den Dritten bezahlten Kaufpreis über § 818 Abs. 3 BGB zu berücksichtigen.

Dasselbe wurde für den Fall entschieden, in dem jemand auf einer Versteigerung von einem Vertreter ohne Vertretungsmacht Eigentum erwerben wollte.[172] Der Kläger forderte dann den eingegangenen Kaufpreis aus Weiterverkauf nach Genehmigung der Verfügung heraus. Auch hier ist wieder typisch, daß § 932 BGB in diesem Urteil ausschied, weil ein Irrtum über die Vertretungsmacht nicht durch den guten Glauben geschützt war. Der gutgläubige Erwerb vom Nichtberechtigten war das maßgebliche Entscheidungskriterium für die Frage, ob bei Zwischenschaltung einer dritten Person direkt vom Bereicherten kondiziert werden kann. Der Entreicherungseinwand aus Zahlung des Kaufpreises an den Leistenden wurde ebenfalls verworfen.[173]

(1924), S. 81–83. Siehe auch RG, 15.12.1921 – IV. 301/21, in: RGZ, Bd. 103 (1922), S. 287 (288), zu § 948 BGB als obiter dictum. Ebenso für § 946 BGB das KG Berlin, 17.4.1912, in: OLGRspr, Bd. 26 (1913), S. 61 f. = Recht, Bd. 16 (1912), Nr. 1314: Eigentumsübergang scheiterte hier am bösen Glauben. Die Zusammenfassung in „Das Recht" erweckt zwar den Eindruck, als sei die Kondiktion nur gewährt worden, weil der Beklagte mit dem liefernden Dritten keinen wirksamen Vertrag geschlossen habe. Das deutet in der Tat in Richtung des Subsidiaritätsdogmas. Dem vollen Urteilstext in SeuffArch läßt sich dazu jedoch nichts entnehmen.

Weiterhin OLG Karlsruhe, 25.5.1921, zu §§ 948, 947 Abs. 2 BGB, in: Bad. Rechtspraxis, Bd. 88 (1922), S. 50 f.; OLG Hamm, 9.4.1923 – 7 U 201/22, in: JW, Bd. 52 (1923), S. 1047.

[171] § 951 Abs. 1 BGB wurde in der reichsgerichtlichen Judikatur offenbar zunächst als eigenständige Anspruchsgrundlage interpretiert, § 812 wurde nicht zitiert. Klarstellend aber RG, 6.5.1907 – IV. 421/06, in: SeuffArch, Bd. 63 (1908), S. 15 (17) = Gruchot, Bd. 51 (1907), S. 967 (970) = DJZ, Bd. 12 (1907), Sp. 965 = Recht, Bd. 11 (1907), Nr. 1639 = Nachschlagewerk des RG, § 812, Nr. 74 = *Schubert/Glöckner*, Edition, §§ 812–825, S. 27: § 951 Abs. 1 BGB knüpfe an die Tatbestandsvoraussetzungen des § 812 Abs. 1 BGB an.

Zur zerstrittenen Situation in der Literatur *Schoeneberger*, Vergütungsanspruch durch Verarbeitung, S. 14–24.

[172] RG, 12.3.1923 – IV. 596/22, in: RGZ, Bd. 106 (1923), S. 44–46 = Nachschlagewerk des RG, § 816, Nr. 11 = *Schubert/Glöckner*, Edition, §§ 812–825, S. 107. Ebenso RG, 28.10.1926 – IV. 273/26, in: RGZ, Bd. 115 (1927), S. 31 (34 f.) = Nachschlagewerk des RG, § 816, Nr. 12 = *Schubert/Glöckner*, Edition, §§ 812–825, S. 107.

[173] A. A. andeutungsweise KG, 22.6.1905, in: OLGRspr, Bd. 12 (1906), S. 125 (126).

Nicht verschwiegen werden soll eine andere Entscheidung des IV. Zivilsenats, die als Bestätigung der Subsidiarität der Eingriffskondiktion gedeutet werden kann:[174]

Lieferant 1 hatte 660 Ballen Baumwolle an den Kläger, ein anderer Lieferant 2 190 Ballen an den Beklagten zu senden. Aufgrund einer Verwechslung auf dem Transportkahn, den die beiden Lieferanten gemeinsam benutzten, wurden dem Beklagten versehentlich 30 für den Kläger bestimmte Ballen geliefert. Das Reichsgericht nahm an, das Eigentum an den 30 in Frage stehenden Ballen sei vom Lieferanten 1 an den Kläger, von diesem an Lieferant 2 und anschließend erst an den Beklagten übergegangen. Der Beklagte sei daher mangels unmittelbarer Vermögensverschiebung nicht auf Kosten des Klägers bereichert. Weiter führte das Reichsgericht aus, der Beklagte habe die Lieferung durch einen Kaufvertrag mit seinem eigenen Lieferanten, also mit Rechtsgrund erhalten. Diese letztere Äußerungen könnte im Sinne des Subsidiaritätsdogmas gedeutet werden, sie ist aber nach Ablehnung des Tatbestandsmerkmals „auf dessen Kosten" überflüssig. Weiter wurde argumentiert, selbst wenn die Ballen nicht in das Eigentum des Lieferanten 2 übergegangen wären, hätte sie der Beklagte vom Lieferanten 2 gutgläubig nach §§ 932 BGB, 366 HGB erworben. Die §§ 951 Abs. 1, 950 BGB schieden demnach als Anspruchsgrundlage aus.

Dafür wurde laut dem Abdruck des Urteils in „Das Recht" ein Anspruch aus § 816 BGB für den Fall erwogen, daß der Beklagte durch die Verarbeitung der falsch gelieferten Ballen einen größeren Vorteil erlangt habe als durch die Verarbeitung der ihm vertragsmäßig zustehenden Lieferung. Der originale Urteilstext liest sich ein wenig anders: Die Bereicherung durch den möglicherweise erhalten gebliebenen Anspruch des Beklagten auf Lieferung der richtigen 30 Ballen ist eindeutig von der Erörterung zu § 816 BGB getrennt. Der Urteilstext wird wohl so zu verstehen sein, beim eventuell gutgläubigen Erwerb des Beklagten von Lieferant 2 könne dieser nach § 816 BGB belangt werden.

Einen anderen Fall, der prima facie auf den Vorrang der Leistungskondiktion hindeutet, hatte der III. Senat zu entscheiden. Der Leitsatz in der Zeitschrift „Das Recht" lautet:[175]

„Hat der Angestellte eines Gewerbetreibenden für eigene Rechnung die Ausführung von Arbeiten übernommen, diese Arbeiten aber mit dem Material und den Arbeitern seines Dienstherrn ausgeführt, so ist er, nicht der Besteller der Arbeiten, dem auf Grund des mit dem Angestellten abgeschlossenen Vertrages geleistet worden ist, auf Kosten des Dienstherrn des Angestellten grundlos bereichert."

Ein Blick in die Urteilsgründe in der Sammlung sämtlicher Erkenntnisse zeigt jedoch eine Besonderheit.[176] Der besagte Angestellte war der Geschäftsführer der klagenden GmbH, die nur dessen Geschäfte fortführte. Der beklagte Hotelbesitzer hatte bereits vor Gründung der GmbH mit deren Vorgänger, dem Geschäftsführer, einen Holzlieferungsvertrag geschlossen. Vor und nach der

---

[174] RG, 21.12.1908 – IV. 110/08, in: Recht, Bd. 13 (1909), Nr. 476 = Sammlung sämtlicher Erkenntnisse des RG, IV. ZS., 1908, 4. Quartal, Nr. 127.

[175] RG, 3.5.1907 – III. 485/06, in: Recht, Bd. 11 (1907), Sp. 765.

[176] Sammlung sämtlicher Erkenntnisse des RG, III. ZS. 1907, 2./3. Quartal, Nr. 46.

Gründung der GmbH gab es Nachbesserungsarbeiten am Hotel aufgrund Schwammbefalls des Holzes. Der an die Beklagte leistende Dritte war für die entreicherte Klägerin kein außenstehender Fremder, sondern deren Geschäftsvorgänger. Die Beklagte erhielt von der Klägerin deshalb nur, worauf sie einen vertraglichen Mängelanspruch kraft Geschäftsnachfolge hatte.

b) Eingriff durch einen Dritten

Während in der zuvor besprochenen Gruppe bis auf den letzten Fall der Bereicherte und Eingreifende zusammenfallen, war im Einbaufall von 1903 des VII. Zivilsenats eine Dritteingriffskondiktion zu beurteilen:[177]

Der dem beklagten Ch. gehörende Erbpachthof Schwanheide war von ihm an Ha. verpachtet worden, der von der Klägerin Kartoffeln kaufte. Ha. verwandte einen Teil zur Aussaat auf dem Pachtland. Nachdem Ha. in Konkurs gefallen war und sich herausstellte, daß er schon seit längerer Zeit wegen Geisteskrankheit entmündigt worden war, forderte die Klägerin vom Beklagten den Wert der Kartoffeln heraus. Das Reichsgericht gab dem Begehren nach §§ 951, 946, 94, 812 Abs. 1 S. 1 Alt. 2, 818 Abs. 2 BGB statt.

Das Oberlandesgericht Braunschweig bezeichnete diesen Fall als „indirekte" Bereicherung.[178] Das ist jedoch nicht eigentumsrechtlich gemeint. Die Formulierung zeigt nur an, daß bei der Dritteingriffskondiktion Bereicherter und Eingreifer auseinanderfallen. Über einen anderen Fall sprach der II. Zivilsenat unter Förtsch „von Rechts wegen":[179]

Die Klägerin hatte auf Bestellung eines gewissen Gutsverwalters Düngemittel an das Rittergut des beklagten Kaufmanns We. geliefert, der Verwalter verwandte anschließend die Düngemittel für das Gut. Doch der beklagte Gutsherr wußte nichts von alledem und hatte seinen Verwalter auch nicht zum Ankauf des Düngers bevollmächtigt. Das Reichsgericht nahm offenbar an, das Eigentum am Düngemittel sei erst durch die tatsächliche Verwendung nach § 946 BGB vom Kläger an den Beklagten übergegangen.[180] Eingreifer (Gutsverwalter) und Bereicherter (Gutsherr) fielen auseinander. Für das Gericht stand ohne weiteres fest, der neue Eigentümer hafte nach § 951 Abs. 1 BGB.

---

[177] RG, 13.3.1902 – VI. 433/01, in: RGZ, Bd. 51 (1903), S. 80 (81 f.) = Nachschlagewerk des RG, § 951, Nr. 1 = *Schubert/Glöckner*, Edition, §§ 854–1296, S. 309 f.

[178] OLG Braunschweig, 26.5.1908, in: OLGRspr, Bd. 18 (1909), S. 49.

[179] RG, 4.10.1904 – II. 608/03, in: SeuffArch, Bd. 60 (1905), S. 315 f. = Nachschlagewerk des RG, § 818, Nr. 2 = *Schubert/Glöckner*, Edition, §§ 812–825, S. 133.

[180] Zu vermuten ist, der Eigentumsübergang vom Kläger an den Gutsverwalter scheiterte daran, daß der Kläger nur an den Gutsherrn durch den Verwalter als Vertreter übereignen wollte, während der Verwalter ebenfalls nur für den Gutsherrn als Vertreter und nicht für sich selbst Eigentum erwerben wollte. Eine Vertretung des Gutsherrn war jedoch mangels Vertretungsmacht umöglich, eine dingliche Einigung konnte demnach nicht zustande kommen. Über § 179 Abs. 1 BGB läßt sich auch keine dingliche Einigung zwischen Kläger und Verwalter konstruieren, weil diese Norm nur die schuldrechtlichen Haftungsfolgen für den Vertreter ohne Vertretungsmacht regelt (siehe *Quack*, in: Münchener Kommentar, § 929, Rn. 65).

Es fragt sich nun, ob das Reichsgericht in concreto mit diesen Urteilen nicht die actio de in rem verso utilis wiederbelebte, die ja vom Reichsgericht aufgrund der Gesetzgebungsgeschichte verworfen worden war.[181] Der Ansatzpunkt ist, daß in den Fällen, die der Gesetzgeber schwerpunktmäßig beim Versionsverbot im Auge hatte, nur eine mittelbare Vermögensverschiebung über das Vermögen einer Mittlerperson stattfindet. Hier jedoch geht das Eigentum *unmittelbar* zwischen Kläger und Beklagtem ohne den Willen des Klägers über. Das Reichsgericht stellte solche Fälle zwar unter dem Stichwort der indirekten Bereicherung vor,[182] diese Bezeichnung kann indes, wie das Braunschweiger Beispiel zeigt, nur normativ verstanden werden. Die Bereicherung erfolgt zwar indirekt durch einen Dritteingriff, aber nicht durch eine mittelbare Vermögensverschiebung. Die Versionskonstellation zeichnet sich demgegenüber dadurch aus, daß der Kläger das Eigentum an den Mittelsmann übereignet, also nur eine mittelbare Vermögensverschiebung vorliegt. Man stellte diesen Unterschied mit

---

[181] Hierzu ausführliche Ablehnung der Versionsklage nach gemeinem und preußischem Recht das RG, 6.5.1907 – IV. 421/06, in: SeuffArch, Bd. 63 (1908), S. 15 (17 f.) = Gruchot, Bd. 51 (1907), S. 967 (970–972) = DJZ, Bd. 12 (1907), Sp. 965 = Recht, Bd. 11 (1907), Nr. 1639 = Nachschlagewerk des RG, § 812, Nr. 74, § 951, Nr. 6 = *Schubert/Glöckner*, Edition, §§ 812–825, S. 27, §§ 854–1296, S. 311.

[182] RG, 19.6.1902 – VI. 109/02, in: Gruchot, Bd. 47 (1903), S. 937 (940):

> „Es ist nun anzuerkennen und auch vom Beklagten nicht in Zweifel gezogen, daß die Vorschrift des § 812 des B. G. B. den Fall der indirekten Bereicherung mitumfaßt, daß also der Beklagte gemäß § 812 ersatzpflichtig werden konnte, wenn ein Dritter ohne rechtlichen Grund aus dem Vermögen des Klägers Verwendungen auf das Gut des Beklagten machte."

Die Entscheidung des RG lautete nach der abgekürzten Form in *Schubert*, Edition, Bd. 2 (1902), VI. ZS., 2./3. Quartal, Nr. 95 (S. 295 f.):

> „Ansprüche des Verkäufers von Saatkartoffeln, die ein geisteskranker Gutspächter bezogen hatte, gegen den Grundstückseigentümer aus §§ 812, 946, 951 BGB. – Grundsätzliche Ablehnung eines Bereicherungsanspruchs wegen Verwendung der von dem geisteskranken Pächter geliehenen Gelder auf die Löhne der Gutsarbeiter (Hinweis auf § 994 Abs. 1 S. 2 BGB)."

Andere Akzentuierung bei *Detlef König*, Ungerechtfertigte Bereicherung, S. 185, Fn. 529, der nicht hervorhebt, daß in der konkreten Entscheidung das Eigentum unmittelbar zwischen Kläger und Beklagtem überging und deshalb keine mittelbare Vermögensverschiebung im eigentumsrechtlichen Sinne vorlag.

Der Hintergrund der „indirekten" Bereicherung wurde bereits vom Nachschlagewerk des RG nicht klargestellt, es wurden gar die verschiedenen Streitobjekte (Saatkartoffeln und die geliehenen Gelder) zusammengeworfen, wenn es zu § 812, Nr. 11 (= *Schubert/Glöckner*, Edition, §§ 812–825, S. 8) heißt:

> „§ 812 umfaßt auch den Fall der *indirekt* auf Kosten eines anderen erlangten Bereicherung. Hat ein Dritter ohne rechtlichen Grund aus dem Vermögen eines anderen Lohnzahlungen zum Zwecke des Forstbetriebes der Wirtschaft eines Gutes gemacht, so ist der Eigentümer des Gutes gemäß § 812 nur soweit ersatzpflichtig, als die mit dem Gelde des andern bezahlten Arbeiten den Wert des Gutes unmittelbar erhöht oder einen Zustand geschaffen haben, der dem Eigentümer eine für ihn notwendige Ausgabe erspart."

der Erläuterung klar, die in der Rechtsprechung positiv entschiedenen Fälle der indirekten Bereicherung seien auf Fälle der Stellvertretung ohne Vertretungsmacht beschränkt, während bei einem zwischengeschalteten Rechtsgeschäft anders zu entscheiden sei.[183] Ohne Vollmacht konnte nur ein originärer Erwerb aufgrund der §§ 946 ff. BGB oder anderer Normen stattfinden, so daß äußerlich gesehen ein „indirekter" Erwerb vorlag, rechtlich gesehen jedoch das Eigentum unmittelbar überging.[184]

Im Urteil des VII. Senats wäre eine Übereignung vom Dritten an den Beklagten an der Geschäftsunfähigkeit des Dritten gescheitert, im Fall des II. Senats wollte der Gutsherr gar kein Düngemittel erwerben. Der Beklagte war daher unmittelbar auf Kosten des Klägers bereichert. Ebenso wie in den zuvor besprochenen Fällen, bei denen der Bereicherte selbst der Eingreifende war, ist der fehlende rechtsgeschäftliche Eigentumsübergang entscheidend. Hätte die Beklagte gutgläubig Eigentum vor der Vermischung, Verbindung oder Verarbeitung erlangt, wären die §§ 946 ff. niemals zur Sprache gelangt.

---

[183] OLG Posen, 16.3.1910, in: OLGRspr, Bd. 22 (1911), S. 351 (352 f.). Siehe auch RG, 20.6.1919 – VII. 78/19, in: WarnRspr, Bd. 12 (1919), S. 231 f. = Nachschlagewerk des RG, § 812, Nr. 165, § 951, Nr. 8 = *Schubert/Glöckner*, Edition, §§ 812–825, S. 55, §§ 854–1296, S. 311: Bereicherungshaftung des Begünstigten nach §§ 951, 812 für den Fall der Stellvertretung ohne Vertretungsmacht.

Der Leitsatz im Nachschlagewerk des RG lautet:

> „Hat eine Ehefrau in eigenem Namen einen Vertrag geschlossen (z. B. einen auf Ausführung eines Hauses gerichteten Werkvertrag), so kann der Ehemann im Verhältnis zum Vertragsgegner hieraus nicht ‚*ohne rechtlichen Grund*' bereichert sein (im vorbezeichneten Falle durch Ausführung des Hauses §§ 812, 951). Dagegen steht, wenn die Ehefrau gegenüber einem Dritten *als Vertreterin ihres Ehemannes ohne Vertretungsmacht gehandelt hat, einer Bereicherung des Mannes* (aus §§ 812, 951) der Umstand nicht entgegen, daß der Dritte gegen die Ehefrau möglicherweise aus § 179 Erfüllung oder Schadensersatz verlangen kann, da durch diese Befugnis die ‚Unmittelbarkeit' der bereits erfolgten Vermögensverschiebung zwischen dem Ehemann und dem Dritten nicht berührt wird."

Ebenso RG, 1.5.1917 – III. 410/16, in: Nachschlagewerk des RG, § 812, Nr. 149, § 819, Nr. 8, § 822, Nr. 2 = *Schubert/Glöckner*, Edition, §§ 812–825, S. 48, 151, 157:

> „Wenn ein Vertreter ohne Vertretungsmacht von einem Dritten (z. B. einer Bank) für den Vertretenen Geldbeträge, zu deren Leistung keine rechtsverbindliche Verpflichtung bestand, in Empfang nimmt, und sie zur Bestreitung von Auslagen des Vertretenen (z. B. zur Tilgung von dessen Schulden) verwendet, so ist im Sinne des § 812 Abs. 1 Satz 1 der *Vertretene*, da die Beträge *seinem* Vermögen zugeflossen sind, auf Kosten des Dritten ohne rechtlichen Grund bereichert. [...]"

[184] Bei Vollmacht ging das Eigentum mittels des Vertreters ebenfalls unmittelbar über, doch wird dann in der Regel auch ein Kausalgeschäft zwischen den Parteien durch Vertretung vorliegen.

c) Bereicherung durch den Rechtsinhaber

Wenn der Kläger selbst den Eigentumsverlust nach §§ 946 ff. BGB in Erfüllung eines Vertrages mit einem Dritten herbeigeführt hatte, konnte er sich nach der Ansicht der Rechtsprechung nur an seinen Vertragspartner halten, an den er geleistet hatte.[185] Ein Beispiel aus dem Nachschlagewerk des Reichsgerichts lautet:[186]

„Hat der Vater und gesetzliche Vertreter minderjähriger Kinder auf einem auf deren Namen gekauften und eingetragenen Grundstücke ein Gebäude errichtet und zur Zahlung der Handwerker in eigenem Namen ein Baudarlehn aufgenommen, so steht dem Darlehnsgeber gegen die Kinder kein eigener Bereicherungsanspruch zu, insbesondere dann, wenn er bei Abschluß und Hingabe des Darlehens der irrtümlichen Auffassung war, der Vater sei Eigentümer des Grundstücks."

Durchbrochen wurde dieser Grundsatz nur für den Fall, daß der Leistende sich bei Vertragsdurchführung über die Person des Leistungsempfängers irrte. Anders als nach der Lehre vom Empfängerhorizont stand damals ganz der Irrtum des Klägers im Vordergrund; er allein war entscheidend.[187] Beispielsweise plädierte das Oberlandesgericht Dresden im nachstehenden Fall für den Durchgriff auf denjenigen, dem die Vertragsdurchführung tatsächlich zustatten kam:[188]

Der Kläger hatte mit dem Inhaber einer Bäckerei die Lieferung von Mehl vereinbart. Als er jedoch tatsächlich lieferte, hatte ohne sein Wissen der Inhaber der Bäckerei gewechselt. Im aktuellen Fall hätte man den Kläger auf seinen Vertragspartner verweisen können; doch das Oberlandesgericht hielt es unter Betonung des gemeinrechtlichen Irr-

---

[185] RG, 23.12.1902 – II. 278/02, in: JW, Bd. 32 (1903), Beilage, S. 24 = Recht, Bd. 7 (1903), S. 180 = Nachschlagewerk des RG, § 812, Nr. 15, § 951, Nr. 2 = *Schubert/Glöckner*, Edition, §§ 812–825, S. 9, §§ 854–1296, S. 310. RG, 6.5.1907 – IV. 421/06, in: SeuffArch, Bd. 63 (1908), S. 15 (16) = Gruchot, Bd. 51 (1907), S. 967 (969) = DJZ, Bd. 12 (1907), Sp. 965 = Recht, Bd. 11 (1907), Nr. 1639 = Nachschlagewerk des RG, § 812, Nr. 74, § 951, Nr. 6 = *Schubert/Glöckner*, Edition, §§ 812–825, S. 27, §§ 854–1296, S. 311; RG, 20.6.1919 – VII. 78/19, in: JW, Bd. 48 (1919), S. 715; RG, 2.4.1928 – IV. 482/27, in: LZ, Bd. 22 (1928), Sp. 1249 = HRR 1928, Nr. 1416 = Nachschlagewerk des RG, § 951, Nr. 12 = *Schubert/Glöckner*, Edition, §§ 854–1296, S. 312; RG, 17.6.1929 – IV. 63/29, in: Recht, Bd. 33 (1929), S. 528; RG, 13.10.1930 – IV. 688/29, in: RGZ, Bd. 130 (1931), S. 310 (311 f.) = Nachschlagewerk des RG, § 951, Nr. 13 = *Schubert/Glöckner*, Edition, §§ 812–825, S. 312 f.

Ebenso wie das RG später der BGH, z. B. BGH, 30.10.1952 – IV ZR 89/52, in: LM, § 812 BGB, Nr. 14, Bl. 1v.

A. A. OLG Hamburg, 2.4.1912 – Bf VI 465/11, in: Recht, Bd. 16 (1912), Nr. 1779: Klägerin baute Backofen in Haus ein, das nicht dem Vertragspartner, sondern dessen Ehefrau gehörte.

[186] RG, 22.4.1907 – IV. 466/06, in: SächsRpfl, Bd. 2 (1907), S. 298 f. = Nachschlagewerk des RG, § 812, Nr. 72 = *Schubert/Glöckner*, Edition, §§ 812–825, S. 26.

[187] Näher bereits oben ab S. 350.

[188] OLG Dresden, 21.1.1907 – 2 O 219/06, in: SächsRpfl, Bd. 3 (1908), S. 471 f.

tumsmoments für möglich, entweder vertraglich gegen den Vertragspartner oder aus rechtsgrundloser Bereicherung nach §§ 951 Abs. 1, 950 BGB gegen den neuen Bäckereiinhaber vorzugehen. Denn im Verhältnis des Klägers zum Beklagten lag eine unmittelbare Vermögensverschiebung vor, die durch keinen Rechtsgrund zwischen Lieferant und Neuinhaber gedeckt war.

Im zuerst erwähnten Leitsatz des reichsgerichtlichen Nachschlagewerks dagegen irrte sich der Kläger nur über Eigenschaften des Beklagten, seine Position als Grundstückseigentümer, aber nicht über die Person des Vertragspartners selbst. Freilich muß man zugeben, die Abgrenzung erscheine recht willkürlich.

Zurück zum Grundsatz, daß sich der Entreicherte bei selbst herbeigeführtem Eigentumsverlust allenfalls an seinen eigenen Vertragspartner halten darf. Dieser Fall muß im allgemeinen Kontext der Leistungsbeziehung und Drittbegünstigung gesehen werden, denn die sachenrechtliche Lage mag verschieden sein. Zum einen kann ein Eigentumsübergang zwischen dem Kläger und seinem Vertragspartner stattfinden. Das ist die Situation von hintereinandergeschalteten Leistungsketten. So verweigerte das Oberlandesgericht Karlsruhe dem Kläger einen Anspruch für die Aufwendungen, die er zur Erfüllung eines Werkvertrages mit einem Bauunternehmer gemacht hatte.[189] Entscheidendes Kriterium war der direkte Vermögensübergang.

Der Eigentumsübergang konnte ebenso durch Rechtsgeschäft zwischen dem Kläger und dem Beklagten, mit dem er gar nicht in vertraglichen Beziehungen stand, geschehen. Hatte der Kläger schon durch die Leistung sein Eigentum rechtsgeschäftlich an den Dritten übertragen, sollte die Kondiktion ebenfalls versperrt sein, da der Kläger mit der Verfügung über sein Eigentum gleichzeitig einen Kaufpreisanspruch gegen seinen Vertragspartner erlangt habe und der Beklagte deshalb nicht auf seine Kosten bereichert sei.[190] Das ist nichts weiter als der Standardfall der Anweisung im Dreieck bei „verkürztem" Eigentumsübergang, die Rückabwicklung konnte sich folglich nur im Deckungs- und Valutaverhältnis vollziehen.

Aber auch der Eigentumsverlust ipso iure durch Einbau für fremde Rechnung vermochte das Ergebnis nicht zu ändern. Der Kläger leistet in concreto an

---

[189] OLG Karlsruhe, 14.5.1901, in: OLGRspr, Bd. 2 (1901), S. 505. Siehe auch OLG Dresden, 12.4.1901, in: AnnSächsOLG, Bd. 23 (1902), S. 347 (348): Hier wird explizit betont, der Kläger habe sein Eigentum infolge Verkaufs und Übergabe verloren.

[190] Siehe RG, 23.12.1902 – II. 278/02, in: JW, Bd. 32 (1903), Beilage, S. 24 = Recht, Bd. 7 (1903), S. 180 = Nachschlagewerk des RG, § 812, Nr. 15, § 951, Nr. 2 = *Schubert/Glöckner*, Edition, §§ 812–825, S. 9, §§ 854–1296, S. 310. Weiterhin RG, 14.5.1915 – II. 96/15, in: JW, Bd. 44 (1915), S. 711 f.: Es sei „klar, daß hier die Steine, wenn sie auch an dritter Stelle abgeliefert wurden, der Beklagten zugegangen sind, auf deren Verlangen die Ablieferung geschehen ist."

Es ist freilich zuzugeben, daß man in beiden Fällen auch eine Übereignung „über Eck" in den Sachverhalt deuten könnte.

seinen Vertragspartner; der Beklagte werde zwar unmittelbar durch die Vornahme des Einbaus durch den Kläger bereichert, dies geschehe, so das Reichsgericht, indes nicht auf dessen Kosten, weil der Kläger seinerseits von seiner Verbindlichkeit gegenüber seinem Vertragspartner befreit worden sei. Ein Gegensatz zu den Fällen der Dritteingriffskondiktion ist bei allem nicht zu sehen, obwohl das Eigentum *unmittelbar* an den Beklagten übergeht.[191] Der entscheidende Unterschied zur Dritteingriffskondiktion liegt ebenso wie im Fall der abgekürzten Lieferung in der vertraglich bedingten Unterwerfung des Klägers unter die Weisungen seines Auftraggebers. Es kann keinen Unterschied machen, ob der Angewiesene im Zuwendungsverhältnis zahlt, eine Sache übereignet oder sein Eigentum ipso iure durch eine andere zweckgerichtete Handlung verliert und damit sein Eigentum – gewollt oder ungewollt – zugunsten eines Dritten verwendet. Ergänzend zur Dritteingriffskondiktion ist daher festzuhalten, daß das Unmittelbarkeitskriterium nicht immer ausschlaggebend war. Das entscheidende Argument bestand in der willentlichen Leistung des Klägers in einem Anweisungsverhältnis. Bei der Dritteingriffskondiktion mögen Unmittelbarkeit und Kondiktionsmöglichkeit koinzidieren. Im zuletzt besprochenen Verwendungsfall fallen dagegen Unmittelbarkeit und Kondiktion auseinander. Auch unter der Herrschaft der Vermögensverschiebung mußten zusätzliche Wertungskriterien zu „auf dessen Kosten" bemüht werden. Die direkte Vermögensverschiebung im eigentumsrechtlichen Sinne allein konnte kein hinreichender Entscheidungsfaktor sein.

Maßgebend war nach der Standardvorgabe der Anweisungslage, ob der Kläger einen Anspruchs jenseits der vertraglichen Leistungsketten geltend machen wollte. Deshalb war die Entscheidung des Reichsgerichts folgerichtig, dem Kläger beim Bau eines Hauses auf einem fremden Grundstück den Anspruch aus §§ 951, 812 Abs. 1 S. 1 Alt. 1 BGB zu gewähren, wenn er auf *eigene* Rechnung baute, also nicht an einen Dritten leisten wollte.[192] In diesem Zusammenhang führte der IV. Senat im Leiturteil aus dem Jahr 1930 einen anderen, fünf Jahre älteren Fall aus dem Nachschlagewerk an, der dazu widersprüchlich sei. Der Leitsatz des Urteils von 1925 lautet nach dem Nachschlagewerk:[193]

---

[191] Zu der Unterscheidung RG, 13.10.1930 – IV. 688/29, in: RGZ, Bd. 130 (1931), S. 310 (312) = Nachschlagewerk des RG, § 951, Nr. 13 = *Schubert/Glöckner*, Edition, §§ 854–1296, S. 312 f. Vgl. *Larenz/Canaris*, Schuldrecht, Bd. II/2, § 67 III 2 d (S. 140).

[192] RG, 13.10.1930 – IV. 688/29, in: RGZ, Bd. 130 (1931), S. 310 (311 f.) = Nachschlagewerk des RG, § 951, Nr. 13 = *Schubert/Glöckner*, Edition, §§ 854–1296, S. 312 f. Die Konkurrenz mit den §§ 994 ff. BGB war im konkreten Fall unproblematisch, weil der Kläger nur die Bauausführungen bezahlte, ohne selbst Besitzer zu sein.

[193] RG, 24.9.1925 – IV. 183/25, in: JR, Bd. 1 (1925), Teil 2: Rspr., Sp. 1348 = Nachschlagewerk des RG, § 812, Nr. 225, § 951, Nr. 11 = *Schubert/Glöckner*, Edition, §§ 812–825, S. 69, §§ 854–1296, S. 312.

„[...] Eine Kalkbereitungsgesellschaft, in die einer der Gründer ein ihm gehöriges kalkhaltiges Grundstück einbringen sollte, war mangels der gemäß § 313 erforderlichen Beurkundung des Gesellschaftsvertrags nicht zustande gekommen. Einen Kalkofen, der inzwischen auf dem Grundstück auf Betreiben der Gründer von einem Dritten erbaut worden war, und den der Grundstückseigentümer, der daran gemäß § 946 das Eigentum erworben hatte, für sich nicht brauchen kann, hat dieser den bei der mißlungenen Gründung Beteiligten mangels besonderer Vereinbarung nicht abzunehmen. Er ist den Gründern gegenüber auch nicht um den Wert des Ofens bereichert, da eine gemäß § 812 erforderliche unmittelbare Vermögensverschiebung nicht stattgefunden hat."

Diese Entscheidung soll mit dem Urteil von 1930 in Widerspruch stehen, weil auch dort der Kläger einen Dritten zum Einbau der in Streit stehenden Baumaterialien angewiesen hatte. Das Reichsgericht entschied 1925 primär nach dem Eigentumsübergang. Dem Sachverhalt ist nichts Näheres darüber zu entnehmen, inwiefern das Eigentum in der Entscheidung von 1925 vom Dritten an den Kläger und dann kraft § 946 BGB an den Beklagten überging. Wahrscheinlich ging das Reichsgericht davon aus, die Handwerker hätten ihr eigenes Eigentum direkt eingebaut. Unter der Prämisse der unmittelbaren Vermögensverschiebung konnten sie konsequenterweise nicht anders entscheiden. Das Urteil von 1930 legt § 951 Abs. 1 BGB für Verwendungen ganz anders aus: Es sei anerkannt, „daß der Bereicherungsanspruch nach § 951 BGB. demjenigen zusteht, der den Bau für seine Rechnung durch einen anderen ausführen und diesem gehöriges Material einbauen läßt." Das kommt der heutigen Literaturmeinung nahe, Verwender im Sinne der §§ 994 ff. BGB sei nur, wer eine Sache auf eigene Rechnung verarbeitet.[194] Doch selbst ihr exponierter Vertreter, Karl-Heinz Gursky, vermag die zu den §§ 994 ff. BGB entwickelten Wertungsparallelen zur Anweisungslage nicht auf § 951 Abs. 1 BGB zu übertragen, weil die Norm nur Nichtleistungsfälle betreffe.[195]

d) Konkretisierung der Vermögensverschiebung

Wie zu sehen war, konnte die Vermögensverschiebung in Verwendungsfällen nur wenig zur Fallösung beitragen. In den Konstellationen, die heute als Eingriffsfälle bezeichnet werden, war die Doktrin eher geeignet, sie erfuhr aber vielfache Adaption. Zur Vermögensverschiebung tauchten in den Eingriffsfällen wieder Formeln wie „ursächlicher Zusammenhang zwischen Gewinn und

[194] *Gursky*, in: *Julius v. Staudinger*[13], § 994, Rn. 17.

[195] *Gursky*, in: *Julius v. Staudinger*[13], § 951, Rn. 2. Das RG (siehe die in diesem Abschnitt genannten Nachweise) und der BGH wenden dagegen § 951 Abs. 1 BGB auch auf die Leistungskondiktion an. Zum BGH 12.7.1989 – VIII ZR 286/88, in: BGHZ 108, 256 (263); außerdem die Nachweise bei OLG Stuttgart, 12.9.1997 – 2 U 264/96, in: NJW-RR 1998, S. 1170 (1170).

Verlust" oder „einheitlicher Vorgang" unter den Parteien auf.[196] Damit allein waren Fälle immer noch nicht zu entscheiden. Es herrschte Unklarheit, welche Rechte überhaupt geschützt werden können.

Diese Schwäche offenbarte vor allem das Immaterialgüterrecht. Die Nachfolgeregelungen des Urhebergesetzes aus dem Jahre 1870 stellten keinen verschuldensunabhängigen Bereicherungsanspruch bereit,[197] jedoch gewährte das Reichsgericht zumeist neben dem Spezialgesetz einen Anspruch aus § 812 BGB.[198] Der I. Zivilsenat hatte keine rechtlichen Bedenken, dem Kläger sogar den Gewinn aus einer Vermögensverschiebung zuzusprechen:[199] „Die Beklagte hat Vorteile durch den Vertrieb des Erikamusters der Klägerin erlangt, und zwar ohne rechtlichen Grund auf Kosten der Klägerin, weil sie zur Verwertung des Musters nicht berechtigt war und durch diese Verwertung die Möglichkeit, das Muster abzusetzen, zum Nachteile der Klägerin beeinflußte. Das genügt zur Anwendung des § 812 BGB." Zu dieser weiten Auffassung der Vermögensverschiebung stand die Rechtsprechung zu Patent-, Gebrauchsmuster- und Warenzeichenverletzungen im Widerspruch; dort wurde der verschuldensunabhängige Bereicherungsanspruch aus Eingriff versagt.[200] Doch sollte man in die abwehrende Linie kein Votum gegen die Vermögensverschiebung hineinlesen. Das Reichsgericht befaßte sich in den einschlägigen Fällen primär mit der Konkurrenz der Verschuldenshaftung nach den Spezialgesetzen, ohne schwerpunktmäßig negativ auf das Tatbestandsmerkmal „auf dessen Kosten" einzugehen. Ganz im Gegenteil hatte sich das Reichsgericht bereits Ende des

---

[196] RG, 9.6.1928 – I. 310/27, in: RGZ, Bd. 121 (1928), S. 258 (263) = Nachschlagewerk des RG, § 812, Nr. 254 = *Schubert/Glöckner*, Edition, §§ 812–825, S. 77.

[197] Gesetz, betreffend das Urheberrecht an Werken der Literatur, v. 9.6.1901; Kunsturhebergesetz, v. 9.1.1907.

[198] RG, 4.4.1917 – I. 185/16, in: RGZ, Bd. 90 (1917), S. 137–140 = Nachschlagewerk des RG, vor § 812, Nr. 4 = *Schubert/Glöckner*, Edition, §§ 812–825, S. 3, mit Nachweisen aus der Gesetzgebungsgeschichte der in der Fußnote zuvor zitierten Gesetze.

A. A. jedoch RG, 12.5.1926 – I. 287/25, in: RGZ, Bd. 113 (1926), S. 413 (424), ohne Hinweis auf RGZ, Bd. 90. Beide Urteile stammen vom gleichen Senat, aber unter verschiedenen Präsidenten, nämlich *Hugo Wilhelm Sigmund Allwill Planck*, Senatspräsident ab 1906, resp. *Julius Franz Katluhn*, Senatspräsident ab 19.4.1926. Bezeichnenderweise ist das abweichende Urteil aus dem Jahre 1926 nicht im Nachschlagewerk des RG unter § 812 aufgezeichnet.

Gegen letzteres Urteil wiederum RG, 9.6.1928 – I. 310/27, in: RGZ, Bd. 121 (1928), S. 258 (260–263) = Nachschlagewerk des RG, § 812, Nr. 254 = *Schubert/Glöckner*, Edition, §§ 812–825, S. 77.

[199] RG, 4.4.1917 – I. 185/16, in: RGZ, Bd. 90 (1917), S. 137 (139) = Nachschlagewerk des RG, vor § 812, Nr. 4 = *Schubert/Glöckner*, Edition, §§ 812–825, S. 3.

[200] RG, 22.12.1913 – I. 243/13, in: JW, Bd. 43 (1914), S. 406–407, für Patentrecht; RG, 9.6.1928 – I. 310/27, in: RGZ, Bd. 121 (1928), S. 258 (261), obiter dictum für Gebrauchsmusterrecht; RG, 4.5.1923 – II. 310/22, in: RGZ, Bd. 108 (1924), S. 1 (6), für Warenzeichenrecht. Weitere Nachweise bei *Lobe*, in: RGRK[8], Vorb. § 812, Anm. 2 (S. 551).

19. Jahrhunderts im Rahmen der dreifachen Schadensberechnung positiv zur Bereicherung auf Kosten des Rechtsgutinhabers geäußert. Die zeitgenössische Kommentarliteratur nahm die Entscheidungen zum Immaterialgüterrecht zwar zum Anlaß, die Vermögensverschiebung in dem neuen Rechtsgebiet zu problematisieren,[201] die reichsgerichtlichen Urteile fällten jedoch kein Verdikt über die tatbestandlichen Voraussetzungen des § 812 Abs. 1 S. 1 Alt. 2 BGB.

Das zeigt zum Beispiel ein frühes Urteil zum Ausgleich für die Nutzung eines Gebrauchsmusterrechts nach Anfechtung des Kaufvertrags in einer *Leistungsbeziehung*. Der Gewinn des Bereicherten wurde in dem Maß als auf Kosten des Berechtigten gezogen angesehen, als er dem „auf die Ausbeutung der Erfindung bei gewöhnlichem Geschäftsbetriebe herbeigeführten Verdienst" entspreche.[202] Ein realer Verlust des Rechtsinhabers scheint in der Entscheidung nicht von Belang zu sein. Das Tatbestandsmerkmal „auf dessen Kosten" dürfe „nicht so eng aufgefaßt werden, daß es nur gegeben wäre, wenn Vermögenswerte unmittelbar aus dem Vermögen des einen in das des andern übergehen, sondern es ist schon dann erfüllt, wenn der Vermögensgegenstand des einen durch die dem anderen Vorteil bringende Handlung überhaupt nachteilig berührt wird",[203] stellte weiterhin das Oberlandesgericht Dresden fest. Es gab daher der Kondiktion eines klagenden Bauunternehmens gegen die ausschreibende Stadt statt, die den Kostenanschlag des Klägers im Rahmen der Arbeiten eines anderen Bauunternehmers verwendet hatte.[204]

Wie zerstritten die Rechtsprechung in Einzelfragen war, verdeutlicht folgender Fall: Bei Wohnen ohne Mietvertrag sollte dem Oberlandesgericht Köln zufolge der Einwand unerheblich sein, der Kläger habe das Haus nicht sofort anderweitig nutzbar machen können.[205] Mit der zweiten Gesetzgebungskommission seien die Worte „auf dessen Kosten" weiter als „aus dessen Vermögen" auszulegen. Eine positive Vermögensverringerung sei deshalb nicht erforderlich, es genüge vielmehr, daß der Vermögensstand des anderen nur „berührt"

---

[201] Für einen verschuldensunabhängigen Bereicherungsanspruch etwa *Bolze*, in: AcP, Bd. 92 (1902), S. 319 (336, 339) (hier klingt auf S. 338 auch schon der *Schulz*'sche Eingriffsgedanke an); *Orth*, Bereicherung im Patentrecht, bes. S. 150–153; *Schacht*, Bereicherungsanspruch bei Patentverletzung, bes. S. 37–46. Dagegen die überwiegende Meinung, z. B. *Isay*, Vorb. § 35 PatG, Anm. 5; dezidiert *Josef Kohler*, etwa in Bürgerliches Recht, Bd. II/1, § 166 V 6 (S. 459 f.), alle m. w. N.

[202] RG, 29.4.1904 – II. 422/03, in: SeuffArch, Bd. 60 (1905), S. 63 (66) = Nachschlagewerk des RG, § 812, Nr. 16, Verweis, und 24 = *Schubert/Glöckner*, Edition, §§ 812–825, S. 9, 11.

[203] OLG Dresden, 27.9.1917 – 5 O 8/17, in: SeuffArch, Bd. 73 (1918), S. 80 (82) = AnnSächsOLG, Bd. 39 (1918), S. 202 (207).

[204] Siehe auch die gemeinrechtliche Entscheidung zur condictio furtiva in einem anderen Fall (Kostenanschlag *ohne* Bestellung) des LG Altona, 6.2.1893, in: SchlHA, Bd. 57 N. F. (1893), S. 49 f.: I. E. wurde hier die Klage mangels Bereicherung verneint.

[205] OLG Köln, 6.12.1905; in: OLGRspr, Bd. 13 (1906), S. 388 f.

werde. Das Reichsgericht hielt dem auf derselben Grundlage entgegen, es bestehe kein Bereicherungsanspruch gegen denjenigen, der seine Mietwohnung über das Ende der ihm rechtlich zustehenden Zeit bewohnt, wenn die Wohnung für die streitige Zeit nicht anderweitig hätte vermietet werden können.[206]

Nach Analyse des Fallmaterials verdichtet sich der Eindruck, die Interpretation der Vermögensminderung als Teil der Vermögensverschiebung habe im richterlichen Ermessen gelegen. Einmal neigten die Gerichte mehr dazu, sie zu fingieren, ein andermal orientierten sie sich mehr am deliktischen Schaden auf der Klägerseite. Sogar die Rechtswidrigkeitstheorie klang an, als im Dresdner Bauentwurfs-Fall von der „gegenständlichen (objektiven) Widerrechtlichkeit" die Rede war.[207] Es sei „mit dem natürlichen Rechtsgefühl unvereinbar, daß jemand das unangefochten behalte, was er durch eine widerrechtliche Handlung (im weitesten Sinne, also auch nur objektiv widerrechtliche Handlung) erlangt und dem durch sie in seinen Rechten Verletzten entzogen hat." Ähnlich lautet ein anderer Fall:[208] Die Unmittelbarkeitsbeziehung werde zwischen Kläger und Beklagtem „ausreichend hergestellt durch die unerlaubte Handlung und den Umstand, daß die Mitbeteiligten, die den Uebergang des Vermögenswertes in die Hände des Bereicherten vermitteln, nur die Rolle von Werkzeugen spielen. [...] Der ursächliche Zusammenhang mit der unerlaubten Handlung genügt danach, um die Bereicherung zu einer ‚ungerechtfertigten' zu machen", heißt es.

4. Fazit

Ein tieferer Blick in die Rechtsprechung zwischen 1900 und 1945 eröffnet mehr Kontinuitäten zur heutigen Zeit als Differenzen. Zwar folgte das Reichsgericht weithin dem Einheitsmodell, indem es den Billigkeitsgedanken und die Vermögensverschiebung als Fixpunkte hervorhob. Das darf gleichwohl nicht darüber hinwegtäuschen, daß die Unmittelbarkeit der Vermögensverschiebung meist nur eine leere Floskel war, eine bloße Chiffre für die eigentlichen Wertungen. Im Zahlungsverkehr war sie mangels dinglicher Transaktionen ebenso überflüssig wie bei Verwendungen. Und Eingriffsfälle orientierten sich in praxi

---

[206] RG, 23.3.1903 – V. 3/03, in: JW, Bd. 32 (1903), Beilage, S. 101; RG, 19.3.1917 – IV. 427/16, in: LZ, Bd. 11 (1917), Sp. 921 f. = Nachschlagewerk des RG, § 812, Nr. 148 = *Schubert/Glöckner*, Edition, §§ 812–825, S. 48. Siehe auch RG, 1.12.1922 – VII. 64/22, in: RGZ, Bd. 22 (1923), S. 408 (408 f.).

[207] OLG Dresden, 27.9.1917 – 5 O 8/17, in: SeuffArch, Bd. 73 (1918), S. 80 (81).

[208] RG, 11.1.1913 – V. 50/12, in: ZRpflBay, Bd. 9 (1913), S. 196 (197) = Nachschlagewerk des RG, § 812, Nr. 128 = *Schubert/Glöckner*, Edition, §§ 812–825, S. 41:

> „Die Bereicherungsklage gegen Teilnehmer an einer unerlaubten Handlung, die auf Kosten des Verletzten etwas erlangt haben, ist begründet, auch wenn der Gegenstand durch Rechtsgeschäft unter den beteiligten Teilnehmern in die Hand des Bereicherten gelangt ist."

mehr an den §§ 932 ff. BGB als am Merkmal „auf dessen Kosten". Die Unmittelbarkeit der Vermögensverschiebung war das vordergründige Endprodukt der richterlichen Überlegungen, nicht ihr Ausgangspunkt. Denselben Befund wird man der Billigkeit erstatten dürfen. Sie war kein anspruchsbegündendes Moment. Vielmehr diente sie als reine Textformel für andere, weitergehende Wertungen.

In der Systematik ging die Rechtsprechung noch andere Wege als heute. Denn gewöhnlich trennten die Gerichte zwischen rechtsgeschäftlichem Eigentumsübergang und Rechtserwerb ipso iure nach § 946 ff. BGB. Das zeigt sich besonders deutlich in den besprochenen Verwendungsfällen, die sich nur dadurch von der abgekürzten Lieferung auf Anweisung unterscheiden, daß das bestehende Eigentum von Rechts wegen übergeht. Ansonsten liegen die typischen Anweisungs- und Verwendungsfälle, bei denen auf einen Vertrag mit einem Dritten geleistet wird, wertungsmäßig vollkommen gleich. Nur die Sonderregel in § 951 BGB scheint die Rechtsprechung dazu veranlaßt zu haben, das Auseinanderfallen von Leistung und Verwendung gesondert von der Trennung von Leistung im Rechtssinne und faktischer Zuwendung zu behandeln. Erst 1930 gelang es dem IV. Zivilsenat, zu übergeordneten Gesichtspunkten zurückzufinden, als entschieden wurde, Verwender sei derjenige, der auf eigene Rechnung baue.

III. Die Trennungslehre

1. Ihr Fundament

Der Trennungslehre war intellektuell gut der Boden bereitet, auf dem ihre Gedanken aufgehen konnten. Reichsgericht und Lehre hatten für das noch junge Gesetz mit seinen anfangs zahlreichen offenen Fragen wertvolle Aufbauarbeit geleistet und nicht wenige Kenntnislücken geschlossen. Wenn man an die Trennungslehre denkt, fallen einem unweigerlich die Namen Walter Wilburg, Ernst v. Caemmerer und Hans-Wilhelm Kötter ein, sozusagen das bereicherungsrechtliche „Dreigestirn". Alle haben auf ihre Art und Weise Dogmengeschichte geschrieben und der Materie bereits Jahrzehnte vor dem breiten Durchbruch der heute herrschenden Lehre in Rechtsprechung und Literatur nachdrücklich ihren Stempel aufgedrückt.

a) Lehre von der Eingriffskondiktion

Als Wilburg im Jahre 1934 in seiner grundlegenden Abhandlung über „Die Lehre von der ungerechtfertigten Bereicherung" den Grundstein für all die

Selbstverständlichkeiten von heute legte, stand die traditionelle Lehre noch wie in Stein gemeißelt in ihren Grundfesten. Doch der junge Privatdozent an der Universität Graz ließ sich davon nicht beeindrucken und profilierte sich in der Festschrift seiner Universität als dogmatische Alternative. Nicht zu Unrecht werden Wilburgs Verdienste als „Wende" in der Entwicklung der Bereicherungsdogmatik bezeichnet.[209] Im Anschluß an die schon damals vorherrschende Lehre unterschied er den rechtlichen Grund von Leistung und Nichtleistung. Gleich v. Savigny kam Wilburg zum Schluß, die condictio indebiti sei in ihrem Wesen ein Irrtum über den Grund (§ 814 BGB).[210] Andererseits trete die Leistungskondiktion ein, „wenn das Grundverhältnis, auf das sich die Leistung bezieht, der Gültigkeit entbehrt".[211] Der Rechtsgrund wird trotz des Irrtumspostulats im Ergebnis rein objektivrechtlich definiert; der subjektive Irrtum ist nach der Konzeption des Gesetzes nur negatives Tatbestandsmerkmal. Die Nichtleistungskondiktion wird dagegen völlig anders eingestuft: Ihr Rechtsgrund beruhe nicht auf dem Willen der Beteiligten, sondern in ihrem Hauptfall auf der rechtsübertragenden Vorschrift, die einen ausgleichslosen Erwerb schaffen wolle.[212]

Bis zu diesem Punkt bewegte sich Wilburg durchaus im bekannten Rahmen. Allerdings sah er die zeitgenössische Literatur weitaus kritischer: Er wollte keinen Anknüpfungspunkt an die herkömmliche Meinung gelten lassen; zu sehr hatte sie sich in seinen Augen durch die unsägliche Konfusion um die Unmittelbarkeit der Vermögensverschiebung diskreditiert. Daher startete Wilburg von Grund auf einen neuen Definitionsversuch zur Struktur und Zweck der Kondiktionen. Der Sinn trachtete ihm nicht danach, das von Reichsgericht und herrschender Akademiemeinung getragene System durch Korrekturen am Leben zu erhalten. Wilburg nahm keine partiellen Randkorrekturen der Bereicherungsdogmatik vor, er griff den Kern des bisherigen bereicherungsrechtlichen Selbstverständnisses selbst an: das Axiom von der Vermögensverschiebung. Er löste sich von der traditionellen Interpretation des Tatbestandsmerkmales „auf dessen Kosten" und vivisezierte scharf die Leistung von der Nichtleistung. Bei der Leistungskondiktion stehe der Anspruch dem Leistenden gegen den Leistungsempfänger zu; wer Leistungsempfänger sei, ergebe sich „aus dem Inhalt und aus dem Zweck der Leistung", nicht aus „auf dessen Kosten".[213] Die Parteien beim Eingriff in ein „Grundrecht", der Eingriffskondiktion, seien im Gegensatz dazu mittels des Zuweisungsgehaltes des in Frage stehenden Rechts zu ermitteln.

---

209 *Reuter/Martinek*, Ungerechtfertigte Bereicherung, § 2 II 1 (S. 26).

210 *Wilburg*, Ungerechtfertigte Bereicherung, S. 7.

211 *Wilburg*, Ungerechtfertigte Bereicherung, S. 11.

212 *Wilburg*, Ungerechtfertigte Bereicherung, S. 12.

213 *Wilburg*, Ungerechtfertigte Bereicherung, S. 113.

Die Leistung wird folglich vom Tatbestandsmerkmal „auf dessen Kosten" abstrahiert, die Eingriffskondiktion als Verletzung des Zuweisungsgehalts verstanden. Somit vertritt Wilburg auf Tatbestandsebene das Trennungsmodell, indem er die Leistungskondiktion von einem nach dem Gesetzeswortlaut gemeinsamen Tatbestandsmerkmal abspaltet. Ungewiß bleibt noch, wo genau seine Zuweisungslehre festzumachen ist. Es läßt sich der Schrift nicht sicher entnehmen, ob die neue Lehre nun unter „auf dessen Kosten", „ohne rechtlichen Grund" oder daneben ihren Platz findet.

Hier hätte Wilburg stehen bleiben können. Er ging jedoch nochmals einen Schritt weiter: Nicht nur die Differenzierung des Rechtsgrundes auf Interpretationsebene und des Kostenmerkmals auf Tatbestandsebene wurde eingefordert, sondern selbst das Einheitsmodell auf Prinzipienebene mit Nachdruck verneint:[214] Der Grund des Ersatzrechtes aus einem Eingriff liege im alten Eigentum, dessen Zweck in schuldrechtlicher Gestalt fortlebe.[215] Der Gedanke einer Vindikationsersatzfunktion selbst ist nicht neu, findet er sich doch schon bei v. Savigny. Wilburg entwickelt im Anschluß an Heck den Gedanken eine Stufe weiter: Wesentlich sei für den Bereicherungsanspruch die „zuweisende Kraft" des ehemaligen Eigentums als „Preis für das entzogene dingliche Recht."[216] Das Eigentum lebt im bereicherungsrechtlichen Ausgleichsanspruch fort, es wird zwar nicht das Eigentum selbst, aber sein Wert garantiert. Die Nichtleistungskondiktion steht in der Terminologie Wilburgs als „Rechtsfortwirkungsanspruch" der Leistungskondiktion als „Leistungsrückgabeanspruch", einer „Art rechtsgeschäftlicher Anfechtung", gegenüber.[217]

b) Bereicherungstypologie

Wilburgs kühner Versuch bedurfte noch vieler weiterer Ergänzungen, um sich schließlich zur herrschenden Meinung aufzuschwingen. Den wichtigsten Beitrag leistete dabei Ernst v. Caemmerer. Seine Abhandlung „Bereicherung und unerlaubte Handlung" gilt heute als Literaturklassiker zum Thema Bereicherungsrecht. 20 Jahre nach Wilburgs Skizze, deren Rezeption sicherlich durch die Wirren des Dritten Reiches und des Zweiten Weltkrieges gehemmt worden war, erweiterte v. Caemmerer in seinem Beitrag in der Festschrift für Ernst Rabel den neu aufgezeigten Weg zu einem umfassenden System. Er sah

---

[214] *Wilburg*, Ungerechtfertigte Bereicherung, S. 22 f., 113.

[215] *Wilburg*, Ungerechtfertigte Bereicherung, S. 29; auch S. 35: „Fortbildung des Eigentumsschutzes".

[216] *Wilburg*, Ungerechtfertigte Bereicherung, S. 29.

[217] Später hat *Wilburg* freilich seine Ansicht etwas revidiert. In AcP, Bd. 163 (1964), S. 346 (349), konzedierte er, den Gedanken der Rechtsfortwirkung bei der Leistungskondiktion zu sehr in den Hintergrund gestellt zu haben.

sich durch rechtsvergleichende Erkenntnisse bestätigt, die er aus dem common law und dem französischen Recht schöpfte. Vor allem im Bereich der Verwendung und des Rückgriffs konnte sich v. Caemmerer in seiner Auffassung approbiert sehen, daß die „Versuche, eine einheitliche Formel zu finden", nicht weiter führten: Es seien daher verschiedene Typen zu unterscheiden.[218]

v. Caemmerer betrachtete die Leistungskondiktion als „technischen" Behelf zur „Rückabwicklung fehlgeschlagener Leistungen" auf einer Ebene mit vertraglichen Rückabwicklungsansprüchen. Ob der Gesetzgeber das eine oder andere wähle, sei eine Frage des Haftungsumfangs und nicht der „Grundlagenverschiedenheit".[219] Der Leistungskondiktion werden die Bereicherungstypen „in sonstiger Weise" gegenübergestellt, allen voran die „Bereicherung aus fremdem Gut", die vornehmlich im „Eingriffserwerb" liege. An diesem Punkt konnte v. Caemmerer an Wilburg anschließen und den Widerspruch zum Zuweisungsgehalt und Güterschutz zum maßgeblichen Inhalt resp. Fundament der Eingriffskondiktion erheben.[220] Neben die Leistungskondiktion und die Bereicherung aus fremdem Gut wird schließlich die Rückgriffskondiktion gestellt. Alle anderen Fälle – Verwendungen, Haftung für unentgeltlichen Erwerb nach §§ 816 Abs. 1 S. 2, 988 und 822 BGB – seien nur Varianten der beiden Großgruppen der Nichtleistungskondiktion.[221] In ihren Grundzügen hat sich die Typologie bis heute bewährt.[222] Kontrovers diskutiert wird im wesentlichen nur die Frage um die offene oder abgeschlossene Typenzahl der Nichtleistungskondiktion.[223] Doch dem muß nicht näher nachgegangen werden.

---

[218] *v. Caemmerer*, in: Festschrift für *Rabel*, S. 333 (337) = Gesammelte Schriften, Bd. 1, S. 209 (213). Siehe auch später *ders.* zusammenfassend in: Gesammelte Schriften, Bd. 1, S. 370–392, mit einer etwas anderen Einteilung: Leistungs-, Eingriffs-, Verwendungs- und Rückgriffskondiktion.

[219] *v. Caemmerer*, in: Festschrift für *Rabel*, S. 333 (342–344) = Gesammelte Schriften, Bd. 1, S. 209 (218 f.).

[220] *v. Caemmerer*, in: Festschrift für *Rabel*, S. 333 (352 f.) = Gesammelte Schriften, Bd. 1, S. 209 (228–230).

[221] *v. Caemmerer*, in: Festschrift für *Rabel*, S. 333 (375 f.) = Gesammelte Schriften, Bd. 1, S. 209 (251 f.).

[222] Repräsentativ *Larenz/Canaris*, Schuldrecht, Bd. II/2: Leistungskondiktion und Nichtleistungskondiktion (Eingriffs-, Aufwendungskondiktion (Verwendungs-, Rückgriffs- und Direktdurchgriffskondiktion)). Für die Einheitslehre *Lieb*, in: Münchener Kommentar: Leistungskondiktion und Nichtleistungskondiktion (Eingriffs-, Verwendungs-, Rückgriffskondiktion, „Erlangen durch gesetzliche Vorschrift", „Erlangung durch Handlungen Dritter", Bereicherung durch Naturvorgang).

Abweichend *Reuter/Martinek*, Ungerechtfertigte Bereicherung, § 9 (371–384): Trichotomisches System mit Leistung, Eingriff und restlichen Fällen als „Abschöpfungskondiktion" aus zuweisungswidrigem Haben.

[223] Für offene Anzahl schon *v. Caemmerer*, in: Festschrift für *Rabel*, S. 333 (375) = Gesammelte Schriften, Bd. 1, S. 209 (251); dagegen *Reuter/Martinek*, Ungerechtfertigte Bereicherung, § 3 III 3 (S. 56–59).

Insgesamt gesehen ist v. Caemmerers Typologie weniger extrem dichotom ausgelegt als bei Wilburg. Selbst auf der Prinzipienebene gibt er sich ambivalent, er erwähnt die Pomponius-Parömie als gemeinsamen Hintergrund, trennt aber zugleich klar die Leistungs-, Eingriffs- und Rückgriffskondiktion. Damit geht der „einheitliche Grundgedanke der Generalklausel [...] nicht verloren."[224] Auf Interpretationsebene jedenfalls kann man das Trennungsmodell konstatieren: Die Rechtsgrundlosigkeit sei bei der Leistung in der mangelnden schuldrechtlichen Unterlage zu suchen, beim Eingriff hingegen liege sie im Widerspruch zum Zuweisungsgehalt.

Ebenso schillernd wie die Ebene der Rechtsprinzipien gibt sich der Tatbestand: Offen bleibt, ob „auf dessen Kosten" auch für die Leistung gilt. Vielleicht tendiert v. Caemmerer hier mehr zu Gemeinsamem, wenn er vom „Generaltatbestand" § 812 BGB spricht, der an die allgemeine französische Deliktsklausel erinnere. Nach v. Caemmerers typologischer Methode sind formelltatbestandliche Fragen weniger wichtig, weil für ihn die Konkretisierung des § 812 BGB kraft funktionaler Auslegung im Vordergrund steht. Die Funktionsbeschreibung der Bereicherungstypen sollte das Bereicherungsrecht übersichtlicher gestalten und Rechtsvergleichung ermöglichen, nicht jedoch in selbständige Anspruchsgrundlagen zerlegen. v. Caemmerers Bereicherungsfälle waren keine dogmatisch-tatbestandlich angelegten autonomen Typen, sondern nur Paradigmen typischer Rechtssituationen innerhalb des *einen* Grundgedankens. Der Unterschied zur konventionellen Lehre, die in der Leistung einen Beispielfall der Generalklausel sah, war weniger groß, als er heute in der Retrospektive erscheinen mag.

2. Weitere Entwicklung in der Literatur

Mit v. Caemmerers und Wilburgs Schriften war der Grundstein einer neuen Ordnung des Bereicherungsrechts gelegt. Wilburg schlug sozusagen das Eis der Vermögensverschiebungsdogmatik mit manchmal etwas überspitzten Worten auf, v. Caemmerer zeigte sich als Rechtsvergleicher in seinem Gefolge mehr als Vermittler. Seine Typologie war in ihren Grundzügen seit langem bekannt; neu war ihre funktionalistisch-rechtsvergleichende Ausrichtung. Selbst Anhänger der alten Lehre konnten sie auf ihren dogmatischen Unterbau übertragen.

---

[224] *v. Caemmerer*, in: Gesammelte Schriften, Bd. 1, S. 370 (392).

a) Historische Entwicklung und Tatbestandsaufbau

Wie sich die Lehre weiterentwickeln sollte, blieb zunächst vollkommen offen. Wilburg war wie Schulz allein gesehen zu sehr von der herrschenden Meinung entfernt; allein konnte er sich nicht durchsetzen. Ihm wurde von anderer Seite Schützenhilfe geleistet: Mit Vehemenz sprach sich Kötter im selben Jahr noch wie v. Caemmerer für die Trennung von Leistung und Nichtleistung aus. Das Tatbestandsmerkmal „auf dessen Kosten“ strich er gleich Wilburg für die Leistungskondiktion, außerdem begründete er die heute gebräuchliche Leistungsdefinition:[225] „[D]ie bewußte Mehrung fremden Vermögens ist daher nur gegenüber demjenigen [...] Empfänger einer solchen Zuwendung als Leistung im Sinne des § 812 BGB anzusehen, der durch Zweckerreichungsabsicht mit dem [...] Zuwendenden verbunden ist.“ Kötter griff damit ältere Autoren wie Kreß oder v. Tuhr auf und kombinierte ihre Aussagen mit der Forderung Wilburgs, das Tatbestandsmerkmal „auf dessen Kosten“ endlich für die Leistungskondiktion zu streichen.

Aller Anfang war schwer. Zunächst hielten viele an der tatbestandlichen Einheit des Bereicherungsrechts im alten Sinne und der Unmittelbarkeit der Vermögensverschiebung fest.[226] Da die neue Lehre noch viele Fragen offenließ, versuchten andere, die Wilburg und v. Caemmerer aufgeschlossener gegenüberstanden, die alte Dogmatik mit den Neuerungen zu amalgamieren. Die späten 40er und die 50er Jahre waren deshalb eine Übergangsphase, in der die Trennungslehre erst zu sich selbst finden mußte. Man bemühte sich oft, Leistungsbegriff und Zuweisungslehre mit der Unmittelbarkeit der Vermögensverschie-

---

[225] *Hans-Wilhelm Kötter*, in: AcP, Bd. 153 (1954), S. 193 (198 f.). Anders noch *Wilburg*, Ungerechtfertigte Bereicherung, S. 113 f.

[226] *Brüggemann*, in: *Achilles/Greiff*[21], § 812, Anm. 3 (S. 424 f.); *Enneccerus/Lehmann*[15], Bürgerliches Recht, Bd. 2, § 220 II (S. 872 f.); *Erdsiek*, in: *Soergel*[8], § 812, bes. Anm. 1–5 (S. 511–518); *Esser*, Schuldrecht, § 303 II 2, 3 (S. 437 f.); *Hedemann*[3], Schuldrecht, § 61 II b (S. 332 f.); *Loewenwarter/Bohnenberg*, Wegweiser durch das BGB, bes. S. 50–56; *Luckow*, Unmittelbare Vermögensverschiebung; *Rudolf Schmidt*[2], Bürgerliches Recht, Bd. 2, § 66 III (S. 165); *Hans Seiler*, in: *Erman*, § 812, bes. Anm. 1–4 (S. 1006–1009); *Titze*[4], Schuldrecht, bes. § 51, 1 b (S. 202).

Esser, Schuldrecht, § 302 I 2 (S. 433 f.), sprach sich immerhin dagegen aus, die Bereicherungsansprüche auf einen einheitlichen Tatbestand zu bringen. Ähnlich *Hans Seiler*, a. a. O., Vorb. § 812, Anm. 1 a (S. 1002 f.), mit der Bemerkung, es ließe sich kein allgemeiner Grundgedanke für alle Bereicherungsansprüche finden.

Graumann, Fehlerhafte Banküberweisungen, kam ohne dieses Kriterium aus.

Gegen das Unmittelbarkeitskriterium, aber für „auf dessen Kosten“ als Element aller Bereicherungsansprüche *v. Lübtow*, Lehre von der Condictio, bes. 24–26: Von ihm stammt die vielzitierte Wendung, Leistung und Bereicherung in sonstiger Weise seien zwar selbst de lege ferenda zu trennen, aber „nur Spielart einer *allgemeinen Ausgleichsordnung*“. Kritisch zur Unmittelbarkeit wie bereits vor 1945 *Hedemann*[3], Schuldrecht, § 61 II 4 b (S. 332 f.).

bung zu vereinbaren.[227] Karl Larenz beispielsweise vertrat 1956 anders als zwei Jahrzehnte zuvor in „Vertrag und Unrecht" den Standpunkt, in § 812 Abs. 1 S. 1 BGB seien eigentlich zwei Tatbestände angelegt; die Norm bedürfe daher der Konkretisierung. Sogar die Zuweisungslehre berücksichtigte Larenz unter dem Merkmal „ohne rechtlichen Grund".[228] Auf der anderen Seite hielt er an „auf dessen Kosten" für die Leistungsvariante fest. Wie die Rechtsgrundlosigkeit sei das Merkmal aber für Leistung und sonstige Fälle differenziert auszulegen:[229] Konkret sollte in Mehrpersonenverhältnissen trotz Einheitlichkeit des Bereicherungsvorgangs primär geprüft werden, wer Leistender und wer Leistungsempfänger sei. In dieses ambivalente Gesamtbild fügt sich die Aussage ein, Wilburg habe zu Unrecht den einheitlichen Grundgedanken des Bereicherungsrechts verneint.

Deutlichere Konturen gewann die Lehre in den 60er Jahren. Das Tatbestandselement „auf dessen Kosten" wurde von vielen zumindest nicht mehr für die Leistungskondiktion eingesetzt.[230] Besonders Josef Esser trug dazu bei, das Profil der neuen Lehre zu schärfen, indem er die Leistung in die Worte der „bewußten und zweckgerichteten Mehrung fremden Vermögens" goß.[231] Immer noch verschafften sich zahlreiche Stimmen Gehör, die zwar prinzipiell den Wert der Vorarbeit Kötters würdigten, aber dennoch an der „Vermögensverschiebung durch Leistung" oder zumindest am Merkmal „auf dessen Kosten" für die Leistung festhielten und dem „kleinen" Einheitsmodell auf Tatbestands-

---

[227] Siehe *Antoni*, Bereicherung im gewerblichen Rechtsschutz, S. 92–106. Weitergehend schon *Mestmäcker*, in: JZ 1958, S. 521–526: Vermögensverschiebung sei durch Zuweisungslehre zu ersetzen; *Scheyhing*, in: AcP, Bd. 157 (1958/59), S. 371 (bes. 373): I. E. vertrat er den zweckgerichteten Leistungsbegriff auf der Grundlage der Vermögensverschiebung, der Unmittelbarkeitsbegriff sollte abgelöst werden.

[228] *Larenz*, Schuldrecht, Bd. 2, § 62 I b, II b (S. 302, 304–306).

[229] *Larenz*, Schuldrecht, Bd. 2, § 62 pr. (S. 296, insbes. Fn. 1).

[230] Gegen das Tatbestandsmerkmal „auf dessen Kosten" bei der Leistungskondiktion: *Gräber*, Bereicherung durch Leistung, S. 106–110; *Hadding*, in: JZ 1966, S. 222 (223); *Werner Lorenz*, in: JuS 1968, S. 441–448; *Mühl*, in: *Soergel/Siebert*^{9}, § 812, Rn. 22, 41 (S. 950, 955) (gleichzeitig sah *Mühl*, a. a. O., Vorb. § 812, Rn. 2 (S. 939), das Bereicherungsrecht als „systematische Einheit im weiteren Sinn"); *Zeiss*, in: JZ 1963, S. 7 (7 f.). Siehe auch *Harm Peter Westermann*, Causa im Zivilrecht, S. 177–180. Für die Zuweisungslehre *Kleinheyer*, in: JZ 1961, S. 473 (475).

In den Grundlinien ganz auf der neuen Linie *Hülsmann*, Leistungskondiktion und Eingriffskondiktion, S. 5–8, 16 f., 26–35, der selbst für die Nichtleistungskondiktionen, insbes. die Eingriffskondiktion, auf das Tatbestandsmerkmal „auf dessen Kosten" verzichtete. Die Problemlösung erfolgt dann bei der Nichtleistung über die Rechtsgrundlosigkeit. Implizit ebenso, ohne allerdings die konkreten Tatbestandsmerkmale zu benennen, *Helmut Haas*, Bereicherung in moderner Sicht.

[231] *Esser*^{2}, Schuldrecht, bes. § 189, 1 (S. 776). Allerdings verwandte er die Zuweisungslehre nur für die Rechtsgrundlosigkeit und beließ es für „auf dessen Kosten" bei der Unmittelbarkeit; siehe *ders.*, a. a. O., § 195, 3, 4 (S. 806–808).

ebene folgten.[232] Ebenso wollten einige kompromißbereit sogar am strengen Unmittelbarkeitskriterium für die Eingriffskondiktion festhalten.[233] Orthodoxe Traditionalisten, die unbeirrt dem Altbewährten folgten, waren gleichfalls anzutreffen.[234]

Erst in den 70er Jahren des vergangenen Jahrhunderts setzte sich die Trennungslehre und mit ihr die Galionsfiguren „Leistung" und „Zuweisung" auf breiter Front durch. In den führenden Kommentaren,[235] in Lehrabhandlungen[236]

---

[232] *Baur/Wolf*, in: JuS 1966, S. 393 (395): gegen Unmittelbarkeit, aber für „auf dessen Kosten"; *Berg*, in: JuS 1964, S. 137 (138, Fn. 4); tendenziell *Grunsky*, in: JZ 1962, S. 207 (208 f.): Zweifel an „auf dessen Kosten"; *Kornblum*, in: JZ 1965, S. 202 (202–204): Identität von Leistendem und Entreichertem; *Rothoeft*, in: AcP, Bd. 163 (1964), S. 215 (223–237): sog. „doppelt finalisierter Leistungsbegriff", der auf der Vermögensverschiebung aufbaut.

Weitergehend *Fikentscher*, Schuldrecht, §§ 98, 99 I, II (S. 510–519); *Rosenthal/Kamnitzer/Bohnenberg*, § 812, Rn. 2587 (S. 851), Anh. § 812 I, II a–c, Rn. 2599 (S. 854): Bei diesen Autoren wird der neue Leistungsbegriff zwar erwähnt, trotzdem halten sie sogar am Unmittelbarkeitserfordernis fest. *Sumera*, Bereicherungshaftung im Wettbewerb, S. 59, 89, schloß sich zwar der Zuweisungslehre an, verblieb aber bei der unmittelbaren Vermögensverschiebung im Bereich der Leistungskondiktion.

[233] *Berg*, in: JuS 1964, S. 137 (138); *ders.*, in: AcP, Bd. 160 (1961), S. 505 (508); *Gräber*, Bereicherung durch Leistung, S. 145–147: Ent- und Bereicherung müssen durch einzigen Umstand vermittelt werden; *Mühl*, in: *Soergel/Siebert*[9], § 812, bes. Rn. 41.

[234] *Gramm*, in: *Palandt*[27], § 812, bes. Anm. 2, 4 (S. 650 f.); *Scheffler*, in: RGRK[11], Vorb. § 812, bes. Anm. 3 (S. 1054); *Molitor*, Schuldrecht, Bd. 2, bes. § 28 I 1 (S. 162), freilich mit Zweifeln. Sogar der finale Leistungsbegriff fehlt hier.

[235] *Werner Lorenz*, in: *Julius v. Staudinger*[13], § 812, Rn. 1, 7 f., 31 f.; *Harm Peter Westermann*, in: *Erman*[10], Vorb. § 812, Rn. 1, § 812, Rn. 1. Grundsätzlich auch *Heimann-Trosien*, in: RGRK[12], § 812, bes. Rn. 14: Abgelehnt wird für die Leistungskondiktion nur das Unmittelbarkeitserfordernis, das Schicksal des Tatbestandsmerkmals „auf dessen Kosten" in Leistungsfällen bleibt offen; *Mühl*, in: *Soergel/Siebert*[11], Vorb. § 812, Rn. 2, § 812, Rn. 37–39, 133, abschwächend mit der Bemerkung, das Bereicherungsrecht sei „eine systematische Einheit im weiteren Sinn"; *Schlechtriem*, in: *Jauernig*, Vorb. § 812, Rn. 1 f. Deutlich mehr Sympathien für die Einheitslehren bei *Mühl*, in: Festschrift für *v. Lübtow*, S. 547 (bes. 548–550). Gespalten die Kommentierung von *Heinz Thomas*, in: *Palandt*[59], § 812, bes. Rn. 1, 3, 35, 41, der zwar einen einheitlichen Tatbestand ablehnt und die herkömmliche Leistungsdefinition benutzt, jedoch die „Einheitlichkeit des Bereicherungsvorgangs" nach wie vor auch der Leistungskondiktion unterstellt.

Anders noch *Seufert*, in: *Julius v. Staudinger*[10/11], Vorb. § 812, Rn. 4 (S. 2723), der „auf dessen Kosten" für Leistung und Nichtleistung anwendet und nicht den Leistungsbegriff rezipiert; abschwächend *ders.*, a. a. O., § 812, Rn. 1 (S. 2738): „Abs. 1 S. 1 enthält also nicht einen einheitlichen, sondern zwei verschiedene Tatbestände, die aber auf einem einheitlichen Grundgedanken beruhen".

[236] Z. B. *Emmerich*, Schuldrecht, Besonderer Teil, § 16, Rn. 5; *Esser*[4], Schuldrecht, Bd. 2, bes. § 100 II (S. 332 f.); *Esser/Weyers*[8], Schuldrecht, Bd. II/2, § 47, 3 a (S. 34–37); *Fikentscher/Drexl*[9], Schuldrecht, Rn. 1067; *Gernhuber*, Bürgerliches Recht, § 45 I 4 (S. 429); *Koppensteiner/Kramer*, Ungerechtfertigte Bereicherung, bes. § 17 (S. 190–192); *Larenz*[12], Schuldrecht, Bd. 2, § 68 pr. (S. 523); *Larenz/Canaris*, Schuldrecht, Bd. II/2, § 67 I 2 (S. 129–131); *Medicus*, Bürgerliches Recht, Rn. 665; *ders.*, Schuldrecht, Bd. 2, Rn. 632; *Reeb*, in: JuS 1972, S. 390 (392).

und im Spezialschrifttum wurde die neue Lehre zum Median erhoben.[237] Die tatbestandliche Konfiguration des § 812 Abs. 1 S. 1 BGB ist freilich bis heute trotz des finalen Leistungsbegriffs und trotz der Zuweisungslehre nicht endgültig geklärt. So beurteilt man unterschiedlich, ob „auf dessen Kosten" bei der Eingriffskondiktion gelte.[238] Teilweise wird auch die Leistungskondiktion noch mit dem Kostenmerkmal verknüpft,[239] also das „kleine" Einheitsmodell ange-

---

[237] Z. B. *Holtkamp*, Rückabwicklung beim Streckengeschäft, S. 56–64; *Detlef König*, Ungerechtfertigte Bereicherung, S. 23 f., 162; *Marx*, Abschöpfung der Eingriffsbereicherung, S. 18–26; *Udo Meyer*, Bereicherungsausgleich in Dreiecksverhältnissen; *Putzo*, Erfüllung mit Buchgeld, S. 131–133; *Schlechtriem*, z. B. in: Symposium für *Detlef König*, S. 57 (58 f.); *Schnauder*, zuerst in: Leistungskondiktion bei Drittbeziehungen; *Oliver Seiler*, Bereicherungsausgleich im Überweisungsverkehr, S. 36–39; *Stierle*, Fehlerhafte Banküberweisungen; *Stresemann*, Bereicherungsrechtliche Rückabwicklung; *Wallmann*, Subsidiaritätsgrundsatz, S. 18 f; *Weitnauer*, z. B. in: Symposium für *Detlef König*, S. 25 (27–29); *ders.*, in: JZ 1985, S. 555–558; *Wendehorst*, Anspruch und Ausgleich, bes. S. 316 (diese Monographie behandelt jedoch primär den Anspruchsinhalt, nicht die Anspruchsgrundlage selbst); *Wirth*, Fehlgeschlagene Banküberweisungen, S. 10.

[238] Positiv *Fikentscher/Drexl*[9], Schuldrecht, Rn. 1127; *Koppensteiner/Kramer*, Ungerechtfertigte Bereicherung, § 9 I 1 und II 1 (S. 70, 88), § 17 II 3 (S. 191); tendenziell auch *Werner Lorenz*, in: *Julius v. Staudinger*[13], § 812, Rn. 23, 31, 77, allerdings werden hier „ohne rechtlichen Grund" und „auf dessen Kosten" als Widerspruch zum Zuweisungsgehalt eines fremden Rechts zusammengefaßt.

Noch weitergehend *Mühl*, in: *Soergel/Siebert*[11], § 812, Rn. 133: Zuweisungslehre als Umschreibung des Unmittelbarkeitskriteriums; *Heimann-Trosien*, in: RGRK[12], Rn. 42, 53 f.; *Larenz/Canaris*, Schuldrecht, Bd. II/2, § 67 II 2 b (S. 135), und *Schlechtriem*, in: *Jauernig*, § 812, bes. Rn. 57 f., kombinieren Zuweisungsgehalt und Unmittelbarkeit; *Esser*[4], Schuldrecht, Bd. 2, § 104 I 2 (S. 364), und *Heinz Thomas*, in: *Palandt*[59], § 812, Rn. 36, identifizieren das Tatbestandsmerkmal mit der Einheitlichkeit des Bereicherungsvorgangs. Zu *Jakobs*, der ebenfalls „auf dessen Kosten" für die Eingriffskondiktion fordert, unten auf S. 377.

Negativ *Hülsmann*, Leistungskondiktion und Eingriffskondiktion, S. 26–35; *Reuter/Martinek*, Ungerechtfertigte Bereicherung, § 7 I 3 (S. 240 f.); ähnlich, wenn auch nicht eindeutig *Larenz*[12], Schuldrecht, Bd. 2, § 68 II (S. 533 f.). Gespalten *Esser/Weyers*[8], Schuldrecht, Bd. II/2, § 50 I 2 (S. 79): „auf dessen Kosten" ziele auf Zusammenhang zwischen Schutzposition des Gläubigers und Bereicherung, „ohne rechtlichen Grund" als Rechtsposition mit Zuweisungsgehalt.

[239] In diese Richtung *Bertram Ebert*, Bereicherungsausgleich, 1. Teil, II. 5 d bb (zitiert nach Manuskript): „dass bei der Leistungskondiktion der Vorteil nicht ‚auf Kosten' des Kondizenten erlangt sein müsste, sondern darauf, dass die Prüfung des Merkmals ‚auf dessen Kosten' bei der Leistungskondiktion durch die Feststellung der Leistung gleichsam miterledigt wird"; *Fikentscher/Drexl*[9], Schuldrecht, Rn. 1078: „Die Leistung muß auf Kosten des Leistenden geschehen", nach Aufgabe der Unmittelbarkeitsdoktrin sei allerdings seine Prüfung nicht mehr erforderlich; *Hassold*, Leistung im Dreipersonenverhältnis, S. 6, 38; *Koppensteiner/Kramer*, Ungerechtfertigte § 17 II 2 (S. 191): „So gesehen, geht die Leistung daher auf seine ‚Kosten', wenn sich dieses Risiko dann wirklich realisiert"; selbst *Reuter/Martinek*, Ungerechtfertigte Bereicherung, § 7 I 2 (S. 238), geben zu, zur Not könne man für die Leistung eine Vermögensverschiebung identifizieren. Wahrscheinlich auch *Mühl*, in: *Soergel/Siebert*[11], § 812, Rn. 36–39: Im Vergleich zur 9. Aufl. taucht nicht mehr die Bemerkung auf, „auf dessen Kosten" sei für die Leistungskondiktion entbehrlich. Vielmehr wird nun die Unmittelbarkeitsdefinition abge-

strebt, ohne daß zu der Auffassung, welche dieses Tatbestandsmerkmal für die Leistung ganz streichen möchte (striktes Trennungsmodell),[240] ein substantieller Unterschied besteht. Lieb urteilt zu Recht, diejenigen, die „auf dessen Kosten“ ganz streichen, möchten damit keinesfalls die Leistungskondiktion bewilligen, wenn sich der Erwerb des Bereicherten nicht im weitesten Sinne auf Kosten des Kondizenten vollzieht.[241] Dem ließe sich zwar entgegnen, es sei eine petitio principii, Leistungs- und Kostenmerkmal gleichzusetzen, und in gewisser Hinsicht ist der Einwand begründet. Der entscheidende Unterschied zwischen der traditionellen Lehre zum Bereicherungsrecht und der Trennungsthese liegt indes in der methodischen Vorgehensweise: Die eine interpretiert das Tatbestandsmerkmal „Leistung“ von „auf dessen Kosten“ aus, die Anhänger Kötters gerade umgekehrt das Kostenmerkmal von der zweckbetonten Warte des Leistungsbegriffs aus.

Auf der Interpretationsebene dürfte immerhin allgemein anerkannt sein, daß „ohne rechtlichen Grund“ kein bloßer Rechtfertigungsgrund ist, sondern explizit als Negativum festgestellt werden muß. Das Tatbestandsmerkmal ist keine iusta causa traditionis.[242] Weitgehende Einigkeit besteht auch in der Frage, welche Rechte durch die Eingriffskondiktion geschützt werden sollen. Heute sind lediglich noch Bereicherungsansprüche im Wettbewerbsrecht klärungsbedürftig.[243] Doch soll dieses Einzelproblem mangels Relevanz für die grundlegende Frage nach Einheits- oder Trennungsmodell nicht weiter verfolgt werden.

---

lehnt. Ihr komme zwar eine gewisse Kontrollfunktion zu, ihre Wertungen seien aber im Leistungsbegriff enthalten.

[240] Z. B. *Esser/Weyers*[8], Schuldrecht, Bd. II/2, § 48 II (S. 44); *Larenz*[12], Schuldrecht, Bd. 2, § 68 pr. (S. 523); *Larenz/Canaris*, Schuldrecht, Bd. II/2, § 67 II 1 a, b (S. 131 f.); *Oliver Seiler*, Bereicherungsausgleich im Überweisungsverkehr, S. 40, m. w. N.; *Harm Peter Westermann*, in: *Erman*[10], § 812, Rn. 1.

[241] *Lieb*, in: Münchener Kommentar, § 812, Rn. 10.

[242] Grundlegend *Wilburg*, Ungerechtfertigte Bereicherung, S. 14; im weiteren etwa *Harm Peter Westermann*, in: *Erman*[10], § 812, Rn. 44. Näher unten ab S. 406, 410, 418, 424, 456.

[243] Dafür eine in sich zerstrittene Meinungsgruppe unter divergierenden qualifizierten Voraussetzungen, etwa *Büsching*, Eingriffskondiktion im Wettbewerbsrecht, S. 88–130; *Bertram Ebert*, Bereicherungsausgleich, 1. Teil, II. 5 d cc, 6 (zitiert nach Manuskript); *Enzinger*, in: GRUR Int. 1997, S. 96 (99); *Fournier*, Bereicherungsausgleich bei UWG-Verstößen, bes. S. 123–126, 215–217; *Loewenheim*, in: WRP 1997, S. 913 (bes. 916); *Köhler*, in: NJW 1992, S. 1477 (1480); teilweise auch schon *Haines*, Warenzeichenverletzung und unlauterer Wettbewerb, S. 93–99. Vgl. auch *Bertram Ebert*, Geschäftsanmaßung, S. 398 f.

b) Kritik an der Leistungs- und Zuweisungslehre

Trotz gemeinsamer Grundlagen sind allzu viele Details der Trennungslehre nicht nur im Wettbewerbsrecht heftig umstritten. Vor allem die Definition des Leistungsbegriffs im Sinne Kötters wurde schon oft selbst im Lager derjenigen verworfen, die grundsätzlich Leistung und Nichtleistung trennen.[244] Welche Kritik mußte der Begriff in den vergangenen Jahrzehnten aushalten: Er sei zirkulär, ein Musterbeispiel des Rechtspositivismus und überdies ein Mißverständnis des causa-Gedankens. Die Lehre vom Zuweisungsgehalt ist ebenso im Lager der Trennungslehre Angriffen ausgesetzt.[245] All diese Bedenken mögen berechtigt sein, wenn sie sich nur auf die konkrete Auslegung der Tatbestandsmerkmale „Leistung“ bzw. „auf dessen Kosten“ sowie „ohne rechtlichen Grund“ bei der Eingriffskondiktion beziehen. Sehr oft steht hinter der Kritik ein viel weitreichenderes Ziel, nämlich die Trennung von Leistung und Nichtleistung.[246] Indem man die exponiertesten Symbole der Trennungslehre hinter-

---

[244] Aus der Vielzahl der Alternativen seien hier genannt: *Beuthien*, in: JZ 1968, S. 323–327, will Leistungs- und Zuwendungsbegriff zusammenfassen: der Anweisende sei der Zuwendende im rechtlichen Sinne (diese Definition taucht bei ihm in JuS 1987, S. 841 (841), nicht mehr auf); *Gräber*, Bereicherung durch Leistung, S. 54, 102: „bewußte und gewollte Vermehrung des Vermögens eines anderen“; *Hassold*, Leistung im Dreipersonenverhältnis, bes. S. 77–79, möchte zwar am Leistungsbegriff festhalten, in Mehrpersonenverhältnissen läßt er jedoch mittels Eigentumserwerbs „über Eck“ Zuwendung und Leistung stets parallel, um die Zuwendung des Angewiesenen an den Drittempfänger auszuschalten; *Kunisch*, Bereicherungsansprüche in Dreiecksverhältnissen, zusammenfassend S. 193, will Mehrpersonenverhältnisse nicht mit dem Leistungsbegriff, sondern der von ihm entwickelten „Rückgriffskondiktion“ und „Kondiktion gegen Drittempfänger“ lösen; *v. Reinersdorff*, in: MDR 1981, S. 800 (801 f.), läßt in tatsächlicher Hinsicht den Angewiesenen an den Drittempfänger leisten, korrigiert dieses Ergebnis jedoch durch normative Zurechnung; *Stolte*, in: JZ 1990, S. 220 (226): „Leistung ist Zurechnung aufgrund wirksamer Veranlassung bzw. aufgrund von Rechtsscheintatbeständen, auf die der Empfänger vertrauen darf“; kritisch auch *Nicolai*, in: JZ 1993, S. 1118 (1118); *Welker*, Bereicherungsausgleich wegen Zweckverfehlung, S. 23–31 (verfehlt wäre es aber, *Welker* dem Lager der Einheitslehren zuzuordnen). Auf *Lutz-Christian Wolffs* abweichende Ansicht zur Leistung wird im folgenden eingegangen.

Zu den verschiedenen Einheitslehren und ihren Anhängern, die hier nicht gesondert aufgeführt werden müssen, weil sie a priori den Leistungsbegriff negieren, siehe weiter unten ab S. 402 und exemplarisch *Kupisch*, Gesetzespositivismus, S. 12: „von Grund auf verfehlt“. Hervorgehoben sei hier nur noch *Lieb*, in: Jura 1990, S. 359 (359 f.), der sich im zitierten Aufsatz *Stoltes* Definition anschließt.

[245] Z. B. nun *Kleinheyer*, in: JZ 1970, S. 471–477: „Auf dessen Kosten“ bedeute die „Inanspruchnahme eines dem Gläubiger vorbehaltenen Rechtsgutes“.

Bei den Einheitslehren wird die Zuweisungslehre nicht durchgehend abgelehnt; vor allem *Lieb*, in: Münchener Kommentar, § 812, Rn. 193–210a; *Jan Wilhelm*, Rechtsverletzung und Vermögensentscheidung, S. 90–97, nähern sich ihr trotz teilweise gegenläufiger Aussagen weit an.

[246] Paradigmatisch *Kupisch*, in: JZ 1997, S. 213 (bes. 215 f.).

fragt, will man zugleich das Fundament beseitigen und an seine Stelle die variantenreiche Einheitslehre stellen.

Es stimmt aber keineswegs zwangsläufig, der finale Leistungsbegriff und die Zuweisungslehre seien unverrückbar mit den Grundlagen der Trennungslehre verbunden. Für den finalen Leistungsbegriff ist das *deduktiv steuernde* Zweckelement tragend, der Zweckgedanke ließe sich jedoch in die Rechtsgrundlosigkeit oder das Kostenmerkmal setzen oder auf Prinzipienebene verlagern. Die Zwecksetzung hätte dann in methodologischer Hinsicht nicht mehr die konditionssteuernde Bedeutung des Leistungsbegriffs. Dasselbe gilt mutatis mutandis für die vage Zuweisungslehre im Bereich der Eingriffskondiktion, die ebenfalls Alternativauslegungen von „auf dessen Kosten" und „ohne rechtlichen Grund" weichen kann. Man darf den Einheitslehren konzedieren, vor allem der Leistungsbegriff sei das herausragende Symbol der Trennungslehre. Doch selbst Windscheids Bereicherungstheorie konnte im Bürgerlichen Gesetzbuch ohne das Subsystem „Voraussetzung" überleben. Es ist nicht ersichtlich, warum es sich mit den Lehren Wilburgs und v. Caemmerers anders begeben sollte. Gerade die Typologie v. Caemmerers basiert mehr auf der handlungsbezogenen Trennung der Kondiktionen als auf finalem Leistungsbegriff und Zuweisungsgehalt.

Paradigmatisch seien einige pointierte Stimmen genannt, die grundsätzlich auf Tatbestandsebene wie die klassische Trennungslehre vorgehen, aber auf der Interpretationsebene dennoch zu anderen Ergebnissen gelangen. Das beweist um so mehr, daß die grundsätzliche Systementscheidung auch ohne das Beiwerk des finalen Leistungsbegriffs und der Zuweisung zu existieren vermag.[247] Die Zurechnungslehre von Canaris,[248] die inzwischen einem dogmatischen Pragmatismus gewichen ist,[249] ragt als prominentes Beispiel hervor. Obwohl Canaris dem Leistungsbegriff immer noch skeptisch gegenübersteht und statt seiner dahinterstehende Wertungen hervorhebt, bekennt er sich zur Trennungslehre.[250] Denselben Befund darf man für Horst Heinrich Jakobs als Kritiker der Zuweisungslehre stellen: Er unterscheidet die Leistung fein säuberlich von der Nichtleistung, indem er die Vermögensverschiebung nur für letztere Kondiktion gelten lassen will.[251]

Sogar in neuerer Zeit hat es nicht an Versuchen gefehlt, auf dem Fundament der Trennungslehre das Bereicherungsrecht neu zu deuten. Lutz-Christian

---

[247] Siehe bereits *Lieb*, in: Münchener Kommentar, § 812, Rn. 26a, Fn. 68.

[248] *Canaris*, in: Festschrift für *Larenz*, S. 788–865; auch *ders.*, in: JZ 1984, S. 627 (628); abgeschwächt bereits die Kritik von *dems.*, in: WM 1980, S. 354 (367–370).

[249] *Larenz/Canaris*, Schuldrecht, Bd. II/2, § 70 VI 2–5 (S. 248–253).

[250] *Larenz/Canaris*, Schuldrecht, Bd. II/2, § 67 I 2 (S. 129 f.).

[251] *Jakobs*, Eingriffserwerb und Vermögensverschiebung, S. 155–177. Ihm zustimmend etwa *Krautwig*, Verletzung von Persönlichkeitsrechten, S. 100–102.

Wolff, der sich zur Distinktion von Leistung und Nichtleistung bekennt,[252] unternimmt für den Bereich der Leistungskondiktion den Versuch, die Rechtsgrundlosigkeit als realisiertes Zuwendungsrisiko zu definieren, bei der das Restitutionsinteresse des Entreicherten mit den Interessen des Bereicherten abzuwägen sei.[253] Der Leistungsbegriff ist nach seiner Ansicht entbehrlich, er geht vom zweckgelösten Basisbegriff der Zuwendung aus; das hatte bereits Heinz Norbert Gräber 1965 in seiner Dissertation über „Bereicherung durch Leistung und in sonstiger Weise in § 812 BGB“ vertreten.[254] Charakteristisch für Zuwendungsverhältntnisse sei, daß die Rechtfertigung der Zuwendung zwischen Angewiesenem und Drittempfänger auch durch ein Rechtsverhältnis mit einem Dritten erfolgen könne, beispielsweise bei gültigem Deckungsverhältnis. Die Kondiktion sei dann gegen denjenigen zu richten, der das Zuwendungsrisiko zu tragen habe. Ob dieser Ansatz, der – wie nicht anders erwartet werden kann – in den Ergebnissen zu keinerlei Abweichungen in Mehrpersonenverhältnissen führt, dem Leistungsbegriff vorzuziehen ist, soll hier auf sich beruhen. Wichtig war nur zu zeigen, daß die Trennungslehre nicht unauflöslich mit dem finalen, weil zweckgesteuerten Leistungsbegriff verbunden ist. Eine andere Frage stellt sich, wenn man die Zwecksetzungskomponente *gänzlich* aus der Leistungskondiktion streichen möchte.[255]

c) Fazit

Neben Detailproblemen und dem tatbestandlichen Aufbau wird *die* Basisfrage unterschiedlich bewertet. Bislang konnte sich die Literatur nicht darauf verständigen – und wird es auch in absehbarer Zukunft nicht –, ob es sich idealtypisch beschrieben bei Leistung und Nichtleistung tatsächlich um zwei zu sondernde Anspruchsgrundlagen handelt oder ob sich nicht zumindest auf der Prinzipienebene gemeinsame Linien nachzeichnen lassen. Orthodoxe Protagonisten, unter denen Josef Esser und Hermann Weitnauer sowie Dieter Reuter und Michael Martinek herausragen,[256] lehnen es im Anschluß an die Radikalkritik

---

[252] *Lutz-Christian Wolff*, Zuwendungsrisiko und Restitutionsinteresse, bes. S. 190 f.

[253] *Lutz-Christian Wolff*, Zuwendungsrisiko und Restitutionsinteresse, bes. S. 235–239.

[254] Siehe den Nachweis oben auf S. 376, Fn. 244.

[255] Zur eigenen dogmatischen Sicht unten ab S. 464.

[256] Deutliche Aussagen zur Dichotomie von Leistung und Eingriff vor allem bei *Esser*[2], Schuldrecht, § 189, 1 (S. 776); *Lutz-Christian Wolff*, Zuwendungsrisiko und Restitutionsinteresse, S. 190 f.; auch *Larenz*[12], Schuldrecht, Bd. 2, § 68 pr. (S. 523). Gespalten *Reuter/Martinek*, Ungerechtfertigte Bereicherung, § 3 III 3 (S. 59–62), § 4 I 1 (S. 76), § 7 I 1 (S. 235 f.), die zwar die Rechtsfortwirkung für die Leistungskondiktion anerkennen, jedoch mit Nachdruck die Trennung von Leistung und Nichtleistung vertreten. *Weitnauers* Zweckvereinbarungslehre stellt Leistung und Eingriff ebenfalls in

Wilburgs an der älteren Lehre ab, Leistung und Nichtleistung in letzter Instanz als Ausfluß eines gemeinsamen Prinzips zu sehen. Das wird vor allem durch die Annahme begünstigt, selbst bei der Eingriffskondiktion sei „auf dessen Kosten" zu streichen. Das Tatbestandsmerkmal „ohne rechtlichen Grund" hat folglich die ganze dogmatische Arbeit zu verrichten. Im Vergleich zur Rechtsgrundlosigkeit bei der Leistungskondiktion ist die Eingriffskondiktion dann in der Tat grundverschieden. Die Eingriffskondiktion als Hauptfall der Nichtleistung wird zum Quasidelikt[257] und könnte sogar mit der angemaßten Eigengeschäftsführung unter Präventionsgesichtspunkten verschmolzen werden.[258]

In „Zuwendungsrisiko und Restitutionsinteresse" sieht sich Lutz-Christian Wolff veranlaßt, die Leistungskondiktion als *Entreicherungsrecht* den Bereicherungsansprüchen aus Nichtleistung entgegenzustellen. Das ist die letzte Konsequenz aus der Annahme, die Leistungskondiktion sei ein Annex zu vertraglichen Rückabwicklungsansprüchen, bei denen ebenfalls nur die Position des Gebers relevant sein kann.[259] Plastisch gesprochen schlägt Wolff das Bereicherungsrecht als Rechtsinstitution für die Herausgabe der Bereicherung den zwei anderen Großgruppen Vertrag (Leistung) und Delikt (Eingriff) zu. Verwendungen und Rückgriffsfälle ließen sich ebenfalls als Anhängsel zu §§ 994 ff. BGB, cessio legis et cetera verstehen. Der Bereicherungsgedanke als sinnstiftender Konnex wäre im Bürgerlichen Gesetzbuch verschwunden.

Es scheint aber in neuerer Zeit die Meinung an Boden zu gewinnen, die vor allem auf der Ebene der Rechtsprinzipien im Rechtsfortwirkungsgedanken Gemeinsamkeiten erkennen kann.[260] Die Trennungslehre kehrt damit wieder zu ihrem typologischen Ausgangspunkt zurück, denn es war v. Caemmerer, der gleichzeitig die Einheit *und* Vielfalt der Bereicherungsansprüche betonte. Das Bereicherungsrecht behält seine Autonomie neben den anderen privatrechtlichen Institutionen, die Typologie hat weniger kategorische als heuristische Funktion. Wegen der tiefgreifenden Differenzen der Erben Wilburgs und

---

scharfen Kontrast, da sich die Leistung durch Zweckvereinbarung den eigentlichen Verträgen annähert.

[257] *Reuter/Martinek*, Ungerechtfertigte Bereicherung, etwa § 3 III 3 (S. 61 f.).

[258] Zu dieser Konsequenz näher *Bertram Ebert*, Geschäftsanmaßung, bes. S. 38, 303, m. w. N.

[259] *Lutz-Christian Wolff*, Zuwendungsrisiko und Restitutionsinteresse, S. 183–192, vor allem S. 191.

[260] *Esser/Weyers*[8], Schuldrecht, Bd. II/2, § 47, 3 a (S. 35): Leistung und Nichtleistung nur Fallgruppen des Generaltatbestandes; *Larenz/Canaris*, Schuldrecht, Bd. II/2, § 67 IV 1 a, b (S. 142 f.): Gemeinsamkeiten auf der Prinzipienebene. Trotzdem will *Canaris* die Dichotomie mit der Behauptung verschärfen, es handele sich um unterschiedliche Anspruchsgrundlagen mit je eigenen Tatbestandsvoraussetzungen. Ebenso *Schlechtriem*, Schuldrecht, Besonderer Teil, Rn. 635, insbes. Fn. 5; tendenziell *Fikentscher/Drexl*[9], Schuldrecht, Rn. 1041, 1044, für den Rechtsgüterschutz. Aus dem älteren Schrifttum *Scheyhing*, in: AcP, Bd. 157 (1958/59), S. 371 (389).

v. Caemmerers fragt man sich unweigerlich, ob das Meinungskonglomerat überhaupt noch als einheitliches Gebilde unter dem Namen der Trennungslehre stehen sollte.

3. Die Rechtsprechung

Mit solchen Grundfragen muß sich die Rechtsprechung bei ihrer fallorientierten Aufgabe eigentlich nicht befassen.[261] Trotzdem hat es sich der Bundesgerichtshof nicht nehmen lassen, im Anschluß an das Reichsgericht davon zu sprechen, die „Bereicherungsansprüche gehören [...] dem Billigkeitsrecht an und stehen daher in besonderem Maße unter den Grundsätzen von Treu und Glauben".[262] Im konkreten Fall stand die Frage im Raum, ob der vorleistende Schwarzarbeiter entgegen § 817 S. 2 BGB Wertersatz nach §§ 812 Abs. 1 S. 1 Alt. 1, 818 Abs. 2 BGB fordern kann. In anderen Entscheidungen, etwa bei der nachträglichen Änderung der Leistungsrichtung[263] oder der Direktkondiktion der Bank bei 10-facher Auszahlung der angewiesenen Summe, verwandte die höchstrichterliche Rechtsprechung gleichfalls das Billigkeitsmotiv,[264] um zum „richtigen" Ergebnis zu gelangen. Immer geht es darum, einen an sich bestehenden Bereicherungsanspruch ganz auszuschließen oder in seiner Höhe nach § 242 BGB zu korrigieren,[265] weil das Ergebnis im Einzelfall mißbilligenswert erscheint. Anspruchsbegründende Kraft kommt dem reinen Billigkeitssatz wie schon zu Zeiten des Reichsgerichts nicht zu. Die Billigkeit berechtigt aber immerhin zu der Annahme, daß die Rechtsprechung auf Prinzipienebene das Bereicherungsrecht einheitlich sieht.

---

[261] Vgl. zur Rspr. auch *Schlechtriem*, in: JZ 1993, S. 24–30; S. 185 (189 f.); *ders.*, in: JZ 1988, S. 854 (854–861); *ders.*, in: JZ 1984, S. 509 (509–513); S. 555 (555 f.); *Schnauder*, in: JuS 1994, S. 537–545.

[262] BGH, 31.5.1990 – VII ZR 336/89, in: BGHZ 111, 308 (312).

Siehe auch BGH, 3.6.1958 – VIII ZR 51/57, in: LM, § 812 BGB, Nr. 33, Bl. 2v; 25.2.1960 – II ZR 125/58, in: BGHZ 32, 76 (94 f.); 10.7.1961 – II ZR 258/59, in: LM, § 820 BGB, Nr. 1, Bl. 1v; 21.12.1961 – III ZR 130/60, in: BGHZ 36, 232 (234 f.); 7.1.1971 – VII ZR 9/70, in: BGHZ 55, 128 (134); 30.11.1976 – X ZR 81/72 („Kunststoffhohlprofil I"), in: BGHZ 68, 90 (99): „Recht und Billigkeit"; 15.3.1978 – IV ZR 77/77, in: WM 1978, S. 708 (711); 18.1.1979 – VII ZR 165/78, in: BGHZ 73, 202 (205); 21.3.1996 – III ZR 245/94, in: BGHZ 132, 198 (215).

Aus den Instanzgerichten z. B. OLG Köln, 22.6.1999 – 15 U 170/98, in: NJW 2000, S. 1044 (1045); LG Dortmund, 13.10.1999 – 21 S 127/99, in: NJW-RR 2000, S. 939 (939).

[263] BGH, 15.5.1986 – VII ZR 274/85, in: NJW 1986, S. 2700 (2700 f.).

[264] BGH, 25.9.1986 – VII ZR 349/85, in: NJW 1987, S. 185 (186 f.).

[265] Etwa BGH, 14.10.1971 – VII ZR 313/69, in: BGHZ 57, 137 (152), zur Saldotheorie; vgl. auch BGH, 19.1.2001 – V ZR 437/99, in: NJW 2001, S. 1127 (1130).

a) Traditionelle Rechtsprechung

Im Gegensatz zur Billigkeit vermochten sich andere altbekannte Begriffe nicht in die aktuelle Jurisdiktion zu retten, allen voran nicht die Vermögensverschiebung als Element der Leistungskondiktion. Bis in die 60er Jahre des 20. Jahrhunderts erwähnte der Bundesgerichtshof sie als generelles Merkmal der Kondiktionen.[266] Doch selbst nach der älteren Rechtsprechung war das Tatbestandsmerkmal nicht immer zur Fallösung erforderlich. Beispielhaft ist der Dampfkessel-Fall:[267]

Die Klägerin hatte einer dritten Person einen Dampfkessel verkauft. Nach diesem Kaufvertrag sollte die Klägerin den Kessel an die Beklagte übereignen, an die der dritte Vertragspartner der Klägerin den Kessel seinerseits verkauft hatte. Nachdem die Beklagte den Kessel zu Eigentum erhalten hatte, hoben die Klägerin und die dritte Person ihren Kaufvertrag im Deckungsverhältnis auf, die Klägerin verlangte daraufhin von der Beklagten den Kessel heraus. Der Bundesgerichtshof entschied ohne Bezugnahme auf den Vermögensverschiebungsbegriff, die Beklagte habe den Dampfkessel mit Rechtsgrund aus ihrem Kaufvertrag mit dem ehemaligen Vertragspartner der Klägerin (Valutaverhältnis) erhalten. Das Tatbestandsmerkmal „auf dessen Kosten“ wurde aber auch für die Leistungskondiktion erwähnt.

Für die Frage, ob der Treuhänder oder Treugeber bereichert ist, verwandte der Bundesgerichtshof dagegen sehr wohl das Kriterium der Unmittelbarkeit der Vermögensverschiebung.[268]

Die Vermögensverschiebung war allerdings schon damals gelockert: Der herauszugebende Gewinn des Bereicherten mußte nicht dem Verlust des Entreicherten entsprechen,[269] denn der Bereicherungsanspruch stelle nur auf die grundlose Bereicherung des Beklagten ab.[270] Es genügte im Anschluß an die reichsgerichtliche Diktion die Identität des Umstandes, der den Gewinn und

---

[266] Siehe etwa BGH, 18.1.1952 – I ZR 87/51, in: LM, § 812 BGB, Nr. 6, Bl. 1v; 7.5.1953 – IV ZR 183/52, in: BGHZ 9, 333 (335); 10.4.1954 – V ZR 14/53, in: LM, § 812 BGB, Nr. 25; 15.3.1955 – I ZR 173/53, in: LM, § 818 Abs. 3 BGB, Nr. 6, Bl. 1r; 14.2.1958 – I ZR 151/56 („Herrenreiter“), BGHZ 26, 349 (354); 3.6.1958 – VIII ZR 51/57, in: LM, § 812 BGB, Nr. 33, Bl. 2v.

[267] BGH, 20.3.1952 – IV ZR 111/51, in: BGHZ 5, 281 (284 f.). Ob es sich bei diesem Fall um einen echten Vertrag zugunsten Dritter handelte, wie der Leitsatz suggeriert, daran bestehen angesichts des vagen Sachverhalts und der Urteilsgründe erhebliche Zweifel; vgl. dazu *Werner Lorenz*, in: AcP, Bd. 168 (1968), S. 286 (287, Fn. 2). Siehe auch BGH, 4.4.1962 – VIII ZR 3/61, in: NJW 1962, S. 1051: „Ausgleich im Wege der ungerechtfertigten Bereicherung nur zwischen den Beteiligten, deren Rechtsverhältnis keinen rechtlichen Bestand hat“.

[268] BGH, 27.4.1961 – VII ZR 4/60, in: LM, § 812 BGB, Nr. 47, Bl. 1r. Zur Unmittelbarkeit der Vermögensverschiebung auch BGH, 24.3.1960 – VII ZR 61/59, in: JZ 1962, S. 404 (405).

[269] BGH, 30.4.1954 – V ZR 14/53, in: LM, § 812 BGB, Nr. 25; 13.5.1955 – V ZR 36/54, in: BGHZ 17, 237 (239).

[270] BGH, 8.5.1956 – I ZR 62/54 („Paul Dahlcke“), in: BGHZ 20, 345 (355).

Verlust auf seiten des Entreicherten und Bereicherten auslöst. Das war vor allem für die sogenannte dreifache Schadensberechnung wichtig, wie sie im Paul Dahlke-Fall zum Zuge kam. Trotzdem verlangte der Bundesgerichtshof nach kurzer Zeit im sogenannten Herrenreiter-Fall zumindest eine „vermögensrechtliche Benachteiligung“ auf der Klägerseite.[271] Da im konkreten Fall der Herrenreiter selbst vortrug, er würde niemals sein Bildnis für ein Potenzpräparat zur Verfügung stellen, war ihm keine reale Vermögenseinbuße entstanden. Das Gericht kam deshalb zum Schluß, ein Bereicherungsanspruch scheide aus.

b) Allgemeine Grundlinien der Wende

Noch 1961 operierte der Bundesgerichtshof im leading case „Idealheim“ mit der unmittelbaren Vermögensverschiebung um zu begründen, weshalb bei Dissens über die Person des Leistenden ein Bereicherungsanspruch gegen den durch Einbau fremder Sachen Begünstigten nicht in Betracht kommt.[272] Bereits zwei Jahre später rezipierte der damals zuständige VII. Zivilsenat im Elektrogeräte-Fall den Leistungsbegriff und gab dadurch de facto das Tatbestandsmerkmal „auf dessen Kosten“ für die Leistungskondiktion im Sinne des strikten Trennungsmodells auf Tatbestandsebene auf.[273] Seitdem ist die Definition des Leistungsbegriffs ständige Rechtsprechung.[274] Abgekürzte Lieferungen orien-

---

[271] BGH, 14.2.1958 – I ZR 151/56 („Herrenreiter“), in: BGHZ 26, 349 (353 f.).

[272] BGH, 5.10.1961 – VII ZR 207/60, in: BGHZ 36, 30–35. Zur Vermögensverschiebung auch BGH, 21.12.1961 – III ZR, in: BGHZ 36, 232 (233); 13.3.1963 – V ZR 108/61, in: BGHZ 39, 242 (243).

[273] BGH, 31.10.1963 – VII ZR 285/61, in: BGHZ 40, 272 (277). Ausdrücklich gegen „auf dessen Kosten“ für die Leistungskondiktion OLG München, 19.12.1990 – 7 U 5649/89, in: WM 1993, S. 411 (413).

[274] BGH, 29.10.1964 – IV ZR 238/63, in: BGHZ 43, 1 (11); 16.10.1969 – VII ZR 145/69, in: NJW 1970, S. 136 (136); 24.2.1972 – VII ZR 207/70, in: BGHZ 58, 184 (188) (hier ist erstmals von „gefestigter“ Rspr. die Rede); 18.10.1973 – VII ZR 8/73, in: BGHZ 61, 289 (291); 14.3.1974 – VII ZR 129/73, in: NJW 1974, S. 1132 (1132); 9.10.1975 – III ZR 31/73, in: NJW 1977, S. 38 (40); 31.3.1977 – VII ZR 336/75, in: BGHZ 68, 276 (277); 20.6.1977 – II ZR 169/75, in: BGHZ 69, 186 (188 f.); 18.5.1978 – VII ZR 246/77, in: WM 1978, S. 1053 (1054); 26.10.1978 – VII ZR 71/76, in: BGHZ 72, 246 (248); 25.3.1983 – V ZR 93/81, in: WM 1983, S. 792 (793); 16.6.1983 – VII ZR 370/82, in: BGHZ 87, 393 (395); 2.11.1988 – IVb ZR 102/87, in: BGHZ 105, 365 (369); 20.6.1990 – XII ZR 98/89, in: BGHZ 111, 382 (386); 31.5.1994 – VI ZR 12/94, in: NJW 1994, S. 2357 (2357); 7.10.1994 – V ZR 4/94, in: NJW 1995, S. 53 (54); 4.2.1999 – III ZR 56/98, in: NJW 1999, S. 1393 (1394).

Aus den Vorinstanzen etwa OLG München, 19.12.1990 – 7 U 5649/89, in: WM 1993, S. 411 (413); OLG Naumburg, 11.10.1995 – 6 U 129/95, in: OLGR Br/Dr/Je/Na/Ro 1996, S. 210; OLG Düsseldorf, 23.5.1996 – 6 U 100/95, in: WM 1998, S. 1875 (1878); OLG Köln, 31.5.1996 – 2 U 18/96, in: WM 1997, S. 213 (215); OLG Koblenz, 23.12.1997 – 3 U 153/96, in: MDR 1998, S. 979 (980); OLG Hamburg, 21.8.1998 – 11 U 202/97, in: OLGR Br/Ha/Schl 1998, S. 430 (430).

tieren sich nicht mehr an der dinglichen Rechtslage, sie sind vom Problem des unmittelbaren Eigentumsübergangs im Zuwendungsverhältnis losgelöst.[275] Ebenso wird aus der Zwecksetzungskomponente des Leistungsbegriffs deduziert, die Abwicklung in Mehrpersonenverhältnissen habe sich grundsätzlich entlang des Deckungs- und Valutaverhältnisses zu vollziehen.[276] Hingegen taucht die Metapher der „Zahlstelle" meist nur noch im Zusammenhang mit Sicherungsrechten auf.[277] Vereinzelt erscheinen allerdings Fragmente der älteren Lehre und Rechtsprechung.[278]

Anders noch der VIII. ZS.: BGH, 7.10.1963 – VIII ZR 139/62, in: LM, § 812 BGB, Nr. 62, Bl. 2r; BGH, 22.5.1967 [!] – VIII ZR 25/65, in: LM, § 812 BGB, Nr. 75, Bl. 4r (insoweit nicht abgedruckt in BB 1967, S. 856).

[275] Siehe BGH, 29.5.1967 – VII ZR 66/65, in: BGHZ 48, 70 (73): „[...] vollzieht sich der Bereicherungsausgleich immer im Verhältnis von Leistendem und Leistungsempfänger *im Rechtssinne*, während es nicht darauf ankommt, wer an wen *in tatsächlicher Hinsicht* ‚geleistet' hat." BGH, 26.10.1978 – VII ZR 71/76, in: BGHZ 72, 246 (251). Auf den Einzelfall stellt ab der „Hemden-Fall" BGH, 14.3.1974 – VII ZR 129/73, in: NJW 1974, S. 1132 (1133).

[276] BGH, 16.2.1967 – VII ZR 243/64, in: WM 1967, S. 482 (483); 29.5.1967 – VII ZR 66/65, in: BGHZ 48, 70 (73); 24.2.1972 – VII ZR 207/70, in: BGHZ 58, 184 (188); 18.10.1973 – VII ZR 8/73, in: BGHZ 61, 289 (291); 31.5.1976 – VII ZR 218/74, in: BGHZ 66, 362 (363); 31.5.1976 – VII ZR 260/75, in: BGHZ 66, 372 (374); 1.7.1976 – VII ZR 333/75, in: BGHZ 67, 75 (77); 20.6.1977 – II ZR 169/75, in: BGHZ 69, 186 (189); 26.10.1978 – VII ZR 71/76, in: BGHZ 72, 246 (248); 25.3.1983 – V ZR 93/81, in: WM 1983, S. 792 (794); 16.6.1983 – VII ZR 370/82, in: BGHZ 87, 393 (395); 22.9.1983 – VII ZR 47/83, in: BGHZ 88, 232 (234 f.); 19.1.1984 – VII ZR 110/83, in: BGHZ 89, 376 (378); 3.5.1984 – VII ZR 166/83, in: NJW 1984, S. 2205 (2205); 25.9.1986 – VII ZR 349/85, in: NJW 1987, S. 185 (186); 30.10.1987 – V ZR 174/86, in: BGHZ 102, 152 (157); 20.6.1990 – XII ZR 98/89, in: BGHZ 111, 382 (385); 31.5.1994 – VI ZR 12/94, in: NJW 1994, S. 2357 (2357); 15.12.1994 – IX ZR 252/93, in: NJW 1995, S. 1484 (1485 f.); 26.9.1995 – XI ZR 159/94, in: NJW 1995, S. 3315 (3316); 16.7.1999 – V ZR 56/98, in: NJW 1999, S. 2890 (2891).

Aus den Vorinstanzen etwa OLG Koblenz, 12.2.1975 – 1 U 110/74, in: WM 1976, S. 94 (95); OLG Celle, 5.11.1975 – 3 U 10/75, in: WM 1976, S. 170 (170); OLG Hamburg, 9.11.1981 – 11 U 77/81, in: WM 1982, S. 249 (250 f.); OLG Köln, 22.12.1983 – 1 U 59/83, in: WM 1984, S. 728 (729); OLG Düsseldorf, 15.5.1984 – 23 U 4/84, in: WM 1985, S. 411 (412); OLG Hamm, 20.12.1985 – 11 U 108/85, in: WM 1986, S. 1216 (1217); OLG Hamm, 10.3.1987 – 2 U 116/86, in: NJW-RR 1987, S. 882 (882); OLG München, 11.11.1987 – 7 U 2259/87, in: NJW-RR 1988, S. 1391 (1391); OLG München, 19.12.1990 – 7 U 5649/89, in: WM 1993, S. 411 (413); KG Berlin, 27.6.1991 – 16 U 1396/91, in: NJW-RR 1992, S. 816 (817); LG Stuttgart, 25.5.1994 – 5 S 385/93, in: NJW 1994, S. 2626 (2627); OLG Karlsruhe, 14.9.1994 – 6 U 80/94, in: WM 1994, S. 445 (446); OLG Düsseldorf, 23.5.1996 – 6 U 100/95, in: WM 1998, S. 1875 (1878); OLG Köln, 31.5.1996 – 2 U 18/96, in: WM 1997, S. 213 (214); OLG Köln, 14.6.1996 – 19 U 254/95, in: OLGR Köln 1996, S. 194 (195); OLG Dresden, 27.8.1998 – 7 U 1648/98, in: WM 1999, S. 952 (952); OLG Stuttgart, 29.9.1998 – 12 U 66/98, in: OLGR Ka/St 1999, S. 81 (81); OLG Saarbrücken, 11.8.1999 – 1 U 867/98, in: WM 1999, S. 2503 (2506 f.).

[277] BGH, 18.12.1969 – VII ZR 152/67, in: BGHZ 53, 139 (142); allgemein für Dreiecksverhältnisse wird der Begriff verwandt von BGH, 20.6.1977 – II ZR 169/75, in:

Wichtiger als bloße Bekenntnisse zum Leistungsbegriff erscheint die konkrete Umsetzung der neuen dogmatischen Vorgaben. Der Bundesgerichtshof griff die Formel v. Caemmerers auf, es verbiete sich „jede schematische Lösung", entscheidend seien die Besonderheiten des Einzelfalls.[279] Die Attribute des Einzelfalls zu betonen, ist in der höchstrichterlichen Rechtsprechung eine Formel, die konkret umgesetzt wird. Beispielsweise wird für den Fall des zeitweiligen Schuldbeitritts unterstrichen, der Kläger habe den Schuldbeitritt statt der bloßen Erfüllungsübernahme nach § 415 Abs. 3 BGB nur gewählt, um die Rechtsstellung des Beklagten zu stärken.[280] Der Kläger habe deshalb gegenüber

---

BGHZ 69, 186 (188). Anders BGH, 20.6.1977 – II ZR 169/75, in: BGHZ 69, 186 (188): Im Lastschriftenverfahren sei die Bank des Schuldners nur Zahlstelle; siehe auch BGH, 18.5.1985 – VII ZR 309/84, in: NJW 1985, S. 2700.

[278] BGH, 21.10.1982 – VII ZR 369/80, in: NJW 1983, S. 626 (626): „Vermögensverschiebung"; ebenso LG Köln, 16.9.1982 – 21 O 113/82, in: WM 1983, S. 379 (380); OLG Hamm, 10.3.1987 – 2 U 116/86, in: NJW-RR 1987, S. 882 (883); OLG Düsseldorf, 7.11.1997 – 7 U 103/97, in: FamRZ 1998, S. 774 (775).

LG Dortmund, 13.10.1999 – 21 S 127/99, in: NJW-RR 2000, S. 939 (939); OLG Düsseldorf, 6.4.2000 – 6 U 124/99, in: ZIP 2000, S. 1668 (1669), sprechen sogar im Anschluß an die konservative Kommentierung im *Palandt* von der „Einheitlichkeit des Bereicherungsvorgangs".

[279] *v. Caemmerer*, in: JZ 1962, S. 385 (386) = Gesammelte Schriften, Bd. 1, S. 321 (325).

Ständige Rspr. seit BGH, 30.5.1968 – VII ZR 2/66, in: BGHZ 50, 227 (229); 24.2.1972 – VII ZR 207/70, in: BGHZ 58, 184 (187); 18.10.1973 – VII ZR 8/73, in: BGHZ 61, 289 (292); 9.10.1975 – III ZR 31/73, in: NJW 1977, S. 38 (40); 31.5.1976 – VII ZR 218/74, in: BGHZ 66, 362 (364); 31.5.1976 – VII ZR 260/75, in: BGHZ 66, 372 (374); 1.7.1976 – VII ZR 333/75, in: BGHZ 67, 75 (77); 26.10.1978 – VII ZR 71/76, in: BGHZ 72, 246 (250 f.); 16.6.1983 – VII ZR 370/82, in: BGHZ 87, 393 (396); 22.9.1983 – VII ZR 47/83, in: BGHZ 88, 232 (235); 19.1.1984 – VII ZR 110/83, in: BGHZ 89, 376 (378); 3.5.1984 – VII ZR 166/83, in: NJW 1984, S. 2205 (2205); 25.9.1986 – VII ZR 349/85, in: NJW 1987, S. 185 (186); 8.6.1988 – IVb ZR 51/87, in: NJW 1989, S. 161 (162); 2.11.1988 – IVb ZR 102/87, in: BGHZ 105, 365 (369); 20.6.1990 – XII ZR 98/89, in: BGHZ 111, 382 (385); 10.3.1993 – XII ZR 253/91, in: BGHZ 122, 46 (52 f.); 15.12.1994 – IX ZR 252/93, in: NJW 1995, S. 1484 (1486); 4.2.1999 – III ZR 56/98, in: NJW 1999, S. 1393 (1394).

Aus den Vorinstanzen etwa LG Aachen, 30.4.1981, in: WM 1981, S. 1095 (1096); OLG Hamburg, 28.1.1983 – 11 U 224/82, in: NJW 1983, S. 1499 (1500); OLG Köln, 22.12.1983 – 1 U 59/83, in: WM 1984, S. 728 (729); LG Aachen, 18.10.1985 – 5 S 283/85, in: NJW-RR 1986, S. 270 (270); OLG München, 19.12.1990 – 7 U 5649/89, in: WM 1993, S. 411 (413); OLG Dresden, 27.8.1998 – 7 U 1648/98, in: WM 1999, S. 952 (952); OLG Saarbrücken, 11.8.1999 – 1 U 867/98–157, in: WM 1999, S. 2503 (2506); OLG Naumburg, 2.3.2000 – 2 U 86/99, in: JURIS.

Entgegen *Oliver Seiler*, Bereicherungsausgleich im Überweisungsverkehr, S. 101, Fn. 80, wird die Formel nach wie vor vom BGH eingesetzt und die Erwartung der Lehre (etwa *Schnauder*, in: ZIP 1994, S. 1069 (1071)) zu weniger Formeln enttäuscht. Ebensowenig ist zu erwarten, daß der BGH in absehbarer Zukunft den Leistungsbegriff verwirft, wie es bspw. *Axer*, in: WM 1993, S. 192 (194), noch für möglich hielt.

[280] BGH, 26.10.1978 – VII ZR 71/76, in: BGHZ 72, 246 (251).

der Beklagten keinen eigenen Zweck gesetzt, da die Beklagte nicht schlechter stehen dürfe als beim gesetzlichen Ausgangsfall des § 415 Abs. 3 BGB. Im Feuerversicherungs-Fall stellt der Bundesgerichtshof auf den besonders ausgeprägten Grundsatz von Treu und Glauben in Versicherungsverhältnissen ab.[281] Auch hier wird wieder auf den tatsächlichen Einzelfall rekurriert, diesmal sind es versicherungs- und sicherungsrechtliche Besonderheiten. Dadurch gewinnt die gesamte Rechtsprechung zu Mehrpersonenverhältnissen einen stark kasuistischen Einschlag, bei dem die Ausnahmen von der Kondiktion „über Eck" ihrerseits von vielen Unterausnahmen beherrscht sind. Die dogmatische Abstraktion verliert erheblich an Bedeutung. So stellte der Bundesgerichtshof im Leasing-Fall zur Zession sogar fest, nicht alle Gesichtspunkte für Mehrpersonenverhältnisse ließen sich aus dem Leistungsbegriff ableiten.[282]

Doch wäre es wohl bei weitem übertrieben, der höchstrichterlichen Rechtsprechung die Einstellung kanadischer Richter zu bescheinigen, die meinten, es habe keinen Zweck, Bereicherungsfälle vernünftig darzustellen.[283] Der Rechtsprechung bleibt aus prozeßökonomischen und -strategischen Gründen kaum eine andere Wahl, als sich gerade *nicht* auf eine der vielen Untermeinungen der herrschenden Lehre festzulegen.[284] Beschränkte sich der Bundesgerichtshof auf eine bestimmte Subansicht der Leistungslehre, könnte er schon morgen gezwungen sein, die notwendigerweise abstrakte Lehransicht durch Besonderheiten der Praxis zu korrigieren. Manche Oberlandesgerichte beweisen in der Tat, daß eine allzu simplifizierende Methode der Rechtsfindung fast noch abträglicher ist, wenn sie etwa die Begriffe Subsidiaritätsdogma, Leistungsbegriff und Empfängerhorizont lose nebeneinander reihen, ohne Sinn und Zweck zu hinterfragen. Beispielsweise war lange Zeit ungewiß, ob die Direktkondiktion des Angewiesenen bei Anweisungsmängeln eine Leistungs- oder Nichtlei-

---

[281] BGH, 2.11.1988 – IVb ZR 102/87, in: BGHZ 105, 365 (371). Rekurs genommen auf den „Einzelfall" wird z. B. auch von BGH, 24.2.1972 – VII ZR 207/70, in: BGHZ 58, 184 (189); BGH, 25.3.1983 – V ZR 93/81, in: WM 1983, S. 792 (793); OLG Celle, 23.9.1992 – 3 U 79/92, in: NJW 1992, S. 3178 (3178 f.); OLG Koblenz, 19.4.1994 – 5 U 1723/93, in: NJW-RR 1995, S. 582 (583).

[282] BGH, 10.3.1993 – XII ZR 253/91, in: BGHZ 122, 46 (51); zustimmend KG Berlin, 17.3.1997 – 22 U 1733/96, in: KGR 1997, S. 127 (128).

[283] Vgl. *Klippert*, Unjust Enrichment, S. 33, m. w. N.

Siehe im Gegensatz dazu die überaus kritische herrschende Lehrmeinung in Deutschland, z. B. *Gernhuber*, Bürgerliches Recht, § 47 I 3 (S. 450): Treu und Glauben als deus ex machina; *Hock*, in: MDR 1989, S. 1066 (1067); *Meyer-Cording*, in: Festschrift für *Pleyer*, S. 89 (89): „Kadi-Justiz"; *ders.*, in: NJW 1987, S. 940 (941): „Einzelfallrechtsprechung"; *Rehbein*, in: JR 1987, S. 510 (510); *Schubert*, in: JR 1982, S. 286 (287); *Weitnauer*, in: Festschrift für *Schippel*, S. 275 (280): der BGH sei beim Fallrecht angekommen. Verständnis für den BGH äußern dagegen *Kötz*, in: *Karsten Schmidt*, Rechtsdogmatik und Rechtspolitik, S. 75 (88), und *Lieb*, in: JZ 1983, S. 960 (960).

[284] Ebenso *Canaris*, in: JZ 1987, S. 201 (201): „Gefahr vorschneller obiter dicta".

stungskondiktion ist.[285] Die höchstrichterliche Rechtsprechung wollte sich nach Möglichkeit nicht zwischen Leistung und Nichtleistung entscheiden.[286] Erst 1994 legte sich der Bundesgerichtshof für den gefälschten Überweisungsauftrag auf die Nichtleistungskondiktion fest.[287] Leider ist diese Erkenntnis noch nicht zu allen Oberlandesgerichten vorgedrungen.[288] Zumindest aus der pragmatischen Sicht der Rechtspraxis wird man dem Bundesgerichtshof vor dem Hintergrund der Rechtssicherheit und Prozeßökonomie attestieren können, er habe einen Mittelweg zwischen Einzelfallgerechtigkeit und starren Dogmen gefunden. Angelpunkt aller Überlegungen ist die wertende Abwägung der Interessen der Beteiligten und der Allgemeinheit am ungestörten Ablauf des Zahlungsverkehrs: Vertrauensschutz, Zurechnung der Anweisung, Schutzzweck der Norm und Insolvenzrisiko.

---

[285] BGH, 31.5.1976 – VII ZR 218/74, in: BGHZ 66, 362 (366); 31.5.1976 – VII ZR 260/75, in: BGHZ 66, 372 (376); 1.7.1976 – VII ZR 333/75, in: BGHZ 67, 75 (80); 16.6.1983 – VII ZR 370/82, in: BGHZ 87, 393 (398).

[286] Siehe BGH, 12.7.1989 – VIII ZR 286/88, in: BGHZ 108, 256 (263).

[287] BGH, 31.5.1994 – VI ZR 12/94, in: NJW 1994, S. 2357 (2358); bestätigt durch BGH, 20.3.2001 – XI ZR 157/00, in: JURIS; ebenso bereits OLG Hamburg, 9.11.1981 – 11 U 77/81, in: WM 1982, S. 249 (251), und die h. L., schon klassisch *Hans-Wilhelm Kötter*, in: AcP, Bd. 153 (1954), S. 193 (198 f.); des weiteren z. B. *Canaris*, in: EWiR 1994, § 812, S. 863 (864); *Kohte*, in: EWiR 1993, § 812, S. 247 (248); *Reuter*, in: EWiR 1996, § 812, S. 837 (837).

A. A. (Leistungskondiktion) früher einige Untergerichte, siehe LG Bielefeld, 18.2.1970 – 1 S 361/69, in: WM 1970, S. 1072; OLG Celle, 5.11.1975 – 3 U 10/75, in: WM 1976, S. 170 f.; OLG Köln, 24.9.1992 – 12 U 11/92, in: ZIP 1992, S. 1726 (1727); aus dem Schrifttum seien genannt etwa *Flume*, in: AcP, Bd. 199 (1999), S. 1 (6); *ders.*, in: NJW 1991, S. 2521 (2523); *Rehbein*, in: JR 1984, S. 245 (247); *Lutz-Christian Wolff*, Zuwendungsrisiko und Restitutionsinteresse, S. 250, und aus der Einheitslehre *Bälz*, in: Festschrift für *Gernhuber*, S. 3 (69 f.); *Lieb*, in: Münchener Kommentar, § 812, Rn. 51; *Jan Wilhelm*, in: AcP, Bd. 175 (1975), S. 304 (313, insbes. Fn. 26). Letztere kommen ebenso wie *Lutz-Christian Wolff* zwanglos zur Leistungskondiktion, weil sie nicht das Zwecksetzungselement benutzen. Weitere umfassende Nachweise bei *Oliver Seiler*, Bereicherungsausgleich im Überweisungsverkehr, S. 114–116.

[288] Siehe OLG Dresden, 28.7.1998 – 7 U 1648/98, in: WM 1999, S. 952 (953): „Offengelassen wird, ob es sich um einen Fall der Leistungs- oder Eingriffskondiktion handelt", mit Hinweis auf BGHZ 66, 372 (376) und BGHZ 87, 393 (398); OLG Stuttgart, 29.9.1998 – 12 U 66/98, in: OLGR Ka/St 1999, S. 81 (82). Rezipiert wurde die höchstrichterliche Linie dagegen von OLG Köln, 31.5.1996 – 2 U 18/96, in: WM 1997, S. 213 (215); OLG Saarbrücken, 17.2.1998 – 7 U 760/97, in: OLGR Ko/Sa/Zw 1998, S. 268 (269).

c) Umsetzung in Mehrpersonenverhältnissen

Wie schon zu Zeiten des Reichsgerichts geben Mehrpersonenverhältnisse das Testfeld für die dogmatischen Grundmuster ab.[289] In der Schwebe bleibt dabei nach wie vor die Kondiktion beim Doppelmangel; während die ältere Rechtsprechung in obiter dicta dem Durchgriff zuneigte,[290] zeichnet sich nach der Rezeption der Trennungslehre ein Umschwung ab.[291] Das ist auf der Basis folgerichtig, die Rückabwicklung habe sich innerhalb der fehlerhaften Vertragsverhältnisse zu vollziehen, Vermögensverschiebung und „suum recepit" dagegen seien nunmehr obsolet.

aa) Zessionsfälle

Bei einer weiteren traditionellen Konstellation kam es ebenso zu einer Wende: der Kondiktion bei Zahlung auf eine zedierte, aber nicht bestehende Forderung. Die manchmal ambivalente, in den Grundzügen allerdings eindeutige Rechtsprechung vor 1945 wich einem kasuistischen Schlingerkurs.[292] Entgegen vielfacher Kommentare in der Literatur hat sich der Bundesgerichtshof keineswegs durchgehend auf den Zedenten als Bereicherungsschuldner festgelegt: Abgelehnt ist vom Zivilsenat IVb die Kondiktion vom Zedenten für den Bereicherungsanspruch des Scheinvaters gegen den Sozialhilfeträger, der nach § 90

[289] Mangels entsprechender Vorschriften hat sich die Rechtslage auch nach der Neufassung bzw. Anfügung der §§ 675–676g durch das Überweisungsgesetz v. 21.7.1999 (BGBl. I, S. 1642) nicht geändert.

[290] Obiter dicta bei BGH, 30.10.1952 – IV ZR 89/52, in: LM, § 812 BGB, Nr. 14, Bl. 1v; BGH, 24.3.1960 – VII ZR 61/59, in: JZ 1962, S. 404 (405); BGH, 5.10.1961 – VII ZR 207/60, in: BGHZ 36, 30 (32), unter Hinweis auf die Rspr. des RG.

Offengelassen ohne näheren Kommentar wird die Konstellation bei BGH, 16.2.1967 – VII ZR 243/64, in: WM 1967, S. 482 (483); BGH, 18.10.1973 – VII ZR 8/73, in: BGHZ 61, 289 (292).

[291] BGH, 29.5.1967 – VII ZR 66/65, in: BGHZ 48, 70 (71 f.), obiter dictum. A. A. tendenziell die Untergerichte: LG Bielefeld, 18.2.1970 – 1 S 361/69, in: WM 1970, S. 1072 (hier wird die fehlende Anweisung mit einer Leistung „über Eck" bei Doppelmangel gleichgesetzt); OLG Koblenz, 12.2.1975 – 1 U 110/74, in: WM 1976, S. 94–96 (Gleichsetzung des widerrufenen Dauerauftrags mit Doppelmangel); LG Gießen, 26.4.1989 – 1 S 43/89, in: WM 1989, S. 1890 (Gleichsetzung der erloschenen Anweisung nach beendigtem Girovertragsverhältnis mit Doppelmangel); OLG Celle, 23.9.1992 – 3 U 79/92, in: NJW 1992, S. 3178 f. (Gleichsetzung der Anweisung durch Geschäftsunfähigen mit Doppelmangel); OLG Saarbrücken, 11.8.1999 – 1 U 867/98, in: WM 1999, S. 2503 (2506): Hier könnte man am ehesten von einem echten Doppelmangel ausgehen.

[292] Unergiebig ist das in der Kommentarliteratur bisweilen angeführte Urteil BGH, 30.5.1963 – VII ZR 276/61, in: NJW 1963, S. 1869 f. Unentschieden bleibt das Problem in BGH, 10.11.1998 – XI ZR 370/97, in: BGHZ 139, 49 (51).

BSHG den Unterhaltsanspruch auf sich überleitet.[293] Auch bei der irrtümlichen Annahme des Leistenden, es habe eine Zession stattgefunden,[294] einem Irrtum des Leistenden, der allein sein Verhältnis zum Zessionar betrifft,[295] oder einem mit Nachdruck vertretenen Zahlungsbegehren des Zessionars soll dieser passivlegitimiert sein.[296]

Sicherungszessionen hingegen führen laut Leitfall „Feuerversicherung" des Senats IVb zu einer Kondiktion gegen den Zedenten;[297] der Bundesgerichtshof setzt hier die Linie der letzten Entscheidung des Reichsgerichts fort. Nach dem Bekunden des XII. Senats soll die Kondiktion vom Zedenten sogar die Regel sein.[298] Es bestehen indessen berechtigte Zweifel, ob sich alle Urteile der verschiedenen Senate und Untergerichte tatsächlich auf diesen Nenner bringen lassen. Man mag grundsätzlich den Zedenten oder den Zessionar für den „wahren" Schuldner halten. Fest steht auf jeden Fall, daß die Rechtsprechung aufgrund der weitläufigen Kasuistik sehr komplex geworden ist. Es wäre daher eine grobe Vereinfachung, der Rechtsprechung generell die Kondiktion gegen den Zedenten zu attestieren.[299] Richtig ist zwar, nach Aufgabe der Lehre von der Vermögensverschiebung habe ein Richtungswechsel stattgefunden. Die Fehlzah-

---

[293] BGH, 8.10.1980 – IVb ZR 535/80, in: BGHZ 78, 201 (204–209).

[294] BGH, 28.11.1990 – XII ZR 130/89, in: BGHZ 113, 62 (70).

[295] KG Berlin, 17.3.1997 – 22 U 1733/96, in: KGR 1997, S. 127 (128): Überzahlung einer zur Sicherheit zedierten Forderung infolge der Fehlvorstellung des Schuldners über das Guthabenkonto des Zessionars. Siehe auch LG Dresden, 30.4.1996 – 6 O 5312/95, in: EWiR, § 812 BGB 2/96, S. 737 (*Kast*): Durchgriff gegen Zessionar bei Überzahlung aufgrund eines Irrtums des Schuldners dem Zessionar gegenüber.

[296] BGH, 8.6.1988 – IVb ZR 51/87, in: NJW 1989, S. 161–163: Überhöhtes Zahlungsbegehren (hier wird die Kondiktion vom Zessionar im obiter dictum auch dann bejaht, wenn nicht das Verhalten des Zessionars, sondern der Irrtum des Schuldners der zahlungsauslösende Grund war); BGH, 25.9.1996 – VIII ZR 76/95, in: NJW 1997, S. 461 (464): Zahlungsbegehren ist nicht nur überhöht, sondern gänzlich unbegründet. OLG Düsseldorf, 8.11.1996 – 3 O 23/95, in: OLGR Düsseldorf 1997, S. 202 (nur Leitsatz):

> „Für den Fall der Zahlung auf eine abgetretene, in Wahrheit nicht bestehende Forderung ist der Rückzahlungsanspruch des Putativschuldners aus § 812 BGB grundsätzlich gegen den Zedenten zu richten, weil der Schuldner in der Regel mit der Leistung an den Zessionar auch aus dessen Sicht eine vermeintliche Schuld an den Zedenten begleichen will. Ausnahmsweise muß sich der Schuldner wegen des Bereicherungsausgleichs allerdings an den Zessionar halten, wenn die Leistung auf ein Verhalten des Zessionars oder eine eigenständige Absprache zwischen dem Zedenten und dem Zessionar zurückzuführen ist."

[297] BGH, 2.11.1988 – IVb ZR 102/87, in: BGHZ 105, 365–373. Siehe auch OLG Hamburg, 11.11.1988 – 14 U 245/87, in: MDR 1989, S. 817 f.

[298] Von BGH, 10.3.1993 – XII ZR 253/91, in: BGHZ 122, 46 (50), für den Fall der Zession in einem Leasingverhältnis; bestätigt durch BGH, 14.7.1993 – IV ZR 179/92, in: NJW 1993, S. 2678 (2678 f.).

[299] Paradigmatisch OLG Frankfurt a. M., 24.11.1997 – 18 U 75/96, in: ZIP 1998, S. 148 f., das ohne Zögern den *Zessionar* [!] als passivlegitimiert ansieht.

lung des Klägers kann jedoch auf vielen verschiedenen Fehlergründen beruhen, etwa auf seinem Irrtum, dem Zahlungsbegehren des Zessionars oder dem des Zedenten. Man sollte zum Schluß nicht den Gegensatz der höchstrichterlichen Rechtsprechung in Zivilsachen zum Bundesfinanzhof übersehen, der den Zessionar zum Rückforderungsschuldner erklärt.[300]

bb) Widerruf einer Anweisung

Eine neue Fallgruppe tat sich mit widerrufenen Anweisungen auf. Nach der Rechtsprechung des Reichsgerichts war der Widerruf von Banküberweisungsaufträgen vor Ausführung der Anweisung lange Zeit durch die Annahme verdunkelt, der Zahlungsempfänger habe kraft Vertrags zugunsten Dritter einen unmittelbaren Zahlungsanspruch gegen den Angewiesenen.[301] Diese Urteilslinie stellt einen Widerspruch zu der heutigen Ansicht dar, Anweisungsverhältnisse seien damals gerade nicht als Verträge zugunsten Dritter konstruiert worden. Für die entschiedenen Postanweisungs-Fälle mag das zutreffen; auf andere Anweisungslagen kann man das wegen der postrechtlichen Besonderheiten nicht ohne weiteres übertragen. Trotzdem läßt sich aus der Sichtweise des Vertrages zugunsten Dritter nur wenig für die Lösung von Mehrpersonenverhältnissen entnehmen. Denn das Reichsgericht hatte in concreto über Fälle zu entscheiden, bei denen durch Täuschung des Angewiesenen Gelder auf falsche Konten überwiesen wurden. Der Anweisungsmangel basierte folglich allein auf einem Irrtum der angewiesenen Bank im Verhältnis zu betrügerischen Dritten. Dogmengeschichtlich mögen einige Rätsel verbleiben, sie können jedoch auf sich beruhen: Zu Beginn des Jahres 1921 wechselte die Rechtsprechung überraschend ihren Kurs und legte eindeutig fest, Überweisungen im Bankverkehr begründeten kein Recht des Zahlungsempfängers gegen die angewiesene Bank.[302] Der berechtigende Vertrag zugunsten Dritter war damit aufgegeben und dem Widerruf der Anweisung der Weg freigemacht.

[300] Siehe nur BFH, 31.8.1993 – VII R 69/91, in: BFHE 173, 1 (3–5), m. w. N.

[301] RG, 30.3.1914 – VI. 60/14, in: RGZ, Bd. 84 (1914), S. 349 (354); bestätigt in RG, 15.11.1917 – VI. 312/17, in: RGZ, Bd. 91 (1918), S. 117 (119). Diese Fälle hatten folgenden Sachverhalt: Die angewiesene Bank überwies Gelder an den bezeichneten Namen, das vermeintliche Konto des Drittempfängers stand aber in betrügerischer Weise anderen Personen als der in der Anweisung bezeichneten zu. Folglich konnten die begünstigten Dritten im Zuwendungsverhältnis nach § 328 Abs. 1 BGB das Geld nochmals von der angewiesenen Bank fordern, da ihre Schuld durch die Überweisung auf das falsche Konto nicht getilgt worden war.

[302] RG, 25.2.1921 – VII. 439/20, in: RGZ, Bd. 102 (1921), S. 65 (68), m. w. N.

Siehe weiterhin: RG, 25.4.1903 – I. 483/02, in: RGZ, Bd. 54 (1903), S. 329 (331 f.): kein Widerruf nach Umbuchung in den Büchern der angewiesenen Bank.

Über 60 Jahre später konnte der Bundesgerichtshof erstmals über widerrufene Banküberweisungen entscheiden. Bei widerrufenem Überweisungsauftrag, so judizierte das Gericht, sei keine Direktkondiktion der angewiesenen Bank gegeben, die trotz Widerrufs irrtümlich die Überweisung ausführe, wenn der Überweisung ein Anspruch des Zahlungsempfängers im Valutaverhältnis zugrunde liegt und der Zahlungsempfänger vom Widerruf nichts weiß.[303] Anders soll zu entscheiden sein, wenn der Dritte den Widerruf kennt.[304] Die gleichen Grundsätze applizierte der Bundesgerichtshof zuvor seit den 70er Jahren bei anderen Anweisungslagen.[305] Die Kenntnis des Empfängers vom Widerruf als Ausfluß des Vertrauensschutzes ist ein neues Element in Mehrpersonenverhältnissen, das der älteren Rechtsprechung vollkommen unbekannt war. Es hat seine Wurzeln in der Lehre vom Empfängerhorizont,[306] welche die Sicht des Be-

---

Speziell zum Bereicherungsrecht *Richter*, in: SeuffBl, Bd. 76 (1911), S. 355 f., der für die Postanweisung, bei der die Rspr. seit jeher einen Auszahlungsanspruch des Empfängers verneint hatte, einen Durchgriff der Bank befürwortete. Allgemein zum Anweisungswiderruf und seinen Bereicherungsfolgen *v. Tuhr*, in: JherJb, Bd. 48 (1904), S. 1 (30, Fn. 35 f., insbes. Fn. 48).

Des weiteren das knappe obiter dictum zur widerrufenen Anweisung bei RG, 3.7.1931 – II. 363/30, in: RGZ, Bd. 133 (1931), S. 249 (258) = Nachschlagewerk des RG, § 812, Nr. 274 = *Schubert/Glöckner*, Edition, §§ 812–825, S. 82:

> „1. Eine Zahlungsanweisung eines Beamten, durch die er seine Gehaltsstelle anweist, das Gehalt an eine Bank zu überweisen, deren Schuldner er ist, kann nicht unwiderruflich gegeben werden.
>
> 2. Der Beamte wird durch eine solche Überweisung, die er nicht widerrufen hat, nicht ungerechtfertigt bereichert, selbst wenn die Bank ihm die Zahlung auf seine Schuld zunächst gutgebracht hat."

[303] BGH, 9.5.1983 – II ZR 241/82, in: BGHZ 87, 246–252: Widerruf eines Überweisungsauftrags. Bestätigt durch BGH, 19.1.1984 – VII ZR 110/83, in: BGHZ 89, 376 (380–382): Widerruf eines Dauerauftrags; 3.5.1984 – VII ZR 166/83, in: NJW 1984, S. 2205 f.: Änderung eines Dauerauftrags; OLG Hamm, 14.3.1986 – 20 U 290/85, in: WM 1986, S. 704–708: Widerruf eines Dauerauftrags.

A. A. noch OLG Düsseldorf, 18.3.1975 – 23 U 146/74, in: WM 1975, S. 875 f.: Bei widerrufenem Dauerauftrag sei die Kenntnis des Empfängers unbeachtlich, da dieser Fall nicht anders liege als das anfängliche Fehlen der Anweisung; ebenso i. E. LG Düsseldorf, 10.4.1981 – 22 S 504/80, in: WM 1981, S. 806 (807); LG Aachen, 30.4.1981 – 6 S 29/81, in: WM 1981, S. 1095–1097.

[304] BGH, 16.6.1983 – VII ZR 370/82, in: BGHZ 87, 393 (398). I. E. ebenso OLG Koblenz, 12.2.1975 – 1 U 110/74, in: WM 1976, S. 94–96; OLG Nürnberg, 9.4.1999 – 6 U 4316/98, in: OLGR Mü/Ba/Nü 1999, S. 194–195: kein Durchgriff bei Widerruf der Kontovollmacht, wenn Empfänger den Mangel nicht kannte.

[305] BGH, 18.10.1973 – VII ZR 8/73, in: BGHZ 61, 289–296: kein Durchgriff bei widerrufenem Scheck, wenn der Scheckinhaber den Widerruf nicht kannte. Wie der BGH auch OLG Köln, 16.9.1982 – 7 U 8/82, in: NJW 1983, S. 1500–1502.

[306] Grundlegend BGH, 31.10.1963 – VII ZR 285/61, in: BGHZ 40, 272 (bes. 276–278), und BGH, 14.3.1974 – VII ZR 129/73 („Hemden-Fall"), in: NJW 1974, S. 1132 (1133): hier wendet sich der BGH bewußt von der Rspr. des RG ab. St. Rspr., siehe des weiteren BGH, 24.2.1972 – VII ZR 207/70, in: BGHZ 58, 184 (188); 18.10.1973 – VII

reicherten zum maßgeblichen Kriterium für die Frage nach dem Vorliegen einer Leistung erhebt.[307] Das Reichsgericht hatte dagegen stets im Anschluß an das gemeinrechtliche Irrtumsmoment noch den Willen des Leistenden betont.

cc) Restliche Fallgruppen

In den herkömmlichen Gruppen, in denen man eine Kondiktion im Zuwendungsverhältnis in der ersten Jahrhunderthälfte gewährte, wurde an die Vorkriegsrechtsprechung angeknüpft. Wenngleich nun das Tatbestandsmerkmal „Leistung" in den Vordergrund rückte und die generelle Durchgriffskondiktion bei fehlender Anweisung erst 1990 vom XII. Zivilsenat für den Beispielfall des Geschäftsunfähigen anerkannt wurde,[308] ergaben sich von den Ergebnissen aus

ZR 8/73, in: BGHZ 61, 289 (293); 21.10.1976 – VII ZR 193/75, in: BGHZ 67, 232 (241); 26.10.1978 – VII ZR 71/76, in: BGHZ 72, 246 (248 f.); 17.1.1984 – VI ZR 187/82, in: NJW 1984, S. 1456; 19.1.1984 – VII ZR 110/83, in: BGHZ 89, 376 (381); 3.5.1984 – VII ZR 166/83, in: NJW 1984, S. 2205 (2206); 25.9.1985 – IVa ZR 22/84, in: BGHZ 95, 393 (399); 2.11.1988 – IVb ZR 102/87, in: BGHZ 105, 365 (369); 20.6.1990 – XII ZR 98/89, in: BGHZ 111, 382 (386); 10.3.1993 – XII ZR 253/91, in: BGHZ 122, 46 (50); 16.4.1993 – V ZR 49/92, in: NJW 1993, S. 1914 (1915); 26.9.1994 – II ZR 166/93, in: NJW 1995, S. 128 (129); 25.9.1996 – VIII ZR 76/95, in: NJW 1997, S. 461 (464); 4.11.1997 – VI ZR 348/96, in: BGHZ 137, 90 (95); 4.2.1999 – III ZR 56/98, in: NJW 1999, S. 1393 (1394); 23.2.1999 – XI ZR 129/98, in: WM 1999, S. 685 (686); 16.7.1999 – V ZR 56/98, in: NJW 1999, S. 2890 (2891).

Aus der Rspr. der Instanzgerichte etwa OLG Köln, 4.10.1989 – 27 U 110/89, in: NJW 1990, S. 1537 (1538); LG Bonn, 3.12.1990 – 5 S 250/89, in: NJW 1991, S. 1360 (1361); OLG Köln, 16.10.1992 – 19 U 118/92, in: VersR 1993, S. 63 (65); OLG München, 4.3.1993 – 1 U 4954/92, in: OLGR München 1993, S. 247 (247); OLG Koblenz, 19.4.1994 – 5 U 1723/93, in: NJW-RR 1995, S. 582 (583); OLG Naumburg, 11.10.1995 – 6 U 129/95, in: OLGR Br/Dr/Je/Na/Ro 1996, S. 210; OLG Düsseldorf, 23.5.1996 – 6 U 100/95, in: WM 1998, S. 1875 (1878); OLG Koblenz, 23.12.1997 – 3 U 153/96, in: MDR 1998, S. 979 (980); OLG Hamburg, 21.8.1998 – 11 U 202/97, in: OLGR Br/Ha/Schl 1998, S. 430 (430); OLG Köln, 22.6.1999 – 15 U 170/98, in: NJW 2000, S. 1044 (1044); OLG Naumburg, 2.3.2000 – 2 U 86/99, in: JURIS. Zweifelnd LG Neuss, 8.10.1976 – 39 C 255/76, in: DB 1976, S. 2466 (2466).

[307] Dieser Zusammenhang wird hergestellt von BGH, 31.5.1976 – VII ZR 218/74, in: BGHZ 66, 362 (365); BGH, 31.5.1976 – VII ZR 260/75, in: BGHZ 66, 372 (375 f.): Die Frage, ob die Zahlung der Bank aus der Sicht des Empfängers als Leistung des Anweisenden an ihn, den Empfänger, aufzufassen sei, könne hier wegen der Kenntnis des Beklagten, daß der Bankkunde an ihn nicht leisten wollte, dahingestellt bleiben.

[308] BGH, 20.6.1990 – XII ZR 98/89, in: BGHZ 111, 382 (386 f.). Weiterhin BGH, 28.11.1990 – XII ZR 130/89, in: BGHZ 113, 62 (68); jetzt generell BGH, 20.3.2001 – XI ZR 157/00, in: JURIS. Offen noch BGH, 18.10.1973 – VII ZR 8/73, in: BGHZ 61, 289 (292, 294); 31.5.1976 – VII ZR 218/74, in: BGHZ 66, 362 (364 f.); 22.9.1983 – VII ZR 47/83, in: BGHZ 88, 232 (236); 19.1.1984 – VII ZR 110/83, in: BGHZ 89, 376 (379 f.); 3.5.1984 – VII ZR 166/83, in: NJW 1984, S. 2205 (2206); 25.9.1986 – VII ZR 349/85, in: NJW 1987, S. 185 (186). Beachte aber auch BGH, 31.5.1976 – VII ZR 260/75, in: BGHZ 66, 372 (375): irrtümliche Überweisung an einen anderen als den in

gesehen keine signifikanten Abweichungen zur Judikatur des Reichsgerichts.[309] Vor und nach 1990 wurde der Durchgriff entgegen der Kondiktion „über Eck" wie in den Zeiten der Vermögensverschiebungslehre gebilligt. Häufigste Fallgruppen in der gerichtlichen Praxis waren gefälschte Anweisungen,[310] Zahlungen ohne jede Anweisung,[311] wie erwähnt Aweisungen durch Geschäftsunfähi-

---

der Anweisung bezeichneten Empfänger als Unterfall der von Anfang an fehlenden Anweisung; ähnlich BGH, 20.6.1990 – XII ZR 93/89, in: NJW-RR 1990, S. 1200 (1201).

[309] Eine Durchgriffskondiktion zwischen Angewiesenem und Zahlungsempfänger wurde gewährt in: BGH, 30.5.1968 – VII ZR 2/66, in: BGHZ 50, 227–232: dem Kreditinstitut, das entgegen der Weisung den Kredit an eine andere Person überwiesen hatte; 24.2.1972 – VII ZR 207/70, in: BGHZ 58, 184–190: berechtigender Vertrag zugunsten Dritter für den Spezialfall einer Courtagevereinbarung; 31.5.1976 – VII ZR 218/74, in: BGHZ 66, 362–367: nicht unterschriebener Scheck, wenn der Scheckeinlöser wußte, daß der Scheck nicht unterzeichnet war; 31.5.1976 – VII ZR 260/75, in: BGHZ 66, 372–378: irrtümliche Falschausführung einer Anweisung durch Bank, wenn der Empfänger diesen Mangel kannte; 1.7.1976 – VII ZR 333/75, in: BGHZ 67, 75–81: Wechsel, der auf in Konkurs geratenen Bankkunden gezogen war, wenn der Empfänger von der Eröffnung des Konkursverfahrens Kenntnis hatte; 28.1.1980 – II ZR 39/79, in: WM 1980, S. 438 f.: Veranlassung der Überweisung nur durch einen der Inhaber eines Und-Kontos; mit ähnlicher Konstellation ebenso BGH, 20.3.2001 – XI ZR 157/00, in: JURIS: Anweisung nur durch einen von zwei gesamtvertretungsberechtigten Bevollmächtigten. Siehe zu einer neuen Konstellation BGH, 17.9.1996 – XI ZR 164/95, in: BGHZ 133, 254 (263 f.): Durchgriff bei Widerruf nach HWiG. Gegen Durchgriff: BGH, 20.6.1977 – II ZR 169/75, in: BGHZ 69, 186 (189 f.): Lastschrift, für die keine Einziehungsermächtigung erteilt worden war; 26.10.1978 – VII ZR 71/6, in: BGHZ 72, 246–252: Schuldbeitritt anstelle bloßer Erfüllungsübernahme nach § 415 Abs. 3 BGB; nach obiter dictum auch kein Durchgriff bei normalem berechtigenden Vertrag zugunsten Dritter.

Aus den Untergerichten seien für den Durchgriff genannt: OLG Celle, 5.11.1975 – 3 U 10/75, in: WM 1976, S. 170 f.: Anweisung durch Nichtbevollmächtigten; OLG Köln, 22.12.1983 – 1 U 59/83, in: WM 1984, S. 728 f.: formungültiger Scheck; LG Gießen, 26.4.1989 – 1 S 43/89, in: WM 1989, S. 1890: Überweisung bei beendigtem Girovertragsverhältnis; OLG Düsseldorf, 4.6.1993 – 17 U 214/92, in: WM 1993, S. 1327: vollmachtlos erteilter Scheck; OLG Dresden, 27.8.1998 – 7 U 1648/98, in: WM 1999, S. 952–954: Gutschrift von Schecks entgegen der erteilten Anweisung, wenn Empfänger diesen Mangel kannte; LG Gera, 1.12.1999 – 1 S 219/99, in: NJW-RR 2000, S. 937 f.: Scheck bei Mitteilung des allgemeinen Veräußerungsverbots durch Sequester, selbst bei Unkenntnis des Zahlungsempfängers. Gegen Durchgriff: LG Nürnberg-Fürth, 22.3.1996 – 16 S 10896/95, in: WM 1997, S. 871–873: irrtümliche Ausführung nach Ablauf eines befristeten Dauerauftrags; OLG Stuttgart, 29.9.1998 – 12 U 66/98, in: OLGR Ka/St 1999, S. 81 f.: abredewidrige Zahlung vom Notaranderkonto, wenn Empfänger den Mangel nicht kannte; OLG Düsseldorf, 6.4.2000 – 6 U 124/99, in: ZIP 2000, S. 1668 f.: wenn nur einer der Kontoinhaber eines Und-Kontos anweist.

[310] BGH, 20.6.1990 – XII ZR 93/89, in: NJW-RR 1990, S. 1200–1202: Durchgriff bei gefälschtem Überweisungsauftrag; ebenso BGH, 31.5.1994 – VI ZR 12/94, in: NJW 1994, S. 2357–2359; LG Aachen, 18.10.1985 – 5 S 283/85, in: NJW-RR 1986, S. 270 (270): OLG Köln, 24.9.1992 – 12 U 11/92, in: ZIP 1992, S. 1726–1728; OLG Köln, 31.5.1996 – 2 U 18/96, in: WM 1997, S. 213–216.

[311] Für Durchgriff: OLG Hamburg, 9.11.1981 – 11 U 77/81, in: WM 1982, S. 249–251: irrtümliche Auszahlung ohne Anweisung; LG Köln, 16.9.1982 – 21 O 113/82, in: WM 1983, S. 379 f.: irrtümliche Überweisung ohne Anweisung; OLG Hamm,

ge[312] oder Mehrfachüberweisungen.[313] Die heutige Mehrpersonendogmatik ist in erster Linie nicht das Ergebnis der neueren Lehre, sondern Produkt der Rechtsprechung von 150 Jahren, die ihrerseits Erkenntnisse aus den Digesten und den Lehrbüchern der großen Pandektisten schöpfte.[314] Zugegeben sei, daß der zweckbetonte Leistungsbegriff den Urteilen argumentativ eine neue Richtung zu geben vermochte. Wurde im Fall „Junge Familie" noch die Zwecksetzung als Instrument zur Entscheidungsfindung betont,[315] rückte in anderen Entscheidungen mehr die „wirtschaftliche" Betrachtungsweise in den Vordergrund.[316]

Ernsthafte Differenzen zur Rechtsprechung unter der Herrschaft der Vermögensverschiebung ergeben sich aber teilweise durch das Erfordernis, der Empfänger müsse den Anweisungsfehler erkannt haben. Ursprünglich wurde das Merkmal vom Bundesgerichtshof für Widerrufs-Fälle entwickelt, doch unter dem Einfluß der Lehre vom Empfängerhorizont breitete sich das Element teilweise über seinen ursprünglichen Anwendungsbereich aus. Eine einheitliche Linie läßt sich selbst heute nicht nachzeichnen; zumindest einige Oberlandesge-

15.10.1990 – 22 U 5/90, in: WM 1991, S. 670 f.: wenn Einziehungsermächtigung Zahlungsvorgang nicht erfaßt; LG Stuttgart, 25.5.1994 – 5 S 385/93, in: NJW 1994, S. 2626 (2627): Überweisung ohne Anweisung. A. A. OLG München, 4.3.1993 – 1 U 4954/92, in: OLGR München 1993, S. 247 (247): kein Durchgriff bei Überweisung ohne Auftrag, wenn Empfänger den Mangel nicht kannte.

312 BGH, 20.6.1990 – XII ZR 98/89, in: BGHZ 111, 382–387; OLG Celle, 23.9.1992 – 3 U 79/92, in: NJW 1992, S. 3178 f.

313 Für Durchgriff: BGH, 25.9.1986 – VII ZR 349/85, in: NJW 1987, S. 185–187: Auszahlung des 10-fachen Betrags der angewiesenen Summe; LG Bielefeld, 18.2.1970 – 1 S 361/69, in: WM 1970, S. 1072: Doppelüberweisung aufgrund Irrtums der Bank; LG Neuss, 8.10.1976 – 39 C 255/76, in: DB 1976, S. 2466 f.: Doppelüberweisung aufgrund Irrtums der Bank; OLG Hamburg, 28.1.1983 – 11 U 224/82, in: NJW 1983, S. 1499 f.: Doppelüberweisung aufgrund Irrtums des Angewiesenen; OLG Hamm, 10.3.1987 – 2 U 116/86, in: NJW-RR 1987, S. 882 (882): Überweisung eines zu hohen Betrags aufgrund eines Irrtums der Bank, wenn der Empfänger diesen Mangel kannte; OLG München, 11.11.1987 – 7 U 2259/87, in: NJW-RR 1988, S. 1391 f.: Doppelüberweisung aufgrund Irrtums der Bank; KG Berlin, 27.6.1991 – 16 U 1396/91, in: NJW-RR 1992, S. 816 f.: Doppelüberweisung aufgrund Irrtums der Bank; OLG Schleswig, 24.2.2000 – 5 U 193/98, in: OLGR Br/Ha/Schl 2000, S. 276–279: Zuvielüberweisung.

314 A. A. viele, etwa *Gottwald*, in: JuS 1984, S. 841 (842).

315 BGH, 30.5.1968 – VII ZR 2/66, in: BGHZ 50, 227 (231 f.); siehe auch BGH, 24.2.1972 – VII ZR 207/70, in: BGHZ 58, 184 (187).

316 BGH, 2.11.1988 – IVb ZR 102/87, in: BGHZ 105, 365 (368); siehe bereits BGH, 21.12.1961 – III ZR 130/60, in: BGHZ 36, 232 (234); BGH, 25.3.1983 – V ZR 93/81, in: WM 1983, S. 792 (793). Kritisch zu dieser Formulierung die Lehre, siehe z. B. *Jan Wilhelm*, in: JZ 1995, S. 573 (574).

Vermittelnd BGH, 10.3.1993 – XII ZR 253/91, in: BGHZ 122, 46 (50); BGH, 15.12.1994 – IX ZR 252/93, in: NJW 1994, S. 1484 (1486): Ablehnung der „formalen Betrachtungsweise" bei gleichzeitiger Betonung der Zweckvorstellung der Parteien.

richte generalisieren (bisher) das Erfordernis:[317] Das Oberlandesgericht München zum Beispiel verweigerte die Direktkondition für eine irrtümliche Banküberweisung aufgrund eines technischen Fehlers, weil der Empfänger davon ausgehen durfte, sein Schuldner habe die Bank tatsächlich angewiesen.[318] Es fällt der Rechtsprechung immer noch schwer, zwischen den Fällen der unwirksamen bzw. vollkommen fehlenden Anweisung und Widerruf zu trennen. Denn neben diesen Konstellationen tritt eine Grauzone auf, in der sich zum Beispiel die befristete Anweisung oder die formunwirksame Anweisung bewegen. In diesen Fällen wird die Empfängersicht teilweise zum maßgebenden Kriterium erklärt, obwohl anders als bei der bloß widerrufenen Anweisung eine Zurechnung wegen der von Anfang an vorgegebenen *rechtlichen* Unwirksamkeit der nur *faktischen* Anweisung ausscheiden muß.

Die von den Untergerichten zitierten höchstrichterlichen Urteile, die für die Kenntnis als allgemeine Anspruchsvoraussetzung sprechen könnten, erweisen sich dabei als nicht stichhaltig. Der VIII. Zivilsenat des Bundesgerichtshofs ließ es für die Falschausführung einer Anweisung dahingestellt sein, wie zu entscheiden sei, wenn der Empfänger aufgrund seiner Unkenntnis der wahren Situation von einer vermeintlichen wirksamen Anweisung ausgegangen war.[319] Ebensowenig läßt sich das Urteil des VII. Senats zur 10-fachen Überweisung der angewiesenen Summe als Beleg nennen, denn im konkreten Fall wurde festgestellt, der Zahlungsempfänger dürfe nach Treu und Glauben gar nicht davon ausgehen, ihm solle die 10-fache Summe überwiesen werden.[320] Wie sich die Lage bei tatsächlicher Unkenntnis vom Anweisungsmangel darstellt, bleibt deshalb in den Entscheidungen offen. In allen anderen BGH-Fällen, die sich zur

---

[317] Für Erfordernis der Kenntnis z. B. OLG Düsseldorf, 15.5.1984 – 23 U 4/84, in: WM 1985, S. 411 (412), als der Ehemann ohne Kontovollmacht Schecks auf das Konto seiner Frau ausstellte; OLG Hamm, 10.3.1987 – 2 U 116/86, in: NJW-RR 1987, S. 882 (882); OLG Dresden, 27.8.1998 – 7 U 1648/98, in: WM 1999, S. 952 (953); OLG Nürnberg, 9.4.1999 – 6 U 4316/98, in: OLGR Mü/Ba/Nü 1999, S. 194 (195).

Ausdrücklich gegen Kenntnis als Anspruchsvoraussetzung OLG Hamburg, 9.11.1981 – 11 U 77/81, in: WM 1982, S. 249 (251); LG Aachen, 18.10.1985 – 5 S 283/85, in: NJW-RR 1986, S. 270 (270): guter Glaube nur maßgebend, wenn der Rechtsschein zurechenbar erzeugt wurde; OLG München, 11.11.1987 – 7 U 2259/87, in: NJW-RR 1988, S. 1391 (1392); KG Berlin, 27.6.1991 – 16 U 1396/91, in: NJW-RR 1992, S. 816 (817); LG Stuttgart, 25.5.1994 – 5 S 385/93, in: NJW 1994, S. 2626 (2627); OLG Köln, 31.5.1996 – 2 U 18/96, in: WM 1997, S. 213 (215); LG Gera, 1.12.1999 – 1 S 219/99, in: NJW-RR 2000, S. 937 (937 f.).

Differenzierend, aber tendenziell für Erfordernis der Kenntnis OLG Stuttgart, 29.9.1998 – 12 U 66/98, in: OLGR Ka/St 1999, S. 81 (82): Direktanspruch nur bei Kenntnis des Empfängers oder Vorrang der Geschäftsunfähigkeit des Anweisenden.

[318] OLG München, 4.3.1993 – 1 U 4954/92, in: OLGR München 1993, S. 247 f. Siehe auch die weiteren Divergenzen bei den Nachweisen auf S. 392, Fn. 309, 311.

[319] BGH, 31.5.1976 – VII ZR 260/75, in: BGHZ 66, 372 (375 f.).

[320] BGH, 25.9.1986 – VII ZR 349/85, in: NJW 1987, S. 185–187.

Kenntnis als Anspruchsvoraussetzung bekennen, war die Frage ebenfalls nicht entscheidungserheblich. Jedesmal wußte der Empfänger um den Anweisungsmangel, so daß nur von unverbindlichen *obiter dicta* gesprochen werden kann.

Anders als einige Obergerichte scheint der Bundesgerichtshof im Zweifel die Relevanz der Kenntnis durch den Empfänger und damit die Lehre vom Empfängerhorizont einzugrenzen; die höchstrichterlichen Ergebnisse weichen deshalb im Resultat durchweg nicht von den von der Vermögensverschiebung beeinflußten alten Entscheidungen ab. In der Zwischenzeit wurde diese Interpretation am Bundesgerichtshof selbst bestätigt: Der XI. Zivilsenat bekannte sich mit einer Entscheidung vom 20. März 2001 in der *ratio decidendi* erstmals generell für unwirksame Anweisungen dazu,[321] die Kenntnis oder Unkenntnis des Empfängers vom Anweisungsmangel sei anders als beim Widerruf nicht entscheidungserheblich. Ausdrücklich wurden bisherige entgegenstehende obiter dicta in Urteilen des Bundesgerichtshofs verworfen und die Rechtsprechung zur Anweisung bei Geschäftsunfähigkeit planmäßig ausgebaut.

Aus prozessualer Sicht ist anzumerken, daß bei einer Zuvielüberweisung oder anderen Anweisungsmängeln der Beklagte in vielen Fällen redlicherweise annehmen mußte oder gar positiv wußte, ihm stehe das Geld nicht zu. Beim Widerruf einer Anweisung wird die Situation typischerweise gerade andersherum liegen: Der Beklagte weiß nichts vom Widerruf, da ihm die angewiesene Summe so zugeht, wie es ursprünglich vom Anweisenden intendiert war. Aus diesem Grund mußte sich der Bundesgerichtshof bis vor kurzem jenseits der Widerrufs-Fälle nicht mit der Unkenntnis des Empfängers in den tragenden Entscheidungsgründen auseinandersetzen. Und nicht zuletzt verhinderte die bis 1990 fehlende Richtungsentscheidung zum generellen Durchgriff bei fehlender Anweisung die eindeutige Abgrenzung zwischen Widerruf und Fällen, in denen keine Zurechnung nach Rechtsscheinsgesichtspunkten möglich erscheint.

d) Eingriffskondiktion

Für die Eingriffskondiktion, die der Bundesgerichtshof mit der Trennungslehre von den Leistungsfällen separiert, ist der eingeschlagene neue Weg mehrdeutig. Nach wie vor wird die Unmittelbarkeit der Vermögensverschiebung benutzt. Der V. Senat verwandte den Begriff 1985 für die Nutzung einer Tiefgaragenzufahrt,[322] der VIII. Senat 1987 beim Bereicherungsausgleich zwischen dem

[321] BGH, 20.3.2001 – XI ZR 157/00, in: JURIS. Ebenso wie im Text erwähnt schon für die Geschäftsunfähigkeit, ohne sich freilich generell festzulegen, BGH, 20.6.1990 – XII ZR 98/89, in: BGHZ 111, 382 (385).

[322] BGH, 19.4.1985 – V ZR 152/83, in: BGHZ 94, 160 (165). Ebenso stützt sich auf die alte Doktrin noch BGH, 23.12.1966 – V ZR 26/64, in: BGHZ 46, 260 (262 f.), bei

Sicherungseigentümer und dem in das reparierte Fahrzeug vollstreckenden Werkunternehmer.[323] Im Fall der wertpapierrechtlichen Bereicherungshaftung des Beschenkten fiel der III. Senat 1999 ebenfalls in die alte Dogmatik zurück.[324] Ohne nur den Bereicherungsanspruch als Leistung oder Nichtleistung zu qualifizieren, heißt es: „Ausgangspunkt der bereicherungsrechtlichen Beurteilung ist, daß die Beklagte die bis dahin dem Kläger gehörenden Wertpapiere [...] auf Kosten des Klägers erlangt hat [...]. Es steht also einem Vermögensvorteil der Beklagten unmittelbar ein Vermögensnachteil des Klägers gegenüber. Für diesen Vermögensübergang gibt es, was das Verhältnis unmittelbar zwischen den Parteien angeht, keinen rechtlichen Grund."

Teilweise werden alte und neue Lehre im Fall „Fahrradgepäckträger II" vermischt,[325] eine andere Entscheidung führt alternativ Zuweisungslehre und Unmittelbarkeit an.[326] Selbst Literaturstimmen bewerten die Rechtsprechung nach der Vermögensverschiebungslehre.[327] Die Entscheidung „Kunststoffhohlprofil I" des X. Senats erinnert dagegen mehr mit der Wendung an die Rechtswidrigkeitslehre,[328] wer „ohne Einwilligung des Berechtigten dessen Schutzrecht gewerblich nutzt, handelt rechtswidrig; er ist gemäß §§ 812 ff. BGB zur Herausgabe der ihm aus der Verletzungshandlung erwachsenden Bereicherung verpflichtet". Die Masse der Urteile folgt jedoch in verschiedenen Varianten der Zuweisungstheorie. Zumeist wird der Begriff „Zuweisungsgehalt" genannt,[329]

Verkauf eines Grundstücks vor vertraglich vereinbartem Eintrag einer Grunddienstbarkeit mit einer dritten Partei.

[323] BGH, 25.2.1987 – VIII ZR (ohne Aktenzeichen), in: BGHZ 100, 95 (100). Ebenso BGH, 31.3.1977 – VII ZR 336/75, in: BGHZ 68, 276 (277 f.), für die Zwangsversteigerung eines Grundstücks. Siehe auch BGH, 31.5.1994 – VI ZR 12/94, in: NJW 1994, S. 2357 (2358), bei den Erörterungen über die i. E. verneinte Nichtleistungskondiktion des Kontoinhabers gegen den Empfänger einer Zahlung aufgrund eines gefälschten Überweisungsauftrags: Bereicherung und Entreicherung müßten korrespondieren.

[324] BGH, 4.2.1999 – III ZR 56/98, in: NJW 1999, S. 1393 (1393).

[325] BGH, 14.2.1978 – X ZR 19/76, in: BGHZ 71, 86 (96).

[326] BGH, 30.1.1987 – V ZR 32/86, in: BGHZ 99, 385 (387, 390): Anspruch des Vormerkungsinhabers einer Auflassung auf Herausgabe einer eingezogenen Feuerversicherungssumme.

[327] Für Unmittelbarkeit der Vermögensverschiebung als prägendes Merkmal der Rspr. noch *Siegmann*, in: NJW 1999, S. 1163 (1164).

[328] BGH, 30.11.1976 – X ZR 81/72 („Kunststoffhohlprofil I"), in: BGHZ 68, 90 (99): Anspruch bei Verletzung eines Gebrauchsmusterrechts. Positiv mitentschieden wurde auch der Bereicherungsanspruch bei Verletzung von Patentrechten.

[329] Für Bereicherungshaftung: BGH, 24.11.1981 – X ZR 7/80 („Kunststoffhohlprofil II"), in: BGHZ 82, 299 (306): gewerbliche Schutzrechte; 31.10.1986 – V ZR 140/85, in: NJW 1987, S. 771 f.: für den rechtmäßigen Besitz, aber nicht für rein schuldrechtlichen Anspruch ohne Überlassung der Räume; 18.12.1986 – I ZR 111/84 („Chanel No. 5"), in: BGHZ 99, 244 (247): Warenzeichenrecht; 23.2.1995 – I ZR 68/93 („Mauer-Bilder"), in: BGHZ 129, 66 (75): urheberrechtliches Verbreitungsrecht (entscheidende Passage abgedruckt in: NJW 1995, S. 1556 (1558)); vgl. im obiter dictum BGH, 14.3.2000 – X ZR

seltener der allgemeinere Ausdruck „Ausschließlichkeitsrecht".[330] Eine nicht unbeträchtliche Anzahl läßt die Einordnung allerdings offen.[331] Die Lehre wird mit den Worten konkretisiert, nur Rechtspositionen seien geschützt, deren Nutzung ohne Zustimmung zu unterbleiben habe, nicht aber bloße Erwerbs- und Gewinnchancen. Tendenziell führt das gewandelte Verständnis des Eingriffs in fremde Rechte zu einer Haftung für Rechtsgüter, bei denen das Reichsgericht noch einen allgemeinen Bereicherungsanspruch abgelehnt hatte, beispielsweise bei Patenten.[332]

115/98, in: GRUR 2000, S. 685 (686), allgemein zu Immaterialgüterrechten. Gegen Bereicherungshaftung: BGH, 9.3.1989 – I ZR 189/86 („Forschungskosten"), in: BGHZ 107, 117 (120): für den Erstanmelder eines Patents gegen andere Anmelder, die Forschungskosten durch eingereichte Daten des Erstanmelders ersparen; 16.12.1994 – V ZR 177/93, in: BGHZ 128, 210 (214): keine Nutzungsherausgabe bei Verstoß gegen vermögensrechtliche Veränderungssperre; 13.12.1995 – XII ZR 194/93, in: BGHZ 131, 297 (306): Vermieter klagt auf Mietzinsen aus vertragswidriger Untervermietung.

Aus der Rspr. der Instanzgerichte seien für die Zuweisungslehre genannt: LG Hamburg, 30.4.1993 – 324 O 77/93, in: AfP 1994, S. 161 (162): kein Anspruch bei kommerzieller Nutzung einer Bootsfotografie; OLG München, 6.6.1997 – 21 U 3710/96, in: BB 1997, S. 1971 (1972): kein Anspruch bei Beeinträchtigung des postmortalen Rechts am eigenen Bild; LG Hamburg, 1.8.2000 – 312 O 328/00, in: MMR 2000, S. 620 (623), per obiter dictum: Anspruch bei Beeinträchtigung einer Internet-Domain.

[330] Für Bereicherungshaftung: BGH, 14.4.1992 – VI ZR 285/91 („Joachim Fuchsberger"), in: NJW 1992, S. 2084 (2085): Recht am eigenen Bild; Rekurs auf „Zuordnung" in BGH, 23.10.1980 – III ZR 146/78; in: MDR 1981, S. 566 f.: Untergrundspeicherung von Rohöl auf fremdem Grundstück ohne Gestattung; obiter dictum BGH, 1.12.1999 – I ZR 49/97 („Marlene Dietrich"), in: NJW 2000, S. 2195: Ansprüche bei Verletzung des allgemeinen Persönlichkeitsrechts. Dagegen BGH, 9.3.1989 – I ZR 54/87 („Friesenhaus"), in: NJW 1989, S. 2251–2253: kein Anspruch bei Verwertung der Fotografie eines Privathauses von allgemein zugänglicher Stelle aus.

Aus den Instanzgerichten: OLG München, 9.3.1995 – 29 U 3903/94, in: NJW-RR 1996, S. 539 (540): Recht am eigenen Bild; auf „Güterzuweisung" resp. „Ausschließlichkeitsrecht" rekurriert OLG Hamburg, 10.12.1998 – 3 U 88/98, in: NJW-RR 1999, S. 1204 (1205): Anspruch bei Verletzung des Rechts am eigenen Bild.

[331] Ohne nähere Einordnung für Bereicherungshaftung: BGH, 2.7.1971 – I ZR 58/70 („Gasparone II"), in: BGHZ 56, 317 (320): Urheberrecht; 26.6.1979 – VI ZR 108/78 („Familie Schölermann"), in: NJW 1979, S. 2205 (2206): Recht am eigenen Bild; 26.6.1981 – I ZR 73/79 („Carrera"), in: BGHZ 81, 75–82: Recht am eigenen Namen; 14.10.1986 – VI ZR 10/86 („NENA"), in: NJW-RR 1987, S. 231 (232): Anspruch einer Verwertungsgesellschaft bei Verletzung des Rechts zur wirtschaftlichen Auswertung des Rechts am eigenen Bild; 18.2.1992 – X ZR 8/90, in: NJW-RR 1992, S. 872 f.: Gebrauchsmusterrecht; 21.3.1996 – III ZR 245/94, in: BGHZ 132, 198 (201–207): Nutzung gemeindlicher Wege- und Straßengrundstücke; LG Hamburg, 15.10.1993 – 324 O 3/93, in: AfP 1995, S. 526 (527): Recht am eigenen Bild.

[332] Näher zur Ausdehnung des Schutzbereichs der Eingriffskondiktion bei *Bertram Ebert*, Bereicherungsausgleich, 1. Teil, II. 3 (zitiert nach Manuskript), m. w. N.

Folgerichtig ist es weiterhin, daß ohne Vermögensverschiebung eine tatsächliche Vermögenseinbuße nicht mehr erforderlich ist. Im Carrera-Fall wird in Abkehr von der Herrenreiter-Entscheidung klargestellt:[333]

> Der Bereicherungsanspruch sei unabhängig davon, „ob es zu einer entgeltlichen Gestattung des Namensgebrauchs durch die Klägerin gekommen wäre, wenn die Beklagte zuvor darum nachgesucht hätte. [...] Der Bereicherungsanspruch soll nicht eine Vermögensminderung auf seiten des Verletzten, sondern den rechtsgrundlosen Vermögenszuwachs auf seiten des Bereicherten ausgleichen [...]."

Gegenstand der Eingriffskondiktion ist der Gebrauch des Schutzgegenstands und nicht mehr die einseitig an der Vermögensverschiebung orientierte Verwertungsmöglichkeit des Bereicherungsgläubigers oder sein am Quasivertrag ausgerichteter Verwertungswille. Noch deutlicher faßt sich das Oberlandesgericht München im Urteil „Telefon-Sex-Foto" in bewußter Abkehr vom Herrenreiter-Fall:[334] Durch den Bereicherungsanspruch „soll nicht im Sinne einer nachträglichen Fiktion einer Genehmigung der Veröffentlichung ein quasi vertragliches Verhältnis hergestellt werden, sondern es soll nur die ungerechtfertigte Bereicherung ausgeglichen werden."

Die Vermögensminderung als Voraussetzung der Eingriffskondiktion scheint hingegen für das Oberlandesgericht Hamburg noch unabdingbar.[335] Zur Veröffentlichung von Hochzeitsfotos führt das Gericht aus, es sei zwischen der „Verletzung urheberrechtlicher Nutzungsrechte" und Persönlichkeitsrechten zu trennen. Nur bei ersteren komme der Einwand nicht in Betracht, der Verletzte hätte das Werk gar nicht verwerten wollen oder können. Im zitierten Carrera-Fall ist diese Distinktion nicht angelegt, und mit der genannten Münchener Entscheidung, die nach dem Hamburger Schema wohl in die Kategorie Persönlichkeitsrechte fiele, läßt sich das Urteil nicht vereinbaren. Offensichtlich ist der Wettstreit zwischen den Rechtsantiquitäten Vermögensverschiebung und Quasivertrag auf der einen und der bereicherungsorientierten Zuweisungslehre auf der anderen Seite in der Rechtsprechung noch nicht ausgefochten.[336]

---

[333] BGH, 26.6.1981 – I ZR 73/79 („Carrera"), in: BGHZ 81, 75 (86).

[334] OLG München, 9.3.1995 – 29 U 3903/94, in: NJW-RR 1996, S. 539 (540).

[335] OLG Hamburg, 10.12.1998 – 3 U 88/98, in: NJW-RR 1999, S. 1204–1206; siehe auch OLG Hamburg, 26.5.1994 – 3 U 13/94, in: NJW-RR 1994, S. 990 f.

[336] Vgl. zu anderen Lesarten in der Literatur *Körner*, in: NJW 2000, S. 241 (244, insbes. Fn. 44), unter Berufung auf den Herrenreiter-Fall: Maßgeblich für die Abgrenzung der Bereicherungs- und Deliktshaftung bei Verletzung des Persönlichkeitsrechts sei, ob der Geschädigte einer Vermarktung an sich zugestimmt hätte. Mit der neueren Rspr. im Carrera-Fall läßt sich das freilich schwerlich vereinbaren.

e) Fazit

Trotz der Rezeption der Trennungslehre durch die Rechtsprechung offenbaren sich Kontinuitäten zur reichsgerichtlichen Judikatur, etwa bei der Billigkeit und den verschiedenen Modalitäten der fehlerhaften Anweisung. Auf anderen Gebieten zeichnet sich ein teilweiser Wandel ab: Die Lehre vom Empfängerhorizont in Verbund mit dem Subsidiaritätsdogma, auf das noch genauer einzugehen sein wird,[337] schützen den Bereicherten in weitaus höherem Maße als früher vor der Kondiktion. Doch weder die Lehre vom Empfängerhorizont noch der Vorrang der Leistungskondiktion sind im Grundsystem der Trennungslehre unabdingbar angelegt. Zudem scheint nunmehr festzustehen, daß die Lehre vom Empfängerhorizont in der Form der Kenntnis vom Anweisungsmangel auf den Fall des Widerrufs beschränkt ist. Die konkrete Ausgestaltung der Dichotomie von Leistung und Nichtleistung mag in vielen Einzelfragen von der älteren Rechtsprechung abweichen, Bezüge des Wandels zum Basissystem der Trennungslehre lassen sich freilich nur schwerlich reproduzieren. Denkt man sich die ältere Rechtsprechung hypothetisch einmal in die heutige Zeit versetzt, dann könnte die Vermögensverschiebungslehre ebenso mit der Lehre vom Empfängerhorizont angereichert werden. Die Parteinahme für den Kläger über den Irrtum in Dissensfällen nach 1900 war ebenfalls nicht unauflösbar mit der Vermögensverschiebung verbunden, sondern ein Relikt der gemeinrechtlichen condictio indebiti.

IV. Reformvorhaben

1. Reform des Bürgerlichen Gesetzbuchs

Angesichts der Schwierigkeiten des Bereicherungsrechts und angesichts zahlloser Detailprobleme ist das Rechtsgebiet für Reformversuche geradezu prädestiniert. Hätte der Gesetzgeber des Bürgerlichen Gesetzbuchs sich zu Beginn weniger von Kompromißwünschen als von klaren Aussagen leiten lassen, wäre der Rechtspraxis wohl manche Unsicherheit erspart geblieben. Bereits 1937 stellte Hans Carl Nipperdey daher auf seiten der nationalsozialistischen Akademie für Deutsches Recht ein reformiertes System vor. Allerdings tastete er die Leitformel „Wer durch die Leistung eines anderen oder in sonstiger Weise auf dessen Kosten [....]" nicht an. Sein Anliegen bestand primär darin, das Dogma der unmittelbaren Vermögensverschiebung für bestimmte Fälle aufzubrechen.[338]

---

[337] Siehe unten ab S. 475.

[338] *Nipperdey*, in: JbAkDR, Bd. 4 (1937), S. 19 (bes. 25 f.).

Erst v. Caemmerers Schüler Detlef König kommt deswegen das Verdienst zu, tatsächlich Neues entwickelt zu haben. 1981 legte er im Auftrag des Bundesjustizministeriums einen echten Reformentwurf vor, der radikal mit der von Windscheid und v. Wyss geprägten Tradition brach.[339] Die Materie wird in der Folge seiner Habilitationsschrift über das Bereicherungsrecht in rechtsvergleichend-rechtsgeschichtlicher Sicht gegliedert in Leistungs-, Eingriffs- und Aufwendungskondiktion, §§ 1–3 RE. Anders als nach Reuters und Martineks Modell sind diese Kondiktionen allerdings nicht abschließend konzipiert. Die Spezialkondiktionen werden mit § 5 RE um einen subsidiären Universaltatbestand ergänzt.[340] Damit vollzieht König die Trennungslehre nach, Gemeinsamkeiten zwischen den einzelnen Kondiktionen lassen sich schwerlich finden. Zwar zielen alle Typen grundsätzlich auf die Bereicherung des Schuldners, das kommt aber in § 1.1 Abs. 1 RE für die Leistung und in § 2.1 Abs. 1 RE für den Eingriff im Hauptsatz nicht mehr zum Ausdruck. Nur die beiden Varianten der Aufwendungskondiktion, Rückgriff und Verwendung, erwähnen bereits in der Anspruchsgrundlage die Bereicherung, siehe §§ 3.1 und 3.2 RE. Folgerichtig ist „auf dessen Kosten" als selbständiges Element gestrichen und durch eine spezielle Vorschrift über Drittbeziehungen in § 4 RE ersetzt. Lediglich der Auffangtatbestand in § 5 RE spricht klar die rechtsgrundlose Bereicherung auf Kosten eines anderen an. Aus letzterer Vorschrift dürfte sich ergeben, daß König den Entwurf auf Prinzipienebene von einem gemeinsamen Grundsatz getragen sieht, der rechtsgrundlosen Bereicherung auf Kosten eines anderen als Konkretisierung des Pomponius-Satzes.[341] Auf Tatbestands- und Interpretationsebene folgt er jedoch dem Trennungsmodell.

---

[339] Zu dem Gutachten erfolgten nur wenige Stellungnahmen. Positiv *Grunsky*, in: AcP, Bd. 182 (1982), S. 453 (462 f.); *Lieb*, in: NJW 1982, S. 2034 (2034–2039); eher skeptisch *Reuter/Martinek*, Ungerechtfertigte Bereicherung, § 3 IV 1 (S. 62–70); siehe auch die Beiträge in Symposium für *Detlef König* sowie *Werner Lorenz*, in: *Julius v. Staudinger*[13], Vorb. § 812, Rn. 5 f.

[340] Zu § 5 RE siehe *Detlef König*, in: Gutachten und Vorschläge zur Schuldrechtsreform, Bd. 2, S. 1515 (1590).

§ 5 („Generalklausel"):

> „Wer in anderer Weise als nach §§ 1–4 auf dessen Kosten eines andern bereichert worden ist, hat dem andern das Erlangte herauszugeben, wenn die Bereicherung ungerechtfertigt ist. Die in den §§ 1–4 über den Inhalt des Bereicherungsanspruchs aufgestellten Regeln finden entsprechende Anwendung."

[341] Die „rechtsgrundlose Bereicherung auf Kosten eines anderen" ist aber nur dann für die Prinzipienebene sinnvoll, wenn wie hier der Tatbestand diesen Satz nicht mehr enthält. Vgl. auch zu den prinzipiellen Überlegungen auf S. 691.

2. *Reform des Internationalen Privatrechts*

Während das materielle deutsche Recht immer noch eine Reform erwartet – sie mag erwünscht oder unerwünscht sein –, hat der Gesetzgeber für den Bereich des Internationalen Privatrechts jetzt vollendete Tatsachen geschaffen.[342] Das Gesetz zum Internationalen Privatrecht für außervertragliche Schuldverhältnisse und Sachen vom 21. Mai 1999 vollzieht mit Art. 38 EGBGB die Typologie von Leistung, Eingriff und anderen Fällen nach.[343] Die Leistungskondiktionen werden in Abs. 1 der Norm von der Eingriffskondiktion in Abs. 2 und den sonstigen Fällen der rechtsgrundlosen Bereicherung in Abs. 3 geschieden.[344] Das Sammelbecken in Art. 38 Abs. 3 EGBGB soll nach der Gesetzesbegründung zum Beispiel „abgeirrte Leistungen" oder Verwendungen erfassen.[345] Mehrpersonenverhältnisse werden nach altem Brauch nicht geregelt. Die Grundzüge der Bereicherungstypologie sind somit für den Bereich des Internationalen Privatrechts Gesetz. Man könnte die Grundsatzentscheidung auf dieses Gebiet beschränkt sehen und argumentieren, der Gesetzgeber habe nur um der Anknüpfung an andere Rechtsordnungen willen differenziert. Damit übersieht man aber, daß das Internationale Privatrecht zu großen Teilen nicht auf fremde Rechtsordnungen, sondern auf das deutsche Privatrecht, im konkreten Fall auf das Recht der rechtsgrundlosen Bereicherung verweist. Die Normierung im Kollisionsrecht muß sich folglich vor allem an der eigenen Rechtsordnung orientieren. Man mag zugeben, die Neuregelung habe den sachrechtlichen Streitstand nicht endgültig entschieden. Zumindest jedoch gibt Art. 38 EGBGB den eindeutigen Hinweis, Leistung, Eingriff und andere Typen seien zu differenzieren. Ob das Tatbestandsmerkmal „auf dessen Kosten" auch für die Leistungskondiktion gilt, dazu läßt sich Art. 38 EGBGB leider nichts entnehmen.

---

342 Siehe zum Folgenden näher *Daniel Busse*, in: RIW 1999, S. 16–21; *Pfeiffer*, in: NJW 1999, S. 3674 (3675); *Spickhoff*, in: NJW 1999, S. 2209 (2211 f.); *Ansgard Staudinger*, in: DB 1999, S. 1589–1594, alle m. w. N.; des weiteren *Werner Lorenz*, in: *Julius v. Staudinger*[13], § 812, Rn. 115, und *ders.* bereits in: Festschrift für *Zweigert*, S. 199 (bes. 199–202).

343 BGBl. I 1999, S. 1026 f.

344 Art. 38 EGBGB:

„Bereicherungsansprüche wegen erbrachter Leistung unterliegen dem Recht, das auf das Rechtsverhältnis anzuwenden ist, auf das die Leistung bezogen ist.

Ansprüche wegen Bereicherung durch Eingriff in ein geschütztes Interesse unterliegen dem Recht des Staates, in dem der Eingriff geschehen ist.

In sonstigen Fällen unterliegen Ansprüche aus ungerechtfertigter Bereicherung dem Recht des Staates, in dem die Bereicherung eingetreten ist."

345 BR-Drucks. 759/98, S. 17.

V. Die neuen Einheitslehren

Die Einheitslehren sind mit dem neuen Internationalen Bereicherungsrecht einer gewichtigen argumentativen Hypothek ausgesetzt. Bisher war zu beobachten, daß sich der Wandel in der Rechtsprechung zwischen 1960 und 1970 nur wenig auf die konkreten Resultate auswirkte. Die allermeisten Fallgruppen waren schon im gemeinen Recht oder kurz nach 1900 entschieden, die Begründungen mögen wechseln, aber die Ergebnisse sind fast immer dieselben. Differenzen haben ihre Ursachen in systemunabhängigen Detailfragen. Auch die Trennungslehre selbst, der die Gerichte zustimmen, kann in mehreren Varianten vertreten werden, ohne sie aufzugeben oder ihre Resultate zu verändern. Daher besteht nach der bisherigen Untersuchung kein direkter Zusammenhang zwischen der Lösung im Einzelfall und dem Basisaxiom.

Es fragt sich nun, ob dieses Zwischenergebnis für die vielen neuen Einheitslehren bestätigt wird oder ob sie nicht zu grundsätzlich verschiedenen Ergebnissen führen.[346] Sollte es wieder im praktischen Ergebnis nur geringe Differenzen geben, dann könnten die Einheitslehren immer noch gesteigerte Plausibilität oder bessere dogmenhistorische Authentizität in Anspruch nehmen. Gelingt es ihnen allerdings nicht einmal, die bessere dogmatische Argumentation beim gleichen Ergebnis wie die Trennungslehre einzulösen, besteht aus rationalen, aber auch rationellen Gründen nur wenig Anlaß, die bisher ganz

---

[346] Neben den im folgenden Abschnitt inkl. Fn. genannten Autoren sind als Vertreter der Einheitslehre zu nennen: *Bälz*, in: Festschrift für *Gernhuber*, S. 3 (bes. 5–8, 24). Differenzierend noch *ders.*, Eingriffsschutz und Opfersicherung: Für die Leistung soll zwar das Tatbestandsmerkmal „auf dessen Kosten“ gelten, gleichsam sei die „Leistung“ nicht mehr mit der Zwecksetzung verbunden. Die Verschiedenheit von Leistung und Eingriff wird aber keineswegs geleugnet. Das zeigt sich am deutlichsten darin, daß *Bälz* trotz allem die Zweckverfehlung bei der Rechtsgrundlosigkeit berücksichtigt. Freilich hatte er schon damals die Tendenz, gleich *Krawielicki* in die Rechtsgrundlosigkeit die Einwendungen aus §§ 814, 815 und 817 S. 2 BGB einzubeziehen. Soziologische Generalkritik bei *Knieper*, in: BB 1991, S. 1578–1584; *ders.*, in: KJ, Bd. 13 (1980), S. 117–133; weiterhin *Ostendorf*, Ungerechtfertigter Verbrauch, S. 74–79; *Pinger*, in: AcP, Bd. 179 (1979), S. 301 (bes. 314 f.): Leistung als „Zuwendung, die eine durch Forderung begründete relative Zuordnung eines Gegenstandes verwirklichen soll“; schließlich *Reimer*, Aufgedrängte Bereicherung, bes. S. 25, 28, 31–34, 85: Er begründet seinen Ansatz, der als Einheitslehre einzuordnen sein dürfte, aus der Funktion der Rechtsfolgenseite („negatorische“ Abschöpfung). Da *Reimer* seine Thesen auf die Rechtsfolgen beschränkt und über eine Kritik der Trennungslehre auf der Tatbestandsebene nicht hinausgelangt, sind seine Aussagen mangels Konkretisierung bezüglich § 812 Abs. 1 S. 1 BGB nicht durch die Matrixhypothese zu erfassen.

Vgl. zu den Einheitslehren auch die Übersichten v. a. bei *Kaufmann-Bütschli*, Ungerechtfertigte Bereicherung, S. 149–157; *Köndgen*, in: Festgabe für *Esser*, S. 56–74; *Schnauder*, Leistungskondiktion bei Drittbeziehungen, S. 88–96; aus Sicht der Einheitslehren selbst *Joachim Wolf*, Stand der Bereicherungslehre, S. 87–141; zur älteren Lehre beachtenswert *Helmut Haas*, Bereicherung in moderner Sicht, S. 8–35.

überwiegend vertretene Meinung aufzugeben.[347] Doch bevor auf konkrete Resultate eingegangen wird, müssen die verschiedenen Einheitslehren seit den späten 60er Jahren des vergangenen Jahrhunderts kurz dargestellt werden.

1. Gewinnabschöpfungslehre

In der langen Versuchsreihe, § 812 BGB das Einheitsmodell abzugewinnen, eröffnete Christof Kellmann mit „Grundsätze der Gewinnhaftung" (1969) den dogmatischen Reigen. An den Rechtskreis des common law angelehnt, faßt er die beiden Kondiktionstypen zu einem „Anspruch wegen Bereicherung ohne rechtserheblichen Willen desjenigen, auf dessen Kosten sie geht", zusammen.[348] Die von Kellmann geforderte Herausgabe des Gewinns durch das Bereicherungsrecht ist in unserem Zusammenhang ohne Belang. Wichtig erscheint, wie sein System § 812 BGB strukturiert:

Erste Bedingung der Kondiktion soll sein, daß jemand „ohne [...] Willen oder Zustimmung" entreichert ist. Liege der Grund der Bereicherung „in sonstiger Weise" im fehlenden Einverständnis des Kondizenten mit dem Vermögenszuwach seitens des Schuldners, so sei bei der vom Gläubiger gewollten Leistung die Willensbildung fehlerhaft, da sie auf falschen Voraussetzungen basiere. Willensfehler sind für Kellmann nicht nur technische Irrtümer gemäß §§ 116 ff. BGB und Nichtigkeitsnormen wie § 134 BGB im allgemeinen Vertragsrecht, auch das „irrtümliche Vertrauen auf die Gültigkeit des Vertrages" sei ausreichend. Ein Mangel der causa, so behauptet er weiter unter Hinweis auf § 814 BGB, sei im Falle der Leistungsalternative daneben irrelevant. Weder sei die fehlende causa Voraussetzung der Kondiktion, noch soll die Kondiktion im umgekehrten Fall durch eine gültige causa ausgeschlossen werden. Ebenso seien im Eingriffsfall weitere Erörterungen der Rechtsgrundlosigkeit überflüssig.[349] Das Tatbestandselement „ohne rechtlichen Grund" wird im Resultat durch den fehlenden „rechtserheblichen Willen" ausgewechselt.

Damit erhöht Kellmann das Tatbestandsmerkmal „auf dessen Kosten" zum zentralen Bezugspunkt. Bei der Leistungskondiktion sei es als „Aufgabe eines eigenen Rechtsguts", bei der Eingriffskondiktion als „Ausnutzung eines frem-

---

[347] Vgl. allgemein zur Falsifikation juristischer Theorien *Canaris*, in: JZ 1993, S. 377–391. Dabei ist der mangelnde Zusammenhang der Basistheorie zu den praktischen Ergebnissen keine Besonderheit des Bereicherungsrechts, wenn man z. B. an den Streit um die dogmatische Erfassung der Gesamthand der Gesellschaft bürgerlichen Rechts denkt; vgl. nur *Kraft/Kreutz*, Gesellschaftsrecht, S. 103.

[348] *Kellmann*, Grundsätze der Gewinnhaftung, S. 108; siehe des weiteren *ders.*, in: NJW 1971, S. 862–865; *ders.*, in: JR 1988, S. 97–102.

[349] Zitate nach *Kellmann*, Grundsätze der Gewinnhaftung, S. 99 f., 100, 108, 123.

den Rechtsguts" zu behandeln.[350] Ein Vermögensnachteil im Sinne der Vermögensverschiebungslehre soll indes nicht mehr erforderlich sein.[351] Im Resultat werden Leistung und Nichtleistung gleichgesetzt;[352] denn sowohl „ohne rechtlichen Grund" als auch „auf dessen Kosten" seien einheitlich auszulegen.[353] Für Kellmann ist die Bereicherung durch Leistung nur ein besonders wichtiger, wenn auch wesensgleicher Fall der Bereicherung „in sonstiger Weise".[354] Im selben Atemzug konzediert er aber, in Dreiecksfällen ergäben sich Besonderheiten für die Leistung; das seien, so wird beschwichtigt, allerdings nur Randkorrekturen.[355] Zusammenfassend soll § 812 Abs. 1 S. 1 BGB wie folgt gelesen werden:

> „Wer etwas auf Kosten dessen erlangt, ohne dessen rechtserheblichen Willen die Bereicherung geschah [...]".

Die vorgestellte Lehre als striktes Einheitsmodell zu bezeichnen, ginge sicherlich zu weit. Auf Prinzipienebene mag man ein Einheitsmodell zubilligen, jenseits dessen jedoch nicht mehr. Zwar wird postuliert, alle Tatbestandselemente seien einheitlich auszulegen. Aber bereits bei der genauen Bestimmung des Willensfehlers ergeben sich für „ohne rechtlichen Grund" Unterschiede zwischen Leistung und Nichtleistung. Hinzu kommt, daß das fehlende Einverständnis im Fall der Eingriffskondiktion mit der rechtswidrigen Ausnutzung eines fremden Vermögensobjekts identifiziert wird.[356] Stellt man die fehlerhafte Willensbildung bei der Leistung der Rechtswidrigkeit in Eingriffsfällen gegenüber und vergleicht die Begriffe mit der Trennungslehre, dann ergibt sich ein definitorischer, aber kein kategorischer Unterschied. Bei der konkreten Rechtsanwendung sieht sich Kellmann zu Konzessionen gezwungen. Daher kommt er auf Interpretationsebene über ein Trennungsmodell nicht hinaus. Ambivalent bleibt seine Haltung auf Tatbestandsebene. Hier soll ein Einheitsmodell angestrebt werden, de facto verharrt er jedoch weiterhin beim Trennungsmodell, weil das Tatbestandsmerkmal „Leistung" trotz gegenläufiger Aussagen nicht eliminiert wird. Ganz im Gegenteil glänzt die Leistung als *willentliche* Mehrung fremden Vermögens.[357] Folglich liegt die Gewinnabschöpfungslehre auch auf Tatbestandsebene auf der Linie des Trennungsmodells, das man in der vorgestellten Ausprägung als „kleines" Einheitsmodell bezeichnen könnte. Von der

---

[350] *Kellmann*, Grundsätze der Gewinnhaftung, S. 104.
[351] *Kellmann*, Grundsätze der Gewinnhaftung, S. 84, 86.
[352] *Kellmann*, Grundsätze der Gewinnhaftung, S. 97, 106, 123.
[353] *Kellmann*, Grundsätze der Gewinnhaftung, S. 104.
[354] *Kellmann*, Grundsätze der Gewinnhaftung, S. 98, 157.
[355] *Kellmann*, Grundsätze der Gewinnhaftung, S. 106 f., Fn. 192.
[356] *Kellmann*, Grundsätze der Gewinnhaftung, S. 110.
[357] *Kellmann*, Grundsätze der Gewinnhaftung, S. 123.

von Kellmann selbst auferlegten einheitlichen Betrachtung des Bereicherungsrechts bleibt in der Endabrechnung nur noch wenig übrig.[358]

Allgemein nimmt Kellmann zahlreiche Anleihen vom anglo-amerikanischen Recht der 1960er, insbesondere vom englischen, wenn er seine Gedanken zum deutschen Recht formuliert. In der konkreten Umsetzung zeichnet sich ein Sonderweg ab. Anders als bei der herkömmlichen Rechtsvergleichung, die im Verbund mit der Rechtsdogmatik eingesetzt werden kann, wird bei Kellmann eher ein Metarecht *zwischen* deutschem Recht und common law geformt. Besonders hervorzuheben ist an dieser Stelle sein Gedanke, die causa sei für die Leistungskondiktion unerheblich, allein der fehlerhafte Wille sei entscheidend. Das entspricht im wesentlichen dem law of restitution des common law, wie es sich vor allem in England manifestiert. Die Gewinnhaftung folgt des weiteren dem trust und dem account of profits.[359] Solche „legal transplants“[360] mögen rechtsvergleichend interessant sein, es ist andererseits methodologisch bedenklich, die deutsche Leistungskondiktion durch die Annäherung an die Prämissen des case law vom causa-Gedanken lösen zu wollen. Rechtshistorisch betrachtet haben das deutsche und englische Recht trotz vieler Entwicklungsparallelen weithin verschiedene Voraussetzungen – während sich das eine aus der condictio indebiti entwickelte, war für das letztere die Kasuistik die wahre Rechtsquelle. Die Gewinnabschöpfungslehre vermengt in unzulässiger Weise die Rechtsvergleichung mit der Rechtsdogmatik.

2. Restitutionslehre

Christian-Michael Kaehler beschritt kurze Zeit später denselben Weg. Ebenso wie die Gewinnabschöpfungslehre will er mit „Bereicherungsrecht und Vindikation“ aus dem Rechtskreis des common law neue Erkenntnisse für das geltende deutsche Recht schöpfen.[361] Die eingesetzte Methode gibt sich bereits zu Beginn der Abhandlung noch wesentlich unkonventioneller als bei Kellmann. Kaehler stellt in der Tat das deutsche Bereicherungsrecht „ohne Rücksicht auf seine formalen Grenzen“,[362] oder besser: seine gesetzlichen Vorgaben, dar, indem er nicht das deutsche Recht mit dem englischen vergleicht und bestimmte Probleme mittels der ausländischen Rechtsordnung löst, sondern das law of restitution und das Recht der rechtsgrundlosen Bereicherung zu einer Art Meta-

---

[358] Siehe auch *Joachim Wolf*, Stand der Bereicherungslehre, S. 107.

[359] Dies gibt *Kellmann*, Grundsätze der Gewinnhaftung, S. 110, selbst zu. Näher zum englischen Recht unten ab S. 495.

[360] Vgl. *Watson*, Legal Transplants; auch *Alison*, Continental Distinction, S. 4–33.

[361] Generell zustimmend *Costede*, Dogmatische und methodologische Überlegungen.

[362] *Kaehler*, Bereicherungsrecht und Vindikation, S. 15.

recht verschmilzt. Beispielsweise werden durchgehend aus dem Englischen entlehnte Termini wie „Beneficium" eingesetzt oder das Bereicherungsrecht wie im common law mit vertraglichen Rückabwicklungsansprüchen unter die Großgruppe „Restitution" zusammengefaßt.

Ungeachtet genereller Bedenken verbietet sich diese Methode allein deshalb, weil damit das geltende deutsche Recht notwendigerweise auf einer bestimmten Stufe der anderen Rechtsordnung konserviert wird. Jede dogmatische Schrift ist zeitgebunden und nur mit den Begriffen und Grundsätzen zu verstehen, die der Urheber ihr zugrunde legte. Im Falle Kaehlers ist dies das englische law of restitution zur Zeit der ersten Auflage des Handbuchs von Goff und Jones. Es sind jedoch die auf lange Zeit angelegten Entwicklungsströme kraft Rezeption, nicht die transplantierten Strukturen einer fremden Rechtsordnung, in deren Tradition die nationale Dogmatik steht. Die Resultate für „Bereicherungsrecht und Vindikation" müßten daher bereits aus methodologischer Sicht ungeachtet ihrer Ergebnisse abgelehnt werden. Selbst wenn man davon einmal absieht, gibt Kaehlers Ansatz weitere Bedenken und Rätsel hinsichtlich seiner dogmatischen Standfestigkeit auf.

Das entscheidende Postulat lautet im typischen Stil der Einheitslehren, ein Restitutionsanspruch bestehe, wenn der Beklagte auf Kosten des Klägers rechtswidrig bereichert sei.[363] Kaehler spricht von „Grundsatz", mißt seiner Aussage jedoch im weiteren Verlauf tatbestandliche Qualität zu. Das wird deutlich, wenn er das Tatbestandsmerkmal „auf dessen Kosten" ungeachtet des Bereicherungstyps einheitlich als objektiven Widerspruch der gesetzlichen Zuweisung definiert.[364] Während die Bereicherungsansprüche aus Leistung teilweise in Vertragsansprüche verwandelt werden,[365] soll jeder Schadensersatzanspruch einen Bereicherungsanspruch „verdecken".[366] De facto nimmt Kaehler hier das englische Recht als Vorlage, um die meisten Fälle der Eingriffskondiktion auf eine gemeinsame Grundlage mit dem Deliktsrecht zu stellen, auch wenn er sich sehr wohl des Unterschieds von Bereicherung und Schaden bewußt ist. Dasselbe gilt für seine Reminiszenz an die englische Rechtsgeschichte über Restitution als Quasivertrag.[367]

Des weiteren soll das Tatbestandsmerkmal „ohne rechtlichen Grund" einheitlich aufgefaßt werden. Maßgebend sei – so räsoniert Kaehler – aufzuzeigen, daß im konkreten Fall die Bereicherung ausnahmsweise gerechtfertigt ist. Er will also die *rechtsgrundlose* Bereicherung in die *gerechtfertigte* Bereicherung

---

[363] *Kaehler*, Bereicherungsrecht und Vindikation, S. 16, 313.

[364] *Kaehler*, Bereicherungsrecht und Vindikation, S. 44 f., 128.

[365] *Kaehler*, Bereicherungsrecht und Vindikation, bes. S. 297.

[366] *Kaehler*, Bereicherungsrecht und Vindikation, S. 130–146.

[367] Siehe zum englischen Recht näher unten ab S. 495.

umdeuten.[368] Krawielicki wollte die Vermögensverschiebung auf der Seite des Empfängers in den 1930ern in seiner weithin isolierten und abstrakten Schrift über die Grundlagen des Bereicherungsanspruchs ebenfalls schon darauf prüfen, ob die abstrakte Vermögensverschiebung durch einen „Behaltenstitel" gerechtfertigt werde.[369] Die Rechtsgrundlosigkeit wird zum Rechtfertigungsgrund invertiert, die Sichtweise des Entreicherten mit der des Bereicherten ausgetauscht.

Das erscheint aus vielen Gründen fragwürdig; genauere Argumente sollen erst im Rahmen der Realen Rechtsschule vorgetragen werden, denn diese Einheitslehre bringt die These in noch zugespitzterer Form zu Papier, die sämtliche Argumente Kaehlers mitbedenkt.[370] Speziell zu Kaehlers Rechtfertigungsthese ist darüber hinaus noch die interessante, mit der Geschichte und dem System des Bereicherungsrechts aber keinesfalls zu vereinbarende Behauptung anzuführen, Ausschlußgründe wie die §§ 814, 815, 817 S. 2 oder 818 Abs. 3 BGB seien in Wahrheit die Rechtfertigung einer Bereicherung.[371] Auch das hatte Krawielicki vertreten.[372] Es stimmt zwar, daß die genannten Normen Einwendungen sind und folglich die Beweislast beim Beklagten liegt; all das ist für Rechtfertigungsgründe typisch. Trotzdem dürfen sie nicht mit gewöhnlichen Rechtfertigungsgründen verwechselt werden.

Als Beispiel soll die Irrtumsregel dienen. Wenn sich der Kläger bei der Leistung nicht nach § 814 BGB geirrt hat, dann rechtfertigt der mangelnde Irrtum nicht das Behaltendürfen der Bereicherung. Rechtfertigungsgründe müßten sich allerdings auf das Verhalten des beklagten Schuldners und nicht einseitig auf den Kläger beziehen. Hat der Kläger es hingegen allein in der Hand, den Ausschlußtatbestand zu erfüllen, bedeutete die Gleichsetzung von § 814 BGB mit einem Rechtfertigungsgrund, der Kläger *selbst* rechtfertige einen rechtswidrigen Zustand auf der Beklagtenseite. Es ist die verdrehte Perspektive, die nur schwer mit dem Bereicherungsrecht zu vereinbaren ist. Wenn der Bereicherungsgläubiger durch seine Leistung zu einem rechtswidrigen Zustand führt, dann müßte er eigentlich selbst haften, da er ja primär dafür verantwortlich ist – ein wahrhaft sinnwidriges Ergebnis. Viel stimmiger erscheint die Sichtweise, wer ohne Irrtum leiste, verursache von vornherein keinen rechtswidrigen Zustand in Form der Bereicherung der beklagten Gegenseite. Andernfalls recht-

---

[368] *Kaehler*, Bereicherungsrecht und Vindikation, bes. S. 154–161.

[369] *Krawielicki*, Bereicherungsanspruch, bes. S. 10–46.

[370] Siehe unten ab S. 416.

[371] *Kaehler*, Bereicherungsrecht und Vindikation, bes. S. 249–253, 280–291.

[372] *Krawielicki*, Bereicherungsanspruch, S. 7, 161 f. Siehe auch die ablehnende Haltung *v. Caemmerers*, in: Festschrift für *Rabel*, S. 333 (338, Fn. 24) = Gesammelte Schriften, Bd. 1, S. 209 (215, Fn. 24): damit werde der Begriff des Rechtsgrundes praktisch wertlos; *Reuter/Martinek*, Ungerechtfertigte Bereicherung, § 4 II 4 a (S. 107).

fertigte der Entreicherte seine eigene rechtswidrige Handlung. Ist der Tatbestand des § 812 BGB erfüllt, wird die Bereicherung deswegen nicht durch die §§ 814 ff. BGB materiell rechtmäßig, sondern lediglich ausgeschlossen. Die genannten Normen sind nach der lex lata Ausschluß- und keine Rechtfertigungsgründe. Der Gesetzgeber hat § 814 BGB eindeutig vom Bereicherungsanspruch losgelöst und das Verhältnis des Irrtums zur rechtsgrundlosen Bereicherung anders als noch im gemeinen Recht neu geordnet. Die Norm kann nicht posthum wieder mit der Rechtsgrundlosigkeit auf eine Stufe gestellt werden.

Nachdem die allgemeinen methodologischen und dogmatischen Ungereimtheiten zur Sprache gelangten, bleibt noch zu klären, ob in „Bereicherungsrecht und Vindikation" überhaupt das Einheitsmodell verwirklicht wird. Gleich vorwegnehmen darf man den Satz, daß Kaehler generell kein durchgehendes Einheitsmodell vertritt. Auf Prinzipienebene soll wahrscheinlich ein einheitlicher Gedanke vorliegen, doch bereits auf der Tatbestandsebene wird nicht gegen das Tatbestandsmerkmal „Leistung" selbst vorgegangen, sondern nur an „auf dessen Kosten" laboriert. Wie Kellmann kommt Kaehler über das „kleine" Einheitsmodell nicht hinaus. Auf der Interpretationsebene könnte man sich zwar auf den Standpunkt stellen, wer „ohne rechtlichen Grund" als Rechtfertigungsgrund versteht, gelange zu einem universellen Rechtsgrundbegriff. Das trifft durchaus zu, wenn die verschiedenen Rechtfertigungsgründe für alle Bereicherungstypen gleichwertig sind. Es werden bei Kaehler aber verschiedene Typen gebildet, welche nur als sektorale Rechtfertigungsgründe fungieren können und an das englische Recht angelehnt sind. Sie beziehen sich teilweise auf die Leistungskondiktion, beispielsweise im Irrtumsfall, teilweise auf die Nichtleistungskondiktionen, wenn etwa Rückgriffsfragen erörtert werden. Infolgedessen bleibt das Einheitsmodell auf Interpretations- wie schon zuvor auf Tatbestandsebene auf halbem Wege stehen. Es wird noch zu zeigen sein, daß selbst heute das englische law of restitution keinen einheitlichen Rechtsgrundbegriff verfolgt.[373]

3. Rechtsverletzung und Vermögensentscheidung

Mit seiner Schrift „Rechtsverletzung und Vermögensentscheidung als Grundlagen und Grenzen des Anspruchs aus ungerechtfertigter Bereicherung" stellte Jan Wilhelm 1973 als nächster ein Modell für das Recht der rechtsgrundlosen Bereicherung vor, das sich durch eine Analyse von Savignys „System" und Windscheids Lehren auszeichnet. Auf der Grundlage der von ihm erarbeiteten Lehren v. Savignys gelangt Wilhelm zur Einheitlichkeit des Bereicherungstatbestands als „ungerechtfertigtes Haben aus dem Vermögen des

---

[373] Siehe unten ab S. 511.

Gläubigers".[374] In der Rechtsverletzung und der ihr zugrundeliegenden Rechtsfortwirkung, wie sie schon v. Savigny für die Kondiktionen als wesentlich erachtet habe, sei die Zurückforderung begründet. Der Bereicherungsanspruch wird als einheitlicher Anspruch wegen ungerechtfertigter Bereicherung aus dem Vermögen des Gläubigers aufgefaßt,[375] im Endergebnis soll das Tatbestandsmerkmal „auf dessen Kosten" als Ausdruck der Vermögensbewegung für die Leistungskondiktion gelten:[376] Die Leistung sei nicht mehr als „die Bereicherung des Schuldners aus dem Vermögen des Gläubigers mit rechtsgültigem [...] Willen".[377] Wilhelm will zwischen Leistungs- und Eingriffskondiktion keine grundsätzliche Differenz mehr erkennen, da der Gedanke der Rechtsverletzung und der Rechtsfortwirkung nicht nur bei der Eingriffskondiktion, sondern auch bei der Leistungskondiktion ihren Platz habe. Dies alles folgert er aus v. Savignys „System des heutigen Römischen Rechts".[378]

a) Abstrakte Vermögensverschiebung

v. Savigny und Windscheid sind für Wilhelm also die Gradmesser der bereicherungsrechtlichen Dogmatik, ihren Schriften entnimmt er das über den Begriff der Vermögensverschiebung hinausgehende Haben. Dieser Perspektivenwechsel auf *abstrakter* Ebene vom dare bei den Leistungskondiktionen (Vermögensverschiebung) zur umfassenden „Bereicherung auf Kosten eines anderen" (Vermögensbereicherung) kam bereits bei der Analyse des „Systems des heutigen Römischen Rechts" zur Sprache.[379] Die abstrakte Vermögensverschiebung, von Wilhelm als „Bereicherung aus fremdem Vermögen" deklariert, ist der Ausgangspunkt in „Rechtsverletzung und Vermögensentscheidung". In der Tat ist es Wilhelm gelungen, intuitiv den Unterschied zwischen dem Bereicherungsbegriff für die Kondiktionen ob causam und für die Nichtleistung zu erfassen. Etwas zu weitgehend erscheint es dennoch, sich dabei auf v. Savignys Bemerkungen zur Arbeitsleistung – facere – als Vermögensverschiebung zu berufen. Dem Berliner Gelehrten blieb angesichts der römischen Quellen nichts anderes übrig, als das facere in sein System einzubeziehen.[380]

---

[374] *Jan Wilhelm*, Rechtsverletzung und Vermögensentscheidung, S. 173, ähnlich S. 188 f.; siehe auch *ders.*, in: JuS 1973, S. 1–9. Nur noch moderate Kritik an der h. L. von *dems.*, in: NJW 1999, S. 3519–3526; *dems.*, in: JZ 1994, S. 585–596.

[375] *Jan Wilhelm*, Rechtsverletzung und Vermögensentscheidung, S. 99.

[376] *Jan Wilhelm*, Rechtsverletzung und Vermögensentscheidung, S. 109.

[377] *Jan Wilhelm*, Rechtsverletzung und Vermögensentscheidung, S. 108.

[378] Etwa *Jan Wilhelm*, Rechtsverletzung und Vermögensentscheidung, S. 77.

[379] Oben auf S. 149.

[380] Zu den römischen Quellen bereits in seiner Vorlesung z. B. *F. C. v. Savigny*, Pand. Nschr. 1818/19 (*RG anonym*), Bd. 2, No. 111 = Anhang, S. 849.

b) Rechtswidrigkeit

Das Haben, die Bereicherung, indiziere im weiteren seine eigene Rechtswidrigkeit, lehrt Wilhelm.[381] Daß die Bereicherung generell rechtswidrig sei, folgert er wiederum aus v. Savignys „System"; schon v. Savigny habe die Kondiktionen als Ansprüche aus Rechtsverletzung aufgefaßt, betont Wilhelm. Der Bereicherungsanspruch sei folglich ein negatorischer Rechtsverletzungsanspruch;[382] das treffe nicht nur für die Eingriffskondiktion, sondern auch für die Leistungskondiktionen zu. Sedes materiae von Wilhelms Rechtswidrigkeitslehre ist das Tatbestandsmerkmal „ohne rechtlichen Grund".

Die Rechtswidrigkeit bedeutet aber in „Rechtsverletzung und Vermögensentscheidung" nicht zwangsläufig, man müsse sich dem *handlungsbezogenen* Rechtswidrigkeitsbegriff von Schulz anschließen. Vielmehr steht nach der Vorstellung Wilhelms wie bei den meisten Einheitslehren das Haben ohne Grund im Vordergrund, das vom *Resultat* der Bereicherung ausgeht.[383] Damit wird der Rechtswidrigkeitsbegriff wie bei Kaehler erfolgsorientiert am Haben ausgerichtet. Gleichwohl ist im System Wilhelms die Rechtswidrigkeit keine starre, keine absolute Kategorie: Die Rechtswidrigkeit sei nur die Wertung, wann jemandem zu seiner Verfügung ein Gut vorbehalten ist.[384] Speziell zu Eingriffsfällen wird die Definition vorgebracht, die Rechtswidrigkeit der Bereicherung sei „Verletzung des Rechts oder der Rechtsposition des Gläubigers durch eine Bereicherung des Schuldners, die nach dem verletzten Recht oder der verletzten Rechtsposition dem Gläubiger gebührt."[385] Das läßt aufhorchen, denn Ähnliches vernimmt man von der herrschenden Zuweisungslehre. Die Rechtswidrigkeit in Leistungsfällen will Wilhelm schließlich im Gegensatz zum Leistungsbegriff und subjektiven Rechtsgrundlehren objektiv bestimmen; die Zweckbestimmung im Rahmen des Leistungsbegriffs komme nur als rechtsgeschäftlicher Rechtfertigungsgrund in Frage.[386]

c) Historische Perspektive der Rechtsverletzung

Unbestreitbar entwickelte v. Savigny im „System" die Kondiktionen über den Rechtsfortwirkungsgedanken.[387] Den Aspekt der „Rechtsverletzung" v. Sa-

[381] *Jan Wilhelm*, Rechtsverletzung und Vermögensentscheidung, S. 173.
[382] *Jan Wilhelm*, Rechtsverletzung und Vermögensentscheidung, S. 80, 99 f.
[383] *Jan Wilhelm*, Rechtsverletzung und Vermögensentscheidung, S. 79 f.
[384] *Jan Wilhelm*, Rechtsverletzung und Vermögensentscheidung, S. 91, bes. 93.
[385] *Jan Wilhelm*, Rechtsverletzung und Vermögensentscheidung, S. 98 f.
[386] *Jan Wilhelm*, Rechtsverletzung und Vermögensentscheidung, S. 104 f.
[387] Vgl. dazu *Jan Wilhelm*, Rechtsverletzung und Vermögensentscheidung, S. 22–24.

vignys darf man indes nicht der Leistungskondiktion unterstellen.[388] An dieser Stelle sei etwas weiter ausgeholt. Wenn im „System des heutigen Römischen Rechts" die actio als Akt der Rechtsverletzung dargestellt wird, zeigt sich nur die Dichotomie von „Recht" und „actio" in v. Savignys Denken.[389] Actio und Recht sind zweierlei, erst aus der Verletzung des Rechts („Rechtsverletzung") resultiere die actio als gerichtlicher Schutz.[390] Trotz allem soll die actio im „System" primär eine materielle Rechtsinstitution sein. v. Savigny betonte zwar ihren ambivalenten, sowohl materielle als auch prozessuale Aspekte aufweisenden Charakter; er behandelte sie jedoch vornehmlich materiellrechtlich.[391] Ganz nebenbei bot sich ihm die Gelegenheit, seinem Gegner Eduard Gans mangelnde Quellenauswertung vorzuwerfen. In seiner Monographie „Ueber Römisches Obligationenrecht" aus dem Jahre 1819 hatte Gans noch nicht die kurze Zeit zuvor in Verona wiederentdeckten Gajanischen Institutionen berücksichtigt. v. Savigny, der bereits im Winter 1819 eine Vorlesung zu Gajus abgehalten hatte,[392] kommentierte dies mit den zweifelhaften Worten, „das Irrige" erscheine wegen der späteren Edition der Veroneser Schrift „schuldloser", „das Gute [...] verdienstlicher".[393]

Im „System" werden im Begriff der actio trotz v. Savignys gegenläufiger Intention faktisch noch materiellrechtliche und prozessuale Aspekte vermengt. Das sollte freilich nicht verwundern, denn die Abstraktion von materiellrechtlichen und prozessualen Rechtsfragen ist oft erst der Schlußstein eines Rechtssystems, so zeigt heute das Verwaltungsrecht im Verwaltungsakt ebenfalls noch diese eigenartige Gemengelage an materiellen und prozessualen Fragen. Dasselbe läßt sich vom Fallrecht des common law behaupten.[394] Die Rechtsverletzung bei v. Savigny ist wegen ihrer prozessualen Interdependenzen für das materielle Recht unbrauchbar.

---

[388] Siehe hingegen *Jan Wilhelm*, Rechtsverletzung und Vermögensentscheidung, S. 22, bes. Fn. 24–26, und *Frieser*, Bereicherungswegfall, S. 37.

[389] *F. C. v. Savigny*, System, Bd. 5, bes. S. 105–110.

[390] So die Interpretation *v. Savignys* (System, Bd. 5, Übersicht der Klagen auf S. 106) durch *Windscheid*, Actio des römischen Zivilrechts, S. 1:

> „Die herrschende Auffassung, welcher, nachdem sie schon früher vorgetragen worden war, zuletzt *Savigny* den prägnantesten Ausdruck gegeben hat, versteht unter Klagerecht das durch die Verletzung eines Rechts erzeugte Recht auf gerichtlichen Schutz, dasjenige Recht, in welches sich ein Recht durch seine Verletzung verwandelt."

[391] *F. C. v. Savigny*, System, Bd. 1, S. 3, Bd. 5, S. 2, 6.

[392] Näher zu den Institutionen des *Gajus* und *F. C. v. Savignys* Vorlesung oben auf S. 111, Fn. 132; zum Einfluß von *Gans* auf die Bereicherungslehre oben bes. auf S. 162.

[393] *F. C. v. Savigny*, System, Bd. 5, S. 4, Fn. a. Zum Streit zwischen *v. Savigny* und *Puchta* einerseits und *Gans* andererseits *Braun*, etwa in: JZ 1998, S. 763–770.

[394] Näher zu der Verknüpfung der alten „actions" mit materiellrechtlichen Begriffen unten ab S. 501.

v. Savignys Klagensystem wurde deshalb später von Windscheid verworfen; für letzteren „ist die Actio anstatt des Rechtes“, sie sei der „Ausdruck für den *Anspruch*“, sie antworte auf die Frage, „was kann Einer von dem Andern verlangen?“[395] Die actio verwandelt sich zum heute gebräuchlichen materiellen Anspruch, sie ist kein Bestandteil des Zivilprozesses mehr, materielles Recht und Prozeßrecht werden kategorisch getrennt. Windscheids Denken in Ansprüchen, das von seinen Zeitgenossen noch oft verworfen wurde, hat im heutigen Recht in § 194 BGB seinen Niederschlag gefunden.[396] Den Begriff der „Rechtsverletzung“ sollte man im Zusammenhang mit den Leistungskondiktionen bei v. Savigny daher eher meiden; er führt nur zu Verwirrungen mit der Rechtswidrigkeitstheorie von Schulz oder der Zuweisungslehre. Um das Ganze nochmals zu verdeutlichen und ad absurdum zu führen: Wenn sich Wilhelm auf v. Savignys Rechtsverletzung beruft, dann könnte sich die Trennungslehre für ihr System mit derselben Berechtigung auf Windscheids Anspruchsbegriff als Grundlage der Trennung von Leistung und Eingriff stützen – salva venia eine bedenkliche historistische Ableitung.

Hinzu kommt, daß im „System“ generell alle Klagen strengen Rechts (actiones stricti iudicii im Gegensatz zu den actiones bonae fidei) als Kondiktionen bezeichnet werden. Der Begriff der Kondiktion ist demnach viel weiter gefaßt als der heutige Anwendungsbereich der rechtsgrundlosen Bereicherung. Aus diesem Grund wäre es auch fehlgehend, v. Savignys Bemerkungen im „Obligationenrecht“ zum ungebührlichen Haben allein auf die eigentlichen Kondiktionen zu beziehen, zumal die Klagen ausdrücklich mit anderen Aktionen, etwa aus Eigentum oder Kauf, zusammen genannt werden.[397]

In der Pandektenvorlesung ist die Terminologie übrigens noch ganz anders angelegt: v. Savigny ordnete den Terminus „Rechtsverletzung“ spezifisch der condictio furtiva zu.[398] Und noch um 1837 hielt ein anonymer Nachschreiber zu den Institutionen fest, Obligationen entstünden aus „uebereinstimmendem Willen der Personen“ (Kontrakt) oder durch „Verletzung“ (Delikt).[399] Auf diese Weise ist die Rechtsverletzung auf Delikte und Quasidelikte beschränkt. Zum Verhältnis von actio und condictio ergibt sich in den Nachschriften kein einheitliches Bild: Einige Kolleghefte sehen die condictio als Synonym der actio

---

[395] *Windscheid*, Actio des römischen Zivilrechts, S. 5.

[396] Zu § 194 BGB und der Trennung von materiellem Recht und Prozeß im Gegensatz zur actio grundlegend *Simshäuser*, Materielles Recht und Prozeßrecht, bes. S. 46–85; weiterhin etwa *Larenz*, Allgemeiner Teil, § 14 I (S. 245); *Frank Peters*, in: *Julius v. Staudinger*[13], § 194, Rn. 3, jeweils m. w. N.

[397] *F. C. v. Savigny*, Obligationenrecht, Bd. 2, S. 293 f.

[398] Siehe nur *F. C. v. Savigny*, Pand.Nschr. 1824/25 (*Bonn anonym*), S. 467, in: *ders.*, Pandektenvorlesung 1824/25, S. 323.

[399] *F. C. v Savigny*, Inst.Nschr. um 1837 (*Jasper*), S. 215.

stricti iudicii, andere stellen die condictio in den Gegensatz zur actio.[400] Letztere Abweichung dürfte jedoch auf einer unvollständigen Erfassung der Vorlesung beruhen, richtigerweise sollte zu ergänzen sein, die condictio stehe im Gegensatz zu den actiones bonae fidei.

d) Historische Perspektive des Quasivertrags

In einem anderen Kontext erkennt Wilhelm die Qualität von Savignys Klagenlehre allerdings etwas deutlicher: Wilhelm muß sich mit der Tatsache auseinandersetzen, daß im „System" sogar die condictio furtiva als Quasikontrakt rubriziert wird.[401] Erwartungsgemäß kann er das nicht auf sich beruhen lassen, weil er § 812 Abs. 1 S. 1 BGB auf das Haben durch Rechtsverletzung ex lege zurückführen will. Daher argumentiert er, v. Savigny habe dem Wort „Quasikontrakt" keinen materiellen Erklärungswert für die Kondiktionen beigemessen, sondern lediglich eine prozessuale Einteilung vorgenommen.[402] Es sei die Richtigkeit dieser Behauptung unterstellt. Dann muß man sich fragen, weshalb die „Rechtsverletzung" v. Savignys das materielle Recht der rechtsgrundlosen Bereicherung erleuchten soll, wo doch die actiones stricti iudicii (condictiones) und bonae fidei im „System" aus dem „Rechtsgeschäft", unterteilt in Kontrakt und *Quasikontrakt*, resultieren.[403]

Wenn die Oberbegriffe „Rechtsgeschäft" und „Quasivertrag" nur prozessualen Wert haben sollen, muß das nach Wilhelms eigenen Prämissen folglich für die weitere Einteilung in Kondiktionen – bei v. Savigny Synonym für alle

---

[400] Wie im „System des heutigen Römischen Rechts" etwa *F. C. v. Savigny*, Pand. Nschr. 1824/25 (*Bonn anonym*), S. 463, in: *ders.*, Pandektenvorlesung 1824/25, S. 321; *ders.*, Pand.Nschr. 1840/41 (*v. Gröning*), S. 399 f.; anders (condictio als Gegensatz zur actio) etwa *ders.*, Pand.Nschr. um 1827/28 (*Göriz*), S. 315 = Anhang, S. 859; *ders.*, Pand.Nschr. 1829/30 (*Hinschius*), S. 339.

[401] *F. C. v. Savigny*, System, Bd. 5, S. 504, Fn. b, 559, insbes. Fn. h, Zitat S. 556: „[...] sie entsteht vielmehr, eben so wie jede andere condictio sine causa, aus des Gegners grundloser Bereicherung durch unser Eigenthum, also aus einem als Quasicontract zu bezeichnenden Rechtsgeschäft", und S. 559, Fn. h: „Nämlich eigentlich quasi ex contractu, ganz wie die condictio indebiti, sine causa usw., die durchaus denselben allgemeinen Character an sich tragen, wie die wahren Contractsklagen"; Stellungnahme bei *Wilhelm*, Rechtsverletzung und Vermögensentscheidung, S. 25, Fn. 41.

[402] *Witte*, Bereicherungsklagen, S. 324, verstand *F. C. v. Savigny* anscheinend im materiellen Sinne, wenn er schreibt:

> „Dadurch scheint jedenfalls die Schwierigkeit nicht im mindesten gehoben zu sein, daß man mit *Savigny* und nach ihm die meisten Anderen die condictio furtiva nicht für eine Deliktsklage, sondern für eine Klage aus dem Quasicontrakte der Bereicherung erklärt."

[403] *F. C. v. Savigny*, System, Bd. 5, S. 106; auch S. 503: condictio als „Klage aus Rechtsgeschäft".

Klagen strengen Rechts – und actiones bonae fidei gelten. Eine materiellrechtlich zu verstehende Klage in der Form der condictio, die aus der Rechtsverletzung erwachsen soll, läßt sich schwerlich damit begründen, sie resultiere aus einer rein prozessual zu verstehenden Obergruppe, im konkreten Fall aus Quasivertrag. Entweder sind die Kondiktionen quasikontraktlich fundiert und der Gedanke der Rechtsverletzung hat ebenfalls materiellrechtlichen Charakter, oder die Rechtsverletzung hat ebenso wie der Quasikontrakt nur prozessuale Bedeutung – tertium non datur.

Diesen Widerspruch vermag Wilhelm nicht aufzulösen, er übergeht ihn mehr oder weniger stillschweigend.[404] Richtig dürfte sein, daß im „System" dem Begriff Quasikontrakt ebenso wie dem Begriff actio auch ein materiellrechtlicher Erklärungswert beigelegt wird. Denn v. Savigny gelang es noch nicht gänzlich, sich von der tradierten Sichtweise zu lösen,[405] er selbst gab vor, sein Klagensystem rein materiellrechtlich aufzubauen. Noch deutlicher als im „System" belegen das v. Savignys Entwürfe zum Besonderen Teil seines „Obligationenrechts", in denen er die Kondiktionen in den Zusammenhang mit Verträgen und Quasiverträgen stellt, und seine Kollegien zu Pandekten und Institutionen.[406] Wilhelms Vorgehen mag wohl vom Bestreben gelenkt gewesen sein, den Begründer der Historischen Rechtsschule ganz für seine eigene Lehre einzunehmen – derart läßt sich v. Savignys Dogmatik indes nicht fassen. Noch im „System des heutigen Römischen Rechts" bricht das Spannungsverhältnis zwischen der am Bild der Leistungskondiktion orientierten traditionellen Quasikontraktfigur und der nach einer anderen Einordnung strebenden Nichtleistungskondiktion hervor.

In der Pandektenvorlesung und im Entwurf zum Obligationenrecht löste v. Savigny die Antinomie auf, indem er „ohne Vertrag" mit „Quasivertrag" gleichsetzte. Dadurch konnte er ohne fragwürdige Rhetorik den Begriff des Quasivertrags als autonome Großgruppe im Obligationenrecht verwenden. Es sollte später v. Savignys Schüler Bluhme vorbehalten sein, dessen Lehren im eigenen Pandektenkolleg zu Ende zu denken. Bluhme klassifizierte in seinem

---

[404] *Jan Wilhelm*, Rechtsverletzung und Vermögensentscheidung, S. 22, Fn. 26, erkennt zwar das Problem („Wenn Savigny zu den zum einfachen Rechtsschutz gehörigen Rechtsverletzungsansprüchen auch den vertraglichen Erfüllungsanspruch rechnet [...], so begeht er die gleiche Übertreibung wie später Schulz"), vermag es aber nur dadurch zu kompensieren, daß er die historische Konzeption *F. C. v. Savignys* verändert, indem er die Kategorie „Vertrag" unbeachtet läßt. Ebensowenig findet sich die Lösung bei *dems.*, Rechtsverletzung und Vermögensentscheidung, S. 26, Fn. 43.

[405] Zur quasikontraktlichen Einordnung der Kondiktionen im usus modernus und bei *F. C. v. Savigny* selbst oben ab S. 97, 139, 156.

[406] Etwa *F. C. v. Savigny*, Pand.Nschr. 1824/25 (*Bonn anonym*), S. 464, 471, in: *ders.*, Pandektenvorlesung 1824/25, S. 321, 326; *ders.*, Pand.Nschr. 1840/41 (*v. Gröning*), S. 407; *ders.*, Inst.Nschr. um 1837 (*Jasper*), S. 255 = Anhang, S. 865.

Vorlesungsgrundriß von 1829, auf dem seine Vorlesung aufbaute, die Kondiktionen als „gesetzliche Schuldverhältnisse“.[407] Damit transponierte er den in den Quellen in anderer Form benutzten Begriff der condictio ex lege, die neben den restlichen Kondiktionen stand, zum gesetzlichen Schuldverhältnis aus ungerechtfertigter Bereicherung.

e) Fazit

Betrachtet man Wilhelms Lehre nach dem Schema der Matrixhypothese, so fällt auf, daß er trotz gegenteiliger eigener Bekundungen kein reines Einheitsmodell vertritt. Auf Tatbestandsebene ist nur das „kleine“, unechte Einheitsmodell, also in Wahrheit das Trennungsmodell gegeben, obwohl „auf dessen Kosten“ für Leistung als auch für Nichtleistung gelten soll. Denn das Tatbestandsmerkmal „Leistung“ will Wilhelm gleich Kellmann eigentlich nicht streichen. Für die Interpretationsebene sieht es nicht anders aus. Wilhelm muß trotz „auf dessen Kosten“ zugeben, verschiedene Fallgruppen seien zu unterscheiden, die Formel des rechtswidrigen Habens hat für ihn mehr Prinzipiencharakter, sie kann nicht jeden Fall bis ins Detail determinieren.[408] Wörtlich heißt es, gerade „im Hinblick auf das Konkursrisiko ist die Besonderheit der Leistungskondiktion gegenüber der Eingriffskondiktion zu beachten.“[409] Wilhelms Worte vom „Prinzip“ des Bereicherungsanspruchs als „abstrakt vermögensorientierter Anspruch des Gläubigers auf Wiederherstellung seines Vermögens gegenüber der widerrechtlichen gegenwärtigen Mehrung des Schuldnervermögens“ sind daher tatsächlich Rechtsprinzip im technischen Sinne.[410]

„Die Eingriffskondiktion folgt aus der in Gestalt des subjektiven Rechts bestehenden oder durch die Verbotsnorm vorbehaltenen Vermögensrechtsposition des Gläubigers und dem ihr widersprechenden Haben des Schuldners“.[411] Dieser Satz weist nur zu offensichtlich nach, wie wenig es Wilhelm gelungen ist, tatsächlich ein striktes Einheitsmodell zu vollführen. Die Eingriffskondiktion unterscheidet sich deutlich von der Leistungskondiktion; für die vorbehaltene Vermögensposition in Eingriffsfällen und die Vermögensdisposition des Anweisenden läßt sich nur mit Phantasie ein verbindendes Merkmal finden, es sei denn, man sucht das Verbindende auf der abstrakten Prinzipienebene. Dann aber liegt per Definition kein Einheitsmodell mehr auf den anderen Ebenen vor.

---

[407] Siehe *Bluhme*, Pandektenrecht, S. 57 f.; anders später *ders.*[2], Pandektenrecht, S. 65 f., unter „Einseitige Geschäftsobligationen, Rükgabe [!] aus allgemeinen Gründen“. Näher, auch zur parallelen Pandektenvorlesung, oben auf S. 167.

[408] *Jan Wilhelm*, Rechtsverletzung und Vermögensentscheidung, S. 174, 175–179.

[409] *Jan Wilhelm*, Rechtsverletzung und Vermögensentscheidung, S. 179.

[410] *Jan Wilhelm*, Rechtsverletzung und Vermögensentscheidung, S. 193.

[411] *Jan Wilhelm*, Rechtsverletzung und Vermögensentscheidung, S. 93.

Im praktischen Ergebnis unterscheiden sich Wilhelms Vorstellungen nur marginal von der Trennungslehre – das wird noch bei den multipolaren Bereicherungskonstellationen zu sehen sein.[412] Die sachlich notwendige Differenzierung zwischen Eingriff und Leistung beim Merkmal „ohne rechtlichen Grund" wird nur auf das Kostenmerkmal verlagert. Wilhelm bemüht sich sogar auf der Basis der historisch nur schwerlich nachzuweisenden Rechtsverletzungslehre, die Zuweisungstheorie mit der Rechtswidrigkeitstheorie zu verbinden, obwohl er letztere heftig kritisiert.

4. Reale Rechtslehre

Einen wesentlich radikaleren Schritt unternahm Ernst Wolf 1978 in seinem Lehrbuch zum Besonderen Schuldrecht.[413] Vorauszuschicken ist, daß Ernst Wolf ein Vertreter der sogenannten „Realen Rechtslehre" ist. Die Lehre hat sich nach eigenen Angaben zum Ziel gesetzt, das Recht streng logisch-begrifflich zu erklären und nur anhand des Gesetzes vorzugehen. Die Rechtswissenschaft habe wie jede Wissenschaft ihre Grundlage in einer „empirisch realen Ontologie".[414] In der Sache läuft das pointiert auf eine Rechtswissenschaft hinaus, die Telos und dogmatische Entwicklungen praeter legem ablehnt. Ein Vergleich mit dem sogenannten „Rechnen in Begriffen" eines Puchta drängt sich prima facie auf, geht aber fehl. Die positivistische Begriffsjurisprudenz, die es nie in ihrer apostrophierten idealen Reinform gab, war mehr ein Werk gelehrter theoretischer Traktate als gelebte Rechtspraxis. Ernst Wolf hingegen appliziert in der Tat sein theoretisches Gedankengebäude auf praktische Rechtssätze.

a) Vorteilsverschiebung

Ernst Wolfs Resümee zufolge ist das Trennungsmodell „gesetzeswidrig", die „Einführung falscher und der Verzicht auf notwendige Tatbestandsmerkmale" hätten „zu leeren Wortformeln, sachlicher Willkür und hochgradiger Verwirrung geführt."[415] Seinen eigenen Grundsatz stellt er folgendermaßen dar:[416]

---

[412] Näher unten ab S. 435.

[413] Zuvor angedeutet in *Ernst Wolf*, Allgemeiner Teil, § 15 A II (S. 491–495); auch *Batsch*, Vermögensverschiebung und Bereicherungsherausgabe, bes. S. 2, 91–93, 106; *ders.*, in: NJW 1972, S. 611–615. Später *Hammen*, Bedeutung v. Savignys, S. 184–208; dazu *Rückert*, in: ZRG Rom. Abt., Bd. 104 (1987), S. 666–678. Des weiteren *Joachim Wolf*, Stand der Bereicherungslehre.

[414] *Ernst Wolf*, Allgemeiner Teil, Vorwort zur 2. Aufl.; siehe zur Realen Rechtslehre auch *ders.*, Allgemeiner Teil, S. VII–XI, 522–551.

[415] *Ernst Wolf*, Schuldrecht, Bd. 2, § 19 B V d (S. 465).

[416] *Ernst Wolf*, Schuldrecht, Bd. 2, § 19 A I (S. 412).

„Hat ein Mensch (Bereicherter) einen Vermögensvorteil (Bereicherung) erlangt, ist einem anderen (Entreicherter) ein diesem gehörender oder rechtlich gebührender Vermögensvorteil entgangen (Entreicherung), sind diese Bereicherung und diese Entreicherung durch denselben Umstand bedingt (Vorteilsverschiebung), hat diese Vorteilsverschiebung unmittelbar zwischen Bereichertem und Entreichertem stattgefunden und existiert zwischen diesen kein die Herausgabepflicht des Bereicherten gegenüber dem Entreicherten ausschließender Grund (Erwerbsgrund, rechtlicher Grund), ist der Bereicherte dem Entreicherten zur Herausgabe der Bereicherung verpflichtet."

Nach besagtem Schachtelsatz besteht § 812 Abs. 1 S. 1 BGB im wesentlichen aus den Tatbestandsmerkmalen „auf dessen Kosten" als „Vorteilsverschiebung" und „ohne rechtlichen Grund". Die Worte „Leistung" und „in sonstiger Weise", so wird argumentiert, seien gar keine Tatbestandsmerkmale, weil die Art und Weise der Vorteilserlangung durch den Bereicherungsschuldner unwesentlich sei.[417]

b) Elimination von „Leistung" und „in sonstiger Weise"

Die Behauptung, die Worte „durch Leistung" und „in sonstiger Weise" seien gar keine Tatbestandsmerkmale, deckt nur zu offensichtlich die Prämissen der Realen Rechtslehre auf. Einer ihrer Programmsätze lautet, Regelungen des Bürgerlichen Gesetzbuches, die nicht mit den „realen" Verhältnissen zu vereinbaren seien, müßten wegen ihrer bloßen Fiktionswirkung eliminiert werden. Speziell zu § 812 Abs. 1 S. 1 BGB verkündet Ernst Wolf, alle wie auch immer entbehrlichen Worte dürften nach dem Vorbild der mathematischen Formeloptimierung gestrichen werden. Für Beispielfälle sei kein Platz in Gesetzbüchern mehr. So heißt es wörtlich, wenn verschiedene „Voraussetzungen" die gleiche Rechtswirkung „innerhalb eines im übrigen inhaltsgleichen Tatbestands" hätten, seien sie „entweder identisch oder überflüssig." § 812 Abs. 1 S. 1 BGB lautet folglich:

„Wer auf Kosten eines anderen etwas ohne rechtlichen Grund erlangt [...]".

Das ist Ausdruck der Begriffsmathematik im Recht; die Reale Rechtslehre sieht sich offenbar zum Erben des Ockham'schen Rasiermessers berufen. Selbst wenn man davon ausgeht, „Leistung" bezeichne nur einen Beispielfall der Vermögensverschiebung, hat die Leistung bei aller Kritik ihre spezifischen Charakteristika, die sie von anderen Vermögensverschiebungen unterscheidet. Nach dem Wortlaut des Gesetzes kann es gar keinen Einheitstatbestand geben, weil man stets vor die Wahl A („durch Leistung") oder B („in sonstiger Weise") gestellt wird.[418] Selbst bei einer Leistungsdefinition als bloßer Untergruppe von „in sonstiger Weise" ist die Leistung immer noch ein Beispielfall, der sich vom

---

[417] *Ernst Wolf*, Schuldrecht, Bd. 2, § 19 B III a 3 (S. 426).

[418] Näher bereits oben ab S. 72.

allgemeinen Auffangtatbestand unterscheidet. An diesem Befund muß Ernst Wolfs Behauptung scheitern.

Seine „logische" Methode widerlegt sich an einem weiteren Beispiel. Es wird behauptet, niemand käme auf die Idee, bei § 935 Abs. 1 S. 1 BGB aus „gestohlen worden", „verlorengegangen" und „sonst abhanden gekommen" einen selbständigen Tatbestand zu generieren. Genau an dieser Stelle werden jedoch die Begriffe Tatbestand und einzelnes Tatbestandsmerkmal vertauscht, um ein argumentum ad absurdum zu erzeugen. Die Struktur von § 812 BGB ist anders angelegt: Mit „Leistung" und „in sonstiger Weise" werden keine selbständigen Tatbestände, sondern nur *ein* Tatbestand mit zwei richtungweisenden Tatbestandselementen („Leistung" und „in sonstiger Weise") gebildet, die sich je nach persönlicher Auffassung entweder ausschließen (Alternativverhältnis Leistung-Nichtleistung) oder aufeinander aufbauen (Kumulativverhältnis). Außerdem hat der Gesetzgeber das Ermessen, Gesetze durch Tatbestandsmerkmale zu konkretisieren, die „logisch" gesehen „überflüssig" sein mögen. Sie einfach gleich Formeln zu „streichen", ohne sich mit ihnen ansatzweise auseinanderzusetzen, konterkariert das Kodifikationsprinzip. Andere Vertreter der Einheitslehre haben den Schwachpunkt erkannt und nehmen beschwichtigend vorweg, es bestehe gar kein Zweifel, daß die auf dem Willen des Kondiktionsgläubigers beruhende Bereicherung gegenüber der Bereicherung ohne den Willen des Entreicherten zwar nicht wesensverschieden, aber doch deutlich davon abgesetzt sei.[419] Dies wird nun gesetzlich mit Art. 38 EGBGB bestätigt.

c) Offenheit der Rechtsgrundlosigkeit

Die nächste Unstimmigkeit tritt bei der Definition der Rechtsgrundlosigkeit auf. Argumentiert wird, es komme für das Tatbestandsmerkmal „ohne rechtlichen Grund" auf keine Differenzierung an, da das Fehlen eines das Behalten rechtfertigenden Grundes auf die Nichtexistenz eines Rechtsgrundes hinauslaufe, verschiedene Formen der Nichtexistenz aber unter den Prämissen der Realen Rechtslehre logisch gar nicht abgestuft werden könnten.[420] Basis des ganzen Gedankengebäudes ist ähnlich wie schon bei Krawielicki sowie später bei Kaehler, Wilhelm und anderen die Annahme, jede Bereicherung sei über den eigentlichen Anwendungsbereich des dinglichen Trennungs- und Abstraktionsprinzips hinaus notwendigerweise abstrakt und bedürfe deswegen einer besonderen Rechtfertigung auf seiten des Empfängers.[421] Ernst Wolfs Abstrakti-

[419] Bes. *Kupisch*, in: JZ 1985, S. 163 (164).

[420] *Ernst Wolf*, Schuldrecht, Bd. 2, § 19 B V a, Fn. 97 (S. 446).

[421] Etwa *Ernst Wolf*, Schuldrecht, Bd. 2, § 19 A II, B V a, Fn. 97 (S. 413, 447). Die ganz h. M. beschränkt den Abstraktionsgedanken dagegen auf dingliche Verfügungen,

onsthese führt ebenfalls dazu, daß jede Vorteilsverschiebung gerechtfertigt werden muß. Das soll der Rechtsgrund („Erwerbsgrund") bewirken, der als „rechtliches Verhältnis mit dem Inhalt, eine Herausgabepflicht auszuschließen", formuliert wird.[422] Hier fragt man sich, anhand welcher Kriterien etwa die Normen §§ 932, 937 oder 955 BGB auf ihren Ausschlußgehalt beurteilt werden sollen. Auf den ersten Blick hat die These vom „Erwerbsgrund" den Vorteil, daß bereits *ein* Behaltensgrund die Kondiktion ausschließt. Die Trennungslehre hingegen muß theoretisch unendlich viele Alternativen durchdenken, weil sie vice versa nach dem Fehlen des Rechtsgrundes fragt, ein festgestellter fehlender, also negativer Rechtsgrund jedoch immer durch einen anderen positiv festgestellten „Erwerbsgrund" unbeachtlich wäre.[423]

Die Trennungslehre hat indes andere Prämissen: Sie unterteilt die Rechtsgrundlosigkeit in verschiedene Typen und muß folglich nicht alle möglichen Fehlergründe bedenken, sondern nur diejenigen, welche für die spezifische Kondiktion überhaupt in Frage kommen können. Definiert man beispielsweise mit der objektiven Theorie die Rechtsgrundlosigkeit der Leistungskondiktion im Fall der condictio indebiti als zugrundeliegendes Schuldverhältnis, genügt bereits *ein* Unwirksamkeitsfaktor wie die Nichtigkeit nach § 134 BGB, um zu zeigen, die Verbindlichkeit bestehe nicht. Andere potentielle Rechtsgründe aus dem Bereich der Nichtleistungskondiktion wie die gesetzlichen Vorschriften in §§ 932, 937 BGB scheiden per Trennungsdefinition als unmittelbar mitzubedenkende Normen aus, die der Rechtsgrundlosigkeit entgegenstehen könnten.[424] So gesehen geht mit der Trennungslehre kein erhöhter Aufwand einher, in der Summe bleibt der Wolf'sche Begriff vom Erwerbsgrund genauso vage wie „ungerechtfertigt" bei v. Savigny im „System des heutigen Römischen Rechts".

Zur Trennungslehre verbleibt Ernst Wolf nunmehr das Argument, es könne keine verschiedenen Arten des Nichtvorliegens eines Rechtsgrundes geben.[425] Es mag zwar sein, daß der Rechtsgrund unmittelbar entweder nur vorliegen oder nicht vorliegen kann. Daraus zu schließen, es könne rein logisch keine verschiedenen Arten von Rechtsgründen geben, ist ein circulus vitiosus, denn die Annahme setzt voraus, es existiere ausschließlich ein einziger Rechtsgrund. Mehrere typologisch gegliederte Rechtsgründe können jedoch je für sich ent-

---

dieser Ansicht sind selbst Vertreter der Einheitslehre wie *Stathopoulos*, in: Festgabe für *Sontis*, S. 203 (215, 224).

[422] *Ernst Wolf*, Schuldrecht, Bd. 2, § 19 B III e (S. 438).

[423] Näher dazu auf S. 375, 456, 470.

[424] Zu § 937 BGB mit dieser Argumentation *Reuter/Martinek*, Ungerechtfertigte Bereicherung, § 22 II 2 (S. 726); freilich wird § 937 BGB von vielen trotzdem im Kontext der Leistungskondiktion diskutiert, siehe z. B. *Larenz/Canaris*, Schuldrecht, Bd. II/2, § 67 III 2 b (S. 139).

[425] *Ernst Wolf*, Schuldrecht, Bd. 2, § 19 B V a 2, Fn. 97 (S. 446).

weder vorliegen oder nicht vorliegen. Ernst Wolf hätte seine Kritik eigentlich an Kellmann richten sollen, denn dieser verlangt weit über die Trennungslehre hinaus, die Rechtsgrundlosigkeit müsse beispielsweise bei unwirksamem Vertrag durch Irrtum, Drohung, Täuschung und dergleichen näher spezifiziert werden.

Schließlich wird mit der These, jede Vorteilsverschiebung müsse gerechtfertigt sein, die gesetzlich angeordnete Beweislast in Frage gestellt. Da die Beweislast grundsätzlich an die materielle Rechtslage gekoppelt wird, ist die Partei beweispflichtig, der ein bestimmtes Tatbestandsmerkmal rechtlich günstig ist. Nach den allgemeinen Beweislastregeln und unter Berücksichtigung der §§ 814 ff. BGB hat der Kläger zu beweisen, daß eine Vermögensverschiebung, Leistung oder Eingriff vorliegt, des weiteren, daß die erlangte Bereicherung ohne Rechtsgrund erfolgt sei.[426] Der Beklagte trägt lediglich für die §§ 814 f., 817 S. 2 die Beweislast. Ernst Wolfs Formulierung, der „Erwerbsgrund" sei ein

---

[426] Siehe explizit *Harm Peter Westermann*, in: *Erman*[10], § 812, Rn. 90; *Heinz Thomas*, in: *Palandt*[59], § 812, Rn. 106; auch *Reuter/Martinek*, Ungerechtfertigte Bereicherung, § 25 I (S. 756–759), mit der wohlgemeinten, wenn auch zweifelhaften Behauptung, hier lasse sich ausnahmsweise Konsens im Bereicherungsrecht erzielen; für das Tatbestandsmerkmal „ohne rechtlichen Grund" differenzierend nach Leistung und Eingriff *Lieb*, in: Münchener Kommentar, § 812, Rn. 330; ihm folgend *Strieder*, in: *Baumgärtel*, Beweislast, Bd. 1, § 812, Rn. 9. Anders wahrscheinlich noch *Wilburg*, Ungerechtfertigte Bereicherung, S. 47 f., der vom „Gegenrecht" des Beklagten spricht und diesem daher wohl die Beweislast zuweisen möchte.

Zur Rspr. wie die h. L. zuletzt BGH, 18.5.1999 – X ZR 158/97, in: NJW 1999, S. 2887 (2888 f.), m. w. N.; per obiter dictum auch BGH, 7.12.1999 – XI ZR 67/99, in: NJW 2000, S. 1108 (1109): Darlegungs- und Beweislast auf seiten des Klägers grundsätzlich auch für das negativ formulierte Tatbestandsmerkmal der Rechtsgrundlosigkeit.

Allerdings schränkt die Praxis den Grundsatz wieder ein. Es bedarf keiner besonderen Darlegung der Rechtsgrundlosigkeit, wenn bereits die Tatumstände, die unstreitig sind, den Schluß nahelegen, daß der Bereicherungsschuldner etwas ohne rechtlichen Grund erlangt hat. Das dürfte auf viele Situationen der Eingriffskondiktion und Durchgriffskondiktion bei fehlender Anweisung zutreffen, aber weniger auf Leistungs-, Rückgriffs- und Verwendungskondiktion.

Dem klagenden Bereicherungsgläubiger soll es weiterhin nicht zuzumuten sein, alle möglichen Rechtsgründe durch entsprechende Darlegung zu entkräften, die der Rechtsgrundlosigkeit entgegenstehen könnten. Vielmehr muß der Beklagte bei mehreren unterschiedlichen Möglichkeiten, die einen Rechtsgrund abgeben könnten, nach der sog. sekundären Darlegungslast zunächst die Umstände darlegen, aus denen er das Behaltendürfen ableitet. Erst dann hat der darlegungs- und beweispflichtige Kläger durch geeignete Darlegung und bei Bestreiten durch Beweis zu widerlegen.

In praxi werden dem Kläger daher Beweiserleichterungen verschafft, die jedoch aus der Eigenschaft des Tatbestandsmerkmals „ohne rechtlichen Grund" als *negatives* Element und nicht aus der dogmatischen Struktur des § 812 Abs. 1 S. 1 BGB resultieren. Die sekundäre Darlegungslast kann den Prozeßgegner auch bei anderen Tatbeständen treffen, die ein negatives Merkmal enthalten (Ausnahme: § 932 Abs. 2 BGB). Es ist bei allem festzuhalten, daß die Rspr. die Darlegungs- und Beweislast primär dem Bereicherungsgläubiger zuweist.

„rechtliches Verhältnis mit dem Inhalt, eine Herausgabepflicht auszuschließen", legt aber im Gegenteil nahe, dem Beklagten obliege es, seine Bereicherung zu rechtfertigen, weil das Tatbestandsmerkmal „ohne rechtlichen Grund" in dieser Interpretation eine dem Beklagten günstige Position darstellt. Wahrscheinlich liegt dem der an anderer Stelle von Ernst Wolf geäußerte Gedanke zugrunde, Schuldverhältnisse seien manchmal „Rechtsgründe zum Behalten empfangener Leistungen".[427] De facto wird der *Bereicherungsanspruch* des Kondizenten in ein inexistentes *Behaltensrecht* des Bereicherten umgedeutet; es steht nicht mehr in Frage, wann ein Rechtsgrund fehlt, sondern wann ein Rechtfertigungsgrund vorliegt. Ähnlich wie im Recht der unerlaubten Handlungen müßte dann der Beklagte die Beweislast für die Rechtfertigung des prima facie rechtswidrigen Zustandes tragen.

Der Wortlaut des § 812 BGB steht solchen Deutungsversuchen diametral gegenüber. Deutete man die Norm in die Richtung der Realen Rechtslehre, hätte der Beklagte neben dem Bereicherungswegfall nach § 818 Abs. 3 BGB nochmals ein weiteres Merkmal zu beweisen. Das Bereicherungsrecht wäre einer Risikohaftung für rechtswidriges Erlangen von Vorteilen angenähert, die beweisrechtlichen Hürden auf der Beklagtenseite erschienen allzu hoch. Welcher Unterschied im übrigen zum Satz „Man darf sich nicht zum Schaden eines anderen bereichern" bestehen soll, erscheint angesichts der Tatsache, daß der Kläger nur noch genau diesen Satz und nicht mehr beweisen muß, nicht einsichtig. „Ohne rechtlichen Grund" ist daher nicht mit der Rechtfertigung einer unerlaubten Handlung durch den Schädiger vergleichbar. Andernfalls fiele man in der Dogmatik hinter das Erreichte zurück. Versucht man als letzten Ausweg, die These vom „Erwerbsgrund" mit der gesetzlich angeordneten Beweislast im Bereicherungsrecht abzugleichen, dann müßte der Kläger beweisen, dem Beklagten stehe kein Behaltensgrund zur Seite – ein paradoxes Ergebnis: Der Kläger soll das Nichtvorliegen einer dem Beklagten günstigen Rechtsposition bezeugen.[428]

d) Fazit

Die Reale Rechtslehre sperrt sich von vornherein gegen die Annahme, Rechtsprinzipien könnten den Tatbestand in seiner Auslegung programmatisch steuern, wenn sie nicht selbst gesetzlich kodifiziert sind. Mangels Normierung sind sie nicht „exakt" wissenschaftlich zu erfassen, ihnen kommt in der Termi-

---

[427] *Ernst Wolf*, in: Festschrift für *Herrfahrdt*, S. 197 (202–212); darauf weist *Batsch*, Vermögensverschiebung und Bereicherungsherausgabe, S. 108, hin.

[428] *Kaehler*, Bereicherungsrecht und Vindikation, S. 156, nimmt diesen Widerspruch in Kauf. Immerhin bezieht *Ernst Wolf* nicht die §§ 814, 817 S. 2 und 818 Abs. 3 BGB in das causa-System ein.

nologie Ernst Wolfs kein ontologisches Prädikat zu. Rechtsprinzipien sind daher mit der Realen Rechtslehre unvereinbar. Die Prinzipienebene fällt deshalb im Lösungsversuch Ernst Wolfs zum Recht der rechtsgrundlosen Bereicherung weg; man könnte sie höchstens in seiner Erklärung finden, über § 812 BGB gelte es, die Abstraktion der Vorteilsverschiebung zu korrigieren.

Auf Tatbestandsebene wird tatsächlich ein Einheitsmodell gewählt, indem die Reale Rechtslehre den Tatbestand des § 812 Abs. 1 S. 1 BGB um die Worte „durch Leistung" und „in sonstiger Weise" kürzt. Dem Befund, daß es nach dem Wortlaut des § 812 Abs. 1 S. 1 BGB eigentlich gar kein Einheitsmodell geben kann, wird auf diese Weise ausgewichen. Auch auf Interpretationsebene steuert Ernst Wolf das Einheitsmodell an – „ohne rechtlichen Grund und „auf dessen Kosten" werden uniform interpretiert. Der Preis, der dafür zu zahlen ist, schlägt sich allerdings in der Weite der beiden Begriffe nieder: Um der Einheitlichkeit willen werden weitere notwendige Differenzierungsschritte aus dem interpretatorischen Tatbestandsgehalt der Norm ausgeklammert. Insbesondere sein kompliziertes Unmittelbarkeitskriterium[429] und der Rechtsgrundbegriff, der keinesfalls genau angeben kann, wann ein Behaltendürfen vorliegt, belegen das eindringlich. Zur Jahrtausendwende scheint Ernst Wolfs kühner Entwurf zum Recht der rechtsgrundlosen Bereicherung bereits in die Ahnenhalle aller dogmatisch interessanten, aber in der Rechtspraxis weitestgehend unbeachteten Entwürfe eingegangen zu sein. Der weitere Entwicklungsverlauf des Bereicherungsrechts wird zeigen, ob Ernst Wolfs System einmal in der Dogmengeschichte denselben exponiert-prägnanten Kontrapunkt wie Sell mit seiner Bereicherungslehre im gemeinen Recht setzen wird. Er hat der Trennungslehre mit seinem Einheitsmodell in Reinkultur den konsequenten Gegenentwurf geliefert, mit dem sich eigene Positionen nur um so deutlicher profilieren lassen. Im Vergleich zu Ernst Wolf hat es den Anschein, als seien die anderen neueren Einheitslehren geradezu auf halbem Weg stehengeblieben.

5. Positivistischer Ansatz

Von keiner der bisher vorgestellten Einheitslehren kann behaupten werden, ihre Konstruktionen und Argumente seien nicht originell.[430] Am wenigsten kann man das Berthold Kupisch nachsagen, der 1978 mit „Gesetzespositivismus im Bereicherungsrecht" die erste Stufe seiner Theorie begann und vor allem in den 80er Jahren des vergangenen Jahrhunderts kontinuierlich weiterent-

---

[429] Dazu näher unten ab S. 431 bei den Einzelproblemen.

[430] Dies ist selbstverständlich keine negative Wertung, denn die Einheitslehren haben ganz wesentlich den wissenschaftlichen Diskurs gefördert.

wickelte.[431] Sein Markenzeichen ist die Analogie in Mehrpersonenverhältnissen; darauf sei erst näher bei den Einzelproblemen des Bereicherungsrechts zwischen Einheits- und Trennungsmodell eingegangen.[432]

a) Allgemeines

Deutlicher als andere betont er, die Rechtsfortwirkung stehe für Leistung und Eingriff im Vordergrund.[433] Deshalb kommt er folgerichtig wie alle anderen Einheitstheorien außer der Realen Rechtslehre zum Ergebnis, das Tatbestandsmerkmal „auf dessen Kosten" gelte auch für die Leistungskondiktion, die nur ein hervorgehobener Beispielfall sei.[434] Noch weitergehend soll dem Begriff „Leistung" keine direkte Steuerungsfunktion mehr für die Auslegung des Kostenmerkmals zuwachsen, geleistet werde im Verhältnis Angewiesener-Drittempfänger. Trotzdem wird die Distinktion von Leistung und Nichtleistung nicht aufgegeben, sie müsse nur anders ausgeführt werden. Maßgeblich zur Abgrenzung der beiden Großgruppen sei, so doziert Kupisch, nicht die Zwecksetzung, sondern die Bereicherung durch willentliches Verhalten des Kondizenten:[435] Die Rückgriffs- und Verwendungskondiktion stellten keine selbständigen Typen, sondern nur Unterklassen der Leistung oder Nichtleistung dar. Verwendungs- und Rückgriffsfälle verlieren ihren eigenständigen Status innerhalb der Nichtleistungskondiktion. In der Konsequenz muß die Rückgriffskondiktion immer eine Leistungskondiktion darstellen, denn derjenige, der die Schulden eines anderen begleicht, handelt stets willentlich. Die Verwendungskondiktion wird zumindest beim bösgläubigen Verwender als Leistung einzuordnen sein; der Unredliche weiß, daß er eine Verwendung zugunsten eines anderen vornimmt. Zweifel tauchen allerdings beim redlichen Verwender auf. Weiß er zumindest, er verwende sein eigenes Eigentum, ist fraglich, ob dies noch eine willentliche Mehrung fremden Vermögens ist. Weiß er nicht einmal, daß er sein eigenes Eigentum einsetzt, muß eine Leistung auf jeden Fall ausscheiden.

---

[431] *Kupisch*, in: Festschrift für *Hans Hermann Seiler*, S. 431–472; *ders.*, in: JZ 1997, S. 213–222; *ders.*, Ungerechtfertigte Bereicherung; *ders.*, in: NJW 1987, S. 2494–2497; *ders.*, in: NJW 1985, S. 2370–2375; *ders.*, in: JZ 1985, S. 101–109, 163–169; *ders.*, in: ZIP 1983, S. 1412–1420; *ders.*, in: WM 1979, Sonderbeilage 3/1979, S. 1–24; *ders.*, in: Festschrift für *Coing*, Bd. 2, S. 241–255; *ders.*, in: Festschrift für *v. Lübtow*, S. 501–545.

Generelle Zustimmung zu *Kupisch* bei *Harder*, in: JuS 1979, S. 76–80; *Meyer-Cording*, in: Festschrift für *Pleyer*, S. 89 (bes. 90).

[432] Näher unten ab S. 433.

[433] *Kupisch*, in: JZ 1985, S. 163 (164).

[434] Bspw. *Kupisch*, in: Festschrift für *v. Lübtow*, S. 501 (503 f.).

[435] *Kupisch*, Gesetzespositivismus, S. 62–65, vieles wird hier nur angedeutet.

Kupisch strebt also die Neuordnung der Typologie v. Caemmerers an. Wenn mit dem Leistungsbegriff nach der Diktion Kupischs der gesetzliche Tatbestand „zerschlagen“ wird, dann ist seine Konstruktion der Versuch, das Bereicherungsrecht zu dekonstruieren, um es nachher nach ganz anderen als den dogmenhistorischen Vorgaben zu rekonstruieren. Es scheint, als habe Kupisch bei Windscheid Anleihen genommen, der ebenfalls zwischen willentlichen und nichtwillentlichen Vermögensverschiebungen trennte. Bei Windscheids Bereicherungstheorie war die Willentlichkeit freilich nur ein Schlagwort, welches das materielle Kriterium der Zwecksetzung im Fall der Leistungskondiktionen niemals verdeckte. Kupisch hingegen subtrahiert vollkommen das Zweckelement und verschiebt damit im Anschluß an Witte die Akzentsetzung von den Kondiktionen ob causam zur lediglich bewußten Vermögensverschiebung.

b) Rechtsgrundlosigkeit

Die anderen Bausteine des Bereicherungsrechts sind ebenfalls abweichend von der Trennungslehre konstruiert. Wie bei Ernst Wolf, Wilhelm und Kaehler soll „ohne rechtlichen Grund“ als Rechtfertigungsgrund und nicht als negativ festzustellende Rechtsgrundlosigkeit zu verstehen sein.[436] Daher gelten auch dieselben Einwände. Darüber hinaus beruft sich Kupisch auf die allgemeine Lehre in der ersten Hälfte des vergangenen Jahrhunderts. Doch nur eine Minderheit um Krawielicki betrachtete damals „ohne rechtlichen Grund“ vornehmlich als Behaltendürfen.[437] Die herrschende und stilprägende Ansicht sah das Bereicherungsrecht in einem ganz anderen Licht. So urteilte zum Beispiel Heinrich Lehmann wörtlich, der Bereicherungsanspruch „wird keineswegs schon durch die *bloße Tatsache der Bereicherung* des einen auf Kosten des anderen begründet. [...] Die Bereicherung muß aus *einem besonderen Grunde als ‚ungerechtfertigt‘* erscheinen“.[438] Ähnliches liest sich bei Carl Crome:[439] „Die Rechtsordnung geht nicht soweit, zu sagen, daß Niemand sich zum Nachtheil eines Anderen bereichern dürfe. Das geschieht täglich und stündlich; es beruht darauf das materielle Streben der Menschheit. Vielmehr ist es *der Mangel eines Rechtsgrundes* für die Bereicherung des Einen auf Kosten des Anderen, der die Ausgleichungspflicht erzeugt.“ Gerade der Zwiespalt zwischen formellem und

---

[436] *Kupisch*, vor allem in: JZ 1985, S. 163 (165); *ders.*, in: Festschrift für *v. Lübtow*, S. 501 (bes. 536).

[437] Neben *Krawielicki* v. a. *Hartmann*, in: ArchBürgR, Bd. 21 (1902), S. 224 (bes. 232). Näher zum Verständnis der Rechtsgrundlosigkeit in der ersten Hälfte des 20. Jahrhunderts oben auf S. 323.

[438] *Enneccerus/Lehmann*^{12}, Bürgerliches Recht, Bd. 2, § 217 I (S. 721 f.).

[439] *Crome*, Bürgerliches Recht, Bd. 2, § 317, 1 (S. 978).

materiellem Recht sollte der Hinweis darauf sein, „ohne rechtlichen Grund" müsse negativ begründet werden.

Wenn der Bereicherungsschuldner jede Vermögensverschiebung zu seinen Gunsten erst mit einem Rechtfertigungsgrund zu widerlegen hätte, um die Kondiktion gegen sich abzuwenden, so führte das weiterhin unweigerlich zum Satz des Pomponius hin, niemand dürfe sich zum Schaden eines anderen bereichern. Der bloße Umstand der Bereicherung wäre wieder kondiktionsauslösend, es sei denn, es tritt ein besonderer Rechtfertigungsgrund hinzu. Auch heute noch gilt die Bemerkung, die Justinianische Kompilation lasse „die Frage offen, warum die immerhin souveräne Rechtsordnung jemanden zuerst etwas erlangen läßt, wenn er es doch nicht behalten soll",[440] um Paul Oertmann zu bemühen. Die These vom Rechtfertigungsgrund ist in der neueren Dogmengeschichte eine Singularität Krawielickis. Auf der anderen Seite bekennt sich Kupisch offen zu dem Widerspruch, daß „ohne rechtlichen Grund", verstanden als Rechtfertigungsgrund, nicht zu einer Beweislast des beklagten Bereicherungsschuldners führen darf.[441]

c) Fazit

Gleich allen anderen Einheitslehren verliert sich der positivistische Ansatz in einer Rhetorik, die mehr verspricht, als sie einlösen kann. Es wird zwar der Leistungsbegriff durch eine neue Figur – die Analogie zu § 812 BGB – ersetzt, doch abseits dessen zeigt sich im Vergleich zu den anderen Einheitslehren wenig Neues. Wie Wilhelm verwirklicht Kupisch nur auf der Prinzipienebene das Einheitsmodell. Kupisch muß den geringen Erkenntniswert seiner Einheitslehre eingestehen, da er vor allem beim Merkmal „ohne rechtlichen Grund" nach Typen konkretisieren will. Trotz der invertierten Rechtsgrundlosigkeit gelangt er demnach auf Interpretationsebene zum Trennungsmodell.[442] Auf Tatbestandsebene bleiben die „Leistung" und das Trennungsmodell gleichfalls unangetastet.

---

[440] *Oertmann*[5], Vorb. § 812, Anm. 1 d ζ (S. 1325).

[441] *Kupisch*, in: Festschrift für *v. Lübtow*, S. 501 (507). De lege ferenda scheint er zumindest für die Eingriffskondiktion etwas anderes zu fordern.

[442] *Kupisch*, in: JZ 1985, S. 163 (165 f.); *ders.*, in: Festschrift für *v. Lübtow*, S. 501 (504 f.).

6. *Vermittelnde Meinungen*

a) Variante Stathopoulos

Wesentlich differenzierter präsentiert sich die Kritik einer vermittelnden Meinungsgruppe. In der Festgabe für Johannes Sontis aus dem Jahre 1977 verarbeitete Michael Stathopoulos das Recht der rechtsgrundlosen Bereicherung in ambivalenter Weise. Auf der einen Seite soll nach seiner Auffassung das Tatbestandsmerkmal „auf dessen Kosten" auch für die Leistungskondiktion gelten; bei den Leistungsfällen stehe weniger der Gedanke der Rückabwicklung von gescheiterten Vertragsverhältnissen als die Bereicherung im Vordergrund, die mangels Rechtsgrundes zu restituieren sei. Besonders die sogenannten Dreiecksfälle, so argumentiert Stathopoulos, würden dadurch an Klarheit, Einfachheit und Übersichtlichkeit gewinnen, wenn man sie nicht mehr anhand des Paares Leistender-Leistungsempfänger, sondern durch die Analyse des Bereicherten und Entreicherten löse. Im einzelnen will er „auf dessen Kosten" als Be- und Entreicherung, verbunden durch einen Kausalzusammenhang, verstanden wissen; daneben sei eine Unmittelbarkeit der Vermögensverschiebung nicht notwendig.[443] Stathopoulos schwebt offenbar vor, trotz tatbestandlicher Gleichheit Leistungs- und Nichtleistungskondiktion betreffs des Tatbestandsmerkmals „auf dessen Kosten" differenziert zu interpretieren. Darauf spielt wohl seine Andeutung an, die herkömmlichen Lehren zur Eingriffskondiktion könnten in seinem System weiterverwandt werden.[444]

Obwohl das Kostenmerkmal für die Leistungskondiktion gelten soll, wird kein striktes Einheitsmodell angestrebt. Stathopoulos' Ansinnen ist weniger die totale Unifikation aller möglichen Anwendungsfälle des § 812 Abs. 1 S. 1 BGB. Vielmehr will er das Recht der rechtsgrundlosen Bereicherung auf seine gesetzliche Grundlage, auf die Geltung von „auf dessen Kosten" für sämtliche Kondiktionen, zurückführen. Zu Recht betont er, § 812 Abs. 1 S. 1 BGB sei unmittelbar anwendbares Recht, die Norm stelle kein Rechtsprinzip dar, selbst wenn ein solches „dahinter" stehe.[445] Diese Differenzierung, die auch der Matrixhypothese zugrunde liegt, führt Stathopoulos dazu, vor allem das Tatbestandsmerkmal der Rechtsgrundlosigkeit als klärungs- und konkretisierungsbedürftig zu bezeichnen.[446] Die Rechtsgrundlosigkeit ist der Hebel, über den sich die herkömmliche Typologie der Trennungslehre – wie sie seit v. Caemmerer proponiert wird – sogar im Rahmen eines im Tatbestand einheitlichen Bereiche-

---

[443] *Stathopoulos*, in: Festgabe für *Sontis*, S. 203 (212 f.).
[444] *Stathopoulos*, in: Festgabe für *Sontis*, S. 203 (237).
[445] *Stathopoulos*, in: Festgabe für *Sontis*, S. 203 (232 f.).
[446] *Stathopoulos*, in: Festgabe für *Sontis*, S. 203 (233).

rungsanspruchs vertreten läßt.[447] Wörtlich heißt es, der „die Bereicherung rechtfertigende Grund muß nicht immer gleicher Art sein“. Die Konsequenz der Konkretisierung von „ohne rechtlichen Grund“ soll darin liegen, daß die Leistungskondiktion in der Regel gerechtfertigt, die Nichtleistungskondiktion in der Regel rechtsgrundlos sei.[448] Es sollen sogar die verschiedenen Theorien, wann ein Eingriff im Rahmen der Eingriffskondiktion gerechtfertigt ist, verwertet werden.[449] Das bestätigt wieder die These, Leistungs- und Zuweisungslehren seien innerhalb der Trennungslehre weitgehend austauschbar.

b) Variante Lieb

Neben Stathopoulos muß man die Kommentierung im Münchener Kommentar von Manfred Lieb – entgegen der immer wieder kolportierten Einordnung durch Vertreter der Trennungslehre – eher der vermittelnden Meinungsgruppe als der orthodoxen Einheitslehre zuordnen, zu der man mit gutem Gewissen eigentlich nur Ernst Wolf zählen darf. Wie viele erhebt Lieb das unrechtmäßige Haben, das ausgleichsbedürftig sei, zum abstrakten Ausgangspunkt. Zumindest bei gemäßigten Vertretern der Trennungslehre dürfte der Satz auf fruchtbaren Boden fallen, es gehe bei der Frage um Einheit oder Trennung im Bereicherungsrecht weniger darum, aus abstrakten Sätzen unmittelbare Sätze abzuleiten, vielmehr stünden die einheitliche Erfassung und Argumentation, mithin heuristisch-klassifikatorische Motive im Vordergrund. Daher sollen die Leistungskondiktion und die Spielarten der Eingriffskondiktion weiterhin bei Sachproblemen nach Typen gegliedert unterschiedlich behandelt werden. Sie dienten – und das hatte schon v. Caemmerer hervorgehoben – zur Konkretisierung der Generalklausel § 812 BGB.[450]

Bedenklich erscheint jedoch die weitere Aussage, auf der Prämisse des ungerechtfertigten Habens seien die Bereicherungsmodi, also „Leistung“ und „in sonstiger Weise“, für den Grundtatbestand „zunächst einmal“ unerheblich.[451] Sollte hiermit gemeint sein, das Tatbestandsmerkmal „Leistung“ könne einfach gestrichen werden, ist diese Aussage aus den gleichen Gründen zu verwerfen, die gegen die Reale Rechtslehre vorgebracht wurden. Auf der anderen Seite trägt Lieb vor, Leistungs- und Nichtleistungskondiktionen stünden zueinander im Verhältnis der Alternativität.[452] Das kann aber nur bedeuten, daß „Leistung“

[447] Angedeutet bei *Stathopoulos*, in: Festgabe für *Sontis*, S. 203 (203 f., 237).
[448] Zitate nach *Stathopoulos*, in: Festgabe für *Sontis*, S. 203 (237).
[449] *Stathopoulos*, in: Festgabe für *Sontis*, S. 203 (233 f.).
[450] *Lieb*, in: Münchener Kommentar, § 812, Rn. 1–6.
[451] *Lieb*, in: Münchener Kommentar, § 812, Rn. 7, 182.
[452] *Lieb*, in: Münchener Kommentar, § 812, Rn. 22.

eben doch ein Tatbestandsmerkmal sein muß, ansonsten fehlte die Grundlage eines jeglichen Ausschließlichkeitsverhältnisses. Die Alternativitätsthese erhellt indes nicht nur das abstrakte ungerechtfertigte Haben, gleichzeitig zeigt sie eine Schwäche des gesamten Systems auf, deren Keim bereits bei Krawielicki angelegt war.

Alternativität von Leistung und Nichtleistung läßt sich logisch nicht mit der anderen These vereinbaren, „Leistung" und „in sonstiger Weise" seien Anwendungsfälle des Grundtatbestandes. Selbst wenn man den Begriff „Grundtatbestand" entschärft und „Leistung" als tatbestandlichen Beispielfall der Bereicherung auf irgendeine Weise versteht, alterniert die Leistung nicht zum generellen Tatbestand, sie ist nur ein additives Tatbestandsmerkmal. Leistung und Nichtleistung im Alternativverhältnis sind etwas anderes als die Leistung als Beispiel des Generaltatbestandes. Die erste Lösung wird von der Trennungslehre bevorzugt, letztere von den Einheitslehren. Man könnte immerhin Liebs Indifferenzen dadurch aufzulösen versuchen, daß man behauptet, die Alternativität beziehe sich nur auf Leistung und Nichtleistung, trotzdem liege beiden Modi der Generaltatbestand zugrunde. Welche Bedeutung, so muß Lieb sich fragen lassen, soll dann der Grundtatbestand noch haben? Desungeachtet sollte man den Widerspruch weniger Liebs Ansatz zur Last legen, sondern die positive Konsequenz daraus ziehen, dem Wort „Generaltatbestand" sei in seiner Kommentierung nur prinzipiell-argumentative Kraft jenseits des Tatbestandes und der Anwendungspraxis zuzusprechen. Gleichzeitig wird sein System dadurch in keiner Weise beeinträchtigt, denn „auf dessen Kosten" kann im Rahmen des „kleinen" Einheitsmodells auf Tatbestandsebene selbst dann noch für die Leistung gelten, wenn man sie direkt der Nichtleistung gegenüberstellt, anstatt sie als bloßes Beispiel zu begreifen.

Liebs Haltung zur Leistung müßte allerdings etwas präzisiert werden. Er scheint zwischen dem Standpunkt, „auf dessen Kosten" sei für die Leistungskondiktion entbehrlich, und der Lehre von der unmittelbaren Vermögensverschiebung zu schwanken.[453] Am ehesten wird man ihm mit der Unterstellung gerecht, Unmittelbarkeit, Vermögensverschiebung, „auf dessen Kosten" im allgemeinen und alle anderen Wertungsgesichtspunkte für mehrpersonale Beziehungen seien bereits in einem normativ verstandenen Leistungsbegriff enthalten.[454] So betrachtet könnte Lieb auf das Kostenkriterium für die Leistungskondiktion verzichten, zwischen ihm und der Trennungslehre liegen nur noch Nuancen, denn auch sie konzediert teilweise, „auf dessen Kosten" gelte richtig verstanden sogar für die Leistung.

---

[453] *Lieb*, in: Münchener Kommentar, § 812, 9–10, 15–18a. Siehe auch *ders.*, a. a. O., Rn. 32.

[454] *Lieb*, in: Münchener Kommentar, § 812, Rn. 12.

c) Fazit

Als Fazit für die vermittelnde Meinung darf festgehalten werden, daß weder Lieb noch Stathopoulos dem strikten Einheitsmodell folgen. Zuerst sei die Prinzipienebene in den Blickwinkel genommen. Stathopoulos argumentiert selbst, Rechtsprinzipien könnten helfen, die Begriffe in § 812 Abs. 1 S. 1 BGB zu erhellen.[455] Ob das Bereicherungsprinzip auf dieser Stufe allein gelten soll, das läßt er offen; seine Haltung auf Prinzipienebene bleibt unbestimmt. Deutlicher stellt Lieb das unrechtmäßige Haben als prinzipiellen Wert in den Vordergrund. Für die Tatbestandsebene wird ganz klar das „kleine" Einheitsmodell favorisiert, weil das Tatbestandsmerkmal „auf dessen Kosten" für alle Kondiktionen gelten soll. Dem Trennungsmodell in abgeschwächter Form ist nicht auszuweichen. Auf Interpretationsebene vertritt Stathopoulos das Trennungsmodell: Das Kostenelement und „ohne rechtlichen Grund" werden je nach Leistung oder Nichtleistung unterschiedlich interpretiert. Er behauptet zwar, auf die Leistungskondiktion stelle das Gesetz nicht ab, vielmehr gelte es die ungerechtfertigte Bereicherung zu restituieren. De facto teilen schon die umgekehrte Rechtsgrundvermutung bei Leistung und Nichtleistung sowie die Auslegung von „auf dessen Kosten" in Leistungsfällen die Interpretationsebene in zwei Lager. Denselben Befund wird man für Lieb stellen dürfen.[456] Im Endergebnis zeigen sich deshalb nur noch geringe Unterschiede zur Trennungslehre, wie Stathopoulos und Lieb selbst feststellen.[457]

VI. Einheits- versus Trennungslehre

1. Praktische Ergebnisse

Die verschiedenen Einheitslehren haben sich bisher als sehr heterogen herausgestellt. Weder liefern sie am Maßstab der Matrixhypothese das gleiche Muster, noch bauen sie auf denselben historischen Prämissen auf. Sie reichen von Systemen, die bis auf die Prinzipienebene das Trennungsmodell realisieren, bis

---

[455] *Stathopoulos*, in: Festgabe für *Sontis*, S. 203 (236).

[456] Siehe *Lieb*, in: Münchener Kommentar, § 812, Rn. 13 f., 136, für die Rechtsgrundlosigkeit. Wenn *Lieb* hier wieder gemeinsame Elemente für Leistung und Nichtleistung herausarbeiten will, dann hat das eher heuristisch-prinzipiellen als dogmatischen Wert.

[457] *Lieb*, in: Münchener Kommentar, § 812, Rn. 8a: „Im übrigen ist die Zuordnung der hier vertretenen Grundauffassung zu den von *Reuter-Martinek* so genannten ‚Einheitslehren' nicht korrekt, da insbesondere die Unterschiede zwischen Leistungs- und Eingriffskondiktion keineswegs geleugnet werden, sondern lediglich auf die – bei *Reuter-Martinek* überdeutlich gewordenen – Gefahren begrifflicher Überspitzung hingewiesen werden sollte", und *Stathopoulos*, in: Festgabe für *Sontis*, S. 203 (239).

hin zur radikalen Realen Rechtslehre. Allen gemeinsam dürfte nur folgende Behauptung sein: Das Tatbestandsmerkmal „auf dessen Kosten" und der Rechtsfortwirkungsgedanke gelte auch für die Leistungskondiktion, daneben sei „ohne rechtlichen Grund" als Rechtfertigungsgrund aufzufassen. Weitere Gemeinsamkeiten wird man schwerlich finden. Es fragt sich, ob die Heterogenität bei den tatsächlichen Ergebnissen im Einzelfall ebenfalls auftritt. Dasselbe gilt selbstverständlich für die Trennungslehre. Im Folgenden sollen deswegen die schärfsten Brennpunkte der dogmatischen Diskussion untersucht werden, zu denen vor allem die verschiedenen Mehrpersonenverhältnisse, die Reichweite der Eingriffskondiktion und die Gewinnherausgabe zählen.

a) Standardfall Anweisungslage: Trennungslehre

Die Trennungslehre will bei der Anweisung nur jeweils im Deckungs- und Valutaverhältnis kondizieren lassen. Der unmittelbare Durchgriff entlang der Zuwendung ist also grundsätzlich bei Mängeln im Valuta- *oder* Deckungsverhältnis versperrt.[458] Größtenteils wird das Resultat aus der Leistung als bewußte und zweckgerichtete Mehrung fremden Vermögens abgeleitet, jedoch differieren die Ansätze ganz erheblich darin, inwiefern die Zwecksetzung maßgebend sein soll.[459] In Kontrast dazu stehen verschiedene Einzelstimmen, welche den richtigen Gläubiger und Schuldner unabhängig von der Zwecksetzung bestimmen möchten. Hassold will über die Figur des Durchgangserwerbs die normativen Leistungen und tatsächlichen Vermögensverschiebungen simultan laufen lassen, während Canaris sich an Wertungsgesichtspunkten, allen voran Insolvenzrisiko und Vertrauensschutz, orientiert und Lutz-Christian Wolff endlich die Verwirklichung seines Restitutionsinteresses in den Vordergrund stellt.[460]

b) Standardfall Anweisungslage: Einheitslehren

Ebenso gelangen die Einheitslehren mit unterschiedlichen Argumentationsmustern zu demselben Resultat.

---

[458] Siehe nur *Larenz/Canaris*, Schuldrecht, Bd. II/2, § 70 II 1, 2 (S. 201–204); *Oliver Seiler*, Bereicherungsausgleich im Überweisungsverkehr, S. 53–61, 79 f.; *Lutz-Christian Wolff*, Zuwendungsrisiko und Restitutionsinteresse, S. 238 f., alle m. w. N.

[459] Vgl. nur die Übersicht bei *Reuter/Martinek*, Ungerechtfertigte Bereicherung, § 10 I (S. 387–399). Siehe auch oben ab S. 376.

[460] Näher zu diesen Autoren oben ab S. 376, insbesondere S. 376, Fn. 244.

aa) Bedingungstheorie

Nach Ernst Wolf'scher Diktion liegen im Anweisungsfall drei Vorteilsverschiebungen vor, einmal vom Angewiesenen (A) an den Drittempfänger (C), vom Anweisenden (B) an C und schließlich A an B. Bei der Vorteilsverschiebung zwischen A und C fehle es an der für § 812 Abs. 1 S. 1 BGB erforderlichen Unmittelbarkeit der Verschiebung, wird vorgetragen. Die lapidare Begründung hierfür lautet wie bei der Trennungslehre, bei der Vorteilsverschiebung zwischen A und C habe C die Zahlung ausschließlich als Gläubiger der ihm gegenüber bestehenden Verpflichtung des B zu deren Erfüllung empfangen. Die nähere Definition der Unmittelbarkeit fällt im einzelnen nicht gerade einfach aus, wenn es heißt, unmittelbar habe die „Vorteilsverschiebung stattgefunden, wenn nicht der Bereicherte die Bereicherung durch eine deren Rechtsgrundbedürftigkeit gegenüber dem Entreicherten ausschließende Vorteilsverschiebung von einem Dritten erlangt" habe. Eine solche ausschließende Vorteilsverschiebung durch einen Dritten liege dann vor, wenn „das vom Bereicherten Erlangte diesem durch einen Dritten ausschließlich aufgrund eines zwischen Bereichertem und Drittem bestehenden oder vermeintlich bestehenden Rechtsgrundverhältnisses erbracht worden oder ausschließlich durch eine Handlung des Bereicherten oder ein sonstiges Ereignis von einem Dritten in der Weise erlangt worden, daß für den Bereicherten dem Dritten gegenüber ein Rechtsgrund besteht oder erforderlich ist." Hier werden die Tatbestandsmerkmale „auf dessen Kosten" und „ohne rechtlichen Grund" vermengt.

Da die Kriterien für die typischen Dreiecksfälle wegen ihrer Komplexität kaum anwendbar sind, arbeitet Ernst Wolf mit einer Konstruktion aus sogenannten „Bedingungen". Die eine Vorteilsverschiebung sei die Bedingung der anderen Vorteilsverschiebung. Um einen Einblick in die Komplexität dieser Operation und ihrer Folgerungen zu geben, sei ein weiteres Zitat aus dem Schuldrechtslehrbuch angebracht:[461]

> Bei „einer aufgrund einer Anweisung erfolgenden Leistung ist die Vorteilsverschiebung zwischen dem Anweisungsempfänger und dem Anweisenden durch die Vorteilsverschiebung zwischen dem Anweisungsempfänger und dem Angewiesenen bedingt. Die Rechtsgrundbedürftigkeit der bedingenden Vorteilsverschiebung zwischen Anweisungsempfänger und Angewiesenem ist durch die der bedingten Vorteilsverschiebung zwischen Anweisungsempfänger und Anweisendem ausgeschlossen. Diese Vorteilsverschiebung ist unmittelbar, jene nicht."

Wohlgemerkt, die Formel, nur die bedingte Vorteilsverschiebung sei kondiktionsfähig, soll gegenüber dem herkömmlichen Leistungsbegriff eine Vereinfachung sein.

---

[461] *Ernst Wolf*, Schuldrecht, Bd. 2, § 19 B III d (S. 434 f.).

bb) Zessionstheorien

Nicht minder architektonisch gibt sich Ulrich Bälz' Theorie.[462] Für ihn ist der Angewiesene stets der an den Drittempfänger Leistende, es finde dann jedoch eine zweite Leistung an den Anweisenden statt, welche die Kondiktion aus der ersten Leistung zum Inhalt habe. Mit derselben Konstruktion, wenn auch in der Beweisführung noch komplizierter, dokumentiert Kaehler seine Sichtweise zum Thema Mehrpersonenverhältnisse.[463] Sein Gefüge läßt sich wie folgt vereinfacht zusammenfassen, um zur Kondiktion „über Eck" zu gelangen: Er nimmt einen echten Vertrag zwischen Anweisendem und Angewiesenem auf Zession des Bereicherungsanspruchs des Angewiesenen gegen den Drittempfänger an. Im Austausch soll der Angewiesene einen Vertragsanspruch gegen den Anweisenden auf Herausgabe der Bereicherung erhalten, die aus der Zahlung des Angewiesenen an den Drittempfänger resultiere. Weiterhin muß der Angewiesene auf mögliche andere Ansprüche gegen den Drittempfänger verzichten. Angemerkt sei, daß diese Lösung nur eine von mehreren Möglichkeiten ist, unter denen nicht explizit entschieden wird.

Kaehlers Gedanken lassen sich nur schwer mit dem Gesetz vereinbaren, da er sich in dem unauflösbaren Widerspruch zwischen gesetzlichem Schuldverhältnis und Vertragsrecht verfängt. Denn Bereicherungsansprüche sind Ansprüche ex lege, sie sind nicht mit Fiktionen vertraglich zu begründen, wie es Kaehler vorschwebt. Die Vertragsparteien rechnen normalerweise eben nicht damit, die Vertragsgrundlage könne fehlerhaft sein. Sie werden deshalb in der Regel erst gar nicht die Zession möglicher Bereicherungsansprüche einplanen. Die Zessionstheorie führt zur überholten Lehre vom Quasivertrag und Jacobis Lehre vom einseitigen Rechtsgeschäft zurück. Bälz begeht zwar nicht den Fehler, sich offen zum Vertrag als Grundlage des Bereicherungsanspruchs zu bekennen, die Leistung an den Anweisenden mit dem Inhalt der Kondiktion im Zuwendungsverhältnis läßt sich aber wiederum nicht in das Muster der Kondiktionen ex lege integrieren. Entweder waren sich die Vertragsparteien von vornherein des Scheiterns bewußt, Rückabwicklungsansprüche sind folglich vertraglicher Natur, oder sie haben mögliche Fehler nicht in ihren Vertragsplan aufgenommen, gesetzliche Vorschriften müssen eingreifen. Man könnte zur Rettung der Zessionstheorien einwerfen, die Leistung resp. vertragliche Abtretung solle erst nach Entdeckung des Anweisungsfehlers erfolgen. Dann ist noch offensichtlicher, daß es sich um eine mit dem Gesetz nicht zu vereinbarende Vertragskonstruktion handelt.

---

[462] *Bälz*, in: Festschrift für *Gernhuber*, S. 3 (bes. 45–53).

[463] *Kaehler*, Bereicherungsrecht und Vindikation, S. 115 f., 118, 127 f.

cc) Positivistische Analogietheorie

Das Analogiepostulat Kupischs will der Zessionslösung nicht nachstehen. Ebenso wie Ernst Wolf fällt Kupischs System durch seine interessante, aber leider nicht konsensfähige Methode auf. Wenn es heißt, es sei zwischen Angewiesenem und Drittempfänger eine Leistung gegeben, bewegt sich diese These noch auf dem Boden herkömmlicher Einheitsvorstellungen. Da Kupisch nicht an der allgemeinen Lösung der Kondiktion in Mehrpersonenverhältnissen zweifelt, er aber andererseits auch nicht die direkte Leistung zwischen Angewiesenem und Drittempfänger gesetzlich verbiegen will, bleibt in seinen Augen nur der Ausweg, § 812 Abs. 1 S. 1 Alt. 1 BGB analog anzuwenden.[464] „Liegen die Weisung des B und anweisungsgemäße Leistung von A an C vor, dann bestimmen sich die bereicherungsrechtlichen Rechtsfolgen im Verhältnis A–B nach der Regelung bei der Veräußerungskette: *als habe A an B und B an C geleistet.*“[465] Im Ergebnis wird dem Anweisenden damit die Zahlung des Angewiesenen als eigene zugerechnet, per Analogie soll das nicht erfüllte Tatbestandsmerkmal „auf dessen Kosten“ für die gedachte Bereicherungskette ausgefüllt werden.

Zweifelhaft erscheint, ob überhaupt die Voraussetzungen einer Analogie vorliegen. Bedingung der analogen Normanwendung ist zum ersten eine Regelungslücke. Die Kommissionen zum Bürgerlichen Gesetzbuch übten beim Thema Bereicherungsrecht um der Kürze willen Zurückhaltung, sie wollten die Lösung der Mehrpersonenverhältnisse „Wissenschaft und Praxis“ überlassen.[466] Es handelt sich nicht um den Standardfall der Regelungslücke, bei dem der Gesetzgeber einen Bereich einfach übersehen hätte. Vielmehr beabsichtigte der Normgeber, die Thematik nicht zu regeln, statt seiner sollte die Dogmatik tätig werden. Den Rechtsanwendern ist aufgegeben, selbst Programmpläne zu entwerfen. Wie sie den Regelungsbefehl umsetzen wollen, richtet sich nach der allgemeinen Methodenlehre und Dogmatik. Folglich liegt hier der Sonderfall der gesetzgeberisch intendierten Regelungslücke vor.

---

[464] *Kupisch*, Gesetzespositivismus, vor allem S. 22 f.

[465] Hervorhebung im Original.

[466] Sitzung 156, Prot. I, S. 1502 = *Jakobs/Schubert*, Beratungen des BGB, §§ 812–822, S. 775. Zum detaillierter gestalteten Vorentwurf und anderen Kodifikationsprojekten auch §§ 771, 773 PE-OR; Artt. 646, 650 HE; *Siebenhaar*, Vorlage, in: Akten der Revisionskommission Sä-BGB, Vol. 4, Bl. 692v/693r, § 22 = Anhang, S. 882; § 1524 S. 2 Sä-BGB; Artt. 909 BE; 978 DE; § 4 TE-OR. Verwandt wird *v. Kübels* Normierung im Vorentwurf in der wissenschaftlichen Diskussion nur sehr selten, neben *Kupisch* im wesentlichen nur bei *Schubert*, in: JR 1977, S. 200 (202).

Ob diese Lücke positiv zu bewerten ist, ist freilich diskutabel. Positiv zur fehlenden Normierung etwa *Frank Peters*, in: AcP, Bd. 179 (1979), S. 289 (293).

Bei vom Gesetzgeber übersehenen Lücken mag es zwar so sein, daß die Analogiebildung in der Regel das geeignete Instrumentarium ist, denn nur auf diese Weise läßt sich der kodifizierte Plan des Gesetzes authentisch adaptieren. Intentionale Regelungslücken weisen jedoch einen anderen Wertungshorizont auf. Indem Wissenschaft und Praxis ein bestimmter Normkomplex überlassen wird, sollen sie ihn selbstverständlich systemgerecht ohne Wertungswidersprüche zu anderen Teilen der Rechtsordnung schließen. Der absichtlich geschaffene Regelungsmangel gibt aber zugleich einen viel weiteren Spielraum. Der Gesetzgeber verzichtet bewußt darauf, die ausstehende Regelung müsse nach Möglichkeit ausschließlich aus vorhandenem Gesetzesmaterial entwickelt werden. Es ist vielmehr möglich, Tatbestand, Rechtsfolgen und immanente Wertungen weitestgehend autonom festzulegen. Eine Analogie im technischen Sinn ist das nicht mehr.

Rechtswissenschaft und Praxis sind daher sehr wohl ermächtigt, in § 812 BGB die Wertungsgrundlage, also die condictio im Zweipersonenverhältnis, gegen eine andere Basis, die Rückabwicklung im Dreieck, auszutauschen. Dadurch kann sich die Wortlautgrenze verändern, die nur vom Telos aus gesehen vollkommen starr sein kann, so daß „Leistung“, „auf dessen Kosten“ und „ohne rechtlichen Grund“ einen anderen Sinngehalt als im Standardfall der Zweipersonenrelation erhalten. Sogar der Rekurs auf das römische Recht scheint dann möglich.[467] Dem Wortlaut des § 812 Abs. 1 S. 1 BGB ist eine sehr weite Auslegungsgrenze für Mehrpersonenverhältnisse beigelegt. Des Analogieschlusses bedarf es gar nicht, weil das sprachlich festgelegte Regelungsprogramm der Norm nicht überschritten wird. Wenn Kupisch seine Auffassung auf die Gesetzgebungsgeschichte stützen will, setzt er seine eigene enge tatbestandliche Auslegung an die Stelle der subjektiv-genetischen Interpretation. Das ist zwar zulässig, es zeigt andererseits um so deutlicher die Singularität seiner Ansicht und die immer wieder zu beobachtende Tendenz, die Dogmengeschichte zu applizieren.

Skepsis ist gegenüber Kupischs Konstrukten schließlich im Detail angebracht. Zuerst sollte die Direktkondiktion, die als *Leistung* einzustufen sei, bei gültiger Anweisung ausgeschlossen sein, weil der Drittempfänger nichts auf Kosten des Angewiesenen erlangt habe.[468] Einige Jahre später hieß es, der Angewiesene habe bei wirksamer Anweisung einfach kein Vermögensinteresse gegen den Empfänger.[469] An etwas versteckter Stelle wird das dahin ergänzt,[470] der Drittempfänger sei zwar auf Kosten des Angewiesenen bereichert, doch sei die Anweisungslage Rechtsgrund zum Behaltendürfen. Zwischenzeitlich kehrte

[467] Siehe *Oertmann*, in: AcP, Bd. 96 (1905), S. 1 (37).

[468] *Kupisch*, Gesetzespositivismus, S. 29.

[469] *Kupisch*, in: Festschrift für *v. Lübtow*, S. 501 (512).

[470] *Kupisch*, in: Festschrift für *v. Lübtow*, S. 501 (537 f., Fn. 117).

Kupisch wieder zu seiner Ausgangsanalyse mit der Variante zurück, die Vermögensverschiebung zwischen Angewiesenem und Zahlungsempfänger als *Nichtleistung* zu titulieren.[471] Nach dem aktuellsten Stand soll die Zuwendung des Angewiesenen an den Dritten wieder eine „*formale Leistung*“ sein, „wirtschaftlich“ gesehen vollzögen sich die relevanten Vermögensbewegungen aber nur im Valuta- und Deckungsverhältnis.[472] Offenbar ist die Einheitslehre ebenso „flexibel“ wie die Trennungslehre. Die ursprünglich strenge Analogie weicht immer mehr der „wirtschaftlichen“ Betrachtungsweise, welche die Beziehungen „über Eck“ schon so weit als Leistungen qualifiziert, daß die unmittelbare Vermögensverschiebung im Zuwendungsverhältnis nur noch eine farblose Nichtleistung oder zumindest rein „formale“ Leistung ohne bereicherungsrechtliche Relevanz sein darf.

dd) Theorie von der Vermögensdisposition

Der Sache nach nähert sich Kupisch damit Wilhelms Theorie von der Vermögensdisposition an.[473] Um die Crux der alten Vermögensverschiebungslehre in Dreiecksverhältnissen zu vermeiden, daß sich jenseits des Geheißerwerbs oft keine dingliche Güterbewegung „über Eck“ nachweisen läßt, greift Wilhelm auf die „Vermögensentscheidung des Vermögensherrn“ als Zurechnungsmaßstab in Anweisungsfällen zurück:[474] Durch die Ausführung der Anweisung disponiere sowohl der Anweisende als auch der Angewiesene über Vermögen. Letzterer ordne, da er sich der Anweisung unterwerfe, sein Vermögen dem Anweisenden zu, ersterer erhalte durch die Anweisung die Vermögensherrschaft über den Gegenstand der Anweisung, so daß er gegenüber dem Dritten über eigenes Vermögen disponieren kann. Deshalb werde das Vermögen vom Angewiesenen über den Anweisenden unabhängig von der tatsächlichen sachenrechtlichen Lage an den Dritten verschoben. Der Dritte kann dann gar nicht auf Kosten des Angewiesenen bereichert sein, weil es in dieser Beziehung durch die Disposition zugunsten des Anweisenden an einem Gegenstand fehlt, der noch vom Angewiesenen zum Dritten direkt verschoben werden könnte. Ähnliche Zuweisungskriterien vertrat Werner Flume schon 20 Jahre zuvor auf der Grundlage des § 818 Abs. 3 BGB in seiner abstrakten Bereicherungsformel, als er konstatierte, die „vermögensmäßige Entscheidung“ des Bereicherungsschuldners könne nicht als Wegfall der Bereicherung gewertet werden.[475] Wil-

[471] *Kupisch*, in: JZ 1997, S. 213 (219 f., siehe auch 221, Fn. 82).

[472] *Kupisch*, in: Festschrift für *Hans Hermann Seiler*, S. 431 (456 f.).

[473] *Jan Wilhelm*, Rechtsverletzung und Vermögensentscheidung, bes. S. 109, 118.

[474] *Jan Wilhelm*, Rechtsverletzung und Vermögensentscheidung, bes. S. 115 f.

[475] Konkret ging es vor allem um eine Alternativlösung zur Saldotheorie, siehe *Flume*, in: Festschrift für *Niedermeyer*, S. 103 (bes. 159–169).

helm nimmt die Figur der Zurechnung durch Vermögensentscheidung wieder auf und überträgt sie auf die Lösung von Anweisungslagen.[476]

Seine Lehre fingiert zwar anders als Hassolds Ansatz vom Durchgangserwerb keine dingliche Vermögensverschiebung entlang der Leistungsverhältnisse, sie leitet aber mit dem Schlagwort „Vermögensdisposition" die reale Güterbewegung bereicherungsrechtlich gesehen normativ um; die rechtlich relevanten (nicht die dinglichen!) Vermögensverschiebungen folgen dem Valuta- und Deckungsverhältnis. Der analogen Betrachtungsweise bedarf es dann gar nicht mehr, weil das Tatbestandsmerkmal „auf dessen Kosten" vermögensrechtlich gesehen nur zwischen Angewiesenem und Anweisendem einerseits und Anweisendem und Drittempfänger andererseits einschlägig ist. Dem mag man durchaus zustimmen. Wilhelm muß sich dann gleichwohl fragen lassen, worin sich sein Ansatz, der im übrigen die Zwecksetzung durch die Hintertür der Vermögensdisposition wieder hereinnimmt, überhaupt von der Lösung des Leistungsbegriffs mit seinen Varianten unterscheidet. Auch dort spielen sich die bereicherungsrechtlich relevanten Transaktionen nur im Deckungs- und Valutaverhältnis ab. Von dieser Bemerkung abgesehen erscheint Wilhelms Ansatz aufgrund seiner Nähe zur herrschenden Lehre bei weitem als der einfachste. Die Vorzugswürdigkeit seiner Theorie mag dahingestellt bleiben. Weder ist der Leistungsbegriff a priori mit dem Trennungsmodell verbunden, noch muß das Tatbestandsmerkmal „auf dessen Kosten" gänzlich ausgelöscht werden. Die Theorie von der Vermögensdisposition ließe sich deshalb sogar auf dem Boden der Trennungslehre verwirklichen. Ihr liegt nur ein Perspektivenwechsel zugrunde, sie betrachtet zunächst die Vermögensverschiebung und nicht die Zwecksetzung.

ee) Sonstige Ansätze und Zwischenfazit zur Anweisung

Abschließend sei auf die Einheitslehren eingegangen, die keinen eigenständigen Ansatz in Mehrpersonenverhältnissen aufbieten. Lieb vermag sich wie in seinem gesamten Lehrgebäude auf keinen einzelnen dogmatischen Begriff festzulegen:[477] Er arbeitet mit mehreren, teilweise sich widersprechenden Begriffen, der „Leistung im Rechtssinn", der Analogie „als ob", dem Unmittelbarkeitskriterium und schließlich mit den Zurechnungskriterien von Canaris. Ebenso offen gibt sich Kellmann,[478] der ohne weiteres eine Leistung im Zu-

---

[476] Vgl. *Jan Wilhelm*, Rechtsverletzung und Vermögensentscheidung, S. 62–77, bes. deutlich S. 73. Zu weiteren Konsequenzen dieser Vermögenslehre etwa *Flume*, in: AcP, Bd. 194 (1994), S. 427–450, hinsichtlich der Saldotheorie.

[477] *Lieb*, in: Münchener Kommentar, § 812, bes. Rn. 32–37. Vgl. nun auch *ders.*, in: 50 Jahre BGH, Bd. 1, S. 547–569.

[478] *Kellmann*, Grundsätze der Gewinnhaftung, S. 123 f.

wendungsverhältnis annimmt, den Durchgriff jedoch über den Vertrauensschutz wohl ablehnen will. Stathopoulos schließlich setzt die Rechtsgrundlosigkeit ein:[479] Bestehe kein Deckungsverhältnis, aber ein Valutaverhältnis, dann habe der Anweisungsempfänger im Verhältnis zum Angewiesenen mit Rechtsgrund empfangen, da er durch das bestehende Valutaverhältnis mit dem Anweisenden auch gegenüber dem Angewiesenen gerechtfertigt sei. Bei mangelndem Valutaverhältnis sei zwischen dem Anweisenden und dem Anweisungsempfänger zu kondizieren. Demzufolge wird die traditionelle Relativität schuldrechtlicher Geschäfte im Bereicherungsrecht aufgebrochen;[480] diese dienen nicht mehr nur als Rechtsgrund zwischen den Vertragspartnern, sondern auch gegenüber angewiesenen Dritten.

Bis auf die Reale Rechtslehre ist allen Einheitslehren zumindest gemeinsam, daß sie nicht mehr die unmittelbare Vermögensverschiebung zum Lösungsansatz erklären. Statt dessen variieren sie in vielfältiger Weise das Thema der bewußten Vermögensverschiebung. Darüber hinaus lassen sich keinerlei Berührungspunkte mehr feststellen. Im Lager der Trennungslehre sieht es kaum besser aus. Die ganz herrschende Meinung verwendet zwar den subjektivierten Leistungsbegriff, einige abweichende Ansichten gibt es aber selbst hier, wenn man an die Theorie vom realen Durchgangserwerb oder Lutz-Christian Wolffs Versuch denkt, mit dem bloßen Zuwendungsbegriff zum richtigen Ergebnis zu gelangen. Spätestens jetzt sollte zutage getreten sein, daß es für das rechte Ergebnis auf seiten der Trennungs- und Einheitslehren bei konservativer Schätzung mindestens 15 verschiedene Begründungsansätze gibt. Es ist für die Einheitslehren nicht nur ein Trugschluß zu glauben, „ohne rechtlichen Grund" könne uniform ausgelegt werden, selbst das Tatbestandsmerkmal „auf dessen Kosten" hat für sie in Anweisungslagen eine ganz andere Funktion als bei der Nichtleistung. Das Zwecksetzungselement der Leistung, das sie vehement negieren, wird nur von der „Leistung" auf das Kosten- oder Rechtsgrundlosigkeitsmerkmal verschoben.

c) Doppelmangel

Über den Standardfall hinaus läßt sich keine Einigkeit erzielen. Bei gleichzeitiger Ungültigkeit von Deckungs- und Valutaverhältnis differieren die Ansichten nicht nur in der Begründung.[481] Die Trennungslehre ist heute der fast

---

[479] *Stathopoulos*, in: Festgabe für *Sontis*, S. 203 (205 f.).

[480] Explizit *Stathopoulos*, in: Festgabe für *Sontis*, S. 203 (219 f.).

[481] Zur Rspr. und Dogmengeschichte oben auf S. 213, 266, 320, 343 und 387.

einhelligen Ansicht, es sei kein Durchgriff des Angewiesenen gegen den Drittempfänger möglich.[482] Die Argumentation schwankt wieder beträchtlich.

Die Einheitslehren geben sich hier wesentlich inhomogener. Der dogmenhistorischen Tradition nach sollte man erwarten, daß die Rechtsprechung zum „suum recepit“ wieder aufgenommen wird. Die meisten Stimmen lehnen jedoch den Durchgriff aufgrund ganz unterschiedlicher Lösungswege ab.[483] Sie vermeiden somit die Frage, weshalb beim Doppelmangel plötzlich die normativierten Vermögensverschiebungen entlang der Vertragsverhältnisse zur realen unmittelbaren Vermögensverschiebung im Zuwendungsverhältnis umschlagen. Eine Mindermeinung verficht gleichwohl die Direktkondiktion. Stathopoulos zufolge soll ein Durchgriff des Angewiesenen gegenüber dem Anweisungsempfänger zu befürworten sein. Der Anweisende habe beim Doppelmangel weder eine Leistung empfangen noch werde er von einer Schuld gegenüber dem Anweisungsempfänger befreit. Das alles soll selbst dann gelten, wenn keine eigentliche Anweisungslage, sondern eine Bereicherungskette vorliegt, bei der keine unmittelbare Übereignung vom Angewiesenen zum Geschäftspartner des Anweisenden stattfindet.[484] Stathopoulos fordert für die Bereicherung und Entreicherung lediglich einen Kausal-, aber keinen Unmittelbarkeitszusammenhang.

Zu einem zwiespältigen Ergebnis gelangt Bälz auf dem Boden seiner Hypothese von der Zweifachleistung:[485] Nach der Zessionstheorie liegt eine Leistung des Angewiesenen an den Drittempfänger und zugleich eine Leistung dieser Kondiktion an den Anweisenden vor. Es ist daher eigentlich der Anweisende, der eine Kondiktion gegen den Drittempfänger hat. Doch soll der Angewiesene

---

[482] Z. B. *v. Caemmerer*, in: JZ 1962, S. 385 (388 f.) = Gesammelte Schriften, Bd. 1, S. 321 (332–335); *Larenz/Canaris*, Schuldrecht, Bd. II/2, § 70 II 2 a (S. 204); *Werner Lorenz*, in: JZ 1968, S. 51 (53 f.); *Oliver Seiler*, Bereicherungsausgleich im Überweisungsverkehr, S. 81 f.; *Weitnauer*, in: Festschrift für *v. Caemmerer*, S. 255 (282 f.); *Lutz-Christian Wolff*, Zuwendungsrisiko und Restitutionsinteresse, S. 253–259.

Vor der Trennungslehre bereits *Enneccerus/Lehmann*[15], Bürgerliches Recht, Bd. 2, § 221 III 1 b (S. 881, Fn. 12): Durchgriff sei „zweifellos inkonsequent“; unentschieden *Kunisch*, Bereicherungsansprüche in Dreiecksverhältnissen, S. 178–181.

A. A. noch *Scheyhing*, in: AcP, Bd. 157 (1958/59), S. 371 (386); *Heinz Thomas*, in: *Palandt*[59], § 812, Rn. 65, aus „praktischen Erwägungen unter Zurücksetzung dogmatischer Bedenken“; *Wilburg*, Ungerechtfertigte Bereicherung, S. 113 f.

[483] *Kellmann*, Grundsätze der Gewinnhaftung, S. 116 f., 121; *Kupisch*, Gesetzespositivismus, S. 81 f.; *Lieb*, in: Münchener Kommentar, § 812, Rn. 38; *Jan Wilhelm*, Rechtsverletzung und Vermögensentscheidung, S. 118–131; *Ernst Wolf*, Schuldrecht, Bd. 2, § 19 B VI c (S. 467); *Joachim Wolf*, Stand der Bereicherungslehre, S. 98 f.

[484] *Stathopoulos*, in: Festgabe für *Sontis*, S. 203 (212 f.).

[485] *Bälz*, in: Festschrift für *Gernhuber*, S. 3 (bes. 67–69). Im Resultat dasselbe Ergebnis bei *Kaehler*, Bereicherungsrecht und Vindikation, S. 105 f., 116–118, unter der Prämisse, der Drittempfänger sei auf Kosten des Angewiesenen bereichert.

beim Doppelmangel die Abtretung wieder rückgängig machen können: Er darf vom Anweisenden die geleistete Kondiktion gegen den Dritten kondizieren; zum selben Ergebnis kommt die Trennungslehre in der Variante der Kondiktion der Kondiktion. Die Doppelkondiktion soll aber laut Bälz' Vorschlag dadurch abgekürzt werden können, daß der Angewiesene die Kondiktion der Kondiktion von vornherein im eigenen Namen gegen den Dritten geltend machen darf. Die Einwendungen in den jeweiligen Vertragsverhältnissen und das festgelegte Insolvenzrisiko bleiben damit gewahrt, dem Angewiesenen wird freilich eine Erleichterung bei der Durchsetzung seines Bereicherungsanspruchs gewährt.

d) Anweisung durch Geschäftsunfähige

Selbst für die Anweisung durch den Geschäftsunfähigen – wohlgemerkt, nicht durch den beschränkt Geschäftsfähigen! – bietet sich ein buntes, nach allen Richtungen offenes Meinungsspektrum. Vertreter der Trennungslehre neigen dazu, mangels Zurechnungszusammenhangs selbst bei Unkenntnis des Empfängers vom Anweisungsmangel den Durchgriff zu gestatten.[486] Dafür lassen sich eine ganze Reihe von Gründen aufzählen; es seien idealtypisch zwei Szenarien aufgebaut: Man könnte zum einen vertreten, die direkte Kondiktion vom Dritten ergebe sich aus der fehlenden Anweisung. Zum anderen ließe sich der Durchgriff anstatt mit der fehlenden Anweisung durch die gescheiterte Zwecksetzung kraft Geschäftsunfähigkeit begründen. Die Argumente der Literatur können kaum auf einen gemeinsamen Nenner gebracht werden. Und nicht einmal das Ergebnis, die Kondiktion recta via, ist allgemeine Ansicht im Lager der Trennungslehre.[487]

---

[486] *Fikentscher/Drexl*[9], Schuldrecht, Rn. 1153; *Flume*, in: NJW 1991, S. 2521 (2522), freilich nur für den Fall, daß im Valutaverhältnis keine Schuld besteht; näher bereits oben auf S. 343, Fn. 139; *Holtkamp*, Rückabwicklung beim Streckengeschäft, S. 158 f.; *Udo Meyer*, Bereicherungsausgleich in Dreiecksverhältnissen, S. S. 117; *Schwark*, in: JR 1991, S. 328 f.; *Oliver Seiler*, Bereicherungsausgleich im Überweisungsverkehr, S. 131–136 (mit weiteren umfassenden Nachweisen); *Harm Peter Westermann*, in: *Erman*[10], § 812, Rn. 22a; *Lutz-Christian Wolff*, Zuwendungsrisiko und Restitutionsinteresse, S. 244 f. Speziell für Dienstleistungen *Ingo Koller*, in: Symposion für *Canaris*, S. 151 (176–180).

Umstritten ist dann im weiteren, ob es sich bei dem Durchgriffsanspruch um eine Leistungs- oder Nichtleistungskondiktion handelt. Die Einheitslehren werden zur Leistungskondiktion tendieren, da sie den Leistungsbegriff und damit die Zwecksetzung ablehnen. Siehe bereits die Nachweise oben auf S. 386, Fn. 287. Zusammenfassend zu den allgemeinen Modellen für fehlerhafte Anweisungen *Reuter/Martinek*, Ungerechtfertigte Bereicherung, § 11 III 3 (S. 422–425).

[487] Abweichend *Möschel*, in: JuS 1972, S. 297 (301 f.); *Putzo*, Erfüllung mit Buchgeld, S. 173 f.; *Schnauder*, Leistungskondiktion bei Drittbeziehungen, S. 151–153; *Stierle*, Fehlerhafte Banküberweisungen, S. 153 f.; *Heinrich Wieling*, in: JuS 1978,

Seitens der Einheitslehren scheinen die meisten Stimmen, die sich zu der Konstellation überhaupt äußern, gleichermaßen der Kondiktion des Angewiesenen vom Drittempfänger zuzuneigen.[488] Anders als beim Doppelmangel knüpft man an die ältere Rechtsprechung an. Wilhelm etwa begründet seine Haltung mit der fehlenden Dispositionszurechnung durch den Geschäftsunfähigen. Die bereicherungsrechtlich relevante Vermögensverschiebung vollzieht sich demnach zwischen dem Angewiesenen und dem Dritten. Für Kaehler ergibt sich die Direktkondiktion unmittelbar aus seinem Quasivertragsgedanken. Mangels Geschäftsfähigkeit kann es keinen Vertragsschluß zwischen Anweisendem und Angewiesenem auf Abtretung der Direktkondiktion gegen den Drittempfänger geben. Die Gegenansicht nimmt nur Ernst Wolf ein,[489] der behauptet, der Durchgriff sei ein Verstoß gegen die Unmittelbarkeit der „Vorteilsverschiebung". Obwohl er sich gegen das überlieferte Ergebnis ausspricht, erscheint allein seine Haltung auf dem Boden der zweckentkernten Vermögensverschiebung folgerichtig. Wenn die Zwecksetzung tatsächlich keine Bedeutung haben soll, können rechtsgeschäftliche Elemente und somit die Geschäftsunfähigkeit als Teil davon nicht mehr fallentscheidend sein. Die Definition der Leistung als bewußte Vermögensverschiebung in Einklang mit dem Tatbestandsmerkmal „auf dessen Kosten" bietet keinen Platz mehr für Reminiszenzen an ein Rechtsgeschäft. Wer trotzdem anders entscheidet, begibt sich auf den zweckorientierten Weg, der als typisches Signum der Trennungslehre verdammt wird.

S. 801 (809). Die Mindermeinung läßt sich argumentativ ebensowenig wie die h. M. auf einen gemeinsamen Nenner bringen.

[488] *Kaehler*, Bereicherungsrecht und Vindikation, S. 121 f.; *Kupisch*, Gesetzespositivismus, S. 75, Fn. 237; *Lieb*, in: Münchener Kommentar, § 812, Rn. 74; *Jan Wilhelm*, Rechtsverletzung und Vermögensentscheidung, S. 158; *ders.*, in: Jus 1973, S. 1 (4), ebenso wie *Flume* einschränkend für den Fall, daß im Valutaverhältnis keine Schuld bestand.

Bei *Kupisch*, a. a. O., bes. S. 87 f., erscheint das inkonsequent, weil er eine Zahlung nach § 267 BGB als „Anweisung kraft Gesetzes" einstuft und bei *bestehendem* Valutaverhältnis immer über Eck kondizieren lassen möchte. Soll jedoch schon die Leistung ohne jede Anweisung „über Eck" erfolgen, dann ist nicht einzusehen, weshalb a fortiori bei Leistung auf mangelhafte Anweisung hin ebenfalls nicht immer „über Eck" kondiziert werden muß. Wenn *Kupisch* seine dogmatische Einordnung des § 267 BGB auf den Fall der bestehenden Schuld im Valutaverhältnis beschränken will, um keine Diskrepanz von Anweisungsmängeln und Drittleistung gem. § 267 BGB herbeizuführen, so ist das gerade die ergebnisorientierte Methode, die er der h. L. vorwirft.

[489] *Ernst Wolf*, Schuldrecht, Bd. 2, § 19 B VI f 3 (S. 469).

e) Widerrufene Anweisung

Der Widerruf eines Überweisungsauftrags gegenüber der Bank erzeugt dasselbe weite Meinungsspektrum wie die Anweisung des Geschäftsunfähigen.[490] Innerhalb der Trennungslehre vertreten nur die wenigsten Autoren, der Widerruf habe grundsätzlich keine Auswirkungen auf die Leistungsbeziehungen.[491] Die ganz überwiegende Meinung differenziert im Gefolge der Rechtsprechung nach der Kenntnis des Empfängers vom Widerruf.[492] Über den genauen subjektiven Maßstab, an welchem das Empfängerwissen zu messen ist, herrscht indessen bei weitem keine Einigkeit. Wieder ist der Argumentationshaushalt unübersichtlich; er reicht vom Empfängerhorizont bis zum Vertrauensschutz gemäß §§ 170 ff. BGB. Auf der Gegenseite spricht sich vor allem Flume für die Kondiktion des Angewiesenen aus.[493] Das ist folgerichtig, wenn man die Lehre vom Empfängerhorizont ablehnt und Vertrauensgesichtspunkte anders gewichtet. Um die Verwirrung zu komplettieren, sei ergänzend darauf hingewiesen, daß einige für den widerrufenen Scheck andere Maßstäbe anlegen und selbst den Zahlungsempfänger, der vom Widerruf weiß, von einer Durchgriffskondiktion verschonen wollen.[494]

Auf der Gegenseite kommen die Einheitslehren gleichfalls zu völlig unterschiedlichen Lösungen. Teilweise wird die Direktkondiktion des Angewiesenen immer versagt,[495] andere wollen unabhängig vom guten Glauben des Zahlungsempfängers stets den Durchgriff billigen. § 790 BGB zeige, daß mit dem Wi-

---

[490] Siehe zur Rspr. oben auf S. 389. Allgemeiner Überblick über den Meinungsstand etwa bei *Gernhuber*, Bürgerliches Recht, § 47 III 2 b (S. 454 f.).

[491] Z. B. *Möschel*, in: JuS 1972, S. 297 (301).

[492] Z. B. *Esser/Weyers*[8], Schuldrecht, Bd. II/2, § 48 III 3 b (S. 54); *Holtkamp*, Rückabwicklung beim Streckengeschäft, S. 154–157; *Larenz/Canaris*, Schuldrecht, Bd. II/2, § 70 IV 3 a (S. 229–231); *Werner Lorenz*, in: *Julius v. Staudinger*[13], § 812, Rn. 51; *Loewenheim*, Bereicherungsrecht, S. 39–41; *Rehbein*, in: JR 1984, S. 245 (247); *Schnauder*, Leistungskondiktion bei Drittbeziehungen, bes. S. 150; *Harm Peter Westermann*, in: *Erman*[10], § 812, Rn. 20. *Oliver Seiler*, Bereicherungsausgleich im Überweisungsverkehr, bes. S. 231 f., versagt den Durchgriff nur bei einem qualifizierten Rechtsscheintatbestand, der über den bloßen Überweisungsbeleg und Kontoauszug hinausgeht.

[493] *Flume*, in: AcP, Bd. 199 (1999), S. 1 (bes. 9 f.). Eingeschränkt wird die Direktkondiktion wieder durch die bestehende Schuld im Valutaverhältnis.

[494] Vor allem *Larenz/Canaris*; Schuldrecht, Bd. II/2, § 70 IV 3 c (S. 231 f.); *Reuter/ Martinek*, Ungerechtfertigte Bereicherung, § 11 IV 4 c (S. 450 f.). Der Widerruf muß dann direkt gegenüber dem Schecknehmer erklärt werden. Gerade andersherum aber *Udo Meyer*, Bereicherungsausgleich in Dreiecksverhältnissen, S. 108–117.

[495] *Ernst Wolf*, Schuldrecht, Bd. 2, § 19 B VI f 3 (S. 469); *Joachim Wolf*, Stand der Bereicherungslehre, S. 166–168. Weniger weitgehend *Bälz*, in: Festschrift für *Gernhuber*, S. 3 (57): Eine Ausnahme kommt nach seiner Konstruktion beim Doppelmangel in Betracht.

derruf alles Erforderliche getan sei.[496] Wilhelm und Lieb schließen sich der herrschenden Meinung auf der Basis des Leistungsbegriffs nur für Schecks an und differenzieren im Ergebnis nach der Kenntnis des Zahlungsempfängers.[497] Bei Bankanweisungen gestatten sie jedoch generell die Durchgriffskondiktion, weil die Anweisung nicht dem Empfänger erteilt worden sei. Auch zum Widerruf erscheint auf Basis der Annahme, die Leistung sei eine bewußte Vermögensverschiebung ohne Zweckelement, wieder nur die Reale Rechtslehre konsequent, sie hält den Widerruf für unbeachtlich. Durch den Widerruf wird nicht die bereits vollzogene Vermögensverschiebung, sondern nur die Zwecksetzung rückgängig gemacht. Offenbar kommt beim Widerruf ebenso wie bei anderen Anweisungsmängeln bei vielen Anhängern der Einheitslehre doch wieder das Zweckkriterium zum Durchbruch.

f) Feuerversicherungs-Fall

Ein weiterer Brennpunkt bei Mehrpersonenverhältnissen ist die Zession einer nicht bestehenden Forderung bei anschließender Zahlung des Scheinschuldners an den Zessionar. Der Feuerversicherungs-Fall des Bundesgerichtshofs ist hier Paradigma.[498] Wieder ist die Trennungslehre in sich heillos zerstritten. Angesichts der Tatsache, daß der Zessionar die Leistung des Putativschuldners zumindest real in Händen hat und der Leistungsbegriff mit der Wendung „Mehrung fremden Vermögens" ein faktisches Vermögenselement enthält, favorisiert eine starke Meinungsgruppe die Kondiktion gegen den Zessionar.[499]

---

[496] *Knieper*, in: BB 1991, S. 1578 (1582); *Kupisch*, Gesetzespositivismus, S. 75 f., insbes Fn. 238. Anders als *Flume* will *Kupisch*, Gesetzespositivismus, S. 75, Fn. 237, aber nicht eine bestehende Valutaschuld trotz Zurechnungsmangels berücksichtigen.

A. A. als die zuvor Genannten zur Abwicklung des Widerrufs freilich *Kupisch*, in: ZIP 1983, S. 1412 (1418): Der Widerruf gegenüber dem Angewiesenen habe keine Außenwirkung im Valutaverhältnis, auch nicht bei Kenntnis des Drittempfängers. Der Angewiesene müsse stets vom Anweisenden kondizieren, bei bestehender Valutaschuld sei das die Schuldbefreiung, ansonsten die Kondiktion des Anweisenden gegen den Drittempfänger.

[497] *Lieb*, in: Münchener Kommentar, § 812, bes. Rn. 70a, 71, 73, 74; *Jan Wilhelm*, in: AcP, Bd. 175 (1975), S. 304 (zusammenfassend 347–350).

[498] Siehe zur Rspr. oben ab S. 268, 344, 387.

[499] Mit Abweichungen im Detail z. B. *Bydlinski*, System und Prinzipien, S. 261–263; *Dörner*, in: NJW 1990, S. 473 (bes. 474 f.); *Fikentscher/Drexl*[9], Schuldrecht, Rn. 1156; *Flume*, in: AcP, Bd. 199 (1999), S. 1 (bes. 25); *Volker Hahn*, in: NJW 1999, S. 2793 (2794); *Peter W. Heermann*, in: ZBB 1998, S. 239 (244 f.); *Elisabeth Koch*, in: VersR 1989, S. 891–894; *Köndgen*, in: Festgabe für *Esser*, S. 55 (66 f.); *Reinicke/Tiedtke*, Kreditsicherung, Rn. 643–647; *Schubert*, in: JR 1989, S. 371 f.; *Sieg*, in: VersR 1994, S. 210 f.; *Tiedtke*, in: WM 1999, S. 517 (bes. 519 f.); grundsätzlich auch *Harm Peter Westermann*, in: *Erman*[10], § 812, Rn. 36, alle m. w. N. Allgemeiner Überblick bei *Rahmatian*, Bereicherungsausgleich in Zessionslagen, S. 80–110, m. w. N.

Die in der Standardliteratur herrschende Gegenansicht, die zumindest teilweise die höchstrichterliche Rechtsprechung hinter sich weiß, will sich an Anweisungslagen ausrichten und grundsätzlich die Kondiktion gegen den Zedenten geben.[500] Dieser Meinung fällt es schwer, ihr Ergebnis aus der Leistungsdefinition abzuleiten, denn bei unbefangener Subsumtion war es der vermeintlich neue Gläubiger, dem gegenüber der Schuldner die Schuld tilgen und daher sein Vermögen zuwenden wollte. Eine dritte Auffassung schließlich möchte den Mühlsteinen des Leistungsbegriffs entgehen, indem sie sich für die Nichtleistungskondiktion gegen den Zedenten ausspricht.[501]

Bei den Einheitslehren sollte man zum Ergebnis gelangen, sie könnten im Anschluß an das Reichsgericht allein die Kondiktion gegen den Zessionar billigen. Denn nur er hat den realen Wert der Vermögensverschiebung unmittelbar erlangt – darauf machen selbst Vertreter des Leistungsbegriffs aufmerksam. Doch die Einheitslehren verfügen auch in dieser Frage über keinen homogenen Standpunkt. Kellmann gibt sich schlichtweg unentschieden; er möchte dem Leistenden im Ergebnis die Wahl überlassen, an wen er sich halten will.[502] Einige Einheitslehrer bevorzugen gar den Zedenten als richtigen Kondiktionsschuldner.[503]

Erneut wird die bewußte Vermögensverschiebung durch normativierte Zweckelemente korrigiert. Immerhin befürwortet Wilhelm entschieden die Zessionarslösung.[504] Er sieht neben der Leistung „über Eck" und dem Durchgriff eine dritte Möglichkeit: In bestimmten Fällen könne an dieselbe Person, den Zahlungsempfänger, zugleich eine Leistung des unmittelbar Zahlenden als auch eines Dritten erfolgen. Damit variiert Wilhelm seine Lehre von der Vermögensdisposition, auf deren Grundlage der dingliche Akt der Güterbewegung einem anderen vermögensmäßig, also bereicherungsrechtlich auf seine Kosten zugerechnet wird. Neben die Leistung „über Eck" und die Kondiktion als Durchgriff des fehlerhaft Angewiesenen gegen den Empfänger tritt eine dritte Variante, die beide Positionen kombiniert: Es liegen zwar zwei Leistungen vor, sie haben aber denselben Bereicherungsschuldner als Ziel. Einmal mehr macht es die fehlende Zweckkomponente der Leistung Wilhelm einfach, im Niemandsland

---

[500] Generell *Eckert*, in: JR 1991, S. 504 f.; *Esser/Weyers*[8], Schuldrecht, Bd. II/2, § 48 III 3 d (S. 58); *Gernhuber*, Bürgerliches Recht, § 47 I 7 (S. 451); *Giesen*, in: Jura 1995, S. 169 (176 f.); *Larenz/Canaris*, Schuldrecht, Bd. II/2, § 70 V 1 a (S. 237 f.); *Loewenheim*, Bereicherungsrecht, S. 54 f.; *Werner Lorenz*, in: *Julius v. Staudinger*[13], § 812, Rn. 41; differenzierend nach normaler Zession und Sicherungszession *Jürgen Kohler*, in: WM 1989, S. 1629–1640, alle m. w. N.

[501] Ansatzweise wohl *Henke*, Leistung, S. 104, 126.

[502] *Kellmann*, in: JR 1988, S. 97 (99).

[503] *Kupisch*, Gesetzespositivismus, S. 83 f.; *Lieb*, in: Münchener Kommentar, § 812, Rn. 122 f., 124d; *ders.*, in: Jura 1990, S. 359–362.

[504] *Jan Wilhelm*, in: NJW 1999, S. 3519 (3524); *ders.*, in: JZ 1994, S. 585 (594 f.).

zwischen Anweisung und Nichtanweisung die rechtlich relevanten Leistungsvorgänge dorthin zu verlegen, wo sie vom Ergebnis aus betrachtet verlaufen sollen. Man mag das kritisieren, sein Vorschlag paßt im Gegensatz zur Kondiktion gegen den Zedenten aber zumindest besser zu den Grundlagen der Einheitslehre.

g) Allgemeines Persönlichkeitsrecht

Die Rechtsprechung des Reichsgerichts hatte jenseits des Immaterialgüterrechts das allgemeine Persönlichkeitsrecht als solches nicht protektioniert. Nicht wenig trug dazu der streng verstandene Vermögensbegriff als Merkmal der Vermögensverschiebung bei: Für Immaterialgüterrechte mochte man sich das Nutzungsentgelt im Rahmen einer fingierten Lizenz noch als Ausfluß eines vermögenswerten Rechts vorstellen; beim allgemeinen Persönlichkeitsrecht hingegen mußte das Rechtssubjekt als Objekt der vermögenswerten Lizenzierung ausscheiden. Denn beim Persönlichkeits*recht* handelt es sich entgegen seiner ungenauen Bezeichnung um kein vom Rechtssubjekt zu trennendes *Recht* im engeren Sinne, sondern um ein davon untrennbares *Rechtsgut*. Folglich war der Kondiktionsschutz für das allgemeine Persönlichkeitsrecht sehr fragmentarisch. Noch zum gemeinen Recht gewährte das Reichsgericht wenigstens die condictio ob iniustam causam auf die Vernichtung widerrechtlich erlangter Fotoaufnahmen der Leiche Fürst Otto v. Bismarcks.[505]

Seitdem hat sich bekanntlich in der Rechtsprechung aufgrund der veränderten Verfassungslage vieles gewandelt.[506] Das allgemeine Persönlichkeitsrecht wird zwar immer noch nicht als solches bereicherungsrechtlich geschützt, dafür aber seine zahlreichen vermögenswerten Konkretisierungen, beispielsweise das Recht am eigenen Namen oder das Recht am eigenen Bild. Heute herrscht im Gegensatz zu den Anfängen der Bundesrepublik im Lager der Trennungslehre ungeachtet von Zuweisungs- oder Rechtswidrigkeitstheorie ein breiter Konsens darüber, das allgemeine Persönlichkeitsrecht müsse durch das Recht der rechtsgrundlosen Bereicherung flankiert werden.

Die genauen Schutzmodalitäten werden gleichwohl immer noch sehr kontrovers diskutiert.[507] Besonders kritisch ist die Situation, in welcher das Rechts-

---

[505] RG, 28.12.1899 – VI. 259/99, in: RGZ, Bd. 45 (1900), S. 170 (173 f.) = SeuffArch, Bd. 55 (1900), S. 288–291 (ausführlicher Sachverhalt).

[506] Zur Rspr. oben ab S. 395.

[507] *Canaris*, in: Festschrift für *Deutsch*, S. 85 (87–90); *Esser/Weyers*[8], Schuldrecht, Bd. II/2, § 50 I 1 e (S. 77): maßgeblich sei die Monopolstellung des Rechtsguts; *Jakobs*, Eingriffserwerb und Vermögensverschiebung, S. 134–136, auf der Basis der Rechtswidrigkeitstheorie; *Larenz/Canaris*, Schuldrecht, Bd. II/2, § 69 I 2 c (S. 174): objektiver Tatbestand eines deliktischen Eingriffs muß erfüllt sein; *Schlechtriem*, Schuldrecht, Be-

subjekt nicht in den Eingriff in sein allgemeines Persönlichkeitsrecht eingewilligt hätte. Auf der Basis der Herrenreiter-Entscheidung wird trotz einer nachweisbaren vermögensmäßigen Bereicherung des Schuldners in der Literatur und Rechtsprechung im Anschluß an die Quasivertragsdoktrin teilweise vertreten,[508] anders als bei Immaterialgüterrechten schließe der mangelnde Gestattungswille die Bereicherungshaftung aus. Mit dem Carrera-Fall läßt sich diese Haltung nur schwerlich vereinbaren.

Auch die Einheitslehren haben sich diesem neuen Werteverständnis angeschlossen; sie billigen einhellig die Kondiktion bei Verletzung des Rechtsguts.[509] Anders als in der ersten Hälfte des 20. Jahrhunderts bildet die Vermögensverschiebung für sie keine unüberwindbare Hürde. Das Argument, mangels eines vermögenswerten Verlusts sei das Tatbestandsmerkmal „auf dessen Kosten" nicht erfüllt, verfängt nicht mehr. Joachim Wolf als Protagonist der Realen Rechtslehre, die immer noch ansatzweise mit der Unmittelbarkeit der Vermögensverschiebung operiert, bringt das mit den Worten auf den Punkt, man müsse nur Be- und Entreicherung genau definieren. Es ist wie bei der Lehre zum Zuweisungsgehalt in der Tat eine normative und in letzter Konsequenz sogar rechtspolitische Frage, ob man für einen Bereicherungsanspruch eintritt. Weder die Zuweisungs-, Rechtswidrigkeits- noch die Vermögensverschiebungslehre geben das Ergebnis vor;[510] vielmehr setzen alle Konstruktionen zu „auf dessen Kosten" allein die rechtspolitischen Vorstellungen um, die man in sie hineinlegt.

---

sonderer Teil, Rn. 666 f.: kommerzielle Verwertbarkeit maßgebend; *ders.*, in: Festschrift für *Hefermehl*, S. 445 (mit Nachweisen zur älteren kritischen Literatur, zusammenfassend 464 f.): das Gravamen müsse in der profitablen Verwendung auf Kosten des Inhabers liegen; auch *Mühl*, in: *Soergel/Siebert*[11], § 812, Rn. 148; *Heinz Thomas*, in: *Palandt*[59], Vorb. § 812, Rn. 18; *Harm Peter Westermann*, in: *Erman*[10], § 812, Rn. 69. Zweifelnd *Medicus*, Bürgerliches Recht, Rn. 710.

Gegen Kondiktion noch ältere Stimmen, z. B. *Esser*[4], Schuldrecht, Bd. 2, § 104 I 3 b (S. 365); *Mestmäcker*, in: JZ 1958, S. 521 (525). Vgl. zusammenfassend *Kobbelt*, Schutz von Immaterialgüterrechten, S. 209–220, auf der Basis der Ökonomischen Analyse des Rechts; *Siemes*, in: AcP, Bd. 201 (2001), S. 202–231, jeweils m. w. N.

[508] *Steffen*, in: NJW 1997, S. 10 (13). Zur Rspr. oben auf S. 398.

[509] *Kaehler*, Bereicherungsrecht und Vindikation, S. 59, Fn. 182: andeutungsweise ja; *Kellmann*, Grundsätze der Gewinnhaftung S. 84, 113 f.: positiv für den Paul-Dahlke-Fall. Die Grenzen seien erst dort erreicht, wo Verwendung des Rechtsguts selbst für den Rechtsinhaber rechtswidrig wäre; bejahend auch *Lieb*, in: Münchener Kommentar, § 812, Rn. 218 f.: kommerzielle Verwertungsfähigkeit unter Anerkennung der Rechtsordnung entscheidend; ebenso *Jan Wilhelm*, Rechtsverletzung und Vermögensentscheidung, S. 97 f., Fn. 131, soweit die Rechtsordnung dem Verletzten die Möglichkeit zuweist, über seine Intimsphäre gewinnbringend zu verfügen; *Joachim Wolf*, Stand der Bereicherungslehre, S. 160 f.

[510] Der BGH, 30.11.1976 – X ZR 81/72 („Kunststoffhohlprofil I"), in: BGHZ 68, 90 (99), sieht Bedenken gegen die Bereicherungshaftung im Immaterialgüterrecht ebenfalls nur auf rechtspolitischer Ebene angesiedelt.

h) Kohle-Fall

Bisher wurden nur solche Problemlagen fokussiert, die nicht direkt mit der Frage nach Trennung oder Einheit im Bereicherungsrecht beladen sind. Sowohl der Kohle- als auch der Flugreise-Fall stellen sich demgegenüber unvermittelt der Systementscheidung, denn beide Fälle betreffen die Klassifikation eines bestimmten Lebenssachverhalts als Kondiktionstyp.

Im klassischen Kohle-Fall verfeuert Hausmeister H, der die Zentralheizung des von ihm zu betreuenden Mietshauses mit Kohlen des Vermieters V befeuern soll, versehentlich eigene Kohle. Die Trennungslehre ordnet die Bereicherung des V unter ontologisch-voluntaristischen Gesichtspunkten ein. Eine Leistungskondiktion scheidet mangels Tilgungswillens aus, ebenso die Eingriffskondiktion mangels aktiven Handelns des V. H kann sich aber auf die Verwendungskondiktion stützen, da er selbst die Bereicherung des anderen herbeiführte.[511] v. Caemmerer als Begründer der heutigen Typologie ordnete den Fall zwar als „Bereicherung aus fremdem Gut" und nicht unter „Impensen" ein, andererseits ist für ihn der Verwendungsersatz nur eine Unterrubrik der allgemeinen Eingriffskondiktion.[512] Bereicherung aus fremdem Gut in dieser Form und Impensen können sich grundsätzlich überschneiden; ausdrücklich wird hervorgehoben, Impensen gehörten im Grunde zu den „Zwischenformen und Varianten" der Großgruppen Leistung, Bereicherung aus fremdem Gut und Rückgriff.[513]

Im Lager der Einheitslehren bietet sich ein gespaltenes Meinungsbild dar. Nach den Prämissen des Einheitsmodells sollte die konkrete Qualifikation der Kondiktion bei einer uniformen Auslegung aller Tatbestandselemente eigentlich irrelevant sein. Dem folgt im wesentlichen jedoch nur die besonders weitgehende Reale Rechtslehre.[514] Einige gemäßigte Stimmen klassifizieren den Fall hingegen typologisch; der Unterschied zwischen den Basissystemen Einheits- und Trennungslehre wird vollkommen verwischt.[515] Doch selbst an dieser Stelle sind sich die Anhänger des Einheitsmodells uneins: Während Lieb eher

---

[511] Siehe nur *Detlef König*, in: Gutachten und Vorschläge zur Schuldrechtsreform, Bd. 2, S. 1515 (1550); *Werner Lorenz*, in: *Julius v. Staudinger*[13], § 812, Rn. 3; *Medicus*, Bürgerliches Recht, Rn. 708; *Harm Peter Westermann*, in: *Erman*[10], § 812, Rn. 11.

[512] *v. Caemmerer*, in: Festschrift für *Rabel*, S. 333 (352) = Gesammelte Schriften, Bd. 1, S. 209 (228 f.).

[513] *v. Caemmerer*, in: Festschrift für *Rabel*, S. 333 (365) = Gesammelte Schriften, Bd. 1, S. 209 (241).

[514] *Joachim Wolf*, Stand der Bereicherungslehre, S. 159 f.; ebenso *Kellmann*, Grundsätze der Gewinnhaftung, S. 123.

[515] *Jan Wilhelm*, Rechtsverletzung und Vermögensentscheidung, S. 85, wohl auch *Lieb*, in: Münchener Kommentar, § 812, Rn. 250.

der Verwendungskondiktion zuneigt,[516] bevorzugt Wilhelm die um den speziellen Handlungsmodus abstrahierte Eingriffskondiktion,[517] Bälz will die Verwendungskondiktion schließlich eliminieren und den beiden Großgruppen Leistung und Eingriff zuschlagen.[518]

Um die Verwirrung zu komplettieren, scheint Kupisch sich für den Fall, daß der Kondiktionsschuldner etwas durch willentliches Verhalten des Entreicherten erlangt hat, für die Leistungskondiktion auszusprechen.[519] Ob der Kohle-Fall danach als Leistung einzustufen ist, hängt davon ab, welches Maß an das willentliche Verhalten anzulegen ist. Setzt man als Mindestkriterium an, der Entreicherte müsse *wissen*, er wende einen Gegenstand aus seinem eigenen Vermögen einem anderen zu, scheiterte die Leistungskondiktion im Kohle-Fall: H ging irrig davon aus, er verfeuere *fremde* Kohlen. Zu Differenzen zwischen der herkömmlichen Klassifikation und Kupischs Vorstellungen kommt es hingegen, wenn der redliche Verwender seine Baumaterialien in ein Haus einbaut, von dem er irrtümlich annimmt, er sei der Eigentümer. Denn der Verwender weiß dann zumindest, daß er *eigenes* Material einsetzt. Die verschiedenen Stimmen der Einheitslehren reichen zusammenfassend gesehen für die Klassifikation der Verwendungsfälle grundsätzlich von der Leistung über den Eingriff und über die Verwendung bis hin zur Haltung, die Einordnung sei irrelevant. Wiederum zeigt sich, daß es fast schon zu weit geht, die Einheitslehren überhaupt zu einer Meinungsströmung zusammenzufassen.

i) Flugreise-Fall

Ein ähnliches Dilemma verrät die Flugreise-Entscheidung des Bundesgerichtshofs.[520] Während im Urteil andeutungsweise von einer Leistungskondiktion ausgegangen wird, streitet die Kommentarliteratur wieder einmal auf seiten der Trennungslehre, ob eine Leistung oder Nichtleistung vorliegt. In der Tat gibt der Sachverhalt der Flugreise-Entscheidung zu Zweifeln Anlaß.[521] Auf der

[516] *Lieb*, in: Münchener Kommentar, § 812, Rn. 250.

[517] *Jan Wilhelm*, Rechtsverletzung und Vermögensentscheidung, S. 85, Fn. 86.

[518] *Bälz*, in: Festschrift für *Gernhuber*, S. 3 (35, 41, 75 f.): Verwendungskondiktion als eigene Gruppe redundant, da ihre Fälle bereits der Leistungs- bzw. Eingriffskondiktion zugeordnet werden könnten oder als Sekundäransprüche einzustufen seien.

[519] *Kupisch*, Gesetzespositivismus S. 63, 65. Siehe bereits oben auf S. 423.

[520] BGH, 7.1.1971 – VII ZR 9/70, in: BGHZ 55, 128–137.

[521] Für Leistungskondiktion etwa *Fikentscher/Drexl*[9], Schuldrecht, Rn. 1087; *Knütel*, in: JR 1971, S. 291 (293); *Larenz/Canaris*, Schuldrecht, Bd. II/2, § 67 IV 2 a (S. 143). Unentschieden *Canaris*, in: JZ 1971, S. 560 (563 f.); *Schlechtriem*, Schuldrecht, Besonderer Teil, Rn. 639, Fn. 20; *Harm Peter Westermann*, in: *Erman*[10], § 812, Rn. 1. Für Nichtleistungskondiktion z. B. *Loewenheim*, Bereicherungsrecht, S. 25; *Werner Lorenz*,

einen Seite hatte der Beklagte die Bordkontrollen umgangen, andererseits wurde er später vom Personal wie ein regulärer Fluggast bedient. Hebt man den ersten Aspekt stärker hervor, kann man durch Erschleichungshandlung zu einem Eingriff gelangen, die Behandlung des blinden Passagiers während des Fluges spricht eher für Leistungshandlungen des Flugpersonals. Anders als der Kohle-Fall sind die Abgrenzungsschwierigkeiten um so kritischer, weil sie sich nicht innerhalb der Nichtleistungskondiktionen, sondern an der Grenze von Leistung und Nichtleistung bewegen. Zusätzlich können aus den unterschiedlichen Kondiktionstypen Haftungsdifferenzierungen auf dem Gebiet der Bösgläubigkeit nach § 819 Abs. 1 BGB gewonnen werden; sowohl rechtsgeschäftliche (§§ 104 ff. BGB) als auch deliktische Maßstäbe (§§ 827 f. BGB) stehen parat.[522]

Die Einheitslehren geben zum Flugreise-Fall ein etwas homogeneres Meinungsbild ab. Im Gegensatz zum Kohle-Fall stimmen die Vertreter weithin überein, die konkrete Klassifikation des Bereicherungsvorgangs sei gleichgültig.[523] Nur Bälz legt sich auf die Eingriffskondiktion fest und nähert sich somit der Trennungslehre in ihrer Typologie an.[524] Welcher Haftungsmaßstab für den ex causa furtiva Bereicherten gelten soll, wird zumeist offengelassen. Wilhelm allein nimmt sich des Problems an. Er schlägt vor, die Bösgläubigkeit nicht nach Kondiktionstypen, sondern nach Haftungsfolgen zu sortieren. Die unterschiedlichen Zurechnungsmaßstäbe in §§ 104 ff., 827 f. BGB werden nicht an die Leistungs- und Eingriffskondiktion, sondern an §§ 818 f. BGB angelegt. Danach sollen die Schadensersatzhaftung nach §§ 819, 818 Abs. 4, 292, 989, 827 f. BGB und die Wertvergütung nach §§ 819, 818 Abs. 4, 818 Abs. 2, 104 ff. BGB zu bestimmen sein. Die Haftungsfolgen, nicht der Kondiktionstyp sind danach für den Unredlichkeitsmaßstab wesentlich. Interessant ist an dieser Lösung, daß sie die Frage nach rechtsgeschäftlicher (Leistung) oder deliktischer Sphäre (Eingriff) auf die Haftungsfolgen verlagert. Die grundlegende Distinktion von Leistung und Eingriff wird nicht aufgehoben, sondern nur auf eine andere Ebene verschoben.

---

in: *Julius v. Staudinger*[13], § 812, Rn. 3; *Reuter/Martinek*, Ungerechtfertigte Bereicherung, § 4 II 1 b (S. 83).

[522] Vgl. nur *Gernhuber*, Bürgerliches Recht, § 46 II 2 b (S. 440 f.); *Larenz/Canaris*, Schuldrecht, Bd. II/2, § 73 II 2 (S. 313–314), m. w. N.

[523] *Batsch*, in: NJW 1972, S. 611 (613, Fn. 13); *Kellmann*, in: NJW 1971, S. 862 (863); *Lieb*, in: NJW 1971, S. 1289 (1289, Fn. 5); *Jan Wilhelm*, Rechtsverletzung und Vermögensentscheidung, S. 180–190; *Joachim Wolf*, Stand der Bereicherungslehre, S. 161 f.

[524] *Bälz*, in: Festschrift für *Gernhuber*, S. 3 (41).

j) Gewinnhaftung

Auch im letzten Beispiel zeichnen sich keine klaren Fronten ab. Schon lange ist strittig, ob der Bereicherungsgläubiger nach § 818 Abs. 1, 2 BGB nur den objektiven Wert ersetzt verlangen oder ob er darüber hinaus auf den subjektiven Gewinn des Bereicherten zugreifen kann. Die Trennungslehre hat sich bisher überwiegend auf die objektive Auslegung des § 818 BGB festgelegt,[525] auch wenn besonders von Hans-Georg Koppensteiner zuletzt in seinem Kurzlehrbuch der subjektive Wertbegriff vertreten wird.[526] Die herrschende Haltung ist keineswegs selbstverständlich. Besonders Reuter und Martinek sprechen sich dafür aus, das Tatbestandsmerkmal „auf dessen Kosten" bei der Eingriffskondiktion zu streichen und statt dessen den quasideliktischen Charakter durch Zuweisungsverfehlung hervorzuheben.[527] Damit könnte in der Tat der Weg zu einem Verständnis der Eingriffskondiktion gewiesen werden, die weniger auf den allgemeinen Bereicherungsausgleich als vielmehr auf Präventionsgesichtspunkte gerichtet ist. Gerade die Gewinnherausgabe wäre das adäquate Instrument, um zukünftigen Eingriffshandlungen vorzubeugen. Trotz der fundamentalen Trennung von Leistung und Eingriff legen sich Reuter und Martinek aber auf den objektiven Wertersatz fest.[528]

Noch komplizierter stellt sich die Lage bei den Einheitslehren dar. Eine idealtypisch traditionelle, dinglich orientierte Vermögensverschiebungslehre muß sich auf den objektiven Wert beschränken, weil das commodum ex negotiatione nur eine mittelbare Bereicherung ist. Freilich war davon schon das

---

[525] Z. B. BGH, 21.3.1996 – III ZR 245/94, in: BGHZ 132, 198 (207); *v. Caemmerer*, in: Festschrift für *Rabel*, S. 333 (356–359) = Gesammelte Schriften, Bd. 1, S. 209 (232–235); *Bertram Ebert*, Bereicherungsausgleich, 2. Teil, I. 1 a (zitiert nach Manuskript); *Fikentscher/Drexl*[9], Schuldrecht, Rn. 1167; *Larenz/Canaris*, Schuldrecht, Bd. II/2, § 72 III 2 d, 3 (S. 276–280); *Loewenheim*, Bereicherungsrecht, S. 138 f.; *Redant*, Ausbeutung des guten Rufes, S. 272–286; *Reuter/Martinek*, Ungerechtfertigte Bereicherung, § 16 II 3 (S. 566–568); *Heinz Thomas*, in: *Palandt*[59], § 818 Rn. 19; *Lutz-Christian Wolff*, Zuwendungsrisiko und Restitutionsinteresse, S. 204 f., alle m. w. N. Vgl. auch *Bertram Ebert*, Geschäftsanmaßung, S. 303–311, und *Kobbelt*, Schutz von Immaterialgüterrechten, S. 290–318, letzterer aus Sicht der Ökonomischen Analyse des Rechts.

Weitergehend *Goetzke*, in: AcP, Bd. 173 (1973), S. 289–322, der zwar am objektiven Wertbegriff festhalten möchte, aber sich gleichzeitig durch eine extensive Fassung des „Erlangten" nach § 812 BGB der Gewinnhaftung annähert.

[526] Dezidiert *Koppensteiner/Kramer*, Ungerechtfertigte Bereicherung, § 16 II 1 (S. 155–161); *Jakobs*, Lucrum ex negotiatione, bes. S. 103–105; differenzierend noch *ders.*, Eingriffserwerb und Vermögensverschiebung, S. 128–136; weiterhin z. B. *Harm Peter Westermann*, in: *Erman*[10], § 818, Rn. 18; vgl. auch die Nachweise bei *Gernhuber*, Bürgerliches Recht, § 46 V 2 (S. 444).

[527] Zum Quasidelikt *Reuter/Martinek*, Ungerechtfertigte Bereicherung, etwa § 3 III 3 (S. 61 f.); zur Zuweisungsverfehlung *Reuter/Martinek*, Ungerechtfertigte Bereicherung, § 7 I 3 (S. 240 f.).

[528] Siehe Fn. 525.

Reichsgericht abgewichen. Wer dagegen das „Haben ohne Grund“ betont, distanziert sich gedanklich von der Vermögensverschiebung und betrachtet nur das Endprodukt der vorhandenen Bereicherung. Der Weg zur Gewinnhaftung ist vorgezeichnet. Die Einheitslehren folgen den aufgezeigte Grundlinien indes nur bedingt. Ganz überwiegend legen sie sich auf den objektiven Wert fest.[529] Vor allem Kellmann will jedoch getreu dem Titel seiner Monographie – Grundsätze der Gewinnhaftung – den Bereicherten stets auf den Gewinn haften lassen. Offensichtlich orientiert er sich am Vorbild des trust im common law, der ohne weiteres selbst dann den Gewinn umfaßt, wenn der Gewinn nur mittelbar auf den Entreicherten zurückgeht.[530] An welchen Normen er überhaupt die Gewinnherausgabe festmachen will, bleibt allerdings unklar; seinen eigenen Aussagen zufolge kann das Ergebnis über § 812 Abs. 1 S. 1 Alt. 2 BGB oder § 687 Abs. 2 BGB erzielt werden. Auch andere Exponenten des Einheitssystems sollten auf der Basis des habere sine causa zur Gewinnhaftung gelangen. Doch sogar Wilhelm vermag nur ansatzweise bei bestimmten Rechten über den objektiven Wert hinauszugehen.[531] Selbst bei der Frage der Gewinnhaftung lassen sich daher aus den Grundaxiomen des jeweiligen Systems keine Rückschlüsse auf die konkrete Fallösung ziehen.

k) Zwischenfazit

Weder bei Mehrpersonenverhältnissen, bei Abgrenzungsfragen der verschiedenen Kondiktionen noch beim Schutz bestimmter Rechtsgüter zeichnet sich eine Lagerbildung entlang der Bruchlinie Trennungs- oder Einheitslehren ab. Nicht einmal im Kohle- oder Flugreise-Fall vermögen sich die Einheitslehren geschlossen zu der Haltung durchringen, der spezifische Kondiktionstyp sei irrelevant. Der einzige Fall, in dem alle Meinungen zumindest zum selben Ergebnis gelangen, ist der Standardfall der Rückabwicklung bei Mängeln im Deckungs- oder Valutaverhältnis. Der Preis für den Konsens wird mit einer kaum noch zu beherrschenden Meinungsvielfalt an Lösungskonstruktionen erkauft, die sich geradezu diametral gegenüberstehen. Schon beim Doppelmangel zerbricht die oberflächliche Einigkeit wieder, ohne daß sich eine Spaltung nach Einheits- oder Trennungslehren nachvollziehen ließe. Die Mängelfälle Widerruf und Anweisung durch Geschäftsunfähige kommen hinzu; hier gelangen sogar Autoren, die eigentlich dasselbe Subsystem innerhalb der Großgruppen Ein-

---

[529] *Bälz*, in: Festschrift für *Gernhuber*, S. 3 (29); *Lieb*, in: Münchener Kommentar, § 818, Rn. 35; *Ernst Wolf*, Schuldrecht, Bd. 2, § 19 E II (S. 491).

[530] *Kellmann*, Grundsätze der Gewinnhaftung, bes. S. 84. Näheres zum englischen Recht unten bes. ab S. 614.

[531] *Jan Wilhelm*, Rechtsverletzung und Vermögensentscheidung, siehe einerseits S. 86 f., andererseits S. 97. Ähnlich *Reimer*, Aufgedrängte Bereicherung, bes. S. 65 f.

heits- und Trennungsmodell verfolgen, zu divergierenden Ansichten. Paradigmatisch für die innere Zerrissenheit ist Kupisch, der wohlgemerkt sowohl seine Beweisführung als auch die Lösung von Mehrpersonenverhältnissen vielfach redigiert hat, ohne auch nur auf seine dogmatischen Varianten hinzuweisen.[532]

Trotzdem ist keine Resignation angebracht. Das erste Jahrhundert des Bürgerlichen Gesetzbuches, das seinerseits an das gemeine Recht anknüpfen konnte, war vor allem in der Rechtsprechung mehr von Kontinuität als von abrupten Kurswechseln geprägt. In vielen Bereichen, beispielsweise den grundlegenden Lösungsmustern für Mehrpersonenverhältnisse, sind die Ergebnisse nach vor dieselben, nur die Begründung änderte sich zwischen 1850 und 2000. Bei aller Übereinstimmung zeichnet sich aber eine leichte Akzentverschiebung ab: In Dreiecksverhältnissen wurden früher mehr das „suum recepit" und der Irrtum des Leistenden betont, während heute im Fall des Widerrufs der Vertrauensschutz über den Empfängerhorizont im Vordergrund steht. Das ist weniger durch einen grundlegenden Wandel der Rechtsprechung als durch autonome, vom Basissystem unabhängige Wertungsgesichtspunkte bedingt. Denn die Fallgruppe des Widerrufs ist die *einzige*, die nach 1945 in der Rechtsprechung neu auftauchte und somit keine historischen Vorbilder aufweist.

Alte Rechtsprechungslinien wurden im Resultat also nur teilweise abgelöst; zu nennen ist an dieser Stelle vor allem die Zessionsproblematik. Im partikularen und gemeinen Recht war der Zessionar unbestritten passivlegitimiert. Erst in der Spätzeit des Reichsgerichts tauchten leise Zweifel am Horizont auf. Es dauerte nochmals 50 Jahre, bis der Bundesgerichtshof sich in der Tendenz auf den Zedenten als Bereicherungsschuldner festlegte. Obwohl in der Literatur seither beinahe apodiktisch behauptet wird, die Judikatur sehe den Zedenten als passivlegitimiert an, sind angesichts zahlreicher abweichender Entscheidungen der Untergerichte doch berechtigte Zweifel an Rechtsprechungsprognosen angebracht. Es stimmt zwar, daß die Trennungslehre, die nicht mehr „auf dessen Kosten" als primären Lösungspunkt heranzieht, anders als die Vermögensverschiebungsthese nicht mehr unbedingt den Zessionar wählen muß. Trotzdem fehlt eine klare Frontenbildung in der Zessionsfrage; Einheits- und Trennungslehren sind in alle Richtungen zerstritten. Zahlreiche Urteile sprechen sich für den Zessionar als Bereicherungsschuldner aus.

---

[532] Beispielhaft sind seine Variationen zur Konstruktion der Kondiktion bei Anweisung und seine Wende beim Widerruf einer Anweisung; näher oben auf S. 433, S. 442, Fn. 496.

2. Unterschiede und Gemeinsamkeiten

Oft läßt sich auch nur erahnen, worin der praktische Unterschied jenseits der Wortspielerei liegen soll, wenn die einen definieren, der Angewiesene leiste an den Anweisenden, und Kupisch bzw. Lieb, es sei so anzusehen, als habe der Angewiesene an den Anweisenden geleistet. Sind die Ergebnisse der verschiedenen dogmatischen Ansätze nicht mit einem bestimmten Ergebnis a priori verknüpft, muß ihr Wert jenseits der konkreten Lösung zu suchen sein. Dogmatik hat nicht nur die Ergebnisbildung an sich zum Ziel, sie soll das Recht primär im Verbund mit der Methodenlehre rational nachvollziehbar gestalten. Der Streit um Einheits- oder Trennungslehre am Angelpunkt von § 812 BGB darf allein an diesen Vorgaben gemessen werden. Die Folgen, die bereits traditionell festliegen und oft nur nochmals bestätigt oder evaluiert werden müssen, stehen erst in der zweiten Reihe; die beiden fundamentalen Sockelsysteme hingegen verfolgen vorrangig eine andere Zielrichtung: Sie wollen den jeweils methodologisch und dogmatisch besten Weg vorgeben. Das Gesetz, die §§ 812 ff. BGB, sollen optimal, also möglichst widerspruchsfrei im Licht der als richtig empfundenen Ergebnisse gedeutet werden. Entscheidende Kriterien dabei, anhand derer man Einheits- und Trennungslehren messen sollte, sind im wesentlichen: Komplexitätsgrad der Konstruktion – je mehr systemwidrige Ausnahmen, desto schwieriger wird die Rechtsanwendung –; Deduktionsfähigkeit – wie viele Ergebnisse können aus den Grundannahmen abgeleitet werden oder sind mit ihnen zumindest posteriori nachzuvollziehen –; Synchronisation des Ansatzes mit der Dogmengeschichte – denn beide Lager wollen die Dogmengeschichte auf ihre Seite ziehen. Im ganzen gesehen muß sich daraus ein rationales und logisch konsistentes Gesamtsystem ergeben.

Anders als die Resultate, die sich überschneiden können, ist die Plausibilität des dogmatischen Systems einfacher zu skalieren. Es ist schwer vorstellbar, Einheits- und Trennungslehren böten auch jenseits des Fallmaterials in ihrer Komplexität, Deduktionsfähigkeit, rechtsgeschichtlichen Authentizität und systematischen Konsistenz dasselbe Bild. Zunächst ist jedoch zu fragen, nach welchen Kriterien die beiden Großgruppen überhaupt einander gegenübergestellt werden sollen. Die bisherigen Unterscheidungskriterien für die Kontrahenten haben sich nur wenig bewährt. Die Matrixhypothese legt die Vermutung nahe, normlogisch gesehen gebe es keine Aufteilung in zwei in sich geschlossene Lager, die nach dem Kostenelement des Bereicherungstatbestandes getrennt sind. Man wird hier nicht einmal zwei Großgruppen ausmachen können, die sich überschneiden.

Ungeachtet aller gegenteiligen Aussagen der Protagonisten existiert von der Tatbestands- und Interpretationsebene aus gesehen weder *die* Einheits- noch *die* Trennungslehre. Mit wenigen Ausnahmen bewegen sich alle Systeme auf einem relativ engen Raum, der sich an den Rändern des Bereicherungsrechts von radikaleren Theorien absetzt. In die Hauptgruppe, die weder ein striktes Einheits- noch Trennungsmodell auf allen drei Ebenen der Matrixhypothese aufweist, fällt die überwiegende Anzahl sämtlicher Standpunkte: Die zunehmende Strömung der Trennungslehre kann zumindest auf Prinzipienebene Gemeinsamkeiten erkennen; andere wollen „auf dessen Kosten" nicht einmal für die Leistungskondiktion vollständig eliminieren. Seitens der Einheitslehren ist in erster Linie an Kupisch, Lieb und Wilhelm zu denken; sie leugnen nicht, die Typologie der Bereicherungsansprüche habe, in welcher konkreten Form auch, ihre Berechtigung. Damit ist auf Interpretationsebene das Trennungsmodell vorgegeben. Vor allem bei Lieb ist die Differenz zu Kritikern des Leistungsbegriffs innerhalb der Trennungslehre nur noch sehr gering, wenn er die Wertungskriterien von Canaris in Mehrpersonenverhältnissen anwendet.[533] Gestritten wird mehr um methodologische Probleme und graduelle Begriffsformulierungen als um die fast allseits anerkannte Erkenntnis, daß Leistung und Nichtleistung nicht vollkommen identisch sind. Viele Inhalte innerhalb der vermeintlichen Großgruppen sind deshalb austauschbar.

Nur sehr wenige Autoren entziehen sich dem Mischsystem. Vor allem im Modell von Reuter und Martinek wird jeder Zusammenhang zwischen Leistung und Nichtleistung geleugnet. Indem das Tatbestandsmerkmal „auf dessen Kosten" selbst für die Eingriffskondiktion gestrichen ist, bestreiten sie jede historische Herkunft der Bereicherungsansprüche aus einer gemeinsamen Quelle. Die rechtsgrundlose Bereicherung durch Leistung steht dem zuweisungswidrigen Eingriff gegenüber. Am Gegenpol vermag allein die Reale Rechtslehre zu einem reinen Einheitsmodell auf allen Stufen vorzudringen. Erkauft wird die vordergründige Stringenz freilich mit der Abkehr vom Wortlaut des § 812 Abs. 1 S. 1 BGB, der eindeutig die „Leistung" als Tatbestandsmerkmal ausweist. Art. 38 EGBGB, der an das materielle Recht anknüpft, bestätigt das in § 812 BGB vorgefundene Grundschema.

Bei allen Gemeinsamkeiten nach der Matrixhypothese hat die hergebrachte Distinktion zwischen Einheits- und Trennungslehren trotzdem ihre Berechtigung. Es ist weder das Tatbestandsmerkmal „auf dessen Kosten", das ausschlaggebend ist. Noch ist es die Typologie verschiedener Bereicherungsmodi, beispielsweise Leistung oder Eingriff. Wenn man sich nur darauf konzentriert, verschwimmt jede Differenz zwischen Einheits- und Trennungslehren. Um die entscheidenden Abweichungen besser zu betonen, bietet es sich an, ein idealiter gedachtes Einheitssystem zu generieren, das sich trotz *derselben* Ausgangslage hinsichtlich der Matrixhypothese substantiell von der Trennungslehre unterscheidet. Hier ist weniger an die Zuweisungslehre oder an den Leistungsbegriff zu denken, die stets im Vordergrund der Auseinandersetzung stehen. Die beiden

---

[533] *Lieb*, in: Münchener Kommentar, § 812, Rn. 32a.

Basissysteme weichen in anderen Elementen ab, die selbst die Großgruppe, die nur auf der Prinzipienebene zum Einheitsmodell gelangt, in zwei Grundansichten spalten.

3. Generalkritik an den Einheitslehren

Der hypothetischen Einheitslehre als Quersumme der tatsächlich vertretenen Systeme wird man folgende Merkmale zuschreiben dürfen: Zum einen muß sie das rechtswidrige Haben hervorheben, das allein den Bereicherungsvorgang festlegt. Die Rechtsgrundlosigkeit ist nicht mehr als Negativum zu ermitteln, sie ist eine Rechtfertigung auf der Beklagtenseite gegen den quasideliktischen Vorwurf des rechtswidrigen Habens. Folglich ist der konkrete Bereicherungsmodus durch Leistung oder Nichtleistung nicht mehr im Blickpunkt, nur das Ergebnis, die Bereicherung, ist entscheidend. Die Unterscheidung zwischen Leistung und Nichtleistung erweist sich zwar noch als nützlich, unterschiedliche Rechtfertigungsgründe je nach Bereicherungsmodus festzustellen, sie hat aber keinen kategorischen Wert mehr. Es existiert nur ein einziger Bereicherungsanspruch, die „Leistung“ ist lediglich ein Beispielfall davon. Damit die Leistung tatbestandlich eingebunden werden kann, muß „auf dessen Kosten“ auch für die Leistungsvariante gelten, um ein gemeinsames Bindeglied zwischen der Leistung und den sonstigen Fällen herzustellen. Hat man erst einmal „auf dessen Kosten“ wieder für die Leistungskondiktion installiert, liegt es aus Sicht der Einheitslehren nahe, den Schwerpunkt des Leistungstatbestandes vom Wort „Leistung“ auf das Kostenelement zu verlagern. Nicht mehr der subjektive Leistungsbegriff steuert die Vermögensverschiebung, sondern umgekehrt die Vermögensverschiebung die Leistung. Die Zwecksetzungskomponente der Leistung verliert folglich ihre überragende Funktion. Die Lehre von der Unmittelbarkeit der Vermögensverschiebung wird die ideale Einheitslehre aber nicht mehr aufleben lassen wollen. Zu evident waren ihre Probleme, deshalb verwerfen sie die Einheitslehren mit Ausnahme der Realen Rechtsschule.

a) Dogmatische Aspekte

aa) Rechtswidriges Haben

Doch bereits die Kernaussage der idealen Einheitslehre, das rechtswidrige Haben, ist angreifbar. Wilhelm kontrastiert das rechtswidrige *Haben*, das habere sine causa, mit dem rechtswidrigen *Handeln* von Schulz. Wer wie die Rechtswidrigkeitstheorie den Handlungsaspekt betont, stellt den Bereicherungsvorgang, das „Erlangen auf dessen Kosten“ in den Vordergrund. Das Haben hingegen betont das Resultat, die Bereicherung. Falls das „rechtswidrige

Haben" tatsächlich Mittelpunkt des Bereicherungsrechts sein soll, dann liegt es aber nahe, mit Plessens Vorschlag das Tatbestandselement „auf dessen Kosten" entweder ganz zu streichen oder seine Bedeutung abzuschwächen.[534] Denn in einem System, das auf die Rechtswidrigkeit des Ergebnisses abstellt, hat der konkrete Bereicherungsmodus keine Bedeutung mehr. Zwar wird man niemals vollständig auf ein Bindeglied zwischen Bereicherungsgläubiger und -schuldner verzichten können, „auf dessen Kosten" ist beim habere sine causa jedoch kein zentrales Element mehr.

Es ist deswegen ein unvereinbarer Widerspruch, wenn die Einheitslehren gerade das Element „auf dessen Kosten" als Abgrenzungskriterium zur Trennungslehre hervorkehren, welches im Gefolge Wilburgs und v. Caemmerers bei der Leistungskondiktion nur noch eine ganz untergeordnete Rolle spielt. Die Einheitslehren nähern sich über das rechtswidrige Haben und über Plessen der strikten Trennungslehre an, die selbst für die Eingriffskondiktion „auf dessen Kosten" als redundant erachtet. Während die rigorose Trennungslehre aber zu einer vollkommenen Dichotomie des Bereicherungsrechts gelangt, führt das rechtswidrige Haben umgekehrt zu einem Einheitsmodell, das vom Bereicherungsmodus abstrahiert. Um sich von der gemäßigten Version der Trennungslehre zu distanzieren, die durchaus die tatbestandliche Qualität von „auf dessen Kosten" für die Leistung konzediert, können sich die Einheitslehren folglich nicht mehr positiv auf das Kostenelement berufen. Sie grenzen sich von der Trennungslehre umgekehrt dadurch ab, daß aus ihrer Sicht die Vermögensverschiebung kein integraler Bestandteil des Systems mehr sein darf.

Man könnte dem zwar entgegnen, selbst die gemäßigte Variante der Trennungslehre erhebe bei der Leistungskondiktion das Element „Leistung" über „auf dessen Kosten". Das stimmt freilich nur in dem Maße, in dem die „Leistung" die Vermögensverschiebung konkretisiert; das stilprägende Element der Vermögensverschiebung, die Bereicherungshandlung, bleibt erhalten, sie wird nur durch den Leistungsbegriff präzisiert. Mit dem rechtswidrigen Haben dagegen werden die Leistung und in der Folge „auf dessen Kosten" überflüssig.

bb) Versteckte Zwecksetzung als Leistungselement

Aus der Ablösung der Vermögensverschiebung durch den Bereicherungsendzustand erklärt sich im weiteren die kritische Haltung der Einheitslehre gegenüber der Zwecksetzungskomponente der Leistungskondiktion. Wer die Bereicherung durch Leistung nur noch als Beispielfall des generellen rechtswidrigen Habens betrachtet, wird keine subjektiven Elemente für die Leistung über das Bewußtsein der Vermögensdisposition hinaus mehr einsetzen wollen, da die

---

[534] Siehe zu *Plessen* näher oben auf S. 314.

Zwecksetzung eine handlungsbezogene Perspektive einnimmt, während das Haben ohne Grund doch die Bereicherung als Endprodukt hervorhebt. Eigentlich sollten die Einheitslehren deswegen auf den Zweck als Bestandteil der Leistungskondiktion verzichten können.

Dies ist aber keineswegs der Fall. Besonders deutlich tritt die Inkonsequenz bei Kupisch hervor, der die Leistung zwar zweckfrei definieren möchte, sie jedoch durch die Hintertür wieder mit der Bemerkung hereinholt,[535] die „Frage nach dem Zweck, nach der Zweckbestimmung hat die Funktion anzugeben, in bezug auf welches Schuldverhältnis möglicherweise bereicherungsrechtliche Konsequenzen zu ziehen sind.“ Kupisch hat erkannt, daß das rechtswidrige Haben allein eine Leerformel ist; nicht zu Unrecht plädiert er für die Bereicherungstypologie. Welche andere maßgebende Funktion als die Bestimmung der Personen des gesetzlichen Schuldverhältnissen in Zweifelsfällen jenseits einfacher Zweierbeziehungen soll der Leistungsbegriff aber haben, muß man Kupischs Kritik entgegenhalten.

Der einzige Unterschied seiner Ansicht zur Leistungsdefinition liegt darin, daß er anstelle der Definition des Wortes „Leistung“ seine methodologisch bedenkliche Analogiekonstruktion bemühen muß, um zu denselben Ergebnissen zu gelangen. Wenn Dogmatik die Kunst des juristischen Diskurses sein soll, aus dem argumentativ konsistente Ergebnisse zu produzieren sind, dann ist die Leistungskondiktion als zweckgerichtete Vermögensverschiebung vorzuziehen. Denn nicht das „richtige“ Ergebnis, das selbst Kupisch in der Übereinstimmung mit den Parteizwecken sucht, ist ausschlaggebend, sondern die Gesetzesanwendung selbst muß sich mit dem vorweggenommenen Ergebnis, der Zwecksetzung, auseinandersetzen, sie systematisch und teleologisch integrieren, also das Gesetz auslegen. Wer dagegen die Zwecksetzung nur als Evaluationskriterium a posteriori für den Rechtsanwendungsvorgang anerkennen möchte – das mag zwar auf der Linie des erfolgsorientierten rechtswidrigen Habens liegen –, entleert den Subsumtionsvorgang aller prozeduralen inhaltlichen Elemente, deren es bedarf, um den Verfahrensvorgang und nicht nur das Ergebnis als Argument abzusichern.

cc) Inversion der Rechtsgrundlosigkeit

Nicht mehr verwundern kann es, daß neben Vermögensverschiebung und Zwecksetzung in Leistungsfällen bei den Einheitslehren das Tatbestandsmerkmal „ohne rechtlichen Grund“ nur noch in der negativen Form des Rechtferti-

---

[535] *Kupisch*, in: Festschrift für *v. Lübtow*, S. 501 (538 f.).

gungsgrundes auftaucht.[536] Die Bereicherung soll per se rechtswidrig sein, nur ausnahmsweise sei sie vom Beklagten zu rechtfertigen; die rechtsgrundlose Bereicherung mutiert zur unerlaubten Bereicherung. Bälz und Kaehler wollen sogar Krawielicki folgend die Einwendungen aus §§ 814 ff. BGB einbeziehen. Allein Kellmann macht für die Einheitslehren mit seinem Rechtstransplantat aus dem common law eine Ausnahme; er behauptet, die Rechtsgrundlosigkeit müsse weiter spezifiziert werden, beispielsweise durch Irrtum, Täuschung oder Drohung. Die Trennungslehre geht einen Mittelweg: Sie stellt zwar nicht wie Kellmann auf den mittelbaren Fehlergrund ab, der zur eigentlichen Rechtsgrundlosigkeit führt, „ohne rechtlichen Grund" dient aber dazu, die Typologie der Bereicherungsansprüche in der Auslegung von § 812 BGB zu verankern.

Die Einheitslehren begeben sich mit der invertierten Rechtsgrundlosigkeit auf schwieriges Terrain. Es ist wenig konsequent, die causa als Rechtfertigungsgrund zu deuten und andererseits mit der Leistung als Beispielfall der Generalkondiktion ansatzweise eine Typenbildung zuzulassen. Man kann zwar theoretisch nach verschiedenen Rechtfertigungsgründen, gruppiert nach Kondiktionstypen, fragen. Die Einheit der Rechtsordnung verlangt jedoch nach Rechtfertigungsgründen, die für das gesamte Bereicherungsrecht offen sind. Auch im Recht der unerlaubten Handlung und im Strafrecht ist dieser Grundsatz anerkannt. Wenn § 812 BGB den unerlaubten Handlungen angenähert werden soll, muß konsequenterweise auch die Universalität der Rechtfertigungsgründe übernommen werden. Besonders deutlich tritt dieser Mangel bei Kaehler und Lieb hervor. Das Problem läßt sich nicht dadurch auflösen, daß man mit der Realen Rechtsschule konsequent jede Differenzierung ablehnt; Widersprüche zur Beweislast des Gesetzes sind die Folge.

Die Trennungslehre hingegen kann allen beschriebenen Schwierigkeiten ausweichen. Indem sie die *Rechtsgrundlosigkeit* und nicht den *Rechtfertigungsgrund* ermittelt, nimmt sie den ebenfalls nicht als Rechtfertigungsgrund formulierten causa-Begriff des gemeinen Rechts auf. Er war auch unter der Herrschaft der Vermögensverschiebung niemals verschwunden. Selbst den führenden Protagonisten in der ersten Hälfte des 20. Jahrhunderts war bewußt, die Inversion der Rechtsgrundlosigkeit führe zur Pomponius-Sentenz hin, die wie das rechtswidrige Haben mit der „Bereicherung zum Schaden eines anderen" die fehlende causa indiziert. Sämtliche Gewinne und Erwerbsvorgänge im wirtschaftlichen Verkehr stünden infolgedessen zur Disposition; sogar die Eigentumsgarantie in Art. 14 Abs. 1 GG könnte durch den Paradigmenwechsel bei der Vermögenslegitimation in Frage gestellt werden. Jeder Verkehrsteilnehmer im Wettbewerb sähe sich einem unbegrenzten Haftungsrisiko ausgesetzt: „Bereicherungen des einen auf Kosten des anderen ereignen sich ständig und al-

---

[536] Neben *Ernst Wolf* vor allem *Bälz*, in: Festschrift für *Gernhuber*, S. 3 (7 f.); weiterhin z. B. *Kaehler*, *Kupisch*, *Jan Wilhelm*. Dazu im Detail oben ab S. 406, 410, 418, 424.

lenthalben. Das ist die zwangsläufige Folge der Knappheit von Gütern."[537] Wenn Rolf Knieper als Generalkritiker der Trennungslehre die Zubilligung von Monopolrenten im Wirtschaftsverkehr vorwirft,[538] ist seine Kritik in Wahrheit an die Einheitslehren gerichtet.

Weiterhin vermeidet der Ansatz der Trennungslehre den Widerspruch zwischen einem typologisch organisierten, also getrennten Rechtsgrundbegriff, und dem Basissystem. Die differenzierte Rechtsgrundlosigkeit entspricht der grundsätzlichen Trennung zwischen Leistung und Nichtleistung. Die Einheit der Rechtfertigungsgründe vermag ebenfalls nicht die Auslegung von „ohne rechtlichen Grund" zu erschüttern. Denn die Frage nach der Rechtsgrundlosigkeit ist mehr als die Negation eines Rechtfertigungsgrundes. Im System des rechtswidrigen Habens wird immer nur eine Rechtfertigung benötigt; andere Gründe, welche die indizierte Rechtsgrundlosigkeit bedingen, können mit einem tatsächlich einschlägigen Rechtfertigungsgrund nicht konkurrieren, ihn nicht widerlegen. Der Rechtfertigungsgrund zieht nur das rechtliche Konklusum aus der Gesamtsituation des anfänglich rechtswidrigen Habens.

Dagegen baut die Trennungslehre auf keinem zweigestuften Prüfungsschema auf: Die Rechtsgrundlosigkeit muß nicht mit einem beliebigen Rechtfertigungsgrund widerlegt, sondern erst selbst bewiesen werden. Andererseits wird die Rechtfertigung der Bereicherung nicht vermutet; mangels Erfüllung aller Tatbestandsmerkmale des § 812 Abs. 1 S. 1 BGB ist die Anspruchsgrundlage nicht einschlägig. Ebenso wie die unerlaubten Handlungen tatbestandlich in verschiedene Gruppen gegliedert sind, so kann anhand der Rechtsgrundlosigkeit, die nach den Prämissen der Trennungslehre tatbestandlich inkorporiert ist, nach verschiedenen Bereicherungstypen sektioniert werden. Die systematische Einheit der Rechtfertigungsgründe kann daher erst gar nicht eingreifen, weil ihr Ansatzpunkt, die rechtswidrige Handlung, fehlt; sie muß erst konstituiert sein.

b) Methodologische Aspekte

Bisher erwiesen sich die Einheitslehren in dogmatischer Sicht beim rechtswidrigen Haben, bei Rechtfertigung und Zwecksetzung als wenig überzeugend. Teilweise sind die verfehlten dogmatischen Resultate durch fragwürdige Methoden ausgelöst.

---

[537] Prägnant *Esser/Weyers*[8], Schuldrecht, Bd. II/2, § 47, 1 b (S. 27).

[538] So *Knieper*, in: BB 1991, S. 1578 (bes. 1580).

aa) Dekonstruktivismus

Allgemein ist bei den Einheitslehren zu beobachten, daß sie die historische, in Dogmatik geformte Selbstgewißheit der rechtsgrundlosen Bereicherung zu erschüttern suchen, um weit mehr als die jüngere Trennungslehre zu hinterfragen. Der Angriff auf Leistungsbegriff und Zuweisungslehre ist der Auftakt zu einer ganz anderen Zielsetzung. Vor allem bei Kupisch fällt auf, wie wenig an der grundlegenden Trennung von Leistung und Nichtleistung trotz aller gegenläufigen Rhetorik gezweifelt wird. Im Fadenkreuz sind vielmehr die subjektiv überspitzten Trennungslehren, die zwei vollständig getrennte Anspruchsgrundlagen formulieren möchten. Eine solche Kritik ließe sich aber auch auf der Basis der Trennungslehre selbst entwickeln; allein aus taktischen Gründen wäre es weitaus lohnender, die Trennungslehre im eigenen Lager zu „reformieren", anstatt über ihre in der Tat zu weitgehenden Auswüchse alle zustimmungswürdigen Methoden und Ergebnisse in Zweifel zu ziehen. Wenn nicht die Dichotomie von Leistung und Nichtleistung bis auf die Vorwürfe durch die Reale Rechtslehre zur Debatte steht, dann fragt man sich, welche weiteren Absichten verfolgt werden. Wieder erhellt Kupisch die Szenerie; die Analogiemethode steht im Mittelpunkt seines Vortrages. Nachdem über die Grundlagenkritik die Autorität der Trennungslehre zerstört, das Bereicherungsrecht quasi dekonstruiert wurde, sollen die neuen Bausteine der §§ 812 ff. BGB mit einer völlig abweichenden Methode wieder zusammengeführt werden. Ebenso verfahren andere Exponenten der Einheitslehren. Ernst Wolf will das Bereicherungsrecht seiner Realen Rechtsschule unterwerfen und Wilhelm die Vermögenslehre Flumes vom Bereicherungswegfall auf die Anspruchsgrundlage ausweiten. Solche Argumente klingen auf dem Boden einer neuen Lehre mangels Vergleichsmaßstabes überzeugender als auf der Basis der Trennungslehre. Grundsätzlich neue Ansichten lassen sich als Trennungslehre ungleich viel schwerer positionieren als bei völliger Abkehr von ihr. Anstatt eine weitere Theorie zu entwickeln, wird ein neues System entworfen.

bb) Rechtsregeln und Rechtsprinzipien

Um die Andersartigkeit des eigenen Ansatzes zu verkünden, vermengen die Einheitslehren außerdem immer wieder Rechtsregeln und Rechtsprinzipien. Besonders der Realen Rechtslehre ist es das Hauptanliegen, abstrakte Lehrsätze direkt zu applizieren. Selbst differenzierten Anhängern des Einheitsmodells wie Wilhelm ist nicht die Tendenz abzusprechen, die Trennungslehre grundsätzlich anzugreifen, anstatt die Bedeutung des eigenen Standpunkts weitgehend auf die Prinzipienebene zurückzunehmen. Es mag daher für Lieb selbst zutreffen,[539] es

[539] *Lieb*, in: Münchener Kommentar, § 812, Rn. 4.

sei ein Mißverständnis, den Einheitslehren die Absicht zu unterstellen, konkrete Rechtsprobleme lösen zu wollen. In der Tat kann nur die Reale Rechtslehre für sich in Anspruch nehmen, daß sie das Einheitsmodell auf allen Ebenen vertritt; alle anderen Untergruppen der Einheitslehren gelangen weder auf Interpretations- noch auf Tatbestandsebene zu einem echten Einheitsmodell. Wenn trotzdem die eigene Ansicht in schroffem Gegensatz zur Trennungslehre gestellt wird, ist das ein rhetorischer Kunstgriff. Leider werden damit auch die vielen Konvergenzen der gemäßigten Einheitslehren mit einem Großteil der Trennungslehre verschleiert. Anstatt nur die extremen Ansichten auf beiden Seiten, also Reale Rechtslehre und orthodoxe Subjektivisten auf seiten der Trennungslehre zu widerlegen, wird das Rechtsgebiet zunehmend selbst in Frage gestellt.

Der Schaden, der über den mangelnden Grundlagenkonsens hinaus entsteht, ist viel einschneidender. Die Homogenität des Bereicherungsrechts von der Prinzipienebene auf Interpretation und Tatbestand auszudehnen, führt zu einer falschen Vorstellung über die Deduktionsfähigkeit von Rechtssätzen. Denselben Fehler begehen auch Anhänger der Trennungslehre, die über den Leistungsbegriff in Mehrpersonenverhältnissen streiten. Stets liegt die Vorstellung zugrunde, man könne mit einer Zauberformel komplizierte Sachverhalte ad hoc rechtlich erfassen. Immerhin beschränkt sich das Mißverständnis beim Leistungsbegriff auf eine einzelne Komponente der Gesamttheorie. Die Einheitslehren übertragen fatalerweise den methodologischen faux pas vom Mikrokosmos der Leistungskondiktion auf das gesamte Bereicherungsrecht. Dadurch erscheinen die §§ 812 ff. BGB als „black box", in die man den Sachverhalt hineinwirft und postwendend das richtige Resultat erhält. Wer aber die Komplexität des Subsumtionsvorgangs und den wesentlichen Unterschied von Rechtsregeln und Rechtsprinzipien erkennt, der wird sich kaum mit einem strikten Einheitsmodell begnügen können. Es ist nur eine Selbsttäuschung, die um den Preis der Abstraktion von notwendigen Verfahrensschritten den dogmatischen Tatbestand „vereinfacht". Der Subsumtionsvorgang verliert mangels präziser Leitlinien jeden methodologischen Halt. Mit Ausnahme der Realen Rechtsschule wenden die Einheitslehren auf Tatbestands- und Interpretationsebene die Distinktion von Leistung und Nichtleistung an, um § 812 BGB in der Praxis als anwendungsfähige Norm zu erhalten. Es aber nicht aussprechen zu können, erweckt falsche Erwartungen, die in der ungenauen Einteilung der Theorien in Einheits- und Trennungslehre zum Vorschein gelangen.

c) Rechtsgeschichtliche Aspekte

Neben dogmatischen und methodologischen Unsicherheiten eröffnet der Umgang der Einheitslehren mit der Dogmengeschichte mehrere Kritikpunkte. Das Kondiktionensystem v. Savignys ist ein nur allzu deutliches Beispiel. Fast alle Deutungsversuche seiner Lehren durch die Einheitstheorien sind durch ihre applikative Tendenz bestimmt. Allein die Theorie von der abstrakten Vermögensverschiebung sieht sich in den geschichtlichen Quellen bestätigt. Wenn Horst Hammen stellvertretend das „System des heutigen Römischen Rechts" mit der Bereicherungslehre der Realen Rechtsschule in eine Reihe stellt,[540] werden weder die Besonderheiten der case law-Methode des römischen Rechts noch v. Savignys „organische" Vorgehensweise beachtet. Ebensowenig ist es hilfreich, v. Savignys Ausführungen zum Quasivertrag als prozessuale Zutat zu verstehen und gleichzeitig die Rechtsverletzungslehre des Aktionenschemas materiellrechtlich aufzuwerten.[541]

Lediglich die genaue Analyse des historischen Materials löst den Widerspruch von Quasivertrag und obligatio ex lege auf. Von der Rechtsverletzungslehre bleibt ein Schatten unter der Rubrik der condictio ex causa furtiva übrig. Der Leistung v. Savignys kann man nur dann gerecht werden, wenn ihre methodologische Dimension und ihr Verständnis vom Recht in den Vordergrund rückt. v. Savignys Anliegen war es nicht, eine allseits einsetzbare Bereicherungsformel zu schaffen, sondern die zahlreichen disparaten, schwer miteinander zu vereinbarenden Quellenstellen unter einem gemeinsamen Rechtsprinzip zusammenzuführen. Die traditionellen Kondiktionen behielten dabei ihr selbständiges Gepräge. Nur auf der abstrakten, für die direkte Rechtsanwendung wenig geeigneten Stufe der Rechtsprinzipien gelangte er zur *Vermögensbereicherung*, die weniger auf die *Vermögensverschiebung* als auf das Resultat abstellt.

Erst Windscheid sollte die rechtsgrundlose Bereicherung in Verbindung mit seinem neuen Anspruchsbegriff zu einem weithin selbständigen Klagefundament ausbauen. Daher wäre eher Windscheid der Protagonist der Einheitslehre. Aber selbst er ist kein Zeuge in letzter Instanz, denn um die universale rechtsgrundlose Bereicherung zu erreichen, mußte er sogleich wieder unter der causa ein Ausgleichsventil in Form der differenzierten Rechtsgrundlosigkeit schaffen. Auch die gedruckten Gesetzesentwürfe vor dem Bürgerlichen Gesetzbuch stellen sich mit Ausnahme des schweizerischen Weges allesamt gegen die Einheitslehre, da sie die condictio indebiti und nicht die condictio sine causa generalis in den Mittelpunkt stellen. Die Trennungslehre darf an dieser Stelle allerdings nicht übermütig ihren Sieg und ihre eigene Quellentreue verkünden. Nur zu oft wurde in der Nachfolge Wilburgs und v. Caemmerers die Lehre v. Savignys als Prototyp der Einheitslehre ausgewiesen. Offenbar sollte die Trennungslehre in Abkehr von dogmengeschichtlichen Kontinuitäten als neue, „moderne" Dogmatik erscheinen. Methodologisch betrachtet leiden die Aussagen

---

[540] Siehe den Nachweis auf S. 416, Fn. 413.

[541] Dazu näher schon oben ab S. 410.

der Trennungslehre zur Dogmengeschichte deshalb an derselben Schwäche, an der unreflektierten Applikation geschichtlicher Fakten.

4. Neuformulierung der Trennungslehre

a) Ihre gemeinrechtlichen Ursprünge

Dafür fügt sich die Trennungslehre in ihrer moderaten Variante wesentlich schlüssiger in die dogmengeschichtliche Genealogie der vergangenen letzten zweihundert Jahre ein, ohne aber die Historie einseitig zu vereinnahmen. Die Trennungslehre ist nicht „modern" in dem Sinne, daß alle früheren Ansätze überholt oder gar „falsch" sind. Modern könnte die Trennungslehre nur sein, wenn sie sich sichtbar von älteren Theoriengebäuden im Bereicherungsrecht abheben würde. Tatsächlich kann die Trennungslehre in Teilen an die Historische Rechtsschule anknüpfen. v. Savigny führte zwar die Vermögensverschiebung in das deutsche Recht ein, beließ aber trotzdem noch Räume, um die aus seiner Sicht auf Irrtum beruhenden Leistungen von den restlichen Bereicherungsfällen zu trennen. Windscheid setzte den Weg fort: Er akzentuierte noch stärker die konzeptionelle Einheit sämtlicher Bereicherungsansprüche, indem er sogar auf der Rechtsfolgenseite den Bereicherungsgedanken einführte und im Streit mit v. Jhering verstärkt darauf bestand, auch Eingriff und Verwendung ließen sich durch den Gedanken der rechtsgrundlosen Bereicherung erklären. Auf der anderen Seite betonte er in seiner Vorlesung und im Pandektenlehrbuch, die Rechtsgrundlosigkeit sei keiner Einheitsformel zugänglich. Nach 1900 griff die Lehre die Unterscheidung von Leistung und Nichtleistung auf und behielt gleichzeitig in der pandektistischen Tradition das Tatbestandsmerkmal „auf dessen Kosten" für die Leistung bei. Die Trennung von Leistung und Nichtleistung im Rechtsgrund ist die erste Gemeinsamkeit der heutigen Trennungslehre mit den überkommenen Lehren. Nur die Elimination des Tatbestandsmerkmals „auf dessen Kosten" durch Teile der Trennungslehre verläßt den Rahmen der historischen Kontinuität.

Darüber hinaus zeigt sich noch eine zweite Verwandtschaft. In seiner Pandektenvorlesung hob v. Savigny das dare ob causam, den Vermögensübergang mittels juristischer Zwecksetzung, als das tragende Element seiner Kondiktionen hervor. Der heutige Leistungsbegriff wird als bewußte, zweckgerichtete Mehrung fremden Vermögens definiert. Beide Vorstellungen, die den Inhalt der Leistungskondiktionen betreffen, haben die Mehrung fremden Vermögens und die Zwecksetzung gemeinsam. Die Lesart v. Savignys und später v. Tuhrs als zweckgerichtete und bewußte Vermögensverschiebung betont nur zusätzlich das Element „auf dessen Kosten", das der heutige Leistungsbegriff ausklammert, um die Probleme der ersten Hälfte des 20. Jahrhunderts in Mehrpersonenverhältnissen zu umgehen. Bezeichnenderweise stand die Vermögensverschiebung, verstanden als unmittelbare Vermögensbewegung, weder der Rechtsprechung zu Zeiten des gemeinen Rechts noch der Judikatur in den ersten 60 Jahren des Bürgerlichen Gesetzbuchs als ernsthaftes Hindernis im Weg. Vor allem beim bargeldlosen Zahlungsverkehr waren in den Urteilsgründen seit jeher Ausführungen zu „auf dessen Kosten" redundant. Die eigentliche Sachproblematik orientierte sich am Lösungsvorrat der Digesten und später an Zwecksetzung und Vertragsbeziehungen. Der Leistungsbegriff ist kein Bruch mit der Dogmengeschichte, sondern ihre Fortsetzung.

Wenngleich die Einheitslehren sich ebenfalls in den dogmengeschichtlichen Kanon einfügen könnten, da sie sich in ihrer Mehrzahl auf der Basis der Matrixhypothese nicht grundsätzlich von der moderaten Trennungslehre unterscheiden, schneiden sie sich selbst die historische Legitimation ab. Indem sie das Zweckelement der Leistungskondiktion in jeder Hinsicht leugnen, reduzieren sie das Bereicherungsrecht auf die Prinzipienebene, die allein nicht die Rechtsanwendung steuern kann. Notwendige Differenzierungen je nach Kondiktionstyp auf Tatbestands- und Interpretationsebene werden übergangen. De facto fallen die Einheitslehren mit dem rechtswidrigen, von der Rechtsgrundlosigkeit abstrahierten Haben auf den Stand des Jahres 1858 zurück, als Siebenhaar seine Vorlage zum Sächsischen Bürgerlichen Gesetzbuch vorstellte. Es stimmt zwar, daß das Tatbestandselement „auf dessen Kosten" historisch gesehen seine Berechtigung im Fall der Leistungskondiktion hat. Einseitig zu Lasten der Zwecksetzung und der causa die Bereicherung auf Kosten eines anderen hervorzukehren, wird der Dogmengeschichte andererseits weitaus weniger gerecht, als mit Teilen der Trennungslehre „auf dessen Kosten" für die Leistung zu eliminieren. § 812 BGB ist als von Wissenschaft und Praxis ausfüllungsbedürftige Norm konzipiert. Besonders die Reale Rechtslehre offenbart nur zu deutlich, wie wenig sich die Einheitslehren an die weiten gesetzgeberischen Vorgaben zu halten vermögen. Das rechtswidrige Haben ist eine evidente Reminiszenz an die Pomponius-Parömie.

b) Systemkorrekturen am Tatbestand

Obwohl die meisten Einheits- und Trennungslehren nach der Matrixhypothese dasselbe Muster liefern – Einheitsmodell auf Prinzipienebene, daneben das Trennungsmodell –, kann einzig die Trennungslehre Bestand haben. Sie ist aber lediglich dann tragfähig, wenn sie nicht übersteigert wird.

aa) Leistung und „auf dessen Kosten“

Ungereimtheiten müssen zuerst auf dem Gebiet des Tatbestandsmerkmals „auf dessen Kosten“ beseitigt werden. Entgegen einer immer noch starken Strömung innerhalb der Trennungslehre gilt das Kostenelement auch für die Leistungskondiktion. Die „Leistung“ behält dadurch ihre Priorität bei der Auslegung der Leistungskondiktion; sie ist *Legaldefinition* des Kostenmerkmals. Deshalb bleibt die Leistungsdefinition weiterhin anwendbar, grundlegende Verschiebungen ergeben sich nicht. Die Funktion der „Leistung“ als Legaldefinition von „auf dessen Kosten“ führt jedoch dazu, daß bei Problemfällen verstärkt das tatsächliche Element der realen Vermögensverschiebung zu berücksichtigen ist. Die Leistungsdefinition stellt für sich genommen mit der bewußten und zweckgerichteten Mehrung fremden Vermögens im Vermögensvermehrungselement rein vordergründig auf ein objektives Merkmal ab. Denn durch die Zwecksetzung bestimmt stets der Leistende, wessen Vermögen gemehrt werden soll, selbst wenn tatsächlicher und bezweckter Empfänger auseinanderfallen. Die Vermögensmehrung erscheint in der Definition lediglich als Merkmal auf subjektiver Basis. Da die Leistung und mit ihr die Leistungsdefinition nach der vorgeschlagenen Tatbestandskorrektur Legaldefinition ist, ändert sich daran grundsätzlich nichts: Mehrpersonenverhältnisse sind weiterhin anhand vertraglicher Kriterien, also nach Anweisungsgesichtspunkten und nicht mit der Unmittelbarkeit der Vermögensverschiebung zu bewältigen.

Jenseits der Anweisungslagen ist die Auslegung der „Leistung“ aber weitaus mehr als bisher an „auf dessen Kosten“ zu orientieren. Bei der Zession einer unwirksamen Forderung beispielsweise, die anschließend vom Putativschuldner an den Zessionar beglichen wird, kann nur der Zessionar und nicht der Zedent Bereicherungsschuldner des Zahlenden sein. Denn die Vermögensverschiebung, die vom Scheinschuldner ihren Ausgang nahm, fand real gesehen gegenüber dem Zessionar statt. Der Scheinschuldner wollte gegenüber dem Zessionar seine Schuld begleichen, daher korrespondieren sogar subjektive Zwecksetzung und objektive Vermögensverschiebung. Die Vermögensverschiebung kann die Zwecksetzung nicht überspielen. Sie ist jedoch *jenseits* von *rechtswirksamen* Anweisungslagen, bei denen aus Rationalitätsgründen Verpflichtungsgeschäft und Erfüllung und damit vertragliche Zwecksetzung und Vermögensverschiebung differieren, ein Kriterium, das daran erinnert, daß die direkte Abwicklung gegenüber dem Empfänger der zu vermutende Standardfall ist, und nicht die Abwicklung „über Eck“. Die in „auf dessen Kosten“ verkörperte normative Vermögensverschiebung ist also ein Element, das bei der Auslegung der „Leistung“ als eine von mehreren Gesichtspunkten zu berücksichtigen ist. Die Leistungskondiktionen dürfen nicht fingierten Zwecksetzungen anhand „teleologischer“ Kriterien überlassen bleiben, welche den Ausnahmefall der Leistung „über Eck“ zur Regel aller Leistungsvorgänge stilisieren. Dadurch büßt die Zwecksetzungskomponente einen Großteil ihrer deduktiven Kraft ein; der

Zweck bei den Leistungskondiktionen wird auf seinen Platz *neben* der Vermögensverschiebung verwiesen. Das zusätzliche objektive Vermögenselement bei der Ermittlung der Leistungspersonen soll die kritische Definitionsmasse der „Leistung“ erweitern.

bb) Eingriff und „auf dessen Kosten“

Des weiteren ist die Eingriffskondiktion hinsichtlich des Kostenmerkmals zu überdenken. Die besonders von Reuter und Martinek vertretene Variante der Trennungslehre will nicht nur die Leistungskondiktion, sondern sogar die Eingriffskondiktion vom Tatbestandsmerkmal „auf dessen Kosten“ lösen und die Verletzung des Zuweisungsgehalts ganz der Rechtsgrundlosigkeit als Zuweisungsverfehlung zuordnen;[542] das war bereits bei Wilburg angelegt. Anders als für die Leistungskondiktion steht für die Eingriffskondiktion aber kein weiteres Tatbestandsmerkmal wie die „Leistung“ nach der Elimination von „auf dessen Kosten“ zur Verfügung, mit dem man den Verlust an gesetzgeberischen Vorgaben auffangen könnte. In der Folge stehen sich Leistungs- und Eingriffskondiktion wesensverschieden gegenüber: Die Leistungsalternative ist die rechtsgrundlose Leistung, die Hauptvariante der Nichtleistung – der Eingriff – ist der Widerspruch zum Zuweisungsgehalt eines Rechts, die Zuweisungsverfehlung.

Wenn Vertreter der Einheitslehren der Trennungslehre vorwerfen, sie sei nicht mehr mit dem gesetzlichen Tatbestand zu vereinbaren, dann haben sie bei dieser weitgehenden Aufteilung in Leistung und Nichtleistung nicht unrecht. Jenseits der genetisch-historischen Auslegung ließe es sich noch vertreten, „auf dessen Kosten“ bei der Leistungskondiktion dem Wortlaut nach zu streichen. Wie aber selbst die Bereicherung in sonstiger Weise vom Kostenelement gelöst werden soll, bleibt das Geheimnis derjenigen, die das freischwebend behaupten.[543] Auf der Basis der Rechtswidrigkeitstheorie wäre es vielleicht konsequent, „auf dessen Kosten“ unbeachtet zu lassen, da sich die Kategorie der Rechtswidrigkeit ganz auf die Rechtsgrundlosigkeit konzentriert. Aber selbst dann könnte man eine zweistufige Prüfungsfolge einhalten. Wer aber die Zuweisungslehre vertritt,[544] für den ist die Auslegung des § 812 Abs. 1 S. 1 BGB contra legem erst recht nicht zwingend. Es ist deswegen daran festzuhalten, daß „auf dessen Kosten“ neben „ohne rechtlichen Grund“ ein eigenständiges Tatbestandsmerkmal der Eingriffskondiktion bildet.

---

[542] Siehe bereits oben auf S. 373, insbes. Fn. 238, und S. 378, 449.

[543] *Reuter/Martinek*, Ungerechtfertigte Bereicherung, § 7 I 3 (S. 240 f.): behauptet wird die Absorption von „auf dessen Kosten“ durch die Rechtsgrundlosigkeit.

[544] *Reuter/Martinek*, Ungerechtfertigte Bereicherung, siehe nur § 7 I, II (S. 234–248).

In einem ersten Schritt ist *abstrakt* zu ermitteln, „auf wessen Kosten" der Eingriff bei ursprünglicher Güterzuordnung ginge, in einem zweiten, ob der Eingriff in der *konkreten* Situation rechtsgrundlos erfolgt. Es stimmt zwar, daß der Eingriff *mit* Rechtsgrund voraussetzt, das betroffene Gut sei dem Bereicherten kraft des Rechtsgrundes zugewiesen. Dies darf allerdings nicht zu der Annahme verleiten, es sei wegen der Interdependenzen von „ohne rechtlichen Grund" und Güterzuordnung ein Zirkelschluß, zuerst das Kostenmerkmal und dann die Rechtsgrundlosigkeit zu prüfen. Mit demselben Schluß könnte bereits der Eingriff verneint werden, der auch für die Lehre von der Zuweisungsverfehlung konstitutiv ist. Es wäre sprachlich widersinnig, von einem „Eingriff" in ein Recht zu sprechen, das man in der konkreten Situation beispielsweise benutzen darf. Im übrigen könnte mit denselben Argumenten die Absorption der Rechtsgrundlosigkeit durch „auf dessen Kosten" behauptet werden: Demjenigen, der in der konkreten Situation ein Gut für sich in Anspruch nehmen kann, „auf dessen Kosten" geschieht der Eingriff durch einen anderen, der das Gut mangels Befugnis nicht „auf seine Kosten" ausbeuten darf.

In praxi führt die unterschiedliche Lokalisierung der Eingriffskondiktion zwar zu keinen abweichenden Ergebnissen, der Achtung vor dem Gesetzeswortlaut wegen sollte der Tatbestand jedoch nicht zerschlagen werden. Die normative Vermögensverschiebung ist damit über „auf dessen Kosten" Element der Eingriffskondiktion. Doch nicht mehr die Unmittelbarkeit der Vermögensverschiebung legt die Beteiligten des Schuldverhältnisses aus rechtsgrundloser Bereicherung fest, sondern die Wertungsmaßstäbe, die von den verschiedenen Theorien zur Eingrenzung des Kreises an schutzwürdigen Rechten entwickelt wurden. Die Chiffre „Vermögensverschiebung" darf nicht dazu führen, daß ein realer Vermögensverlust auf der Gläubigerseite im Sinne der Differenzhypothese gefordert wird. Wenn der Schuldner sich mit einem Recht oder Rechtsgut vermögensmäßig bereichert, das dem Kondizenten in concreto zugeordnet ist, stellt das bereits eine *normative* Verschiebung von Vermögen dar. Die Vermögensverschiebung hat allein noch die Aufgabe, über das Kostenmerkmal auf Tatbestandsebene mit der Leistungskondiktion eine Verbindungslinie herzustellen. Genausowenig läßt sich in Mehrpersonenverhältnissen stets eine unmittelbare reale Vermögensverschiebung für die Leistungskondiktion feststellen. Der Schutz der konkret verletzten Rechte und Rechtsgüter und die daraus resultierende Bereicherung sind ausschlaggebend, nicht primär die „Verschiebung" der Vermögensnutzung als Reflex des Rechtsschutzes.

Nicht das *allgemeine* Vermögen als Inbegriff aller Geldwerte, sondern das *konkrete* Recht oder Rechtsgut in seiner Integrität werden geschützt.[545] Diese Integrität als Ausfluß der Privatautonomie ist selbst dann beeinträchtigt, wenn der Rechtsinhaber sein Recht oder die Person ihr Rechtsgut nicht kommerziell

---

[545] Zu den Parallelaspekten auf Prinzipienebene unten ab S. 700.

verwerten möchte. Ansonsten wäre kein effektiver Rechtsschutz möglich. Der tatsächliche Wille zur Kommerzialisierung auf der Kondizentenseite ist daneben als Relikt des Quasivertragsgedankens irrelevant: Jede andere Entscheidung ginge dogmengeschichtlich hinter die Definition v. Savignys vom Quasivertrag als Nichtvertrag zurück. Weiterhin setzte man sich mit dem Gedanken, der Rechtsschutz sei eine Frage des aushandelbaren Preises, für das allgemeine Persönlichkeitsrecht als Teilaspekt der Materie zur verfassungsrechtlichen Rechtsprechung in Widerspruch:[546] „Der verfassungsrechtliche Privatsphärenschutz aus Art. 2 I i. V. mit Art. 1 I GG ist nicht im Interesse einer Kommerzialisierung der eigenen Person gewährleistet." Spiegelbildlich zur Kondizentenseite muß auf der Bereichertenseite entgegen der noch vorherrschenden Ansicht die Nutzungs*möglichkeit* als Bereicherung genügen.[547]

Nicht abschließend entschieden werden muß zwischen den vielen Lehren, die bemüht werden, um die Eingriffskondiktion den verschiedenen Rechten zuzuordnen. Ob die Rechtswidrigkeits-, die Zuweisungslehre oder eine der zahlreichen Mischformen bevorzugt wird, kann nichts an der gesetzlichen Vorgabe ändern: „Auf dessen Kosten" hat den Gläubiger und damit die Schutzfähigkeit des betroffenen Rechts durch das Bereicherungsrecht im Typus des Eingriffs festzulegen, die genaue dogmatische Definition ist für die Frage nach Einheits- und Trennungsmodell unerheblich.

Statt dessen ist auf einen weiteren möglichen Einwand einzugehen. Als Anhänger der Einheitslehren könnte man nun argumentieren, die Eingriffskondiktion im Sinne der Trennungslehre laufe anders als die Leistungskondiktion auf das rechtswidrige Haben hinaus, das zu rechtfertigen sei.[548] Das verstärke zwar die Dichotomie von Leistung und Nichtleistung, es sei andererseits aber inkonsequent, weil für den Teilbereich der Eingriffskondiktion die Bedenken gegenüber den Einheitslehren hinsichtlich des rechtswidrigen Habens ebenfalls vorzutragen seien. Stimmig sind die Vorwürfe nur, wenn der Eingriff die Rechtswidrigkeit der Bereicherung tatsächlich vorwegnimmt; der Beklagte hätte dann die Vermutung zu widerlegen, auf seiner Seite wären Darlegungs- und Beweislast.

---

[546] BVerfG, 15.12.1999 – 1 BvR 653/96, in: NJW 2000, S. 1021 (1023). Anders BGH, 1.12.1999 – I ZR 49/97 („Marlene Dietrich"), in: NJW 2000, S. 2195 (2197): das Persönlichkeitsrecht sei auch in kommerziellen, nicht nur in ideellen Aspekten geschützt.

[547] A. A. die h. M., siehe nur *Bertram Ebert*, Bereicherungsausgleich, 1. Teil, I. 1 a bb α (3) (zitiert nach Manuskript); *Larenz/Canaris*, Schuldrecht, Bd. II/2, § 71 I 2 a (S. 256), jeweils m. w. N.; wie hier vor allem *Lieb*, in: NJW 1971, S. 1289 (1291–1294); *ders.*, in: Münchener Kommentar, § 812, Rn. 302.

[548] Vgl. *Stathopoulos* oben auf S. 427.

Die Lösung der Frage, ob der Eingriff die Rechtswidrigkeit indiziert, ergibt sich aus der Struktur des Tatbestands; er betont neben der Rechtsgrundlosigkeit „erlangen“, „Leistung“ bzw. „in sonstiger Weise“ und schließlich „auf dessen Kosten“. Das „Erlangte“ akzentuiert die Bereicherung, „auf dessen Kosten“, „Leistung“ sowie „in sonstiger Weise“ hingegen den Bereicherungsvorgang. Weder der Bereicherungsvorgang noch die resultierende Bereicherung sind somit allein ausschlaggebend. Die Bereicherung als Eingriffs*erfolg* kann die Rechtswidrigkeit nicht indizieren, denn es ist gerade die Frage, in welchen Fällen die Bereicherung herauszugeben ist. Doch selbst die Eingriffs*handlung* auf Kosten des Rechts eines anderen hat nicht diese Indizwirkung. Anders als einer unerlaubten Handlung mangelt es dem möglicherweise schuldlosen Eingriff an der qualifizierten rechtsethischen Verwerflichkeit, die seine Revision auf der Basis der bloßen Bereicherung in jedem Fall als unumgänglich erscheinen läßt. Zu fragen ist vielmehr, ob der Eingriff rechtsgrundlos ist, nicht, weshalb er ausnahmsweise gerechtfertigt sein soll. Beide Sichtweisen werden zwar zumeist auf dasselbe Ergebnis hinauslaufen, aus rechtsdogmatischer Sicht kann aber nur die Auslegung von „ohne rechtlichen Grund“ als Rechtsgrundlosigkeit und nicht als Rechtfertigungsgrund überzeugen. Nicht die „Bereicherung zum Schaden eines anderen“ ist die Essenz, sondern die „*rechtsgrundlose* Bereicherung auf Kosten eines anderen“.

Besonders deutlich würden die Folgen der invertierten Rechtsgrundlosigkeit für die Eingriffskondiktion – wie angedeutet wurde – im Wirtschaftsverkehr.[549] Auf dem Boden der Zuweisungslehre oder einer weit verstandenen Vermögensverschiebung wird der Bereicherung auf dem Gebiet des Immaterialgüterrechts oder des Wettbewerbsrechts oft kein tatsächlicher Vermögensverlust entsprechen. Trotzdem ist in vielen Situationen ohne weiteres die Kondiktion anerkannt. Während bei einem realen Schaden im Falle des Substanzverlusts und damit einer tatsächlichen Vermögensminderung die Rechtswidrigkeit noch indiziert sein kann, muß in vielen anderen Konstellationen, in denen ein Recht ohne realen Schaden lediglich benutzt wird oder Erwerbsmöglichkeiten beeinträchtigt werden, das fehlende Schadenselement durch die Rechtsgrundlosigkeit aufgewogen werden. Ansonsten bestünde kein hinreichender Konnex zwischen dem Eingriff in der konkreten Situation und dem abstrakt zugewiesenen Recht. Noch anschaulicher wird die Verbindung, wenn man mit der abgelehnten Literaturmeinung Rechtsgrundlosigkeit und Kostenmerkmal zur Zuweisungsverfehlung zusammenfaßte:[550] Die fehlerhafte und somit zu korrigierende Güterzuordnung im Zustand der Bereicherung kann nach dieser Spielart innerhalb der Trennungslehre nur über die mitbedachte Rechtsgrundlosigkeit ermittelt

---

[549] Bereits ausführlich zum invertierten Verständnis von „ohne rechtlichen Grund“ als Rechtfertigungsgrund oben ab S. 456 zu den Einheitslehren.

[550] Näher oben auf S. 374, Fn. 238, S. 465.

werden. Und schließlich ist die Bereicherung durch Naturvorgänge zu bedenken: Das Erlangen ohne jede Handlung des Entreicherten oder Bereicherten ist rechtsethisch betrachtet neutral.[551]

Die Eingriffskondiktion zum Quasidelikt zu erklären, würde weiterhin die genetische Entwicklung von den Kondiktionen *ob causam* hin zu den Kondiktionen *sine causa* rückgängig machen und v. Savignys Bemühungen zerstören, gemeinsame Grundsätze für die Leistungs- und Nichtleistungsfälle aufzudekken. Schon § 748 Abs. 2 E I zog daraus die angemessene Konsequenz: Die Rechtsgrundlosigkeit sollte nach dieser Vorschrift gerade nicht zu vermuten sein. Besonders die Normen über den guten Glauben im Sachenrecht zeigen, daß nach der heutigen Gesetzeslage die Vermutung der Rechtsgrundlosigkeit überholt ist.

Die Kondiktion des Eigentümers gegen den redlichen Erwerber ist ein Beispiel dafür; sie wird durch § 816 Abs. 1 BGB nicht ausgeschlossen, sondern präsumiert. Wenn jemand vom Nichtberechtigten eine Sache gutgläubig erwirbt, muß zwar der Erwerber nachweisen, die Voraussetzungen der §§ 932 ff. BGB seien erfüllt, um sein Eigentum zu behaupten. Mit dem Nachweis wird der Eingriff aber erst begründet, der im redlichen Erwerb zu Lasten des ursprünglich Berechtigten liegt. Es wäre in der Folge – abgesehen von § 932 BGB als Rechtsgrund – beim entreicherten Alteigentümer zu beweisen, der redliche Erwerber habe ohne Rechtsgrund die Sache erworben. In der Spezialvorschrift § 816 Abs. 1 S. 2 BGB kommt das deutlich zum Ausdruck, dort wird die Unentgeltlichkeit der Rechtsgrundlosigkeit gleichgestellt. Bei § 816 Abs. 1 S. 2 BGB ist es am Kläger zu beweisen, die Verfügung des Nichtberechtigten sei unentgeltlich erfolgt.[552]

Selbst der nichtberechtigte Verfügende kann sich auf einen Rechtsgrund berufen: Wenn beispielsweise der Vorbehaltsverkäufer vertragswidrig seine Verfügungseinwilligung widerruft und der Vorbehaltskäufer dennoch die Sache an einen Gutgläubigen weiterveräußert, dann handelt der Vorbehaltkäufer als Nichtberechtigter, der dem berechtigten Vorbehaltsverkäufer gegenüber aus dem Kaufvertrag jedoch mit Rechtsgrund verfügt hat. Daher kann auch dem Nichtberechtigten nicht unterstellt werden, seine Bereicherung durch den Kaufpreis sei stets das Ergebnis eines rechtsgrundlosen Eingriffs.

---

[551] Treffend *Jaffey*, Restitution, S. 17, zum englischen Recht.

[552] *Mühl*, in: *Soergel/Siebert*[11], § 816, Rn. 58; *Werner Lorenz*, in: *Julius v. Staudinger*[13], § 816, Rn. 35.

cc) Objektive Rechtsgrundlosigkeit

Neben dem Merkmal „auf dessen Kosten“ muß in der Frage der Rechtsgrundlosigkeit bei der Leistungskondiktion wieder zu den Ursprüngen zurückgekehrt werden. Viele Vertreter der Trennungslehre sind mit ihrem subjektiven Rechtsgrundverständnis in bester scholastischer Manier viel zu weit gegangen; der Irrgarten der causa-Terminologie ist nach der Zusammenfassung der Kondiktionen ob causam in § 812 Abs. 1 S. 1 Alt. 1 BGB Vergangenheit. Kupisch sei zuzugeben, daß Weitnauers Lehre vom Rechtsgrund als subjektive Zweckvereinbarung die naturrechtliche Lehre vom Quasikontrakt aufleben läßt,[553] indem die Rechtsgrundlosigkeit als Verfehlung eines vertraglich vereinbarten Zwecks verstanden wird. Weitnauer selbst räumt das mit den Worten ein, die französische Doktrin handle folgerichtig, die Leistungskondiktion als Quasikontrakt aufzufassen.[554] Damit werden die §§ 812 ff. BGB in der Leistungsvariante als Annex des Vertragsrechts betrachtet. Rechtsvergleichend-funktional gesehen mag es im Anschluß an v. Caemmerers Typenlehre vorstellbar sein, die Leistungskondiktion in Vertragsnähe zu rücken. Auf dogmatischer Ebene sind die Vorgaben des Gesetzes über die Rechtsgrundlosigkeit eindeutig auf die Obligation ex lege gerichtet. Dies hatten schon die Autoren des usus modernus erkannt; Vertragsanalogien sind deshalb nur Fiktion und bedürfen weitergehender Wertungen. Nach Aufgabe des Institutionenschemas ist die Hilfsbrücke Quasivertrag überflüssig, es besteht kein Grund mehr, nicht unmittelbar auf das eigentliche Fundament der Kondiktionen, die vertragslose Bereicherung auf Kosten eines anderen zuzugreifen. Man stellte die Leistungskondiktion auf den Kopf, wenn sie vom Korrelat fehlgeschlagener Verträge in eine Vertragsklage umgedeutet würde.

Bedenklich erscheint auch die abgemilderte Version vom subjektiven Rechtsgrund,[555] der zufolge der Leistende einseitig den Zweck der Vermögensverschiebung setzt. Die Lehre ist nicht mit dem Quasivertrag zu verwechseln, dafür aber mit Windscheids Voraussetzungslehre, von der sie die Behauptung übernimmt, die condictio indebiti sei ein Unterfall der condictio ob rem.[556] Die historischen Vorwürfe, die Voraussetzung sei reine Fiktion, treffen auch auf ihre

---

[553] Vor allem *Weitnauer*, z. B. in Festschrift für *v. Caemmerer*, S. 255 (bes. 263, 292 f.); des weiteren etwa *Schnauder*, Leistungskondiktion bei Drittbeziehungen, S. 38–41; *Stierle*, Fehlerhafte Banküberweisungen, S. 15–18, alle m. w. N. Dagegen *Kupisch*, in: JZ 1985, S. 101 (107). Gegen die Rechtsnatur der Zweckbestimmung als Vereinbarung unter den Parteien auch die ganz h. M., siehe nur *Harm Peter Westermann*, in: *Erman*[10], § 812, Rn. 13.

[554] Vor allem *Weitnauer*, in: Festschrift für *v. Caemmerer*, S. 255 (264).

[555] Z. B. *Esser*[2], Schuldrecht, § 189, 3, 4 (S. 777 f.); *Koppensteiner/Kramer*, Ungerechtfertigte Bereicherung, § 4 II (S. 15); *Medicus*, Schuldrecht, Bd. 2, Rn. 651; *Reuter/Martinek*, Ungerechtfertigte Bereicherung, § 4 II b (S. 107–110).

[556] Siehe *Reuter/Martinek*, Ungerechtfertigte Bereicherung, § 4 II 4 b (S. 110).

Nachfolgerin, die Theorie vom subjektiven Rechtsgrund, zu. Denn manchmal wird die einseitige Zwecksetzung Fiktion bleiben. Im Fall von § 366 Abs. 2 BGB erfolgt die Anrechnung auf bestimmte Forderungen ipso iure. Die Zuordnung und somit das Behaltendürfen in Verbindung mit einer bestimmten Forderung werden hier nicht durch den Willen des Leistenden, sondern durch Gesetz bewirkt. Definiert man die Rechtsgrundlosigkeit hingegen im objektiven Sinn im Anschluß an v. Caemmerer als Fehlen eines Schuldverhältnisses,[557] wird die Rückforderung des Geleisteten nicht mehr durch die Fehlerfolgen der Zwecksetzung, sondern allein durch den gesetzlichen Tatbestand konstituiert. Normen wie § 366 Abs. 2 BGB führen für den objektiven Rechtsgrundbegriff zu keinen Schwierigkeiten.

Das zugrundeliegende Schuldverhältnis muß keine rechtswirksame Verpflichtung des Leistenden beinhalten; auch die Handschenkung (§ 516 BGB), die Erfüllung formunwirksamer Verpflichtungen mit anschließender Heilung (zum Beispiel §§ 313, 518 BGB), erfüllte Naturalobligationen (zum Beispiel § 762 Abs. 1 S. 2 BGB) oder die causa ob rem stellen einen Rechtsgrund im Sinne der Leistungskondiktion dar. Die Schuldverhältnisse, die keinen Anspruch auf Verschaffung des Bereicherungsgegenstands umfassen, sondern nur die negative Feststellung treffen, die Bereicherung dürfe nicht zurückgefordert werden, sind die Obergruppe der Schuldverhältnisse, die auf eine „aktive“ Verpflichtung hinauslaufen. Wesentlich ist für die causa der Leistungskondiktion nicht, daß der Bereicherte zuvor einen Anspruch auf das Erlangte hatte, sondern daß das Schuldverhältnis zwischen Bereicherungsgläubiger und -schuldner die Rückabwicklung ausschließt und den erreichten Vermögensstand konserviert. Dieses Schuldverhältnis ist selbstverständlich zweckgetragen; der Zweck, die Bereicherung sei mit Rechtsgrund erfolgt, offenbart sich aber nur mittelbar im wirksamen Schuldverhältnis. Existiert kein Schuldverhältnis, dann wurde, wenn man es so ausdrücken will, der Zweck verfehlt, der Bereicherung einen Behaltensgrund zu vermitteln. Eigenständige Bedeutung hat die Zweckverfehlung neben der Nichtexistenz eines Schuldverhältnisses, auf das geleistet wurde, jedoch nicht.

---

[557] Grundlegend *v. Caemmerer*, in: Festschrift für *Rabel*, S. 333 (343) = Gesammelte Schriften, Bd. 1, S. 209 (220): „Der Leistungsempfänger ist also ganz formal gesehen deshalb ungerechtfertigt bereichert, weil das Schuldgeschäft und damit die zu tilgende Forderung nicht bestand.“ Ähnlich viele in der älteren Lehre, z. B. *Scheyhing*, in: AcP, Bd. 157 (1958/59), S. 371 (377); heute mit Nachdruck vor allem *Larenz/Canaris*, Schuldrecht, Bd. II/2, § 67 III 1 a (S. 137), m. w. N.

So auch Anhänger der Einheitslehre, da sie nicht über den Rechtsgrund die Zwecksetzung vertreten wollen, die sie für den Leistungsbegriff ablehnen, etwa *Kupisch*, Gesetzespositivismus, S. 61 f.

VII. Gesamtfazit

Nach nunmehr einhundert Jahren Bürgerlichem Gesetzbuch ist § 812 immer noch eine weithin ungeklärte Norm, oft wird sie als verunglückte Regel angesehen.[558] Im Ausland scheint sich das Recht der rechtsgrundlosen Bereicherung dagegen einer höheren Achtung zu erfreuen; dazu hat sicherlich die kurze Fassung des deutschen Bereicherungsrechts beigetragen. Außenstehende, die noch nie die §§ 812 ff. BGB anwenden mußten und nicht mit den zahlreichen Kontroversen befaßt waren, sehen die Regelung der „goldenen Königin BGB"[559] deutlich positiver.[560] Im deutschsprachigen Ausland, also in Österreich und der Schweiz, fällt die deutsche Dogmatik ebenfalls auf fruchtbaren Boden. Während unter dem Bürgerlichen Gesetzbuch heute kaum etwas von Einflüssen durch das Obligationenrecht oder das Allgemeine Bürgerliche Gesetzbuch zu spüren ist, zeigen die Literaturlisten in österreichischen und schweizerischen Kommentaren den hohen Stellenwert der deutschen Lehre. Die unerbittliche Schärfe, mit welcher der Streit zwischen Einheits- und Trennungslehren geführt wird, kann jenseits der bundesdeutschen Grenzen kaum noch nachvollzogen werden. Sowohl die schweizerische als auch die österreichische Kodifikation haben jede in ihre Richtung eine andere Struktur, die zu weniger grundlegenden Mißdeutungen als § 812 BGB Anlaß gibt. Als man den 24. Abschnitt im Besonderen Schuldrecht schuf, wollten die Gesetzesverfasser einen Kompromißweg zwischen Tradition und Modernität am Schnittpunkt der zahlreichen Vorgängerkodifikationen beschreiten. Doch hat der Kompromiß dem Wortlaut von § 812 BGB die Unschärfe eingeprägt, die man gerade vermeiden wollte. Der Gesetzgeber konnte sich weder für ein striktes Einheitsmodell noch für die Auflösung des Rechts der rechtsgrundlosen Bereicherung entscheiden. An dieser Erbkrankheit hat die heutige Dogmatik zu leiden. Sie kann nur mit den geeigneten methodischen Instrumentarien bewältigt werden. Nicht der Inhalt der verschiedenen Lehren und Systeme ist entscheidend, sondern ihr Umgang mit dem Gesetz, das über die Auslegung geschärft werden muß.

---

[558] Z. B. *Nelken*, Unmittelbarkeit der Bereicherungsansprüche, S. 2; *Fritz Schulz*, Classical Roman Law, Rn. 1042; *Wendehorst*, Anspruch und Ausgleich, S. 208.

[559] *Kono*, in: AcP, Bd. 200 (2000), S. 519 (525), zur Rezeption des deutschen Bereicherungsrechts in Japan.

[560] *Beatson*, in: Festschrift für *Jones*, S. 297 (298): „[...] the rigour and intricate logic of the BGB are to be admired [...]"; *Dawson*, Unjust Enrichment, S. 91: „most carefully considered solutions to be found in any modern legislative system"; *Thomas Krebs*, in: (2000) OxUCLF 3 = *http://www.ouclf.iuscomp.org*, bei Fn. 42/43: „great beauty of German law". Aus dem deutschen Rechtskreis ebenso noch kurz nach 1900 *Hartmann*, in: ArchBürgR, Bd. 21 (1902), S. 224 (235): „Der neue Bereicherungsanspruch ist ein klares, dabei aber ungemein lebendiges und bewegliches Prinzip, das nach den verschiedenen Richtungen in den Rechtsverkehr eingreift und dem Rechte eine bisher unbekannte, allseitige Vertiefung und Verfeinerung giebt."

Die Synopse der verschiedenen Einheits- und Trennungslehren zeigte auf, daß sie stets zu denselben Endergebnissen gelangen können. Ungeachtet des Tatbestandsmerkmals „auf dessen Kosten" und anderer Glaubenssätze, auf die man das Bereicherungsrecht projiziert, folgt das Rechtsgebiet in weitaus höherem Maß als bislang angenommen einer anderen Gesetzlichkeit. Weniger materielle Werte als die inhaltlich aufgeladene Methode schafft sich ihre bereicherungsrechtliche Wirklichkeit. Die Reale Rechtslehre behandelt § 812 BGB als mathematische Formel, folglich fällt es ihr einfach, die Norm zu „kürzen"; dieser Methodenansatz ist daher für die Einheitslehre geradezu prädestiniert. Gleichfalls unter die szientifischen Ansätze fällt der Konstruktivismus, der am deutlichsten in Kupischs Analogiedenken und Bälz' Mehrpersonenformation zutage tritt. Sie wollen das Bereicherungsrecht erst Stück um Stück dekonstruieren, um es anschließend zu rekonstruieren.

Ein ganz anderes Gebiet der Rechtswissenschaft, das dem Rechnen mit Begriffen diametral gegenübersteht, die Rechtsvergleichung, wird sich aufgrund seiner funktionalen Sichtweise der Rechtsinstitutionen weniger an festgesetzten nationalen Normen als an Sachproblemen orientieren: v. Caemmerer exerzierte die typologische Analyse, um das deutsche Bereicherungsrecht überhaupt mit dem französischen und anglo-amerikanischen Recht vergleichen zu können. Der Weg zur Trennungslehre erscheint beinahe zwangsläufig vorgezeichnet. Im Gegensatz dazu stehen den Romanisten alle Optionen offen; sie mögen sich auf der Basis der abstrakten Klageformeln aus condictio mit Kupisch für eine tendenzielle Einheitslehre oder für das Trennungssystem entscheiden. Letzteres vertritt Flume,[561] wobei seine abweichende Meinung zu Mehrpersonenverhältnissen wohl auf seine romanistische Vorliebe für „suum recepit" zurückgeht. Der Empfängerhorizont kann für ihn nicht entscheidend sein, denn der error des Kondizenten ist ausschlaggebend. Ebenfalls für den Willen des Leistenden aussprechen werden sich die Bereicherungsdogmatiker, welche nach dem Vorbild Weitnauers die privatautonome Zwecksetzung für die Leistungskondiktion betonen. Aus seiner Sicht erscheint die Trennungslehre notwendig, denn die Leistung als Reich zweckhafter Privatautonomie steht im Kontrast zur Nichtleistung, die nicht auf der Zwecksetzung der Parteien basiert.

Diejenige Theorie ist zu bevorzugen, welche für die §§ 812 ff. BGB die beste Auslegungsmethode zur Verfügung stellt. Sie muß rational nachvollziehbar und einfach zu handhaben sein, Systematik, Teleologie und Geschichte sprachlich integrieren. Bislang ist das noch keiner der unzähligen Einheits- und Trennungslehren gelungen. In Zukunft sollten verstärkt methodologische und rezeptionsgeschichtliche Aspekte im Vordergrund stehen, um Fortschritte zu

---

[561] *Flume* könnte nach seinem jüngsten Beitrag allerdings eher den Einheitslehren zugerechnet werden, wenn er von einem Einheitstatbestand spricht und sich dem System *Wilhelms* anschließt; siehe *ders.*, in: 50 Jahre BGH, Bd. 1, S. 525 (bes. 525 f., 534 f.).

erzielen. Den §§ 812 ff. BGB darf keine Methode sachfremd oktroyiert werden; das Gesetz muß wieder in seiner historischen Verankerung Ausgangspunkt sein. Der vorgestellte, bereinigte Ansatz, der die Trennungslehre auf den gesetzlichen Tatbestand zurückführt, orientiert sich am Gesetzeswortlaut, er berücksichtigt aber zugleich systematische und historische Elemente.

Weder wird das Tatbestandsmerkmal „auf dessen Kosten“ für die Leistungskondiktion verneint noch die Zwecksetzung geleugnet. Beide Bausteine können kombiniert werden. Die Methode, sich am Gesetz zu messen, bedingt weiterhin, „ohne rechtlichen Grund“ als Rechtsgrundlosigkeit und nicht als Rechtfertigungsgrund zu verstehen. § 812 BGB ist kein verschuldensunabhängiges, bereicherungszentriertes Pendant zu § 823 BGB. Es gibt in einer liberalen Wirtschaftsordnung mit ihren zahllosen Gewinnmöglichkeiten keine Haftungsvermutung zu Lasten des Bereicherten. Der eigentliche und entscheidende Unterschied zu den Einheitslehren liegt beim vorgeschlagenen Ansatz also weniger bei „auf dessen Kosten“, sondern mehr bei der Auslegung der Tatbestandselemente. § 812 Abs. 1 S. 1 BGB zeichnet nicht das rechtswidrige Haben Siebenhaars und Sells nach.

Die Leistungskondiktion ist kein Beispielfall einer allumfassenden Generalkondiktion, der Typus „Leistung“ und die verschiedenen Nichtleistungstypen sind vielmehr zueinander exklusiv. Wenn der konkrete Bereicherungsmodus „Leistung“ oder „in sonstiger Weise“ hinweggedacht wird, bleibt keine anwendungsfähige rechtsgrundlose Bereicherung als Basissatz mehr übrig. Ohne die konkrete Bereicherungshandlung lassen sich durch Auslegung weder das Tatbestandsmerkmal „auf dessen Kosten“ noch „ohne rechtlichen Grund“ in einen direkt einsatzfähigen Rechtssatz modulieren. Gelangt man trotz gegenteiliger Behauptungen im Sinne der Einheitslehren tatsächlich zu einem in concreto anwendbaren Rechtssatz, werden die Leistung und die Typen der Nichtleistung stillschweigend wieder bei der Gesetzesinterpretation miteinbezogen. Dem Gesetzeswortlaut nach steht die Leistung der Großgruppe der Nichtleistungsfälle Eingriff, Verwendung, Rückgriff sowie Vermischtes alternativ gegenüber. Gleichzeitig sind die verschiedenen Nichtleistungstypen innerhalb der Bereicherung „in sonstiger Weise“ alternierend. Wenn das Element „auf dessen Kosten“ für die Leistungskondiktion gilt, dann ist der Unterschied der Leistung zur Verwendung wie in Königs Reformentwurf nicht mehr größer und nicht mehr geringer als die Differenz der Verwendung zum Eingriff und zum Rückgriff. Daraus ergibt sich folgender Normwortlaut auf Tatbestandsebene:

> „Wer etwas ohne rechtlichen Grund auf Kosten eines anderen durch Leistung oder Nichtleistung erlangt, ist ihm zur Herausgabe verpflichtet.“

Alle durch „Leistung“ und „Nichtleistung“ symbolisierten Typen formen im Gegensatz zu Königs Vorschlag de lege lata eine gemeinsame Anspruchsgrundlage, weil sie bis auf die Erwerbsmodalität an dieselben Voraussetzungen auf Tatbestandsebene, die Tatbestandsmerkmale „erlangt“, „auf dessen Kosten“ und „ohne rechtlichen Grund“ gebunden sind. Ebenso wie § 823 Abs. 1 BGB durch unterschiedliche Schutzgüter *eine* Anspruchsgrundlage konstituiert, bilden die verschiedenen Bereicherungstypen eine tatbestandliche Einheit. Die typologisch-funktionale Auslegung des Gesetzes erzwingt zur gleichen Zeit wieder, in der Auslegung die verschiedenen Bereicherungsmöglichkeiten zu konkretisieren. Damit wird im Bereicherungsrecht nichts anderes als die allgemeine Methodenlehre bewiesen, welche die Auslegung anhand rationaler Kriterien organisieren will. Die typologische Perspektive ist kein Selbstzweck, sondern ein mit der „Leistung“ im Gesetz angedeutetes Organisationskriterium zur Beherrschung der vielfältigen Lebenssachverhalte, zu denen das Bereicherungsrecht Zutritt hat.

§ 4 Exkurs: Subsidiarität der Eingriffskondiktion

I. Allgemeines

Einer der Hauptangriffspunkte, den die Trennungslehre bietet, ist der immer wieder behauptete Vorrang der Leistungs- vor der Nichtleistungskondiktion, das sogenannte „Subsidiaritätsdogma". Die Lehre nach 1900 hielt sich zunächst mit solchen weitreichenden Äußerungen zurück. v. Jherings Titellehre wurde auf dem Boden des Bürgerlichen Gesetzbuches nur direkt von Aloys Stieve vertreten.[1] Er behauptete, im Sonderfall § 816 Abs. 1 S. 1 BGB könne nach dem Wortlaut unabhängig vom titulus des Bereicherungsschuldners kondiziert werden, „ohne rechtlichen Grund" in § 812 Abs. 1 S. 1 BGB sei dagegen als Fortführung der Lehre v. Jherings zu deuten. Es ist erst das „Verdienst" der Trennungslehre, das Subsidiaritätsdogma in breiter Front aus der Taufe gehoben zu haben.

Gemeinhin verbindet man also den Satz, die Nichtleistung sei der Leistung untergeordnet, mit der Trennungslehre.[2] Begrifflich ist dies verständlich, denn nur wer verschiedene Kondiktionstypen differenziert, kann sie in Relation zueinander setzen. Folglich ist es kein Wunder, daß die Einheitslehren fast durchgehend den Vorrang der Leistungskondiktion von vornherein ablehnen.[3] Apo-

---

[1] *Stieve*, Gegenstand des Bereicherungsanspruchs, S. 12–14; dagegen *Freund*, Eingriff in fremde Rechte, S. 20. *Stieves* Äußerungen betreffen seine Diss. jedoch nur am Rande und sind in ihrer Kürze etwas verschwommen; siehe auch *Feblowicz*, Verarbeitung und Bereicherungsansprüche, und *Haymann*, in: JherJb, Bd. 77 (1927), S. 189 (265–268), der für die Einbaufälle ohne weiteres von der Kondiktion durch den ehemaligen Eigentümer ausgeht.

Ähnlich wie *Stieve* i. E. *Oertmann*, in: AcP, Bd. 96 (1905), S. 1 (47–49):

> „Eine Leistung oder ein sonstiger Erwerb, den jemand gutgläubig auf ein zu begründendes oder zu lösendes Kausalverhältnis hin erlangt hat, ist auf dieses Kausalverhältnis selbst dann zu verwenden, wenn er aus fremden Mitteln erzielt ist, und erhält dadurch seine iusta causa. Grundlos bereichert auf Kosten des betroffenen Dritten ist nicht der Empfänger, sondern der in seinem Kausalverhältnis zu jenem dadurch um einen entsprechenden Betrag günstiger gestellte Geber."

Siehe generell zu den verschiedenen Ansichten nach älterem Stand *Fiedler*, Bereicherung durch Leistung, S. 35–44; ansonsten *Wallmann*, Subsidiaritätsgrundsatz, alle mit umfangreichen weiteren Nachweisen.

[2] *Kupisch*, in: Festschrift für *Hans Hermann Seiler*, S. 431 (469, Fn. 124).

[3] *Bälz*, in: Festschrift für *Gernhuber*, S. 3 (bes. 73–75); *Kellmann*, Grundsätze der Gewinnhaftung, S. 116; *Knieper*, in: BB 1991, S. 1578 (1581); *Kupisch*, Gesetzespositivismus, bes. S. 96; *Lieb*, in: Münchener Kommentar, § 812, bes. Rn. 233–235; *Stathopoulos*, in: Festgabe für *Sontis*, S. 203 (229 f.); *Jan Wilhelm*, Rechtsverletzung und Vermögensentscheidung, S. 107 f.; *Ernst Wolf*, Schuldrecht, Bd. 2, § 19 B V b 1 ff (S. 452–454); *Joachim Wolf*, Stand der Bereicherungslehre, S. 38–41.

Auch die konkreten Ergebnisse der Rspr. werden kritisch betrachtet: Für Durchgriff im Elektrogeräte-Fall und damit gegen den BGH *Lieb*, in: Münchener Kommentar,

diktischen Status kann ihre Haltung nicht beanspruchen: Wer vertritt, „Leistung" sei keine Alternative zur Nichtleistung, sondern nur ein besonders hervorgehobener Beispielfall der allgemeinen Generalklausel, für den ist das Beispiel immer noch ein spezielles Tatbestandsmerkmal, das in der Anwendung als lex specialis dem lex generalis „in sonstiger Weise" vorgeht. Daher ist es zumindest eine grobe Vereinfachung zu behaupten, Konkurrenzverhältnisse könnten nur auf der Basis der Trennungslehre entstehen. Außerdem wird nicht von allen Vertretern der Einheitslehre die Konkurrenzlösung strikt abgelehnt. Ernst Wolf kommt der Sache nach zur Subsidiarität:[4] Seiner Ansicht zufolge soll die Unmittelbarkeit der für die Einheitslehre essentiellen Vorteilsverschiebung fehlen, falls der Bereicherte die Bereicherung mit Rechtsgrund von einem Dritten erlangt hat. Der Ansatzpunkt des Subsidiaritätsdogmas wird dadurch in das Tatbestandsmerkmal „auf dessen Kosten" verlagert, es findet keine substantielle Auflösung der Subsidiarität, sondern nur eine Problemverlagerung statt. Die Verbindung des Subsidiaritätsdogmas mit der Trennungslehre ist weiterhin ungenau,[5] weil der einzelne Bereicherungsanspruch sich ungeachtet von Mehrpersonenverhältnissen stets gegen einen bestimmten Schuldner richtet und folglich nicht nach der Leistungs- und Nichtleistungskondiktion gegen *dieselbe* Person gefragt wird, sondern mehrere Bereicherungsansprüche gegen verschiedene Schuldner wertungsmäßig abgeglichen werden sollen. Die Frage nach der Dichotomie von Leistung und Nichtleistung stellt sich nicht innerhalb eines einzelnen Anspruchs.

Die verschiedenen Versuche, Leistung und Nichtleistung in ein schlüssiges Verhältnis zu bringen, betreffen zum einen den Rechtserwerb des Bereicherten durch Eingriff. Hier ist zunächst an die §§ 946 ff. BGB zu denken. Erwirbt der Bereicherte gutgläubig eine fremde Sache, sperrt der redliche Erwerb nach §§ 932 ff. BGB die Kondiktion. Gemäß § 816 Abs. 1 S. 1 BGB haftet dann nur der Vordermann, der Verkäufer, der durch seine Leistung als Nichtberechtigter

---

§ 812, bes. Rn. 94b: Leistungskondiktion des vermeintlich Angewiesenen gegen den bereicherten Grundstückseigentümer; *Jan Wilhelm*, Rechtsverletzung und Vermögensentscheidung, S. 147–153: Kondiktion vom Empfänger der Leistung nach seinem Vermögensbegriff, gutgläubiger Geheißerwerb komme nicht in Frage; *Joachim Wolf*, Stand der Bereicherungslehre, S. 171–173; wie der BGH jedoch *Kellmann*, Grundsätze der Gewinnhaftung, S. 120 f.

Für Durchgriff im Baustoffhändler-Fall und damit gegen den BGH *Lieb*, in: Münchener Kommentar, bes. Rn. 242; *Jan Wilhelm*, Rechtsverletzung und Vermögensentscheidung, S. 153–156; a. A. aber *Joachim Wolf*, Stand der Bereicherungslehre, S. 173–175. Zustimmung erntete der BGH aber im Jungbullen-Fall für den Durchgriffsweg, siehe *Lieb*, in: Münchener Kommentar, § 812, Rn. 234; *Joachim Wolf*, Stand der Bereicherungslehre, S. 175–177.

[4] *Ernst Wolf*, Schuldrecht, Bd. 2, § 19 B III d (S. 434 f.). *Joachim Wolf*, Stand der Bereicherungslehre, S. 135, erkennt offenbar diese dogmatische Inkonsistenz, ohne Konsequenzen zu ziehen.

[5] *Kellmann*, in: NJW 1971, S. 862 (863).

den Eingriff primär bewirkt hat, auf Bereicherungsherausgabe. Anders als die §§ 816 Abs. 1, 932 ff. BGB gibt § 951 Abs. 1 BGB ausdrücklich keine Vorgaben, wer haften soll und wer nicht. Die Norm stellt unstreitig, daß die Vorschriften der §§ 946 ff. BGB nicht das endgültige Behaltendürfen regeln und kein Rechtsgrund sind.

Nicht näher als notwendig soll auf ein anderes Verhältnis von Leistung und Nichtleistung eingegangen werden, auf die Frage, ob der Leistende gegen einen anderen als seinen Vertragspartner mit der Verwendungskondiktion aus §§ 951, 946 ff., 812 Abs. 1 S. 1 Alt. 2 BGB vorgehen kann. Es dürfte weitgehend Einigkeit darüber bestehen, der Verwendungsanspruch müsse versagt werden.[6] Rechtshistorisch ist das Ergebnis durch die Entscheidung des Gesetzgebers bedingt, die Versionsklage nicht in das Bürgerliche Gesetzbuch zu übernehmen und „auf dessen Kosten" zu umgehen. Auch heute noch kann man sich auf das historische Argument berufen, und spätestens seit der Entscheidung des Reichsgerichts in RGZ 130, 310 ist anerkannt,[7] „daß der Bereicherungsanspruch nach § 951 BGB. demjenigen zusteht, der den Bau für seine Rechnung durch einen anderen ausführen und diesem gehöriges Material einbauen läßt." Maßgeblich ist mithin, wer die Anweisung zum Einbau erteilte; das läßt sich auf alle anderen Konstellationen der Konkurrenz von Leistung und *Verwendung* übertragen. Im Folgenden soll der Vorrang der Leistung zum *Eingriff* im Vordergrund stehen.

---

[6] Vgl. nur RG, bes. RG, 13.10.1930 – IV. 688/29, in: RGZ, Bd. 130 (1931), S. 310 = Nachschlagewerk des RG, § 951, Nr. 13 = *Schubert/Glöckner*, Edition, §§ 854–1296, S. 312 f. Aus der Literatur i. E. z. B. *Ingo Koller*, in: Symposion für *Canaris*, S. 151 (bes. 153); *Larenz/Canaris*, Schuldrecht, Bd. II/2, § 70 III 2 e (S. 216 f.); *Wallmann*, Subsidiaritätsgrundsatz, zusammenfassend S. 93, m. w. N.

Dieses Ergebnis könnte aber durch eine zu weit verstandene Geschäftsführung ohne Auftrag unterlaufen werden: Wer an einen anderen leistet und damit ein eigenes Geschäft tätigt, könnte dadurch gleichzeitig ein Geschäft eines Dritten führen. Teile der Rspr. nehmen hier Fremdgeschäftsführung für das auch-fremde-Geschäft sogar dann an, wenn der Kläger auf ein wirksames Vertragsverhältnis zu einem Leistungsempfänger leistet. Der Kläger soll zugleich Geschäftsführer ohne Auftrag gegenüber dem beklagten Dritten und Leistender gegenüber seinem Vertragspartner sein. Mit dem Versionsverbot und Anweisungsgrundsätzen (vertragliche Risikoverteilung) ist das nicht zu vereinbaren. Deshalb wird die Geschäftsführung von Großteilen der Rspr. und Literatur zumindest abgelehnt, wenn der Kläger auf ein *wirksames* Vertragsverhältnis (Führung eines eigenen Geschäfts) leistet. Siehe etwa LG Landau in der Pfalz, 26.10.1999 – 1 S 118/99, in: NJW 2000, S. 1046 („Geschäftsführung ohne Auftrag keine dem Vertragsrecht übergeordnete allgemeine Billigkeitshaftung für Aufwendungen, die einem Dritten irgendwie zugute kommen"); OLG Oldenburg, 5.7.2000 – 2 U 104/00, in: MDR 2000, S. 1373; *Weishaupt*, in: NJW 2000, S. 1002 f., alle m. w. N.

[7] Näher dazu schon oben ab S. 359.

II. Rechtsprechung

Bereits 1953 lehnte es der Bundesgerichtshof ab, auf die Eingriffskondiktion aus Verbrauch § 818 Abs. 3 BGB anzuwenden, weil der Beklagte durch die Zahlung des Kaufpreises an seinen Leistungspartner entreichert sei.[8] Die ratio läuft darauf hinaus, das Verhältnis des Bereicherten zum Leistenden sei für den Anspruch des Entreicherten unerheblich. Im konkreten Fall hatte der Leistende die Sache ohne das Einverständnis der klagenden Eigentümerin dem Beklagten überlassen; damit schied des weiteren ein gutgläubiger Erwerb aus.

Im Elektrogeräte-Fall tauchte zehn Jahre später erstmals das Subsidiaritätsdogma mit der von Kötter erdachten und besonders durch Esser fortgeführten Formel auf, der Bereicherungsgegenstand dürfe „dem Empfänger überhaupt nicht, also von niemandem geleistet worden" sein.[9] Die früher bereits im Rahmen von § 818 Abs. 3 BGB ausgesprochene Wertung wurde auf der Ebene der Anspruchsgrundlage aufgenommen. Doch nicht alle Fälle, die gemeinhin unter dem Stichwort der „Subsidiarität" im höchstrichterlichen Sinne behandelt werden, fallen tatsächlich unter diese Gruppe.[10] Die Formel, die auf den Bereicherten abstellt, darf nicht mit der schon durch das Reichsgericht begründeten Rechtsprechung verwechselt werden, im Fall der Entreicherung durch Handlungen des Rechtsinhabers sei ein Durchgriff auf den neuen Eigentümer nach §§ 951 Abs. 1, 946 BGB ausgeschlossen, wenn der Entreicherte an einen Dritten leistet.[11]

Für eine solche Situation formuliert das Oberlandesgericht Stuttgart zwar, eine Nichtleistungskondiktion sei durch die Leistungsbeziehung zwischen dem Einbauenden und seinem vom Grundstückseigentümer divergierenden Vertragspartner ausgeschlossen.[12] In Frage steht aber in der Definition die Leistung des

---

[8] BGH, 7.5.1953 – IV ZR 183/52, in: BGHZ 9, 333 (335); BGH, 3.6.1954 – IV ZR 218/53, in: BGHZ 14, 7 (9 f.). Diese Rspr. wurde auch nach der „Wende" durch den Elektrogeräte-Fall übernommen, siehe BGH, 11.1.1971 – VIII ZR 261/69, in: BGHZ 55, 176 (179 f.). Zum RG oben auf S. 355.

[9] BGH, 31.10.1963 – VII ZR 285/61, in: BGHZ 40, 272 (277); *Hans-Wilhelm Kötter*, in: AcP, Bd. 153 (1954), S. 193 (bes. 207–210); *Esser*[2], Schuldrecht, §§ 190, 4; 190, 6 c; 196, 1 (S. 785, 788, 809); *ders.*, Fälle und Lösungen, S. 127, 161. Überblick über die Konstellationen des Subsidiaritätsdogmas etwa bei *Giesen*, in: Jura 1995, S. 234 (234–239).

[10] Siehe etwa *Werner Lorenz*, in: *Julius v. Staudinger*[13], § 812, Rn. 62–64, der keine prinzipielle Unterscheidung zwischen den verschiedenen Fallgruppen trifft. Klargestellt wurde der Unterschied von *Wallmann*, Subsidiaritätsgrundsatz, bes. S. 32.

[11] Statt aller OLG Stuttgart, 12.9.1997 – 2 U 264/96, in: NJW-RR 1998, S. 1170–1172, m. w. N.

[12] OLG Stuttgart, 12.9.1997 – 2 U 264/96, in: NJW-RR 1998, S. 1170 (1772); Fallgestaltung: Vertragspartner des klagenden Leistenden war gar nicht Eigentümer des Grundstücks, auf dem die Verwendung vorgenommen wurde. Dazu kritisch *Stürner/ Heggen*, in: JuS 2000, S. 328–335, die aber teilweise die Konkurrenz von Leistung–Ein-

Entreicherten als Kondiktionssperre und nicht die Leistung durch einen *Dritten*. Das Subsidiaritätsdogma in der Fassung des Bundesgerichtshofs wird hingegen benötigt, wenn der leistende Dritte seinerseits in keiner Leistungsbeziehung zum Entreicherten steht. Dann liegt keine Leistung „über Eck" oder eine Leistungskette vor; der Entreicherte ist in den gesamten Vorgang nicht einbezogen. Beide Definitionen des Subsidiaritätsdogmas sind keine Varianten, die um dasselbe Thema kreisen, sondern Kurzformeln für völlig verschiedene Sachverhalte. Die Formel, die von der Leistung des Entreicherten ihren Ausgang nimmt, sollte man nicht unter dem Stichwort der Subsidiarität der Eingriffskondiktion führen, weil es in dieser Problemlage um den Ausschluß der Verwendungskondiktion geht.

Der Bundesgerichtshof vermischte jedoch beide Fallgruppen – die Dritteingriffskondiktion ohne Bezug zum Entreicherten und die typischen Fälle des Versionsverbots. Im Elektrogeräte-Fall hatten der Eigentümer die Baumaterialien an der Baustelle abgeliefert und Arbeiter des beauftragten Bauunternehmers die Sachen eingebaut.[13] Unter der alten, gläubigerzentrierten Sichtweise des Reichsgerichts hätte die bloße Ablieferung des Baumaterials ohne Übereignung zu einem Bereicherungsanspruch führen können, wie auch der Fall des Oberlandesgerichts Zweibrücken demonstrierte: Der Lieferant der Elektrogeräte hat unmittelbar an den beklagten Grundstückseigentümer sein Eigentum verloren, ein Rechtsgrund liegt mangels eines Vertragsverhältnisses zwischen ihnen nicht vor. Weiterhin wäre der Dissens zwischen Lieferant und Neueigentümer nach der Irrtumsdoktrin zugunsten des Klägers zu entscheiden. Die Voraussetzungen der rechtsgrundlosen Bereicherung nach der älteren Rechtsprechung wären somit gegeben.

Nach den Prämissen des Bundesgerichtshofs vom Empfängerhorizont liegt aber eine Leistung des Bauunternehmers an den Beklagten vor. Selbst wenn die rechtsgeschäftliche Eigentumsübertragung des Klägers an den Bauunternehmer oder die Eigentumsübertragung des Klägers auf Geheiß des Bauunternehmers an den Beklagten am Dissens über den richtigen Vertragspartner scheitern sollte, ist aus dem strikten Blickwinkel des Empfängerhorizonts immer noch eine Leistungskette „über Eck" vom Kläger über den Bauunternehmer an den Be-

griff und Leistung–Verwendung vermengen: Sie kommen nach der konkreten Situation anders als das OLG Stuttgart zum Ergebnis, ein unmittelbarer Durchgriff sei zulässig, da der Leistungsempfänger mangels Eigentümerstellung gar nicht bereichert worden sei. Die Konkurrenz Leistung–Verwendung schied demnach mangels fehlender Bereicherung durch Leistung aus. Auf der Basis des rein subjektiv verstandenen Vermögensmehrungsbegriffes könnte man freilich auch im Rahmen der Leistungsdefinition zum Ergebnis gelangen, der Leistungsempfänger habe etwas „erlangt", obwohl er gar nicht Grundstückseigentümer war.

[13] BGH, 5.10.1961 – VII ZR 207/60, in: BGHZ 36, 30–35. Zum Fall des OLG Zweibrücken oben auf S. 352.

klagten gegeben. Allein bei der fortbestehenden Eigentümerstellung des Klägers würde die bereicherungsrechtliche Lage durch die rei vindicatio überspielt. Nach der Sicht des Beklagten ist der Kläger nur als angewiesene Person im Deckungsverhältnis aufgetreten. Implizit wird damit zugleich festgelegt, der Kläger habe an den Bauunternehmer im Deckungsverhältnis geleistet. Für den Beklagten dagegen kann im Valutaverhältnis einzig der aus seiner Sicht Anweisende maßgeblich sein. Den Fall hätte man daher mit der Formel des Oberlandesgerichts Stuttgarts lösen können, die auch dem Bundesgerichtshof in anderen Urteilen geläufig ist,[14] ohne das Subsidiaritätsdogma zu bemühen.

Der nächste Fall, den die Rechtsprechung zu entscheiden hatte, das Jungbullen-Urteil, war eher auf die Subsidiarität der Eingriffskondiktion zugeschnitten:[15] Nicht der Entreicherte führte den Rechtsverlust herbei, sondern der Bereicherte selbst. Die Lehre vom Empfängerhorizont führte in dieser Entscheidung zu keiner Korrektur der Leistungsperson, denn der Entreicherte trat aus Empfängersicht nicht sichtbar als Leistungsgehilfe in Erscheinung. Ironischerweise sprach der Bundesgerichtshof gerade in dieser Entscheidung das Dogma nicht an. Nicht anders als zu Zeiten des Reichsgerichts wurde allein darauf abgestellt, der Beklagte habe wegen § 935 Abs. 1 BGB kein Eigentum kraft guten Glaubens erwerben können. Es wird betont, beim gutgläubigen Erwerb sei der „Vertrag des Nichtberechtigten mit dem Dritten“ der rechtfertigende Grund. Die Rechtsvorschriften der §§ 946 ff. BGB, so betont der VIII. Zivilsenat, geben keinen Rechtfertigungsgrund ab. Die Entscheidung stellt die Wertung der §§ 932 ff. BGB in den Mittelpunkt; die Leistung des Dritten an den Bereicherten kommt nur zum Zuge, wenn sie dem Beklagten das Eigentum vermitteln kann. Den Vertretern der Subsidiarität ist deshalb zuzugeben, daß ihr Dogma einen Funken Wahrheit enthält: Wenn ein Dritter dem Bereicherten die Sache leistet, dann kann der Bereicherte erst gutgläubig Eigentum erwerben. Das muß jedoch nicht immer der Fall sein, wie § 935 Abs. 1 BGB zeigt.

Der Bundesgerichtshof wiederholte im Baustoffhändler-Fall erneut die These über den Vorrang der Leistungs- vor der Eingriffskondiktion.[16] Wiederum

[14] Z. B. BGH, 30.10.1952 – IV ZR 89/52, in: LM, § 812 BGB, Nr. 14, Bl. 1v.

[15] BGH, 11.1.1971 – VIII ZR 261/69, in: BGHZ 55, 176–180; ebenso i. E. für Umtausch von Lira durch Elfjährigen in einer Wechselstube das LG Köln, 14.2.1991 – 34 S 201/90, in: NJW-RR 1991, S. 868 f., mit der Begründung, das Subsidiaritätsdogma sei hier mangels wirksamer Eigentumsübertragung nicht einschlägig, der Eigentumsverlust sei erst durch die anschließende Vermischungshandlung der Beklagten erfolgt.

[16] BGH, 27.5.1971 – VII ZR 85/69, in: BGHZ 56, 228–242. Siehe zum Verhältnis von § 951 Abs. 1 BGB zum Eigentumsvorbehalt bereits den Parallelfall bei OLG Dresden, 28.5.1906 – 1 O 51, in: AnnSächsOLG, Bd. 27 (1906), S. 514 (515 f.): Kein Bereicherungsanspruch des Lieferanten unter Eigentumsvorbehalt gegen Hypothekengläubiger, wenn der Erbauer des Hauses das unter Eigentumsvorbehalt stehende Liefergut in das belastete Haus einbaut.

fiel die Entscheidung nicht unter den eigentlichen Anwendungsbereich des Subsidiaritätsdogmas, wenn man den höchstrichterlichen Prämissen konsequent folgt. Denn das Gericht stellte eine Leistungskette zwischen Kläger, einbauendem Dritten sowie Beklagtem fest und versagte nach den Grundsätzen der Anweisungslage den Bereicherungsanspruch aus §§ 951 Abs. 1, 946 BGB unabhängig von der dinglichen Rechtslage. Es sei unerheblich, ob das Eigentum wegen des Eigentumsvorbehalts unmittelbar vom Kläger an den Beklagten übergegangen sei, auch die Vorschriften über den gutgläubigen Erwerb bedürften keiner näheren Erörterung.[17] Maßgeblich erscheint wiederum, daß der Bundesgerichtshof auf der Grundlage seiner eigenen Wertung über das Vorliegen einer Leistungskette die Entscheidung bereits durch die Feststellung vorweggenahm, der entreicherte Kläger habe an den Bauunternehmer geleistet. Das Gericht selbst führt neben dem Subsidiaritätssatz zusätzlich das Verbot der actio de in rem verso an und hält für Recht, der Lieferant könne sich nur an seinen eigenen Vertragspartner halten.[18] Weiterer Überlegungen in der Form des auf den Beklagten zugeschnittenen Subsidiaritätsdogmas hätte es gar nicht mehr bedurft. Selbst wenn man wegen des Eigentumsvorbehalts in Kombination mit dem Abtretungsverbot annimmt, der Bauunternehmer habe gar nicht an den bereicherten Kläger leisten können, liegt immer noch eine Leistung des Klägers an den Bauunternehmer vor; mit Hilfe des Versionsverbots läßt sich in dieser Variante die Eingriffskondiktion gegen den Beklagten ausschließen.[19]

In weiteren Entscheidungen wurde die Subsidiarität ebenfalls vermerkt, ohne daß der ursprünglichen Aussage wesentlich Neues hinzugefügt worden wäre.[20] Teilweise wird dabei der Vorrang der Leistung sogar zur Lösung von Anweisungsfällen abseits der §§ 946 ff. BGB eingesetzt. Der III. Zivilsenat hatte erst zu Beginn des Jahres 1999 über die Bereicherungshaftung des beklagten Beschenkten gegenüber dem Kläger zu entscheiden, dessen Wertpapiere der Schenker unter Ausnutzung seiner Verfügungsvollmacht dem Beschenkten zu-

---

[17] Siehe jetzt aber den Parallelfall BGH, 9.7.1990 – II ZR 10/90, in: NJW-RR 1991, S. 343 (345), hier wird maßgeblich auf die dingliche Rechtslage und nicht auf das Subsidiaritätsdogma abgestellt.

[18] BGH, 27.5.1971 – VII ZR 85/69, in: BGHZ 56, 228 (240 f.).

[19] Siehe nur *Jakobs*, in: JuS 1973, S. 152 (155).

[20] BGH, 20.6.1977 – II ZR 169/75, in: BGHZ 69, 186 (189); BGH, 9.7.1990 – II ZR 10/90, in: NJW-RR 1991, S. 343 (345); obiter dictum BGH, 14.4.1992 – VI ZR 285/91 („Joachim Fuchsberger"), in: NJW 1992, S. 2084 (2084); OLG Hamburg, 9.11.1981 – 11 U 77/81, in: WM 1982, S. 249 (251); LG Bonn, 3.12.1990 – 5 S 250/89, in: NJW 1991, S. 1360 (1361): Renovierungsarbeiten an Haus aufgrund Veranlassung eines vollmachtlosen Dritten; OLG Köln, 24.9.1992 – 12 U 11/92, in: ZIP 1992, S. 1726 (1727); OLG Koblenz, 23.12.1997 – 3 U 153/96, in: MDR 1998, S. 979 (980); LG Dortmund, 13.10.1999 – 21 S 127/99, in: NJW-RR 2000, S. 939 (939); OLG Oldenburg, 5.7.2000 – 2 U 104/00, in: MDR 2000, S. 1373.

gewandt hatte.[21] Wieder hoben die Richter darauf ab, der Eingriff in die Rechtsposition des Klägers sei nur dann von der Rechtsordnung gebilligt, wenn die Zuwendung der Wertpapiere nicht als Leistung des bevollmächtigten Dritten anzusehen sei und deshalb nicht der „Grundsatz des Vorrangs der Leistungskondiktion" eingreife. Der Vorrang der Leistung vor der Eingriffskondiktion ist also nach wie vor ständige Rechtsprechung.

III. Standpunkte innerhalb der Trennungslehre

Die Literatur hat die Regel seit jeher höchst kontrovers beurteilt. Konstruktiv läßt sich die Subsidiaritätstheorie mit verschiedenen Lösungen bewältigen. Zum einen kann man die Leistung als Rechtsgrund der Eingriffskondiktion deuten,[22] zum anderen kann die Nichtleistung ein ungeschriebenes, zusätzliches Tatbestandsmerkmal der Eingriffskondiktion sein. Selbst der Entreicherungseinwand nach § 818 Abs. 3 BGB wäre als Standort der Lehre denkbar. Aber schon an dieser Stelle wird offenbar, daß sich die Subsidiarität nur praeter legem ins Gesetz integrieren läßt.

1. Gläubigerzentrierte Subsidiaritätstheorie

Nach der ersten Variante der Subsidiarität darf der Bereicherte nicht aus der Eingriffskondiktion belangt werden, wenn der Entreicherte selbst die Sache durch Leistung aus der Hand gab. Das kann auch durch die Leistung des Entreicherten an einen anderen als den Bereicherten geschehen.[23] Richtigerweise wird die gläubigerzentrierte Variante, die auf die Leistung des Entreicherten abstellt, von vornherein ausscheiden müssen, weil sie ihrer Perspektive nach nur den Konflikt zwischen Leistung und Verwendung regelt.

---

[21] BGH, 4.2.1999 – III ZR 56/98, in: NJW 1999, S. 1393 (1394). Dazu die kritischen Anmerkungen von *Stephan Lorenz*, in: LM, § 812 BGB, Nr. 263, Bl. 4v–6r, und *Schnauder*, in: NJW 1999, S. 2841–2846. Weiterhin BGH, 16.7.1999 – V ZR 56/98; in: NJW 1999, S. 2890 (2892).

[22] Vor allem *Fiedler*, Bereicherung durch Leistung, S. 139–160; *ders.*, in: JR 1975, S. 314–317. I. E. ähnelt seine Auffassung stark der neueren Rechtsgrundlehre, da er unter Leistung nur die erfolgreiche Eigentumsübertragung versteht, so daß abhanden gekommene Sachen keinen Rechtsgrund durch Leistung abgeben können.

[23] Z. B. *Berg*, in: AcP, Bd. 160 (1961), S. 505 (517); *Esser*[4], Schuldrecht, Bd. 2, § 104 II 4 (S. 375); *Ulrich Huber*, in: JuS 1970, S. 342 (343); *Schnauder*, Leistungskondiktion bei Drittbeziehungen, S. 123 f.; *Stierle*, Fehlerhafte Banküberweisungen, S. 216 f.

2. *Schuldnerzentrierte Subsidiaritätstheorie*

Etwas standfester erweist sich die nächste Spielart. Die vorherrschende, auf Kötter zurückgehende Theorie in der Lehre, die auch der Bundesgerichtshof in ständiger Rechtsprechung vertritt, nimmt umgekehrt für die Leistung die Perspektive des Bereicherten und nicht die des Entreicherten ein. Die Eingriffskondiktion soll folglich ausgeschlossen sein, wenn dem Bereicherten der Bereicherungsgegenstand von einem anderen geleistet wurde, der vom Entreicherten verschieden sein kann.[24] Oft, aber nicht immer, wird diese Aussage nur als Grundsatz verstanden, der ausnahmsweise durchbrochen werden darf, um die Parallelität mit dinglichen Wertungen, allen voran § 935 BGB, zu wahren. Der schuldnerzentrierte Kondiktionsausschluß soll nicht zum Zuge kommen, wenn eine abhanden gekommene Sache geleistet wird, da dann der gutgläubige Erwerb durch den Bereicherten nicht möglich gewesen wäre.

Einer anderen Apologie zufolge soll der nicht leisten, der eine gestohlene Sache übereignen will, weil dann nur der Besitz, aber nicht das Eigentum zugewendet werde, so daß eine Konkurrenz mit der auf das Eigentum fixierten Eingriffskondiktion ausscheiden müsse.[25] Wenn der Leistende die Sache selbst sofort beim Neueigentümer einbaut, soll diese Distinktion freilich nicht eingreifen. Wie auch immer man versucht, die sachenrechtlichen Wertungen zu berücksichtigen: Der Satz, wem geleistet worden sei, gegen den könne keine Eingriffskondiktion angestrengt werden, ist keine Regel, sondern lediglich ein Grundsatz. Häufig taucht der Vorrang der Leistung vor dem Eingriff nur noch als bloße „Faustregel" zur vorläufigen Orientierung auf.[26]

---

[24] Z. B. in restriktiver Form ohne Ausnahmen *Esser*[2], Schuldrecht, §§ 190, 6 c, 196, 1 (S. 788, 809); *Fikentscher/Drexl*[9], Schuldrecht, bes. Rn. 1128; *Hans-Wilhelm Kötter*, in: AcP, Bd. 153 (1954), S. 193 (bes. 219 f.).

[25] *Koppensteiner/Kramer*, Ungerechtfertigte Bereicherung, § 11 III (S. 106); auch *Reuter/Martinek*, Ungerechtfertigte Bereicherung, § 10 II 1 b (S. 400). Ebenso schon *Scheyhing*, in: AcP, Bd. 157 (1958/59), S. 371 (385). Diese Ansicht findet ihre Grundlage im alten Spezialproblem, ob derjenige, der vom Nichtberechtigten *ohne Rechtsgrund* eine fremde Sache gutgläubig erworben hat, der direkten Kondiktion des Eigentümers ausgesetzt sein soll. Unter anderem stritt man sich darum, ob der Nichtberechtigte dem redlichen Erwerber geleistet oder der Redliche „in sonstiger Weise" in die Rechte des Eigentümers eingegriffen habe. Vgl. *Hans-Wilhelm Kötter*, in: AcP, Bd. 153 (1954), S. 193 (208 f.); auch *Gustav Boehmer*, Grundlagen, Bd. II/2, S. 6–27; *Lutz-Christian Wolff*, Zuwendungsrisiko und Restitutionsinteresse, S. 195 f., m. w. N. Die Rspr. selbst löst den Fall über § 816 Abs. 1 S. 2 BGB mittels einer Analogie zum unentgeltlichen Erwerb; siehe BGH, 12.7.1962 – VII ZR 28/61, in: BGHZ 37, 363 (367–369). Folgt man dem nicht und verweist den Alteigentümer auf die „Kondiktion der Kondiktion", bleibt die Frage zu erörtern, ob das Eigentum unter Umgehung des Abstraktionsprinzips *unmittelbar* vom gutgläubigen Erwerber an den Alteigentümer zurückfallen könnte.

[26] Z. B. *Esser/Weyers*[8], Schuldrecht, Bd. II/2, § 50 IV (S. 90 f.); *Medicus*, Bürgerliches Recht, Rn. 730; noch weitergehend *Koppensteiner/Kramer*, Ungerechtfertigte Bereicherung, § 11 V (S. 109), die selbst von einem „Grundsatz" absehen wollen.

Offenbar hat das Schrifttum die Schwächen des Dogmas eingesehen. Die Lehre von der Subsidiarität in der schuldnerzentrierten Ausprägung ist mit der Entstehungsgeschichte des Bürgerlichen Gesetzbuchs nicht zu vereinbaren. Selbst wenn man Ausnahmen vom „Grundsatz" nachvollzieht, so bleibt die Subsidiarität der Eingriffs- gegenüber der Leistungskondiktion eben immer noch die Regel. Die erste Kommission übernahm § 196 TE-SR jedoch gerade deshalb nicht, weil er den Bereicherungsanspruch bei vorhandenem „Erwerbsgrund" sperrte. Den genauen Gehalt des Begriffs legte bereits sein Schöpfer v. Jhering nieder: es ist der rechtsgeschäftliche Erwerb der in Frage stehenden Sache.[27] Seine Titellehre und der Subsidiaritätsgrundsatz sind dieselbe Lösung unter verschiedenen Namen. Beide Ansätze führen neben den eigentlichen Tatbestandsmerkmalen des Bereicherungsanspruchs, der rechtsgrundlosen Bereicherung auf Kosten eines anderen, ein neues Merkmal ein, das Nichtvorhandensein eines Titels oder wie man heute zu schreiben pflegt, die Inexistenz einer Leistung durch einen Dritten. Bereits die erste Kommission sah, daß der neu eingeführte redliche Erwerb vom Nichtberechtigten bestimmen sollte, wer Bereicherungsschuldner ist. Der Subsidiaritätsgrundsatz ist ein ungeschriebenes Tatbestandsmerkmal, das sich entgegen dem gesetzgeberischen Willen an § 812 Abs. 1 S. 1 BGB anheftet. Er reanimiert nur das Titelerfordernis v. Jherings und die gemeinrechtliche Ersitzungslehre mit ihrer iusta causa, die beide mit der Einführung des redlichen Erwerbs redundant wurden. Nach der genetisch-historischen Auslegung ist diese Theorie abzulehnen.

Des weiteren stellt das schuldnerzentrierte Subsidiaritätsdogma die Prämissen der eigenen Basislehre, des Trennungsmodells, auf den Kopf. Folgte man dem Dogma in letzter Konsequenz, wäre die Trennungslehre kein horizontales, in Leistung und Nichtleistung gegliedertes System, sondern eine vertikale Struktur, an deren Spitze die Leistung stünde. Die Leistungskondiktion hat dann absolute Priorität, sie verdrängt die Eingriffskondiktion, wenn ein Dritter leistet und der wahre Berechtigte einen Eingriff geltend macht. Das Subsidiaritätsdogma führt in das 19. Jahrhundert zurück, als die condictiones ob causam selbst im Sammelbecken der condictio sine causa specialis den Vorrang beanspruchten.

Diese Theorie setzt sich weiterhin der unangenehmen Frage aus, wie ein relatives Schuldverhältnis, die Leistung durch den Nichtberechtigten, die Eingriffskondiktion des Berechtigten ausschließen soll. Anhänger des Subsidiaritätsdogmas erklären ihre Konstruktion damit, die Leistung exkludiere die Nichtleistungskondiktion, weil sie Rechtsgrund sei. Damit wird aber unbedacht die Trennungslehre verworfen. Für Eingriffskondiktionen können nur Güteraustauschverträge Rechtsgrund sein, die man mit dem Berechtigten selbst

---

[27] Vgl. auch *v. Caemmerer*, in: Festschrift für *Gustav Boehmer*, S. 145 (151–153) = Gesammelte Schriften, Bd. 1, S. 295 (304 f.).

schließt;[28] es gibt keinen Vertrag zu Lasten Dritter. Die Dichotomie von Leistung und Eingriff setzt sich in der Selektion der Rechtsgrundlosigkeit fort. Im Ergebnis führt die Subsidiarität zu einer Annäherung an längst überholt geglaubte Positionen. So wollte Jung noch die causa der Leistungskondiktion auf die Nichtleistungskondiktionen ausdehnen. Das alles ist nur auf der Prämisse haltbar, Leistung und Eingriff bezögen sich auf denselben Begriff der Rechtsgrundlosigkeit.

Weiterhin ist die Parallelwertung des § 818 Abs. 3 BGB zu beachten. Anerkannt ist, daß der Kaufpreis, den der Käufer an den Nichtberechtigten entrichtet hat, nicht bereicherungsmindernd in Anschlag gebracht werden darf.[29] Der Vorrang der Leistungskondiktion hätte im Ergebnis genau diesen Effekt zur Folge: Der Bereicherte kann auf ein Rechtsverhältnis mit Dritten verweisen. Und zuletzt führt die Subsidiaritätsthese zu dem sinnwidrigen Ergebnis, daß der unredliche Bereicherte konsequent zu Ende gedacht für seine Tat sogar noch belohnt werden muß. Wandeln wir den Jungbullen-Fall ein wenig ab, um die These zu beweisen:

Der bei der Firma A angestellte B stiehlt zwei junge Bullen seines Arbeitgebers, des örtlichen Agrarindustriellen, und verkauft sie an seine bäuerlichen Nachbarn C und D, die in den Zeiten der Agrarkrise stets einen größeren Vorrat an Konserven im Keller halten wollen. Der bösgläubige C und der gutgläubige D verarbeiten anschließend die Bullen zu Wurstwaren.

Nach der Subsidiaritätsthese muß der bösgläubige C im Gegensatz zum redlichen D nicht aus Bereicherungsrecht haften. Denn für den Jungbullen-Fall wird immer wieder betont, wenn der Dieb wegen § 935 BGB nur den Besitz leisten kann, richte sich die Eingriffskondiktion auf das verlorene Eigentum, die Leistung aber auf den Besitz. Mangels eines deckungsgleichen Bereicherungsgegenstandes habe die Leistung deshalb keinen Vorrang, D muß auf jeden Fall haften. Auf C läßt sich das Ergebnis allerdings nicht ohne weiteres übertragen. Der sprichwörtliche Haken liegt in der subjektiven Komponente: Anders als der

---

[28] Das ist heute eigentlich allgemeine Lehrmeinung und wird auch nicht von den Einheitslehren bestritten; siehe nur aus der Gründerliteratur *v. Caemmerer*, in: Festschrift für *Gustav Boehmer*, S. 145 (151 f.) = Gesammelte Schriften, Bd. 1, S. 295 (304); *ders.*, in: Festschrift für *Rabel*, S. 333 (382) = Gesammelte Schriften, Bd. 1, S. 209 (258); *Wilburg*, Ungerechtfertigte Bereicherung, S. 48; aus der heutigen Literatur stellvertretend *Wallmann*, Subsidiaritätsgrundsatz, S. 135, m. w. N.

Ambivalent aber *Hans-Wilhelm Kötter*, in: AcP, Bd. 153 (1954), S. 193 (209, 219 f.); wie die heute h. M. mit lesenswerten Ausführungen *Barnstedt*, Merkmal der Rechtsgrundlosigkeit, S. 85, 89 f.; anders noch *Titze*[4], Schuldrecht, S. 149, und teilweise die Rspr. des RG, siehe oben auf S. 352.

[29] Siehe nur *Heinz Thomas*, in: *Palandt*[59], § 818, Rn. 43; a. A. *Rothoeft*, in: AcP, Bd. 163 (1964), S. 215 (bes. 241, 256 f.), der sich per argumentum e contrario auf § 816 Abs. 1 S. 2 BGB stützt. Allerdings schränkt *Rothoeft* für den Ankauf gestohlener Sachen seine Ansicht mit der Bemerkung wieder ein, dann sei der Käufer wegen seines kaufvertraglichen Schadensersatzanspruchs noch bereichert.

gutgläubige D will Nachbar C im Beispielfall absichtlich Diebesgut erwerben; auch aus der Wertung in der Laiensphäre sollte klar sein, daß Eigentumserwerb kraft Diebstahls ausscheiden muß. C erhielt von B genau die Leistung, die er angefordert hatte, den Besitz an den Jungbullen, die er sich durch anschließende Verarbeitung vermögensmäßig einverleibte. Dann noch davon zu sprechen, der Dieb habe nur den Besitz geleistet, geht an der Intention des Hehlergeschäfts vorbei: Beide Vetragsparteien waren sich bewußt, der Eigentumsübergang könne erst durch die Wurstverarbeitung erfolgen. Anders als für den gutgläubigen D fällt es ersichtlich schwerer zu behaupten, der Bereicherte habe mit dem Besitz weniger erhalten, als er wollte. C wußte sehr genau, worauf er sich einließ. Nimmt man an, die Leistung von B an C konkurriere unmittelbar mit der Eingriffskondiktion gegen C, wird dieser für sein Schurkenstück im Gegensatz zum Gutgläubigen sogar noch belohnt. Anders als letzterer ist sein Erwerb kondiktionsfest. Daß er strafrechtliche Konsequenzen oder Ansprüche aus unerlaubter Handlung bzw. dem Eigentümer-Besitzer-Verhältnis zu erwarten hat, ändert wenig am Ergebnis. Während normalerweise die Eingriffskondiktion weiter reicht als die §§ 987 ff. BGB, liegt es um Beispielfall gerade umgekehrt. Das spricht weniger gegen die vorgetragene Argumentation als gegen die Konsequenzen der Subsidiarität, die den Wertungsgrundlagen der §§ 932, 989 ff. BGB nur über Ausnahmen von der eigenen Regel gerecht werden kann.

3. Sphärentheorie

Verfeinert und sogar noch verstärkt wurde das schuldnerzentrierte Dogma von Reuter und Martinek. Ihrer Lehre zufolge soll die Subsidiarität unabhängig von den Wertungsvorgaben der §§ 932 ff., 892 BGB gelten.[30] Die Eingriffskon-

---

[30] *Reuter/Martinek*, Ungerechtfertigte Bereicherung, § 3 III 1 (S. 54–56), 10 II 2 (S. 402–407); auch die Äußerungen *Reuters*, in: AcP, Bd. 187 (1987), S. 484 (496). Zustimmend *Wallmann*, Subsidiaritätsgrundsatz, S. 135–163; i. E. ähnlich *Detlef Königs* § 2.1 Abs. 1 RE, der ebenfalls auf den unmittelbaren Eingreifer abstellt. Ihm zustimmend zunächst *Schlechtriem*, in: Symposium für *Detlef König*, S. 57 (69 f., insbes. Fn. 70a), der ausdrücklich die Haftung des Neueigentümers bei § 935 BGB verwirft, wenn er nicht selbst der Eingreifer war. Dagegen die ganz h. M., siehe nur *Lieb*, in: Münchener Kommentar, § 812, Rn. 238; *ders.*, in: AcP, Bd. 186 (1986), S. 518 (519), m. w. N.; *Werner Lorenz*, in: Festschrift für *Serick*, S. 255 (265–257).

Aus der älteren Literatur sei hingewiesen auf *Barnstedt*, Merkmal der Rechtsgrundlosigkeit, S. 95 f., Fn. 36. *Barnstedt* will einerseits den Bereicherungsanspruch unabhängig vom guten oder bösen Glauben des Bereicherten aus § 951 BGB gewähren, wenn der Bereicherte selbst den Eingriff vornahm. Das entspricht der Lösung von *Reuter/Martinek*. Andererseits will er für den Einbau durch den Lieferanten, also den Dritteingriff, nach der Redlichkeit des Bereicherten differenzieren, das entspricht der h. M. *Barnstedt* begründet sein Ergebnis damit, § 932 BGB sei kein Rechtsgrund, auch die §§ 946 ff. BGB seien es selbst bei Gutgläubigkeit des Bereicherten nicht. Wegen der *Kipp*'schen

diktion sei immer dann ausgeschlossen, wenn ein Dritter an den begünstigten Neueigentümer leiste und dadurch den Eingriff auslöse; Gut- und Bösgläubigkeit des Empfängers seien unbeachtlich. Daher wird teilweise auch der unredliche Bereicherte vor der Bereicherungshaftung geschützt. Das sollen zwei Fallvarianten verdeutlichen. Beispiel 1:

Der bei der Firma A angestellte B stiehlt Elektroinstallationen von A und baut sie bei seinem Nachbarn C ein, der weiß, wie B zu dem Baumaterial gelangte. Hier soll ein Anspruch des A gegen C nach §§ 951, 946, 94 i. V. m. § 812 Abs. 1 S. 1 Alt. 2 BGB ausgeschlossen sein. Vielmehr soll A aus § 816 Abs. 1 S. 1 BGB in direkter Anwendung ungeachtet von § 935 BGB einen Anspruch gegen B haben. Trotz seiner Bösgläubigkeit ist C keiner Eingriffskondiktion ausgesetzt.

Eine Direktkondiktion des Alteigentümers gegen den Neueigentümer ist nur in folgenden Fällen zulässig. Beispiel 2:

Firmeninhaber B ist im unmittelbaren Besitz von Elektroinstallationen, die er der A-Bank sicherungsübereignet hat; er verkauft sie ohne Wissen der A an seinen Nachbarn C. Dieser baut das Baumaterial gutgläubig in sein Haus ein, zu einer Übereignung des Materials vor Einbau ist es nicht gekommen. Es soll dann ein Anspruch A gegen C nach §§ 951, 946, 94 i. V. m. § 812 Abs. 1 S. 1 Alt. 2 BGB zulässig sein, da nicht A, sondern C selbst den Einbau vorgenommen hat. Sein guter Glaube kann C mangels tatsächlichen gutgläubigen Erwerbs, der hypothetisch wegen der Regel in § 935 Abs. 1 S. 2 BGB für den mittelbaren Besitz Bestand hätte, nicht weiterhelfen.

Das entscheidende Kriterium liegt nicht darin, daß ein Dritter an den neuen Eigentümer leistet. Ausschlaggebend ist vielmehr, wer den Eingriff unmittelbar vornimmt. Nur wenn der Leistende selbst einbaut, wird eine Kondiktion des ehemaligen Eigentümers gegen den neuen Eigentümer ausgeschlossen. Als ausschlaggebend erscheint mithin, wer „näher" am Eingriff „dran" ist,[31] in wessen Sphäre der Eingriff fällt; weitere Wertungselemente werden nicht abgefragt.

Die Vertreter dieser Lehrmeinung stützen sich auf § 816 BGB, indem sie die Norm in eine völlig andere Richtung interpretieren. Ihrem Verständnis zufolge umfaßt „Verfügung" in § 816 Abs. 1 S. 1 BGB nicht nur die rechtsgeschäftliche, sondern auch jede andere intendierte rechtswirksame Rechtsänderung, etwa aus den §§ 946 ff. BGB.[32] § 816 Abs. 1 S. 1 BGB stelle allein darauf ab, ob

---

Doppelwirkung im Recht sei es jedoch Formalismus, beim Dritteingriff anders zu entscheiden als für den kondiktionsfesten redlichen Erwerb, der Erwerber dürfe sich dann ausnahmsweise auf seinen Schuldvertrag mit dem nichtberechtigten Veräußerer berufen.

[31] *Reuter/Martinek*, Ungerechtfertigte Bereicherung, § 10 II 2 b (S. 405).

[32] Ausdrücklich *Reuter/Martinek*, Ungerechtfertigte Bereicherung, § 8 I 1 d cc (S. 296).

A. A. die ganz h. M., siehe nur RG, 22.12.1927 – VI. 183/27, in: RGZ, Bd. 119 (1928), S. 332 (338) = Nachschlagewerk des RG, § 816, Nr. 15 = *Schubert/Glöckner*, Edition, §§ 812–825, S. 108; BGH, 13.12.1995 – XII ZR 194/93, in: BGHZ 131, 297 (305 f.); sehr deutlich auch BGH, 3.12.1998 – III ZR 288/96, in: NJW 1999, S. 1026 (1027); *Riess*, Anspruch des Berechtigten, S. 5–12; *Lutz-Christian Wolff*, Zuwendungsrisiko und Restitutionsinteresse, S. 51, alle m. w. N.

das Handeln des Nichtberechtigten dem Berechtigten gegenüber wirksam ist. Auch zeige die Entstehungsgeschichte, § 816 Abs. 1 S. 1 BGB setze die bereicherungsrechtliche Absicherung des gutgläubigen Erwerbs durch die §§ 932 ff. BGB nicht voraus, sondern treffe selbst die privilegierende Anordnung.[33] Für die Sphärentheorie vollzieht § 816 BGB nicht die Folgen des gutgläubigen Erwerbs nach, sondern bildet eine Kondiktionssperre gegen jeden Erwerber, dem ein Dritter etwas leistet und dadurch den relevanten Eingriff auslöst.

Das ist in vielerlei Hinsicht bedenklich. Um diese Variante des Subsidiaritätsdogmas abzulehnen, bedarf es qualifizierter Gründe, weil sich die Theorie selbst durch die Gesetzgebungsgeschichte nicht entkräftet sieht. Man muß sich zunächst die condictio pretii auf der Basis der Bereicherungstheorie Windscheids vorstellen: War die Sache beim Käufer untergegangen oder aus anderen Gründen nicht mehr mit der rei vindicatio herauszufordern, konnten der nichtberechtigte Verkäufer und der Käufer Bereicherungsschuldner sein. Im Falle des bloßen Sachuntergangs mußte der Käufer mangels Bereicherung vor keiner Kondiktion geschützt werden; hatte er die Sache hingegen verbraucht, durfte der ehemalige Eigentümer selbst vom Gutgläubigen kondizieren. Nur im Fall der Ersitzung war die condictio wegen des iustus titulus des Erwerbers ausgeschlossen.[34] Die Bereicherungshaftung des Verkäufers hingegen bestand nach der Alternativitätsthese v. Savignys von rei vindicatio und condictio abgesehen vom Sonderfall der Ersitzung unabhängig davon, ob der Käufer vor einer Eingriffskondiktion geschützt war. Entscheidungskriterium sollte sein, daß der Eigentümer sein Eigentum verloren hatte. Beim Sachverbrauch durch den Käufer konnte der Eigentümer alternativ sowohl den Verkäufer als auch den Käufer bereicherungsrechtlich belangen. Die condictio pretii „sperrte“ also nicht die Klage gegen den Käufer.

Nach Einführung des gutgläubigen Erwerbs war die Kondiktion gegen den redlichen Käufer ausgeschlossen. Die Protokolle der ersten Kommission bestätigen die Analyse; danach ist die schuldrechtliche Absicherung des Gutgläubigen in der Diskussion um § 196 TE-SR und damit § 816 Abs. 1 S. 1 BGB vor-

---

Eine andere Frage ist, ob man § 816 Abs. 1 S. 1 BGB mangels „Verfügung“ analog anwenden will, wenn die Voraussetzungen des gutgläubigen Erwerbs ex hypothesi erfüllt sind. Das vertreten z. B. *Larenz/Canaris*, Schuldrecht, Bd. II/2, § 70 III 2 b (S. 214 f.); *Lieb*, in: Münchener Kommentar, § 816, Rn. 17, m. w. N.; dagegen *Werner Lorenz*, in: *Julius v. Staudinger*[13], § 816, Rn. 5. I. E. differieren die §§ 812 Abs. 1 S. 1 Alt. 2 und 816 Abs. 1 S. 1 BGB nach h. M. in den Rechtsfolgen: objektiver Wertersatz oder Gewinnherausgabe. Ansonsten bestünde kein Bedürfnis für eine Analogie: Die Haftung des gutgläubigen Neueigentümers nach §§ 946 ff. BGB wird bereits durch §§ 932 ff. BGB analog ausgeschlossen; der Materiallieferant könnte über § 812 Abs. 1 S. 1 Alt. 2 BGB belangt werden. Zu Ende gedacht setzt sich diese Analogie zu § 816 BGB gerade den Bedenken aus, welche die h. M. gegenüber der Sphärentheorie hegt!

[33] Zu letzterem *Reuter/Martinek*, Ungerechtfertigte Bereicherung, § 8 I 1 a (S. 284).

[34] Siehe nur *v. Jhering*, in: JherJb, Bd. 16 (1878), S. 230 (274).

ausgesetzt und nicht selbst geregelt.[35] Die Motive stellen des weiteren fest, die Kondiktion gegen den Verkäufer sei nur im Falle der wirksamen Sachveräußerung durch gutgläubigen Erwerb möglich, nicht aber dann, wenn die Sache in den Händen des Erwerbers untergeht.[36] Andere Eingriffskonstellationen als der gutgläubige Erwerb sollten im Gegensatz zum gemeinen Recht nicht mehr den Zugriff auf den Verkäufer ermöglichen. Implizit wird vorausgesetzt, nur der redliche Erwerb löse die Bereicherungshaftung des nichtberechtigten Verfügenden aus. Im Umkehrschluß sperren die §§ 946 ff. BGB nicht generell die Bereicherungshaftung des Neueigentümers.

Wenn Reuter und Martinek von der bloßen Wirksamkeit der Verfügung ausgehen, hängen sie der alten Alternativitätsthese an und ziehen aus ihr gemeinrechtlich betrachtet den falschen Schluß, durch die Alternativität von condictio pretii und rei vindicatio solle der Erwerber geschützt werden. Die wahre Wurzel des § 816 BGB liegt nicht im Schutz des redlichen Erwerbers – er kann bereits über das Tatbestandsmerkmal „ohne rechtlichen Grund" privilegiert werden –, sondern in der Lehre von der Vermögensverschiebung. Die Gesetzgebungskommissionen standen offenbar unter dem Eindruck v. Kübels, bei den Eingriffskondiktionen könne die notwendige Unmittelbarkeit der Vermögensverschiebung bezweifelt werden. Nicht der Gutglaubensschutz oder eine wie auch immer geartete Lösung von Dreiecksbeziehungen, sondern der unsichere Vermögensverschiebungsbegriff war Anlaß für die separate Normierung des § 816 BGB. Wenn man sich vor Augen führt, daß im Laufe der Gesetzgebungsarbeiten mit Ausnahme von § 817 S. 1 BGB alle Kondiktionen auf einen Brennpunkt fixiert wurden, ist kaum anzunehmen, man habe § 816 BGB kodifiziert, um Dreiecksfälle zu lösen. Und es ist keineswegs zu leugnen, im Bürgerlichen Gesetzbuch seien mit Bedacht keine bereicherungsrechtlichen Mehrpersonenverhältnisse geregelt worden.[37] Nicht der selbstverständliche Schutz des Gutgläubigen, sondern Schwierigkeiten mit der Kondiktion des Kaufpreises auf der Grundlage der Vermögensverschiebung bereiteten den Kommissionsmitgliedern Kopfzerbrechen.

Die Sphärentheorie läßt wie andere Ansätze den Streit um das Titelerfordernis außer acht, das der Frage vorgeschaltet war, wie das Problem der Vermögensverschiebung zu umgehen ist. § 816 Abs. 1 S. 1 BGB kann den Rechtsverlust durch §§ 946 ff. BGB genetisch betrachtet schon deshalb wertungsmä-

---

[35] Bereits ausführlich mit Nachweisen auf S. 292. *Reuter/Martinek*, Ungerechtfertigte Bereicherung, § 8 I 1 a (S. 284), und *Wallmann*, Subsidiaritätsgrundsatz, S. 146, wollen – allerdings ohne schlüssige Quellenangaben – aus der Entstehungsgeschichte das Gegenteil lesen. Vgl. auch *Kupisch*, in: JZ 1997, S. 213 (217, Fn. 45).

[36] Motive, Bd. 3, S. 401 = *Mugdan*, Bd. 3, S. 223 f.

[37] Sitzung 156, Prot. I, S. 1502 = *Jakobs/Schubert*, Beratungen des BGB, §§ 812–822, S. 775.

ßig nicht erfassen, weil die Materialien in einer anscheinend bisher unbeachteten Stelle klar aussagen, in der Frage des Vorläufers von § 951 BGB, des § 897 E I, sei das Titelerfordernis ohne jede Relevanz.[38] Dieses Zitat läßt sich nur schwerlich umdeuten. § 816 Abs. 1 S. 1 BGB betrifft ein Leistungsverhältnis zwischen Nichtberechtigtem und Erwerber, während ein bestehendes Leistungsverhältnis bei § 951 BGB gerade nicht entscheidend sein soll. Die Vorschrift gibt klar zum Ausdruck, daß die §§ 946 ff. BGB kein Behaltensgrund sind. Das Wort „Verfügung" auch auf die Eingriffsfälle in § 946 ff. BGB auszudehnen, hieße § 951 BGB contra legem zugunsten von § 816 Abs. 1 S. 1 BGB abzuschaffen. Für § 951 BGB bliebe einzig der Fall übrig, in dem der Eingriff nicht unmittelbar durch die Leistung eines Dritten erfolgt.

Dogmengeschichtlich zu Ende gedacht, würde durch die Hintertür § 196 TE-SR reanimiert, ein Ergebnis, das mit der Entstehung des Bürgerlichen Gesetzbuchs in keiner Weise mehr zu vereinbaren und sozusagen contra fontem ist. Sich für den Vorrang der Leistung auf § 196 TE-SR zu berufen,[39] erscheint nicht nur zuletzt als verfehlt, weil er eindeutig im späteren Gesetzgebungsprozeß verworfen wurde und selbst der Vorentwurf lediglich den Gutgläubigen privilegierte, sondern bereits wegen seines Regelungsgehalts: § 196 Abs. 1 Nr. 1 TE-SR blockierte nicht mangels ausdrücklicher Regelung in Dritteingriffsfällen die Kondiktion gegen den vom Erwerber zu unterscheidenden Eingreifer, die Norm stellte die Lösung dieses Problems gerade über das Titelerfordernis zur Verfügung:[40] Der Besitzer, der gegen ein Entgelt eine Sache an einen anderen veräußerte und bei ihm einbaute, haftete selbstverständlich aus der Veräußerung, während der Neueigentümer gerade durch den titelverschaffenden Kauf geschützt war. Zusätzlich ist zu berücksichtigen, daß der Redaktor Johow noch keinen redlichen Erwerb vorsah, der Veräußerer konnte folglich immer nur durch Einbau Eigentum verschaffen. § 196 TE-SR mußte daher auch nicht den gutgläubigen Erwerb als Wertungsgrundlage nachvollziehen. Es stimmt zwar, heute sei wieder eine einheitliche Regelung für alle Eingriffskondiktionen wünschenswert; sie wäre aber nur durch eine dogmengeschichtlich sehr fragwürdige Interpretation des Gesetzes zu erreichen. Der Eingriff durch gutgläubigen Erwerb ließe sich mit den Akzessionsfällen vereinigen, wenn deren schuldrechtliche Statik, das heißt ihre Kondiktionsfestigkeit, geändert würde; § 951 BGB steht dem jedoch de lege lata entgegen.

---

[38] Sitzung 341, Prot. I, S. 4227 = *Jakobs/Schubert*, Beratungen des BGB, §§ 812–822, S. 863. A. A. *Reuter*, in: AcP, Bd. 187 (1987), S. 484 (497):

> „Die Vorschrift schließt nicht aus, den Rechtsgrund in dem Vertrag zu sehen, zu dessen Erfüllung der Erwerb nach §§ 946 ff. BGB von einem Nichtberechtigten herbeigeführt worden ist."

[39] Im Ansatz *Wallmann*, Subsidiaritätsgrundsatz, S. 146 f.

[40] Siehe näher oben ab S. 284, 292.

Summa summarum setzt § 816 BGB rechtshistorisch betrachtet den gutgläubigen Erwerb voraus und ist selbst keine Kondiktionssperre. Die Norm regelt in Abs. 1 S. 1 allein Fälle des gutgläubigen Erwerbs. Nichts anderes schwebte der zweiten Kommission vor Augen, als sie die verschiedenen Eingriffskondiktionen aus gutgläubigem Erwerb als „allgemeinen Gedanken" vereinigte.[41] Von der im Vergleich zu § 812 Abs. 1 S. 1 Alt. 2 BGB modifizierten Rechtsfolge einmal abgesehen – und selbst dieser Unterschied wird bestritten[42] – ist § 816 BGB nach Aufgabe der Vermögensverschiebungslehre heute eigentlich überflüssig. Der Paragraph präsentiert sich entgegen der Sphärentheorie nicht als Musterbild für die Lösung aller Dreiecksverhältnisse.[43] Jenseits der genetischen-historischen Auslegung und Problemgeschichte läßt sich die Sphärentheorie ebenfalls nur schwerlich rechtfertigen; hier kann auf die schuldnerzentrierte Subsidiaritätsvariante verwiesen werden.[44] Besonders das Manko des Rechtsgrundes wiegt schwer.[45] Deshalb sprechen nicht nur die dogmengeschichtlichen Argumente gegen die strenge Subsidiaritätslösung, sondern ebenso auch systematische und teleologische Kriterien.

4. Rechtsgrundlehre

Allein akzeptabel erscheint nach allem die Lehre, die das Vorrangproblem intrasystematisch über das Tatbestandsmerkmal „ohne rechtlichen Grund" in § 812 BGB verankert.[46] Sie steht zum einen mit der Dogmengeschichte im Einklang. Der Ausschluß der Eingriffskondiktion wird nicht praeter legem der tatbestandlichen Normstruktur verordnet, sondern nach der Gesetzgebungsintention über die Rechtsgrundlosigkeit implementiert. Damit wird verhindert, daß die §§ 946 ff. BGB pauschal die Kondiktion blockieren; bereits § 897 E I zeigt die mangelnde Kondiktionsfestigkeit des Erwerbs nach den §§ 946 ff. BGB an. Nur

---

41 Prot. II, S. 8492, in: *Mugdan*, Bd. 2, S. 1181.

42 Vgl. nur den Streitstand bei *Larenz/Canaris*, Schuldrecht, Bd. II/2, § 72 I 2 a (S. 267 f.), m. w. N.

43 Siehe auch *Kunisch*, Bereicherungsansprüche in Dreiecksverhältnissen, S. 194, der § 816 BGB durch seine „Rückgriffskondiktion" und seine „Kondiktion gegen Drittempfänger" ersetzen möchte.

44 Siehe oben ab S. 485.

45 *Reuter*, in: AcP, Bd. 187 (1987), S. 484 (497). Dagegen aber selbst *Wallmann*, Subsidiaritätsgrundsatz, S. 135.

46 Etwa *Bydlinski*, System und Prinzipien, S. 264–269; *Ingo Koller*, in: Symposion für *Canaris*, S. 151 (bes. 153 f.); *Larenz/Canaris*, Schuldrecht, Bd. II/2, § 67 IV 3, § 70 III 2 (S. 144 f., 212–217); *Thielmann*, in: AcP, Bd. 187 (1987), S. 23 (40, 58 f.); tendenziell *Picker*, in: NJW 1974, S. 1790 (bes. 1791, 1797); *Harm Peter Westermann*, in: *Erman*[10], § 812, Rn. 85; vgl. weiterhin *Hager*, in: 50 Jahre BGH, Bd. 1, S. 777 (814–819). Ähnlich für die Einheitslehre *Kellmann*, Grundsätze der Gewinnhaftung, S. 117–120.

der gutgläubige Erwerb soll eine causa sein. Systematisch gesehen wird dadurch die Wertung des gutgläubigen Erwerbs umgekehrt auf den Rechtserwerb nach §§ 946 ff. BGB übertragen. Es kann keinen Unterschied machen, ob einzubauende Sachen vor Einbau übereignet wurden oder nicht. In jedem Fall muß entscheidend sein, ob die dingliche Verfügung ex hypothesi möglich gewesen wäre.

Es stimmt zwar, daß die vorläufige Statik des sachenrechtlichen Erwerbs durch das Schuldrecht, also in concreto durch die §§ 812 ff. BGB, dereguliert werden soll. Wie aber das Bereicherungsrecht und insbesondere das Tatbestandsmerkmal der Rechtsgrundlosigkeit angewandt werden sollen, kann nur unter Bezug auf die Gesamtrechtsordnung, zu der auch die Vorschriften über den redlichen Erwerb zählen, entschieden werden. Deswegen ist § 816 BGB für den im Gesetz ungeregelten Fall der Konkurrenz von Leistung und Eingriff in der Konstellation der § 946 ff. BGB nicht analog oder gar direkt anzuwenden, sondern die Wertung des Sachenrechts aufzunehmen. Dehnte man § 816 BGB aus, erweiterte man den Gedanken der mittelbaren Vermögensverschiebung auf den Rechtsverlust gemäß den §§ 946 ff. BGB, obwohl mit der unmittelbaren Vermögensverschiebung dort keine Probleme bestehen. § 816 BGB betrifft allein den Sonderfall der Gewinnherausgabe. Es besteht kein Anlaß, die Norm auf einen anderen Fall der rechtsgrundlosen Bereicherung auszudehnen. § 816 BGB wäre nur unter der Prämisse analogiefähig, daß die Gewinnherausgabe rechtspolitisch erstrebt wird.[47] Mit dem Vorrang der Leistung vor dem Eingriff ist diese Frage allerdings thematisch nicht verbunden.

IV. Fazit

Vielleicht sollten sich diejenigen, die noch in irgendeiner Form den Vorrang der Leistungs- vor der Eingriffskondiktion vertreten, auf Kötters Aufsatz im Archiv für die civilistische Praxis zurückbesinnen. Dann würden sie lesen, daß der Promotor des Leistungsbegriffs den langlebigen Satz:[48]

> „Ist also das Bereicherungsobjekt in das Vermögen des Empfängers auf Grund einer Leistung gelangt, so kann darauf ein anderer als der Leistende nicht etwa wegen ‚sonstiger' rechtsgrundloser Bereicherung Anspruch erheben"

auf das Spezialproblem der sogenannten Spielbank-Fälle münzte.[49] Kötters primäres Anliegen war lediglich, den Fall zu deuten, in dem der Nichtberechtigte sine causa an den redlichen Erwerber leistet. Die alte Streitfrage dabei ist, ob der Eigentümer direkt vom Redlichen kondizieren kann oder ob er nur „über

---

[47] Dazu näher oben auf S. 488, Fn. 32.

[48] *Hans-Wilhelm Kötter*, in: AcP, Bd. 153 (1954), S. 193 (207).

[49] Etwa BGH, 12.7.1962 – VII ZR 28/61, in: BGHZ 37, 363 (367–369).

Eck“ mittels der condictio indebiti des Nichtberechtigten, also über die „Kondiktion der Kondiktion“ an den Erwerber zu gelangen vermag.[50] Kötter entschied nach seinem oft nachgeahmten Spruch, die Leistung des Nichtberechtigten an den Gutgläubigen schließe die Kondiktion „in sonstiger Weise“ des entreicherten Eigentümers gegen den Gutgläubigen aus. Weder mußte sich Kötter mit abhanden gekommenen Sachen noch mit § 951 BGB beschäftigen. Sein Vorschlag war auf ein Sonderproblem beschränkt, das mit den zahlreichen Fällen der Rechtsprechung zu den §§ 946 ff. BGB nur wenig gemeinsam hat.

---

[50] Näher oben auf S. 484, Fn. 25.

Zweiter Teil

Englisches Recht

§ 5 Grundsätzliches

I. Erste methodologische Impressionen

Das Bereicherungsrecht jenseits der Kodifikationssystematik wird in England zelebriert. Konnte man noch vor wenigen Jahren mit gutem Gewissen behaupten, die mangelnde Akzeptanz des principle of unjust enrichment scheide das common law vom civil law,[1] hat sich in der Zwischenzeit die Rechtslage nachhaltig durch das House of Lords verändert. Einer der Gründe für die Diskrepanz war sicherlich die große Kluft zwischen akademischer Lehre und Rechtsprechung. Lange Zeit war es vor Gericht verpönt, auf rechtswissenschaftliche Literatur hinzuweisen: Urteile müssen, so die hergebrachte Überzeugung in England, von jedermann verstanden werden. Theoretische Systematisierungen des Fallrechts wurden als wenig lebensnah empfunden. Mit diesem Hindernis ist das Fallrecht als Rechtsquelle des common law verknüpft. Das case law rekurriert auf den Einzelfall, nicht auf das Recht als System von Begriffen und Institutionen. Die englische Formel der rechtsgrundlosen Bereicherung – „unjust enrichment at the expense of another person" – ist aus Sicht des common law für sich allein genommen zu abstrakt; man ist der Auffassung, ohne nähere Adaption würde der Satz die Methode des Fallrechts aushebeln.[2]

Der akademischen Lehre ist es nun in jüngerer Zeit trotz der schwierigen methodologischen Ausgangslage gelungen, sich zum law of restitution, wie das Rechtsgebiet herkömmlich benannt wird, nachhaltig im Fallrecht zu verewigen. Mit dem Urteil *Lipkin Gorman (a firm)* v *Karpnale Ltd* erfolgte 1991 die große Wende.[3] Seitdem wird das law of restitution kontinuierlich vom House of Lords bis hinab zum High Court ausgebaut. Dazu hat nicht wenig Lord Goff of Chieveley beigetragen, dessen Wurzeln in eben dieser akademischen Lehre liegen. Im Fall *Kleinwort Benson Ltd* v *Lincoln City Council* aus dem Jahre 1998 ist

[1] Zuerst *Nicholas*, in: (1962) 36 TulaneLR 605, 606.

[2] Im Detail unten ab S. 567.

[3] *Lipkin Gorman (a firm)* v *Karpnale Ltd* [1991] 2 AC 548.

gar zu lesen,[4] das law of restitution sei Gelehrtenwerk. Während der Verhandlung des besagten Falls präsentierte der Rechtsgelehrte Peter B. H. Birks aus Oxford dem House of Lords einen historischen Aufsatz von 1802, den die Lordships ausführlich würdigten – ein selbst für deutsche Verhältnisse ungewöhnlicher Vorgang. Die Verkettung von Wissenschaft und Praxis ist dabei nicht einseitig. Auf der anderen Seite hat sich die Lehre de lege lata nach dem Gesetz, also dem Fallrecht zu richten. *Kleinwort Benson Ltd* v *Lincoln City Council* liefert ein gelungenes Beispiel: „The decision came just in time to destroy my carefully planned Restitution course", berichtete ein Dozent in der Woche nach dem Urteil *Kleinwort Benson Ltd* v *Lincoln City Council* in der Restitution Discussion Group.[5]

Trotzdem bleibt die weitere Entwicklung mit Skepsis zu betrachten. Die wenigen Entscheidungen zu unjust enrichment können das law of restitution lediglich ungenügend stabilisieren. Überall vermischen sich die neuen Denkansätze mit mitgeschleppten Traditionen. Es scheint, als sei der abstrakte Satz des Pomponius für das common law in der Tat nur bedingt geeignet. Wird er zu sehr in konkrete Fälle aufgelöst, bleibt zu wenig Substanz von ihm übrig. Doch auch im civil law beweist er seine Tücken, wie am Beispiel des gemeinen und deutschen Rechts zu sehen war. In Deutschland begegnet man dem Methodenproblem auf einer anderen Ebene:[6] Nicht der einzelne Lebenssachverhalt prägt über den Fall das Gesetz, sondern umgekehrt die abstrakte Norm den Einzelfall. Die Diskrepanz von beiden kann das Kodifikationsprinzip aber ebenso wie das common law nicht ohne Gewißheitsverlust nach der einen oder anderen Seite aufheben. Der Streit um Einheits- und Trennungslehren im Rahmen des § 812 BGB ist ein allzu virulentes Beispiel.

Zum common law liegt der entscheidende Systemunterschied in der diametralen Perspektive: Die Präsumtion ist auf den abstrakten Rechtssatz und nicht auf den Einzelfall bezogen. So werden im Zweifel selbst Anhänger der Trennungslehre den individuellen Sachverhalt ihrem dichotomischen System unterordnen. Der Unterschied zu den variantenreichen Einheitslehren besteht lediglich darin, daß die herrschende Lehre eine ausdifferenzierte Norm einsetzt, die aber trotz aller Typologie weithin systematisiert bleibt. Denn es war das eigentliche Anliegen v. Caemmerers, § 812 BGB als funktionsfähigen Rechtssatz durch Typisierung zu retten. Erst spätere Generationen haben damit begonnen,

---

[4] *Kleinwort Benson Ltd* v *Lincoln CC* [1998] 4 All ER 513, 530 (per *Lord Goff of Chieveley*).

[5] Restitution Discussion Group on 6/11/1998. Siehe auch *Birks*, in: (1993) 46 CLP 1 157, 182: „partnership between the courts and the law schools".

[6] Vgl. auch *Markesinis*, in: (2000) 59 CamLJ 294–309; *Ohly*, in: AcP, Bd. 201 (2001), S. 1–47; *Tetley*, in: (2000) 60 LouisianaLR 677–738, zu den sog. „mixed jurisdictions" zwischen civil law und common law; zum Präjudizienrecht des BGH *Heldrich*, in: ZRP 2000, S. 497–500.

mit der vollständigen Beseitigung von „auf dessen Kosten" in der Erbfolge Wilburgs den Tatbestand zu zerschlagen. Doch selbst diese Variante steht in der Tradition abstrakter Rechtssätze, selbst wenn sie sich von § 812 BGB als gesetzlicher Grundlage losgelöst hat.

Die deutsche Lehre wirft der Rechtsprechung teilweise vor, in Mehrpersonenverhältnissen sei der Einzelfall die wahre Rechtsquelle.[7] Im Ergebnis mag das stimmen; Entscheidungen lassen sich nicht exakt im naturwissenschaftlichen Sinne vorhersagen. Trotzdem kann niemand leugnen, daß der Bundesgerichtshof von abstrakten Sätzen – Leistungsbegriff, Empfängerhorizont, Subsidiaritätsdogma und Zuweisungsgehalt – ausgeht. Wenn die sogenannte ständige Rechtsprechung die Urteile wie ein roter Faden durchläuft, dann wird keineswegs die Entscheidung in einer bestimmten Sachverhaltskonstellation, sondern der zur Rechtsregel erhobene Rechtsbegriff betont. Nicht die Beziehung des „principle" zu einem konkreten Sachverhalt ist ausschlaggebend, vielmehr stehen die Wortbausteine vor allem in der Rechtsprechung der Oberlandesgerichte weitab vom Lebenssachverhalt isoliert.

Im englischen Fallrecht hingegen werden die Rechtsbegriffe in den Kontext des individuellen Falls eingebettet, in dem sie entwickelt wurden. Selbst die stärksten Verfechter eines einheitlichen Prinzips müssen sich der Vielzahl an unterschiedlichen Lebenssachverhalten beugen. Der restitution lawyer ist gezwungen, das principle of unjust enrichment dem Einzelfall unterzuordnen, bloße Typisierungen, wie sie v. Caemmerer vornahm, sind zu wenig. Es liegt auf der Hand, daß dabei der Bereicherungsgedanke „upon the cases" unkenntlich wird.

II. Struktur des Privatrechts

Auf der Suche nach den maßgeblichen Rechtsnormen für das law of restitution stößt man sehr schnell auf die im Vergleich zum deutschen Recht andersartige Systematik der Rechtsgebiete. Das Schuldrecht ist in „law of contract", „tort" (Recht der unerlaubten Handlungen) und eben das law of restitution unterteilt. Letzteres nimmt eine Sonderstellung ein, weil es in das Sachenrecht („law of property") hineinreicht. Schon in *Fibrosa Spolka Akcyjna* v *Fairbairn Lawson Combe Barbour Ltd* wies Lord Wright die Bereicherungsansprüche dem law of restitution zu,[8] sie seien: „[...] different from remedies in contract or in tort, and are now recognized to fall within a third category of the common

---

[7] Siehe die Nachweise oben auf S. 385, Fn. 283.

[8] *Fibrosa Spolka Akcyjna* v *Fairbairn Lawson Combe Barbour Ltd* [1943] AC 32, 61 (per *Lord Wright*). Siehe jetzt auch *Banque Financière de la Cité* v *Parc (Battersea) Ltd* [1999] 1 AC 221, 227 (per *Lord Steyn*).

law which has been called quasi-contract or restitution." Allgemein anerkannt ist der Dreiklang von contract, tort und law of restitution indessen nicht.

1. Vertrauens- und Bereicherungshaftung

Besonders Patrick Atiyah hat sich darin hervorgetan, das Obligationenrecht neu zu ordnen.[9] Sein geistiger Antipode Charles Fried entwarf ganz im Gegensatz zur consideration-Doktrin des common law die Idee,[10] der Vertrag sei rechtsethisch nicht durch instrumentale Überlegungen des Güteraustausches, sondern durch die Treue zu eben diesem Vertrag bestimmt – Versprechen seien per se bindend.[11] Atiyah wandte sich gegen diese traditionelle Werteordnung mit folgenden Überlegungen: Versprechen könnten nur insofern binden, als sie Vertrauen erzeugten oder Vorteile gewährten. Die Dreiteilung des Obligationenrechts in contract, tort und law of restitution soll durch ein dichotomisches Schuldrecht ersetzt werden. Tort und ein Teil des Vertragsrechts bilden danach den Bereich, der auf Vertrauen basiert, law of restitution und der andere Teil des Vertragsrechts das Gebiet, welches sich aus der Erlangung eines Vorteils rechtfertigt. Tort und law of restitution lösen sich damit in zwei größere Blöcke auf, das Vertragsrecht wird zerschlagen. Einflüsse auf die Rechtspraxis kann diese Theorie aber nicht für sich verbuchen.

Gegen Atiyahs System lassen sich gewichtige Bedenken einwenden.[12] Der Kernpunkt seiner Thesen ist, daß Vertragsversprechen als weithin fingierte Formalien rechtlich bedeutungslos seien. Daraus läßt sich andererseits ein Gegenargument entwickeln: Sollten Versprechen tatsächlich bedeutungslos sein, dann können sie nicht einmal als Voraussetzung für berechtigtes Vertrauen, das vertragliche Versprechen ersetzen soll, dienen. Atiyah begibt sich in einen Zirkelschluß. Wenn ein Großteil der Verträge überhaupt nur auf Vertrauen basiert, warum soll es nicht möglich sein, seiner vertraglichen Verantwortung durch vorherige Ankündigung des Vertragsbruchs auszuweichen? Allerdings könnte man dem wieder entgegenhalten, die Ankündigung des Vertragsbruchs selbst

---

[9] *Atiyah*, Rise and Fall of Freedom of Contract, zusammenfassend S. 764–779; *ders.*, in: *ders.*, Essays on Contract, S. 10 (43–56). Siehe auch *Stapleton*, in: *Birks*, Classification of Obligations, S. 193–231, die das Obligationenrecht rechtsfolgenorientiert in „New Equity", „Compensation (Tort, Contract)" und „Restitution" aufteilt, aber im Endeffekt im wesentlichen bei den bekannten Einteilungskriterien bleibt. Vgl. weiterhin *Jaffey*, Restitution, S. 130–133.

[10] Näher zur vertraglichen consideration-Doktrin *Fromholzer*, Consideration, (pass.) und unten auf S. 516.

[11] *Fried*, Contract as Promise, bes. S. 7–21; dagegen *Atiyah*, in: *ders.*, Essays on Contract, S. 121–149.

[12] Kritisch in der englischen Literatur z. B. *Burrows*, in: *ders.*, Understanding the Law of Obligations, S. 1 (2); *Daniel Friedmann*, in: (1995) 111 LQR 628, 648.

enttäusche schon das Vertrauen des anderen und löse Haftungsfolgen aus. Letzten Endes können Atiyahs Vertragsmodell und seine Folgen auf sich beruhen, denn an anderer Stelle betont er im Kontrast zu seiner sonstigen Kritik die hervorragende Stellung formeller Aspekte im Familienrecht bei der Eheschließung.[13] Wie sich seine divergierenden Meinungen zum Thema Vertrag zueinander verhalten, dazu hat Atiyah bis heute keine eindeutige Stellung bezogen, obwohl er sich des Widerspruchs durchaus bewußt ist.[14]

2. *Einteilung nach Rechtsgütern und Methodenkritik*

Unter weiteren Systematisierungsversuchen ragt Steve Hedleys Vorschlag hervor. Er stimmt Atiyah grundsätzlich darin zu, die herkömmliche Klassifikation in contract, tort und law of restitution sei verfehlt. Während Atiyah in Oxford mit Vertrauen und Bereicherung auf besondere Merkmale auf der Gläubiger- resp. Schuldnerseite abstellt, orientiert sich Hedley in Cambridge an Rechtsgütern. Das law of obligations soll an folgenden Rechten und Vermögensgegenständen ausgerichtet werden: Mobilien, Immobilien, Geld, Arbeit, Vertrauen und geistiges Eigentum, Vermögensanteile, Familienrechte, persönliche Ehre sowie Bürgerrechte.[15] Es liegt auf der Hand, daß Vertrag, tort und law of restitution hier keinen fest abgrenzbaren Platz haben. Das law of restitution wird wohl in allen Typen außer den beiden letztgenannten auftauchen, festlegen will sich Hedley freilich nicht. Hedleys System spiegelt seine Antipathie gegenüber dem law of restitution als selbständigem Rechtsgebiet wider. Sein System ist die Plattform, von der aus er die herrschende Einteilung hinterfragt. Das law of restitution wird abgelehnt, weil Hedley das Obligationenrecht nach ganz anderen, nicht mehr an traditionellen Vorgaben orientierten Gesichtspunkten ordnen möchte. Die radikalere Alternative besteht jedoch darin, zwar die alten Gruppen contract und tort anzuerkennen, das law of restitution hingegen schlichtweg zu leugnen.

Auch das hat Hedley schon vorgetragen: Er vertritt eine streng konservative, am Fallrecht orientierte Methodenlehre, in der kein Platz für hypothetische Fälle, sondern nur für richterliche Entscheidungen als in Sprüche gegossenes Recht ist.[16] Die Gelehrten an den Universitäten dürften nur entschiedene Fälle aufbereiten, aber keine weitergehenden Überlegungen anstellen.[17] Mit anderen

---

[13] *Atiyah*, in: *ders.*, Essays on Contract, S. 93 (bes. 105–107).

[14] Siehe *Atiyah*, in: *ders.*, Essays on Contract, S. 10 (46).

[15] *Hedley*, in: (1988) 8 LS 137, 151.

[16] Zuerst *Hedley*, in: (1985) 5 LS 56–66; zuletzt *ders.*, in: [1997] 3 Web JCLI = *http://webjcli.ncl.ac.uk/1997/issue3/hedley3a.html.*

[17] Dagegen allgemein etwa *Birks*, in: *ders.*, Laundering and Tracing, S. 289 (308).

Worten: Jenseits der Jurisdiktion beginnt nicht das Feld systematisierenden akademischen Wirkens, sondern das Nicht-Recht. Aus den Urteilen, so lautet die Argumentation, sollen sich zwar viele Einzelsituationen, jedoch kein übergeordnetes System ablesen lassen. Problematisch wird diese Ansicht spätestens dann, wenn man die Entscheidungen des House of Lords hinzuzieht, die seit 1991 kontinuierlich das principle of unjust enrichment betonen. Doch mit der streng atomistischen Betrachtungsweise soll selbst die Aussagekraft der höchstrichterlichen Urteile relativiert werden. Es sei nicht erwiesen, daß die Untergerichte sich das principle of unjust enrichment tatsächlich zu eigen gemacht hätten, die Entscheidungen des House of Lords stünden einsam in der Brandung des case law, das sich an konkreten Sachproblemen und nicht an abstrakten principles orientiere, behauptet Hedley. Vorerst sollen seine Mutmaßungen ungeprüft bleiben. Die herrschende Lehre jedenfalls vermag keinen Widerspruch zwischen Fallrecht und law of restitution zu erkennen.[18]

III. Die Dogmengeschichte

Hedleys Fundamentalkritik hat sicherlich im Hinblick auf die Dogmengeschichte des law of restitution einige Berechtigung. Alte und neue Terminologie sind nur schwer zu vereinbaren. Ebenso wie die Geschichte des deutschen Bereicherungsrechts schlug das law of restitution manchen Seitenpfad ein, bevor sich schließlich ein zukunftsfähiger Konsens abzeichnete. Ebenso wie im gemeinen Recht findet das englische Recht zu großen Teilen im Quasivertrag seine Wurzeln, einem Rechtsbegriff, der schnelle Lösungen verspricht, in der Retrospektive hingegen mehr Schaden angerichtet als Nutzen gestiftet hat. Die Verflechtung von Vertrags- und Bereicherungsgedanken erreichte in England eine noch weitaus höhere Intensität, da das common law in seinen Ursprüngen keine griffige Klageformel gleich der abstrakten condictio kannte. Die andere bedeutende Quelle des law of restitution liegt auf dem sachenrechtlichen Gebiet des trust in Verbindung mit dem Rechtsmittel account of profits zur Gewinnherausgabe, einer Rechtsspezialität des anglo-amerikanischen Rechtskreises.[19]

Quasikontraktliche Klagen, die man heute unter das law of restitution faßt, lassen sich bis in das Mittelalter verfolgen. Eine herausragende Rolle nimmt der altertümliche „writ of account and debt" ein. Den ersten Entwicklungsschub löste *Slade's Case* im frühen 17. Jahrhundert aus, der festlegte, daß eine action in assumpsit einschlägig sein soll, sobald der Kläger die Existenz einer Schuld nachweisen kann. Zuvor hatte die action of assumpsit stets vorausgesetzt, man

---

[18] Etwa *Robert Stevens*, in: *Rose*, Failure of Contract, S. 275–283; *Virgo*, Principles of the Law of Restitution, S. 51 f.

[19] Näher zu den trusts unten ab S. 614, zu account of profits auf S. 556, 586.

müsse sich ausdrücklich zur Geldzahlung verpflichtet haben. Mit *Slade's Case* genügte ein schlüssiges oder vermutetes Versprechen.[20] Mit der Zeit ersetzte die Klage aus indebitatus assumpsit die action in debit, die prozessual gesehen mit vielen Nachteilen beladen war.

In der Mitte des 17. Jahrhunderts löste sich die assumpsit-Klage stärker von vertraglichen Elementen: Bisher hatte die Klage zwar kein ausdrückliches Rückzahlungsversprechen mehr, aber immer noch eine zugrundeliegende vertragliche Schuld vorausgesetzt. Als Rückzahlungsbasis sollten von nun an nicht nur Verträge, sondern auch irrtümliche Geldleistungen ohne vertragliche Basis genügen. Das Versprechen, eine bestimmte Geldsumme zurückzuzahlen, war damit endgültig eine reine Fiktion geworden. Um der Klage inhaltlichen Halt zu geben, entwickelte man die „common counts". Sie spielen bis auf den heutigen Tag im law of restitution in der Praxis eine wichtige Rolle, obwohl sie 1852 mit dem Common Law Procedure Act s. 3 offiziell abgeschafft wurden.[21] Im einzelnen sind es:

Die action for money had and received, die den größten Teil der Quasivertragsklagen umfaßt. Diese Klage ist bei Geldzahlungen aus Irrtum und anderen fehlerhaften Annahmen auf der Klägerseite einschlägig. Auch soll die Klage bei rechtswidrigen Handlungen wie Zwang oder einem „actionable wrong" eingreifen. Sie behandelt also vor allem Teile der deutschen Leistungs- und Eingriffskondiktion.

Die action for money paid to a third party to the defendant's use. Ein typisches Beispiel dieser Klage ist der Fall, daß der Kläger zwangsweise die Schuld eines anderen beglichen hat. Im deutschen Recht könnte man sie mit der Rückgriffskondiktion in Beziehung setzen.

Des weiteren sind quantum meruit auf den Wert von Dienstleistungen[22] und quantum valebat auf den Wert von gelieferten Sachen hervorzuheben. Es ist eine Besonderheit der common counts, daß sie zwischen money, services und goods unterscheiden. Das bereitet dem principle of unjust enrichment bis auf den heutigen Tag erhebliche Probleme.

Neben den Begriff Quasivertrag trat schnell eine materiellrechtlich orientierte Grundlage. Denn ebenso wie im usus modernus zeigte sich sehr rasch, wie wenig inhaltliche Substanz der Begriff „quasi contract" aufweist. Der Quasivertrag setzt keinen echten Vertrag, auch kein „tacit agreement" voraus; er erklärt lediglich, dieser und jener Fall sei *wie* ein Vertrag zu behandeln. Die Frage nach dem *Warum* bleibt mit dem Wort „Quasivertrag" ungeklärt. Hier konnte Lord Mansfield (1705–1793) im Jahre 1760 mit der berühmten Entscheidung *Moses* v *Macferlan* anknüpfen: In diesem Fall hatte der Beklagte dem Kläger versprochen, seine Schuldscheine nicht einzuklagen, es dann aber doch getan.

---

[20] *Slade's Case* (1602) 4 Co Rep 92b = 76 ER 1074.

[21] Siehe auch den Schlußpunkt der Reform mit den Judicature Acts 1873–75.

[22] Der Begriff „Dienstleistung" ist nicht technisch im Sinne der §§ 611 ff. BGB gemeint, da das englische Vertragsrecht nicht kategorisch zwischen Kauf, Dienstleistung, Werklieferungsvertrag und Werkvertrag trennt.

Nachdem der Kläger im ersten Prozeß vom Court of Conscience trotz der entgegenstehenden Abrede aus den Scheinen verurteilt worden war, klagte er seinerseits am Court of King's Bench eine action for money had and received auf Rückzahlung der nach dem ersten Prozeß bezahlten Gelder ein.[23] Lord Mansfield fundierte die action mit den berühmten Sätzen:[24]

> „If the defendant be under an obligation, from the ties of natural justice, to refund; the law implies a debt, and gives this action, founded in the equity of the plaintiff's case,[25] as it were upon a contract (‚quasi ex contractu', as the Roman law expresses it). [...]
>
> The damages recovered in that case, shew the liberality with which this kind of action is considered: [...] therefore the plaintiff, ex aequo et bono, ought to recover no more; agreeable to the rule of the Roman law – ‚Quod condictio indebiti non datur ultra, quam locupletior factus est, qui accepit.' [...]
>
> This kind of equitable action, to recover back money, which ought not in justice to be kept, is very beneficial, and therefore much encouraged. It lies only for money which, ex aequo et bono, the defendant ought to refund [...] it lies for money paid by mistake; or upon a consideration which happens to fail [...].
>
> In one word, the gist of this kind of action is, that the defendant, upon the circumstances of the case, is obliged by the ties of natural justice and equity to refund the money."

Welche Haltung Lord Mansfield zum Quasivertrag einnahm, ob er einen stillschweigenden Vertrag verlangte oder ihn nur fingierte, läßt der Fall unentschieden.[26] Wie bei den deutschen und holländischen Zeitgenossen zielen immerhin das aequum und bonum sowie die angedeutete Pomponius-Sentenz darauf ab, daß sie die eigentliche Entscheidungsquelle sind. Ein Vertrag aus stillschweigender Übereinkunft bedürfte keiner zusätzlichen Rechtfertigung mehr, der übereinstimmende Wille der Vertragsparteien trägt den notwendigen Gerechtigkeitsgehalt in sich. Lord Mansfield sah es jedoch als unumgänglich an, zusätzliche Gesichtspunkte einzuführen; die Vertragsfigur selbst war für ihn unzureichend. Quasi ex contractu in Verbindung mit der action for money had and received ist folglich in *Moses* v *Macferlan* nicht mehr als eine Klageformel, in die der Bereicherungsgedanke eingebettet wird.

Man fragt sich unweigerlich, aus welchen Quellen Lord Mansfield sein Wissen um das römische Recht schöpfte. Zu allen Zeiten bestand nicht nur über

---

[23] *Moses* v *Macferlan* (1760) 2 Burr 1005 = 97 ER 676 (per *Lord Mansfield*); siehe auch *Sadler* v *Evans* (1766) 4 Burr 1984, 1986 = 98 ER 34, 35 (per *Lord Mansfield*): „liberal action, founded upon large principles of equity".

[24] *Moses* v *Macferlan* (1760) 2 Burr 1005, 1008, 1011 f. = 97 ER 676, 678, 680 f. (per *Lord Mansfield*).

[25] Anmerkung: Nach der letzten Zivilprozeßreform wird der Kläger (plaintiff) nun „claimant" genannt.

[26] *Birks*, in: (1984) 37 CLP 1, 13. Zum Verständnis des Quasivertrags im usus modernus und bei *F. C. v. Savigny* oben ab S. 97, 139, 156, 413.

den Court of Admiralty ein rechtswissenschaftlicher Austausch zwischen England und Kontinentaleuropa. Die vielen Kommentare zum usus modernus in der Squire Library zu Cambridge, die teilweise mit den Eigentümervermerken ihrer ursprünglichen englischen Besitzer versehen sind, geben beredtes Zeugnis davon ab, daß man im common law zwar das gemeine Recht nicht generell rezipierte, es an manchen Stellen aber gleichwohl zum Vorbild nahm. Zum Beispiel hatte im 19. Jahrhundert Lord Lindley (1828–1921) in Bonn studiert und Teile von Thibauts Pandektenlehrbuch ins Englische übersetzt.[27] Und im Vorwort zur englischen Übersetzung des zweiten Bandes zu v. Savignys „System des heutigen Römischen Rechts" steht:

> „Savigny's great work on the Roman System of Law, the most remarkable monument, as it has been justly said, of his learning and genius [...] without a complete translation in English having appeared, is scarcely, I think, creditable to us as a nation."

Die Rezeption gemeinrechtlicher Gedanken sollte leider nur eineinhalb Jahrhunderte bestehen. Die Rechtsprechung im 19. Jahrhundert folgte noch Lord Mansfield.[28] Zum Ende des Jahres 1912 dagegen sah sich Hamilton LJ nicht mehr an Rechtsansichten vergangener Epochen gebunden:[29]

> „Whatever may have been the case 146 years ago, we are not now free in the twentieth century to administer that vague jurisprudence which is sometimes attractively styled ‚justice as between man and man'."

Noch deutlicher fällt das Verdikt in einem späteren Fall aus, Lord Mansfields Haltung sei nicht mehr als eine „history of well-meaning sloppiness of thought".[30] Statt dessen lieferte sich die Rechtsprechung ganz dem Quasikontrakt aus. Da seine inhaltliche Substanz mit Pomponius als argumentativer Unterlage weggefallen war, mußte die Vertragsidee selbst aufgewertet werden. So wurde in *Sinclair* v *Brougham* vom House of Lords festgehalten:[31] „All these

---

[27] Vgl. *Simmonds*, in: *Kramer/ders./Steiner*, Debate over Rights, S. 113 (171).

[28] Z. B. *Edwards* v *Bates and Savery* (1844) 7 Man&G 590, 597 f. = 135 ER 238, 241 (per *Tindal CJ*); *Freeman* v *Jeffries* (1869) LR 4 Ex 189, 199 (per *Martin B*).

[29] *Baylis* v *Bishop of London* [1913] 1 Ch 127, 140 (per *Hamilton LJ*). Vgl. allgemein zur Kontroverse *Transvaal and Delagoa Bay Investment Co Ltd* v *Atkinson* [1944] 1 All ER 579, 582–584 (per *Atkinson J*).

[30] *Holt* v *Markham* [1923] 1 KB 504, 513 (per *Scrutton LJ*).

[31] *Sinclair* v *Brougham* [1914] AC 398, 452 (per *Lord Sumner*). Auch *Sinclair* v *Brougham* [1914] AC 398, 440 (per *Lord Parker of Waddington*); a. a. O. 398, 415 (per *Viscount Haldane LC*):

> „All analogies drawn from other systems, such as that of the Roman law, appear to me to be qualified in their application by two considerations. [...] When it speaks of actions arising quasi ex contractu it refers merely to a class of action in theory based on a contract which is imputed to the defendant by a fiction of law."

causes of action are common species of the genus assumpsit. All now rest, and long have rested, upon a notional or imputed promise to repay." Der Vertrag auf Rückzahlung sollte „implied" oder „imputed" sein. Allein die erste Formulierung steht dem Wortlaut nach für einen stillschweigenden Vertrag, doch läßt Lord Sumner in *Sinclair* v *Brougham* keinen Zweifel daran, daß der kraft Fiktion zugeschriebene Vertrag auf Rückzahlung ganz den Vertragsgrundsätzen unterfallen soll, denn:[32] „The fiction can only be set up with effect if such a contract would be valid if it really existed."

Es wäre indes ein Trugschluß zu glauben, die Nähe der Restitution zum Vertrag sei die alleinige Rechtsquelle gewesen. Selbst Lord Mansfield wollte sicherlich nicht sein bonum et aequum an die Stelle des Fallrechts setzen. Nur ein verfeinerter Pomponius-Satz, wie er heute mit § 812 BGB und dem „unjust enrichment at the expense of another person" bekannt ist, hätte dazu über einen längeren Zeitraum die notwendige Kraft aufbringen können. Der implied contract vermochte noch viel weniger als „equity" und „justice" die Rechtsanwendung autonom zu steuern. Sehr deutlich sprach Barry J in *William Lacey Ltd* v *Davis* aus:[33] „In these quasi-contractual cases the court will look at the true facts and ascertain from them whether or not a promise to pay should be implied, irrespective of the actual views or intentions of the parties at the time when the work was done or the services rendered." Trotz dieser Mängel wollte sich die Mehrheit der Richter nicht mit dem principle of unjust enrichment anfreunden. In *Reading* v *Attorney-General* teilte Lord Porter 1951 seinen Kollegen exemplarisch mit:[34]

Des weiteren *Morgan* v *Ashcroft* [1938] 1 KB 49, 62 f. (per *Sir Wilfred Greene MR*):

„The first is that the claim cannot now be said to be based on some rule of aequum et bonum by virtue of which a man must not be allowed to enrich himself unjustly at the expense of another. [...] The second proposition is that the claim is based upon an imputed promise to repay";

Re Diplock [1947] 1 Ch 716, 724 (per *Parry J*):

„The action for money had and received is a common law action on the case founded upon an implied promise to pay which the law implies [...]";

Re Diplock [1948] 1 Ch 465, 480 f. (per *Lord Greene MR*); *Orakpo* v *Manson Investments Ltd* [1978] AC 95, 104 (per *Lord Diplock*); *Boissevain* v *Weil* [1950] AC 327, 341 (per *Lord Radcliffe*); *Reading* v *A-G* [1951] AC 507, 513 (per *Lord Porter*).

Differenzierend *Morgan* v *Ashcroft* [1938] 1 KB 49, 76 (per *Scott LJ*):

„But my citations from jurists of such high standing as writers on the common law do emphasize the importance of trying to find some common positive principles upon which these causes of action called ‚implied contracts' can be said to rest, and which will not altogether exclude that of unjust enrichment embodied in those citations."

[32] *Sinclair* v *Brougham* [1914] AC 398, 415 (per *Lord Sumner*).

[33] *William Lacey (Hounslow) Ltd* v *Davis* [1957] 1 WLR 932, 936.

[34] *Reading* v *A-G* [1951] AC 507, 513 f. (per *Lord Porter*).

„My Lords, the exact status of the law of unjust enrichment is not yet assured. It holds a predominant place in the law of Scotland and, I think, of the United States, but I am content for the purposes of this case to accept the view that it forms no part of the law of England and that a right to restitution so described would be too widely stated."

Neben der herrschenden Linie in der Rechtsprechung überdauerte die ganze Zeit über eine Gegenmeinung, die Begriffe wie „unjust enrichment at the plaintiff's expense" und „restitution" zur Urteilsbegründung heranzog,[35] ohne in

---

[35] Neben den in den folgenden Fn. genannten Fällen sind das z. B. *Transvaal and Delagoa Bay Investment Co Ltd* v *Atkinson* [1944] 1 All ER 579, 584 (per *Atkinson J*):

„I think it is right to deal with the case on the view held by Lord Wright, that the real basis of law in such an action as this is that of an unjust enrichment at the plaintiff's expense unintended by them [...]";

Nelson v *Larholt* [1948] 1 KB 339, 343 (per *Denning J*):

„The right here is not particular to equity or contract or tort, but falls naturally within the important category of cases where the court orders restitution, if the justice of the case so requires";

Government of India v *Taylor* [1955] AC 491, 513 (per *Lord Keith of Avonholm*):

„The rule, however, which at best is exercised as a discretionary power by the court, appears to have been exercised only in cases where there has been some form of enrichment of the assets of a bankrupt or insolvent company at the expense of the person seeking recoupment. No case has been brought to our notice of the application of the rule where there has been no enrichment of one party with corresponding loss to the other";

Kiriri Cotton Co Ltd v *Dewani* [1960] AC 192, 204 f. (per *Lord Denning*):

„It is simply an action for restitution of money which the defendant has received but which the law says ought to return to the plaintiff";

Hussey v *Palmer* [1972] 1 WLR 1286 (per *Lord Denning MR)*:

„It is an equitable remedy by which the court can enable an aggrieved party to obtain restitution. It is comparable to the legal remedy of money had and received which, as Lord Mansfield said, is ‚very beneficial and therefore, much encouraged' [...]";

Re Clark [1975] 1 WLR 559, 564 (per *Walton J*):

„Finally, for completeness, I should observe that when the rule does apply, it applies only to the extent necessary to nullify the enrichment of the estate";

Owen v *Tate* [1976] QB 402, 409 (per *Scarman LJ*):

„A right of indemnity is a right of restitution";

China Pacific SA v *Food Corp of India (The Winson)*[1979] 2 All ER 35, 44 (per *Lloyd J*):

„In all those cases the plaintiff's restitutionary claims succeeded on the principle of unjust enrichment without any proof of necessity. It seems to me that that principle would apply here, for the defendants have undoubtedly obtained a benefit at the plaintiff's expense, and, in the circumstances, it is unjust that they should retain that benefit without compensation";

Proctor and Gamble Philippine Manufacturing Corp v *Peter Cremer GmbH and Co (The Manila)* [1988] 3 All ER 843, 854 f. (per *Hirst J*): zitiert *Lord Goff of Chieveley/Jones*[3], Law of Restitution, S. 148.

Lord Mansfields Hang zu bonum et aequum zurückzufallen, dessen Nähe zum bloßen Billigkeitsrecht nicht ganz zu Unrecht zu Beginn des 20. Jahrhunderts verpönt war. Lord Atkin spürte den gedanklichen Zirkelschluß des implied contract, als er 1940 aussprach:[36] „When these ghosts of the past stand in the path of justice clanking their mediæval chains the proper course for the judge is to pass through them undeterred." Das rechtliche Vakuum wußte Lord Wright einige Jahre später in *Fibrosa Spolka Akcyjna* v *Fairbairn Lawson Combe Barbour Ltd* mit seinem vielzitierten Satz auszufüllen:[37]

> „It is clear that any civilized system of law is bound to provide remedies for cases of what has been called unjust enrichment or unjust benefit, that is to prevent a man from retaining the money of or some benefit derived from another which it is against conscience that he should keep."

Nicht mehr die Bereicherung zum Schaden eines anderen, equity oder bonum et aequum, sondern die neuzeitliche Formel von der rechtsgrundlosen Bereicherung auf Kosten eines anderen trat an die Stelle aller Vertragsfiktionen. Der neue Satz sollte gegen „natural justice" und Billigkeitsrechtsprechung weitaus immuner sein als Lord Mansfields Hommage an Justinian. Seit den 1970ern war es dann vor allem Robert Goff als Mitautor des Handbuchs „The Law of Restitution", der zuerst am High Court und am Court of Appeal bis später zum House of Lords als wichtigste Stimme des principle of unjust enrichment diente.[38]

---

[36] *United Australia Ltd* v *Barclays Bank Ltd* [1941] AC 1, 29 (per *Lord Atkin*).

[37] *Fibrosa Spolka Akcyjna* v *Fairbairn Lawson Combe Barbour Ltd* [1943] AC 32, 61 (per *Lord Wright*); siehe auch *Brook's Wharf and Bull Wharf Ltd* v *Goodman Bros* [1937] 1 KB 534, 545 (per *Lord Wright*): „The defendants would be unjustly benefited at the cost of the plaintiffs [...]".

[38] *British Steel Corp* v *Cleveland Bridge and Engineering Co Ltd* [1984] 1 All ER 504, 511 (per *Goff J*):

> „[...] such an obligation sounding in quasi contract or, as we now say, in restitution";

Whittaker v *Campbell* [1984] QB 318, 327 (per *Goff LJ*):

> „The remedy of rescission, by which the unjust enrichment of the representor is prevented, though for historical and practical reasons treated in books on the law of contract, is a straightforward remedy in restitution subject to limits which are characteristic of that branch of the law";

Barclays Bank Ltd v *W J Simms, Son and Cooke (Southern) Ltd* [1980] QB 677, 696 (per *Goff J*):

> „I have ignored, in stating the principle of recovery, defences of general application in the law of restitution";

BP Exploration Co (Libya) Ltd v *Hunt (No 2)* [1979] 1 WLR 783, 799 (per *Goff J*):

> „The principle, which is common to both section 1 (2) and (3), and indeed is the fundamental principle underlying the Act itself, is prevention of the unjust enrichment of either party to the contract at the other's expense".

IV. Anerkennung des Law of Restitution

1. England

Lord Hoffmann stufte noch um 1990 in *Guinness Plc* v *Saunders* einen Anspruch aus quantum meruit als „based on an implied contract" ein.[39] Den Siegeszug von unjust enrichment konnte aber auch er nicht mehr aufhalten. Der Gesetzgeber hatte dabei bedeutende Vorarbeiten geleistet. Bereits im Torts Act 1977 s. 7 (4) wird direkt auf „unjustly enriched" abgestellt[40] und der Insolvency Act 1986 s. 382 (4) erwähnt generell Ansprüche aus „restitution".[41] Die Lehre an den Universitäten blieb gleichsam nicht untätig. Viele Jahre war sie über unjust enrichment und das law of restitution geteilter Meinung gewesen,[42] selbst hinter implied contract sahen manche tatsächlich ein „workable principle".[43]

Spätestens seit dem Erscheinen von Birks' Grundlagenwerk „An Introduction to the Law of Restitution" im Jahre 1985, der das von Lord Goff und Jones dargebotene Fallmaterial in ein autonomes System transformiert hatte, begeisterte sich die Literatur zunehmend für unjust enrichment. Das House of Lords schloß sich daher nur dem House of Parliament und Großteilen der akademischen Lehre an, als es 1991 kurze Zeit nach *Guinness Plc* v *Saunders* in *Lipkin Gorman (a firm)* v *Karpnale Ltd* zum ersten Mal eine Entscheidung in ihren tragenden Gründen ausdrücklich auf „restitution" und „unjust enrichment" bezog.[44]

---

[39] *Guinness Plc* v *Saunders* [1990] 2 AC 663, 689 (per *Lord Hoffmann*).

[40] Torts (Interference with Goods) Act 1977, s. 7 (4):

> „Where, as the result of enforcement of a double liability, any claimant is unjustly enriched to an extent, he shall be liable to reimburse the wrongdoer to that extent.
>
> For example, if a converter of goods pays damages first to a finder of the goods, and then to the true owner, the finder is unjustly enriched unless he accounts over to the true owner under subsection (3); an then the true owner is unjustly enriched and becomes liable to reimburse the converter of the goods."

Siehe jetzt auch den Finance Act 1997 s. 46 („[...] defence of unjust enrichment to claim for repayment of an overpayment [...]"), s. 50, schedule 5, mit dem Titel: „Indirect Taxes: Overpayments etc., Part I, Unjust Enrichment".

[41] Insolvency Act 1986, s. 382 (4):

> „[...] ‚liability' means [...] a liability to pay money or money's worth, including any [...] liability arising out of an obligation to make restitution."

[42] Positiv *Allison Coleman*, in: (1979) 10 CambrianLR 8, bes. 15–18; unentschieden *Elman*, in: (1968) 3 IsraelLR 526, 526 f., 560 f.; *Gutteridge/David*, in: (1935) 5 CamLJ 204, bes. 226–229; für den implied contract *Holdsworth*, in: (1939) 15 LQR 37, 49.

[43] *Winfield*, in: (1938) 44 LQR 529, 530.

[44] *Lipkin Gorman (a firm)* v *Karpnale Ltd* [1991] 2 AC 548. Dazu auch *Zülch*, in: *Swadling*, Limits of Restitutionary Claims, S. 106–140, der den Fall ins deutsche Recht „übersetzt". Siehe dazu auch unten auf S. 644.

Ein Partner (Cass) der Anwaltskanzlei Lipkin Gorman hatte ohne Wissen seiner Partner, aber mit wirksamer Vollmacht, von einem Kanzleikonto bei der Lloyds Bank in größerem Umfang Gelder abgehoben und sie im Playboy Club (Karpnale) in Mayfair im Glückspiel verloren. Der Schaden der Anwaltskanzlei belief sich dabei auf etwa £ 220.000.

Neu war vor allem, daß das House of Lords dem Beklagten gestattete, sich auf seinen Bereicherungswegfall zu berufen (defence of change of position). In der Tat läßt sich diese defence am besten aus der Anspruchsgrundlage der rechtsgrundlosen Bereicherung herleiten. Lord Goff of Chieveley faßte das in die Worte:[45]

„[...] the solicitors' claim in the present case is founded upon the unjust enrichment of the club, and can only succeed if, in accordance with the principles of the law of restitution, the club was indeed unjustly enriched at the expense of the solicitors. [...]

Whether change of position is, or should be, recognised as a defence to claims in restitution is a subject which has been much debated in the books. It is however a matter on which there is a remarkable unanimity of view, the consensus being to the effect that such a defence should be recognised in English law. I myself am under no doubt that this is right."

Endgültig verworfen wurde der implied contract implizit mit *Woolwich Equitable Building Society* v *Inland Revenue Commissioners* für die Rückzahlung zu Unrecht eingezogener Steuern.[46] Nach der alten implied contract-Doktrin wäre ein Rückzahlungsvertrag wie in *Sinclair* v *Brougham* am Umstand gescheitert, daß die beklagte Behörde die Steuern ohne Rechtsgrundlage (ultra vires) eingezogen hatte. Daher hätte sich die Behörde nach der positivistischen Logik des Quasivertrags mangels Kompetenz umgekehrt nicht zur Rückzahlung verpflichten können. Ausdrücklich bestätigt wird die neue Linie von *Westdeutsche Landesbank Girozentrale* v *Islington London Borough Council.*[47] Lord

---

[45] *Lipkin Gorman (a firm)* v *Karpnale Ltd* [1991] 2 AC 548, 578 (per *Lord Goff of Chieveley*).

[46] *Woolwich Equitable BS* v *IRC* [1993] AC 70.

[47] *Westdeutsche Landesbank Girozentrale* v *Islington LBC* [1996] AC 669, 710 (per *Lord Browne-Wilkinson*); vgl. auch *Banque Financière de la Cité* v *Parc (Battersea) Ltd* [1999] 1 AC 221, 231 f. (per *Lord Hoffmann*, zu subrogation). Andere Leitentscheidungen des HL, die sich zu unjust enrichment und zum law of restitution bekennen, sind außerdem *A-G* v *Blake* [2000] 3 WLR 625 (Bereicherungsherausgabe *für* breach of contract); *Foskett* v *McKeown* [2000] 2 WLR 1299 (tracing); obiter dicta in *Dimond* v *Lovell* [2000] 2 WLR 1121 (1131, per *Lord Hoffmann*; 1139, per *Lord Hobhouse of Woodborough*, Entschädigung für Ersatzfahrzeug nach Unfall); *Kleinwort Benson Ltd* v *Lincoln CC* [1998] 4 All ER 513 (mistake of law); *Redrow Homes Ltd* v *Bett Bros Plc* [1999] 1 AC 197 (intellectual property); *Stocznia Gdanska SA* v *Latvian Shipping Co* [1998] 1 All ER 883 (total failure of consideration); *Kleinwort Benson Ltd* v *Glasgow CC* [1999] 1 AC 153 (Internationales Privatrecht); *Westdeutsche Landesbank Girozentrale* v *Islington LBC* [1996] AC 669 (resulting und constructive trust); *Pan Ocean Shipping Co Ltd* v *Creditcorp Ltd (The Trident Beauty)* [1994] 1 WLR 161 (Vertrag und Restitutionsanspruch gegen Drittperson). Des weiteren sind noch zu beachten, ohne al-

Browne-Wilkinson begrub in diesem Urteil den unseligen Quasivertrag mit der Aufforderung: „[...] your Lordships should now unequivocally and finally reject the concept that the claim for moneys had and received is based on an implied contract.“ Um so erstaunlicher erscheinen nach der *Woolwich*-Entscheidung die verführerischen Einflüsterungen der überlebten Quasivertragsdoktrin am untergeordneten Court of Appeal, als der spätere Lordrichter Millett LJ in *Taylor* v *Bhail* den Begriff „implied promise“ benutzte.[48] Seitdem scheint die Gefahr jedoch gebannt zu sein:[49] „Unjust enrichment is the Cinderella of the law, barely 10 years old but growing rapidly. Until recently unrecognised and overshadowed by the ugly sisters, Contract and Tort, Cinderella's day has arrived.“

2. Andere Jurisdiktionen des Common Law

Bezeichnend für die allgemein konservative Haltung des House of Lords in Sachen Rechtspolitik ist, daß die anderen großen Jurisdiktionen des common law teilweise schon Jahrzehnte zuvor das law of restitution anerkannten. Das American Law Institute legte 1936 im § 1 Restatement of the Law of Restitution den Satz fest: „A person who has been unjustly enriched at the expense of another is required to make restitution to the other.“ Trotzdem war dem Restatement keine positive Entwicklung beschieden. Es fand zunächst respektable Aufnahme in der Wissenschaft,[50] die in George E. Palmers monumentaler Enzyklopädie kulminierte. In der Zwischenzeit ist das Rechtsgebiet trotz eines zweiten Restatement fast ganz aus den Augen der Wissenschaft und Praxis verschwunden. Andrew Kull, der das dritte Restatement zum law of restitution bearbeitet, stellt die derzeitige Situation mit den Worten dar: „Few American lawyers, judges, or law professors are familiar with even the standard propositions of the doctrine“.[51] Immerhin kündigt sich nun zu Beginn des Jahres 2001 mit dem Symposium „Restitution and Unjust Enrichment“ in Austin/Texas ein erster Neubeginn an.

---

lerdings auf unjust enrichment direkt eingehen zu müssen, *Barclays Bank Plc* v *Boulter* [1999] 1 WLR 1919 (undue influence und Drittperson); *Smith New Court Securities Ltd* v *Citibank NA* [1997] AC 254 (rescission); *Pan Atlantic Insurance Co Ltd* v *Pine Top Insurance Co Ltd* [1995] 1 AC 501 (misrepresentation); *Barclays Bank Plc* v *O'Brien* [1994] 1 AC 180 (misrepresentation und Drittperson).

[48] *Taylor* v *Bhail* [1996] CLC 377 (per *Millett LJ*).

[49] *Davenport/Harris*, Unjust Enrichment, S. 1.

[50] *Wright*, in: (1937–38) 51 HarvardLR 369–383, aus englischer Sicht.

[51] *Kull*, in: (1995) 83 CaliforniaLR 1191, 1191, aber auch 1195. Zu ersten Entwürfen des dritten Restatement auf dem genannten Forum *Sherwin*, in: (2001) TexasLR Symposium = *http://www.utexas.edu/law/conferences/restitution/*.

Weiterhin schließt sich seit 1987 Australien mit *Pavey and Matthews Pty Ltd* v *Paul* dem modernen Bereicherungsrecht an:[52]

„Deane J, whose reasons for judgment we have had the advantage of reading, has concluded that an action on a quantum meruit, such as that brought by the appellant, rests, not on implied contract, but on a claim to restitution or one based on unjust enrichment, arising from the respondent's acceptance of the benefits accruing to the respondent from the appellant's performance of the unenforceable oral contract."

In einer anderen ehemaligen Kronkolonie, Kanada, sprach sich der Supreme Court schon 1954 in *Deglman* v *The Guaranty Trust Company of Canada* für das „principle of restitution", genauer, für „unjust enrichment of the defendant at the expense of the plaintiff" aus.[53] Besonders in *Pettkus* v *Becker* wurde die Rechtsprechung später noch prägnanter zu den Voraussetzungen gefaßt:[54] „an enrichment, a corresponding deprivation and absence of any juristic reason for the enrichment."

3. Schottland

Schließlich setzte sich unjust enrichment auch nördlich Englands im Vereinigten Königreich durch. Bis vor kurzem kannte das schottische Recht als Mischsystem zwar die verschiedenen klassischen Kondiktionen, ein allgemeiner Bereicherungsanspruch war hingegen unbekannt. Die Lehre drängte seit *Lipkin Gorman (a firm)* v *Karpnale Ltd* auf eine Änderung der schottischen Rechtsprechung hin, ohne sich allerdings auf ein bestimmtes Basissystem einigen zu können.[55] Erst im Jahre 1998 hat der schottische Court of Session die Reformvorschläge aufgegriffen und in *Shilliday* v *Smith* zum ersten Mal jen-

---

[52] *Pavey and Matthews Pty Ltd* v *Paul* (1987) 162 CLR 221, 227 (per *Mason* und *Wilson JJ*, deutlich auch 256, per *Deane J*). Aus der Literatur sei bes. hervorgehoben *Mason/Carter*, Restitution Law in Australia, 1995.

Zu Neuseeland siehe bereits Judicature Act 1908 s. 94B i. V. m. Judicature Amendment Act 1958 s. 2, und jetzt den Entwurf der Law Commission for New Zealand, Rep. 47 (1998), Apportionment of Civil Liability. Aus der Literatur sei bes. hervorgehoben *Grantham/Rickett*, Enrichment and Restitution in New Zealand, 2000.

[53] *Deglman* v *Guaranty Trust Company of Canada* [1954] SCR 725, 728 (per *Rand J*). Aus der Literatur seien bes. hervorgehoben *Klippert*, Unjust Enrichment, 1983, und *Maddaugh/McCamus*, The Law of Restitution, 1990.

[54] *Pettkus* v *Becker* (1980) 117 DLR (3d) 257, 274 (per *Dickson J*).

[55] *Stewart*, Law of Restitution in Scotland, favorisiert *Birks'* Terminologie; anders *Whitty*, in: ZEuP, Bd. 3 (1995), S. 216 (bes. 241), der *v. Caemmerer* folgen will; vgl. auch die instruktive Übersicht bei *Evans-Jones/Hellwege*, in: (1998) 2 EdinburghLR 180–217, m. w. N., und *Clives* Reformentwurf zum schottischen Recht; näher unten ab S. 713; allgemein *Schlechtriem*, Restitution und Bereicherungsausgleich, Bd. 1, Rn. 1/111–116.

seits der traditionellen römischen Fallgruppen unter gleichzeitiger Beibehaltung des case law ein übergeordnetes Prinzip statuiert:[56]

Mrs Shilliday wohnte als Lebensabschnittsgefährtin im Haus von Mr Smith in der Hoffnung auf baldige Heirat. Doch ihre Erwartungen wurden enttäuscht. Da Mrs Shilliday beträchtliche Summen zur Reparatur des Hauses beigesteuert hatte, verlangte sie ihren Beitrag von Mr Smith zurück. Ihrer Klage wurde auf Basis des principle of unjust enrichment at the expense of another person stattgegeben, das jenseits der Vertragsklagen stehe. Lord President Roger of Earlsferry betonte dabei ähnlich wie die englische Rechtsprechung und Lehre, das Element „unjust“ müsse im Einzelfall bewiesen werden. In concreto genügte der First Division des Court of Session der Umstand, daß Mrs Shilliday ihre Ausgaben in baldiger Erwartung der Ehe getätigt hatte.

Noch im selben Jahr fand die neue Linie Zustimmung vor dem House of Lords. Lord Hope of Craighead verkündete in *Dollar Land Ltd (Cumbernauld) v CIN Properties Ltd* zur Bestätigung für die schottische Jurisdiktion:[57]

„I sympathise with the desire that the law of unjustified enrichment should be unified in order to detach it from the confusing subdivisions which have arisen from its explanation in terms of quasi-contract. [...]

It is an important part of this reasoning to recognise that the obligation to redress the enrichment arises not from contract, but from the separate duty which arises in law from the absence of a legal ground to justify its retention [...]. On the other hand it does not seem to me to be inconsistent with the broad principle of the law of unjustified enrichment for the various situations in which redress may be sought to be expressed in terms of remedies.“

Kurze Zeit später griff die Scottish Law Commission im „Report on Unjustified Enrichment“ ebenfalls die neue Entwicklung mit folgender Bewertung auf:[58] „This development seems to us to be an excellent basis for further judicial or statutory refinement of the Scottish law on this subject.“

---

[56] *Shilliday* v *Smith* (1998) SC 725; dazu etwa *Hood*, in: (1998) 114 LQR 559–563; weiterhin jetzt *Bank of Scotland* v *Frank James Junior* (1999) SCLR 284 (CS); *BFS (Dundee) Ltd* v *Murphie*, v. 20.1.1999 (ShCt) (per *Sheriff RA Davidson*) = *http://www.scotcourts.gov.uk/opinions/a3_97.html*; *McCafferty* v *McCafferty*, v. 4.8.1999 (ShCt) (per *Sheriff AL Stewart QC*) = *http://www.scotcourts.gov.uk/opinions/A477.html*. Rechtsvergleichung des schottischen und niederländischen Bereicherungsrechts bei *Hogg*, in: (2001) Vol. 5.1 EJCL = *http://law.kub.nl/ejcl/51/art51-1.html*.

[57] *Dollar Land Ltd (Cumbernauld)* v *CIN Properties Ltd* (1998) SLT 992, 998 (per *Lord Hope of Craighead*).

[58] Scottish Law Commission, No. 169 (1999), Unjustified Enrichment, Rn. 5.15.

§ 6 Das Fallrecht

Bevor die einzelnen akademischen Systeme zum law of restitution näher analysiert werden können, muß auf die verschiedenen Fallgruppen eingegangen werden, die sich im case law herausgebildet haben. In den älteren Entscheidungen finden sich meist Anhaltspunkte, wie ein Rechtsproblem begrifflich zu qualifizieren sei, doch nicht immer werden die Fälle, in denen Restitution gewährt wird, eindeutig klassifiziert. Die konkreten Gründe, die einen Bereicherungsanspruch auslösen, sind bei weitem älter als das junge principle of unjust enrichment. Daher läßt sich nicht das gesamte Fallrecht stringent mit den neuen Lehren vereinbaren. Die vielen Entscheidungen, die zuerst William Albert Keener (1856–1913) in „A Treatise on the Law of Quasi-Contracts" und „A Selection of Cases on the Law of Quasi-Contracts" am Ausgang des 19. Jahrhunderts sammelte und die von Lord Goff und Jones später speziell für das englische Recht komplettiert und aktualisiert wurden, sind das eigentliche Herz des law of restitution. Alle Systeme, die für die Rechtsvergleichung nach ihrer funktionalen Methode im Vordergrund stehen müssen, sind aus Sicht des common lawyer nur Deutungsversuche des Richterrechts. Erst Birks legte 1985 in seinem bahnbrechenden Lehrwerk „An Introduction to the Law of Restitution" ein systematisches Lehrgebäude vor. Um nicht den Eindruck entstehen zu lassen, die englische Variante über Pomponius sei ein in sich konsistentes systematisches Gebilde, das man methodologisch nach den neuesten Leitentscheidungen des House of Lords durchaus mit kontinentaleuropäischen Kodifikationslösungen vergleichen könne, sei vor dem principle of unjust enrichment zuerst das case law erörtert.

I. Mistake

Die wichtigste Gruppe, in der Restitution gewährt wird, widmet sich dem Irrtum des Klägers.[1] Ursprünglich bezog sich diese Fallgruppe allein auf den Irrtum bei Geldzahlungen, die action for money had and received. Geleistete Dienste oder Waren wurden den Klagen aus quantum meruit und quantum valebat zugewiesen. Das wird in den Urteilen bis heute beibehalten.[2] In der Zwischenzeit zeichnet sich in der Literatur immerhin die Tendenz ab, die Abschaffung der alten actions auch gedanklich nachzuvollziehen und alle potentiellen

---

[1] Vgl. zum Irrtum rechtsvergleichend allgemein *Ernst A. Kramer*, Irrtum beim Vertragsschluß, S. 17–163; speziell zum englischen Recht im Detail *Meier*, Irrtum und Zweckverfehlung, S. 31–121; weiterhin *Schlechtriem/Coen*, Restitution und Bereicherungsausgleich, Bd. 1, bes. Rn. 2/104–110, 3/563–569; allgemeine Übersicht aus schottisch-englischer Sicht bei *Sheehan*, in: (2000) 20 LS 538–565.

[2] Siehe nur die dürre Behandlung der beiden letzteren Klagen bei *Lord Goff of Chieveley/Jones*[5], Law of Restitution, S. 253–256.

Leistungsgegenstände einheitlich zu besprechen. Trotzdem unterscheiden viele Kommentatoren immer noch im einzelnen zwischen Geldzahlungen und Dienstleistungen bzw. Waren.[3] Dies ist nicht zuletzt dadurch zu erklären, daß mistake einen viel weiteren Anwendungsbereich als die deutsche Leistungskondiktion hat. Unter mistake werden nicht nur Leistungen, sondern selbst Verwendungen zusammengefaßt. Der redliche Verwender, der meint, er errichte auf seinem *eigenen* Grundstück ein Haus, unterliegt einem Irrtum, wenn auch keinem Irrtum „ob causam" über seine Verpflichtung gegenüber seinem Gläubiger. Geldzahlungen hingegen sind für Verwendungen weniger von Belang. Konzeptionell ist die Distinktion des Geldes nach Abschaffung der alten Klageformeln nicht mehr erforderlich; die action for money had and received und die Klagen quantum meruit und quantum valebat können heute unter unjust enrichment vereinigt werden.

Als weiterhin notwendig erweist sich jedoch eine andere Einteilung.[4] Das englische Recht betrachtet Irrtümer aus zwei verschiedenen Blickwinkeln: Zum einen die Situation, in welcher der Kläger dem Beklagten irrtümlich einen Gegenstand überträgt und der Kläger dann Restitution fordert. Zum anderen den Fall, in dem nicht nur die Übertragung des Gegenstandes vom Irrtum begleitet war, sondern der zugrundeliegende Vertrag irrtümlich vom Kläger geschlossen wurde. Die erste Fallgruppe („restitution of benefits transferred by mistake"), im Folgenden Irrtum bei Leistungen, setzt keinen Vertragsschluß voraus; ein entsprechend definierter Irrtumsbegriff ist deshalb auf Bereicherung durch gutgläubige Verwendung anwendbar. Ein zweiter wichtiger Anwendungsbereich für restitution of benefits transferred by mistake sind Mehrpersonenverhältnisse: Hier liegt im Zuwendungsverhältnis keine Vertragsbeziehung zwischen Kläger und Beklagtem vor.

Die zweite Irrtumsgruppe, der irrtümlich geschlossene Vertrag („transactions which have been entered into under a mistake"), kann dagegen per Definition nur Vertragsbeziehungen erfassen. Der Fall liegt damit wesentlich näher an der deutschen Leistungskondiktion. Das law of restitution nimmt die Sichtweise ein, der Beklagte sei nicht primär um den geleisteten Gegenstand, sondern um den Vertrag selbst bereichert. Den Vertrag aufzulösen ist das primäre Ziel, die Rückabwicklung des eventuell bereits Geleisteten erscheint nach herkömmli-

[3] *Burrows*, Law of Restitution: „Mistaken payments", „Benefits in kind rendered by mistake"; *Lord Goff of Chieveley/Jones*[5], Law of Restitution, unter „Mistake": „Recovery of Money Paid Under a Mistake of Fact", dann „Mistake of Law", erst anschließend „Restitution in Respect of Services Rendered Under a Mistake", „Restitution in Respect of Chattels (Other than Money) Transferred Under a Mistake", „Recovery of Land Transferred Under a Mistake". Keine Unterscheidung wird getroffen bei *Birks*, Introduction, unter „Non-Voluntary Transfer I: Vitiation, Mistake" und jetzt bei *Virgo* unter „Mistake".

[4] Vgl. *Virgo*, Principles of the Law of Restitution, S. 175 f.

cher Sichtweise mehr als die notwendige Sekundärfolge der Vertragsauflösung kraft law of restitution.

1. Irrtümer bei Leistungen

Immer noch ungeklärt ist in der englischen Rechtsprechung, welcher Irrtum genau Restitution auszulösen vermag. Wie die Kriterien des mistake zu definieren sind, darüber existiert aus neuerer Zeit kein Präjudiz durch das House of Lords. Als gesichert kann nur gelten, daß sich in den vergangenen 150 Jahren drei Definitionen herausgebildet haben, die sich wie konzentrische Kreise zueinander verhalten.

a) Verbindlichkeitsirrtum

Die älteste Definition faßt den Irrtum bei Leistungen als Irrtum über das Bestehen einer Verbindlichkeit auf. Ein Leiturteil ist hier *Kelly* v *Solari* aus dem Jahre 1841, zu der Zeit, als v. Savigny in Deutschland den fünften Band zu seinem „System“ mit dem berühmten Anhang über die Kondiktionen publizierte:[5]

In concreto hatte die klagende Versicherung Geldzahlungen an die Nachlaßverwalterin des Versicherten in dem Glauben bezahlt, es bestünde eine Verpflichtung aus einer Lebensversicherung. In Wahrheit hatte der Versicherte versäumt, seine Versicherungsprämien zu zahlen; ein Anspruch aus der Lebensversicherung bestand daher nicht mehr. Das Gericht stellte fest:

> „[...] where money is paid to another under the influence of a mistake, that is, upon the supposition that a specific fact is true, which would entitle the other to the money, but which fact is untrue, and the money would not have been paid if it had been known to the payer that the fact was untrue, an action will lie to recover it back [...].“

Der sogenannte supposed liability-Test erinnert an die condictio indebiti v. Savignys.[6] Maßgeblich war für ihn die Geldzahlung auf eine unwirksame Obligation aus Irrtum zu einem bestimmten juristischen Zweck mit den Elementen dare ob causam, indebitum und error. Dem dare ob causam entspricht die liability-Komponente des englischen Irrtums, dem error der mistake im generellen. Gemeines und englisches Recht kommen sogar darin überein, das Nichtbestehen eines wirksamen Vertrages, das indebitum, sei Voraussetzung des Bereicherungsanspruchs. Denn auch im law of restitution wird der An-

---

[5] *Kelly* v *Solari* (1841) 9 M&W 54, 58 = 152 ER 24, 26 (per *Parke B*); siehe später *Aiken* v *Short* (1856) 1 H&N 210 = 156 ER 1180 (per *Bramwell B*).

[6] Siehe auch allgemein *Birks*, Introduction, S. 153. Die condictio indebiti der römischen Quellen hingegen läßt das dare *ob causam* – die Zwecksetzung – noch nicht deutlich genug hervortreten.

spruch durch eine wirksame Obligation ausgeschlossen, deren Nichtbestehen der Kläger zu beweisen hat.[7] Die innere Verknüpfung von Irrtum, Zweckverfehlung und fehlendem Vertrag im Fokus des mistake liegt funktional gesehen auf ähnlicher Ebene. Das Verhältnis des nichtbestehenden Vertrags zur gemeinrechtlichen causa und zur Rechtsgrundlosigkeit sei vorerst dahingestellt.[8] Für die englische Rechtsprechung sollte sich die an den Strukturen der condictio indebiti orientierte Sichtweise aber schon bald als zu eng herausstellen.

Obwohl sich nach englischer Doktrin ein Irrtum nicht auf zukünftige Ereignisse beziehen darf, wurde in *Kerrison* v *Glyn, Mills, Currie and Co* dem Kläger, der auf eine zukünftige Verbindlichkeit zahlte, ein Anspruch wegen Irrtums zugebilligt.[9] Und in *Larner* v *London County Council* sollte ein bloßer Irrtum über „moral duties" dem Test genügen.[10] Die erste Entscheidung hätte auch mit der Insolvenz des Beklagten begründet werden können, das wäre dann aber kein Verbindlichkeitsirrtum gewesen. *Larner* v *London County Council* dürfte wohl damit zu deuten sein, daß der County Council ein Versprechen gegeben hatte, das nach common law gar nicht bindend sein kann. Die Fehlvorstellung der Klägerin bezog sich demnach – unterstellt, die Klägerin war mit den

---

[7] Sehr deutlich *Virgo*, Principles of the Law of Restitution, S. 683, 685, der ausdrücklich betont, „sanctity of contract" sei jenseits des eigentlichen principle of unjust enrichment eine „bar to restitution" und keine bloße „defence", bei welcher der Beklagte die Beweislast zu tragen hätte. Zum Fallrecht *Pan Ocean Shipping Co Ltd* v *Creditcorp Ltd (The Trident Beauty)* [1994] 1 WLR 161, 164 (per *Lord Goff of Chieveley*); *Dimskal Shipping Co SA* v *International Transport Workers Federation (The Evia Luck)* [1992] 2 AC 152, 165 (per *Lord Goff of Chieveley*); aus der Literatur etwa *Burrows*, in: *ders.*, Understanding the Law of Obligations, S. 16 (21); *Daniel Friedmann*, in: *Burrows*, Essays on Restitution, S. 247 (247); *Mason/Carter*, Restitution Law, Rn. 311, 315; *McMeel*, Modern Law of Restitution, S. 8, 124; *Virgo*, Principles of the Law of Restitution, S. 40 f.; zusammenfassend *Beatson*, in: [2000] 1 TIL 83, 87–92 = *ders.*, in: Festschrift für *Lord Goff of Chieveley*, S. 143 (147–150); vgl. auch *Waddams*, in: *Burrows*, Essays on Restitution, S. 197–213. Rechtsvergleichend *Lionel D. Smith*, in: (2000) OxUCLF 6 = *http://www.ouclf.iuscomp.org*, bei Fn. 35–115.

Beatson selbst, in: [2000] 1 TIL 83, 95 f. = *ders.*, in: Festschrift für *Lord Goff of Chieveley*, S. 143 (154), schließt Restitutionsansprüche nicht kategorisch bei bestehenden Verträgen aus. Es sei bei Vertragslücken über die Risikozuweisung möglich, hier das law of restitution hinzuzuziehen, anstatt mit vertraglichen Fiktionen zu arbeiten. Noch weitergehend *Stephen A. Smith*, in: (1999) 115 LQR 245–264, der nach dem Vorbild von tort und contract generell von der Konkurrenz von contract und restitution ausgeht.

[8] Zum Verhältnis der Elemente im gemeinen Recht näher oben auf S. 137, 200.

[9] *Kerrison* v *Glyn, Mills, Currie and Co* (1911) 81 LJ KB 465: Überweisung auf eine künftige Verbindlichkeit gegenüber der Empfängerbank ohne Kenntnis, daß die Bank bereits zum Überweisungszeitpunkt insolvent war.

[10] *Larner* v *London County Council* [1949] 2 KB 683: Ausgleichszahlung der Kommunalbehörde für ihre Beamten im Weltkrieg, die im Kriegsdienst schlechter bezahlt wurden. Der Beklagte hatte im konkreten Fall eine zu hohe Ausgleichszahlung erhalten. Mangels Gegenleistung des Beklagten war das Zahlungsversprechen nicht bindend. Die Klägerin leistete demnach aus bloßer Anstandspflicht.

Grundzügen des Vertragsrechts vertraut – auf keine irrtümlich angenommene rechtliche Verbindlichkeit, sondern höchstens auf eine moralische Zahlungspflicht.

Denn anders als im deutschen Recht ist der Versprechende durch sein Versprechen allein nicht zur vertraglichen Leistung verpflichtet. Sein Versprechen muß vielmehr von einer „consideration", einer Gegenleistung des Versprechensempfängers, begleitet sein. Einseitige Leistungsbeziehungen wie das Schenkungsversprechen können nach common law den Versprechenden von vornherein nicht binden. Leistet er aber trotzdem, darf der Empfänger das Geschenk in der Regel behalten; die vollzogene Schenkung ist grundsätzlich kondiktionsfest. Das folgt weniger daraus, daß der Beschenkte die Sache mit Rechtsgrund hat – dieser abstrakte causa-Begriff ist dem common law fremd –, als vielmehr aus dem Umstand, daß keine der *spezifischen* Fallgruppen die Rückforderung zuläßt. Sollte sich der Kläger wie in *Larner* v *London County Council* geirrt haben, also die Fallgruppe mistake einschlägig sein, kann die Schenkung kondiziert werden.

Vom funktionalen Resultat aus betrachtet, entspricht dies dem Ergebnis in §§ 516, 518 BGB für das vollzogene Schenkungsversprechen. Auch die deutsche Doktrin hat ganz erhebliche Probleme, die Erfüllung eines an und für sich unverbindlichen Schenkungsversprechens in das traditionelle System der causae solvendi, credendi und donandi zu integrieren.[11] Ganz zu schweigen ist von den Sonderrestitutionsgründen in den §§ 519, 528 und 530 f. BGB.[12] Trotzdem ist die vollzogene Schenkung normalerweise kondiktionsfest. Der große Systemunterschied des deutschen Bereicherungsrechts zur englischen Lösung resultiert aus dem abstrakten Begriff der Rechtsgrundlosigkeit. Anders als nach common law scheitert beim vollzogenem Schenkungsversprechen nach der deutschen Konzeption die Rückforderung nicht am fehlenden spezifischen Irr-

---

[11] Causa donandi liegt mangels Handschenkung nicht vor. Causa solvendi scheitert, wenn der Leistende weiß, er sei eigentlich nicht rechtswirksam obligiert (a. A. *Jung*, Bereicherungsansprüche, S. 63). Trotzdem zeigt die Funktionsgleichheit der Heilung gem. § 518 Abs. 2 BGB und der Naturalobligationen im eigentlichen Sinn wie § 762 Abs. 1 BGB, daß die Leistung nicht ohne Rechtsgrund erfolgt. Der Ausschlußgrund § 814 BGB ist aber auf der Gegenseite entgegen dem prima facie-Wortlaut auch nicht einschlägig, weil er nur auf den ursprünglichen Anwendungsbereich der condictio indebiti, nicht aber auf die condictio ob iniustam causam aus Formmangel zugeschnitten ist, siehe nur *Detlef König*, Ungerechtfertigte Bereicherung, S. 30, und oben auf S. 308, m. w. N. Alles in allem läßt sich das vollzogene Schenkungsversprechen nicht mit letzter Stimmigkeit integrieren.

Vgl. zu dem Komplex auch *v. Caemmerer*, in: Festschrift für *Rabel*, S. 333 (343, Fn. 39) = Gesammelte Schriften, Bd. 1, S. 209 (220, Fn. 39); *Krawielicki*, Bereicherungsanspruch, S. 236–242; umfassend aus rechtsvergleichender Sicht *Schlechtriem*, Restitution und Bereicherungsausgleich, Bd. 1, Kap. 4.

[12] Dazu *Wacke*, in: Festschrift für *Hans Hermann Seiler*, S. 325 (347–353).

tum, sondern auf einer höheren Begriffsebene am objektiven, zwischen den Parteien vereinbarten Behaltensgrund.

b) Fundamentaler Irrtum

Das common law löste die Schenkungsproblematik im weiteren Verlauf anders. Anstatt sich wie in Deutschland in der causa-Kasustik Voigts zu verlieren oder umgekehrt einen abstrakten Rechtsgrundbegriff einzuführen, definierte man kurzerhand das mistake-Erfordernis um. Der romanistisch orientierte supposed liability-Test wich den englischen Besonderheiten im Vertragsrecht, die leise Rezeption des römischen Rechts unter der Fahne des error war schnell zu Ende. Ein neues Prüfungsschema, der sogenannte fundamental mistake-Test, wurde 1934 vom Court of Appeal in *Morgan* v *Ashcroft* im Anschluß an eine vier Jahre ältere Entscheidung des Privy Council mit *Norwich Union Fire Insurance Society Ltd* v *Price*[13] eingeführt:[14]

Der Kläger, ein Buchmacher, hatte dem Beklagten nach einer Pferdewette eine zu hohe Wettprämie ausbezahlt. Hauptgrund für das Scheitern der Klage auf Rückzahlung war, daß solche Wetten nach dem Gaming Act 1845 s. 18 illegal sind und daher nach englischem Recht nach dem Satz „ex turpi causa non oritur actio“ ähnlich wie in § 817 S. 2 BGB nicht zurückgefordert werden können. Obwohl sich das Gericht von vornherein nur mit dem Ausschluß des Anspruchs aus Illegalität hätten befassen müssen, widmete es seine Aufmerksamkeit auch dem Wesen des Irrtums. Der supposed liability-Test hätte zwar allein ebenfalls zum Ziel geführt, der Court of Appeal stützte sich aber auf eine weiter gefaßte Definition. Es sei maßgebend, ob der Irrtum ein „fundamental mistake“ sei.

In *Norwich Union Fire Insurance Society Ltd* v *Price* hatte Lord Wright den fundamental mistake als einen Irrtum beschrieben „in respect of the underlying assumption of the contract or transaction or as being fundamental or basic.“[15] Welche Fakten genau die Voraussetzungen erfüllen, wurde von der Rechtsprechung nie geklärt,[16] wohl nicht zuletzt deshalb, weil Entscheidungen auf dieser Basis nur Ausnahmecharakter haben. Im ganzen gesehen geht die neue Definition über das gesetzte Ziel hinaus, Irrtümer bei der Leistung festzulegen. Zum einen ist die Kategorie des fundamental mistake typisch für Irrtümer bei Vertragsabschluß. Hier mag das Prädikat „fundamental“ angebracht sein, da der Kläger die Unwirksamkeit des Vertrags beweisen muß, um den Weg zum law

---

[13] *Norwich Union Fire Insurance Society Ltd* v *Price* [1934] AC 455.

[14] *Morgan* v *Ashcroft* [1938] 1 KB 49 (per *Sir Wilfred Greene MR*).

[15] *Norwich Union Fire Insurance Society Ltd* v *Price* [1934] AC 455, 463 (per *Lord Wright*).

[16] *Morgan* v *Ashcroft* [1938] 1 KB 49, 66 (per *Sir Wilfred Greene MR*), behandelte nur den Irrtum über das Bestehen einer Verbindlichkeit und den Identitätsirrtum im Rahmen der mistake-Prüfung.

of restitution jenseits des Vertragsrechts freizumachen. Wenn der Kläger aber gar nicht erst vom Vertrag loskommen muß, beispielsweise in Fällen der Überzahlung, in denen sich Obligationsgeschäft und Zahlung im konkreten Umfang nicht decken, erscheint der fundamental-Test zu eng gezogen. Ebenso spielt der Irrtumsgrad bei der Frage eine Rolle, ob die dingliche Verfügung wirksam ist, darauf wird noch zurückzukommen sein.[17] Aber schon jetzt sei bemerkt, daß im englischen Recht die action for money had and received unabhängig vom dinglichen Status ist. Dem Eigentumsübergang kommt daneben kein kategorischer Wert zu. Im aktuellen Kontext erscheint der fundamental mistake eher für Irrtümer bei Vertragsschluß und bei dinglichen Ansprüchen als für bloße Leistungsirrtümer passend zu sein.

c) Kausaler Irrtum

Deshalb suchte die Rechtsprechung nach einer weiteren Definition, die sich besser mit den vorhandenen Fällen vereinbaren ließ. Der dritte Versuch läßt jeden Irrtum genügen, der den Transfer des Klägers kausal verursacht. Schon Rolfe B in *Kelly* v *Solari* deutete diese sehr extensive Linie an.[18] Vor allem Robert Goff J setzte sich später in *Barclays Bank* v *Simms, Son and Cooke Ltd*, einem Fall über einen widerrufenen Scheck,[19] mit Nachdruck für den „causative mistake" ein. Ebenso scheint jetzt das House of Lords dem kausalen Irrtum zuzuneigen, nachdem die Rechtslage seit *Barclays Bank* v *Simms* lange Zeit in der Schwebe war. Lord Hope of Craighead stellte in *Kleinwort Benson Ltd* v *Lincoln City Council* die Frage: „[...] did the mistake cause the payment"?[20] Eine weitere Verfeinerung der bisherigen Linie hat die Rechtsprechung zuletzt in *Nurdin and Peacock Plc* v *Ramsden and Co Ltd* vor dem High Court für den Rechtsirrtum (mistake of law) gefunden.[21] Neuberger J entschied:[22]

---

[17] Siehe näher unten ab S. 616.

[18] *Kelly* v *Solari* (1841) 9 M&W 54, 58 f. = 152 ER 24, 26 (per *Rolfe B*).

[19] *Barclays Bank Ltd* v *W J Simms, Son and Cooke (Southern) Ltd* [1980] QB 677 (per *Goff J*).

[20] *Kleinwort Benson Ltd* v *Lincoln CC* [1998] 4 All ER 513, 560 (per *Lord Hope of Craighead*):

> „[The claimant] must prove that he would not have made the payment had he known of his mistake at the time when it was made. If the payer would have made the payment even if he had known of his mistake, the sum paid is not recoverable on the ground of that mistake."

Siehe auch *Banque Financière de la Cité* v *Parc (Battersea) Ltd* [1999] 1 AC 221, 234 (per *Lord Hoffmann*).

[21] *Nurdin and Peacock Plc* v *D B Ramsden and Co Ltd* [1999] 1 All ER 941; dazu kritisch *McMeel*, Modern Law of Restitution, S. 65 f.; *Virgo*, in: (1999) 58 CamLJ 478, 478 f. Näher zum mistake of law im Gegensatz zum mistake of fact unten ab S. 658.

„It is hard to see a good reason, either in principle or in practice, for holding that a person should be entitled to recover a payment made under a mistake, if that mistake relates to the question of his liability, but that he should not be entitled to recover the payment if the mistake was of some other nature.“

Gleichzeitig jedoch deutete er an, der causative mistake könne durch weitere Erfordernisse eingeschränkt werden. Es käme nur ein Irrtum in Frage, der eine „close and direct connection between the mistake and the payment“ begründe oder unmittelbar auf das Rechtsverhältnis der Streitparteien einwirke („impinge on the relationship between payer and payee“).[23]

Das Ergebnis der Entscheidung ist sehr zweifelhaft. Bezüglich der letzten fünf Überzahlungen, auf die sich Neubergers Ausführungen beziehen, war sich der Kläger über seine Zahlungsverpflichtung im Unklaren. Er zahlte nicht, weil er sich dazu verpflichtet fühlte, es lag also kein liability mistake vor. Bezahlt wurde nur, weil der Kläger davon ausging, nach Aufklärung der rechtlichen Lage würde der Beklagte das Geld schon wieder zurückzahlen. In *Nurdin and Peacock Plc* v *Ramsden and Co Ltd* wird a fortiori argumentiert:[24]

„I believe that it would be surprising if the payee was unjustly enriched because the payer thought he was liable to make the payment, but that he would not be unjustly enriched if the payer, knowing that there was an argument as to whether he was liable or not, made the payment in the clear belief that he thought it would be recoverable if it turned out not to have been due as a matter of law.“

Mit anderen Worten bedeutet das, der Irrtum bezog sich auf die Rechtsfrage, ob der Beklagte zur Rückzahlung verpflichtet sei. Der Beklagte konnte allerdings nur zur Zahlung verpflichtet sein, wenn die Voraussetzungen des principle of unjust enrichment vorlagen. In letzter Konsequenz kann damit jeder Rechtsirrtum über das Bestehen eines Anspruchs aus unjust enrichment zu einem Anspruch führen. Das ist methodologisch kein argumentum a fortiori, sondern ein Zirkelschluß: Der Kläger irrt sich über seinen Bereicherungsanspruch, der Bereicherungsanspruch ist gegeben, da sich der Kläger in einem mistake of law befindet. Mit *Nurdin and Peacock Plc* v *Ramsden and Co Ltd* werden die Schleusen geöffnet, vor denen sich Kritiker des law of restitution immer gefürchtet haben: Jeder Irrtum, auch wenn er nur auf bloße Motive im Gegensatz zur Zweckverfehlung zielt, kann nach dem neuen Urteil eine Klage erfolgreich

---

[22] *Nurdin and Peacock Plc* v *D B Ramsden and Co Ltd* [1999] 1 All ER 941, 962 (per *Neuberger J*).

[23] *Nurdin and Peacock Plc* v *D B Ramsden and Co Ltd* [1999] 1 All ER 941, 964 (per *Neuberger J*). Siehe auch a. a. O. 941, 963:

„It may be that the payer must go further and establish, for instance, that the mistake was directly connected to the overpayment and/or was connected to the relationship between payer and payee. I doubt whether such requirements, if they exist, would take matters any further in most cases.“

[24] *Nurdin and Peacock Plc* v *D B Ramsden and Co Ltd* [1999] 1 All ER 941, 963 (per *Neuberger J*).

begründen. Im konkreten Fall sollten nicht einmal die beiden bezeichneten Einschränkungen des causative mistake eingreifen. Es ist kaum vorstellbar, daß der Court of Appeal oder gar das House of Lords sich in Zukunft dermaßen weit vorwagen werden. Mit dem Ansatz in *Nurdin and Peacock Plc* v *Ramsden and Co Ltd* wären viele Fallgruppen überflüssig. Stets könnte behauptet werden, man habe in dieser und jener Situation eine Rückzahlung erwartet.

Die Letztentscheidung durch das House of Lords bleibt daher abzuwarten. Obwohl der kausale Irrtum sich zunehmend durchsetzt und weithin in der Literatur befürwortet wird,[25] wird er in oberster Instanz bisher nicht explizit anerkannt. Weder hat sich das höchste englische Gericht dazu in seiner neuen Leitentscheidung zum Rechtsirrtum in *Kleinwort Benson Ltd* v *Lincoln City Council* eindeutig festgelegt, noch ist der Fall *Kerrison* v *Glyn, Mills, Currie and Co*,[26] der ebenfalls vom House of Lords entschieden wurde und den supposed liability-Test bestätigt, formell aufgehoben. Es darf weiterhin nicht vergessen werden, daß *Barclays Bank Ltd* v *W J Simms, Son and Cooke (Southern) Ltd* und *Nurdin and Peacock Plc* v *Ramsden and Co Ltd* nur Fälle vor dem Court of Appeal und dem High Court sind. Andere Jurisdiktionen des common law gehen hier weiter. Der australische High Court gab in *David Securities Pty Ltd* v *Commonwealth Bank of Australia* den fundamental mistake-Test zugunsten des kausalen Irrtums auf.[27] Neuseeland liegt mit *University of Canterbury* v *Attorney-General* auf derselben Linie.[28] In England ist man mit der endgültigen Entscheidung dagegen noch in Verzug.[29]

2. *Irrtümer bei Vertragsschluß*

Weitaus weniger zur Ausdehnung neigt die zweite Hauptgruppe des mistake. Ohne Bedenken könnte man den Irrtum bei Vertragsschluß in England nur in Lehrbüchern zum contract law abhandeln. Traktate zum law of restitution unterscheiden sich nur geringfügig von vertraglichen Paralleltexten. Sie betrachten das Problem eher unter dem Blickwinkel der Irrtumsfolge, der Restitution. Im Bürgerlichen Gesetzbuch fallen unter diese Gruppe alle Vorschriften, welche die Unwirksamkeit von Verträgen bewirken, also fast ausschließlich der

---

[25] Siehe nur *Birks*, Introduction, S. 156–159; *Burrows*, Law of Restitution, S. 104 f.; *Lord Goff of Chieveley*[5], Law of Restitution, S. 177–181; *Virgo*, Principles of the Law of Restitution, S. 157 f. Zu Gegenstimmen, die mistake mit einer anderen Fallgruppe – total failure of consideration – verschmelzen wollen, unten auf S. 655.

[26] *Kerrison* v *Glyn, Mills, Currie and Co* (1911) 81 LJ KB 465.

[27] *David Securities Pty Ltd* v *Commonwealth Bank of Australia* (1992) 175 CLR 353, 378.

[28] *University of Canterbury* v *A-G* [1995] 1 NZLR 78.

[29] Vgl. *Virgo*, in: [1995] LMCLQ 362, 371.

Allgemeine Teil mit der Anfechtung nach §§ 119, 123 Abs. 1 BGB oder Dissens nach §§ 154 f. BGB. Sicherlich könnte man in England ebenfalls Voraussetzungen und Folgen bei der Frage trennen, wie sich der Kläger von einem irrtümlich eingegangenen Vertrag lösen kann. Es wird aber eine etwas andere Perspektive eingenommen: Die Hauptgruppe der Irrtümer bei Vertragsschluß zieht eine Anfechtungsmöglichkeit nach sich; die Anfechtung („rescission") wird im bereicherungsrechtlichen Kontext ganz überwiegend als Rechtsfolge des unjust enrichment, als remedy, und nicht als reiner Mechanismus wie im deutschen Recht angesehen, der erst den Weg zur Restitution öffnet.[30] Nach erfolgter Anfechtung ist ein Rückforderungsanspruch ohne weitere Prüfung gegeben.[31]

Daher sei nur kurz auf die Varianten des Irrtums beim Vertragsschluß eingegangen.[32] Im einzelnen kennt die englische Rechtsprechung die Fallgruppen

---

[30] Ganz h. M., siehe nur *Burrows*, Law of Restitution, S. 31 f.; *Halson*, in: [1997] RLR 89, 90; *McMeel*, Modern Law of Restitution, S. 32 f., 74–80. A. A. explizit *Virgo*, Principles of the Law of Restitution, S. 28 f.: *Virgo* zufolge ist die Anfechtung lediglich eine „Technik"; implizit teilweise *Daniel Friedmann*, in: *Burrows*, Essays on Restitution, S. 247 (253): equitable rules on rescission als Teil des Vertragsrechts, Restitution als Folge; ohne nähere Einordnung *Lord Goff of Chieveley/Jones*[5], Law of Restitution, S. 257–298; vgl. allgemein *O'Sullivan*, in: (2000) 59 CamLJ 509–543.

[31] Etwas weitergehende Interpretation des Fallrechts bei *Meier*, Irrtum und Zweckverfehlung, bes. S. 39: Es sei strikt zwischen der Unwirksamkeit des Vertrags und der Rechtsgrundlosigkeit zu unterscheiden.

Für Fälle, in denen der Vertrag bereits ohne Anfechtung unwirksam ist, trifft das in der Tat tendenziell zu, auch wenn die englische Lehre und Rspr. hier nicht immer eindeutig trennen. Die Anfechtung wird aber eindeutig als remedy, als Rechtsbehelf der Restitution angesehen, der keiner weiteren selbständigen Bedingung mehr bedarf, um die Rückabwicklung auszulösen. Es ist der gültige Vertrag selbst, der als Bereicherungsgegenstand für unjust enrichment fungiert; siehe *Virgo*, Principles of the Law of Restitution, S. 28 f., 175 f. Zuzugeben ist, daß es sich um einen mehr konstruktiven als ergebnisbestimmenden Punkt handelt: Ist der Vertrag ipso iure unwirksam, wird in der Regel sogar ein fundamental mistake vorliegen. Außerdem unterliegt die Hauptgruppe der Anfechtungsmöglichkeit, misrepresentation, wegen des Unrechtsgehalts der Täuschung nicht den normalen Irrtumsregeln.

Ordnet man mit der in der Fn. zuvor angegebenen Ansicht die Anfechtung nicht als Rechtsbehelf, sondern nur als „Technik" ein, bedarf es in der Tat einer gesonderten Prüfung von unjust enrichment nach erfolgter Anfechtung.

[32] Vgl. näher z. B. *Beatson*, Anson's Law of Contract, S. 233–269, 295–332; *Virgo*, Principles of the Law of Restitution, S. 176–186; auch *Rothoeft*, Irrtumslehren als Methodenfrage, S. 302–305.

Andere Einteilung bei *Lord Goff of Chieveley/Jones*[5], Law of Restitution, S. 592–606, sie ordnen den unilateral mistake, mutual mistake bei tatsächlicher Unmöglichkeit und non est factum eher unter failure of consideration als mistake ein (Untergruppe „Contracts void for mistake or uncertainty"). A. A. *Birks*, Introduction, S. 152, 159–164: Klassifikation unter mistake; differenzierend *Burrows*, Law of Restitution, S. 94, 127 f.; *Virgo*, Principles of the Law of Restitution, S. 178 f.: Sie klassifizieren die Fälle unter mutual mistake, unilateral mistake, non est factum, rescission for mistake in equity und rescission for misrepresentation.[33] Beim mutual mistake irren sich beide Vertragsparteien übereinstimmend. Der Vertrag ist dann automatisch unwirksam (void), wenn der Irrtum grundlegende Vertragsmodalitäten betrifft.[34] Im deutschen Recht kann man die Fälle zumeist unter § 306 BGB einordnen, wenn beispielsweise die Kaufsache bereits bei Vertragsschluß zerstört war. Ebensowenig kommt ein gültiger Vertrag bei logischem Dissens, also bei Dissens über die essentialia negotii, zustande. Beide Parteien irren sich, aber jede hat eine andere Vorstellung über den Vertragsinhalt (unilateral mistake).[35] Mit der Doktrin „non est factum" behilft man sich im common law im weiteren in solchen Fällen, in denen jemand ein Dokument unterzeichnete, über das er eine vollkommen abweichende Vorstellung hat.[36] Mutual mistake, unilateral mistake und non est factum bedingen ipso iure die Unwirksamkeit des Vertrags oder verhindern eine logische Übereinkunft. In weiteren Fällen ist der Vertrag nur „voidable" (anfechtbar) und muß erst per rescission angefochten werden. Haupttypen sind hier rescission by equity[37] und misrepresentation.[38] Letzterer Fall ist weitgehend funktionsäquivalent zur Anfechtung aus arglistiger Täuschung nach § 123 BGB, auch wenn er unvorsätzliche Täuschungshandlungen umfaßt. Weitere Einzelheiten seien den Lehrbüchern zum law of contract vorbehalten.

---

mistake, favorisieren aber eine alternative Analyse zwischen total failure of consideration und mistake.

[33] Vgl. auch *Roland Michael Beckmann*, Nichtigkeit und Personenschutz, S. 124–134; *Schlechtriem/Coen*, Restitution und Bereicherungsausgleich, Bd. 1, Rn. 3/349–356.

[34] Siehe nur *Norwich Union Fire Insurance Society Ltd* v *Price* [1934] AC 455: Versicherungsleistung für Verkauf von Zitronen, doch das Risiko der Fruchtreife war nicht von der Versicherung umfaßt. Die Versicherung konnte deshalb ihre Leistung zurückfordern, weil ihr Irrtum bei Zahlung „vital" gewesen sei; *Bell* v *Lever Bros Ltd* [1932] AC 161, 224 (per *Lord Atkin*): Vertrag über Entschädigung für Auflösung von Arbeitsverhältnissen nicht unwirksam, wenn die Vertragsparteien nicht wußten, daß die Arbeitsverträge wegen Vertragsverletzung auch ohne Entschädigung hätten aufgelöst werden können.

[35] Z. B. *Smith* v *Hughes* (1871) LR 6 QB 597.

[36] *Saunders* v *Anglia BS* [1971] AC 1004.

[37] Z. B. *Solle* v *Butcher* [1950] 1 KB 671: Rescission by equity bei gemeinsamem Rechtsirrtum der Parteien über Anwendung der Rent Acts auf Mietvertrag.

[38] Siehe vor allem Misrepresentation Act 1967.

3. Irrtümer bei Verwendungen

Eine der gravierendsten Konsequenzen des causative mistake ist sicherlich, daß er Fälle jenseits des dare ob causam zu umfassen vermag.[39] Die römisch-deutsche Tradition hat den Irrtum seit jeher auf die Fälle des dare ob causam beschränkt. Schon Iulianus setzte in D. 12, 6, 33 für die condictio ein negotium voraus. In Deutschland war selbst unter der Herrschaft der Vermögensverschiebung, welche die Leistung noch nicht als zweckgerichtete Zuwendung definierte, unstreitig, unter „Leistung" könnten keine Verwendungen fallen, die nicht gleichzeitig zur Schuldtilgung dienten.[40]

Wenn jeder kausale Irrtum des Klägers ausreichend sein soll, ist die Irrtumskategorie beträchtlich weiter angelegt. Selbst der gutgläubige Verwender, der beispielsweise auf einem fremden Grundstück im Glauben, es sei sein Eigentum, ein Haus errichtet, irrt sich im weiteren Sinne. Somit sollte man annehmen, im law of restitution könnte jeder gutgläubige Verwender einen Anspruch aus unjust enrichment über mistake geltend machen. An dieser Stelle zeigt sich jedoch wiederholt, daß das überkommene Fallrecht viele Lücken aufweist. Anders als in Deutschland wird nach der rechtsphilosophischen Tradition des common law viel stärker die Privatautonomie des einzelnen, die privity, betont; niemand soll sich einen Anspruch aufdrängen lassen müssen.[41] Typisch für die englische Haltung ist die rhetorische Frage von Pollock CB:[42] „One cleans another's shoes; what can the other do but put them on?" Auch § 2 des amerikanischen Restatement formuliert: „A person who officiously confers a benefit

---

[39] Vgl. zur Dimension der Verwendungen im englischen Recht auch *Werner Lorenz*, in: Festschrift für *Medicus*, S. 367 (376–380); *Schlechtriem/Coen*, Restitution und Bereicherungsausgleich, Bd. 1, Rn. 2/530–533; *Verse*, Verwendungen im Eigentümer-Besitzer-Verhältnis, S. 91–117; *Reinhard Zimmermann*, European Law, S. 115–118.

[40] Bes. deutlich *Hartmann*, in: ArchBürgR, Bd. 21 (1902), S. 224 (226 f., insbes. Fn. 2): keine Leistungskondiktion, sondern allgemeiner Bereicherungsanspruch aus Verwendung. Anders andeutungsweise nur *Kupisch*, Gesetzespositivismus, S. 63, siehe oben auf S. 423. Eine andere Frage ist, ob man bspw. den Einbau einer Sache auf einem Grundstück zur Schuldtilgung noch als Verwendung bezeichnen möchte, so *Medicus*, Bürgerliches Recht, Rn. 892. Die Verwendung führt dann zu einer Leistungs- und nicht zu einer Nichtleistungskondiktion aus Verwendung. Im Sinne besserer Klarheit sollte man diesen Fall nicht als Verwendung bezeichnen.

[41] Zu den Versuchen, die aufgedrängte Bereicherung nach BGB dogmatisch einzuordnen, siehe nur *Larenz/Canaris*[13], Schuldrecht, Bd. II/2, § 72 IV (S. 286–294), m. w. N.

[42] *Taylor* v *Laird* (1856) 25 LJ Ex 329, 332 (per *Pollock CB*). Beachte jetzt auch das obiter dictum in *Foskett* v *McKeown* [2000] 2 WLR 1299, 1314 (per *Lord Hope of Craighead*):

> „The general rule is that a man who makes a payment to maintain or improve another person's property, intentionally and not in response to any request that he should do so, is not entitled to any lien or charge on that property for such payment [...]."

upon another is not entitled to restitution therefor."[43] Noch deutlicher faßte sich ein amerikanischer Autor, ihm zufolge ist „[s]elf direction or personal autonomy [...] a mark of the English race."[44] Die englische Lehre übt sich dagegen in vornehmer Zurückhaltung und spricht vom „principle against officiousness and voluntariness".[45]

Dem deutschen Recht ist der Grundsatz in seiner Allgemeinheit unbekannt; vor allem die Rechtsinstitutionen der Geschäftsführung ohne Auftrag und der Verwendungsersatz lassen im Anschluß an die romanistisch-gemeinrechtliche Tradition Ansprüche dann zu, wenn der betroffene Schuldner von allem überhaupt nichts wußte. Impensenersatz und negotiorum gestio sind zwar von zahlreichen Restriktionen begleitet, die einen Anspruch limitieren, der grundlegende Unterschied zum common law liegt jedoch in der Vermutung: Nach bürgerlichem Recht ist der Aufwendungsersatz die Regel,[46] nach common law die große Ausnahme. Die Reichweite der privatautonomen Selbstbestimmung wird unterschiedlich bewertet. Paradebeispiel für die englische Sichtweise der aufgedrängten Bereicherung ist der berühmte Fensterputzer-Fall von Birks:[47]

Der Kläger putzt ohne vorherige Abmachung die Fenster des Beklagten, der im Urlaub verweilt, in der bloßen Hoffnung, der Beklagte werde ihn schon dafür entlohnen, wenn er erst seine sauberen Fenster sieht. Hier soll der Kläger keinem Irrtum über bereits feststehende Tatsachen, sondern lediglich einer unbeachtlichen Fehldeutung zukünftiger Ereignisse unterliegen. Er hoffte nur vergebens, der andere werde ihn entlohnen. Solange der Begünstigte nicht vorzeitig aus dem Urlaub zurückkehrt und beispielsweise hinter einem Vorhang versteckt dem Fensterputzer arglistigerweise zusieht, kommt ein Anspruch nicht in Betracht. Nach deutschem Recht könnte dagegen eine Verwendungskondiktion oder eine Leistungskondiktion ob rem einschlägig sein.

Trotz ihrer widerstrebenden Haltung sieht sich die Rechtspraxis des common law von Zeit zu Zeit mit dem Problem des Verwendungsersatzes konfrontiert. Paradigmatisch ist der Fall *Greenwood* v *Bennett.*[48] Der komplizierte Sachverhalt sei hier etwas vereinfacht dargestellt:

---

[43] § 2 Second Restatement of the Law of Restitution fügt als Ausnahmen immerhin „request" oder „mistake" an.

[44] *Hope*, in: (1929–30) 15 CornellLQ 25, 29.

[45] Vgl. *Virgo*, Principles of the Law of Restitution, S. 39 f.

[46] Die Regel im deutschen Recht erfährt einige Einschränkungen, welche die Differenz zum common law verringern: So wird die Geschäftsführung ohne Auftrag als weitere Rechtsinstitution neben §§ 994 ff. und § 812 Abs. 1 S. 1 Alt. 2 BGB für Aufwendungen teleologisch eingeschränkt. Z. B. soll nach BGH, 23.9.1999 – III ZR 322/98, in: NJW 2000, S. 72 (73), der „Erbensucher" keinen Vergütungsanspruch gegen den ermittelten unbekannten Erben haben, falls es zu keiner Honorarvereinbarung kommt. Die „aus den Grundsätzen des bürgerlichen Rechts folgende Risikoverteilung" bei der Anbahnung von Vertragsverhandlungen stehe einem Aufwendungsersatz entgegen.

[47] *Birks*, Introduction, S. 265.

[48] *Greenwood* v *Bennett* [1973] QB 195. Ausführlich dazu *McKendrick*, in: *Palmer/ders.*, Interests in Goods, S. 897 (898–908).

Harper hatte sein Auto repariert, das er in dem Glauben von Searle erworben hatte, er habe das Eigentum an dem Wagen erhalten. In Wahrheit gehörte der Wagen der Firma Bennett and Bennett, die das Fahrzeug Searle nur zur Reparatur anvertraut hatte. Der Court of Appeal sprach Harper seine Verwendungen auf das Fahrzeug zu. Lord Denning MR sah das dem Ersatz unterliegende Prinzip wie folgt:[49] „The plaintiffs should not be allowed unjustly to enrich themselves at his expense."

Obwohl das Gericht nicht ausdrücklich mistake als restitutionsauslösendes Kriterium erwähnte, ist sich die Kommentarliteratur darüber einig, Harpers Irrtum sei entscheidend gewesen. Die falschen Vorstellungen des redlichen Verwenders genügen zwar nicht dem supposed liability-Test und vielleicht auch nicht dem fundamental mistake-Test, auf der Basis des causative mistake ist jedoch zweifellos ein ausreichender Irrtum vorhanden.

Nach wie vor bleibt dabei ungeklärt, ob Verwendungen wie im gemeinen Recht nur als Einrede geltend gemacht werden können oder ob ein selbständiger Anspruch gegeben ist. Die erste Lösung entspricht eher der traditionellen Sichtweise, die sich gegenüber der aufgedrängten Bereicherung sehr kritisch verhält. Sie ist gesetzlich partiell im Torts (Interference with Goods) Act 1977 s. 6 (1) niedergelegt;[50] Verwendungen sind danach auf den Schadensersatz des Eigentümers anzurechnen („allowance"). Doch nur ein (aktiver) Anspruch genügt aus Symmetriegründen dem principle of unjust enrichment, das in allen anderen Fällen ebenfalls nicht auf eine bloße Einrede beschränkt ist. In *Greenwood* v *Bennett* war darüber nicht zu entscheiden, weil *Bennett and Bennett* den Wagen nach dem „interpleader proceeding" am High Court von Gerichts wegen wieder an sich nehmen durften. Trotzdem finden sich im Urteil Anhaltspunkte. Lord Denning MR wenigstens bejahte im obiter dictum einen selbständigen Anspruch in *Greenwood* v *Bennett*.[51] Der größte Teil der Literatur folgt ihm auf dem Boden des principle of unjust enrichment.[52] Man darf freilich daran zweifeln, ob es sich bei einem aktiven Anspruch tatsächlich um eine Bereicherungs-

---

[49] *Greenwood* v *Bennett* [1973] QB 195, 202 (per *Lord Denning MR*).

[50] Torts (Interference with Goods) Act 1977 s. 6 (1):

> „If in proceedings for wrongful interference against a person (‚the improver') who has improved the goods, it is shown that the improver acted in the mistaken but honest belief that he had a good title to them, an allowance shall be made for the extent to which, at the time as at which the goods fall to be valued in assessing damages, the value of the goods is attributable to the improvement."

Näher *Palmer/Hudson*, in: *Palmer/McKendrick*, Interests in Goods, S. 919 (924–929).

[51] *Greenwood* v *Bennett* [1973] QB 195, 202 (per *Lord Denning MR*); a. A. a. a. O. 195, 203 (per *Cairns LJ*).

[52] Siehe nur *Burrows*, Law of Restitution, S. 121, 125; *Lord Goff of Chieveley/Jones*[5], Law of Restitution, S. 248 f.; *Virgo*, Principles of the Law of Restitution, S. 77; wahrscheinlich auch *Birks*, Introduction, S. 196; zweifelnd *McKendrick*, in: *Palmer/ders.*, Interests in Goods, S. 897 (906 f.); a. A. *Matthews*, in: (1981) 40 CamLJ 340, 355–358, mit libertärem Ansatz.

haftung handeln würde. Wenn vorgeschlagen wird, den Verwendungsersatz auf die tatsächlichen Ausgaben zu beschränken,[53] dann ist das eine klare Abweichung vom Bereicherungsprinzip.

Die bisherigen Überlegungen bezogen sich auf bewegliche Sachen. Noch unsicherer ist die Rechtslage hinsichtlich von Immobilien; aus reiner Gutgläubigkeit kann der Verwender keinen Anspruch geltend machen. Vielmehr beruht die Ersatzmöglichkeit auf der sogenannten „doctrine of estoppel by acquiescence“, die der equity entspringt. Im leading case *Ramsden* v *Dyson* hatte der Kläger das Land des Beklagten aufgebessert,[54] weil er im Glauben war, er werde dadurch einen langfristigen Pachtvertrag erhalten. Der Landeigentümer ahnte aber nichts von den irrtümlichen Erwartungen des Klägers, das House of Lords verweigerte einen Verwendungsanspruch. Nur dann wäre ein Ersatzanspruch durchgedrungen, wenn dem Beklagten böswilliges Verhalten („acquiescence“) hätte nachgewiesen werden können.[55] Welche Prinzipien genau diese Doktrin leiten, wird sehr kontrovers diskutiert: Die Stellungnahmen in der Rechtsprechung reichen vom Irrtum[56] über den Vertrauensgedanken[57] bis hin zum treuwidrigen Verhalten des Beklagten.[58] Mit unjust enrichment haben diese Fälle keine Berührungspunkte,[59] sie sind Sonderrecht aus equity.

4. Exkurs: Konkurrenz von Leistung und Verwendung

Aus rechtsvergleichender Sicht noch interessanter gestaltet sich die Frage, auf welche Weise der Konflikt zwischen einem Leistungs- und einem Verwendungsverhältnis zu lösen ist. Wie schon vor dem Reichsgericht stellt sich im common law das Problem, ob jemand, der an seinen Vertragspartner geleistet hat, von einem Dritten, der sich als der Begünstigte herausstellt, Verwendungsersatz erlangen kann. Ein Fall dieser Art ist beispielsweise die Reparatur eines

---

[53] *Lord Goff of Chieveley/Jones*[5], Law of Restitution, S. 248.

[54] *Ramsden* v *Dyson* (1866) LR 1 HL 129.

[55] Die Übersetzung des Begriffs mit bloßer Duldung setzt die Anspruchsschwelle nicht hoch genug. Zu den einzelnen Voraussetzungen von acquiescene siehe *Willmott* v *Barber* (1880) 15 Ch D 96, 105 f. (per *Fry J*).

[56] *Ramsden* v *Dyson* (1866) LR 1 HL 129, 140 f. (per *Lord Cranworth LC*).

[57] *Ramsden* v *Dyson* (1866) LR 1 HL 129, 170–173 (per *Lord Kingsdown*).

[58] *Willmott* v *Barber* (1880) 15 Ch D 96, 105 f. (per *Fry J*), hier wird noch der Irrtum dazugenommen.

[59] Kritisch z. B. *Burrows*, Law of Restitution, S. 121 f., der die Fälle unter mistake bespricht; *Lord Goff of Chieveley/Jones*[5], Law of Restitution, S. 241–245, ordnen die Doktrin ebenfalls unter mistake ein, lassen jedoch keinen Zusammenhang zu unjust enrichment erkennen; *Virgo*, Principles of the Law of Restitution, S. 549–552, behandelt die Doktrin gar unter restitution for equitable wrongdoing. *Birks*, Introduction, S. 290–293, ordnet die Fälle unter „free acceptance“ ein.

gestohlenen Kraftfahrzeugs durch eine Werkstatt, die ihren Auftraggeber für den Eigentümer hält. Der gutgläubige Verwender befindet sich nicht nur im Irrtum, wenn er sich selbst als Eigentümer betrachtet. Er unterliegt auch dann einer Fehlvorstellung, wenn er als Reparaturunternehmer fälschlicherweise seinen Auftraggeber als Eigentümer identifiziert. Zumindest nach der weiten Definition des causative mistake ist in letzterem Fall ein rechtsgültiger Irrtum gegeben.

Weiterhin läßt sich an das Verhältnis zwischen Subunternehmer, Hauptunternehmer und Auftraggeber denken. Die Frage lautet, ob der Subunternehmer bei Insolvenz des Hauptunternehmers auf den begünstigten Dritten durchgreifen kann. Die restitutionsauslösende Fallgruppe folgt hier nicht aus mistake – der Subunternehmer irrt sich nicht über die Eigentumsverhältnisse oder Vertragspersonen. Allenfalls ein mistake of law über die Zahlungsfähigkeit des Hauptunternehmers wäre denkbar. Dafür kommt die Fallgruppe „total failure of consideration" in Betracht,[60] weil der Kläger vom Partner des Hauptunternehmers keine Gegenleistung erhalten hat. Obwohl prima facie ein Anspruch aus unjust enrichment gegeben ist, soll der Durchgriff über den eigenen Vertragspartner hinaus in der Regel unzulässig sein.

Zahlreiche Fälle in der Rechtsprechung versagen einen Anspruch:[61] Der Kfz-Eigentümer muß nicht die Reparaturkosten begleichen, die seine Versicherung veranlaßte.[62] Ebensowenig kann bei einer Reparatur der Subunternehmer, der die Arbeiten unmittelbar ausführte, über seinen Hauptunternehmer hinweg direkt auf den Eigentümer zugreifen.[63] Leading case vor dem House of Lords aus

---

[60] Näher zu total failure of consideration ab S. 536, zu mistake of law ab S. 658.

[61] Neben den im folgenden genannten Fällen z. B. *Hampton* v *Glamorgan County Council* [1917] AC 13: Kein Anspruch des Architekten gegen die Kommune, er konnte sich nur an seinen eigenen Vertragspartner, das Bauunternehmen, halten; *Ruabon Steamship Co* v *London Assurance Co* [1900] AC 6: Kein Anspruch bei Schiffsreparatur gegen den Schiffseigentümer, nur Anspruch gegen Versicherer, der die Reparatur veranlaßt hatte.

Es kommt aber ein Pfandrecht (lien) des Werkstattunternehmers in Betracht, siehe z. B. *Tappenden* v *Artus* [1964] 2 QB 185, 194–203 (per *Diplock LJ*), für den Fall, daß man nach deutschen Maßstäben eine Legitimationskette zum berechtigten Besitz zwischen Eigentümer–Reparaturauftraggeber–Werkstattunternehmer annehmen konnte. Unklar ist, ob der Ausschluß auch für die einredeweise Geltendmachung gilt, siehe *Munro* v *Willmott* [1949] 1 KB 295, zur Rechtslage vor dem Torts (Interference with Goods) Act 1977.

[62] *Brown and Davies Ltd* v *Galbraith* [1972] 1 WLR 997. Hier wurde neben dem Reparaturvertrag Versicherer–Unternehmer sogar ein implied contract zwischen Eigentümer und Unternehmer angenommen, der aber keine Entgeltzahlungen, sondern nur die sorgfältige Behandlung des Kfz umfassen sollte.

[63] *Pennington* v *Reliance Motor Works Ltd* [1922] All ER 466: Kein Pfandrecht des Subunternehmers am Wagen des Kfz-Eigentümers, weil (a) kein Vertrag zwischen Ei-

der jüngeren Rechtsprechung ist *The Trident Beauty*.[64] Der Fall betrifft zwar die Zahlung auf eine Zession über eine zunächst bestehende Forderung, gleichwohl lassen sich aus ihm Rückschlüsse allgemeiner Natur ziehen.

Im Jahre 1991 charterte die Firma Pan Ocean von der Trident Shipping (Trident) das Schiff „Trident Beauty“, die Schiffsmiete war in Raten spätestens 15 Tage im voraus zu zahlen. Eine dieser Vorauszahlungen wurde auf Anweisung der Firma Trident an eine dritte Partei (Creditcorp) bezahlt, weil Trident zur Sicherung den Charteranspruch zediert hatte. Doch die Charterpartie fand niemals statt, das Schiff lag im gesamten Mietzeitraum nutzlos im Hafen von Singapur. Pan Ocean trat daraufhin rechtswirksam vom Vertrag zurück und verlangte nicht von Trident, sondern von Creditcorp die Vorauszahlung mangels vertraglicher Gegenleistung zurück. Das House of Lords wies ebenso wie der Court of Appeal den Anspruch einstimmig ab.

Lord Goff of Chieveleys Rede ist ambivalent. Er nimmt zumindest einen implied contract zwischen Pan Ocean und Trident auf Rückzahlung bei Vertragsbruch an. Er scheint also davon auszugehen, daß der Rücktritt nicht wie in normalen Fällen zur Rückabwicklung aus restitution by total failure of consideration,[65] sondern ausnahmsweise wie im deutschen Recht zu einem vertraglichen Rückabwicklungsverhältnis führt. Dieser Rückabwicklungsanspruch, so Lord Goff weiter, sei an Trident gerichtet; der Beklagten sei nur der Anspruch auf die Chartergebühren zediert worden. Die Klägerin könne sich daher nur an Trident halten. Einem Durchgriff auf Creditcorp verwahrte sich Lord Goff mit den Bemerkungen:[66]

> „I am of course well aware that writers on the law of restitution have been exploring the possibility that, in exceptional circumstances, a plaintiff may have a claim in restitution when he has conferred a benefit on the defendant in the course of performing an obligation to a third party [...]. But, quite apart from the fact that the existence of a remedy in restitution in such circumstances must still be regarded as a matter of debate, it is always recognised that serious difficulties arise if the law seeks to expand the law of restitution to redistribute risks for which provision has been made under an applicable contract.“

Obwohl der Fall vieles offenläßt, führt er doch zumindest die Linie der bisherigen Rechtsprechung fort. Die Lehre nimmt im Anschluß an die einschlägigen Gerichtsentscheidungen ebenso fast einhellig an, man könne sich nur an seinen Vertragspartner halten.[67] Wie in der Rechtsprechung des Reichsgerichts

---

gentümer und Subunternehmer zustande gekommen sei und (b) der Subunternehmer den Besitz am Wagen zugunsten des Hauptunternehmers aufgegeben hatte.

[64] *Pan Ocean Shipping Co Ltd* v *Creditcorp Ltd (The Trident Beauty)* [1994] 1 WLR 161.

[65] Näher unten auf S. 536.

[66] *Pan Ocean Shipping Co Ltd* v *Creditcorp Ltd (The Trident Beauty)* [1994] 1 WLR 161, 166 (per *Lord Goff of Chieveley*). In der Vorinstanz stützte man sich auf die Figur des gutgläubigen Erwerbs, so a. a. O. [1993] 1 Lloyd's Rep 443, 449 (per *Neill LJ*). Ablehnend i. E. ebenso a. a. O. [1994] 1 WLR 161, 167–172 (per *Lord Woolf*): Kein total failure of consideration zwischen Klägerin und Beklagter, der Klägerin sei es außerdem verboten, ihre Schuldner zu verdoppeln.

[67] *Burrows*, Law of Restitution, S. 271 f.: Ausnahme, wenn Vertrag zwischen Leistendem und seinem Vertragspartner beendet ist oder niemals ein Vertrag zustande kam;

bedarf es zu diesem Ergebnis aber zusätzlicher Wertungsgesichtspunkte *neben* der Formel enrichment at the expense of another person. Denn wer durch seine Leistung den Wert des Grundstücks eines Dritten erhöht, könnte sich formal gesehen auf einen unmittelbaren Vermögensübergang zwischen ihm und dem Dritten berufen. Deshalb wird die vertragliche Risikozuordnung angeführt,[68] um das Argument aus der Zeit des implied contract zu ergänzen, mangels privity, also einer vertraglichen Beziehung zwischen Verwender und Begünstigtem, könne kein Ersatz in Betracht kommen.

Die Risikozuordnung kraft Vertrags kann jedoch nur dann eingreifen, wenn ein wirksamer Vertrag zwischen dem Verwender und seinem Leistungspartner vorliegt. In der Tat betrifft das Fallrecht nur Konstellationen, in denen der Verwender gleichzeitig auf einen *rechtsgültigen* Vertrag hin erfüllte. Eine bloße Leistung auf ein unwirksames oder aufgelöstes Vertragsverhältnis genügt nicht, um die Bereicherungshaftung des Verwendungsbegünstigten zu sperren. Bei *The Trident Beauty* lag zumindest noch ein vertragliches Rückabwicklungsverhältnis aus implied contract vor. In der Situation des Doppelmangels, das betont Graham J. Virgo explizit, in der nach deutscher Terminologie sowohl das Leistungs- (Deckungs-) als auch das Valutaverhältnis unwirksam sind, soll der Durchgriff grundsätzlich möglich sein.

5. Irrtum und Eingriff

Über den englischen mistake-Begriff besteht sogar die Möglichkeit, in Nichtleistungsfällen jenseits von Verwendungen zu kondizieren. Die Entscheidung des House of Lords in *Banque Financière de la Cité* v *Parc Ltd* gibt ein

---

noch deutlicher *ders.*, in: [1994] RLR 52, 54–56: Durchgriff bei Doppelmangel; *Lord Goff of Chieveley/Jones*[5], Law of Restitution, S. 58 f., 249 f., mit Nachweisen aus der Rspr. anderer Länder des common law: Sie möchten zumindest im „hard case", daß der Dieb ein fremdes Fahrzeug reparieren läßt, den Durchgriff gestatten; *Virgo*, Principles of the Law of Restitution, S. 344–346, will bei Doppelmangel einen Durchgriff zulassen; a. A. *Watts*, in: [1995] LMCLQ 398, 401: die Freiwilligkeit der Leistung sei ausschlaggebend, deshalb auch bei unwirksamem Vertrag zwischen Verwender und seinem Leistungspartner kein Durchgriff.

Vgl. allgemein *Jaffey*, Restitution, S. 120–122; speziell zu *The Trident Beauty* auch *Barker*, in: [1994] LMCLQ 305–311; *Beatson*, in: [2000] 1 TIL 83, 108–113; *McMeel*, Modern Law of Restitution, S. 128–130; *Swadling*, in: [1994] All ER, Annual Review 349, 352 f.; *Tolhurst*, in: (1999) 58 CamLJ 546–566; allgemein rechtsvergleichend zur Subsidiarität des Bereicherungsrechts gegenüber vertraglichen Relationen in Mehrpersonenverhältnissen *Lionel D. Smith*, in: (2000) OxUCLF 6, bei Fn. 40–115; weiterhin unter dem Aspekt „at the expense of" *Birks*, in: (2000) OxUCLF 1 = *http://www.ouclf.iuscomp.org*, bei Fn. 28–33.

[68] Deutlich *Lord Goff of Chieveley/Jones*[5], Law of Restitution, S. 58 f.

kompliziertes Beispiel aus der neueren Rechtsprechung ab.[69] Es handelt sich nicht um ein Drei-, sondern um ein selbst im deutschen Bereicherungsrecht recht seltenes Fünfpersonenverhältnis.

Im aktuellen Fall hatte die klagende Bank dem Unternehmen Parc Geld geliehen; mit dem Darlehen sollte das fragliche Unternehmen seine Schulden bei einer zweiten Gläubigerin, Royal Trust Bank (RTB) begleichen, die eine *erstrangige* Sicherheit an Grundstücken von Parc hatte. Das beklagte Unternehmen Omnicorp Overseas (OOL), das ein Tochterunternehmer der Holding war, zu der auch Parc gehörte, hatte für einen kurzfristigen Kredit an das Schwesterunternehmen Parc eine *zweitrangige* dingliche Sicherheit hinter RTB erhalten. Die Klägerin hingegen hatte ihrerseits auf eine Sicherheit an den Grundstücken verzichtet und nur Anteile an der Holding erhalten, der Parc angehörte. Denn die Klägerin hatte zuvor von Parc einen Brief bekommen, in dem versichert wurde, das Darlehen der Klägerin werde bei der Rückzahlung gegenüber den Forderungen anderer Unternehmen der Holding inklusive OOL bevorzugt. In Wahrheit war OOL an diese Abrede rechtlich nicht gebunden. Unter normalen Umständen wären beide Parteien ausbezahlt worden; als der gemeinsame Schuldner und die Holding jedoch in Insolvenz gingen und nicht mehr genügend Geld für die Klägerin und die Beklagte zur Verfügung stand, war die Frage zu beantworten, wessen Forderung Vorrang hatte: Unstreitig hatte RTB Priorität bei der Befriedigung. Streitig blieb jedoch, ob OOL mit der zweitrangigen dinglichen Sicherheit ihrerseits Vorrang vor der Klägerin hatte.

Rechtliche Kernfragen für das House of Lords sollten die Bedeutung des Schreibens sowie die rechtliche Natur der eingeklagten Forderungsüberweisung (subrogation) sein. Bei subrogation wird man nach deutschen Maßstäben von einer cessio legis sprechen können, die nur *relativ* zwischen Klägerin und Beklagter wirkt.[70] Obwohl das Schreiben die Beklagte rechtlich nicht band, konnte die Bank subrogation im Hinblick auf die Teile der Forderung von RTB verlangen, um die RTB bereits befriedigt worden war. Im Endeffekt wurde die Klägerin dadurch relativ gegenüber der Beklagten in eine bessere Rangposition bei der Befriedigung versetzt.

Da subrogation nur eine Rechtsfolge, aber kein Anspruchsgrund ist, mußte das Gericht die verschiedenen Elemente von unjust enrichment prüfen. Die Bereicherung der Beklagten auf Kosten der Klägerin begründeten Ihre Lordschaften mit dem Argument, die Chancen der Beklagten auf Befriedigung ihrer eigenen Forderung seien durch die teilweise Erfüllung der Forderung von RTB mit dem Kredit der Klägerin verbessert worden. Die durch „unjust" eingekleidete restitutionsauslösende Fallgruppe identifizierten die Richter im mistake. Offensichtlich konnte es sich nur um einen kausalen Irrtum und nicht um einen Irrtum über eine bestehende Zahlungspflicht handeln, weil die Bank lediglich gegenüber ihrem unmittelbaren Partner, der Darlehensnehmerin Parc, vertraglich zur Zahlung verpflichtet war. Lord Hoffmann faßte das in die Worte:[71]

---

[69] *Banque Financière de la Cité* v *Parc (Battersea) Ltd* [1999] 1 AC 221. Ausführlich dazu *Bridge*, in: [1998] JBL 323–333 (mit Skizze!); *Grantham/Rickett*, Enrichment and Restitution, S. 427 f.; *McMeel*, Modern Law of Restitution, S. 297–301; *Virgo*, Principles of the Law of Restitution, vor allem S. 24 f.

[70] Vgl. im Detail *Mitchell*, Law of Subrogation, einführend S. 3–8; weiterhin *Lord Goff of Chieveley/Jones*[5], Law of Restitution, S. 120–131; *Virgo*, Principles of the Law of Restitution, S. 23–25, 661–664, 672 f.

[71] *Banque Financière de la Cité* v *Parc (Battersea) Ltd* [1999] 1 AC 221 (234, per *Lord Hoffmann*; siehe auch 227, per *Lord Steyn*).

„The bank advanced the DM30m. upon the mistaken assumption that it was obtaining a postponement letter which would be effective to give it priority over any intragroup indebtedness. It would not otherwise have done so."

Aus deutscher Sicht wird man den Anspruch aus subrogation funktional gesehen wohl als Dritteingriffskondiktion einstufen dürfen. Denn die Beklagte hatte durch eine dritte Partei, Parc, eine begünstigte Kreditposition erhalten, die nach dem englischen law of restitution im Ergebnis der Klägerin zugewiesen war. Parallelfälle im deutschen Recht lassen sich in der Zwangsvollstreckung denken. Vor allem aber falsche Rangstellen bei Realsicherheiten bieten im deutschen Recht Vergleichsmaterial.[72] Wenn eine andere Rangstelle als die gesetzliche in § 879 BGB vereinbart wird und bei der Eintragung im Grundbuch Fehler unterlaufen, können andere Sicherungsnehmer eine bessere Position erhalten, als zwischen Eigentümer und Gläubiger vereinbart worden ist.

Dann stellt sich zunächst die Frage, ob dem Eigentümer dem dritten Gläubiger gegenüber, der fälschlicherweise eine bessere Rangstelle erhalten hat, eine Kondiktion zusteht. Umstritten ist, ob eine Leistungs- oder Nichtleistungskondiktion in Frage kommt; das mag auf sich beruhen.[73] Zumindest steht fest, daß der Gläubiger, der sich vertraglich mit dem Eigentümer über seine Rangposition geeinigt hatte, gegenüber anderen konkurrierenden Gläubigern keinen unmittelbaren Bereicherungsanspruch haben kann: Er wollte ihnen gegenüber weder eine Schuld erfüllen (Leistung), noch soll die bessere Rangposition auf seine Kosten bestehen, ihm also zugewiesen sein (Nichtleistung).[74] Der bloße Irrtum über die Rangposition, die man zu erhalten hoffte, genügt im deutschen Bereicherungsrecht nicht, um einen direkten Bereicherungsanspruch zwischen den verschiedenen Sicherungsnehmern zu begründen.[75] Aus rechtsvergleichender Sicht ist *Banque Financière de la Cité* v *Parc Ltd* damit ein noch besseres Beispiel als die Verwendungsfälle, um die These zu belegen, mistake umfasse einen wesentlich weiteren Anwendungsbereich als die deutsche Leistungskondiktion. In *Banque Financière* wird im Gegensatz zu *Greenwood* v *Bennett* sogar klar artikuliert, der Irrtum sei der maßgebende Faktor für die Restitution.

II. Duress

Die nächste Fallgruppe ist eher an Sachverhalten orientiert, die man nach deutschem Recht als Leistung beurteilt. Mit „duress" werden im law of restitu-

---

[72] Siehe den Fall des RG zur Hypothekenpriorität; näher oben auf S. 276.

[73] Dazu ausführlich *Gursky*, Sachenrecht, S. 12 f., m. w. N.

[74] Freilich ist auch das str., siehe wiederum *Gursky*, Sachenrecht, S. 8–10, m. w. N.

[75] Siehe z. B. BGH, 20.6.1956 – V ZR 28/55, in: BGHZ 21, 98–102; *Kutter*, in: *Julius v. Staudinger*[13], § 879, Rn. 47, m. w. N.

tion die Fälle zusammengefaßt, die zu einer Klage wegen Bereicherung durch rechtswidrige Drohung oder anderen Zwang führen.[76] Anders als bei mistake wird aber bei duress nicht konzeptionell zwischen erzwungenem Vertrag und Leistung unter Drohung oder Zwang unterschieden.[77] Die rechtswidrigen Umstände des Einzelfalls ermöglichen in jedem Fall die Restitution: Wenn ein Vertrag besteht, kann er aus duress angefochten werden; die Restitution der erfolgten Leistung schließt sich dazu sozusagen akzessorisch an. Ohne jeden Vertrag wird sogleich auf der Grundlage von duress auf Rückgabe geklagt.

Im deutschen Recht wäre bei erzwungenen vertraglichen Versprechen die Anfechtung aus § 123 Abs. 1 BGB mit anschließender bereicherungsrechtlicher Rückabwicklung der ex tunc rechtsgrundlos erbrachten Zuwendung das funktionale Pendant; bei erzwungener Leistung ohne Vertrag ist schlicht an § 812 Abs. 1 S. 1 Alt. 1 BGB zu denken. Für letzteren Fall ist im System der generellen Rechtsgrundlosigkeit nach deutschem Muster von vornherein keine besondere Rechtfertigung notwendig: Das Fehlen des Rechtsgrundes ist bei nicht vorhandenem Vertrag evident, und die Kondiktionssperre bei wissentlicher Leistung auf eine Nichtschuld, § 814 BGB, greift mangels Freiwilligkeit nicht ein. Man könnte nur zweifeln, ob tatsächlich eine Leistung im begrifflichen Sinne vorliegt, wenn ohne Vertrag auf Druck eine Zuwendung erfolgt. Wie aber bereits das gemeine Recht zeigt, wird man die erzwungene Hingabe, die nicht ob causam erfolgt, zumindest als condictio ob iniustam causam in der Variante der willentlichen Zuwendung auffassen können. Der Fall dürfte daher noch als allgemeine Leistungskondiktion nach § 812 Abs. 1 S. 1 Alt. 1 BGB einzuordnen sein. Im englischen Recht wird hingegen selbst in diesem Fall allein dann die Rückforderung gewährt, wenn der Kläger den konkreten Grund „duress" nachweisen kann.

Die älteren anerkannten Typen von duress beziehen sich auf rechtswidrigen Zwang gegenüber Personen und Sachen. Im Überblick unterscheiden sich die Erörterungen im Fallrecht und der Literatur hier nur wenig von duress im law of contract. Beispielsweise konnte der Duke de Cadaval von seinem Prozeßgegner Collins die erpreßte Geldsumme herausfordern, die er als Lösegeld für eine rechtswidrige Haft bezahlt hatte.[78] Während in diesem Gebiet fast alles geklärt erscheint, beschäftigen sich englische Gerichte heute vornehmlich mit rein wirtschaftlichem Zwang, economic duress. In *Williams* v *Roffey Bros and*

---

[76] Hierzu – und zu undue influence – rechtsvergleichend *Schlechtriem/Coen*, Restitution und Bereicherungsausgleich, Bd. 1, Rn. 2/178–185.

[77] Darauf weist bes. *Virgo*, Principles of the Law of Restitution, S. 189, hin.

[78] *Duke de Cadaval* v *Collins* (1836) 4 Ad&E 858 = 111 ER 1006; vom Sachverhalt aus gesehen bes. interessant erscheinen des weiteren *Barton* v *Armstrong* [1976] AC 104: Morddrohung; *Spanish Government* v *North of England Steamship Co Ltd* (1938) 54 TLR 852: festgehaltenes Schiff.

Nicholls Ltd etwa erpreßte ein Subunternehmer den Hauptunternehmer auf ein höheres Entgelt; der Hauptunternehmer zahlte, weil das für ihn angesichts einer drohenden Vertragsstrafe im Verhältnis zum Hauptvertragspartner als geringeres Übel erschien.[79] Nähere Einzelheiten sind allerdings nicht relevant.

III. Undue Influence

Nahe bei den Fällen, in denen sich duress widerspiegelt, liegt undue influence. Bei den Urteilen in dieser Kategorie wird aus deutscher Sicht immer eine Leistungskondiktion vorliegen. Unter undue influence fallen Situationen, in denen der Kläger seine überlegene Stellung gegenüber dem Beklagten ausnutzt, der zwar keinem Zwang unterliegt, dessen freie Willensbestimmung aber durch den Einfluß des Klägers ganz erheblich beeinträchtigt ist. Die Sachverhalte, die der Gruppe unterliegen, haben Ähnlichkeit mit der in § 138 Abs. 1, 2 BGB beschriebenen Situation. Anders als im deutschen Recht zieht undue influence bei Abschluß eines Vertrags aber nicht die Nichtigkeit ipso iure nach sich, sondern nur die Anfechtung mit anschließender Rückabwicklung wie bei misrepresentation oder duress. Einen bizarren Sachverhalt liefert an dieser Stelle *Crédit Lyonnais Bank Nederland NV* v *Burch*:[80]

Helen Burch war eine 26 Jahre alte Angestellte von Mr Pelosis in dessen Reiseagentur. Im Juni 1990 befand sich die Agentur in finanziellen Schwierigkeiten; die Gläubigerbank Crédit Lyonnais mußte daher den Kreditrahmen von £ 250.000 auf £ 270.000 aufstocken. Pelosis überredete seine Angestellte dazu, ihre Wohnung als Kreditsicherheit zur Verfügung zu stellen. Obwohl Burch sich anwaltlich beraten ließ und sogar *zweimal* über die unbegrenzte Sicherungshöhe und -zeit gewarnt worden war, bewilligte sie letztendlich die dingliche Sicherheit an ihrer Wohnung. Nachdem sich die finanzielle Situation des Unternehmens dramatisch verschlechtert und es Insolvenz angemeldet hatte, machte die Bank gegenüber Burch ihre Sicherheit geltend. Burch erwiderte vor Gericht, sie sei durch Pelosis einer rechtswidrigen Beeinflussung ausgesetzt gewesen, die Bank habe davon gewußt. Ein sexuelles Abhängigkeitsverhältnis stand hingegen

---

[79] *Williams* v *Roffey Bros and Nicholls (Contractors) Ltd* [1991] 1 QB 1. Weitere leading cases sind z. B. *CTN Cash and Carry Ltd* v *Gallaher Ltd* [1994] 4 All ER 714: Drohung, zukünftig keine weiteren Kredite zu vergeben; *B and S Contracts and Design Ltd* v *Victor Green Publications Ltd* [1984] ICR 419: Ein Ausstellungsorganisator bei den olympischen Spielen erpreßte seinen Vertragspartner auf ein höheres Entgelt, weil seine eigenen Arbeitnehmer von ihm selbst mehr Lohn forderten; *Universe Tankships Inc of Monrovia* v *International Transport Workers Federation (The Universe Sentinel)* [1983] 1 AC 366: Drohung, ein Schiff zu kapern; *Pao On* v *Lau Yiu Long* [1980] AC 614: Der Verkauf von Anteilen wurde verweigert, nachdem der Kläger die Nachteilhaftigkeit des Vertragswerks für seine Seite erkannt hatte; *North Ocean Shipping Co Ltd* v *Hyundai Construction Co Ltd (The Atlantic Baron)* [1979] QB 705: Eine Werft verlangte einen höheren Preis als den vertraglichen Fixpreis, nachdem der US-Dollar um 10 Prozent gefallen war.

[80] *Crédit Lyonnais Bank Nederland NV* v *Burch* [1997] 1 All ER 144; sehr kritisch dazu aber *Hooley/O'Sullivan*, in: [1997] LMCLQ 17–25.

nicht zur Debatte. Obwohl die Bank alle nach der Rechtsprechung notwendigen Schritte unternommen hatte, um eine Anfechtungsmöglichkeit bezüglich des Sicherungsgeschäfts zu verhindern, kam Millett LJ zum Schluß, dem Kreditinstitut müsse die Kenntnis der Umstände von undue influence unterstellt werden: Selbst wenn die Bank eine korrekte Beratung veranlaßt hätte – was nach dem Urteil des Gerichts mehr als zweifelhaft war –, würde kein vernünftiger Anwalt einer Frau wie Burch allen Ernstes raten, ein derartiges Risiko einzugehen. Crédit Lyonnais mußte daher in jedem Fall davon ausgehen, daß Burch falsch beraten worden war, wenn sie trotzdem unterschrieben hatte.

Undue influence selbst ist im einzelnen in zwei Hauptkategorien unterteilt: Erstens actual undue influence;[81] hier muß die Ausnutzung der überragenden Stellung bewiesen werden, welche die Willensherrschaft über den Beklagten ermöglichte. Zweitens presumed undue influence; die Ausbeutung der Schutzlosigkeit des anderen wird vermutet, wenn ein besonderes Näheverhältnis zwischen Kläger und Beklagtem existiert *und* ein gravierender Nachteil für den Beklagten erwiesen ist.[82] Ob letzteres Merkmal auch für actual undue influence gelten soll, bleibt strittig.[83] Besonders bemerkenswert erscheint aus rechtsvergleichender Sicht die Rechtsprechung für Kreditsicherungen durch Ehegatten. Seit das House of Lords in *Barclays Bank Plc* v *O'Brien* zum selben Zeitpunkt wie das Bundesverfassungsgericht im Oktober 1993 dazu neue Leitlinien festlegte,[84] sind die Gerichte nicht mehr zur Ruhe gekommen. *Barclays Bank Plc* v

---

[81] Siehe nur *Bank of Credit and Commerce International SA* v *Aboody* [1990] 1 QB 923, 967 (per *Slade LJ*): Der Ehemann der Beklagten hatte die beklagte Ehefrau zu einer Hypothek auf das ihr gehörende Haus überredet. Die Hypothek diente als Sicherheit für einen Kredit für das gemeinsame Geschäft der Ehegatten. Dabei hatte der Ehemann der Beklagten bei der Hypothekenbestellung maßgebliche Fakten verschwiegen. Undue influence scheiterte aber, weil der CA zusätzlich zu dem Verhalten des Ehemanns einen schwerwiegenden Nachteil forderte: Die Hypothek war zum Betrieb des gemeinsamen Geschäfts gedacht und folglich sogar vorteilhaft.

[82] Vgl. *Barclays Bank Plc* v *O'Brien* [1994] 1 AC 180, 189 f. (per *Lord Browne-Wilkinson*).

[83] Positiv *Bank of Credit and Commerce International SA* v *Aboody* [1990] 1 QB 923, 953–964 (per *Slade LJ*); aus der Literatur z. B. *Burrows*, Law of Restitution, S. 195; a. A. jetzt *CIBC Mortgages Plc* v *Pitt* [1994] 1 AC 200, 207–209 (per *Lord Browne-Wilkinson*).

[84] *Barclays Bank Plc* v *O'Brien* [1994] 1 AC 180 (der Fall betraf misrepresentation, die Vorgaben wurden von der Rspr. jedoch auf undue influence übertragen, wie es bereits in dieser Grundlagenentscheidung vorgesehen war); zu diesem Urteil jüngst *Cartwright*, in: [1999] RLR 1–20, m. w. N.; aktueller Überblick auch bei *McMeel*, Modern Law of Restitution, S. 100–107. Kritisch zur Entwicklung v. a. *O'Sullivan*, in: *Rose*, Restitution and Banking Law, S. 42 (bes. 43–48); *Virgo*, Principles of the Law of Restitution, S. 276 f., beide m. w. N.

Des weiteren sei aus der Rspr. hingewiesen auf *Barclays Bank Plc* v *Coleman* [2000] 3 WLR 405 (per *Nourse LJ*); *Scottish Equitable Life Assurance Society* v *Virdee*, The Independent, v. 30.11.1998 (per *Mummery LJ*); *Royal Bank of Scotland* v *Etridge (No 2)* [1998] 4 All ER 705; *Dunbar Bank Plc* v *Nadeem* [1998] 3 All ER 876; *Banco Exterior Internacional* v *Mann* [1995] 1 All ER 936; *Massey* v *Midland Bank Plc* [1995] 1 All ER 929; *CIBC Mortgages* v *Pitt* [1994] 1 AC 200; aus Australien *Garcia* v *National*

O'Brien zog einen ganzen Schweif an Entscheidungen nach sich. Sicherlich bietet die englische Rechtsprechung auf diesem Gebiet Anschauungsmaterial, dessen Potential man bisher in rechtsvergleichender Perspektive nur ungenügend ausgeschöpft hat.[85]

IV. Unconscionability

Eine weitere Fallgruppe, die in der Rechtsprechung noch nicht unter einen einheitlichen Begriff gefaßt wird, aber in der Literatur gewöhnlicherweise unter „unconscionability" firmiert,[86] beschäftigt sich ebenfalls mit Verhältnissen, die nach deutschem Verständnis als sittenwidriges Verhalten gemäß § 138 Abs. 1, 2 BGB durch qualifizierte Vertragsdisparität einzuordnen sind. Anders als bei undue influence wird kein besonderes Näheverhältnis zwischen den Parteien vorausgesetzt, das die eine Seite zu ihren Gunsten ausnutzt. Vielmehr bedarf es einer Situation, welche das Gewissen des Gerichts „schockiert", um eine gebräuchliche Phrase zu verwenden.[87] Unconscionability ist deshalb nicht die Obergruppe zu undue influence, sondern wegen gesteigerter Erfordernisse an die Sittenwidrigkeit eine selbständige Fallgruppe.[88]

Australia Bank Ltd (1998) 155 ALR 614, bes. 639–644 (per *Gaudron, McHugh, Gummow* und *Hayne JJ*).

Zum deutschen Recht grundlegend BVerfG, 19.10.1993 – 1 BvR 567, 1044/89, in: BVerfGE 89, 214–236; allgemein jetzt BVerfG, 6.2.2001 – 1 BvR 12/92 = *http://bundesverfassungsgericht.de*.

[85] Bes. hinzuweisen ist auf die sehr verbraucherfreundliche Rspr. des HL für die Bestellung von Sicherheiten in Dreipersonenverhältnissen, die nach englischem Recht nicht nur Ehegatten und ihre Kinder, sondern sogar das Verhältnis von Arbeitgebern und Arbeitnehmern erfassen. Vgl. genauer zum Themenkomplex *Barclays Bank Plc* v *O'Brien* [1994] 1 AC 180, 196–198 (per *Lord Browne-Wilkinson*); des weiteren seien hervorgehoben *Royal Bank of Scotland* v *Etridge (No 2)* [1998] 4 All ER 705, 715–717, 719–722 (per *Stuart-Smith LJ*); *Banco Exterior Internacional* v *Mann* [1995] 1 All ER 936, 944 (per *Morritt LJ*). Lesenswert ist auch *Steeples* v *Lea* [1998] 1 FamLR 138: Haushypothek einer fast sechzigjährigen Empfangsdame für ihren Arbeitgeber.

Aus der inkonsistenten Rspr. des BGH sei hingewiesen auf BGH, 8.10.1998 – IX ZR 259/97, in: NJW 1999, S. 58–60; BGH, 29.6.1999 – XI ZR 10/98, in: NJW 1999, S. 2584–2588 (Vorlagebeschluß an den Großen Senat); BGH, 27.1.2000 – IX ZR 198/98, in: NJW 2000, S. 1182–1185; BGH, 15.2.2000 – Stellungnahmebeschluß des IX. ZS. zum Verfahren XI ZR 10/98, jeweils m. w. N. Aus der Kommentarliteratur z. B. *Tiedtke*, in: NJW 1999, S. 1209–1213; *Tonner*, in: JuS 2000, S. 17–22.

[86] *Burrows*, Law of Restitution, S. 199–204, verwendet den Begriff „exploitation", unter den unconscionability und undue influence fallen.

[87] Vgl. *Alec Lobb Ltd* v *Total Oil GB Ltd* [1983] 1 WLR 87, 94 f. (per Debuty Judge *Millett QC*).

[88] *Virgo*, Principles of the Law of Restitution, S. 286, argumentiert, undue influence betreffe die eingeschränkte Willensfreiheit der benachteiligten Partei, unconscionability dagegen das Fehlverhalten der anderen Seite.

Die historischen Wurzeln speisen sich aus zwei Fallgruppen: Zum einen aus nachteiligen Geschäften mit besonders schützenswerten Gruppen wie zukünftigen Erben, debilen oder heiratsgeschädigten Personen[89] sowie in Seenot geratenen Schiffern,[90] zum anderen aus dem generellen, nicht auf einen Personenkreis zugeschnittenen Prinzip, daß Gerichte bei sittenwidrigen Geschäften intervenieren dürfen. Welchen Inhalt das letztere Prinzip haben könnte, legte Lord Templeman wegweisend in fünf Punkten in *Boustany* v *Pigott* vor dem Privy Council in Form eines Beweglichen Systems nieder:[91]

Danach ist es erstens nicht allein ausreichend, daß das Geschäft nachteilig und unvernünftig war. Zweitens darf nicht nur der Inhalt des Geschäfts einbezogen werden, zu berücksichtigen sind auch die Begleitumstände und das Verhalten der übervorteilenden Partei, das als moralisch verwerflich erscheinen muß. Drittens genügt bloße strukturelle Ungleichheit allein nicht, die Umstände müssen dermaßen qualifiziert sein, daß das Geschäft als höchst ungerecht erscheint: „The strong should not be allowed to push the weak to the wall." Viertens muß ein schuldhaftes Verhalten der stärkeren Vertragspartei nachgewiesen werden. Fünftens ist schließlich nur dann Sittenwidrigkeit anzunehmen, wenn der Beklagte die den Kläger benachteiligende Situation ausgenutzt hat.

Doch ist Lord Templemans Auflistung mehr eine Kompilation der vergangenen Rechtsprechung, ein Bewegliches System, als eine feste Vorgabe für künftige Entscheidungen. Nach wie vor bleibt der genaue Anwendungsbereich der Fallgruppe unconscionability sehr vage.[92]

V. Failure of Consideration

Der zweitwichtigste Grund für die Restitution nach mistake ist failure of consideration mit der zentralen Untergruppe total failure of consideration.[93] Nicht verwechselt werden darf der Begriff mit der consideration-Doktrin für Verträge:[94] Wenn von failure of consideration gesprochen wird, ist also keines-

---

[89] *Earl of Aylesford* v *Morris* (1873) LR 8 Ch App 484: unerfahrener künftiger Erbe, der ein Darlehen zu Zinsen von 60 Prozent aufnimmt; *Fry* v *Lane* (1888) 40 Ch D 312: armer und unkundiger Verkäufer; *Blackhouse* v *Blackhouse* [1978] 1 WLR 243: psychische Belastung durch zerrüttete Ehe. Siehe allgemein *Blomley* v *Ryan* (1956) 99 CLR 362, 405 (per *Fullagar J*).

[90] *Port Caledonia and The Anna* [1903] P 184.

[91] *Boustany* v *Pigott* (1993) 69 P&CR 298, 303 (per *Lord Templeman*).

[92] Siehe *Bamforth*, in: [1995] LMCLQ 538, 559; allgemein auch *Lord Goff of Chieveley/Jones*[5], Law of Restitution, S. 376–381; *Phang*, in: (1995) 111 LQR 559–562; *Virgo*, Principles of the Law of Restitution, S. 286–296.

[93] Im Detail zur Rspr. bis 1996 *Meier*, Irrtum und Zweckverfehlung, S. 253–280, 289–318, 353–370; weiterhin *Schlechtriem/Coen*, Restitution und Bereicherungsausgleich, Bd. 1, Rn. 2/204–212, bes. 3/652–670.

[94] Dazu nur *Beatson*, Anson's Law of Contract, bes. S. 88–90; *Fromholzer*, Consideration, S. 8–15.

wegs die Nichtvereinbarung einer Gegenleistung bei *Vertragsschluß* bezeichnet. Vielmehr bezieht sich der Terminus auf das tatsächliche Ausbleiben der Gegenleistung bei *Vertragsdurchführung*. Nicht ausschlaggebend ist also zunächst die Frage nach der Wirksamkeit des Vertrags. Derjenige, der etwas zuwendet, muß dem Empfänger vorher nur vermittelt haben, er erwarte eine Gegenleistung. Man könnte failure of consideration daher prima facie mit der römischen condictio causa data causa non secuta vergleichen.[95]

Der Vergleich ist freilich ungenau:[96] Die condictio und failure of consideration setzen zwar beide voraus, die Gegenleistung müsse ausbleiben. Die condictio causa data causa non secuta beruht jedoch in ihrer römischen Ausgangslage normalerweise auf Zweckverfehlung aus einem unklagbaren Innominatkontrakt. Bei failure of consideration hingegen kann der Vertrag anfänglich rechtswirksam sein. Dann steht unter Umständen aus Vertragsverletzung die Rückforderung des Geleisteten nach Rücktritt offen. In einer kleinen Gruppe des case law wird eine Leistung sogar erbracht, damit ein Vertrag erst zustande kommt.[97] Das ist ein Hauptanwendungsfall des heutigen § 812 Abs. 1 S. 2 Alt. 2 BGB, der sich nur bedingt mit den römischen Quellen vereinbaren läßt. Dazwischen stehen die Fälle der Leistung auf nichtige oder undurchsetzbare (unenforceable) Verträge. Diese Gruppe paßt am ehesten zur ursprünglichen condictio causa data causa non secuta, weil mit der Rückabwicklung die ausgebliebene Gegenleistung, die mangels gültigen Vertrags nicht vertragsrechtlich sanktioniert werden kann, zurückgefordert wird. Bei allen Unterschieden im Detail wird in den drei Situationen der gestörte Güteraustausch korrigiert.

1. Breach of Contract

Ein Hauptanwendungsfall von failure of consideration in der Form des total failure of consideration ist die Vertragsverletzung (breach of contract). Dabei sind zwei grundverschiedene Fälle zu unterscheiden: Zum einen stellt das eng-

---

Nicht zu verwechseln mit dem vertraglichen consideration-Begriff ist *Birks'* Terminus „failure of basis" (etwa *ders.*, in: *ders./Rose*, Lessons of the Swaps Litigation, S. 1 (9 f.)). Damit soll nicht die anfängliche Unwirksamkeit der vertraglichen Grundlage, sondern lediglich das Ausbleiben der Gegenleistung bezeichnet werden. „Failure of basis" deutet also nur an, daß die ausbleibende Gegenleistung noch nicht vertraglich versprochen worden sein muß und damit auch Leistungen auf einen erst zu schließenden Vertrag umfaßt. Zu dieser Fallgestaltung sogleich im Text und in Fn. 97.

[95] Zuerst *Wolfgang Friedmann*, in: (1938) 16 CBR 243, 262.

[96] Vgl. *Evans-Jones*, in: (1999) 115 LQR 605, 612–617.

[97] Leading case ist *Chillingworth* v *Esche* [1924] 1 Ch 97: Der Kläger wollte vom Beklagten Land kaufen und leistete eine Summe als Anzahlung auf den zukünftigen Vertrag, der Beklagte verweigerte dann die Vertragsunterschrift. Die Anzahlung konnte zurückgefordert werden.

lische Recht eine Rechtsfolge bereit, die der vertraglichen Rückabwicklung aus Rücktritt nach Bürgerlichem Gesetzbuch ähnelt,[98] zum anderen eine verschärfte Haftung für Nichterfüllung. Im Rahmen von total failure of consideration ist nur der erste Fall relevant.[99] Es handelt sich um eine reine Leistungskondiktion. In der deutschen Variante werden heute die Rücktrittsfolgen aus Vertragsverletzung nach §§ 325–327, 346 ff. BGB anders als in der Frühzeit des Bürgerlichen Gesetzbuchs nicht mehr als Sonderformen der Kondiktion,[100] sondern als Teil eines vertraglichen Rückabwicklungsverhältnisses gesehen und somit dem Vertragsrecht zugesprochen.[101] Selbst die weniger gebräuchliche Alternative nach §§ 325 Abs. 1 S. 3, 323 Abs. 3 soll eine Rechtsfolgenverweisung auf das Bereicherungsrecht sein.[102] Der Vertrag existiert weiterhin, nur seine Modalitäten haben sich grundlegend verändert. Früher dagegen sollte der Vertrag durch den Rücktritt sogar rückwirkend aufgehoben werden. Auch das common law verfolgte ansatzweise mit *Chandler* v *Webster* zu Beginn des 20. Jahrhunderts den ursprünglichen deutschen Ansatz.[103] Total failure of consideration sollte nicht bei Beendigung eines bestehenden, sondern nur bei anfänglicher Nichtigkeit des Vertrags eingesetzt werden können. Sekundiert wurde die Restriktion von der Annahme, bei breach of contract werde der Vertrag ab initio unwirksam.[104] Folglich konnte das law of restitution über total failure of consideration aus anfänglicher Vertragsunwirksamkeit eingreifen.

Nach heutigem englischen Recht wird der Vertrag bei breach of contract *ex nunc* beendet; das law of restitution regelt dann ex lege die Rückabwicklung des Vertrags. Dafür ist zunächst erforderlich, den Vertrag aus breach of contract, aus Vertragsverletzung, zu beenden. Nicht bei jedem breach of contract ist

---

[98] Vgl. rechtsvergleichend *Dannemann*, in: *Rose*, Failure of Contracts, S. 129–153; *Treitel*, Breach of Contract, S. 385–392; *Visser*, in: (1992) ActJur 203–236; *Reinhard Zimmermann*, in: [1997] RLR 13–26.

[99] Näher zur zweiten Alternative unten ab S. 558.

[100] So noch *Enneccerus/Lehmann*[15], Bürgerliches Recht, Bd. 2, § 38 II 1 pr. (S. 165 f.).

[101] Siehe nur BGH, 10.7.1998 – V ZR 360/96, in: NJW 1998, S. 3268 (3268 f.); *Kaiser*, in: *Julius v. Staudinger*[13], Vorb. §§ 346 ff., Rn. 53; *Larenz*[14], Schuldrecht, Bd. I, § 26 a (S. 404), alle m. w. N.

[102] Bspw. *Reuter/Martinek*, Ungerechtfertigte Bereicherung, § 23 I (S. 729).

[103] *Birks*, in: Festschrift für *Treitel*, S. 179 (192).

Siehe *Chandler* v *Webster* [1904] 1 KB 493; anders später ab *Fibrosa Spolka Akcyjna* v *Fairbairn Lawson Combe Barbour Ltd* [1943] AC 32, 48 (per *Viscount Simon LC*): failure of consideration sei auch bei Verträgen mit nachträglicher Unwirksamkeit ex nunc anwendbar.

[104] Z. B. *Hunt* v *Silk* (1804) 5 East 449 = 102 ER 1142, bei breach of contract konnte die Restriktion deshalb gar nicht eingreifen. Für frustration, dazu sogleich, war die Restitution aber gesperrt, weil hier nur von einer Vertragsbeendigung ex nunc ausgegangen wird. A. A. zum Beendigungszeitpunkt bei breach of contract die heutige Rspr., etwa *Heyman* v *Darwins* [1942] AC 356, 399 (per *Lord Porter*).

dies möglich; die Rechtsprechung hat aber eine ganze Anzahl an Tatbeständen ausgearbeitet, bei denen der Vertrag aufgelöst werden kann. Nähere Einzelheiten sind hier nicht relevant.[105] Der entscheidende Unterschied zur heutigen deutschen Lösung besteht in der Zuordnung der Rückabwicklung nach Vertragsbeendingung ex nunc: Nicht das Vertragsrecht, sondern das law of restitution soll einschlägig sein.[106] Innerhalb des law of restitution ist ein Rückforderungsanspruch gegeben, wenn konkret eine restitutionsauslösende Fallgruppe festgestellt werden kann. In der Regel wird ein breach of contract zur Fallgruppe total failure of consideration aus ausgebliebener Gegenleistung führen. Gemeinsamkeiten zum Bürgerlichen Gesetzbuch bestehen immerhin auf dem Gebiet der Konkurrenz von Schadensersatz und Bereicherungshaftung. Im Gefolge der australischen Leitentscheidung *The Mikhail Lermontov* ist weithin anerkannt, daß Schadensersatz auf Erfüllungsinteresse nur ein alternativer Rechtsbehelf zur Restitution nach Rücktritt ist.[107]

Nach der traditionellen Sichtweise der Rechtsprechung muß die Gegenleistung vollkommen ausbleiben, deshalb lautet der Begriff „*total* failure". In einigen Fällen bereitet die Abgrenzung freilich Schwierigkeiten, denn es ist stets die Frage, worin die vertragliche Gegenleistung besteht. Mit der neuen Entscheidung des House of Lords, *Stocznia Gdanska SA* v *Latvian Shipping Co*, dürfte geklärt sein,[108] daß immer die Auslegung des konkreten Vertragstyps ausschlaggebend ist. Schiffsbauverträge werden beispielsweise abweichend von normalen Kaufverträgen beurteilt:[109] Auch der Bauvorgang sei eine wesentliche Vertragsleistung. Ein total failure scheide selbst dann aus, wenn das Schiff noch nicht fertiggestellt wurde.[110] Sicherlich sind die Abgrenzungsschwierigkeiten

---

[105] Näher z. B. bei *Lord Templeman/Krishnan*, Contracts law, S. 98–104. Vertragsbeendigung ist nach neuerer Rspr. möglich bei „breach of a condition" oder „serious breach of an intermediate term".

[106] Z. B. *Beatson/Tolhurst*, in: (1998) 57 CamLJ 253, 256; *Skelton*, Restitution and Contract, S. 6 f.; a. A. vor allem *Atiyah*, Rise and Fall of Freedom of Contract, S. 489; *Joachim Dietrich*, Restitution, S. 137–139; *Jaffey*, Restitution, bes. S. 44; *Stoljar*, Law of Quasi-Contract, S. 224–228.

[107] *Baltic Shipping Co* v *Dillon (The Mikhail Lermontov)* (1993) 176 CLR 344, 359 (per *Mason CJ*); a. A. Teile der Literatur mit dem Vorschlag, mögliche Überschneidungen erst bei der Bemessungshöhe zu korrigieren, siehe z. B. *Barker*, in: [1993] LMCLQ 291–297; *McKendrick*, in: *Birks*, Laundering and Tracing, S. 217 (229 f.); *McMeel*, Modern Law of Restitution, S. 140; *Virgo*, Principles of the Law of Restitution, S. 328 f. Zustimmend aber *Lord Goff of Chieveley/Jones*[5], Law of Restitution, S. 516; vgl. auch *John Stevens*, in: *Rose*, Failure of Contracts, S. 225 (228–230), m. w. N.

[108] *Stocznia Gdanska SA* v *Latvian Shipping Co* [1998] 1 All ER 883, bes. 896 (per *Lord Goff of Chieveley*).

[109] Z. B. Kaufverträge über Produktionsmaschinen, siehe *Fibrosa Spolka Akcyjna* v *Fairbairn Lawson Combe Barbour Ltd* [1943] AC 32.

[110] Neben *Stocznia Gdanska SA* v *Latvian Shipping Co* [1998] 1 All ER 883 auch *Hyundai Heavy Industries Co Ltd* v *Papadopoulos* [1980] 1 WLR 1129. Dasselbe gilt

im common law in der Struktur des englischen Vertragsrechts begründet. Das law of contract stellt keine genau abgegrenzten Vertragstypen wie das deutsche Recht bereit und kennt daher keine Abgrenzungsnormen wie § 651 BGB für Werklieferungsverträge.

Dabei kann total failure of consideration uneingeschränkt nur vom Zurücktretenden geltend gemacht werden. Klagt der Vertragsbrüchige nach Rücktritt der Gegenseite auf Restitution, wird sie ihm in vielen Fällen verwehrt. Die zurücktretende Partei wird stärker als nach den §§ 327 S. 2, 350 BGB privilegiert. Im einzelnen gilt als Richtschnur: Wenn der *Zurücktretende* Geld hingegeben hat, kann er es zurückfordern, falls die Gegenseite nach der konkreten Vertragsauslegung nicht das Erforderliche geleistet hat.[111] Prinzipiell kann der Zurücktretende auch Leistungsinhalte jenseits von Geld zurückfordern.[112] Im Fallrecht wird allerdings stets nur die Geldzahlung – action for money had and received – unter total failure of consideration aufgelistet, nicht hingegen Ansprüche aus quantum valebat oder quantum meruit. Deshalb müssen Urteile zu Dienstleistungen oder Sachen erst im Lichte von unjust enrichment interpretiert werden, um sie überhaupt unter total failure of consideration einzufügen. Noch größere Abweichungen vom Standardschema treten auf, wenn der *Rücktrittsgegner* klagt, der den Vertrag verletzt hat. Dieser darf seine Geldzahlungen zumeist zurückfordern, obwohl der Anspruch abseits von total failure of consideration stehen soll.[113] Die Rückforderung von Sach- oder Dienstleistungen bleibt andererseits nach bisheriger Rechtsprechung versperrt.[114] Die Literatur spricht sich

---

für Dienstleistungen; siehe für Australien *Baltic Shipping Co* v *Dillon (The Mikhail Lermontov)* (1993) 176 CLR 344: Kein total failure bei Schiffsunfall nach der Hälfte der Schiffsreise.

[111] *Giles* v *Edwards* (1797) 7 Term Rep 181 = 101 ER 920: Der Beklagte hatte sich verpflichtet, geschältes Holz zu liefern, aber tatsächlich das Holz nur teilweise geschält. Der Kläger konnte seine Vorauszahlung wiedererlangen, da der Beklagte zur vollständigen Vertragsleistung als Bedingung für seine Entgeltforderung verpflichtet gewesen sei.

[112] *De Bernardy* v *Harding* (1853) 8 Ex 821 = 155 ER 1586: Der Kläger stellte Fensterplätze für die Beerdigung des *Duke of Wellington* bereit, der Beklagte wollte für diese Leistung nichts zahlen. Eine direkte Autorität für den Bereicherungsanspruch ist dieser Fall aber genausowenig wie das übrige dünn bestellte Fallrecht, siehe näher *Lord Goff of Chieveley/Jones*[5], Law of Restitution, S. 531–534, m. w. N.

[113] *Rover International Ltd* v *Cannon Film Sales Ltd (No 3)* [1989] 1 WLR 912: Filmlizenzen für italienisches Fernsehen; *Dies* v *British and International Mining and Finance Corp Ltd* [1939] 1 KB 724: Verkauf von Waffen und Munition.

[114] Bes. *Sumpter* v *Hedges* [1898] 1 QB 673: Kein Anspruch für Arbeitsleistung, wenn die Häuser nur zur Hälfte gebaut wurden, und *Bolton* v *Mahadeva* [1972] 1 WLR 1009: Kein Anspruch für falsch installiertes Heizungssystem.

Siehe aber die gegenteiligen obiter dicta in *Miles* v *Wakefield MDC* [1987] AC 539 (553, per *Lord Brightman*; 661, per *Lord Templeman*). Allerdings wurde in diesem Fall in der ratio decidendi eine Klage aus quantum meruit bei fortbestehendem Vertrag beaus Symmetriegründen de lege ferenda für eine Angleichung der Position der vertragsbrüchigen Partei an die Stellung des Zurücktretenden aus.[115]

Die Asymmetrie von Geld und anderen Leistungen, das Erfordernis des total failure sowie die disparate Stellung des Zurücktretenden und der Gegenpartei erklären sich aus der historischen Skepsis des common law gegenüber Ansprüchen, die nicht auf Geld gerichtet sind. Wie schon bei Verwendungen zu sehen war, befürchtet man, dem *Beklagten* sei etwas ohne Vermögenswert aufgedrängt worden. Nur bei Geldzahlungen steht die Bereicherung außer Frage. Der grundlegende Unterschied der verschiedenen Leistungsinhalte kommt in den separaten Klagen für money had and received und quantum valebat, quantum meruit deutlich zum Ausdruck.

Andererseits berücksichtigt das common law die Bereicherung des *Klägers* im Gesamtgefüge des vertraglichen Leistungsaustauschs. Wenn der Zurücktretende sein Geld einklagt, scheitert die action for money had and received, wenn er die Gegenleistung nicht herausgeben kann, weil sie ihrerseits nicht in Geld besteht. Eine Wertberechnung der vermögensmäßigen Bereicherung des Klägers wie nach der deutschen Saldotheorie ist nicht vorgesehen. Klagt der Zurücktretende aber seine Waren oder Dienstleistungen ein, kann er das empfangene Geld einfach zurückgeben, er hat folglich keine Gegenleistung mehr in Händen. Die Gegenseite muß nicht mehr befürchten, einem Anspruch ausgesetzt zu sein, während der Kläger einfach seine eigene Bereicherung behält. Wenn die Partei klagt, die den breach of contract herbeiführte, stellt sich dasselbe Wertberechnungsproblem. Das Erfordernis, die Gegenleistung müsse vollständig ausgeblieben sein, greift all diese historisch bedingten Schwierigkeiten auf. Es soll von vornherein verhindert werden, daß der Kläger Restitution verlangen kann, obwohl er seinerseits etwas anderes als Geld erlangte und ihn keine Erstattungspflicht trifft. Zu keinem anderen Zweck dient die Sperre des total failure.

Zwingend ist die strenge Haltung heute indes nicht mehr. So nimmt die Rechtsprechung bei rescission einen wesentlich liberaleren Standpunkt ein. Der Grundsatz lautet, das Anfechtungsrecht sei gesperrt, falls der Anfechtende nicht die Leistung des Anfechtungsgegners zurückzugewähren vermag (restitutio in integrum).[116] Aus dem Fallrecht läßt sich die Tendenz herauslesen, restitutio in

---

willigt, der Fall liegt nach der Exklusivitätsthese von Vertrag und Restitution daher gerade außerhalb des Anwendungsbereichs des law of restitution.

[115] Bes. *Birks*, Introduction, S. 234 f.; *Burrows*, Law of Restitution, S. 260 f., 277; schwächer *Lord Goff of Chieveley/Jones*[5], Law of Restitution, S. 44, 517, 552; *Virgo*, Principles of the Law of Restitution, S. 359 f. Zu weiteren Neuerungen der jüngeren Rspr. und Lehre unten ab S. 651.

[116] Strenge Auslegung des Grundsatzes bei *Smith New Court Securities Ltd* v *Scrimgeour Vickers (Asset Management) Ltd* [1994] 2 BCLC 212: Der Anfechtende hatte die gekauften Aktien weiterverkauft, ihre Herausgabe in natura war ihm deshalb unmöglich;

integrum sei immer möglich, wenn dem Vertragspartner zumindest Wertersatz angeboten werden könne.[117] Die Gefahr, die eine Seite dürfe ihre Bereicherung einklagen, während sie zugleich ihre eigene Bereicherung behalte, ist dadurch gebannt. Eine andere Möglichkeit bestünde darin, die Berechnung der Bereicherung des Klägers vom Merkmal „total failure" auf die Einwendungsebene des Bereicherungswegfalls auf seiten des Beklagten zu verlagern.[118] Dies entspricht der Vorgehensweise der Saldotheorie, welche die untergegangene Gegenleistung als Abzugsposten nach § 818 Abs. 3 BGB betrachtet.

2. Frustration

Ein anderer Hauptanwendungsfall von failure of consideration ist frustration. Darunter versteht man die nachträgliche Unmöglichkeit oder Zweckverfehlung, die zur Vertragsbeendigung ex nunc führt.[119] Im deutschen Recht entspricht dem der Rückabwicklungsmodus nach § 323 Abs. 3 BGB. Die bereicherungsrechtlichen Konsequenzen wurden in England ausnahmsweise im Law Reform (Frustrated Contracts) Act 1943 kodifiziert. Dabei wurden einige Mißstände, die bei total failure of consideration auftreten, beseitigt: Das Erfordernis des total failure wurde zugunsten eines partial failure of consideration aufgegeben.[120] Leistungen können folglich zurückgefordert werden, wenn eine teilwei-

---

kritisch dazu per obiter dictum am HL *Smith New Court Securities Ltd* v *Scrimgeour Vickers (Asset Management) Ltd* [1997] AC 254, 262 (per *Lord Browne-Wilkinson*).

[117] *Erlanger* v *New Sombrero Phosphate Co* (1878) 3 App Cas 1218, 1278 (per *Lord Blackburn*): Der Anfechtende hatte eine Phosphatmine eine Zeitlang genutzt, trotzdem konnte er anfechten. Positiv zur restriktiven Anwendung der restitutio in integrum-Sperre etwa *Halson*, in: [1997] RLR 89, 91; *Virgo*, Principles of the Law of Restitution, S. 33.

[118] Das wird bei *Chen-Wishart*, in: (1994) 110 LQR 173, 177 f., angedacht; siehe rechtsvergleichend *Bertl*, Change of Position, S. 168–176; *Chen-Wishart*, in: (2000) OxUCLF 2 = *http://www.ouclf.iuscomp.org*, bei Fn. 61–105.

[119] Siehe die Definition in *Davis Contractors Ltd* v *Fareham Urban DC* [1956] AC 696, 729 (per *Lord Radcliffe*).

[120] Law Reform (Frustrated Contracts) Act 1943 s. 1 (2) für Geld, s. 1 (3), für Dienstleistungen und Sachen außer Geld.

Wortlaut s. 1 (2):

> „All sums paid or payable to any party in pursuance of the contract before the time when the parties were discharged [...] shall, in the case of sums so paid, be recoverable from him as money received by him for the use of the party by whom the sums were paid [...]."

Wortlaut s. 1 (3):

> „Where any party to the contract has, by reason of anything done by any other party thereto in, or for the purpose of, the performance of the contract, obtained a valuable benefit [...] there shall be recoverable from him by the said other party such sum (if any), not exceeding the value of the said benefit to the party obtaining

se Gegenleistung erfolgt. Das Gesetz ist jedoch mit einigen schwerwiegenden Mängeln behaftet: Es existieren dazu nur sehr wenige Fälle in der Rechtsprechung;[121] die Bedeutung in der Praxis wird man daher als eher gering einstufen müssen. Und der unklare Gesetzeswortlaut, der nicht einmal das principle of unjust enrichment erwähnt, provozierte in der Kommentarliteratur schon des öfteren Kritik.[122] Der Law Reform (Frustrated Contracts) Act 1943 ist nach allem ungeeignet, systembildend auf das gesamte Gebiet des failure of consideration einzuwirken.

VI. Free Acceptance

Eine von Lord Goff und Jones geprägte,[123] aber vor allem von Birks vertretene Fallgruppe ist free acceptance.[124] Sie soll dann eingreifen, wenn der Beklagte im bösen Glauben die Bereicherung durch die freiwillige Handlung eines anderen entgegennimmt, etwa wenn im Fensterputzer-Beispiel der Hauseigentümer vorzeitig aus dem Urlaub zurückkehrt und dem Fensterputzer hinter den Gardinen versteckt zuschaut.[125] Failure of consideration könnte man auf den ersten Blick für eine Untergruppe von free acceptance halten, weil der Beklagte bei einem failure of consideration ebenfalls die Bereicherung freiwillig empfängt.

Aber Birks hat nach Andrew S. Burrows' berechtigter Kritik an seiner ursprünglichen Konzeption den Kreis für free acceptance enger gezogen:[126] Nur der bösgläubige Empfänger, der weiß, daß ihm der zugewandte Gegenstand nicht zusteht, fällt unter free acceptance.[127] In den Fällen des total failure of consideration hingegen wird der Empfänger zunächst davon ausgehen, er habe aus Vertrag den Leistungsgegenstand fordern dürfen. Im Gegensatz dazu stellt free acceptance wie duress und undue influence maßgeblich auf das unredliche

---

it, as the court considers just, having regard to all the circumstances of the case [...]".

[121] Im wesentlichen nur *BP Exploration Co (Libya) Ltd* v *Hunt (No 2)* [1979] 1 WLR 783, und *Gamerco SA* v *ICM/Fair Warning (Agency) Ltd* [1995] 1 WLR 1226.

[122] Ambivalent etwa *Lord Goff of Chieveley/Jones*[5], Law of Restitution, S. 576; *McKendrick*, in: *Burrows*, Essays on Restitution, S. 147 (169 f.); bes. deutlich *Virgo*, Principles of the Law of Restitution, S. 388: „schizophrenic provisions".

[123] *Lord Goff of Chieveley/Jones*[5], Law of Restitution, bes. S. 18. Aus rechtsvergleichender Sicht *Schlechtriem/Coen*, Restitution und Bereicherungsausgleich, Bd. 1, Rn. 2/307.

[124] *Birks*, zuerst in: Introduction, S. 265–293.

[125] Zum Fensterputzer-Fall oben auf S. 524.

[126] *Burrows*, in: *ders.*, Understanding the Law of Obligations, S. 72–98.

[127] *Birks*, in: *Burrows*, Essays on Restitution, S. 105 (bes. 111, 114).

Verhalten des Beklagten ab. Nach deutscher Klassifikation wird man free acceptance als Leistungskondiktion aus datio ob rem einstufen dürfen. Der Vergleich trifft zugegeben wie bei undue influence und duress nur das Ergebnis, nicht den eigentlichen Anlaß der Restitution, das tadelnswerte Vorgehen des Beklagten. Denn das law of restitution konzentriert sich bei der Frage der Rückforderung auf spezifische Fehlergründe und nicht auf den abstrakten Begriff des nichtigen oder anfechtbaren Vertrags.

Ein Großteil der Lehre, das darf nicht verschwiegen werden, lehnt free acceptance als Fallgruppe ab.[128] Bisher konnten sich die Gegner von free acceptance stets auf die fehlende generelle Anerkennung im case law berufen. Lediglich in Sondergebieten wie den Verwendungen auf Grundstücke ist die Unredlichkeit des Bereicherten ein anerkannter Topos.[129] In der jüngeren Rechtsprechung hat sich die Rechtslage aber ein wenig geändert:

Ende Juni 1999 gab Thomas J am High Court in *Becerra and Page* v *Close Bros Corp Finance Ltd* zu verstehen,[130] er erkenne free acceptance prinzipiell an: „I will, assume therefore that there is in the law of restitution of England and Wales a principle of free acceptance." Im konkreten Fall ging es um die Vermittlung eines potentiellen Käufers als Dienstleistung nach quantum meruit. Gleichwohl läßt sich dem Urteil nicht ganz unmißverständlich entnehmen, ob free acceptance nur als Problem der erlangten Bereicherung – „enrichment" – oder des Elements „unjust" angesehen wird. Traditionell geht die Rechtsprechung bei Ansprüchen aus quantum meruit auf die maßgebliche Fallgruppe nicht näher ein. Doch dürfte das Zitat aus dem Handbuch von Lord Goff und Jones mit der Betonung auf „*unjustly* enriched" dafür sprechen, free acceptance solle sowohl Rechtsgrundlosigkeit als auch Bereicherung abdecken.

Im Ergebnis wurde die Klage abgewiesen, weil die Voraussetzungen von free acceptance nicht erfüllt waren. Der Kläger hatte dem Beklagten nicht ausreichend verdeutlicht, er wolle für seine Tätigkeit entlohnt werden. Der Beklagte seinerseits ging nach den üblichen Geschäftsgepflogenheiten der Londoner City in dieser Situation davon aus, es sei kein Entgelt zu entrichten. Er nahm die Leistung daher nicht in dem Bewußtsein entgegen, er müsse dafür zahlen. Es bleibt immer noch ein Urteil abzuwarten, das sich positiv in der ratio decidendi auf free acceptance stützt. Und selbst dann werden sich nur sehr selten Fälle finden, die nicht über eine andere Fallgruppe zu lösen wären.

---

[128] Neben *Burrows* auch z. B. *Jaffey*, Restitution, S. 122–127; *McInnes*, in: (1999) 78 CBR 416, 426–431; *Mead*, in: (1989) 105 LQR 460–467; *Stevens/Neyers*, in: (1999) 37 AlbertaLR 221, 254 f.; *Virgo*, Principles of the Law of Restitution, S. 80, 121–124, m. w. N. Weiterer Überblick über den Meinungsstand bei *McMeel*, Modern Law of Restitution, S. 217–223.

[129] Näher oben auf S. 526.

[130] *Becerra* v *Close Bros Corp Finance Ltd*, v. 25.6.1999 (per *Thomas J*) = *http://www.law.cam.ac.uk/restitution/archive/englcases/becerra.htm*. Auch in Neuseeland ist free acceptance als Fallgruppe anerkannt, so *Van den Berg* v *Giles* [1979] 2 NZLR 111, 120 (per *Jeffries J*).

VII. Incapacity

Unter den Themenkreis incapacity fallen alle Fehlergründe, die schwerpunktmäßig verhindern, daß der Kläger rechtsgeschäftlich handeln kann.[131] Das sind beispielsweise Somnambulismus,[132] Vergiftungserscheinungen[133] oder alle Formen geistiger Verwirrung. Solche Situationen können sogar zu unwirksamen Verträgen führen.[134] Incapacity statuiert dann das restitutionsauslösende Kriterium ohne Rekurs auf andere Fallgruppen.

Die Minderjährigkeit führt zu anderen Fehlerfolgen:[135] Dauerschuldverhältnisse über den Kauf von Grundstücken oder Gesellschaftsanteilen sollen nach heutiger Rechtslage zunächst wirksam sein;[136] andere Verträge hingegen schwebend unwirksam.[137] Ist der Vertrag nach diesen Vorgaben jedoch aufgelöst worden, muß auf eine andere Fallgruppe wie mistake oder total failure of consideration zurückgegriffen werden, um die Restitution zu begründen.[138] Incapacity selbst führt nicht zur Restitution. Dasselbe gilt bei fehlender Vertretungsmacht für eine juristische Person, das sogenannte Handeln „ultra vires“: Auch hier wird nicht auf incapacity, sondern beispielsweise auf total failure of consideration zur Begründung der Restitution rekurriert.[139]

---

[131] Incapacity auf der Beklagtenseite fungiert nur ausnahmsweise als eigenständige Fallgruppe, vielmehr wird incapacity dann erst als Einwendung zu erörtern sein. Näher *Virgo*, Principles of the Law of Restitution, S. 757–766. Siehe auch *Meier*, Irrtum und Zweckverfehlung, S. 318–338; *Menold-Weber*, Verträge Minderjähriger, S. 169–183; *Schlechtriem/Coen*, Restitution und Bereicherungsausgleich, Bd. 1, Rn. 3/313–317.

[132] *Gore* v *Gibson* (1845) 13 M&W 623, 627 = 153 ER 260, 262 (per *Alderson B*).

[133] *Matthews* v *Baxter* (1873) LR 8 Ex 132.

[134] Siehe *Ashbury Railway Carriage and Iron Co Ltd* v *Riche* (1875) LR 7 HL 653. Das ist freilich sehr str., die überwiegende Ansicht gewährt nur eine Anfechtungsmöglichkeit, so *Imperial Loan Co* v *Stone* [1892] 1 QB 599, 602 (per *Lopes LJ*); aus der Literatur *Burrows*, Law of Restitution, S. 328; *Virgo*, Principles of the Law of Restitution, S. 413.

[135] Früher in The Infant's Relief Act 1874 explizit behandelt, Rechtsfolge war Nichtigkeit, jetzt aber durch Minor's Contracts Act 1987 s. 4 (2) wieder Richterrecht.

[136] Siehe *Steinberg* v *Scala (Leeds) Ltd* [1923] 2 Ch 452. Diese Verträge können jedoch vom Minderjährigen einseitig aufgelöst werden.

[137] Solche Verträge können nach Volljährigkeit ratifiziert werden.

[138] Str., für incapacity als selbständigen Typus für Minderjährige *Burrows*, Law of Restitution, bes. S. 325; tendenziell ähnlich *Lord Goff of Chieveley/Jones*[5], Law of Restitution, S. 641–643; eher dagegen, wenn auch ambivalent, *Virgo*, Principles of the Law of Restitution, S. 417 f., der dann das total failure-Erfordernis extensiv verstanden wissen will.

[139] Wiederum str., wie hier etwa *Lord Goff of Chieveley/Jones*[5], Law of Restitution, zusammenfassend S. 499–506; *McKendrick*, in: *Birks/Rose*, Lessons of the Swaps Litigation, S. 84 (109 f.); a. A. im Sinne einer selbständigen Restitutionsgruppe aus incapacity bes. *O'Dell*, in: *Birks/Rose*, Lessons of the Swaps Litigation, S. 113–167; *Burrows*, Law of Restitution, S. 330; *Virgo*, Principles of the Law of Restitution, S. 419. Die Rspr.

VIII. Illegality

Eine weitere Gruppe, illegality, kreist um Fälle, die im Bürgerlichen Gesetzbuch von der condictio ob turpem vel iniustam causam nach § 817 S. 1, der allgemeinen condictio indebiti aus §§ 812 Abs. 1 S. 1 Alt. 1, 134 oder der Kondiktionssperre nach § 817 S. 2 erfaßt werden.[140] Darunter fallen beispielsweise der Verkauf von Titeln,[141] Verträge über sexuelle Handlungen,[142] Erfolgshonorare für Anwälte[143] und allgemein Handlungen im Hinblick auf Straftaten. Illegality wird aber wie im deutschen Recht fast ausschließlich als Einwendung gegen einen Bereicherungsanspruch aus anderen Gründen eingesetzt – ex turpi causa non oritur actio – und: in pari delicto est conditio defendentis.[144] Wenn die Einwendung aus in pari delicto ausnahmsweise nicht einschlägig und somit der Weg zur Restitution eröffnet ist, muß sich der Kläger auf eine andere Fallgruppe wie mistake oder undue influence stützen. Denn illegality allein führt nicht zur Restitution, selbst wenn der Vertrag gerade aus illegality unwirksam sein sollte. Als eigenständige restitutionsauslösende Fallgruppe kommt illegality im wesentlich nur für den Fall „withdrawal from an illegal transaction" in Betracht.[145] Der Kläger kann in dieser Situation Restitution erlangen, wenn er

---

stellt hier gewöhnlicherweise auf total failure of consideration ab, siehe nur die berühmte Entscheidung *Sinclair* v *Brougham* [1914] AC 398; ebenso die swap-Fälle, dazu näher unten ab S. 651. Alternativ kommt jetzt auch mistake of law in Frage, dazu näher ab S. 658. Dieser Fehlergrund ist aber seit dem Companies Act 1985 s. 35 (1) stark eingeschränkt:

> „The validity of an act done by a company shall not be called into question on the ground of lack of capacity by reason of anything in the company's memorandum."

[140] Vgl. auch Law Commission for England and Wales, No. 154 (1999), Illegal Transactions, Rn. 2.32–2.69, 7.58–7.69; *Meier*, Irrtum und Zweckverfehlung, S. 338–347. Rechtsvergleichend *Dannemann*, in: (2000) OxUCLF 4 = *http://www.ouclf.iuscomp.org*; *Schlechtriem/Coen*, Restitution und Bereicherungsausgleich, Bd. 1, Rn. 2/248, 3/520–524.

[141] *Morgan Grenfell and Co Ltd* v *Welwyn Hatfield DC* [1995] 1 All ER 1.

[142] *Pearce* v *Brooks* (1866) LR 1 Ex 213.

[143] *Giles* v *Thompson* [1994] 1 AC 142.

[144] Andere Terminologie jetzt bei *Birks*, in: [2000] 1 TIL 155–204: Nicht „illegality", sondern „stultification" sei der richtige Begriff.

[145] Die genaue dogmatische Einordnung ist sehr str. *Burrows*, Law of Restitution, S. 334, 341–344, will nicht nur locus poenitentiae als eigenständige Fallgruppe einsetzen, sondern unter „Illegality designed to protect the vulnerable class to which the plaintiff belongs" Fälle einbeziehen, die mit undue influence oder unconscionability erfaßt werden können.

Auf der Gegenseite sticht hervor *Virgo*, in: *Swadling*, Limits of Restitutionary Claims, S. 141 (142); *ders.*, Principles of the Law of Restitution, S. 370–373, 740–756. Er behandelt illegality inklusive der Regel locus poenitentiae nicht als eigenständige Fallgruppe. Locus poenitentiae sei ein Unterfall von total failure of consideration, ansonsten sei illegality nur unter der Rubrik der Einwendungen gegen einen Bereicherungsanspruch relevant, da sich alle Ausnahmen zu illegality aus anderen Gründen ernach der Regel „locus poenitentiae" rechtzeitig von der rechtswidrigen oder sittenwidrigen Handlung Abstand genommen hat.[146]

IX. Necessity

Neben mistake ist auch die nächste Fallgruppe – necessity – ein Ansatzpunkt für Nichtleistungsfälle.[147] Das law of restitution hat traditionell große Probleme, jenseits von Leistungsbeziehungen einen Anspruch zu gewähren; dies war bereits beim Verwendungsersatz evident. Mistake bei Verwendungen und necessity sind Sinnbilder des privity-Gedankens: Niemand soll für etwas zahlen, das er nicht ausdrücklich haben wollte. Stets geht es darum, den eigensüchtigen Eingreifer von Teilnehmern im Rechtsverkehr abzugrenzen, die aus fremdnützigen und daher billigenswerten Motiven handeln, oder in den Worten John Philip Dawsons, den „self-serving intermeddler"[148] vom „altruistic intermeddler" zu trennen.[149] Der irrende Verwender als Kläger ist schützenswert; er wollte dem Bereicherten nichts aufdrängen, das macht ihn dem auf Privatautonomie bedachten common law weniger verdächtig. Die Fallgruppe necessity handelt dagegen von Fällen, die funktional gesehen mit der Geschäftsführung ohne Auftrag auf einer Ebene liegen. Auch hier ist anerkannt, daß allein unter qualifizierten Umständen ein Ausgleichsanspruch in Frage kommen kann. Der Geschäftsführer muß sich angesichts eines Unglücks in einer moralischen Zwangssituation befinden und daraufhin uneigennützig die Geschäfte eines anderen wahrnehmen. Wer hingegen eine Verdienstmöglichkeit sucht, soll nicht belohnt werden. Aufgrund der engen Vorgaben urteilte die Rechtsprechung in

---

klären ließen. Ebenso weitgehend nun *Birks*, in: [2000] 1 TIL 155, bes. 191, 202–204: Selbst locus poenitentiae sei als failure of consideration zu deuten; vermittelnd noch *ders.*, Introduction, S. 299–303, 424–432, der immerhin wohl locus poenitentiae als selbständigen Typus anerkennt. Wie *Virgo* und *Birks* auch *Swadling*, in: (2000) OxUCLF 5 = *http://www.ouclf.iuscomp.org*; *Vrisakis/Carter*, in: (2000) 15 JCL 228, 238–241.

[146] Die Details sind str.; die Rechtslage ist derzeit in Bewegung. Der leading case *Tribe* v *Tribe* [1996] Ch 107, legt fest, daß (1) selbst dann noch Abstand genommen werden kann, wenn die illegale Handlung zwar noch durchgeführt werden könnte, aber zwecklos geworden ist, und (2) die Rechtzeitigkeit der Abstandnahme sehr extensiv auszulegen ist. Zwar darf kein Teil der illegalen Handlung vorgenommen worden sein, aber durch eine liberale Abgrenzung des Vorbereitungsstadiums zur eigentlichen Tat läßt sich der genaue Zeitpunkt weit zu Lasten der Einwendung aus in pari delicto verschieben.

[147] Vgl. auch rechtsvergleichend *Köndgen*, in: Festschrift für *Hans Hermann Seiler*, S. 371 (375); *Werner Lorenz*, in: Festschrift für *Medicus*, S. 367 (371 f.); *Ranieri*, Europäisches Obligationenrecht, S. 204–223; *Stoljar*, in: International Encyclopedia, Vol. 10, Ch. 17.

[148] Siehe den Titel von *Dawsons* Aufsatz in: (1973–74) 87 HarvardLR 1409–1458.

[149] Siehe den Titel von *Dawsons* Aufsatz in: (1960–61) 74 HarvardLR 815–865.

der Vergangenheit wie schon zum Verwendungsersatz sehr restriktiv. Exemplarisch stellt *Falcke* v *Scottish Imperial Insurance* fest:[150]

> „The general principle is, beyond all question, that work and labour done or money expended by one man to preserve or benefit the property of another do not according to English law create any lien upon the property saved or benefited, nor, even if standing alone, create any obligation to repay the expenditure. Liabilities are not to be forced upon people behind their backs any more than you can confer a benefit upon a man against his will."

In *Macclesfield Corp* v *Great Central Railway* beispielsweise hatte die Eisenbahnbehörde eine Brücke reparieren lassen,[151] deren Instandhaltung nur der Eisenbahngesellschaft gesetzlich oblag. Der Court of Appeal sprach sich gerade deswegen gegen eine Ersatzpflicht aus, weil die Behörde zur Instandhaltung gar nicht verpflichtet gewesen war. Im deutschen Recht wäre dies umgekehrt gesehen wohl ein Fall des Handelns auf ein objektiv fremdes Geschäft. Trotzdem gab es seit jeher im common law Einzelfälle, in denen die generell ablehnende Haltung durchbrochen wurde.

1. Fallgruppen

Hier seien nur einige besonders interessante Fallgruppen hervorgehoben, die sich in der Rechtsprechung durch „authorities" belegen lassen.[152]

a) Historisches: Beerdigungen und Armenhilfe

Das historische Präjudizienrecht erkennt an, daß im Falle einer Beerdigung Ersatz für Aufwendungen von der Person verlangt werden kann, die zumindest die moralische Pflicht hatte, bei normalem Ablauf der Dinge die Beerdigung zu besorgen. So wurde beispielsweise in *Jenkins* v *Tucker* dem Vater der verheirateten verstorbenen Tochter gegen den ehemaligen Ehegatten Ersatz der Aufwendungen für die Beerdigung zugesprochen.[153] In *Rogers* v *Price* konnte der

---

[150] *Falcke* v *Scottish Imperial Insurance Co* (1886) 34 Ch D 234, 248 (per *Bowen LJ*).

[151] *Macclesfield Corp* v *Great Central Railway* [1911] 2 KB 528.

[152] Erschöpfende Aufzählung etwa bei *Burrows*, Law of Restitution, S. 232–240; *Lord Goff of Chieveley/Jones*[5], Law of Restitution, S. 461–482; *McMeel*, Modern Law of Restitution, S. 115–120; *Virgo*, Principles of the Law of Restitution, S. 309–322.

In vereinzelten Fällen wurden auch schon Ansprüche auf Aufwendungsersatz bei der Versorgung von Minderjährigen und Geisteskranken oder der Sicherung von Flußholz erwogen. Vgl. *Re Rhodes* (1890) 44 Ch D 94: Ersatz für Aufnahme einer Geistesgestörten in einer privaten Irrenanstalt; *Nicholson* v *Chapman* (1793) 2 HyBl 254 = 126 ER 536: Ersatz erwogen für Rettung von Flußholz aus der Themse.

[153] *Jenkins* v *Tucker* (1788) 1 HyBl 91 = 126 ER 55.

Beerdigungsunternehmer die Rückerstattung seiner Auslagen beanspruchen.[154] Ein einheitliches Erklärungsmuster läßt sich beiden Fällen jedoch nicht entnehmen. Hinter *Jenkins* v *Tucker* steht die längst aufgehobene Rechtsregel, der Mann habe für seine Frau zu sorgen, weil sie selbst nicht vermögensfähig sei;[155] *Rogers* v *Price* scheint mehr auf überindividuelle Gesichtspunkte, auf die „inconvenience to the public" und „humanity" abzustellen. Selbst Dritte, die in keiner besonderen Nähebeziehung zum Verstorbenen stehen, sollen einen derartigen Anspruch haben.[156] Jedenfalls sah der Court of Common Pleas in *Bradshaw* v *Beard* die Ersatzregeln für Beerdigungen mit dem generellen Verbot der Geschäftsführung ohne Auftrag als vereinbar an.[157] Heute ist der Problemkreis gesetzlich im Public Health Act 1984 s. 46 (5) festgelegt. Ebenso gehört der Ersatz bei medizinischer Hilfe für Arme nach Einführung des National Health Service der Vergangenheit an.[158]

b) Agency of Necessity

Die Ursprünge der agency of necessity reichen ins Seerecht zurück. Anders als in den bisherigen Fällen steht hier der Geschäftsführer in einem bereits bestehenden rechtlichen Verhältnis zum Geschäftsherrn. Wenn zum Beispiel der Kapitän in einem Seenotfall der Bergung des Schiffes von einer Sandbank zustimmt, um wieder Fahrt aufzunehmen und auftragsgemäß die Ladung abzuliefern, dann kann er das von ihm bezahlte Bergungsentgelt vom Schiffs- oder Ladungseigentümer zurückverlangen. Der ursprüngliche Anwendungsbereich der agency of necessity wurde nach und nach erweitert,[159] bis man schließlich in *Prager* v *Blatspiel, Stamp and Heacock Ltd* per obiter dictum andeutete,[160] das Prinzip sei generell dort anwendbar, wo der Beauftragte jenseits seiner expliziten vertraglichen Pflichten in einem Notfall nicht mit seinem Auftraggeber

---

[154] *Rogers* v *Price* (1829) 3 Y&J 28 = 148 ER 1080.

[155] Siehe Married Women's Property Act 1882 und Law Reform Act 1935 sowie *Rees* v *Hughes* [1946] 1 KB 517, 523 f. (per *Scott LJ*), mit der Feststellung, die alten Regeln des common law seien angesichts der eingangs erwähnten beiden Reformgesetze nicht mehr anzuwenden.

[156] *Ambrose* v *Kerrison* (1851) 10 CB 776; siehe auch *Rees* v *Hughes* [1946] 1 KB 517.

[157] *Bradshaw* v *Beard* (1862) 12 CBNS 344 = 142 ER 1175.

[158] Dazu z. B. *Lamb* v *Bunce* (1815) 4 M&S 275 = 105 ER 836.

[159] Auf die Fälle des Transports auf Land, etwa *Great Northern Railway Co* v *Swaffield* (1874) LR 9 Ex 132.

[160] *Prager* v *Blatspiel, Stamp and Heacock Ltd* [1924] 1 KB 566, 572 (per *McCardie J*). Noch weitergehend *China Pacific SA* v *Food Corp of India (The Winson)* [1982] AC 939: Hier wird ein Anspruch sogar jenseits eines Geschäftsbesorgungsverhältnisses aus agency für Verwahrung (bailment) gewährt.

kommunizieren konnte und redlich handelte. Bestätigt wurde diese sehr extensive Haltung aber bis auf den heutigen Tag nicht.[161] Im Gegenteil, in der Rechtsprechung zweifelte man das dictum in nachfolgenden Entscheidungen als zu weitgehend an.[162] Wie auch immer sich die agency of necessity weiterentwikkeln wird, die Materie läßt sich kaum mit dem Erfordernis vereinbaren, Restitution aus unjust enrichment könne nur in Frage kommen, wenn kein Vertrag zwischen den Parteien vorliege. Denn in der Regel ist ein bereits bestehendes vertragliches Verhältnis Voraussetzung für agency of necessity. Das konkrete Handeln des Geschäftsführers wird nur nicht von den ausdrücklichen vertraglichen Vereinbarungen erfaßt. Deswegen erscheint es schlüssiger, den Komplex als Teil der ergänzenden Vertragsauslegung, als implied contract einzuordnen.[163]

c) Schiffsbergungen

Schließlich dürfen bei Schiffsbergungen (salvage) vom Retter Aufwendungsansprüche angemeldet werden. Besonderes Kennzeichen dieser Gruppe ist der Erfolg der Bergung als Bedingung des Aufwendungsersatzes. In den anderen Fällen von necessity liegt das Erfolgsmoment im Dunkeln.[164] Das spricht dafür, daß salvage tatsächlich im Sinn von unjust enrichment eine Bereicherungshaftung ist; denn es muß dem Beklagten ein vermögenswerter Vorteil, die Rettung seines Schiffes, zugekommen sein. Auf der anderen Seite werden in der Rechtsprechung Faktoren berücksichtigt, die eindeutig außerhalb der Bereicherungshaftung liegen: beispielsweise das Bergungsrisiko oder die Anzahl der geretteten Menschenleben.[165] Infolgedessen wird man salvage ebenso wie agency of necessity kaum dem law of restitution zuschlagen können. Während agency of necessity ein quasivertraglicher Rechtsbehelf ist, könnte der Auf-

---

[161] Eher zweifelnd deshalb noch *Reynolds/Graziadei*, in: Bowstead&Reynolds on Agency, Rn. 4/010.

[162] *Jebara* v *Ottoman Bank* [1927] KB 254, 270 f. (per *Scrutton LJ*, der schon durch konservative Äußerungen bezüglich implied contract aufgefallen war).

[163] Siehe *Virgo*, Principles of the Law of Restitution, S. 319. Tendenziell a. A. *Lord Goff of Chieveley/Jones*[5], Law of Restitution, S. 466, sie wollen agency of necessity als eigenständige Rechtsinstitution behandeln. Freilich ist zuzugeben, daß nach Beendigung des Vertragsverhältnisses aus agency oder bei Vereinbarungen ohne consideration, etwa gratuitous bailment (unentgeltliche Verwahrung), mangels eines gültigen Vertrages die agency of necessity nicht unmittelbar auf vertragliche Gedanken gestützt werden kann.

[164] Vgl. *Burrows*, Law of Restitution, S. 247.

[165] Zu den Details *Brice*, Law of Salvage, Rn. 2/108–289, mit Verweis auf zahlreiche englische und internationale Spezialregelungen; auch *Rose*, in: (1989) 9 OxJLS 167, 200–203.

wendungsersatz bei Schiffsbergungen ein selbständiges gesetzliches Schuldverhältnis aus „public policy“ begründen.

2. Fazit und Ausblick

Ein Anspruch auf Aufwendungsersatz aus Geschäftsführung ohne Auftrag ist dem common law im generellen nicht bekannt. Vielmehr ist die Materie in viele einzelne Präjudizien und die Großgruppen agency of necessity und salvage gespalten. Der Bereicherungsgedanke steht bei keinem der in der Fallpraxis häufiger beurteilten Sachverhalte im Vordergrund. Eher scheint es das Ziel der Rechtsordnung zu sein, den einzelnen in bestimmten, eng umgrenzten Situationen zum Eingreifen zu ermutigen.

Das Schrifttum gibt sich ambivalent: Weitgehende Forderungen werden gestellt; de lege ferenda soll Aufwendungsersatz im Rahmen der schon im römischen Recht bekannten Beschränkungen eingeklagt werden können. Welches Prinzip dem zugrunde liegt – Vertrauenshaftung, „moral compulsion“ auf seiten des Geschäftsführers, „public policy“, rechtsgrundlose Bereicherung oder Entreicherung –, darüber wird heftig gestritten.[166] Virgo beispielsweise stellt in „The Principles of the Law of Restitution“ einen Katalog mit sieben Punkten auf,[167] der tendenziell strenger als die Voraussetzungen des deutschen Aufwendungsersatzes nach §§ 677, 683 S. 1, 670 BGB ist. Zusätzlich fordert Virgo, der Beklagte müsse auf Kosten des Klägers bereichert sein. Zumindest beim professionell handelnden Geschäftsführer soll sich die Bereicherung des Geschäftsherrn in der Ersparnis der Dienste niederschlagen, die ohne das Eingreifen des Geschäftsführers bezahlt hätten werden müssen. Das entspricht dem deutschen Diskussionsstand zu § 670 BGB.[168] Dieses Erfordernis kann sich jedoch als Fiktion herausstellen, wenn es dem Begünstigten gelungen wäre, in concreto ein günstigeres Angebot zu finden. Und denjenigen, der nicht kraft seines Berufs handelt, müßte man auf seine bloßen tatsächlichen Ausgaben beschränken; die Differenz von Bereicherungs- und Entreicherungshaftung wird dadurch noch deutlicher.

Aus rechtsvergleichender Sicht dürfte necessity nicht mehr dem eigentlichen Bereicherungsrecht angehören. Es mag vielleicht die Systematisierung erleichtern, die Fälle *de lege ferenda* als Ausfluß von unjust enrichment zu verstehen,[169] das case law folgt aber *de lege lata* seinen eigenen Gesetzen. Die Fall-

---

[166] Vgl. nur die Übersichten bei *Jaffey*, Restitution, S. 82–84, und *Stoljar*, in: International Encyclopedia, Vol. 10, Ch. 17, Rn. 59; weiterhin *Lord Goff of Chieveley/Jones*[5], Law of Restitution, S. 482.

[167] *Virgo*, Principles of the Law of Restitution, S. 306 f.

[168] Statt aller *Hans Hermann Seiler*, in: Münchener Kommentar, § 670, Rn. 19–21, § 683, Rn. 24 f., mit Darstellung der verschiedenen Ansätze.

gruppe necessity wird im common law selbst bei einer wesentlich liberaleren Rechtsprechung in der Zukunft abseits von unjust enrichment stehen. Sollte sich die Ansicht durchsetzen, der Aufwendungsersatz sei von der Bereicherung des Geschäftsherrn unabhängig, stünden necessity und law of restitution genauso nebeneinander wie die Geschäftsführung ohne Auftrag und das Recht der rechtsgrundlosen Bereicherung in Deutschland.[170]

Ein Urteil vom April 1998, *Surrey Breakdown Ltd* v *Knight*, gibt nun am Horizont all denjenigen Kommentatoren einen Hoffnungsschimmer,[171] welche der Fallgruppe positiv gegenüberstehen:

Ein Dieb hatte nachts das Fahrzeug des Beklagten entwendet und es am Straßenrand stehenlassen; die Polizei bestellte daraufhin das klagende Abschleppunternehmen. Der beklagte Eigentümer erfuhr von allem erst am nächsten Tag. Der Court of Appeal stellt zunächst im Anschluß an *Falcke* v *Scottish Imperial Insurance* zum Ersatz von Abschleppkosten fest: „The doctrine of agency of necessity is not wholly settled in English law." Dann wird jedoch das Handbuch von Lord Goff und Jones mit den speziellen Voraussetzungen zitiert: „[It] must have compelled the invention. The emergency must be so pressing as to compel intervention without the property owner's authority." In concreto lagen für das Gericht diese Merkmale nicht vor. Gleichwohl könnte der Fall wegweisend sein, da er einen Aufwendungsersatzanspruch jenseits des bekannten Fallrechts in einer Situation tangiert, in der keine quasivertragliche Relation zwischen den Parteien vorlag.

X. Legal Compulsion

Neben mistake und necessity ist legal compulsion die dritte Stütze für Nichtleistungsfälle im law of restitution.[172] Unter legal compulsion werden im Ergebnis Fälle gefaßt, die der Rückgriffskondiktion nahekommen. In Deutschland ist der Regreßmodus zumeist über die cessio legis geregelt, siehe §§ 268 Abs. 3, 426 Abs. 2, 774 BGB, so daß sich die Bereicherungsfrage durch den bloßen Austausch des Gläubigers nicht stellt.[173] In Bereichen ohne Spezialnormen ist zuerst an berechtigte Geschäftsführung ohne Auftrag zu denken,[174] die

[169] Dezidiert *Dagan*, in: (1999) 97 MichiganLR 1152 (1183): „[...] ‚unjust enrichment' [...] is but a conclusion in need of supportive normative arguments."

[170] Bes. deutlich *Stevens/Neyers*, in: (1999) 37 AlbertaLR 221, 242.

[171] *Surrey Breakdown Ltd* v *Knight*, v. 27.4.1998 (HC) (per *Sir Staughton*), unveröffentlicht. Siehe zu den Abschleppfällen auch *Service Motor Policies at Lloyds* v *City Recovery Ltd*, v. 9.7.1997 (per *Judge J*), unveröffentlicht, zum Road Traffic Regulation Act 1984, s. 102.

[172] Vgl. auch *Friedmann/Cohen*, in: International Encyclopedia, Vol. 10, Ch. 10 f.

[173] Siehe *Markesinis/Lorenz/Dannemann*, German Law of Obligations, Vol. 1, S. 717.

[174] Siehe aber Civil Liability (Contribution) Act 1978 s. 2 (1):

„[...] in any proceedings for contribution [...] the amount of the contribution recoverable from any person shall be such as may be found by the court to be just and

§ 812 BGB als Rechtsgrund ausschließt. Erst ganz am Schluß kommt die Nichtleistungskondiktion zum Zug.

In England dagegen steht das law of restitution mangels breitgefächerter gesetzlicher Spezialregeln im Vordergrund. Voraussetzung eines Rückgriffs beim Schuldner ist zunächst, daß der Zahlende tatsächlich die Schuld des anderen bei seinem Gläubiger tilgte. Nun wird allerdings im common law in Rechtsprechung und Literatur kontrovers diskutiert, wann genau eine Drittleistung die Schuld eines anderen tilgt. Es gibt Fälle, die andeuten, die Tilgungswirkung sei anders als nach § 267 Abs. 1 BGB nur bei Zustimmung des Schuldners gegeben.[175] Die ganz überwiegende Meinung dürfte dagegen auf den gemeinsamen Nenner gebracht werden können, zumindest im Fall von legal compulsion trete die Erfüllung ipso iure ein.[176] Nicht betroffen vom Streit sind die Fälle, bei denen sowohl der Zahlende als auch der Regreßschuldner einem Dritten, beispielsweise bei einer Bürgschaft, zur Zahlung verpflichtet sind.

Die Fallgruppe legal compulsion umfaßt nicht jede beliebige Schuldtilgung, sondern nur qualifizierte Fälle, in denen der Zahlende zwar nicht unter rechtswidrigem Zwang, aber doch unter rechtmäßigem Druck steht oder gesetzlich zur Zahlung für einen anderen verpflichtet ist. Rechtsvergleichend sind besonders die Rückgriffskonstellationen unter drei Personen relevant. Im wesentlichen gibt es zwei Arten: reimbursement und contribution. Reimbursement betrifft den Regreß unter zwei Schuldnern, von denen der eine im Innenverhältnis das Haftungsrisiko trägt, sowie den Regreß des Drittleistenden vom eigentlichen Schuldner. Unter den Ausgleich zwischen mehreren *ungleichrangigen* Schuldnern fallen etwa der Rückgriff des Bürgen gegen den Hauptschuldner[177] oder der Rückgriff des Zedenten gegen den Zessionar, wenn nicht der ganze Vertrag, sondern nur eine einzelne Forderung des Zedenten abgetreten wurde.[178] Beim Regreß des Drittleistenden vom eigentlichen Schuldner ist zum Beispiel an die Lagerung von Gütern des Klägers auf dem von einem Dritten

---

equitable having regard to the extent of that person's responsibility for the damage in question." Die Vorschrift betrifft den Ausgleich bei mehreren Mitschädigern, die auf Schadensersatz haften.

[175] Z. B. *Guardian Ocean Cargoes Ltd* v *Banco de Brasil SA* [1991] 2 Lloyd's Rep 68, 87 (per *Hirst J*); *Esso Petroleum Co Ltd* v *Hall Russell and Co Ltd* [1989] AC 643, 663 (per *Lord Goff of Chieveley*).

[176] Vgl. nur *Virgo*, Principles of the Law of Restitution, S. 226–230, m. w. N.

[177] *Anson* v *Anson* [1953] 1 QB 636.

[178] *Moule* v *Garrett* (1872) LR 7 Ex 101: Hier hatte der Kläger an den Beklagten seine Forderungen aus einem Landpachtvertrag abgetreten. Der Kläger mußte dann dem Pächter für das Fehlverhalten des Zessionars vertraglich einstehen, weil die Forderungen des Pächters weiterhin gegen den Kläger gerichtet waren. Es hatte also kein Vertragsübergang stattgefunden.

gepachteten Grundstück des Beklagten zu denken.[179] Wenn der Verpächter dann rechtmäßig die Sachen auf dem Grundstück für ausstehende Pachtzinsen beschlagnahmt und der Kläger die Beschlagnahmung durch die Tilgung der Zinsschuld des Beklagten an den Verpächter abwendet, kann er die Haftung an den Beklagten aus legal compulsion weiterreichen. Contribution schließlich behandelt den Ausgleich unter zwei *gleichrangigen* Schuldnern. Hier ist vor allem der Rückgriff unter Bürgen[180] oder unter mehreren Sicherungsgebern einer Grundstückssicherheit hervorzuheben.[181]

XI. Wrongdoing

Vierte und letzte Säule der Nichtleistung im law of restitution ist das Großgebiet des sogenannten wrongdoing.[182] Das ist die Oberbezeichnung für unrechtes Handeln im englischen Recht, ähnlich dem Recht der unerlaubten Handlung. Im Kontext des law of restitution geht es zumeist um die Bereicherungshaftung in Fällen, in denen keine Kompensation mangels eines tatsächlich erlittenen Schadens verlangt werden kann. Die Herausgabe der Bereicherung ist dann neben einer Unterlassungsklage die einzige Möglichkeit, gegen den Eingreifer vorzugehen. Außerdem bietet die Bereicherungshaftung dem Kläger vor allem dann Vorteile, wenn er zwar einen Verlust nachzuweisen vermag, dieser aber niedriger als die Bereicherung des Delinquenten ist.

Wann genau ein Bereicherungsanspruch bei wrongdoing eingeklagt werden darf, darüber besteht im englischen case law keine prinzipiell-systematische Vorstellung.[183] Fest steht zumindest, daß die Verletzung persönlicher Rechtsgüter, beispielsweise der verschiedenen Aspekte des Persönlichkeitsrechts, das in England nicht generell anerkannt ist, zu keiner Bereicherungshaftung führt.[184] Jenseits dieser Erkenntnis ist selbst die Terminologie umstritten. Die Law Commission hat vorgeschlagen,[185] die Bereicherungsherausgabe als „res-

---

[179] *Exall* v *Partridge* (1799) 8 Term Rep 308 = 101 ER 1405.

[180] *Deering* v *The Earl of Winchelsea* (1787) 2 Bos&Pul 270 = 126 ER 1276. Neuerdings auch *Stimpson* v *Smith* [1999] 2 All ER 833.

[181] *Re Mainwaring* [1937] Ch 96.

[182] Vgl. dazu auch *v. Bar*, Gemeineuropäisches Deliktsrecht, Bd. 1, Rn. 517–525; *Köndgen*, in: RabelsZ, Bd. 64 (2000), S. 661 (671–676).

[183] Näher zu Systematisierungsversuchen der Lehre unten ab S. 662.

[184] Vgl. *Gerhard Wagner*, in: ZEuP, Bd. 8 (2000), S. 200 (214–218), m. w. N.; *Schlechtriem*, in: (2001) OxUCLF 3 = *http://www.ouclf.iuscomp.org*.

[185] Law Commission for England and Wales, No. 247 (1997), Aggravated, Exemplary and Restitutionary Damages, Part 3, Rn. 1.82; vgl. dazu *Burrows*, in: Festschrift für *Lord Goff of Chieveley*, S. 295 (310 f.). Erstmals angewandt wurde die Empfehlung nur einige Tage später in *A-G* v *Blake* [1998] Ch 439, 456 (per *Lord Woolf MR*). Kritisch etwa *A-G* v *Blake* [2000] 3 WLR 625, 638 (per *Lord Nicholls of Birkenhead*): „unhappy expres-

titutionary damages" im Gegensatz zu „compensatory damages" für Schadensersatz zu benennen, um die bisherige Begriffsvielfalt zu beseitigen. Trotzdem läßt die Rechtsprechung bislang keine klare Linie erkennen.

Vor Gericht bleibt vor allem die Klassifikation des Nutzungsentgelts als Schadens- oder Bereicherungshaftung umstritten:[186] Wenn ein Eigentümer seine Sache vermieten möchte, kann ein konkreter Schaden durch den Ausfall des Nutzungsentgelts nachweisbar sein. Wenn der Eigentümer hingegen die Sache unter keinen Umständen einem anderen zur Verfügung stellen will, ist ihm realiter kein Nutzungsschaden entstanden. Dasselbe Problem stellte sich bereits in Deutschland vor dem Hintergrund der Vermögensverschiebungslehre.[187] Zwei unterschiedliche Prinzipien, der Entreicherungsgedanke für den *tatsächlichen Nutzungsschaden* und der Bereicherungsgedanke für das *abstrakte Nutzungsentgelt* rangen um die Vorherrschaft. In England sieht man sich derselben Situation gegenüber. Die Richter dissentieren etwa für die Nutzung von Schalttafeln darüber, ob das Nutzungsentgelt auf Schadensersatz oder Bereicherungsherausgabe basiere, falls der Eigentümer die Sache in concreto gar nicht vermieten wollte.[188] Selbst in Fällen, die eindeutig Schadensersatz betreffen, werden die Termini „compensation" und „restitution" zusammengeworfen.[189]

1. Sachenrechte

Eine feste Konstante der Bereicherungsherausgabe bei wrongdoing scheinen immerhin zumindest „proprietary torts" zu sein; für Delikte gegen Sachenrechte halten die englischen Gerichte generell einen Bereicherungsanspruch bereit. Dazu zählen die Gruppen conversion (Eigentumsentziehung),[190] trespass to goods[191] und trespass to land[192] (Verletzung des Eigentums an beweglichen Sa-

---

sion"; *McGregor*, in: *Birks*, Wrongs and Remedies, S. 203 (203); *Virgo*, Principles of the Law of Restitution, S. 457.

[186] Näher zu den Problemen beim Element „at the expense of" unten ab S. 584.

[187] Näher bereits oben ab S. 362.

[188] *Strand Electric and Engineering Co Ltd* v *Brisford Entertainments Ltd* [1952] 2 QB 246 (254 f., per *Denning LJ*: Bereicherungshaftung; a. A. 252, per *Somervell LJ*; 256, per *Romer LJ*: Schadensersatzhaftung).

[189] *Swindle* v *Harrison* [1997] 4 All ER 705 (713 f., per *Evans LJ*; 733, per *Mummery LJ*); dazu kritisch *Birks/Swadling*, in: [1997] All ER, Annual Review 385, 386 f.

[190] *Lamine* v *Dorrell* (1701) 2 Ld Raym 1216 = 92 ER 303: Herausgabe des Kaufpreises bei unberechtigtem Verkauf fremder Schuldscheine; *Chesworth* v *Farrar* [1967] 1 QB 407: Herausgabe des Kaufpreises bei unberechtigtem Verkauf des Pächtereigentums durch den Landverpächter.

[191] *Oughton* v *Sheppings* (1830) 1 B&Ad 241 = 109 ER 776: Der Sheriff Officer beschlagnahmte unrechtmäßig ein Pferd und verkaufte es; Rechtsfolge: Haftung auf Herausgabe des Kaufpreises.

chen oder Immobilien). Die Haftung kann sich entweder auf das Entgelt für die Sachnutzung oder auf die weitergehende Gewinnherausgabe wie bei § 816 BGB belaufen. Obwohl der Anspruch auf dem tort aufbaut, ist er nach deutschen Maßstäben keine reine Verschuldenshaftung. So genügt beim tort of conversion jede absichtliche Einwirkung auf die fremde Sache; Kenntnis des fremden Eigentums ist nicht erforderlich, selbst der unvermeidbare Irrtum des Eingreifers, er sei der Eigentümer, ist unbeachtlich.[193] Nach § 823 Abs. 1 BGB hingegen muß der Vorsatz oder die Fahrlässigkeit auch das Tatbestandsmerkmal „fremdes Eigentum" umfassen. Die englische Lösung nähert das wrongdoing daher deutlich an die verschuldensunabhängige Haftung gemäß § 812 Abs. 1 S. 1 Alt. 2 BGB an.

2. Immaterialgüterrechte

Immaterialgüterrechte werden durch die intellectual torts ebenfalls bereicherungsrechtlich geschützt.[194] Bereits per Gesetz geregelt sind das Urheber-, Geschmacksmuster und Patentrecht,[195] während Warenzeichen[196] und das Herstellen von Plagiaten (passing off)[197] Richterrecht darstellen. In allen Fällen beläuft sich die Haftung auf „account of profits", also auf Gewinnherausgabe, die sich im deutschen Recht nach herrschender Meinung jenseits der Spezialgesetze über die angemaßte Eigengeschäftsführung nach §§ 687 Abs. 2, 681, 667

---

[192] Z. B. *Ministry of Defence* v *Ashman* [1993] 2 EGLR 102: Wertersatz für unberechtigtes Wohnen nach Beendigung des Mietvertrags. Zu entgegenstehenden, aber auch bestätigenden Fällen siehe unten zum Nutzungsentgelt ab S. 584.

[193] Näher unten zur Vindikation auf S. 613.

[194] Vgl. jüngst *Redrow Homes Ltd* v *Bett Bros Plc* [1999] 1 AC 197 (per *Lord Jauncey of Tullichettle* und *Lord Clyde*), zur Auslegung Copyright, Designs and Patents Act 1988 s. 97 (2). Das HL bestätigte dabei, daß sich Schadensersatz nicht zur Bereicherungsherausgabe, die außer Streit stand, kumulieren läßt.

[195] Copyright, Designs and Patents Act 1988 s. 96 (2), 229 (2); Patents Act 1977, s. 61 (1) (d).

Copyright, Design and Patents Act 1988 s. 96 (2):

> „In an action for infringement of copyright all such relief by way of damages, injunctions, accounts or otherwise is available to the plaintiff as is available in respect of the infringement of any other property right."

Patents Act 1977, s. 61 (1) (d):

> „Subject to the following provisions of this Part of this Act, civil proceedings may be brought in the court by the proprietor of a patent in respect of any act alleged to infringe the patent, and (without prejudice to any other jurisdiction of the court) in those proceedings a claim may be made [...] for an account of the profits derived by him from the infringement."

[196] *Edelsten* v *Edelsten* (1863) 1 De G J&Sm 185 = 46 ER 72.

[197] *Lever* v *Goodwin* (1887) 36 Ch D 1.

BGB realisieren läßt.[198] Dafür ist account of profits bei Verletzung von Patentrechten,[199] Warenzeichen[200] sowie passing off[201] nur bei schuldhaftem Eingriff zulässig.[202]

3. Equitable Wrongs

Die dritte Hauptgruppe des wrongdoing betrifft schließlich die sogenannten equitable wrongs. In allen Fällen wird eine Vertrauensposition ausgebeutet. Typisches Kennzeichen der equitable wrongs ist wie bei den Immaterialgüterrechten die der deutschen angemaßten Eigengeschäftsführung ähnelnde Gewinnherausgabe aus account of profits. Ein tatsächlicher Vermögensverlust auf der Klägerseite muß nicht nachgewiesen werden; das Gefährdungspotential aus der Vertrauensstellung für denjenigen, der dem anderen vertraut hat, rechtfertigt die drakonische Strafmaßnahme. Equitable wrongs dienen oft zur Prophylaxe echter Vermögensschäden. Die Rechtsfolgen sind durch ihren Strafcharakter sehr extensiv, sie umfassen neben schuldrechtlicher Gewinnherausgabe aus account of profits einen dinglichen Anspruch an dem treuwidrigen Gewinn aus constructive trust.[203] Im weiteren spaltet sich die Verletzung einer Pflicht nach equity in zwei Untersektionen auf, erstens in die Verletzung einer Vertrauensposition (breach of fiduciary duty) und zweitens in den Geheimnisverrat (breach of confidence).

a) Breach of Fiduciary Duty

In der ersten Gruppe wird eine besondere Verhaltenspflicht nach equity vorausgesetzt, eine fiduciary relationship. Dieser gesteigerten Treuepflicht unter-

---

[198] Zu Spezialregelungen sei etwa auf die §§ 14a Abs. 1 S. 2 GeschmMG, 97 Abs. 1 S. 2 UrhG verwiesen: Gewinnherausgabe bei vorsätzlicher oder fahrlässiger Verletzung. Umfassend zur angemaßten Eigengeschäftsführung und ihrer Relation zur Eingriffskondiktion jetzt *Bertram Ebert*, Geschäftsanmaßung; rechtsvergleichend *v. Bar*, Gemeineuropäisches Deliktsrecht, Bd. 1, Rn. 515.

[199] Patents Act 1977, s. 61 (1), 62 (1): Vorsatz- und Fahrlässigkeitshaftung.

[200] Str., für die Einschränkung die dicta in *Edelsten* v *Edelsten* (1863) 1 De G J&Sm 185 = 46 ER 72: nur Vorsatzhaftung; anders für Schadensersatz *Gillette UK Ltd* v *Edenwest Ltd* [1994] RPC 279, 293 (per *Blackburne J*): Verschulden unerheblich.

[201] Str., für die Einschränkung wohl *My Kinda Town Ltd* v *Soll* [1982] FSR 147, 148–159 (per *Slade J*): nur Vorsatzhaftung; anders für Schadensersatz *Gillette UK Ltd* v *Edenwest Ltd* [1994] RPC 279, 293 (per *Blackburne J*): Verschulden unerheblich.

[202] Anders für Urheber- und Geschmacksmusterrecht (nur „primary infringement“), siehe Copyright, Designs and Patents Act 1988, s. 96 (2) i. V. m. 97 (1), 229 (2) i. V. m. 233 (1) (2).

[203] Näher zum constructive trust unten ab S. 614.

liegen etwa Treuhänder, Vertreter oder Organe, geschlossen ist die Personengruppe nicht. Folgender Fall hilft den breach of fiduciary duty näher zu beleuchten:

In *Attorney-General for Hong Kong* v *Reid* hatte der Privy Council über einen Schmiergeld-Fall zu entscheiden.[204] Reid, Königlicher Ankläger in Hong Kong, hatte Bestechungsgelder angenommen, um mehrere Strafverfahren im Sande verlaufen zu lassen. Von den Schmiergeldern hatte Reid Grundstücke in Neuseeland erworben, die seitdem im Wert erheblich über die ursprüngliche Bestechungssumme hinausgewachsen waren. Reid wurde unter der „Prevention of Bribery Ordinance" rechtskräftig verurteilt. Im zivilrechtlichen Prozeß verlangte der Attorney-General for Hong Kong von Reid die Summe der Bestechungsgelder samt Gewinnzuwachs an den Grundstücksgeschäften aus account of profits heraus; zusätzlich machte er einen dinglichen Anspruch aus constructive trust an den Grundstücken geltend. Der Privy Council gab der Klage statt. Daß das Gericht Bestechlichkeit als schweres Delikt einstufte, machte bereits der folgende Satz deutlich:[205] „Bribery is an evil practice which threatens the foundations of any civilised society." Nach deutschem Recht dagegen könnte die Staatsanwaltschaft auf die Grundstücke unmittelbar nur über Verfall und Einziehung nach §§ 73 ff. StGB zugreifen. § 73e StGB zufolge hat der Verfall ebenfalls dingliche Wirkung; das Eigentum geht mit Rechtskraft des Urteils an den Staat über.

b) Breach of Confidence

Eine weitere Variante des equitable wrongdoing ist breach of confidence. Hier bezieht sich die Pflicht, deren Verletzung sanktioniert wird, auf die Weitergabe oder anderweitige Ausbeutung vertraulicher Informationen. Auch zu diesem Topos sei mit *Attorney-General* v *Guardian Newspapers* ein besonders einprägsames Beispiel gegeben:[206]

Peter Wright, ehemaliges Mitglied des britischen Geheimdienstes MI5, hatte ein Buch namens „Spycatcher" über die Erlebnisse bei seinem ehemaligen Arbeitgeber geschrieben. Gegenüber der Krone lag ein breach of confidence vor. „The Sunday Times" hatte vorab Auszüge aus seinem Buch veröffentlicht. Obwohl durch die spätere weite Verbreitung des Buches die von Wright beschriebenen Tatsachen nicht mehr als geheim eingestuft werden konnten, verurteilte das House of Lords „The Sunday Times" zur Gewinnherausgabe auf Basis eines breach of confidence, da zum Zeitpunkt der Publikation die Informationen noch Geheimsache gewesen waren.

4. Breach of Contract

Zum Abschluß ist beim wrongdoing an den sogenannten „breach of contract" zu denken. Bei den Rechtsfolgen eines Vertragsbruchs wird neben dem

---

[204] *A-G for Hong Kong* v *Reid* [1994] 1 AC 324.

[205] *A-G for Hong Kong* v *Reid* [1994] 1 AC 324, 330 (per *Lord Templeman*).

[206] *A-G* v *Guardian Newspapers (No 2)* [1990] 1 AC 109.

Rücktritt mit der Folge von total failure of consideration zunehmend eine zweite Gruppe erörtert: die Bereicherungshaftung in der Form des Nutzungsentgelts und sogar der Gewinnherausgabe anstelle von Schadensersatz bei fortbestehendem Vertrag. Dem Kläger soll ermöglicht werden, den beklagten Vertragspartner vor allem dann zu belangen, wenn kein echter Vermögensschaden nachweisbar ist, beispielsweise, wenn gleichwertiges Baumaterial verwendet wurde, das zwar etwas billiger ist, aber dieselbe Funktionstauglichkeit aufweist. Aus deutscher Perspektive könnte man solche Fälle über normativierten Schadensersatz lösen. Die englische Rechtsprechung hat das teilweise ebenfalls getan.[207] Noch klägerfreundlicher geben sich die Gerichte seit einiger Zeit für die Beeinträchtigung des Klägereigentums, bei dessen Benutzung eine Vertragsverletzung eintritt.[208] Hier soll das ersparte Nutzungsentgelt aus Schadensersatz herauszugeben sein.

In einem obiter dictum des Court of Appeal in *Attorney-General* v *Blake*, einem weiteren Spionage-Fall, wurde nun zum ersten Mal die weitergehende Gewinnherausgabe nicht aus Schadensersatz, sondern über das law of restitution begründet. Der Sachverhalt liest sich folgendermaßen:[209]

Der Beklagte Blake war Mitglied des britischen Secret Intelligence Service (SIS) gewesen, doch 1961 wurde er wegen Spionage für die Sowjetunion zu 42 Jahren Gefängnis verurteilt. 1966 gelang dem Beklagten die Flucht nach Moskau. Seit 1990 veröffentlichte der frühere Doppelagent seine Autobiographie „No Other Choice". Der zuständige Staatsanwalt wollte daraufhin, da verständlicherweise keine Zustimmung zu der Publikation von staatlichen Stellen eingeholt worden war, den Gewinn des Beklagten, der wiederum verständlicherweise nicht im Gerichtssaal anwesend war, aus seiner Autorentätigkeit herausverlangen. Ein Anspruch aus breach of confidence schied aus, weil die veröffentlichten Informationen spätestens seit 1989 nicht mehr vertraulich wa-

---

[207] Siehe *Ruxley Electronics and Construction Ltd* v *Forsyth* [1996] AC 344: Geminderter Gebrauchswert als Schaden („loss of amenity"), wenn Swimmingpool zu flach gebaut wurde.

[208] *Wrotham Park Estate Co Ltd* v *Parkside Homes Ltd* [1974] 1 WLR 798; terminologisch ambivalent *Jaggard* v *Sawyer* [1995] 1 WLR 269 (291, per *Millett LJ*, der sich zwar für eine Entschädigung aussprach, sie sollte jedoch explizit auf Schadensersatz und nicht auf Bereicherungsherausgabe basieren; siehe auch 282 f., per *Sir Thomas Bingham MR*). *Gafford* v *A H Graham and Grandco Securities Ltd* (1998) TLR 272 (per *Nourse J*), schließt sich nach eigenen Worten *Jaggard* v *Sawyer* an: „The compensatory analysis, if accompanied by a recognition that it was not a diminution in value of the dominant tenement that was compensated, is perfectly acceptable."

Keine Entschädigung aus Schadensersatz oder Bereicherungsherausgabe gewährt wurde in *Surrey County Council* v *Bredero Homes Ltd* [1993] 1 WLR 1361: Hier war aber nicht das Klägereigentum verletzt, sondern nur eine Auflage, die mit dem Verkauf eines öffentlichen Grundstücks an den Beklagten verbunden war.

[209] *A-G* v *Blake* [1998] Ch 439. Dazu z. B. *Bollenberger*, in: ZEuP, Bd. 8 (2000), S. 893–906; *Halliwell*, in: (1999) 62 MLR 271–280; *McMeel*, Modern Law of Restitution, S. 353 f.; *Virgo*, in: [1998] RLR 118–126; *ders.*, Principles of the Law of Restitution, S. 499–517.

ren. Ebenso wurde ein breach of fiduciary duty verneint, da Blake durch die Beendigung des Arbeitsverhältnisses mit der Krone seinem früheren Arbeitgeber gegenüber nicht mehr vertraglich zu einem bestimmten Verhalten verpflichtet war.

Dafür billigte der Court of Appeal einen strafrechtlichen Anspruch, der hier nicht weiter verfolgt werden soll. Viel wichtiger erscheinen die sehr ausführlichen obiter dicta zur Gewinnherausgabe aus breach of contract. Erstmals nahm ein englisches Gericht dazu positiv Stellung. Blakes Pflichtverletzung sollte aus dem Verstoß gegen die auch nach Kündigung bestehende vertragliche Pflicht resultieren, seine Publikation vor Veröffentlichung der geheimdienstlichen Zensur vorzulegen. Dabei legte der Court of Appeal einige Leitlinien für die Zukunft fest: Unbeachtlich sei sowohl die Pflichtverletzungsabsicht als auch der bloße Umstand, daß der Beklagte einen günstigeren Vertrag mit einer dritten Person habe abschließen können. Nur in zwei Situationen komme die Bereicherungsherausgabe bei breach of contract in Betracht: erstens bei Schlechtleistung, die zu keinem vermögenswerten Erfüllungsschaden auf der Klägerseite führe („skimped performance"); zweitens, wenn der Gewinn unmittelbar aus der Vertragsverletzung resultiere. Das traf genau auf Blake zu: Er bereicherte sich direkt durch die Nichtbeachtung seiner vertraglichen Vorlagepflicht und der damit verbundenen Preisgabe von Informationen.

In der Zwischenzeit hat sich die Mehrheit der Richter am House of Lords im Fall *Attorney-General* v *Blake* unter veränderten Voraussetzungen für die Gewinnhaftung ausgesprochen;[210] die Rechtsfrage ist hier die ratio decidendi, weil strafrechtliche Ansprüche nunmehr ausscheiden sollen. Die Essenz der Entscheidung läßt sich wie folgt summieren: Nach richterlichem Ermessen könne aus breach of contract die Herausgabe des unrechtmäßig gezogenen Gewinns verlangt werden, wenn der bloße Schadensersatz ausnahmsweise keinen adäquaten Rechtsbehelf darstelle.[211]

Ungeachtet der immer noch unklaren Haftungsvoraussetzungen tritt in *Attorney-General* v *Blake* die expansive Tendenz des law of restitution zum Vorschein. Denn das Urteil läßt sich nur schwerlich mit dem Grundsatz vereinbaren, Restitution sei nur *jenseits* von rechtswirksamen Vertragsverhältnissen möglich.[212] Die angedachte Gewinnherausgabe stützt sich auf eine vertragliche

---

[210] *A-G* v *Blake* [2000] 3 WLR 625 (640–642, per *Lord Nicholls of Birkenhead*; 644, per *Lord Goff of Chieveley*; 645, per *Lord Browne-Wilkinson*; 644–646, per *Lord Steyn*; ablehnend aber 650–653, per *Lord Hobhouse of Woodborough*); aus der Kommentarliteratur *Hedley*, in: [2000] 4 Web JCLI = *http://webjcli.ncl.ac.uk/2000/issue4/hedley4.html*.

[211] *A-G* v *Blake* [2000] 3 WLR 625, 638–641 (per *Lord Nicholls of Birkenhead*, zustimmend *Lord Goff of Chieveley* und *Lord Browne-Wilkinson*; etwas abweichende Zusatzbegründung von *Lord Steyn*: Er sieht nach den konkreten Fallumständen die Haftung aus breach of contract noch stärker dem breach of fiduciary duty angenähert).

[212] *Stephen A. Smith*, in: (1999) 115 LQR 245–264, der daraus sogar den Schluß ziehen will, generell sei eine Konkurrenz des law of restitution und des contract law nach dem Vorbild der Konkurrenz von contract und tort law möglich.

Zur deutschen Diskussion, ob die angemaßte Eigengeschäftsführung – nicht das Bereicherungsrecht! – auf Vertragsverletzungen Anwendung finden kann, im Detail *Bert-*

Pflicht, die nach Beendigung des Arbeitsverhältnisses weiterbesteht. Wie sich die Materie weiterentwickelt, ist bei allem ungewiß. Die recht unbestimmt formulierten Reden am House of Lords lassen sich in viele Richtungen ausdeuten. Sie zielen weniger auf die generelle Freigabe der Gewinnhaftung jenseits des Nutzungsentgelts im Zusammenhang mit geistigem Eigentum als auf die speziellen, sehr an breach of fiduciary duty angelehnten Umstände des konkreten Falls. Das Schrifttum ist über die Frage jedenfalls heillos zerstritten.[213] Die launigen Formulierungen der Richter am House of Lords werden unter den Verfechtern des breach of contract sicherlich Enttäuschung hervorrufen und all diejenigen bestärken, die der Materie eine langsame Entwicklung bescheinigen möchten.

5. *Fazit*

Wrongdoing ist ein äußerst disparates Rechtsgebiet. In der Literatur werden darunter teilweise widersprüchliche Entscheidungen gefaßt, die sich nur selten tatsächlich auf das law of restitution stützen. Es wäre daher zu einseitig, die Bereicherungsherausgabe bei wrongdoing aus rechtsvergleichender Sicht mit der deutschen Eingriffskondiktion gleichzusetzen. Zum einen beschränkt sich § 812 Abs. 1 S. 1 Alt. 2 BGB nach herrschender Meinung anders als § 816 Abs. 1 BGB auf den objektiven Wertersatz. Account of profits müßte man demnach wegen der Gewinnherausgabe, aber auch wegen der Präventionsgesichtspunkte eher der angemaßten Eigengeschäftsführung zuschlagen. Selbst bei einem weiten Verständnis von § 818 Abs. 2 BGB scheiterte die vollständige Gewinnherausgabe am Tatbestandsmerkmal „auf dessen Kosten".[214] Zum anderen könnten

---

ram Ebert, Geschäftsanmaßung, bes. S. 427–465, mit umfangreichen weiteren Nachweisen.

[213] Vgl. die umfangreichen Nachweise pro und contra bei *A-G* v *Blake* [1998] Ch 439, 456 f. (per *Lord Woolf MR*); nach dem Urteil neben den bereits erwähnten Autoren allgemein noch *Dagan*, in: [2000] 1 TIL 115–154; *Lord Goff of Chieveley/Jones*[5], Law of Restitution, S. 518–523: Sie stellen breach of contract mit der Abwicklung nach total failure of consideration zusammen. Die Bereicherungshaftung greife immer dann ein, wenn sich eine Bereicherung des Beklagten durch seine Vertragsverletzung nachweisen läßt; *Grantham/Rickett*, Enrichment and Restitution, S. 478–482, für Neuseeland; *Jaffey*, Restitution, S. 389–400; weitaus enger *Virgo*, Principles of the Law of Restitution, S. 511–517: Er konkretisiert die Bereicherungshaftung im wesentlichen auf zwei Fälle: Schlechtleistung sowie die Vollstreckungsfähigkeit der Vertragspflicht entgegen der Regel des common law, die bloßen Schadensersatz bevorzugt. Nach der Letztentscheidung durch das HL dürften diese Stellungnahmen nun überholt sein.

Kritisch zu dem obiter dictum des CA *Nottingham University* v *Fishel*, v. 19.1.2000 (per *Elias J*) = *http://www.law.cam.ac.uk/restitution/archive/englcases/fishel.htm*; in diesem Fall wird auf account of profits aus breach of fiduciary duty ausgewichen.

[214] Siehe *Bertram Ebert*, Geschäftsanmaßung, S. 303–311, m. w. N.

einige Fälle über den normativierten Schadensersatz mit der unerlaubten Handlung nach §§ 823 ff. BGB verglichen werden. Dafür spricht nicht zuletzt, daß die Fallgruppe wrongdoing stets auf einem tort, equitable wrong oder breach of contract aufbaut. Der deliktische Charakter der Fallgruppe wrongdoing führt außerdem dazu, daß sich der Beklagte anders als bei der deutschen Eingriffskondiktion grundsätzlich nicht auf den Wegfall der Bereicherung – defence of change of position – berufen kann.[215] Die Bereicherungsherausgabe aus wrongdoing steht rechtsvergleichend gesehen im Schnittpunkt von angemaßter Eigengeschäftsführung als negotiorum gestio im weitesten Sinne (Gewinnherausgabe), unerlaubter Handlung (Schadensersatz) und Eingriffskondiktion (objektiver Wertersatz in der Höhe des Sachwertes oder des abstrakten Nutzungsentgelts). Dabei wiederholen sich die terminologischen Unsicherheiten der dreifachen Schadensberechnung nach deutschem Recht in der englischen Rechtsprechung,[216] die das abstrakte Nutzungsentgelt und die Gewinnherausgabe nicht mit präzisen Begriffen ausstattet.

XII. Gesamtfazit

Die verschiedenen Fallgruppen des law of restitution weisen kaum Berührungspunkte auf. Zunächst überwiegen bei weitem mistake und total failure of consideration sowie die diversen Einzelfälle des wrongdoing. Einige weitere Typen sind seltener, sie werden aber immerhin in den Urteilen als solche bezeichnet: duress, undue influence und die Subtypen von necessity und legal compulsion. Weitaus unsicherer erscheint die Existenz von illegality und incapacity als eigenständigen Fallgruppen; free acceptance ist bisher zumeist Gelehrtenwerk geblieben.

Die einzelnen Fälle lassen sich nur schwerlich homogen mit der deutschen Typologie verbinden. Besonders die Gruppe „mistake" erscheint janusköpfig. Sie vermag sowohl Leistungs- als auch Eingriffs- und Verwendungshandlungen zu beherbergen. Ebenfalls ambivalent gibt sich die Gruppe um wrongdoing. Es ist eine facettenreiche Materie zwischen unerlaubter Handlung, Geschäftsanmaßung und Eingriffskondiktion im eigentlichen Sinne. Zwar sind die allermeisten Fälle handlungsbezogen eindeutig als Eingriff in fremde Rechte zu bewerten, daneben existiert jedoch eine Grauzone, die eher zur Leistungskondiktion tendiert: Hier ist an den Betrug als Leistungsvorgang zu denken. Denn lange

---

[215] Grundlegend *Lipkin Gorman (a firm)* v *Karpnale Ltd* [1991] 2 AC 548, 580 (per *Lord Goff of Chieveley*). Kritisch dazu Teile der Literatur, etwa *Virgo*, Principles of the Law of Restitution, S. 727–730; rechtsvergleichend *Bertl*, Change of Position, S. 139 f.

[216] Zur dogmatischen Einordnung der Gewinnhaftung im deutschen Recht umfassend *Bertram Ebert*, Geschäftsanmaßung, bes. S. 184, 195, 339–350, m. w. N.

Zeit hatte es den Anschein, als könne ein Betrug über das tort of deceit einen Bereicherungsanspruch erzeugen.[217] Doch seit *Halifax Building Society* v *Thomas* stehen dahinter wieder dicke Fragezeichen,[218] weil der Court of Appeal in concreto die Bereicherungshaftung verneinte. Nach aktueller Rechtslage muß eher davon ausgegangen werden, daß über wrongdoing nur Situationen jenseits von Leistungsbeziehungen zu klassifizieren sind.

Eindeutig dem Rückgriff angegliedert wird legal compulsion; necessity ist funktional gesehen eher der Geschäftsführung ohne Auftrag als der Bereicherungshaftung zuzuordnen. Total failure of consideration, duress, undue influence, incapacity und illegality decken Bereiche der Leistung ab. Keiner der genannten Typen – und das erscheint entscheidend – ist nach deutschem Muster an den verschiedenen Bereicherungshandlungen Leistung, Eingriff, Verwendung und Rückgriff orientiert: Nicht die *Handlung* zwischen Kläger und Beklagtem gibt den Ausschlag, sondern *Fehlermerkmale* auf der Kläger- oder Beklagtenseite. Mistake bezieht sich zum Beispiel auf Willensbildungsfehler beim Kläger, free acceptance auf die Unredlichkeit des Beklagten; viele Fälle wie undue influence, duress und wrongdoing konstituieren sich aus beiden Aspekten. Mit der Klassifikation v. Caemmerers und seiner Nachfolger steht das englische Fallrecht in keinem echten Zusammenhang.

Das Denken in Situationen, welche die Bereicherungshaftung auslösen, führt zu einem andersartigen Verständnis der Rechtsgrundlosigkeit. Sie ist kein abstrakter Begriff, sondern muß in jedem Fall erst konkret bewiesen werden. Das bloße Fehlen eines Vertrages bedingt noch keine Rechtsgrundlosigkeit; der rechtlich unwirksame Vertrag ist nach bisheriger Auffassung lediglich ein vom Kläger zu beweisendes Element *neben* „unjust enrichment at the expense of".[219] Nur die Fehlergründe, die zu einem anfechtbaren oder unwirksamen Vertrag führen, sind in England von Interesse. Die Beweislast des Klägers hinsichtlich der Rechtsgrundlosigkeit wird somit viel stärker als in Deutschland hervorgehoben. Nicht das „Haben ohne Rechtsgrund" zählt, wie die Einheitslehren suggerieren wollen, sondern die Bereicherung, die nach einer speziellen Fallgruppe die Restitution nach sich ziehen soll.

Treffend erscheint da Virgos Begriff „grounds of restitution",[220] der in aller Deutlichkeit zeigt, daß die Rechtsgrundlosigkeit kein Annex der Bereicherung ist. In den älteren Fällen vor 1991 ist nicht einmal von Rechtsgrundlosigkeit,

---

[217] *Hill* v *Perrott* (1810) 3 Taunt 274 = 128 ER 109: Der Beklagte überredete den Kläger zum Verkauf an eine insolvente dritte Partei und brachte die Ware dann an sich; siehe auch den ähnlichen Fall *Abbotts* v *Barry* (1820) 2 Brod&B 369 = 129 ER 1009.

[218] *Halifax BS* v *Thomas* [1996] 2 WLR 63. Anders früher *Hill* v *Perrott* (1810) 3 Taunt 274 = 128 ER 109.

[219] Zu neueren, noch nicht abgeschlossenen Entwicklungen unten ab S. 650.

[220] *Virgo*, Principles of the Law of Restitution, S. 9.

„unjust", sondern stets nur von der restitutionsauslösenden Fallgruppe die Rede. In der Tat wäre es für ein System, das nicht der Distinktion von Leistung und Nichtleistung folgt, erstaunlich, wenn es zumindest für Leistungsfälle zu einer einheitlichen causa-Definition gelangen könnte. Die Gruppe mistake ist viel zu gegensätzlich, als daß sie den Blick auf die Leistung ohne obligatorischen Grund lenkt. Solange sie Verwendungs- und Eingriffsfälle umfaßt, muß die Kasuistik die wahre Quelle bleiben, aus der man die Fallösung schöpft. Auch an anderen Stellen sind Systembildungen die Ausnahme. Besonders deutlich tritt das bei den Asymmetrien zu total failure of consideration zutage. Und selbst für die wichtige Gruppe mistake konnte sich die Rechtsprechung bisher auf keine verbindliche Definition einigen. Noch heute stehen die Verwendungen auf Grundstücke und selbst auf Mobilien im Abseits. Zusammen mit undue influence und total failure of consideration hat mistake in naher Zukunft jedoch sicherlich die größten Entwicklungschancen vor Gericht.

§ 7 Unjust Enrichment

I. Principle of Unjust Enrichment und Fallrecht

Bisher wurde nur das case law nach den verschiedenen Situationen untersucht, in denen ein Bereicherungsanspruch möglich ist. In der Praxis werden vornehmlich Ansprüche aus der ehemaligen action for money had und received mittels unjust enrichment begründet, während die Klagen quantum valebat und quantum meruit selbst heute noch abseits stehen. Ebensowenig läßt sich die Rechtsprechung zum wrongdoing auf einen gemeinsamen Nenner bringen. Der Satz „a person who has obtained a benefit at the expense of another person" dagegen, den die Literatur favorisiert, unterscheidet weder nach Geld und Dienstleistungen noch nach mistake oder tort. Dieser abstrakte Rechtssatz, der in einer Kodifikation niedergelegt sein könnte, und das Fallrecht scheinen sich unvermittelt gegenüberzustehen. Die Kommentatoren haben daher versucht, die Spannungen durch deskriptive und analytische Schwerpunktbildung zu mildern. Zunächst sind zwei Extrempositionen zu nennen.[1]

1. Principle als einheitliches Erklärungsmuster

Unjust enrichment, die rechtsgrundlose Bereicherung, könnte als reines „formulaic principle" zu verstehen sein, um einen Begriff Virgos aufzugreifen.[2] Nicht das principle steht im Mittelpunkt, sondern das case law, es ist alleinige Rechtsquelle. Unjust enrichment hat danach eine *dienende* Funktion, es beschreibt lediglich induktiv das aus anderen Quellen geschöpfte Fallrecht. Das principle erhellt die verschiedenen Fälle nur mit einem einheitlichen Erklärungsmuster. Selbständige Bedeutung in der Rechtsfindung kommt ihm selbst für künftige Entscheidungen nicht zu. Es ist also keine autonome Anspruchsgrundlage, sondern ein rein heuristisches Instrument, dessen sich der Richter zum besseren Verständnis vergangener Urteile bedient. Dabei könnte man die methodologische Extremposition dadurch steigern, in unjust enrichment im Sinne einer „non-exclusive informing idea" *einen* Grundsatz *neben* vielen anderen zu sehen,[3] die das law of restitution argumentativ abstützen. Vertreten wird diese orthodoxe Perspektive, wie bereits anklang, vor allem von Hedley. In der

---

[1] Für das kanadische Recht von *Klippert*, Unjust Enrichment, S. 27 f., angedacht. Vgl. neben den im folgenden genannten Autoren weiterführend *Gergen*, in: (2001) TexasLR Symposium = *http://www.utexas.edu/law/conferences/restitution/*; *McKendrick*, in: *Birks/Rose*, Lessons of the Swaps Litigation, S. 84 (86 f.); grundlegend, u. a. mit Bezug auf *Dworkins* Normenlehre, *Sherwin*, in: (2001) TexasLR Symposium.

[2] *Virgo*, Principles of the Law of Restitution, S. 52.

[3] *Joachim Dietrich*, Restitution, S. 11.

parallelen Geschichte des gemeinen Rechts kommt ihr Pfersche am nächsten; er wollte der rechtsgrundlosen Bereicherung neben den römischen Quellen keine klagebegründende Kraft zumessen.

2. Principle als selbständiger Anspruch

Eine diametral entgegengesetzte Methodenposition läßt sich vertreten, wenn man unjust enrichment als „normative principle" betrachtet.[4] In der deutschen Dogmengeschichte war das Sells Einstellung: Der Anspruch ergibt sich nach deduktiver Methode aus der rechtsgrundlosen Bereicherung sui generis, er bedarf gemeinrechtlich gesehen keiner Legitimation aus den Gesetzen Justinians und aus der Perspektive des common law keiner Präjudizien aus dem Fallrecht mehr. Die verschiedenen tradierten Fallgruppen wie mistake oder total failure of consideration sind hier keine Voraussetzung für einen Anspruch aus unjust enrichment. An ihre Stelle treten andere Begrenzungsfaktoren; ausschlaggebend sind nur noch die Grenzen des allgemeinen Tatbestands, etwa, daß der Kläger dem Beklagten die Bereicherung aufdrängte oder daß die „public policy" einem Anspruch entgegensteht. Das principle of unjust enrichment wandelt sich zur Rechtsregel § 812 Abs. 1 BGB.

In der zweiten und dritten Auflage ihres Handbuchs, also in der Zeit vor der Wende mit *Lipkin Gorman (a firm)* v *Karpnale Ltd*, befürworteten Lord Goff und Jones einen solchen generellen Anspruch aus unjust enrichment.[5] Sicherlich war ihre weitgehende Aussage vom Bestreben getragen, mit einer prägnanten Position dem law of restitution überhaupt erst zum Durchbruch zu verhelfen. In der vierten Auflage aus dem Jahre 1993 konnten sie ihre Haltung, die in den Vorauflagen mehr Programm als Detailgestaltung gewesen war, stillschweigend wieder aufgeben.[6] Unjust enrichment soll nunmehr lediglich ein „unifying principle" sein: „an abstract proposition of justice which is ‚both an aspiration and a standard for judgement' ", „as in other subjects, recourse must be had to the decided cases in order to transfer general principles into concrete rules of law".[7]

---

[4] *Virgo*, Principles of the Law of Restitution, S. 52. Näher zur gemeinrechtlichen Methodik, insbes. zu *G. W. A. Sell* und *Pfersche* oben ab S. 97, 137, 153, 169, 181, 192.

[5] *Lord Goff of Chieveley/Jones*[2], Law of Restitution, S. 24 f.; *dies.*[3], Law of Restitution, S. 29 f.; mit leichten Einschränkungen auch *Lord Goff of Chieveley*, in: Festschrift für *dens.*, S. 313 (321–324); vgl. des weiteren *Burrows*, in: *ders.*, Understanding the Law of Obligations, S. 45 (62 f.).

[6] *Lord Goff of Chieveley/Jones*[4], Law of Restitution, S. 12–16. Abgeschwächt ist die Aussage bereits bei *Lord Goff of Chieveley*, in: (1989) 12 SydneyLR 1, 4: „I can see no conceptual reason why it should not do so; but, in practical terms, it must be a long way away", und *Jones*, in: *Finn*, Essays on Restitution, S. 1 (18).

[7] *Lord Goff of Chieveley/Jones*[5], Law of Restitution, S. 12, 15.

In Kanada dagegen bildete sich auf dem anfänglich von Lord Goff und Jones aufgezeigten Weg die Rechtsprechung aus. Morden J hielt zum Thema Fallentscheidung in *James More and Sons Ltd* v *University of Ottawa* fest:[8]

> „[...] where a Court, on proper grounds, holds that the doctrine of restitution is applicable, it is not necessary to fit the case into some exact category, apparently established by a previous decision, giving effect to the doctrine. Just as the categories of negligence are never closed, neither can those of restitution. The principles take precedence over the illustrations or examples of their application."

Dagegen steht man in England dem Paradigmenwechsel vom Einzelfall zur Bereicherungsregel (noch) sehr skeptisch gegenüber. Es gehe am Selbstverständnis der Gerichte vorbei, wenn sie durch Mißachtung der Präjudizien als Gesetzgeber fungierten.[9] Dahinter steht nicht zuletzt die Furcht, das Wort „unjust" im principle of unjust enrichment führe zu einer richterlichen Billigkeitsjudikatur;[10] ein Bereicherungsanspruch könnte bereits dann bestehen, wenn er gerecht erscheine, wie die wörtliche Übersetzung von „unjust" suggeriert. Verschiedentlich wird deshalb vorgeschlagen, „unjust" durch andere Begriffe, beispielsweise „unjustified", „unjustifiable" oder gar „restorable", zu ersetzen.[11] Bereits zu Beginn des 20. Jahrhunderts kritisierte Hamilton LJ in *Baylis* v *Bishop of London* in den Zeiten der Quasivertragsdoktrin unjust enrichment als „vague jurisprudence which is sometimes attractively styled ‚justice as between man and man' ".[12] Selbst nach dem Ende dieser Ära fürchtet man die Gefahren, welche das Erbe des Pomponius heraufbeschwören könnte. Lord Goff of Chieveley betonte deutlich:[13]

---

[8] *James More and Sons Ltd* v *University of Ottawa* (1975) 5 OntarioR (2d) 162, 172 (per *Morden J*).

[9] Darauf weist zum kanadischen Recht *Klippert*, Unjust Enrichment, S. 31, hin; kritisch auch *Birks*, in: (1991) CBR 814, 819, und in dieselbe Richtung *Beatson*, in: *Burrows*, Essays on Restitution, S. 279 (281 f.).

[10] Bes. deutlich aus australischer Sicht *Mason/Carter*, Restitution Law, Rn. 227; tendenziell anders aber *Cato*, Restitution, S. 21 f., in bezug auf Besonderheiten des neuseeländischen law of restitution.

[11] Allgemein *Davenport/Harris*, Unjust Enrichment, S. 11; *Grantham/Rickett*, Enrichment and Restitution, S. 18–20, zum Begriff „restorable".

[12] *Baylis* v *Bishop of London* [1913] 1 Ch 127, 140 (per *Hamilton LJ*).

[13] *Lipkin Gorman (a firm)* v *Karpnale Ltd* [1991] 2 AC 548, 578 (per *Lord Goff of Chieveley*); zitiert etwa von *Kleinwort Benson Ltd* v *Birmingham CC* [1997] QB 380, 387 (per *Evans LJ*); ähnlich wie *Lord Goff* neuerdings *Banque Financière de la Cité* v *Parc (Battersea) Ltd* [1999] 1 AC 221, 237 (per *Lord Clyde*):

> „The principle is equitable in the sense that it seeks to secure a fair and just determination of the rights of the parties concerned in the case. But it is not a principle which is entirely discretionary in its application so as to enable a court in any case to withhold a remedy where all the necessary elements for its satisfaction have been established [...]."

„A claim to recover money at common law is made as a matter of right; and even though the underlying principle of recovery is the principle of unjust enrichment, nevertheless, where recovery is denied, it is denied on the basis of legal principle."

Auch die australische Grundsatzentscheidung *Pavey and Matthews Pty Ltd* v *Paul* läßt ähnliche Worte vernehmen:[14]

„To identify the basis of such actions as restitution and not genuine agreement is not to assert a judicial discretion to do whatever idiosyncratic notions of what is fair and just might dictate."

Trotz aller gegenteiliger Beteuerung kann die englische Lehre gelegentliche Ausnahmen von der selbstauferlegten Beschränkung nicht leugnen. Im Gefühl von „restitution imperialism"[15] und „introspective nationalism"[16] wird allzu leicht überliefertes Fallrecht eingeebnet oder mißinterpretiert. Bruchstellen innerhalb der Lehre sind beispielsweise vorweggenommene Vertragsleistungen („anticipated contracts") und andere Fälle, in denen enttäuschtes Vertrauen in die Gegenseite zu Ansprüchen führen soll. Bei anticipated contracts erbringt eine Partei bereits vor Vertragsschluß im Vertrauen auf den späteren Vertrag Vorleistungen; der Vertrag kommt jedoch nicht zustande. Dann stellt sich die Frage, ob dem Vorleistenden jenseits einer Vertragsklage ein Anspruch aus quantum meruit oder quantum valebat, also aus Restitution zusteht. Dem law of restitution wird es dabei leicht gemacht, in vertragliche Gewässer einzudringen, denn dem englischen common law ist die allgemeine Vertrauenshaftung nach dem Vorbild der culpa in contrahendo nicht geläufig.[17] Einige Kommentatoren stehen dem generellen Weg über das law of restitution bei antizipierten Leistungen skeptisch bis ganz ablehnend gegenüber.[18] Mit einiger Berechtigung

---

Siehe jetzt auch *Norwich CC* v *Stringer*, v. 3.5.2000 (per *Buxton LJ*) = *http://www.law.cam.ac.uk/restitution/archive/englcases/norwich.htm.*

[14] *Pavey and Matthews Pty Ltd* v *Paul* (1987) 162 CLR 221, 256 f. (per *Deane J*).

[15] *Joachim Dietrich*, Restitution, S. 84. Siehe auch *Stevens/Neyers*, in: (1999) 37 AlbertaLR 221, 238 („imperialistic advance").

[16] *Joachim Dietrich*, Restitution, S. 89.

[17] Paradigmatisch ist hier *Walford* v *Miles* [1992] 2 AC 128; vgl. auch z. B. *Cohen*, in: *Friedmann/Beatson*, Good Faith and Fault, S. 25–56.

[18] Eher skeptisch zu Ansprüchen aus Restitution in dieser Konstellation *Lord Goff of Chieveley/Jones*[5], Law of Restitution, S. 669:

„The English cases [...] provide no clear answer to the questions posed at the beginning of this chapter, namely: what is a benefit in this context; what is the ground of the restitutionary claim; and has the plaintiff accepted the risk that negotiations may fail and his expenditure may be wasted?"

Weiterhin *Virgo*, Principles of the Law of Restitution, S. 360 f.; ganz ablehnend *Joachim Dietrich*, Restitution, S. 66, 87; deutlich positiv jedoch *Burrows*, Law of Restitution, S. 293–299; *McKendrick*, in: Festschrift für *Jones*, S. 163 (bes. 164–166).

Das Fallrecht ist ambivalent, siehe positiv zu Ansprüchen im vorvertraglichen Umfeld *William Lacey (Hounslow) Ltd* v *Davis* [1957] 1 WLR 932 und *British Steel Corp* v *Cleveland Bridge and Engineering Co Ltd* [1984] 1 All ER 504; dagegen *Regalian Pro-*

verweisen sie darauf, daß trotz der Aufgabe der implied contract-Doktrin dort das Vertragsrecht als Korrekturinstrument seinen Platz hat, wo man tatsächlich einen Vorvertrag aus den Umständen des Falls implizieren kann.[19]

Jenseits der Gruppe der anticipated contracts ist für die Probleme, die das Verhältnis von Vertrauenshaftung und Bereicherungsrecht aufwirft, der Fall *Planché* v *Colburn* das Paradigma:

Ein Autor hatte sich verpflichtet, einen Artikel zu schreiben, der in einem Werk namens „The Juvenile Library" erscheinen sollte.[20] Nachdem der klagende Autor bereits einen beträchtlichen Teil verfaßt hatte, stellte der beklagte Herausgeber „The Juvenile Library" ein; der Kläger trat daraufhin vom Vertrag zurück und verlangte Ersatz für seine bis dahin geleisteten Arbeiten aus quantum meruit.

Ob *Planché* v *Colburn* überhaupt Ausfluß des principle of unjust enrichment sein kann, ist strittig.[21] Man wird den Fall wohl am ehesten unter die Rubrik Vertrauensschaden für breach of contract einordnen können, obwohl nach dem Stand des common law in der ersten Hälfte des 19. Jahrhunderts kein entsprechender Rechtsbehelf zur Verfügung stand.[22] Die Klassifikation unter unjust enrichment wirft hingegen das kaum zu lösende Problem auf, daß der Kläger zwar viele Vorarbeiten geleistet und Teile seines Werkbeitrags bereits geschrieben, aber noch nichts an den Beklagten abgeliefert hatte. Die Bereicherung des Beklagten auf Kosten des Klägers ist deshalb reine Fiktion oder, wie es Kritiker des principle of unjust enrichment ausdrücken, nur „constructive enrichment".[23]

---

perties Plc v *London Docklands Development Corp* [1995] 1 WLR 512: hier war ausdrücklich der Vertragsschluß durch die Beklagtenseite vorbehalten.

[19] *Hedley*, in: Festschrift für *Jones*, S. 195–198; *Virgo*, Principles of the Law of Restitution, S. 360 f.

[20] *Planché* v *Colburn* (1831) 5 Car&P 58 = 172 ER 876.

[21] Dafür tendenziell *Birks*, Introduction, S. 126; ebenso *ders.*, in: *Burrows*, Essays on Restitution, S. 105 (140 f.); *McMeel*, Modern Law of Restitution, S. 142 f. Dagegen eindeutig *Burrows*, Law of Restitution, S. 8 f.; *Garner*, in: (1990) 10 OxJLS 42, 53 f.; *Jaffey*, Restitution, bes. S. 39 f., 47 f., 90 f. *Lord Goff of Chieveley/Jones*[5], Law of Restitution, S. 20 f.; *Virgo*, Principles of the Law of Restitution, S. 63 f., neigen dazu, den Fall als Vertrauenshaftung einzuordnen; ganz auf der Seite der Vertrauenshaftung, der alle reinen Dienstleistungen ohne Endprodukt zuzuschlagen seien, *Beatson*, in: *ders.*, Use and Abuse of Unjust Enrichment, S. 21 (bes. 37). Vgl. auch die Übersicht bei *Rafferty*, in: (1999) 37 AlbertaLR 51, 61–65, m. w. N.

[22] Siehe *Virgo*, Principles of the Law of Restitution, S. 63.

[23] *Joachim Dietrich*, Restitution, S. 50.

3. Ein Mittelweg

Um die vorgetragenen Standpunkte nochmals zusammenzufassen, sei das beispielhafte Urteil der kanadischen Richterin McLachlin J in *Peel* v *Canada* angeführt:[24]

> „I refer to the tension between the need for certainty in the law and the need to do justice in the individual case; the tension between the need for predictable rules upon which people can predicate their conduct and the desire to allow recovery where, and only where, retention of the benefit would in all the circumstances be unjust. [...] An approach based on traditional categories has the advantage of being predictable. [...] Those advocating the approach of general principle, on the other hand, are more ready to concede that in some cases, the court may have to make decisions based on the equities of the particular case before them. The term ‚unjust', as well as the term ‚absence of juristic reason' in the third requirement of the general test, lend themselves to this approach."

McLachlin J selbst vertritt einen Mittelweg, freilich eine Mindermeinung in Kanada. Es bietet sich wieder an, eine längere Passage des mustergültigen Urteils wörtlich wiederzugeben:[25]

> „The concept of restitution for unjust enrichment in the common law world has evolved over the past century from a collection of fact-specific categories in which recovery was permitted, toward a body of law unified by a single set of coherent rules applicable to all cases. [...]
>
> There are two distinct doctrinal approaches to restitution at common law. The first is the traditional ‚category' approach. It involves looking to see if the case fits into any of the categories of cases in which previous recovery has been allowed, and then applying the criteria applicable to a given category to see whether the claim is established. The second approach, which might be called the ‚principled' approach, developed only in recent years. It relies on criteria which are said to be present in all cases of unjust enrichment: (1) benefit to the defendant; (2) corresponding detriment to the plaintiff; and (3) the absence of any juridical reason for the defendant's retention of the benefit [...].
>
> The traditional reluctance of the law to permit recovery to a plaintiff who had provided non-contractual benefits to another was founded on a philosophy of robust individualism which expected every person to look out after his or her own interests and which places premium on the right to choose how to spend one's money. [...] The new approach of general principle, on the other hand, questions the merits of this view and the quality of justice which it entails. It shrinks from the harsh consequences of individualism and seeks to effect justice where fairness requires restoration of the benefit conferred. [...]
>
> It is my conclusion that we must choose a middle path; one which acknowledges the importance of proceeding on general principles but seeks to reconcile the principles

[24] *Peel (Regional Municipality)* v *Canada* (1993) 98 DLR (4d) 140, 152 (per *McLachlin J*).

[25] *Peel (Regional Municipality)* v *Canada* (1993) 98 DLR (4d) 140, 151–153 (per *McLachlin J*).

with the established categories of recovery; one which charts a predictable course without falling into the trap of excessive formalism; one which recognizes the importance of the right to choose where to spend one's money while taking account of legitimate expectations and what, in the light of those expectations, is fair."

Fallrecht und unjust enrichment sollen einander angenähert werden, ohne das eine oder das andere einseitig zu verbiegen. Die Sätze des amerikanischen Restatement zum law of restitution sind ebenfalls nur als „general guides for the conduct of the court" gedacht.[26] Und vom australischen leading case *Pavey and Matthews Pty Ltd* v *Paul* läßt sich Ähnliches zu unjust enrichment berichten:[27]

> „It constitutes a unifying legal concept which explains why the law recognizes, in a variety of distinct categories of case, an obligation on the part of a defendant to make fair and just restitution for a benefit derived at the expense of a plaintiff and which assists in the determination, by the ordinary processes of legal reasoning, of the question whether the law should, in justice, recognize such an obligation in a new or developing category of case [...]."

In England schließlich ist McLachlins goldene Mitte herrschende Rechtsprechung und Lehre. Lord Goff of Chieveley münzte in *Westdeutsche Landesbank Girozentrale* v *Islington London Borough Council* die Metapher:[28]

> „The seed is there, but the growth has hitherto been confined within a small area. That growth should now be permitted to spread naturally elsewhere within this newly recognised branch of the law. No genetic engineering is required, only that the warm sun of judicial creativity should exercise its benign influence rather than remain hidden behind the dark clouds of legal history."

So gesehen gibt es keinen wirklichen Widerspruch der neuen Rechtsprechung mit dem älteren Urteil *Orakpo* v *Manson Investments Ltd*, als Lord Diplock festhielt:[29]

> „[...] there is no general doctrine of unjust enrichment recognised in English law. What it does is to provide specific remedies in particular cases of what might be classified as unjust enrichment in a legal system that is based upon the civil law."

Bei näherer Betrachtung vertritt das House of Lords noch heute diese Linie, wenn man unter „general doctrine of unjust enrichment" die Ausgestaltung in

---

[26] Restatement of the Law of Restitution, Vol. 1, S. 11. Siehe auch Second Restatement of the Law of Restitution, Vol. 1, S. 11:

> „A statement of principle about ‚unjust enrichment' leaves the expression to be defined or explained; it cannot serve as a precise guide to decisions."

[27] *Pavey and Matthews Pty Ltd* v *Paul* (1987) 162 CLR 221, 256 f. (per *Deane J*).

[28] *Westdeutsche Landesbank Girozentrale* v *Islington LBC* [1996] AC 669, 697 (per *Lord Goff of Chieveley*).

[29] *Orakpo* v *Manson Investments Ltd* [1978] AC 95, 104 (per *Lord Diplock*). In diese Richtung deutet die Interpretation von *Markesinis/Lorenz/Dannemann*, German Law of Obligations, Vol. 1, S. 713, und *Lord Goff of Chieveley/Jones*[5], Law of Restitution, S. 13.

Rechtsregelform versteht. Lord Diplock wurde deshalb von Lord Hutton in seiner Rede in *Banque Financière de la Cité* v *Parc Ltd* erwähnt, obwohl dieser den Begriff „unjust enrichment of the defendant at the expense of the plaintiff" auf dem englischen Mittelweg anerkennt.[30]

Die ganz überwiegende Lehre in England strebt gleichfalls eine vermittelnde Position an; im einzelnen ergeben sich allerdings beträchtliche Unterschiede in der akademischen Akzentuierung. Besonders Birks, Burrows und Ewan McKendrick tendieren dazu, im Zweifel dem principle of unjust enrichment den tradierten Fällen gegenüber den Vorrang einzuräumen. In Cambridge bekennen sich Jack Beatson, Jones und Virgo zwar zu Systematik und unjust enrichment, im Zweifel stellen sie jedoch den Fall über das System.

Unjust enrichment ist dabei ein Methodeninstrument, das die Fallösung steuert; Entscheidungen sollen nicht nur retrospektiv erklärt werden. Vielmehr sind Strategien für die Zukunft zu entwickeln und bestehende Fallgruppen zu verfeinern. Aufgabe von unjust enrichment ist es, offene Rechtslücken per Analogie zu schließen und verdeckte Regelungslücken, die zu ungerechten Resultaten führen könnten, zu korrigieren.[31] Das vorhandene Fallrecht soll systematisiert und weiterentwickelt werden,[32] es ist ein gemäßigter Weg zwischen einem echten regelförmigen Tatbestand im Sinne des civilian lawyer und dem starren Präjudizienrecht.[33]

Daneben können durchaus neue Fallgruppen gebildet werden, die es in bisherigen Urteilen nicht gab.[34] Sir Donald Nicholls V-C deutete in *CTN Cash and Carry Ltd* v *Gallaher Ltd* per obiter dictum in diese Richtung:[35] „[T]he catego-

---

[30] *Banque Financière de la Cité* v *Parc (Battersea) Ltd* [1999] 1 AC 221, 239 (per *Lord Hutton*).

[31] Siehe *Tettenborn*, Law of Restitution, Rn. 1/05; außerdem *Laycock*, in: (1989) TexasLR 1277, 1278, und *Joachim Dietrich*, Restitution, S. 29–35.

[32] *Samek*, in: (1977) 27 UTorLJ 335, 336.

[33] *Beatson*, in: *ders.*, Use and Abuse of Unjust Enrichment, S. 1 (3); *Birks*, Introduction, S. 19; *Burrows*, Law of Restitution, S. 1, 54 f.: „organising tool"; *Lord Goff of Chieveley/Jones*[5], Law of Restitution, S. 11–15; *O'Dell*, in: *Birks/Rose*, Lessons of the Swaps Litigation, S. 113 (115 f.), auch mit Nachweisen aus der irischen Rspr.; *Virgo*, Principles of the Law of Restitution, S. 54–57. Ähnlich für Kanada *Klippert*, Unjust Enrichment, S. 40 f.; *Maddaugh/McCamus*, Law of Restitution, S. 26 f.

Bedeutend skeptischer für Neuseeland *Grantham/Rickett*, Enrichment and Restitution, S. 8–17, bes. 14–17: Sie betonen die expansive Tendenz des Mittelwegs („dominant model"), der zum kanadischen Weg hinführen könne.

[34] Z. B. *Lord Goff of Chieveley/Jones*[5], Law of Restitution, S. 14; *Tettenborn*, Law of Restitution, Rn. 1/05; *Virgo*, Principles of the Law of Restitution, S. 125. Für das kanadische Recht *Klippert*, Unjust Enrichment, S. 39, Fn. 70, und *James More* v *University of Ottawa* (1974) DLR (3d) 666, 676 (per *Morden J*).

[35] *CTN Cash and Carry Ltd* v *Gallaher Ltd* [1994] 4 All ER 714, 720 (per *Sir Donald Nicholls V-C*).

ries of unjust enrichment are not closed." In *Woolwich Equitable Building Society* v *Inland Revenue Commissioners* zum Beispiel wurden erstmals zu Unrecht bezahlte Steuern als selbständige Fallgruppe anerkannt und in *Kleinwort Benson Ltd* v *Lincoln City Council* der Rechtsirrtum eingeführt. Nach 196 Jahren schaffte das House of Lords die Regel ab, ein Rechtsirrtum könne anders als ein mistake of fact keine Rückforderung begründen.[36] Der tiefgreifende Wandel in der Rechtsprechung, der mit einem „overruling" der älteren Präjudizien verbunden war, veranlaßte die Lordrichter dazu, sich grundlegend mit der Aufgabe des Richters im common law auseinanderzusetzen. Nach der Deklarationstheorie erkennen die Gerichte nur das geltende Recht an, wenn sie urteilen. Lord Browne-Wilkinson benutzte die treffende Beschreibung, diese Theorie sei nicht mehr als ein Märchen, an das heute niemand mehr glaube. Vielmehr sei das common law als Richterrecht wie alles in der Welt Veränderungen unterworfen.[37]

Die in der englischen Lehre und Rechtsprechung vertretene methodologische Haltung kommt den genannten Vorgaben am nächsten. Zum induktiven formulaic principle, das auf der alten Deklarationstheorie aufbaut, differiert der vermittelnde Ansatz durch seine Bereitschaft zur Reform des geltenden Rechts. Solange die Fälle de lege lata rational aufbereitet werden können, besteht bei einer rein deskriptiven Methode nur wenig Bedürfnis nach Fortentwicklung.[38] Auf dem Mittelweg darf hingegen über die aktuelle Verfassung des Rechts hinausgedacht werden, selbst wenn die Rechtslage nachvollziehbar ist. Die Systematisierung ist weniger deskriptiv als vielmehr evaluativ. *Kleinwort Benson Ltd* v *Lincoln City Council* hat den Reformwillen mit Nachdruck bewiesen. Vom deduktiven Ansatz schließlich unterscheidet sich der Mittelweg dadurch, daß er sich an das Fallrecht rückkoppelt, eine Methode, die der Analogie nahekommt. Starre Vorgaben verbieten sich:[39] „The search for principles should not be confused with the definition of concepts." Unjust enrichment ist ein „overarching principle that binds together the whole law of restitution".[40] Der Begriff bezeichnet einen hermeneutischen Prozeß,[41] keine steinerne Definition.

---

[36] Näher dazu unten ab S. 658. Nicht einzugehen ist hier auf das davon zu trennende Problem rückwirkender Entscheidungen.

[37] *Kleinwort Benson Ltd* v *Lincoln CC* [1998] 4 All ER 513, 518 (per *Lord Browne-Wilkinson*); ausführliche Ablehnung der Deklarationstheorie a. a. O. 513, 534–536 (per *Lord Goff of Chieveley*).

[38] *Sutton*, in: (1981) 5 OtagoLR 187, 189.

[39] *Lord Goff of Chieveley/Jones*[5], Law of Restitution, S. 12.

[40] *Norwich CC* v *Stringer*, v. 3.5.2000 (per *Buxton LJ*).

[41] Siehe *Seavey/Scott*, in: (1938) 54 LQR 29, 36.

4. Parallelen zum gemeinen Recht

Der Mittelweg ähnelt bis zu einem gewissen Punkt, wenn auch nicht vollständig, dem Vorgehen v. Savignys im Pandektenkolleg, ex aequitate, durch Fiktion und Analogie das ungeordnete Fallrecht zu systematisieren. Teilweise geht der Mittelweg in die Methode Windscheids über. Die römischen Quellen waren wie das englische case law in viele widersprechende Einzelaspekte zerstreut, erst die ordnende Hand des Wissenschaftlers gab ihnen eine rationale Gestalt. Wenn man behauptete, das römische Recht sei bereits in seinem Ansatz systematisch, während das case law tatsächlich nur eine reine Ansammlung von Präjudizien sei, dann fragt es sich, von welcher perspektivischen Basis ausgegangen wird. Aus dem Blickwinkel des kodifikationsgewohnten Betrachters erscheint fast jedes reine Fallrechts-„System" heterogen. Auf der anderen Seite ist es ein Zirkelschluß, in der bedeutendsten Textquelle des römischen Rechts, dem Corpus Iuris Civilis, ein planmäßig angelegtes Gesetz zu sehen. Der geschulte Jurist kann den römischen Quellen ein umfassendes System abgewinnen, wenn er eintausend Jahre Exegese seit Pavia und Bologna mitbedenkt. Ohne diese hermeneutischen Voraussetzungen ändert sich das Bild: Das englische Richterrecht zum law of restitution hat aus Sicht des common lawyer mit dem Begriff des unjust enrichment inzwischen beachtliche Strukturen entwikkelt. Ohne das Hintergrundwissen der Sekundärliteratur wird man im römischen Recht lediglich vereinzelt auf Großstrukturen stoßen. Zum Bereicherungsrecht sind weder die Vermögensverschiebung noch die Rechtsgrundlosigkeit in den Digesten a priori angelegt; klassische causa und dare oportere sind nicht mehr als Fragmente.

Das gemeine Recht des 19. Jahrhunderts sowie das aktuelle englische case law lassen also den Schluß auf viele strukturelle, genealogische und methodologische Gemeinsamkeiten zu. Sowohl v. Savigny als auch das House of Lords standen und stehen einer größtenteils ungeordneten Materie gegenüber, die sich nur mühsam in das Schema der rechtsgrundlosen Bereicherung einordnen läßt. Das gemeine und englische Recht unterscheiden sich weniger durch die Abstraktionsstufe als durch die unterschiedlich ausgeprägte Bindung an den Einzelfall. Da die realen Fälle im law of restitution zumeist quantitativ sehr umfassend sind, decken sie einen viel größeren Sachverhaltsbereich als ein einzelnes Digestenfragment ab. Inhaltliche Spannungen zwischen verschiedenen Urteilen treten dadurch viel deutlicher hervor. v. Savigny wollte und konnte das Fallmaterial nicht übergehen. Und sogar Windscheid vermochte nicht mit letzter Gewißheit in seinem Streit mit v. Jhering die Antinomien zwischen condictio furtiva, Impensen, gutgläubigem Fruchtverzehr und condictio sine causa auszuräumen.

Der Widerstreit zwischen Textquelle und abstraktem System stellt sich daher mit unterschiedlichen thematischen Akzenten sowohl im gemeinen Recht als auch im law of restitution. Der fundamentale Unterschied zum *heutigen* kodifizierten Recht in Kontinentaleuropa wird dadurch freilich nur im Hinblick auf Rechtsvergleichung und Europäisches Privatrecht in der rezeptionsgeschichtlichen Perspektive, nicht aber in der direkten Rechtsanwendung überbrückt.

II. Unjust Enrichment und Rechtsprinzip

Es fragt sich weiterhin, welche normlogische Natur das principle of unjust enrichment im englischen Recht überhaupt hat – Rechtsprinzip, Rechtsregel oder etwas, das man überhaupt nicht mit herkömmlichen Kategorien messen darf. Die Lehre zum law of restitution läßt die exakte Bedeutung des Terminus „unjust enrichment" vorsorglich oftmals im Dunkeln, um nicht die Existenz der Materie mit Grundlagenkritik in Frage zu stellen. Anstatt das principle of unjust enrichment positiv definieren zu wollen, empfiehlt es sich, zunächst überzogene Extrempositionen herauszufiltern.

1. Recht und Moral

Die Bezeichnung „principle" und das bloße Schlagwort „unjust enrichment" scheinen zunächst nahezulegen, es handle sich um ein moralisierendes Rechtsprinzip, wenn nicht sogar um ein bloßes Moralgebot. In diese Richtung zielt Lord Clyde in *Banque Financière de la Cité* v *Parc Ltd*,[42] wenn er von „nemo debet locupletari aliena jactura" spricht und damit eine Reminiszenz an Pomponius gibt. Billigkeit, Gerechtigkeit und der Fluch des Wunsches, niemand solle sich zum Schaden eines anderen bereichern, kristallisieren sich in seinen Worten. Gegner des law of restitution, allen voran Hedley, werfen der herrschenden Ansicht deshalb vor, das principle of unjust enrichment sei zu allgemein, um es auf konkrete Fälle anzuwenden.[43] Selbst der moralische Impetus von unjust enrichment wird bestritten.[44] In der Tat mag man dem Begriff „unjust enrichment"

---

[42] *Banque Financière de la Cité* v *Parc (Battersea) Ltd* [1999] 1 AC 221, 237 (per *Lord Clyde*, der außerdem in diesem Zusammenhang festhält, unjust enrichment „is equitable in the sense that it seeks to secure a fair and just determination of the rights of the parties concerned in the case").

[43] *Hedley*, in: *Rose*, Failure of Contracts, S. 247 (266). In dieselbe Richtung gehen selbst Proponenten des law of restitution, vor allem *Birks*, S. 23–25, der nur den bloßen Begriff „unjust enrichment at the expense of another person" jenseits von Rechtsprinzip und -regel gelten lassen will; auch *George E. Palmer*, Law of Restitution, Vol. 1, § 1.1 (S. 5): „wide and imprecise idea"; das dürfte aber nicht h. M. sein.

[44] *Wonnell*, in: (1996) 45 EmoryLJ 153, bes. 177–190, und *Watts*, in: [1995] RLR 49, 82; vgl. zum principle of unjust enrichment und Moral weiterhin *Gerald Henry Louis Fridman*, Restitution, S. 40.

im „descriptive sense“, um wieder einen Begriff Virgos zu zitieren,[45] vorwerfen, er sei ein „moral concept behind the scenes“.[46]

2. *Transformationsstufen*

Die Bedenken gegen unjust enrichment mögen deshalb auf der Stufe des „descriptive sense“ berechtigt sein, doch niemand wird behaupten wollen, man könne mit den Worten „unjust enrichment“ wie mit einem magischen Zauberstab Fälle aus reiner Kontemplation über die Billigkeit lösen. Für unjust enrichment im „substantive sense“, als Rechtsregel nach dem Verständnis kanadischer Gerichte oder zumindest als methodisches Instrumentarium nach englischer Auffassung, sind die Einwände indes unberechtigt.[47] Erstens ist hier unjust enrichment keine Chiffre für Billigkeit oder Treu und Glauben, sondern nur das Kürzel für die aus dem schweizerischen und deutschen Recht wohlbekannte Wendung, wer etwas auf Kosten eines anderen rechtsgrundlos erhalten habe, sei ihm zur Herausgabe verpflichtet. Andererseits wird mit unjust enrichment im „substantive sense“ nicht der Fehler begangen zu behaupten, es ließen sich ohne weiteres Fälle entscheiden. Nach dem Mittelweg der englischen Lehre soll selbst unjust enrichment im „substantive sense“ mit seinen verschiedenen Elementen gerade nicht unmittelbar appliziert werden. Die Formel kann gar nicht zu „ungenau“ sein, da sie nicht direkt auf konkrete Fälle zu applizieren ist. Unjust enrichment wird von der herrschenden Ansicht in England mit keiner echten Rechtsregel gleichgesetzt. Wohin das führte, hat Birks bereits bewiesen.[48] Er transformierte den Satz:

„Unjust enrichment at the expense of another“

zunächst zur prinzipienhaften Form:

„No-one ought to be unjustly enriched at the expense of another.“

Wie die Kritiker des law of restitution kommt er zum Ergebnis, letztere Formulierung sei in ihrer abstrakten Allgemeinheit nicht mehr als ein moralisches Gebot. Konkretisiere man die Beschreibung „unjustly“, um dem zu entgehen, erhalte man den Satz:

---

[45] Siehe *Virgo*, in: Festschrift für *Jones*, S. 305 (310); *ders.*, Principles of the Law of Restitution, S. 8 f.; ähnlicher Begriff bei *Birks*, Introduction, S. 23.

[46] *Samek*, in: (1977) 27 UTorLJ 335, 339.

[47] Vgl. *Virgo*, in: Festschrift für *Jones*, S. 305 (310 f.); jetzt auch *ders.*, Principles of the Law of Restitution, S. 9 f.

[48] *Birks*, Introduction, S. 22–25; siehe zuvor schon *ders.*, in: (1985) 5 LS 67, 67 f.; zustimmend für Kanada *Maddaugh/McCamus*, Law of Restitution, S. 23; ähnlich in Australien *Jackman*, Varieties of Restitution, S. 2.

„No-one ought to be unjustly enriched at the expense of another in circumstances in which the law says he should make restitution".

Unjust enrichment ist zwar normlogisch gesehen immer noch nicht als Rechtsregel formuliert, aber bereits durch den Blankettverweis „in circumstances..." angenähert. Mit dem Verweis wird allerdings nichts anderes ausgedrückt, als daß im Rechtsverkehr das Gesetz, also das Fallrecht, zu berücksichtigen sei. Man könnte nun versucht sein, den Ausweg in der Transformation des Rechtsprinzips in eine Rechtsregel zu suchen. Genau dieser Weg ist durch die Fallrechtsmethode versperrt. Wird unjust enrichment wie in Kanada als Rechtsregel formuliert, dann bleibt für das tradierte Richterrecht sehr schnell kein Platz mehr übrig. Dieser Einwand war es, der Birks zu den Worten „in circumstances..." veranlaßte. Weder Blankettformel noch Rechtsregel stellen eine Lösung dar. Erstere Wendung ist eine Tautologie, die hinter den Fällen verschwindet, letztere Formulierung paßt nicht zur Methode des case law.

Immer noch ist die genaue Normqualität des principle of unjust enrichment unklar. Bisher wurde nur festgestellt, das principle dürfe keinesfalls ohne Vermittlung durch die Fälle beschrieben werden; andererseits kann die Lösung nicht im einseitigen Verweis auf die Präjudizien liegen. Die unvermittelte Transformation von Rechtsprinzipien zu negieren, ist nicht gleichbedeutend mit ihrer kategorischen Ablehnung. Vielmehr führt das principle of unjust enrichment zu einer anderen Methodik hin.

Die Lösung wird dabei in der beschriebenen vermittelnden Methode liegen müssen. Der Satz „A person who is unjustly enriched at the expense of another person is under an obligation for restitution" steuert die zu entscheidenden Fälle nur evaluativ, er bietet keine autonomen Lösungsstrategien an. Daher liegt unjust enrichment in England ähnlich wie im gemeinen Recht zwischen Rechtsprinzip und Rechtsregel. Der Gedanke der rechtsgrundlosen Bereicherung ist immer noch einem Rechtsprinzip angenähert, es bedarf zu seiner Konkretisierung der Methodologie des common law in Verbindung mit den überkommenen Fällen zur Programmsteuerung. Die Matrixhypothese läßt sich deswegen wie schon im gemeinen Recht mit großen Abstrichen auf das englische Recht applizieren; Interpretations- und Tatbestandsebene als Stufen der direkten Rechtsanwendung beziehen sich auf keine echte Rechtsregel. Sie verschmelzen in der Anwendungsebene.[49] Darin unterscheidet sich der englische Weg fundamental von § 812 Abs. 1 S. 1 BGB, der eine Rechtsregel darstellt. Zugleich ist aus rechtsvergleichender Sicht offensichtlich, daß das law of restitution in einem weitaus höheren Maße als das deutsche Bereicherungsrecht auf externe Wertungen angewiesen ist. Unjust enrichment einen autonomen Status zuzubilligen, käme dem kanadischen Weg hin zur Rechtsregel gleich.

---

[49] Zusammenfassend unten auf S. 681. Siehe schon oben auf den S. 141, 152.

3. Die Rechtsprechung

Bisher wurden vorwiegend akademische Stimmen konsultiert. Viel wichtiger erscheint es im common law, die Rechtsprechung zu analysieren. Das House of Lords hält im Gegensatz zur Lehre keine klare Linie ein. Meist wird die Bezeichnung „unjust enrichment“ als bloßes Schlagwort ohne nähere Beschreibung gebraucht.[50] Besonders Lord Goff of Chieveley hat den Begriff „principle of unjust enrichment“ verwandt.[51] Lord Browne-Wilkinson bezeichnet noch in *Woolwich Equitable Building Society* v *Inland Revenue Commissioners* unjust enrichment als bloßes „concept“.[52] Das substantive principle of unjust enrichment, also der Begriff unjust enrichment at the expense of another, taucht in mehreren Varianten auf,[53] ohne daß aber zunächst unter die verschiedenen Elemente der konkretisierten Version subsumiert würde. Nicht von ungefähr for-

---

[50] *Kleinwort Benson Ltd* v *Lincoln CC* [1998] 4 All ER 513, 553 (per *Lord Hoffmann*); *Westdeutsche Landesbank Girozentrale* v *Islington LBC* [1996] AC 669, 710 (per *Lord Browne-Wilkinson*); *Lipkin Gorman (a firm)* v *Karpnale Ltd* [1991] 2 AC 548 (568, per *Lord Ackner*; 558, per *Lord Bridge of Harwich*).

[51] *Kleinwort Benson Ltd* v *Lincoln CC* [1998] 4 All ER 513, 530 (per *Lord Goff of Chieveley*); *Westdeutsche Landesbank Girozentrale* v *Islington LBC* [1996] AC 669, 695 (per *Lord Goff of Chieveley*); *Lipkin Gorman (a firm)* v *Karpnale Ltd* [1991] 2 AC 548, 578 (per *Lord Goff of Chieveley*); auch *Kleinwort Benson Ltd* v *Lincoln CC* [1998] 4 All ER 513, 559 (per *Lord Hope of Craighead*); *Banque Financière de la Cité* v *Parc (Battersea) Ltd* [1999] 1 AC 221, 237 (per *Lord Clyde*): „general principle of the common law“.

[52] *Woolwich Equitable BS* v *IRC* [1993] AC 70, 196 f. (per *Lord Browne-Wilkinson*):

> „Although as yet there is in English law no general rule giving the plaintiff a right of recovery from a defendant who has been unjustly enriched at the plaintiff's expense, the concept of unjust enrichment lies at the heart of all the individual instances in which the law does give a right of recovery“.

Siehe auch Australien mit *David Securities Pty Ltd* v *Commonwealth Bank of Australia* (1992) 175 CLR 353, 378 f. (per *Mason CJ, Deane, Toohey, Gaudron* und *McHugh JJ*): „unifying legal concept“.

[53] *Banque Financière de la Cité* v *Parc (Battersea) Ltd* [1999] 1 AC 221, 234 (per *Lord Hoffmann*):

> „[...] first, whether the defendant would be enriched at the plaintiff's expense; secondly, whether such enrichment would be unjust and thirdly, whether there are nevertheless reasons of policy for denying a remedy“;

a. a. O. 221, 239, auch 243 (per *Lord Hutton*):

> „A claim based on unjust enrichment cannot succeed unless the plaintiff can establish that the defendant was unjustly enriched at its expense.“

Des weiteren *Westdeutsche Landesbank Girozentrale* v *Islington LBC* [1996] AC 669 (722, per *Lord Woolf*, er zitiert *Fibrosa Spolka Akcyjna* v *Fairbairn Lawson Combe Barbour Ltd* [1943] AC 32, 61 (per *Lord Wright*)); *Lipkin Gorman (a firm)* v *Karpnale Ltd* [1991] 2 AC 548, 559 (per *Lord Templeman*: „[...] ‚unjustly enriched‘ at the expense of the true owner“; 572, per *Lord Goff of Chieveley*: „[...] unjust enrichment at the expense of [...]“).

mulierte Lord Goff in *Westdeutsche Landesbank Girozentrale* v *Islington London Borough Council*:[54]

„If restitution lawyers are hoping to find in your Lordships' speeches broad statements of principle which may definitively establish the future shape of this part of the law, I fear that they may be dissappointed."

Klargestellt wird der Begriff unjust enrichment erst 1998 in der Rede Lord Steyns in *Banque Financière de la Cité* v *Parc Ltd*; insgesamt werden vier Bausteine des englischen law of restitution ausgemacht: Enrichment, at the expense of, unjust und mögliche defences.[55] Obwohl schon zuvor mehrmals die vier Merkmale genannt wurden, war dies der erste Fall, in dem die Lordrichter tatsächlich unjust enrichment als subsumtionsfähige Formel verwandten. Der Court of Appeal gab dagegen bereits Jahre zuvor einen genauen Einblick in seine Ansicht zum Thema unjust enrichment. Evans LJ zum Beispiel urteilte 1996 in *Kleinwort Benson Ltd* v *Birmingham City Council* unter Berufung auf das amerikanische Restatement:[56]

„It is recognised that these different forms spring from a single underlying principle, which is described as the right to recover on grounds of unjust enrichment; that is to say, the defendant has been unjustly enriched by the payment made to him and which the plaintiff seeks to recover."

In der konkreten Entscheidung befaßten sich die Richter mit dem Merkmal „at the expense of". Die noch 1995 von Hedley vorgetragene Kritik an der akademischen Lehre zum law of restitution hatte daher bis vor kurzem durchaus ihre Berechtigung.[57] Tatsächlich hat sich das House of Lords erst in jüngster Zeit dazu durchgerungen, unjust enrichment im konkreten Sinne zu verwenden. Sowohl die Leitentscheidungen *Lipkin Gorman (a firm)* v *Karpnale Ltd* als auch *Woolwich Equitable Building Society* v *Inland Revenue Commissioners* hatten sich noch nicht festgelegt und wurden deshalb von der enttäuschten Lehre für ihren vagen Gebrauch von unjust enrichment getadelt.[58] Gerade die subsumtionsfähigen Elemente und nicht das abstrakte Rechtsprinzip waren die treibende Kraft für die restitution lawyers.[59] Auch in der zukünftigen Recht-

---

[54] *Westdeutsche Landesbank Girozentrale* v *Islington LBC* [1996] AC 669, 686 (per *Lord Goff of Chieveley*).

[55] *Banque Financière de la Cité* v *Parc (Battersea) Ltd* [1999] 1 AC 221, 227 (per *Lord Steyn*). Daneben sollten noch die „bars to restitution" erwähnt werden, siehe oben auf S. 515, Fn. 7, 588.

[56] *Kleinwort Benson Ltd* v *Birmingham CC* [1997] QB 380, 386 (per *Evans LJ*); siehe auch *Halifax BS* v *Thomas* [1996] 2 WLR 63, 71 (per *Gibson J*): Problematisierung des Merkmals „at the expense of"; *Portman BS* v *Hamlyn Taylor Neck (a firm)* [1998] 4 All ER 202, 206 (per *Millett LJ*): Hier spielt das Merkmal der Bereicherung – „benefit" – eine herausragende Rolle.

[57] *Hedley*, in: (1995) 54 CamLJ 578, bes. 580 f.

[58] *McKendrick*, in: (1992) 55 MLR 377, 381 f.; *ders.*, in: [1993] LMCLQ 88, 99.

[59] Stellvertretend sei *Jones*, in: *Burrows*, Essays on Restitution, S. 1 (3), genannt.

sprechung werden Unschärfen in Kauf zu nehmen sein.[60] Mit der neuen Linie des House of Lords ist noch lange kein grundlegender Wandel in der Methodik auszumachen. Das Gericht wird aller Wahrscheinlichkeit nach zwar Schritt um Schritt in weiteren Entscheidungen unter unjust enrichment subsumieren, dabei allerdings nicht so weit wie kanadische Gerichte gehen. Nach wie vor steht das Fallrecht im Mittelpunkt der Entscheidungsfindung.

III. Traditionelle Einteilungen

1. Allgemeines zu Unjust Enrichment

Nachdem das ungeordnete Fallrecht und die Methode zu seiner Beherrschung vorgestellt wurden, gelangt man zum Kernthema, der Frage, ob die englische Lehre in irgendeiner Form dem Einheits- oder Trennungsmodell zuneigt. Das case law selbst wird man sicherlich nicht für sich genommen aus der einen oder anderen Perspektive betrachten können, es ist ohne akademisches System zu zersplittert. Auf der Seite der Literatur lassen sich Strömungen ausmachen, die sich trotz ihres Rekurses auf die Fallrechtsmethode zumindest ansatzweise dem einen oder dem anderen Lager zuordnen lassen.

Um die Fallgruppen des case law nach bestimmten Gesichtspunkten zu systematisieren, bedarf es zuerst einer Grundstruktur, die für die verschiedenen cases gemeinsame Merkmale festlegt. Wie bereits angedeutet, vertreten die englische Rechtsprechung und Lehre einen „Tatbestand" aus vier Elementen, ergänzt durch die „bars to restitution": Bereicherung („enrichment"), auf dessen Kosten („at the expense of"), Rechtsgrundlosigkeit („unjust") und Einwendungen („defences"), allen voran der Wegfall der Bereicherung. Das sind die Determinanten, um die alle grundlegenden Systematisierungsversuche des law of restitution kreisen.

a) Bereicherung: „Enrichment"

Das erste Element, „enrichment", dient besonders der Literatur dazu, die Ungereimtheiten und Wertungsunterschiede zwischen Geld und anderen Bereicherungsgegenständen zu lokalisieren. Geld stellt unproblematisch eine Bereicherung dar.[61] Größte Schwierigkeiten verursacht hingegen die ungegenständliche Bereicherung, allen voran Dienstleistungen. Wie besonders bei Verwen-

---

[60] *Ho*, in: (1996) 16 OxJLS 517, 532.

[61] *BP Exploration Co (Libya) Ltd* v *Hunt (No 2)* [1979] 1 WLR 783, 789 (per *Goff J*).

dungen und necessity zu sehen war, verhält sich das common law gegenüber einer Bereicherung, die für den Beklagten keinen rechten Wert hat, sehr widerwillig. In Deutschland wird das Problem über den Komplex der aufgedrängten Bereicherung angegangen.[62] In England dagegen hat die Literatur einen intrikaten Prüfungskatalog entwickelt, um das Fallrecht um Dienstleistungen in eine faßliche Formel zu bringen. Sicherlich ist der Komplex „enrichment" eines der größten Reservate der Lehre, in der sie mangels entsprechender Präjudizien selbst schöpferisch tätig werden kann.[63]

b) Auf dessen Kosten: „At the expense of"

aa) Allgemeines

Die genaue Definition des Merkmals, das zuerst James Barr Ames (1846–1910) gegen Ende des 19. Jahrhunderts in den anglo-amerikanischen Raum einführte,[64] wird ebenso kontrovers wie „enrichment" diskutiert. Das Schrifttum definiert „at the expense of" teilweise ganz konservativ als „harm" oder „loss",[65] ein Blickwinkel, der an das Schadensersatzrecht erinnert. Es wird eine echte Vermögensminderung auf seiten des Klägers gefordert.[66] Diese Interpretation ist indessen nicht von vornherein vorgegeben, wie bereits die deutsche Literatur und Rechtsprechung in der ersten Hälfte des 20. Jahrhunderts belegt haben. Die entscheidende Frage lautet vielmehr, ob man „at the expense of" normativ oder faktisch interpretieren will.[67] Manche Stimmen tendieren eher zur normativen Variante, die sich nicht am gegenständlichen Verlust orientiert. Es wird die Ansicht vertreten, „at the expense of" weise nur auf die Quelle der Bereicherung, nicht aber auf einen tatsächlichen Verlust beim Kläger hin.[68]

Das genaue Verhältnis von Vermögensminderung und Vermögensmehrung ist in der Literatur bislang genauso ungeklärt. Zum einen findet sich die aus der

---

[62] Siehe *Verse*, in: [1998] RLR 85, 89.

[63] Nähere Einzelheiten sind hier irrelevant, im Detail *Burrows*, Law of Restitution, S. 7–16; *Virgo*, Principles of the Law of Restitution, S. 68–86; rechtsvergleichend *Bertl*, Change of Position, S. 51–56, 97–102; *Kobbelt*, Schutz von Immaterialgütern, S. 367–378; *Schlechtriem/Coen*, Restitution und Bereicherungsausgleich, Bd. 1, Rn. 2/303–308.

[64] *Ames*, in: (1888–89) 2 HarvardLR 53, 68.

[65] Für das australische Recht *Jackman*, Varieties of Restitution, S. 11; benutzt wird der Ausdruck „loss" auch von *Banque Financière de la Cité* v *Parc (Battersea) Ltd* [1999] 1 AC 221, 237 (per *Lord Clyde*).

[66] Dazu die Analyse bei *Lionel D. Smith*, in: (1991) 11 OxJLS 481, 482 f.

[67] *Weinrib*, Idea of Private Law, S. 117 f. Zum deutschen Recht und der Normativität der Vermögensverschiebung oben ab S. 315, 336, 464.

[68] Vor allem *Chambers*, Resulting Trusts, S. 97 f.; *Virgo*, Principles of the Law of Restitution, S. 105 f.

deutschen Diskussion in der ersten Hälfte des vergangenen Jahrhunderts bekannte Figur der Kausalität von Entreicherung und Bereicherung,[69] um das Verhältnis von „enrichment" und „at the expense of" zu verdeutlichen. So will sich Virgo mit einem Kausalzusammenhang zwischen Be- und Entreicherung begnügen und sogar das Merkmal „at the expense of" für überflüssig erklären, wenn erst einmal die Kausalität festgestellt sei.[70] Weitaus verbreiteter ist jedoch noch die Meinung, der Verlust des Klägers und die Bereicherung des Beklagten müßten sich im Sinne eines Nullsummenspiels entsprechen.[71]

Obwohl zusammengefaßt eine wie auch immer geartete Vermögensminderung beim Kläger vorausgesetzt wird, unterscheidet sich das law of restitution vom law of torts, weil unjust enrichment auf die Bereicherung des Schuldners, das law of torts hingegen auf den Schaden des Gläubigers abstellt.[72] Der Begriff „Schaden" im bereicherungs- und schadensersatzrechtlichen Sinn hat unterschiedliche Inhalte und Zielsetzungen.[73] Beispielsweise lehnte es die englische Rechtsprechung im Anschluß an den australischen High Court ab, ähnlich wie beim Schadensersatz einen Vorteilsausgleich auf der Seite des Entreicherten anzuerkennen (sogenannte „defence of passing on").[74] Konkret ging es

---

[69] *Dawson*, in: (1959) 20 OhioSLJ 175, 176 f.; jetzt auch *Jaffey*, Restitution, S. 7: „causally linked to a gain in the sense that the transfer caused both the loss and the gain"; *Virgo*, Principles of the Law of Restitution, S. 105, und *Banque Financière de la Cité* v *Parc (Battersea) Ltd* [1999] 1 AC 221, 237 (per *Lord Clyde*): „[...] that the defendant should have received some form of enrichment, and that the enrichment has come about because of the loss."

[70] *Virgo*, Principles of the Law of Restitution, S. 105.

[71] *Burrows*, Law of Restitution, S. 19; *McMeel*, Modern Law of Restitution, S. 7: „a corresponding plus and minus"; für Australien und Kanada *McInnes*, in: (1999) 37 AlbertaLR 1, 20–23; *ders.*, in: *ders.*, Developments in Unjust Enrichment, S. 17 (33, Fn. 89); für Neuseeland *Grantham/Rickett*, Enrichment and Restitution, S. 373 f.

Wahrscheinlich auch früher *Birks*, Introduction, bes. S. 132 f., 351–355, wenn er mit dem bekannten Begriff „subtraction" dem Plus auf der Beklagtenseite ein Minus auf der Klägerseite gegenüberstellen möchte; in diese Richtung interpretiert ihn *Jaffey*, Restitution, S. 16. Anders jetzt mit Nachdruck *ders.*, in: (2000) OxUCLF 1, bei Fn. 22–27; *ders.*, in: *ders./Rose*, Lessons of the Swaps Litigation, S. 1 (37–39). *Lord Goff of Chieveley/Jones*[5], Law of Restitution, S. 74, sehen das Nullsummenspiel immerhin als Normalfall an.

Vgl. zum Meinungsstand *Lionel D. Smith*, in: (1992) 71 CBR 672, 697 f.

[72] Das betonen z. B. *Chambers*, Resulting Trusts, S. 97; *Virgo*, Principles of the Law of Restitution, S. 3.

[73] *Rose*, in: *Birks*, Laundering and Tracing, S. 261 (273 f.).

[74] Für Australien *Mason* v *New South Wales* (1959) 102 CLR 108, 146 (per *Windeyer J*); *Commissioner of State Revenue (Victoria)* v *Royal Insurance Australia Ltd* (1994) 126 ALR 1, 14 f. (per *Mason CJ*). Rechtsvergleichend *Bertl*, Change of Position, S. 164–168.

Siehe zum Schadensersatz *Hussey* v *Eels* [1990] 2 QB 227; *British Westinghouse* v *Underground Electric Railways* [1912] AC 673.

darum, ob eine Bank aus einem nichtigen Vertrag ihr Geld zurückerlangen kann, obwohl sie bei unabhängigen Dritten aus Sicherungsgeschäften Regreß nehmen darf. Der Court of Appeal verwarf wie bereits das Reichsgericht die Regreßanrechung auf seiten des Entreicherten mit der Begründung, das law of restitution befasse sich nicht mit Schadensersatz und Schäden des Klägers, sondern mit der Bereicherung des Beklagten; eine extensive Auslegung von „at the expense of" verbiete sich.[75] Auf derselben Linie liegt das House of Lords, das in *Banque Financière de la Cité* v *Parc Ltd* hervorhob, ein Mitverschulden des Entreicherten oder ein Verschulden des Bereicherten sei unerheblich.[76] Damit zeigt sich, daß das law of restitution dem law of torts diametral gegenübersteht. Die derzeitige Rechtsprechung unterstützt den Teil der Literatur, der „at the expense of" weniger restriktiv auslegen will.

Offen bleibt, ob die Rechtsprechung wie im deutschen Recht eines Tages dazu führen könnte, das Element „at the expense of" im Verständnis einer tatsächlichen Entreicherung komplett aufzugeben.[77] Nur die kanadische Rechtsprechung läßt die defence of passing on auf der Grundlage eines enger formulierten Kostenbegriffs gelten. Denn im leading case *Pettkus* v *Becker* wurde das principle of unjust enrichment zu dem Satz gefaßt: „an enrichment, a corre-

---

[75] *Kleinwort Benson Ltd* v *Birmingham CC* [1997] QB 380, 388–393, 394 f., 395–402 (per *Evans*, *Saville* und *Morritt LJJ*), und zuvor schon *Kleinwort Benson Ltd* v *South Tyneside MBC* [1994] 4 All ER 972, 984–987 (per *Hobhouse J*); offengelassen noch in *Woolwich Equitable BS* v *IRC* [1993] AC 70, 178 (per *Lord Goff of Chieveley*). Zustimmend die Lehre, siehe etwa *Lord Goff of Chieveley/Jones*[5], Law of Restitution, S. 684–686; *McMeel*, Modern Law of Restitution, S. 451; *Rose*, in: *Birks*, Laundering and Tracing, S. 261 (zusammenfassend 286 f.); *Virgo*, Principles of the Law of Restitution, S. 736–738. Angemerkt sei noch, daß *Kleinwort Benson Ltd* v *Birmingham CC* [1997] QB 380, 389 (per *Evans LJ*) die Frage für überbezahlte Steuern offenläßt.

Zur Rspr. des RG, die zum selben Ergebnis wie *Kleinwort Benson Ltd* v *Birmingham CC* gelangt, sei auf RG, 25.4.1901 – VI. 33/01, in: RGZ, Bd. 48 (1901), S. 139 (142 f.) = Nachschlagewerk des RG, § 812, Nr. 1, § 814, Nr. 1 = *Schubert/Glöckner*, Edition, §§ 812–825, S. 5, 95, verwiesen.

[76] *Banque Financière de la Cité* v *Parc (Battersea) Ltd* [1999] 1 AC 221, 235 (per *Lord Hoffmann*):

> „But there is, so far as I know, no case in which it has been held that carelessness is a ground for holding that a consequent enrichment is not unjust";

a. a. O. 221, 243 (per *Lord Hutton*):

> „In order for a claim for unjust enrichment to succeed at common law the plaintiff does not have to prove a wrong committed by the defendant against him";

a. a. O. 221, 227 (per *Lord Steyn*):

> „It is sufficient to say that restitution is not a fault-based remedy".

Siehe auch schon *Lipkin Gorman (a firm)* v *Karpnale Ltd* [1991] 2 AC 548, 572 (per *Lord Goff of Chieveley*). Vgl. allgemein zu Verschulden und Restitution *Birks*, in: Festschrift für *Lord Goff of Chieveley*, S. 235–275.

[77] Das wird von *Birks*, in: (1999) 28 UWALR 13, 21, Fn. 18, angedacht. Dagegen wieder *McInnes*, in: (1998) 57 CamLJ 472, 479.

sponding deprivation and absence of any juristic reason for the enrichment."[78] Bereicherung und „korrespondierende" Entreicherung lassen weniger Spielraum für eine abstrakt verstandene Vermögensverschiebung als die an die kontinentaleuropäische Tradition angelehnte Formulierung „at the expense of" in Australien und England.[79]

bb) Probleme beim Wrongdoing

Das Kernproblem von „at the expense of" liegt vornehmlich in der Fallgruppe des wrongdoing, das seiner Ausgangslage im Fallrecht nach nicht eindeutig dem unjust enrichment zugeordnet werden kann. Es gibt drei Situationen, von denen nur die erste unproblematisch ist: die unmittelbare Vermögensverschiebung nach deutscher Terminologie, bei der Bereicherung und Entreicherung korrespondieren, Nutzungsentgelt und Gewinnherausgabe. Unter die erste Kategorie lassen sich zum Beispiel die irrtümliche Geldzahlung oder Betrugsfälle einsortieren. Beim Betrug verschiebt der Betrogene einen Vermögensbestandteil zum Betrüger; selbst bei einer sehr engen Auslegung ist „at the expense of" erfüllt, weil der Vermögensübergang unmittelbar erfolgt, sich Nachteil und Vorteil entsprechen und sogar ein echter Schaden beim Betrogenen festzustellen ist. Solche Idealbedingungen setzt das englische Recht nicht immer voraus.

Bereits das Nutzungsentgelt wirft die Frage auf, ob die Entreicherung des Klägers und die Bereicherung des Beklagten tatsächlich korrespondieren oder zumindest implizit miteinander verknüpft sind. Man mag kritisieren, die bloße Nutzung könne nicht zum Beklagten „verschoben" werden, der Ersparnis für die Nutzungsgestattung auf seiten des Bereicherten stehe kein gleichwertiger Verlust des Klägers gegenüber, wenn dieser sein Recht gar nicht zur Verfügung stellen wollte.[80] Auch ist zweifelhaft, welche Situationen genau noch als Nutzung oder bereits als Gewinn einzustufen sind. Ist der Kaufpreis, den man beim Verkauf fremden Eigentums erlangt, von der Nutzungsentschädigung oder der Gewinnhaftung umfaßt?[81] Für erstere Möglichkeit ließe sich argumentieren, Eigentum werde sogar durch Verkauf noch benutzt.

---

[78] *Pettkus* v *Becker* (1980) 117 DLR (3d) 257, 274 (per *Dickson J*).

[79] Grundlegend zum passing on per obiter dictum Supreme Court of Canada in *Air Canada* v *British Columbia* (1989) 59 DLR (4d) 161, 193 f. (per *La Forest J*, *Lamer CJ* und *L'Heureux-Dubé J*); dagegen wie in England und Australien a. a. O. 161, 170 (per *Wilson J*). Umgesetzt wurde das obiter dictum von den Untergerichten, bspw. *Air Canada* v *Ontario (Liquor Control Board)* (1995) 126 DLR (4d) 301 (Ontario CA).

[80] In diese Richtung *Stapleton*, in: *Birks*, Classification of Obligations, S. 193 (227): Die Fälle der „licence fee", des Nutzungsentgelts anhand fingierter Lizenz, seien keine Vermögensverschiebung mehr.

[81] Für Nutzung hier *Beatson*, in: *ders.*, Use and Abuse of Unjust Enrichment, S. 206 (231 f.); verneinend *Birks*, Introduction, S. 353.

Im deutschen Recht warf die Fallgruppe der Nutzungen in der Zeit vor der Lehre vom Zuweisungsgehalt ebenfalls die Frage auf, ob überhaupt das Tatbestandsmerkmal „auf dessen Kosten" abgedeckt sei.[82] Das common law war lange Zeit von einer ähnlichen, allzu gegenständlichen Sichtweise verdunkelt. In der Leitentscheidung *Phillips* v *Homfray* aus dem 19. Jahrhundert,[83] die gleich dem Gleisanlagen-Fall des Reichsgerichts um den Abtransport von Kohle über ein fremdes Grundstück kreist, wird für das tort of trespass to land angedeutet, die bloße Nutzungsersparnis sei keine ausreichende Bereicherung. Der Fall wird für die heutigen Interpreten durch mehrere Rechtsaltertümer verdunkelt: Er basiert auf der alten actio personalis rule,[84] nach der die Erben des Verstorbenen nicht aus tort für die Taten des Erblassers haften. Des weiteren klingt auf der Grundlage des implied contract an, ein Vertrag auf Zahlung könne nicht in Betracht kommen, wenn der Eingreifer niemals für die rechtswidrige Benutzung des Grundstücks hätte zahlen wollen. Erst die jüngere Rechtsprechung wendet sich von der verunglückten Entscheidung ab. Beispielhaft ist der Fall *Atlantic Shipping Management* v *Finagrain SA*:[85]

In diesem Fall hatte Toulson J über einen Bereicherungsanspruch zu entscheiden, der aus der Nutzung eines Getreidesilos über die vertragliche Laufzeit hinaus entstanden sein sollte. Er urteilte:

> „There is no dispute as a general proposition that where a person obtains the use of the property or services of another in circumstances where such benefit is non-contractual but could not be expected to be gratuitous, the law of restitution imposes on him an obligation to pay for it and, in the absence of any better basis for assessment, the value of the benefit is to be assessed by what is reasonable."

Ausdrücklich wurde betont, *Phillips* v *Homfray* stehe der Restitution nicht entgegen. Vor *Atlantic Shipping Management* v *Finagrain SA* hatte sich bereits die Mehrheit der Richter in *Ministry of Defence* v *Ashman* im Fall eines trespass für den ersparten Mietzins im selben Sinne ausgesprochen.[86]

---

[82] Siehe oben ab S. 362, 398; auch *Batsch*, Vermögensverschiebung und Bereicherungsherausgabe, S. 36–49, m. w. N.

[83] *Phillips* v *Homfray* (1883) 24 Ch D 439; siehe auch bereits (1871) LR 6 Ch App 770, und später [1892] 1 Ch 465. Des weiteren die Besprechungen des Falls bei *Burrows*, Law of Restitution, S. 390–392; *Lord Goff of Chieveley/Jones*[5], Law of Restitution, S. 776–778; *Jaffey*, Restitution, S. 143–146; *McMeel*, Modern Law of Restitution, S. 329 f.; *Swadling*, in: Festschrift für *Lord Goff of Chieveley*, S. 277–294; *Virgo*, Principles of the Law of Restitution, S. 481–484, er hält den Fall schlicht für eine Fehlentscheidung; *Weinrib*, in: [2000] 1 TIL 1, 14–24, alle m. w. N. aus der Kommentarliteratur.

[84] Actio personalis moritur cum persona, abgeschafft durch Law Reform (Miscellaneous Provisions) Act 1934.

[85] *Atlantic Shipping Management* v *Finagrain SA*, v. 15.1.1999 (per *Toulson J*) = *http://www.law.cam.ac.uk/restitution/archive/englcases/atlantic.htm*. Konkret wurde der Anspruch auf breach of contract gestützt, per obiter dictum wurde aber auch positiv noch trespass erwogen.

[86] *Ministry of Defence* v *Ashman* [1993] 2 EGLR 102 (104 f., per *Hoffmann* und *Kennedy LJJ*; a. A. 106, per *Lloyd LJ* wegen *Phillips* v *Homfray*). Siehe ebenso *Ministry*

Die traditionelle Ansicht, daß die bloße Sachnutzung keine ausreichende Bereicherung darstelle, ist allerdings nicht vollständig überwunden. Denn Lord Lloyd urteilte am Privy Council,[87] ein solcher Anspruch „need not be characterised as exclusively compensatory, or exclusively restitutionary; it combines elements of both.“

Während das Nutzungsentgelt noch in einem „figurative or notional sense“[88] als weit interpretierte Vermögensverschiebung verstanden werden kann,[89] treten im englischen Recht bei der charakteristischen Rechtsfolge der Gewinnherausgabe für wrongdoing (account of profits) weitaus größere Schwierigkeiten auf. Ebenso wie beim commodum ex negotiatione im Rahmen von § 816 Abs. 1 S. 1 BGB stammt der herauszugebende Profit in erster Linie von einer dritten Person. Eine Vermögensverschiebung im wörtlichen Sinne von „at the expense of“ nimmt fast niemand an. Nur eine Mindermeinung argumentiert, der Kläger verliere durch Eingriff in seine Rechte immer die Möglichkeit, sich die Erlaubnis für den Eingriff bezahlen zu lassen.[90] Selbst dem Gewinn des Beklagten, den der Kläger in *dieser* Form gar nicht hätte erzielen können, entspreche ein Verlust in gleicher Höhe. Hinter dieser Ansicht steht das Bestreben, wrongdoing nicht als Ausfluß des Bereicherungsrechts, sondern als Schadensersatz zu deuten. Der account of profit wäre demnach kein „restitutionary“, sondern ein „compensatory“ Rechtsmittel. Die Schwierigkeiten, die daraus erwachsen würden, illustriert beispielhaft der Fall *Reading* v *Attorney-General*:[91]

Sergeant Reading hatte seine Dienstpflichten gegenüber der Krone verletzt, indem er Schmugglern half, in Lastwagen an Armeeposten vorbei illegalen Alkohol nach Kairo zu transportieren. Für seine Hilfestellung war Reading von den Schmugglern entlohnt worden. Aufgrund seiner Treuhänderstellung gegenüber der Krone war das ein equitable wrong. Das House of Lords erkannte an, der Krone stehe Readings Lohn für das Schmuggelgeschäft zu.

Das Geld stammte von den Schmugglern, nicht von der Krone, so daß sich außer der begangenen Pflichtverletzung kein Zusammenhang zwischen dem Schmuggellohn und der Krone ergab. Mit der herkömmlichen Auslegung von „at the expense of“ war der Fall zugunsten der Krone nicht zu lösen. Nur mit

---

of Defence v *Thompson* [1993] 2 EGLR 107, und *Re Polly Peck International Plc* [1997] 2 BCLC 630.

[87] *Inverugie Investments Ltd* v *Hackett* [1995] 1 WLR 713, 718 (per *Lord Lloyd of Berwick*).

[88] *Jaffey*, in: [1995] RLR 30, 33.

[89] In diese Richtung gehen *Beatson*, in: *ders.*, Use and Abuse of Unjust Enrichment, S. 206 (231 f.), und *Worthington*, in: (1999) 62 MLR 218, 230.

[90] *Sharpe/Waddams*, in: (1982) 2 OxJLS 290–297; dagegen die h. M., siehe nur *Burrows*, Law of Restitution, S. 393; *Jaffey*, Restitution, S. 139; *McMeel*, Modern Law of Restitution, S. 327; *Virgo*, Principles of the Law of Restitution, S. 458, 479, Fn. 24; für Neuseeland *Grantham/Rickett*, Enrichment and Restitution, S. 476.

[91] *Reading* v *A-G* [1951] AC 507.

einer sehr weiten Definition läßt sich ein anderes Ergebnis für „at the expense of" erzielen.[92] Man könnte behaupten, wenn Reading das Geld vor seiner Hilfe erhalten habe, hätte er den Schmugglern nur wegen des Geldes geholfen und somit den Schaden verursacht. Das wäre aber lediglich eine mittelbare Kausalität über mehrere Zwischenstationen. Einen weiteren Ansatzpunkt liefern die Überlegungen der Mindermeinung: Sie müßte, um ihre Ansicht zu halten, der Krone unterstellen, sie hätte über den Schmuggel verhandelt – ein unvorstellbarer Vorgang. Der Schaden des Klägers und der Gewinn des Beklagten sind – wie *Reading* v *Attorney-General* zeigt – nur in den seltensten Fällen identisch.

Es treten folglich Situationen auf, in denen sich nach herrschender Lehre keine herkömmliche Vermögensverschiebung im Sinn von „at the expense of" nachweisen läßt. Der Gewinn des Klägers, auf den es ankommt, läßt sich eher mit Präventionsgesichtspunkten als mit unjust enrichment at the expense of deuten. Typischerweise wird diese besondere Form der Bereicherung nach einer Wortwahl von Lionel D. Smith als „disgorgement" bezeichnet.[93] Denn bei der Abschöpfung von Gewinnen zwischen dem Bereicherungsschuldner und einer dritten Person wäre der Begriff „Restitution" im Sinne von *Rückgabe* weithin unpassend. Wie sich das disgorgement trotzdem mit unjust enrichment in Verbindung setzen läßt, darauf wird im Kontext der verschiedenen Systemmodelle des englischen law of restitution zurückzukommen sein. Im deutschen Recht jedenfalls kann das disgorgement auf der Grundlage der Zuweisungslehre nur schwerlich kondiziert werden. Die Bestechungsgelder der Krone zuzuweisen, bedeutete, ihr das Recht zuzusprechen, Recht gegen Geld zu verkaufen – ein widersinniges Ergebnis.[94] Allein die Rechtswidrigkeitstheorie könnte zu einem anderen Ergebnis gelangen; allerdings ist auch hier fraglich, ob der Schutzzweck der verletzten Pflicht dies abdeckt und das Tatbestandsmerkmal „auf dessen Kosten" erfüllt ist. Die ältere Rechtsprechung des Reichsgerichts hatte sich in Immaterialgüterfällen dagegen manchmal dazu bekannt, selbst der Gewinn sei von „auf dessen Kosten" umfaßt.[95]

---

[92] So in der Tat *Beatson*, in: *ders.*, Use and Abuse of Unjust Enrichment, S. 206 (230); *Daniel Friedmann*, in: Festschrift für *Jones*, S. 133 (143). Zustimmend andeutungsweise *Birks*, in: *ders./Rose*, Lessons of the Swaps Litigation, S. 1 (39).

[93] *Lionel D. Smith*, in: (1992) 71 CBR 672, 699. Zustimmend vor allem *Jaffey*, Restitution, S. 363–417; für Neuseeland *Grantham/Rickett*, Enrichment and Restitution, S. 395–487. Kritisch jedoch bspw. *Birks*, in: Festschrift für *Jones*, S. 1 (12 f.).

[94] Siehe *Markesinis/Lorenz/Dannemann*, German Law of Obligations, Vol. 1, S. 746.

[95] Näher oben ab S. 273, 363.

c) Rechtsgrundlosigkeit: „Unjust"

Die Rechtsgrundlosigkeit, von Birks „unjust factor" und von Virgo „ground of restitution" bezeichnet,[96] ist anders als im kanadischen Recht stets konkret zu ermitteln und vom Kläger zu beweisen.[97] Sie konstituiert sich aus den spezifischen Fallgruppen, welche die Rechtsprechung herausgebildet hat. Erst seit der Wende im Jahre 1991 ordnet die Rechtsprechung die Fallgruppen dem Begriff „unjust" zu. Darauf wurde bereits bei der Analyse des Fallrechts und der Methode des law of restitution hingewiesen. Weitere Ausführungen erübrigen sich deshalb.

d) Bereicherungswegfall und andere Einwendungen

Wenn „enrichment", „at the expense of" und der unjust-Grund vorliegen sowie weiterhin keine vom Kläger zu beweisenden Anspruchssperren („bars to restitution") wie das Bestehen eines schuldrechtlichen Verhältnisses zwischen Kläger und Beklagtem existieren,[98] ist es am letzteren zu beweisen, daß er eine Einwendung („defence") geltend machen kann. Wichtigster Fall ist wie im deutschen Recht der Wegfall der Bereicherung, change of position.[99] Daneben spielen unter anderem noch estoppel, good consideration, illegality und ministerial receipt eine Rolle.[100] Der gutgläubige Erwerb wird hingegen weitgehend ausgeschlossen: nemo dat, quod non habet. Nur Geld kann nach common law

---

[96] Im Folgenden auch als unjust-Grund, -Typ oder -Gruppe bezeichnet.

[97] Im kanadischen Recht könnte mit „absence of juristic reason" nicht nur die Rechtsgrundlosigkeit abstrahiert, sondern weitergehend sogar die Beweislast zu Lasten des Beklagten umgekehrt werden, so *McInnes*, in: (1999) 37 AlbertaLR 1, 10 f.; vgl. auch *Lionel D. Smith*, in: (2000) 12 SupremeCourtLR 211–244. Das Fallrecht nimmt dazu keine explizite Stellung.

[98] Dazu bereits oben auf S. 514.

[99] Grundlegend *Lipkin Gorman (a firm)* v *Karpnale Ltd* [1991] 2 AC 548 (558, per *Lord Bridge*; 568, per *Lord Ackner*; 578, per *Lord Goff of Chieveley*); zuletzt *Amoco (UK) Exploration Co* v *Imperial Chemical Industries Plc*, v. 30.7.1999 (per *Tuckey LJ*) = *http://www.law.cam.ac.uk/restitution/archive/englcases/amoco.htm*, die Einwendung des change of position wurde i. E. aber abgelehnt. Aus der rechtsvergleichenden Literatur ist bes. hinzuweisen auf *Bertl*, Change of Position; *Dörner*, in: *Swadling*, Limits of Restitutionary Claims, S. 64–78; *Hellwege*, in: [1999] RLR 92–117; *Jewell*, in: *Birks/Rose*, Lessons of the Swaps Litigation, S. 273–290, und *Schlechtriem/Coen*, Restitution und Bereicherungsausgleich, Bd. 1, Rn. 2/bes. 460–463.

[100] Die Einwendungen aus good consideration und ministerial receipt werden genauer im nächsten Gliederungspunkt im Rahmen von Mehrpersonenverhältnissen ab S. 592 besprochen. Bei estoppel handelt es sich um eine Form des Vertrauensschutzes; siehe dazu im Zusammenhang mit Verwendungen auf Grundstücke oben auf S. 526. Zu einer vollständigen Übersicht über alle bars und defences sei verwiesen auf *Virgo*, Principles of the Law of Restitution, S. 169–175, 674–778.

ähnlich § 935 Abs. 2 BGB im Austausch mit einer Gegenleistung redlich vom Nichtberechtigten erworben werden.[101] Der Beklagte hat dann die Verteidigungsmöglichkeit aus defence of bona fide purchase for value.

e) Exkurs: Mehrpersonenverhältnisse

Anhand des abstrakten Schemas von „enrichment at the expense of another person“ fragt es sich, ob damit auch komplexe Situationen wie Mehrpersonenverhältnisse rational zu lösen sind.[102] Von vornherein ist dabei Skepsis angebracht, weil sich das englische Recht dem beschriebenen Mittelweg und nicht der kontinentalen und herrschenden kanadischen Lösung verschrieben hat, für die unjust enrichment eine Rechtsregel und keine Anleitung zur Entscheidung „upon the cases“ ist.

aa) Element „At the expense of“

Aus deutscher Perspektive liegt es am nächsten, die Lösung von Mehrpersonenverhältnissen im Merkmal „at the expense of“ zu suchen. Um dieser Anforderung nachzukommen, müßte das Element begrifflich eingeschränkt werden. Dazu bietet sich zunächst die Interpretation an, die Be- und Entreicherung als Nullsummenspiel betrachtet.[103] Hierdurch wird aber noch nichts über den Weg ausgesagt, der zwischen Be- und Entreicherung liegt, ja nicht einmal die gegenständliche Identität liegt notwendigerweise in der Vorstellung, Schaden und Gewinn entsprächen sich. Wie im deutschen Recht in der ersten Hälfte des 20. Jahrhunderts wird in der englischen Lehre teilweise ein anderes Schlagwort angeführt: die direkte Bereicherung („direct enrichment“) des Klägers gegen-

---

[101] *Miller* v *Race* (1758) 1 Burr 452, 457 f. = 97 ER 398, 401. Zu weiteren spezialgesetzlichen Ausnahmen unten auf S. 672. Vgl. generell *Barker*, in: [1999] RLR 75–91; *McMeel*, Modern Law of Restitution, S. 419–425; rechtsvergleichend *Bertl*, Change of Position, S. 63–72; *Schlechtriem/Coen*, Restitution und Bereicherungsausgleich, Bd. 1, Rn. 2/372, Fn. 1360.

[102] Vgl. mit Schwerpunkt auf dem englischen Recht auch *Burrows*, Law of Restitution, S. 478–486; *Lord Goff of Chieveley/Jones*[5], Law of Restitution, S. 37–40, 58–61, 183–186, bes. 204–212; *Jaffey*, Restitution, S. 257–270; *Meier*, in: (1999) 58 CamLJ 567–603; *dies.*, Irrtum und Zweckverfehlung, S. 63–84; *Lionel D. Smith*, in: (1991) 11 OxJLS 481–519; zum schottischen Recht *Whitty*, in: [1994] JurReview 200–229; 239–282; zum südafrikanischen Recht *van Zyl*, in: *Rose*, Restitution and Banking Law, S. 1–26; zum Civil Code of Louisiana/USA *Nicholas*, in: [1991–92] 6–7 TulaneCLF 3, 10–26; rechtsvergleichend *Birks*, in: (2000) OxUCLF 1; *Dawson*, in: Festschrift für *Rheinstein*, Bd. 2, S. 789–818.

[103] Siehe oben ab S. 581.

über dem Beklagten.[104] Das kanadische Urteil *Peel* v *Canada* führt hier wiederum Wegweisendes aus:[105]

> „The cases in which claims for unjust enrichment have been made out generally deal with benefits conferred directly and specifically on the defendant, such as the services rendered for the defendant or money paid to the defendant. This limit is also recognized in other jurisdictions. For example, German restitutionary law confines recovery to cases of direct benefits [...]."

Der exakte Sinngehalt von „directly" bleibt jedoch verschwommen. Fest steht zumindest, daß anders als beim Reichsgericht der Durchgang durch das Vermögen des Dritten nicht entscheidend ist. Virgo führt dazu *Lipkin Gorman (a firm)* v *Karpnale Ltd* an und behauptet, die Vindikation gestohlenen Geldes bei einem anderen als dem Dieb sei keine *direkte* Bereicherung.[106] Offensichtlich soll bereits genügen, ein Dritter habe den Besitz anstelle des Eigentümers vermittelt, um „at the expense of" auszuschließen. Ähnlich scheint es um das Handbuch von Lord Goff und Jones bestellt: Es gibt zwar eine Großgruppe „Where the Defendant has Received the Benefit from a Third Party". Doch ist diese Kategorie nur als Auffangbecken zu verstehen, denn die typischen Mehrpersonenverhältnisse mit Anweisungslagen fallen gerade nicht darunter.[107]

Mit dem Fallrecht steht die Einschränkung „direct enrichment" in einem fast tautologischen Verhältnis: Sie kann immer nur dann einschlägig sein, wenn das Fallrecht tatsächlich einen Bereicherungsanspruch zuläßt. Im Fall der Drittleistung nach legal compulsion wird „at the expense of" sogar bejaht, obwohl hier die fremde Schuld unmittelbar gegenüber dem Gläubiger beglichen wird und keine direkte Zahlung im Verhältnis Drittleistender – Schuldner stattfindet. Lord Goff und Jones stellen folglich rechtsvergleichend fest, die deutsche Unmittelbarkeit der Vermögensverschiebung sei für das common law kein taugliches Begrenzungskriterium.[108] Sie können sich dabei nicht nur im Ergebnis, sondern auch in der Argumentation auf das Fallrecht stützen: Die englische Rechtsprechung definiert „at the expense of" sehr selten näher. Einmal ist im-

---

[104] Bes. von *Virgo*, Principles of the Law of Restitution, S. 106; für Neuseeland *Grantham/Rickett*, Enrichment and Restitution, S. 20.

[105] *Peel (Regional Municipality)* v *Canada* (1993) 98 DLR (4d) 140, 160 (per *McLachlin J*).

[106] *Virgo*, Principles of the Law of Restitution, S. 108.

[107] Näher auf S. 608.

[108] *Lord Goff of Chieveley/Jones*^{5}, Law of Restitution, S. 62, unter Bezug auf *Dawsons* Analysen zum deutschen Recht; *Birks*, Introduction, S. 24, erwägt immerhin die Begrenzung durch die Unmittelbarkeit, verwirft sie dann aber: „But it is probably true that the common law is psychologically unable to absorb that information until it has, so to say, first learnt the lesson for itself, from first principles." Ebenso skeptisch *ders.*, in: (2000) OxUCLF 1, zusammenfassend bei Fn. 93: „[...] it is not true to say that the defendant's enrichment must be directly from the plaintiff".

merhin von „immediate compelling nexus“ die Rede,[109] ein andermal von „the immediate source of the unjust enrichment must be the plaintiff“.[110] Zur Lösung von Mehrpersonenverhältnissen werden die Definitionen allerdings nicht verwandt. „Direct enrichment“ erweist sich als zirkuläre Definition des Fallrechts ohne deduktive Definitionsmacht.

bb) Mistake

Ein größeres Potential entfaltete in der Vergangenheit das Fallrecht zum Irrtum. Nach dem supposed liability-Test wurde früher teilweise entschieden,[111] wenn sich der Kläger einem Dritten gegenüber irrtümlich verpflichtet geglaubt habe, an den Beklagten zu zahlen, dann könne mangels eines relevanten Irrtums kein Anspruch geltend gemacht werden. Dem liegt im Gefolge der Doktrin vom implied contract die Annahme zugrunde, der Verpflichtungsirrtum müsse sich unmittelbar auf das Verhältnis zum Beklagten beziehen, eine Fehlvorstellung über eine dritte Partei genüge nicht. Aber selbst auf der Grundlage der strengen liability-Definition des Irrtums ist es keinesfalls zwingend, den Verbindlichkeitsirrtum stets im Verhältnis von Kläger und Beklagtem zu suchen. Heute, nach der faktischen Aufgabe des Tests zugunsten des kausalen Irrtums, genügt nach der Rechtsprechung jeder Irrtum, mag er sich auch nicht direkt auf den Beklagten beziehen.[112] Der alte Glaube an privity und implied contract, an die Vorstellung, man müsse sich nur Ansprüchen seines unmittelbaren Vertragspartners ausgesetzt sehen, ist einer am principle of unjust enrichment ausgerichteten Wertung gewichen.[113]

---

[109] *Re Byfield* [1982] 1 All ER 249, 256 (per *Goulding J*).

[110] *Kleinwort Benson Ltd* v *Birmingham CC* [1997] QB 380, 400 (per *Morritt LJ*).

[111] *R E Jones Ltd* v *Waring and Gillow Ltd* [1925] 2 KB 612, 631 f. (per *Pollock MR*); *Barclay and Co Ltd* v *Malcolm and Co* (1925) 133 LTR 512, 513 (per *Roche J*); *Deutsche Bank (London Agency)* v *Beriro and Co* (1895) 73 LTR 669, 671 (per *Mathew J*); *Aiken* v *Short* (1856) 1 H&N 210, 215 = 156 ER 1180, 1182 (per *Bramwell B*).

[112] Siehe nur *Barclays Bank Ltd* v *W J Simms, Son and Cooke (Southern) Ltd* [1980] QB 677, 693 f. (per *Goff J*); zuvor bereits *R E Jones Ltd* v *Waring and Gillow Ltd* [1926] AC 670, 679 f. (per *Viscount Cave LC*); *Kerrison* v *Glyn, Mills, Currie and Co* (1911) 81 LJ KB 465, 470 (per *Lord Atkinson*); *Kleinwort, Sons and Co* v *Dunlop Rubber Co* (1907) 97 LTR 263, 264 (per *Lord Loreburn LC*); *Colonial Bank* v *Exchange Bank of Yarmouth, Nova Scotia* (1885) 11 App Cas 84, 90 f. (per *Lord Hobhouse*).

[113] Zustimmend aus der Literatur etwa *Lord Goff of Chieveley/Jones*[5], Law of Restitution, S. 186; *Virgo*, Principles of the Law of Restitution, S. 145 f.

cc) Defence of Ministerial Receipt

Neben der Definition des mistake gibt es verheißungsvollere Ansatzpunkte, um Mehrpersonenverhältnisse dogmatisch zu beherrschen.[114] Anders als im deutschen Bereicherungsrecht sind Banken in England mehr als bloße „Zahlstellen". Sie nehmen Zahlungen als „agents", als Stellvertreter des Kontoinhabers, entgegen. Die zahlende Person, die angewiesen wird, auf das Konto bei einer Bank als Stellvertreterin des Gläubigers einzuzahlen, hat nicht nur einen Bereicherungsanspruch gegen den Anweisenden, sondern alternativ einen Bereicherungsanspruch gegen die Bank als stellvertretende Zahlungsempfängerin. Generell gesprochen haftet im common law der Vertreter für Leistungen, die er für den Vertretenen empfangen hat.

Im deutschen Recht hingegen müssen Bereicherungsansprüche bei wirksamer Vollmacht gegen den Vertretenen gerichtet werden.[115] Auf die Terminologie in Anweisungslagen übertragen bedeutet dies: Der Angewiesene kann in England nicht nur auf den Anweisenden im Deckungsverhältnis, sondern auch auf den stellvertretenden Drittempfänger im Zuwendungsverhältnis zugreifen. Sobald jedoch der gutgläubige Stellvertreter die empfangene Leistung an den Vertretenen weitergeleitet hat, kann er dem Zahlenden die defence of ministerial receipt entgegenhalten. Der Fall *Admiralty Commissioners* v *National Provincial and Union Bank* illustriert das plastisch:[116]

Ein Kanadier im Dienste des Royal Naval Air Service ließ seit 1917 seine Dienstbezüge direkt auf sein Konto bei der National Provincial Bank, Zweigstelle Holborn, einzahlen. Im März 1918 wechselte der Offizier zur neugegründeten Royal Air Force über, im Juli desselben Jahres fiel er. Durch einen Irrtum übersah der Royal Naval Air Service sowohl seinen Wechsel als auch seinen Tod und tätigte weitere Zahlungen bis 1920. Nun verlangte das Militär, vertreten durch die Admiralty Commissioners, die zuviel bezahlten Bezüge von der Bank zurück. Die Bank drang mit dem Einwand, sie sei verpflichtet, das gutgeschriebene Geld an den Kontoinhaber auszuzahlen, nicht durch, weil der Vater des Verstorbenen „no reasonable chance of success" hatte, von der Bank die Dienstbezüge erfolgreich zu fordern. Die Bank wurde daher zur Rückzahlung der Bezüge an den Royal Naval Air Service verurteilt. Die defence of ministerial receipt schied aus.

Nach deutschem Recht hätten nur die Erben in Anspruch genommen werden können; die Leistung erfolgte an den Verstorbenen, und die Bank war bloße „Zahlstelle" oder Empfangsermächtigte nach §§ 362, 185 Abs. 2 BGB. Selbst wenn die Bank nach engli-

---

[114] Vgl. allgemein *Bryan*, in: *Rose*, Restitution and Banking Law, S. 161–188; *McMeel*, Modern Law of Restitution, S. 436–441; *Virgo*, Principles of the Law of Restitution, S. 704–709; aus neuseeländischer Sicht *Grantham/Rickett*, Enrichment and Restitution, S. 368–373; rechtsvergleichend *Bertl*, Change of Position, S. 56–63.

[115] Statt aller *Heinz Thomas*, in: *Palandt*[59], § 812, Rn. 46, und für die ältere Lehre *Enneccerus/Lehmann*[12], Bürgerliches Recht, Bd. 2, § 218 III 1 a (S. 727).

[116] *Admiralty Commissioners* v *National Provincial and Union Bank Ltd* (1922) 127 LTR 452; siehe jetzt auch das obiter dictum in *Portman BS* v *Hamlyn Taylor Neck (a firm)* [1998] 4 All ER 202, 207 (per *Millett LJ*).

schem Vorbild Stellvertreterin im technischen Sinne der §§ 164 ff. BGB sein sollte, haftet nicht sie, sondern die vertretene Partei.

Über die genaue dogmatische Einordnung der Rechtsfigur wird gestritten: Manche sehen in ihr eine Einwendung sui generis,[117] andere wollen sie als Spezialfall der defence of change of position[118] oder der defence of estoppel begreifen.[119] Eine vierte Meinung schließlich integriert ministerial receipt in das Element „at the expense of" und stellt dadurch den allgemeinen Bezugspunkt zu unjust enrichment her.[120]

Hinter ministerial receipt steht das Dilemma des Empfängers, in jedem Fall belangt zu werden: Zahlt die Bank an den Zahlenden zurück, ist sie möglicherweise Ansprüchen des Kontoinhabers im Valutaverhältnis ausgesetzt, und wenn die Bank an den Kontoinhaber auszahlt, sieht sie sich vice versa einem Bereicherungsanspruch des Zahlenden im Zuwendungsverhältnis gegenüber. Die defence of ministerial receipt hebt diesen Konflikt auf, indem sie dem stellvertretenden Zahlungsempfänger eine Einrede gegen den Zahlenden gewährt, wenn die empfangene Zahlung an den Vertretenen weitergeleitet wurde.[121] Dann kann der Angewiesene nur noch im Deckungsverhältnis gegen den Vertretenen vorgehen. Die ratio in *Admiralty Commissioners*, der Erbe habe keinen Auszahlungsanspruch gegen die Bank, zeigt, daß in diesem Fall der angesprochene Konflikt nicht bestand. Der Vertretene hatte im Valutaverhältnis keinen Auszahlungsanspruch, die Bank sah sich folglich von vornherein nur Ansprüchen des Angewiesenen ausgesetzt. Mit anderen Worten ausgedrückt: Die defence löst den Widerstreit von Ansprüchen aus unjust enrichment im unwirksamen Deckungsverhältnis und Vertragsansprüchen im Valutaverhältnis. Damit wird der Durchgriff im Zuwendungsverhältnis durch ein wirksames Valutaverhältnis gesperrt, das im konkreten Fall nicht bestand. Denn die Bank war dem Kontoinhaber gegenüber zu keiner Auszahlung verpflichtet.

dd) Defence of Good Consideration

Neben der defence of ministerial receipt hat das Fallrecht eine Einwendung hervorgebracht, die gleichfalls den Ausgleich unter mehreren Personen reguliert. In *Barclays Bank* v *W J Simms, Son and Cooke (Southern) Ltd* entwickelte

---

[117] Am deutlichsten im obiter dictum in *Portman BS* v *Hamlyn Taylor Neck (a firm)* [1998] 4 All ER 202, 207 (per *Millett LJ*).

[118] Vor allem *Lord Goff of Chieveley/Jones*[5], Law of Restitution, S. 833–838; auch *Birks*, etwa in: Restitution – The Future, S. 139 f.

[119] *Swadling*, in: *Birks*, Laundering and Tracing, S. 243 (bes. 257–259); zustimmend unter Vorbehalt *Virgo*, Principles of the Law of Restitution, S. 708 f.

[120] *Grantham/Rickett*, Enrichment and Restitution, S. 369.

[121] Siehe *Bryan*, in: *Rose*, Restitution and Banking Law, S. 161 (168).

Goff J während seiner Zeit am High Court eine „good consideration" genannte Einwendung.[122] Die Einwendung ist mit total failure of consideration nicht deckungsgleich, hat mit ihr aber Gemeinsamkeiten: Good consideration ist gegeben, wenn der redliche Beklagte dem Kläger für den Empfang des Geldes eine Gegenleistung zukommen ließ. Die Gegenleistung kann auch darin bestehen, daß eine Schuld des Anweisenden im Valutaverhältnis, der den klagenden Zahlenden zur Schuldtilgung an den beklagten Zahlungsempfänger im Zuwendungsverhältnis ermächtigt hat, gegenüber dem besagten Empfänger erlischt. Im Ergebnis sperrt nach deutschem Verständnis das gültige Valutaverhältnis den Durchgriff im Zuwendungsverhältnis.

Im Leitfall *Barclays Bank Ltd* v *W J Simms, Son and Cooke (Southern) Ltd* widerrief der Anweisende seinen Scheck, die Bank zahlte ihn irrtümlicherweise trotzdem noch aus. Der Widerruf hatte die Zustimmung des anweisenden Schuldners zur Tilgung der Schuld im Valutaverhältnis beseitigt. Daher konnte die Valutaschuld nicht mehr getilgt werden; der Bank stand eine Direktkondiktion gegen den Zahlungsempfänger zu. Aus deutscher Sicht mag dieses Ergebnis einseitig auf die Interessen des Angewiesenen und seinen Irrtum zentriert sein. Bedenkt man aber, daß das englische common law keine generelle Erfüllung durch Drittleistung zuläßt,[123] wird die Empfängerperspektive wieder relativiert. Wie in der ersten Hälfte des 20. Jahrhunderts in Deutschland steht der Irrtum des Klägers und nicht die Sichtweise des Beklagten im Vordergrund. Die Schutzwürdigkeit auf der Beklagtenseite ist von der tatsächlichen Zustimmung des Anweisenden zur Schuldtilgung abhängig.

Eine neue Leitentscheidung, *Lloyds Bank Plc* v *Independent Insurance Co Ltd*, verdeutlicht diese Grundsätze:[124]

Der anweisende Bankkunde hatte drei Schecks über insgesamt mehr als £ 172.000 auf sein Konto einbezahlt; er wies die klagende Lloyds Bank an, circa £ 162.000 an seine Gläubigerin, die Beklagte, zu überweisen. Die Klägerin wollte die Überweisung über £ 162.000 erst bei tatsächlicher Kontendeckung ihres Bankkunden vornehmen; in concreto sollten die Schecks auf dem Konto drei Werktage später verrechnet werden. Durch einen Irrtum zweier Angestellter der Klägerin wurde die angewiesene Summe jedoch schon früher auf das Konto der Beklagten bei der Royal Bank of Scotland überwiesen.

Die entscheidende Frage war, ob sich die Beklagte im Zuwendungsverhältnis auf die Einwendung aus good consideration berufen konnte, weil durch die Zahlung im Valutaverhältnis die Schuld des Anweisenden ihr gegenüber erloschen war. Das war nur möglich, wenn sich die Zahlung der Bank trotz ihres Irrtums noch innerhalb der Anweisung

---

[122] *Barclays Bank Ltd* v *W J Simms, Son and Cooke (Southern) Ltd* [1980] QB 677, 695 (per *Goff J*).

[123] Siehe bereits oben auf S. 553.

[124] *Lloyds Bank Plc* v *Independent Insurance Co Ltd* [1999] 1 All ER (Comm) 8. Dazu *Birks*, in: (2000) OxUCLF 1, bei Fn. 30–33; *ders.*, in: (2000) 14 TLI 217–227; *ders./Swadling*, in: [1999] All ER, Annual Review 312, 312–314.

bewegte; andernfalls konnte mangels Zustimmung des anweisenden Schuldners seine Schuld nicht getilgt werden und good consideration nicht eingreifen.

Der Court of Appeal nahm an, die Bank habe gemäß ihrer Anweisung gehandelt. Damit wurde der Irrtum über die Liquidität des Kunden vom Widerruf eines Schecks in *Barclays Bank Ltd* v *W J Simms, Son and Cooke (Southern) Ltd* unterschieden.[125] Die Klägerseite bestritt zwar, good consideration gelte auch weiterhin unter dem Diktat von unjust enrichment, der Court of Appeal verwarf aber dieses pauschale Argument. Lord Hopes sibyllinische Bemerkung in *Kleinwort Benson Ltd* v *Lincoln City Council*,[126] der Beklagte könne nicht bereichert sein, wenn er ein Recht auf den empfangenen Gegenstand habe, wurde von Gibson LJ auf die defence of good consideration übertragen.[127] Gibson könnte in der Tat so zu verstehen sein, daß good consideration die Rechtsgrundlosigkeit *selbst* exkludiert, also keine reine Einwendung *neben* „unjust" ist. Ob aber Lord Hopes Rede ein allgemeiner Begriff der Rechtsgrundlosigkeit wie im deutschen Recht entnommen werden darf, darauf ist noch zurückzukommen.[128] Stand bisher good consideration als defence in keiner direkten begrifflichen Beziehung zum principle of unjust enrichment, so deutet sich jetzt eine Änderung an. Folgt man Gibson, könnte good consideration, wie im gemeinen Recht partiell angedeutet, das suum recepit in die Rechtsgrundlosigkeit integrieren.

Wie man good consideration genau einzuordnen hat, darüber dürfte auch in Zukunft trotz der Hinweise von Gibson LJ keine Einigkeit bestehen. So zeigte sich ein anderer Richter, Waller LJ, in *Lloyds Bank Plc* v *Independent Insurance Co Ltd* mehr der Ansicht zugeneigt, good consideration sei als Unterfall der defence of change of position zu klassifizieren.[129] Denn durch das Erlöschen der Schuld im Valutaverhältnis verliert der Zahlungsempfänger seine Forderung gegen den anweisenden Schuldner. Im Vergleich zum Zustand vor der Zahlung erscheint er in seinem Vermögen nicht länger bereichert. An anderer Stelle im Urteil wird good consideration von Gibson LJ als defence of bona fide purchase, also als Einwendung aus gutgläubigem Erwerb bezeichnet, obwohl er gleichzeitig mit der Rechtsgrundlosigkeit sympathisiert.[130] In der Literatur vertritt Birks sogar, die Einwendung laufe auf die römische Formel vom suum recepit hinaus.[131] Herrschend dürfte trotz der weiterführenden Ansätze

---

[125] Das hatte bereits angedacht *Barclays Bank Ltd* v *W J Simms, Son and Cooke (Southern Ltd)* [1980] QB 677, 700 (per *Goff J*).

[126] *Kleinwort Benson Ltd* v *Lincoln CC* [1998] 4 All ER 513, 560 (per *Lord Hope of Craighead*).

[127] *Lloyds Bank Plc* v *Independent Insurance Co Ltd* [1999] 1 All ER (Comm) 8, 26 (per *Gibson LJ*).

[128] Näher unten auf S. 660. Siehe zu ähnlichen Überlegungen im gemeinen Recht durch *Erxleben* oben auf S. 214.

[129] *Lloyds Bank Plc* v *Independent Insurance Co Ltd* [1999] 1 All ER (Comm) 8, 20 (per *Waller LJ*); er folgt *Lord Goff of Chieveley/Jones*[5], Law of Restitution, S. 204 f.; dagegen v. a. *Virgo*, Principles of the Law of Restitution, S. 170 f.

[130] *Lloyds Bank Plc* v *Independent Insurance Co Ltd* [1999] 1 All ER (Comm) 8, 26 (per *Gibson LJ*); dagegen *Virgo*, Principles of the Law of Restitution, S. 171 f.

[131] Angedacht von *Birks*, in: *Rose*, Restitution and Banking Law, S. 189 (219).

noch die Meinung sein, die in der defence of good consideration eine *eigenständige* Einwendung jenseits des Elements „unjust" erkennt.[132]

ee) Lawful Receipt

Eine Lehrmeinung, die keine direkte Autorität durch Rechtsprechungsnachweise für sich beanspruchen kann, will schließlich in Mehrpersonenfällen den Durchgriff durch die Kette A – B – C versagen, wenn B an C nur sein eigenes Eigentum übertragen hat.[133] Das entspricht im Endeffekt der alten deutschen Auffassung, die Bereicherung dürfe nicht über das Vermögen eines Dritten geschehen. Im Prüfungsschema für unjust enrichment soll lawful receipt den unjust-Grund ausschließen. Anders als für die defence of good consideration muß der Beklagte keine Gegenleistung erbracht haben; ein gültiges Valutaverhältnis ist demnach nicht erforderlich. Auch vom Wegfall der Bereicherung unterscheidet sich lawful receipt, weil die Unredlichkeit des Beklagten irrelevant sein soll.[134]

ff) Fazit

Gleich dem deutschen Bereicherungsrecht läßt sich das law of restitution von zahlreichen Subkonzepten leiten, wenn es um die Frage geht, wer von wem kondizieren darf. Die Lösungsmethoden sind sehr stark an den Besonderheiten des Einzelfalls ausgerichtet, sei es die defence of good consideration oder ministerial receipt. Mistake allein ist nur der Ausgangspunkt; das in Lehrbüchern im Allgemeinen Teil hervorgehobene Merkmal „at the expense of" spielt nach aktuellem Stand überhaupt keine Rolle.[135] Insgesamt scheinen im englischen Recht – ohne daß dies eine negative Bewertung sein sollte – Mehrpersonenverhältnisse nicht in letzter Konsequenz durchdacht: „The law is [...] in a state of confusion".[136] Die ganz große Verbindungslinie zu unjust enrichment fehlt noch; Gibson LJ gab in *Lloyds Bank Plc* v *Independent Insurance Co Ltd* zumindest erste Hinweise, die in Zukunft die Lösung gemäß der römischen Regel

---

[132] Z. B. *Virgo*, Principles of the Law of Restitution, S. 169–172.

[133] *Tettenborn*, in: [1997] RLR 1–12; siehe auch schon *ders.*, Law of Restitution, Rn. 1/55–60; zustimmend *Virgo*, Principles of the Law of Restitution, S. 107; kritisch dagegen *Lord Goff of Chieveley/Jones*[5], Law of Restitution, S. 39, Fn. 45: „the authority to support Tettenborn is even more exiguous".

[134] *Tettenborn*, in: [1997] RLR 1, 6.

[135] Siehe aber nun die grundlegende Untersuchung von *Birks*, in: (2000) OxUCLF 1, unter dem Titel „At the Expense of the Claimant: Direct and Indirect Enrichment in English Law".

[136] *Lord Goff of Chieveley/Jones*[5], Law of Restitution, S. 208.

„suum recepit“ in der Rechtsgrundlosigkeit ansiedeln könnten. Bei den wenigen Urteilen, die sich mit der Materie über die Jahre beschäftigen, ist freilich ungewiß, wann der nächste Schritt erfolgen wird. Als Faustregel wird man de lege lata immerhin im Anschluß an *Lloyds Bank Plc* v *Independent Insurance Co Ltd* im Vergleich zu *Barclays Bank Ltd* v *W J Simms, Son and Cooke (Southern) Ltd* festhalten dürfen, die Wirksamkeit der Anweisung sei das ausschlaggebende Kriterium. Wird sie widerrufen oder ist sie von vornherein unwirksam, darf mangels Schuldtilgung im Valutaverhältnis auf den Zahlungsempfänger durchgegriffen werden. Ohne wirksame Anweisung liegt dann auch kein gültiges Deckungsverhältnis vor. Ist die Anweisung hingegen wirksam, wird in der Regel die defence of good consideration den Anspruch stoppen können.

2. Dichotomische Lehren

Nachdem sich der Prüfstein der Dreiecksrelationen als weitgehend untauglich zur Evaluation von unjust enrichment erwiesen hat, fragt es sich, ob die Lehre das Fallrecht wenigstens im Überblick, wenn auch nicht in Detailfragen, in einem konsistenten Systemgebäude vereinigen kann. Das principle of unjust enrichment ist selbstverständlich nur ein erster Anhaltspunkt, um das case law zu ordnen. Da in England anders als in Kanada das principle tatsächlich mehr Rechtsprinzip als Rechtsregel ist, muß unjust enrichment weiter anhand der Fälle konkretisiert werden. Trotzdem haben die verschiedenen Systemlehren ihre Existenzberechtigung, weil sie in ihrer Mittlerfunktion zwischen unjust enrichment und case law je nach unterschiedlicher Klassifikation bestehende Fälle anders interpretieren und künftige Entscheidungen abweichend prognostizieren werden. In der Tat hat sich in den vergangenen 30 Jahren eine ganze Reihe verschiedener Deutungsmuster entwickelt, von denen die wichtigsten besprochen werden sollen.[137]

---

[137] Neben den im Haupttext Genannten sind noch hervorzuheben:

Beatson, in: Chitty on Contracts, Vol. 1, Übersicht Rn. 30/023, 30/025–195: „Restitution“ (waiver of tort, proprietary remedies for tracing claims, Zahlungen aus mistake, duress, failure of consideration), „Reimbursement“ (Oberbegriff für Fälle, in denen der Kläger an eine dritte Person gezahlt hat, darunter sollen jenseits des eigentlichen Begriffs reimbursement auch contribution oder agency of necessity fallen), „Liability to account to the plaintiff“ (Fälle, in denen der Beklagte Geld von einem anderen als dem Kläger erhalten hat; u. a. die meisten Fälle des constructive trust und subrogation) und schließlich „Recompense“ (quantum meruit, also Dienstleistungen, sowie salvage).

McMeel, Modern Law of Restitution: „Defective Transfers“ (mistake, rescission für misrepresentation und mistake, ignorance, duress, undue influence, unconscionability, necessity), „Ineffective Transactions“ („Contracts Discharged by Termination for Breach“, „Contracts Discharged by Frustration“, „Illegality and Public Policy as

a) Die ältere Event-Response-Theorie

aa) Allgemeines

Nach der von Birks mit „An Introduction to the Law of Restitution" begründeten und vielfach aufgenommenen Klassifikation soll das Zivilrecht unter dem Blickwinkel von „events" und „responses" betrachtet werden.[138] Insgesamt, so Birks, gebe es vier verschiedene Typen von Anspruchsgrundlagen: contract, tort, unjust enrichment und sonstige Fälle.[139] Der Begriff „restitution" soll auf der Rechtsfolgenseite eingeordnet werden; er ist danach selbst keine Anspruchsgrundlage – „event", sondern setzt nur die Rechtsfolge – „response". Das event, welches eine Bereicherungsherausgabe, die Restitution, auslöst, soll unjust enrichment sein. Die rechtsgrundlose Bereicherung zieht demnach immer Restitution nach sich und Restitution soll vice versa *immer* die Rechtsfolge der rechtsgrundlosen Bereicherung sein. Unjust enrichment und law of restitution korrespondieren nach Birks' berühmter „Quadrattheorie" in allen Fällen als „Tatbestand" und Rechtsfolge.[140]

Auf diesem Grundaxiom aufbauend unterteilen er und seine Anhänger das law of restitution in die Großgruppen „subtraction" und „wrongdoing".[141] Unter den Begriff subtraction werden alle Fälle gefaßt, bei denen sich aus deutscher Sichtweise eine mehr oder minder unmittelbare Vermögensverschiebung analy-

---

Grounds for Restitution", „Void and Unenforcable Contracts", anticipated contracts, free acceptance, resulting trusts, „Claims against Public Authorities", „Restitution Claims by Public Authorities"), „Complex Entitlements and Liabilities" (u. a. legal compulsion, subrogation, aber auch die für *McMeel* typische Untergruppe „Complex Entitlements", die funktional gesehen der Drittschadensliquidation nahekommt), „Enrichment by Wrongdoing", „Tracing, Claiming and Proprietary Restitution".

Schließlich *Tettenborn*, Law of Restitution, Übersicht Rn. 1/33–39: „Factors qualifying voluntariness" (z. B. mistake und duress), „Voluntary but meritorious by the plaintiff" (Fälle von necessity), „Claims reflecting property or other rights of the plaintiff" (ignorance und interceptive subtraction), „Failure of assumptions" (failure of consideration), „Free acceptance", „Wrongs".

[138] „Event" ist eine andere Bezeichnung für „claim" bzw. „cause of action" (Anspruchsgrundlage), „response" bzw. „right" eine andere Bezeichnung für „remedy" (konkretes Rechtsmittel/Rechtsfolge). Näher unten auf S. 610. Vgl. weiterhin *Samuel*, in: (2000) 49 ICLQ 297–329; *Stephen A. Smith*, in: (2000) 50 UTorLJ 241–259.

[139] Generell *Birks*, in: *Owen*, Philosophical Foundations of Tort Law, S. 31 (46–51).

[140] *Birks*, in: (1996) 26 UWALR 1, 66; *ders.*, Introduction, bes. S. 17: „The one term simply quadrates each other"; aus der zustimmenden Literatur etwa *Burrows*, in: *ders.*, Understanding the Law of Obligations, S. 1 (3, 6); *ders.*, Law of Restitution, bes. S. 1; *Chambers*, Resulting Trusts, S. 93–98. Sinngemäß für das kanadische Recht *Maddaugh/ McCamus*, Law of Restitution, S. 34 f.

[141] *Birks*, Introduction, bes. S. 42; *Burrows*, Law of Restitution, S. 21–23; *ders.*, in: *ders.*, Understanding the Law of Obligations, S. 1 (7); anders *Beatson*, in: *ders.*, Use and Abuse of Unjust Enrichment, S. 206 (bes. 224–235).

sieren läßt.[142] Vom Kläger muß etwas „subtrahiert" worden sein, daher der Name „subtraction". Unter wrongdoing dagegen sollen alle Fälle gruppiert werden, die auf einer rechtswidrigen Handlung nach den herkömmlichen Gruppen equitable wrong, tort und breach of contract aufbauen. Die Distinktion klingt bereits in § 1 des zweiten amerikanischen Restatement zum law of restitution aus dem Jahre 1983 an: „A person who receives a benefit by reason of an infringement of another person's interest, or of loss suffered by the other [...]". „Infringement" bezeichnet das wrongdoing, die Kategorie „loss" entspricht wohl Birks' Terminus „subtraction". Prägend ist für die ältere event-response-Lehre, daß sowohl die Bereicherung aus subtraction als auch die Bereicherung aus wrongdoing vom Satz „unjust enrichment at the expense of another person" umfaßt sein sollen.[143]

Die Rechtsprechung hat inzwischen die Basisunterscheidung der beiden Hauptgruppen aufgegriffen. In *Halifax Building Society* v *Thomas* urteilte der Court of Appeal:[144]

> „[...] the surplus does not represent property which the society has lost. Accordingly it cannot rely on the principle of subtractive unjust enrichment, to use the language of Professor Peter Birks Q.C. in his influential work [...]. Instead it relies on the broad principle of restitution for wrongs: Mr Thomas has been enriched at the society's expense in the sense that he has gained by committing a wrong against the society. Thereby the society seeks a remedy enabling it ‚to obtain restitution of a benefit gained by the tortfeasor from a tortious act in circumstances where he has suffered little or no loss [...]'."

Zuvor hatte Lord Millett in seiner damaligen Funktion als Richter am High Court in *Macmillan Inc* v *Bishopsgate Investment Trust Plc* das law of restitution in unjust enrichment by subtraction und by wrongdoing eingeteilt:[145]

> „The English law of restitution makes a fundamental distinction between the unjust enrichment of the defendant which is occasioned by depriving the plaintiff of his property and enrichment which results from a wrong done to the plaintiff by the defendant."

Kurz vor seiner Berufung an das House of Lords prägte Millett dann im Jahre 1998 als Lord Justice am Court of Appeal den weiteren Satz:[146] „Whether the claim is for restitution for wrong or restitution for unjust enrichment by subtraction [...] such a claim is designed to reverse unjust enrichment." Auch in

---

[142] Doch ist diese Deutung des Begriffs nicht unumstritten. Zu *Birks* selbst oben auf S. 582, Fn. 71.

[143] Deutlich für Kanada *Maddaugh/McCamus*, Law of Restitution, S. 35.

[144] *Halifax BS* v *Thomas* [1996] 2 WLR 63, 68 (per *Gibson J*).

[145] *Macmillan Inc* v *Bishopsgate Investment Trust Plc (No 3)* [1995] 3 All ER 747, 757 (per *Millett J*).

[146] *Portman BS* v *Hamlyn Taylor Neck (a firm)* [1998] 4 All ER 202, 206 (per *Millett LJ*).

der Entscheidung des House of Lords in *Banque Financière de la Cité* v *Parc Ltd* klingt die Dichotomie indirekt an, als der zu verhandelnde Fall von Lord Steyn als „unjust enrichment by subtraction" im Gegensatz zu „unjust enrichment by wrongdoing" bezeichnet wurde.[147] In allen Fällen werden sowohl wrongdoing als auch unjust enrichment by subtraction als Ausfluß des principle of unjust enrichment betrachtet.

bb) Rechtsprinzipien

Es fragt sich im weiteren, ob unjust enrichment by subtraction und by wrongdoing auf einem einheitlichen Grundgedanken basieren. Birks und seine Anhänger nahmen das zunächst an. Eine ganze Anzahl von Autoren stellt infolgedessen subtraction und wrongdoing auf das Fundament der ausgleichenden Gerechtigkeit.[148] Aber nicht alle Autoren wollen auf Prinzipienebene gemeinsame Grundsätze annehmen. Birks' Schüler Burrows zufolge sollen unjust enrichment by subtraction und wrongdoing auf unterschiedlichen Rechtsprinzipien fußen: subtraction auf dem Prinzip, der Verlust des Klägers entspreche dem rechtsgrundlosen Gewinn des Beklagten (implizit die iustitia correctiva), die Fälle des wrongdoing dagegen auf der equity-Formel „No man shall profit from his own wrong".[149] In der englischen Rechtsprechung gibt es keine näheren Stellungnahmen, nur McLachlin J in Kanada weiß wieder Rat:[150]

> „The concept of ‚injustice' in the context of the law of restitution harkens back to the Aristotelian notion of correcting a balance or equilibrium that had been disrupted. [...] Thus, restitution, more narrowly than tort or contract, focuses on re-establishing equality as between two parties, as a response to a disruption of equilibrium through a subtraction or taking."

---

[147] *Banque Financière de la Cité* v *Parc (Battersea) Ltd* [1999] 1 AC 221, 226 (per *Lord Steyn*).

[148] *Barker*, in: (1995) 15 OxJLS 457, 474; *Virgo*, Principles of the Law of Restitution, S. 4 f.; *Weinrib*, in: [2000] 1 TIL 1, 16 f. Bes. *Virgo* und *Weinrib* wollen auch die Fälle des disgorgement, der Gewinnhaftung, unter das *Aristotelische* Prinzip ziehen. Allgemein *Fuller/Perdue*, in: (1936–37) 46 YaleLJ 52, 56, die sich aber vornehmlich mit vertraglichen Ansprüchen befassen.

[149] *Burrows*, Law of Restitution, S. 376; zustimmend für wrongdoing *McGregor*, in: *Birks*, Wrongs and Remedies, S. 203 (209). Zu Deutungsversuchen, welche die Fallgruppe des wrongdoing systematisieren wollen, näher unten ab S. 662.

[150] *Peel (Regional Municipality)* v *Canada* (1993) 98 DLR (4d) 140, 165 (per *McLachlin J*).

cc) Parallelen zu Savigny

Birks rekurriert in diesem Zusammenhang auf John Austin (1790–1859), der im 19. Jahrhundert „primary“ und „secondary rights“ unterschied. Die Restitution für das wrongdoing aus breach of duty sei ein „secondary right“, weil breach of duty immer ein bereits vorhandenes Recht voraussetze. Im Falle der Restitution aus subtraction dagegen sei ein breach of duty nicht notwendig, subtraction begründe daher selbst das primary right.[151] Ob man dem Gedankengang folgen möchte, das sei dem Ermessen des Lesers überlassen. Ungemein interessanter erscheint der Satz:[152]

> Die „Grundlage eines jeden Delikts ist die Rechtsverletzung, und man könnte also versuchen, die Obligationen aus Delicten so zu erklären, als seyen es die Obligationen aus Rechtsverletzung. Allein bei weitem die meisten Rechtsverletzungen führen gar nicht zur Entstehung besonderer, selbstständiger, Obligationen, sondern nur auf den einfachen *Rechtsschutz*“.

Kein geringerer als v. Savigny legte die Worte im „Obligationenrecht“ nieder. Die Ähnlichkeiten zwischen Austins und v. Savignys Ansatz – Delikt auf der einen, vertragliche Obligationen und Ansprüche aus Eigentum auf der anderen Seite – sind nicht zu übersehen. Delikt resp. wrongdoing heben sich von den anderen Fällen ab, da sie zwischen verletztem Recht und einer davon zu trennenden Rechtsfolge unterscheiden. Bei allen anderen Klagen fallen Recht und Rechtsschutz zusammen. Austins Wertschätzung der Lehren v. Savignys ist seit längerer Zeit bekannt.[153] Möglicherweise zog er für seine Thesen das „Obligationenrecht“ als Vorbild heran. Wie bereits Bernard Rudden nachwies, ist die vorgestellte Lehre vermutlich noch älter, sie soll bis auf Robert-Joseph Pothier (1699–1772) zurückzuverfolgen sein.[154]

Eine andere Parallele zeigt gleichsam die immerwährende Wiederkehr des ewig Gleichen. Birks nimmt für die Bildung seines unjust enrichment den Satz zum Ausgangspunkt:[155] „Restitution is the response which consists in causing one person to give back something to another.“ Doch paßt diese Definition nur schlecht zu der Kategorie des wrongdoing, weil hier zumeist keine unmittelbare Vermögensverschiebung, keine subtraction, vorliegt. Deshalb ersetzt er die Worte „give back“ durch „give up“. Weil der Satz „Restitution is the response which consists in causing one person to give up something to another“ nicht mehr erkennen läßt, an wen die Restitution zu erfolgen hat, wird „give up“ um

---

[151] *Birks*, Introduction, S. 57, unter Verweis auf *Austin*; dazu bes. *Austin*, Lectures on Jurisprudence, Vol. 2, S. 760–770. Siehe jetzt umfassend *Birks*, in: (2000) 20 OxJLS 1–37. Zu actio und Rechtsverletzung bei *F. C. v. Savigny* bereits oben ab S. 410.

[152] *F. C. v. Savigny*, Obligationenrecht, Bd. 2, S. 293.

[153] *Morison*, John Austin, S. 60–63; *Rumble*, The thought of John Austin, S. 32.

[154] *Rudden*, in: (1990) 10 OxJLS 288.

[155] *Birks*, Introduction, S. 11.

„give up to another something received at his expense" ergänzt.[156] Der Gläubiger wird wieder offensichtlich: Es ist derjenige, „auf dessen Kosten" man sich bereicherte. Die bloße Formulierung „Aufgabe einer Bereicherung" ließ den Gläubiger noch offen. Der Verlauf von der Pandektenvorlesung bis zum „System" zeigt bei v. Savigny eine parallele Entwicklungslinie auf: Auch er mußte das dare ob causam zur „Bereicherung auf Kosten eines anderen" weiterentwickeln, um allen Nichtleistungsfällen Herr zu werden. Subtraction, wrongdoing und Leistung sowie Nichtleistung sind zwar verschieden. Nicht zu übersehen ist jedoch, daß es in beiden Fällen den großen Denkern ihres Fachs in erster Linie darum geht, die Bereicherung zu erfassen, die nicht zweifellos auf einer unmittelbaren rechtsgrundlosen Vermögensverschiebung beruht. Offenbar erfüllt der Begriff „auf dessen Kosten" seit Grotius genau diese Funktion.

dd) Alternative Analyse

Das nächste herausragende Merkmal von Birks' event-response-Theorie ist seine sogenannte „alternative analysis". Sie klingt bereits bei Lord Mansfield in *Miller* v *Race* an.[157]

Finney sandte per Post am 11. Dezember 1756 einen Schuldschein nach Chipping Norton in Oxfordshire. Der Schein wurde jedoch geraubt und gelangte letzten Endes in die Hände des gutgläubigen Klägers. Am 13. Dezember wies Mr Finney die Bank of England an, die Auszahlung des Bankscheins zu stoppen. Als der Kläger kurze Zeit später vom beklagten Bankangestellten verlangte, den Schein auszuzahlen, verweigerte der Beklagte dies und behielt den Schuldschein ein. Daraufhin verklagte Mr Miller den Bankangestellten aus der action of trover, einer altertümlichen Deliktsklage, die der rei vindicatio nahekommt. Während Lord Mansfield vornehmlich den gutgläubigen Erwerb des Schuldscheins besprach, sind seine Bemerkungen zu anderen Klagen jenseits der action of trover von größerem Interesse. Es wird unter Berufung auf ein älteres Urteil angedeutet, neben der action of trover könne eine action for money had and received vorgetragen werden.

Selbst heute noch ist das Wechselspiel von tort und unjust enrichment, verkörpert durch die action for money had and received, auf der Tagesordnung. Es entspricht der herrschenden Meinung, der Kläger könne nur *entweder* Schadensersatz *oder* Bereicherungsherausgabe erlangen. Historisch bezeichnet man das im Bereich des tort als sogenanntes „waiver of tort". Danach mußte der Kläger der Unrechtshandlung nachträglich zustimmen, weil nach der alten Quasivertragsdoktrin der Beklagte die Restitution nicht auf der Basis einer widerrechtlichen Handlung versprechen konnte. Der Vertrag zwischen den Parteien auf Rückzahlung bedurfte einer legalen Grundlage, der Kläger sollte daher zuerst als Gegenleistung für das Versprechen des Beklagten die Unrechtmäßigkeit

[156] *Birks*, Introduction, S. 12.

[157] *Miller* v *Race* (1758) 1 Burr 452 = 97 ER 398 (per *Lord Mansfield*).

des Tuns auf der Beklagtenseite beseitigen. Diese Sichtweise ähnelt der älteren deutschen Rechtsprechung im Herrenreiter-Urteil.[158]

Im aktuellen englischen Recht sind solche Vorstellungen überholt. Spätestens der leading case *United Australia Ltd* v *Barclays Bank Ltd* stellte klar,[159] daß waiver of tort nur auf die Inkompatibilität der beiden Rechtsbehelfe Schadensersatz und Bereicherungsherausgabe hinweist. Nicht auf das tort wird verzichtet, sondern auf eine der beiden Rechtsfolgen, die auf derselben cause of action, dem tort, aufbauen. In der Literatur wird in jüngster Zeit aber angezweifelt, compensatory und restitutionary damages könnten ausschließlich wahlweise eingeklagt werden.[160] Statt dessen wird vorgeschlagen, die Höhe beider Rechtsfolgen gegeneinander abzugleichen und sie dann gleichzeitig zuzulassen. Damit näherte sich die Rechtslage an die deutsche Dogmatik an, die grundsätzlich nur die Konkurrenz verschiedener materieller Rechtsinstitutionen, aber nicht die Überschneidungen der Rechtsfolgen problematisiert.[161] Schadensersatz nach §§ 823, 249 ff. BGB und Bereicherungsherausgabe müssen prinzipiell wegen ihres unterschiedlichen Ansatzes – dort Entreicherung, hier Bereicherung – nicht einmal bei der konkreten Anspruchshöhe miteinander verrechnet werden.

Doch dient die Alternativität nicht allein der Lösung inkompatibler Rechtsfolgen. Nachdem von der Rechtsprechung das principle of unjust enrichment rezipiert wurde, hat der vielschichtige Begriff waiver of tort eine neue Dimension erlangt. Die action for money had and received bezieht sich nicht mehr ausschließlich auf das tort als materielle Grundlage. Es ist nun möglich, neben dem tort auch unjust enrichment by subtraction als Basis der Bereicherungsherausgabe zu begreifen – falls keine Gewinnherausgabe gefordert wird. Birks verwendet vor allem an dieser Stelle den Begriff der „alternative analysis".[162]

---

[158] Näher oben auf S. 398.

[159] *United Australia Ltd* v *Barclays Bank Ltd* [1941] AC 1; siehe auch *Tang Man Sit* v *Capacious Investments Ltd* [1996] AC 514.

[160] *Burrows*, in: Festschrift für *Lord Goff of Chieveley*, S. 295 (305 f.); *ders.*, in: *ders.*, Understanding the Law of Obligations, S. 34 (41–44). Andeutungsweise jetzt ebenso *Birks/Swadling*, in: [1998] All ER, Annual Review 390, 415; *McMeel*, Modern Law of Restitution, bes. S. 346, für das Nutzungsentgelt; *Jaffey*, Restitution, S. 148 f., 367–373. Widersprüchlich *Virgo*, Principles of the Law of Restitution, S. 328 f., 461–464, der einerseits prinzipiell gleichzeitig Schadensersatz und Bereicherungsherausgabe bei breach of contract zulassen will, aber doch erheblich größere Bedenken bei der Wahl zwischen Schadensersatz aus tort und Bereicherungsherausgabe hat.

[161] Siehe andererseits BGH, 14.7.2000 – V ZR 82/99, in: NJW 2000, S. 3064 f.: Besteht ein Bereicherungsanspruch des Käufers gegen den Verkäufer auf Herausgabe der durch den rechtsgrundlos erlangten Kaufpreis erzielten oder ersparten Zinsen, dann ist ein Schadensersatzanspruch des Käufers für die Zinsen, die er für die Finanzierung des Kaufpreises aufgewendet hatte, insoweit erloschen.

[162] *Birks*, Introduction, bes. S. 44. Zu dem damit zusammenhängenden unjust-Grund „ignorance" näher unten ab S. 638.

Sowohl wrongdoing als auch unjust enrichment by subtraction könnten dieselbe Rechtsfolge generieren. Bei der Neuinterpretation der alten Fälle führt das zu Verständnisschwierigkeiten, weil fast immer unklar ist, ob die Restitution auf dem tort oder alternativ auf unjust enrichment by subtraction fußen soll.

Es bleibt weiterhin ungeklärt, was genau mit „alternative" gemeint ist. Eng verstanden könnte der Begriff bedeuten, in ein und demselben Prozeß dürfe nur jeweils eine einzige cause of action, eine Anspruchsgrundlage, geltend gemacht werden. In der Praxis sieht man die Alternativität jedoch enger und bezieht sie offenbar nur auf den rechtlich tatsächlich einschlägigen Anspruch:[163]

> „No doubt the injured party cannot use the alternatives so as to receive duplicate or triplicate relief [...], but that does not mean that he cannot sue under all of the heads simultaneously. Each cause of action may have its own strengths and weaknesses, so that, say, the plaintiff may succeed in his cause of action based in negligence but fail in his action for breach of contract or vice versa."

Waiver of tort hingegen bezieht sich seiner historischen Ausgangslage nach nicht auf verschiedene actions, die zu demselben remedy, zur Bereicherungsherausgabe führen, sondern auf verschiedene remedies auf derselben materiellen Basis der torts. Die Unvereinbarkeit der Rechtsfolgen Schadensersatz und Restitution bei torts hat man erst später auf das Verhältnis der Anspruchsgrundlagen unjust enrichment by subtraction und by wrongdoing übertragen. Es ist aber keineswegs zwingend, den Gedanken zu übernehmen, wenn man sich tatsächlich vom alten action-Schema löst. Der Rechtsfolgenkonflikt des waiver of tort besteht gerade nicht; nur verschiedene Anspruchsgrundlagen konkurrieren mit demselben Ziel. Genausowenig läßt sich die Ausschließlichkeit des law of restitution zum Vertragsrecht als Vorbild nehmen. Auch prozessual gesehen spricht nichts dagegen, eine Rechtsfolge mit mehreren causes of action zu legitimieren. Das heute verpönte waiver of tort wird nur mitgeschleppt, wenn subtraction und wrongdoing bei derselben Rechtsfolge im logischen Sinn alternativ sein sollen.

ee) Subtraction und Wrongdoing im einzelnen

Bisher wurde das Basisaxiom des event-response-Modells erwähnt: Alle Formen der Restitution, ob subtraction oder wrongdoing, unterfielen ein und demselben Begriff, unjust enrichment. Bei näherem Hinsehen ergeben sich jedoch einige fundamentale Unterschiede. Birks unterteilt unjust enrichment aus subtraction in drei Großgruppen:[164] unfreiwillige Transaktionen im weitesten

---

[163] *Nelson* v *Rye* [1996] 1 WLR 1378, 1389 (per *Laddie J*).

[164] *Birks*, Introduction, zusammenfassend S. 99–108. Ob man die verschiedenen Gruppen freilich einem Fehler auf der Kläger- oder Beklagtenseite zuordnen kann, so neuerdings wieder *Virgo*, Principles of the Law of Restitution, S. 119–124, ist str. Dage-

Sinne, free acceptance und andere Fälle.[165] Die unfreiwilligen Transaktionen werden weiterhin in die Typen Transaktionen aus fehlerhaftem (vor allem mistake, „compulsion“[166] und „inequality“) und qualifiziertem Willen (total failure of consideration) unterteilt. Alle diese Fälle sollen über die vier Elemente von unjust enrichment gesteuert werden. Weitere Erwägungen jenseits der notwendigen Einbeziehung des case law sind nicht erforderlich. Deshalb nennt man unjust enrichment by subtraction auch „*autonomous* unjust enrichment“.

Vollkommen anders sind die Bereicherungsfälle bei wrongdoing angelegt. Hier hat Birks das disgorgement, die Gewinnherausgabe, als Kristallisationspunkt gewählt.[167] Die Fälle, in denen sich auch eine Vermögensverschiebung aus subtraction nachweisen läßt, beispielsweise beim Betrug, sollen alternativ entweder als wrongdoing oder als autonomous unjust enrichment, also subtraction, eingestuft werden können. Die entscheidende Frage lautet nun, wie sich wrongdoing zu den Merkmalen von unjust enrichment verhält: enrichment, at the expense of, unjust und defences. Bei den vier Merkmalen von unjust enrichment klangen bereits die Schwierigkeiten an, „at the expense of“ praktikabel einzugrenzen. An die Fälle der Gewinnherausgabe anknüpfend trennt Birks die Interpretation des Elements für subtraction und wrongdoing. Denn wie bereits zu sehen war, erfordert die Gewinnherausgabe beim wrongdoing zumindest eine wesentlich extensivere Auslegung des Merkmals.[168] Folglich existieren zwei Gruppen von „at the expense of“: zum einen die mehr oder minder an der unmittelbaren Vermögensverschiebung orientierten Fälle und zum anderen die Gewinnherausgabe.

Birks geht aber noch weiter; besonders klar tritt sein Konzept bei seinem Schüler Burrows hervor:[169] „At the expense of“ wird faktisch durch einen Verweis auf die Fälle des wrongdoing eliminiert, die eine Bereicherungsherausgabe generieren können. Ebenso wird mit dem Element der Rechtsgrundlosigkeit („unjust“) verfahren. Es findet daher nicht nur eine zweigeteilte Interpretation des einheitlichen Satzes „unjust enrichment at the expense of another person“ statt, vielmehr werden für die Anwendungsebene zwei verschiedene Sätze be-

---

gen vor allem *Simester*, in: [1997] LMCLQ 103, 125: Kläger- als auch Beklagtenseite müßten stets zusammen betrachtet werden.

[165] Die Gruppe „Vermischte Fälle“ („Miscellaneous“) umfaßt etwa ungerechtfertigte Erhebung von Steuern, illegality, salvage.

[166] Compulsion behandelt verschiedene Formen der Willensbeugung, also im einzelnen duress, actual undue influence, legal compulsion, necessity, inequality (presumed undue influence, exploitation, incapacity bei natürlichen Personen).

[167] Bes. klar tritt dieser Gedanke bei *Lionel D. Smith*, in: (1992) 71 CBR 672, 694–699, hervor.

[168] Siehe oben ab S. 584.

[169] *Burrows*, Law of Restitution, S. 16–23.

nutzt: „unjust enrichment by subtraction", wobei subtraction und „at the expense of" dann synonym sind, und „enrichment by wrongdoing".

Die Schlußfolgerung von der Bereicherung aus Gewinnherausgabe, dem disgorgement, auf Anwendungsbereich und Konfiguration des wrongdoing ist gleichwohl keinesfalls logisch zwingend. Zwar trifft es auf jeden Fall zu, daß die Gewinnherausgabe eine Klasse neben dem autonomous unjust enrichment bilden muß, weil das letztere auf den subtraction-Begriff restringiert wird. Trotzdem läßt sich daraus nicht ableiten, die Oberklasse wrongdoing müßte zusammen mit dem disgorgement auch sämtliche übrigen Unrechtsfälle umfassen, die alternativ als unjust enrichment by subtraction analysiert werden können.[170] Systematisch-teleologische Gründe mögen durchaus dafür sprechen, alle Unrechtshandlungen unter wrongdoing zusammenzufassen. Daß sich aber daneben der umgekehrte Weg gehen läßt, beweist eine akademische Mindermeinung. Sie will – vereinfacht beschrieben – disgorgement aus einem „principle of good faith and loyalty" und die Eingriffsfälle in property auf Nutzungsentgelt nur als unjust enrichment by subtraction erklären.[171] Die reine Gewinnhaftung wird somit von den Fällen des Nutzungsentgelts, das eher noch im Bereich der Vermögensverschiebung liegt, getrennt. Dies führt indes zu Erklärungsschwierigkeiten, denn das gesetzlich kodifizierte Immaterialgüterrecht legt die Gewinnhaftung für Eingriffe in intellectual *property* fest. Unjust enrichment by subtraction kann mangels unmittelbarer Vermögensverschiebung keine Gewinnherausgabe, sondern nur ein Nutzungsentgelt gewähren. Im Ergebnis führt dies zu der Konsequenz, daß die gesetzlich festgelegte Gewinnhaftung als Sonderfall vor dem Hintergrund der bloßen Nutzungshaftung bei property kaum zu erklären ist – aus systematischer Sicht ein unbefriedigendes Ergebnis.[172]

Eher mit dem Fallrecht vereinbar erscheint da eine andere Auffassung, die an den Rechtsfolgen orientiert die Fälle auf Gewinnherausgabe in Analogie zum account of profits nach equity unter „New equity" zusammenfaßt und sie dem eigentlichen law of restitution auf Basis einer unmittelbaren Vermögensverschiebung gegenüberstellt.[173] Nutzungsentgelte nach fingierter Lizenz sollen

---

[170] Ablehnend hier *Stevens/Neyers*, in: (1999) 37 AlbertaLR 221, 239.

[171] *Worthington*, in: (1999) 62 MLR 218, bes. 235, 239 f.; bereits zuvor mit ähnlichem Ansatz für die Aufspaltung in disgorgement und subtraction *Beatson*, in: *ders.*, Use and Abuse of Unjust Enrichment, S. 206–243. Ansatzweise auch *Cane*, Anatomy of Tort Law, S. 194–196. Weiterhin *Jaffey*, Restitution, bes. S. 136–138: Er unterscheidet disgorgement und den sog. „use claim" für das Nutzungsentgelt. Der letztgenannte Anspruch soll anders als bei *Worthington* kein unjust enrichment aus subtraction, sondern eine eigenständige Fallgruppe sein; *Watts*, in: [1998] NZLR 151, 151 f. und 156; *ders.*, in: [1995] RLR 49, 51: Er trennt ähnlich wie *Jaffey* nicht in disgorgement und unjust enrichment aus subtraction, sondern in disgorgement und „proprietary principle".

[172] Das gibt indirekt auch *Worthington* selbst zu, in: (1999) 62 MLR 218, 221 f., Fn. 25.

[173] *Stapleton*, in: *Birks*, Classification of Obligations, S. 193 (bes. 211).

keine Vermögensverschiebung mehr sein, sondern eine dritte Gruppe bilden, die allerdings nicht genauer eingeordnet wird.[174] Dadurch werden im Endeffekt die verschiedenen Fälle des law of restitution unter wrongdoing nach den Rechtsfolgen sortiert in drei neue, vollkommen verschiedene Gebiete aufgespalten: disgorgement, licence fee und subtraction. Näher soll auf diese Lehren nicht eingegangen werden, sie zeigen allerdings, daß der Problemfall disgorgement als Testfall der Vermögensverschiebung zu einem ganz anderen Schema im law of restitution führen kann.

ff) Fazit

Die Wertung des event-response-Systems ergibt ein facettenreiches Bild, das in sich jedoch nicht ganz stimmig erscheint. Im deutschen Recht werden Leistung und Eingriff als Unterscheidungspunkte genutzt; beide Gruppen sind handlungsorientiert. Birks' Dichotomie erscheint dagegen an asymmetrischen Merkmalen ausgerichtet.[175] Die Einteilung deckt sich nicht mit der Trennungslinie Gewinnhaftung – bloßer Wertersatz. Die reine Klassifikation nach subtraction und non-subtraction müßte dann nämlich alle Fälle aus dem wrongdoing ausschließen, die in der Bemessungshöhe unterhalb der Gewinnhaftung nach disgorgement liegen; das lehnt die Lehre von event und response jedoch ab. Es wird auch nicht auf die Rechtswidrigkeit abgestellt, ansonsten stünde dem wrongdoing ein non-wrongdoing gegenüber. Fälle des wrongdoing, die zugleich eine unmittelbare Vermögensverschiebung aufweisen, könnten konsequenterweise nicht als non-wrongdoing auftreten.

Das event-response-System ist auch nicht wie das deutsche Pendant handlungsbezogen aufgebaut; die willentliche Zuwendung im weitesten Sinne mit den Untergruppen Leistung, Verwendung und Rückgriff ist schon wegen der Grauzone um die Betrugsfälle nicht genau zum Eingriff als Nicht-Zuwendung komplementär.[176] Das Kernproblem liegt in der immer wieder betonten alternativen Analyse von subtraction und wrongdoing, daß also ein und derselbe Sachverhalt sowohl als wrongdoing als auch als autonomous unjust enrichment ausgelegt werden kann. Im Ergebnis koexistieren keine zwei Großgruppen, wie der Begriff Alternativität suggerieren soll, sondern drei: Erstens autonomous

---

[174] *Stapleton*, in: *Birks*, Classification of Obligations, S. 193 (227).

[175] Darauf weist *Cane*, in: *Birks*, Wrongs and Remedies, S. 301 (313), hin.

[176] Näher zu Unterschieden speziell zum deutschen Recht unten ab S. 681. Unter Zuwendung wird hier anders als nach der deutschen bereicherungsrechtlichen Terminologie nicht nur die *bewußte* Mehrung fremden Vermögens, sondern bereits *jedes* Handeln verstanden, das willensgetragen ist. Nach dieser Definition ist selbst der redliche Verwender, der sein eigenes Eigentum zu verbessern glaubt, Zuwendender, da auch er willentlich handelt.

unjust enrichment aus subtraction, das nicht als wrongdoing erklärt werden kann, zweitens autonomous unjust enrichment aus subtraction, das wahlweise auch als wrongdoing zu verstehen ist, und Gewinnherausgabe aus reinem wrongdoing. Autonomous unjust enrichment und wrongdoing schließen sich nur vordergründig aus, die scheinbar klare Unterscheidung wird von ambivalenten subtraction-Fällen unterlaufen.

Ein weiteres Problem erwächst der event-response-Theorie aus unjust enrichment. Auf der einen Seite gibt sich die Lehre als Einheitsmodell, denn wrongdoing und autonomous unjust enrichment sollen beide auf unjust enrichment gemäß der Vier-Elementen-Lehre basieren. Doch die sehr weite Forderung trägt ihr eigenes Scheitern in sich: Wenn sich „unjust" und „at the expense of" beim wrongdoing ganz nach dem zugrundeliegenden tort oder equitable wrong richten sollen, dann werden die beiden Merkmale de facto aufgegeben. Vertritt man trotzdem die Einheit der beiden Typen, kann das nur heißen, unjust enrichment sei nicht mehr als ein einheitsstiftendes Rechtsprinzip in Virgos „descriptive sense": Im Fall des autonomous unjust enrichment werden die vier Elemente zumindest über das Fallrecht beachtet, das Rechtsprinzip wird dadurch konkretisiert; für den Bereich des wrongdoing hingegen gelangt unjust enrichment über die Stufe des Rechtsprinzips nicht hinaus. Birks hat das Problem selbst erkannt: Bereits in „An Introduction to the Law of Restitution" verwirft er seinen Ansatz im Grunde wieder, indem er „unjust enrichment" im engeren Sinne – aus subtraction – und wrongdoing separiert.[177] Auf der Basis der Matrixhypothese wird man infolgedessen feststellen dürfen, Birks' System vertrete höchstens auf Prinzipienebene das Einheitsmodell,[178] nicht aber auf der Anwendungsebene.

b) Traditionelle Zweiteilung bei Lord Goff und Jones

Wesentlich weniger systematisch und dogmatisch gibt sich das zeitlich gesehen erste Werk zur Materie in England, „The Law of Restitution" von Lord Goff of Chieveley und Jones, das mit der fünften Auflage in der prestigeträchtigen Serie „The Common Law Library" mindestens zum Handbuch, wenn nicht sogar zur Enzyklopädie ausgewachsen ist. Bis zur vierten Auflage – die neueste ist erst in einem anderen Kontext genauer zu besprechen –[179] wurde das gesamte Fallrecht unter dem principle of unjust enrichment zusammengefaßt. Das principle erfährt aber nur auf Prinzipienebene konsequente Beachtung.

---

[177] *Birks*, Introduction, S. 42–44; *McInnes*, in: (1999) 37 AlbertaLR 1, 23–26.

[178] Selbst hier ergeben sich Zweifel, siehe *Birks*, Introduction, S. 24: „For there are really two quite different ‚principles' masquerading as one".

[179] Siehe unten ab S. 624.

Denn die beiden Autoren unterteilen das Fallrecht in die Gruppen „Where the Plaintiff has Himself Conferred the Benefit on the Defendant“, „Where the Defendant has Received the Benefit from a Third Party“ und schließlich „Where the Defendant has Acquired the Benefit through his own Wrongful Act“. Bei der zweiten Gruppe sollte man meinen, sie beträfe alle Mehrpersonenverhältnisse. Allerdings ist sie bei genauerem Studium auf einige eher seltene Spezialfälle beschränkt;[180] alle relevanten Dreiecksbeziehungen, darunter legal compulsion und irrtümliche Leistung auf Anweisung, unterfallen bereits dem ersten Typ.

Man kann daher „Where the Plaintiff has Himself Conferred the Benefit on the Defendant“ ohne Zögern den Fällen aus „Where the Defendant has Acquired the Benefit through his own Wrongful Act“ gegenüberstellen und die mittlere Gruppe vernachlässigen. Das ähnelt bis zu einem gewissen Grad dem Schema Leistung – Nichtleistung der deutschen Trennungslehre. In den Detailstudien ändert sich das Bild, denn der erste Typus umfaßt nach den Vorgaben der Rechtsprechung für Lord Goff und Jones vor allem unter mistake und legal compulsion auch solche Typen, die in Deutschland als Verwendungs- und Rückgriffskondiktion eingestuft werden, also nach der Trennungslehre Nichtleistungsfälle sind. Außerdem ist das System wie bei Birks asymmetrisch angelegt, weil die Gruppe „Where the Defendant has Acquired the Benefit through his own Wrongful Act“ nicht ausschließt, daß der Kläger dem Beklagten gleichzeitig einen Gegenstand im Sinn des ersten Typs übertragen hat.[181] Deshalb ist die Dichotomie nicht einmal an den Handlungsmodi Zuwendung im weitesten Sinne und Eingriff ausgerichtet. Wie sich das System in „The Law of Restitution“ im einzelnen zur deutschen Trennungslehre verhält, darauf wird noch näher einzugehen sein.[182]

IV. Exkurse

In den letzten fünf Jahren wurde vor allem der Ansatz der event-response-Theorie angegriffen. Doch bevor die jüngere Entwicklung aufgenommen werden kann, sind einige Begriffe näher zu erläutern, die immer wieder im Zusammenhang mit dem law of restitution begegnen. Vor allem die Rechtsinstitu-

---

[180] Das sind im einzelnen vor allem attornment (jemand empfängt Geld für Rechnung eines anderen, dann soll ein Besitzmittlungsverhältnis zwischen Empfänger und demjenigen fingiert werden, der das Geld auf seine Rechnung schließlich erhalten sollte), „interceptive subtraction“ aus Amtsanmaßung (jemand bereichert sich, indem er sich als Amtsperson geriert), inter vivos trusts (betrifft die Auseinandersetzung unter Erben). Bis zur 5. Aufl. außerdem noch subrogation, das jetzt als remedy anerkannt wird.

[181] Siehe nur *Lord Goff of Chieveley/Jones*[5], Law of Restitution, S. 75, 710.

[182] Näher unten ab S. 681.

tion des trust ist eine signifikante Abweichung von den kontinentalen Kondiktionen. Über den trust wird das law of restitution sehr weit auf das sachenrechtliche Gebiet und damit auf dingliche Rechtsfolgen ausgedehnt.

1. Rights, Remedies und andere Begriffe

Die Begriffe „event", „response", „claim", „remedy" und „cause of action", wurden schon bei Birks' Modell angerissen. Alle diese Termini lösen nach und nach die alten „actions" ab, die in der Rechtspraxis immer noch dominieren. Allein „cause of action" versucht den Brückenschlag, indem der Begriff das materiellrechtliche Klagefundament zu ergründen sucht. Erschwert wird der Übergang von den prozessualen actions zum materiellrechtlichen Denken durch die Unsicherheit über die Einordnung der Nachfolgebegriffe. Eine einheitliche Terminologie besteht zu großen Teilen nicht.

Immerhin lassen sich einige Tendenzen skizzieren: Das event-response-System setzt „event" mit der Anspruchsgrundlage und „response" mit der Rechtsfolge gleich. „Right" und „response" sind lediglich Synonyme. Im Fallrecht tauchen die Begriffe event und response fast nicht auf,[183] dafür werden die Worte „claim" und „remedy" verwandt. „Remedy" ist das passende Rechtsmittel, die Rechtsfolge, oder in der romanistisch gefärbten Terminologie Birks' „response".[184] „Claim" bedeutet aber umgekehrt in den Urteilen keineswegs immer „event". Zu welcher Konfusion der bisherige unsichere Gebrauch der Begriffe führte, zeigen prominente Beispiele aus der Rechtsprechung. Im Grundsatzurteil *Lipkin Gorman (a firm)* v *Karpnale Ltd* erstrebten die Kläger ein personal (schuldrechtliches) remedy auf der Basis eines proprietary (dinglichen) claim. Lord Goff of Chieveley verwendet in seiner Rede jedoch das Wort „claim" als „remedy". Jede andere Interpretation führte ansonsten zu Widersprüchen im Urteil. So urteilte Lord Goff:[185] „[...] the solicitors seek to show that the money in question was their property at common law. But their claim in the present case for money had and received is nevertheless a personal claim [...]." In *Trustee of the Property of F C Jones and Sons* v *Jones* trennte

---

[183] Siehe jetzt andeutungsweise *A-G* v *Blake* [2000] 3 WLR 625, 638 (per *Lord Nicholls of Birkenhead*): „Remedies are the law's response to a wrong (or, more precisely, to a cause of action)".

[184] Vgl. allgemein *Barker*, in: (1998) 57 CamLJ 301–327; *Birks*, in: (2000) 11 KCLJ 1–18; *ders.*, in: (2000) 29 UWALR 1–17; für Neuseeland ähnlich *Grantham/Rickett*, Enrichment and Restitution, S. 397–417, m. w. N.

[185] *Lipkin Gorman (a firm)* v *Karpnale Ltd* [1991] 2 AC 548, 572 (per *Lord Goff of Chieveley*). Diese Formulierung vermögen *Lord Goff of Chieveley/Jones*[5], Law of Restitution, S. 77 f., nicht aufzulösen.

Millett LJ dagegen ausdrücklich zwischen claim und remedy.[186] Das bekannte Prüfungsschema zu unjust enrichment in vier Schritten wird dadurch um einen fünften Punkt erweitert, nämlich um die Frage, welches remedy die richtige Wahl sei. Dieses Prüfungsschema erscheint inzwischen vor dem Court of Appeal in *Lloyds Bank Plc* v *Independent Insurance Co Ltd*.[187] Zusammenfassend kann man deshalb sagen, claim stehe im neueren Fallrecht ebenso wie der Parallelbegriff „cause of action" für den materiellrechtlichen „Tatbestand" und remedy für die daran anknüpfende Rechtsfolge.

Zusätzlich werden die Begriffe claim und remedy in personal und proprietary claim bzw. remedy aufgeteilt. Ein personal claim basiert auf einer schuldrechtlichen Grundlage, während ein proprietary claim auf einem dinglichen Recht basiert. Das ist im Vergleich zum deutschen Recht nicht neu. Auf der remedy-Seite ergeben sich aber wichtige Unterschiede. Zuerst sei § 812 Abs. 1 S. 1 BGB analysiert. Die Rechtsfolge des schuldrechtlichen Bereicherungsanspruchs (ius in personam) richtet sich auf das „Erlangte", sie ist daher zunächst gegenständlich orientiert.[188] Rechtsgrundlos erlangte Sachen sind rückzuübereignen (ius ad rem).[189] Nur wenn das „Erlangte" nicht gegenständlich herausgegeben werden kann, etwa im Fall der untergegangenen Sache oder Dienstleistungen, ist nach § 818 Abs. 2 BGB Wertersatz zu leisten. Ob der Bereicherungsgläubiger bei der gegenständlichen Herausgabe überhaupt ehemaliger Eigentümer der Sache war, ist unerheblich. Folglich kann zum Beispiel auch der gutgläubige Verkäufer einer gestohlenen Sache sie wieder kondizieren, wenn der Kaufvertrag unwirksam sein sollte. Der dingliche Herausgabeanspruch gemäß § 985 BGB richtet sich ebenfalls auf die konkrete Sache, die ein anderer als der Eigentümer besitzt. Anders als die primäre Rechtsfolge des § 812 Abs. 1 S. 1 BGB basiert die Vindikation auf einem dinglichen Recht, es ist ein ius in rem im Gegensatz zum ius in personam aus rechtsgrundloser Bereicherung. Mit anderen Worten: Das Bereicherungsrecht orientiert sich am rechtsgrundlos bereicherten Schuldner, die rei vindicatio an der Eigentümerposition des Gläubigers.

Das proprietary remedy hat ebenfalls dingliche Rechtsfolgen in der Form des ius in rem. Anders als im deutschen Recht gibt es aber nach common law grundsätzlich kein proprietary remedy auf Sachherausgabe, keine rei vindicatio.

---

[186] *Trustee of the Property of F C Jones and Sons (a firm)* v *Jones* [1997] Ch 159, 168 (per *Millett LJ*); siehe *ders.*, in: Festschrift für *Jones*, S. 199 (208).

[187] *Lloyds Bank Plc* v *Independent Insurance Co Ltd* [1999] 1 All ER (Comm) 8, 18 (per *Hapgood QC*).

[188] Sehr str., näher zur Kontroverse *Reuter/Martinek*, Ungerechtfertigte Bereicherung, § 14 I 2 (S. 518–520).

[189] Zum Unterschied ius in rem und ad rem siehe *Goode*, in: *Burrows*, Essays on Restitution, S. 215 (221 f.); *ders.*, in: (1976) 92 LQR 360, 363–365. Vgl. auch zu *F. C. v. Savigny* oben auf S. 136.

Nur nach equity, also auf dem Gebiet des trust, kann unter bestimmten Umständen die Sache selbst herausgefordert werden.[190] Vindikatorische Rechtsfolgen sind im law of restitution folglich sehr beschnitten. Und sogar die personal remedies sind gehandikapt: Während nach § 812 Abs. 1 S. 1 BGB ein Anspruch aus ius ad rem auf eine spezifische Sache erhoben werden kann, beschränkt sich das personal remedy auf reinen Wertersatz.

2. Sachenrecht

a) Vindikation

Traditionell kennt das englische Recht also kein generelles Äquivalent zur rei vindicatio.[191] Im englischen Sachenrecht, dem law of property, wird grundlegend zwischen personal und real property getrennt – eine Einteilung, die ungefähr der deutschen zwischen Mobiliar- und Immobiliarsachenrecht entspricht. Für Grundstücke steht mit der action for the recovery of land, der früheren action of ejectment, immerhin ein Rechtsbehelf zur Verfügung, der es dem Eigentümer ermöglicht, vom Unberechtigten den Besitz des Grundstücks herauszuverlangen.[192]

In bezug auf bewegliche Sachen gibt es dagegen keine direkte Entsprechung zur action for the recovery of land. Ursprünglich existierte die action of detinue, eine Klage, die der rei vindicatio nahekam. Voraussetzung war, daß dem Kläger, der ein Recht zum unmittelbaren Besitz haben mußte, vom Beklagten rechtswidrig der Besitz der beweglichen Sache vorenthalten wurde, obwohl der Kläger die Sache herausgefordert hatte.[193] Die heutige action for conversion knüpft daran in einer Vielzahl von Handlungsmodalitäten an; beispielsweise greift die action for conversion ein bei rechtswidrigem Empfang von fremdem Eigentum, seiner Weggabe durch Verkauf oder bei Zerstörung und Beschädigung. Im Gegensatz zur früheren action of detinue richtet sich die action for conversion jedoch primär auf Schadensersatz. Nach der Neuregelung des Rechtsgebiets durch den Torts (Interference with Goods) Act 1977, der unter anderem das tort of conversion unter dem Namen „wrongful interference with goods" zusammenfaßt, kann das Gericht nach seinem Ermessen eine Herausga-

---

[190] Statt aller *Virgo*, Principles of the Law of Restitution, S. 657–664, zu den einzelnen Möglichkeiten.

[191] Siehe nur *Roger John Smith*, Property Law, S. 3, Fn. 5; rechtsvergleichend sei verwiesen auf *Lionel D. Smith*, in: (2000) OxUCLF 6, bei Fn. 3–35, 115–120.

[192] Vgl. *Buckley*, in: Clerk&Lindsell on Torts, Rn. 17/69–73; *Fleming*, Law of Torts, S. 48–50; allgemein *Walter/Harris*, Claims to the Possession of Land.

[193] *Tettenborn*, in: Clerk&Lindsell on Torts, Rn. 13/04.

be anordnen.[194] Der heutigen Rechtslage zufolge ist das tort of conversion daher ein Ersatz für die fehlende Vindikation beweglicher Sachen.[195] Dafür spricht auch der Umstand, daß conversion eine nach deutschen Maßstäben verschuldensunabhängige Haftung konstituiert.[196] Der Besitzer muß nur vorsätzlich seine Herrschaft über die Sache ausüben,[197] die Unkenntnis der wahren Eigentumslage ist dagegen unschädlich. Die strikte Haftung korrespondiert mit der weitgehend fehlenden Möglichkeit des gutgläubigen Erwerbs. Die Verschuldenshaftung aus Eigentumsverletzung würde nur den nemo dat-Grundsatz umgehen. Eine echte dingliche Klage stellt das tort of conversion jedoch bei weitem nicht dar.[198]

b) Following und Tracing

Ein weiterer Begriff, über den man spätestens bei der Fallektüre stolpert, ist „tracing", neuerdings ergänzt durch „following". Beide Mechanismen dienen dazu, den Bereicherungsanspruch quasi über den primären Bereicherungsgegenstand hinaus zu „verlängern". Zweck des tracing soll es sein, die Surrogate des ursprünglich erlangten Restitutionsgegenstandes zu „verfolgen" und zu identifizieren. Dabei kann sich beispielsweise das ursprünglich erlangte Geld in einer Vermögensinvestition fortsetzen, die deutlich mehr wert ist als die Anfangssumme. Im deutschen Recht finden sich mit dem stellvertretenden commodum in § 281 BGB und der condictio pretii nach § 816 Abs. 1 S. 1 BGB nur rudimentäre Ansätze, über die unmittelbare Vermögensverschiebung hinauszugehen. § 818 Abs. 2 BGB als Kardinalnorm der Bereicherungshaftung beschränkt das Wertsurrogat auf den objektiven Wert. Das law of restitution andererseits gewährt in zahlreichen Situationen einen Zugriff auf Austauschprodukte mit Mehrwert, wenn der primäre Bereicherungsgegenstand entweder nicht mehr vorhanden ist oder seine Rechtsnatur geändert hat.[199] Besonders Lionel D. Smith hat den Unterschied von following und tracing herausgearbeitet:[200] Mittels der ersten Methode verfolgt man eine spezifische Sache von einer

---

[194] Torts (Interference with Goods) Act 1977, s. 3 (2)(a) i. V. m. s. 3 (3)(b).

[195] *Fleming*, Law of Torts, S. 53, insbes. Fn. 30.

[196] Siehe nur *Rogers*, Winfield&Jolowicz on Tort, S. 605 f.; *Tettenborn*, in: *Palmer/McKendrick*, Interests in Goods, S. 825 (827–831), fordert aber de lege ferenda eine Verschuldenshaftung.

[197] Statt aller *Tettenborn*, in: Clerk&Lindsell on Torts, Rn. 13/14.

[198] *Birks*, in: [1997] NZLR 623, 646 f.

[199] Paradigmatisch *Foskett* v *McKeown* [2000] 2 WLR 1299 (HL); näher ab S. 632.

[200] *Lionel D. Smith*, Law of Tracing, S. 6–9. Ihm folgend inzwischen auch die Rspr., siehe *Foskett* v *McKeown* [2000] 2 WLR 1299, 1322 f. (per *Lord Millett*). Vgl. neuerdings zum Komplex *Fox*, in: [1999] RLR 55–74.

Person zur *nächsten*; tracing legt die Surrogation einer Sache durch einen anderen Vermögenswert bei ein und *derselben* Person fest.

c) Trusts

Der trust ist ebenso wie tracing eine Spezialität des common law, die im deutschen Recht kein genaues Pendant hat. Am ehesten entsprechen dem trust auf deutscher Seite alle Rechtsverhältnisse, in denen formelles Eigentum und materielle Eigentümerinteressen getrennt sind, also Treuhandverhältnisse zur Verwaltung und Sicherung.[201] Treuhand und trust sind allerdings nicht vollkommen deckungsgleich, da der englische Treuhandgeber, der „beneficiary", gegen den Treuhandnehmer, den „trustee", ein dingliches Recht hat, während sich in deutschen Treuhandverhältnissen nur über die auflösend bedingte Verfügung mit der Folge des Anwartschaftsrechtes ein ähnliches Ergebnis erzielen läßt. Ein trust, der dem Rechtsgebiet der equity entspringt, und property nach strengem Recht, nach common law, stehen zueinander im Alternativverhältnis, das heißt, ein und dieselbe Person kann nicht nach common law Volleigentümerin sein und zusätzlich ein equitable interest an derselben Sache haben („proprietary arithmetic").[202] In *Westdeutsche Landesbank Girozentrale* v *Islington London Borough Council* urteilte Lord Browne-Wilkinson als wohl führender Richter Englands auf dem Gebiet des trust beispielhaft: „Unless and until there is a separation of the legal and equitable estates, there is no separate equitable title."

Wie einzelne Formen des trust zueinander stehen, welche trust-Arten im englischen Recht existieren, darüber geben das case law und das Schrifttum kein völlig konsistentes Bild ab: Als Richtlinie lassen sich der express, constructive und resulting trust unterscheiden.[203] Doch spielen im law of restitution nur resulting und constructive trust eine bedeutende Rolle, weil sich der express trust aufgrund seiner vertraglichen Komponente der Formel vom *unjust* enrichment entzieht.

Die Rechtsprechung gelangt zum resulting trust vornehmlich, wenn der Eigentümer sein Eigentum ohne Gegenleistung übertrug. Der daraus „resultierende" trust wird als Folge der einseitigen Vermögensverschiebung vermutet (pre-

---

[201] Dazu ausführlich *Kötz*, Trust und Treuhand, S. 97–156.

[202] *Westdeutsche Landesbank Girozentrale* v *Islington LBC* [1996] AC 669, 706 (per *Lord Browne-Wilkinson*); *Birks*, Introduction, S. 70–72; *Hackney*, Understanding Equity and Trusts, S. 25; *Virgo*, Principles of the Law of Restitution, S. 676; kritisch aber *Swadling*, in: *Birks/Rose*, Lessons of the Swaps Litigation, S. 242 (265–267).

[203] Siehe generell mit Kritik an der herkömmlichen Einteilung *Chambers*, Resulting Trusts, S. 1–6; rechtsvergleichend *Bachner*, Constructive Trust, S. 9–11.

sumed resulting trust) – es sei denn, der Eigentümer handelte in Schenkungsabsicht. Damit soll wie im Vertragsrecht mit der consideration-Doktrin verhindert werden, daß jemand zu seinem eigenen Schaden ohne Gegenleistung eine rechtswirksame Handlung vornimmt. Lord Browne-Wilkinson bestätigte diesen restriktiven Standpunkt vor dem House of Lords.[204]

Auch der constructive trust, der seinem Namen nach lediglich als „konstruierter", also als fingierter trust ausgestaltet ist, entzieht sich einer genauen Definition. Immerhin lassen sich der sogenannte „institutional" constructive trust und der „remedial" constructive trust voneinander trennen.[205] Der institutional constructive trust ist vor allem eine Folge des wrongdoing aus breach of fiduciary duty. Die Haftung soll über die Gewinnherausgabe aus account of profits hinaus durch eine dingliche Rechtsfolge zusätzlich verschärft werden: Der Kläger kann nicht nur den Gewinn des Beklagten schuldrechtlich beanspruchen, ihm steht am Profit des Delinquenten gleichzeitig ein dingliches Recht zu. Der remedial constructive trust hingegen soll ein reiner Billigkeitsbehelf nach richterlichem Ermessen sein, oder wie es Lord Browne-Wilkinson in *Westdeutsche Landesbank Girozentrale* v *Islington London Borough Council* formuliert:[206] „a judicial remedy [...] in the discretion of the court." Nicht nur die Lehre steht dem vagen Rechtsbehelf des remedial constructive trust als „ugly, repugnant alike to legal certainty, the sanctity of property and the rule of law" sehr kritisch gegenüber.[207] In der Rechtsprechung ist man den „siren songs with which hard cases tempt judges onto the fatal coasts of bad law" noch nicht erlegen.[208] Bisher haben sich House of Lords und Privy Council nur in ober dicta positiv geäußert.[209] Ob sich die Gewichte in Zukunft auf dem Feld der dinglichen Rechtsfolgen im law of restitution vom resulting zum remedial constructive

---

[204] Grundlegend *Westdeutsche Landesbank Girozentrale* v *Islington LBC* [1996] AC 669, 708 (per *Lord Browne-Wilkinson*); *Tinsley* v *Milligan* [1994] 1 AC 340, 371 (per *Lord Browne-Wilkinson*). Zu einer alternativen Sichtweise des resulting trust unten ab S. 647.

[205] Zu allen Details sei verwiesen auf *Oakley*, Constructive Trusts.

[206] *Westdeutsche Landesbank Girozentrale* v *Islington LBC* [1996] AC 669, 714 f. (per *Lord Browne-Wilkinson*).

[207] Zitat nach *Birks*, in: [1997] NZLR 623, 641; kritisch auch z. B. *Sir Millett*, in: (1998) 114 LQR 399, 400.

[208] Zitat nach *Banner Homes Group Plc* v *Luff Developments Ltd* [2000] 2 All ER 117, 137 (per *Chadwick LJ*, der hier das unveröffentlichte Urteil *Island Holdings Ltd* v *Birchington Engineering Ltd*, v. 7.7.1981 (per *Goulding J*), zum constructive trust zitiert).

[209] *Westdeutsche Landesbank Girozentrale* v *Islington LBC* [1996] AC 669, 716 (per *Lord Browne-Wilkinson*); siehe auch *Re Goldcorp Exchange Ltd* [1995] 1 AC 74, 104 (per *Lord Mustill*) (PC); gegen den remedial constructive trust eindeutig *Re Polly Peck International Plc (No 2)* [1998] 3 All ER 812, 827 (per *Mummery LJ*): „The insolvency road is blocked off to remedial constructive trusts, at least when judge-driven in a vehicle of discretion."

trust verschieben werden, ist eine offene Frage, die allein die Rechtsprechung beantworten kann.

d) Trennungs- und Abstraktionsprinzip

Ein weiterer wichtiger Punkt ist das Abstraktions- resp. Trennungsprinzip. Prima facie fragt man sich, wie außerhalb Deutschlands die Leistungskondiktion überhaupt ein breites Anwendungsfeld einnehmen kann, da die Abstraktion anscheinend auf das deutsche Bürgerliche Gesetzbuch beschränkt bleibt. Doch bereits Grotius führte für Gattungssachen an, zum Eigentumsübergang bedürfe es nur der Einwilligung.[210] Seine Auffassung drang selbst bis nach England vor. Das common law folgt dem sachenrechtlichen Einheitsprinzip: Neben dem schuldrechtlichen Vertrag ist daher eine eigenständige sachenrechtliche Verfügung durch Vertrag nicht mehr erforderlich. Trotzdem muß das Einheitsprinzip nicht dazu führen, daß – untechnisch gesprochen – eine Verfügung unwiderruflich an das Schicksal des obligatorischen Geschäftes gebunden ist.[211] Der Eigentumsübergang wird im englischen Recht in der Regel vom Schuldvertrag abstrahiert, er ist also rechtlich unabhängig. Die englische Lösung könnte man als Einheitsprinzip in Verbindung mit dem Abstraktionsprinzip beschreiben. Das zeigt für die deutsche Dogmatik im Gegenzug, welche wichtige Funktion die Distinktion von Trennungs- und Abstraktionsprinzip ausübt. Leider wird bisher in der Rechtsvergleichung der Unterschied von Trennung und Abstraktion nur selten berücksichtigt.[212] Oft wird behauptet, das englische Recht kenne kein Abstraktionsprinzip. Offenbar werden Einheits- und Kausalprinzip vermischt. Lord Goff of Chieveley sprach in *Westdeutsche Landesbank Girozentrale* v *Islington London Borough Council* explizit aus:[213] „[...] there is no gen-

---

[210] *Grotius*, De iure belli ac pacis, Buch II, Kap. 10, XIII (S. 386).

[211] Siehe bereits *Kaehler*, Bereicherungsrecht und Vindikation, S. 25 f., Fn. 39, m. w. N.; mißverständlich *Zweigert/Kötz*[3], Rechtsvergleichung, S. 564; zum US-amerikanischen Recht *Stadler*, Gestaltungsfreiheit und Verkehrsschutz, S. 34–44.

[212] Das Kausalprinzip erkennen im englischen Recht *Hellwege*, in: [1999] RLR 92, 116, Fn. 190; *Henrich*, Englisches Privatrecht, S. 65; *Detlef König*, in: Gutachten und Vorschläge zur Schuldrechtsreform, Bd. 2, S. 1515 (1538 f.); tendenziell ebenso *Meier*, Irrtum und Zweckverfehlung, etwa S. 92, allerdings mit dem Hinweis, die action for money had and received sei nicht an die Frage des Eigentumsübergangs gebunden; *Schlechtriem/Coen*, Restitution und Bereicherungsausgleich, Bd. 1, Rn. 2/303, 371. In England selbst aus rechtsvergleichender Sicht *Nicholas*, French Law of Contract, S. 128 f. Wie hier jedoch andere englische Autoren, bes. *Dickson*, in: *Swadling*, Limits of Restitutionary Claims, S. 1 (27); *Swadling*, in: *Birks/Rose*, Lessons of the Swaps Litigation, S. 242 (248 f., 271); *Watts*, in: [1995] RLR 49, 53.

[213] *Westdeutsche Landesbank Girozentrale* v *Islington LBC* [1996] AC 669, 689 (per *Lord Goff of Chieveley*). Ähnlich *McMeel*, Modern Law of Restitution, S. 171: „As a matter of principle, it can be argued that property passes because it was intended to pass property, regardless of the underlying voidness of the transaction."

eral rule that the property in money paid under a void contract does not pass to the payee". Noch deutlicher stellt William John Swadling fest:[214] „Thus, English law has what a German lawyer would recognise as a ‚principle of abstraction'." Die immer wieder gestellte Frage, wie ein Bereicherungssystem bei Leistungen ohne Abstraktionsprinzip funktionieren könne, geht von falschen Prämissen aus.

Obwohl der Kaufvertrag und der Wille, Eigentum zu übertragen, zusammenfallen, führt der unwirksame Kaufvertrag also nur in den seltensten Fällen dazu, daß der Käufer kein Eigentum an der gekauften Sache und der Verkäufer kein Eigentum am Geld erwirbt. Hauptsächlich vermögen nur Qualifikationen des unjust-Grundes mistake den Eigentumsübergang zu verhindern: der Irrtum über die Identität des Empfängers und der Irrtum über die Identität der weggegebenen Sache.[215] Duress,[216] undue influence und misrepresentation[217] durchbrechen die Abstraktion ausnahmsweise in extremen Fällen. Die unjust-Gründe total failure of consideration,[218] illegality[219] und selbst incapacity[220] dagegen verhindern generell nicht den Eigentumsübergang, ja nicht einmal die Gruppe „absence of consideration",[221] die das Fehlen eines jeglichen rechtlichen Grundes indiziert.[222] Auch ein breach of contract, der zur Vertragsbeendigung führt, macht den Eigentumsübergang nicht unwirksam, da der Vertrag für die Zukunft

---

[214] *Swadling*, in: *Birks/Rose*, Lessons of the Swaps Litigation, S. 242 (249, insbes. Fn. 33). Gleichwohl werden Kausal- und Abstraktionsprinzip nicht unterschieden: „But since a contract can also have proprietary effect, our system is not entirely abstract."

[215] Grundlegend *Williams*, in: (1977) 36 CamLJ 62–85. Zweifelhaft ist die Fallgruppe des mistake über die Quantität der hingegebenen Sachen, dazu *Chase Manhattan Bank NA* v *Israel-British Bank (London) Ltd* [1981] Ch 105.

[216] Grundsätzlich Abstraktion. Eine mögliche Ausnahme gibt *Fox*, in: [1996] RLR 60, 68, für den Fall äußersten Zwangs an, bspw. bei Morddrohungen. *Duke de Cadaval* v *Collins* (1836) 4 Ad&E 858 = 111 ER 1006, ist eine solche Entscheidung, in der kein Eigentum überging: Der Kläger stand vor der extremen Alternative, weiterhin inhaftiert zu bleiben oder der Erpressung nachzugeben.

[217] Grundsätzlich Abstraktion, siehe *Moynes* v *Cooper* [1956] 1 QB 439, 445 (per *Lord Goddhard CJ*); etwas anderes soll bei „fundamental" misrepresentation gelten, so *Cundy* v *Lindsay* (1878) 3 App Cas 459, 463–465 (per *Lord Cairns LC*).

[218] *Westdeutsche Landesbank Girozentrale* v *Islington LBC* [1996] AC 669, 689 (per *Lord Goff of Chieveley*); *Re Goldcorp Exchange Ltd* [1995] 1 AC 74, 90 f. (per *Lord Mustill*) (PC).

[219] *Singh* v *Ali* [1960] AC 167, 176 (per *Lord Denning*); *Belvoir Finance Co Ltd* v *Stapleton* [1971] 1 QB 210, 217 f. (per *Lord Denning MR*); a. A. Teile der Lehre aus teleologischen Gründen, siehe *Higgins*, in: (1962) 25 MLR 149–162.

[220] *Chaplin* v *Leslie Frewin (Publishers) Ltd* [1966] Ch 71, 89 (per *Lord Denning MR*), für Minderjährigkeit.

[221] Dazu näher unten ab S. 651.

[222] *Westdeutsche Landesbank Girozentrale* v *Islington LBC* [1996] AC 669, 689 (per *Lord Goff of Chieveley*); kritisch dazu *Virgo*, Principles of the Law of Restitution, S. 613 f.

aufgelöst wird und der Eigentumsübergang in der Vergangenheit nicht mehr betroffen ist.[223] Bei erfolgter Anfechtung, beispielsweise aus duress oder misrepresentation, greift das Kausalprinzip allerdings auf den Eigentumsübergang durch.[224] Das entspricht der Situation bei Fehleridentität im deutschen Recht. Im Resultat ergeben sich daher nur geringe Unterschiede zwischen den beiden Rechtsordnungen.[225]

e) Bereicherung aus Verbindung und anderen Fällen

Ein weithin unerforschtes Gebiet ist der Eigentumsübergang bei Verbindung, Vermischung, Vermengung und Verarbeitung.[226] Im deutschen Bereicherungsrecht stehen die §§ 946 ff. BGB oft im Zentrum richterlicher Entscheidungen, viele der bekanntesten Konstellationen wie der Jungbullen- oder Elektrogeräte-Fall beziehen sich auf den Ausgleich des Eigentumsverlusts nach diesen Vorschriften. Mangels entsprechender Urteile ist die Rechtslage in England weithin ungeklärt.[227] Es werden zwar im Anschluß an das römische Recht die Gruppen mixture (Vermengung und Vermischung),[228] accession (Verbindung beweglicher Sachen), fixture (Verbindung einer beweglichen Sache mit einem Grundstück)[229] und specification (Verarbeitung) unterschieden. Man scheint sich weiterhin zumindest darüber einig zu sein, daß fixture wie im gemeinen und

---

[223] Siehe die Begründung bei *Virgo*, Principles of the Law of Restitution, S. 612.

[224] Ausdrücklich *Virgo*, Principles of the Law of Restitution, S. 611 f. A. A. *Swadling*, in: *Harris*, Property Problems, S. 130 (139 f.).

[225] *Kaehler*, Bereicherungsrecht und Vindikation, S. 25 f., Fn. 39; *Markesinis*, in: *ders.*, Foreign Law and Comparative Methodology, S. 68 (88); *Zweigert/Kötz*, Rechtsvergleichung, Bd. 1, S. 219. Siehe auch schon *v. Caemmerer*, in: Festschrift für *Rabel*, S. 333 (338) = Gesammelte Schriften, Bd. 1, S. 209 (215):

> „Die Rolle der Leistungskondiktionen ist aber in der übrigen Welt, wo es abstrakte Übereignung nicht gibt, nicht geringer, und auch im deutschen Recht stehen die Fälle der Leistungskondiktion, bei denen die abstrakte Ausgestaltung der Übereignung keine Rolle spielt, nämlich bargeldlose Zahlungen, Arbeitsleistungen, mittelbare Zuwendungen jeder Art, im modernen Wirtschaftsleben durchaus im Vordergrund."

[226] Vgl. allgemein *Gleeson*, Personal Property Law, S. 55–63; *Lord Goff of Chieveley/Jones*^{5}, Law of Restitution, S. 94 f., insbes. Fn. 40; *Heuston/Buckley*, Salmond&Heuston on Torts, S. 113 f.; *Lionel D. Smith*, Law of Tracing, S. 109–112; *Worthington*, Proprietary Interests, S. 135–143, m. w. N.

Aus der Rspr. allgemein *Foskett* v *McKeown* [2000] 2 WLR 1299, 1316 f. (per *Lord Hope of Craighead*), zu confusio, commixtio und accessio, ohne allerdings konkretes Fallrecht nennen zu können.

[227] Zum spärlichen Fallrecht z. B. *Holland* v *Hodgson* [1872] LR 7 CP 328 (per *Blackburn J*): Einbau von Webstühlen in eine Mühle.

[228] Vgl. näher *Birks*, in: *Palmer/McKendrick*, Interests in Goods, S. 227–249.

[229] Vgl. näher *Bennett*, in: *Palmer/McKendrick*, Interests in Goods, S. 267–299.

deutschen Recht zum Eigentumsverlust an der eingebauten Sache führt. Aber bereits bei accession streitet sich die Lehre, ob Miteigentum oder Alleineigentum desjenigen entsteht, dessen Anteil überwiegt.[230] Noch unübersichtlicher wird die Rechtslage beim Sonderfall der Geldvermischung (mixture of money). Kernpunkt jeder Analyse ist hier die vieldeutige Rede Lord Ellenboroughs in *Taylor* v *Plumer*:[231]

> „[...] the product of or substitute for the original thing still follows the nature of the thing itself, so long as it can be ascertained to be such, and the right only ceases when the means of ascertainment fail, which is the case when the subject is turned into money, and mixed and confounded in a general mass of the same description. The difficulty which arises in such a case is a difficulty of fact and not of law, and the dictum that money has no ear-mark must be understood in the same way; i. e. as predicated only of an undivided and undistinguishable mass of current money. But money in a bag, or otherwise kept apart from other money, guineas, or other coin marked (if the fact were so) for the purpose of being distinguished, are so far earmarked as to fall within the rule on this subject, which applies to every other description of personal property [...].“

Von den Kommentatoren wird der Fall teilweise in die Richtung interpretiert, das vermengte Geld stehe nicht im Miteigentum beider Parteien, sondern jede Partei sei weiterhin Alleineigentümerin ihrer eigenen, wenn auch nun vermengten Geldmünzen.[232] Das führt jedoch zu Widersprüchen mit den Regeln zum tracing: Bei Geldvermischung, beim „mixed fund“, scheidet tracing nach common law aus. Denn es läßt sich nicht mehr feststellen, welche einzelnen Münzen genau welchem Eigentümer zuzuordnen sind. Will man durch die Technik des tracing in equity das Geld durch den mixed fund „weiterverfolgen“, setzt das ein equitable interest an den vermengten Geldstücken voraus. Das führt indessen zu neuen Problemen: Auf der einen Seite wäre der Eigentümer nach common law Alleineigentümer seiner ursprünglichen Münzen, gleichzeitig jedoch müßte er ein equitable interest nachweisen.

Der Alternativität von property at law und in equity zufolge scheidet in dieser Situation tracing by equity aus, weil man noch das Eigentum at law an seinen eigenen Münzen hält. Der Widerspruch läßt sich nur dadurch lösen, daß bei Geldvermengung wie im gemeinen Recht Alleineigentum desjenigen entsteht,

---

[230] Siehe *Worthington*, Proprietary Interests, S. 137, zu beiden Standpunkten.

[231] *Taylor* v *Plumer* (1815) 3 M&S 562, 575 = 105 ER 721, 726 (per *Lord Ellenborough*).

[232] *Birks*, in: *Palmer/McKendrick*, Interests in Goods, S. 227 (239 f.), der selbst eher *Miteigentum* favorisiert. Auf der Basis von Miteigentum bestehen keine Identifikationsprobleme, da die Eigentumslage an den Münzen einheitlich ist. Alle Münzen stehen in demselben Verhältnis den verschiedenen Miteigentümern zu. Ähnlich wohl *Burrows*, Law of Restitution, S. 61. A. A. wie im Text vorgeschlagen *Virgo*, Principles of the Law of Restitution, S. 646: „Consequently, where such mixing has occured the plaintiff's legal title to the property will be extinguished.“

der das Geld in Besitz hat. Dann ist der Kläger nicht mehr Eigentümer und kann ohne Widerspruch ein proprietary interest in equity für sich in Anspruch nehmen. Außerdem erklärt diese Lösung einleuchtend, weshalb at law kein tracing mehr möglich ist: Da das Eigentum kraft Vermischung übergeht, kann es mangels ursprünglicher sachenrechtlicher Legitimation auf seiten des Klägers nicht mehr ohne ein Eigentumsinteresse aus equity verfolgt werden.

Im Blickwinkel des law of restitution führt der Eigentumsverlust durch Eingriff aus Akzession oder Spezifikation durch eine vom ursprünglichen Eigentümer verschiedene Person zu einem tort of conversion gegen den Eingreifenden. Der Entreicherte kann aus dem tort alternativ zum Schadensersatz die Bereicherungsherausgabe verlangen. Dem Verwender, der selbst den Eigentumsverlust herbeiführt, wird dieser Rechtsbehelf hingegen wenig nützen, weil der Bereicherte mangels Eingriffshandlung kein tort begangen hat. Er kann nur dann indirekt seine Verwendungen nach Torts (Interference with Goods) Act s. 6 (1) geltend machen, wenn ihn der Bereicherte seinerseits aus conversion verklagen sollte. Doch sind nähere Einzelheiten dazu unklar. Ebenso unsicher ist die Behandlung von mixtures jenseits von Geld. Immerhin läßt sich dem Handbuch von Lord Goff und Jones entnehmen,[233] sie wollten für mixture den Widerspruch von Eigentumsrecht und gegenläufigem Ausgleichsanspruch aus Bereicherung auflösen, indem die Partei, der kein tort zur Last fällt, die also funktional gesehen nicht Eingreifer ist, das gesamte Eigentum des Vermischungsvorgangs erhält. Aber auch das ist nur eine Einzelmeinung. Fest steht bei allem zumindest, daß fixture, mixture, accession und specification im englischen case law im Hinblick auf das law of restitution eine sehr marginale Rolle spielen.[234]

V. Neuere Trennungslehren

1. Modifizierte dichotomische Lehren

Ein fortschrittlicher Ansatz zur Systembildung – er soll trichotomische Vindikationslehre genannt werden – geht vor dem Hintergrund der neueren Recht-

---

[233] *Lord Goff of Chieveley/Jones*[5], Law of Restitution, S. 95. A. A. wiederum *Palmer/Hudson*, in: *Palmer/McKendrick*, Interests in Goods, S. 919 (935): Es entstehe anteiliges Miteigentum; derjenige, der die Vermischung bewirkt hat, hafte dem anderen aus conversion.

Im deutschen Recht entsteht nach § 948 BGB in der Regel Miteigentum, ein Bereicherungsausgleich ist dann redundant; zur Lage im gemeinen Recht oben auf S. 126.

[234] Vgl. abschließend noch die Andeutungen bei *Rogers*, Winfield&Jolowicz on Tort, S. 593 f.; *Heuston/Buckley*, Salmond&Heuston on Torts, S. 113 f.: In beiden Werken wird offenbar davon ausgegangen, der Ausgleich stehe im richterlichen Ermessen; im übrigen *Palmer/Hudson*, in: *Palmer/McKendrick*, Interests in Goods, S. 919 (931–940).

sprechung des House of Lords von vollkommen anderen Prämissen aus. Vor allem das law of property und mit ihm der trust sind Stein des Anstoßes. Eines der lange Zeit über ungelösten und brennenden Hauptprobleme war das Verhältnis von Sachenrecht und law of restitution. Bereicherungsgedanke und Vindikation werden nicht eindeutig getrennt. Tracing und trusts führten trotz aller Versuche ein Eigenleben zwischen unjust enrichment und property law. Aus dem Fallrecht waren bis vor kurzem allenfalls indirekte Schlußfolgerungen zu erwarten. Kaehler benannte daher seine Monographie nicht zu Unrecht „Bereicherungsrecht *und* Vindikation".

Die Kommentatoren aber haben inzwischen Myriaden an verschiedenen Hauptmodellen und Subsystemen entworfen, um das schwierige Verhältnis von property und law of obligations transparent zu machen. Das letzte Wort wurde sicherlich noch nicht gesprochen.[235] Eigentlich sollte man meinen, es sei für die Dichotomie von subtraction und wrongdoing ohne Belang, ob der Restitutionsanspruch schuldrechtlicher oder sachenrechtlicher Natur ist. Doch zahlreiche Klassifikationen des englischen Rechts sind gerade von diesem Grundproblem geprägt. Wie zu zeigen sein wird, bestimmt die Frage des Sachenrechts sogar die Relation von Leistung und Eingriff.

a) Der Ansatzpunkt der dichotomischen Lehren

Nach der älteren event-response-Theorie und dem von Lord Goff und Jones bis zur vierten Auflage vertretenen Modell ist die Rückforderung von Sachenrechten keine eigene Kategorie neben unjust enrichment. Beide Lehren unterscheiden sich nur dadurch, daß erstere stärker autonomous unjust enrichment von wrongdoing und anderen „events" unterscheidet, während Lord Goff und Jones mehr die Einheitlichkeit aller Restitutionsansprüche unter dem principle des unjust enrichment herausstellen, ohne dogmatische Details zu diskutieren. Beide Lehrmeinungen treffen sich in dem Punkt, unjust enrichment und Sachenrechte seien keine Gegenpole. Das event-response-System nimmt für sich in Anspruch, jedes „event", sei es unjust enrichment im autonomen Sinne, wrongdoing oder ein anderes Ereignis, könne gleichermaßen zu einer „personal" oder „proprietary response" führen. Die Frage nach Schuldrecht und Sa-

---

[235] Vgl. nur die allgemeine Kritik bei *Matthews*, in: *Birks*, Laundering and Tracing, S. 23 (66–70), allerdings ohne eigenen Lösungsansatz; auch *Rotherham*, in: [2000] 1 TIL 205–231; weiterhin *Lionel D. Smith*, in: (2000) 116 LQR 412–444; *ders.*, in: (2000) OxUCLF 6, bei Fn. 2–35; gute Übersicht bei *Nick Segal*, in: *Rose*, Restitution and Banking Law, S. 99 (107–112), m. w. N.

Jaffey, Restitution, zusammenfassend S. 312, erkennt keine Abgrenzungsprobleme. Seiner Ansicht zufolge können restitutionary und proprietary claims zusammengefaßt werden.

chenrecht wird erst auf der Rechtsfolgenseite relevant.[236] Sie hat keine Verbindung zum unterliegenden Anspruch. Auf der Seite der Anspruchsgrundlage wird im event-response-System nicht zwischen dinglich und schuldrechtlich unterschieden. Zur Begründung führt man an, Sachen- und Schuldrechte entstünden durch Vertrag, at law oder by equity, sie seien also nur Produkt, response, aber nicht Grund von Rechten, von events. Als entscheidend bei allem erscheint die Behauptung, auch autonomous unjust enrichment könne sachenrechtliche Rechtsfolgen generieren.

Es liegt auf der Hand, daß dabei nicht das ganze Sachenrecht vom law of restitution vereinnahmt werden darf, ansonsten gäbe es kein law of obligations und property law mehr. Welche Ansprüche aber, so fragt man sich, sollen als restitutionary remedy, als Bereicherungsherausgabe, und welche als echte sachenrechtliche Ansprüche gelten? Auch dafür hat Birks eine Antwort; Sachenrechte sollen dann ein restitutionary remedy begründen, wenn sie erst durch den Bereicherungsvorgang, also durch unjust enrichment, neu entstehen. Das ist zum Beispiel nicht der Fall, wenn der Eigentümer vom Besitzer seiner Sache die Herausgabe qua Eigentümerstellung fordert: Der Eigentümer beruft sich nur auf sein Eigentumsrecht, er stützt sich nicht auf ein Recht, das erst mit der Besitzerlangung des anderen entstanden ist, sondern schon vorher da war. Im Gegensatz dazu sollen tracing[237] und rescission[238] restitutionary responses sein: Zwar basiert tracing als Surrogationsmechanismus auf dem Eigentum, es tritt jedoch erst dann auf den Plan, wenn sich ein anderer rechtsgrundlos bereichert. Weitaus schwieriger liegt die Anfechtung, rescission. In der Tat fällt durch sie das Eigentum an den Anfechtenden zurück. Man könnte nun einwenden, derjenige, der angefochten hat, stehe dann nicht anders da, als der Eigentümer, der vom Besitzer seine Sache herausverlangt. Nach Birks' Schema ist jedoch entscheidend, daß die Anfechtungsmöglichkeit erst durch die rechtsgrundlose Bereicherung des anderen entstand, also nicht wie beim Verhältnis des ursprünglichen Eigentümers zum Besitzer zuvor schon rechtlich existent war.

Um die Restriktionen hinsichtlich des Sachenrechts zu rechtfertigen, wird vorgetragen, das law of restitution werde über Gebühr ausgedehnt, falls alle sachenrechtlichen Herausgabeansprüche einbezogen würden, oder in den Worten von Birks: „restitution would be too big".[239] Tatsächlich führte die vollkomme-

[236] *Birks*, Introduction, bes. S. 54. Ähnlich eine ganze Anzahl von Autoren, etwa *Barker*, in: *Birks*, Laundering and Tracing, S. 191 (211 f.).

[237] *Birks*, in: [1995] RLR 83, 91; *ders.*, in: *ders.*, Laundering and Tracing, S. 289 (319); *Lionel D. Smith*, Law of Tracing, S. 300; kritisch hierzu *Grantham*, in: (1996) 16 OxJLS 561, 574.

[238] *Birks*, Introduction, etwa S. 65 f., 170; siehe auch *ders.*, in: [1997] NZLR 623, 642.

[239] *Birks*, Introduction, S. 15.

ne Einbeziehung aller dinglicher Restitutionsansprüche dazu, daß das law of restitution zur Hälfte Obligationen- und zur Hälfte Sachenrecht wäre. Aber selbst mit der engeren Definition sind immer noch alle tracing-Regeln und viele trust-Formen enthalten, immer noch gehört ein beträchtlicher Teil des law of restitution eigentlich dem law of property an. Das englische Schuldrecht in contract, tort und law of restitution einzuteilen, ist daher nie mehr gewesen als ein schöner Schein, weil das law of restitution faktisch immer nur als Schnittmenge mit dem Sachenrecht verstanden wurde.

Man ist nun nach allem vorschnell versucht zu folgern, wenn jemand ohne Anfechtung Eigentümer bleibe, könne er sich niemals auf das law of restitution stützen. Das wäre indes ein Mißverständnis von Birks' Gedankengang. Wenn das Abstraktionsprinzip nicht eingreift, weil ein fundamentaler Irrtum vorliegt, kann nach dem Fallrecht desungeachtet die Klage aus action for money had and received und folglich das law of restitution einschlägig sein, selbst wenn kein Eigentum übergeht.[240] Das bestreitet selbst Birks nicht, auch wenn die ursprüngliche Grundlegung seiner Lehre hier zu Mißdeutungen Anlaß gibt. Er dürfte dahin zu verstehen sein, daß das weiterbestehende Sachenrecht und die theoretisch denkbare Vindikation keine Restitution sind.[241] Hingegen entsteht die action for money had and received als personal remedy erst durch die Verschiebung des bloßen Besitzes, sie wird durch den jeweiligen unjust factor, beispielsweise mistake, *neu* erzeugt.[242] Somit ist das Erfordernis erfüllt, die Restitution dürfe nicht lediglich an den Rechtszustand *vor* dem Bereicherungsvorgang anknüpfen. Die event-response-Theorie hat keinesfalls die Absicht, die Frage nach unjust enrichment mit dem Eingreifen des Abstraktionsprinzips zu verbinden.[243] Ob Eigentum übergeht oder nicht, ist unerheblich. Die Theorie lehnt in romanistischen Termini gesprochen nicht die condictio possessionis als

---

[240] Ob die action dann tatsächlich auf unjust enrichment basiert, ist eine andere Frage. Dies wird teilweise bestritten, zu Gegenstimmen unten auf S. 629.

[241] Dazu jetzt seine Interpretation in: [1997] NZLR 623, 654, Fn. 93, unter Verweis auf *dens.*, Introduction, S. 14, und zuvor schon etwa *ders.*, in: [1991] LMCLQ 473, 482:

> „So, for example, in a case of mistaken payment, provided the mistake is fundamental enough to prevent passing of property to the recipient, it will be usually true that the plaintiff seeks restitution in respect of money, which, at the moment of its receipt, remains the property of the defendant." Die Stelle in „Introduction" ist allerdings etwas mißverständlich: „If the mistake is sufficiently fundamental to prevent the passing of property, the note at that moment in my hand and as yet unmixed with others in my wallet remains yours, even according to the common law. There is no restitution in that. [...] But at the same time the law actively, and concurrently, creates a new right in you."

[242] Deutlich *Birks*, in: (1983) 36 CLP 141, 143 f.

[243] *Birks* wird in diese Richtung von *Penner*, in: *Birks*, Classification of Obligations, S. 91 (104 f.), interpretiert: „Restitution only arises where the title to property actually passes to the defendant."

schuldrechtliche Klage, sondern nur die rei vindicatio als Ausfluß des Sachenrechts ab.

b) Dingliche Rechtsgrundtheorie

Die beinahe willkürlich erscheinende Distinktion bei Birks hat Burrows dazu veranlaßt, einige Korrekturen vorzunehmen. Er folgt zwar im Grundsätzlichen seinem Vorbild Birks, ohne aber dessen orthodox-dogmatische Terminologie durchzuhalten. Ihm ist der Anwendungsbereich des event-response-Systems im Hinblick auf das Sachenrecht viel zu eng, „restitution would be too big" ist für ihn kein stichhaltiger Einwand. Burrows zum Beispiel möchte die action for recovery of land unter das law of restitution fassen, indem er den neuen unjust factor „retention of property belonging to the plaintiff without his consent" für proprietary remedies einführt. Der neue unjust-Grund soll überall da eingreifen, wo der Beklagte ohne wirksamen Vertrag im Besitz fremden Eigentums ist und eine sachenrechtliche Rechtsfolge erstrebt wird. Das System von unjust enrichment durch subtraction und wrongdoing wird dadurch noch nicht grundlegend umgestaltet, weil die neue Fallgruppe lediglich ein weiterer Anwendungsfall des unjust enrichment by subtraction sein soll.[244] Freilich darf nicht verschwiegen werden, daß Burrows inzwischen wieder von seiner neuen Fallgruppe abgekommen ist und der herkömmlichen Linie der event-response-Lehre folgt.[245]

c) Modifiziertes System bei Jones

Auch bei Jones, der die fünfte Auflage des Handbuchs zum „The Law of Restitution" allein revidierte, bahnen sich Änderungen an. Jenseits der herkömmlichen Dreiteilung des law of restitution unter „at the expense of" in Zuwendung durch den Kläger selbst, Zuwendung an den Beklagten durch einen Dritten und wrongdoing ist seit der vierten Auflage beim unjust-Grund ein neues Schema eingeschoben, das eine Mixtur aus Burrows' und Birks' Lehren zu sein scheint. Wie bei Birks werden die unjust-Gründe im wesentlichen in voluntary und involuntary subtraction, wrongdoing und public policy eingestuft, daneben erscheint aber noch die Gruppe „Claims based on title to property", die an

---

[244] *Burrows*, Law of Restitution, S. 362; kritisch dazu z. B. *Birks*, in: *ders.*, Laundering and Tracing, S. 289 (317–319); *Nick Segal*, in: *Rose*, Restitution and Banking Law, S. 99 (109).

[245] *Burrows*, in: *ders.*, Understanding the Law of Obligations, S. 99 (115 f.); *ders./McKendrick*, Cases and Materials on the Law of Restitution, S. 724.

Burrows angelehnt ist.[246] In den Ausführungen zu den einzelnen unjust-Gründen tauchen die „Claims based on title of property“ allerdings genausowenig wie die restlichen Teile des neuen Subschemas zum law of restitution auf.

Statt dessen erscheint jetzt mit der fünften Auflage ein eigenes Kapitel über „Proprietary claims and proprietary remedies“, das sachenrechtliche Aspekte noch stärker betont. Es setzt die Tendenz fort, über das law of restitution vermehrt proprietary claims einzubeziehen. Restitutionary claims sollen nun selbst solche Fälle sein, in denen der Kläger vor dem Bereicherungsvorgang Eigentümer war und es noch ist, also nicht nur proprietary claims aus Anfechtung oder tracing.[247] Bei den bisherigen Auflagen wurde das abgelehnt.[248] Ja, es wird jetzt sogar unter ausdrücklicher Bezugnahme auf Virgo vertreten, „that the law of property can establish the cause of action for which a restitutionary response may be awarded, without any need to resort to the principle of reversing unjust enrichment.“[249] Welche Stellung das neu gestaltete Kapitel über dingliche Ansprüche zur traditionellen Einteilung haben soll, bleibt ambivalent.[250]

Eine weitere Änderung zeichnet sich im Bereich des wrongdoing ab. Im Gegensatz zu den Vorauflagen betont Jones, zumindest in den Gewinnherausgabefällen basiere die Haftung weder auf „at the expense of“ noch auf „unjust enrichment“.[251] Faktisch werden damit alle Fälle des disgorgement aus dem principle of unjust enrichment ausgenommen. Wenn das nicht direkt ausgesprochen wird, dann kann das nur bedeuten, daß für diese Konstellation das principle of unjust enrichment tatsächlich nicht mehr als ein Begriff im „descriptive sense“ darstellt. Dabei bleibt freilich in der Schwebe, ob sich die Abspaltung auf das ganze Gebiet des wrongdoing, also auch auf Fälle beziehen soll, die man mit Birks' „Subtraktion“ erklären könnte. Offenbar stand einer grundlegenden Umgestaltung des Handbuchs noch die Kontinuität zu den Vorauflagen entgegen. In zukünftigen Editionen könnte sich das principle of unjust enrichment vielleicht auf den Bereich jenseits von wrongdoing und Sachenrecht reduzieren.

---

[246] *Lord Goff of Chieveley/Jones*[5], Law of Restitution, S. 73–75; 41–46.

[247] *Lord Goff of Chieveley/Jones*[5], Law of Restitution, S. 77–81.

[248] Vgl. *Lord Goff of Chieveley/Jones*[3], Law of Restitution, S. 60–62; auch *dies.*[4], S. 41–43, 68, 73 f.

[249] *Lord Goff of Chieveley/Jones*[5], Law of Restitution, S. 80, zitiert nach *Virgo*, in: (1996) 10 TLI 20, 22.

[250] Siehe bereits *Burrows*, Law of Restitution, S. 371 f., zur 3. Auflage mit dem Vorwurf, sie lasse in der Frage der proprietary claims und remedies vieles im Unklaren.

[251] *Lord Goff of Chieveley/Jones*[5], Law of Restitution, S. 40, 44.

d) Neue Event-Response-Theorie

Nicht nur im Handbuch zum law of restitution werden tradierte Lehrweisheiten überdacht. Dreizehn Jahre nach Erscheinen von „An Introduction to the Law of Restitution" ließ Birks auf der Jubiläumskonferenz zu Ehren von Jones anfangs 1998 eine „Bombe platzen",[252] als er seine Quadratformel widerrief. Es sei irreführend, so argumentierte Birks vor den Augen derer, die bisher in seiner Lehre das kartesische Koordinatensystem des Bereicherungsrechts gesehen hatten, das law of restitution mit unjust enrichment gleichzusetzen. Das bisherige event-response-System sei zu verwerfen, weil nicht jede Rechtsfolge auf Restitution tatsächlich unjust enrichment zum Ursprung habe.[253] Die Quadratformel wurde zur sprichwörtlichen Quadratur des Kreises erklärt. Hatte das ältere event-response-Modell bereits unjust enrichment mehr als konzeptionellen Überbau verstanden, der beim wrongdoing vor allem um das Element „at the expense of" zu kürzen sei, soll sich nun der Begriff unjust enrichment ganz auf die subtraction-Kategorie beschränken. Nach der neuen Variante des event-response-Systems treten neben autonomous unjust enrichment als events die Gruppen wrong, consent und „miscellaneous". Alle diese Typen sollen zu restitutionary responses fähig sein. Gemeinsames Bindeglied ist nicht mehr unjust enrichment als *event*, sondern die Restitution als *response*. Die größte Neuerung des bereinigten Denkmodells in events und responses dürfte wie bei Lord Goff und Jones im wrongdoing und Sachenrecht liegen.

Das wrongdoing komplett vom Begriff unjust enrichment auszunehmen, erscheint folgerichtig, da auch die ältere event-response-Theorie diese Fälle für unjust enrichment bloß dadurch zu retten vermochte, indem sie die Merkmale „at the expense of" und „unjust" kurzerhand mit „wrongdoing" gleichsetzte. Warum aber sollte man dann das Merkmal „enrichment" bemühen, wenn sich Ausnahmen von der herkömmlichen Auslegung von „at the expense of" über das wrongdoing rechtfertigen lassen? Denn a fortiori muß selbst das Element „enrichment", das regulär vorhanden ist, durch wrongdoing zu ersetzen sein. Es ist daher nur konsequent, den Gedanken des unjust enrichment ganz aufzugeben, da die Ausnahmen die behauptete Regel überwiegen. Trotzdem wird durch die neue Tarierung von unjust enrichment und wrongdoing wenig gewonnen: Nach wie vor läßt sich zumindest hypothetisch auf der Prinzipienebene das unjust enrichment im „descriptive sense" als Bindeglied für wrongdoing und

---

[252] Übersetzte Formulierung von *Burrows*, in: (1999) 115 LQR 325, 325.

[253] *Birks*, in: Festschrift für *Jones*, S. 1 (bes. 7); ferner *ders.*, in: (2001) TexasLR Symposium = *http://www.utexas.edu/law/conferences/restitution/*; *ders.*, in: (2000) 20 OxJLS 1, bes. 28; *ders.*, in: [1999] MULR 1, bes. 9–11 = *http://www2.austlii.edu.au/%7Evictor/MULR/1999/5.html*; *ders.*, in: [1999] SJLS 318–332; *ders.*, in: (1999) 28 UWALR 13, bes. 19; zuvor angedeutet bei *dems.*, in: [1997] NZLR 623, 626, 658; *dems.*, in: *ders.*, Classification of Obligations, S. 1 (20 f.).

autonomous unjust enrichment anführen. Somit unterscheidet sich das herkömmliche Verständnis des wrongdoing durch die ältere Lehre lediglich in der Terminologie von der neuen Deutung: In beiden Spielarten der event-response-Theorie wird unjust enrichment für wrongdoing auf die Prinzipienebene zurückgedrängt. Die konkrete Implementation des Rechtsprinzips „unjust enrichment" als „unjust enrichment at the expense of another person" wurde in der älteren Variante bereits dadurch zerstört, daß man mit „at the expense of" gerade dasjenige Element eliminierte, welches das Rechtsprinzip „unjust enrichment" von der konkreten Fassung „unjust enrichment at the expense of another person" unterscheidet. Um Klarheit zu bewahren, ist es selbstverständlich zu begrüßen, das wrongdoing auf der Anwendungsebene ganz vom unjust enrichment abzukoppeln.[254]

Vieles bleibt nach der Wende des event-response-Systems noch in der Schwebe; weitere Elaborate in den nächsten Jahren werden abzuwarten sein, bis sich wieder ein konsistentes Bild ergibt.[255] Im schlimmsten Fall kann der Kurswechsel zum Verlust der argumentativen Integrität innerhalb des gesamten Gedankengebäudes führen.[256] Die Kehrtwende des event-response-Systems dürfte dadurch zu erklären sein, daß die proklamierte Quadratur von unjust enrichment und Restitution zu Abgrenzungsproblemen mit den proprietary rights führte. Nicht jedes Sachenrecht läßt sich ohne weiteres als unjust enrichment deuten, obwohl es auf dingliche Restitution gerichtet ist. Die einzig gangbare Lösung für Birks war es ursprünglich, den Restitutionsgehalt der meisten proprietary rights zu leugnen, um den Gleichklang von unjust enrichment und Restitution zu wahren. Die neue Formel gibt dem sachenrechtlichen Druck nach und öffnet unter „miscellaneous", aber auch unter der Rubrik „Vertrag" ein Ausgleichsventil für diejenigen Konstellationen, denen man bisher absprach, sie seien auf Restitution gerichtet. Die Einheit der Restitution als Rechtsfolge und unjust enrichment als Anspruchsgrundlage zerfällt. Auch im deutschen Recht kann man die §§ 985, 1004 BGB als Restitution ansehen, ohne sie zugleich mit dem Bereicherungsrecht in Verbindung zu bringen.

---

[254] Zuvor wurde die strikte Trennung von unjust enrichment im engeren Sinne und wrongdoing vor allem von *Lionel D. Smith* proponiert. Siehe *ders.*, in: (1992) 71 CBR 672, 694–699; *ders.*, Law of Tracing, S. 297; ebenso jetzt *Chambers*, in: (1999) 37 AlbertaLR 173, 177–181; *Stapleton*, in: *Birks*, Classification of Obligations, S. 193 (197, Fn. 10); auch *Hackney*, in: *Birks*, Classification of Obligations, S. 123 (151 f.), hält „at the expense of" beim wrongdoing für überflüssig.

[255] Kritisch zum derzeitigen Schwebezustand *Burrows*, in: (1999) 115 LQR 325, 325.

[256] Gegen die Korrektur haben sich schon *Burrows*, in: (1999) 115 LQR 325, 325; *ders.*, in: *ders.*, Understanding the Law of Obligations, S. 1 (8); *McInnes*, in: [1999] RLR 118–127, und *Tettenborn*, in: Festschrift für *Jones*, S. 31–36, gewandt. In der Sache ebenso *McMeel*, Modern Law of Restitution, S. 4 f., 10.

Grundsätzlich zustimmend dagegen aus neuseeländischer Sicht *Grantham/Rickett*, Enrichment and Restitution, S. 6 f.

Bereits jetzt lassen sich trotz aller offenen Fragen einige Eckpunkte der neuen Richtung erahnen: Das Gros der proprietary remedies soll unter die vermischten Fälle eingereiht werden. Es sind genau diejenigen Konstellationen, welche das ältere event-response-System noch jenseits des law of restitution stellte: Situationen, in denen das Eigentum niemals vom Kläger auf den Beklagten überging und keine action for money had and received geltend gemacht wird.[257] Die Fälle, die bereits bisher unter autonomous unjust enrichment etabliert sind, fallen auch weiterhin darunter: Dazu zählen alle equitable rights aus tracing, der Eigentumsrückfall nach Anfechtung,[258] aber auch die action for money had and received, selbst wenn das Eigentum gar nicht an den Beklagten übergegangen ist.[259] Aber wie verhält es sich mit dem presumed resulting trust, bei dem der trust in Vertragsform mangels Schenkungswillens vermutet wird?[260] Birks zufolge kann er unter die Gruppe „contract" einsortiert werden.[261] Dann jedoch müßten fast alle proprietary rights unter diese Gruppe fallen, weil sie meistens durch Vertrag erworben werden. Ganz sicher unter die Gruppe „miscellaneous" reiht sich der Bau eines Hauses auf einem fremden Grundstück ein, weil sich hier der Eigentumsübergang ipso iure vollzieht.[262]

Konzeptioneller Hintergrund des Kurswechsels jenseits von Sachen- und Schuldrecht ist das analytische Schema des event-response-Systems. Event und response haben keinen materiellen Aussagegehalt für konkrete Problemlösungen, sie sind nur das Raster, in das man verschiedene Tatbestände und Rechtsfolgen einordnen kann. Zwangsläufig fehlt dadurch dem event-response-Modell jeglicher Ansatzpunkt für die teleologisch-systematische Fallösung, da ein rein formales Raster im Hohfeld'schen Sinne zwar zur Analyse des gegebenen Rechts geeignet ist, darüber hinaus allerdings keine inhaltlichen Richtlinien für künftige Fälle zu bieten vermag. Das event-response-System stellt in einem beachtlichen Ausmaß die Form über den konkreten Inhalt des Rechts, analytische Hilfsmittel über den eigentlichen Forschungsgegenstand, wenn Birks „categorical truths" verkündet.[263]

---

[257] *Birks*, in: [1997] NZLR 623, 628, 632.

[258] *Birks*, in: (1999) 28 UWALR 13, 58, Fn. 113; *ders.*, in: [1997] NZLR 623, 637 f., 643 f., 661 f.

[259] Zur näheren Begründung, warum dann die Gruppe „autonomous unjust enrichment" einschlägig ist, obwohl kein Eigentum übergeht, siehe oben auf S. 623.

[260] Zu dieser trust-Form näher oben ab S. 614.

[261] *Birks*, in: Festschrift für *Jones*, S. 1 (20).

[262] *Birks*, in: Festschrift für *Jones*, S. 1 (16), unter Hinweis auf *Holland* v *Hodgson* [1872] LR 7 CP 328.

[263] So im Titel seines Aufsatzes in [1997] NZLR 623–667. Noch pointierter *Swadling*, in: *Harris*, Property Problems, S. 130 (130): Die romanistische Abgrenzung der Kondiktionen zum Sachenrecht, auf der das kontinentale Zivilrecht aufbaut, sei schon deshalb falsch [!], weil unjust enrichment ein event, das Sachenrecht dagegen eine response

e) Exklusivitätstheorie

Noch weiter geht zuletzt die von Swadling vertretene Ansicht, welche sämtliche proprietary claims und remedies aus dem law of restitution ausschließen will, um das event-response-Schema zu retten.[264] Die Lösung des Dilemmas, das Birks zu seiner Kehrtwende bewog, wird in einer ganz anderen Richtung gesucht. Sachenrecht und law of restitution sollen entflochten werden; es wird versucht, beide in ein Exklusivitätsverhältnis zu stellen. Um dieses Ziel zu erreichen, wird zuerst auf der Seite der Anspruchsgrundlage allen proprietary claims, die selbst Birks als Restitution gelten lassen will, ihr restitutiver Charakter abgesprochen. Auch tracing oder rescission begründeten keine Restitution. Auf der Rechtsfolgenseite sind weder resulting noch constructive trust restitutionary remedies, in letzter Konsequenz wird das law of restitution auf personal remedies im Kernbereich des autonomous unjust enrichment und wrongdoing beschränkt. Erklärtes Ziel ist es, um den Preis eines erheblich verkleinerten law of restitution die Quadratthese von Restitution und unjust enrichment zu wahren. Fraglich erscheint, in welchem Maß dieses restriktive System mit der Rechtsprechung „kompatibel" ist. Hier ist vor allem an *Lipkin Gorman (a firm)* v *Karpnale Ltd* zu denken: Die action for money had and received wurde bei fortbestehendem Eigentumstitel des Klägers gewährt. Die Exklusivitätsthese sucht die Lösung in der Deutung, die action for money had and received sei nur teilweise dem law of restitution zuzuordnen. Dies soll lediglich dann der Fall sein, wenn das Eigentum kraft Abstraktion übergeht. Alle anderen Fälle wie *Lipkin Gorman (a firm)* v *Karpnale Ltd* fallen danach aus dem Bereich der Restitution.

2. Trichotomische Vindikationslehre

Ein aktueller vielversprechender Ansatz hebt hingegen mehr die Vindikation hervor. Vor allem Virgo in Cambridge will die Dichotomie von Schuldrecht und Sachenrecht zum neuen Systemfaktor im law of restitution erheben.[265] Ähnlich argumentieren Ross B. Grantham und Charles E. F. Rickett in ihrem Lehrwerk

sei. Ausgewogen und sehr eingehend begründet dagegen das Urteil bei *Birks*, in: (2000) 20 OxJLS 1–37.

[264] *Swadling*, vor allem in: *Harris*, Property Problems, S. 130–145; auch *ders.*, in: *ders.*, Limits of Restitutionary Claims, S. 79 (95–105); *ders.*, in: [1995] All ER, Annual Review 438, 439–441; andeutungsweise auch *ders.*, in: (1998) 12 TLI 228, 238.

[265] Grundlegend *Virgo*, in: Festschrift für *Jones*, S. 305 (bes. 312–318); ausführlich *ders.*, Principles of the Law of Restitution, vor allem S. 6–8, 10–17, 592–597; *ders.*, in: [1999] 3 CFILR 119–125. A. A. *Bant*, in: [1998] LMCLQ 18, 20, Fn. 19: „fundamentally flawed" [!]; *Birks*, in: [1997] NZLR 623, 665; *Burrows*, in: (1999) 115 LQR 325, 328; *Swadling*, in: Festschrift für *Jones*, S. 331 (331–334): „final categorical error" [!].

„Enrichment and Restitution in New Zealand".[266] Unjust enrichment taucht durchgehend nur noch im „descriptive sense", also auf Prinzipienebene auf. Bekannte Einteilungskriterien sind (autonomous) unjust enrichment und wrongdoing; an diesem Punkt weicht die Definition lediglich geringfügig vom Ansatz des event-response-Systems ab. Von der älteren Variante dieser Theorie unterscheidet sich das trichotomische Modell Virgos in der Frage des wrongdoing, denn die Herausgabe der Bereicherung beim wrongdoing soll nunmehr ganz vom Begriff unjust enrichment unabhängig sein.[267] Das neuere event-response-System hat hier ebenfalls das wrongdoing zu Ende gedacht und es ganz vom unjust enrichment abgetrennt. Zur Vindikationslehre zeigen sich insofern keine Unterschiede.

Neu eingeführt wird die Gruppe „vindication of proprietary rights", die den Namen der Lehrmeinung liefern soll, weil sie ihr charakteristisches Merkmal konstituiert. In der Terminologie Birks' ist der neue Typus „vindication" ein „event" und keine bloße Rechtsfolge mehr. Er steht für eine eigenständige Fallgruppe neben dem eigentlichen unjust enrichment und wrongdoing. Die Gruppe vindication ist aber keinesfalls eine rei vindicatio im römisch-deutschen Sinne: Autonomous unjust enrichment, wrongdoing und vindication sind claims, also Anspruchsgrundlagen. Die beiden ersten Gruppen haben eine schuldrechtliche, die letzte Kategorie eine sachenrechtliche Basis. Auf der Rechtsfolgenseite, von der Vindikationslehre mit der neueren Rechtsprechung „remedy" genannt, sind selbstverständlich weiterhin die verschiedenen Einschränkungen des common law zu beachten; auch nach diesem Ansatz ist die Herausgabe der konkreten Sache als dingliche Rechtsfolge prinzipiell ausgeschlossen. In der Terminologie der Vindikationslehre muß daher im Anschluß an Lord Millett zwischen claim und remedy getrennt werden. Virgos Vindikation bezeichnet die sachenrechtliche Basis des Anspruchs, jedoch keinesfalls die dingliche Rechtsfolge wie bei § 985 BGB.

Im Gegensatz zu Burrows und Jones ist vindication kein unjust-Grund mehr, sondern eine Fallgruppe neben unjust enrichment. Nicht das law of restitution und die vindication stehen im Gegensatz wie bei der älteren event-response-Theorie, sondern vindication und autonomous unjust enrichment. Das eigentliche law of restitution aus unjust enrichment wird deutlich beschnitten. Hatten Lord Goff und Jones 1966 „in the spirit of true frontiersmen" noch ein möglichst weites Gebiet zu beanspruchen versucht,[268] erscheint nun der Begriff un-

---

[266] *Grantham/Rickett*, Enrichment and Restitution, zusammenfassend S. 23–41; zuvor bereits *dies.*, in: [1997] NZLR 668, bes. 682 f.; weniger deutlich noch *dies.*, in: [1996] LMCLQ 463–466. *Sutton*, in: *Finn*, Essays on Restitution, S. 241 (bes. 280), will in der Gegenrichtung zwischen property law und law of restitution keinen grundlegenden Unterschied erkennen.

[267] *Virgo*, Principles of the Law of Restitution, S. 10 f., 445–449.

[268] Formulierung von *Garner*, in: (1990) 10 OxJLS 42, 42.

just enrichment um ein Vielfaches zurückgenommen. Weder wrongdoing noch proprietary claims sollen mit dem Gedanken des unjust enrichment zusammenhängen. Während das für das wrongdoing noch vom neueren event-response-System nachvollzogen werden kann, beschneidet die Vindikationslehre in sachenrechtlichen Fragen den ehemals üppig wuchernden „unjust enrichment forest" wesentlich konsequenter.

Alle drei Typen, unjust enrichment, wrongdoing und vindication, bilden *zusammen* das law of restitution. Obwohl die Vindikationslehre denselben analytischen Ansatz wie die Exklusivitätstheorie verfolgt, gelangt sie zu gegenläufigen Ergebnissen: Letztere Theorie will nur ein beschränktes autonomous unjust enrichment als law of restitution anerkennen, erstere spaltet das law of restitution einfach in die Subkategorien autonomous unjust enrichment und vindication auf. Beide Vorstellungen vereint jedoch die Einsicht, daß unjust enrichment bisher viel zu weit verstanden wurde und es daneben einen breiten Raum für das Sachenrecht geben muß. Die terminologische Frage ist lediglich, ob man reine sachenrechtliche Klagen noch unter den Begriff der Restitution fassen darf.

Auch zum neueren event-response-System treten Unterschiede auf: Birks wirft der Vindikationslehre mit einem leichten Anflug von Selbstironie vor, sie ordne sich nicht seinem event-response-Schema unter, einer nicht zu hinterfragenden „categorical truth".[269] Der Begriff der Vindikation werfe weiterhin – in einem kategorischen Fehler – Tatbestand und Rechtsfolge durcheinander,[270] da die Vindikation eine response und kein event sei. Der sachenrechtliche Herausgabeanspruch werde vielmehr durch andere tatbestandsmäßige Ereignisse wie Vertrag oder vermischte Fälle geschaffen. Gegen Birks' formale Argumentation, die Kants kategorischem Imperativ entlehnt zu sein scheint, wird in der Literatur zu Recht vorgetragen, es sei nicht einzusehen, warum die Vindikation nur eine Rechtsfolge, aber nicht zugleich Anspruchsgrundlage sein könne.[271] Hypothetisch läßt sich selbst auf dem Boden der event-response-Lehre die Vindikation in der Form des Sachenrechts mit einer spezifischen Rechtsfolge zugleich als event und response begreifen.

Wahrscheinlich ist die einseitige Interpretation des Begriffes Vindikation durch Birks als Romanisten dadurch bedingt, daß unter Vindikation ausschließlich im römischen Sinne eine dingliche Rechtsfolge verstanden wird, die das common law in der Tat nicht gewährt. Daraus ist dann die Furcht zu erklären,

---

[269] Schon im Titel des Aufsatzes in [1997] NZLR 623 deutet *Birks* das mit den Worten „categorical truths" an.

[270] Nach *Birks*, in: [1997] NZLR 623, 627.

[271] *Grantham/Rickett*, Enrichment and Restitution, S. 25 f.; *dies.*, in: [1998] LMCLQ 514, 519; *dies.*; in: [1997] NZLR 668, 671, 675; ebenfalls kritisch zu *Birks'* „kategorischen Wahrheiten" *David Wright*, in: [1999] RLR 128, bes. 131 f.

eine eigenständige Vindikation neben autonomous unjust enrichment anzuerkennen, weil das englische Recht eben keine generelle dingliche Herausgabe anordnet. Löst man die Vindikation aus ihrem spezifisch römisch-deutschen Kontext heraus, sollte es jedoch möglich sein, sie mit dem typischen Wertersatz als Rechtsfolge des englischen common law zu verbinden. Das event-response-System beruht zu sehr auf romanistischen Vorstellungen; es ist bezeichnend, daß die Gegenmeinung im Kontext der neuen Gruppe vindication die römische rei vindicatio nicht als Vergleichsfall heranzieht. Im Endeffekt verkörpert der Streit daher die Frage nach dem Inhalt des Begriffs „vindication". Anstatt diese Differenz bei der Definition von „vindication" offen auszusprechen, beruft sich das event-response-System auf sein eigenes Klassifikationsmuster, ohne den Standpunkt des Gegenmodells zu reflektieren. Das im Grunde verdienstliche Erkenntnismodell von event und response wird somit zu Zwecken eingesetzt, die sich innerhalb des Erkenntnisgegenstandes auf Definitionsebene abspielen. Es wird zwar vorgetragen, die Gruppe vindication passe nicht in das entworfene Schema, in Wahrheit jedoch wird das Gerüst um event und response a priori in eine bestimmte Richtung interpretiert.[272] Ein Zirkelschluß ist die Folge, der das Erkenntnismodell selbst diskreditiert. Das Klassifikationsmuster mit event und response verliert dadurch, um materiellrechtliche Fragen angereichert, seine objektive Distanz zum Erkenntnisgegenstand Recht.

3. Bestätigung durch Foskett v *McKeown*

Abseits von methodologischen Widersprüchen hat sich die Kontroverse mit der neuen Grundsatzentscheidung *Foskett* v *McKeown* vor dem House of Lords zum tracing zugunsten der trichotomischen Vindikationslehre gewandt.[273]

Der Entscheidung liegt wie in vielen Leiturteilen ein tragischer Sachverhalt zugrunde. Der Vater der Beklagten hatte eine Lebensversicherung unter anderem auf die beklagten Kinder abgeschlossen. Während der Vater die ersten Versicherungsprämien mit eigenem Geld einbezahlte, verwandte er für die nächsten Raten Gelder, die ihm treuhänderisch als express trust für ein Immobilienprojekt in Portugal anvertraut worden waren. Er verletzte damit seine treuhänderischen Pflichten. Nachdem der Vater Selbstmord verübt hatte und die Lebensversicherung an die Beklagten ausbezahlt worden war, verlangte ein betrogener Treugeber einen Teil der ausbezahlten Versicherungssumme, der prozentual gesehen dem Anteil seines eigenen veruntreuten Vermögens an den Versicherungsprämien entsprach. Naturgemäß war der Wert der Quote an der ausbezahlten Lebensversicherung von mehr als £ 1 Mio. wesentlich höher als die mit veruntreutem Geld einbezahlten Prämien über ca. £ 20.000. Während der Court of Appeal der Klage nur mit

[272] Vgl. *Collins*, in: *Birks*, Classification of Obligations, S. 57 (68).

[273] *Foskett* v *McKeown* [2000] 2 WLR 1299; dazu aus der Kommentarliteratur *Grantham/Rickett*, in: (2000) 63 MLR 905–911; *Jaffey*, in: (2000) 14 TLI 194–199; *Rotherham*, in: (2000) 59 CamLJ 440–444.

der Maßgabe stattgeben wollte,[274] der Kläger habe ein sogenanntes „equitable lien", ein Pfandrecht, in der tatsächlichen Höhe der veruntreuten Gelder an der ausbezahlten Summe, entschied die Mehrheit der Richter am House of Lords,[275] der Kläger könne in der Tat mittels tracing sein Geld anteilig an der Versicherungssumme „verfolgen". Dem Court of Appeal zufolge hätte der Kläger also nur seine £ 20.000 fordern können, das House of Lords sprach ihm einen viel höheren anteiligen Betrag aus der Lebensversicherung zu.

Wichtiger als Urteilsdetails zu den einzelnen Modalitäten des tracing erscheint das Verständnis der Klage am House of Lords. Der Kläger konnte ein proprietary claim mit einem proprietary remedy geltend machen. Obwohl dazu der tracing-Mechanismus notwendig war, sollte die Klage nicht unter unjust enrichment fallen. Vielmehr entschied die Mehrheit der Richter, allen voran Lord Browne-Wilkinson:[276]

„We are not dealing with a claim in unjust enrichment."

„This is not based upon unjust enrichment except in the most trivial sense of that expression. It is, as my noble and learned friend says, a vindication of proprietary right", sprach weiterhin Lord Hoffmann.[277]

Noch prägnanter vermochte sich Lord Millett zu fassen:[278] „The transmission of a claimant's property rights from one asset to its traceable proceeds is part of our law of property, not of the law of unjust enrichment. There is no ‚unjust factor' to justify restitution (unless ‚want of title' be one, which makes the point). The claimant succeeds if at all by virtue of his own title, not to reverse unjust enrichment."

Nur Lord Steyn und Lord Hope of Craighead tendierten zur Analyse aus unjust enrichment.[279] Das führte dazu, daß sie die Revision verwarfen. Sie lehnten eine prozentuale treuhänderische Beteiligung des Klägers an der Versicherungssumme mangels Bereicherung der Beklagten ab. Denn der Versicherungsanspruch war bereits wirksam mit den vom Vater mit eigenem Geld einbezahlten Prämien entstanden. Die Beklagten hatten deswegen keinen weiteren Vorteil im Sinne von „enrichment" aus den veruntreuten Geldern mehr.

Die Vindikationslehre kann das Urteil ohne Widersprüche in ihr System aufnehmen. Sie wird sich sogar auf Lord Hoffmanns Begriff „vindication of proprietary rights" stützen und den Fall als Restitution kraft Vindikation, aber eben nicht als autonomous unjust enrichment qualifizieren. Tracing dient nur zur Identifikation der Surrogate des veruntreuten trust. Die event-response-Theorie gerät in Erklärungsschwierigkeiten. Die Verfolgung des ursprünglichen Eigentums mittels *following* kann sie zwar als „pure" proprietary claim aus autono-

---

[274] *Foskett* v *McKeown* [1998] 2 WLR 298; dazu *McMeel*, Modern Law of Restitution, S. 403; *Virgo*, Principles of the Law of Restitution, S. 659 f.

[275] Mit Nuancen die Lordrichter *Browne-Wilkinson*, *Hoffmann* und *Millett*. Abweichend *Lord Hope of Craighead* und *Steyn*, die wie der CA nur ein equitable lien gewähren wollen.

[276] *Foskett* v *McKeown* [2000] 2 WLR 1299, 1306 (per *Lord Browne-Wilkinson*).

[277] *Foskett* v *McKeown* [2000] 2 WLR 1299, 1311 (per *Lord Hoffmann*).

[278] *Foskett* v *McKeown* [2000] 2 WLR 1299, 1322 (per *Lord Millett*).

[279] *Foskett* v *McKeown* [2000] 2 WLR 1299 (bes. 1310, per *Lord Steyn*; bes. 1321, per *Lord Hope of Craighead*).

mous unjust enrichment ausgliedern. Hier aber handelt es sich um *tracing*, denn der Kläger erstrebte nicht einfach sein Geld zurück, das in die Versicherung einbezahlt worden war, er wollte vielmehr einen Anteil am Austauschprodukt, an der Versicherungssumme. Nach der Definition der event-response-Lehre fällt tracing im Gegensatz zum bloßen following gerade deshalb unter unjust enrichment, weil der Anspruch auf das Surrogat erst mit der rechtsgrundlosen Bereicherung neu entsteht.[280] Den Anwendungsbereich des unjust enrichment by subtraction an der Trennlinie von following und tracing zu definieren, war vielleicht im Fall *Boscawen* v *Bajwa* möglich. Dort besprach Millett LJ tracing in der Tat noch unter dem Gesichtspunkt „unjust enrichment [...] at his expense".[281] Es ist indessen derselbe Millett als Lordrichter, der in *Foskett* v *McKeown* für Recht hielt:[282]

> „A plaintiff who brings an action in unjust enrichment must show that the defendant has been enriched at the plaintiff's expense, for he cannot have been unjustly enriched if he has not been enriched at all. But the plaintiff is not concerned to show that the defendant is in receipt of property belonging beneficially to the plaintiff or its traceable proceeds. [...] Conversely, a plaintiff who brings an action like the present must show that the defendant is in receipt of property which belongs beneficially to him or its traceable proceeds, but he need not show that the defendant has been enriched by its receipt."

Nach Lord Milletts Worten kann tracing zu einem rein sachenrechtlichen Anspruch führen. Die derzeitige Rechtslage vor dem House of Lords steht somit im diametralen Gegensatz zu den theoretischen Prämissen der event-response-Theorie. Diese Lehre hat sich von der ursprünglichen Analyse des Richterrechts zu einem System contra legem entwickelt. Eindrucksvoll wird die Abhängigkeit der rechtlichen Definitionsmacht im common law vom Richtertum bestätigt. Selbst mit der neuen modifizierten Variante von event und response verhält es sich nicht anders. Sie ordnet tracing ebenfalls unter autonomous unjust enrichment ein und behält der neuen Gruppe „miscellaneous" nur die Vindikation ohne Zuhilfenahme von tracing vor. Daher lassen sich fast alle Spielarten von event und response nicht mehr mit dem geltenden englischen Recht vereinbaren. Allein die Exklusivitätstheorie darf sich bestätigt sehen, denn sie will das Anwendungsfeld von autonomous unjust enrichment entschieden auf Fälle beschränken, in denen tatsächlich Eigentum übergeht. Das war in *Foskett* v *McKeown* gerade nicht der Fall. Ob tracing allerdings nach der neuen Entscheidung auch in Verbindung mit resulting und constructive trusts aus autonomous unjust enrichment ausscheidet, wie es die Vindikationslehre fordert, bleibt nach wie vor offen.

---

[280] Siehe oben auf S. 622, und jetzt selbst *McMeel*, Modern Law of Restitution, S. 33.

[281] *Boscawen* v *Bajwa* [1996] 1 WLR 328, 334 (per *Millett LJ*).

[282] *Foskett* v *McKeown* [2000] 2 WLR 1299, 1324 f. (per *Lord Millett*).

VI. Praktische Ergebnisse

Ungeachtet der Weichenstellung zugunsten von Virgos System sollen die Auswirkungen der verschiedenen Basistheorien untersucht werden. Wie beim deutschen Streit um Einheits- und Trennungslehren ist zu fragen, ob die vorgestellten Modelle überhaupt zu gegensätzlichen Ergebnissen gelangen oder ob sich wenigstens klassifikatorische Differenzen ergeben. Der Fall *Foskett* v *McKeown* hat über den Grundsatz hinaus sogar Konsequenzen für weitere Komponenten des bisherigen law of restitution.

1. Unjust Enrichment

Obwohl die Vindikation inzwischen selbst im Fallrecht vom autonomous unjust enrichment abgespalten wird, lassen sich aus akademischer Sicht weiterhin die meisten ihrer Fälle nach der Vindikationslehre und der neueren event-response-Theorie unter die Rubrik des autonomous unjust enrichment in Verbindung mit einer schuldrechtlichen Rechtsfolge einordnen.[283] Folgender Beispielfall soll das illustrieren:

> A verkauft und übergibt B eine bewegliche Sache. Sowohl Kaufvertrag als auch Übereignung sind unwirksam. Weiterhin sei angenommen, A stehe ein unjust-Grund aus fundamental mistake zur Seite.

Entscheidendes Merkmal des Falles ist, daß A sein Eigentum an B wegen seines fundamental mistake nicht übertragen kann. Im einzelnen treten zwischen den Systemen vor allem auf der sachenrechtlichen Seite Diskrepanzen auf: Im Modell der Vindikationslehre liegt zunächst ein claim aus vindication vor, da sich A weiterhin auf sein Eigentum berufen kann. Im deutschen Recht wäre das die rei vindicatio. Die Rechtsfolge nach common law ist aber nur ein schuldrechtlicher Wertersatz, denn anders als die equity kennt das common law keine echte rei vindicatio. Daneben kann A alternativ eine Klage aus autonomous unjust enrichment mit dem unjust-Grund mistake anstellen, obwohl das Eigentum nicht übergegangen ist. Wenn A die Sache tatsächlich wieder bekommen will, muß er das tort of conversion anstrengen.

Das event-response-System kann in der neueren Lesart den Anspruch nur als autonomous unjust enrichment abfassen, eine „alternative analysis“ als vermischter Fall scheitert nach der Lesart Birks' daran, daß die Vindikation als response aus der vermischten Fallgruppe nur für equitable claims, indessen nicht für das common law gilt.[284] Birks' neueres event-response-System erscheint nach seinem eigenen Schema wenig konsequent: Denn er kann sich offenbar

---

[283] Explizit *Birks*, in: [1997] NZLR 623, 647.

[284] Siehe *Birks*, in: Festschrift für *Jones*, S. 1 (22).

nicht vorstellen, aus einem Fall „miscellaneous“ (event), der in concreto im Entstehungsgrund von A's Eigentum zu suchen wäre, könne sich eine schuldrechtliche Rechtsfolge (response) ergeben. Wenn aber event und response analytisch vollkommen getrennt sein sollen – wie stets postuliert wird –, dann ist nicht einzusehen, warum man nicht das jeweilige event mit der passenden response frei kombinieren darf. Implizit geht Birks von der Prämisse aus, die vermischten Fälle könnten allein zu einer dinglichen Rechtsfolge führen; eine Begründung bleibt dafür aus. Vordergründig ließe sich argumentieren, das Fallrecht kenne keine derartigen Fälle, die nur auf Wertersatz gerichtet sind. Da in der Rechtsprechung jedoch die event-response-Klassifikation unbekannt ist und wahrscheinlich auch bleiben wird, vermag dieser Einwand kaum zu überzeugen.

2. Besitz als Restitutionsgegenstand

Noch größer werden die Differenzen beider Lager in der Frage, ob sich das autonomous unjust enrichment auf Besitz oder Eigentum gründet. Im Beispielfall hatte A sein Eigentum nicht übertragen. Der trichotomischen Vindikationslehre bereitet es keine Probleme, neben der Klage aus vindication aus dem Eigentum des Klägers alternativ unjust enrichment im engeren Sinne anzunehmen. Da der Kläger immer noch Eigentümer ist, hat der Beklagte zwar kein Eigentum, aber den Besitz als Bereicherung erlangt. Für autonomous unjust enrichment sei dies ausreichend, wird vorgetragen.[285]

Andere Literaturstimmen, allen voran die Exklusivitätstheorie, lehnen es jedoch ausdrücklich oder implizit ab, den bloßen Besitz als Bereicherungsposition für unjust enrichment im engeren Sinne anzuerkennen.[286] Im Beispielfall wäre mithin eine action for money had and received *außerhalb* des law of restitution einschlägig.

Prima facie wäre dieselbe Konsequenz im Hinblick auf das event-response-System zu vermuten. Die ältere Variante könnte nach konservativer Lesart im konkreten Fall vielleicht gar keinen Anspruch gewähren, da ja das Eigentum nicht übergegangen ist;[287] die neuere Variante von event und response hat aber ausdrücklich klargestellt, der fehlende Eigentumsübergang stehe dem autono-

---

[285] *Virgo*, Principles of the Law of Restitution, S. 132 f.

[286] Vor allem *Swadling*, in: [1996] LMCLQ 63, 65; weiterhin *Grantham/Rickett*, Enrichment and Restitution, zuerst S. 39 f.; *dies.*, in: [1999] RLR 158, 159, Fn. 10; *dies.*, in: [1998] LMCLQ 514, 518; *dies.*, in: [1997] RLR 83, 87 f.; *Rickett/Grantham*, in: *Birks/Rose*, Restitution and Equity, Vol. 1, S. 39 (58 f.); *John Stevens*, in: (1996) 59 MLR 741, 745. Dagegen *McMeel*, Modern Law of Restitution, S. 85.

[287] Darauf könnte *Birks*, Introduction, S. 14, hindeuten. Wahrscheinlich handelt es sich aber nur um eine ungenaue Formulierung, siehe näher oben auf S. 623.

mous unjust enrichment nicht entgegen. Birks als Begründer der ursprünglichen Lesart von event und response erkennt den Besitz nach anfänglichen Unklarheiten als taugliche Bereicherung an. Als Protagonist des neueren event-response-Modells grenzt er fein säuberlich zwischen autonomous unjust enrichment und der Kategorie „miscellaneous“ ab.

Für letztere Gruppe fordert er, der Kläger müsse auf sein Eigentum verzichten, wenn er anstatt aus Vindikation aus unjust enrichment im engeren Sinne vorgehen wolle.[288] Dahinter steht offenbar seine bekannte Vorstellung, autonomous unjust enrichment setze voraus, durch die Bereicherung des Schuldners müsse ein neues Recht entstehen, beispielsweise aus tracing, rescission oder ein anderes Recht auf Eigentumsrückübertragung. Bei den vermischten Fällen aus vindication ist das aber gerade nicht der Fall, denn sie stützen sich auf das fortbestehende Eigentum. An der dinglichen Rechtslage wird überhaupt nichts verändert. Indem der Kläger auf sein Eigentum verzichtet, soll wohl die notwendige Änderung der dinglichen Rechtslage nachgeholt werden. Der Sache nach läuft auch Birks' Ansatz darauf hinaus, unjust enrichment im eigentlichen Sinne betrachte in vielen Fällen die faktische Besitzposition des Beklagten nicht als ausreichenden Bereicherungsgegenstand. Unklar bleibt allerdings, wie sich diese Haltung zu Äußerungen verhält, in denen er in jedem Fall die Besitzposition für autonomous unjust enrichment genügen lassen will.[289] Das ist ein offener Widerspruch, den Birks nicht auflöst. Jedenfalls dürfte im Grundsatz für unjust enrichment im engeren Sinne weiterhin die bloße Besitzerlangung ausreichend sein. Die Unklarheiten in Birks' neuem Ansatz könnten durch die Übertragung des waiver of tort auf das Verhältnis von Vindikation und autonomous unjust enrichment zu erklären sein: Der Kläger soll erst auf sein Eigentum verzichten, wenn er autonomous unjust enrichment einklagen will.

Im übrigen ist der Streit um den Besitz eine weitere Parallele zur deutschen Dogmengeschichte: v. Savigny vertrat ebenfalls die Alternativität von vindicatio auf Besitz- und condictio auf Eigentumsherausgabe.[290] Die Pandektistik verweigerte ihm trotzdem die Gefolgschaft, sie erkannte die condictio possessionis an. Genauso läßt sich für das law of restitution anführen, der bloße Be-

---

[288] *Birks*, in: Festschrift für *Jones*, S. 1 (25):

„The availability of this dual analysis gives the plaintiff an election, whether he will stand on his title, vindicate and rely on the category four obligation to transfer the *res*, or, instead, waive his title and sue in unjust enrichment.“ Anmerkung: Mit „stand on his title“ ist hier ein proprietary remedy jenseits tracing und rescission gemeint.

[289] Siehe den Widerspruch zu *Birks*, in: [1997] NZLR 623, 654, hier betont er ausdrücklich, eine Klage aus autonomous unjust enrichment in Verbindung mit bloßem Besitz des Beklagten sei möglich.

[290] Näher oben auf S. 118.

sitzübergang sei trotz weiterbestehenden Eigentums eine bereicherungstaugliche Position.

Es ist noch darauf hinzuweisen, daß selbst diejenigen, die den Besitz als Restitutionsgegenstand ansehen, in Mehrpersonenverhältnissen anders entscheiden.[291] *Rowland* v *Divall* wird hier von der Lehre zum leading case erhoben.[292]

In diesem Urteil hatte ein Autohändler an einen Kunden ein Fahrzeug verkauft, das gar nicht sein Eigentum war. Als der Käufer nach einigen Monaten, in denen er das Fahrzeug benutzt hatte, sein Geld zurückverlangte, stand dessen Klage nicht entgegen, es liege kein total failure of consideration vor. Denn der Händler hatte sich zur Eigentumsverschaffung und nicht zur bloßen Gebrauchsüberlassung verpflichtet. Daher sollte die Leistung des Autohändlers im ganzen als nicht erfolgt anzusehen sein. Der Kläger hatte keinerlei vertragsspezifische Leistung im Sinne von failure of consideration erhalten, der „failure" war folglich „total". Aus der Entscheidung die Schlußfolgerung zu ziehen, der Käufer sei nur auf Kosten des wahren Eigentümers, aber nicht auf Kosten des Verkäufers bereichert, ist aufgrund der Fallrechtsmethode sehr fraglich. Der Besitz wurde nur als Gegenleistung für das bezahlte Geld im Rahmen von total failure of consideration behandelt; der Fall konzentriert sich auf das Problem der Leistungsstörung.

Noch widersprüchlicher erscheint Virgos Interpretation: Er stuft den Besitz in Mehrpersonenverhältnissen zwar nicht als tauglichen Kondiktionsgegenstand zwischen ehemaligem und neuem Besitzer ein, gleichzeitig zweifelt er daran, ob die Bereicherung auf Kosten des Eigentümers erfolgt sei.[293] Wenn die Bereicherung nicht auf Kosten des ehemaligen Besitzers erfolgt, muß sie e contrario zu Lasten des Eigentümers gehen. Wahrscheinlich ist seine kontradiktorische Haltung durch den neuen Typus vindication veranlaßt, der nicht auf „at the expense of" angewiesen ist.

3. Ignorance

Besonders einschneidend werden die Auswirkungen der unterschiedlichen Systemansätze im Hinblick auf „ignorance".[294] Bei „ignorance" handelt es sich um einen von Birks entwickelten synthetischen unjust-Typ, den die Rechtsprechung bisher nicht explizit anerkannt hat. Der Typus ignorance stellt auf das Nichtwissen, die sprichwörtliche Ignoranz des Klägers ab. Dieser erkennt den Bereicherungsvorgang als solchen nicht und ist dadurch keine handelnde Per-

---

[291] *Virgo*, Principles of the Law of Restitution, S. 114.

[292] *Rowland* v *Divall* [1923] 2 KB 500. Vgl. auch *Burrows*, Law of Restitution, S. 49, Fn. 13; *Lord Goff of Chieveley/Jones*[5], Law of Restitution, S. 529; *Virgo*, a. a. O.

[293] *Virgo*, Principles of the Law of Restitution, S. 108, 114. Anders die Lösung bei *Burrows*, Law of Restitution, S. 48 f., 148, der den Eigentümer unmittelbar als entreichert betrachtet.

[294] Vgl. allgemein die Übersicht zur Diskussion bei *McMeel*, Modern Law of Restitution, S. 81–87, freilich ohne eigene Stellungnahme.

son. Der Begriff ignorance wird ergänzt durch „powerlessness": Der Kläger nimmt zwar die Bereicherung des anderen sinnlich wahr, er kann dagegen aber nichts unternehmen. Beide Begriffe, von denen powerlessness lediglich ein Derivat ist, erfassen die typologische Situation der Eingriffshandlung.

Über ignorance sollen im Verbund mit der „alternative analysis" Fälle durch autonomous unjust enrichment erklärt werden, in denen ein anderer in die Rechtssphäre des Klägers ohne dessen Beteiligung eingreift. Die herkömmlichen unjust-Gründe jenseits des wrongdoing sind dazu ungeeignet, da sie stets die Mitwirkung des Klägers voraussetzen. Mit Hilfe von ignorance wird im Bereich des autonomous unjust enrichment ein breiter Raum für die alternative Analyse der Fälle aus wrongdoing bereitgestellt, die fast immer Eingriffshandlungen betreffen. Diese Eingriffshandlungen werden vom wrongdoing zum unjust enrichment by subtraction transformiert. Wenn beispielsweise jemand unberechtigt eine fremde Sache benutzt, dann weiß der Rechtsinhaber davon in aller Regel nichts oder er wird zumindest nicht schützend seinerseits eingreifen können – er ist unwissend im Sinn von ignorance oder wenigstens hilflos im Sinn von powerlessness. Wahlweise kann der Eingriff als autonomous unjust enrichment in der Gruppe ignorance oder als wrongdoing gedeutet werden.

Der Typus ist für Großteile der Lehre in der Tat ein bedeutender Ordnungsfaktor, um Eingriffsfälle zu klassifizieren. Wie sich der unjust factor auf das Gesamtsystem des englischen law of restitution auswirkt, darauf wird noch rechtsvergleichend zurückzukommen sein.[295] Schon jetzt kann freilich festgehalten werden, daß über ignorance das Feld von autonomous unjust enrichment ganz erheblich für die Eingriffsbereicherung geöffnet wird. Die Fallgruppe ignorance findet ihre Grenzen erst in der Gewinnhaftung, im disgorgement, die mangels „subtraction" nicht mehr unter autonomous unjust enrichment gefaßt werden kann.

Die Lehre ist darüber uneins, ob sie den synthetischen Typus überhaupt anerkennen soll.[296] Vor allem die Exklusivitätstheorie spricht sich dagegen aus.[297] Diese Lehre lehnt strikt den Besitz als Bereicherungsgegenstand ab. Da bei ignorance mangels Mitwirkung des Klägers niemals Eigentum übergehen kann, ist der unjust-Grund mit der bloßen Besitzherausgabe verknüpft. Folglich muß

---

[295] Siehe näher unten ab S. 681.

[296] Dafür z. B. *Birks*, etwa Introduction, S. 140–146; *Burrows*, in: *ders.*, Understanding the Law of Obligations, S. 45 (55); *Cooke/Oughton*, Common Law of Obligations, S. 162. Dagegen *Lord Goff of Chieveley/Jones*[5], Law of Restitution, S. 175–177; *Grantham/Rickett*, Enrichment and Restitution, S. 269–290; *dies.*, in: [1997] NZLR 668, 684 f.

[297] *Swadling*, in: [1996] LMCLQ 63, 64 f.; tendenziell bereits *Swadling*, in: *Hartkamp/Hesselink/Hondius/du Perron/Vranken*, Towards a European Civil Code, S. 267 (273).

die Exklusivitätstheorie ignorance als Teil des law of restitution, das sie mit unjust enrichment gleichsetzt, ablehnen. Die trichotomische Vindikationslehre zweifelt ebenfalls an der Berechtigung von ignorance. Mit der Gruppe vindication steht schon ein Typus bereit, der sich auch auf Eingriffsfälle applizieren läßt. Nur das Eigentum, aber nicht der Handlungsmodus ist für die Gruppe vindication ausschlaggebend. Vindication im Sinne Virgos kann auch dann eingreifen, wenn der Kläger seinen Besitz durch den Eingriff eines anderen ohne eigene Mitwirkung verloren hat. Die Vindikationslehre vermag deshalb auf ignorance zu verzichten, ohne den synthetischen Begriff ausdrücklich verwerfen zu müssen.[298] Das Verhältnis von Sachen- und Schuldrecht wirkt sich offensichtlich sogar in die Rechtsgrundlosigkeit aus.

Nach *Foskett* v *McKeown* werden sich nicht wenige Stimmen von ignorance abwenden, denn mit dem Grundsatzurteil hat das Kunstprodukt ignorance einen schweren Rückschlag erlitten. Der Begriff kann nun nicht mehr beliebig in der bisherigen Form in sachenrechtliche Fälle hineininterpretiert werden. In der Vergangenheit diente der Begriff vielen Anhängern der event-response-Theorie vor allem dazu, Fälle mit sachenrechtlichem Einschlag, in denen zwischen Kläger und Beklagtem ein Eingriffsverhältnis vorliegt, unter das Diktat von unjust enrichment zu ziehen, obwohl die fraglichen Entscheidungen bei unvoreingenommener Betrachtungsweise dazu oft nur wenig geeignet sind.[299] Ignorance sollte helfen, die fehlende Argumentation in den Urteilen zu den Elementen von unjust enrichment wissenschaftlich zu überbrücken. Wie an vielen anderen Stellen zeigt sich dabei die Tendenz der event-response-Analyse, die Vorgaben des Richterrechts nur bedingt zu würdigen. *Foskett* v *McKeown* deutet als klares Signal in die umgekehrte Richtung: Funktional gesehen stand eine Eingriffshandlung des Versicherten zur Disposition. Die Mehrheit der Lordrichter verwarf mit unjust enrichment implizit ignorance als dehnbare Generalklausel für Zweifelsfälle.

4. Sachenrecht

In der herkömmlichen Lehre herrscht über den genauen Standort der sachenrechtlichen Rechtsbehelfe following, tracing und der Einwendung aus gutgläubigem Erwerb (bona fide purchase for value) große Unsicherheit.[300] Wenn man mit der event-response-Theorie nicht konsequent zwischen Sachenrecht und

---

[298] *Virgo*, Principles of the Law of Restitution, S. 128 f., 133: „fatal flaw".

[299] Exemplarisch *Lipkin Gorman (a firm)* v *Karpnale Ltd* [1991] 2 AC 548, dazu näher unten ab S. 644; des weiteren z. B. *Trustee of the Property of F C Jones and Sons (a firm)* v *Jones* [1997] Ch 159, dazu näher unten ab S. 671.

[300] Vgl. zum tracing neuerdings *Evans*, in: (1999) 115 LQR 469–505.

unjust enrichment trennt, sind Überschneidungen von Schuld- und Sachenrecht die Folge: Der gutgläubige Erwerb ist sogar anwendbar auf die Gruppe autonomous unjust enrichment mit der Rechtsfolge des personal remedy, des schuldrechtlichen Wertersatzanspruchs.[301] Die Abgrenzung zum Bereicherungswegfall bleibt folglich unklar.[302]

Die Vindikationslehre dagegen kann die defence aus bona fide purchase nahtlos in ihr System einfügen: Erwirbt der Beklagte oder ein Dritter gutgläubig das Eigentum des Klägers, fehlt es an der entscheidenden Voraussetzung des Typus vindication, an der dinglichen Legitimation des Klägers. Sie erlischt durch den redlichen Erwerb. Im autonomous unjust enrichment ist die Einwendung dagegen unerheblich, weil sich diese Kategorie nicht auf das Sachenrecht stützt.[303] Bestätigt wird das nunmehr in der Leitentscheidung *Foskett* v *McKeown*. Lord Millett stellte klar:[304]

> „[...] a claim in unjust enrichment is subject to a change of position defence, which usually operates by reducing or extinguishing the element of enrichment. An action like the present is subject to the bona fide purchaser for value defence, which operates to clear the defendant's title."

Bereicherungswegfall und gutgläubiger Erwerb sollen jeweils exklusiv autonomous unjust enrichment und vindication zugeordnet sein. Weder kann der Wegfall der Bereicherung bei Vindikationsansprüchen in Verbindung mit einem proprietary remedy eingesetzt werden, noch ist die Rechtsfigur des redlichen Erwerbs ein Mechanismus von autonomous unjust enrichment. Im konkreten Fall war die defence of bona fide purchase for value nicht einschlägig, denn die beklagten Begünstigten aus der Lebensversicherung hatten selbst keine Gegenleistung auf die Versicherung erbracht, bona fide war zwar gegeben, aber kein purchase for value.[305]

Ebenso eindeutig wie den redlichen Erwerb kann Virgo tracing und following zuordnen. Sie sind nicht Bestandteil von unjust enrichment by subtraction, sondern allein der Gruppe vindication zur Verfolgung des Eigentums und seiner Surrogate zugewiesen. Beim autonomous unjust enrichment wäre tracing deplaziert, da diese Fälle typischerweise mit dem bloßen Wertersatz des un-

---

[301] Exemplarisch *Barker*, in: *Birks*, Laundering and Tracing, S. 191 (213); *McMeel*, Modern Law of Restitution, S. 423; zustimmend *Nick Segal*, in: *Rose*, Restitution and Banking Law, S. 99 (112).

[302] Gegen die Gleichsetzung bereits *Lipkin Gorman (a firm)* v *Karpnale Ltd* [1991] 2 AC 548, 580 f. (per *Lord Goff of Chieveley*). Zu Literaturstimmen, die beide Mechanismen zusammen anwenden, *Bertl*, Change of Position, S. 72 f.

[303] *Virgo*, Principles of the Law of Restitution, S. 674; für Neuseeland *Grantham/ Rickett*, Enrichment and Restitution, S. 323–325.

[304] *Foskett* v *McKeown* [2000] 2 WLR 1299, 1325 (per *Lord Millett*).

[305] *Foskett* v *McKeown* [2000] 2 WLR 1299, 1304 (per *Lord Browne-Wilkinson*).

mittelbar Erlangten verbunden sind. Die Identifikation und „Verfolgung" von Surrogaten für das primär Erlangte ist in dieser Gruppe folglich überflüssig.

5. Bereicherungswegfall

Auch für die defence of change of position ergeben sich somit aus *Foskett* v *McKeown* einige Implikationen. Unstreitig bezieht sich der Bereicherungswegfall auf die Gruppe autonomous unjust enrichment in Verbindung mit einem personal remedy. Mit *Lipkin Gorman (a firm)* v *Karpnale Ltd* ist weiterhin geklärt, daß die Einwendung jedenfalls für *personal* remedies auf der Basis eines Sachenrechts anwendbar ist. Umstritten bleibt jedoch in der akademischen Lehre, ob der Einwand des Bereicherungswegfalls bei *proprietary* remedies zum Zuge kommt, selbst wenn sie auf einem Sachenrecht aufbauen.[306] Der Rechtsprechung ließ sich dazu lange Zeit kein klarer Fingerzeig entnehmen. Virgo als Verfechter der Vindikation steht hier auf der Seite derjenigen, die den Bereicherungswegfall selbst auf proprietary remedies ansetzen wollen. Gerade er sollte im Gegenteil differenzieren können: Denn in seinem System werden sachenrechtliche Rechtsfolgen auf die Gruppe vindication konzentriert, die von autonomous unjust enrichment vollkommen separiert ist. Im Hinblick auf das deutsche Recht läge es daher zumindest nahe, vindication in Verbindung mit einem proprietary remedy von der defence of change of position loszulösen.

Eine ganz neue Wendung hat das Problem, wie bereits angedeutet, mit *Foskett* v *McKeown* genommen. In diesem Fall war tatsächlich über einen proprietary claim in Verbindung mit einem proprietary remedy zu entscheiden. Wie Lord Millett anführte, sollte im vorliegenden Fall die defence of change of position unanwendbar sein.[307] Es ist zu erwarten, daß die Vindikationslehre, die *Foskett* v *McKeown* sicherlich zum Musterfall für ihre Thesen erheben wird, für Vindikationsansprüche in Zukunft den Bereicherungswegfall vollkommen ausschließt und sich statt dessen auf den gutgläubigen Erwerb konzentriert. De

---

[306] Dafür *Virgo*, Principles of the Law of Restitution, S. 728 f.; *ders.*, in: Festschrift für *Jones*, S. 305 (322 f.); *Burrows*, Law of Restitution, S. 431, der über seine Rechtsgrundtheorie alle proprietary remedies einbeziehen will. Mit Einschränkungen *Lord Goff of Chieveley/Jones*[5], Law of Restitution, S. 821 f. Dagegen *Swadling*, in: Festschrift für *Jones*, S. 331 (335 f.), auf der Basis seiner Exklusivitätstheorie. Andeutungsweise auch *Burrows*, in: (1999) 115 LQR 325, 328.

Eine dritte vermittelnde Meinung läßt die Einwendung nur bei sachenrechtlichen Rechtsfolgen aus autonomous unjust enrichment, aber nicht in „sonstigen Fällen" zu, siehe *Birks*, in: (1999) 28 UWALR 13, 60; *ders.*, in: Festschrift für *Jones*, S. 1 (24); *ders.*, in: (1998) 12 TLI 202, 213; *ders.*, in: [1997] NZLR 623, 643; ebenso *Lionel D. Smith*, Law of Tracing, S. 384. Ähnlich *Nolan*, in: *Birks*, Laundering and Tracing, S. 135 (178 f.).

[307] *Foskett* v *McKeown* [2000] 2 WLR 1299, 1324 f. (per *Lord Millett*).

lege ferenda ließe sich sogar vertreten, *Lipkin Gorman (a firm)* v *Karpnale Ltd* sei falsch entschieden, weil der Bereicherungswegfall immanent nur mit autonomous unjust enrichment verbunden sei. Man könnte argumentieren, selbst ein *proprietary* claim mit der Rechtsfolge eines *personal* remedy habe mit autonomous unjust enrichment und dem daraus resultierenden Wegfall der Bereicherung nichts gemeinsam. Autonomous unjust enrichment sowie Bereicherungswegfall einerseits und Vindikation sowie gutgläubiger Erwerb andererseits wären dann konsequent getrennt.

6. Interpretation bekannter Fälle

a) Beispielfall gestohlener Pkw

A stiehlt den Pkw des E und verkauft ihn an den gutgläubigen B. E verlangt nun von A den Kaufpreis heraus. Wie im römischen Recht kann Eigentum kraft guten Glaubens unabhängig vom Abhandenkommen nicht erworben werden. Kann E von A den Kaufpreis fordern? Nach wrongdoing – speziell conversion – wird nicht gefragt.

Unter dem älteren event-response-System könnte man auf den Gedanken kommen, der Kaufpreis sei ein Austauschprodukt für den Pkw und könne deswegen aus autonomous unjust enrichment – konkret ignorance – in Verbindung mit tracing als Surrogationsmechanismus herausverlangt werden. An dieser Stelle ist aber eine wichtige Einschränkung der Theorie zu beachten: Da A den Kaufpreis nicht durch eine Vermögensverschiebung von seiten des E erlangt hat und folglich keine „subtraction" zwischen den beiden vorliegt, fehlt es am Merkmal „at the expense of" zumindest bei einer restriktiven Auslegung im Sinne des Nullsummenspiels.[308] Der Kaufpreis soll sich nicht mehr auf die „subtraction" des Pkw vom Eigentümer zurückführen lassen; der Einwand ähnelt den Bedenken, die in Deutschland während der Gesetzgebungsarbeiten zur Sondernorm § 816 BGB führten. Vollkommen schlüssig ist Birks' Lösung indessen nicht. Wenn event und response tatsächlich unterschiedliche, frei kombinierbare analytische Kategorien sind, sollte der Subtraktionsgedanke nicht auf die Rechtsfolge durchschlagen.

Die Vindikationslehre vermeidet solche Ungereimtheiten. Der Diebstahl begründet einen claim aus vindication mittels „tracing", da sich das proprietary

---

[308] *Birks*, Introduction, S. 138, 320. A. A. tendenziell *Lionel D. Smith*, in: *Rose*, Restitution and Banking Law, S. 120 (126–131), der über tracing das Element „at the expense of" herstellen will. Nicht ganz geklärt wird freilich, ob es sich dann um unjust enrichment by subtraction oder wrongdoing handeln soll. Wie *Lionel D. Smith* nun tendenziell *Birks*, in: (1997) 11 TLI 2, 7 f., zu *Trustee of the Property of F C Jones and Sons (a firm)* v *Jones* [1997] Ch 159: Diesen Fall (näher unten auf S. 671) analysiert *Birks* als autonomous unjust enrichment durch ignorance, obwohl hier der Gewinn herausverlangt wurde, der eigentlich jenseits der „subtraction" liegt.

interest im Pkw nach den tracing-Regeln im Austauschprodukt fortsetzt. E hat sein Eigentum nicht durch die Gutgläubigkeit verloren, denn die defence of bona fide purchase greift nach common law nicht ein und eine Verteidigung nach equity kommt ebenfalls nicht in Betracht. E kann daher von A den Kaufpreis aus der Gruppe vindication fordern. Gleichzeitig erwirbt dadurch B das Eigentum.[309] Im Notfall ließe sich auch ein claim aus autonomous unjust enrichment durch ignorance begründen. Selbstverständlich gilt für Vindikationslehre und event-response-System, daß Schadensersatz und Bereicherungsherausgabe aus wrongdoing in der Praxis den Vorrang genießen.

b) Lipkin Gorman (a firm) v Karpnale Ltd

Die Grundsatzentscheidung *Lipkin Gorman (a firm)* v *Karpnale Ltd* bietet ebenfalls Anschauungsmaterial. Wie Lord Goff ausdrücklich betonte, stützte sich die Klage aus money had and received der Anwaltskanzlei gegen den Playboy-Club auf das Klägereigentum. Da der Lordrichter nach früheren Entscheidungen des Privy Council befand,[310] trotz Zweckentfremdung des Geldes sei der untreue Anwalt zum Geldabheben vom Kanzleikonto befugt gewesen,[311] hatte die Kanzlei prima facie ihren Titel und damit ihren Anspruch aus der action for money had and received verloren. Lord Goff of Chieveley benutzte hier die Regeln über tracing nach common law, um festzustellen, der Anspruch der Kanzlei aus chose in action gegen die Bank auf Kontenauszahlung habe sich im abgehobenen Geld fortgesetzt. Die Eigentumslegitimation der Klägerin wurde dadurch gerettet. Die Anwälte der Beklagten erhoben erstaunlicherweise auch nicht den Einwand, das verspielte Geld sei mit anderem Geld vermischt worden.[312] Sie gaben der Klägerin im Gegenteil zu, sie müsse nur ihr anfängliches Interesse am Geld nachweisen. Lord Templeman betonte in seiner Rede sogar abweichend von Lord Goff, das gestohlene Geld gehöre nach wie vor der Anwaltskanzlei.[313]

Das event-response-System ordnet *Lipkin Gorman (a firm)* v *Karpnale Ltd* wie viele andere Fälle mit sachenrechtlichem Bezug als Fall des autonomous

---

[309] Vgl. *Boscawen* v *Bajwa* [1996] 1 WLR 328, 342 (per *Millett LJ*).

[310] *Union Bank of Australia Ltd* v *McClintock* [1922] 1 AC 1, und *Commercial Banking Co of Sydney Ltd* v *Mann* [1961] AC 1.

[311] *Lipkin Gorman (a firm)* v *Karpnale Ltd* [1991] 2 AC 548, 573 (per *Lord Goff of Chieveley*).

[312] Siehe zu den Konsequenzen für tracing oben auf S. 618.

[313] *Lipkin Gorman (a firm)* v *Karpnale Ltd* [1991] 2 AC 548, 560 f. (per *Lord Templeman*).

unjust enrichment durch ignorance ein.[314] Diese Interpretation des Urteils sieht sich der Kritik ausgesetzt, daß die Lordrichter mit keinem Wort die herkömmlichen unjust-Gruppen erwähnten. Im Gegenteil: Sie beriefen sich explizit auf das Eigentum des Klägers als Klagengrundlage. Plausibler erscheint das Verständnis der Leitentscheidung durch die Vindikationslehre; ihren Vorstellungen zufolge kann man *Lipkin Gorman (a firm)* v *Karpnale Ltd* ohne weiteres als claim aus vindication in Kombination mit einem personal remedy deuten.[315] Der Sachverhalt könnte zwar alternativ zur Kategorie vindication auch als autonomous unjust enrichment ausgelegt werden. So geben viele ältere Entscheidungen zum wrongdoing nicht zu erkennen, ob es sich tatsächlich um ein wrongdoing oder autonomous unjust enrichment handelt. Zu weit ginge jedoch die Annahme, Lord Goff of Chieveley als Begründer des englischen law of restitution habe einfach den unjust-Grund „vergessen". Wenn man das Urteil wörtlich liest, ist es kaum möglich, das fortbestehende Eigentum als Anspruchsgrundlage zu leugnen. *Lipkin Gorman (a firm)* v *Karpnale Ltd* hat danach gar nicht unjust enrichment als Anspruchsgrundlage begründet, sondern nur den Wegfall der Bereicherung. Doch selbst der Bereicherungswegfall bei proprietary claims ist nun durch Lord Millett in *Foskett* v *McKeown* in Frage gestellt.

c) Weitere Beispiele

Zwei andere Fälle lassen sich ebenfalls im Licht der Vindikationslehre deuten. In *Macmillan Inc* v *Bishopsgate Investment Trust Plc* wollte der Kläger Gesellschaftsanteile vom Beklagten aus equity zurückverlangen. Obwohl es sich um eine Streitigkeit über Internationales Privatrecht handelte, ist die Entscheidung wegen ihrer Klassifikationsprobleme wertvoll. Am High Court neigte Millett J noch der herkömmlichen Sichtweise mit den Worten zu:[316] „[T]he plaintiff's restitutionary claim is said to have a proprietary base. The enrichment of the defendant is at the direct expense of the plaintiff and is matched by a corresponding diminution of his assets." Dagegen tendierte der Court of Appeal dazu, den Fall nicht als unjust enrichment einzustufen. Besonders Auld LJ

---

[314] Exemplarisch *Birks*, in: [1991] LMCLQ 473, 476–481; des weiteren seine neuerlichen Erklärungen in: (1997) 11 TLI 2, 6 f.

[315] *Virgo*, Principles of the Law of Restitution, zuerst S. 14 f.; ähnlich *Grantham/Rickett*, Enrichment and Restitution, S. 34 f., 456 f., mit der Bemerkung, selbst wenn durch tracing ein neues Recht im Sinne der event-response-Theorie entstanden sei, müsse autonomous unjust enrichment nicht das zugehörige „event" sein. Weiterhin *Bird*, in: [1995] LMCLQ 308–313; *Lionel D. Smith*, in: (2001) TexasLR Symposium = *http://www.utexas.edu/law/conferences/restitution/*.

[316] *Macmillan Inc* v *Bishopsgate Investment Trust Plc (No 3)* [1995] 3 All ER 747, 757 (per *Millett J*).

konnte keine Bereicherung der Beklagten auf Kosten der Klägerin erkennen.[317] Auch in *Portman Building Society* v *Hamlyn Taylor Neck (a firm)* wurde unjust enrichment für den Fall verneint, daß die beklagte Partei als trustee abredegemäß das anvertraute Geld für die Klägerin als beneficiary verwendet hatte.[318] Sowohl die Bereicherung der Beklagten als auch der unjust-Grund wurden abschlägig entschieden: „The society did not need to plead mistake or any other ground of restitution."

7. *Fazit*

Die Vindikationslehre sieht sich nun durch die Grundsatzentscheidung *Foskett* v *McKeown* bestätigt. Selbst die Wende im englischen Recht mit *Lipkin Gorman (a firm)* v *Karpnale Ltd* wird dadurch ex post neu definiert. Obwohl das Urteil in den darauffolgenden Kommentaren als Durchbruch des principle of unjust enrichment gepriesen wurde,[319] substantiiert die Entscheidung den konkreten unjust-Grund nicht näher. Dazu konnte sich das House of Lords erst in *Banque Financière de la Cité* v *Parc Ltd* und *Kleinwort Benson Ltd* v *Lincoln City Council* durchringen.[320] Entscheidend für Virgos strategischen Ansatz spricht die klare Klassifikation des Sachenrechts. Er kann unter vorausschauender Vorwegnahme von *Foskett* v *McKeown* bona fide purchase, tracing, following, resulting und constructive trust fast vollständig seinem Typus vindication zuordnen. Die Analyse des Fallrechts wird dadurch wesentlich vereinfacht. Birks' neue event-response-Theorie leidet indessen an zahlreichen Widersprüchen, angefangen beim waiver of entitlement bis hin zum unklaren Konzept bei following und tracing. Obwohl das Schema von event und response zunächst sicherlich dazu beitrug, das law of restitution besser zu erfassen, scheint dieses System gedanklich zu stagnieren. Es bestehen berechtigte Zweifel, ob das analytische Netzwerk seine vormals als kategorische Wahrheit verkündete argumentative Konsistenz zurückgewinnen kann. Zu dem Zeitpunkt, als sich ein Spalt innerhalb des Lagers der event-response-Theorie öffnet – zwischen denen, die am scheinbar Bewährten festhalten wollen, und denen, die einen Rettungsversuch unternehmen – wird dem gesamten Gedankengebäude die ent-

[317] *Macmillan Inc* v *Bishopsgate Investment Trust Plc (No 3)* [1996] 1 WLR 387, 409 (per *Auld LJ*).

[318] *Portman BS* v *Hamlyn Taylor Neck (a firm)* [1998] 4 All ER 202, 206 f. (per *Millett LJ*); vgl. auch *Box* v *Barclays Bank Plc*, The Times, v. 30.4.1998 (HC), näher dazu *Virgo*, Principles of the Law of Restitution, S. 624 f.

[319] Siehe nur *Burrows*, Law of Restitution, S. 2.

[320] *Banque Financière de la Cité* v *Parc (Battersea) Ltd* [1999] 1 AC 221 (235, per *Lord Hoffmann*: „mistake"; 226 f., per *Lord Steyn*: „unjust enrichment by subtraction" i. V. m. „unilateral mistake of fact" als „unjust factor"); *Kleinwort Benson Ltd* v *Lincoln CC* [1998] 4 All ER 513.

scheidende Grundlage entzogen. Eine Theorie, die sich nicht mehr mit dem Richterrecht als maßgeblicher Rechtsquelle vereinbaren läßt, hat ihren dogmatisch-klassifikatorischen Wert verloren.

Allen neueren Ansätzen, also Birks' Festbeitrag für Jones, Virgos Vindikationslehre und der fünften Auflage des Handbuchs zum law of restitution, ist eine andere Tendenz gemeinsam. Entgegen früherer Versuche, über das principle of unjust enrichment sowohl autonomous unjust enrichment als auch wrongdoing zu erfassen, hat sich nach der Wende durch *Lipkin Gorman (a firm)* v *Karpnale Ltd* die Ansicht auf breiter Front durchgesetzt, unjust enrichment by subtraction und restitution by wrongdoing seien zwei vollkommen unterschiedliche Anspruchsgrundlagen, die man höchstens auf Prinzipienebene verbinden könne. Das sollte den deutschen Vertretern der Einheitslehren zu denken geben. Vielleicht gelangen sie gerade durch ihre unitarischen Versuche einmal zu der Schlußfolgerung, Leistung und Nichtleistung seien zwei unterschiedliche Kategorien. Allerdings wird man für § 812 Abs. 1 S. 1 BGB nicht die vollkommene Distinktion der beiden Tatbestandsalternativen wie im englischen Fallrecht fordern müssen.

VII. Systematik des Autonomous Unjust Enrichment

Auch innerhalb des autonomous unjust enrichment – enrichment by subtraction – und des wrongdoing gibt es Bestrebungen, die Großgruppen zu vereinheitlichen, wenn sich schon kein übergreifender Zusammenhang zwischen beiden entwickeln läßt. Langfristig gesehen verstärkte ein in sich homogener Typus unjust enrichment by subtraction – für wrongdoing gilt dasselbe – sogar den Gegensatz, weil vereinheitlichte Großgruppen ihre Gegensätze durch ihren konsistenten Inhalt besonders stark betonen können.

1. Trust-Theorie

Zunächst läßt sich an die Rechtsfolge als Vereinheitlichungspunkt denken. Eine Theorie, die sich erst in den letzten Jahren gebildet hat – sie sei trust-Theorie benannt – will im Anschluß an Entwicklungen in den Vereinigten Staaten alle Bereicherungsfälle aus subtraction als resulting trust konstruieren.[321]

[321] *Chambers*, Resulting Trusts; *ders.*, in: (1999) 37 AlbertaLR 173, 182–189, 203–220; zuvor schon des öfteren *Birks*, etwa in: [1996] RLR 3–26; *ders.*, in: *ders.*, Frontiers of Liability, Vol. 2, S. 214 (222 f.); *ders.*, in: *Goldstein*, Equity, S. 335 (bes. 364–373) = *ders.*, in: *ders./Rose*, Restitution and Equity, Vol. 1, S. 265 (279–283). Vgl. auch *Gummow*, in: *Finn*, Essays on Restitution, S. 47 (71–86); Überblick über den Streitstand bei *McMeel*, Modern Law of Restitution, S. 224–229; *Pearce/Stevens*, Law of Trusts,

Diese vor allem von Robert Chambers in seiner Dissertation mit Nachdruck vertretene Meinung verwirft die enge Definition der herrschenden Ansicht zum resulting trust: Der resulting trust entstehe nicht durch die vermutete Absicht, einen trust zu begründen, sondern gerade aus dem Gegenteil, aus dem fehlenden Willen, den Bereicherten zu begünstigen.

Für den klassischen presumed resulting trust bleibt kein Platz mehr übrig. Die Folgen der neuen trust-Konstruktion mögen im ersten Moment noch überschaubar erscheinen, bei genauerem Hinsehen zeigt sich allerdings der grundlegende Wandel: Alle subtraction-Fälle können einen resulting trust und damit eine dingliche Rechtsfolge nach sich ziehen. Das liegt daran, daß bei den typischen unjust-Gründen der Wille des Klägers, den Beklagten zu bereichern, irgendwie fehlerhaft ist, sei es aus mistake, duress oder total failure of consideration. Autonomous unjust enrichment hat danach immer zwei Rechtsfolgen: ein personal remedy (action for money had and received) und ein proprietary remedy aus resulting trust. Sachenrecht und Bereicherungsrecht wären folglich in weiten Teilen eine Einheit.

Die trust-Theorie hat ihre Vor- und Nachteile. Der weite Anwendungsbereich des resulting trust drängte den constructive trust und mit ihm den fragwürdigen remedial constructive trust zurück; erhöhte Rechtssicherheit wäre die Folge. Auch entspricht die Fusion von equitable remedies, hier des trust, und von common law, der action for money had and received, dem allgemeinen Trend, Rechtsregeln nach equity und common law zusammenzuführen.[322] Und schließlich erkennt die neue Sichtweise, daß der beim resulting trust vermutete Wille zur Begründung eines trust ebenso wie der constructive trust eine reine Fiktion darstellt. Chambers versucht folglich, nach dem Vorbild von unjust enrichment die Wertungsgrundlagen aufzudecken und die allgemeinen Maßstäbe des law of restitution auf den trust zu portieren, anstatt längst überholte quasivertragliche Hilfskonstruktionen zu bemühen.

Auf der anderen Seite – dies mag bedauerlich sein – reproduziert die Lehre nicht den gegenwärtigen Stand des englischen Rechts: Ihre Analyse kann sich auf einige abgelegene ältere Fälle aus der Rechtsprechung stützen,[323] sie schei-

---

S. 249–251; *Simpson*, in: *Birks/Rose*, Restitution and Equity, Vol. 1, S. 3–22. Zu den Vereinigten Staaten *Zweigert/Kötz*[3], Rechtsvergleichung, S. 562 f.

[322] Vgl. *Virgo*, Principles of the Law of Restitution, S. 44 f., m. w. N.

Kritisch aber etwa *Getzler*, in: *Birks*, Classification of Obligations, S. 157 (191 f.), mit der Bemerkung, das Recht dürfe dadurch nicht zum Billigkeitsbehelf werden; auch *Matthews*, in: *Birks*, Laundering and Tracing, S. 23 (66 f.), zu den tracing-Regeln.

[323] *Vandervell* v *IRC* [1967] 2 AC 291: Resulting trust, obwohl er nicht intendiert war; die Entscheidung dürfte aber durch steuerrechtliche Besonderheiten zu erklären sein: Die Umgehung von Steuergesetzen sollte verhindert werden. Weiterhin *Hodgson* v *Marks* [1971] Ch 892; dazu mir Detailkritik *Swadling*, in: *Birks/Rose*, Restitution and Equity, Vol. 1, S. 61–75.

tert indessen an der klaren Stellungnahme Lord Browne-Wilkinsons in der Leitentscheidung *Westdeutsche Landesbank Girozentrale* v *Islington London Borough Council* zugunsten der herkömmlichen Ansicht.[324]

Des weiteren ist die Audehnung des Anwendungsbereichs dinglicher Klagen im law of restitution zu bedenken. Dem Kläger werden vor allem in der Insolvenz des Beklagten gegenüber nur schuldrechtlich berechtigten Gläubigern schwerlich zu rechtfertigende Privilegien verschafft. Dadurch wird das historisch gewachsene Gleichgewicht zwischen personal und proprietary remedies nachhaltig gestört. Schließlich führt die neue Meinung zu systematischen Schwierigkeiten mit dem Abstraktionsprinzip. Zwar erkennt auch die trust-Theorie die „alternative arithmetic" von proprietary und equitable title an,[325] sie korrigiert aber jeden Eigentumsübergang nach common law durch den resulting trust. Infolgedessen wird im Ergebnis die Abstraktion von sachenrechtlicher und schuldrechtlicher Rechtslage aus den Angeln gehoben: Das Abstraktionsprinzip kann dem Kläger das Eigentum nach common law entziehen, zugleich erfolgt die umgehende Korrektur durch das equitable interest aus dem resulting trust. Der Großteil der Kommentatoren, vor allem die Exklusivitätstheorie und die Vindikationslehre, lehnt daher die trust-Theorie als viel zu weitgehend ab.[326] Zustimmung erntet die neue Lehre hingegen von Lord Millett in seinen

---

[324] *Westdeutsche Landesbank Girozentrale* v *Islington LBC* [1996] AC 669, 708 f. (per *Lord Browne-Wilkinson*); siehe auch *Westdeutsche Landesbank Girozentrale* v *Islington LBC* [1996] AC 669, 689 (per *Lord Goff of Chieveley*):

> „His [Birks', Anm. des Verf.] thesis is avowedly experimental, written to test the temperature of the water. I feel bound to respond that the temperature of the water must be regarded as decidedly cold." Vertreter der trust-Theorie legen diese richterlichen Stellungnahmen deswegen teilweise als bloße obiter dicta aus, um nicht *de lege ferenda* zu argumentieren.

[325] *Chambers*, Resulting Trusts, S. 112; mißverständlich aber *ders.*, a. a. O., S. 130: „It is suggested, with respect, that the resulting trust and the passing of title are separate issues from a mistaken transfer."

[326] Vor allem *Swadling*, in: *Birks/Rose*, Lessons of the Swaps Litigation, S. 242 (249–257); *ders.*, in: *Harris*, Property Problems, S. 130 (140 f.); *ders.*, in: (1996) 16 LS 110, 125–131 = *ders.*, in: *Birks/Rose*, Restitution and Equity, Vol. 1, S. 285 (297–302); kritisch auch *Grantham/Rickett*, Enrichment and Restitution, S. 309 f.; *Hudson*, Swaps, Restitution and Trusts, Rn. 11/34–38; *Rickett/Grantham*, in: (2000) 116 LQR 15–21; *dies.*, in: *Birks/Rose*, Restitution and Equity, Vol. 1, S. 39 (bes. 57 f.); *Virgo*, Principles of the Law of Restitution, S. 618–621; generell gegen eine übermäßige Ausdehnung der proprietary rights auch *Goode*, in: Festschrift für *Jones*, S. 63 (77); vgl. auch *Rotherham*, in: [1997] 1 CFILR 43–52.

Differenzierend *McBride*, in: *Birks/Rose*, Restitution and Equity, Vol. 1, S. 23–38: Er hält den Gedanken, unjust enrichment by subtraction bewirke als „event" den resulting trust als „response", für einen Zirkelschluß. Das Element „unjust" besage nicht mehr, als daß in bestimmten Fallgruppen ein resulting trust die Folge sei. Diese Fallgruppen müßten spezifiziert werden; die Formel vom „unjust enrichment at the expense of" habe daneben keine Bedeutung.

literarischen Stellungnahmen.[327] Er könnte sich in Zukunft im House of Lords für den neuen Ansatz einsetzen.

Selbst wenn man de lege ferenda der neuen Interpretation des resulting trust zustimmt, bleibt darauf hinzuweisen, daß dadurch nichts an den verschiedenen Anspruchsgrundlagen geändert wird, die zur Restitution führen. Die trust-Theorie vereinheitlicht das Recht nicht im „Tatbestand", sondern in der dinglichen Rechtsfolge.[328] Die neue Lehre baut weiterhin auf unjust enrichment auf, sie entnimmt den verschiedenen unjust-Gründen des autonomous unjust enrichment die Entstehensgründe des resulting trust. Auf die Fälle des wrongdoing soll sich die Theorie ausdrücklich nicht beziehen. Ebensowenig gerät sie mit dem neuen event-response-Modell in Konflikt, weil es nach wie vor ein autonomous unjust enrichment enthält.[329] Und anders als die herrschende Auffassung zum resulting trust setzt die trust-Theorie nicht auf den Willen der Beteiligten, sondern gerade auf den fehlerhaften oder gänzlich fehlenden Willen. Deshalb begibt sich diese Interpretation des resulting trust nicht in die Gefahr, unter das event „consent" eingeordnet zu werden. Sie stellt eben nicht auf die vermutete Intention der Beteiligten ab.

2. Theorien der Rechtsgrundlosigkeit

Die trust-Theorie läßt zwar die herkömmlichen unjust-Gründe bestehen, sie gelangt aber zu einer gemeinsamen dinglichen Rechtsfolgenlösung. Die Rechtsprechung hingegen wählt auf der Seite der Anspruchsgrundlage seit einigen Jahren einen ganz anderen, dem civilian lawyer weitaus vertrauteren Weg, um das law of restitution zu vereinheitlichen. Ansatzpunkt ist das Merkmal „unjust".[330]

---

[327] Vor allem *Sir Millett*, in: (1998) 114 LQR 399, 400; *ders.*, in: [1998] RLR 283–285; *ders.*, in: Festschrift für *Jones*, S. 199 (bes. 201, 215, 217). Vgl. jetzt am PC auch *Air Jamaica Ltd* v *Charlton* [1999] 1 WLR 1399, 1412 f. (per *Lord Millett*).

[328] Das betont *Chambers*, Resulting Trusts, S. 109, ausdrücklich.

[329] Siehe die Hinweise bei *Birks*, in: Festschrift für *Jones*, S. 1 (16); andere Interpretation bei *Hudson*, Swaps, Restitution and Trusts, Rn. 11/28: Der resulting trust indiziere das Element „unjust", nicht umgekehrt die verschiedenen unjust-Gründe den resulting trust als response.

[330] Vgl. speziell zum englischen Recht weiterhin umfassend *Meier*, Irrtum und Zweckverfehlung, S. 363–405. Rechtsvergleichend über die Unterschiede des angloamerikanischen und kontinentaleuropäischen Ansatzes zu causa, Rechtsgrundlosigkeit und Fallgruppenbildung *Dannemann*, in: (2001) TexasLR Symposium = *http://www.utexas.edu/law/conferences/restitution/*; *Englard*, in: International Encyclopedia, Vol. 10, Ch. 5, Rn. 8 f.; *Thomas Krebs*, in: (2000) OxUCLF 3 = *http://www.ouclf.iuscomp.org*.

a) Absence of Consideration

Der wohl spektakulärste Ansatz nennt sich „absence of consideration". Der neue unjust-Grund könnte geeignet sein, das Fallrecht zu paralysieren und an seine Stelle unjust enrichment als echten Tatbestand in Rechtsregelform zu setzen. Wie auf vielen Gebieten des law of restitution folgte die englische Rechtsprechung erst mit einiger Verzögerung der Entwicklung in anderen Ländern des common law. Besonders in Kanada war man schon seit Ende der 1970er dazu geneigt, das Sammelsurium der unjust-Gründe unter dem Begriff „juristic reason" zusammenzufassen. Leading case ist *Rathwell* v *Rathwell*:[331]

Der Fall betraf die Rückabwicklung gemeinschaftlichen Vermögens in einem Scheidungs-Fall zwischen Mr und Mrs Rathwell. Die klagende Ehefrau beanspruchte die Hälfte des Vermögens. Der Supreme Court of Canada suchte die Lösung in einem constructive trust am Vermögen. Dickson J erwog zu den Voraussetzungen des constructive trust:

> „As a matter of principle, the Court will not allow any man unjustly to appropriate to himself the value earned by the labours of another. That principle is not defeated by the existence of a matrimonial relationship between the parties; but, for the principle to succeed, the facts must display an enrichment, a corresponding deprivation, and the absence of any juristic reason – such as a contract or disposition of law – for the enrichment."

Ende 1994 erwog der australische High Court in *Commissioner of State Revenue* v *Royal Insurance Australia Ltd* ähnliche Argumente:[332]

Die Royal Insurance zahlte irrtümlich $ 2 Mio. zuviel Steuern. Mason CJ gab einen Rückforderungsanspruch aus mistake of law, überlegte aber darüber hinaus, ob der Anspruch nicht vielleicht auf einer breiteren Basis gegeben werden könnte:

> „[...] it is perhaps possible that the absence of any legitimate basis for retention of the money by the [defendant] might itself ground a claim for unjust enrichment without the need to show any causative mistake on the part of [the claimant]. But there is no occasion to pursue this aspect of the case further."

Zu etwa derselben Zeit erreichten die Schockwellen von „absence of consideration" auch England. Anlaß der zahlreichen Fälle, die sich seit 1993 um den neuen Begriff in vielen Varianten ranken, waren die sogenannten swap-Transaktionen britischer Gemeinden mit Banken.[333] Der swap ist ein Derivatge-

---

[331] *Rathwell* v *Rathwell* (1978) 83 DLR (3d) 289, 306 (per *Dickson J*); später *Pettkus* v *Becker* (1980) 117 DLR (3d) 257, 273 f. (per *Dickson J*).

[332] *Commissioner of State Revenue (Victoria)* v *Royal Insurance Australia Ltd* (1995) 182 CLR 51, bes. 67 (per *Mason CJ*).

[333] Näher vor allem aus der Sicht des Kapitalmarkts *Hudson*, Swaps, Restitution and Trusts, Rn. 1/21–4/59; weiterhin allgemein die Beiträge in *Birks/Rose*, Lessons of the Swaps Litigation; *Bertl*, Change of Position, S. 29–36, 177–183; *Meier*, in: ZEuP, Bd. 6 (1998), S. 716–740; *Schlechtriem/Coen*, Restitution und Bereicherungsausgleich, Bd. 1, bes. Rn. 3/450–457.

schäft, bei der eine Partei feste und die andere variable Zinsen zahlt; zumeist ist das Geschäft mit einem Kredit der Bank an die Gegenseite verbunden, der mit den Zinsen verrechnet wird. Bezahlt wird das Darlehen über den Zinssaldo. Die 80er Jahre hindurch war dies gängige Praxis in Großbritannien, auch deutsche Großbanken wie die in die Schlagzeilen geratene Westdeutsche Landesbank investierten. Doch anfangs der 90er Jahre setzte das House of Lords den Risikogeschäften der Gemeinden in *Hazell* v *Hammersmith and Fulham London Borough Council* ein Ende; es wurde entschieden, diese Form der Derivatgeschäfte sei ultra vires, also jenseits der Kompetenz der Kommunen und daher rechtswidrig.[334] Erst der Local Government (Contracts) Act 1997 nahm dem Problem erheblich an Schärfe, denn nun müssen die Kommunen viele Verträge zertifizieren lassen.[335]

Schon damals war abzusehen, daß mit *Hammersmith* eine ganze Reihe von Folgeproblemen verbunden sind, denn in den Jahren danach versuchten die Parteien, die durch die swap-Transaktionen im Saldo Verluste erlitten hatten, über das law of restitution wieder an ihr Geld zu gelangen. Der spätere Lordrichter Hobhouse J setzte Ende 1993 am High Court die bis heute wichtigste Wegmarkierung. In *Westdeutsche Landesbank Girozentrale* v *Islington London Borough Council* und *Kleinwort Benson Ltd* v *Sandwell Borough Council* verwarf Hobhouse J total failure of consideration als passenden Typus der Rechtsgrundlosigkeit für swap-Transaktionen und führte statt dessen erstmals absence of consideration in England ein.[336] Vorauszuschicken ist noch, daß beim *Islington*-Fall der swap nicht vollständig („closed swap"), sondern nur teilweise („open swap") ausgeführt worden war. Im *Sandwell*-Fall waren mehrere swaps betroffen; der erste war vollständig ausgeführt, der zweite teilweise, beim dritten und vierten erfolgten nur Transaktionen in die Richtung des Beklagten. Hobhouse entschied zunächst, wegen der erfolgten Gegenleistungen sei total failure of consideration mangels total failure auf den *Islington*-swap und die *Sandwell*-swaps eins und zwei unanwendbar.[337] Dafür sollte absence of consideration, das Fehlen eines vertraglichen Rechtsgrundes, das unjust-Element begründen.

---

[334] *Hazell* v *Hammersmith and Fulham LBC* [1992] 2 AC 1.

[335] Näher *Bamforth*, in: *Birks/Rose*, Lessons of the Swaps Litigation, S. 46 (58 f.), m. w. N. Sehr kritisch zum neuen Gesetz viele, z. B. *McKendrick*, in: *Birks/Rose*, Lessons of the Swaps Litigation, S. 84 (110, Fn. 142, m. w. N.).

[336] *Westdeutsche Landesbank Girozentrale* v *Islington LBC* [1994] 4 All ER 890 (per *Hobhouse J*); *Kleinwort Benson Ltd* v *Sandwell BC* a. a. O. 890 (per *Hobhouse J*). Keine nähere terminologische Festlegung erfolgt in *Kleinwort Benson Ltd* v *South Tyneside MBC* [1994] 4 All ER 972, 984 (per *Hobhouse J*), hier war einer von fünf swaps „geschlossen".

[337] Beim *Islington*-swap wäre wegen der nur *teilweise* erfolgten Gegenleistung ebenso wie im zweiten *Sandwell*-swap ein sog. „partial failure" zu überlegen.

Doch selbst für die swaps drei und vier in *Sandwell*, die man eigentlich ohne größere Probleme mit total failure of consideration hätte lösen können, verwarf Hobhouse J den herkömmlichen Weg: Maßgebend sei in den swap-Fällen nicht das Ausbleiben der Gegenleistung, sondern das gänzliche Fehlen einer vertraglichen Basis. Hobhouse J kehrt somit die überholte Regel um, total failure of consideration sei nur bei anfänglich unwirksamen Verträgen anwendbar; nach seiner Lesart betrifft dieser Typus die Abwicklung bestehender Verträge bei breach of contract.[338] Bei absence of consideration nimmt er dagegen die ursprüngliche Rechtsprechung zu total failure of consideration in *Chandler* v *Webster* als Vorbild, nach der das anfängliche Fehlen eines wirksamen Vertrags ausschlaggebend sein sollte. Gleichzeitig zeigen sich Anklänge an die vertragliche consideration-Doktrin, die ebenfalls nicht auf den gestörten Leistungsaustausch, sondern auf den Vertragsschluß als Fehlerquelle rekurriert.

Folgt man der Lösung von Hobhouse J, wäre das englische law of restitution ganz beträchtlich den Rechtsordnungen des civil law angenähert, die typischerweise einen vereinheitlichten negativen causa-Begriff aufweisen. Das Schrifttum sprach sich fast einhellig dagegen aus, eine neue, womöglich umfassende Fallgruppe „absence of consideration" einzuführen.[339] Besonders wichtig erscheint die literarische Stellungnahme Lord Milletts: „English law has never adopted the civilian rule that restitution may be ordered whenever there is no juristic justification for the payment. A specific ground for restitution must be established." Sollte sich das House of Lords in absehbarer Zukunft festlegen müssen, wird es sicherlich gegen absence of consideration stimmen.

Nicht unterschlagen werden darf, daß die Ansicht von Hobhouse J allerdings bei einigen seiner Richterkollegen am Court of Appeal Zustimmung gefunden hat.[340] Der eigentliche Auslöser des neuen unjust-Grundes, der closed swap im

---

[338] Explizit *Westdeutsche Landesbank Girozentrale* v *Islington LBC* [1994] 4 All ER 890, 924 (per *Hobhouse J*).

[339] Aus der Reihe der Kritiker etwa *Birks*, z. B. in: [2000] 1 TIL 155, 196; *ders.*, in: (1999) 28 UWALR 13, 33 f.; *ders.*, in: (1993) 23 UWALR 195, bes. 206–227; *Burrows*, in: [1995] RLR 15, 17–18; *ders.*, in: (1993) NLJ 480, 480 f.; *Cowan*, in: [1993] LMCLQ 300, 301 f.; *McInnes*, in: (1996) 10 JCL 73, bes. 82 f.; *ders.*, in: *ders.*, Developments in Unjust Enrichment, S. 17 (47); *McKendrick*, in: *Birks/Rose*, Lessons of the Swaps Litigation, S. 84 (106–108); *ders.*, in: [1993] LMCLQ 88, 95; *McMeel*, Modern Law of Restitution, S. 188 f.; *Sir Millett*, in: (1998) 114 LQR 399, 413 f.; *ders.*, in: Festschrift für *Jones*, S. 199 (213 f.); *Swadling*, in: [1994] RLR 73, 75–80; *ders.*, in: [1994] All ER, Annual Review 349, 354–359; *Virgo*, Principles of the Law of Restitution, S. 403–408. I. E. auch *Lord Goff of Chieveley/Jones*[5], Law of Restitution, S. 500–503.

Positiv aber aus schottischer Sicht *Jaffey*, in: [1998] RLR 157, 160; *ders.*, in: (1998) 2 EdinburghLR 23, 53; weiterhin *Jaffey*, Restitution, bes. S. 211–216.

[340] Neben den im folgenden genannten Stimmen *Friends' Provident Life Office* v *Hillier Parker May and Rowden (a firm)* [1995] 4 All ER 260, 269 f. (per *Auld LJ*, der Fall betraf aber keinen closed swap, sondern contribution). Siehe auch positiv *South Tyneside MBC* v *Svenska International Plc* [1995] 1 All ER 545, 557:

Sandwell-Fall, gelangte zwar nicht in die nächste Instanz vor den Court of Appeal, trotzdem zeigte sich besonders Leggatt LJ dem Begriff absence of consideration gegenüber aufgeschlossen.[341] Mit *Guinness Mahon and Co Ltd* v *Kensington and Chelsea Royal London Borough Council* kam 1998 erstmals ein closed swap zur Entscheidung vor den Court of Appeal; das Problem war damit tatsächlich virulent.[342] Vor allem Walker LJ neigte absence of consideration zu:

> „Either there was total failure of consideration, in that either side to the supposed contract undertook any valid obligation, or there was [...] absence of consideration. The choice between the two expressions may be no more than a matter of which is the apter terminology [...]".

Selbst das House of Lords läßt sich in einigen Passagen für den neuen unjust-Grund zitieren. Lord Goff gab sich zwar im *Westdeutsche*-Fall skeptisch;[343] doch bereits in der älteren Entscheidung *Woolwich Equitable Building Society* v *Inland Revenue Commissioners* finden sich bei Lord Goff und Lord Browne-Wilkinson Anklänge an absence of consideration.[344] Freilich sind ihre Ausführungen nicht die ratio decidendi des Falls. Lord Goffs Statement ist vor dem Hintergrund zu sehen, daß er jedwede Annäherung an das kontinentale Schema der condictio indebiti ablehnte:[345]

> „That law might have developed so as to recognise a condictio indebiti – an action for the recovery of money on the ground that it was not due. But it did not do so. In-

---

„[...] entitled to recover the net payment made to the bank as money had and received on the basis that it is its money in equity or on the basis that there was no consideration for the payment of it" (per *Clarke J*, diesmal klagte die Kommune, und nicht das Geldinstitut, es handelt sich um keinen closed swap).

Vgl. weiterhin mit Schwerpunkt auf dem Problem des passing on *Kleinwort Benson Ltd* v *Birmingham CC* [1997] QB 380 (393, per *Evans LJ* als obiter dictum; 394, per *Saville LJ*, ebenfalls in obiter dictum, lehnt die Analyse von *Hobhouse* zumindest nicht ab).

[341] *Westdeutsche Landesbank Girozentrale* v *Islington LBC* [1994] 4 All ER 890 (968, per *Leggatt LJ*; 957 ff., per *Dillon LJ*, ist ebenfalls no consideration zugeneigt, ohne sich allerdings abschließend festzulegen; 971, per *Kennedy LJ*, er stimmt seinen beiden Kollegen bei).

[342] *Guinness Mahon and Co Ltd* v *Kensington and Chelsea Royal LBC* [1998] 2 All ER 272 (positiv 294, per *Walker LJ*, siehe nachfolgendes Zitat im Haupttext; anders aber 274 ff., per *Morritt LJ*, er erörtert nur total failure of consideration; 286, per *Waller LJ*: „There is in my view great force in the argument that ‚absence' of consideration as opposed to ‚failure' of consideration should not by itself be a ground for restitution"; siehe aber auch 288, per *Waller LJ*, der hier *Hobhouse* zustimmt).

[343] *Westdeutsche Landesbank Girozentrale* v *Islington LBC* [1996] AC 669, 683 (per *Lord Goff of Chieveley*).

[344] *Woolwich Equitable BS* v *IRC* [1993] AC 70 (166, per *Lord Goff of Chieveley*; 197 f., per *Lord Browne-Wilkinson*).

[345] A. a. O. 70, 172 (per *Lord Goff of Chieveley*).

stead, as we have seen, there developed common law actions for the recovery of money paid under a mistake of fact, and under certain forms of compulsion."

Absence of consideration ist nach allem am House of Lords weiterhin eine offene Frage. Auf der Ebene des Court of Appeal scheint sich der neue Typus hingegen nach derzeitigem Erkenntnisstand bei aller Kritik durchgesetzt zu haben. Das Nichtvorliegen eines wirksamen Vertrags als Element *neben* unjust enrichment in der Form einer „bar to restitution" ist obsolet geworden.

b) Failure of Consideration

Ein weiterer, in der Praxis bislang bevorzugter Weg zur generalisierten Rechtsgrundlosigkeit verfolgt das Ziel, den unjust-Grund total failure of consideration nach mehreren Seiten hin zu erweitern. Seiner Ausgangslage nach ist total failure of consideration ein quasivertraglicher Rechtsbehelf, um Leistungsstörungen zu korrigieren; stets wird auf das völlige Ausbleiben der erwarteten Gegenleistung abgestellt. Wie im Fall von Dienstleistungen zu sehen war, bleibt der Fallgruppe nur ein recht enger Anwendungsbereich. Im Licht der neuen Lehre von unjust enrichment mehren sich die Stimmen, nicht mehr auf die Gegenleistung allein zu rekurrieren. Sie zielen ähnlich wie absence of consideration darauf ab, den sekundären Grund der Leistungsstörung zu erfassen, der zumeist in der Unwirksamkeit der vertraglichen Basis liegt.

aa) Zweckverfehlung

Einer Meinung zufolge kann total failure of consideration mit der Gruppe mistake zu failure of consideration verschmolzen werden.[346] Man könnte die ratio von total failure of consideration darin sehen, der Kläger leiste um der Gegenleistung willen. Bleibt diese aus, sei der Zweck der Leistung des Klägers verfehlt; er habe nicht das bekommen, was er wollte. Am deutlichsten faßt sich der Australier P. A. Butler:[347] „The principle of recovery of failure of consideration depends for its working on recognition being accorded to the purposefulness or intentionality of transactions. A transaction is meaningless in itself." Die Zweckverfehlung soll also das entscheidende Kriterium sein. Mistake sei

[346] Vor allem *Butler*, in: *Finn*, Essays on Restitution, S. 87–137; auch *Matthews*, in: (1980) 130 NLJ 587–589; *ders.*, in: [1982] JBL 281–288; *Hedley*, in: (1999) 58 CamLJ 21, 24: „failure of basis". Ablehnend die h. M., siehe nur *Burrows*, Law of Restitution, S. 108 f.; *Lord Goff of Chieveley/Jones*^{5}, Law of Restitution, S. 175, Fn. 2; *McMeel*, Modern Law of Restitution, S. 43; *Virgo*, Principles of the Law of Restitution, S. 167–169.

[347] *Butler*, in: *Finn*, Essays on Restitution, S. 87 (113).

nicht mehr als ein Teilaspekt; der Irrtum werde zum bloßen Indikator, der anzeige, daß ein Zweck tatsächlich verfehlt wurde.

In den Augen deutscher Juristen, die wie selbstverständlich von der Leistung als bewußter und zweckgerichteter Mehrung fremden Vermögens ausgehen, mag die Theorie beifallswert erscheinen. Sie läßt sich aber nur sehr schwer in das bestehende Fallrecht integrieren. Verwendungsfälle und *Banque Financière de la Cité* v *Parc Ltd* könnten noch umfaßt werden, denn es wird nicht die Verfehlung der Schuldtilgung, sondern weitaus allgemeiner nur die Verfehlung eines jeden Zwecks verlangt: Der gutgläubige Verwender, der davon ausgeht, er verbessere sein Eigentum, verfehlt einen Zweck im weitesten Sinn, nämlich seine Vorstellung über die tatsächliche Eigentumslage. Schwerer wiegen schon Bedenken, die sich aus der jüngsten Rechtsprechung ergeben. Das House of Lords hat sich in *Kleinwort Benson Ltd* v *Lincoln City Council* eindeutig zum mistake als selbständigem Typus neben total failure of consideration bekannt.[348] Weitaus einschneidender sind die Konsequenzen hinsichtlich des Erfordernisses, failure of consideration setze das komplette Ausbleiben der Gegenleistung voraus. Ein mistake ist davon unabhängig, das wurde in *Kleinwort Benson Ltd* v *Lincoln City Council* für abgeschlossene Transaktionen bestätigt. Im Ergebnis müßte man das total failure-Erfordernis ganz aufgeben und selbst bei vollständiger Gegenleistung failure of consideration bejahen. Denn sonst träfe die Grundvoraussetzung der Theorie nicht mehr zu, mistake sei ein Unterfall von failure of consideration. Ein derart weites Verständnis von failure of consideration ist aber nichts anderes als die umstrittene Rechtsgrundlosigkeit aus absence of consideration.

bb) Neuinterpretation der Rechtsprechung

Die Rechtsprechung griff unterdessen unter dem Deckmantel von total failure of consideration in das bisherige Recht ein. Die Fassade steht noch, der Inhalt allerdings scheint sich grundlegend zu wandeln. In jüngerer Zeit manipulierten die Gerichte wiederholt das Erfordernis des total failure, ohne es aber pro forma aufzugeben. Harmlos erscheint noch die Interpretation in *Rover International Ltd* v *Cannon Film Sales Ltd*,[349] bei einem Kauf von Filmrechten sei die Vermarktungsmöglichkeit durch den Käufer entscheidend und nicht der bloße Erhalt der Filme vom Verkäufer. Die gelieferten Filme standen dem total failure daher nicht entgegen. Für Geldzahlungen löst sich die Doktrin ganz auf.

---

[348] *Kleinwort Benson Ltd* v *Lincoln CC* [1998] 4 All ER 513 (541 f., per *Lord Goff of Chieveley*; 567 f., per *Lord Hope of Craighead*).

[349] *Rover International Ltd* v *Cannon Film Sales Ltd (No 3)* [1989] 1 WLR 912.

Der Privy Council entschied in *Goss* v *Chilcott*,[350] bei der Gegenleistung müsse zwischen der Darlehenssumme selbst und den Zinsen unterschieden werden. Beglichene Zinsen stehen demnach dem Erfordernis des total failure nicht entgegen.

Lord Goff ging in einem obiter dictum aber noch weiter und hielt fest, selbst die teilweise Rückzahlung der Hauptsumme des Darlehns behindere keineswegs die Abwicklung über total failure of consideration.[351] Damit wird der fundamentale Unterschied von Geld und anderen Sachen resp. Dienstleistungen für das common law zu Ende gedacht. Denn das Erfordernis des total failure ist primär auf nicht genau berechenbare Gegenleistungen jenseits von Geld zugeschnitten. Um zu verhindern, daß nur der Kläger einseitig zurückfordert, der Beklagte jedoch seine unquantifizierbare Gegenleistung nicht angerechnet bekommt, mußte die Gegenleistung gänzlich ausbleiben. Folglich fällt das Anrechnungsproblem weg. Da bei Geld solche Saldierungsschwierigkeiten nicht bestehen, liegt es nahe, total failure of consideration zumindest bei Geldzahlungen auf der Beklagtenseite anders zu formulieren; das hat Lord Goff getan. Mit diesen Modifikationen sollten sich sogar die closed swap-Fälle bewältigen lassen: Nach der Saldierung der beiderseitigen Geldleistungen steht nur eine Forderung in eine einzige Richtung zu Debatte.

Noch weitergehend neigen einige Mitglieder des House of Lords dazu,[352] absence of consideration für teilweise oder vollständig erbrachte Gegenleistungen einfach in den Begriff total failure of consideration zu pressen. Somit wäre zum einen die Forderung eines Großteils der Literatur erfüllt, die sich schon seit längerer Zeit für die Einführung des „partial" failure of consideration einsetzt. Danach soll selbst das nur *teilweise* Ausbleiben der Gegenleistung für einen failure of consideration ausreichen.[353] Zusätzlich nähert sich diese Lesart durch die Ausdehnung auf Verträge, bei denen die Gegenleistung *vollkommen* und nicht nur *teilweise* erfolgt, der kontroversen Fallgruppe absence of consideration an. Der Begriff consideration im law of restitution wird mit der vertraglichen consideration-Doktrin verschmolzen, da nicht mehr die Leistungsstö-

---

[350] *Goss* v *Chilcott* [1996] AC 788; siehe auch in Australien *David Securities Pty Ltd* v *Commonwealth Bank of Australia* (1992) 175 CLR 353.

[351] *Goss* v *Chilcott* [1996] AC 788, 798 (per *Lord Goff of Chieveley*).

[352] *Westdeutsche Landesbank Girozentrale* v *Islington LBC* [1996] AC 669, 710 (per *Lord Browne-Wilkinson*); auch *Westdeutsche Landesbank Girozentrale* v *Islington LBC* [1996] AC 669, 682 (per *Lord Goff of Chieveley*). Des weiteren *Guinness Mahon and Co Ltd* v *Kensington and Chelsea Royal LBC* [1998] 2 All ER 272 (282–285, per *Morritt LJ*; 294, per *Walker LJ*); *Westdeutsche Landesbank Girozentrale* v *Islington LBC* [1994] 4 All ER 890 (961, 969, per *Dillon* und *Leggatt LJJ*).

[353] Z. B. *Birks*, Introduction, bes. S. 242–244; *Burrows*, Law of Restitution, S. 259 f.; *Lord Goff of Chieveley/Jones*[5], Law of Restitution, S. 42; *McKendrick*, in: *Birks/Rose*, Lessons of the Swaps Litigation, S. 84 (101); abwartend noch *Virgo*, Principles of the Law of Restitution, S. 341–344.

rung, sondern der Vertragsschluß im Vordergrund steht. Wenn kein rechtsgültiger Vertrag zustande gekommen ist, darf kondiziert werden. Ob die Gegenleistung dagegen ausbleibt oder sogar vollständig erfolgt, ist daneben irrelevant.[354]

c) Mistake of Law

Neben total failure of consideration bietet sich weiterhin mistake als Einfallstor für einen abstrakten Begriff der Rechtsgrundlosigkeit an. Wer auf einen nichtigen Vertrag zahlt, befindet sich im Irrtum über seine rechtliche Existenz. Trotzdem konnten alle Entscheidungen mit swap-Sachverhalten am High Court und Court of Appeal diesen Weg nicht beschreiten: Die Untergerichte waren an die ständige Rechtsprechung gebunden, nach welcher der Rechtsirrtum nicht zur Zurückforderung berechtigt. Seit Lord Ellenboroughs Rede zu Beginn des 19. Jahrhunderts in *Bilbie* v *Lumley* war in England wie im gemeinen Recht die Rückforderung bei bloßem Rechtsirrtum ausgeschlossen.[355] Die Mehrheit am House of Lords änderte erst Ende Oktober 1998 mit *Kleinwort Benson Ltd* v *Lincoln City Council* die Rechtsprechung.[356] Seitdem hat das englische law of

---

[354] Kritisch in der Lehre zu der Ausdehnung von total failure of consideration über den partial failure hinaus auf die vollständig erfolgte Gegenleistung bei unwirksamem Vertrag vor allem *Birks*, zuletzt in: *ders./Rose*, Lessons of the Swaps Litigation, S. 1 (10 f.). Er will statt dessen in den swap-Fällen eine „policy-motivated restitution" direkt aus der Vertragsnichtigkeit durch ultra vires zugestehen, siehe a. a. O., S. 1 (17 f.). Zustimmend z. B. *McKendrick*, in: *Birks/Rose*, Lessons of the Swaps Litigation, S. 84 (100–106).

[355] *Bilbie* v *Lumley* (1802) 2 East 469 = 102 ER 448 (per *Lord Ellenborough*). Aus jüngerer Zeit bes. *R* v *Tower Hamlets LBC, ex parte Chetnik Developments Ltd* [1988] AC 858, 876 f. (per *Lord Bridge*); *Friends' Provident Life Office* v *Hillier Parker May and Rowden (a firm)* [1995] 4 All ER 260, 267 (per *Auld LJ*). Siehe zur Rechtslage vor 1998 umfassend *Meier*, Irrtum und Zweckverfehlung, S. 123–213.

[356] *Kleinwort Benson Ltd* v *Lincoln CC* [1998] 4 All ER 513 (per *Lord Goff of Chieveley*, *Lord Hoffmann* und *Lord Hope of Craighead*). A. A. *Lord Browne-Wilkinson* und *Lord Lloyd of Berwick*: Sie kritisieren nicht die Aufhebung der mistake of law-Regel an sich. Im konkreten Fall sind sie aber der Ansicht, es habe kein Irrtum vorliegen können, weil auch unter der Prämisse des mistake of law zum Zeitpunkt der Zahlung in den 1980ern davon ausgegangen werden müsse, die swap-Verträge seien gültig. Erst die Rspr. von *Hazell* v *Hammersmith* habe *ex nunc* die Rechtslage geändert. Es verbiete sich deshalb, einen mistake of law rückwirkend für die Zahlungen in den 1980ern anzunehmen. Dazu bedürfe es eines Parlamentsgesetzes.

Aus der Kommentarliteratur, die dem mistake of law zwar generell positiv gegenübersteht, jedoch ebenso die konkrete retrospektive Anwendung auf die swap-Fälle meist kritisiert, seien ohne Anspruch auf Vollständigkeit genannt *Birks*, in: *ders./Rose*, Lessons of the Swaps Litigation, S. 1 (13–17); *Birks/Swadling*, in: [1998] All ER, Annual Review 390, 390–401; *Bridge*, in: (1999) 14 JIBFL 5–10; *Convery*, in: (1999) 3 EdinburghLR 202–217; *Hedley*, in: (1999) 58 CamLJ 21–25; *Hudson*, Swaps, Restitution and Trusts, S. VII–XII; *Jones*, in: Festschrift für *Lord Goff of Chieveley*, S. 207 (218–232); *McMeel*, Modern Law of Restitution, S. 58–66; *Picarda*, in: *Birks/Rose*, Lessons

restitution zu den anderen Jurisdiktionen in den Ländern des common law und kontinentalen Rechtsordnungen aufgeschlossen.[357] Das liegt in der Tat in der Tendenz des principle of unjust enrichment, mit dem das Verbot des Rechtsirrtums nur schwer zu vereinbaren ist. Vielmehr stehen unter der neuen Rechtsprechung andere Instrumentarien bereit, der früher befürchteten „Flut an Klagen“ Herr zu werden, allen voran die defence of change of position.

Kleinwort Benson Ltd v *Lincoln City Council* behandelte closed swaps unter dem Gesichtspunkt des mistake of law, weil eine Berufung auf total failure of consideration durch Verjährung ausgeschlossen war. Lord Goff of Chieveley und Lord Hope of Craighead betonten dabei mit Nachdruck, selbst bei closed swaps bestünden keine Bedenken, die mistake-Regeln anzuwenden.[358] Mistake of law führt im faktischen Ergebnis zu dem weiten Bereicherungsanspruch, vor dem die Lehre im Hinblick auf absence of consideration gewarnt hat.[359] Denn jeder nichtige Vertrag stellt eine potentielle Quelle für einen Irrtum über seine rechtliche Existenz dar. Nicht zu Unrecht vergleicht Birks deswegen den mistake of law mit der condictio indebiti:[360] Leistet jemand irrtümlicherweise auf eine Scheinschuld, kann er seine Zuwendung zurückfordern.

Zu welchen Auswüchsen der neue Typus führen kann, hat Neuberger J in *Nurdin* v *Peacock* sehr deutlich bewiesen.[361] Freilich wird man Birks' Rekurs etwas präzisieren müssen. Der entscheidende Unterschied zum supposed liability-Test in Verbindung mit der Beschränkung auf mistake of fact liegt darin,

---

of the Swaps Litigation, S. 214 (222–232); *Lionel D. Smith*, in: [1999] RLR 148–158; *Virgo*, Principles of the Law of Restitution, bes. S. 162–165; aus deutscher Sicht *Meier*, in: JZ 1999, S. 555–564; *dies.*, Irrtum und Zweckverfehlung, S. 406–409; *Meier/Zimmermann*, in: (1999) 115 LQR 556–565; *Reinhard Zimmermann*, in: ZEuP, Bd. 7 (1999), S. 713–731.

Speziell zur Rückwirkungsproblematik *Finnis*, in: (1999) 115 LQR 170–175; *Zimmermann/Jansen*, in: Festschrift für *Fleming*, S. 285 (285), sowie die Beiträge in: (2000) 8 EuRPL 335–383, von *Antoniolli Deflorian, Jansen, MacQueen, Olsen, Posch, Vicente e Cunha*, m. w. N.

[357] Hervorzuheben sind für Australien *David Securities Pty Ltd* v *Commonwealth Bank of Australia* (1992) 175 CLR 353; für Kanada *Air Canada* v *British Columbia* (1989) 59 DLR (4d) 161; für Schottland *Morgan Guaranty Trust Co of New York* v *Lothian Regional Council* (1995) SLT 299, und für Südafrika *Willis Faber Enthoven Pty Ltd* v *Receiver of Revenue* (1992) 4 SA 202 (A). In Neuseeland wurde die Regel bereits abgeschafft mit dem Judicature Act 1908, s. 94A, in Verbindung mit dem Judicature Amendment Act 1958, s. 2.

[358] *Kleinwort Benson Ltd* v *Lincoln CC* [1998] 4 All ER 513 (541 f., per *Lord Goff of Chieveley*; 567 f., per *Lord Hope of Craighead*). Vgl. auch *McKendrick*, in: *Birks/Rose*, Lessons of the Swaps Litigation, S. 84 (93 f., 105 f.). A. A. *Birks*, in: (1993) 23 UWALR 195, 230, Fn. 137.

[359] *Convery*, in: (1999) 3 EdinburghLR 202, 213; *Jaffey*, Restitution, S. 216.

[360] *Birks*, in: (1999) 28 UWALR 13, 42 f., Fn. 69.

[361] Siehe schon oben auf S. 518.

daß beim liability-Test der Verbindlichkeitsirrtum auf einem Tatsachenirrtum basieren mußte. Nun genügt der bloße Irrtum über das Nichtbestehen einer Verbindlichkeit. Weiterhin setzt die condictio indebiti des klassischen römischen Rechts noch keinen abstrakten causa-Begriff voraus. Irrtum und fehlende causa müssen nicht kongruent sein. Im heutigen englischen Recht hingegen hat sich das Verständnis des mistake als Element „unjust", als konkrete Fallgruppe der Rechtsgrundlosigkeit durchgesetzt. Das Urteil *Kleinwort Benson Ltd* v *Lincoln City Council* führt deswegen eher zur condictio indebiti in der Lesart v. Savignys; bei ihm werden wie in England Irrtum und causa zusammengeführt. Daneben wollte v. Savigny aber anders als nach dem causative mistake-Test das Zweckelement betonen.

Neben dem Kernproblem des Rechtsirrtums in *Kleinwort Benson Ltd* v *Lincoln City Council* erscheint Lord Hopes allgemeine Definition des mistake besonders wertvoll. Er legte den Irrtum in drei Punkten fest:[362]

> „(1) was there a mistake? (2) did the mistake cause the payment? and (3) did the payee have a right to receive the sum which was paid to him? [...]
>
> The third question arises because the payee cannot be said to have been unjustly enriched if he was entitled to receive the sum paid to him. The payer may have been mistaken as to the grounds on which the sum was due to the payee, but his mistake will not provide a ground for its recovery if the payee can show that he was entitled to it on some other ground."

Und in rechtsvergleichender Hinsicht formulierte er für common law und civil law:[363]

> „My impression is that the common law tends to place more emphasis on the need for proof of a mistake. But the underlying principle in both systems is that of unjust enrichment. The purpose of the principle is to provide a remedy for recovery of the enrichment where no legal ground exists to justify its retention."

Ähnlich äußerte sich Lord Hope im schottischen Fall *Dollar Land (Cumbernauld) Ltd* v *CIN Properties Ltd*:[364]

> „An obligation in unjustified enrichment is owed where the enrichment cannot be justified on some legal basis arising from the circumstances in which the defender was enriched. There can be no better justification for an enrichment than that it was obtained and is being retained in the exercise of a contractual right against the party who seeks to invoke the remedy."

---

[362] *Kleinwort Benson Ltd* v *Lincoln CC* [1998] 4 All ER 513, 560 (per *Lord Hope of Craighead*).

[363] *Kleinwort Benson Ltd* v *Lincoln CC* [1998] 4 All ER 513, 561 (per *Lord Hope of Craighead*).

[364] *Dollar Land Ltd (Cumbernauld)* v *CIN Properties Ltd* (1998) SLT 992, 995 f. (per *Lord Hope of Craighead*).

Offenbar schwebte ihm ein allgemeiner Tatbestand für Irrtumsfälle vor, der weit über die herkömmliche Ansicht hinausgeht. Man könnte seine Äußerungen zwar auch dahin verstehen, Punkt 3 beziehe sich lediglich auf die Nichtexistenz eines Vertrags zwischen Kläger und Beklagtem als Prüfungspunkt *neben* „unjust". Die Rechtsgrundlosigkeit würde somit allein vom mistake konstituiert. Lord Hopes Rede wird es jedoch weitaus besser gerecht, wenn man die Zahlungsverpflichtung unter Punkt 3 als den eigentlichen unjust-Grund fixiert. Die Bedeutung des mistake verschöbe sich dadurch grundlegend: Er wäre nicht mehr wie bisher das Zentrum der Rechtsgrundlosigkeit, sondern eine Voraussetzung neben der causa. Plastisch formuliert tauschen Schuldvertrag und mistake ihre Plätze: Traditionell ist mistake der unjust-Grund und der Schuldvertrag ein Ausschlußgrund für die Bereicherungshaftung, nach Lord Hopes Schema ist der inexistente Schuldvertrag der unjust-Grund und der fehlende mistake einem Ausschlußgrund nachgeformt. Die Restitution aus mistake nähert sich dem deutschen Leistungstatbestand an. Allerdings ist der Irrtum kodifikatorisch und beweisrechtlich in § 814 BGB ausgegliedert; ebenso erwähnt Lord Hope nach dem weiten Verständnis des causative mistake kein Zweckelement. Insgesamt gesehen stellt das neue 3-Punkte-Schema zumindest einen weiteren Bruchstein im System von mistake und total failure of consideration dar. In *Lloyds Bank Plc* v *Independent Insurance Co Ltd* wurden Lord Hopes Gedanken bereits aufgegriffen.[365] Sollte sich seine Ansicht zum mistake of law durchsetzen, bestünde kein Bedürfnis für „absence of consideration" mehr.

d) Fazit

Mit absence of consideration, dem umdefinierten total failure of consideration und mistake of law existiert bereits de lege lata eine ganze Reihe von Möglichkeiten, sich einem abstrakt-einheitlichen Rechtsgrundverständnis für autonomous unjust enrichment *anzunähern*. Welche Lösung sich schließlich durchsetzen wird, ist noch nicht abzusehen.[366] Keine Zukunft dürfte jedenfalls der Vorschlag haben, die Derivatgeschäfte mit allen anderen Transaktionen im Wirtschaftsverkehr aus dem normalen Rahmen des law of restitution als Son-

---

[365] Siehe oben auf S. 594.

[366] *Meier*, Irrtum und Zweckverfehlung, bes. S. 363–405, sieht das englische Recht tendenziell auf dem Weg zu einem einheitlichen Rechtsgrundbegriff; vgl. weiterhin *Meier/Zimmermann*, in: (1999) 115 LQR 556–565. Skeptisch demgegenüber *Thomas Krebs*, in: (2000) OxUCLF 3, bes. bei Fn. 58 ff.; *ders.*, in: [1999] RLR 271–282. *Meier* möchte aber entgegen der Einschätzung von *Krebs* die abstrakte causa primär nur als analytisches Hilfsmittel des geltenden englischen Rechts einsetzen. Ihre Prognose, das englische Recht könne sich dem deutschen causa-Begriff *annähern*, liegt – anders als von *Krebs* behauptet – durchaus im Bereich des Möglichen. Vgl. weiterhin *Chen-Wishart*, in: (2000) 20 OxJLS 557–577.

derprivatrecht auszugliedern.[367] Zumindest aber kann man schon jetzt festhalten, daß in Zukunft Überschneidungen zwischen mistake of law und total failure of consideration auftreten können. Gleichzeitig wird es zu Störungen mit dem herkömmlichen Fallrecht kommen. Über absence of consideration könnten beispielsweise Geschenke zurückgefordert werden, weil sie mangels Gegenleistung – consideration – auf keinem gültigen Vertrag beruhen. Um das Problem zu beheben, müßte die vollzogene Schenkung als causa herangezogen werden.[368]

Weiter könnte im Fensterputz-Beispiel auch jenseits von free acceptance ein Anspruch in Betracht kommen,[369] weil der Fensterputzer auf keinen wirksamen Schuldvertrag geleistet hat. Bisher mußte sich die Rechtsprechung in allen diesen Fällen keine näheren Gedanken machen, da stets nach einem konkreten Anlaß für die Rechtsgrundlosigkeit zu fragen war. Mit absence of consideration wird zwar nicht die Beweislast umgekehrt, der Kläger kann gleichwohl nun viel leichter als früher seine Klage begründen; er muß lediglich das Nichtbestehen eines Vertrags nachweisen. Doch selbst wenn die Rechtsprechung absence of consideration ausbauen sollte, wird sie im Ergebnis trotz aller Zweifel wohl kaum Bereicherungsansprüche in Gebieten gewähren, auf denen bisher nicht erfolgreich geklagt werden konnte. Folgerichtig ist daher der Spruch von Buxton LJ für die Rückzahlung zuviel bezahlter Steuern:[370] „[...] it does not follow from that that the specific remedy of restitution [...] should be available generally."

VIII. Systematik des Wrongdoing

Neben autonomous unjust enrichment bietet wrongdoing ein beträchtliches Potential zur Vereinheitlichung. Unumstrittene Fallgruppen des wrongdoing sind bestimmte torts und equitable wrongs, der breach of contract wird kontrovers behandelt. Nachdem Lord Goff und Jones schon seit längerer Zeit eingehend die makrosystematische Ebene aller Bereicherungsfälle untersucht haben, mehren sich nun auch die Stimmen, die mikrosystematische Modelle für das

[367] *Hudson*, Swaps, Restitution and Trusts, zusammenfassend Rn. 12/101–117; *ders.*, in: *Birks/Rose*, Lessons of the Swaps Litigation, S. 62–83, mit seinem „test of suitability" für die spezifische Risikoverteilung bei Wirtschaftstransaktionen.

[368] Andeutungsweise *Birks*, in: *ders./Rose*, Lessons of the Swaps Litigation, S. 1 (20, Fn. 41); deutlicher *McKendrick*, in: *Birks/Rose*, Lessons of the Swaps Litigation, S. 84 (106 f.). Total failure of consideration scheidet regelmäßig als unjust-Grund bei der Hingabe eines Geschenks aus, da der Schenker keine Gegenleistung, also keine consideration, erwartet. Zur Schenkung näher oben auf S. 516.

[369] Zum Fensterputzer-Fall oben auf S. 524.

[370] *Norwich CC* v *Stringer*, v. 3.5.2000 (per *Buxton LJ*).

wrongdoing aufstellen wollen. Einige Versuche, das wrongdoing zu gliedern, beziehen ausdrücklich alle seine Varianten in ihre Erklärungsmuster ein, andere konzentrieren sich implizit nur auf torts. Wenn im Folgenden die akademische Systematik innerhalb der Bereicherung aus wrongdoing entwickelt wird, ist in erster Linie die Bereicherung aus torts gemeint. Freilich dürften sich die Thesen zumeist für die equitable wrongs verallgemeinern lassen. Das Sonderproblem breach of contract soll hier offenbleiben, da es mehr auf vertragliche Aspekte als auf das eigentliche wrongdoing im law of restitution konzentriert ist.

Jede Theorie kann im common law nur so gut sein, wie sie sich in das Fallrecht einfügt. Gerade die „schizophrenia“[371] der Rechtsprechung zu den torts ist aber eine fast unüberwindbare Hürde. Weder legt sie sich generell auf eine bestimmte Terminologie fest, noch läßt sie in irgendeiner Form einen einheitlichen Gedanken erkennen. In *Atlantic Shipping Management* v *Finagrain SA* etwa wird zwar neben dem tort of trespass näher auf das law of restitution eingegangen, doch kommt diese Entscheidung wie viele andere nicht über generell gehaltene Formulierungen hinaus. Keinesfalls wird allgemein wie bei den subtraction-Fällen konkret unter den Satz „unjust enrichment at the expense of another person“ subsumiert.[372] Man steht nicht auf der Seite der Generalkritiker des gesamten Rechtsgebiets, wenn man konstatiert, wrongdoing und unjust enrichment hätten in der Praxis jenseits bloßer Höflichkeitsfloskeln (fast) keine Berührungspunkte.

1. Akzessorische Rechtswidrigkeitstheorien

Das rührt vor allem daher, daß das englische law of restitution die Bereicherungsherausgabe aus wrongdoing mit engumrissenen, aber doch sehr fluktuierenden Fallgruppen verknüpft. Grundsätzlich wird ein tort vorausgesetzt. Zwar kann in bestimmten Fällen beim tort das Verschuldensmoment fehlen; dies ist jedoch durch das jeweilige tort und nicht durch die Rechtsfolge der Restitution bedingt. Ein tort setzt zumindest ein rechtswidriges Handeln voraus, den Verstoß gegen eine im Fallrecht herausgebildete Verbotsnorm. Nur wenn ein tort tatsächlich vorliegt, soll die Herausgabe der Bereicherung in bestimmten Fällen verlangt werden können. Die Bereicherungshaftung aus wrongdoing ist damit, wie es verschiedentlich in der Lehre formuliert wird, zum jeweiligen tort „parasitär“. Sogar doppelt parasitär ist die ältere event-response-Spielart, die dem tort neben der Bereicherungsherausgabe zusätzlich noch das unjust enrichment-

---

[371] *Birks/Swadling*, in: [1998] All ER, Annual Review 390, 413.

[372] Ausnahme: *Halifax BS* v *Thomas* [1996] 2 WLR 63, 71 (per *Gibson J*). Hier wird das Merkmal „at the expense of“ problematisiert.

Konzept anhängen will.[373] Die im Vordringen begriffene Lehrmeinung hingegen hebt den autonomous Charakter des wrongdoing hervor, das mit unjust enrichment by subtraction keine Gemeinsamkeiten aufweise. Konsequenterweise ist die Bereicherungsherausgabe keine Restitution aus unjust enrichment wie nach der älteren Lesart, sondern als restitutionary remedy im Perspektivenwechsel aus Sicht des law of torts nur eine von mehreren möglichen Rechtsfolgen neben Schadensersatz. Hoffmann LJ hat das in *Ministry of Defence* v *Ashman* in die flapsigen Worte gefaßt: „Nowadays I do not see why we should not call a spade a spade. In this case the Ministry of Defence elected for the restitutionary remedy".[374]

Die meisten Systematisierungsversuche zum wrongdoing bauen folglich auf der akzessorischen Funktion der Bereicherungsherausgabe zum tort und den anderen Fallgruppen auf. Selbst diejenigen, die wrongdoing ganz vom unjust enrichment ausnehmen, sind keine Ausnahme, weil in ihrer Konzeption das tort immer noch der maßgebende Ausgangspunkt ist. Der „Parasit" hat lediglich einen anderen Namen, er heißt nicht mehr Restitution aus unjust enrichment, sondern Restitution aus wrongdoing. Da alle Fälle des wrongdoing ein rechtswidriges Handeln voraussetzen, ist auch für die Rechtsfolge restitutionary damages die Rechtswidrigkeit ein notwendiges Merkmal. Deshalb sollen diese Lehren akzessorische Rechtswidrigkeitstheorien genannt werden. Der „parasitäre" Charakter des wrongdoing ist der Hauptgrund dafür, daß die Bereicherungshaftung aus wrongdoing von den übrigen Fällen strikt getrennt wird. Selbst die ältere event-response-Variante sah sich hier zu Konzessionen gezwungen. Während die anderen Bereicherungstypen einen eigenständigen „Tatbestand" bilden, verlangt das wrongdoing stets ein tort oder equitable wrong als Grundlage. Im deutschen Recht könnte man das wrongdoing mit einer Eingriffskondiktion vergleichen, die ein Delikt zur Voraussetzung hat – in anderen Worten: Die Bereicherungshaftung ist in diesem Fall nur als modifizierte Rechtsfolge des Delikts abseits der Schadensersatzregeln nach §§ 249 ff. BGB zu begreifen.

Das englische Verständnis des wrongdoing hat in seiner Anlage mit der deutschen Rechtswidrigkeitstheorie zur Eingriffskondiktion Ähnlichkeit, unterscheidet sich im Detail jedoch ganz beträchtlich. Die durch Schulz entwickelte und später von Wilhelm modifizierte Rechtswidrigkeitstheorie bestimmt mit dem Kriterium der Rechtswidrigkeit, welche Bereicherung der Rechtsinhaber vom Eingreifer herausverlangen darf. Sie konzentriert sich je nach Sichtweise auf die rechtswidrige Handlung des Eingreifers oder den daraus resultierenden Zustand. In der englischen Doktrin ist das aber nur der erste von drei Schritten

---

[373] A. A. auf der Grundlage der älteren event-response-Theorie *McGregor*, in: *Birks*, Remedies and Wrongs, S. 203 (205).

[374] *Ministry of Defence* v *Ashman* [1993] 2 EGLR 102, 105 (per *Hoffmann LJ*).

zur Bereicherungshaftung. Erstens muß die rechtswidrige Handlung als wrongdoing qualifiziert sein; und zweitens führt nicht jedes wrongdoing zu einem restitutionary remedy. Jenseits der rechtswidrigen Basis der Bereicherungshaftung werden je nach Auffassung in einem dritten und letzten Schritt weitere Kriterien angelegt, welche die Haftung aus Rechtswidrigkeit de facto wieder erheblich reduzieren. Auch das case law gewährt bei weitem nicht für jedes tort neben Schadensersatz die Bereicherungsherausgabe. Die dargestellten akademischen Ansätze, von denen keiner eine Vorherrschaft in der Lehre für sich beanspruchen kann, sind nach allem als restriktives Korrektiv zum tort als Ausgangspunkt zu verstehen.[375] Restitution aus wrongdoing ist nur eine Untergruppe aller torts und equitable wrongs.

a) Theorie der „Facilitative Institutions"

Das Recht besteht im allgemeinen und vor allem als Privatrecht im besonderen nicht nur aus Sanktionsnormen, sondern auch aus den Schutzobjekten der Sanktion. Jede Sanktion setzt ein schützenswertes Recht voraus. Im Privatrecht ist das primäre, das schützenswerte Recht die Entfaltung des autonomen Willens, wie er sich in den verschiedenen Rechtsinstitutionen, beispielsweise im Vertrag, entfaltet. „Rights and powers to conclude contracts [...] would be pointless and without effect but for the duties to perform contracts", erkannte der Rechtsphilosoph Joseph Raz.[376] Eine Lehrmeinung zum wrongdoing knüpft an diese Gedankengänge an, indem sie die sogenannten „facilitative institutions" zum zentralen Bezugspunkt des wrongdoing erhebt.[377] Die verschiedenen Institutionen sind property und fiduciary relationships, die dem Privatrechts-

---

[375] Neben den im folgenden genannten Klassifikationen ist jetzt noch auf *Weinrib*, in: [2000] 1 TIL 1–37, hinzuweisen. Von der iustitia correctiva ausgehend ordnet er das Fallrecht in den Mißbrauch von fremdem Eigentum und Immaterialgüterrechten, daneben in den Mißbrauch eigentumsgleicher Rechte wie fiduciary relationships und in die vorsätzliche Ausnutzung der körperlichen Integrität einer anderen Person. Letztere Fallgruppe führt im englischen Recht aber, wie *Weinrib* selbst zugibt, nicht zu restitutionary damages, sondern zu punitive damages (Schadensersatz als Privatstrafe). Vgl. dazu die Kritik *Gordleys*, in: [2000] 1 TIL 39–58.

Allgemeine Übersicht zum Meinungsstand bei *Grantham/Rickett*, Enrichment and Restitution, S. 482–485, für Neuseeland; *McMeel*, Modern Law of Restitution, S. 324 f., und *Yee*, in: [1998] SJLS 299–330, die selbst allen Einordnungsversuchen skeptisch gegenüberstehen. Kritisch zur Systematisierung der Gewinnhaftung *Jaffey*, Restitution, bes. S. 374, 383.

[376] *Raz*, Authority of Law, S. 170.

[377] *Jackman*, in: (1989) 48 CamLJ 302–321; tendenziell zustimmend *Burrows*, Law of Restitution, S. 396; ablehnend dagegen etwa *Birks*, in: Butterworths Lectures 1990–91, S. 55 (97); *Weinrib*, in: [2000] 1 TIL 1, 13. Siehe zu einer ähnlichen Deutung der angemaßten Eigengeschäftsführung im deutschen Recht *Bertram Ebert*, Geschäftsanmaßung, S. 138 f., m. w. N.

subjekt sein selbstbestimmtes Handeln ermöglichen sollen und daher „facilitative“ sind. Diese Rechtsinstitutionen benötigen selbstverständlich einen effektiven Schutz; eine Methode, die facilitative institutions zu schützen, ist das law of restitution, mit dem man beispielsweise vom Treuhänder rechtswidrig erlangte Gewinne herausverlangen kann.

Hier wird auch schnell einsichtig, weshalb torts, die an höchstpersönliche Rechtsgüter wie die Körperverletzung anknüpfen, keine Restitution gewähren können: Die persönliche Integrität ist kein externer Regelungsmechanismus, der die Privatautonomie unterstützt, sondern ihre ureigene Voraussetzung. Obwohl die Theorie der „facilitative institutions“ das wrongdoing weitgehend einheitlich zu erklären vermag, kommt sie nicht umhin, weiterhin die verschiedenen irregulären Restriktionen des case law zu beachten. Bei Immaterialgüterrechten etwa muß teilweise das subjektive Verschuldensmoment nachgewiesen werden, damit der Gewinn herausverlangt werden kann. Das sind freilich Restriktionen, die alle Erklärungsmodelle wegen ihrer Bindung an die Rechtsprechung beachten müssen, also keine singuläre Unstimmigkeit der vorgestellten Ansicht.

b) Normzwecktheorie

Eher an teleologische Erwägungen knüpft Birks' frühere Lehre an, die er inzwischen aufgegeben hat.[378] In „An Introduction to the Law of Restitution“ hatte er die Ansicht vertreten, Bereicherungshaftung aus wrongdoing komme in drei Fällen in Betracht: absichtliche Bereicherung, Prophylaxe und sogenannte „anti-enrichment wrongs“. Unter die prophylaktischen Fälle sollen die equitable wrongs fallen. Der eigentliche Kernpunkt der Aufzählung sind aber die anti-enrichment wrongs. Birks argumentiert, es sei maßgebend, den jeweiligen Fall nach seiner „policy“ hin auszulegen, ob in concreto die Bereicherungsherausgabe dem Sinn und Zweck des zugrundeliegenden tort entspreche. Genauere Vorgaben werden nicht gegeben. Obgleich der Ansatz anfänglich erfolgversprechend erscheint, weist er bei näherem Hinsehen eine entscheidende Schwäche auf: Wer sich auf die „policy“ beruft, muß stets auf das Fallrecht rekurrieren; das Argument bedeutet deshalb nicht mehr, als daß die Bereicherungsherausgabe in den Fällen statthaft ist, in denen das case law einen bestimmten Zweck verfolgt. Dieser Zweck zeigt sich in der Anordnung der Bereicherungshaftung.

[378] *Birks*, Introduction, S. 328 f.; enger noch *ders.*, in: (1982) 35 CLP 53, 65–68: nur „anti-enrichment wrongs“ und „deliberate exploitation of wrongdoing“. Aufgegeben wurde diese Lehre von *Birks*, in: Butterworths Lectures 1990–91, S. 55 (97): „For the rest, outside these two cases of deliberate recourse and prophylaxis, there is no hope of certainty in the pursuit of a purely conceptual line.“ Dagegen z. B. *Rotherham*, in: [2000] 1 TIL 205, 231.

Folglich ist die Figur des anti-enrichment ein Zirkelschluß: Das Fallrecht soll rational erklärt werden, die Erklärung selbst stützt sich ausschließlich auf das Fallrecht.

c) Marktwerttheorie

Der nächste Ansatz, der aus den Vereinigten Staaten stammt, will einen Bereicherungsanspruch aus tort zulassen, wenn das beeinträchtigte Recht käuflich erworben werden kann.[379] Mit anderen Worten: Das Recht muß einen Marktwert aufweisen, zu seiner Nutzung muß ein Vertrag möglich sein. Dahinter soll andererseits der Gedanke stehen, das law of restitution betreffe die nichtvertragliche Bereicherung.[380] Näher dürfte die Erkenntnis sein, daß die Orientierung am Marktwert, das hypothetische Aushandeln des Preises, wrongdoing wieder in die Nähe des implied contract rückt. Kläger und Beklagter handeln fiktiv einen Preis aus, zu dem der Beklagte Rechte des Klägers in Anspruch nehmen darf. In England hat die Lehrmeinung deshalb keine Anhänger gefunden.

d) Bereicherungstheorie und Zwischenfazit

Ähnlich wie die Marktwerttheorie knüpft eine von Lord Goff und Jones begründete Lehre – sie sei Bereicherungstheorie genannt – an die Bereicherung auf seiten des Beklagten an.[381] Maßgebend ist danach jedoch nicht ausschließ-

---

[379] *George E. Palmer*, Law of Restitution, Vol. 1, § 2.10 (S. 133–140). Vgl. auch *Jaffey*, Restitution, S. 11 f.,149 f.: Er stützt die Herausgabe des Nutzungsentgelts auf die Fiktion eines Vertragsschlusses zwischen Schädiger und Geschädigtem, ohne allerdings einen realen Vertrag zu unterstellen. Denn der Geschädigte wolle gerade nicht über sein Rechtsgut verhandeln.

[380] Siehe *Kull*, in: (1996–97) 11 JCL 93, 94–97.

[381] *Lord Goff of Chieveley/Jones*[4], Law of Restitution, S. 642: „Some but not all tortfeasors must disgorge the gain made from the tortious act. We conclude, however, that in principle there should normally be no objection to compelling, in the appropriate case, any tortfeasor to account for the gain from the tort [...]"; *Jones*, Restitution in Public and Private Law, S. 73; zustimmend jetzt *Virgo*, Principles of the Law of Restitution, S. 497; vgl. auch *Union Carbide Corp* v *BP Chemicals Ltd*, v. 28.4.1997 (HC) (per *Thorley* QC für *Union Carbide Corp*) = *http://www.law.cam.ac.uk/restitution/archive/englcases/union.htm*. Kritisch dazu generell v. a. *Birks*, z. B. Restitution – The Future, S. 25; auch *ders.*, in: (1992) ActJur 1, 7; *Weinrib*, in: [2000] 1 TIL 1, 11.

Tendenziell anders jetzt *Lord Goff of Chieveley/Jones*[5], Law of Restitution, S. 709, in Richtung von *Birks'* älterem Ansatz: „Whether the gains of tortfeasors must be disgorged depends, as the law now stands, on whether the tort indirectly protects the title to, or possession of, the property of the injured party." In den Details auf S. 783 wird freilich weiterhin am alten Ansatz festgehalten.

lich die potentielle Ersparnis auf der Seite des Beklagten, sondern jede beliebige Bereicherung des Beklagten. Die Bereicherungstheorie dürfte von allen Modellen dasjenige sein, das am häufigsten zu einer Bereicherungshaftung bei wrongdoing führt. Wie Birks' Versuch erweist sie sich leider als zirkulär: Denn ob ein Fall im case law als Schadensersatz oder Bereicherungshaftung qualifiziert wird, ist zumeist eine normative Frage, die auf dem Verständnis des Bereicherungsbegriffs beruht. Die Definition von „enrichment" hängt von der jeweiligen Sichtweise der Vermögensverschiebung ab. Wenn die Bereicherungstheorie auf den Fällen aufbaut, in denen die Rechtsprechung dem Namen nach eine Bereicherung – benefit – feststellt, koinzidiert sie mit den in der Praxis festgelegten restitutionary damages beim wrongdoing. Versucht die Bereicherungslehre dagegen, eigenständig die Bereicherung Fall für Fall herauszuarbeiten, setzt sie sich dem Einwand aus, sie argumentiere nur de lege ferenda.

Zu überzeugen vermag diese Theorie daher ebensowenig wie die Marktwert- und Normzwecktheorien. Allein der Ansatz über die „facilitative institutions" ist eine Perspektive, die weniger zirkulär vom Fallrecht abhängig zu sein scheint. In der Rechtsprechung konnte sie sich aber bislang gleich ihren Konkurrenten nicht durchsetzen. Immer noch bietet das case law Fallgruppen, die nicht stimmig zu integrieren sind, beispielsweise, wenn für das tort of nuisance keine Bereicherungshaftung gewährt wird.[382] Eigentum, Besitz oder andere Rechte, die von außen gestört werden, unterstützen die privatautonome Verwirklichung des Rechtssubjekts, trotzdem fällt die Gruppe nicht unter die torts, die zur Bereicherungsherausgabe führen.

2. Autonome Eingriffstheorie

Eine weitere Auffassung, die Daniel Friedmann aus Tel-Aviv im Anschluß an Jack Beatson entwarf, hebt sich vollkommen von den tradierten Fallgruppen ab. Ein Bereicherungsanspruch soll bereits dann gegeben sein, wenn die Bereicherung des Beklagten ihren Grund in einem Eingriff in die Rechte des Klägers findet und der Kläger sich durch den Eingriff bereichert:[383] „Where the defen-

---

[382] Das tort of nuisance betrifft Rechtsstörungen aller Art, bspw. verminderten Lichteinfall auf dem Nachbargrundstück oder die Störung eines Marktrechts, wenn in kurzer Entfernung ein Konkurrenzmarkt betrieben wird. Siehe zur ablehnenden Linie der Rspr. *Stoke-on-Trent CC* v *W and J Wass Ltd* [1988] 3 All ER 394: kein Bereicherungsanspruch bei tort of nuisance, in concreto ging es um die erwähnte Störung eines Marktrechts.

[383] *Daniel Friedmann*, in: Festschrift für *Jones*, S. 133 (bes. 154); auch schon *ders.*, in: (1980) 80 ColumbiaLR 504, 532 f.; vgl. weiterhin *ders.*, in: (2001) TexasLR Symposium = *http://www.utexas.edu/law/conferences/restitution/*. Angedeutet ist diese Lösung bereits bei *Beatson*, in: *ders.*, Use and Abuse of Unjust enrichment, S. 206 (bes. 233), und *Worthington*, in: (1999) 62 MLR 218–240. *Worthington* will den Eingriff in pro-

dant is enriched by the invasion or appropriation of the plaintiff's protected interest, his enrichment may be regarded as unjustly gained at the plaintiff's expense". Ein tort oder equitable wrong als Grundlage soll danach nicht mehr erforderlich sein.[384] In der Begründungskette taucht die Bemerkung vom „unjust enrichment gained at the plaintiff's expense" auf, eine Formulierung, die dem wrongdoing der älteren event-response-Theorie ähnelt: Neben dem autonomous unjust enrichment steht ein zweites unjust enrichment aus wrongdoing mit modifiziertem Merkmal „at the expense of". Eine direkte Vermögensverschiebung im Sinne der subtraction wird zugunsten einer an das wrongdoing angepaßten Formulierung („gain") ersetzt.

Damit sei selbst die Gewinnhaftung zu erfassen, behauptet Friedmann: *Reading* v *Attorney-General* sei primär nicht durch breach of a fiduciary duty, sondern durch Namensmißbrauch zu erklären.[385] Seargant Reading habe den Namen der Krone mißbraucht, daher sei ein Recht des Klägers verletzt. Auch der Kaufpreis bei Verkauf einer fremden Sache gehe auf Kosten des Klägers. Nicht ganz schlüssig erscheint jedoch die Behauptung Friedmanns, neben dem eigentlichen Anwendungsbereich seiner Theorie gebe es eine weitere Fallgruppe, in der die Bereicherung des Beklagten nicht vom geschützten Interesse des Klägers abgeleitet sei, die sogenannten „restitutionary wrongs".[386] Sein Beispielfall dafür, in dem ein Krimineller seine Verbrechen als Story an die Medien verkauft, läßt sich als Eingriff in das Persönlichkeitsrecht des Opfers deuten oder wie in *Attorney-General* v *Blake* als Verletzung von Staatsgeheimnissen. Zu argumentieren, das englische Recht kenne kein allgemeines Persönlichkeitsrecht, führt zu einem Zirkelschluß, weil Friedmanns Ansatz gerade von den herkömmlichen Typen der restitutionary damages unabhängig ist, also keine etablierte Fallgruppe voraussetzt. Deshalb erscheint es vorstellbar, die Restitution für wrongdoing sogar auf solche Felder auszuweiten, in denen nicht einmal ein tort anerkannt wird.

---

perty als autonomous unjust enrichment und die Fälle der equitable wrongs selbständig aus „good faith and loyalty" rechtfertigen (zu den mißlichen Konsequenzen dieser Aufteilung bereits oben auf S. 606).

Kritisch zu *Beatson* etwa *Burrows*, Law of Restitution, S. 20. Ebenso *Lord Goff of Chieveley/Jones*[5], Law of Restitution, S. 774 f., die sich nicht mehr wie von *Andrews*, in: Festschrift für *Jones*, S. 155 (156 f., Fn. 7), behauptet für *Beatsons* Standpunkt einnehmen lassen, nachdem der einschränkende Zusatz in der 4. Aufl., S. 38 f., gestrichen wurde. Spezielle Kritik an *Daniel Friedmann* jetzt bei *Virgo*, Principles of the Law of Restitution, S. 453, Fn. 31. Vgl. auch die Diskussion bei *McKendrick*, in: *Palmer/ders.*, Interests in Goods, S. 897 (908–916), der sich allerdings selbst nicht festlegt.

384 *Daniel Friedmann*, in: Festschrift für *Jones*, S. 133 (bes. 135). Zur Definition von „appropriation" näher *ders.*, in: (1980) 80 ColumbiaLR 504, 530–532.

385 Dazu näher oben auf S. 586.

386 *Daniel Friedmann*, in: Festschrift für *Jones*, S. 133 (152 f.).

Ob man in Friedmanns Thesen einen Einheitstatbestand für alle Bereicherungsfälle, also auch autonomous unjust enrichment, sehen möchte, ist weniger die entscheidende Frage.[387] Denn auf der Basis der Matrixhypothese liegen auf der syntaktischen Seite der Anwendungsebene vom Wortlaut her dieselben Merkmale vor: enrichment, at the expense und unjust. Auf der semantischen Seite der Anwendungsebene kommt jedoch wieder das Trennungsmodell zum Vorschein, da je nach Bereicherungsart „at the expense of" unterschiedlich ausgelegt wird. Langfristig gesehen trägt die Eingriffstheorie trotzdem den Keim eines homogeneren englischen law of restitution in sich.[388] Während die Akzessorietätslehre das wrongdoing von vornherein auf die Schiene des tort führt, ist die Eingriffstheorie an bereicherungsspezifischen Gesichtspunkten orientiert. Das law of restitution erhält in der Folge einen einheitlichen „Tatbestand", „unjust enrichment at the expense of".

Wegen der Gewinnhaftung in den disgorgement-Fällen wird das Element „at the expense of" in Eingriffsfällen modifiziert werden müssen. Im Ergebnis ähnelt dieses Verständnis des wrongdoing dem der älteren event-response-Lehre; die autonome Eingriffslehre ist allerdings vom Ballast der tort-Problematik befreit. Wenn „at the expense of" beim Eingriff anders als bei Fällen aus subtraction ausgelegt wird, dann geschieht das nicht mehr aus externen Gründen im Recht der torts, sondern aus Überlegungen, die sich aus dem internen Sinn und Zweck des jeweiligen Rechts ergeben. Gemeinsamkeiten mit der deutschen Eingriffskondiktion sind nicht von der Hand zu weisen.[389] Ob die Lücke, welche das tort hinterlassen hat, mit einer Zuweisungslehre gefüllt werden könnte, darüber ist dem neuen Ansatz noch nichts zu entnehmen. Auf jeden Fall ist bereits jetzt zu vermerken, daß die autonome Eingriffstheorie zwangsläufig die Bereicherungshaftung über die überkommenen, teilweise willkürlichen Fallgruppen hinaus ausdehnt,[390] weil die Beschränkungen des tort durch tradierte und unsystematische Merkmale wegfallen.

3. Fazit

Explanative Theorien zum wrongdoing auf der Basis der Akzessorietät fördern die derzeit feststellbare Tendenz, das wrongdoing vom unjust enrichment abzukoppeln. Bisher hatte es den Anschein, als solle die Formel vom „unjust

[387] So die Interpretation *Daniel Friedmanns* durch *Burrows*, in: (1999) 115 LQR 325, 326: Wrongdoing sei nun ein autonomous unjust enrichment. Wie er selbst anmerkt, führt das aber zu Problemen mit „at the expense of".

[388] Auch *Birks*, in: (1999) 28 UWALR 13, 20.

[389] *Birks*, in: (1999) 28 UWALR 13, 20.

[390] Kritisch hierzu *Andrews*, in: Festschrift für *Jones*, S. 155 (159–162).

enrichment at the expense of" Legitimationslücken für die zersplitterten Fälle der torts abfangen, die daraus resultierten, daß die Rechtsprechung keine in sich schlüssige Linie zeichnet. Die speziellen einheitlichen Erklärungsmuster zum wrongdoing machen jedoch den Rekurs auf die unjust enrichment-Formel überflüssig. Sie geben dem wrongdoing jenseits des autonomous unjust enrichment einen eigenständigen Inhalt, der ohne den vagen Satz „unjust enrichment at the expense of" auskommt.[391] Widersprüche zwischen Fallrecht und kommentierender Theorie werden dadurch minimiert, aber nicht vollkommen aufgelöst. Beispielhaft wird für das gesamte law of restitution die Schwierigkeit demonstriert, das Fallrecht *de lege lata* durch ein System zu bändigen. Die allermeisten Theorien erweisen sich aufgrund der Fallgebundenheit des common law als bloße Tautologien.

Friedmanns Ansatz dagegen vermag *de lege ferenda* bis auf das Kostenelement autonomous unjust enrichment und wrongdoing zusammenzuführen. Allerdings ist seine Lehre mit dem geltenden englischen Recht (noch) unvereinbar. Nur der Fall *Trustee of the Property of F C Jones and Sons* v *Jones* könnte in seine Richtung deuten:[392]

Das Unternehmen F. C. Jones and Sons ging in Insolvenz. Einer der drei Unternehmenspartner gab seiner Frau, der beklagten Mrs Jones, Schecks auf das Unternehmenskonto; in der Folgezeit wurden die Schecks auf ein Investmentkonto von Mrs Jones einbezahlt. Mrs Jones investierte die Gelder sehr erfolgreich: Die Schecksumme über £ 11.700 vervielfachte sich auf über £ 50.000. Prozessual vereinfacht beschrieben verlangte der Insolvenzverwalter von F. C. Jones and Sons die £ 50.000 von Mrs Jones heraus. Der Court of Appeal gab der Klage als personal remedy auf sachenrechtlicher Basis statt (action of debt), da das investierte Geld durch die Insolvenz niemals in das Eigentum von Mrs Jones übergegangen war.

Vereinzelt wird der Fall als autonomous unjust enrichment in Verbindung mit ignorance gedeutet.[393] Unjust enrichment und die für das wrongdoing typische Gewinnhaftung wären kombiniert; das käme nach Friedmanns Vorgaben der deutschen Eingriffskondiktion nahe. Da sich die Urteilsgründe nur auf das über die tracing-Regeln fortbestehende Eigentum des Klägers berufen, dürfte der Fall aber im Anschluß an *Foskett* v *McKeown* eher im Sinne der Vindikationslehre unter die Gruppe vindication mit der Folge eines personal remedy auf Gewinnherausgabe einzustufen sein.[394] Jede andere Interpretation des Urteils würde in die Entscheidung mehr hineinlesen, als in ihr tatsächlich entschieden

---

[391] So ausdrücklich *Jackman*, in: (1989) 48 CamLJ 302, 309.

[392] *Trustee of the Property of F C Jones and Sons (a firm)* v *Jones* [1997] Ch 159.

[393] *Birks*, in: Festschrift für *Jones*, S. 1 (18, Fn. 38); *ders.*, in: (1997) 11 TLI 2, 7 f.; *Hellwege*, in: [1999] RLR 92, 95.

[394] *Virgo*, Principles of the Law of Restitution, S. 645–647; ähnlich *Grantham/Rickett*, Enrichment and Restitution, S. 33 f., 456 f. Siehe auch *Davern*, in: [1997] RLR 92, 96: „[...] this case falls to be classified as part of the law of property".

wurde. Außerdem führt die Lesart unter autonomous unjust enrichment zu einer übermäßigen Ausdehnung der Vermögensverschiebung – der „subtraction" im Sinne Birks' – hin zur Gewinnherausgabe. Die Dichotomie von Gewinn und anderen Bereicherungsformen bei der Interpretation des Elements „at the expense of" wird lediglich von der Gruppe wrongdoing zu unjust enrichment by subtraction verlagert.

4. Exkurs: Subsidiarität und Wrongdoing

Neben der Konkurrenz von Verwendung und Leistung könnte sich im common law zuletzt die Frage des Vorrangs der Leistung vor dem Eingriff stellen, das Problem der Subsidiarität. Einer der Gründe, weshalb man in Deutschland noch heute vielfach die Lösung jenseits des eigentlichen Tatbestands von § 812 Abs. 1 S. 1 Alt. 2 BGB sucht, ist der Zwiespalt zwischen Bereicherungsrecht als autonomer Institution und Bereicherungsrecht als Ausgleichsmodus für Störungen in der Gesamtrechtsordnung durch andere Rechtsinstitutionen. Die Eingriffskondiktion selbst vermag die Lösung nicht ausreichend vorzugeben, daher lag es nahe, mit dem Subsidiaritätsdogma eine Hilfskonstruktion praeter legem einzuführen. Die englische Bereicherungsgruppe wrongdoing dagegen baut auf den spezifischen „Tatbeständen" der torts auf, die Bereicherungsherausgabe ist lediglich ein alternativer Rechtsbehelf zum Schadensersatz. Wenn ein tort einschlägig ist und keine defences entgegenstehen, kann Restitution gewährt werden, falls das Fallrecht für das tort diese Rechtsfolge zuläßt. Weitere Überlegungen sind obsolet, da die inhaltlichen Probleme des gerechten Ausgleichs bei mehr als zwei Personen im Prüfungspunkt „Rechtswidrigkeit" integriert sind. Diese Struktur ähnelt der Rechtsgrundlehre im deutschen Recht.

Das komplexe Verhältnis des tort, auf dem das law of restitution nur „parasitär" aufsitzt, stellt also für die Konkurrenz von Leistung und Eingriff einen ausreichenden Lösungsvorrat zur Verfügung: Normalerweise erwirbt der redliche Käufer kein Eigentum, er ist somit der Klage aus conversion ausgesetzt.[395] In bestimmten Einzelfällen jedoch werden spezialgesetzliche Ausnahmen von der Regel „nemo dat quod non habet" zugelassen und dem gutgläubigen Erwerber das Eigentum zugesprochen.[396] Beispielsweise kann der Verkäufer, der seine Ware verkauft hat, aber noch besitzt, einem redlichen Dritten Eigentum

---

[395] Paradigmatisch ist *Hollins* v *Fowler* (1875) LR 7 HL 757: Jemand erwirbt vom Eigentümer betrügerisch den Besitz und veräußert die so erlangte Ware an den gutgläubigen Beklagten, der die Sachen dann weiterveräußert. Der Beklagte haftet aus conversion.

[396] Siehe etwa die Aufzählung bei *McMeel*, Modern Law of Restitution, S. 420; *Rogers*, Winfield&Jolowicz on Tort, S. 606 f.

verschaffen.[397] Der gute Glaube des Erwerbers genießt dann Vorrang vor einem Ausgleichsanspruch des betroffenen Alteigentümers: Dieser darf sich aus conversion nicht an den Käufer, sondern nur an den Verkäufer halten. Im englischen Recht tritt damit noch klarer zutage, daß es sich bei der „Konkurrenz" von Leistung und Eingriff nur um ein Scheinproblem handelt. Ausschlaggebend ist allein die sachenrechtliche Komponente, der gutgläubige Erwerb.

IX. Abkehr vom Law of Restitution

Nur wenige Stimmen stehen den Systematisierungstendenzen im law of restitution gänzlich ablehnend gegenüber. Sie dürfen bei aller Achtung vor den Verdiensten der herrschenden Meinung nicht verschwiegen werden, weil sie in einigen Punkten durchaus die besseren Argumente auf ihrer Seite haben. Atiyah wurde für seine Einteilung des Zivilrechts und Hedley für seine orthodoxe Methodenlehre erwähnt. Daneben treten weitere Antagonisten auf der akademischen Bühne auf, von denen einige beispielhaft hervorgehoben werden sollen.[398]

1. Dienstleistungen als Sonderrecht

Eine Meinung im Schrifttum nimmt sich die Terminologie der Rechtsprechung zu Dienstleistungen zum Vorbild. Noch immer werden vor englischen Gerichten Restitutionsklagen für Dienstleistungen nicht als claims for unjust enrichment, sondern als actions quantum meruit bezeichnet. Auch die vielen Definitionsschwierigkeiten hinsichtlich der Bereicherung bei Dienstleistungen deuten auf grundlegende Unterschiede zwischen money und services hin. Einige Rechtslehrer nehmen das als Anlaß, solche Dienstleistungen aus dem law of restitution auszunehmen, die in keinem Endprodukt resultieren, also „pure ser-

---

[397] Sale of Goods Act 1979, s. 24; weiterhin Sale of Goods Act 1979, s. 25.

[398] Siehe außer den im Text Erwähnten jetzt *Jaffey*, Restitution, zusammenfassend S. 6–26; *ders.*, in: (2000) 63 MLR 918, 922–928. Er unterteilt die Materie in „Claims for payment" (actions quantum meruit und valebat, darunter auch die Gruppe necessity, legal compulsion und die Verwendungsfälle), „Reversing vitiated transfers" (action for money had and received, etwa aus mistake, duress oder undue influence, inkl. der wrondoing-Fälle hinsichtlich des Nutzungsentgelts) und „Disgorgement" (Gewinnhaftung).

Weiterhin außerhalb Englands *Dagan*, in: [2000] 1 TIL 115, 126–132; *Jackman*, Varieties of Restitution; *Stevens/Neyers*, in: (1999) 37 AlbertaLR 221–270; *Wonnell*, in: (1996) 45 EmoryLJ 153–220. Nicht dazu zählt *Beatson*, in: Chitty on Contracts, Vol. 1, Part Eight, Restitution, weil er das principle of unjust enrichment allen Typen voranstellt. Näher dazu oben auf S. 597, Fn. 137. Zu Unrecht ordnet *Birks*, in: (1999) 23 MULR 1, 5, Fn. 12, *Virgos* System in diese Gruppe ein.

vices" sind.[399] Im Ergebnis sollen alle reinen Dienstleistungen aus autonomous unjust enrichment in eine neue Gruppe aus Vertrauenshaftung („reliance") ausgegliedert werden, die im Obligationenrecht neben contract, tort und unjust enrichment stehe. Die Vertreter dieser Ansicht betonen, in Geschäftsbeziehungen hätten die Parteien bestimmte Verhaltenspflichten, da jede Vertragspartei von der anderen spezifische Verhaltensweisen erwarten dürfe. Beispielsweise müßten in der Fallgruppe der anticipated contracts Aufwendungen ersetzt werden, die eine Partei in der berechtigten Erwartung getätigt habe, es werde zum Vertragsschluß kommen. Ob allerdings gerade dieses Exempel im englischen common law tragfähig ist, daran mag man wegen der hartnäckigen Weigerung der Gerichte, Treu und Glauben als allgemeines Prinzip bei Vertragsverhandlungen anzuerkennen, mit Recht zweifeln. Es lassen sich gleichwohl unkritische Fälle denken, etwa der, daß eine Partei auf einen unerkannt nichtigen Vertrag Dienstleistungen erbringt. Hier ist kein vertraglicher Entgeltanspruch gegeben; das Vertrauen der leistenden Partei, entgolten zu werden, ist stärker als die Norm, die zur Nichtigkeit des Vertrages führte.

Begründet wird das Sonderrecht unter anderem mit dem Argument, reine Dienstleistungen könnten nicht wie andere Vermögensgegenstände übertragen werden. Einmal erbracht, ist von ihnen nichts mehr zu sehen, es sei denn, sie münden in ein sichtbares Endprodukt, beispielsweise im Fall von Verwendungen.[400] Dienstleistungen fehle daher der materielle Charakter des Eigentums; sie seien kein normaler Vermögenswert, über den beliebig disponiert werden könne.

In der Tat kann sich die Lehre von der Dienstleistung als Sonderrecht auf das Fallrecht berufen. Fälle wie *Planché* v *Colburn*, in denen der Beklagte niemals die vertragliche Leistung des Klägers in Händen hielt, geben in der Tat zu solchen Bedenken Anlaß.[401] Der kritische Betrachter muß sich fragen, ob nach Aufgabe des implied contract manche Fälle nicht besser über Vertragsrecht zu lösen sind. Weder ist in *Planché* v *Colburn* eine tatsächlich erhaltene Bereicherung ersichtlich, noch kann in manchen Fällen der Leistung auf anticipated contracts davon die Rede sein, der Beklagte habe etwas erhalten. Auch der Bereich des total failure of consideration für die Partei, die selbst die Vertragsverletzung beging, deutet in diese Richtung. Obwohl die unschuldige Vertragspartei etwas erhalten hat, wird ein Bereicherungsanspruch versagt. Die Bereiche-

---

[399] *Beatson*, in: *ders.*, Use and Abuse of Unjust Enrichment, S. 21 (bes. 38, 44); ferner *Muir*, in: *Finn*, Essays on Restitution, S. 297 (bes. 301); *Penner*, in: *Birks*, Classification of Obligations, S. 91 (102–119). Modifiziert *Jaffey*, Restitution, bes. S. 44–47: Während *Beatson* die Vertrauenshaftung jenseits des Vertragsrechts ansiedelt, basiert nach Ansicht von *Jaffey* die Vertrauenshaftung auf einer vertraglichen Grundlage. Vgl. auch die Klassifikation *Beatsons*, in: Chitty on Contract, Vol. 1, Rn. 30/177–190.

[400] *Beatson*, in: *ders.*, Use and Abuse of Unjust Enrichment, S. 21 (31 f.).

[401] Näher oben auf S. 568.

rung des Beklagten kann somit bei fallnaher Analyse nicht das ausschlaggebende Kriterium für Restitutionsansprüche sein. Protagonisten des law of restitution werden auf das Symmetrieargument verweisen und eine Rechtsfortbildung fordern; de lege lata sind Dienstleistungen im englischen Recht jedoch nach wie vor nicht dem Empfang von Geld gleichgestellt. Man könnte sogar die Sichtweise umkehren nach dem Vorbild der anderen Leistungen aus unjust enrichment herausnehmen.[402] Das Symmetrieargument zwischen Geld und Dienstleistungen ist also nach beiden Richtungen hin offen.

2. Proprietary Theory und Unjust Sacrifice

Eine weitere Lehrmeinung nimmt noch radikalere Einschnitte in das herkömmliche System vor. In Australien verteilte Samuel J. Stoljar bereits vor längerem in einem kühnen Entwurf das law of restitution auf mehrere selbständige Kategorien, die unabhängig vom principle of unjust enrichment operieren.[403] In neuerer Zeit wurden seine Ausführungen erneut in Neuseeland von Peter Watts aufgegriffen.[404] Insgesamt wird das law of restitution in vier Typen unterteilt: proprietary theory, tort, contract und negotiorum gestio. Die erste Gruppe wird für die Bereicherung mit Geld gebildet, die sogenannte „proprietary theory". Andere Gegenstände als Geld sollen nur durch waiver of tort geschützt werden. Es wird für die proprietary theory argumentiert, die allermeisten Ansprüche beim Geldtransfer, die man als Quasikontrakt qualifiziert hatte, zum Beispiel die action for money had and received bei Irrtum, seien besser als dingliche Rechte zu deuten, weil der Beklagte das Geld des Klägers ohne dessen Zustimmung erhalten habe. Dabei verneint Stoljar keineswegs, unjust enrichment könne der unterliegende Gedanke sein, nur die rechtssteuernde Qualität wird bestritten. Stoljar geht damit weit über die Vindikationslehre hinaus: Er begründet selbst den Kernbereich des unjust enrichment sachenrechtlich. Wie der fundamental mistake-Test geht die proprietary theory jedoch am Fallmaterial vorbei, das für die action for money had and received nicht danach unterscheidet, ob das Eigentum am Geld auf den Beklagten überging oder nicht.[405]

Da in Fällen nach der frustration-Doktrin der Vertrag nicht ab initio, sondern nur ex nunc unwirksam ist, lassen sich Geldzahlungen auf Verträge, die anfangs

---

402 *Joachim Dietrich*, Restitution, S. 87 f.

403 *Stoljar*, Law of Quasi-Contract, zusammenfassend S. 1–19, 249 f.; *ders.*, in: (1987) 50 MLR 603–613. Ablehnend die ganz h. M., siehe nur *Virgo*, Principles of the Law of Restitution, S. 50 f., 91 f.

404 *Watts*, in: [1998] NZLR 151–162; *ders.*, in: [1995] RLR 49–82.

405 Andere Interpretation bei *Joachim Dietrich*, Restitution, S. 210 f.: *Stoljar* sei hier nicht wörtlich zu verstehen, selbstverständlich sei der fehlende Eigentumsübergang nicht das ausschlaggebende Kriterium.

wirksam waren, nicht mit der proprietary theory erklären. Und Dienstleistungen können nicht durch Stoljars auf Geld zentrierte Betrachtungsweise erfaßt werden. Um diese Widersprüche mit dem geltenden Recht zu beseitigen, sollen solche Fälle unter die Kategorie der Verträge fallen.[406] Für ungefragte Dienstleistungen entwickelt er schließlich im Anklang an die römische negotiorum gestio gar eine dritte eigene Fallgruppe aus „unjust *sacrifice*", die unjust *enrichment* diametral gegenübersteht. Eine Bereicherung wird nicht verlangt, im Gegenteil, nur der Verlust, den der Kläger durch die erbrachte Leistung erlitten hat, ist konstitutiv für den Anspruch. Gleich der proprietary theory, die sich nur auf Geld bezieht, umfaßt unjust sacrifice nicht alle Dienstleistungen, sondern allein solche, nach denen der Beklagte nicht verlangt hat. Dienstleistungen werden damit in zwei Gruppen aufgeteilt, obwohl sie in jedem Fall als unjust sacrifice verstanden werden könnten. Stoljars Nachfolger Watts vermeidet diese Aufteilung teilweise mit zwei einheitlichen Prinzipien, dem „services principle", und dem „property principle", das sowohl für Geld als auch für andere Sachen gelten soll.[407] Doch scheint er unter dem „services principle" nicht die Fälle der negotiorum gestio einzubeziehen, da er Geheiß oder Duldung der Dienstleistung durch den Beklagten fordert.

3. Komplette Auflösung des Law of Restitution

Als letzte und wohl heftigste Fundamentalkritik des law of restitution und principle of unjust enrichment ist Joachim Dietrichs Monographie „Restitution: A New Perspective" zu nennen; der Titel soll zugleich Programm sein. Der Autor reiht sich in die immer länger werdende Kette der australischen und neuseeländischen Skeptiker ein, die dem englischen Weg nicht folgen wollen. Er kompiliert die bereits vorgetragenen Bedenken und faßt vor allem Stoljars und Watts' Vorschläge mit eigenen Gedanken zu einem neuen System zusammen. Dietrich nimmt Birks' ursprüngliche Quadratthese zum Hauptangriffspunkt. Er geht in seiner Ablehnung der traditionellen Lehre sogar noch weiter als die neuere event-response-Theorie und bestreitet selbst, daß die Restitution in allen Fällen die geeignete Sanktionsform für das Rechtsgebiet ist, das man bislang unter Restitution resp. unjust enrichment gefaßt hat.

Insgesamt werden vier neue Typen vorgestellt, die an die Stelle des bisherigen law of restitution treten sollen: „fault-based liability", „principle of just sharing", „justifiable sacrifice" und zuletzt „innocent recipients".[408] Für die er-

---

[406] *Stoljar*, Law of Quasi-Contract, S. 231–245.

[407] *McBride/McGrath*, in: (1995) 15 OxJLS 33, 45, ziehen ebenfalls Geld und andere Gegenstände zusammen.

[408] Zusammenfassend *Joachim Dietrich*, Restitution, S. 92–100, 241–248.

ste Gruppe, fault-based liability, soll eine Pflichtverletzung des Beklagten typisch sein, die zu einem Schaden auf der Klägerseite geführt habe. Dietrich unterteilt sie wiederum in zwei Untersektionen: zum einen Vertrauensschaden, zum anderen rechtswidriges Verhalten, das unter tort, equitable wrong, undue influence, duress oder misrepresentation fällt.[409] Zum Vertrauensschaden ist ergänzend anzufügen, daß er sich auf die Erwartungen aus einem Vertrag bezieht, der entweder erst gar nicht zustande kommt (anticipated contract) oder unwirksam ist, sei es aus illegality, incapacity oder Formmängeln. Vor allem die herkömmlichen Fallgruppen absence of consideration, total failure of consideration aus breach of contract, illegality, incapacity und fundamental mistake werden darunter zusammengeführt. Die Rückabwicklung eines Vertrags nach breach of contract soll zwar auch zur Vertrauenshaftung zählen, im Gegensatz zu den anderen Fällen aber keine quasivertragliche, sondern echte Haftung aus Vertrag sein.

Für den zweiten Typus, principle of just sharing, ist der Gedanke der Gefahrengemeinschaft ausschlaggebend.[410] Sobald ein Gemeinschaftsmitglied nach außen hin einer Verpflichtung unterliegt, stellt sich im Innenverhältnis die Frage, wie die Forderung gegenüber einem bestimmten Mitglied gerecht unter allen Teilnehmern zu verteilen ist. Die nach außen haftende Person darf keine Pflichtverletzung begangen haben; ansonsten ist ihr die Haftung im Außenverhältnis auch gegenüber anderen Mitgliedern im Innenverhältnis endgültig zugewiesen. Solche Gefahrengemeinschaften bestehen beispielsweise bei agency of necessity im Seerecht zwischen Schiffseigner, Ladungseigner und Kapitän, Regreß bei contribution sowie Abwicklung von Eheverhältnissen und Vertragsbeendigung aus frustration.

Der dritte Typus, justifiable sacrifice, erinnert an Stoljars „unjust sacrifice" und negotiorum gestio.[411] Er deckt im wesentlichen die unjust-Gründe necessity und legal compulsion aus reimbursement ab. Dietrich möchte aber entgegen dem Fallrecht die Gruppe möglichst weit fassen und sogar noch über die Restriktion der Geschäftsführung ohne Auftrag hinausgehen, das Handeln müsse im fremden Interesse erfolgen. Nur beim vierten Typus, innocent recipients of money and services, wird über den Wegfall der Bereicherung ansatzweise das principle of unjust enrichment anerkannt.[412] Dadurch sollen alle Fälle erfaßt werden, bei denen zwar der Bereicherte nicht rechtswidrig handelte, aber die Vermögensverschiebung durch die fehlerhafte Willensbildung auf der Entreichertenseite beeinflußt wurde. Ausgleichsziel soll es sein, ein „fair outcome" herzustellen. Innocent recipients erfaßt daher mistake-Fälle, die nach dem Vor-

---

[409] *Joachim Dietrich*, Restitution, S. 101–150.
[410] *Joachim Dietrich*, Restitution, S. 151–176.
[411] *Joachim Dietrich*, Restitution, S. 177–200.
[412] *Joachim Dietrich*, Restitution, S. 201–240.

bild von Watts in ein „property principle“ und „services principle“ geteilt werden sollen. Dietrichs Grundlagenkritik hat allerdings bisher wie alle anderen Kritiken in der breiten Literatur keine positive Aufnahme erfahren. Er scheint zu sehr an Besonderheiten des australischen Fallrechts orientiert, als daß er merklichen Einfluß auf die englische Lehre gewinnen könnte. Bemerkenswert sind auf jeden Fall die Tendenzen auf dem fünften Kontinent, sich zunehmend vom principle of unjust enrichment und damit dem englischen Recht abzusetzen.

4. Fazit

Den Kritikern des law of restitution, mögen sie nun Dietrich, Hedley oder Stoljar heißen, ist zuzugeben, daß die Materie sehr disparat erscheint. Die Probleme, alle Restitutionsfälle unter den einheitlichen Oberbegriff „The Law of Restitution“ zu fassen, basieren hauptsächlich auf zwei Gründen: Zum einen werden in rechtsvergleichender Sicht über das law of restitution Gebiete erfaßt, die weit über die Kondiktionen und die rechtsgrundlose Bereicherung romanistisch inspirierter Rechtsordnungen hinausreichen: Total failure of consideration bei breach of contract und frustration oder mistake aus anfänglicher Unmöglichkeit sind im deutschen Recht über die §§ 306, 323 ff. BGB Teil der vertraglichen Leistungsstörung;[413] Haftung für anticipated contracts ist mehr Teil der Vertrauenshaftung als Bereicherungsrecht;[414] proceeds of crimes, also Herausgabeansprüche bei strafbaren Handlungen, sind in Deutschland im Strafrecht geregelt;[415] und Restitution im öffentlichen Recht ist über den öffentlichrechtlichen Erstattungsanspruch ebenso wie die allermeisten Rückgriffsansprüche unter necessity ein Sondergebiet.[416] Die Gewinnherausgabe aus wrongdoing steht schließlich eher im Lager der angemaßten Eigengeschäftsführung.[417]

Zum anderen kollidiert die von der Lehre verordnete Systematik oft mit dem Fallrecht. Restitution bei Geldhingabe folgt anderen Regeln als die Hingabe von Sachen oder gar Dienstleistungen. Schon die alten Klagen aus action for money had and received, quantum meruit und quantum valebat geben diesen Unterschied klar wieder. Die Urteile differenzieren nach wie vor entlang der überlieferten actions: Mistake und total failure of consideration tauchen nur im Zusammenhang mit Geld auf, bei quantum meruit und valebat wird kein unjust-

[413] Näher oben ab S. 537.

[414] Näher oben ab S. 568.

[415] Siehe die Nachweise oben auf S. 47, Fn. 37.

[416] Siehe die Nachweise oben auf S. 47, Fn. 36, und ab S. 547.

[417] Näher oben ab S. 554.

Typ zusätzlich genannt. Daneben stehen, manchmal ohne inneren Zusammenhang, die Begriffe „claim" und „remedy". Vor allem die beinahe unüberwindbaren Hindernisse, die das case law der Bereicherungsberechnung jenseits von Geld bietet, sollten zu denken geben. Viele Restriktionen des law of restitution resultieren daraus: angefangen vom Erfordernis des total failure bei failure of consideration, der äußerst zurückhaltenden Rechtsprechung zum Verwendungsersatz[418] bis hin zur fehlenden Anerkennung der negotiorum gestio.[419] Die zerfahrene Lage beim wrongdoing resultiert ebenfalls aus der Diskrepanz von akademischer Systematik und lebensnahem Fallrecht.[420] Ebensowenig lassen sich viele dingliche Klagen im Umfeld der trusts unter unjust enrichment zwängen. Daran ändern weder das principle of unjust enrichment noch event und response etwas. Unjust enrichment hat sich im Gegenteil als unheilvoller Ballast erwiesen, der mit necessity, wrongdoing und Sachenrecht nur wenige Berührungspunkte aufweist.

Immerhin schwächt sich in jüngerer Zeit der akademische Übereifer deutlich ab; bei manchen Stellungnahmen mehr, bei anderen weniger. Während Birks und Burrows nach wie vor bestrebt sind, den Gedanken der rechtsgrundlosen Bereicherung zu retten, hat sich besonders Virgo die realistischere Sichtweise zueigen gemacht, das Fallrecht sei der rechtliche Mittelpunkt. Deshalb trennt er wrongdoing und vindication vom autonomous unjust enrichment ab. Es wäre auch möglich, die ersten beiden Typen nur noch in Lehrbüchern zu torts, intellectual property, sale of goods, property law, equity und trust abzuhandeln. Auch die Gruppe necessity ließe sich zu agency und salvage ausgliedern. Der Restitutionsbegriff ist dann nicht mehr als die Feststellung, in verschiedenen Rechtsgebieten werde eine Sache oder ein Wert restituiert. Zur Herausgabe der rechtsgrundlosen Bereicherung wären alle Verbindungslinien abgebrochen.

X. Gesamtfazit

1. Überblick über die Grundmodelle

Um das law of restitution funktional mit seinem deutschen Gegenüber zu vergleichen, sollen nochmals kurz die verschiedenen Systemmodelle der Literatur wiederholt werden: Die ältere Theorie gab sich optimistisch und versuchte, alle Fallgestaltungen unter ein einheitliches principle of unjust enrichment einzuordnen. Autonomous unjust enrichment und wrongdoing wurden folglich gebündelt. Das führte zu Widersprüchen zwischen der Prinzipien- und der An-

---

[418] Näher oben ab S. 523.

[419] Näher oben ab S. 547.

[420] Näher oben ab S. 554 und 662.

wendungsebene, denn für das wrongdoing waren die Elemente „unjust“ und vor allem „at the expense of“ bedeutungslos. Das Fallrecht behauptete sich als schwer zu systematisierende Rechtsquelle.

Die neuere Lehre hat daraus die Konsequenz gezogen, daß autonomous unjust enrichment und wrongdoing nicht unter „unjust enrichment at the expense of another person“ zusammengefaßt werden können. Vielmehr soll der besagte Satz nur für die subtraction-Fälle gelten. Das wrongdoing kann höchstens noch über die Prinzipienebene mit autonomous unjust enrichment verbunden werden. Im einzelnen unterscheiden sich die neuen Wege: Die Vindikationslehre will zusätzlich zum wrongdoing alle Fälle von unjust enrichment im engeren Sinn abspalten, die auf einem Sachenrecht basieren. Dagegen verfolgt selbst die neuere event-response-Theorie eine gemischte Strategie, die bestimmte sachenrechtliche Phänomene des Fallrechts dem autonomous unjust enrichment zuordnet.

2. Vergleich mit dem deutschen Recht

a) Rechtsgrundlosigkeit und Matrixhypothese

Ausgangspunkt der Dogmatik und Methode des law of restitution ist der stark differenzierende Rechtsgrundlosigkeitsbegriff. Die unjust-Gründe richten sich nur nach dem fragmentarischen case law; nicht jede vertragslose Bereicherung muß eine Restitution als Folge nach sich ziehen.[421] Die Fehlerquellen, die zu einem unwirksamen Vertrag führen, sind vielmehr in das Bereicherungsrecht integriert. Daran wird vorläufig auch absence of consideration nichts ändern, da die Fallgruppe bisher auf den engen Bereich der swap-Transaktionen beschränkt ist. Aufgrund seiner zahlreichen Interdependenzen mit dem restlichen Sachen- und Schuldrecht hat das law of restitution daher einen schwach ausgeprägten Autonomiestatus.

Rechtsvergleichend gesehen steht die Lösung der deutschen Trennungslehre in der Mitte zwischen dem englischen Ansatz und den deutschen Einheitslehren, die das rechtswidrige Haben proklamieren: Das Tatbestandsmerkmal „ohne rechtlichen Grund“ ist wie in England zwar konkret zu ermitteln und vom Kläger zu beweisen, andererseits aber ist die Rechtsgrundlosigkeit in wenigen Gruppen typisiert und somit von fallnahen Fehlergründen weitgehend abstrahiert. Nicht der Irrtum, die Täuschung oder der Zwang führen zur Kondiktion, sondern der fehlende schuldrechtliche Vertrag. Das deutsche Recht, das sich

---

[421] Darauf weisen etwa *Birks*, Introduction, S. 100; *Chambers*, Resulting Trusts, S. 109, oder *Markesinis/Lorenz/Dannemann*, German Law of Obligations, Vol. 1, S. 711, 718, hin.

zwar oft an den Wertungen jenseits der §§ 812 ff. BGB ausrichtet, gelangt über den abstrakten Begriff „ohne rechtlichen Grund“ zu einem weitaus homogeneren System als das law of restitution. Sollte sich die neue Fallgruppe absence of consideration in England für den Bereich mistake und total failure of consideration stärker als bisher ausweiten, könnte sich das englische law of restitution dem abstrakten deutschen Rechtsgrundlosigkeitsbegriff annähern.

Die Matrixhypothese wird man für die Methode des case law wie schon zum gemeinen Recht modifizieren müssen. Die Prinzipienebene steht weniger der „Tatbestands-“ und „Interpretationsebene“ als der Anwendungsebene des konkreten Falles gegenüber, für die der Tatbestand im weitesten Sinne und die Interpretation nur Unterelemente sind. Mit „Tatbestand“ ist nicht die Rechtsregelform, sondern die Fallrechtsmethode gekennzeichnet. Allein auf dem kanadischen Weg, der unjust enrichment wie einen echten regelförmigen Tatbestand behandelt, könnte die Matrixhypothese unmodifiziert eingesetzt werden. Das englische law of restitution ist dem bewußt nicht gefolgt. Auf der Basis der adaptierten Matrixhypothese wird man festhalten können: Auf Prinzipienebene kommt das Einheitsmodell zum Zug. Man kann es in unjust enrichment im „descriptive sense“ oder in der allgemeinen Rechtsfolge, die dem gesamten Rechtsgebiet den Namen leiht, der Restitution, sehen. Auf Anwendungsebene ist dagegen in keiner Weise ein Einheitsmodell auszumachen. Die Rechtsprechung bietet dafür überhaupt keine Anhaltspunkte. Und selbst in der Literatur ist man sich inzwischen nach anfänglicher Euphorie über den grundlegenden Unterschied von wrongdoing und unjust enrichment by subtraction im klaren.

b) Typologie

Sehr differenziert muß der Vergleich der englischen akademischen Basissysteme mit den deutschen Modellen ausfallen. Jede der Lösungen in Deutschland und England basiert auf dem vorgegebenen Gesetz – hier § 812 Abs. 1 BGB, dort case law –, so daß es sich verbietet, dem deutschen oder englischen System die „bessere“ Lösung zu attestieren. Denn jedes rationale Modell ist vom jeweiligen Erkenntnisgegenstand, vom jeweiligen Recht abhängig.

Zunächst fällt der wesentlich weitere Anwendungsbereich des law of restitution auf.[422] Selbst wenn man das englische Recht nur in den Teilen betrachtet, die durch die rechtsgrundlose Bereicherung abgedeckt werden, ergeben sich ganz beträchtliche Unterschiede.[423] Im Gegensatz zum wichtigsten unjust-Grund mistake läßt die deutsche Leistungskondiktion die Kategorien Verwen-

[422] Im Detail zur Kritik am law of restitution und unjust enrichment zuvor auf S. 678.

[423] Siehe schon die Detailerörterungen zu den Systemen der älteren event-response-Theorie und zu *Lord Goff of Chieveley* und *Jones* ab S. 607.

dung und Rückgriff außer Betracht, die im englischen Recht unter mistake gebracht werden können.[424] Mistake ist sozusagen ein Einheitstatbestand im englischen Recht, ohne indessen alle Bereicherungsfälle abdecken zu können. Außerdem sind die englischen Systeme in der Lage, eine Klage alternativ aus subtraction oder wrongdoing zu begründen („alternative analysis").[425] In § 812 Abs. 1 BGB ist dagegen entweder eine Leistung oder eine Nichtleistung gegeben. Die alternative Analyse einer Leistung als Nichtleistung ist nach den Prämissen der Trennungslehre unmöglich. Leistung und Nichtleistung sind ein Gegensatzpaar und keine asymmetrische Kombination wie autonomous unjust enrichment und wrongdoing. Selbst wenn eine Leistung zugleich eine Sachverbesserung und damit eine Verwendung sein sollte, wird die Kondiktion nur als Leistungs- und nicht zugleich als Verwendungskondiktion eingestuft. Trotzdem wird man konstatieren dürfen, daß die grundsätzliche Distinktion von Leistung und Eingriff in der Natur der Sache zu liegen scheint. Für die anderen Nichtleistungskondiktionen läßt sich dieser Schluß allerdings nicht mehr nachvollziehen.

Der Einzelvergleich offenbart ebenfalls beträchtliche Kontraste. Offensichtlich werden Abweichungen vor allem bei den event-response-Systemen:[426] Die deutsche Leistungskondiktion ist insofern enger als autonomous unjust enrichment, als sie nur die zweckqualifizierte bewußte Vermögensverschiebung erfaßt, während der unjust-Typ „ignorance" in großem Stil Eingriffsfälle einschließt. Je nachdem, ob man den unjust-Grund ignorance akzeptiert oder nicht, wird die Kategorie autonomous unjust enrichment also stark auf Eingriffsfälle ausgeweitet. Der Faktor ignorance, darauf muß mit Nachdruck hingewiesen werden, ist aber lediglich ein Kunstprodukt der Kommentatoren, das im case law keinen unmittelbaren Anhaltspunkt hat.[427] Lehnt man ignorance ab, wie es zum Beispiel dem Standpunkt der Exklusivitätstheorie entspricht, wird vom autonomous unjust enrichment immerhin weitgehend der Eingriff ausgenommen. Die Verwendungs- und Rückgriffsfälle sowie die Nichtleistung in *Banque Financière de la Cité* v *Parc Ltd* bleiben aber immer noch als Störquellen übrig. Umgekehrt kann eine durch Betrug veranlaßte Leistung ein wrongdoing sein, doch ist die Rechtsprechung hier kontrovers. Als Faustformel wird man unter Ausblendung von ignorance zumindest festhalten dürfen, daß

[424] Das betonen etwa *Meier*, Irrtum und Zweckverfehlung, S. 18 f.; *Markesinis/Lorenz/Dannemann*, German Law of Obligations, Vol. 1, S. 719.

[425] Siehe nur *Burrows*, Law of Restitution, S. 377.

[426] *Birks*, in: ZEuP, Bd. 1 (1993), S. 554 (556, Fn. 5).

[427] Siehe auch *Swadling*, in: *Hartkamp/Hesselink/Hondius/du Perron/Vranken*, Towards a European Civil Code, S. 267 (273):

> „It may in the end turn out that the German model is to be preferred and the category of ‚ignorance' expunged from the English law of restitution."

autonomous unjust enrichment in der Regel Leistung, Verwendung und Rückgriff abdeckt, wrongdoing dagegen fast ausschließlich Eingriffsfälle.

Zur scharfen Dichotomie des deutschen Rechts bestehen selbst dann noch große Verschiedenheiten. Schon v. Caemmerer behandelte bezeichnenderweise waiver of tort bzw. „Bereicherung durch unerlaubte Handlung" *neben* der Bereicherungstypologie und nicht *in* ihr. Mit Abstrichen wird man eine Parallele zwischen den Resultaten der alternativen Analyse und der gemeinrechtlichen Trennung von condictio sine causa und condictio ex iniusta causa ziehen dürfen: Die condictio ex iniusta causa setzte im Gegensatz zur condictio sine causa wie das wrongdoing eine qualifizierte rechtswidrige Bereicherung voraus, sowohl condictio sine causa als auch condictio ex iniusta causa konnten sich auf Leistungs- *sowie* Eingriffsfälle beziehen. Im Unterschied zur englischen Lösung waren die Impensen jedoch separiert, die condictio ex iniusta causa konnte abseits der condictio pretii nicht jede mittelbare Bereicherung erfassen.

Eine höhere Konvergenz mit der deutschen Typologie wird gemeinhin dem System von Lord Goff und Jones nachgesagt.[428] Ihre ontologisch anmutenden Hauptgruppen – in der einen hat der Kläger dem Beklagten einen Gegenstand übertragen, in der anderen hat der Beklagte ihn durch ein wrongdoing erlangt – scheinen sich eher mit dem deutschen Recht zu decken.[429] Aber auch der Versuch von Lord Goff und Jones bekennt sich zur alternativen Analyse, so daß von vornherein keine strenge Dichotomie erkennbar ist. Die scheinbare Eingriffsgruppe „Where the Defendant has Acquired the Benefit through his own Wrongful Act" basiert auf dem rechtswidrigen Tun des Bereicherten, nicht jedoch auf der fehlenden Mitwirkungshandlung des Entreicherten. Das System von Lord Goff und Jones hat mit Wittes gemeinrechtlicher Bereicherungstypologie weitaus mehr Ähnlichkeiten als mit v. Caemmerers Lehre. Witte orientierte seine Typologie am tatsächlichen und nicht am rechtlichen Handlungsmodus; daher zog er die Bereicherung aus Verwendung und die Leistungskondiktionen in eine Gruppe zusammen. Nicht die zweckgerichtete Zuwendung war ausschlaggebend, sondern das Handeln durch den Entreicherten, das man beim redlichen Verwender zumeist nicht einmal als willentliche Mehrung fremden Vermögens bezeichnen kann.

Die größten Übereinstimmungen mit dem heutigen deutschen Recht hat zweifellos die Vindikationslehre Virgos. Er entwirrt die Gemengelage aus Sachen- und Schuldrecht und verweist alle dinglichen Rechtsfolgen unter die Kategorie vindication. Fast scheint es, als habe er *Foskett* v *McKeown* vorausgeahnt. Nach deutschem Recht ist es im Anschluß an das gemeine Recht ebenfalls stilprägend, daß die rei vindicatio als Ausfluß des Eigentumsrechts der rechts-

---

[428] Vgl. nur *Werner Lorenz*, in: *Julius v. Staudinger*[13], Vorb. § 812, Rn. 16 f.

[429] Z. B. *Zweigert/Kötz*[3], Rechtsvergleichung, S. 557.

grundlosen Bereicherung gegenübergestellt wird, deren Grundlage nicht die Eigentümerposition, sondern eben die rechtsgrundlose Bereicherung auf Kosten eines anderen ist. In einem weiteren Punkt weist Virgos System ebenfalls signifikante Ähnlichkeiten mit dem deutschen Modell auf: Es wurde bislang nicht genügend beachtet, daß Lord Goffs und Jones' Muster die Grenze des unjust-Grundes mistake sehr weit zu Lasten von ignorance verschoben hat, da die Autoren diese Fallgruppe ablehnen. Unter die Großgruppe „Where the Plaintiff has Himself Conferred the Benefit on the Defendant" fallen somit sogar Fälle, in denen der Kläger zwar unmittelbar die Bereicherung des anderen verursacht, sich indes gar nicht bewußt ist, er habe etwas transferiert.[430] Das „Conferred" beim „Where the Plaintiff has Himself Conferred the Benefit on the Defendant" umfaßt folglich nicht nur willentliche Vermögensverschiebungen, sondern jede vom Entreicherten kausal verursachte Güterbewegung.

Die Vindikationslehre hingegen knüpft an den Zuwendungsbegriff des deutschen Bereicherungsrechts an, für mistake läßt sie einzig Fälle genügen, in denen der Kläger überhaupt weiß, daß er sein Vermögen verschoben hat.[431] Diese Perspektive kommt dem traditionellen deutschen Verständnis schon bedeutend näher, auch wenn vor allem Verwendungen weiterhin unter mistake und somit unter unjust enrichment fallen können. Nicht vergessen werden darf ferner, daß das law of restitution einen beträchtlich weiteren Anwendungsbereich als das deutsche Bereicherungsrecht hat und im Fall des wrongdoing ohne Zögern die indirekte Bereicherung mittels resulting und constructive trust sowie account of profits einbezieht. Über die Gewinnhaftung vermengt sich diese Gruppe mit Präventionsmechanismen, die im deutschen Recht eher bei der angemaßten Eigengeschäftsführung oder im Schadensersatzrecht angesiedelt sind.

XI. Ausblick

Oft wurde betont, hier und dort sei die Entwicklung im einzelnen ungewiß. Trotzdem wird man einige wichtige Leitlinien erkennen können.[432] Den maßgeblichen Ansatzpunkt liefert das tort of negligence, die Haftung für Fahrlässigkeitstaten. Noch zu Beginn des 20. Jahrhunderts existierte im common law keine einheitliche Grundlage für Fahrlässigkeitshaftung, das case law trieb munter seine kasuistischen Blüten. Doch mit Lord Atkins Rede in *Donoghue* v *Stevenson* kam 1932 wie später in *Lipkin Gorman (a firm)* v *Karpnale Ltd* für

---

[430] *Lord Goff of Chieveley/Jones*[5], Law of Restitution, S. 176.

[431] *Virgo*, Principles of the Law of Restitution, S. 142.

[432] Vgl. aus englischer Sicht die Prognose von *Barker/Smith*, in: *Hayton*, Law's Future(s), S. 411–432.

das law of restitution die große Wende:[433] Erstmals wurde ein einheitliches Prinzip formuliert. Diesen Zustand hat das law of restitution bisher nicht überschritten. Die Entwicklung von negligence ging aber bedeutend weiter. Lord Wilberforce entschied in *Anns* v *Merton London Borough Council*,[434] die Zeit sei reif für das prima facie-principle, welches nur durch die „policy" beschränkt sei. In Kanada hat man denselben Status bereits auf dem Gebiet der Restitution erreicht:[435]

> „We are currently in a similar position with regard to unjust enrichment as we are in relation to negligence where we have for some time been abandoning recourse to particularized duties in favour of a generalized duty to one's neighbour, although the process has not yet proceeded as far in the case of restitution."

Damit ist die Geschichte noch nicht zu Ende. Zehn Jahre nach den Aussagen von Lord Wilberforce kehrte die Rechtsprechung mit *Murphy* v *Brentwood District Council* weitgehend zur kasuistischen Methode zurück.[436] Die Richter hatten erkannt, daß ein zu offenes Formular den Anforderungen des Fallrechts nicht gewachsen ist. Wer abstrakte Tatbestände fordert, ist mit richterlichen Einzelfallentscheidungen schlecht bedient. In Kanada zeichnet sich derzeit mit McLachlins Mittelweg gleichfalls eine Gegenbewegung zum „normative principle" ab. Doch ist von der konservativen englischen Rechtsprechung kaum zu erwarten, sie werde jemals die Mittellinie überschreiten. Das kanadische Beispiel und die Entwicklung im Bereich von negligence dürften das House of Lords rechtzeitig zur Korrektur allzu weitgehender Auswüchse wie absence of consideration oder Neubergers kreativem Irrtumsbegriff veranlassen. „Removing a particular harness from a horse does not mean that the horse is intended to run wild."[437] Sämtliche Zügel werden die Lordrichter voraussichtlich nicht abgeben. Selbst die Aufgabe der alten actions und der Trennung von Geldhingabe und anderen Bereicherungsgegenständen bleibt ungewiß.

Wie sich das englische Recht auch entwickeln mag, einfacher als die deutsche Rechtsprechung und Lehre ist es sicherlich nicht. „Der angehende Jurist sollte dahin gebracht werden, wie in England – oder sogar dort – zu studieren, an den leading cases und im distinguishing der Fälle sich ausbilden zu lassen, und so das Recht upon the cases zu lernen."[438] Dieser Satz Horst Heinrich Jakobs zum Thema Bereicherungsrecht und Fallmethode gewinnt vor dem Hintergrund des law of restitution eine neue Perspektive. „The Principles of the Law of Restitution" mit exakt 800 Seiten sind nach Virgos eigenen Worten ein

---

[433] *Donoghue* v *Stevenson* [1932] AC 562, 579–599 (per *Lord Atkin*).
[434] *Anns* v *Merton LBC* [1978] AC 728, bes. 752 f. (per *Lord Wilberforce*).
[435] *White* v *Central Trust Co* (1984) 7 DLR (4d) 236, 246 f. (per *La Forest JA*).
[436] *Murphy* v *Brentwood DC* [1991] 1 AC 398, 438 (CA und HL).
[437] *Klippert*, Unjust Enrichment, S. 41.
[438] *Jakobs*, in: ZIP 1994, S. 9 (14).

textbook, also ein Lehrbuch, das fast genauso umfangreich ist wie die Enzyklopädie von Lord Goff und Jones. Wohlgemerkt, die aufgezählten Werke sind nur die Kommentarliteratur, das *eigentliche* Recht muß sich der englische Student beispielsweise anhand der „Cases and Materials on the Law of Restitution“ von Burrows und McKendrick auf mehr als 900 Seiten separat erarbeiten. Man fragt sich, ob die akademische Lehre in Deutschland ungeachtet der Qualität der englischen Literatur nicht in der glücklicheren Position ist, wenn die wohl fortschrittlichste Lehrdarstellung des Bereicherungsrechts bei Canaris gerade einmal 221 Seiten umfaßt. Im civil law ist es daher zumindest noch möglich, das Bereicherungsrecht in den normalen studentischen Prüfungsstoff einzubeziehen, während man es in England in der Regel aus guten Gründen in einen eigenen Graduiertenkurs verschoben hat. Deutsche Studenten, die in England die Fallrechtsmethode lernen wollen, werden sich mit anderen Materien bescheiden müssen, wenn sie sich „upon the cases“ distinguieren wollen.

Dritter Teil

Europäischer Ausblick

§ 8 Prinzipielle Vorüberlegungen

Das deutsche Bereicherungs- und das englische Restitutionsrecht haben, wie sich gezeigt hat, in ihrer Struktur viele Gemeinsamkeiten, aber auch signifikante Unterschiede. Die Rechtsvergleichung darf an dieser Schwelle allerdings nicht stehenbleiben; konkrete Rechtsinstitutionen sind immer nur funktionaler Ausdruck bestimmter Wertungen, also Implementationen von Rechtsprinzipien. Gerade im europäischen Diskurs ist eine eingehende Analyse der hinter dem Rechtsgebiet der rechtsgrundlosen Bereicherung stehenden Werte erforderlich. Es wäre wenig förderlich, nur die „praktische" rechtstechnische Ausgestaltung zu erörtern, da es eine bare Selbstverständlichkeit ist, daß die Rechtsinstitutionen je nach Land unterschiedlich ausgestaltet sind. Über den europäischen Ausblick hinaus hilft die Prinzipienbildung im dogmatischen Alltagsgeschäft des deutschen Bereicherungsrechts, sich auf die Grundlinien des Rechtsgebiets zurückzubesinnen.

I. Rechtsprinzipien

Aus dem historischen, rechtsvergleichenden und dogmatischen Material sollen mit Schwerpunkt auf dem deutschen Recht die Rechtsprinzipien herausgefiltert werden, welche die Rückabwicklung rechtsgrundloser Vermögensbewegungen bestimmen.[1] Bevor die Einzelanalyse der Rechtsprinzipien erfolgen kann, muß zuvor das Verhältnis des Bereicherungsrechts und seiner Rechtsprinzipien zu allgemeinen Methodeninstrumentarien und Topoi geklärt werden.[2]

---

[1] Dazu bereits *Bydlinski*, System und Prinzipien, bes. S. 233–279.

[2] Zum Verhältnis Bereicherungsrecht und Generalklausel bereits zu Beginn auf S. 77.

1. Rechtsprinzipien und „Bewegliches System"

Ein Mittel, Rechtsprinzipien zu katalogisieren und ihr Gewicht zu bestimmen, könnte das sogenannte „Bewegliche System" sein, das Walter Wilburg vor nunmehr fast 60 Jahren entwickelte.[3] Der Ausdruck „Bewegliches System" ist ein schillernder Begriff, der auf den Tatbestand, die Rechtsfolgen und kombiniert auf beide verwandt wird. Die Fachliteratur diskutiert die Methode kontrovers, zumindest Rechtsprinzipien scheinen auf den ersten Blick den idealen Anwendungsfall für diese Denkfigur zu bilden.[4] Denn Prinzipien haben ein bestimmtes Gewicht, sie sind untereinander abzuwägen, bevor ihre Applikation erfolgen kann. Auch die Elemente des Beweglichen Systems sind miteinander in Ausgleich zu bringen, ehe der unmittelbare Normbefehl ermittelt ist. Bei näherer Betrachtung ergeben sich bedeutende Unterschiede: Im Beweglichen System sollen die Elemente grundsätzlich das gleiche argumentative Gewicht haben;[5] Rechtsprinzipien weisen demgegenüber sehr oft unterschiedliche argumentative Stärke auf. Beispielsweise ließe sich ein hierarchischer Prinzipienkanon entwickeln.

Speziell zum Bereicherungsrecht ergeben sich jenseits der Prinzipienebene Zweifel aus der konkreten Normstruktur der Rechtsinstitution. § 812 BGB ist schon dem Tatbestand nach kein Bewegliches System, die Tatbestandsmerkmale „auf dessen Kosten", „ohne rechtlichen Grund" und „erlangt" sind ebensowenig gegeneinander abzuwägen wie die Tatbestandsvarianten „in sonstiger Weise" und „Leistung". Die Struktur des Tatbestandes ist durch ein striktes Entweder-Oder vorgegeben. Das Bewegliche System kann nur für die Auslegung der einzelnen Tatbestandsmerkmale herangezogen werden. Auch die verschiedenen Merkmale des englischen principle of unjust enrichment sind keine Ele-

---

[3] Siehe nur die Nachweise bei *Bydlinski*, in: *ders./Krejci/Schilcher/Steininger*, Bewegliches System, S. 21 (22–27). Aus der Vielzahl an Literatur zum Thema seien hervorgehoben: Allgemein positiv etwa *Viehweg*, Topik und Jurisprudenz, S. 105–110; kritisch etwa *Pawlowski*, Methodenlehre, Rn. 230. Positiv speziell zum Bereicherungsrecht vor allem *Flessner*, in: *Bydlinski/Krejci/Schilcher/Steininger*, Bewegliches System, S. 159–176 (allerdings ohne konkrete Methodenanleitung); zustimmend *Hepting*, in: AcP, Bd. 188 (1988), S. 76 (81); *Westerhoff*, Bewegliches System, S. 31–35; grundsätzlich auch *Esser/Weyers*[8], Schuldrecht, Bd. II/2, § 47, 1 f (S. 33); zum Bereicherungswegfall *Flessner*, Wegfall der Bereicherung, S. 112; im Hinblick auf die allgemeine Rechtspraxis *Frank O. Fischer*, in: AcP, Bd. 197 (1997), S. 589–608, alle m. w. N.

Gegen *Flessners* Ansatz zum Bereicherungswegfall viele, z. B. *Larenz/Canaris*, Schuldrecht, Bd. II/2, § 73 I 6 a (S. 308 f.): mit der lex lata nicht zu vereinbaren, obwohl *Canaris* selbst an anderen Stellen, z. B. dem Schadensersatzrecht, der Methode durchaus zugeneigt ist; speziell gegen *Flessners* Beitrag in: *Bydlinski/Krejci/Schilcher/Steininger*, Bewegliches System *Canaris*, in: Festschrift für *Kitagawa*, S. 59 (82).

[4] In diese Richtung *Bydlinski*, in: *ders./Krejci/Schilcher/Steininger*, Bewegliches System, S. 21 (23).

[5] *Westerhoff*, Bewegliches System, S. 92.

mente im Sinne Wilburgs. Das ist selbst dann der Fall, wenn man den Begriff „principle“ als präskriptive Leitlinie und nicht als festen Tatbestand interpretiert. Wissenschaftsgeschichtliche Verdienste mögen der Methode nicht abzusprechen sein. Mit dem Beweglichen System, das mehr einem Schlagwort als einer festumrissenen Methode gleicht, ist für das Verhältnis der verschiedenen Rechtsprinzipien zueinander wenig gewonnen.

2. Rechtsprinzipien und Billigkeit

Neben dem Beweglichen System wirft die Billigkeit Fragen in ihrem Verhältnis zur rechtsgrundlosen Bereicherung auf. Wer das Bereicherungsrecht mit Rechtsprinzipien verbindet, könnte sich dem Verdacht aussetzen, er wolle § 812 Abs. 1 S. 1 BGB zur Billigkeitsklausel, sozusagen zu Recht „höherer Art“ erklären. Bereits im gemeinen Recht wurden „aequitas“ und „bonum et aequum“ oft als Grundgedanken des Bereicherungsrechts zitiert, nicht einmal v. Savigny zögerte, in seiner Pandektenvorlesung die Billigkeit als Grund und treibende Kraft der Expansion des Rechtsgebiets hervorzuheben. Derselben Versuchung erlag Lord Mansfield in England. Selbst heute beruft sich nicht nur die deutsche Rechtsprechung darauf, die Ausgleichsvorschriften über die rechtsgrundlose Bereicherung seien Billigkeitsrecht.[6] Zu Umverteilungswünschen ist es dann unter bestimmten Umständen kein weiter Weg mehr.[7] Die critical legal studies movement unternahm etwa den Versuch, das anglo-amerikanische law of restitution als Baustein ihres „superliberalism“ zu etablieren.[8] Die besondere „Billigkeit“ des Bereicherungsrechts wird zur nachgeschobenen Legitimation ge-

[6] Etwa *Helmut Haas*, Bereicherung in moderner Sicht, S. 9; *Knackstedt*, Verwendungsbegriff, S. 40; *Heinz Thomas*, in: *Palandt*[59], Vorb. § 812, Rn. 2; tendenziell auch *Jürgen Kohler*, Gestörte Rückabwicklung, bes. S. 127, 755, speziell zu § 818 Abs. 3 BGB; differenzierend nach Grundlage und Inhalt des Bereicherungsanspruchs *Heimann-Trosien*, in: RGRK[12], Vorb. § 812, Rn. 4; aus schweizerischer Sicht bes. *Kaufmann-Bütschli*, Ungerechtfertigte Bereicherung, S. 59–71. Zur deutschen Rspr. sei auf die Darstellung oben ab S. 332 und 380 verwiesen.

Anders die heute h. L., siehe nur *Koppensteiner/Kramer*, Ungerechtfertigte Bereicherung, § 1 II (S. 2 f.); *Wacke*, in: Beiträge zum Privatrecht, S. 131 (143); *Harm Peter Westermann*, in: *Erman*[10], Vorb. § 812, Rn. 2; *Lutz-Christian Wolff*, Zuwendungsrisiko und Restitutionsinteresse, S. 190, m. w. N.; klassisch bereits die Aussage *v. Caemmerers*, in: Festschrift für *Rabel*, S. 333 (338) = Gesammelte Schriften, Bd. 1, S. 209 (215): „Das Bereicherungsrecht ist kein Recht höherer Ordnung.“ Selbst Vertreter der Einheitslehre sprechen sich dagegen aus, siehe *Lieb*, in: Münchener Kommentar, § 812, Rn. 19 f.

Vgl. allgemein zur Billigkeit *v. Hoyningen-Huene*, Billigkeit, S. 12–126; zur ideengeschichtlichen Entwicklung *Ingolf Pernice*, Billigkeit, S. 29–139. Zum englischen Recht oben auf S. 567.

[7] Vgl. *Knieper*, in: KJ, Bd. 13 (1980), S. 117 (129 f.).

[8] *Roberto Mangabeira Unger*, in: (1982–83) 96 HarvardLR 561, 620 f.

wünschter Resultate. Wer diesem Vorgehen zustimmt, muß in der Billigkeit den „weichen“ Gegensatz zum „harten“ geformten Recht sehen.[9] Damit würde indessen der Gehalt der Billigkeit verkannt, denn demjenigen, dem ein Vorteil erwächst, steht stets ein anderer gegenüber, der ungeachtet bestehender Gesetze das Nachsehen haben soll.[10] Die Billigkeit muß deswegen auf andere Art integriert werden, sonst wäre sie der „Feind der Gerechtigkeit“.[11]

In der Rechtsphilosophie schlägt man trotz Meinungsverschiedenheiten daher einen alternativen Weg ein. Den ältesten Anknüpfungspunkt lieferte Aristoteles: Er erblickte auf der einen Seite das allgemeine Gesetz, auf der anderen Seite die Fallgerechtigkeit. Es sei „im Sinne des Gesetzgebers selbst“, „an der Stelle, wo uns der Gesetzgeber im Stiche läßt und durch seine vereinfachende Bestimmung einen Fehler verursacht hat, das Versäumnis [...] zu berichtigen“. Die Billigkeit in concreto sei eine höhere Form als das „infolge seiner allgemeinen Fassung Fehlern unterworfene Gerechte“, wertvoller als das Gesetz. Die Billigkeit sei nichts anderes als die Ausfüllung der Lücken im Gesetz.[12] Andere gewichtige Stimmen sprechen der Billigkeit jedweden praktischen Wert ab. Kant zum Beispiel sah den Begriff sehr skeptisch. Für ihn ist die Billigkeit (aequitas) der Gegensatz zum gesetzten Recht (ius strictum). Eine Berufung auf die Billigkeit sei zwecklos, denn ein Gerichtshof der Billigkeit sei ein Widerspruch in sich.[13]

Welcher Billigkeitskonzeption man auch anhängt, eines muß evident sein: Nicht einmal Aristoteles mochte einer unbeschränkten Billigkeitsjurisprudenz den Weg bereiten; selbst für ihn bedurfte es besonderer qualifizierter Umstände. Die heutige Methodenlehre hat mit der Analogie, der teleologischen Extension und Reduktion ihre passenden Instrumentarien zur Korrektur offener oder verdeckter Gesetzeslücken gefunden. Sind die Ergebnisse immer noch nicht „stimmig“, kann mittels § 242 BGB (zum Beispiel Wegfall der Geschäftsgrundlage) korrigiert werden. Methodisch strukturiertes Recht und willkürliche Billigkeit zeigen sich als Maximen, die für jeden der angeführten Philosophen Antagonismen sind. Und wenn Gustav Radbruch einmal festgehalten hat, die Billigkeit müsse sich zum allgemeinen Gesetz erheben lassen,[14] wird der Widerspruch dadurch nicht aufgehoben: Die abstrahierte Billigkeit ist keine „Billigkeit“ im eigentlichen Sinne mehr, sondern die Kongruenz von formellem Gesetz und in-

---

[9] Etwa *Sauer*, Gerechtigkeit, S. 137: die Billigkeit sei die „milde Seite“ der Gerechtigkeit.

[10] I. E. auch *Henkel*, Rechtsphilosophie, § 33 II 1 (S. 420); *Rümelin*, Billigkeit, S. 7.

[11] *Schopenhauer*, Grundlage der Moral, § 17 (S. 755).

[12] Alle Zitate nach *Aristoteles*, Nikomachische Ethik, S. 149 [1137b].

[13] Alle Zitate nach *Kant*, Metaphysik der Sitten, Bd. 1, S. 43 [234 f.].

[14] *Radbruch*, Rechtsphilosophie, S. 37 [31 Originalausgabe]; mit ähnlichen Gedanken *Henkel*, Rechtsphilosophie, § 33 III 1 (S. 422).

haltlicher Gerechtigkeit.[15] Das Bereicherungsrecht kann deshalb kein Ausdruck „höherer Ordnung" sein; die Materie ist durch ihrer Kodifikation eindeutig der Sphäre abstrakter und methodologisch beherrschbarer Gesetze zugewiesen. Wie bei den übrigen Rechtsinstitutionen gibt es Berührungspunkte zur Billigkeit, sie sind aber keineswegs „höherer" Art.[16] Die Feststellung, daß die §§ 812 ff. BGB wie jede andere Kodifikation der Materie eine gerechte Lösung der Interessen des Ent- und Bereicherten repräsentieren müssen, ist eine Selbstverständlichkeit. Für eine „palm-tree justice" bleibt im Bereicherungsrecht kein Platz, selbst nicht in schwierigen Mehrpersonenverhältnissen.

3. Bereicherungsrecht und Gesamtrechtsordnung

Wenn bestimmte Rechtsprinzipien dem Bereicherungsrecht unterliegen sollen, dann fragt es sich, aus welchen Quellen sie zu gewinnen sind. Rechtsprinzipien dürfen nicht freihändig erfunden werden, sondern müssen zwecks Legitimation in einen qualifizierten methodologischen Kontext eingebunden sein. Sonst könnten sie kaum als Rechtfertigung und Auslegungshilfe zu § 812 BGB dienen, wenn mit ihnen Wertungen in die auszulegende Norm eingeführt würden, die nicht dem Methodenkanon der Auslegung genügen. Folglich liegt es nahe, zur Gewinnung von Rechtsprinzipien auf Auslegungskriterien zurückzugreifen, die bei Rechtsregeln angewendet werden: rechtsvergleichender und geschichtlicher Kontext, Systematik und Teleologie.

Zum ersten können Rechtsprinzipien aus der Entwicklung der Rechtsinstitution gewonnen werden. Zu erörtern ist, welche Leitbilder die Rechtsanwender und Gesetzgeber bei der Normanwendung und Kodifikation vor Augen hatten, welche Strukturprinzipien sie verwirklicht sehen wollten, um Rationalität und Homogenität des Rechtsgebiets zu wahren. Dafür kommen in erster Linie der vielzitierte Pomponius-Satz und die Aristotelische Gerechtigkeitsvorstellung in Betracht. Neben ihnen wird in der Dogmengeschichte und in rechtsvergleichender Perspektive in England zwar oft auf die rechtsgrundlose Bereicherung auf Kosten eines anderen rekurriert. Heute, nach Aufgabe des römischen case law, ist der Satz aber schon in § 812 Abs. 1 S. 1 BGB unmittelbar als Rechtsregel niedergelegt. Nichts anderes könnte für ein zukünftiges Europäisches Zivilgesetzbuch gelten. Der Satz mag in der vorkodifikatorischen Zeit und im englischen Fallrecht in der normlogischen Form des Rechtsprinzips einen selbständigen Platz neben der eigentlichen Rechtsanwendung aus den Gesetzesquellen einnehmen. Auf der Basis des Bürgerlichen Gesetzbuchs jedoch wäre es eine Tautologie, den Satz sowohl auf der Tatbestands- als auch der Prinzipienebene

---

[15] Vgl. auch *Schroth*, in: ARSP, Bd. 83 (1997), S. 483 (500).

[16] Siehe nur *Wilburg*, Ungerechtfertigte Bereicherung, S. 18–21.

zu lokalisieren. Es ist auf Prinzipienebene nicht möglich, die Wertungen aus den Tatbestandsmerkmalen der §§ 812 ff. BGB selbst zu entwickeln.[17]

Noch deutlicher wird dieses Portabilitätsproblem im law of restitution, das durch die Fallrechtsmethode in weit höherem Maße als eine Kodifikation auf der Anwendungsebene an konkreten Wertungen des Einzelfalls ausgerichtet ist. Die unjust-Gründe verweisen allgemein auf andere Rechtsgebiete, die Bereicherungsherausgabe beim wrongdoing ist „parasitär" zum law of torts und equity. Besonders McLachlin weist darauf hin, wie sehr der abstrakte Satz der rechtsgrundlosen Bereicherung auf Kosten eines anderen mit der konkreten Rechtsanwendung rückgekoppelt werden muß. Genausowenig weiter führt der Fokus auf die Bereicherung: Sie stellt einseitig auf die Rechtsfolgen ab, ohne die Restitutionsgründe näher zu beleuchten, die zur puren Bereicherung hinzutreten müssen. Bereicherungen ereignen sich überall und allenthalben, ohne Sanktionen nach sich zu ziehen.

Aus teleologisch-systematischer Sicht haben sich in jüngerer Zeit noch weitere grundlegende Rechtsprinzipien zum Bereicherungsrecht herauskristallisiert. Dabei ist vor allem an die Privatautonomie, die Rechtsfortwirkung und das Abstraktionsprinzip zu denken. Sie sind alle in anderen Rechtsinstitutionen des Bürgerlichen Gesetzbuches berücksichtigt, nämlich in den Regeln über Rechtsgeschäfte, unerlaubte Handlungen, Aufopferungsansprüche und dingliche Verfügungen. Andere mögliche Rechtsprinzipien, etwa ein Risikoprinzip für Anweisungsfälle, ein nach dem Vorbild des law of restitution entwickeltes restriktives Prinzip für die aufgedrängte Bereicherung, Gewinnherausgabe zur Prophylaxe zukünftiger Pflichtverletzungen oder ein Prinzip des vitiösen Willens für den Leistungsbereich sollen hier nicht näher behandelt werden. Sie sind allein sektoral im Bereicherungsrecht verwendbar und helfen nicht weiter, das Grundproblem nach Einheit oder Trennung auf Prinzipienebene näher zu klären: Falls bereits die allgemeinsten Prinzipien dem Bereicherungsrecht keine universelle Legitimation zu vermitteln imstande sind, dann beweisen die konkreteren „Prinzipien" – bei denen man teilweise zweifeln kann, ob sie normlogisch gesehen überhaupt noch Rechtsprinzipiencharakter aufweisen – nur zusätzlich die Aufspaltung des Rechtsgebiets.

---

[17] An dieser Stelle sei auch auf die Paralleldiskussion bei der konkreten Rechtsanwendung hingewiesen, ob das Bereicherungsrecht autonom oder nur heteronom im systematischen Kontext erklärt werden könne. Bes. für letztere Möglichkeit *v. Caemmerer*, in: Festschrift für *Rabel*, S. 333 (342 f.) = Gesammelte Schriften, Bd. 1, S. 209 (218 f.): Die eigentlichen Gründe für die Rückabwicklung seien außerhalb des technischen Bereicherungsrechts zu finden; ähnlich *Esser/Weyers*[8], Schuldrecht, Bd. II/2, § 47, 1 d (S. 30 f.); *Kellmann*, Grundsätze der Gewinnhaftung, S. 106 f., Fn. 192. Eher abschwächend und die Autonomie des Rechtsgebiets betonend *Reuter/Martinek*, Ungerechtfertigte Bereicherung, § 3 III 1 (S. 52–56).

4. Rechtsprinzipien im einzelnen

Weitaus erfolgversprechender als die Billigkeit erscheinen somit die Versuche, auf Faktoren zurückzugreifen, die bisher bei der Ausbildung der Materie eine überragende Rolle als Legitimationskonstanten spielten und nicht systemfremd wie die Billigkeit sozusagen „neben" der Materie stehen.

a) Pomponius-Satz

Als wenig hilfreich erweist sich zunächst allerdings das Erbe des Pomponius in D. 12, 6, 14 und 50, 17, 206, daß sich niemand zum Schaden eines anderen bereichern dürfe. Die gesamte Dogmengeschichte ist von diesem Satz durchzogen. Den Gelehrten des usus modernus war er im Verbund mit der Billigkeit oftmals Grundlage der Kondiktionen, Christian Wolff übernahm ihn in seine Rechtslehre. Im 19. Jahrhundert blitzte der trügerische Schein aus Byzanz vor allem in Sells Monographie auf; noch Siebenhaars kühne Vorlage ist unter dem Eindruck der allgemeinen Formel entstanden. Die Suggestivkraft des Pomponius ist auf zwei Gründe zurückzuführen: „Niemand darf sich mit dem Schaden eines anderen bereichern" trägt die moralische Legitimation in sich, weiterer Werte bedarf es nicht mehr, um aus dem Satz zu argumentieren. Zweitens gab die Enunziation schon zu Zeiten der weit zersplitterten Kondiktionen *die* allgemeine Klage vor, nach der rational gestimmte Gelehrte verlangten. Heute ist der letztere Punkt nach Einführung der Generalklausel § 812 BGB obsolet.

Doch immer noch könnte die Pomponius-Formel als legitimatorische Erklärung des Bereicherungsrechts dienen. Da der Satz aber um die Rechtsgrundlosigkeit verkürzt ist, führt er zur Haltung der Einheitslehre, die aus dem abstrakten Haben die Bereicherungshaftung ableitet. Der Einwand, es bestehe eine causa, kann dem einschlägigen Bereicherungstatbestand lediglich als Rechtfertigung entgegengestellt werden.[18] Das ist weder mit dem Gesetzeswortlaut des § 812 BGB noch mit den römischen Quellen zu vereinbaren, die im Gegensatz zu Pomponius das Element „sine causa" als entscheidendes Moment der Kondiktionen betonen. Deshalb sind D. 12, 6, 14 und 50, 17, 206 als Vorbild auf Tatbestands- und Interpretationsebene ungeeignet. Auf Prinzipienebene liefern die Digestenstellen ebenfalls keine schlüssige Legitimation des Bereicherungsrechts. Das Erbe Justinians weist nur auf den falschen Gedanken hin, es bedürfe wie im Deliktsrecht eines realen Vermögensschadens auf der Kondizentenseite, das Bereicherungsrecht sei deshalb eine Art besonderes Schadensersatzrecht. Und nicht zuletzt zeigen die kritischen Stimmen in der früheren Rechtsprechung Englands, daß bei einem um die konkrete Rechtsgrundlosigkeit

---

[18] Nähere Ausführungen mit Kritik bereits oben ab S. 418, 424 und 456.

verkürzten Satz sehr schnell die freie Willkür bei der Rechtsanwendung – die vielzitierte Kadijustiz – zu befürchten ist.[19]

b) Ausgleichende und austeilende Gerechtigkeit

Verheißungsvoller präsentiert sich die Begründung des Bereicherungsrechts über die Gerechtigkeitskonzeption des Aristoteles. Er unterteilte die Gerechtigkeit in zwei grundlegende Kategorien, ausgleichende (iustitia commutativa) und austeilende (iustitia distributiva) Gerechtigkeit.[20] Im Zusammenhang mit dem Bereicherungsrecht sollte man die ausgleichende Gerechtigkeit besser iustitia correctiva nennen, weil die Wendung „commutativa" mehr auf vertragliche Austauschverhältnisse bezogen ist. Die Essenz des Bereicherungsrechts liegt umgekehrt zum Deliktsrecht darin, die Bereicherung der einen Person auf Kosten einer anderen zu korrigieren.[21]

aa) Verhältnis von iustitia correctiva und distributiva

Immer wieder wird in der Literatur behauptet, die Kondiktionen seien nur von der ausgleichenden Gerechtigkeit getragen;[22] das erscheint zu vordergrün-

---

[19] Siehe näher oben auf S. 567.

[20] *Aristoteles*, Nikomachische Ethik, S. 119–152 [1129a–1138b]; vgl. dazu nur *Bien*, in: *Höffe*, Nikomachische Ethik, S. 135–164.

[21] Näher *Bien*, in: *Höffe*, Nikomachische Ethik, S. 135 (145–160); *Dreier*, in: JuS 1996, S. 580 (581), der selbst von „iustitia restitutiva" spricht; *Wendehorst*, Anspruch und Ausgleich, S. 13–15.

[22] Zum deutschen Recht: *Bernhardt*, Bereicherungsanspruch wegen Mißerfolgs, S. 2; *Bydlinski*, System und Prinzipien, S. 235; *v. Caemmerer*, in: Festschrift für *Rabel*, S. 333 (335) = Gesammelte Schriften, Bd. 1, S. 209 (211); *Gott*, Verletzung fremder Immaterialgüterrechte, S. 82; *Helmut Haas*, Bereicherung in moderner Sicht, S. 9; *Henkel*, Rechtsphilosophie, § 32 VIII 3 (S. 416); *Larenz/Canaris*, Schuldrecht, Bd. II/2, § 67 I 1 d (S. 129); *Wuttke*, Ungerechtfertigte Bereicherung, S. 9; *Zippelius*, Rechtsphilosophie, § 34 IV (S. 229 f.); generell gegen die iustitia distributiva als Frage des Zivilrechts *Esser/Weyers*[8], Schuldrecht, Bd. II/2, § 47, 1 a (S. 27); zum Schweizerischen Obligationenrecht *Nietlispach*, Gewinnherausgabe, S. 304; *Schaufelberger*, Bereicherung durch unerlaubte Handlung, S. 9; zum Österreichischen ABGB *Honsell/Mader*, in: Praxiskommentar, Vorb. §§ 1431 ff. ABGB, Rn. 4. Speziell zu § 818 Abs. 3 BGB *Jürgen Kohler*, Gestörte Rückabwicklung, S. 125 f., m. w. N.

Für die austeilende Gerechtigkeit als Fundament tritt dagegen ein *Esser*[3], Schuldrecht, Bd. 2, § 100 I pr. (S. 330); *ders.*[4], a. a. O. (anders noch *Esser*[2], Schuldrecht, § 187, 1 pr. (S. 764): „Die Bereicherungshaftung ist demnach eine Ausgleichshaftung"). Differenzierend *Bälz*, in: Festschrift für *Gernhuber*, S. 3 (21 f.).

Zum anglo-amerikanischen Recht *Peel (Regional Municipality)* v *Canada* (1993) 98 DLR (4d) 140, 165 (per *McLachlin J*); *Barker*, in: (1995) 15 OxJLS 457, 474; allgemein

dig gedacht. Das Recht der rechtsgrundlosen Bereicherung ist sicherlich kein Instrument zur Umverteilung nach einem bestimmten Muster der austeilenden Gerechtigkeit, kein Robin Hood des Zivilrechts. Trotzdem wäre es allzu weitgehend zu behaupten, iustitia correctiva und distributiva seien komplementär und deswegen könne nur eine der beiden Gerechtigkeitsformen im Bereicherungsrecht zum Zug kommen.[23] Austeilende und ausgleichende Gerechtigkeit schließen sich lediglich *prozedural* aus: Das Ergebnis der Zustandskorrektur mittels der ausgleichenden Gerechtigkeit darf nicht durch die intendierte Güterzuordnung der austeilenden Gerechtigkeit vorweggenommen werden. Die prozedurale Exklusivität der iustitia distributiva und correctiva ist keineswegs mit der Annahme gleichzusetzen, die austeilende Gerechtigkeit spiele keine Rolle bei der Definition der betroffenen Rechte, welche durch die ausgleichende Gerechtigkeit nach einem Schadens- oder Bereicherungsfall restituiert werden sollen.[24] Auf dem Gebiet des Bereicherungsrechts findet eine Vermögensverschiebung (im weitesten Sinne) zwischen Bereicherungsgläubiger und -schuldner statt. Der Bereicherte hat etwas erhalten, das dem Entreicherten zugeordnet ist. Über das Bereicherungsrecht soll der ursprüngliche Vermögenszustand vor dem kondiktionsauslösenden Vorgang wiederhergestellt werden. Dies fordert das Gebot der iustitia correctiva. Die iustitia distributiva setzt den Anfangszustand, der restituiert werden soll; sie darf allerdings nicht zielgerichtet eingesetzt werden, um ein Ergebnis zu erreichen, das mit der Vermögenszuordnung unmittelbar vor dem Bereicherungsvorgang nicht übereinstimmt, sondern aus heteronomen Verteilungsgründen davon abweicht.[25]

Bei der Leistungskondiktion stößt man auf keine größeren Schwierigkeiten, die Startwerte der Vermögen vor der Leistung über die iustitia correctiva zu ermitteln. Vom Distributionsgedanken ist die Leistungsrückabwicklung trotz-

---

Fuller/Perdue, in: (1936–37) 46 YaleLJ 52, 56; *Weinrib*, in: [2000] 1 TIL 1, bes. 6, Fn. 6. Weitere Nachweise oben auf S. 600.

[23] Wie hier mit unterschiedlichen Prämissen etwa *Jules L. Coleman*, in: *Bix*, Analyzing Law, S. 257 (306–316): „mixed conception of justice" entgegen der „annulment thesis"; *ders.*, Practice of Principle, S. 41–53; *Gordley*, in: *Owen*, Philosophical Foundations of Tort Law, S. 131 (132–137); *Richard W. Wright*, in: (1991–92) 77 IowaLR 625, 702–710; speziell zum Bereicherungsrecht *Dagan*, in: (1999) 98 MichiganLR 138–166. Dagegen bes. *Perry*, in: *Horder*, Oxford Essays, S. 237–263; *Weinrib*, Idea of Private Law, S. 61–63; siehe zusammenfassend *Benson*, in: (1991–92) 77 IowaLR 515–624; *Röckrath*, in: ARSP, Bd. 83 (1997), S. 506 (518–531); *Lionel D. Smith*, in: (2001) TexasLR Symposium; *Richard W. Wright*, in: *Owen*, Philosophical Foundations of Tort Law, S. 159 (171–174), alle m. w. N.

[24] *Posner*, in: (1981) 10 JLS 187, 190 f.; *ders.*, Economics of Justice, S. 73 f.

[25] Siehe *Richard W. Wright*, in: *Owen*, Philosophical Foundations of Tort Law, S. 159 (173). Wie hier i. E. *Spyridakis*, in: Festgabe für *Sontis*, S. 241 (250): Der Bereicherungsanspruch erhalte die anfänglich durch die „verteilende Gerechtigkeit" statuierte Güterverteilung aufrecht. Dazu stehe der Aufopferungsanspruch im Gegensatz, der auf der „ausgleichenden Gerechtigkeit" beruhe.

dem nicht befreit: § 812 Abs. 1 BGB selbst mag zwar keine Probleme bereiten, dafür kann die Verteilungsfrage im Rahmen von § 818 BGB relevant werden, der über das primär Erlangte hinaus Surrogate dem Kondizenten zuweist. Auch ist die iustitia distributiva kein autonomer Faktor, sondern Voraussetzung für die andere Seite der Gerechtigkeit auf Ausgleich. Die Leistungskondiktion dient daher nicht ausschließlich der Durchsetzung des freien Willens, der Korrektur verfehlter Zwecksetzungen in privatautonomen Vertragsverhältnissen. Der Wille des Leistenden kann wohl die grundsätzliche Rückabwicklung, nicht aber ihre Höhe definitiv vorgeben; zusätzliche objektive Kriterien jenseits des subjektiven Zwecks sind erforderlich, um den Anspruch auszufüllen. Die Leistungskondiktion dient der Restitution der zu Beginn festgelegten Güterzuordnung.

Im Fall der Eingriffskondiktion zeigt der Streit um die schutzfähigen Rechtspositionen noch deutlicher als bei der Leistungskondiktion, daß der Ausgleich bestehender Rechtspositionen das Argumentationspotential bei weitem nicht ausschöpft. Denn das Problem besteht gerade darin, *welche* Rechte und Rechtsgüter überhaupt Ansatzpunkt der ausgleichenden Gerechtigkeit sein sollen. Die iustitia correctiva läßt diese Frage offen. Hier muß die iustitia distributiva einspringen und festlegen, welche Rechte und Marktchancen in welchem Umfang einer bestimmten Person zugeordnet sind. Die Frage stellt sich nicht nur bei der Zuweisungstheorie, sondern auch bei der Rechtswidrigkeitslehre, weil die Rechtswidrigkeit ebenfalls kein apriorischer Wert ist. Die Bemerkung des Bundesgerichtshofs im Fall „Kunstoffhohlprofil I" unter Bezug auf Esser,[26] die Bereicherungshaftung aus Eingriff beruhe „allein auf dem Prinzip der verteilenden Gerechtigkeit", erscheint vielleicht zu einseitig, sie geht aber nicht am „Wesen" des Bereicherungsrechts vorbei, wie es immer wieder in der Literatur vermutet wird.[27]

---

[26] BGH, 30.11.1976 – X ZR 81/72 („Kunststoffhohlprofil I"), in: BGHZ 68, 90 (94). Anders BGH, 19.10.1999 – 5 StR 336/99, in: NJW 2000, S. 297 (298), zur Anordnung des Verfalls gegen Drittbegünstigte nach § 73 Abs. 3 StGB:

> „Bestandteil des allgemeinen Rechtsgrundsatzes, dass eine mit der Rechtsordnung nicht übereinstimmende Vermögenslage auszugleichen ist".

[27] Vgl. allgemein zum Distributionsgedanken im Bereicherungsrecht *Dagan*, Unjust Enrichment, bes. S. 32; *ders.*, in: (1999) 98 MichiganLR 138–166; weiterhin *Heller/Serkin*, in: (1999) 97 MichiganLR 1385–1412; *Lionel D. Smith*, in: (2001) TexasLR Symposium; sowie die Nachweise oben auf S. 694, Fn. 22. *Dagan* spricht sich damit bes. gegen *Weinribs* einseitige Bevorzugung der ausgleichenden Gerechtigkeit aus.

bb) Normativität der Ausgleichsmodi

Die einseitige Betonung der iustitia correctiva führte des weiteren zu längst überwunden geglaubten Problemen beim Tatbestandsmerkmal „auf dessen Kosten".[28] Wer einseitig die ausgleichende Gerechtigkeit im Bereicherungsrecht apostrophiert, legt das Bild vom Nullsummenspiel zugrunde: Gewinn im weitesten Sinne auf der Seite des Bereicherungsschuldners – Bereicherung – und Verlust auf der Seite des Bereicherungsgläubigers – Entreicherung – sollen sich entsprechen. In Leistungsfällen kann man in der Regel davon ausgehen, daß ein Vermögensgegenstand verschoben wird. Sobald aber das Bereicherungs-Entreicherungsparadigma der Kondiktionen ob causam verlassen wird, gerät die ausgleichende Gerechtigkeit auf schwankenden Boden.

Am besten läßt sich das Dilemma am Eingriffsfall demonstrieren, in dem der Beklagte fremdes Vermögen benutzt und sich eine Bereicherung erwirtschaftet, der Kläger aber im Eingriffszeitraum sein Vermögen gar nicht nutzen wollte. Unter schadensersatzrechtlichen Gesichtspunkten erlitt der Kläger keinen konkreten Verlust, weil keine Differenz zwischen dem rechtswidrigen Zustand und der hypothetischen rechtmäßigen Lage feststellbar ist. Der Kläger hätte ohne den Eingriff ebenfalls keinen „Gewinn" gezogen. Die schadensorientierte Betrachtungsweise auf der Entreichertenseite wurde in der ersten Hälfte des vergangenen Jahrhunderts in Deutschland angedacht; Leistungs- und Zuweisungsbegriff kehrten sich bewußt davon ab, um dem Entreicherungsdilemma zu entfliehen. Genau betrachtet sind Bereicherung und Entreicherung nur eine *normative* Frage. Die alte Differenzhypothese hingegen war an schadensersatzrechtlichen Kriterien orientiert, welche vordergründig das Verteilungsproblem umgehen konnten.

Der Ausgleich im Bereicherungsrecht dagegen gibt sich schuldnerzentriert. Entscheidend ist die Bereicherung auf der Schuldnerseite. Dem könnte man andererseits entgegenhalten, dies sei ein bloßer Zirkelschluß, weil „auf dessen Kosten" immer einen Verlust voraussetze, also Profit und Schaden sich immer gegenseitig bedingten. Vor allem § 818 Abs. 3 BGB mahnt uns jedoch, den Blick zuerst auf den Bereicherungsschuldner zu richten. Wurde seine Vermögensposition verbessert, sollte es für den Bereicherungsanspruch irrelevant sein, daß seinem Gewinn kein unmittelbarer Vermögensverlust auf der Gläubigerseite gegenübersteht. Das allgemeine Persönlichkeitsrecht mag kein beliebig kommerzialisier- und transferierbares Recht sein; es ist vielmehr ein Rechtsgut. Erzielt der Eingreifer aber eine Bereicherung unter Integritätsverletzung des Persönlichkeitsrechts, darf die Bereicherungsherausgabe nicht an der fehlenden

---

[28] Siehe bereits die Untersuchungen zum gemeinen Recht ab S. 135, 147, 200, 271, zum deutschen Recht ab S. 315, 336, 362, 371, 395, 464 und zum englischen Recht ab S. 554, 581, 589.

differenzmäßigen Vermögensverschiebung vom Kondizenten zum Eingreifer scheitern: Die iustitia distributiva zwingt zur Umverteilung der causa-losen Bereicherung, ansonsten entstünde eine rechtsgrundlose Vermögenslage auf der Bereichertenseite. Ohne die Verteilungsperspektive wären die beiden Eckpunkte der iustitia correctiva nicht zu ermitteln. Bereicherung und Entreicherung sind normative Begriffe, die sich aus der dem Bereicherungsrecht zugrundeliegenden Wertung der ausgleichenden *und* austeilenden Gerechtigkeit definieren.[29]

Folglich weist der Begriff „Vermögensverschiebung" unter dem Vermögensaspekt lediglich noch auf die durch Rechtsverletzung veranlaßte Vermögensbereicherung des Schuldners hin. Er muß in der Tat in seinem Vermögen bereichert sein, sonst könnte er den Bereicherungswegfall geltend machen. Der tatsächliche Vermögensschaden auf Kondizentenseite darf bei normativ-distributiver Betrachtungsweise des Begriffs „Vermögensverschiebung" nicht mehr entscheidend sein. Im Fall der Eingriffskondiktion ist vielmehr die Frage ausschlaggebend, ob der Schuldner ein Recht oder Rechtsgut des Gläubigers verletzt hat und er im Anschluß daran eine Vermögensbereicherung in Händen hält. Bei Immaterialgüterrechten wäre das zum Beispiel die abstrakte Nutzungsmöglichkeit des Rechts, beim allgemeinen Persönlichkeitsrecht die Dispositionsmacht über das Rechtsgut selbst. Trotzdem muß der Begriff „Vermögensverschiebung" mangels realer Vermögensminderung auf Kondizentenseite keineswegs aufgegeben werden: Die Bereicherung des Schuldners erfolgt nicht voraussetzungslos aus seiner eigenen Rechtssphäre; normativ gesehen geht sie „auf Kosten" des verletzten Rechtsinhabers.

Aus dieser Perspektive besteht zwischen der Vermögensverschiebungslehre und dem Leistungs- resp. Zuweisungsbegriff kein substantieller Unterschied mehr. Die normativ verstandene Vermögensverschiebung setzt keinen faktischen Schaden auf der Klägerseite voraus. Das Reichsgericht stellte bereits vor 1900 zum Urheberrecht klar, eine Bereicherung sei von einem tatsächlichen „Verlust" des verletzten Rechtsgutinhabers unabhängig. Auch die Figur der abstrakten Vermögensverschiebung birgt bereits dieses normative Potential in sich. Die aktuelle Dogmatik von Leistung und Zuweisung ging einen anderen Weg; anstatt die Vermögensverschiebung grundlegend zu normativieren, eliminierte sie „auf dessen Kosten" fast ganz und verlegte sich auf Begrifflichkeiten in Form von Leistung und Zuweisung. Die einzige Differenz zu einer wertungsorientierten Vermögensverschiebung liegt darin, daß der Verlust erst gar nicht mehr normativ aufgewertet werden muß, um ihn universell einsetzen zu können. Der Wandel von der Begriffs- zur Wertungsjurisprudenz war wohl der

[29] Dazu die Überlegungen bei *Weinrib*, Idea of Private Law, S. 117 f. *Weinrib* verficht freilich die Normativität, obwohl er sich nicht zum Distributionsprinzip bekennen will. *Neyers*, in: (1998) 11 CJLJ 311, 320–327, stimmt *Weinrib* grundsätzlich zu.

entscheidende Hebel, um sich von „auf dessen Kosten" zu emanzipieren. Besinnt man sich auf den Gesetzeswortlaut zurück, muß das Kostenmerkmal wieder für die Leistungskondiktion gelten. Die „Leistung" wird daneben nicht ausgeschaltet, sie bestimmt vielmehr den Bereicherungstatbestand weiterhin maßgeblich als Legaldefinition von „auf dessen Kosten".[30]

cc) Zwischenfazit

Ausgleichende und austeilende Gerechtigkeit können gemeinsam das Bereicherungsrecht unter einem universellen Gesichtspunkt erklären. Insofern weisen sie auf einen einheitlichen Gedanken auf Prinzipienebene hin. Er bedarf allerdings der Umsetzung im Gesetz und der damit verbundenen Fallanwendung. Auf Tatbestands- und Interpretationsebene bleibt es daher beim Trennungsmodell. Da Rechtsprinzipien die Leitfunktion bei der Auslegung einnehmen, wird die Frage bedeutsam, auf welche Weise sich das einheitliche Prinzip im Subsumtionsprozeß auswirkt. Darauf kann weder allein die austeilende noch die ausgleichende Gerechtigkeit Antwort geben. Denn die Maßstäbe, anhand derer die Distribution erfolgen soll, müssen von Fall zu Fall ermittelt werden. Die iustitia distributiva bedarf der Ergänzung durch andere Rechtsprinzipien, um einen näheren Aussagegehalt zu erlangen. Sie sind im Folgenden zu untersuchen.

Nicht anders ist es mit der ausgleichenden Gerechtigkeit bestellt. Prima facie vermeint sie den Ausgleich der Bereicherung zugunsten des Entreicherten unmittelbar, ohne Umwege zu fordern. Die iustitia correctiva legt indes fest, daß Gewinn und Verlust ausgeglichen werden sollen. Wie das konkret umgesetzt werden muß, ist eine zweite Frage.[31] So könnte man sich vorstellen, ähnlich wie im Arbeitsrecht mit SGB VII §§ 104 ff. einen Versicherungspool für Bereicherungshandlungen einzurichten, aus dem jeder Entreicherte entschädigt wird und in den jeder Bereicherte einzuzahlen hat. Die Herausgabe der Bereicherung

---

[30] Näher bereits oben ab S. 464.

[31] Grundlegend *Jules L. Coleman*, bspw. in: (1987) 63 Chicago-KentLR 451, bes. 460–464; *ders.*, in: (1982) 11 JLS 421, 424–426: „grounds and modes of rectification". Andere Terminologie später bei *Jules L. Coleman*, Risks and Wrongs, bes. S. 369–371: Die Bereicherungsherausgabe basiere nicht auf dem „principle of corrective justice", sondern auf dem „principle of restitutionary justice". Näheres zu *Coleman* in der Besprechung bei *Fletcher*, in: (1992–93) 106 HarvardLR 1658–1678; Übersicht über die Entwicklung bei *Matthew H. Kramer*, in: *ders.*, Realm of Legal and Moral Philosophy, S. 135 (135–140), m. w. N.

A. A. als *Coleman* explizit *Weinrib*, in: [2001] 2 TIL 107–159; *ders.*, [2000] 1 TIL 1–37, der den direkten Ausgleich zwischen dem Bereicherten und Entreicherten als *zwingendes* Gebot der iustitia correctiva begreift; dagegen wiederum *Porat*, in: [2001] 2 TIL 161–174.

auf der Seite des Schuldners ist nicht notwendigerweise mit der direkten Restitution an den Kondizenten verbunden. Das entspricht zwar dem Modell des Rechts der rechtsgrundlosen Bereicherung, die iustitia correctiva bleibt jedoch auch für andere Ausgleichsmodi offen.[32] Die ausgleichende Gerechtigkeit bedarf wie ihr distributives Pendant der näheren Konkretisierung, weil beide durch ihren Charakter als Rechtsprinzipien der unmittelbaren Normanwendung in Rechtsregelform verschlossen sind. Erst die Rechtsregel § 812 BGB kommt dem dadurch nach, daß die Herausgabe des Erlangten an den Entreicherten angeordnet wird.

c) Privatautonomie, Rechtsfortwirkung und Zurechnung

Neben dem Gerechtigkeitsprinzip existieren andere Vorstellungen, die das Bereicherungsrecht im ganzen erheblich beeinflußt haben und einen konkreteren Gehalt aufweisen. Zu nennen sind Privatautonomie, Rechtsfortwirkung und Zurechnung. Durch sie werden die allgemeinsten Rechtsprinzipien der austeilenden und ausgleichenden Gerechtigkeit bereits auf Prinzipienebene konkretisiert. Die beiden ersten Begriffe entwickelten sich während des 19. Jahrhunderts; v. Savigny war mit seinem „System des heutigen Römischen Rechts" maßgeblich am Rechtsfortwirkungsgedanken beteiligt, als er ausführte, die Kondiktion sei Ersatz für die verlorengegangene Vindikation.[33] Auch an der Verwirklichung der Privatautonomie nahm er mit seiner Lehre von der juristischen Zwecksetzung in der Pandektenvorlesung Anteil. Die Trennungslehre griff die Bausteine auf und konzipierte mit ihnen große Teile des Kondiktionensystems: Durch die Leistungskondiktion soll primär die Privatautonomie verwirklicht werden.[34] Sie sei deren zweckhafte Verwirklichung in Form eines akzessorischen Rechtsbehelfs, ähnlich den vertraglichen Leistungsstörungen. Hans-Leo Weyers formulierte prägnant, die Leistungskondiktion sei „Reparaturwerkstatt" der Privatautonomie.[35]

Die Eingriffskondiktion als Hauptanwendungsfall der Nichtleistungsfälle soll dagegen dem Schutz von Rechten und Rechtsgütern dienen. Sie baut im Kernbereich auf dem Gedanken der Vindikationsersatzfunktion auf, der am deutlichsten in § 816 Abs. 1 BGB zum Tragen kommt: An die Stelle des Ei-

---

[32] Anmerkung: Mit dem Begriff „Restitution" soll hier allgemein die Herausgabe der Bereicherung bezeichnet werden, ohne den englischen Streit um die Gewinnhaftung und die indirekte Bereicherung („disgorgement") zu entscheiden.

[33] Ausführlich oben ab S. 145.

[34] Siehe z. B. *Werner Lorenz*, in: *Julius v. Staudinger*[13], § 812, Rn. 5. Allgemein zur Privatautonomie etwa *Busch*, Privatautonomie und Kontrahierungszwang, S. 13–109; *Singer*, Selbstbestimmung und Verkehrsschutz, S. 6–44, beide m. w. N.

[35] *Esser/Weyers*[7], Schuldrecht, Bd. II, § 48 II (S. 432).

gentumsrechts als Paradigma der absoluten Rechte und seines vindikatorischen Schutzes tritt die Kondiktion. Ebenso schützt die Eingriffskondiktion beispielsweise Immaterialgüterrechte und das allgemeine Persönlichkeitsrecht, deren Verletzung mangels Vindikationsmöglichkeit kondiktionsrechtlich abgesichert wird. Nicht die Vermögensminderung, also der allgemeine *Vermögensschutz*, sondern der konkrete *Rechtsschutz* steht im Vordergrund. Dadurch wird auf der einen Seite die Gläubigerposition des Aristotelischen Gerechtigkeitsprinzips inhaltlich ausgefüllt. Das Vermögen auf der Schuldnerposition ist auf der anderen Seite Ansatzpunkt zur Abschöpfung der daraus resultierenden Bereicherung.

Die Verwendungskondiktion läßt sich ebenfalls aus dem Blickwinkel des Rechtsfortwirkungsgedankens betrachten: Sie tritt an die Stelle der verlorenen Arbeitskraft oder des verlorenen Eigentums. Nur die seltene Rückgriffskondiktion fällt aus dem Rahmen der Rechtsfortwirkung heraus. Sie ist zu vernachlässigen; rechtshistorisch betrachtet erweitert sie eher die Geschäftsführung ohne Auftrag, als daß sie einen typischen Anwendungsfall der rechtsgrundlosen Bereicherung darstellt. Die entscheidende Frage ist nun, ob die Privatautonomie bei der Leistung und Rechtsgüterschutz auf seiten der Nichtleistung ein Gegensatzpaar sind oder ob sich nicht mindestens eines der Prinzipien universell allen Bereicherungsansprüchen unterlegen läßt.

aa) Rechtsgüterschutz durch Rechtsfortwirkung

Am häufigsten wird die Universalität in der Literatur für den Rechtsgüterschutz durch Rechtsfortwirkung betont. Daher führen viele an, der Gedanke sei auch Grundlage für die Leistungskondiktion.[36] Andere dagegen wollen die Leistung ausdrücklich vom Rechtsgüterschutz ausnehmen.[37] Die Trennlinie in der Kontroverse läuft jedoch keinesfalls entlang der Einheits- und Trennungslehre.

---

[36] Für die Trennungslehre: *Esser/Weyers*[8], Schuldrecht, Bd. II/2, § 47, 3 c (S. 38); *Reuter/Martinek*, Ungerechtfertigte Bereicherung, § 4 I 1, § 7 I 1 (S. 76, 235 f.); *Wilburg*, in: AcP, Bd. 163 (1964), S. 346 (349); tendenziell auch *Fikentscher/Drexl*[9], Schuldrecht, Rn. 1041, 1044; für die Einheitslehren: *Bälz*, in: Festschrift für *Gernhuber*, S. 3 (bes. 5–8, 14, 39 f.); *ders.*, Eingriffsschutz und Opfersicherung, bes. S. 13–20; *Kaehler*, Bereicherungsrecht und Vindikation, S. 43–45: Widerspruch zur gesetzlichen Zuweisung; *Kupisch*, etwa in: JZ 1985, S. 163 (164); *Pinger*, in: AcP, Bd. 179 (1979), S. 301 (bes. 314); *Jan Wilhelm*, Rechtsverletzung und Vermögensentscheidung, etwa S. 192; aus dem älteren Schrifttum *v. Lübtow*, Lehre von der Condictio, S. 26; *Rothoeft*, in: AcP, Bd. 163 (1964), S. 215 (238 f.): „Ausfluß des Grundrechts"; vgl. auch *Bydlinski*, System und Prinzipien, S. 235.

[37] Grundlegend *v. Caemmerer*, in: Festschrift für *Rabel*, S. 333 (353) = Gesammelte Schriften, Bd. 1, S. 209 (230): Leistungskondiktion als Bestandteil des Rechts der Güterbewegung, Eingriffskondiktion als Bestandteil des Güterschutzes. Siehe auch *Hassold*, Leistung im Dreipersonenverhältnis, S. 38.

Viele Autoren im Lager der Trennungslehre können sich vorstellen, der Rechtsgüterschutz sei gemeinsame Grundlage der Kondiktionen. Wenden wir uns zuerst dem einfacheren Fall der Eingriffskondiktion zu, der man gewöhnlicherweise die Rechtsfortwirkung zuordnet: Sie setzt den Eingriff in ein schutzwürdiges Recht oder Rechtsgut durch den anschließend Bereicherten oder einen Dritten voraus. Als Sanktion für die Rechtsverletzung erwächst neben anderen denkbaren Ansprüchen – etwa aus unerlaubter Handlung – ein Anspruch auf Herausgabe der Bereicherung. Die Bereicherungsherausgabe ist an die Verletzung einer Rechtsposition geknüpft, die zu einem teilweisen oder vollständigen Verlust des Rechts selbst, zu einer Beeinträchtigung seiner Nutzungsmöglichkeiten oder zu einer Integritätsverletzung eines Rechtsguts führte. Beispielsweise können das Eigentum verlorengehen, die Nutzungsmöglichkeiten von Rechten entzogen oder ihre bloße Integrität beeinträchtigt werden. Damit ist noch nicht zwangsläufig gesagt, daß die Eingriffskondiktion als Rechtssurrogat tatsächlich die beeinträchtigte Position schützen soll. Denn es ist ebenso denkbar, die Kondiktion diene überindividuellen Zwecken jenseits der Zweipersonenbeziehung von Bereicherungsgläubiger und -schuldner.

Das hat besonders Christian Joerges in seiner These vom Bereicherungsrecht als Wirtschaftsrecht hervorgehoben.[38] Joerges betrachtet das Bereicherungsrecht vor dem Hintergrund der „public policy“, die zu einem „Paradigmenwechsel“ der traditionell verstandenen Kondiktionen hin zum Bereicherungsrecht als Wirtschaftsrecht führe. Wie immer man zu dieser Auffassung stehen will, auch diese Konzeption des Bereicherungsrechts gelangt wie die Trennungslehre zu einer Dichotomie von Leistung und Eingriff: Die Sachprobleme der vertragsförmigen Leistungserbringung unterschieden sich von der des Güterschutzes bei Eingriff derart signifikant, daß eine einheitliche Theorie kaum noch aussichtsreich erscheine. Joerges will auf dem Gebiet der Leistung den eindimensional am subjektiven Willen orientierten Leistungsbegriff durch die public policy ersetzen. Denn die einseitig an der Erwartungshaltung orientierte herkömmliche Sichtweise berücksichtige nicht die bei arbeitsteiliger Leistungserbringung in Mehrpersonenverhältnissen auftretende multilaterale Risikoverteilung, die objektive Ordnungsvorstellung jenseits der Privatautonomie im Zweipersonenverhältnis sei. Der Rollengedanke soll dabei im Anschluß an Ralf Dahrendorf das Methodeninstrument sein, um diese Ordnungsrelationen sichtbar zu machen. Auf dem Gebiet der hier zur Debatte stehenden Eingriffskondiktion vertritt Joerges hingegen die Ansicht, nach dem Wegfall der Quasikon-

---

[38] *Joerges*, Bereicherungsrecht als Wirtschaftsrecht, bes. S. 7–9, 61–76 = AG 1976, S. 281–293, 315–328; *ders.*, in: Alternativkommentar, Vorb. § 812, bes. Rn. 21, 32, 36, mit ökonomisch-soziologischer Deutung des Bereicherungsrechts, insbes. der Lehren *F. C. v. Savignys*. Kritisch zu diesem Ansatz v. a. *Bälz*, in: Festschrift für *Gernhuber*, S. 3 (22 f.); *Köhler*, in: AcP, Bd. 180 (1980), S. 318–321; *Reuter/Martinek*, Ungerechtfertigte Bereicherung, § 3 II (S. 46–51).

traktsdoktrin sei die privatautonome Legitimation überflüssig. Statt dessen möchte er eine nicht näher umschriebene public policy einführen, nach der kritischer als zuvor zu fragen sei, welche Rechtspositionen schutzwürdig sind.

Dazu ist zu bemerken, daß bisher nicht der Beweis erbracht wurde, welche sozioökonomischen Faktoren genau Eingang in die Eingriffskondiktion finden sollen. Wie bei vielen „teleologischen" Argumenten könnte die „public policy" als überindividuelles Kriterium der Willkür des Rechtsanwenders die Tür öffnen. Es stimmt zwar, Güteraustauschvorgänge seien im Wirtschaftsleben kollektiv organisiert, trotzdem müssen die Transaktionen den Individuen zugerechnet werden, um ihre Verantwortlichkeit zu begründen. Das ist gesetzlich durch § 812 BGB festgelegt, der sich für den direkten Ausgleich zwischen dem Entreicherten und Bereicherten und nicht für kollektivrechtliche Lösungen ausspricht. Sich dabei allein auf überindividuelle Zielsetzungen zu berufen, führt zu einem Zirkelschluß; das einzelne Rechtssubjekt ist immer der letzte Maßstab. Die austeilende Gerechtigkeit ist vornehmlich ein prozedurales Prinzip, das die Ergebnisse des Bereicherungsrechts nicht vorgibt, sondern umgekehrt durch Restitution kraft ausgleichender Gerechtigkeit geschützt werden will. Es bleibt daher dabei: Die Bereicherungsherausgabe aus Rechtsverletzung wird unmittelbar von den fortwirkenden Rechten im privatrechtlichen gesetzlichen Schuldverhältnis gefordert.

Das trifft im Grundsatz nicht nur auf die Eingriffskondiktion, sondern auch auf die Leistungskondiktion zu. Hier geht wesentlich deutlicher als bei Eingriffshandlungen ein sichtbarer Gegenstand vom Vermögen des einen in das des anderen über. Die objektive Rechtsgrundlosigkeit der Transaktion indiziert, die Vermögensverschiebung beruhe auf einer fehlerhaften Willensbildung des Kondizenten. Er irrt sich über die Existenz eines Verpflichtungsgeschäfts (condictio indebiti), den Eintritt eines Erfolgs (condictio causa data causa non secuta) oder den Wegfall des Verpflichtungsgrundes (condictio ob causam finitam). Wenn der Leistende dem anderen etwas zuwendet, geschieht dies auf der Grundlage eines fehlerhaften Willens. Dem Leistenden wird dadurch verwehrt, den Bereicherungsgegenstand anderweitig einzusetzen, beispielsweise eine tatsächlich bestehende Schuld zu tilgen. Der Makel der defekten Willensbildung überwiegt den Umstand, der Leistende habe sich scheinbar „freiwillig" seiner Sache begeben. Denn hätte er von der Rechtsgrundlosigkeit gewußt, hätte er nicht geleistet. Die Dispositionsmacht über den Leistungsgegenstand muß folglich über den Zuwendungsakt hinaus durch Rückabwicklung geschützt werden.

Zwar greift der Bereicherte nicht aktiv in Rechte des Entreicherten ein und verletzt sie; der anschließende Zustand, die resultierende Bereicherung, beeinträchtigt jedoch fortdauernd die Dispositionsmöglichkeiten des irrtümlich Leistenden. Die Leistungskondiktion stellt nur den Zustand vor der fehlerhaften Transaktion wiederher, die der Leistende so nicht wollte. Auf diese Weise wird die ursprüngliche Verfügungsmöglichkeit des Kondizenten über seine Rechte geschützt. Die Kondiktionen aus Leistung werden hierdurch nicht zu Quasikontrakten, aber das Gesetz läßt die Zweckvorstellungen des Entreicherten über die Rückabwicklung ex lege weiterwirken.

Es wäre danach eine zu einseitige Perspektive, Leistung und Rechtsfortwirkung als exklusive Prinzipien einander gegenüberzustellen.[39] Denn mit der Rechtsfortwirkung wird nicht einspurig die Verlängerung der rei vindicatio bezeichnet, die in der Tat dogmenhistorisch betrachtet den Ausgangspunkt und Kern dieser Lehre bildet. Die Rechtsfortwirkung ist weiter angelegt. Sie bezieht sich auf alle Rechte und Rechtsgüter des Entreicherten und damit auch auf seine Dispositionsmacht darüber. Mit der Kritik am habere sine causa der Einheitslehren steht der aufgezeigte Grundsatz ebenfalls nicht in Konflikt: Da sich die Rechtsfortwirkung auf die Prinzipienebene bezieht, muß sie erst in Tatbestand und Interpretation konkretisiert werden. Sie führt also nicht zur Vermutung, die reine Bereicherung sei per se rechtswidrig. Um die Rechtsgrundlosigkeit festzustellen, bedarf es nach Leistung und Nichtleistung getrennt konkreter Vorgaben.

bb) Zweckvereinbarung versus Zurechnung

Mittelbar unterstützt der Rechtsfortwirkungsgedanke und damit die fortdauernde Zurechnung die Privatautonomie. Bei Eingriffshandlungen wird die Selbstbestimmung des Rechtsinhabers übergangen, mag sie sich auf ein kommerzialisierbares Recht oder das allgemeine Persönlichkeitsrecht beziehen. Bei der Bereicherung durch Leistung ist die Dispositionsmacht durch die fehlerhafte Willensbildung verletzt. Deswegen liegt es nahe, die Privatautonomie neben der Rechtsfortwirkung als einheitsstiftenden Gedanken des Bereicherungsrechts einzustufen. Das verletzte Recht oder Rechtsgut ist nur ein Stellvertreter der privatautonomen Selbstbestimmung des Berechtigten, der mit seinen vermögenswerten Rechten freiverantwortlich verfahren darf. Das wurde bereits mit Jackmans „facilitative theory" angedacht.[40] Dabei wird man Jackmans Thesen aber insofern erweitern müssen, daß das Bereicherungsrecht nicht nur die Rechte zur Durchsetzung der Privatautonomie, sondern darüber hinaus Rechtsgüter wie das allgemeine Persönlichkeitsrecht als ihre Grundvoraussetzung schützen soll.

Gegen diese Überlegungen könnten Anhänger der strikten Trennungslehre Bedenken anmelden: So wird von Weitnauer gegen Canaris und den Zurechnungsbegriff Georg Friedrich Wilhelm Hegels argumentiert, die Zweckverein-

---

[39] Vgl. *Harm Peter Westermann*, in: *Erman[10]*, § 812, Rn. 2.

[40] Siehe näher oben auf S. 665.

barung der Parteien sei das tragende Kriterium der Leistung und ihrer Rückabwicklung. Die Leistungskondiktion sei nicht mit dem Zurechnungsgedanken zu vereinbaren. Die Eingriffskondiktion auf der anderen Seite schöpft ihre Berechtigung aus einem Negativum, dem Eingriff in eine Rechtsposition ohne Willen des Rechtsinhabers.[41] Wenn die Leistungskondiktion aus einer Zweckvereinbarung resultieren soll, steht sie als quasivertraglicher Rechtsbehelf im scharfen Gegensatz zum Eingriff, für den gerade die Nichtbeteiligung des Berechtigten typisch ist. Er konnte nicht vertraglich daran beteiligt sein, die Restitutionsmodalitäten festzulegen. Das beeinträchtigte Recht muß ihm vielmehr objektiv zugerechnet werden.

Weitnauers Bedenken tragen jedoch nur vordergründig den Widerspruch von Zurechnung im Eingriffsfall und Zweckvereinbarung im Leistungsfall. Tiefer betrachtet ist die Konzeption der Imputabilität kein Bruch mit den voluntaristischen Ansätzen Weitnauers. Im Gegenteil: Wenn die Zweckvereinbarungslehre den Gedanken des Vertragsschlusses und damit die Willensfreiheit einführt, ordnet sie sich dem gleichen philosophischen Modell wie die Hegelianer unter. Kant, in dessen Modell von der konstitutiven Bedeutung des Willens für die Gerechtigkeit Weitnauers Vorstellung wohl ihren Urgrund hat,[42] betonte bereits, der Vertrag werde in der sichtbaren Welt durch die „Kausalität der Willkür" sichtbar.[43] An anderer Stelle bezeichnet Kant „die transzendentale Idee der Freiheit", den Begriff „der absoluten Spontaneität der Handlung" als „den eigentlichen Grund der Imputabilität derselben".[44]

Auf der Seite der „Hegelianer" definierte Larenz die Zurechnung in ähnlicher Weise. Für ihn ist die Zurechnung die objektive „Beziehung eines Geschehens auf den Willen" im Gegensatz zur rein zufälligen Kausalität.[45] Zwischen den beiden Systemansätzen besteht kein prinzipieller Unterschied, da beide vom Willen der Vertragsparteien – der eine vom Vertragsschluß, der andere von der willentlichen Kausalität – ausgehen. Kant betont rein vordergründig lediglich die subjektive Seite des Willens und nicht wie Hegel die objektive Äußer-

---

[41] Deutlich *Weitnauer*, in: NJW 1979, S. 2008 (2013); *ders.*, in: NJW 1974, S. 1729 (1734); siehe auch *Schnauder*, in: AcP, Bd. 187 (1987), S. 142 (bes. 146); *ders.*, Leistungskondiktion bei Drittbeziehungen, S. 86 f., insbes. Fn. 76, 80. Vgl. des weiteren *Hassold*, Leistung im Dreipersonenverhältnis, S. 50–56.

[42] Dazu nur *Kant*, Grundlegung zur Metaphysik der Sitten, S. 10–24 [393–405], 71–91 [446–463]. Speziell zum Vertrag *ders.*, Metaphysik der Sitten, Bd. 1, bes. S. 78–82 [271–274].

[43] *Kant*, Metaphysik der Sitten, Bd. 1, S. 81 [273 f.].

[44] *Kant*, Kritik der reinen Vernunft, S. 463 [A448/B476]. Weitere Beispiele in *ders.*, Kritik der praktischen Vernunft, S. 115, 117 [99, 101].

[45] *Larenz*, Hegels Zurechnungslehre, S. 63; vgl. *Hegel*, Philosophie des Rechts, §§ 105–128 (S. 203–242); aus der Literatur *Menegoni*, in: *Siep*, Philosophie des Rechts, S. 125–146.

lichkeit; denn Kant relativiert das Willensmoment, indem er es zum Gerechtigkeitsgaranten erhebt. Am deutlichsten zeigt sich das im abstrakten Leitgedanken, dem Kategorischen Imperativ. Hier fügt Kant ein normatives Element ein, weil nicht jede Verallgemeinerung zum abstrakten Gesetz tatsächlich gewollt sein darf. Auch bei ihm ist also die subjektive Seite niemals voraussetzungslos, vielmehr wird sie ihrerseits von überindividuellen Kriterien korrigiert. Die Aussage, mit Zweckvereinbarung und Zurechnung stünde die Privatautonomie dem Hegelianismus gegenüber, muß daher sehr differenziert betrachtet werden. Nicht Kant und Hegel, sondern deren Interpreten nehmen unversöhnliche Positionen ein.

Bezeichnend ist die Bemerkung v. Caemmerers, es sei Sache der Parteiautonomie, zu bestimmen, wem bestimmte Leistungen *zugerechnet* werden sollen.[46] Es gibt keine rein objektive Zurechnung, sondern nur Verantwortung auf der Grundlage zweckgerichteten Handelns. Auf der anderen Seite kann nicht allein der innere Wille des Leistenden ausschlaggebend sein; fast jede Äußerung im Geschäftsverkehr wird nach dem Empfängerhorizont ausgelegt. Speziell für die Leistungskondiktion hat das zur Folge, daß die Dispositionsmacht stets normativ gesehen werden muß. Das Tatbestandsmerkmal der Rechtsgrundlosigkeit, das den Willensbildungsmangel indiziert, schränkt die Zwecksetzung des Kondizenten auf die Existenz schuldrechtlicher Rechtsgeschäfte ein.

d) Abstraktionsprinzip und Vindikation

Auch die Abstraktion der Vermögensverschiebung von der zu erreichenden Güterzuordnung wird auf seiten der Einheitslehren als tragendes Prinzip aller Kondiktionen angeführt.[47] Für die heutige deutsche Leistungskondiktion trifft es zwar zu, daß die Rückabwicklung zu großen Teilen als Korrektiv des abstrakten Verfügungsgeschäfts fungiert. Und im gemeinen Recht ließ sich vor allem v. Savigny zu der Alternativität von Kondiktion aus verlorenem Eigentum und Vindikation verleiten, während in England die Exklusivitätstheorie zur Bewahrung der ursprünglichen Quadratthese von Birks den bloßen Besitz als tauglichen Bereicherungsgegenstand ausschließt.

Aber selbst bei den Leistungsfällen kommt dem Abstraktionsprinzip keine fundamentale Bedeutung zu – seine Korrektur erfolgt nur im Rahmen der Rechtsfortwirkung und Privatautonomie. Der Gedanke hat keine eigenständige Bedeutung als universelles Rechtsprinzip. Wenn es kein Abstraktionsprinzip gäbe, müßten immer noch Güterbewegungen rückgängig gemacht werden, bei-

---

[46] *v. Caemmerer*, in: Festschrift für *Rabel*, S. 333 (352) = Gesammelte Schriften, Bd. 1, S. 209 (228).

[47] Siehe bereits oben auf S. 406, 418, 424, 456.

spielsweise, wenn der Leistungsempfänger die erlangte Sache verbraucht. Dienstleistungen sind ebenfalls vom Abstraktionsmechanismus unabhängig. Zusätzlich müssen die Fälle der condictio possessionis berücksichtigt werden, die sich gleichfalls nicht mit dem Abstraktionsmuster vereinbaren lassen.

Die Abstraktion stellt in der Tat einen wichtigen Mechanismus zur Verfügung. Sie ist hingegen nicht die ratio der Leistungskondiktion. Auf dem Gebiet der Eingriffskondiktion wird ihre Rolle vollends marginalisiert. Die Einheitslehren behaupten zwar gelegentlich, sogar im Eingriffsfall sei die Bereicherung vom endgültigen Behaltendürfen abstrahiert. Die Bereicherung trage demnach nur einen formellen, jedoch keinen materiellen Rechtsgrund in sich. Materielle Aspekte sollen erst über die causa, verstanden als Rechtfertigungsgrund, eingebracht werden. Abgesehen von den zahlreichen Bedenken hinsichtlich der Rechtsgrundlosigkeit, angefangen von Pomponius bis hin zur Beweislast, ist diese Einschätzung vom Abstraktionsbegriff aus abzulehnen: Abstraktion bedeutet das Weglassen von Tatbestandselementen, die in einer Norm enthalten sein könnten. Beim Verfügungsgeschäft wird das Zweckelement abstrahiert.

Im Fall der Eingriffskondiktion wird dagegen nicht immer der Eigentumsübergang von den Tatbestandselementen der rechtsgrundlosen Bereicherung losgelöst. Das ist für den Sachverbrauch evident, der ein rein tatsächlicher Vorgang ist. Der Vermögensübergang vollzieht sich faktisch, er bedarf keines Übertragungstatbestandes und damit keiner Abstraktion von Fehlergründen. Der Abstraktionsbegriff könnte höchstens untechnisch in dem Sinne eingesetzt werden, daß allein die Bereicherung bezeichnet werden soll, die rechtsgrundlos erfolgt. Dadurch wird jedoch nicht mehr erreicht, als die rechtsgrundlose Bereicherung tautologisch zu beschreiben. Der Abstraktionsgedanke ist folglich untauglich, um die Einheit des Bereicherungsrechts zu begründen.

Bei aller Kritik enthält die Abstraktionsthese einen Funken Wahrheit. Denn die Bereicherungsansprüche stützen sich anders als die Vindikation nicht auf die dingliche Relation des Eigentümers zum Besitzer, sondern auf die nur schuldrechtlich gesicherte Position des Entreicherten gegen den Bereicherten. Sachen- und Schuldrecht dürfen ungeachtet der condictio possessionis keinesfalls vermischt werden. Im romanistisch geprägten Kontinentaleuropa ist diese Distinktion mit der Dichotomie von rei vindicatio und condictio seit langem anerkannt. Sogar in England, dem Mutterland des trust, setzt sich mit *Foskett* v *McKeown* die Erkenntnis durch, vindication und unjust enrichment seien fundamental verschieden.

II. Exkurs: Externe Faktoren – Rechtseffizienz

Nicht nur Rechtsprinzipien, sondern auch die Methodenlehre trägt dazu bei, das Bereicherungsrecht im ganzen intelligibel zu gestalten. Besonders die Ökonomische Analyse des Rechts, die bisher zum Thema Bereicherungsrecht hauptsächlich im anglo-amerikanischen Rechtskreis als Ursprungsort von law and economics besprochen wurde,[48] könnte ein ertragreicher Ansatzpunkt sein. Die wirtschaftliche Betrachtungsweise des Rechts ist eine Variante der allgemeinen Rechtsfolgenorientierung im Recht.[49] Rechtliche Abfolgen sollen in der Weise optimiert werden, daß die effizienteste Ressourcenallokation erreicht wird, denn das Erfolgsmaß der Ökonomischen Analyse sind gesamtgesellschaftliche Optimierungskriterien.[50] Man mag diese Methode im deutschen Recht als systemwidrig ansehen; zumindest aber sollte verstärkt auf ökonomische Konsequenzen geachtet werden. Ob man ihnen im Verbund mit anderen Wertungen den Vorrang einräumt, ist eine zweite Frage. Es spricht also selbst bei kritischer Haltung nichts dagegen, die Ökonomische Analyse des Rechts zusätzlich zu anderen Methoden heranzuziehen.

Selbstverständlich wollen nicht einmal die Anhänger von law and economics ihre Methode dem Bereicherungsrecht quasi oktroyieren; sie sehen das Ein-

---

[48] Allgemein *Cooter/Ulen*, Law and Economics, S. 55: „An economist who picks up a law journal will understand much more of it than a lawyer who picks up an economics journal"; aus der Reihe der Kritiker *Dworkin*, Matter of Principle, Ch. 12: „Is Wealth a Value?" (S. 237–266) und 13: „Why Efficiency?" (S. 267–289); *Eidenmuller*; Effizienz als Rechtsprinzip, zusammenfassend S. 466–468; grundlegend *Kennedy*, in: (1981) 33 StanfordLR 387–445, mit intraperspektivischer Kritik von law and economics. Die folgenden Ausführungen orientieren sich an der anglo-amerikanischen Literatur.

Zum deutschen Bereicherungsrecht: zu Mehrpersonenverhältnissen *Eckl*, in: Festschrift für *Hanisch*, S. 59–88; zum Immaterialgüterrecht *Kobbelt*, Schutz von Immaterialgüterrechten, mit umfangreichen Nachweisen zur anglo-amerikanischen Literatur; zu § 818 Abs. 3 BGB *Kulms*, in: JZ 1998, S. 430–435.

Zum anglo-amerikanischen law of restitution: *Beatson*, in: *ders.*, Use and Abuse of Unjust Enrichment, S. 137–176 = *Beatson/Bishop*; in: (1986) 36 UTorLJ 149–185; dagegen *Sutton*, in: (1987) 37 UTorLJ 389–412. Ferner *Blair/Cotter*, in: SSRN (Volltext) = *http://papers.ssrn.com/sol3/papers.cfm?abstract_id=261357*; *Dagan*, demnächst in: (2001) TexasLR = SSRN (Volltext) = *http://papers.ssrn.com/paper.taf?abstract_id=255344*; *Elkin-Koren/Salzberger*, demnächst in: IRLE = SSRN (Abstract) = *http://papers.ssrn.com/sol3/papers.cfm?abstract_id=241934*; *Grosskopf*, in: (2001) TexasLR Symposium = *http://www.utexas.edu/law/conferences/restitution/*; *Peter K. Huber*, in: (1988–89) 49 LouisianaLR 71–109; *Levmore*, in: (1990) 19 JLS 691–726; *ders.*, in: (1985) 71 VirginiaLR 65–124; *Long*, in: (1984–85) 94 YaleLJ 415–434.

[49] Vgl. dazu nur *Deckert*, Folgenorientierung, S. 71–75. Siehe speziell zum Insolvenzrisiko in Mehrpersonenverhältnissen als Anwendungsfall der Rechtsfolgenorientierung *Canaris*, in: Festschrift für *Larenz*, S. 799 (z. B. 810); *Larenz/Canaris*, Schuldrecht, Bd. II/2, § 70 VI 1 b (S. 247); ihm folgend etwa *Häublein*, in: ZBB 1998, S. 112 (115); *Mankowski*, in: ZIP 1993, S. 1214 (1216 f.). Dagegen bes. *Häsemeyer*, in: KTS, Bd. 43 (1982), S. 1–21; *Stathopoulos*, in: Festgabe für *Sontis*, S. 203 (222); kritisch auch *Buciek*, in: ZIP 1986, S. 890 (894 f.); *Zeiss*, in: AcP, Bd. 165 (1965), S. 332 (347).

[50] In Frage kommen das Pareto- und Kaldor/Hicks-Optimum sowie das Coase-Theorem, zu letzterem grundlegend *Coase*, in: (1960) 3 JLE 1, bes. 1–8; vgl. ansonsten nur *Cooter/Ulen*, Law and Economics, bes. S. 10–12, 41 f., 78–84; *Kobbelt*, Schutz von Immaterialgüterrechten; S. 31–55; *Schäfer/Ott*, Ökonomische Analyse, S. 23–53.

fallstor für ihre Rechtsvorstellungen in der iustitia correctiva, oder, wie es einer ihrer renommiertesten Vertreter, Richard Allen Posner, formuliert:[51] „Corrective justice may be in the driver's seat, but economics is required to tell the driver when to turn, stop, accelerate, and so forth." Die ausgleichende Gerechtigkeit soll dazu dienen, einen Zustand herzustellen, der die optimale Allokation der vom Bereicherungsvorgang betroffenen Rechte gewährleistet. Sie allein wird dieses Ziel allerdings kaum verwirklichen können, ohne zusätzlich die verteilende Gerechtigkeit zu konsultieren. Im deutschen Bereicherungsrecht wird man das Effizienzkriterium am besten im Tatbestandsmerkmal „ohne rechtlichen Grund" lokalisieren: Die Bereicherung auf Kosten eines anderen ist nur dann rechtsgrundlos, falls sie nicht zu der in der konkreten Situation bestmöglichen Güterallokation führt.

Auf das Bereicherungsrecht im Grundsatz angewandt, stellt sich die Frage, ob die Ökonomische Analyse die rechtsgeschichtliche, dogmatische und rechtsvergleichend ermittelte These bestätigen kann, das Rechtsgebiet zwar in einem gemeinsamen Kontext zu sehen, aber dennoch stark zugunsten der Praktikabilität bei der Rechtsanwendung auszudifferenzieren. Das umfassende Band des gesamten Bereicherungsrechts ergibt sich aus dem Rechtsverständnis der Ökonomischen Analyse des Rechts selbst: aus der optimalen Güterallokation. Bedeutend komplizierter ist die Ausgestaltung dieses Prinzips bei Leistungs- und Eingriffskondiktion angelegt.

Ansatzpunkte der Ökonomischen Analyse für die Leistungskondiktion sind die beiden Pole des gesetzlichen Schuldverhältnisses, Bereicherungsgläubiger und -schuldner. Dem Kondizenten entgehen durch die Bereicherung des anderen auf seine Kosten Verdienstmöglichkeiten, die er aus dem Bereicherungsgegenstand hätte ziehen können. Er hätte den Leistungsgegenstand beispielsweise zu einem höheren Preis an eine andere Person verkaufen können. Selbst wenn der Bereicherte die Bereicherung im Ergebnis freiwillig zurückgeben würde, müßte er zumindest Zeit in den Wiederbeschaffungsvorgang investieren, um sein Recht festzustellen. Der Bereicherungsschuldner auf der anderen Seite könnte entgegenhalten, er habe das Erlangte bereits gewinnbringend im Vertrauen auf sein Behaltendürfen investiert. Er könne den Gegenstand sogar besser einsetzen als der Leistende selbst, deshalb sei bei ihm das Recht besser aufgehoben.

Umgekehrt wird die Ökonomische Analyse beiden Kontrahenten im Zuge der Optimierung Pflichten auferlegen: Der Kondizent hat sich kraft Leistung freiwillig des Gegenstandes begeben, um einen bestimmten Zweck zu erreichen. Er muß sich vor der Leistung vergewissern, daß er tatsächlich seine Ziele verwirklichen kann, die vorausgesetzte causa muß tatsächlich vorhanden sein.

---

[51] *Posner*, in: *Owen*, Philosophical Foundations of Tort Law, S. 99 (109).

Ihn treffen daher Informationspflichten in dem Grad, in dem sich ihre Einhaltung im Gesamtergebnis effizienter als die anschließende Kondiktion vom Bereicherten erweist. Der Bereicherungsschuldner muß sich seinerseits vergewissern, daß er die Leistung behalten darf. Diese Informationspflicht ist ebenfalls mit der Gegenseite in Bezug zu setzen. Der betrügerische Bösgläubige kann sich in der Regel nicht darauf berufen, das Erlangte sei bei ihm in besseren Händen; auch das Vertrauen der Allgemeinheit in den Rechtsschutz ist ein vermögenswerter Faktor, der berücksichtigt werden muß.

Vergleicht man die aufgestellten Regeln mit dem gesetzlichen Tatbestand in den §§ 812 ff. BGB, fallen einige Abweichungen auf: § 814 BGB weist das Irrtumsrisiko eindeutig dem Bereicherungsschuldner zu. Er trägt die Darlegungs- und Beweislast für die Einwendung der wissentlichen Zahlung auf eine nicht bestehende Schuld. Ebenso ordnet § 819 BGB für die subjektive Komponente auf der Schuldnerseite ausnahmslos die Haftungsverschärfung bei Bösgläubigkeit an. Eine Ausnahme für den Unredlichen, dessen Behaltendürfen in concreto effizienter ist als der Rückforderungsanspruch, wird nicht vorgesehen. Hier offenbart sich eine der Schwächen der Ökonomischen Analyse: Sie läßt sich – aus der Welt des common law importiert – meist nur schwer mit dem kontinentaleuropäischen Kodifikationsprinzip vereinbaren. Auf der Grundlage des englischen law of restitution ist die effizienteste Risikoverteilung weitaus einfacher zu realisieren: Die zahlreichen unjust-Typen ermöglichen ein individuell abgestimmtes Haftungssystem, dem unter der Kategorie mistake ein breiter Auslegungsspielraum eröffnet wird. Und auf der Beklagtenseite ist wegen des fragmentarischen Rechtsgrundverständnisses die Bösgläubigkeit des Empfängers ebenfalls nicht immer ein qualifizierter Herausgabegrund.

Für die Eingriffskondiktion lassen sich ebenfalls Effizienzkriterien entwikkeln. Während bei der Leistung typischerweise ein freiwilliger Gütertransfer stattfindet, ist für den Eingriff gerade die Nicht-Transaktion essentiell. Oft wird noch im Anschluß an Arthur C. Pigou behauptet, die Effizienz ließe sich nur über die Einbeziehung der Kosten berechnen, die eine Person verursacht, aber von anderen zu tragen sind. Solche externen Kosten der Unbeteiligten sollen „internalisiert“, also bei der Gewinn-Verlustrechnung desjenigen berücksichtigt werden, der unmittelbar handelt. Im Fall der Eingriffskondiktion hätte der sanktionslose Eingriff zur Folge, daß der Eingreifende begünstigt würde, der Rechtsinhaber jedoch durch die Entreicherung den Nachteil tragen müßte. Wie jedoch Ronald Harry Coase in seinem berühmten Aufsatz „The Problem of Social Cost“ bewies, lassen sich Situationen konstruieren, in denen die Internalisierung externer Kosten nicht zum effizientesten Ergebnis führt.[52] Mit anderen

---

[52] Siehe *Coase*, in: (1960) 3 JLE 1, bes. 1–8; aus der Kommentarliteratur z. B. *Matthew H. Kramer*, in: *ders.*, Realm of Legal and Moral Philosophy, S. 57 (58–61), S. 101–111.

Worten: Es besteht keine Kausalität zwischen der die externen Kosten auslösenden Handlung und einem ineffizienten Ergebnis. Die bloße Behauptung, Bereicherungshaftung aus Eingriff führe zur optimalen Güterallokation, ist deswegen zu kurz gedacht. Vielmehr muß ein differenzierter Ansatz gewählt werden.

Wenn jemand in die Rechtssphäre eines anderen eindringt und dieser vor Gericht auf Bereicherungsherausgabe klagt, dann liegt prima facie ohne Gesetzesregelung nicht auf der Hand, welcher der beiden Parteien im Einzelfall die Bereicherung um der optimalen Güterallokation willen zuzusprechen ist. Die Alternative lautet: Sind vertragliche Transaktionen oder Streitverfahren aufgrund eines Eingriffs günstiger zu bewerten, bei denen das Gericht und nicht die Parteien die optimale Allokation ermitteln muß? Nach dem Coase-Theorem indizieren privatrechtliche, von Gesetzeshürden unbelastete Verträge die bestmögliche Güterverteilung. Ein Gericht wird nur in den seltensten Fällen das optimale Ergebnis ermitteln können, und selbst dann müssen zusätzlich die Administrationskosten des Rechtsverfahrens in die Rechnung einbezogen werden.

Folglich ist dem Gerichtsstreit die Streitvermeidung durch Abschreckung vorzuziehen, die potentielle Eingreifer auf die Verhandlungsebene durch eine effektiv gestaltete generelle Eingriffshaftung zurückführt. Die gesetzlich angeordnete Bereicherungshaftung ist verhandelbar, die Partei, deren Recht über die Eingriffskondiktion geschützt wird, kann es sich abkaufen lassen, wenn das Recht der anderen Partei mehr wert sein sollte. Weiterhin machte eine fehlende oder nicht ausreichend strikte Bereicherungshaftung den Rechtsinhaber zur Zielscheibe des Eingreifenden, der Rechtsinhaber würde zu vorsorglichen Ausgaben verleitet, um sein Recht gegen Eingriffe zu verteidigen. Der Eingreifer, der sich das Recht des anderen aneignen möchte, griffe zu immer ausgefeilteren Methoden; ein „Wettrüsten" der beiden mit immer höheren Kosten wäre die Folge, das beide vom effektiven Einsatz ihrer Kräfte abhielte.

Anders als bei der Leistungskondiktion bereitet die Ökonomische Analyse des Rechts einer generellen Eingriffskondiktion den Weg. Inkompatibilitäten mit dem gesetzlichen Tatbestand ergeben sich daher nicht. Bei allen Problemen, das für das Fallrecht des common law entworfene Denkmuster von law and economics in das kodifizierte Bereicherungsrecht zu integrieren, zeigt der Ansatz, mag er auch die Materie nicht fortentwickeln, daß Leistung und Eingriff zu unterscheiden sind. Bei der Leistungskondiktion stehen die für vertragsnahe Transaktionen typischen Informationspflichten im Vordergrund. Bei der Eingriffskondiktion hingegen liegt das argumentative Gewicht ganz auf der verhandelbaren, vertragsförmigen Nutzung von Rechten, die zu einer optimalen Güterverteilung führt. In letzter Konsequenz wird für die Eingriffskondiktion nichts anderes als der Rechtsgüterschutz durch Bereicherungshaftung und die Privatautonomie ausgesprochen.

III. Fazit

Auf der Prinzipienebene des Bereicherungsrechts lassen sich gemeinsame Gedanken destillieren, die aus Rechtsvergleichung und Rechtsgeschichte resultieren.[53] Ausgangspunkt sind die Gerechtigkeitsvorstellungen des Aristoteles: die ausgleichende und die austeilende Gerechtigkeit. Beide Formen der iustitia schließen sich entgegen einer beachtenswerten Meinung lediglich prozedural aus und ergänzen sich. Da die beiden Gerechtigkeitsmodi selbst nur Eckpunkte darstellen, die ausfüllungsbedürftig sind, müssen sie durch weitere Rechtsprinzipien konkretisiert werden: Es ist der Vermögensstand herzustellen, der die Privatautonomie des Rechtsinhabers wahrt; die Dispositionsmacht des einzelnen setzt sich im Kondiktionsersatz fort. Dies sind alles Gedanken, die sowohl für Leistung als auch Eingriff Geltung beanspruchen. Mit anderen Worten: Privatautonomie und Rechtsfortwirkung bestimmen normativ die Gläubigerseite des Aristotelischen Gerechtigkeitsprinzips, die Vermögensbereicherung hingegen die Schuldnerseite des Gerechtigkeitsprinzips. Konkrete Fälle wird man dadurch freilich nur selten lösen können. Rechtsprinzipien müssen erst gegeneinander abgewogen werden und bieten deshalb keine programmierten Lösungsvorgaben. Die obersten Prinzipien, die allen Bereicherungsansprüchen unterliegen, müssen durch weitere Gesichtspunkte ergänzt werden, die unvermeidlich für die verschiedenen Kondiktionstypen anders ausfallen. Das wird nicht zuletzt durch die Ökonomische Analyse des Rechts bestätigt.

Billigkeit und Pomponius-Satz ist keine Zukunft beschieden. Sie sind mit einem Kodifikationssystem – darunter fiele auch ein Europäisches Zivilgesetzbuch –, per se unvereinbar. Selbst im relativ strukturlosen case law Englands stießen sie in der Vergangenheit zu Recht auf vehemente Ablehnung. Nur die Verwechslung der Umgangssprache mit juristischen Begriffen könnte dazu führen, die Moralforderung des Pomponius ohne Abstimmung mit der Rechtsordnung im gesamten zu verwirklichen. Indem die obersten gemeinsamen Prinzipien des Bereicherungsrechts formuliert werden, ist die Materie dem Mysterium entzogen, das Otto v. Gierke der Überlieferung zufolge mit den Worten formulierte, in der Frage des Bereicherungsrechts sei man gezwungen, im „Vorraum des Allerheiligsten" haltzumachen.[54]

---

[53] Anders *Esser/Weyers*[8], Schuldrecht, Bd. II/2, § 47, 1 e (S. 31 f.).

[54] Erwähnt wird das Zitat zuerst bei *Wilburg*, Ungerechtfertigte Bereicherung, S. 19, Fn. 71. Später verwenden es etwa *Dawson*, in: (1981) 61 BostonULR 271, 276; *v. Lübtow*, Lehre von der Condictio, S. 24. In der von *Wilburg* zitierten Stelle bei *v. Gierke*, Deutsches Privatrecht, Bd. 3, § 218 II (S. 996 f.), ist dieses berühmte Zitat wie im gesamten Abschnitt zum Bereicherungsrecht jedoch unauffindbar.

§ 9 Kodifikationsgedanken

Über die Prinzipienebene hinaus, auf der sich jenseits verschiedener dogmatischer Konstruktionen in den nationalen Rechtsordnungen am leichtesten gemeinsame Grundsätze finden lassen, wurde sogar schon der Versuch unternommen, das Bereicherungsrecht im Rahmen eines angedachten Europäischen Zivilgesetzbuchs zu kodifizieren.

I. Schottischer Entwurf als Präludium

Der Entwurf des Schotten Eric Clive geht offensichtlich auf eine Vorlage zurück, die er 1994 in einem Seminar der Scottish Law Commission zur Reform des dortigen Bereicherungsrechts vorstellte.[1] Charakteristisch für den schottischen Entwurf ist sein „General principle" an der Spitze, das in seiner Allgemeinheit dem Schweizerischen Obligationenrecht ähnelt: „A person who has been enriched at the expense of another person is bound, if the enrichment is unjustified, to redress the enrichment." Die Aufteilung der Materie erfolgt dann in section 3, „At the expense of another person": Hier wird zwischen dem „direct result of a payment, grant, transfer, incurring liability, or rendering services by the other person" (s. 3 (1) (a)) und „interference with the patrimonial rights of the other person" unterschieden (s. 3 (1) (b)). Auf welche Eingriffsmodi sich die interference-Variante bezieht, wird in der section 3 (2) genauer festgelegt.

Der Kommentierung zufolge soll die Distinktion ungefähr das System Wilburgs und v. Caemmerers nachzeichnen.[2] Bei näherem Hinsehen ist es aber ein Mittelweg zwischen deutscher und englischer Gliederung: Vom englischen law of restitution hebt sich der Entwurf dadurch ab, daß die Eingriffsfälle in section 3 (1) (b) und 3 (2) kein echtes wrongdoing voraussetzen und damit auch schuldlose Eingriffshandlungen zur Bereicherungshaftung führen. Außerdem ist die Kategorie „interference" anders als wrongdoing für Betrug ausschließlich auf Nichtleistungsfälle zugeschnitten. Im Entwurf wird vielmehr wie im Grundsatz nach deutscher Trennungslehre ontologisch zwischen Bereicherungshandlungen unterschieden, die vom Entreicherten auf der einen Seite und vom Bereicherten oder Dritten auf der anderen Seite ausgehen; Asymmetrien sind dadurch anders als bei der „alternative analysis" ausgeschlossen. In der Feinabstimmung nähert sich der schottische Versuch dann doch wieder dem law of restitution an. Denn Verwendungs- und Rückgriffsfälle stehen zusammen mit den eigentlichen Leistungsfällen unter der Hauptkategorie section 3 (1) (a), da die handlungsbezogene Typologie nicht mit dem Zwecksetzungsele-

---

[1] *Clive*, in: Scottish Law Commission, No. 99 (1994), Appendix.

[2] *Clive*, in: Scottish Law Commission, No. 99 (1994), Appendix, S. 28.

ment weiter ausdifferenziert wird. Der Entwurf dürfte mit Abstrichen am ehesten mit dem System bei Lord Goff of Chieveley und Jones zu vergleichen sein.

II. Europäischer Entwurf

Doch zurück zu Clives Plan eines Europäischen Bereicherungsrechts.[3] Er ist ganz nach den Vorgaben seines schottischen Entwurfs aus dem Jahre 1994 gestaltet. Wieder ist in section 1 das „General principle" der allgemeinen rechtsgrundlosen Bereicherung auf Kosten eines anderen aufgestellt,[4] danach folgt die Erläuterung der Elemente „Enrichment", „At the expense of another person" und „Justification". Wie im schottischen Entwurf wird in section 3 der europäischen Skizze für das Merkmal „at the expense of" das Bereicherungsrecht nach Typen strukturiert; die Aufteilung folgt den Vorgaben des schottischen Entwurfs.[5] Trennungslinie sind daher nicht in romanistischer Tradition die Leistung als zweckgerichtete Zuwendung und die übrigen Fälle – Nichtleistung –,

---

[3] *Clive*, in: *Hartkamp/Hesselink/Hondius/Joustra/du Perron*², Towards a European Civil Code, S. 383–394. Siehe auch die Bemerkungen *Swadlings*, in: *Hartkamp/Hesselink/Hondius/du Perron/Vranken*, Towards a European Civil Code, S. 267–383. Skeptisch aber selbst für die Kodifikation des englischen Richterrechts *Beatson*, in: *Burrows*, Essays on Restitution, S. 279 (bes. 286–289, 299–301).

Siehe jetzt auch die Überlegungen zum deutschen, italienischen und europäischen Recht bei *Giglio*, Condictio proprietaria, S. 176–324, 325–331: Er unterscheidet im wesentlichen nach dem älteren Kodifikationsmodell und dem italienischen Vorbild die „Kondiktion" bei Leistung und die „Versionsklage" als Bereicherungsanspruch für die sonstigen Fälle. Dabei soll die „Kondiktion" nicht mehr das seit *Grotius* bekannte Element „auf dessen Kosten" enthalten. Vielmehr wird die „Restitution" des Eigentums oder des Besitzes mangels iusta causa zum Dreh- und Angelpunkt erhoben: „Jedermann darf die Sache zurückfordern, die ohne rechtlichen Grund von ihm geleistet worden ist." Dadurch erweitert sich der Anwendungsbereich der aus der condictio indebiti abgeleiteten „Kondiktion" über die Rückabwicklung von Leistungsbeziehungen zwischen zwei Vertragspartnern hinaus. Neben die „Kondiktion" tritt wie erwähnt die „Versionsklage" als allgemeiner, kasuistischer Billigkeitsbehelf. Hier dürften die allermeisten Nichtleistungsfälle zu lokalisieren sein. Vgl. auch demnächst *Giglio*, „Restitution for Wrongs: A Comparative Analysis", in: (2001) OxUCLF = *http://www.ouclf.iuscomp.org*.

[4] „General principle: 1. A person who has been enriched at the expense of another without justification is bound to redress the enrichment."

[5] „3. At the expense of another person:

(1) The enrichment of one person is at the expense of another person if it is the direct result of (a) a payment, transfer, incurring of liability, or provision of materials or services by the other person, or (b) an interference with the patrimonial rights of the other person.

(2) Where a person has been enriched as a result of performance by another person under a contract between that other person and a third party, the enrichment is not regarded as being at the expense of the other person, even if the other person is unable to recover under the contract with the third party."

sondern etwas anders akzentuiert Bereicherung durch Handlung des Bereicherten und Eingriffshandlungen des Bereicherten oder Dritter.

Von historischen Argumenten abgesehen ist nichts dagegen einzuwenden, die Großgruppen neu auszurichten, solange die Unsicherheiten der englischen „alternative analysis" vermieden werden. Die Rechtswissenschaft könnte die Besonderheiten der Leistung auch innerhalb einer neuen Gruppe in der Tatbestandsauslegung gebührend berücksichtigen. Es ist jedoch eine offene Frage, zu *welchem* konkreten Verständnis sich eine gesamteuropäische Wissenschaft und Praxis entschließen sollte. Möglicherweise könnte sich eine restriktive Lösung anbieten, um die Selbständigkeit der Kondiktionen ob causam zu erhalten: Angesichts der Schwierigkeiten im gemeinen, deutschen und englische Recht, den Verwendungsersatz schlüssig in das Gesamtsystem zu integrieren, spricht neben den gemeinrechtlichen Wurzeln im Impensenersatz vieles dafür, diese Materie ganz aus dem eigentlichen Bereicherungsrecht auszunehmen. Dasselbe könnte für die Rückgriffsfälle zu überlegen sein, die nach gemeinem und englischem Verständnis – negotiorum gestio und necessity – ebenfalls neben der Kernmaterie der Bereicherungsansprüche liegen und selbst nach der weitgezogenen Formulierung des § 812 BGB zumeist hinter Spezialregelungen zurücktreten. Damit wäre zugleich die Synthese der condictio indebiti mit Impensen und actio negotiorum gestorum utilis umgangen. Die typologischen Differenzen des deutschen und englischen Ansatzes könnten ausgeräumt werden: Die Problempunkte necessity und improvements innerhalb der Bereicherung durch Handlung des Entreicherten werden eliminiert, und die englischen Fallgruppen mistake, duress, undue influence sowie total failure of consideration lassen sich in die abstraktere Obergruppe der Leistungsverhältnisse eingliedern.

In den Details ist bei Clive eine starke Tendenz zu englischen Lösungen festzustellen: section 4 (3) schließt sich dem weitgehenden Ausschluß der im englischen Recht problematischen aufgedrängten Bereicherung an. Der größte konzeptionelle Unterschied zu Clives Entwurf von 1994 und zum law of restitution liegt auf der anderen Seite darin, daß sich Clive mit Ausnahme der Durchgriffshaftung beim bösgläubigen Dritten oder bei Schenkung (section 6) zur unmittelbaren Vermögensverschiebung und folglich zum Verbot der Versionsklage bekennt, siehe section 3 (2).[6] Der schottische Entwurf sieht neben

---

[6] A. A. für das Europäische Bereicherungsrecht *Giglio*, Condictio proprietaria, zusammenfassend S. 329 f.: Er möchte neben der „Kondiktion" die „Versionsklage" als Billigkeitsbehelf anerkennen, die vom Eingrenzungskriterium „auf dessen Kosten" unabhängig sei. Für Eingrenzung der Bereicherungsansprüche dagegen *Lionel D. Smith*, in: (2000) OxUCLF 6 = *http://www.ouclf.iuscomp.org*, bei Fn. 34–115. Er möchte mit einem „model of subsidiarity" *neben* den Elementen des unjust enrichment die Bereicherungsansprüche einschränken.

Weiterhin sei für Mehrpersonenverhältnisse verwiesen auf die Untersuchungen zum gemeinen Recht oben ab S. 210, 266, 275, zum deutschen Recht ab S. 317, 338, 387,

den Fällen der unmittelbaren Bereicherung in section 8 eine Spezialvorschrift für die allgemeine Haftung aus indirekter Bereicherung aus Eingriff vor. Im europäischen Entwurf hingegen könnte selbst die Gewinnherausgabe bei Sachverkauf dem Wortlaut nach ausgeschlossen sein.[7]

Bewertet man Clives Fassungsvorschlag jenseits der grundlegenden Typologie, fällt zunächst seine ungewöhnliche Kodifikationstechnik im Vergleich zu den bisher besprochenen Kodifikationen auf. Im französischen, italienischen, niederländischen, österreichischen und preußischen Recht werden die Leistungskondiktionen – allen voran die condictio indebiti – vom allgemein gehaltenen Bereicherungsanspruch getrennt, sei er nun in zahlreichen Varianten eine Versionsklage oder subsidiär oder auf Nichtleistungsfälle beschränkt. Die Leistungskondiktionen sind fest fixiert, die restlichen Typen können aus der Generalklausel entwickelt werden. Eine zweite Gruppe hebt den universellen Bereicherungsanspruch hervor, das ist die deutsche und schweizerische Lösung. Erst im Anschluß an den Generaltatbestand erfolgt eine nähere Beschreibung von Sonderfällen. Clives europäischer Entwurf nimmt zwar die Generalklausel an der Spitze auf und differenziert erst danach typische Untergruppen. Anders als in Deutschland und der Schweiz werden die Spezialkondiktionen aber nicht als Beispielfälle oder konkretisierte Einwendungen und Rechtsfolgenbeschreibungen vorgegeben, die an eine rechtsregelförmige Generalklausel anknüpfen. Vielmehr werden die verschiedenen Tatbestandsmerkmale der Generalklausel selbst – Bereicherung, auf dessen Kosten und Rechtsgrundlosigkeit – näher spezifiziert.

Der entscheidende Unterschied in der Kodifikationstechnik zu Deutschland und der Schweiz folgt aus der Funktion der vorgezogenen Klammer: Nach dem deutsch-schweizerischen Regelmodell werden die konkretisierten Kondiktionen in Verbindung mit der Generalklausel angewandt. Sie ist keine Leerformel, weil sie die tragenden Elemente des Bereicherungsanspruchs bereits enthält. Wenn Art. 62 Abs. 2 OR verschiedene Beispiele aus dem Bereich der Leistungskondiktion auflistet, bleiben die Tatbestandsmerkmale Bereicherung, auf dessen Kosten und Rechtsgrundlosigkeit unberührt. Auch im Bürgerlichen Gesetzbuch verändern die §§ 812 Abs. 1 S. 2, 814–817 BGB wenig an den Vorgaben in § 812 Abs. 1 S. 1 BGB. § 812 Abs. 1 S. 2 und der heute bedeutungslose § 817 S. 1 BGB konkretisieren lediglich die Leistungsalternative des Grundtatbestandes, §§ 814, 815 und 817 S. 2 BGB geben besondere Einwendungen in Leistungsfällen vor, und § 816 BGB regelt einen Spezialfall der Eingriffskondiktion, der auf der Generalklausel aufbaut.

430, 476 und zum englischen Recht ab S. 526, 589, 672. Zur Literatur siehe oben auf S. 589, Fn. 102.

[7] Unklar an dieser Stelle *Clive*, in: *Hartkamp/Hesselink/Hondius/Joustra/du Perron*[2], Towards a European Civil Code, S. 383 (388).

Bei Clive hingegen wird der Generaltatbestand mit den Detailregelungen nicht modifiziert, sondern erst konstituiert. Section 1 über das „General principle" ist eigentlich bedeutungslos, denn die Legaldefinitionen seiner einzelnen Tatbestandsmerkmale zeigen, daß ihm selbst wenig normative Kraft zukommen kann. Hier scheint der Vorbehalt des common law gegenüber allgemein formulierten Ansprüchen durchzudringen. Einen echten Allgemeinen Teil wie Art. 62 Abs. 1 OR oder §§ 812 Abs. 1 S. 1, 818 f. BGB kennt der europäische Entwurf daher nicht.

Wenn die beiden grundlegenden Alternativen Bereicherung durch Handlung des Entreicherten und Eingriff betont werden sollen, hätte es der Übersichtlichkeit wegen näher gelegen, zwei selbständige Anspruchsgrundlagen zu schaffen. Vorzugswürdig erscheint nach Abwägung aller Vor- und Nachteile allerdings die schweizerische Lösung, die eine Generalklausel mit anschließenden Beispielfällen für die Kondiktionen ob causam vorweist. Mit dem Modell des Obligationenrechts in den Artt. 62 ff. OR erreicht man einen sehr kurzen und zugleich weniger ambivalenten Tatbestand als mit den §§ 812 ff. BGB. Innerhalb des offenen Tatbestands könnten die bekannten Typen gebildet werden, ohne die gemeinsame Anspruchsgrundlage aufzugeben. Da in der Schweizer Lösung im Haupttatbestand nicht die starre Dichotomie von Leistung und Nichtleistung erscheint, stellt sich nicht die Frage, ob die Leistung ein vollkommen wesensverschiedener Bereicherungsanspruch ist. Anders als im vorgetragenen Verständnis des deutschen Rechts wäre die Leistungskondiktion vom tatbestandlichen Ansatz aus gesehen tatsächlich ein Beispielfall eines allgemeinen Bereicherungsanspruchs. Am Befund, die Materie sei der rechtsgrundlosen Bereicherung und nicht dem rechtswidrigen Haben gewidmet, ändert das indes nichts. In der Rechtsanwendung wird man auch weiterhin die rechtsgrundlose Bereicherung aus dem Vermögen eines anderen in die einzelnen Typen zergliedern müssen, um einen praktikablen Rechtssatz zu erhalten. Ob man allerdings noch neben Leistung und Eingriff in die allgemeine Formel die Typen der Bereicherung durch Verwendung und Rückgriff eingliedern will, ist – wie bereits angedeutet – eine Weichenstellung rechtspolitischer Natur.

Weiterhin gewöhnungsbedürftig erscheint section 7 des Entwurfs, der den Nationalstaaten gestattet, die genauen „remedies", also die Rechtsfolgen der Bereicherungsherausgabe festzulegen. Man kann sich unschwer vorstellen, daß die Einheit des Bereicherungsrechts auf europäischer Ebene somit sogleich wieder in Frage gestellt wird. Im Rechtskreis des common law ordnete man dingliche Rechtsfolgen an, um den trust zu retten, nach der kontinentaleuropäischen Tradition beschränkte man sich auf schuldrechtliche Rückabwicklung. Die Frage des Bereicherungsrechts wird mit sachenrechtlichen Aspekten verbunden. Gerade aber die Kodifikation des europäischen Sachenrechts erscheint angesichts der vielen unterschiedlichen Vorgaben in den einzelnen Mitgliedstaaten der Europäischen Union nur schwer vorstellbar. Mit *Foskett* v *Mc-*

Keown besteht immerhin aus englischer Sicht kein Grund mehr, kategorisch auf der Einbeziehung des trust in das law of unjustified enrichment zu beharren.

Vor allem müßte sich der Fassungsvorschlag zum Europäischen Bereicherungsrecht mit der wichtigen Frage auseinandersetzen, ob das Kausal- *oder* Trennungs- und Abstraktionsprinzip im Sachenrecht zu bevorzugen ist. Clive scheint lediglich in section 4 (1) das Abstraktionsprinzip vorauszusetzen. Folgte man hingegen dem Kausalprinzip und zugleich v. Savignys Alternativitätsthese, wäre der Anwendungsbereich des Bereicherungsrechts stark eingeschränkt: Die Stelle der rechtsgrundlosen Bereicherung würde in vielen Fällen von der Vindikation als dinglichem Anspruch eingenommen. Dies ließe sich über die iusta causa putativa kompensieren. Ebenso sind auf dem Boden des Kausalprinzips die condictio possessionis oder die Differenzierung zwischen Stück- und Gattungsschulden denkbar. Die Weichenstellung zwischen Abstraktions- und Kausalprinzip muß jedoch explizit geregelt werden.[8] Andernfalls könnte der Anwendungsbereich der rechtsgrundlosen Bereicherung je nach Anerkennung der Besitzkondiktion erheblich schwanken. Und selbst die condictio possessionis könnte nicht verhindern, daß der Eigentümer sich auf die Vindikation stützt, der kein Bereicherungswegfall entgegengehalten werden kann.

Wägt man alle Gesichtspunkte sorgfältig ab, kommt ein vielschichtiges Bild zum Vorschein. Das principle of unjust enrichment und die verschiedenen Bereicherungsmodi sind in den beiden untersuchten Rechtsordnungen – wenngleich mit unterschiedlichen Akzenten und Kategorien – bekannt. Wie auch immer man das Bereicherungsrecht anordnet, ab einer bestimmten Detailstufe müssen Leistung, Verwendung, Eingriff und Rückgriff geschieden werden. Andererseits sind die als Beispiele gewählten Rechtsordnungen in vielen Details wie in den konkreten Rechtsfolgen und in der Methodik nicht wenig voneinander entfernt.[9] Richtig ist weiterhin, daß die Materie zahlreiche Detailprobleme aufwirft.

---

[8] In diese Richtung auch *Drobnig*, in: *Hartkamp/Hesselink/Hondius/Joustra/du Perron*^{2}, Towards a European Civil Code, S. 495 (509), der für das Europäisches Privatrecht offenbar nicht nur das Trennungsprinzip, sondern auch das Abstraktionsprinzip abschaffen möchte. Es sollten in der Diskussion drei Ebenen getrennt werden: (a) Konsens-/Traditionsprinzip, (b) Einheits-/Trennungsprinzip und schließlich (c) Kausal-/Abstraktionsprinzip. *Giglio*, Condictio proprietaria, bes. S. 256 f., 263, 327 f., läßt die Systementscheidung offen, da er sowohl die Eigentums- als auch die bloße Besitzkondiktion anerkennt. Er stellt die iusta causa als gemeinsames Band der beiden Kondiktionen heraus.

[9] Vgl. auch *Giglio*, Condictio proprietaria, S. 179–205; *Schlechtriem*, Restitution und Bereicherungsausgleich, Bd. 1, Rn. 2/300–302; *Schulze*, in: *Müller-Graff*, Gemeinsames Privatrecht, S. 127 (142 f.); *Lionel D. Smith*, in: (2000) OxUCLF 6, bei Fn. 3–35; weiterhin zum gemeinen Recht oben ab S. 122, zum englischen Recht ab S. 616, zu den Europäischen Rechtsprinzipien ab S. 706.

Trotz dieser Divergenzen können und sollten wir auf ein Europäisches Bereicherungsrecht (noch) verzichten. Das Bereicherungsrecht ist in der Tat eines der Rechtsgebiete, die am wenigsten nach einer Vereinheitlichung in Kodifikationsform drängen. Denn das gemeinsame Erbe von Grotius, v. Savigny und usus modernus hat dem Bereicherungsgedanken in den wesentlichen Rechtsordnungen der Europäischen Union durch länderübergreifende, sich wechselseitig beeinflussende Rezeptionsvorgänge einen hohen Bekanntheitsgrad verschafft, sei es im Richterrecht oder im Gesetz.[10] Parallelen in der Dogmengeschichte zwischen gemeinem und englischem Recht belegen rechtshistorisch-rechtsvergleichende Konvergenzen *jenseits* der Dogmatik und der Systemfrage nach Richterrecht oder Kodifikation. Nicht zuletzt durch die hier eingesetzte Matrixhypothese wird dies bestätigt. Die grundlegenden Rechtsprinzipien sind aufgrund gemeinsamer Wurzeln damit dieselben. Nach allem dürfte eine EG-Richtlinie zum Internationalen Privatrecht den verbleibenden Kollisionsproblemen abhelfen. In Deutschland wurde dazu mit der Kodifikation im EGBGB bereits der Grundstein gelegt.

---

[9] Noch wesentlich skeptischer *Thomas Krebs*, in: (2000) OxUCLF 3 = *http://www.ouclf.iuscomp.org*, bei Fn. 58/59: „[...] we must not be blinded by our own enthusiasm."

[10] Näher zum genealogischen Aspekt in Verbindung mit der Rezeptionsgeschichte ab der nächsten Seite.

§ 10 Gesamtfazit: Genealogie des Bereicherungsrechts

Bei allen signifikanten Unterschieden, die nicht zu leugnen sind, stimmen das law of restitution und das Recht der rechtsgrundlosen Bereicherung also in ihren wesentlichen Grunddaten überein. Damit ist weniger die konkrete Gestaltung der Rechtsinstitutionen gemeint, denn hier treten mit dem trust einerseits und der obligationenrechtlichen Rechtsfolge andererseits erhebliche Differenzen auf. Auch die Methodik, Richterrecht und Kodifikationsprinzip, verläuft, wie erwähnt wurde, diametral. Das gemeinsame Band wird vielmehr durch den Rezeptionsaspekt hergestellt, der stärker als bisher beachtet werden muß: v. Caemmerer schöpfte 1954 seine bahnbrechende Bereicherungstypologie, mit der die Einheit der alten condictio ihr Ende fand, nicht zuletzt aus dem Rechtskreis des common law. Nur zwölf Jahre später ordneten Lord Goff of Chieveley und Jones in Oxford und Cambridge das englische case law zum law of restitution; ihnen war der Blick in andere Rechtsordnungen ebenfalls nicht fremd. Immer spielte die Rechtsvergleichung eine bedeutende Rolle, wenn es galt, Pomponius zu zähmen und das eigene Recht eleganter zu gestalten.

Unjust Enrichment und rechtsgrundlose Bereicherung sind oszillierende Zustände zwischen Homogenität und Fallgruppen, zwischen Abstraktion und den Erfordernissen der täglichen Rechtspraxis. Michael Martinek sah richtig voraus,[1] das law of restitution befinde sich auf dem Weg zum allgemeinen Bereicherungssatz, im selben Augenblick aber löse sich alles wieder in zahlreiche Typen auf. In Deutschland systematisierte v. Savigny nur kurz nach 1800 die verschiedenen, in den römischen Texten verstreuten Fragmente und führte das Erbe von Grotius und usus modernus weiter. Schon auf dieser Stufe zeigte sich das Verhältnis prinzipieller und kasuistischer Ansprüche als ineinander verwoben; die Allgemeine Einleitung in den Pandektenkollegien und das „System des heutigen Römischen Rechts“ waren mit den römischen Einzelvorschriften in der Pandektenvorlesung nicht in allen Belangen abzugleichen. Unter der Führung Windscheids gewann der abstrakte Begriff der rechtsgrundlosen Bereicherung an Stärke.

Doch selbst ein Rechtsgelehrter wie Windscheid konnte sich erst posthum im Bürgerlichen Gesetzbuch verewigen, nachdem v. Kübel und die erste Kommission der Kasuistik den Vorzug gegeben hatten. Erneut kämpfte der allgemeine Gedanke mit der Lebenswirklichkeit, erneut behielt er leicht die Oberhand. In der ersten Hälfte des vergangenen Jahrhunderts setzte sich der nicht vollkommen aufzulösende methodologische Widerspruch im deutschen Bereicherungsrecht fort. Besonnene Gelehrte, die zwischen Typus und Einheitsdenken zu vermitteln wußten, standen entschlossenen Verfechtern der Abstraktion gegenüber. Zum dritten Male neigte sich die Waagschale leicht in Richtung des hoch-

---

[1] *Martinek*, in: RabelsZ, Bd. 47 (1983), S. 284 (325–333).

fliegenden, abstrakten Begriffshimmels. Um die Mitte des vergangenen Jahrhunderts, zwischen 1934 und 1970, also in einem Zeitraum von über 35 Jahren, schlug erstmals wieder seit mehr als eineinhalb Jahrhunderten das Pendel für die konkrete Betrachtungsweise aus, die abstrakten Begriffe wurden auf den Boden der rechtlichen Tatsachen zurückgeholt. Zwar wird v. Caemmerers Typologie nach wie vor angefochten, ihr Ende ist jedoch nicht abzusehen. Immerhin sei den Einheitslehren zugestanden, daß sich nicht zuletzt durch ihre Kritik an den Auswüchsen der Trennungslehre derzeit das Grundmodell wieder zumindest vorläufig mehr in die Mitte bewegt.

In England durchlief man dieselben Erfahrungen in anderen zeitlichen Dimensionen und Richtungen. Lord Mansfield scheiterte mit seiner byzantinischen Reminiszenz. Es wäre indessen verfehlt zu glauben, das common law hätte sich bis *Lipkin Gorman (a firm)* v *Karpnale Ltd* in einer Paralyse systematischer Art befunden. Denn die verschiedenen altertümlichen actions wurden zu Beginn des 20. Jahrhunderts durch quasi-contract, waiver of tort und trust begrifflich erfaßt und vereinheitlicht – Institutionen, die jeden Anschein von Lord Mansfields Ausflug in spätantike Moralphilosophie verdrängen sollten. Eine Typologie war zwar entstanden, allerdings nicht die, welche sich heute die restitution lawyers wünschen. Doch behielt das Fallrecht, bedingt durch das Rechtssystem, stets die Oberhand über abstrakte Begriffe. Auch in England vergingen wiederum viele Jahre, bis Lord Goff of Chieveley in der Nachfolge Lord Mansfields erneut unjust enrichment auf die Tagesordnung setzte. Zum wiederholten Male behauptete sich trotz anderer Erwartungen das case law gegen das principle of unjust enrichment als tragende Rechtsquelle. Nur im akademischen Bereich vermeinten Birks, Lord Goff und Jones an die Stelle der mannigfaltigen Falltypen einen einzigen Satz setzen zu können. Inzwischen haben sie ihre Haltung revidiert und zunehmend den viel zu disparaten Fällen angepaßt. Im Handbuch von Lord Goff und Jones geschah das leise, Birks hingegen sieht gar eine neue Epoche anbrechen. Es wäre nun allzu ironisch, sollte sich die englische Rechtsprechung in Zukunft mehr den abstrakten Leitlinien zuwenden, während die Lehre derzeit gerade den umgekehrten Weg beschreitet. Viel wahrscheinlicher ist es jedoch, daß die Gerichte die Mittellinie fortsetzen.

An welchem Punkt zwischen Einheit und Trennung das englische und deutsche Recht jeweils in concreto angekommen sind, ist stets eine *perspektivische* Frage. Krawielicki würde den Rechtszustand in beiden Ländern sicherlich als orthodoxe Trennungslehre einstufen; vice versa sieht Hedley selbst in den modifizierten Lehren seiner Fakultätskollegen Jones und Virgo fallentfremdete Abstraktion, die das Recht um der Systematisierung willen verbiegt. Beide haben recht und befinden sich dennoch im Irrtum, weil sie nicht den Standpunkt der anderen mitbedenken. Selbst wenn man aus Rezeptionssicht eine Reihe verschiedener Methoden zum Thema Bereicherungsrecht sammelt, also zum gemeinen, deutschen und englischen Recht, stehen die einzelnen gewonnenen Paradigmen in keinem qualitativen Exklusivitätsverhältnis. Die eigene Perspektive legt erst den vermeintlichen Quantensprung offen, der sich bei kritischer Distanz als subjektive Wertung der geschichtlich-rechtsvergleichenden Entwicklung offenbart, die weniger von Sprüngen und Wendungen als von Kontinuitäten mit bloßen Akzentverschiebungen gekennzeichnet ist. Begriffe, die erst das historische Gefühl des radikalen dogmatischen Wandels vermitteln, verblassen schnell wieder auf dem Hintergrund einer neuen Zeit, die ihre Einzigartigkeit herausstellen will. Es stimmt zwar, daß über die Rezeption nicht nur der Dogmatik, sondern selbst der Rechtsgeschichte stets ein applikatives individualistisches Moment anhängt. Auch das Bereicherungsrecht erschließt sich nicht in luftleerer Abstraktion, sondern erst in der gelebten Rechtsanwendung. Das sollte freilich nicht über die idealiter gedachte Methode hinwegtäuschen. Indem sich der Rezeptionsforscher seiner eigenen Rezeptionsleistung bewußt ist, muß er doch zugleich bemüht sein, den Kreislauf aufzuheben. Das wird ihm niemals vollständig gelingen, es ist aber ein Optimum, das vor Zirkelschlüssen bewahren soll.

Ähnlich verzerrt, wenn auch in abgeschwächter Form, wäre die Vorstellung, es gebe im Bereicherungsrecht einen objektiven Fortschritt im Sinn eines Prozesses hin zu „höheren“ und „moderneren“ Rechtsformen. Dies beruht ebenfalls auf einem einseitigen Blickwinkel. Lediglich in den Augen der Eleaten zerfällt die historische Entwicklung in verschiedene Emergenzen, die als emporsteigende Stufen abgebildet werden können. Begreift man hingegen die Dogmengeschichte als kontinuierlichen Rezeptionsfluß, in dem dogmatische Applikation und rechtsvergleichend-historisches Bewußtsein ineinandergreifen, dann lassen sich aus der externen Perspektive zwar Paradigmen innerhalb der Geschichte der Rechtsinstitution herausgreifen. Die applikative Hermeneutik als Grundmethode der dogmatischen Rechtsanwendung und des für die europäische Methodenlehre entworfenen Begriffs Rechtsgeschichte beweist jedoch keine absoluten Unterschiede der einzelnen Entwicklungsstadien.

Quasivertrag, Pomponius-Satz, principle of unjust enrichment, rechtsgrundlose Bereicherung und Kondiktionen sind in der Tat nur bedingt kompatibel. Die mannigfachen Begriffe und Lösungsmöglichkeiten, um den Bereicherungsgedanken im Recht umzusetzen, stehen jedoch in keiner Beziehung vom Schlechteren zum Besseren. Selbst Rückschritte sind mehr Ausdruck der subjektiven Einzelansicht als eines „Weltgeistes“, an dem der Stand der gegenwärtigen Dogmatik gemessen werden kann. Für die Dogmengeschichte ist dies evident; selbst bei einer tendenziellen Auswertung der Historie muß es verwehrt bleiben, vergangene Rechtsinstitutionen als „falsch“ oder „richtig“ zu bewerten. Doch sogar in der aktuellen Dogmatik des Bereicherungsrechts werden viele Lösungsmöglichkeiten relativ sein, nur für das Grundmuster Einheits- oder Trennungsmodell lassen sich substantiierte Wertungen vornehmen. Allein die von der Rezeption isolierte Hermeneutik des Augenblicks mag zu der Annahme verleiten, andere Entwicklungsstadien könnten von der eigenen Position aus bewertet werden. Die Erforschung der Rezeptionsvorgänge, die Rechtsgeschichte, Rechtsvergleichung und Rechtsdogmatik verbindet, legt offen, wie sehr die Verarbeitung des Textobjekts Recht immer vom Zusammenspiel des eigenen Standpunkts mit der Vergangenheit beeinflußt ist. Vielleicht wäre es die beste Lösung, ganz auf den Begriff „Entwicklung" zu verzichten, um nicht den Eindruck zu erwecken, es gebe qualitativ meßbare Stufen. Nicht das Fortschreiten des Bereicherungsrechts, sondern der Facettenreichtum der Materie steht im Vordergrund.

Das gelebte deutsche Bereicherungsrecht und das englische law of restitution sind seit über 200 Jahren Einheit und Vielheit zugleich. Nur singuläre akademische Stimmen durchbrachen je den Kreislauf von Einheit und Trennung. v. Savigny schwankte zwischen römischem case law und System; im Bereicherungsrecht war und ist seine Lehre in der Literatur der archimedische Punkt. Die weitere Entwicklung des Rechtsgebiets im 21. Jahrhundert in seiner europäischen Dimension bleibt ungewiß. Noch viele Studien werden notwendig sein und ihrerseits in den Rezeptionskanon eingehen, um alle Aspekte der Materie zu erfassen. Rechtsgeschichte und Rechtsvergleichung sind dabei unverzichtbare Bestandteile der seriösen wissenschaftlichen Analyse. Nicht zu Unrecht sprach John Hamilton Baker als Nachfolger von Jones in seiner Inauguralvorlesung zu Cambridge:[2] „[...] few other fields apart archaeology can offer as much opportunity to delve into unbroken ground and recover lost worlds."

Sollte sich die Rechtspolitik im neuen Jahrhundert eines Tages nach umfassenden Vorarbeiten für die europäische Kodifikationslösung entscheiden, obwohl derzeit noch kein Regelungsbedürfnis besteht, dann wird sie sich anhand der vorgestellten Matrixhypothese daran messen lassen müssen, ob sie das immanente historische Spannungsverhältnis der Materie zu bewältigen vermag. Jedenfalls wird die Methode erfolglos bleiben, Rechtsordnungen, wie in der deutschen Dogmatik von Kaehler und Kellmann versucht, ohne die gewachsenen Bedeutungsstränge und ohne den passenden kulturellen Hintergrund zu „transplantieren". Die Suche nach der Grand Unifying Theory ist nicht nur in der Physik eine anspruchsvolle Aufgabe. Doch das ist eine andere Geschichte, die erst noch geschrieben werden muß. Eines immerhin kann man bereits jetzt mit Steyn LJ festhalten:[3] „In this complex and changing branch of the law I deliberately refrain from saying ‚never'."

---

[2] *Baker*, in: (2000) 59 CamLJ 62, 84.

[3] *CTN Cash and Carry Ltd* v *Gallaher Ltd* [1994] 4 All ER 714, 719 (per *Steyn LJ*).

Zusammenfassung

1. Die Rechtsintegration innerhalb der Europäischen Union führt zunehmend zur Vereinheitlichung der nationalen Privatrechte. Bislang standen vor allem Richtlinien im Mittelpunkt des Interesses. Aber schon jetzt stellt sich für viele die abschließende Frage nach einem Europäischen Zivilgesetzbuch. Neben anderen Rechtsgebieten, allen voran dem Vertragsrecht, gerät das Bereicherungsrecht verstärkt in den Blick der Rechtsvergleichung und Rechtsvereinheitlichung. Die Neuregelung der Materie im deutschen Internationalen Privatrecht ist ein erster Schritt zur Rechtsangleichung. Ein kodifiziertes Europäisches Privatrecht dagegen sollte zur Zeit noch jenseits des rechtswissenschaftlichen Horizonts stehen. Denn die Frage nach einem Europäischen Zivilgesetzbuch ist in erster Linie ein rechtspolitisches und kein rechtswissenschaftliches Anliegen. Nicht entscheidend ist es daher, ein kodifiziertes Bereicherungsrecht zu „entwickeln". Das darf jedoch nicht daran hindern, die Voraussetzungen eines gemeinsamen europäischen Rechtsdenkens zu schaffen. Im Vordergrund müssen die dogmatischen Grundlagen stehen, die nicht nur den supranationalen rechtswissenschaftlichen Diskurs beflügeln, sondern auch und vor allem die nationale deutsche Rechtsdogmatik um neue Aspekte bereichern.

Referenzobjekte sind dabei primär die Kondiktionen im gemeinen Recht, die heutige rechtsgrundlose Bereicherung in Deutschland sowie das englische law of restitution. Während das deutsche Bereicherungsrecht auf der Grundlage des gemeinen Rechts eine wechselvolle und sehr kontroverse Geschichte durchlitt, hebt sich das law of restitution vor allem durch seine stürmische aktuelle Entwicklung und die diametrale Methode des case law hervor. Beide Rechtsordnungen decken zusammen exemplarisch ein beträchtliches Spektrum des europäischen Problem- und Methodenkanons ab.

Das zentrale Anliegen eines jeden nationalen oder europäischen Bereicherungsrechts wird durch die grundlegende Weichenstellung zwischen Einheitstatbestand und fallorientierter Kasuistik vorgegeben. Die zu untersuchende Frage soll deshalb sein, ob das Bereicherungsrecht eine Einheit bildet oder in mehrere typologische Untergruppen zerfällt. Besonders die deutsche Lehre führt den Streit um die Frage, ob – vereinfacht formuliert – § 812 BGB einen Generaltatbestand bildet (Einheitslehre) oder in mindestens zwei Anspruchsgrundlagen (Leistung und Nichtleistung, daher Trennungslehre) zerfällt. Untersucht werden schwerpunktmäßig im deutschen Recht die Dogmengeschichte von den Naturrechtslehren und usus modernus an sowie die umstrittenen Einheitslehren. Im law of restitution steht die aktuelle Entwicklung im Vordergrund der Analyse. Die methodologischen Instrumentarien sind vorgegeben: Rechtsgeschichte und Rechtsvergleichung in der Kombination als vergleichende Rechtsgeschichte. Die Rechtsgeschichte wird applikativ eingesetzt, sie darf aber nicht, wie vielfach geschehen, vereinfacht und hermeneutisch korrumpiert werden. Die Rezeptionsgeschichte fungiert als Gesamtrahmen, in dessen Gefüge Rechtsdogmatik und Rechtsgeschichte lediglich als verschiedene Aspekte des *einen* ideengeschichtlichen Stroms auftreten. Zwischen der vorgeschlagenen Methode und den traditionellen Disziplinen Rechtsgeschichte und Rechtsvergleichung kann es folglich nicht zu dem vielfach behaupteten Methodenstreit kommen. Traditionelle und neue Felder betrachten das Arbeitsobjekt nur unter verschiedenen Perspektiven und haben auf ihrem Gebiet jeweils ihre eigene Berechtigung.

2. Neben der Europäischen Methodenlehre werden rechtstheoretische Kategorien eingesetzt. Es wird eine Matrix entwickelt, die Produkt rezeptiver Analyse ist, also die rechtsvergleichenden und rechtsgeschichtlichen Erkenntnisse antizipiert. Die Matrix baut auf der seit Dworkin und Alexy allgemein anerkannten normlogischen Feststellung auf, daß zwischen Rechtsprinzipien und Rechtsregeln zu unterscheiden sei. Beide Normgruppen stehen in keinem hierarchischen Verhältnis; aufgrund des Kodifikationsprinzips im deutschen Zivilrecht sind Rechtsprinzipien jedoch faktisch in ihrem Wirkungskreis auf die Auslegung positivierter Rechtsregeln beschränkt.

Rechtsregeln werden im Subsumtionsvorgang nochmals in Semantik (Interpretation der Wortelemente) und Syntax (Anordnung der Wortelemente) geschiedenen, um einen höheren Differenzierungsgrad zu erreichen. Daraus ergeben sich drei Analyseebenen: Rechtsprinzip (Prinzipienebene), Interpretation (Interpretationsebene) und zugrundeliegender Tatbestand (Tatbestandsebene). Mit ihrer Hilfe kann der Streit zwischen Einheits- und Trennungslehren weitaus besser als bisher erfaßt werden. *Die* Einheits- steht nicht mehr *der* Trennungslehre gegenüber – beide sind vielmehr Kombinationen innerhalb der Matrix. Somit ist es zum Beispiel möglich, auf Prinzipienebene das Einheitsmodell zu vertreten, aber auf Interpretations- und Tatbestandsebene das Trennungsmodell. Der herkömmlichen Sichtweise stellt sich hier die schwierige Frage, wie man solche in der tatsächlichen Diskussion vorkommenden Ansätze überhaupt noch erfassen soll. Im gemeinen Recht und im common law muß die Matrixhypothese freilich modifiziert werden: Da beide Systeme keine in Gesetzestexte gegossenen Rechtsregeln kennen, sondern sich auf eine Vielzahl von teilweise sehr disparaten Quellen stützen, münden Interpretations- und Tatbestandsebene in die einheitliche Anwendungsebene ein.

Im Gegensatz zur Dichotomie von Prinzip und Regel ist der Begriff der Generalklausel nicht in der Lage, das Bereicherungsrecht präzise zu beschreiben.

Das Wort Generalklausel kann sowohl von Anhängern der Einheits- als auch Trennungslehre dazu benutzt werden, um ihre eigene Position zu untermauern. Ein semantisch ambivalenter Tatbestand, der als Generalklausel bezeichnet wird, muß nicht unabdingbar abstrakt geformt werden; er kann im Gegenteil Ausgangspunkt eines typologischen Systems sein. Zur Abgrenzung des Meinungsstandes ist die Generalklausel deswegen ungeeignet. Der Begriff stellt eine reine Chiffre für die selbstverständliche Erkenntnis dar, jedem Satz sei die sprachliche Unschärfe immanent.

3. Struktur und Inhalt der Untersuchung sind an der Frage nach Einheits- oder Trennungsmodell ausgerichtet. Im einzelnen wird anhand der Rezeptionsgeschichte zuerst die gemeinrechtliche Dogmengeschichte und dann das Jahrhundert des Bürgerlichen Gesetzbuches in Deutschland untersucht. Zum Schluß des ersten Teils werden Einheits- und Trennungslehren auf der Basis der Rechtsgeschichte und Rechtsdogmatik evaluiert. Eingeschoben ist noch ein Abschnitt zum sogenannten Subsidiaritätsdogma, von dem immer wieder behauptet wird, es sei das Produkt der Trennungslehre. Daran schließt sich der Teil zum englischen law of restitution an: Nach einer kurzen Einführung wird zuerst auf das wenig systematische Fallrecht eingegangen, um dem Leser zu vermitteln, daß im common law das Richterrecht Rechtsquelle ist. Erst jetzt wird die akademische Lehre beleuchtet, die das Fallrecht in ein möglichst rationales System zu transponieren versucht. Nach dem gemeinen, deutschen und englischen Recht erfolgt ein Ausblick auf die europäische Dimension des Bereicherungsrechts. Anhand der Rechtsprinzipien der beiden Rechtsordnungen soll untersucht werden, ob im Hinblick auf die Frage nach Einheit oder Vielfalt des Bereicherungsrechts Rechtsprinzipien existieren, welche die Materie in die eine oder andere Richtung strukturieren. Zum Abschluß sei kurz der Versuch beleuchtet, das Bereicherungsrecht im Rahmen eines Europäischen Zivilgesetzbuches niederzulegen. Dagegen wurde davon abgesehen, die untersuchte Materie nach der herkömmlichen rechtsvergleichenden Methode funktional nach Rechtsinstitutionen auszurichten. Denn bei dieser Darstellungsweise könnte die hier besonders hervorgehobene Rezeptionsgeschichte, die das gemeine, deutsche und englische Recht thematisch überspannt, nicht gebührend gewürdigt werden.

4. Zum gemeinen Recht, das den Auftakt der Untersuchung bildet, ergibt sich ein weitaus differenzierteres Bild als bisher. Als Datenmaterial wurden neben mehr als einhundert Vorlesungsnachschriften und Vorlesungsmanuskripten die Urteilssammlung der Reichsgerichtsbibliothek und die Protokolle und Vorlagen zum Sächsischen Bürgerlichen Gesetzbuch herangezogen, um eine lückenlose Rezeptionsgeschichte nachzuzeichnen. Nur eine geschlossene und detaillierte Datenbasis ermöglicht objektiv nachprüfbare Ergebnisse jenseits der häufig anzutreffenden geschichtsmetaphysischen und applikativen Spekulation.

Die neuen Quellen bestätigen einige bekannte Vorurteile, auf der anderen Seite zeigen sie viele neue, bisher unbekannte Aspekte auf.

Als Begründer der eigentlichen Bereicherungslehre im deutsch-gemeinen Recht gilt nach der bisherigen dogmengeschichtlichen Forschung allgemein v. Savigny. Studiert man sorgfältig die Literatur des usus modernus, wird dieses Bild anders auszuleuchten und zu akzentuieren sein: Er war nicht der vermeintliche dogmatische, sondern der methodologische Novator. Seine überragende Bedeutung für die Kondiktionen wird dadurch nicht gemindert, sondern präzisiert. Auf der rechtsdogmatischen Seite, wenn man sie von der Methodenlehre trennt, war v. Savigny eher ein Moderator. Er rezipierte die Formel von Grotius zur „ungerechtfertigten Bereicherung auf Kosten eines anderen" ebenso wie die Lehre zum dare oportere auf seiten des usus modernus. In seinen Vorlesungen verband v. Savigny diese Bausteine mit der herkömmlichen Kasuistik und der seit langem bekannten causa-Lehre. An diesem Faktum führt kein Weg vorbei. Ebenso ist es nicht zu leugnen, daß Glück und Meyer zeitgleich zur Landshuter Pandektenvorlesung die Distinktion der condictio furtiva von den übrigen Kondiktionen betonten.

Für die Details der Pandektenvorlesung v. Savignys ist ebenfalls ein neues Bild zu zeichnen. Der „Meister" der Historischen Rechtsschule hatte in seinem berühmten Pandektenkolleg gewichtige Bedenken, die condictio sine causa aus Nichtleistung neben den Leistungskondiktionen zu entwickeln. Erst im „System des heutigen Römischen Rechts" überwand er seine Zweifel, konnte aber die Eingriffskondiktion aus Diebstahl, die condictio furtiva, immer noch nicht mit den anderen Kondiktionen vereinigen. Die Auswertung zahlreicher Vorlesungsnachschriften belegt die Skepsis durch unterschiedliche Akzente in einzelnen Kollegien. v. Savigny kann daher trotz aller Vereinnahmungsversuche stringent weder dem Einheits- noch dem Trennungsmodell zugeordnet werden. Er bleibt die vielzitierte Sphinx, die in ihrem Verständnis von Jurisprudenz und Methodik allein im bisher nur unzureichend erfaßten Kontext der ersten Hälfte des 19. Jahrhunderts zu enträtseln ist.

In seinem Fahrwasser führte erst Windscheid alle heutigen Kondiktionsfälle in letzter Instanz zusammen. Eine strikte Einheitslehre vertrat auch er nicht. Windscheid behandelte das Quellenmaterial wesentlich freier und noch systematischer als v. Savigny, ohne sich ganz vom römischen Gesetz zu lösen. Deshalb gelangte selbst er zu keinem Bereicherungssatz in Rechtsregelform. Allgemein setzte die Rezeption v. Savignys durch Schüler und Bewunderer schon im zweiten Jahrzehnt des 19. Jahrhunderts ein, viel früher als bisher geglaubt; das belegt die Auswertung der Literatur zwischen 1800 und 1840 sowie der Vorlesungshefte. Bei Roßhirt findet der Leser sogar bereits im Jahre 1824 eine getreue Wiedergabe der Vorlesung v. Savignys zu Landshut in einem bisher unbeachteten Lehrbuch. Gelehrte wie v. Bethmann-Hollweg unterrichteten in den

1820ern in ihren Vorlesungen ebenfalls schon nach dem Vorbild v. Savignys. Der allgemeine Billigkeitssatz des Pomponius dagegen wurde nur in Sells Monographie konsequent verwirklicht.

Genauso wie das Urteil zum Gesamtsystem, so muß das Verdikt zur Lösung von Detailfragen differenziert ausfallen. Da weder v. Savigny noch Windscheid eine echte Rechtsregel auf dem Boden der rechtsgrundlosen Bereicherung entwickelten, blieb die Entscheidung in Einzelfragen weithin vom Bereicherungssatz unabhängig. Das Eigenleben der Kasuistik trat besonders nachdrücklich bei Verwendung und Eingriff hervor. Den römischen Quellen gemäß konnte nur der gutgläubige Konsument von beweglichen Sachen, nicht jedoch der gutgläubige Konsument fremder Früchte mit der condictio sine causa belangt werden. Der Impensenersatz war gänzlich mit dem Bereicherungsgedanken unvereinbar, weil er den gutgläubigen vom bösgläubigen Verwender separierte. v. Jhering nahm die zahlreichen Anomalien zum Anlaß, die Bereicherungshaftung aus Eingriff generell auf den Fall zu beschränken, in dem ein sogenannter titelloser Erwerb vorliegt. Windscheid dagegen, der sich mit dem Bürgerlichen Gesetzbuch durchsetzte, wollte die Exzeptionen vom Prinzip der condictio sine causa als Randerscheinungen erklären und als Regel die Kondiktion festhalten, falls eine Bereicherung sine causa vorliegt. Beide Standpunkte konnten sich nicht in allen denkbaren Verästelungen auf die disparaten Quellen stützen. Die Rechtsprechung im 19. Jahrhundert nahm zu den Grundsatzfragen keine Stellung. Sie konnte ihre Entscheidungen mit dem bewährten römischen Fallmaterial bewältigen. Nur im Immaterialgüterrecht traten erste Mängel des neuen Bereicherungssatzes offen an das Tageslicht.

5. Allein Sell drang 1833 wie erwähnt in seiner Monographie wirklich zum Bereicherungssatz als Rechtsregel vor, freilich um den Preis, daß er die römischen Quellen des öfteren recht willkürlich umdeuten mußte. In der allgemeinen Literatur fand er deswegen nur sehr wenig Zuspruch. Sein Scheitern beflügelte zahlreiche partikularrrechtliche Gesetzgeber, vom hessischen bis zum Dresdner Entwurf, von einer konsequenten Einheitsformel Abstand zu nehmen. Damit wäre zum deutschen Recht im engeren Sinne übergeleitet. Statt einer Universalregel bevorzugte man die bekannten Einzelkondiktionen und bewegte sich mit Nuancen minimal in Richtung der condictio sine causa generalis. In den bislang unveröffentlichten Materialien zum Sächsischen Bürgerlichen Gesetzbuch tritt das Scheitern der Einheitsformel auf der Basis allgemeiner Billigkeit unverhohlen zutage. Der zuständige Redaktor Siebenhaar hatte noch vorsorglich neben die Spezialkondiktionen und die Versionsklage nach dem Vorbild Sells eine mehrdeutige Bereicherungsklage gestellt. Die Revisionskommission strich ohne Zögern die Generalklausel, die sicherlich in der Rechtspraxis die traditionellen Kondiktionen weithin überflüssig gemacht hätte.

Erst das Bürgerliche Gesetzbuch für das Deutsche Reich gelangte nach langem Zögern in der Redaktorenvorlage und der ersten Kommission auf komplizierten Wegen zu dem einheitlichen Tatbestand, wie ihn Windscheid in seinem Pandektenlehrbuch niedergelegt hatte. Das war bereits in einem abgelehnten anonymen Antrag zum Dresdner Entwurf, dem Schweizer Obligationenrecht und Graubündner Privatgesetzbuch angelegt. Entscheidend war, die disparaten Kondiktionen aus Leistung, Eingriff, aber auch Verwendung, zusammenzuführen. Zwar läßt sich nachweisen, daß „auf dessen Kosten" für die Leistung gelten sollte, trotzdem ist § 812 Abs. 1 S. 1 BGB auf historischer Grundlage selbst der Trennungslehre offen. Denn keinesfalls dürfen die negativen Erfahrungen mit Sells Billigkeitslehre und v. Savignys differenzierte Haltung vergessen werden, die in einer Vielzahl von Handschriftenstudien zu ermitteln war. Der Gesetzgeber führte auf der Grundlage der condictio sine causa – nicht der condictio ex iniusta causa – alle Bereicherungsfälle in einem Abschnitt des Schuldrechts zusammen, ohne einer strikten Einheitsformel anzuhängen. Man erschuf nichts Neues, vielmehr steht das Bürgerliche Gesetzbuch in organischer Entwicklungslinie zu den anderen Gesetzgebungsvorhaben des 19. Jahrhunderts. Es ähnelt einem Formularblatt, in dem manches vorgegeben ist, vieles jedoch offenbleibt. Ohne diese historische Tatsache gäbe es auch keine Trennungslehre, weil Trennung nur bei einer gewissen Homogenität der gesamten Materie möglich ist.

6. Rechtsprechung und Rechtswissenschaft nach 1900 bauten auf den gesetzgeberischen Vorgaben auf. Sie entwickelten die gemeinrechtliche Lehre behutsam fort und überführten das Erbe v. Savignys und Windscheids ins Kodifikationszeitalter. Die „Leistung" sollte nur ein besonders hervorgehobener Beispielfall der Generalklausel in § 812 Abs. 1 S. 1 BGB sein. Gemeinsames Band aller Kondiktionen war nach herrschender, wenn auch nicht unbestrittener Meinung die Unmittelbarkeit der Vermögensverschiebung, die man im Tatbestandsmerkmal „auf dessen Kosten" lokalisierte. Nach fast allgemeiner Meinung galt das Kostenelement auch für die Leistungskondiktion. Schwierigkeiten in Mehrpersonenverhältnissen mit dem Unmittelbarkeitskriterium waren leider unübersehbar. Der Lehre gelang es nicht, die Quadratur des Kreises zwischen Unmittelbarkeitsdoktrin und bloßem Zuwendungsverhältnis aufzulösen. In der Frage der Rechtsgrundlosigkeit wollte die ganz herrschende Lehre trotzdem zwischen Leistung und anderen Bereicherungsfällen differenzieren. Revolutionäre Ansätze wie die Rechtswidrigkeitstheorie von Schulz konnten sich zunächst nicht durchsetzen. Die weitere Entwicklungsstufe, die heutige Trennungslehre, wurde aber von weiterdenkenden Autoren, allen voran Heck und Leonhard, vorbereitet.

Ein weitaus weniger farbiges Bild als die Lehre bot die Rechtsprechung; sie wurde maßgeblich durch das Reichsgericht bestimmt, das innerhalb weniger

Jahre alle wichtigen Fragen zum Bereicherungsrecht in der Fallpraxis klärte. Der einheitliche Ansatzpunkt der Kondiktionen wurde wie in der Literatur von der Definition des Kostenmerkmals als unmittelbarer Vermögensverschiebung vorgegeben. Trotzdem beherrschte mehr die Zwecksetzung als die Unmittelbarkeit die Lösung der Fälle im bargeldlosen Zahlungsverkehr. Zur Definition der Leistung durch den Bundesgerichtshof war es ungeachtet definitorischer Differenzen nicht mehr weit. Abseits des Zahlungsverkehrs hatte das Kostenmerkmal aber durchaus eine überragende Stellung. Es diente zur Bestimmung des Schutzbereichs in Eingriffsfällen, dem Ausgleich bei Konkurrenz von Leistung und Eingriff, jedoch weniger der Lösung der Konkurrenz von Leistung und Verwendung. Das Reichsgericht stützte sich in vorbildlicher Weise auf Analogien zur Anweisungslage.

7. Erst nach dem Zweiten Weltkrieg zogen Rechtsprechung und Lehre die Konsequenzen aus den Schwierigkeiten mit dem Kostenmerkmal. Nachdem Wilburg 1934 die Aufgabe der traditionelle Linie noch zu einer Zeit gefordert hatte, als die Vermögensverschiebungslehre uneingeschränkt regierte, kam es mit erheblicher Verzögerung zwischen 1954 und 1970 auf breiter Linie zum Durchbruch für ein anderes Verständnis des Bereicherungsrechts. v. Caemmerer unterteilte aus rechtsvergleichender Sicht das Bereicherungsrecht in verschiedene Typen, in Leistungs-, Eingriffs-, Rückgriffs- und Verwendungskondiktion. Fortan sollte das Kostenmerkmal und folglich die Vermögensverschiebung kein Bestandteil der Leistungskondiktion sein. An die Stelle der Unmittelbarkeit trat der Leistungsbegriff, um Mehrpersonenverhältnisse zu lösen. In jüngerer Zeit haben sich zwei Strömungen im Lager der Trennungslehre gebildet: Eine Gruppe will stärker als bisher die Gemeinsamkeiten der verschiedenen Kondiktionen betonen; dabei wird konzediert, „auf dessen Kosten“ könne selbst für die Leistungskondiktion gelten. Die entgegengesetzte Variante will die Trennung zu Ende gehen; Leistung und Nichtleistung seien zwei unterschiedliche Anspruchsgrundlagen ohne gemeinsamen Bezug. Daher fragt es sich, ob man überhaupt noch von der Trennungslehre als homogener Meinungsgruppe sprechen sollte.

Die Rechtsprechung des Bundesgerichtshofs vollzog die Entwicklung der Lehre in groben Zügen nach. Seit dem Elektrogeräte-Fall des lange Zeit maßgeblichen VII. Zivilsenats sind der finale Leistungsbegriff und die Trennung der Leistung von der Nichtleistung ständige Rechtsprechung. Im Detail allerdings halten sich die Gerichte mit der Wendung v. Caemmerers, maßgeblich sei der Einzelfall, alle Optionen offen. Jenseits des Leistungsbegriffs und anderer Schlüsselmerkmale hat sich die Rechtsprechung nicht auf eine bestimmte dogmatische Lehre festgelegt. Besonders die Eingriffskondiktion beleuchtet die manchmal undurchsichtige Haltung der Rechtsprechung. Obwohl sich viele Urteile auf die Lehre vom Zuweisungsgehalt stützen, gehen selbst einige jüngere Entscheidungen von der Unmittelbarkeit der Vermögensverschiebung aus. Das hat die Konsequenz, daß sich bis heute kein einheitliches Meinungsbild zur Frage entwerfen läßt, inwiefern die Eingriffskondiktion von einer vermögensmäßigen Minderung auf der Entreichertenseite losgelöst ist.

8. Nicht nur innerhalb der Trennungslehre treten Differenzen auf, eine Mindermeinung stellt die dogmatische Entwicklung in toto zur Debatte. Glaubt man den neuen Einheitslehren, dann ist § 812 BGB vom rechtswidrigen Haben geprägt, das sowohl Leistung als auch Nichtleistung umfasse. Wie nach 1900 soll die Leistung nur noch Beispielfall eines allgemeinen Tatbestandes mit dem Element „auf dessen Kosten" sein. Die Zwecksetzung als tragendes Element der Leistungskondiktion sei entbehrlich, wird argumentiert. Die Reale Rechtslehre möchte im Gegensatz zur Hauptgruppe der Einheitslehren sogar das Wort „Leistung" aus dem Tatbestand streichen. Dies dürfte im Hinblick auf den neuen Art. 38 EGBGB mit dem Gesetz nicht mehr vereinbar sein. In fast allen Einzelheiten setzen sich die neuen Einheitslehren aber von der traditionellen Lehre nach 1900 ab, um deren Fehler, beispielsweise bei der Unmittelbarkeit der Vermögensverschiebung, zu vermeiden. Dafür betonen sie im Anschluß an Krawielicki die Abstraktion der Bereicherung, in deren Gefolge die Rechtsgrundlosigkeit zum reinen Rechtfertigungsgrund mutiert. Teilweise wird gar so weit gegangen, „ohne rechtlichen Grund" in eine Reihe mit den Einwendungen aus §§ 814 ff. BGB zu stellen. Konsequent zu Ende gedacht, trägt der Bereicherte die Beweislast für den Rechtsgrund, denn die Rechtfertigung ist ein ihm günstiges Tatbestandsmerkmal.

In ihrem methodologischen Anliegen unterscheiden sich die Einheitslehren beträchtlich. Kaehler und Kellmann wollen in der Form von „legal transplants" das common law übernehmen. Deshalb führt Kellmann die Gewinnhaftung nach dem Vorbild des trust ein, Kaehler gelangt im Anschluß an die englische Dogmengeschichte zum Quasivertrag als tragendem Gedanken. Wilhelm hingegen rekurriert auf die Dogmengeschichte; er stützt sein rechtswidriges Haben auf die Rechtsverletzungslehre v. Savignys. Er schließt sich in seiner applikativen Grundtendenz dem überholten Denken in Aktionen an. Mit derselben Argumentation könnte sich die Trennungslehre sogar auf den Anspruchsbegriff Windscheids als Legitimation der Trennung von Leistung und Nichtleistung berufen. Ebensowenig durchdacht erweist sich Kupischs Modell. Seine Analogietheorie übersieht den Unterschied zwischen geplanten und vom Gesetzgeber übersehenen Regelungslücken.

9. Obwohl heute eine Vielzahl verschiedener Systeme zu den §§ 812 ff. BGB existiert, gibt es nur wenige Differenzen in den konkreten Resultaten. Die Analyse der Problemfälle im Bereicherungsrecht zeigt, daß die Einheitslehren in ihrer eigenen Gruppe – ebenso wie die Trennungslehre – teilweise zu völlig verschiedenen Ergebnissen kommen. Die Lösung konkreter Bereicherungsfälle

ist von der Basistheorie weitestgehend abgekoppelt, entschieden wird nach Problemlagen. „Leistung“ und „Zuweisung“ beim Eingriff sind daher Chiffren, denen sich jeder Theorieansatz stellen muß. Das hatte sich schon im gemeinen Recht und in der ersten Hälfte des 20. Jahrhunderts angedeutet, als die Lösung von Mehrpersonenverhältnissen von der Auslegung des Tatbestandsmerkmals „auf dessen Kosten“ unabhängig war. Daran läßt sich nichts ändern, weil ein so kurzer Tatbestand wie § 812 BGB unmöglich jedes Ergebnis programmieren kann.

Bestätigt wird der fehlende Zusammenhang zwischen Basissystemen und konkreten Ergebnissen durch die Matrixhypothese: Sie zeigt nicht zwei Lager – Einheits- und Trennungslehre – auf, sondern eine einzige Großgruppe, die nur auf der Prinzipienebene das Einheitsmodell vertritt. Denn allgemein postulieren die Einheitslehren zwar auf der Ebene der Rechtsprinzipien die Einheit der Materie, auf der Tatbestandsebene müssen sie aber entgegen ihren eigenen Prämissen doch wie die Trennungslehre unterscheiden. Paradigmatisch ist Kupisch, der trotz seiner heftigen Angriffe auf die Trennungslehre nach wie vor die Typologie der Bereicherungsansprüche vertritt. Nur relativ wenige Stimmen auf der Seite der Trennungslehre und nur die Reale Rechtslehre auf der Seite der Einheitslehren verfechten die Extrempositionen, die durchgehend auf allen Ebenen das Trennungs- oder Einheitsmodell installieren.

10. Man könnte nach allem die Frage nach Einheits- oder Trennungslehre prima facie für irrelevant erklären. Dogmatische, methodologische und dogmenhistorische Gründe sprechen indes für das Gegenteil; die Diskussion um das richtige System hat durchaus ihre Berechtigung. Die neuen Einheitslehren, die sich oft fälschlicherweise auf v. Savigny und die Dogmengeschichte berufen, gehen fehl. Das rechtswidrige Haben ist kein tragfähiger Ansatz des Bereicherungsrechts, ebensowenig die Inversion der Rechtsgrundlosigkeit. Die Rechtsgrundlosigkeit hat vielmehr denselben Stellenwert wie alle Elemente des § 812 Abs. 1 S. 1 BGB. Immerhin könnte man dem Grundgedanken der Trennungslehre gemäß zwischen Leistung und Eingriff mit der Folge unterscheiden, beim ersten Typus sei die Rechtsgrundlosigkeit als Negativum zu ermitteln (keine obligatorische Grundlage), während beim zweiten Typus die Rechtsgrundlosigkeit indiziert werde. Insbesondere § 816 Abs. 1 S. 2 BGB zeigt aber, daß es auch bei der Eingriffskondiktion der expliziten Feststellung der Rechtsgrundlosigkeit bedarf. Im übrigen leiden die Einheitslehren an methodologischen Schwächen: Sie verkennen das Verhältnis von Rechtsregeln und Rechtsprinzipien, ihre Lösungen in Mehrpersonenverhältnissen sind größtenteils sehr intrikat, und die Dogmengeschichte, die sich keineswegs für ihren Standpunkt vereinnahmen läßt, wird applikativ verbogen.

Vorzuziehen ist deshalb die Trennungslehre, doch sind einige Korrekturen anzubringen, da die Kritik der Einheitslehren teilweise berechtigt erscheint. Das

Tatbestandsmerkmal „auf dessen Kosten“ muß für Leistung *und* Nichtleistung gelten. „Leistung“ ist dann Legaldefinition des Kostenmerkmals im Fall der Leistungskondiktion. Gleichzeitig ist unter „ohne rechtlichen Grund“ die negativ formulierte objektive Rechtsgrundlosigkeit zu verstehen. Der subjektive causa-Begriff für die Leistungskondiktion nähert sich zu sehr der Quasikontraktsdoktrin an und ist mit dem Gesetz nicht zu vereinbaren. Bei allen Modifikationen bleibt das Gerüst der Trennungslehre bestehen: Leistung und Nichtleistung stehen alternativ zueinander, die Leistung ist mehr als ein Beispielfall nach der deutschen Konzeption. Gleichzeitig bilden die beiden Grundtypen einen gemeinsamen Tatbestand. „Leistung“ und „in sonstiger Weise“ sind alternative Bereicherungsmodi. Sie basieren beide auf der rechtsgrundlosen Bereicherung auf Kosten eines anderen, der sie durch die konkrete Bereicherungshandlung zur anwendungsfähigen Form verhelfen. Ohne den Bereicherungsmodus ist § 812 Abs. 1 S. 1 nicht zu applizieren, die Leistung kann deswegen kein Beispielfall einer an sich autonomen Generalklausel sein.

11. Auch andere Rechtsordnungen wie das englische law of restitution haben sich der typologischen Methode nicht verschlossen und katalogisieren das Fallrecht mit geteilten Bereicherungsmodellen. Die Trennung des Bereicherungsrechts in Typen scheint in der Natur der Sache begründet zu sein. Im Detail ist die spezifisch deutsche Einteilung in Leistung und Nichtleistung keinesfalls apriorischer Natur. In England wird in der Lehre das law of restitution in autonomous unjust enrichment und wrongdoing getrennt. Während letztere Kategorie jedes sozusagen deliktische Handeln erfaßt, fallen unter autonomous unjust enrichment neben der Leistung auch Verwendung und Rückgriff. Über die synthetische Fallgruppe ignorance lassen sich sogar die Eingriffsfälle in die Gruppe aus autonomous unjust enrichment bis auf die Gewinnhaftung einbeziehen. Die Abgrenzung zwischen den beiden Blöcken erfolgt erstens über die Unmittelbarkeit der Vermögensverschiebung und zweitens über die unerlaubten Handlungen (wrongdoing): Autonomous unjust enrichment setzt zumeist eine unmittelbare Vermögensverschiebung voraus; aus diesem Grund wird die Gruppe auch als unjust enrichment „by subtraction“ bezeichnet. Wrongdoing kann dagegen auch die Gewinnhaftung erfassen. Andererseits ist wrongdoing ausschließlich an spezifische Fallgruppen gebunden, die auf dem law of tort, dem Deliktsrecht, basieren. Im Gegensatz zur deutschen Literatur, die zweckorientiert-ontologisch in Leistung und Nichtleistung teilt, hat die englische Seite ein asymmetrisches System entwickelt, in dem Überschneidungen zwischen den beiden Großgruppen autonomous unjust enrichment und wrongdoing denkbar sind, die sogenannten Fälle der „alternative analysis“.

Bislang ging man davon aus, das law of restitution sei mit dem principle of unjust enrichment gleichzusetzen. Die stark im Vordringen begriffene Lehre will nun aber den Bereicherungsgedanken auf unjust enrichment by subtraction beschränken. Die Trennung von autonomous unjust enrichment und wrongdoing wäre noch deutlicher hervorgehoben. Virgo will gar ein trichotomisches System einführen. Er stellt die These auf, alle Fälle mit sachenrechtlichem Bezug bildeten neben autonomous unjust enrichment und wrongdoing eine dritte Gruppe namens „vindication“. Sein Ansatz hat wohl die größte Konvergenz mit dem deutschen Bereicherungsrecht: Bisher schwer zu lokalisierende Mechanismen wie die defence of bona fide purchase for value, tracing oder following fallen allein in das Gebiet der Vindikationsgruppe. Das ist aus rechtsvergleichender Sicht sachgerecht, denn der redliche Erwerb gehört dem Sachenrecht an und die Identifikations- und Surrogationsmechanismen tracing und following ergeben im Gebiet des auf Wertersatz fixierten autonomous unjust enrichment keinen rechten Sinn. Die defence of change of position dagegen kann nach der neuen Grundsatzentscheidung *Foskett* v *McKeown* auf autonomous unjust enrichment beschränkt bleiben. Rechtsvergleichend erscheint das wiederum folgerichtig. Dingliche Ansprüche im Sachenrecht basieren eben nicht auf der rechtsgrundlosen Bereicherung und dem Bereicherungswegfall als Spiegelbild.

12. Von allen Systematisierungsversuchen ist das englische Richterrecht als die eigentliche Rechtsquelle noch wenig beeindruckt. Dies kann nicht nachdrücklich genug hervorgehoben werden. Die Rechtsprechung orientiert sich nach wie vor an stark zersplitterten Fallgruppen, die nur selten mit dem Schlüsselbegriff unjust enrichment in Verbindung gebracht werden. Charakteristisch ist, daß die Rechtsgrundlosigkeit anders als in Deutschland aufgrund der Fallrechtsmethode immer konkret bewiesen werden muß; beispielsweise über mistake, duress oder total failure of consideration. Das von der Lehre entwickelte Element „ground of restitution“ ist der Transmissionsriemen zwischen traditionellem case law und rationalem System. Daran wird sich nach der neuesten Rechtsprechung selbst nichts unter dem Gesichtspunkt von „absence of consideration“ ändern, einer neuen Fallgruppe, die nach dem Vorbild der consideration-Doktrin auf einem unwirksamen Vertrag als restitutionsauslösendem Faktor aufbaut.

Kritischen Äußerungen zum akademischen System des unjust enrichment wie Dietrich oder Hedley ist deshalb eine gewisse Berechtigung nicht abzusprechen. Viele ältere Fälle lassen sich schwerlich mit unjust enrichment erklären. Besonders Verwendungen, funktionsgleiche Fälle zur Geschäftsführung ohne Auftrag – necessity genannt – und Dienstleistungen fallen aus dem Raster. Immerhin tendiert die Rechtsprechung nunmehr dazu, die sachenrechtliche Vindikation vom schuldrechtlichen unjust enrichment zu sondern. Die Leitentscheidung *Foskett* v *McKeown* hat das eindrucksvoll bestätigt. Wie sich das law of restitution weiterentwickeln wird, bleibt ungewiß. Am wahrscheinlichsten ist, daß die Rechtsprechung in England sich in Zukunft nicht auf den kanadischen Weg begeben wird, der zu einer abstrakten Rechtsgrundlosigkeit tendiert und das Fallrecht neutralisiert. Vielmehr wird das House of Lords wohl auch weiterhin ähnlich dem Bundesgerichtshof den Mittelweg beschreiten. Nur die äußere Struktur des akademischen Systems wird übernommen, das tradierte Fallrecht ist wie zuvor die maßgebliche Rechtsquelle.

13. Methodologisch betrachtet ähnelt das englische case law in dieser Hinsicht dem gemeinen Recht. Einzelfall und abstraktes Prinzip sind unauflösbar ineinander verwoben. Ebenso wie im gemeinen Recht bewegt sich der Satz der rechtsgrundlosen Bereicherung zwischen Rechtsregel und Rechtsprinzip. Einerseits müssen die Einzelfallentscheidungen systematisiert werden, andererseits kann keinesfalls einfach über sie hinweggegangen werden. Der Streit zwischen Windscheid und v. Jhering zeigte das sehr deutlich. Die herrschende Methode im law of restitution will das case law evaluativ behutsam durch Analogie auf der Grundlage von unjust enrichment weiterentwickeln. Dies war bereits die Methode v. Savignys nach dem Vorbild der actio utilis.

In den Einzelfragen setzt sich die methodologische Grundlinie des englischen law of restitution fort: Auch auf Detailebene wird die Lösung wie bereits im gemeinen Recht vom konkreten Einzelfall und nicht von abstrakten Erwägungen bestimmt. Das sei anhand zweier Beispiele erläutert: So hat sich bislang kein einheitliches Lösungsmuster für Mehrpersonenverhältnisse herausgebildet. Mehrere, teilweise widersprechende Topoi überlagern sich in der Rechtspraxis. Die Lösung wird nicht beim Element „at the expense of", verstanden als „direct enrichment", sondern erst auf der Einwendungsebene mit den defences of ministerial receipt und good consideration gesucht. Wie sich dazu die allgemeine Einwendung des Bereicherungswegfalls verhält, ist noch nicht vollkommen geklärt. Das gemeine Recht löste Mehrpersonenverhältnisse gleicherweise nicht über den Bereicherungssatz, sondern über die vorgegebenen Quellenstellen. Ebensowenig läßt sich die Großgruppe des wrongdoing auf einen gemeinsamen Nenner bringen. Das Fallrecht erweist sich gegenüber allen Versuchen resistent, die Entscheidungen unter eine einheitliche explanative Theorie zu fassen. Auf dem Gebiet des wrongdoing sind bisher alle Deutungsversuche gescheitert. Sie erweisen sich zumeist als zirkulär, sie beschreiben allein deskriptiv den Zustand de lege lata. Dies ist freilich für jeden Deutungsversuch des Fallrechts und damit auch für die Basissysteme der Lehre symptomatisch.

14. Auf der Grundlage von Rechtsgeschichte, Rechtsdogmatik und Rechtsvergleichung bleibt noch das Fazit zu den grundlegenden Prinzipien des Bereicherungsrechts zu ziehen. Zum law of restitution wie zum deutschen Bereicherungsrecht wird die Bedeutung der Aristotelischen Gerechtigkeitskonzeption hervorgehoben. Hiermit ist nicht einseitig die ausgleichende Gerechtigkeit, sondern auch und gerade die austeilende Variante gemeint. Denn die iustitia correctiva kann nur den Vermögenszustand wiederherstellen, den die iustitia distri-

butiva vorgibt. Beide Modi sind also nicht exklusiv, es besteht ein prozedurales Verbot, die austeilende Gerechtigkeit darf das Restitutionsergebnis nicht einseitig vorgeben. Näher spezifiziert wird die Gerechtigkeit durch Privatautonomie und Rechtsfortwirkung. Beide Gesichtspunkte sind sowohl für Leistungs- als auch Eingriffsfälle die tragenden Rechtsgedanken. Diese Prinzipien geben den Startpunkt, von dem an Gerechtigkeitserwägungen erst erfolgen können. Die Gerechtigkeitskonzeption des Aristoteles allein kann ihre Aufgabe nicht bewältigen, sie muß inhaltlich konkretisiert werden. Auf Prinzipienebene lassen sich gemeinsame Grundsätze für alle Kondiktionen herauskristallisieren. Trotzdem und gerade deshalb bedarf es weiterer Prinzipien, Methoden und anderer Wertungen, welche die Kondiktionen spezifisch steuern. Konkretisierung ist stets mit einer Spezialisation je nach Typus verbunden. Die Erkenntnisse der Prinzipienebene auf die Rechtsanwendung zu übertragen, wäre nicht mehr als eine bloße Tautologie, die bestätigt, wie im konkreten Fall die Bereicherungsherausgabe erfolgen soll. Zusätzlich wird die Dichotomie von Leistung und Nichtleistung von der Methode der Ökonomischen Analyse des Rechts gestützt. Beide Bereicherungsmodi lassen sich unter Effizienzgesichtspunkten nicht zusammenführen.

15. Zum Abschluß wird auf das Bereicherungsrecht im Rahmen der Kodifikation eines Europäischen Zivilgesetzbuches hingewiesen. Clive hat, auf seinem Reformvorschlag für das schottische Recht von 1994 aufbauend, einen ersten Entwurf vorgelegt. Er stellt das „General principle" des „unjust enrichment at the expense of another person" an die Spitze, differenziert aber in den Folgevorschriften tatbestandlich aus. Dabei erfolgt die Trennung weder wie im deutschen Recht nach Leistung und Nichtleistung; noch wird das englische System kopiert, das asymmetrisch zwischen subtraction und wrongdoing trennt. Der Entwurf geht vielmehr einen Mittelweg: Die Bereicherung durch Handlung des Entreicherten wird vom Eingriff durch den Bereicherten und Dritte getrennt. Der Eingriffstypus setzt kein Verschulden wie das englische wrongdoing voraus, er ist so autonom, wie es Friedmann de lege ferenda für das law of restitution vorschlägt. Außerdem ist der Typus auf Eingriffshandlungen begrenzt, Überschneidungen im Sinne der „alternative analysis" sind nicht denkbar. Das entspricht der deutschen Dichotomie. Andererseits kopiert Clive diese nicht vorbehaltlos, sondern separiert ähnlich wie Lord Goff of Chieveley und Jones danach, ob der Entreicherte die Vermögensverschiebung eigenhändig vornahm. Folglich werden Leistung, Rückgriff und Verwendung zusammengefaßt.

Kritisch ist zum Entwurf zu bemerken, daß die Differenzierung nach den beiden Grundtypen besser am Anfang erfolgt wäre. Statt dessen wird die grundlegende Einteilung unter den Tatbestandsmerkmalen Bereicherung, Kosten und Rechtsgrundlosigkeit vorgenommen. Die Generalklausel an der Spitze wird funktionslos, weil ihre Einzelmerkmale sofort wieder aufgespalten werden. Vorzugswürdig erscheint die echte Klammerbildung, die im vorbildhaften Schweizerischen Obligationenrecht verfolgt wird; der Generalklausel folgen Ergänzungen und Beispiele, ohne aber wie in Clives Vorschlag den Generaltatbestand zu zerschlagen. Auf europäischer Ebene sollte demnach ein Einheitstatbestand mit Beispielen gebildet werden. Das Europäische Bereicherungsrecht ist freilich noch nicht präjudiziert. Denn selbst bei einer Einigung auf das Tatbestandsgerüst verbleiben weitere Bedenken, allen voran in der Frage nach Abstraktions- oder Kausalprinzip. Ohne diese Festlegung ist die Kodifikation des Bereicherungsrechts wenig sinnvoll und unvollständig. Auch die Frage nach dinglichen Rechtsfolgen, die im common law unter resulting und constructive trust firmieren, ist ein ungelöstes Problem. Wenn Clive es dem nationalen Gesetzgeber freistellen möchte, über die passenden „remedies" zu seinem Vorschlag zu entscheiden, wird die Rechtsvereinheitlichung substantiell in Frage gestellt und in letzter Konsequenz neutralisiert.

In der Summe besteht nach derzeitigem Erkenntnisstand aus wissenschaftlicher Sicht (noch) kein Bedürfnis nach einem Bereicherungsrecht auf europäischer Ebene, sondern höchstens für eine Richtlinie zum Internationalen Privatrecht (vgl. Art. 65 Abs. b EGV i. d. F. des Amsterdamer Vertrages). Einerseits sind fundamentale Systemunterschiede zwischen englischem und deutschem Bereicherungsrecht nicht zu leugnen. Andererseits zeigen sich in beiden Rechtsordnungen über das gemeine Recht genealogische Gleichläufe. Sollte es eines Tages ein European Law of Unjustified Enrichment geben, dann ist das künftige Recht mit denselben strukturellen Fragen zwischen deduktiv-systematischer Regelanwendung und Fallrecht konfrontiert wie v. Savigny vor nunmehr bald 200 Jahren. Die vorgestellte Matrixhypothese in Verbindung mit der rezeptionsgeschichtlichen Methode und der rechtsvergleichenden Typologie der Bereicherungsansprüche ist das geeignete Instrumentarium, den zukünftigen Anforderungen gerecht zu werden.

Literaturverzeichnis

I. Deutsch-lateinische Literatur

1. Gedruckte Materialien

Anmerkung: Allgemeine Ausgaben historischer Kodifikationen und Entwürfe sind nicht aufgeführt. Nur private Gesetzesentwürfe werden im Literaturverzeichnis berücksichtigt. Die Angaben zu Kodifikationen und Entwürfen im Haupttext beziehen sich auf die gewöhnlichen Textausgaben. Falls notwendig, erfolgen Erläuterungen im Text, ansonsten sei auf die Übersichten im zweibändigen Katalog der Reichsgerichtsbibliothek verwiesen. Nichtamtliche kommentierende Stellungnahmen werden unter „2. Allgemeine Literatur" aufgeführt, da sie mehr literarischen als amtlichen Wert haben.

Acten des außerordentlichen Landtags vom Jahre 1854; Beilagen zu den Protokollen der zweiten Kammer; Dritter Band; Dresden = Sächsische Landtagsakten 1854, Beilagen 2. Kammer, Bd. 3.

Bähr, Otto: Gegenentwurf zu dem Entwurfe eines bürgerlichen Gesetzbuches für das Deutsche Reich; Kassel 1892 = Bähr, Gegenentwurf.

Bundesminister der Justiz (Hrsg.): Gutachten und Vorschläge zur Überarbeitung des Schuldrechts; Band II; Köln 1981 = Gutachten und Vorschläge zur Schuldrechtsreform, Bd. 2.

Demel, Walter / *Schubert*, Werner (Hrsg.): Der Entwurf eines Bürgerlichen Gesetzbuchs für das Königreich Bayern von 1811; Revidirter Codex Maximilianeus Bavaricus civilis; Ebelsbach 1986 = Demel/Schubert, BE 1811.

Denkschrift zum Entwurf eines Bürgerlichen Gesetzbuchs nebst drei Anlagen; Berlin 1896 = Denkschrift BGB.

Ein Reichsgesetzbuch über das Privatrecht; In sieben Büchern entworfen von ***; Berlin 1896 = Anonymes Reichsgesetzbuch.

Entwurf eines bürgerlichen Gesetzbuchs für das Großherzogthum Hessen, nebst Motiven;

- Zweite Abtheilung, enthaltend: die Titel von den Vermögensgegenständen und deren Eintheilung, von dem Besitze, von dem Eigenthume, von den Dienstbarkeiten, von der Verjährung und Ersitzung; Erster Theil und Zweiter Theil (Gesetzesentwürfe und Motive); Darmstadt 1845 = Motive HE, Bd. II;
- Vierte Abtheilung; Von den Verbindlichkeiten, – Zweites Buch: von den Verbindlichkeiten im Besonderen; I. Gesetzesentwurf; II. Motive; Darmstadt 1853 = Motive HE, Bd. IV/2.

Entwurf eines bürgerlichen Gesetzbuchs für das Königreich Bayern; 1861–1864; mit Motiven; Zusammenstellung der Teile 1 bis 3 nebst Motiven durch den Scientia Verlag; Aalen 1973; zitiert nach der Edition; Zahlen in eckigen Klammern für Originalpaginierung; die Edition enthält:

- Theil I; Hauptstück: Von den Rechtsgeschäften; Theil II; Recht der Schuldverhältnisse; München 1861;
- Dritter Theil; Besitz und Rechte an Sachen;
- Motive zum Entwurf eines bürgerlichen Gesetzbuches für das Königreich Bayern; Motive zu dem Hauptstücke: Von den Rechtsgeschäften; München 1861;
- Motive zu dem Zweiten Theile des Gesetzbuches: Recht der Schuldverhältnisse = Motive BE, Teil 2;
- Motive zu dem Hauptstücke: Von den Sachen; München 1864 = Motive BE, Teil 3.

Entwurf eines bürgerlichen Gesetzbuchs für das Königreich Sachsen; nebst allgemeinen Motiven und Inhaltsverzeichnis; Dresden 1860 = Allgemeine Motive Sä-BGB.

Harrasowsky, Philipp Harass v.: Codex Theresianus; Bd. 3; Wien 1884 = v. Harrasowsky, Codex Theresianus, Bd. 3.

Jakobs, Horst Heinrich / *Schubert*, Werner (Hrsg.): Die Beratung des Bürgerlichen Gesetzbuchs in systematischer Zusammenstellung der unveröffentlichten Quellen = Jakobs/Schubert, Beratung des BGB;

- Materialien zur Entstehungsgeschichte des BGB – Einführung, Biographien, Materialien –; Berlin / New York 1978;
- Recht der Schuldverhältnisse III, §§ 652–853; Berlin / New York 1983;
- Sachenrecht I, §§ 854–1017; Berlin / New York 1985.

König, Detlef: Ungerechtfertigte Bereicherung (Empfiehlt es sich, das Bereicherungsrecht im Hinblick auf seine Weiterentwicklung in Rechtsprechung und Lehre durch den Gesetzgeber neu zu ordnen? Welche bereicherungsrechtlichen Vorschriften außerhalb des BGB können in die Kodifikation zurückgeführt werden?); in: Bundesminister der Justiz (Hrsg.); Gutachten und Vorschläge zur Überarbeitung des Schuldrechts; Band II; Köln 1981; S. 1515 – 1590 = Detlef König, in: Gutachten und Vorschläge zur Schuldrechtsreform, Bd. 2.

Motive zu dem Entwurfe eines Bürgerlichen Gesetzbuches für das Deutsche Reich;

- Band II. Recht der Schuldverhältnisse; Amtliche Ausgabe; Berlin / Leipzig 1888 = Motive BGB, Bd. 2;
- Band III. Sachenrecht; Amtliche Ausgabe; Berlin / Leipzig 1888 = Motive BGB, Bd. 3.

Mugdan, Benno (Hrsg.): Die gesammten Materialien zum Bürgerlichen Gesetzbuch für das Deutsche Reich;

- II. Band. Recht der Schuldverhältnisse; Berlin 1899 = Mugdan, Bd. 2;
- III. Band. Sachenrecht; Berlin 1899 = Mugdan, Bd. 3.

Ofner, Julius (Hrsg.): Der Ur-Entwurf und die Berathungs-Protokolle des Österreichischen Allgemeinen bürgerlichen Gesetzbuchs; Bd. 2; Wien 1889 = Ofner, Protokolle ABGB, Bd. 2.

Protocolle der Commission zur Ausarbeitung eines Allgemeinen Deutschen Obligationenrechtes;

– I.–LXII.; Dresden 1863 = Protokolle DE, Bd. 1;

– CCXXXIII.–CCLIX.; Dresden 1865 = Protokolle DE, Bd. 5;

– CCLX.–CCCXXIV.; Dresden 1866 = Protokolle DE, Bd. 6.

Protokolle der Kommission für die zweite Lesung des Entwurfs des Bürgerlichen Gesetzbuchs; Im Auftrag des Reichs-Justizamts; Achilles / Spahn / Gebhard (Bearbeiter);

– Band II. Recht der Schuldverhältnisse; Berlin 1898 = Protokolle BGB, Bd. 2;

– Band III. Sachenrecht; Berlin 1898 = Protokolle BGB, Bd. 3.

Schubert, Werner (Hrsg.): Quellen zur preußischen Gesetzgebung des 19. Jahrhunderts; Gesetzrevision (1825–1848); II. Abteilung; Öffentliches Recht, Zivilrecht und Zivilprozeßrecht; zitiert nach der Edition; Zahlen in eckigen Klammern für Originalpaginierung;

– Band 2; Sachenrecht II; 2. Halbband; Vaduz 1982 = Schubert, Preußische Gesetzgebung, Abt. 2, Bd. II/2;

– Band 3; Obligationenrecht; Vaduz 1983 = Schubert, Preußische Gesetzgebung, Abt. 2, Bd. III.

– (Hrsg.): Sammlung sämtlicher Erkenntnisse des Reichsgerichts in Zivilsachen; Inhalt sämtlicher und Wiedergabe von unveröffentlichten Entscheidungen zum Bürgerlichen Gesetzbuch; 1900–1918 = Schubert, Edition Sammlung sämtlicher Erkenntnisse des RG;

– Jahrgänge 1900 und 1901; Goldbach 1992;

– Jahrgang 1902; Goldbach 1993;

– Jahrgang 1903; Goldbach 1993;

– Jahrgang 1904; Goldbach 1994;

– Jahrgang 1905; Goldbach 1995;

– Jahrgang 1907; Goldbach 1997.

– (Hrsg.): Vorlagen der Redaktoren für die erste Kommission zur Ausarbeitung des Entwurfs eines Bürgerlichen Gesetzbuches; zitiert nach der Edition, Zahlen in eckigen Klammern für Originalpaginierung;

– Recht der Schuldverhältnisse; Teil 3, Besonderer Teil II; Berlin / New York 1980 = Schubert, Vorlagen der Redaktoren, Schuldrecht, Bd. 3;

– Sachenrecht; Teil 1, Allgemeine Bestimmungen, Besitz und Eigentum; Berlin / New York 1982 = Schubert, Vorlagen der Redaktoren, Sachenrecht, Bd. 1.

Schubert, Werner / *Glöckner*, Hans Peter (Hrsg.): Nachschlagewerk des Reichsgerichts; Bürgerliches Gesetzbuch = Schubert/Glöckner, Edition;

– Band 1; §§ 1 – 133; Goldbach 1994;

– Band 7, 1; §§ 812 – 825; Goldbach 1999;

– Band 8; §§ 864 – 1296; Goldbach 2000.

Specielle Motiven [!] und Publications-Verordnung zu dem Entwurfe eines bürgerlichen Gesetzbuchs für das Königreich Sachsen; Landtags-Acten vom Jahre 1860/61; Erste Abtheilung; 3. Band; Dresden 1861 = Spezielle Motive Sä-BGB.

Specielle Motiven [!] zu dem Entwurfe eines bürgerlichen Gesetzbuchs für das Königreich Sachsen; Dresden 1852 = Spezielle Motive Sä-BGB E 1852.

Wyss, Paul Friedrich v.: Motive zu der auf Grund der Commissionsbeschlüsse vom September 1877 bearbeiteten neuen Redaktion des allgemeinen Theiles des Entwurfes zu einem schweizerischen Obligationenrechte. (Titel I Kap. 3 und 4., Titel II, III Kap. 3 und 4, Titel V Kap. 1, 2, 3, 4, 5 und 6); Bern 1877 = v. Wyss, Motive zum Entwurf des OR 1877.

Źródłowski, Ferdinand: Entwurf eines Bürgerlichen Gesetzbuches; Prag 1893 = Źródłowski, Entwurf eines BGB.

Zum Entwurf eines Bürgerlichen Gesetzbuchs für das Deutsche Reich: Bemerkungen der Großherzoglich Mecklenburg-Schwerinschen Regierung zu den Entwürfen eines Bürgerlichen Gesetzbuchs für das Deutsche Reich und eines Einführungsgesetzes zu diesem Gesetzbuch; Erster Band; Schwerin 1891 = Bemerkungen Mecklenburg-Schwerins zum Entwurf eines BGB, Bd. 1.

Zum Entwurf eines Bürgerlichen Gesetzbuchs für das Deutsche Reich: Bemerkungen des Königlich Preußischen Justizministeriums über die in dem Rundschreiben des Reichskanzlers vom 27. Juni 1889 hervorgehobenen Punkte; Berlin 1891 = Bemerkungen Preußens zum Entwurf eines BGB.

Zum Entwurf eines Bürgerlichen Gesetzbuchs für das Deutsche Reich: Vorschläge des Großherzoglich Hessischen Ministeriums des Innern und der Justiz, Sektion für Justizverwaltung, zu den in dem Rundschreiben des Herrn Reichskanzlers vom 27. Juni 1889 bezeichneten und einigen anderen, von der Großherzoglich Hessischen Kommission begutachteten Fragen; Darmstadt 1891 = Vorschläge Hessens zum Entwurf eines BGB.

Zusammenstellung der gutachtlichen Aeußerungen zu dem Entwurf eines Bürgerlichen Gesetzbuchs: gefertigt im Reichs-Justizamt; Band II; Aeußerungen zum Recht der Schuldverhältnisse; Berlin 1890 = Gutachtliche Äußerungen zum Entwurf eines BGB, Bd. 2.

Zusammenstellung der Aeußerungen der Bundesregierungen zu dem Entwurf eines Bürgerlichen Gesetzbuchs: gefertigt im Reichs-Justizamt; Band II; Berlin 1891 = Äußerungen der Bundesregierungen zum Entwurf eines BGB, Bd. 2.

2. Allgemeine Literatur

Aaken, Anne van: Vom Nutzen der Ökonomischen Theorie des Rechts für die Rechtsvergleichung; in: Tagungsband der Gesellschaft Junger Zivilrechtswissenschaftler; Prinzipien der Rechtsvereinheitlichung; Stuttgart 2001; S. 125 – 147 = van Aaken, in: Tagungsband der Gesellschaft Junger Zivilrechtswissenschaftler.

Achilles, Alexander Georg (Hrsg.): Bürgerliches Gesetzbuch nebst Einführungsgesetz; André, F. (Bearbeiter §§ 241–853); Berlin 1896 = André, in: Achilles.

Achilles, Alexander Georg / *Greiff*, Max (Hrsg.): BGB; 21. Aufl.; Brüggemann, Dieter (Bearbeiter §§ 607–853); Berlin 1958 = Brüggemann, in: Achilles/Greiff[21].

– (Hrsg.): Bürgerliches Gesetzbuch nebst Einführungsgesetz; 12. Aufl.; Berlin / Leipzig 1927 = Achilles/Greiff[12].

Adams / Wilke / Mecke / Hartmann / Erythropel (Hrsg.): Gutachten aus dem Anwaltstande über die erste Lesung des Entwurfs eines Bürgerlichen Gesetzbuchs; Berlin 1890 = Anwaltliche Gutachten zum Entwurf eines BGB.

Ahcin, Christian: Zur Entstehung des Bürgerlichen Gesetzbuches für das Königreich Sachsen von 1863/65; Zugleich ein Beitrag zur Rolle des römischen Rechts im 19. Jahrhundert; Inauguraldiss. Berlin 1993; Druck als Monographie Frankfurt a. M. 1996 mit einer anderen Paginierung; zitiert wird die Inauguraldiss. = Ahcin, Entstehung des Sä-BGB.

Alexy, Robert: Theorie der Grundrechte; 3. Aufl.; Frankfurt a. M. 1996 = Alexy, Theorie der Grundrechte.

– Recht, Vernunft, Diskurs; Studien zur Rechtsphilosophie; Frankfurt a. M. 1995 = Alexy, Recht, Vernunft, Diskurs.

– Rechtsregeln und Rechtsprinzipien; in: ARSP; Beiheft 25 (1985); S. 13 – 29.

– Zum Begriff des Rechtsprinzips; in: Krawietz, Werner / Opalek, Kazimierz / Peczenik, Aleksander / Schramm, Alfred (Hrsg.); Argumentation und Hermeneutik in der Jurisprudenz; RTh Beiheft 1 (1979); S. 59 – 87.

Alternativkommentar: Reihe Alternativkommentare; Kommentar zum Bürgerlichen Gesetzbuch; Band 3; Besonderes Schuldrecht; §§ 433–853; Wassermann, Rudolf (Hrsg.); Joerges, Christian (Bearbeiter §§ 812–822); Darmstadt 1979 = Joerges, in: Alternativkommentar.

Altsmann, Richard: Das Recht des Bürgerlichen Gesetzbuchs; 13. Aufl.; Berlin 1922 = Altsmann, Bürgerliches Gesetzbuch.

Amrhein, Josef: Das Problem der mittelbaren Bereicherung; Inauguraldiss. Köln 1934 = Amrhein, Mittelbare Bereicherung.

Anger, Ernst: Die Ansprüche aus ungerechtfertigter Bereicherung (§§ 812–822 des Deutschen Bürgerlichen Gesetzbuches); in: SächsArch; Bd. 7 (1897); S. 657 – 693.

anonym: Erklärung der Pandekten, nach dem Leitfaden des Heineccius, und dem Geiste der öffentlichen Vorlesungen an der Wiener hohen Schule; Wien 1796 = Wiener Heineccius.

Antoni, Manfred: Die Herausgabe der ungerechtfertigten Bereicherung im gewerblichen Rechtsschutz; Inauguraldiss. Heidelberg 1959 = Antoni, Bereicherung im gewerblichen Rechtsschutz.

Apathy, Peter: Der Verwendungsanspruch (§ 1041 ABGB); Wien 1988 = Apathy, Verwendungsanspruch.

Aristoteles: Nikomachische Ethik; Stuttgart 1994; zitiert nach der Ausgabe Reclam Verlag; Zahlen in eckigen Klammern für griechischen Text der Berliner Akademie-Ausgabe = Aristoteles, Nikomachische Ethik.

Arndts, Ludwig v. Arnesberg: Gesammelte Civilistische Schriften; Dritter Band; Stuttgart 1874 = Arndts v. Arnesberg, in: ders., Gesammelte Schriften, Bd. 3;

  – Der revidirte Entwurf eines bürgerlichen Gesetzbuches für das Königreich Sachsen; S. 444 – 475.

– Lehrbuch der Pandecten; München 1852 = Arndts v. Arnesberg, Pandekten.

Arndts, Ludwig v. Arnesberg / *Pfaff*, Leopold / *Hofmann*, Franz: Lehrbuch der Pandekten; 14. Aufl.; Stuttgart 1889 = Arndts v. Arnesberg/Pfaff/Hofmann, Pandekten.

Arnthal, Heinz: Die condictio possessionis; Ein Beitrag zur Lehre von der ungerechtfertigten Bereicherung; Inauguraldiss. Marburg 1929 = Arnthal, Condictio possessionis.

Avenarius, Martin: Rezension von: Friedrich Carl von Savigny, Pandektenvorlesung 1824/25. Herausgegeben von Horst Hammen. Frankfurt am Main 1993 und Friedrich Carl von Savigny, Vorlesungen über juristische Methodologie 1802–1842. Herausgegeben und eingeleitet von Aldo Mazzacane. Frankfurt am Main 1993; in: ZRG Rom. Abt.; Bd. 112 (1995); S. 629 – 635.

– Savignys Lehre vom intertemporalen Privatrecht; Göttingen 1993 = Avenarius, Savignys Lehre vom intertemporalen Privatrecht.

Axer, Jochen: Anmerkung zu: OLG Köln – WM 1983, S. 190 ff. (Urteil v. 16.9.1982); in: WM 1983; S. 192 – 195.

Ayblinger, Joseph Adam: Commentarius ad Quinquaginta libros Digestorum seu Pandectarum scientifica methodo concinnatus [...] Opus posthumus [...] Editio secunda; Augustae Vindelicorum MDCCXLVI = Ayblinger, Commentarius.

Bachner, Markus Matthias: Der Constructive Trust; Inauguraldiss. Tübingen 1995 = Bachner, Constructive Trust.

Bähr, Otto: Zur Beurtheilung des Entwurfs eines bürgerlichen Gesetzbuchs für das Deutsche Reich (Besonderer Abdruck aus der „Kritischen Vierteljahresschrift für Gesetzgebung und Rechtswissenschaft" herausgegeben von M. Sendel, Band 11, Heft 3 und 4); München 1888 = Bähr, Beurteilung des Entwurfs eines BGB.

– Die Anerkennung als Verpflichtungsgrund; Civilistische Abhandlung; 2. Aufl.; Kassel / Göttingen 1867 = Bähr, Anerkennung ais Verpflichtungsgrund.

– Zur Cessionslehre; in: JherJb; Bd. 1 (1857); S. 351 – 502.

Bälz, Ulrich: Leistung – Rückgriff – Durchgriff, in: Lange, Hermann / Nörr, Knut Wolfgang / Westermann, Harm Peter (Hrsg.); Festschrift für Joachim Gernhuber zum 70. Geburtstag; Tübingen 1993; S. 3 – 94.

– Eingriffsschutz und Opfersicherung im Haftungssystem des Zivilrechts (I); Inauguraldiss. Tübingen 1970 = Bälz, Eingriffsschutz und Opfersicherung.

Baldus, Christian / *Wacke*, Andreas: Frankfurt locuta, Europa finita? Zur Reinen Rechtsgeschichtslehre in Band 12, 1993, des Rechtshistorischen Journals (RJ) und zu anderen Zweifeln am Gegenwartswert des Römischen Rechts; in: ZNR; Bd. 17 (1995); S. 283 – 293.

Bar, Christian v.: Gemeineuropäisches Deliktsrecht; Erster Band; Die Kernbereiche des Deliktsrechts, seine Angleichung in Europa und seine Einbettung in die Gesamtrechtsordnung; München 1996 = v. Bar, Gemeineuropäisches Deliktsrecht, Bd. 1.

Barnstedt, Erich: Das Merkmal der Rechtsgrundlosigkeit in der ungerechtfertigten Bereicherung; Berlin 1940 = Barnstedt, Merkmal der Rechtsgrundlosigkeit.

Baron, Julius: Pandekten; 9. Aufl.; Leipzig 1896 = Baron, Pandekten.

– Die Condictionen; Berlin 1881 = Baron, Kondiktionen.

Bartels, Fritz: Indirekte und mittelbare Bereicherungsansprüche des bürgerlichen Rechts; Inauguraldiss. Göttingen 1928 = Bartels, Indirekte und mittelbare Bereicherungsansprüche.

Bartsch, Rita: Das Erfordernis der unmittelbaren Vermögensverschiebung in der Lehre von der ungerechtfertigten Bereicherung; Inauguraldiss. Breslau 1928 = Bartsch, Unmittelbare Vermögensverschiebung.

Basedow, Jürgen: Das BGB im künftigen europäischen Privatrecht: Der hybride Kodex; Systemsuche zwischen nationaler Kodifikation und Rechtsangleichung; in: AcP; Bd. 200 (2000); S. 445 – 492.

– (Hrsg.): Europäische Vertragsvereinheitlichung und deutsches Recht; Tübingen 2000 = Basedow, Europäische Vertragsvereinheitlichung.

– Anforderungen an eine europäische Zivilrechtsdogmatik; in: Zimmermann, Reinhard / Knütel, Rolf / Meincke, Jens Peter (Hrsg.); Rechtsgeschichte und Privatrechtsdogmatik; Hans Hermann Seiler zum 24. Dezember 1999; Heidelberg 1999; S. 79 – 100.

Batsch, Karl Ludwig: Bereicherungshaftung ohne Vermögensvermehrung?; in: NJW 1972; S. 611 – 615.

– Vermögensverschiebung und Bereicherungsherausgabe in den Fällen unbefugten Gebrauchens bzw. sonstigen Nutzens von Gegenständen; Marburg 1968 = Batsch, Vermögensverschiebung und Bereicherungsherausgabe.

Baumgärtel, Gottfried (Hrsg.): Handbuch der Beweislast im Privatrecht; Band 1; Allgemeiner Teil und Schuldrecht BGB mit VOB, HOAI, KSchG und ProdhaftG; 2. Aufl.; Köln / Berlin u. a. 1991 = Bearbeiter, in: Baumgärtel, Beweislast, Bd. 1.

Baur, Fritz / *Wolf*, Manfred: Bereicherungsansprüche bei irrtümlicher Leistung auf fremde Schuld – Das Wegnahmerecht des Nichtbesitzers – BGHZ 40, 272; in: JuS 1966; S. 393 – 399.

Bayer, Walter: Bereicherungsausgleich nach Zession einer unwirksamen Forderung – BGHZ 105, 365; in: JuS 1990; S. 883 – 889.

Beck-Mannagetta, Margarethe: Überlegungen zur Geschichte des österreichischen Bereicherungsrechts; in: Klingenberg, Georg / Rainer, J. Michael / Stiegler, Herwig (Hrsg.); Vestigia iuris romani; Festschrift für Gunter Wesener zum 60. Geburtstag am 3. Juni 1992; Graz 1992; S. 47 – 58.

Becker, Ernst Immanuel / *Fischer*, Otto (Hrsg.): Beiträge zur Erläuterung und Beurteilung des Entwurfes eines Bürgerlichen Gesetzbuches für das Deutsche Reich; Berlin / Leipzig 1889 = Becker/Fischer, Erläuterung des Entwurfs eines BGB.

Beckmann, Roland Michael: Nichtigkeit und Personenschutz; Parteibezogene Einschränkungen der Nichtigkeit von Rechtsgeschäften; Tübingen 1998 = Roland Michael Beckmann, Nichtigkeit und Personenschutz.

Beckmann, Walter: Die rechtliche Behandlung der mittelbaren Bereicherung; Auszug aus Inauguraldiss. Königsberg 1921 = Walter Beckmann, Mittelbare Bereicherung.

Behrends, Okko: Geschichte, Politik und Jurisprudenz in F. C. v. Savignys System des heutigen Römischen Rechts; in: ders. / Diesselhorst, Malte / Voss, Wulf Eckart (Hrsg.); Symposion aus Anlaß des 75. Geburtstages von Franz Wieacker; Ebelsbach 1985; S. 257 – 321.

Bekker, Ernst Immanuel: System des heutigen Pandektenrechts; Zweiter Band; Weimar 1889 = Bekker, Pandektenrecht, Bd. 2.

– Die Aktionen des römischen Privatrechts; Erster Band; Ius Civile; Berlin 1871 = Bekker, Aktionen des römischen Privatrechts, Bd. 1.

Bendir, B.: Das Deutsche Privatrecht; auf Grund des Deutschen Bürgerlichen Gesetzbuches; Breslau 1899 = Bendir, Deutsches Privatrecht.

Berg, Hans: Bereicherungsanspruch bei Leistung an einen Dritten – BGHZ 36, 30; in: JuS 1964; S. 137 – 141.

– Bereicherung durch Leistung und in sonstiger Weise in den Fällen des § 951 Abs. 1 BGB; in: AcP; Bd. 160 (1961); S. 505 – 525.

Berger, Johann Heinrich v. / *Berger*, Christoph Heinrich / *Bach*, Johann August: Io. Henr. Nob. Dom. de Berger; Oeconomia Iuris ad usum hodiernum; accommodati accurante filio Christoph Henr. Nob. Dom. de Berger; Editio sexta [...] Io. Augusti Bachii; Lipsiae 1755 = v. Berger/Bach, Oeconomia iuris.

Berger, Klaus Peter: Auf dem Weg zu einem europäischen Gemeinrecht der Methode; in: ZEuP; Bd. 9 (2001); S. 4 – 29.

Bernhardt, Heide: Der Bereicherungsanspruch wegen Mißerfolgs; Inauguraldiss. Saarbrücken 1971 = Bernhardt, Bereicherungsanspruch wegen Mißerfolgs.

Bertl, Matthias: Change of Position; Der Wegfall der Bereicherung im englischen Recht; Eul / Köln 2000 = Bertl, Change of Position.

Bethmann-Hollweg, Moritz August v.: Der römische Civilprozeß; Der Civilprozeß des gemeinen Rechts in geschichtlicher Entwicklung; Zweiter Band; Formulae; Bonn 1865 = v. Bethmann-Hollweg, Zivilprozeß, Bd. 2.

Betti, Emilio: Allgemeine Auslegungslehre als Methodik der Geisteswissenschaft; Tübingen 1967 = Betti, Allgemeine Auslegungslehre.

– Die Hermeneutik als allgemeine Methodik der Geisteswissenschaften; Tübingen 1962 = Betti, Hermeneutik.

Beuthien, Volker: Leistung und Aufwendung im Dreiecksverhältnis; – Grenzen des Handelns im Doppelinteresse; in: JuS 1987; S. 841 – 848.

– Zuwendender und Leistender; Ein kritischer Beitrag zur neuen Terminologie bei Leistungen im bereicherungsrechtlichen Dreieck; in: JZ 1968; S. 323 – 327.

Bickenbach, Erhard: Bereicherungsansprüche bei Verletzung von Urheber- und Patentrechten; Inauguraldiss. Köln 1930 = Bickenbach, Verletzung von Urheber- und Patentrechten.

Bien, Günther: Gerechtigkeit bei Aristoteles; in: Höffe, Otfried (Hrsg.); Die Nikomachische Ethik; Berlin 1995; S. 135 – 164 = Bien, in: Höffe, Nikomachische Ethik.

Bingner, Adrian: Bemerkungen zu dem Entwurfe eines Bürgerlichen Gesetzbuchs für das Deutsche Reich; in: SächsArch; Bd. 1 (1891); S. 81 – 112.

Birks, Peter Brian Herrenden: Konkurrierende Strategien und Interessen: Das Irrtumserfordernis im Bereicherungsrecht des common law; in: ZEuP; Bd. 1 (1993); S. 554 – 573.

Björne, Lars: Deutsche Rechtssysteme im 18. und 19. Jahrhundert; Ebelsbach 1984 = Björne, Rechtssysteme.

Bluhme, Friedrich: System des in Deutschland geltenden Privatrechts mit Einschluß des Civilprocesses; Bonn 1855 = Bluhme, System des Privatrechts.

– Grundriss des Pandektenrechts; Halle 1844 = Blume², Pandektenrecht.

– Grundriss des Pandektenrechts; Halle 1829 = Blume, Pandektenrecht.

Bluntschli, Johann Caspar: Privatrechtliches Gesetzbuch für den Kanton Zürich; Dritter Band; Das zürcherische Obligationenrecht mit Erläuterungen; Zürich 1855 = Bluntschli.

Böcking, Eduard: Römisches Privatrecht; Institutionen des römischen Civilrechts; 2. Aufl.; Bonn 1862 = Böcking, Institutionen.

– Pandekten; Grundriß eines Lehrbuches des gemeinen auf das römische Recht gegründeten Civilrechts; 5. Aufl.; Bonn 1861 = Böcking, Pandekten.

Boehmer, Gustav: Grundlagen der bürgerlichen Rechtsordnung; Zweites Buch; Zweite Abteilung; Praxis der richterlichen Rechtsschöpfung; Tübingen 1952 = Gustav Boehmer, Grundlagen, Bd. II/2.

Böhmer, Justus Henning: Doctrina de actionibus; Halae Magdeburgicae 1725 = Justus Henning Böhmer, Doctrina de actionibus.

– Introductio in Ius Digestorum (Pars prima); Tertia editio emendatior; Halae Magdeburgicae MDCCXXIII = Justus Henning Böhmer, Introductio, Pars I.

Bollenberger, Raimund: Gewinnabschöpfung bei Vertragsbruch; Entscheidung des englischen Court of Appeal vom 16. Dezember 1997; in: ZEuP; Bd. 8 (2000); S. 893 – 906.

Bolze, Albert: Gibt es einen Anspruch auf Schadensersatz oder Herausgabe der gezogenen Nutzung wegen einer Patentverletzung, die weder wissentlich noch grobfahrlässig begangen ist?; in: AcP; Bd. 92 (1902); S. 319 – 356.

– Zum Anspruch auf Rückgabe aus einem nichtigen Geschäft; in: AcP; Bd. 82 (1894); S. 1 – 11.

– Einige Quellenstellen zur Lehre von den Condictionen; in: AcP; Bd. 79 (1892); S. 183 – 233.

– Zur Lehre von den Kondiktionen, insbesonderheit von der condictio sine causa; in: AcP; Bd. 78 (1892); S. 422 – 460.

Brandi, Axel: Bereicherung aus fremdem Vertrag (Der Verzicht des BGB auf die Aufnahme der Versionsklage); Inauguraldiss. Münster 1966 = Brandi, Bereicherung aus fremdem Vertrag.

Brauer, Johann Nikolaus Friedrich: Erläuterungen über den Code Napoleon und die Großherzoglich Badische bürgerliche Gesetzgebung; Dritter Band; Von den erwerbenden Rechtsgeschäften oder über Saz 1101 – 2010 l.; Karlsruhe 1810 = Brauer.

Braun, Johann: Gans und Puchta – Dokumente einer Feindschaft; in: JZ 1998; S. 763 – 770.

Brinkmann, Alfred: Verhältniß der actio communi dividundo und der actio negotiorum gestorum zu einander, insbesondere über die Zulässigkeit der einen oder der anderen Klage von Seiten der Theilnehmer einer Communion gegen einander; Kiel 1855 = Brinkmann, Actio communi dividundo.

Brinz, Alois v.: Lehrbuch der Pandekten; Zweiter Band; Zweite Abtheilung; 2. Aufl.; Erlangen 1882 = v. Brinz, Pandekten, Bd. II/2.

– Rezension von: Die Condictiones sine causa. Von Dr. A. Erxleben; Erste Abtheilung; Die Condictio indebiti; Leipzig 1850; in: SeuffBl; Bd. 17 (1852); S. 49 – 61.

Brugger, Winfried: Konkretisierung des Rechts und Auslegung der Gesetze; in: AöR; Bd. 119 (1994); S. 1 – 34.

Bruns, Carl Georg: Die Besitzklagen des römischen und heutigen Rechts; Weimar 1874 = Bruns, Besitzklagen.

Bruns, Carl Georg / *Eck*, Ernst Wilhelm Eduard / *Mitteis*, Ludwig: Das Pandektenrecht; aus: Enzyklopädie der Rechtswissenschaft; 6. Aufl.; 1904; S. 289 – 429 = Bruns/Eck/Mitteis, Pandektenrecht.

Bucher, Karl Franz Ferdinand: Das Recht der Forderungen; Nach den Grundsätzen des Iustinianeischen Rechts; 2. Aufl.; Leipzig 1830 = Bucher², Recht der Forderungen.

– System der Pandekten oder Versuch einer wissenschaftlichen Darstellung des Justinianeischen Privatrechts; 3. Aufl.; Erlangen 1822 = Bucher³, Pandekten.

– Das Recht der Forderungen; Nach dem neuesten römischen Recht; Leipzig 1815 = Bucher, Recht der Forderungen.

– Versuch einer systematischen Darstellung des Iustinianischen Privatrechts; 2. Aufl.; Halle 1811 = Bucher², Pandekten.

– Versuch einer systematischen Darstellung des Iustinianischen Privatrechts; Zum Gebrauche seiner Vorlesungen; Marburg 1808 = Bucher, Pandekten.

Buchka, Gerhard v.: Vergleichende Darstellung des Bürgerlichen Gesetzbuches für das Deutsche Reich und des gemeinen Rechts; 3. Aufl.; Berlin 1899 = v. Buchka, Vergleichende Darstellung.

Buciek, Klaus: Drittschuldnerzahlung und Bereicherungsausgleich; in: ZIP 1986; S. 890 – 900.

Büsching, Heino: Der Anwendungsbereich der Eingriffskondiktion im Wettbewerbsrecht; Baden-Baden 1992 = Büsching, Eingriffskondiktion im Wettbewerbsrecht.

Bull, Hans Joachim: Ungedeckte Postanweisungen; in: AcP; Bd. 136 (1932); S. 321 – 330.

Burchard, Karl: Bürgerliches Recht; I. Allgemeiner Teil und Recht der Schuldverhältnisse; Wien 1930 = Burchard, Bürgerliches Recht, Bd. 1.

Burchardi, Georg Christian: Lehrbuch des Römischen Rechts; Zweiter Theil: Das System und die Innere Geschichte des Römischen Privatrechts; Dritte Abtheilung enthaltend das Obligationenrecht; Stuttgart 1846 = Burchardi, Römisches Privatrecht, Bd. II/3.

– System des Römischen Rechts im Grundrisse zum Behuf civilistisch-dogmatischer Vorlesungen; Bonn 1823 = Burchardi, Römisches Recht.

– Grundzüge des Rechtssystems der Römer aus ihren Begriffen von öffentlichem – und Privatrecht; Bonn 1822 = Burchardi, Rechtssystem der Römer.

Busch, Jan: Privatautonomie und Kontrahierungszwang; Tübingen 1999 = Busch, Privatautonomie und Kontrahierungszwang.

Buschmann, Arno: Das Sächsische Bürgerliche Gesetzbuch von 1863/65 – Vorläufer und Muster des BGB; in: JuS 1980; S. 553 – 559.

Busse, Daniel: Die geplante Kodifikation des Internationalen Bereicherungsrechts in Deutschland; in: RIW 1999; S. 16 – 21.

– Internationales Bereicherungsrecht; Tübingen 1998 = Daniel Busse, Internationales Bereicherungsrecht.

Busse, Dietrich: Juristische Semantik; Grundfragen der juristischen Interpretationstheorie in sprachwissenschaftlicher Sicht; Berlin 1993 = Dietrich Busse, Juristische Semantik.

Bydlinski, Franz: System und Prinzipien des Privatrechts; Wien / New York 1996 = Bydlinski, System und Prinzipien.

– Juristische Methodenlehre und Rechtsbegriff; 2. Aufl.; Wien / New York 1991 = Bydlinski, Methodenlehre.

– Fundamentale Rechtsgrundsätze; Zur rechtsethischen Verfassung der Sozietät; Wien / New York 1988 = Bydlinski, Fundamentale Rechtsgrundsätze.

– Bewegliches System und juristische Methodenlehre; in: ders. / Krejci, Heinz / Schilcher, Bernd / Steininger, Viktor (Gesamtredaktion); Das Bewegliche System im geltenden und künftigen Recht; Wien / New York 1986; S. 21 – 42 = Bydlinski, in: ders./Krejci/Schilcher/Steininger, Bewegliches System.

Bydlinski, Franz / *Krejci*, Heinz / *Schilcher*, Bernd / *Steininger*, Viktor (Gesamtredaktion): Das Bewegliche System im geltenden und künftigen Recht; Wien / New York 1986 = Bydlinski/Krejci/Schilcher/Steininger, Bewegliches System.

Caemmerer, Ernst v.: Gesammelte Schriften; Band I; Rechtsvergleichung und Schuldrecht; Leser, Hans G. (Hrsg.); Tübingen 1968 = v. Caemmerer, Gesammelte Schriften, Bd. 1;

  – Bereicherung und unerlaubte Handlung; S. 209 – 278; aus: Dölle, Hans / Rheinstein, Max / Zweigert, Konrad (Hrsg.); Festschrift für Ernst Rabel; Bd. 1; Rechtsvergleichung und Internationales Privatrecht; Tübingen 1954; S. 333 – 401;

  – Leistungsrückgewähr bei gutgläubigem Erwerb; S. 295 – 320; aus: Festschrift für Gustav Boehmer; Bonn 1954; S. 145 – 163;

  – Bereicherungsansprüche und Drittbeziehungen; S. 321 – 335; aus: JZ 1962; S. 385 – 389;

  – Irrtümliche Zahlung fremder Schulden; S. 336 – 369; aus: Caemmerer, Ernst v. / Nickisch, Arthur / Zweigert, Konrad (Hrsg.); Festschrift für Hans Dölle; Bd. 1; Deutsches Privat- und Zivilprozeßrecht, Rechtsvergleichung; Tübingen 1963; S. 135 – 168;

  – Grundprobleme des Bereicherungsrechts; S. 370 – 392.

Canaris, Claus-Wilhelm: Die Stellung der „UNIDROIT Principles“ und der „Principles of European Contract Law“ im System der Rechtsquellen; in: Basedow, Jürgen (Hrsg.); Europäische Vertragsvereinheitlichung und deutsches Recht; Tübingen 2000; S. 5 – 31 = Canaris, in: Basedow, Europäische Vertragsvereinheitlichung.

– Gewinnabschöpfung bei Verletzung des allgemeinen Persönlichkeitsrechts; in: Ahrens, Hans-Jürgen / Bar, Christian v. / Fischer, Gerfried / Spickhoff, Andreas / Taupitz, Jochen (Hrsg.); Festschrift für Erwin Deutsch; Zum 70. Geburtstag; Köln / Berlin u. a. 1999; S. 85 – 108.

– Das Rangverhältnis der „klassischen“ Auslegungskriterien, demonstriert an Standardproblemen aus dem Zivilrecht; in: Beuthien, Volker / Fuchs, Maximilian / Roth, Herbert / Schiemann, Gottfried / Wacke, Andreas (Hrsg.); Festschrift für Dieter Medicus; Zum 70. Geburtstag; Köln / Berlin u. a. 1999; S. 25 – 61.

– Kurzkommentar zu BGH, Urteil v. 31.5.1994 – VI ZR 12/94; in: EWiR 1994; S. 863 f.

– Funktion, Struktur und Falsifikation juristischer Theorien; in: JZ 1993; S. 377 – 391.

– Noch einmal: Die Rückkehr der Praxis zur Regelanwendung und der Beruf der Theorie im Recht der Leistungskondiktion; Überforderte Professoren?!; in: NJW 1992; S. 3143 – 3145.

– Theorienrezeption und Theorienstruktur; in: Leser, Hans G. / Isomura, Tamotsu (Hrsg.); Wege zum japanischen Recht; Festschrift für Zentaro Kitagawa zum 60. Geburtstag am 5. April 1992; Berlin 1992; S. 59 – 94.

– Anmerkung zu: BGH – JZ 1987, S. 203 ff. (Urteil v. 6.11.1985 – IV b ZR 73/84); in: JZ 1987; S. 201 – 203.

– Anmerkung zu: BGH – JZ 1984, S. 625 ff. (Urteil v. 19.1.1984 – VII ZR 110/83); in: JZ 1984; S. 627 – 629.

– Systemdenken und Systembegriff in der Jurisprudenz; entwickelt am Beispiel des deutschen Privatrechts; 2. Aufl.; Berlin 1983 = Canaris, Systemdenken und Systembegriff.

– Der Bereicherungsausgleich im bargeldlosen Zahlungsverkehr; in: WM 1980; S. 354 – 371.

– Der Bereicherungsausgleich im Dreipersonenverhältnis; in: Paulus, Gotthard / Diederichsen, Uwe / ders. (Hrsg.); Festschrift für Karl Larenz zum 70. Geburtstag; München 1973; S. 799 – 865.

– Anmerkung zu: BGH – JZ 1971, S. 556 ff. (Urteil v. 7.1.1971 – VII ZR 9/70); in: JZ 1971; S. 560 – 563.

Caroni, Pio / *Dilcher*, Gerhard (Hrsg.): Norm und Tradition; Welche Geschichtlichkeit für die Rechtsgeschichte?; Frau norma e tradizione; Quale storicità per la storia giuridica?; Köln / Weimar u. a. 1998 = Caroni/Dilcher, Norm und Tradition.

Chambon, Eduard: Beiträge zum Obligationenrecht; Erster Band; Jena 1851 = Chambon, Obligationenrecht, Bd. 1.

Christiansen, Carl: Zur Lehre von der naturalis obligatio und condictio indebiti; Eine civilistische Abhandlung; Kiel 1844 = Carl Christiansen, Naturalis obligatio und condictio indebiti.

Christiansen, Johannes: Institutionen des Römischen Rechts oder erste Einleitung in das Studium des Römischen Privatrechts; Altona 1843 = Johannes Christiansen, Institutionen.

Cocceji, Samuel v.: Ius Civile Controversum; Opus; Ad illustriatonem Compendii Lauterbachiani, cujus feriem quoque sequitur, compositum; (Pars I) Francofurti et Lipsiae MDCCXL = v. Cocceji, Ius civile controversum, Pars I.

Coing, Helmut: Europäisches Privatrecht;

  – Band I; Älteres Gemeines Recht (1500 bis 1800); München 1985 = Coing, Europäisches Privatrecht, Bd. 1;

  – Band II: 19. Jahrhundert; Überblick über die Entwicklung des Privatrechts in den ehemals gemeinrechtlichen Ländern; München 1989 = Coing, Europäisches Privatrecht, Bd. 2.

– (Hrsg.): Handbuch der Quellen und Literatur der neueren europäischen Privatrechtsgeschichte;

– Erster Band; Mittelalter (1100–1500); Die gelehrten Rechte und die Gesetzgebung; München 1973 = Coing, Quellen und Literatur, Bd. I;

– Dritter Band; Das 19. Jahrhundert; Zweiter Teilband; Gesetzgebung zum allgemeinen Privatrecht und zum Verfahrensrecht; München 1982 = Coing, Quellen und Literatur, Bd. III/2.

– Die juristischen Auslegungsmethoden und die Lehren der allgemeinen Hermeneutik; Köln 1959 = Coing, Auslegungsmethoden und Hermeneutik.

Coing, Helmut / *Wilhelm*, Walter: Wissenschaft und Kodifikation des Privatrechts im 19. Jahrhundert; Band 2; Die rechtliche Verselbständigung der Austauschverhältnisse vor dem Hintergrund der wirtschaftlichen Entwicklung und Doktrin; Frankfurt a. M. 1977 = Coing/Wilhelm, Wissenschaft und Kodifikation, Bd. 2.

Collatz, Wilhelm: Zur Theorie der Realgeschäfte und der ungerechtfertigten Bereicherung; Berlin 1911 = Collatz, Theorie der ungerechtfertigten Bereicherung.

– Ungerechtfertigte Vermögensverschiebung; Ein Beitrag zum Recht des Bürgerlichen Gesetzbuches; Berlin 1899 = Collatz, Ungerechtfertigte Vermögensverschiebung.

Conrad, Hermann: Deutsche Rechtsgeschichte; Band I; Frühzeit und Mittelalter; 2. Aufl.; Karlsruhe 1962 = Conrad, Rechtsgeschichte, Bd. 1.

Conrady, Hans Walter: Das Erfordernis der Unmittelbarkeit der Vermögensverschiebung in der Lehre von der ungerechtfertigten Bereicherung (gleichzeitig ein Beitrag zur Abgrenzung von „mittelbarer" und „indirekter" Bereicherung"); Inauguraldiss. Freiburg 1933 = Conrady, Erfordernis der Unmittelbarkeit.

Cosack, Konrad: Lehrbuch des Deutschen bürgerlichen Rechts auf der Grundlage des bürgerlichen Gesetzbuchs; Erster Band; Die allgemeinen Lehren und das Recht der Forderungen; 4. Aufl.; Jena 1903 = Cosack, Bürgerliches Recht, Bd. 1.

Costede, Jürgen: Dogmatische und methodologische Überlegungen zum Verständnis des Bereicherungsrechts; Bern 1977 = Costede, Dogmatische und methodologische Überlegungen.

Crome, Carl: System des Deutschen Bürgerlichen Rechts; Zweiter Band; Recht der Schuldverhältnisse; Tübingen / Leipzig 1902 = Crome, Bürgerliches Recht, Bd. 2.

Curtius, Carl Friedrich: Handbuch des im Königreiche Sachsen geltenden Civilrechts; Dritter Theil; Erste Abtheilung; 3. Aufl.; Leipzig 1851 = Curtius, Handbuch sächsisches Zivilrecht, Bd. III/1.

Deckert, Martina Renate: Folgenorientierung in der Rechtsanwendung; München 1995 = Deckert, Folgenorientierung.

Dernburg, Heinrich: Das bürgerliche Recht des Deutschen Reichs und Preußens; Zweiter Band; Die Schuldverhältnisse nach dem Rechte des Deutschen Reichs und Preußens; Zweite Abteilung: Einzelne Obligationen; 3. Aufl.; Halle a. S. 1906 = Dernburg, Bürgerliches Recht, Bd. II/2.

– Lehrbuch des Preußischen Privatrechts und der Privatrechtsnormen des Reichs; Zweiter Band; Das Obligationenrecht Preußens und des Reiches und das Urheberrecht; 5. Aufl.; Halle 1897 = Dernburg, Preußisches Privatrecht, Bd. 2.

– Pandekten; Zweiter Band; Obligationenrecht; 3. Aufl.; Berlin 1892 = Dernburg, Pandekten, Bd. 2.

Deurer, Ernst Friedrich Ferdinand Wilhelm: Grundriss für äussere Geschichte und Institutionen des römischen Rechts; Heidelberg 1849 = Deurer, Institutionen.

Deutsch, Erwin: Das Recht der ungerechtfertigten Bereicherung und der unerlaubten Handlungen nach 100 Jahren; in: VersR 1996; S. 1309 – 1315.

Dieterich, Carl Friedrich: Systema Elementae Iurisprudentiae Civilis Privatae; communis imperii romano germanici; Erfordiae MDCCLXXII = Dieterich, Systema elementae iurisprudentiae.

Dietrich, Eduard: Die Grundsätze der mittelbaren Bereicherung; Inauguraldiss. Breslau (ohne Jahr) = Eduard Dietrich, Mittelbare Bereicherung.

Dilcher, Gerhard: Vom Beitrag der Rechtsgeschichte zu einer zeitgemäßen Zivilrechtswissenschaft; in: AcP; Bd. 184 (1984); S. 247 – 288.

Dölemeyer, Barbara (Hrsg.): Repertorium ungedruckter Quellen zur Rechtsprechung. Deutschland 1800–1945; Zweiter Halbband; Frankfurt a. M. 1995 = Dölemeyer, Repertorium ungedruckter Quellen, Bd. 2.

– Achter Abschnitt; Deutschland; Kodifikationen und Projekte; in: Coing, Helmut (Hrsg.); Handbuch der Quellen und Literatur der neueren europäischen Privatrechtsgeschichte; Dritter Band; Das 19. Jahrhundert; Zweiter Teilband; Gesetzgebung zum allgemeinen Privatrecht und zum Verfahrensrecht; München 1982; S. 1440 – 1625 = Dölemeyer, in: Coing, Quellen und Literatur, Bd. III/2.

Dörner, Heinrich: Kondiktion gegen den Zedenten oder gegen den Zessionar?; in: NJW 1990; S. 473 – 477.

Dreier, Ralf: Was ist Gerechtigkeit?; in: JuS 1996; S. 580 – 584.

Ebert, Adam: Tractatus [...]; Praeside Decano Dn. Samuele Strykio; Pro Licentia Doctorali in Academia Francofurtana; Anno MDCXXCV; Publicae censurae exhibitus ad Adamo Eberto; Revisus et denuo editus MDCIC; Lipsiae; in: Stryk, Samuel (Hrsg.); Dissertationum Iuridicarum; Vol. 5, Disp. XII = Adam Ebert, in: Stryk, Dissertationum iuridicarum, Vol. 5, Disp. XII.

Ebert, Bertram: Bereicherungsausgleich im Wettbewerbs- und Immaterialgüterrecht; Inauguraldiss. Mainz 2001; zitiert nach Manuskript = Bertram Ebert, Bereicherungsausgleich.

– Die Geschäftsanmaßung; Zur Funktion des § 687 Abs. 2 BGB im privatrechtlichen Anspruchssystem; Berlin 2000 = Bertram Ebert, Geschäftsanmaßung.

Eck, Ernst Wilhelm Eduard / *Leonhard*, Rudolf: Vorträge über das Recht des Bürgerlichen Gesetzbuchs; Band I; enthaltend Bürgerliches Gesetzbuch Buch I und II; 1./2. Aufl.; Berlin 1903 = Eck/Leonhard, Vorträge.

Eckert, Jörn: Anmerkung zu: BGH – JR 1991, S. 501 ff. (Urteil v. 28.11.1990 – XII ZR 130/89); in: JR 1991; S. 504.

Eckl, Peter: Einige bereicherungsrechtliche Dreiecksverhältnisse im Licht ökonomischer Analyse; in: Aderhold, Eltje / Lipstein, Kurt / Schücking, Christoph / Stürner, Rolf (Hrsg. im Auftrag der Genf-Gesellschaft); Festschrift für Hans Hanisch; Köln / Berlin u. a. 1994; S. 59 – 88.

Egger, August / *Escher*, Arnold / *Oser*, H. / *Reichel*, Alexander / *Wieland*, C. (Hrsg.): Kommentar zum Schweizerischen Zivilgesetzbuch; Das Obligationenrecht; Bundesgesetz betreffend die Ergänzung des schweizerischen Zivilgesetzbuches vom 30. März 1911; Art. 1–529; Zürich 1915 = Egger/Escher/Oser/Reichel/Wieland.

Ehmann, Horst: Über den Begriff des rechtlichen Grundes im Sinne des § 812 BGB; in: NJW 1969; S. 398 – 404.

Ehrenzweig, Armin: System des österreichischen allgemeinen Privatrechts; 2. Aufl.; Zweiter Band: Erste Hälfte: Das Recht der Schuldverhältnisse; Wien 1928 = Ehrenzweig, Österreichisches Privatrecht, Bd. II/1.

Eidenmüller, Horst: Rechtswissenschaft als Realwissenschaft; in: JZ 1999; S. 53 – 61.

– Effizienz als Rechtsprinzip; Möglichkeiten und Grenzen der ökonomischen Analyse des Rechts; 2. Aufl.; Tübingen 1998 = Eidenmüller, Effizienz als Rechtsprinzip.

Eltzbacher, Paul: Einführung in das deutsche bürgerliche Recht; Berlin 1910 = Eltzbacher, Einführung.

Emmerich, Volker: Schuldrecht; Besonderer Teil; 9. Aufl.; Heidelberg 1999 = Emmerich, Schuldrecht, Besonderer Teil.

Endemann, Friedrich: Lehrbuch des Bürgerlichen Rechts; Einführung in das Studium des Bürgerlichen Gesetzbuchs; Erster Band; Einleitung – Allgemeiner Teil – Recht der Schuldverhältnisse; 9. Aufl.; Berlin 1903 = Endemann, Bürgerliches Recht, Bd. 1.

Engelmann, Arthur: Das Bürgerliche Recht Deutschlands mit Einschluß des Handels-, Wechsel- und Seerechts; historisch und dogmatisch dargestellt; 6. Aufl.; Berlin 1913 = Engelmann, Bürgerliches Recht.

– Das Preußische Privatrecht und das Privatrecht des Deutschen Reiches; 6. Aufl.; Breslau 1896 = Engelmann, Preußisches Privatrecht.

Engisch, Karl: Die Idee der Konkretisierung in Recht und Rechtswissenschaft unserer Zeit; 2. Aufl.; Heidelberg 1968 = Engisch, Konkretisierung.

Engisch, Karl / *Otto*, Dirk / *Würtenberger*, Thomas: Einführung in das juristische Denken; 9. Aufl.; Stuttgart / Berlin u. a. 1997 = Engisch/Otto/Würtenberger, Juristisches Denken.

Enneccerus, Ludwig: Lehrbuch des Bürgerlichen Rechts; Erster Band, zweite Abteilung: Recht der Schuldverhältnisse und Register; 6.–8. Aufl.; Marburg 1912 = Enneccerus$^{6/8}$, Bürgerliches Recht, Bd. I/2.

– Lehrbuch des Bürgerlichen Rechts; Erster Band: Einleitung, Allgemeiner Teil, Schuldverhältnisse; 3. Aufl.; Marburg 1908 = Enneccerus^{3}, Bürgerliches Recht, Bd. 1.

Enneccerus, Ludwig / *Lehmann*, Heinrich: Recht der Schuldverhältnisse; 15. Aufl.; Tübingen 1958 = Enneccerus/Lehmann^{15}, Bürgerliches Recht, Bd. 2.

– Lehrbuch des Bürgerlichen Rechts; Zweiter Band: Recht der Schuldverhältnisse; 12. Aufl.; Marburg 1932 = Enneccerus/Lehmann^{12}, Bürgerliches Recht, Bd. 2.

Enzinger, Michael: Die Eingriffskondiktion als Rechtsbehelf im gewerblichen Rechtsschutz; in: GRUR Int. 1997; S. 96 – 101.

Erdel, Anton: Das Bürgerliche Recht nach dem Deutschen Bürgerlichen Gesetzbuch und seinen Nebengesetzen; 2. Aufl.; Leipzig 1922 = Erdel, Bürgerliches Recht.

Erler, Adalbert / *Kaufmann*, Ekkehard (Hrsg.): Handwörterbuch zur deutschen Rechtsgeschichte; III. Band: List – Protonotar; Berlin 1984 = HRG, Bd. 3.

Erman, Walter (ehem. Hrsg.): Bürgerliches Gesetzbuch; Handkommentar mit AGBG, EGBGB, ErbbauVO, HausratsVO, HausTWG, ProdHaftG, SachenRBerG, Schuld-

RAnpG, VerbrKrG; Westermann, Harm Peter (Hrsg. und Bearb. §§ 812–822); 10. Aufl.; Köln 2000; 1. Band (§§ 1–853) = Harm Peter Westermann, in: Erman[10].

– (Hrsg.): Handkommentar zum Bürgerlichen Gesetzbuch mit Einführungsgesetz (teilkommentiert), Verschollenheitsgesetz (materielle Vorschriften), Vertragshilfegesetz, Wohnungseigentumsgesetz, Schiffsrechtegesetz, Ehegesetz, Testamentsgesetz, unter Einarbeitung weiterer einschlägiger Bestimmungen; Seiler, Hans (Bearbeiter §§ 812–822); Münster 1952 = Hans Seiler, in: Erman.

Ernst, Wolfgang: Eigenbesitz und Mobiliarerwerb; Tübingen 1992 = Ernst, Eigenbesitz und Mobiliarerwerb.

Erxleben, Albrecht: Die Condictiones sine causa;

– Erste Abtheilung; die Condictio indebiti; Leipzig 1850 = Erxleben, Condictiones sine causa, Bd. 1;

– Zweite Abtheilung; die Condictio causa data causa non secuta; Göttingen 1853 = Erxleben, Condictiones sine causa, Bd. 2.

Esser, Josef: Grundsatz und Norm in der richterlichen Fortbildung des Privatrechts; 4. Aufl.; Tübingen 1990 = Esser, Grundsatz und Norm.

– Möglichkeiten und Grenzen des dogmatischen Denkens im modernen Zivilrecht; in: AcP; Bd. 172 (1972); S. 97 – 130.

– Vorverständnis und Methodenwahl in der Rechtsfindung; Rationalitätsgrundlagen richterlicher Entscheidungspraxis; 2. Aufl.; Frankfurt a. M. 1972 = Esser, Vorverständnis und Methodenwahl.

– Schuldrecht; Band II; Besonderer Teil; 4. Aufl.; Karlsruhe 1971 = Esser[4], Schuldrecht, Bd. 2.

– Schuldrecht; Band II; Besonderer Teil; 3. Aufl.; Karlsruhe 1969 = Esser[3], Schuldrecht, Bd. 2.

– Fälle und Lösungen zum Schuldrecht; Karlsruhe 1963 = Esser, Fälle und Lösungen.

– Schuldrecht; Allgemeiner und Besonderer Teil; 2. Aufl.; Karlsruhe 1960 = Esser[2], Schuldrecht.

– Lehrbuch des Schuldrechts; Karlsruhe 1949 = Esser, Schuldrecht.

Esser, Josef / *Weyers*, Hans-Leo: Schuldrecht; Band II; Besonderer Teil; Teilband 2; Gesetzliche Schuldverhältnisse; 8. Aufl.; Heidelberg 2000 = Esser/Weyers[8], Schuldrecht, Bd. II/2.

– Schuldrecht; Band II; Besonderer Teil; 7. Aufl.; Heidelberg 1991 = Esser/Weyers[7], Schuldrecht, Bd. II.

Ewald: Wie weit ist im Bürgerlichen Rechte der Gedanke der Gemein- und Landrechtlichen Versionsklage verwendbar?; in: Gruchot; Bd. 65 (1921); S. 150 – 179.

– Zur Frage eines Anspruchs aus „mittelbarer" Bereicherung; in: HansRZ; Bd. 4 (1921); Sp. 859 – 861.

Exner, Adolf: Die Lehre vom Rechtserwerb durch Tradition nach österreichischem und gemeinem Recht; Wien 1867 = Exner, Rechtserwerb durch Tradition.

Falk, Ulrich: Ein Gelehrter wie Windscheid; Erkundungen auf den Feldern der sogenannten Begriffsjurisprudenz; Frankfurt a. M. 1989 = Falk, Ein Gelehrter wie Windscheid.

Feblowicz, Samuel: Die Verarbeitung und die Ansprüche aus ungerechtfertigter Bereicherung; Auszug aus Diss. Breslau 1925 = Feblowicz, Verarbeitung und ungerechtfertigte Bereicherung.

Feenstra, Robert / *Zimmermann*, Reinhard (Hrsg.): Das römisch-holländische Recht; Fortschritte des Zivilrechts im 17. und 18. Jahrhundert; Berlin 1992 = Feenstra/Zimmermann, Römisch-holländisches Recht.

Feldhoff, Bernhard: Die sogenannte mittelbare Bereicherung in § 812 B. G. B. unter besonderer Berücksichtigung der Gemein- und Landrechtlichen Versionsklage; Inauguraldiss. Göttingen 1932 = Feldhoff, Mittelbare Bereicherung.

Felgentraeger, Wilhelm: Friedrich Carl v. Savignys Einfluß auf die Übereignungslehre; Leipzig 1927 = Felgentraeger, v. Savignys Einfluß auf Übereignungslehre.

Fest, Nicolaus: Bereicherungs- und Schadensausgleich bei der Verletzung von Immaterialgüterrechten; Darmstadt 1996 = Fest, Verletzung von Immaterialgüterrechten.

Fiedler, Klaus: Abschied vom Leistungsbegriff?; in: JR 1975; S. 314 – 317.

– Schließt eine Bereicherung durch Leistung die Eingriffskondiktion aus?; Inauguraldiss. Köln 1974 = Fiedler, Bereicherung durch Leistung.

Fikentscher, Wolfgang: Schuldrecht; 9. Aufl.; Berlin / New York 1997; Bereicherungsrecht von Drexl, Josef bearbeitet = Fikentscher/Drexl[9], Schuldrecht.

– Methoden des Rechts in vergleichender Darstellung; Band III; Mitteleuropäischer Rechtskreis; Tübingen 1976 = Fikentscher, Rechtsmethoden, Bd. 3.

– Das Schuldrecht; Berlin 1965 = Fikentscher, Schuldrecht.

Fischer, Albrecht H.: Bereicherung und Schaden; in: Festschrift für Ernst Zitelmann; Zu seinem 60. Geburtstage überreicht von Verehrern und Schülern; München / Leipzig 1913.

Fischer, Frank O.: Das „Bewegliche System" als Ausweg aus der „dogmatischen Krise" in der Rechtspraxis; in: AcP; Bd. 197 (1997); S. 589 – 608.

Fischer, Otto: Lehrbuch des preußischen Privatrechts; Berlin / Leipzig 1887 = Otto Fischer, Preußisches Privatrecht.

Fischer, Otto / *Ebert*, Eugen: Bürgerliches Gesetzbuch nebst Einführungsgesetz; 11. Aufl.; München 1921 = Fischer/Ebert.

Flessner, Axel: Die Rechtsvergleichung als Kundin der Rechtsgeschichte; in: ZEuP; Bd. 7 (1999); S. 513 – 520.

– Bewegliches System und Bereicherungsrecht; in: Bydlinski, Franz / Krejci, Heinz / Schilcher, Bernd / Steininger, Viktor (Gesamtredaktion); Das Bewegliche System im geltenden und künftigen Recht; Wien / New York 1986; S. 159 – 176 = Flessner, in: Bydlinski/Krejci/Schilcher/Steininger, Bewegliches System.

– Wegfall der Bereicherung; Rechtsvergleichung und Kritik; Berlin / Tübingen 1970 = Flessner, Wegfall der Bereicherung.

Flume, Werner: Die ungerechtfertigte Bereicherung eine Rechtsfigur der Bereicherung; in: Canaris, Claus-Wilhelm / Heldrich, Andreas / Hopt, Klaus J. / Roxin, Claus / Schmidt, Karsten / Widmaier, Gunter (Hrsg.); 50 Jahre Bundesgerichtshof; Festgabe aus der Wissenschaft; Band I; Bürgerliches Recht; München 2000; S. 525 – 545.

– Der Bereicherungsausgleich in Mehrpersonenverhältnissen; in: AcP; Bd. 199 (1999); S. 1 – 37.

- Aufwendungen und Erträge bei der Rückabwicklung nichtiger gegenseitiger Verträge als Problematik der Rechtsfigur der ungerechtfertigten Bereicherung; in: Schön, Wolfgang / ders. / Jakobs, Horst Heinrich / Picker, Eduard / Wilhelm, Jan (Hrsg.); Gedächtnisschrift für Brigitte Knobbe-Keuk; Köln 1997; S. 111 – 134.
- Die Saldotheorie und die Rechtsfigur der ungerechtfertigten Bereicherung; in: AcP; Bd. 194 (1994); S. 427 – 450.
- Zum Bereicherungsausgleich bei Zahlungen in Drei-Personen-Verhältnissen; in: NJW 1991; S. 2521 – 2524.
- Banküberweisung und ungerechtfertigte Bereicherung; in: NJW 1987; S. 635 f.
- Die Zahlungszuwendung im Anweisung-Dreiecksverhältnis und die Problematik der ungerechtfertigten Bereicherung; in: NJW 1984; S. 464 – 468.
- Allgemeiner Teil des Bürgerlichen Rechts; Zweiter Band; Das Rechtsgeschäft; 3. Aufl.; Berlin / Heidelberg u. a. 1979 = Flume, Allgemeiner Teil, Bd. 2.
- Der Wegfall der Bereicherung in der Entwicklung vom römischen zum geltenden Recht; in: Rechts- und Staatswissenschaftliche Fakultät zu Göttingen (Hrsg.); Festschrift für Hans Niedermeyer zum 70. Geburtstag; 30. November 1953; Göttingen 1953; S. 103 – 176.

Förster, Franz / *Eccius*, Max Ernst: Theorie und Praxis des heutigen gemeinen preußischen Privatrechts auf der Grundlage des gemeinen deutschen Rechts; II. Band; 4. Aufl.; Berlin 1882 = Förster/Eccius, Preußisches Privatrecht, Bd. 3.

Fournier, Erik: Bereicherungsausgleich bei Verstößen gegen das UWG; Zugleich ein Beitrag zur Dogmatik des wettbewerbsrechtlichen Leistungsschutzes; Frankfurt a. M. 1999 = Fournier, Bereicherungsausgleich bei UWG-Verstößen.

Freund, Rudolf: Der Eingriff in fremde Rechte als Grund des Bereicherungsanspruchs; Breslau 1902 = Freund, Eingriff in fremde Rechte.

Friedmann, Wolfgang: Die Bereicherungshaftung im anglo-amerikanischen Rechtskreis in Vergleichung mit dem deutschen bürgerlichen Recht; Berlin / Leipzig 1930 = Wolfgang Friedmann, Bereicherungshaftung im anglo-amerikanischen Rechtskreis.

Frieser, Andreas: Der Bereicherungswegfall in Parallele zur hypothetischen Schadensentwicklung; Berlin 1987 = Frieser, Bereicherungswegfall.

Fromholzer, Ferdinand: Consideration; US-amerikanisches Recht im Vergleich zum deutschen; Tübingen 1997 = Fromholzer, Consideration.

Fuchs, Johannes Georg: Iusta causa traditionis in der Romanistischen Wissenschaft; Basel 1952 = Fuchs, Iusta causa traditionis.

Fürstenthal, Johann August Ludwig: Das Preußische Civil-Recht nach Anleitung und der Titelfolge des Allgemeinen Landrechts, mit Berücksichtigung der neueren Gesetze, der Doctrin, der Praxis und des Römischen Rechts; Königsberg 1842 und 1844 = Fürstenthal, Preußisches Zivilrecht.

Gadamer, Hans-Georg: Gesammelte Werke;

  - Band 1; Hermeneutik I; Wahrheit und Methode; Grundzüge einer philosophischen Hermeneutik; 6. Aufl.; Tübingen 1990 = Gadamer, Wahrheit und Methode, Bd. 1;
  - Band 2; Hermeneutik II; Wahrheit und Methode; Ergänzungen, Register; 2. Aufl.; Tübingen 1993 = Gadamer, Wahrheit und Methode, Bd. 2;
    - Text und Interpretation; S. 330 – 360;

– Vorwort zur 2. Aufl.; S. 437 – 448.

Gagnér, Sten: Zur Methodik neuerer rechtsgeschichtlicher Untersuchungen; I; Eine Bestandsaufnahme aus den sechziger Jahren; Ebelsbach 1993 = Gagnér, Methodik rechtsgeschichtlicher Untersuchungen.

Gans, Eduard: Beiträge zur Revision der Preußischen Gesetzgebung; Berlin 1830–1832 = Gans, Revision der preußischen Gesetzgebung.

– Ueber Römisches Obligationenrecht; insbesondere über die Lehre von den Innominatcontracten und dem jus poenitendi; Drei civilistische Abhandlungen; Heidelberg 1819 = Gans, Römisches Obligationenrecht.

Gebauer, Martin: Grundfragen der Europäisierung des Privatrechts; Heidelberg 1998 = Gebauer, Europäisierung des Privatrechts.

Gensler: Rechtsfall. 1) Von dem speciellen thatsächlichen (factischen-historischen) Klaggrund der condictio sine causa, cond. indebiti, und cond. furtiva. 2) Von der Beweislast im Gebiete dieser Klagen; in: AcP; Bd. 2 (1821); S. 277 – 289.

Gernhuber, Joachim: Bürgerliches Recht; 3. Aufl.; München 1991 = Gernhuber, Bürgerliches Recht.

Giaro, Tomasz: Max Kaser (1906–1997); in: RJ; Bd. 16 (1997); S. 231 – 357.

– Europa und das Pandektenrecht; in: RJ; Bd. 12 (1993); S. 326 – 345.

Gierke, Otto v.: Deutsches Privatrecht; Dritter Band; Schuldrecht; München / Leipzig 1917 = v. Gierke, Deutsches Privatrecht, Bd. 3.

– Der Entwurf eines bürgerlichen Gesetzbuchs und das deutsche Recht; Leipzig 1889 = v. Gierke, Entwurf eines BGB.

Giesen, Dieter: Grundsätze der Konfliktlösung im Besonderen Schuldrecht: Die ungerechtfertigte Bereicherung; in: Jura 1995; S. 169 – 181; 234 – 245.

Giglio, Francesco: Condictio proprietaria und europäisches Bereicherungsrecht; Eine Untersuchung auf rechtshistorischer und rechtsvergleichender Basis mit besonderer Berücksichtigung des deutschen und italienischen Rechts; Berlin 2000 = Giglio, Condictio proprietaria.

Glöckner, Hans Peter: Die Rechtsprechung des Reichsgerichts: Thema mit Variationen; in: Ius Commune; Bd. 25 (1998); S. 391 – 425.

Glück, Christian Friedrich: Ausführliche Erläuterungen der Pandecten nach Hellfeld in Commentar;

– Dreizehnten Theils erste Abtheilung; Erlangen 1811 = Glück, Erläuterungen, Bd. XIII/1;

– Achtzehnten Theils erste Abtheilung; Erlangen 1816 = Glück, Erläuterungen, Bd. XVIII/1.

Glück, Christian Friedrich / *Reinhardt*, C. F. v.: Ergänzungen zu Dr. Christ. Fried. V. Glück's ausführlicher Erläuterung der Pandecten; Vierten Bandes erste und zweite Abtheilung; Stuttgart 1838 = Glück/v. Reinhardt, Ergänzungen, Bd. IV/1 u. 2.

Gneist, Heinrich Rudolph v.: Die Formellen Verträge des neueren römischen Obligationenrechts in Vergleichung mit den Geschäftsformen des griechischen Rechts; Berlin 1845 = v. Gneist, Formelle Verträge.

Görlitz, Axel (Hrsg.): Handlexikon zur Rechtswissenschaft; 2: Laienrichtertum – Zivilrecht; Hamburg 1974 = Görlitz, Handlexikon, Bd. 2.

Görres-Gesellschaft (Hrsg.): Staatslexikon; Recht – Wirtschaft – Gesellschaft; Zweiter Band; Deutscher Caritasverband – Hochschulen; 7. Aufl.; Freiburg / Basel u. a. 1986 = Staatslexikon, Bd. 2.

Göschen, Johann Friedrich Ludwig: Vorlesungen über das gemeine Civilrecht; Erxleben, Albrecht (Hrsg.); Göttingen 1839;

- Zweiter Band; Erste Abtheilung; Sachenrecht = Göschen, Gemeines Zivilrecht, Bd. II/1.
- Zweiter Band; Zweite Abtheilung; Obligationenrecht = Göschen, Gemeines Zivilrecht, Bd. II/2.

– Grundriß zu Pandecten-Vorlesungen; Göttingen 1831 = Göschen, Grundriß.

Goetzke, Heinrich: Subjektiver Wertbegriff im Bereicherungsrecht?; Zugleich eine Besinnung auf den Wert dogmatischen Denkens im heutigen Zivilrecht; in: AcP; Bd. 173 (1973); S. 289 – 322.

Goldmann, Eduard / *Lilienthal*, L.: Das Bürgerliche Gesetzbuch; Erster Band; Allgemeiner Theil und Recht der Schuldverhältnisse; 2. Aufl.; Berlin 1903 = Goldmann/ Lilienthal, Bürgerliches Gesetzbuch, Bd. 1.

Gordley, James: Common law and civil law: eine überholte Unterscheidung; in: ZEuP; Bd. 1 (1993); S. 498 – 518.

Gott, Hansjörg: Bereicherungsausgleich bei Verletzung fremder Immaterialgüterrechte; Inauguraldiss. Berlin 1976 = Gott, Verletzung fremder Immaterialgüterrechte.

Gottschalk, Rudolf: Die Rechtsstellung Dritter im Kondiktionenrecht; in: JherJb; Bd. 78 (1927/28); S. 290 – 324.

Gottwald, Peter: Direktkondiktion des unvorsichtigen Notars – BGHZ 88, 232; in: JuS 1984; S. 841 – 846.

Gräber, Norbert Heinz: Bereicherung durch Leistung und in sonstiger Weise in § 812; Untersuchungen zum Leistungsbegriff; sein Einfluß auf den Tatbestand der Bereicherung in sonstiger Weise und auf aktuelle Probleme des Bereicherungsrechts; Inauguraldiss. Köln 1965 = Gräber, Bereicherung durch Leistung.

Graumann, Günther: Fehlerhafte Banküberweisungen und ihre Rückabwicklung; insbesondere nach den Regeln über die Herausgabe einer ungerechtfertigten Bereicherung und unter besonderer Berücksichtigung höchstrichterlicher Judikatur; Inauguraldiss. Freiburg i. Br. 1953 = Graumann, Fehlerhafte Banküberweisungen.

Greiner, David: Die Haftung auf Verwendungsersatz; Berlin 2000 = Greiner, Verwendungsersatz.

Grewendorf, Günther / *Hamm*, Fritz / *Sternefeld*, Wolfgang: Sprachliches Wissen; Eine Einführung in moderne Theorien der grammatischen Beschreibung; 8. Aufl.; Frankfurt a. M. 1996 = Grewendorf/Hamm/Sternefeld, Sprachliches Wissen.

Grobecker, Wolfgang: Implied terms und Treu und Glauben; Vertragsergänzung im englischen Recht in rechtsvergleichender Perspektive; Berlin 1999 = Grobecker, Implied terms.

Grondin, Jean: Hermeneutische Wahrheit?; Zum Wahrheitsbegriff Hans-Georg Gadamers; 2. Aufl.; Weinheim 1994 = Grondin, Hermeneutische Wahrheit.

Grotius, Hugo: De iure belli ac pacis libris tres; Erstdruck 1625; Kirchmann, J. H. v. (Übersetzer); Des Hugo Grotius drei Bücher über das Recht des Krieges und Friedens, in welchem das Natur- und Völkerrecht und das Wichtigste aus dem Öffentlichen Recht erklärt werden; Erster Band; Berlin 1869 = Grotius, De iure belli ac pacis.

Grützmann, Paul: Lehrbuch des Königlich Sächsischen Privatrechts; 2. Band; Recht der Forderungen, Familienrecht, Erbschaftsrecht; Leipzig 1889 = Grützmann, Sächsisches Privatrecht, Bd. 2.

Grundmann, Stefan: Europäisches Schuldvertragsrecht; in: NJW 2000; S. 14 – 22.

– Ius Commune und Ius Communitatis – ein Spannungsverhältnis; in: Großfeld, Bernhard / Sack, Rolf / Möllers, Thomas M. J. / Drexl, Josef / Heinemann Andreas (Hrsg.); Festschrift für Wolfgang Fikentscher zum 70. Geburtstag; Tübingen 1998; S. 671 – 694.

Grunsky, Wolfgang: Vorschläge zu einer Reform des Schuldrechts; in: AcP; Bd. 182 (1982); S. 453 – 468.

– Bereicherungsansprüche bei rechtsgrundloser Verfügung eines Nichtberechtigten; in: JZ 1962; S. 207 – 209.

Günther, Friedrich: Der Verzicht des Bürgerlichen Gesetzbuches auf eine Klage aus nützlicher Verwendung und seine Folgen; Inauguraldiss. Göttingen 1926 = Günther, Verzicht auf Verwendungsklage.

Guilleaume, Emil: Ungerechtfertigte Bereicherung, die nicht durch eine Leistung bewirkt ist und auch keine Aenderung der Rechtslage zufolge hat; Eine kritische Stellungnahme zu Leonhards neuer Lehre; Inauguraldiss. Köln 1934 = Guilleaume, Ungerechtfertigte Bereicherung.

Gursky, Karl-Heinz: Fälle und Lösungen nach höchstrichterlichen Entscheidungen; Sachenrecht; 8. Aufl.; Heidelberg 1994 = Gursky, Sachenrecht.

Haack, Thomas: Otto von Gierkes Kritik am ersten Entwurf des Bürgerlichen Gesetzbuches; Frankfurt a. M. 1997 = Haack, v. Gierkes Kritik am E I.

Haas, Edgar: Die condictio indebiti nach gemeinem Recht und bürgerlichem Gesetzbuch; Inauguraldiss. Rostock 1901 = Edgar Haas, Condictio indebiti.

Haas, Helmut: Die Darstellung des Tatbestandes der ungerechtfertigten Bereicherung in moderner Sicht; Inauguraldiss. Tübingen 1960 = Helmut Haas, Bereicherung in moderner Sicht.

Haberstich, J.: Handbuch des Schweizerischen Obligationenrechts; Erster Band; Allgemeiner Theil; Zürich 1884 = Haberstich, Obligationenrecht, Bd. 1.

Hachenburg, Max: Das Badische Landrecht unter Berücksichtigung des Rheinischen Rechts annotirt nach der Rechtsprechung der Deutschen Gerichte; Mannheim 1887 = Hachenburg.

Hackl, Karl: Vom „quasi“ im römischen zum „als ob“ im modernen Recht; in: Zimmermann, Reinhard / Knütel, Rolf / Meincke, Jens Peter (Hrsg.); Rechtsgeschichte und Privatrechtsdogmatik; Hans Hermann Seiler zum 24. Dezember 1999; Heidelberg 1999; S. 117 – 127.

Hadding, Walther: Der Bereicherungsausgleich beim Vertrag zu Rechten Dritter; Tübingen 1970 = Hadding, Vertrag zu Rechten Dritter.

– Ist § 816 II BGB wirklich überflüssig?; in: JZ 1966; S. 222 – 224.

Häsemeyer, Ludwig: Die „Verteilung des Insolvenzrisikos“: Verselbständigung eines heuristischen Hilfsmittels zum Schaden des Schuldrechts und des Insolvenzrechts; in: KTS; Bd. 43 (1982); S. 1 – 21.

Häublein, Martin: Zur Haftung des gutgläubigen Zahlungsempfängers bei gefälschtem Überweisungsauftrag; in: ZBB 1998; S. 112 – 119.

Hafner, Heinrich / *Goll*, August: Das Schweizerische Obligationenrecht mit Anmerkungen und Sachregister; 2. Aufl.; Zürich 1905 = Hafner/Goll, Obligationenrecht.

Hager, Johannes: Der sachenrechtliche Verkehrsschutz als Muster der Lösung in Dreipersonenkonflikten; in: Canaris, Claus-Wilhelm / Heldrich, Andreas / Hopt, Klaus J. / Roxin, Claus / Schmidt, Karsten / Widmaier, Gunter (Hrsg.); 50 Jahre Bundesgerichtshof; Festgabe aus der Wissenschaft; Band I; Bürgerliches Recht; München 2000; S. 777 – 827.

Hahn, Johann Philipp: Compendium Systematicum Theorico-Practicum; Universi Iuris; Moguntiae MDCCXLIII = Johann Philipp Hahn, Compendium systematicum.

Hahn, Volker: Der Rückforderungsanspruch bei der Garantie auf erstes Anfordern; in: NJW 1999; S. 2793 f.

Haimberger, Anton: Reines Römisches Privat-Recht nach den Quellen und den Auslegungen der vorzüglichsten Rechtsgelehrten; III. Theil; Wien 1835 = Haimberger, Römisches Privatrecht, Bd. 3.

Haines, Hartmut: Bereicherungsansprüche bei Warenzeichenverletzungen und unlauterem Wettbewerb; Zugleich ein Beitrag zur Dogmatik der Eingriffskondiktion; Köln / Berlin u. a. 1970 = Haines, Warenzeichenverletzung und unlauterer Wettbewerb.

Hammen, Horst: Die Bedeutung Friedrich Carl v. Savignys für die allgemeinen dogmatischen Grundlagen des Deutschen Bürgerlichen Gesetzbuches; Berlin 1983 = Hammen, Bedeutung v. Savignys.

Haniel, E.: Beitrag zur Lehre vom Wesen und Beweis des Irrthums bei der condictio indebiti unter Berücksichtigung der neueren Gesetzgebung; Inauguraldiss. Göttingen 1893 = Haniel, Irrtum bei condictio indebiti.

Harder, Manfred: Rezension von: Reinhard Zimmermann, The Law of Obligations – Roman Foundations of the Civilian Tradition, München 1992; in: ZEuP; Bd. 4 (1996); S. 364 f.

– Rezension von: Gerhard Hassold; Zur Leistung im Dreipersonenverhältnis; München 1981; in: AcP; Bd. 182 (1982); S. 372 – 379.

– Das Ende des bereicherungsrechtlichen Leistungsbegriffs; in: JuS 1979; S. 76 – 80.

Harmathy, Attila: Über Fragen der Angleichung des Privatrechts; in: Basedow, Jürgen / Hopt, Klaus J. / Kötz, Hein (Hrsg.); Festschrift für Ulrich Drobnig zum siebzigsten Geburtstag; Tübingen 1999; S. 39 – 44.

Hartlieb, Hans-Peter: Zum Bereicherungsausgleich bei irrtümlicher Überschreitung des Überweisungsauftrages durch die Bank (Anmerkung zu BGH, MDR 1987, 226 f.); in: MDR 1987; S. 721 f.

Hartmann, A.: Der Bereicherungsanspruch des Bürgerlichen Gesetzbuchs; in: ArchBürgR; Bd. 21 (1902); S. 224 – 243.

Hartmann: Das Recht der Schuldverhältnisse; Vierter Abschnitt; Einzelne Schuldverhältnisse aus anderen Gründen; in: Adams / Wilke / Mecke / Hartmann / Erythropel

(Hrsg.); Gutachten aus dem Anwaltstande über die erste Lesung des Entwurfs eines Bürgerlichen Gesetzbuchs; Berlin 1890; S. 323 – 358 = Hartmann, in: Anwaltliche Gutachten zum Entwurf eines BGB.

Hasse: Ueber das Wesen der actio, ihre Stellung im System des Privatrechts und über den Gegensatz der in personam und in rem actio; in: Rheinisches Museum; Bd. 6 (1834); S. 1 – 86.

Hassold, Gerhard: Zur Leistung im Dreipersonenverhältnis; – Anweisung und Vertrag zugunsten Dritter als Modell –; München 1981 = Hassold, Leistung im Dreipersonenverhältnis.

Haymann, Franz: Zuwendung aus fremdem Vermögen; in: JherJb; Bd. 77 (1927); S. 188 – 296.

Heck, Philipp: Grundriß des Schuldrechts; Tübingen 1929 = Heck, Schuldrecht.

Hedemann, Justus Wilhelm: Schuldrecht des Bürgerlichen Gesetzbuches; 3. Aufl.; Berlin 1949 = Hedemann^3, Schuldrecht.

– Schuldrecht des Bürgerlichen Gesetzbuches; 2. Aufl.; Berlin / Leipzig 1931 = Hedemann^2, Schuldrecht.

– Bereicherung durch Strohmänner; Abdruck aus der Festschrift für Thon, A.; Jena 1911 = Hedemann, Bereicherung durch Strohmänner.

Heemann, Manfred: Action for money had and received; Zur Geschichte des englischen Bereicherungsrechts; Berlin 1996 = Manfred Heemann, Action for money had and received.

Heermann, Peter W.: Rückabwicklung nach materiell ungerechtfertigter Inanspruchnahme von Bürgen und Garanten „auf erstes Anfordern"; Zugleich eine Besprechung zu OLG Frankfurt a. M. vom 24.11.1997 – 18 U 75/96; in: ZBB 1998; S. 239 – 246.

Heerwart: Zur Lehre von den Condictionen; in: BlRpfl; Bd. 2 (1855); S. 251 – 259.

Hegel, Georg Friedrich Wilhelm: Grundlinien der Philosophie des Rechts oder Naturrecht und Staatswissenschaft im Grundrisse; 4. Aufl.; Frankfurt a. M. 1995 = Hegel, Philosophie des Rechts.

Heilfron, Eduard: Grundriß des Bürgerlichen Rechts; II. Recht der Schuldverhältnisse; Berlin 1913 = Heilfron, Grundriß, Bd. 2.

– Lehrbuch des Bürgerlichen Rechts auf der Grundlage des Bürgerlichen Gesetzbuchs; II. Abteilung: Recht der Schuldverhältnisse und Handelsrecht; 2. Aufl.; Berlin 1902 = Heilfron, Bürgerliches Recht, Bd. 2.

Heim, Emil: Neuerungen des Entwurfs eines bürgerlichen Gesetzbuchs für das deutsche Reich im Vergleich mit dem bürgerlichen Gesetzbuche für das Königreich Sachsen nebst Sachregister zu dem Entwurfe; Leipzig 1891 = Heim, Neuerung des BGB im Vergleich mit dem Sä-BGB.

Heimbach, Gustav Ernst: Die Lehre von der Frucht nach den gemeinen, in Deutschland geltenden Rechten. Eine Reihe von Abhandlungen; Leipzig 1843 = Heimbach, Lehre von der Frucht.

Heineccius, Johann Gottlieb: Elementa Iuris Naturae et Gentium (Originaltitel); Grundlagen des Natur- und Völkerrechts (Titel der Übersetzung); Bergfeld, Christoph (Übersetzer); Frankfurt a. M. 1994 = Heineccius, Elementa iuris naturae et gentium.

– Elementa Iuris Civilis secundum ordinem Pandectarum [...] Magdeburgi 1764 = Heineccius, Elementa iuris civilis secundum ordinem pandectarum.

– Elementa Iuris Civilis secundum ordinem Institutionum [...] Vindibonae MDCCLXIII = Heineccius, Elementa iuris civilis seundum ordinem institutionum.

– Academische Reden über Desselben Elementa Iuris Civilis Secundum Ordinem Institutionum; 2. Aufl.; Frankfurt am Mayn 1758 = Heineccius, Akademische Reden.

Heinrichs, Heribert: Das Erfordernis der Unmittelbarkeit in der Lehre von der rechtlosen Bereicherung; Inauguraldiss. Erlangen 1929 = Heinrichs, Erfordernis der Unmittelbarkeit.

Heinsheimer, Karl: Das deutsche Bürgerliche Gesetzbuch mit seinen Nebengesetzen und das Badische Recht; Erster Band; Allgemeiner Teil; Recht der Schuldverhältnisse; Sachenrecht; Karlsruhe 1900 = Heinsheimer, BGB und badisches Recht, Bd. 1.

Heise, Georg Arnold: Grundriss eines Systems des gemeinen Civilrechts von Pandecten-Vorlesungen; 3. Aufl.; 2. Abdruck; Heidelberg 1822 (1. Abdruck 1819) = Heise³, Gemeines Zivilrechts.

– Grundriss eines Systems des gemeinen Civilrechts; Zum Behuf von Pandecten-Vorlesungen; 2. Aufl.; Heidelberg 1816 = Heise², Gemeines Zivilrecht.

– Grundriss eines Systems des gemeinen Civilrechts; Zum Behuf von Pandecten-Vorlesungen; Heidelberg 1807 = Heise, Gemeines Zivilrecht.

Heiss, Helmut: Formmängel und ihre Sanktionen; Eine privatrechtsvergleichende Untersuchung; Tübingen 1999 = Heiss, Formmängel und Sanktionen.

Helbling, Julius: Das deutsche und badische Bürgerliche Recht; Karlsruhe 1900 = Helbling, Deutsches und badisches Recht.

Heldrich, Andreas: 50 Jahre Rechtsprechung des BGH – Auf dem Weg zu einem Präjudizienrecht? Festvortrag zum 50-jährigen Bestehen des BGH; in: ZRP 2000; S. 497 – 500.

Hellfeld, Johann August: Iurisprudentia forensis secundum Pandectarum ordinem in usum auditorii proposita; Editio sexta [...]; Jenae 1783 = Hellfeld, Iurisprudentia.

Hellwig, Konrad: Die Verträge auf Leistung an Dritte. Nach Deutschem Reichsrecht unter besonderer Berücksichtigung des Handelsgesetzbuchs; Leipzig 1899 = Hellwig, Verträge auf Leistung an Dritte.

Helm, Josef v.: Bemerkungen zum Entwurfe des neuen gemeins. Deutschen Gesetzes über Schuldverhältnisse; in: ÖVj; Bd. 18 (1866); S. 136 – 164.

Henke, Horst-Eberhard: Die Leistung: Grundvorgang des sozialen Lebens und Grundbegriff des Schuldrechts; Berlin 1991 = Henke, Leistung.

Henkel, Heinrich: Einführung in die Rechtsphilosophie; Grundlagen des Rechts; 2. Aufl.; München 1977 = Henkel, Rechtsphilosophie.

Henle, Rudolf: Lehrbuch des Bürgerlichen Rechts; II. Schuldrecht; Rostock 1934 = Henle, Bürgerliches Recht, Bd. 2.

Henrich, Dieter: Einführung in das englische Privatrecht; 2. Aufl.; Darmstadt 1993 = Henrich, Englisches Privatrecht.

Hepting, Reinhard: Rezension von: Bydlinski / Krejci / Schilcher / Steininger (Hrsg.), Das bewegliche System im geltenden und künftigen Recht; in: AcP; Bd. 188 (1988); S. 76 – 81.

Hermann, Johann Hieronymus: Teutsches Systema Juris Civilis; Worinnen das Bürgerliche Recht Nach der Ordnung der Pandecten deutlich und gründlich vorgetragen [...]; Jena / Leipzig 1735 = Johann Hieronymus Hermann, Teutsches Systema Juris Civilis.

Herrmann, Paul: Ueber die Zuständigkeit der condictio indebiti bei Leistung für einen Andern; in: GrünhutsZ; Bd. 27 (1900); S. 35 – 70.

Herzfeld, Manfred: Die Verteidigung gegen die condictio sine causa durch Berufung auf ein fremdes Rechtsverhältnis; Inauguraldiss. Göttingen 1911 = Herzfeld, Berufung auf fremdes Rechtsverhältnis.

Hesse, Christian August: Zur Lehre vom Irrthum; in: AcP; Bd. 57 (1874); S. 182 – 253.

– Ein Beitrag zur Lehre von der condictio indebiti; in: AcP; Bd. 56 (1873); S. 367 – 398.

– Taschenbuch des gemeinen Civilrechts; 2. Aufl.; Jena 1872 = Hesse, Gemeines Zivilrecht.

Heuer, August: Die Subsidiarität des Bereicherungsanspruchs und die Kondiktion des Besitzes; Inauguraldiss. Göttingen 1927 = Heuer, Subsidiarität und Besitzkondiktion.

Hiersemenzel, Carl Christian Eduard: Ergänzungen und Erläuterungen zum Allgemeinen Landrecht mit Ausschluß des Staatsrechts; Zweiter Theil; Zu Theil I. Tit. 12 bis 23; Berlin 1854 = Hiersemenzel.

Historische Commission bei der Königlichen Akademie der Wissenschaften (Hrsg.): Allgemeine Deutsche Biographie;

– Dritter Band; Bode – v. Carlowitz; Neudruck der 1. Aufl. von 1876; Berlin 1967 = ADB, Bd. 3;

– Neunundzwanzigster Band; v. Rodde – v. Ruesch; Neudruck der 1. Aufl. von 1889; Berlin 1970 = ADB, Bd. 29;

– Dreiunddreißigster Band; Hermann Schulze – G. Semper; Neudruck der 1. Aufl. von 1891; Berlin 1971 = ADB, Bd. 33;

– Einundvierzigster Band; Walram – Werdmüller; Neudruck der 1. Aufl. von 1896; Berlin 1971 = ADB, Bd. 41.

Historische Kommission bei der Bayerischen Akademie der Wissenschaften (Hrsg.): Neue Deutsche Biographie;

– Zweiter Band; Behaim – Bürkel = NDB, Bd. 2.

Hochstein, Reiner: Obligationes quasi ex delicto; Untersuchungen zur dogmengeschichtlichen Entwicklung verschuldensunabhängiger Deliktshaftung unter besonderer Berücksichtigung des 16. bis 18. Jahrhunderts; Stuttgart / Berlin u. a. 1971 = Hochstein, Obligationes quasi ex delicto.

Hock, Stephan: Bereicherungsausgleich bei der Zession – zwei neue Entscheidungen des BGH; in: MDR 1989; S. 1066 f.

Höffe, Otfried (Hrsg.): Die Nikomachische Ethik; Berlin 1995 = Höffe, Nikomachische Ethik.

Hölder, Eduard: Institutionen des römischen Rechts; 2. Aufl.; Freiburg / Tübingen 1883 = Hölder, Institutionen.

Höpfner, Ludwig Julius Friedrich: Theoretisch-practischer Commentar über die Heineccischen Institutionen nach deren neuesten Ausgabe; Frankfurt am Mayn 1783 = Höpfner, Kommentar.

Höpfner, Ludwig Julius Friedrich / *Weber*, Adolph Dieterich: Theoretisch-practischer Commentar über die Heineccischen Institutionen nach deren neuesten Ausgabe; 8. Aufl.; Frankfurt a. M. 1818 = Höpfner/Weber, Kommentar.

Hofacker, Karl Christoph: Principia Iuris Civilis Romano-Germanici; cura Christian Gmelin; Tomus Tertius; Tubingae MDCCXCVIII = Hofacker, Principia iuris civilis romano-germanici, Tomus III.

– Elementa Iuris Civilis Romanorum; Gottingae MDCCLXXXV = Hofacker, Elementa iuris civilis romanorum.

Hoffmann, Stephan / *Kaden*, P. / *Scheele*, G.: Das Bürgerliche Gesetzbuch für das Königreich Sachsen; Mit Erläuterungen aus der Rechtsprechung und unter Berücksichtigung der neueren Gesetzgebung; Erster Band; Leipzig 1889 = Hoffmann/Kaden/Scheele.

Hofmann, Franz: Die Lehre vom titulus und modus adquirendi und von der iusta causa traditionis; Wien 1873 = Franz Hofmann, Titulus und modus adquirendi.

Hofmann, Markus: Der 32. Deutsche Rechtshistorikertag fand in Regensburg statt; in: RJ; Bd. 18 (1999); S. 421 – 427.

Holenstein, Patrizia: Wertersatz oder Gewinnherausgabe? Unter den Gesichtspunkten der ungerechtfertigten Bereicherung und unechten Geschäftsführung ohne Auftrag; Zürich 1983 = Holenstein, Wertersatz oder Gewinnherausgabe.

Holthöfer, Ernst: Sachteil und Sachzubehör im römischen und im gemeinen Recht; Berlin / New York 1972 = Holthöfer, Sachteil und Sachzubehör.

Holtkamp, Hans-Gerd: Eigentumserwerb und bereicherungsrechtliche Rückabwicklung beim Streckengeschäft; Inauguraldiss. Heidelberg 1979 = Holtkamp, Rückabwicklung beim Streckengeschäft.

Holzschuher, Rudolph v.: Theorie und Casuistik des gemeinen Civilrechts; Ein Handbuch für Praktiker; Zweiter Band; Zweite Abtheilung; Leipzig 1847 = v. Holzschuher, Gemeines Zivilrecht, Bd. II/2.

Hommelhoff, Peter: Die Rolle der nationalen Gerichte bei der Europäisierung des Privatrechts; in: Canaris, Claus-Wilhelm / Heldrich, Andreas / Hopt, Klaus J. / Roxin, Claus / Schmidt, Karsten / Widmaier, Gunter (Hrsg.); 50 Jahre Bundesgerichtshof; Festgabe aus der Wissenschaft; Band II; Handels- und Wirtschaftsrecht, Europäisches und Internationales Recht; München 2000; S. 547 – 569.

Honsell, Heinrich: Das rechtshistorische Argument in der modernen Zivilrechtsdogmatik; in: Simon, Dieter (Hrsg.); Akten des 26. Deutschen Rechtshistorikertages; Frankfurt a. M., 22. bis 26. September 1986; S. 299 – 310 = Heinrich Honsell, in: Dieter Simon, Akten des Rechtshistorikertages.

– Die Rückabwicklung sittenwidriger oder verbotener Geschäfte – Eine rechtsgeschichtliche und rechtsvergleichende Untersuchung zu § 817 BGB –; München 1974 = Heinrich Honsell, Rückabwicklung sittenwidriger Geschäfte.

Honsell, Heinrich / *Vogt*, Nedim Peter / *Wiegand*, Wolfgang (Hrsg.): Kommentar zum schweizerischen Privatrecht; Obligationenrecht I; Art. 1–529 OR; Schulin, Hermann

(Bearbeiter Art. 62–66 OR); 2. Aufl.; Basel / Frankfurt a. M. 1996 = Schulin, in: Honsell/Vogt/Wiegand.

Honsell, Thomas: Historische Argumente im Zivilrecht; Ihr Gebrauch und ihre Wertschätzung im Wandel unseres Jahrhunderts; Ebelsbach 1982 = Thomas Honsell, Historische Argumente.

Hoppe, Joachim: Commentatio succinta ad Institutiones Iustinianeas; Editio nova prioribus longe correctior; Francofurti ad Viadrum MDCCXV = Hoppe, Commentatio ad institutiones.

Horn, Norbert: Ein Jahrhundert Bürgerliches Gesetzbuch; in: NJW 2000; S. 40 – 46.

– Einführung in die Rechtswissenschaft und Rechtsphilosophie; Heidelberg 1996 = Horn, Rechtswissenschaft und Rechtsphilosophie.

Hoyningen-Huene, Gerrick v.: Die Billigkeit im Arbeitsrecht; Ein Beitrag zur rechtsdogmatischen Präzisierung der Billigkeit im Zivilrecht – dargestellt am Beispiel des Arbeitsrechts; München 1978 = v. Hoyningen-Huene, Billigkeit.

Huber Ulrich: Bereicherungsansprüche beim Bau auf fremdem Boden; in: JuS 1970; S. 342 – 347; 515 – 520.

Huber, Ulrik: Praelectionum Iuris Romani et Hodierni; Pars II (keine weiteren Angaben auf dem Deckblatt) = Ulrik Huber, Praelectionum iuris romani, Pars II.

Hülsmann, Günter: Leistungskondiktion und Eingriffskondiktion in Dreiecksverhältnissen unter besonderer Berücksichtigung des § 951 BGB; Inauguraldiss. Köln 1966 = Hülsmann, Leistungskondiktion und Eingriffskondiktion.

Hufeland, Gottlieb: Pandectencompendium oder Lehrbuch des Civilrechts; Zweytes Heft; Gießen 1807 (Zweiter Teil von „Lehrbuch des in den deutschen Ländern geltenden gemeinen oder subsidiarischen Civilrechts"; Erster Band; Gießen 1808) = Hufeland, Zivilrecht, Bd. 1.

Hugo, Gustav: Lehrbuch eines civilistischen Cursus; Vierter Band, welcher die Pandecten, oder das heutige Römische Recht, enthält; 3. Aufl.; Berlin 1805 = Hugo, Zivilistischer Kursus, Bd. 4.

Hundrieser, Carlheinz: Zur Lehre von der ungerechtfertigten Bereicherung; Inauguraldiss. Königsberg 1928 = Hundrieser, Ungerechtfertigte Bereicherung.

Isay, Hermann: Patentgesetz und Gesetz, betreffend den Schutz von Gebrauchsmustern; Systematisch erläutert; Berlin 1903 = Isay.

Jacobi, Simon Leonhard: Der Rechtsbegriff der Bereicherung mit dem Schaden eines Andern und seine Bedeutung auf den Gebieten des Eigenthums, der Verträge und der einseitigen Rechtsgeschäfte; in: JherJb; Bd. 4 (1861); S. 159 – 320.

– Die Lehre von der nützlichen Verwendung im Zusammenhange mit den individuellen Gestaltungen der aequitas nach dem Allgemeinen Preußischen Landrechte; Jena 1861 = Jacobi, Nützliche Verwendung.

Jacoby, Sigrid: Allgemeine Rechtsgrundsätze; Begriffsentwicklung und Funktion in der Europäischen Rechtsgeschichte; Berlin 1997 = Jacoby, Allgemeine Rechtsgrundsätze.

Jacubezky, Karl August v.: Bemerkungen zu dem Entwurfe eines Bürgerlichen Gesetzbuches für das Deutsche Reich; München 1892 = v. Jacubezky, Bemerkungen zum Entwurf eines BGB.

Jakobs, Horst Heinrich: Leistungskondiktion und Versicherungsbetrug; Eine Anmerkung zur Methode der Rechtsfindung im Richterrecht; in: ZIP 1994; S. 9 – 14.

– lucrum ex negotiatione; Kondiktionsrechtliche Gewinnhaftung in geschichtlicher Sicht; Tübingen 1993 = Jakobs, Lucrum ex negotiatione.

– Die Rückkehr der Praxis zur Regelanwendung und der Beruf der Theorie im Recht der Leistungskondiktion; in: NJW 1992; S. 2524 – 2529.

– Die Begründung der geschichtlichen Rechtswissenschaft; Paderborn / München u. a. 1992 = Jakobs, Geschichtliche Rechtswissenschaft.

– Die Verlängerung des Eigentumsvorbehalts und der Ausschluß der Abtretung der Weiterveräußerungsforderung – BGHZ 56, 228; in: JuS 1973; S. 152 – 157.

– Eingriffserwerb und Vermögensverschiebung in der Lehre von der ungerechtfertigten Bereicherung; Bonn 1964 = Jakobs, Eingriffserwerb und Vermögensverschiebung.

Jansen, Nils: Die Struktur der Gerechtigkeit; Baden-Baden 1998 = Jansen, Struktur der Gerechtigkeit.

Janssen, Albert: Rechtsgeschichte und Rechtsdogmatik; – Aussagen der hermeneutischen Philosophie zu ihrem Verhältnis –; in: Köbler, Gerhard / Nehlsen, Hermann (Hrsg.); Wirkungen europäischer Rechtskultur; Festschrift für Karl Kroeschell zum 70. Geburtstag; München 1997; S. 467 – 495.

Jauernig, Othmar (Hrsg.): Bürgerliches Gesetzbuch mit Gesetz zur Regelung des Rechts der Allgemeinen Geschäftsbedingungen; Schlechtriem, Peter (Bearbeiter §§ 812–822); 9. Aufl.; München 1999 = Schlechtriem, in: Jauernig.

Jauß, Hans Robert: Die Theorie der Rezeption – Rückschau auf ihre unbekannte Vorgeschichte; Konstanz 1987 = Jauß, Theorie der Rezeption.

Jhering, Rudolf v.: Ist der ehemalige gutgläubige Besitzer einer fremden Sache verpflichtet, nach deren Untergang dem Eigenthümer derselben den gelösten Kaufpreis herauszugeben? Ein Beitrag zur Lehre von den Grenzen des Eigenthumsschutzes; in: JherJb; Bd. 16 (1878); S. 230 – 318.

– Mitwirkung für fremde Rechtsgeschäfte; in: JherJb; Bd. 1 (1857); S. 273 – 350; JherJb; Bd. 2 (1858); S. 67 – 180.

– Uebertragung der Reivindicatio auf Nichteigenthümer (Cession derselben, reiv. utilis, Connossement); in: JherJb; Bd. 1 (1857); S. 101 – 188.

– Abhandlungen aus dem Römischen Recht; Leipzig 1844 = v. Jhering, Abhandlungen;

  – In wie weit muß der, welcher eine Sache zu leisten hat, den mit ihr gemachten Gewinn herausgeben?; S. 1 – 56.

Joerges, Christian: Bereicherungsrecht als Wirtschaftsrecht; Eine Untersuchung zur Entwicklung von Leistungs- und Eingriffskondiktion; Köln 1977 = Joerges, Bereicherungsrecht als Wirtschaftsrecht.

– Bereicherungsrecht als Wirtschaftsrecht; Eine Untersuchung zur Entwicklung von Leistungs- und Eingriffskondiktion; in: AG 1976; S. 281 – 293; 315 – 328.

Jolk, Ernst: Die Voraussetzungen des Anspruchs dessen, der zur Erfüllung einer nicht bestehenden Verbindlichkeit geleistet hat, nach gemeinem Recht und nach Bürgerlichem Gesetzbuche; Inauguraldiss. Rostock 1905 = Jolk, Anspruchsvoraussetzungen.

Jung, Erich: Das Wesen des schuldrechtlichen Grundes (§ 812 BGB.) und dessen Bedeutung für die Systematik des Privatrechts; in: Schreiber, Otto (Hrsg.); Die Reichsgerichtspraxis im deutschen Rechtsleben; Festgabe der juristischen Fakultäten zum 50jährigen Bestehen des Reichsgerichts (1. Oktober 1929); Dritter Band; Zivil- und Handelsrecht (Fortsetzung); Berlin / Leipzig 1929; S. 143 – 179.

– Ist der Empfänger einer Postanweisung grundlos bereichert, weil der Vertrag zwischen dem Einzahler und der Post nichtig war?; in: JherJb; Bd. 70 (1921); S. 207 – 214.

– Die Bereicherungsansprüche und der Mangel des „rechtlichen Grundes"; Ein Beitrag zur Erkenntnis des neuen Rechts; Leipzig 1902 = Jung, Bereicherungsansprüche.

Jungemann, Lars: Carl Georg v. Wächter (1797–1880) und das Strafrecht des 19. Jahrhunderts; Strafrechtliche Lehre und Wirkungsgeschichte; Berlin 1999 = Jungemann, v. Wächter und das Strafrecht.

Kaehler, Christian-Michael: Bereicherungsrecht und Vindikation; Allgemeine Prinzipien der Restitution; dargestellt am deutschen und englischen Recht; Bielefeld 1972 = Kaehler, Bereicherungsrecht und Vindikation.

Kämmerer, Ferdinand: Erörterung der Frage: Kann Jemand, der, in dem Glauben, seine eigenen Geschäfte zu treiben, die eines Andern gerirt, gegen diesen Andern die Negotiorum gestorum actio utilis anstellen? Nebst einem Nachtrage über die de in rem verso actio; in: LindesZ; Bd. 8 (1835); S. 137 – 158; 159 – 206; 341 – 341.

Kahn, Alfred: Die mittelbare Bereicherung; Inauguraldiss. Erlangen 1931 = Kahn, Mittelbare Bereicherung.

Kallmann, Siegmund: Inhalt und Umfang des Bereicherungsanspruches; Inauguraldiss. Greifswald 1911 = Kallmann, Bereicherungsanspruch.

Kant, Immanuel: Grundlegung zur Metaphysik der Sitten; Vorländer, Karl (Hrsg.); 7. Aufl.; Hamburg 1994; zitiert nach der Ausgabe Felix Meiner Verlag; Zahlen in ekkigen Klammern nach Akademie-Ausgabe = Kant, Grundlegung zur Metaphysik der Sitten.

– Kritik der reinen Vernunft; Vorländer, Karl (Hrsg.); 3. Aufl.; Hamburg 1990; zitiert nach der Ausgabe Felix Meiner Verlag; Zahlen in eckigen Klammern nach Originalausgabe A (1781) und B (1787) = Kant, Kritik der reinen Vernunft.

– Kritik der praktischen Vernunft; Vorländer, Karl (Hrsg.); 10. Aufl; Hamburg 1990; zitiert nach der Ausgabe Felix Meiner Verlag; Zahlen in eckigen Klammern nach Akademie-Ausgabe = Kant, Kritik der praktischen Vernunft.

– Metaphysik der Sitten; Erster Teil; Metaphysische Anfangsgründe der Rechtslehre; Ludwig, Bernd (Hrsg.); Hamburg 1986; zitiert nach der Ausgabe Felix Meiner Verlag; Zahlen in eckigen Klammern nach Akademie-Ausgabe = Kant, Metaphysik der Sitten, Bd. 1.

Kaser, Max: Das römische Privatrecht; Erster Abschnitt; Das altrömische, das vorklassische und klassische Recht; 2. Aufl.; München 1971 = Kaser, Römisches Privatrecht, Bd. 1.

Kast, Christian R.: Kurzkommentar zu LG Dresden, Urteil v. 30.4.1996 – 6 O 5312/95; in: EWiR 1996; S. 737 f.

Kaufmann, Arthur: Rechtsphilosophie, 2. Aufl.; München 1997 = Kaufmann, Rechtsphilosophie.

– Problemgeschichte der Rechtsphilosophie; in: ders. / Hassemer, Winfried (Hrsg.); Einführung in Rechtsphilosophie und Rechtstheorie der Gegenwart; 6. Aufl.; Heidelberg 1994; S. 30 – 178 = Kaufmann, in: ders./Hassemer, Rechtsphilosophie und Rechtstheorie.

Kaufmann, Arthur / *Hassemer*, Winfried (Hrsg.): Einführung in Rechtsphilosophie und Rechtstheorie der Gegenwart; 6. Aufl.; Heidelberg 1994 = Kaufmann/Hassemer, Rechtsphilosophie und Rechtstheorie.

Kaufmann-Bütschli, Lea Rosemarie: Grundlagenstudien zur ungerechtfertigten Bereicherung in ihrer Ausgestaltung durch das schweizerische Recht; Bern 1983 = Kaufmann-Bütschli, Ungerechtfertigte Bereicherung.

Keller, Friedrich Ludwig v.: Pandekten; Vorlesungen; Friedberg, Emil (Hrsg.); Leipzig 1861 = v. Keller, Pandekten.

Kellmann, Christof: Erfüllungsgehilfen kondizieren nicht – Zum bereicherungsrechtlichen „Drei-Personenverhältnis" –; in: JR 1988; S. 97 – 102.

– Bereicherungsausgleich bei Nutzung fremder Rechtsgüter; Zugleich eine Besprechung des BGH-Urteils v. 7.1.1971 (Blinder Flugpassagier); in: NJW 1971; S. 862 – 865.

– Grundsätze der Gewinnhaftung; Rechtsvergleichender Beitrag zum Recht der ungerechtfertigten Bereicherung; Berlin 1969 = Kellmann, Grundsätze der Gewinnhaftung.

Kern, Bettina: Der preußische BGB-Entwurf von 1842; Frankfurt a. M. 1997 = Kern, Preußischer BGB-Entwurf.

Kiesow, Rainer Maria: Obit anus, abit onus; Oder: Vom Ende der Rechtsgeschichte; in: RJ; Bd. 16 (1997); S. 729 – 739.

Kiesselbach, Th.: Zur Lehre von der condictio sine causa; in: JherJb; Bd. 5 (1861); S. 1 – 51.

Kisch, Wilhelm: Schadensersatz und Bereicherung bei Patentverletzung; in: LZ; Bd. 21 (1927); Sp. 667 – 676.

Klauer, Irene: Die Europäisierung des Privatrechts; Der EuGH als Zivilrichter; Baden-Baden 1998 = Klauer, Europäisierung des Privatrechts.

Klein, Peter: Die Natur der causa solvendi (Ein Beitrag zur Causa- und Kondiktionen-Lehre.); Inauguraldiss. Bonn 1903 = Klein, Natur der causa solvendi.

Kleinheyer, Gerd: Rechtsgutsverwendung und Bereicherungsausgleich; in: JZ 1970; S. 471 – 477.

– Eingriffsbereicherung durch unbefugte Nutzung und Wertersatz; in: JZ 1961; S. 473 – 478.

Klingmüller, Fritz: Der Begriff des Rechtsgrundes; Seine Herleitung und Anwendung; in: Studien zur Erläuterung des bürgerlichen Rechts; Leonhard, Rudolf (Hrsg.); 6. Heft; Breslau 1901 = Klingmüller, Begriff des Rechtsgrundes.

Klinkhammer, Frank: Der Besitz als Gegenstand des Bereicherungsanspruchs; Berlin 1997 = Klinkhammer, Besitz und Bereicherungsanspruch.

Klippel, Diethelm: Juristische Zeitgeschichte; Die Bedeutung der Rechtsgeschichte für die Zivilrechtswissenschaft; Gießen 1985 = Klippel, Juristische Zeitgeschichte.

Knackstedt, Udo: Der Verwendungsbegriff; Rechtsfortbildung auf der Ebene des subjektiven Rechts; Baden-Baden 1993 = Knackstedt, Verwendungsbegriff.

Knieper, Rolf: Moderne Bereicherungslehren?; in: BB 1991; S. 1578 – 1584.

– Recht der Kondiktionen: vergebliche Versuche, Bereicherung zu rechtfertigen; in: KJ; Bd. 13 (1980); S. 117 – 133.

Knütel, Rolf: Ius commune und Römisches Recht vor Gerichten der Europäischen Union; in: JuS 1996; S. 768 – 778.

– Rechtseinheit in Europa und römisches Recht; in: ZEuP; Bd. 2 (1994); S. 244 – 276.

– Anmerkung zu: BGH – JR 1971; S. 291 ff. (Urteil v. 7.1.1971 – VII ZR 9/70); in: JR 1971; S. 293 – 295.

Kobbelt, Arne: Der Schutz von Immaterialgüterrechten durch das Bereicherungsrecht; Eine rechtsvergleichende und ökonomische Analyse bereicherungsrechtlicher Haftungsansprüche bei Eingriffen in Immaterialgüter in den U.S.A. und Deutschland; Hamburg 1999 = Kobbelt, Schutz von Immaterialgüterrechten.

Koch, Christian Friedrich (Hrsg.): Allgemeines Landrecht für die Preußischen Staaten; Unter Andeutung der obsoleten oder aufgehobenen Vorschriften und Einschaltung der jüngeren noch geltenden Bestimmungen; Zweiter Band; Dalcke (Bearbeiter Teil 1, Titel 16) / Förster (Bearbeiter Teil 1, Titel 13); 6. Aufl.; Berlin 1879 = Bearbeiter, in: Christian Friedrich Koch.

– Lehrbuch des Preußischen gemeinen Privatrechts; Band II; Berlin 1846 = Friedrich Christian Koch, Preußisches Privatrecht, Bd. 2.

– Das Recht der Forderungen nach Gemeinem und nach Preußischem Rechte, mit Rücksicht auf neuere Gesetzgebungen; historisch-dogmatisch dargestellt; Dritter und letzter Band, enthaltend die einzelnen Obligationen; Breslau 1843 = Christian Friedrich Koch, Recht der Forderungen, Bd. 3.

Koch, Elisabeth: Bereicherungsausgleich bei Forderungsabtretungen; in: VersR 1989; S. 891 – 894.

Koch, Hans-Joachim / *Rüßmann*, Helmut: Juristische Begründungslehre; Eine Einführung in die Grundprobleme der Rechtswissenschaft; München 1982 = Koch/Rüßmann, Juristische Begründungslehre.

Koch, Harald: Bereicherung und Irrtum; Rechtsvergleichende Untersuchungen zum anglo-amerikanischen, französischen, schweizerischen, römischen und deutschen Leistungsbereicherungsrecht; Berlin 1973 = Harald Koch, Bereicherung und Irrtum.

Köhler, Helmut: Der Schadensersatz-, Bereicherungs- und Auskunftsanspruch im Wettbewerbsrecht; in: NJW 1992; S. 1477 – 1482.

– Rezension von: Christian Joerges, Bereicherungsrecht als Wirtschaftsrecht, Eine Untersuchung zur Entwicklung von Leistungs- und Eingriffskondiktion, Köln 1977; in: AcP; Bd. 180 (1980); S. 318 – 321.

Köndgen, Johannes: Gewinnabschöpfung als Sanktion unerlaubten Tuns; Eine juristisch-ökonomische Skizze; in: RabelsZ; Bd. 64 (2000); S. 661 – 695.

– Die Geschäftsführung ohne Auftrag im Wandel der Zeiten; Versuch einer Ehrenrettung; in: Zimmermann, Reinhard / Knütel, Rolf / Meincke, Jens Peter (Hrsg.); Rechtsgeschichte und Privatrechtsdogmatik; Hans Hermann Seiler zum 24. Dezember 1999; Heidelberg 1999; S. 371 – 393.

– Wandlungen im Bereicherungsrecht; in: Dubischar, Roland / Folkers, Horst / Futter, Werner / ders. / de Lazzer, Dieter / Rothoeft, Dietrich / Schmidt, Eike / Struck, Gerhard / Weyers, Hans-Leo (Hrsg.); Dogmatik und Methode; Josef Esser zum 65. Geburtstag; Kronberg/Ts. 1975; S. 55 – 83.

König, Detlef: Ungerechtfertigte Bereicherung, Tatbestände und Ordnungsprobleme in rechtsvergleichender Sicht; Heidelberg 1985 = Detlef König, Ungerechtfertigte Bereicherung.

– Der Bereicherungsanspruch gegen den Drittempfänger einer Vertragsleistung nach französischem Recht; Frankfurt a. M. / Berlin 1967 = Detlef König, Bereicherungsanspruch gegen Drittempfänger.

Körner, Marita: Zur Aufgabe des Haftungsrechts – Bedeutungsgewinn präventiver und punitiver Elemente; in: NJW 2000; S. 241 – 246.

Koester, Otto: Der Begriff der ungerechtfertigten Bereicherung im Sinne von BGB. § 812 mit besonderer Rücksicht auf Stammler's Rechtsphilosophie; Inauguraldiss. Greifswald 1917 = Koester, Ungerechtfertigte Bereicherung.

Kötter, Friedrich: Das Recht des Besitzers auf Verwendungsersatz; Inauguraldiss. Köln 1934 = Friedrich Kötter, Recht auf Verwendungsersatz.

Kötter, Hans-Wilhelm: Zur Rechtsnatur der Leistungskondiktion; in: AcP; Bd. 153 (1954); S. 193 – 239.

Kötz, Hein: Rechtsvergleichung und gemeineuropäisches Privatrecht; in: Müller-Graff, Peter-Christian (Hrsg.); Gemeinsames Privatrecht in der Europäischen Gemeinschaft; 2. Aufl.; Baden-Baden 1999; S. 149 – 162 = Kötz, in: Müller-Graff, Gemeinsames Privatrecht.

– Vom Beitrag der Rechtsgeschichte zu den modernen Aufgaben der Rechtsvergleichung; in: Caroni, Pio / Dilcher, Gerhard (Hrsg.); Norm und Tradition; Welche Geschichtlichkeit für die Rechtsgeschichte?; Frau norma e tradizione; Quale storicità per la storia giuridica?; Köln / Weimar u. a. 1998; S. 153 – 166 = Kötz, in: Caroni/ Dilcher, Norm und Tradition.

– Europäisches Vertragsrecht; Band I: Abschluß, Gültigkeit, und Inhalt des Vertrages; Die Beteiligung Dritter am Vertrag; Tübingen 1996 = Kötz, Europäisches Vertragsrecht, Bd. 1.

– Über die Methode der Verfestigung von Pappkameraden; in: RJ; Bd. 13 (1994); S. 505 – 509.

– Was erwartet die Rechtsvergleichung von der Rechtsgeschichte?; in: JZ 1992; S. 20 – 22.

– Rechtsvergleichung und Rechtsdogmatik; in: Schmidt, Karsten (Hrsg.); Rechtsdogmatik und Rechtspolitik; Hamburger Ringvorlesung; Berlin 1990; S. 75 – 89 = Kötz, in: Karsten Schmidt, Rechtsvergleichung und Rechtsdogmatik.

– Gemeineuropäisches Zivilrecht; in: Bernstein, Herbert / Drobnig, Ulrich / ders. (Hrsg.); Festschrift für Konrad Zweigert zum 70. Geburtstag; Tübingen 1981; S. 480 – 500.

– Trust und Treuhand; Eine rechtsvergleichende Darstellung des anglo-amerikanischen trust und funktionsverwandter Institute des deutschen Rechts; Göttingen 1963 = Kötz, Trust und Treuhand.

Kohler, Josef: Lehrbuch des Bürgerlichen Rechts; Zweiter Band; Vermögensrecht; Erster Teil: Schuldrecht; Berlin 1906 = Josef Kohler, Bürgerliches Recht, Bd. II/1.

– Deutsches Patentrecht; Mannheim / Straßburg 1878 = Josef Kohler, Patentrecht.

Kohler, Jürgen: Bereicherungshaftung in Zessionsfällen; in: WM 1989; S. 1629 – 1640.

– Die gestörte Rückabwicklung gescheiterter Austauschverträge; Köln / Berlin u. a. 1989 = Jürgen Kohler, Gestörte Rückabwicklung.

Kohte, Wolfhard: Kurzkommentar zu OLG Köln; Urteil v. 24.9.1992 – 12 U 11/92; in: EWiR 1993; S. 247 f.

Koller, Ingo: Rechtsgrund und Nichtleistungskondiktion bei Werk- und Dienstleistungen in Mehrpersonenverhältnissen; in: ders. / Hager, Johannes / Junker, Michael / Singer, Reinhard / Neuner, Jörg (Hrsg.); Einheit und Folgerichtigkeit im Juristischen Denken; Symposion zu Ehren von Herrn Professor Dr. Dr. h. c. mult. Claus-Wilhelm Canaris; München 1998; S. 151 – 186.

Koller, Peter: Ueber Obligation (persönliches Sachenrecht) im Allgemeinen und nach dem Entwurfe eines für die deutschen Bundesstaaten gemeinsamen Gesetzes über Schuldverhältnisse; in: ÖVj; Bd. 15 (1865); S. 121 – 152.

Kono, Toshiyuki: Eine Skizze der Entwicklung des Bereicherungsrechts in Japan – anläßlich des hundertjährigen Bestehens des BGB; in: AcP; Bd. 200 (2000); S. 519 – 525.

Koppensteiner, Hans-Georg / *Kramer*, Ernst A: Ungerechtfertigte Bereicherung; 2. Aufl.; Berlin / New York 1988 = Koppensteiner/Kramer, Ungerechtfertigte Bereicherung.

Korn, Alfred: Handbuch des Zivilrechts mit Einschluß des Handels- und Wechselrechts; Berlin 1908 = Korn, Zivilrecht.

Kornblum, Udo: Zum Verhältnis von § 816 II zu § 812 BGB; in: JZ 1965; S. 202 – 206.

Koschaker, Paul: Europa und das römische Recht; 4. Aufl.; München / Berlin 1966 = Koschaker, Europa und römisches Recht.

Koschembahr-Łyskowski, Ignacy v.: Die Condictio als Bereicherungsklage im klassischen römischen Recht; Erster Band; Weimar 1903 = v. Koschembahr-Łyskowski, Condictio als Bereicherungsklage, Bd. 1.

Krainz, Josef: System des österreichischen allgemeinen Privatrechts; Pfaff, T. (Hrsg.); Zweiter Band: Der specielle Theil; Wien 1889;

– Erste Hälfte: Grundriß = Krainz, Österreichisches Privatrecht, Bd. II/1;

– Zweite Hälfte; Ausführungen = Krainz, Österreichisches Privatrecht, Bd. II/2.

Kraft, Alfons / *Kreutz*, Peter: Gesellschaftsrecht; 11. Aufl.; Neuwied / Kriftel 2000 = Kraft/Kreutz, Gesellschaftsrecht.

Kramer, Ernst A.: Der Irrtum beim Vertragsschluss; Eine weltweit rechtsvergleichende Bestandsaufnahme; Zürich 1998 = Ernst A. Kramer, Irrtum beim Vertragsschluß.

Krasnopolski, Horaz / *Kafka*, Bruno: Lehrbuch des Österreichischen Privatrechts; Dritter Band; Obligationenrecht; Leipzig 1910 = Krasnopolski/Kafka, Österreichisches Privatrecht, Bd. 3.

Krautwig, Wilhelm: Ansprüche aus Eingriffskondiktion und unerlaubter Eigengeschäftsführung bei Verletzung des Persönlichkeitsrechts; Inauguraldiss. Köln 1969 = Krautwig, Verletzung des Persönlichkeitsrechts.

Krawielicki, Robert: Grundlagen des Bereicherungsanspruchs; Breslau 1936 = Krawielicki, Bereicherungsanspruch.

– Unentgeltlichkeit im Bereicherungsrecht; in: JherJb; Bd. 81 (1931); S. 257 – 372.

Krebs, Peter: Ungerechtfertigte Bereicherung; in: NJW 1988; S. 1895 f.

Kreittmayr, Wiguläus Xaverius Aloysius v.: Anmerkungen über den Codicem Maximilianeum Bavaricum Civilem, worin derselbe sowohl mit dem gemeinen, als ehemaligem bayerischen Landrechte genau collationirt, sohin der Unterschied zwischen dem alten und neueren Rechte sammt den Urquellen, woraus letzteres geschöpft worden, überall angezeigt ist; IV. Theil; München 1844 = v. Kreittmayr, CMBC.

Kreß, Hugo: Lehrbuch des Besonderen Schuldrechts; München / Berlin 1934 = Kreß, Besonderes Schuldrecht.

Kroeschell, Karl: Haus und Herrschaft im frühen deutschen Recht; Ein methodischer Versuch; Göttingen 1968 = Kroeschell, Haus und Herrschaft.

Krückmann, Paul: Institutionen des Bürgerlichen Gesetzbuches; 5. Aufl.; Berlin 1929 = Krückmann, Institutionen.

Krüll, Franz Xaver: Handbuch des königlich-bayrischen gemeinen bürgerlichen Rechts mit besonderer Rücksicht auf das fränkische und preussische Landrecht; III. Band; Landshut 1808 = Krüll, Handbuch bayerisches gemeines Recht, Bd. 3.

Kübler, Friedrich: Traumpfade oder Holzwege nach Europa?; Oder: Was wir uns von der Rechtsgeschichte wünschen sollten; in: RJ; Bd. 12 (1993); S. 307 – 314.

Kuhlenbeck, Ludwig: Das Bürgerliche Gesetzbuch für das Deutsche Reich nebst dem Einführungsgesetze; Im Auftrage des Vorstandes des Deutschen Anwaltvereins; Erster Band; 2. Aufl.; Berlin 1903 = Kuhlenbeck.

Kulms, Rainer: Herausgaberegeln, Haftungsnormen und unentziehbare Rechte im Bereicherungsrecht; Zum Schutz der Privatautonomie durch die Leistungskondiktion; in: JZ 1998; S. 430 – 435.

Kunisch, Hermann-Adolf: Die Voraussetzungen für Bereicherungsansprüche in Dreiecksverhältnissen; „Rückgriffskondiktion" und „Kondiktion gegen Drittempfänger"; Berlin 1968 = Kunisch, Bereicherungsansprüche in Dreiecksverhältnissen.

Kuntze, Johannes Emil: Cursus des römischen Rechts; Lehrbuch der Institutionen sowie der äußeren und inneren Rechtsgeschichte; 2. Aufl.; Leipzig 1879 = Kuntze, Institutionen.

– Rezension von: I. Die Bereicherungsklagen des gemeinen Rechts, von Dr. Hermann Witte, Halle 1859; II. Der Rechtsbegriff der Bereicherung mit dem Schaden eines Anderen und seine Bedeutung auf den Gebieten des Eigenthums, der Verträge und der einseitigen Rechtsgeschäfte. Von Dr. L. Jacobi. (In v. Gerber's Jahrbücher f. d. Dogmatik, Bd. IV. (1861), S. 159 – 320.); III. Zur Lehre von den Bereicherungsklagen. Von Dr. Hermann Witte. (In dens. Jahrb. Bd. V. (1861), S. 88 – 124.); in: SchlettersJb; Bd. 8 (1862); S. 209 – 214.

Kupisch, Berthold: Der Gedanke des „als ob"; Zur wirtschaftlichen Betrachtungsweise bei der Anweisung, romanistisch und zivilistisch; in: Zimmermann, Reinhard / Knütel, Rolf / Meincke, Jens Peter (Hrsg.); Rechtsgeschichte und Privatrechtsdogmatik; Hans Hermann Seiler zum 24. Dezember 1999; Heidelberg 1999; S. 431 – 472.

– Rechtspositivismus im Bereicherungsrecht; in: JZ 1997; S. 213 – 222.

– Ungerechtfertigte Bereicherung; in: Schrage, Eltjo J. H. (Hrsg.); Unjust Enrichment; The Comparative Legal History of the Law of Restitution; Berlin 1995; S. 237 – 273 = Kupisch, in: Schrage, Unjust Enrichment.

– Der BGH und die Lehre vom subjektiven Rechtsgrund; in: NJW 1987; S. 2494 – 2496.

– Ungerechtfertigte Bereicherung; Geschichtliche Entwicklungen; Heidelberg 1987 = Kupisch, Ungerechtfertigte Bereicherung.

– Leistungskondiktion bei Zweckverfehlung; in: JZ 1985; S. 101 – 109; 163 – 169.

– Zum Rechtsgrund i. S. des § 812 BGB bei Erfüllung; Eine rechtsdogmatische und rechtsgeschichtliche Untersuchung; in: NJW 1985; S. 2372 – 2375.

– Der Bereicherungsanspruch der Bank bei irrtümlicher Durchführung der widerrufenen Anweisung; in: ZIP 1983; S. 1412 – 1420.

– „Normative Betrachtungsweise, als ob ...“; Zur dogmatischen Fiktion im Kondiktionsrecht; in: Horn, Norbert / Luig, Klaus / Söllner, Alfred (Hrsg.); Europäisches Rechtsdenken in Geschichte und Gegenwart; Festschrift für Helmut Coing zum 70. Geburtstag; Band II; München 1982; S. 241 – 255.

– Einheitliche Voraussetzungen des Bereicherungsanspruchs – ein Mißgriff des Gesetzgebers?; in: Harder, Manfred / Thielmann, Georg (Hrsg.); De iustitia et iure; Festgabe für Ulrich von Lübtow zum 80. Geburtstag; Berlin 1980; S. 501 – 545.

– Bankanweisung und Bereicherungsausgleich; – zugleich Besprechung des BGH-Urteils vom 20.VI.1977 –; in: WM 1979; Sonderbeilage 3; S. 1 – 24.

– Gesetzespositivismus im Bereicherungsrecht; Zur Leistung im Drei-Personen-Verhältnis; Berlin 1978 = Kupisch, Gesetzespositivismus.

– Die Versionsklage; Ihre Entwicklung von der gemeinrechtlichen Theorie des 17. Jahrhunderts bis zum österreichischen Allgemeinen Bürgerlichen Gesetzbuch; Heidelberg 1965 = Kupisch, Versionsklage.

Kurz, Isolde: Der Besitz als möglicher Gegenstand der Eingriffskondiktion; Tübingen 1969 = Kurz, Besitz als Gegenstand der Eingriffskondiktion.

Lachner, Constantin Maximilian: Die condictio ob rem; Ein Beitrag zu Grundlagen und Anwendungsbereich des § 812 I 2 2. Alt. BGB; Inauguraldiss. Würzburg 1996 = Lachner, Condictio ob rem.

Landsberg, Ernst: Geschichte der Deutschen Rechtswissenschaft; Fortsetzung zu der Geschichte der Deutschen Rechtswissenschaft, erste und zweite Abteilung von Roderich von Stintzing;

  – Dritte Abtheilung; Zweiter Halbband, Text; München / Berlin 1910 = v. Stintzing/ Landsberg, Geschichte der Rechtswissenschaft, Bd. III/2, Text;

  – Dritte Abtheilung; Zweiter Halbband, Noten; München / Berlin 1910 = v. Stintzing/Landsberg, Geschichte der Rechtswissenschaft, Bd. III/2, Noten.

– Das Recht des Bürgerlichen Gesetzbuches vom 18. August 1896; Ein dogmatisches Lehrbuch; Erste Hälfte; Berlin 1904 = Landsberg, Recht des BGB, Bd. 1.

Lang, Johann Jakob: Der Entwurf eines Bürgerlichen Gesetzbuchs für das Königreich Bayern mit Berücksichtigung des hessischen und sächsischen Entwurfs; kritisch beleuchtet; Zweites Heft: Das Recht der Schuldverhältnisse; München 1862 = Lang, Entwurf eines bayerischen BGB, Bd. 2.

– Lehrbuch des Justinianisch Römischen Rechts, zum Gebrauche bei Institutionen-Vorlesungen; 2. Aufl.; Stuttgart / Göttingen 1837 = Lang, Römisches Recht.

Langenn, Friedrich Albert v. / *Kori*, August Siegmund: Erörterungen praktischer Rechtsfragen aus dem gemeinen und Sächsischen Civilrechte und Civilprocesse mit Beziehung auf die darüber vom Königl. Sächs. Appellations-Gericht ertheilten Entscheidungen; Erster Theil; Dresden / Leipzig 1829 = v. Langenn/Kori, in: dies., Erörterungen, Bd. 1;

– Kann Jemand für Vortheile, die er dem Andern factisch zukommen ließ, ohne dazu rechtlich verbunden zu seyn oder ein Versprechen der Vergütung für sich zu haben, Entschädigung fordern?; S. 1 – 13.

Larenz, Karl: Allgemeiner Teil des deutschen Bürgerlichen Rechts; 7. Aufl.; München 1989 = Larenz, Allgemeiner Teil.

– Lehrbuch des Schuldrechts; Erster Band; Allgemeiner Teil; 14. Aufl.; München 1987 = Larenz^{14}, Schuldrecht, Bd. I.

– Lehrbuch des Schuldrechts; Zweiter Band; Besonderer Teil; 12. Aufl.; München 1981 = Larenz^{12}, Schuldrecht, Bd. 2.

– Richtiges Recht; Grundzüge einer Rechtsethik; München 1979 = Larenz, Richtiges Recht.

– Lehrbuch des Schuldrechts; Zweiter Band; Besonderer Teil; 11. Aufl.; München 1977 = Larenz^{11}, Schuldrecht, Bd. 2.

– Lehrbuch des Schuldrechts; Zweiter Band; Besonderer Teil; 10. Aufl.; München 1972 = Larenz^{10}, Schuldrecht, Bd. 2.

– Lehrbuch des Schuldrechts; Zweiter Band; Besonderer Teil; München / Berlin 1956 = Larenz, Schuldrecht, Bd. 2.

– Vertrag und Unrecht; 2. Teil: Die Haftung für Schaden und Bereicherung; Hamburg 1937 = Larenz, Vertrag und Unrecht; Bd. 2.

– Hegels Zurechnungslehre und der Begriff der objektiven Zurechnung; Ein Beitrag zur Rechtsphilosophie des kritischen Idealismus und zur Lehre von der „juristischen Kausalität"; Lucka i. Th. 1927 = Larenz, Hegels Zurechnungslehre.

Larenz, Karl / *Canaris*, Claus-Wilhelm: Methodenlehre der Rechtswissenschaft; 3. Aufl.; Berlin / Heidelberg u. a. 1995 = Larenz/Canaris, Methodenlehre.

– Lehrbuch des Schuldrechts; Zweiter Band; Besonderer Teil; 2. Halbband; München 1994 = Larenz/Canaris, Schuldrecht, Bd. II/2.

Lauterbach, Wolfgang Adam: Collegii theorico-practici; A Libro Primo [...] Pars prima; Tubingae MDCCXIV = Lauterbach, Collegii theorico-practici, Pars I.

Ledermann, Curt: Worin unterscheiden sich die Vorschriften des Bürgerlichen Gesetzbuches über das Recht des Besitzers auf Ersatz von Verwendungen (§ 994 ff.) von den Vorschriften des corpus iuris civilis? Inauguraldiss. Rostock 1902 = Ledermann, Ersatz von Verwendungen.

Leist, Burkard Wilhelm: Civilistische Studien auf dem Gebiete dogmatischer Analyse; Zweites Heft; Das erlaubte ungerufene Eingreifen in fremde Vermögensangelegenheiten (Impensen, act. de in rem verso, negot. gestio); Jena 1855 = Leist, Erlaubtes ungerufenes Eingreifen.

Lenel, Otto: Briefe Savignys an Georg Arnold Heise; in: ZRG Rom. Abt.; Bd. 36 (1915); S. 96 – 156.

– Die Lehre von der Voraussetzung (im Hinblick auf den Entwurf eines bürgerlichen Gesetzbuches); in: AcP; Bd. 74 (1889); S. 213 – 239.

Leonhard, Franz: Das Schuldrecht des BGB; Zweiter Band; Besonderes Schuldrecht des BGB; München / Leipzig 1931 = Franz Leonhard, Schuldrecht, Bd. 2.

Leonhard, Rudolf: Institutionen des römischen Rechts; Leipzig 1894 = Rudolf Leonhard, Institutionen.

Lepsius, Oliver: Die gegensatzaufhebende Begriffsbildung; Methodenentwicklungen in der Weimarer Republik und ihr Verhältnis zur Ideologisierung der Rechtswissenschaft unter dem Nationalsozialismus; München 1994 = Lepsius, Gegensatzaufhebende Begriffsbildung.

Leser, Hans G. (Hrsg.): Ernst von Caemmerer; Gesammelte Schriften; Band I; Rechtsvergleichung und Schuldrecht; Tübingen 1968 = v. Caemmerer, Gesammelte Schriften, Bd. 1.

Leske, Franz: Vergleichende Darstellung des Bürgerlichen Gesetzbuches für das Deutsche Reich und der Landesrechte; III. Band; Das Bürgerliche Gesetzbuch und das Preußische Allgemeine Landrecht; Erste Hälfte: Allgemeiner Teil, Recht der Schuldverhältnisse, Sachenrecht; 1./2. Aufl.; Berlin 1900 = Leske, Vergleichende Darstellung, Bd. III/1.

Leyser, Augustin v.: Meditationes ad Pandectas; Volumen II; Editio tertia; Lipsiae, Brunsvigae [...] MDCCLXXIV = v. Leyser, Meditationes ad pandectas, Vol. II.

Lieb, Manfred: Bereicherungsausgleich in (einigen) Mehrpersonenverhältnissen; in: Canaris, Claus-Wilhelm / Heldrich, Andreas / Hopt, Klaus J. / Roxin, Claus / Schmidt, Karsten / Widmaier, Gunter (Hrsg.); 50 Jahre Bundesgerichtshof; Festgabe aus der Wissenschaft; Band I; Bürgerliches Recht; München 2000; S. 547 – 569.

– Zur bereicherungsrechtlichen Rückabwicklung bei der Zession; in: Jura 1990; S. 359 – 362.

– Rezension von: Dieter Reuter / Michael Martinek: Ungerechtfertigte Bereicherung (Handbuch des Schuldrechts, Bd. 4). Tübingen 1983; in: AcP; Bd. 186 (1986); S. 518 – 521.

– Anmerkung zu: BGH – JZ 1983, S. 958 ff. (Urteil v. 16.6.1983); in: JZ 1983; S. 960 – 963.

– Das Bereicherungsrecht de lege ferenda; in: NJW 1982; S. 2034 – 2040.

– Nutzungsmöglichkeiten als Gegenstand von Bereicherungsansprüchen; Zugleich eine Stellungnahme zum „Flugreise“-Urteil des BGH; in: NJW 1971; S. 1289 – 1294.

Liekefett, Samuel Gottfried: Handbuch des Bürgerlichen Rechts in Deutschland zum Gebrauch für Studierende, Advokaten, Beysitzer in niedern Gerichten, Geistliche, Aerzte, Schullehrer, Kaufleute, Künstler und Wirtschaftsverständige; Siebenter Theil; Zweyte Abtheilung; Leipzig 1791 = Liekefett, Handbuch Bürgerliches Recht, Bd. VII/2.

Llompart, José: Die Geschichtlichkeit der Rechtsprinzipien; Zu einem neuen Rechtsverständnis; Frankfurt a. M. 1976 = Llompart, Geschichtlichkeit der Rechtsprinzipien.

Lobe, Adolf (Hrsg.): Fünfzig Jahre Reichsgericht am 1. Oktober 1929; Berlin / Leipzig 1929 = Lobe, Fünfzig Jahre Reichsgericht.

Loewenheim, Ulrich: Bereicherungsansprüche im Wettbewerbsrecht; in: WRP 1997; S. 913 – 918.

– Bereicherungsrecht; 2. Aufl.; München 1997 = Loewenheim, Bereicherungsrecht.

Loewenwarter, Viktor: Wegweiser durch das BGB unter Berücksichtigung anderer Gesetze nach dem neuesten Stande der Rechtslehre und Rechtsprechung nebst Anhang grundlegender Entscheidungen; 18. Aufl.; Detmold / Berlin u. a. 1952; unter Mitwirkung von Heinrich Bohnenberg = Loewenwarter/Bohnenberg, Wegweiser durch das BGB.

– Lehrkommentar zum Bürgerlichen Gesetzbuch; Dritter Band; Recht der Schuldverhältnisse; Besonderer Teil; Berlin 1928 = Loewenwarter.

Loewenwarter, Viktor / *Ameln*, Hermann v.: Das BGB in der Rechtsprechung der Gegenwart; 2. Aufl.; Berlin 1934 = Loewenwarter/v. Ameln.

Lorenz, Stephan: Anmerkung zu BGH – LM, § 812 BGB, Nr. 263.

Lorenz, Werner: Der Schutz vor aufgedrängter Bereicherung; Eine vergleichende Betrachtung des deutschen und des englischen Rechts; in: Beuthien, Volker / Fuchs, Maximilian / Roth, Herbert / Schiemann, Gottfried / Wacke, Andreas (Hrsg.); Festschrift für Dieter Medicus; Zum 70. Geburtstag; Köln / Berlin u. a. 1999; S. 367 – 382.

– Bereicherungsausgleich beim Einbau fremden Materials; in: Huber, Ulrich / Jayme, Erik (Hrsg.); Festschrift für Rolf Serick zum 70. Geburtstag; Heidelberg 1992; S. 255 – 273.

– Abtretung einer Forderung aus mangelhaftem Kausalverhältnis: Von wem kondiziert der Schuldner?; in: AcP; Bd. 191 (1991); S. 279 – 311.

– Der Bereicherungsausgleich im deutschen internationalen Privatrecht und in rechtsvergleichender Sicht; in: Bernstein, Herbert / Drobnig, Ulrich / Kötz, Hein (Hrsg.); Festschrift für Konrad Zweigert zum 70. Geburtstag; Tübingen 1981; S. 199 – 232.

– Gläubiger, Schuldner, Dritte und Bereicherungsausgleich; in: AcP; Bd. 168 (1968); S. 286 – 317.

– Bereicherungsrechtliche Drittbeziehungen; in: JuS 1968; S. 441 – 448.

– Zur Frage des bereicherungsrechtlichen „Durchgriffs" in Fällen des Doppelmangels; in: JZ 1968; S. 51 – 54.

Luckow, Waldemar: Unmittelbare Vermögensverschiebung durch mittelbare Zuwendung bei der ungerechtfertigten Bereicherung und bei der Schenkung; Inauguraldiss. Frankfurt a. M. 1957 = Luckow, Unmittelbare Vermögensverschiebung.

Ludovici, Jakob Friedrich: Doctrina Pandectarum, ex ipsis fontibus legum romanorum depromta, et usi fori accomodata [...] Editio XI; Halae Magdeburgicae MDCCLX = Ludovici, Doctrina pandectarum.

Lübtow, Ulrich v.: Beiträge zur Lehre von der Condictio nach römischem und geltendem Recht; Berlin 1951 = v. Lübtow, Lehre von der Condictio.

Luhmann, Niklas: Das Recht der Gesellschaft; Frankfurt a. M. 1993 = Luhmann, Recht der Gesellschaft.

Luig, Klaus: Was kann die Rechtsgeschichte der Rechtsvergleichung bieten?; in: ZEuP; Bd. 7 (1999); S. 521 – 530.

– Geschichte und Dogmatik bei Knütel, Kötz und Zimmermann; in: Caroni, Pio / Dilcher, Gerhard (Hrsg.); Norm und Tradition; Welche Geschichtlichkeit für die Rechtsgeschichte?; Frau norma e tradizione; Quale storicità per la storia giuridica?; Köln / Weimar u. a. 1998; S. 169 – 180 = Luig, in: Caroni/Dilcher, Norm und Tradition.

– Digesten und Dogmatik; in: RJ; Bd. 5 (1986); S. 290 – 323.

Lutzeier, Peter Rolf: Linguistische Semantik; Stuttgart 1985 = Lutzeier, Linguistische Semantik.

Mackeldey, Ferdinand: Lehrbuch der Institutionen des heutigen römischen Privatrechts; Gießen 1824 = Mackeldey, Institutionen.

– Lehrbuch des heutigen Römischen Rechts; 2. Aufl.; Gießen 1818 = Mackeldey, Römisches Recht.

Mackeldey, Ferdinand / *Fritz*, Johann Adam: Lehrbuch des Römischen Rechts; Zweiter Band; enthaltend den besonderen Theil; 13. Aufl.; Wien 1852 = Mackeldey/Fritz, Römisches Recht, Bd. 2.

Maier, Georg H.: Irrtümliche Zahlung fremder Schulden; in: AcP; Bd. 152 (1952/53); S. 97 – 111.

Mandry, Johann Gustav v.: Zur Lehre vom Gegenstande der Condictionen; in: AcP; Bd. 48 (1865); S. 220 – 245.

Mankowksi, Peter: Zum Bereicherungsausgleich bei der Zession einer nicht bestehenden Forderung; in: ZIP 1993; S. 1214 – 1224.

Marezoll, Theodor: Lehrbuch der Institutionen des römischen Rechtes; 4. Aufl.; Leipzig 1850 = Marezoll, Institutionen.

Martinek, Michael: Rezension von: Detlef Kleindiek, Deliktshaftung juristischer Personen – Zugleich zur Eigenhaftung von Unternehmensleitern, Tübingen 1997; in: AcP; Bd. 198 (1998); S. 612 – 622.

– Rezension von: Ulrich Loewenheim, Bereicherungsrecht, 2. Aufl., München 1997; in: NJW 1998; S. 967.

– Noch einmal: Die Rückkehr der Praxis zur Regelanwendung und der Beruf der Theorie im Recht der Leistungskondiktion; Die veranlaßte Drittleistung oder „Haare in der Suppe"; in: NJW 1992; S. 3141 – 3143.

– Der Bereicherungsausgleich bei veranlaßter Drittleistung auf fremde nichtbestehende Schuld; – Besprechung des BGH-Urteils vom 28.11.1990 – XII ZR 130/89 –; in: JZ 1991; S. 395 – 400.

– Der Weg des Common Law zur allgemeinen Bereicherungsklage; Ein später Sieg des Pomponius?; in: RabelsZ; Bd. 47 (1983); S. 284 – 335.

Marx, Astrid: Abschöpfung der Bereicherung aus Eingriff in fremde Rechtsgüter im französischen und deutschen Recht; Frankfurt a. M. / Berlin u. a. 1999 = Marx, Abschöpfung der Eingriffsbereicherung.

Matthiaß, Bernhard: Lehrbuch des Bürgerlichen Rechtes mit Berücksichtigung des gesamten Reichsrechtes; 5. Aufl.; Berlin 1910 = Matthiaß, Bürgerliches Recht.

Mayer-Maly, Theo: Die Wiederkehr von Rechtsfiguren; in: JZ 1971; S. 1 – 3.

– Rechtsirrtum und Bereicherung; in: Kuchinke, Kurt (Hrsg.); Rechtsbewahrung und Rechtsentwicklung; Festschrift für Heinrich Lange zum 70. Geburtstag; 25. März 1970; München 1970; S. 293 – 304.

Mayr, Robert v.: Der Bereicherungsanspruch des deutschen bürgerlichen Rechtes; Leipzig 1903 = v. Mayr, Bereicherungsanspruch.

– Die Condictio des römischen Privatrechts; Leipzig 1900 = v. Mayr, Condictio.

Meder, Stephan: Die bargeldlose Zahlung; Ein rechtshistorischer Beitrag zur dogmatischen Einordnung des Kreditkartenverfahrens; Frankfurt a. M. 1996 = Meder, Bargeldlose Zahlung.

Medicus, Dieter: Bürgerliches Recht; Eine nach Anspruchsgrundlagen geordnete Darstellung zur Examensvorbereitung; 18. Aufl.; Köln / Berlin u. a. 1999 = Medicus, Bürgerliches Recht.

– Schuldrecht II; Besonderer Teil; 9 Aufl.; München 1999 = Medicus, Schuldrecht, Bd. 2.

– Gesetzliche Schuldverhältnisse; Delikts- und Schadensrecht, Bereicherung, Geschäftsführung ohne Auftrag; 3. Aufl.; München 1996 = Medicus, Gesetzliche Schuldverhältnisse.

Meier, Sonja: Nach 196 Jahren: Bereicherungsanspruch wegen Rechtsirrtums in England; in: JZ 1999; S. 555 – 564.

– Irrtum und Zweckverfehlung; Die Rolle der unjust-Gründe bei rechtsgrundlosen Leistungen im englischen Recht; Tübingen 1999 = Meier, Irrtum und Zweckverfehlung.

– Bereicherungsrechtliche Abwicklung nichtiger Verträge in England: Die Swap-Rechtsprechung; in: ZEuP; Bd. 6 (1998); S. 716 – 740.

– Bereicherungsanspruch, Dreipersonenverhältnis und Wegfall der Bereicherung im englischen Recht; in: ZEuP; Bd. 1 (1993); S. 365 – 379.

Meischeider, Emil: Die alten Streitfragen gegenüber dem Entwurfe eines Bürgerlichen Gesetzbuches für das Deutsche Reich; in: Becker, Ernst Immanuel / Fischer, Otto (Hrsg.); Beiträge zur Erläuterung und Beurteilung des Entwurfes eines Bürgerlichen Gesetzbuches für das Deutsche Reich; Drittes Heft; Berlin / Leipzig 1889 = Meischeider, in: Becker/Fischer, Erläuterung des Entwurfs eines BGB.

Mellinghoff, Gerd: Das Verhältnis des § 812 BGB zu den §§ 816 und 817 BGB; Inauguraldiss. Tübingen 1931 = Mellinghoff, Verhältnis des § 812 zu §§ 816 f. BGB.

Menegoni, Francesa: Elemente zu einer Handlungstheorie in der „Moralität" (§§ 104–128); in: Siep, Ludwig (Hrsg.); G. W. F. Hegel; Grundlinien der Philosophie des Rechts; Berlin 1997; S. 125 – 146 = Menegoni, in: Siep, Philosophie des Rechts.

Menold-Weber, Beate: Verträge Minderjähriger und ihre Rückabwicklung im englischen Recht; Ein Vergleich zur Rechtslage in der Bundesrepublik Deutschland; München 1992 = Menold-Weber, Verträge Minderjähriger.

Mestmäcker, Ernst-Joachim: Eingriffserwerb und Rechtsverletzung in der ungerechtfertigten Bereicherung; in: JZ 1958; S. 521 – 526.

Meyer, Udo: Der Bereicherungsausgleich in Dreiecksverhältnissen unter besonderer Berücksichtigung der Anweisungsfälle; Berlin 1979 = Udo Meyer, Bereicherungsausgleich in Dreiecksverhältnissen.

Meyer-Cording, Ulrich: Der Bereicherungsausgleich bei Gutschriften trotz Fehlens eines Überweisungsauftrages; in: NJW 1987; S. 940 f.

– Korrekturen von Fehlern im bargeldlosen Zahlungsverkehr durch Bereicherungsansprüche; in: Hofmann, Paul / ders. / Wiedemann, Herbert (Hrsg.); Festschrift für Klemens Pleyer zum 65. Geburtstag; Köln / Berlin u. a. 1986; S. 89 – 97.

Michael, Lothar: Der allgemeine Gleichheitssatz als Methodennorm komparativer Systeme; Methodenrechtliche Analyse und Fortentwicklung der Theorie der „beweglichen Systeme“ (Wilburg); Berlin 1997 = Michael, Allgemeiner Gleichheitssatz.

Micklitz, Hans-W.: Perspektiven eines Europäischen Privatrechts; Ius commune praeter legem?; in: ZEuP; Bd. 6 (1998); S. 253 – 276.

Misera, Karlheinz: Der Bereicherungsgedanke bei der Schenkung unter Ehegatten; Köln / Wien 1974 = Misera, Schenkung unter Ehegatten.

Mitteis, Ludwig: Zur Lehre von der sog. condictio generalis; in: JherJb; Bd. 39 (1898); S. 153 – 173.

Mittermaier, Carl Joseph Anton: Die neuesten Gesetzgebungsarbeiten auf dem Gebiete der Civilgesetzgebung mit besonderer Beziehung auf die neueren Civilgesetzbücher oder Entwürfe für das Königreich Sachsen, für das Großherzogthum Hessen, für das Herzogthum Modena und die Schweizer Gesetzbücher oder Entwürfe für Zürich, Solothurn, Freiburg, Thurgau, Wallis, Aargau, mit Entwicklung der Rücksichten, welche die Prüfung dieser neuen Arbeiten leiten müssen; in: AcP; Bd. 36 (1853); S. 94 – 119.

Möllers, Thomas M. J.: Die Rolle des Rechts im Rahmen der europäischen Integration; Tübingen 1999 = Möllers, Rolle des Rechts.

Möschel, Bernhard: Fehlerhafte Banküberweisung und Bereicherungsausgleich; in: JuS 1972; S. 297 – 305.

Mohnhaupt, Heinz: Länderbericht Deutschland; in: Ranieri, Filippo (Hrsg.); Gedruckte Quellen der Rechtsprechung in Europa (1800–1945); Erster Halbband; Frankfurt a. M. 1992; S. 95 – 325 = Mohnhaupt, in: Ranieri, Gedruckte Quellen der Rspr., Bd. 1.

– (Hrsg.): Rechtsgeschichte in den beiden deutschen Staaten (1988–1990); Beispiele, Parallelen, Positionen; Frankfurt a. M. 1991 = Mohnhaupt, Rechtsgeschichte.

Molitor, Erich: Schuldrecht; II. Besonderer Teil; 7. Aufl.; München / Berlin 1965 = Molitor, Schuldrecht, Bd. 2.

Mosiek-Urbahn, Marlies: Rechtsvereinheitlichung durch europäisches Privatrecht – eine Herausforderung für die Mitgliedstaaten der Europäischen Union; in: ZRP 2000; S. 297 – 301.

Mühl, Otto: Wandlungen im Bereicherungsrecht und die Rechtsprechung des Bundesgerichtshofs; in: Harder, Manfred / Thielmann, Georg (Hrsg.); De iustitia et iure; Festgabe für Ulrich von Lübtow zum 80. Geburtstag; Berlin 1980; S. 547 – 564.

Mühlenbruch, Christian Friedrich: Lehrbuch des Pandekten-Rechts nach der Doctrina Pandectarum; Zweiter Theil; 3. Aufl.; Halle 1840 = Mühlenbruch, Pandektenrecht, Bd. 2.

Mühlenbruch, Christian Friedrich / *Madai*, Otto Carl v.: Lehrbuch des Pandekten-Rechts nach der Doctrina Pandectarum deutsch bearbeitet; Zweiter Theil; 4. Aufl.; Halle 1844 = Mühlenbruch/v. Madai, Pandektenrecht, Bd. 2.

Müller: Wann wird der Schuldner durch Zahlung an den Gläubiger seines Gläubigers liberirt?; in: AcP; Bd. 15 (1832); S. 263 – 277.

Müller, Friedrich: Juristische Methodik; Ralph Christensen (Hrsg.); 7. Aufl.; Berlin 1997 = Friedrich Müller, Juristische Methodik.

Müller, Gustav / *Meikel*, Georg: Das bürgerliche Recht des Deutschen Reichs; I. Band; 2. Aufl.; München 1904 = Müller/Meikel, Bürgerliches Recht, Bd. 1.

Müller, Johann Thaddäus: Systema Pandectarum ad fora Germaniae; applicatum et in usum auditorum ad praelectiones adornatum; Pars II; Manhemii MDCCLXXXVI = Johann Thaddäus Müller, Systema pandectarum, Pars II.

Müller, Otto: Lehrbuch der Institutionen; Leipzig 1858 = Otto Müller, Institutionen.

Müller-Graff, Peter-Christian (Hrsg.): Gemeinsames Privatrecht in der Europäischen Gemeinschaft; 2. Aufl.; Baden-Baden 1999 = Müller-Graff, Gemeinsames Privatrecht.

Münchener Kommentar zum Bürgerlichen Gesetzbuch: Rebmann, Kurt / Säcker, Franz Jürgen / Rixecker, Roland (Hrsg.) = Bearbeiter, in: Münchener Kommentar;

- Band 4; Schuldrecht – Besonderer Teil II (§§ 607–704); Seiler, Hans-Hermann (Bearbeiter §§ 657–687); 3. Aufl.; München 1997;
- Band 5; Schuldrecht – Besonderer Teil III (§§ 705–853); Partnerschaftsgesellschaftsgesetz – Produkthaftungsgesetz; Lieb, Manfred (Bearbeiter §§ 812–822); 3. Aufl.; München 1997;
- Band 6; Sachenrecht (§§ 854–1296); Wohnungseigentumsgesetz – Erbbaurechtsverordnung; Sachenrechtsbereinigungsgesetz; Schuldrechtsänderungsgesetz; Quack, Friedrich (Bearbeiter §§ 929–984); 3. Aufl.; München 1997.

Nebenzahl, Ernst: Das Erfordernis der unmittelbaren Vermögensverschiebung in der Lehre von der ungerechtfertigten Bereicherung; Berlin 1930 = Nebenzahl, Unmittelbare Vermögensverschiebung.

Nelken, Lothar: Die Unmittelbarkeit der Bereicherungsansprüche; Inauguraldiss. Breslau 1934 = Nelken, Unmittelbarkeit der Bereicherungsansprüche.

Neumann, Hugo / *Friedrichs*, E. / *Heinrici*, C. / *Olshausen*, Th. (Hrsg.): Die Rechtsprechung des Reichsgerichts in Zivilsachen; Bürgerliches Gesetzbuch; Zweite Folge; Erster Band (§§ 1–852); Berlin 1912 = Hugo Neumann.

Neumann, Ulfrid / *Rahlf*, Joachim / *Savigny*, Eike v.: Juristische Dogmatik und Wissenschaftstheorie; München 1976 = Neumann/Rahlf/v. Savigny, Dogmatik und Wissenschaftstheorie.

Nicolai, Andrea: Anmerkung zu BGH – JZ 1993, S. 1116 ff. (Urteil v. 10.3.1993 – XII ZR 253/91); in: JZ 1993; S. 1118 – 1120.

Niederländer, Hubert: Die Bereicherungshaftung im klassischen römischen Recht; Der Ursprung der Haftungsbefreiung durch Wegfall der Bereicherung; Weimar 1953 = Niederländer, Bereicherungshaftung im römischen Recht.

Nietlispach, Markus: Zur Gewinnherausgabe im schweizerischen Privatrecht; Zugleich ein Beitrag zur Lehre von der ungerechtfertigten Bereicherung; Bern 1994 = Nietlispach, Gewinnherausgabe.

Nipperdey, Hans Carl: Zur Neugestaltung des Rechts der ungerechtfertigten Bereicherung; in: JbAkDR; Bd. 4 (1937); S. 19 – 31.

Nörr, Dieter: Savignys philosophische Lehrjahre; Ein Versuch; Frankfurt a. M. 1994 = Nörr, Savignys philosophische Lehrjahre.

Nötzoldt, Fritz / *Drygalski*, Irma v.: Heidelberg in Anekdoten; Karlsruhe 1979 = Nötzoldt/v. Drygalski, Heidelberg in Anekdoten.

Oertmann, Paul: Rezension von: Walter Wilburg, Die Lehre von der ungerechtfertigten Bereicherung nach österreichischem und deutschem Recht, Graz 1934; in: JW; Bd. 64 (1935); S. 685 f.

– Bürgerliches Gesetzbuch; Zweites Buch; Recht der Schuldverhältnisse; Zweite Abteilung; §§ 433 bis 853; 5. Aufl.; Berlin 1929 = Oertmann^{5}.

– Bürgerliches Gesetzbuch; Zweites Buch; Recht der Schuldverhältnisse; 3./4. Aufl.; Berlin 1910 = Oertmann$^{3/4}$.

– Die Frage der Bereicherungshaftung des Vollstreckungsgläubigers bei Pfändung fremder Sachen; in: AcP; Bd. 96 (1905); S. 1 – 59.

– Zur Zahlung fremder Schulden; in: AcP; Bd. 82 (1894); S. 367 – 515.

Ogorek, Regina: Die Erbschaft ausschlagen?; in: Caroni, Pio / Dilcher, Gerhard (Hrsg.); Norm und Tradition; Welche Geschichtlichkeit für die Rechtsgeschichte?; Frau norma e tradizione; Quale storicità per la storia giuridica?; Köln / Weimar u. a. 1998; S. 183 – 190 = Ogorek, in: Caroni/Dilcher, Norm und Tradition.

Ohly, Ansgar: Generalklausel und Richterrecht; in: AcP; Bd. 201 (2001); S. 1 – 47.

Orth, Siegfried: Die Bereicherung im Patentrecht; Marburg 1928 = Orth, Bereicherung im Patentrecht.

Ostendorf, Heribert: Die Be- und Entreicherung beim ungerechtfertigten Verbrauch und Gebrauch von Gegenständen und Leistungen; Inauguraldiss. Kiel 1972 = Ostendorf, Ungerechtfertigter Verbrauch.

Otto, Carl Eduard / *Schilling*, Bruno / *Sintenis*, Carl Friedrich Ferdinand (Hrsg.): Das Corpus Juris Civilis in's Deutsche übersetzt von einem Vereine Rechtsgelehrter; Zweiter Band; Dritter Theil der Pandecten; Zwölftes und dreizehntes Buch; Schneider, Robert / Otto, Carl Eduard (Übersetzer); Leipzig 1831 = Schneider/Otto, in: Otto/Schilling/Sintenis, Corpus Juris Civilis, Bd. 2.

Otto Hermann: Ungerechtfertigte Bereicherung und unerlaubte Handlungen nach dem Bürgerlichen Gesetzbuch, Buch 2, Abschnitt 7, Titel 24 und 25, §§ 812 bis 853; in: SächsArch; Bd. 9 (1899); S. 1 – 26.

– Die Verschiedenheit des neuen Deutschen vom geltenden Sächsischen Bürgerlichen Rechte; I. Allgemeiner Teil und Forderungsrecht; Dresden 1898 = Hermann Otto, Verschiedenheit des BGB zum Sä-BGB, Bd. 1.

Pagenstecher, Ernst: Pandekten-Praktikum zu Puchta's Pandekten und Girtanner's Rechtsfällen, mit Hinweisen auf die Lehrbücher von Arndts und v. Vangerow; Für Studirende und Praktiker dargestellt; Heidelberg 1860 = Pagenstecher, Pandektenpraktikum.

– Die römische Lehre vom Eigenthum in ihrer modernen Anwendbarkeit;

  – Band 2; Erwerb und Verlust des Eigenthums; Heidelberg 1858 = Pagenstecher, Lehre vom Eigentum, Bd. 2;

  – Band 3; Rechtsschutz des Eigenthums; Heidelberg 1859 = Pagenstecher, Lehre vom Eigentum, Bd. 3.

Palandt, Otto (ehem. Hrsg.): Bürgerliches Gesetzbuch mit Einführungsgesetz (Auszug), Gesetz zur Regelung des Rechts der Allgemeinen Geschäftsbedingungen, Verbraucherkreditgesetz; Gesetz über den Widerruf von Haustürgeschäften und ähnlichen Geschäften, Gesetz über die Veräußerung von Teilnutzungsrechten an Wohngebäuden (Teilzeit-Wohnrechtegesetz – TzWrG), Gesetz zur Regelung der Miethöhe (Art. 3 des 2. WkSchG), Produkthaftungsgesetz, Erbbaurechtsverordnung, Wohnungseigentumsgesetz, Hausratsverordnung; Thomas, Heinz (Bearbeiter §§ 812–822); 59. Aufl.; München 2000 = Heinz Thomas, in: Palandt[59].

– (ehem. Hrsg.): Bürgerliches Gesetzbuch mit dem Gleichberechtigungsgesetz, Einführungsgesetz, Verschollenheitsgesetz, Abzahlungsgesetz, Wohnungseigentumsgesetz, Ehegesetz, Jugendwohlfahrtsgesetz, Außenwirtschaftsgesetz, Truppenschäden-Regelung; Gramm, Hans (Bearbeiter §§ 812–822); 27. Aufl.; München 1968 = Gramm, in: Palandt[27].

– (Hrsg.): Bürgerliches Gesetzbuch mit dem Einführungsgesetz, Verschollenheitsgesetz, Ehegesetz, Testamentsgesetz und allen anderen einschlägigen Gesetzen; Pinzger, Eberhard (Bearbeiter §§ 779–853); 3. Aufl.; München / Berlin 1940 = Pinzger, in: Palandt[3].

Pawlowski, Hans-Martin: Methodenlehre für Juristen; Theorie der Norm und des Gesetzes; 3. Aufl.; Heidelberg 1999 = Pawlowski, Methodenlehre.

Penski, Ulrich: Rechtsgrundsätze und Rechtsregeln; – Ihre Unterscheidung und das Problem der Positivität des Rechts –; in: JZ 1989; S. 105 – 114.

Pernice, Alfred: Pandekten; statt handschriftlicher Mitteilung; Halle 1887–93 = Alfred Pernice, Pandekten.

Pernice, Ingolf: Billigkeit und Härteklauseln im öffentlichen Recht; Grundlagen und Konturen einer Billigkeitskompetenz der Verwaltung; Baden-Baden 1991 = Ingolf Pernice, Billigkeit.

Peters, Frank: Rezension von: Berthold Kupisch, Gesetzespositivismus im Bereicherungsrecht – Zur Leistungskondiktion im Drei-Personen-Verhältnis; Berlin 1978; in: AcP; Bd. 179 (1979); S. 289 – 293.

Pfeiffer, Thomas: Die Entwicklung des Internationalen Vertrags-, Schuld- und Sachenrechts 1997–1999; in: NJW 1999; S. 3674 – 3687.

Pfennig, Christian-Matthias: Die Kritik Otto von Gierkes am Ersten Entwurf eines Bürgerlichen Gesetzbuches; Göttingen 1997 = Pfennig, Kritik v. Gierkes.

Pfersche, Emil: Die Bereicherungs-Klagen; Privatrechtliche Untersuchung; Wien um 1883 = Pfersche, Bereicherungsklagen.

Pfordten, Theodor von der: Zur Lehre von der ungerechtfertigten Bereicherung; in: LZ; Bd. 13 (1919); Sp. 221 – 227.

Philler, O.: Vorlesungen über das Bürgerliche Gesetzbuch; Leipzig 1899 = Philler, Vorlesungen.

Picker, Eduard: Von weißen Flecken der Rechtsgeschichte oder: Hic ululant hyaenae; in: RJ; Bd. 5 (1986); S. 367 – 372.

– Gutgläubiger Erwerb und Bereicherungsausgleich bei Leistungen im Dreipersonenverhältnis; in: NJW 1974; S. 1790 – 1797.

Pickert, Albrecht: Beiträge zur Lehre von der condictio indebiti nach römischem und preussischem Recht; Inauguraldiss. Göttingen 1891 = Pickert, Condictio indebiti.

Pika, Wolfram: Ex causa furtiva condicere im klassischen römischen Recht; Berlin 1988 = Pika, Ex causa furtiva condicere.

Pinger, Winfried: Was leistet der Leistungsbegriff im Bereicherungsrecht?; in: AcP; Bd. 179 (1979); S. 301 – 336.

Planck, Gottlieb: Strohal, E. (Hrsg.); Planck's Kommentar zum Bürgerlichen Gesetzbuch nebst Einführungsgesetz; II. Band; 2. Hälfte; Recht der Schuldverhältnisse (Besonderer Teil); Landois, M. (Bearbeiter §§ 812–822); 4. Aufl.; Berlin / Leipzig 1928 = Landois, in: Planck^4.

– (Hrsg.): Bürgerliches Gesetzbuch nebst Einführungsgesetz; Zweiter Band; Recht der Schuldverhältnisse; André, F. (Bearbeiter §§ 812–822); 1./2. Aufl.; Berlin 1900 = André, in: Planck$^{1/2}$.

Plaßmeier, Heiko: Ungerechtfertigte Bereicherung im Internationalen Privatrecht und aus rechtsvergleichender Sicht; Berlin 1996 = Plaßmeier, Ungerechtfertigte Bereicherung.

Plessen, Richard: Die Grundlagen der modernen condictio; in: Rostocker Rechtswissenschaftliche Studien; Matthiaß, Bernhard / Geffcken, H. (Hrsg.); II. Band, 5. Heft; Leipzig 1904 = Plessen, Moderne condictio.

Pöschmann, Karl Magnus: Die Gegner des revidirten Entwurfs eines bürgerlichen Gesetzbuchs für das Königreich Sachsen; Ein Wort für den Entwurf und insbesondere gegen Dr. J. Ungers's kritische Besprechung desselben; Leipzig 1861 = Pöschmann, Gegner des Entwurfs.

Polenz, Peter v.: Deutsche Satzsemantik; Grundbegriffe des Zwischen-den-Zeilen-Lesens; 2. Aufl.; Berlin / New York 1988 = v. Polenz, Satzsemantik.

Popper, Karl R.: Die offene Gesellschaft und ihre Feinde; Band II; Falsche Propheten; Hegel, Marx und ihre Folgen; 7. Aufl.; Tübingen 1992 = Popper, Offene Gesellschaft und ihre Feinde, Bd. 2.

– Das Elend des Historizismus; 6. Aufl.; Tübingen 1987 = Popper, Elend des Historizismus.

Prager, Georg: Lehrbuch des gesammten Privatrechts in geschichtlicher, dogmatischer und wirtschaftlicher Beziehung mit Rücksicht auf die einschlägigen Materien des öffentlichen Rechts; Bd. II; Obligationen-Recht mit einem Anhang über Wechsel-, Gewerbe,- Handels- und See-, Urheber-Recht; Berlin / Leipzig 1889 = Prager, Privatrecht, Bd. 2.

Pringsheim, Fritz: Ersatz der früheren Klage aus nützlicher Verwendung durch die heutige Rechtsprechung; in: Schreiber, Otto (Hrsg.); Die Reichsgerichtspraxis im deutschen Rechtsleben; Festgabe der juristischen Fakultäten zum 50jährigen Bestehen des Reichsgerichts (1. Oktober 1929); Dritter Band; Zivil- und Handelsrecht (Fortsetzung); Berlin / Leipzig 1929; S. 114 – 118.

Puchta, Georg Friedrich: Vorlesungen über das heutige römische Recht; Rudorff, Adolph August Friedrich (Hrsg.); Zweiter Band; Leipzig 1848 = Puchta, Vorlesungen, Bd. 2.

– Cursus der Institutionen; Rudorff, Adolph August Friedrich (Hrsg.); Dritter Band; Leipzig 1847 = Puchta, Institutionen, Bd. 3.

– Pandekten; 3. Aufl.; Leipzig 1845 = Puchta^3, Pandekten.

– Lehrbuch der Pandekten; Leipzig 1838 = Puchta, Pandekten.

– System des gemeinen Civilrechts zum Gebrauch bey Pandektenvorlesungen; München 1832 = Puchta, Gemeines Zivilrecht.

– Lehrbuch für Institutionen-Vorlesungen; 1829 = Puchta, Institutionenvorlesungen.

Puchta, Georg Friedrich / *Krüger*, Paul: Cursus der Institutionen; Zweiter Band; System und Geschichte des römischen Privatrechts; 8. Aufl.; Leipzig 1875 = Puchta/Krüger, Institutionen, Bd. 2.

Puchta, Georg Friedrich / *Rudorff*, Adolph August Friedrich: Pandekten; 11. Aufl.; Leipzig 1871 = Puchta/Rudorff, Pandekten.

Pütter, Johann Stephan / *Achenwall*, Gottfried: Elementa Iuris Naturae (Originaltitel); Anfangsgründe des Naturrechts (Titel der Übersetzung); Schröder, Jan (Übersetzer); Frankfurt a. M. 1995 = Pütter/Achenwall, Elementa iuris naturae.

Pütter, Karl Theodor: Die Lehre vom Eigenthum nach deutschen Rechten; Berlin 1831 = Karl Theodor Pütter, Lehre vom Eigentum.

Pufendorf, Samuel: De officio hominis et juxta legem naturalem; Libri duo (Originaltitel); Über die Pflicht des Menschen und des Bürgers nach dem Gesetz der Natur (Titel der Übersetzung); Luig, Klaus (Übersetzer); Frankfurt a. M 1994 = Pufendorf, De officio hominis.

Putzo, Eugen-Ludwig: Erfüllung mit Buchgeld und die Haftung der Beteiligten wegen ungerechtfertigter Bereicherung; Die Rückabwicklung irrtümlicher oder sonst fehlerhafter Bankgutschriften; Berlin / New York 1977 = Putzo, Erfüllung mit Buchgeld.

Quaritsch: Institutionen und Rechtsgeschichte; Compendium des Römischen Privatrechts und Civilprocesses; 6. Aufl.; Berlin 1888 = Quaritsch, Institutionen.

Radbruch, Gustav: Rechtsphilosophie; Studienausgabe der 3. Aufl. 1932; Dreier, Ralf / Paulson, Stanley L. (Hrsg.); Heidelberg 1999 = Radbruch, Rechtsphilosophie.

Rahmatian, Andreas: Der Bereicherungsausgleich in Zessionslagen; Frankfurt a. M. 1996 = Rahmatian, Bereicherungsausgleich in Zessionslagen.

Raisch, Peter: Juristische Methoden; Vom antiken Rom bis zur Gegenwart; Heidelberg 1995 = Raisch, Juristische Methoden.

Ranieri, Filippo: Europäisches Obligationenrecht; Wien / New York 1999 = Ranieri, Europäisches Obligationenrecht.

– (Hrsg.): Gedruckte Quellen der Rechtsprechung in Europa (1800–1945); Erster Halbband; Frankfurt a. M. 1992 = Ranieri, Gedruckte Quellen der Rechtsprechung, Bd. 1.

– Eine Dogmengeschichte des europäischen Zivilrechts?; Einige Thesen zum Beitrag der Rechtsgeschichte zu einer europäischen Zivilrechtswissenschaft; in: Schulze, Reiner (Hrsg.); Europäische Rechts- und Verfassungsgeschichte; Ergebnisse und Perspektiven der Forschung; Berlin 1991; S. 89 – 102 = Ranieri, in: Schulze, Europäische Geschichte.

– Die Lehre der abstrakten Übereignung in der deutschen Zivilrechtswissenschaft des 19. Jahrhunderts; in: Coing, Helmut / Wilhelm, Walter (Hrsg.); Wissenschaft und Kodifikation des Privatrechts im 19. Jahrhunderts; Band 2; Die rechtliche Verselbständigung der Austauschverhältnisse vor dem Hintergrund der wirtschaftlichen Entwicklung und Doktrin; Frankfurt a. M. 1977; S. 90 – 111 = Ranieri, in: Coing/ Wilhelm, Wissenschaft und Kodifikation, Bd. 2.

Ratjen, Gustaf: Der Mangel des rechtlichen Grundes; Begriffsbestimmung nach den Vorschriften des Bürgerlichen Gesetzbuchs über ungerechtfertigte Bereicherung; Inauguraldiss. Heidelberg 1907 = Ratjen, Mangel des rechtlichen Grundes.

Redant, Stephan: Bereicherungsansprüche und Schadensersatz bei Ausbeutung des guten Rufes; Starnberg 2000 = Redant, Ausbeutung des guten Rufes.

Reeb, Hartmut: Grundfälle zum Bereicherungsrecht; in: JuS 1973; S. 494 – 498; 227 – 231; JuS 1972; S. 706 – 709; 581 – 586; 390 – 394.

Rehbein, D.: Anmerkung zu: BGH – JR 1987, S. 508 ff. (Urteil v. 25.9.1986 – VII ZR 349/85); in: JR 1987; S. 510 f.

– Anmerkung zu: BGH – JR 1984, S. 242 ff. (Urteil v. 16.6.1983 – VII ZR 370/82); in: JR 1984; S. 245 – 247.

Reichsgerichtsrätekommentar: Das Bürgerliche Gesetzbuch mit besonderer Berücksichtigung der Rechtsprechung des Reichsgerichts und des Bundesgerichtshofes; Kommentar; Mitglieder des Bundesgerichtshofes (Hrsg.); 12. Aufl.; Band II, 5. Teil; §§ 812–831 (Anhang nach § 823: I. Verletzung des Persönlichkeitsrechts; II. Arzthaftungsrecht); Heimann-Trosien, Georg (Bearbeiter §§ 812–822) = Heimann-Trosien, in: $RGRK^{12}$.

– Das Bürgerliche Gesetzbuch mit besonderer Berücksichtigung der Rechtsprechung des Reichsgerichts und des Bundesgerichtshofes; Kommentar; Reichsgerichtsräte und Bundesrichter (Hrsg.); II. Band, 2. Teil; Einzelne Schuldverhältnisse, §§ 705–853; 11. Aufl.; Berlin 1960; Scheffler, Georg (Bearbeiter §§ 812–822) = Scheffler, in: $RGRK^{11}$.

– Das Bürgerliche Gesetzbuch mit besonderer Berücksichtigung der Rechtsprechung des Reichsgerichts; II. Band; Recht der Schuldverhältnisse II (einzelne Schuldverhältnisse); Lobe, Adolf (Bearbeiter §§ 812–822); 8. Aufl.; Berlin / Leipzig 1934 = Lobe, in: $RGRK^{8}$.

– Das Bürgerliche Gesetzbuch mit besonderer Berücksichtigung der Rechtsprechung des Reichsgerichts; I. Band; Allgemeiner Teil, Recht der Schuldverhältnisse; Hoffmann, Georg (Bearbeiter §§ 812–822); 2. Aufl.; Berlin 1913 = Hoffmann, in: $RGRK^{2}$.

Reifner, Udo: Juristenausbildung am Ende?; in: ZRP 1999; S. 43 – 46.

Reimann, Mathias: Rechtsvergleichung und Rechtsgeschichte im Dialog; in: ZEuP; Bd. 7 (1999); S. 496 – 512.

– Who is afraid of the Civil Law? Kontinentaleuropäisches Recht und Common Law im Spiegel der englischen Literatur seit 1500; in: ZNR; Bd. 21 (1999); S. 357 – 381.

– Rechtsgeschichte und geschichtliches Recht im Common Law; in: Caroni, Pio / Dilcher, Gerhard (Hrsg.); Norm und Tradition; Welche Geschichtlichkeit für die Rechtsgeschichte?; Frau norma e tradizione; Quale storicità per la storia giuridica?; Köln / Weimar u. a. 1998; S. 209 – 225 = Reimann, in: Caroni/Dilcher, Norm und Tradition.

Reimer, Jürgen: Die aufgedrängte Bereicherung; Paradigma der „negatorischen Abschöpfung" in Umkehrung zum Schadensersatz; Berlin 1990 = Reimer, Aufgedrängte Bereicherung.

Reinersdorff, Wolfgang v.: Die Bestimmung des Anspruchsberechtigten bei der Leistungskondiktion; in: MDR 1981; S. 800 – 803.

Reinhard: Zur Lehre von der condictio sine causa; in: AcP; Bd. 29 (1846); S. 233 – 252.

Reinicke, Dietrich / *Tiedtke*, Klaus: Kreditsicherung durch Schuldbeitritt, Bürgschaft, Patronatserklärung, Garantie, Sicherungsübereignung, Sicherungsabtretung, Eigentumsvorbehalt, Pool-Vereinbarungen, Pfandrecht an beweglichen Sachen und Rechten, Hypothek und Grundschuld; 4. Aufl.; Neuwied / Kriftel 2000 = Reinicke/Tiedtke, Kreditsicherung.

Reininghaus, Rudolf: Der Mangel des rechtliche Grundes bei den Bereicherungsansprüchen; Inauguraldiss. Rostock 1904 = Reininghaus, Rechtsgrundmangel.

Renaud, Achill: Zur Lehre von der Bereicherungsklage des Art. 83 der Deutschen Wechsel-Ordnung; in: AcP; Bd. 46 (1863); S. 359 – 381; Bd. 47 (1864); S. 1 – 25.

– Lehrbuch des gemeinen Deutschen so wie des in der Allgemeinen Deutschen Wechsel-Ordnung enthaltenen Wechselrechts; Gießen 1854 = Renaud, Wechselrecht.

– Zur Lehre von der Rückforderung einer irrthümlich bezahlten Nichtschuld, nach römischem Rechte, mit Rücksicht auf die neueren Gesetzgebungen; in: AcP; Bd. 29 (1846); S. 147 – 181; 428 – 454.

Reuter, Dieter: Kurzkommentar zu OLG Köln; Beschluß v. 31.5.1996 – 2 U 18/96; in: EWiR 1996; S. 837 f.

– Die Belastung des Bereicherungsgegenstandes mit Sicherungsrechten; Ein Beitrag zum Inhalt des Bereicherungsanspruchs; in: Lange, Hermann / Nörr, Knut Wolfgang / Westermann, Harm Peter (Hrsg.); Festschrift für Joachim Gernhuber zum 70. Geburtstag; Tübingen 1993; S. 369 – 386.

– Rezension von: Detlef König, Ungerechtfertigte Bereicherung, Tatbestände und Ordnungsprobleme in rechtsvergleichender Sicht; Heidelberg 1985; in: AcP; Bd. 187 (1987); S. 484 – 500.

Reuter, Dieter / *Martinek*, Michael: Ungerechtfertigte Bereicherung; Handbuch des Schuldrechts in Einzeldarstellungen; Joachim Gernhuber (Hrsg.); Band 4; Tübingen 1983 = Reuter/Martinek, Ungerechtfertigte Bereicherung.

Ruhstrat, E.: Bemerkungen über die actio de in rem verso; in: JherJb; Bd. 19 (1881); S. 416 – 458.

– Zur Lehre von der actio de in rem verso; in: JherJb; Bd. 15 (1877); S. 268 – 311.

Richter: Ist ein Rückforderungsanspruch der Post gegenüber dem Empfänger begründet, wenn der Absender einer Postanweisung den Postanweisungsauftrag rechtzeitig zurückgenommen, die Post aber versehentlich trotzdem den Betrag an den Adressaten ausgezahlt hat?; in: SeuffBl; Bd. 76 (1911); S. 355 f.

Riess, Ernst: Der Anspruch des Berechtigten aus Rechtshandlungen eines Unberechtigten; Inauguraldiss. Breslau 1902 = Riess, Anspruch des Berechtigten.

Röckrath, Luidger: Umverteilung durch Privatrecht?; in: ARSP; Bd. 83 (1997); S. 506 – 547.

Röhl, Klaus F.: Allgemeine Rechtslehre; Köln / Berlin u. a. 1994 = Röhl, Rechtslehre.

Rönne, Ludwig v.: Ergänzungen und Erläuterungen des Allgemeinen Landrechts für die Preußischen Staaten durch Gesetzgebung und Wissenschaft; Unter Benutzung der Justizministerial-Akten und der Gesetz-Revisions-Arbeiten; Zweiter Band; Ergänzungen des I. Theils Tit. 12 bis 23; 6. Aufl.; Berlin 1875 = v. Rönne.

Röver, Jan-Hendrik: Vergleichende Prinzipien dinglicher Sicherheiten; Eine Studie zur Methode der Rechtsvergleichung; München 1999 = Röver, Vergleichende Prinzipien.

Rohr, Bernhard Julius v.: Introductio in Iurisprudentiam privatam Romano – Germanicam, in qua Iura Romana a Germanis recepta ductu sanae rationis methodo naturali nova [...] Lipsiae MDCCXIIX = v. Rohr, Introductio.

Rosenlöcher, Sybille: Die Entwicklung des Eigentümer-Besitzer-Verhältnisses; Frankfurt a. M. 1991 = Rosenlöcher, Entwicklungen des Eigentümer-Besitzer-Verhältnisses.

Rosenthal, Ernst: Die Möglichkeit einer Bereicherung durch inaedificatio; Inauguraldiss. Breslau 1910 = Ernst Rosenthal, Bereicherung durch inaedificatio.

Rosenthal, Heinrich (Hrsg.): Bürgerliches Gesetzbuch nebst Einführungsgesetz: gemeinverständlich erläutert unter besonderer Berücksichtigung der Rechtsverhältnisse des täglichen Lebens mit auszugsweisem Abdrucke der Ausführungsgesetze für Preußen, Bayern, Sachsen, Württemberg, Baden; 9. Aufl.; Graudenz 1919 = Heinrich Rosenthal.

Rosenthal, Heinrich / *Kamnitzer*, Bernhard / *Bohnenberg*, Heinrich: Bürgerliches Gesetzbuch; Erläutert unter besonderer Berücksichtigung der Rechtsverhältnisse des täglichen Lebens; Köln / Berlin u. a. 1965 = Rosenthal/Kamnitzer/Bohnenberg.

Roßhirt, Konrad Eugen Franz: Gemeines deutsches Civilrecht; Zweiter Theil; Vermögensrecht unter Lebenden; Heidelberg 1840 = Roßhirt, Gemeines Zivilrecht, Bd. 2.

– Beiträge zum Römischen Rechte und zum Römisch-deutschen Criminalrechte; II. Heft (Das System des Römischen Rechts enthaltend.); Grundlinien des Römischen Rechts; Heidelberg 1824 = Roßhirt, Römisches Recht.

Rothoeft, Dietrich: System der Irrtumslehren als Methodenfrage der Rechtsvergleichung dargestellt am deutschen und englischen Vertragsrecht; Tübingen 1968 = Rothoeft, Irrtumslehren als Methodenfrage.

– Vermögensverlust und Bereicherungsausgleich; in: AcP; Bd. 163 (1964); S. 215 – 276.

Rott, Emil: Ueber den Entwurf eines schweiz. Obligationenrechtes; in: ZBernJV; Bd. 12 (1877); S. 361 – 380.

Rudorff, Adolph August Friedrich: Grundriss zu Vorlesungen über das gemeine Civilrecht mit einer Sammlung von Beweisstellen und Ausführung einzelner Lehren; 2. Aufl.; Berlin 1843 = Rudorff, Gemeines Zivilrecht.

Rückert, Joachim: „Norm und Tradition" – Ein Schlußbericht und einige Fragen; in: Caroni, Pio / Dilcher, Gerhard (Hrsg.); Norm und Tradition; Welche Geschichtlichkeit für die Rechtsgeschichte?; Frau norma e tradizione; Quale storicità per la storia giuridica?; Köln / Weimar u. a. 1998; S. 21 – 32 = Rückert, in: Caroni/Dilcher, Norm und Tradition.

– Juristische Zeitgeschichte; in: Stolleis, Michael (Hrsg.); Juristische Zeitgeschichte – Ein neues Fach?; Baden-Baden 1993; S. 23 – 33 = Rückert, in: Stolleis, Juristische Zeitgeschichte.

– Savignys Einfluß auf die Jurisprudenz in Deutschland nach 1900; in: JuS 1991; S. 624 – 629.

– Savignys Einfluß auf die Jurisprudenz in Deutschland nach 1900; in: Mohnhaupt, Heinz (Hrsg.); Rechtsgeschichte in den beiden deutschen Staaten (1988–1990); Beispiele, Parallelen, Positionen; Frankfurt a. M. 1991; S. 34 – 71 = Rückert, in: Mohnhaupt, Rechtsgeschichte.

– Dogmengeschichtliches und Dogmengeschichte im Umkreis Savignys, bes. in seiner Kondiktionslehre; in: ZRG Rom. Abt.; Bd. 104 (1987); S. 666 – 678.

– Idealismus, Jurisprudenz und Politik bei Friedrich Carl von Savigny; Ebelsbach 1984 = Rückert, Idealismus, Jurisprudenz und Politik.

Rümelin, Max: Die Billigkeit im Recht; Rede gehalten bei der akademischen Preisverteilung am 7. November 1921; Tübingen 1921 = Rümelin, Billigkeit.

Rümker, Dietrich: Das Tatbestandsmerkmal „ohne rechtlichen Grund“ im Bereich der Eingriffskondiktion; Hamburg 1972 = Rümker, Tatbestandsmerkmal „ohne Rechtsgrund“.

Salkowski, Carl: Lehrbuch der Institutionen und der Geschichte des Römischen Privatrechts für den akademischen Gebrauch; 4. Aufl.; Leipzig 1883 = Salkowski, Institutionen.

Salpius, Botho Ludwig Wilhelm v.: Novation und Delegation nach römischem Recht; Berlin 1864 = v. Salpius, Novation und Delegation.

Samuel, Geoffrey: System und Systemdenken – Zu den Unterschieden zwischen kontinentaleuropäischem Recht und Common Law; in: ZEuP; Bd. 3 (1995); S. 375 – 397.

Sauer, Wilhelm: Die Gerechtigkeit. Wesen und Bedeutung im Leben der Menschen und Völker; Berlin 1959 = Sauer, Gerechtigkeit.

Savigny, Eike v.: Die Rolle der Dogmatik – wissenschaftstheoretisch gesehen; in: Neumann, Ulfrid / Rahlf, Joachim / ders.; Juristische Dogmatik und Wissenschaftstheorie; München 1976; S. 100 – 109 = Eike v. Savigny, in: Neumann/Rahlf/ders., Dogmatik und Wissenschaftstheorie.

Savigny, Friedrich Carl v.: Politik und Neuere Legislationen; Materialien zum „Geist der Gesetzgebung“; Akamatsu, Hidetake / Rückert, Joachim (Hrsg.); Rückert, Joachim (Reihenhrsg.); Frankfurt a. M. 2000 = F. C. v. Savigny, Politik und Neuere Legislationen.

– Landrechtsvorlesung 1824; Drei Nachschriften; Wollschläger, Christian (Hrsg.); Rückert, Joachim (Reihenhrsg.); Zweiter Halbband; Obligationen. Familienrecht. Erbrecht; Frankfurt a. M. 1998;

  – Vorwort und Anhang von Wollschläger; zitiert nach Band und Paginierung der Edition = Wollschläger, in: F. C. v. Savigny, Landrechtsvorlesung 1824, Bd. 2;

  – Nachschrift Jaehnigen; zitiert nach originaler Handschrift; Zahlen nach „Landrechtsvorlesung“ für Paginierung und Band der Edition = F. C. v. Savigny, Landrechtsnschr. 1824 (Jaehnigen), in: ders., Landrechtsvorlesung 1824, Bd. 2;

  – Nachschrift Deiters; zitiert nach originaler Handschrift; Zahlen nach „Landrechtsvorlesung“ für Paginierung und Band der Edition = F. C. v. Savigny, Landrechtsnschr. 1824 (Deiters), in: ders., Landrechtsvorlesung 1824, Bd. 2;

  – Nachschrift v. Rönne, zitiert nach originaler Handschrift; Zahlen nach „Landrechtsvorlesung“ für Paginierung und Band der Edition = F. C. v. Savigny, Landrechtsnschr. 1824 (v. Rönne), in: ders., Landrechtsvorlesung 1824, Bd. 2.

– Pandektenvorlesung 1824/25; Hammen, Horst (Hrsg.); Rückert, Joachim (Reihenhrsg.); Frankfurt a. M. 1993; zitiert nach originaler Handschrift, Zahlen nach „Pandektenvorlesung“ für Editionspaginierung = F. C. v. Savigny, Pandektennschr. 1824/25 (Bonn anonym), in: ders., Pandektenvorlesung 1824/25.

– Vorlesungen über juristische Methodologie; 1802–1842; Mazzacane, Aldo (Hrsg.); Rückert, Joachim (Reihenhrsg.); Frankfurt a. M. 1993;
  – Manuskript Methodologie 1802/03; zitiert nach originaler Handschrift, Zahlen nach „Methodologie" für Editionspaginierung = F. C. v. Savigny, Manuskript Methodologie 1802/03, in: ders., Methodologie;
  – Manuskript Methodologie 1809; zitiert nach originaler Handschrift, Zahlen nach „Methodologie" für Editionspaginierung = F. C. v. Savigny, Manuskript Methodologie 1809, in: ders., Methodologie;
  – Manuskript Einleitung zu den Pandekten 1811; zitiert nach originaler Handschrift, Zahlen nach „Methodologie" für Editionspaginierung = F. C. v. Savigny, Manuskript Einleitung zu den Pandekten 1811, in: ders., Methodologie.
– Juristische Methodenlehre; Nach der Ausarbeitung des Jakob Grimm; Wesenberg, Gerhard (Hrsg.); Stuttgart 1951; zitiert nach Editionspaginierung = F. C. v. Savigny, Methodennschr. 1802/03 (Jakob Grimm).
– Das Recht des Besitzes; Rudorff, Adolph August Friedrich (Hrsg.); 7. Aufl.; Wien 1865 = F. C. v. Savigny, Recht des Besitzes.
– Das Obligationenrecht als Theil des heutigen Römischen Rechts;
  – Erster Band; Berlin 1851 = F. C. v. Savigny, Obligationenrecht, Bd. 1;
  – Zweiter Band; Berlin 1853 = F. C. v. Savigny, Obligationenrecht, Bd. 2.
– System des heutigen Römischen Rechts;
  – Erster Band; Berlin 1840 = F. C. v. Savigny, System, Bd. 1;
  – Dritter Band; Berlin 1840 = F. C. v. Savigny, System, Bd. 3;
  – Vierter Band; Berlin 1841 = F. C. v. Savigny, System, Bd. 4;
  – Fünfter Band; Berlin 1841= F. C. v. Savigny, System, Bd. 5.

Schacht, Franz: Der Bereicherungsanspruch bei gutgläubiger und leichtfahrlässiger Patentverletzung; Inauguraldiss. Breslau 1919 = Schacht, Bereicherungsanspruch bei Patentverletzung.

Schäfer, Frank Ludwig: Savigny und das Landrecht in Kollegnachschriften; in: ZRG Germ. Abt.; Bd. 118 (2001); S. 367 – 384.

Schäfer, Hans-Bernd / *Ott*, Claus: Lehrbuch der ökonomischen Analyse des Zivilrechts; 3. Aufl.; Heidelberg / New York 2000 = Schäfer/Ott, Ökonomische Analyse.

Schagen, T.: Unter welchen Voraussetzungen steht die condictio indebiti einem andern zu, als demjenigen, der die Zahlung aus seinem Vermögen geleistet hat?; Inauguraldiss. Erlangen 1897 = Schagen, Voraussetzungen der condictio indebiti.

Schaufelberger, Peter Karl: Bereicherung durch unerlaubte Handlung; Zürich 1981 = Schaufelberger, Bereicherung durch unerlaubte Handlung.

Schauhoff, Stephan: Die Bereicherungshaftung wegen der Nutzung rechtsgrundlos erlangten Geldes; Zur Auslegung des § 818 Abs. 1 und Abs. 2 BGB; Berlin 1992 = Schauhoff, Bereicherungshaftung wegen Nutzung.

Schaumburg, Johann Gottfried: Compendium iuris Digestorum [...] Editio tertia [...] Ienae MDCCLVII = Schaumburg, Compendium iuris digestorum.

Scheel, Johannes: Die Entwicklung des Rechtsgrundbegriffes bei den Leistungskondiktionen; Eine Arbeit zur Entstehungsgeschichte des BGB; Pfaffenweiler 1989 = Johannes Scheel, Entwicklung des Rechtsgrundbegriffes.

Scheel, Karl-Friedrich: Das Kausalproblem bei Tötung und Körperverletzung von Feuerbach bis v. Buri; Die Methode der Erörterung von Kausalitätsfragen bei den Tatbeständen der Tötung und Körperverletzung von Feuerbach bis v. Buri; Inauguraldiss. Kiel 1966 = Karl Friedrich Scheel, Kausalproblem.

Scheiff, Alfons: Praktisches Handbuch des Bürgerlichen Rechts; Köln 1902 = Scheiff, Bürgerliches Recht.

Scherer, Martin: Recht der Schuldverhältnisse des Bürgerlichen Gesetzbuches für das Deutsche Reich; BGB. II. Buch. §§ 241–853; Erlangen 1899 = Scherer.

– Rückforderung der auf gefälschte Postanweisung geleisteten Zahlung; in: PucheltsZ; Bd. 20 (1890); S. 138 – 156.

Schermaier, Martin Josef: Die Bestimmung des wesentlichen Irrtums von den Glossatoren bis zum BGB; Wien / Köln u. a. 2000 = Schermaier, Wesentlicher Irrtum.

Scheuerl, Adolph Christoph Gottlieb v.: Lehrbuch der Institutionen; 7. Aufl.; Erlangen 1878 = v. Scheuerl, Institutionen.

– Zur Verhandlung über die Mitwirkung für fremde Rechtsgeschäfte; in: JherJb; Bd. 2 (1858); S. 1 – 34.

Scheyhing, Robert: Leistungskondiktion und Bereicherung „in sonstiger Weise"; in: AcP; Bd. 157 (1957); S. 371 – 391.

Schilling, Bruno: Pandekten-Recht für Studirende; Berlin 1844 = Bruno Schilling, Pandektenrecht.

Schilling, Friedrich Adolph: Lehrbuch für Institutionen und Geschichte des Römischen Privatrechts; Dritter Band; das Obligationenrecht zum größten Theile enthaltend; Leipzig 1846 = Friedrich Adolph Schilling, Institutionen, Bd. 3.

Schimansky, Herbert / *Bunte*, Hermann-Josef / *Lwowski*, Hans-Jürgen (Hrsg.): Bankrechts-Handbuch; Band 1; München 1997 = Bearbeiter in: Schimansky/Bunte/Lwowski, Bankrechts-Handbuch, Bd. 1.

Schlechtriem, Peter: Restitution und Bereicherungsausgleich in Europa; Eine rechtsvergleichende Darstellung; Band 1; Tübingen 2000 = Schlechtriem/Bearbeiter, Restitution und Bereicherungsausgleich, Bd. 1.

– Schuldrecht; Besonderer Teil; 5. Aufl.; Tübingen 1998 = Schlechtriem, Schuldrecht, Besonderer Teil.

– Rechtsprechungsbericht zum Bereicherungsrecht; in: JZ 1993; S. 24 – 31; 128 – 132; 185 – 192.

– Rechtsprechungsbericht Bereicherungsrecht; in: JZ 1988; S. 854 – 865.

– Prinzipien und Vielfalt: Zum gegenwärtigen Stand des deutschen Bereicherungsrechts; in: ZHR; Bd. 149 (1985); S. 327 – 343.

– Rechtsprechungsbericht zum Bereicherungsrecht; in: JZ 1984; S. 509 – 516; 555 – 559.

– Güterschutz durch Eingriffskondiktion; in: Juristische Fakultät der Universität Heidelberg (Hrsg.); Ungerechtfertigte Bereicherung; Grundlagen, Tendenzen, Perspektiven; Symposium der Juristischen Fakultät der Universität Heidelberg zum Gedenken an Professor Dr. iur. Detlef König LL. M.; * 10.6.1938 † 21.9.1981; Ordentlicher Professor der Rechte an der Universität Heidelberg; 15. und 16. April 1983; Heidelberg 1984; S. 57 – 87.

– Bereicherung aus fremdem Persönlichkeitsrecht; in: Fischer, Robert / Gessler, Ernst / Schilling, Wolfgang /Serick, Rolf / Ulmer, Peter (Hrsg.); Strukturen und Entwicklungen im Handels-, Gesellschafts- und Wirtschaftsrecht; Festschrift für Wolfgang Hefermehl zum 70. Geburtstag am 18. September 1976; München 1976; S. 445 – 465.

Schlosser, Hans (Hrsg.): Bürgerliches Gesetzbuch 1896–1996; Ringvorlesung aus Anlaß des hundertjährigen Jubiläums der Verkündung des Gesetzes sowie des fünfundzwanzigjährigen Bestehens der Juristischen Fakultät der Universität Augsburg; Heidelberg 1997 = Schlosser, BGB.

Schloßmann: Nochmals die actio de in rem verso utilis; in: JherJb; Bd. 36 (1896); S. 316 – 335.

– De in rem verso; in: JherJb; Bd. 35 (1896); S. 78 – 99.

– Ueber die sog. actio negotiorum gestorum ad exemplum institoriae und die utilis actio de in rem verso; in: JherJb; Bd. 28 (1889); S. 287 – 343.

– Die condictio indebiti bei Zahlung für einen Dritten; in: GrünhutsZ; Bd. 9 (1882); S. 553 – 566.

– Das Darlehen auf fremden Namen; in: GrünhutsZ; Bd. 9 (1882); S. 505 – 552.

Schmalz, Theodor Anton Heinrich: Handbuch des römischen Privatrechts; Für Vorlesungen über die Justinianeischen Institutionen; 2. Aufl.; Königsberg 1801 = Theodor Anton Heinrich Schmalz, Institutionen.

Schmidlin, Bruno (Hrsg.): Vers un droit privé européen commun? – Skizzen zum gemeineuropäischen Privatrecht; Basel / Frankfurt a. M. 1994 = Schmidlin, Skizzen zum gemeineuropäischen Privatrecht.

Schmidt, Bernhard Gottlob: Vorlesungen über das im dem Königreich Sachsen geltende Privatrecht; Erster Band; Leipzig 1869 = Bernhard Gottlob Schmidt, Vorlesungen, Bd. 1.

Schmidt, Friedrich: Ueber die rechtliche Natur der Postanweisungen insbesondere mit Bezug auf die Frage, ob die Postverwaltung befugt ist, die auf gefälschte Postanweisungen ausgezahlten Beträge vom Empfänger zurückzufordern; in: Gruchot; Bd. 34 (1890); S. 177 – 275.

Schmidt, Karsten (Hrsg.): Rechtsdogmatik und Rechtspolitik; Hamburger Ringvorlesung; Berlin 1990 = Karsten Schmidt, Rechtsdogmatik und Rechtspolitik.

Schmidt, Rudolf: Bürgerliches Recht; Zweiter Band; Das Schuldrecht; 2. Aufl.; Berlin 1953 = Rudolf Schmidt², Bürgerliches Recht, Bd. 2.

– Bürgerliches Recht; Stuttgart 1927 = Rudolf Schmidt, Bürgerliches Recht.

Schmitt, Rolf: Die Subsidiarität der Bereicherungsansprüche; Bielefeld 1969 = Rolf Schmitt, Subsidiarität.

Schnabel, Angela: Kodifikation und Eherecht im Königreich Sachsen während des 19. Jahrhunderts; in: Mohnhaupt, Heinz (Hrsg.); Rechtsgeschichte in den beiden deutschen Staaten (1988–1990); Beispiele, Parallelen, Positionen; Frankfurt a. M. 1991; S. 426 – 463 = Schnabel, in: Mohnhaupt, Rechtsgeschichte.

Schnauder, Franz: Rezension von: Hans Josef Wieling, Bereicherungsrecht, 2. Aufl., Berlin u. a. 1999; in: JuS-Information; Heft 11/1999; S. LXII, LXV.

– Wider das Dogma vom Empfängerhorizont; in: NJW 1999; S. 2841 – 2846.

– Der Stand der Rechtsprechung zur Leistungskondiktion; in: JuS 1994; S. 537 – 545.

– Delikts- und bereicherungsrechtliche Haftung bei gefälschter Giroüberweisung; Zugleich eine Besprechung des BGH-Urteils vom 31. Mai 1994, ZIP 1994, 1098; in: ZIP 1994; S. 1069 – 1078.

– Leistung ohne Bereicherung? – Zu Grundlagen und Grenzen des finalen Leistungsbegriffs; in: AcP; Bd. 187 (1987); S. 142 – 177.

– Grundfragen zur Leistungskondiktion bei Drittbeziehungen; Berlin 1981 = Schnauder, Leistungskondiktion bei Drittbeziehungen.

Schneider, Albert / *Fick*, Heinrich (Hrsg.): Das Schweizerische Obligationenrecht sammt den Bestimmungen des Bundesgesetzes betreffend die persönliche Handlungsfähigkeit mit allgemeinfaßlichen Erläuterungen; 2. Aufl.; Zürich 1883 = Schneider/Fick.

Schneider, Hans: Gesetzgebung; 2. Aufl.; Heidelberg 1991 = Hans Schneider, Gesetzgebung.

Schneiderhan, Peter: Der Quasi-Contract im schottischen und englischen Recht; Inauguraldiss. Tübingen 1996 = Schneiderhan, Quasi-Contract im schottischen und englischen Recht.

Schoeneberger, Ernst: Der Vergütungsanspruch des durch Verarbeitung Geschädigten; Inauguraldiss. Erlangen 1934 = Schoeneberger, Vergütungsanspruch durch Verarbeitung.

Schollmeyer, Friedrich: Das Recht des Bürgerlichen Gesetzbuchs in Einzeldarstellungen; Das Recht der einzelnen Schuldverhältnisse im Bürgerlichen Gesetzbuche für das Deutsche Reich; Berlin 1897 = Schollmeyer, Schuldverhältnisse im BGB.

Schopenhauer, Arthur: Sämtliche Werke; Löhneysen, Wolfgang (Hrsg.);

– Band 1; Die Welt als Wille und Vorstellung; Band 1; 5. Aufl.; Frankfurt a. M. 1995 = Schopenhauer, Welt als Wille und Vorstellung, Bd. 1;

– Band 3; Kleinere Schriften; Grundlage der Moral; 4. Aufl.; Frankfurt a. M. 1994; S. 632 – 815 = Schopenhauer, Grundlage der Moral.

Schreiber, Klaus: Der Bereicherungsausgleich im Mehrpersonenverhältnis; in: Jura 1986; S. 539 – 545.

Schroth, Jörg: Über formale Gerechtigkeit; in: ARSP; Bd. 83 (1997); S. 483 – 505.

Schubert, Werner: Rezension von: Christian Ahcin, Zur Entstehung des bürgerlichen Gesetzbuchs für das Königreich Sachsen von 1863/65, Frankfurt a. M. 1996; in: ZRG Germ. Abt.; Bd. 114 (1997); S. 628 – 631.

– Anmerkung zu: BGH – JR 1989, S. 367 ff. (Urteil v. 2.11.1988 – IV b ZR 102/87); in: JR 1989; S. 371 f.

– Anmerkung zu: BGH – JR 1984, S. 149 ff. (Urteil v. 22.9.1983 – VII ZR 47/83); in: JR 1984; S. 151 f.

– Anmerkung zu: BGH – JR 1982, S. 285 f. (Urteil v. 8.10.1981 – VII ZR 319/80); in: JR 1982; S. 286 f.

– Anmerkung zu: BGH – JR 1977, S. 199 f. (Urteil v. 1.7.1976 – VII ZR 333/75); in: JR 1977; S. 200 – 202.

– Windscheid und das Bereicherungsrecht des 1. Entwurfs des BGB; in: ZRG Rom. Abt.; Bd. 92 (1975); S. 186 – 233.

– Die Entstehung der Vorschriften des BGB über Besitz und Eigentumsübertragung; Ein Beitrag zur Entstehungsgeschichte des BGB; Berlin 1966 = Schubert, Besitz- und Eigentumsübertragung.

Schubert, Werner / *Glöckner*, Hans Peter: Vom Reichsgericht zum Bundesgerichtshof; in: NJW 2000; S. 2971 – 2976.

Schüller, Artur: Unmittelbar- oder Mittelbarkeit der Vermögensverschiebung im § 812 BGB.?; Inauguraldiss. Köln 1930 = Schüller, Unmittelbarkeit der Vermögensverschiebung.

Schulte, Johann Friedrich v.: Die Geschichte der Quellen und Literatur des Canonischen Rechts von Gratian bis auf die Gegenwart; Dritter Band; Die Geschichte der Quellen und Literatur von der Mitte des 16. Jahrhunderts bis zur Gegenwart; Erster Theil; Das katholische Recht und die katholischen Schriftsteller; Stuttgart 1880 = v. Schulte, Geschichte des Kanonischen Rechts, Bd. III/1.

Schulte-Nölke, Hans: Das Reichsjustizamt und die Entstehung des Bürgerlichen Gesetzbuchs; Frankfurt a. M. 1995 = Schulte-Nölke, Reichsjustizamt und BGB.

Schulte-Nölke, Hans / *Schulze*, Reiner (Hrsg.): Europäische Rechtsangleichung und nationale Privatrechte; Baden-Baden 1999 = Schulte-Nölke/Schulze, Europäische Rechtsangleichung.

Schulz, Fritz: System der Rechte auf den Eingriffserwerb; in: AcP; Bd. 105 (1909); S. 1 – 488.

Schulze, Reiner: Gemeineuropäisches Privatrecht und Rechtsgeschichte; in: Müller-Graff, Peter-Christian (Hrsg.); Gemeinsames Privatrecht in der Europäischen Gemeinschaft; 2. Aufl.; Baden-Baden 1999; S. 127 – 148 = Schulze, in: Müller-Graff, Gemeinsames Privatrecht.

– Allgemeine Rechtsgrundsätze und europäisches Privatrecht; in: ZEuP; Bd. 1 (1993); S. 442 – 474.

– (Hrsg.): Europäische Rechts- und Verfassungsgeschichte; Ergebnisse und Perspektiven der Forschung; Berlin 1991 = Schulze, Europäische Geschichte;

  – Vom Ius commune bis zum Gemeinschaftsrecht – das Forschungsfeld der Europäischen Rechtsgeschichte; S. 3 – 36.

Schurig, Klaus: Europäisches Zivilrecht: Vielfalt oder Einerlei?; in: Hübner, Ulrich / Ebke, Werner F. (Hrsg.); Festschrift für Bernhard Großfeld zum 65. Geburtstag; Heidelberg 1999; S. 1089 – 1111.

Schuster: Zwischen welchen Personen besteht der Bereicherungsanspruch nach dem Bürgerlichen Gesetzbuche für das Deutsche Reich?; Auszug aus Diss. (ohne weitere Angaben) = Schuster, Bereicherungsanspruch.

Schwark, E: Anmerkung zu: BGH – JR 1991, S. 327 f. (Urteil v. 20.6.1990 – XII ZR 98/89); in: JR 1991; S. 328 f.

Schwarz, Fritz: Die Grundlage der Condictio im klassischen römischen Recht; Münster / Köln 1952 = Fritz Schwarz, Condictio im römischen Recht.

Schwarz, Günter Christian / *Ernst*, Astrid: Ansprüche des Grundstücksbesitzers gegen „Falschparker"; in: NJW 1997; S. 2550 – 2556.

Schwarz, Otto: Das Bürgerliche Recht zur Einführung in die Praxis; Erster Band: Allgemeiner Teil; Schuldverhältnisse; Berlin 1909 = Otto Schwarz, Bürgerliches Recht, Bd. 1.

Schwenzer, Ingeborg: Rezeption deutschen Rechtsdenkens im schweizerischen Obligationenrecht; in: dies. (Hrsg.); Schuldrecht, Rechtsvergleichung und Rechtsvereinheitlichung an der Schwelle zum 21. Jahrhundert; Symposium aus Anlaß des 65. Geburtstags von Peter Schlechtriem; Tübingen 1999; S. 59 – 81.

Schweppe, Albrecht: Das Römische Privatrecht in seiner Anwendung auf Teutsche Gerichte, als Leitfaden zu den Vorlesungen über die Pandekten; 3. Aufl.; Altona 1822 = Schweppe, Römisches Privatrecht.

Schwimann, Michael (Hrsg.): Praxiskommentar zum ABGB samt Nebengesetzen; 2. Aufl.;

- Band 5; §§ 859–1089 ABGB, WucherG, UN-Kaufrecht; Apathy, Peter (Bearbeiter §§ 859–901, 1002–1044, WucherG); Wien 1997 = Apathy, in: Praxiskommentar;
- Band 7; §§ 1293–1502 ABGB; Honsell, Heinrich / Mader, Peter (Bearbeiter §§ 1431–1437); Wien 1997 = Honsell/Mader, in: Praxiskommentar.

Segall, Julius: Über die Verwandtschaft des Anspruchs auf Herausgabe der ungerechtfertigten Bereicherung und des Schadensersatzanspruchs; Inauguraldiss. Heidelberg 1907 = Julius Segall, Verwandtschaft von Bereicherungs- und Schadensersatzanspruch.

Seidel, Hans: Die Anwendbarkeit des § 816 BGB. auf nachträglich wirksamwerdende Verfügungen; Leipzig 1930 = Seidel, Anwendbarkeit des § 816 BGB.

Seiler, Hans Hermann: Rechtsgeschichte und Rechtsdogmatik; in: Schmidt, Karsten (Hrsg.); Rechtsdogmatik und Rechtspolitik; Hamburger Ringvorlesung; Berlin 1990; S. 109 – 123 = Hans Hermann Seiler, in: Karsten Schmidt, Rechtsdogmatik und Rechtspolitik.

Seiler, Oliver: Der Bereicherungsausgleich im Überweisungsverkehr unter Berücksichtigung des Zurückweisungsrechts des Gutschriftempfängers und der Stornierungsbefugnis der Kreditinstitute; Berlin 1998 = Oliver Seiler; Bereicherungsausgleich im Überweisungsverkehr.

Sell, Carl: Beiträge zur Lehre von der condictio indebiti; in: Jb römisches Recht; Bd. 1 (1841); S. 116 – 176.

- De Condictionibus quaestiones duae; Darmstadii 1834 = Carl Sell, De Condictionibus quaestiones duae.

Sell, Georg Wilhelm August: Versuche im Gebiete des Civilrechts; Erster Theil; Gießen 1833 = G. W. A. Sell, Versuche im Zivilrecht, Bd. 1.

Senn, Marcel: Rechtsgeschichte als historische Normentheorie; in: Caroni, Pio / Dilcher, Gerhard (Hrsg.); Norm und Tradition; Welche Geschichtlichkeit für die Rechtsgeschichte?; Frau norma e tradizione; Quale storicità per la storia giuridica?; Köln / Weimar u. a. 1998; S. 269 – 277 = Senn, in: Caroni/Dilcher, Norm und Tradition.

- Stand und Zweck der neueren Grundlagendiskussion in der Rechtsgeschichtswissenschaft; in: ZNR; Bd. 15 (1993); S. 66 – 77.

– Rechtshistorisches Selbstverständnis im Wandel; Ein Beitrag zur Wissenschaftstheorie und Wissenschaftsgeschichte der Rechtsgeschichte; Zürich 1983 = Senn, Rechtshistorisches Selbstverständis.

Seuffert, Johann Adam (wahrscheinlicher Autor): Zur Lehre von den Kondiktionen auf Herausgabe unrechtmäßiger Bereicherung; in: SeuffBl; Bd. 11 (1846); S. 337 – 340.

Seuffert, Johann Adam: Lehrbuch des praktischen Pandektenrechts; Zweiter Band; Würzburg 1825 = Seuffert, Pandektenrecht, Bd. 2.

Seuffert, Johann Adam / *Glück*, Carl Christian: Zur Lehre von der Bereicherung mit dem Schaden eines Andern; in: SeuffBl; Bd. 1 (1836); S. 177 – 184.

– Ueber die actio de in rem verso utilis; in: SeuffBl; Bd. 1 (1836); S. 133 – 136.

Seuffert, Johann Adam / *Seuffert*, Ernst August: Praktisches Pandektenrecht; Zweiter Band; 4. Aufl.; Würzburg 1860 = Seuffert/Seuffert, Pandektenrecht, Bd. 2.

Siber, Heinrich: Schuldrecht; Leipzig 1931 = Siber, Schuldrecht.

Siebenhaar, Eduard: Lehrbuch des Sächsischen Privatrechts; Leipzig 1872 = Siebenhaar, Sächsisches Privatrecht.

– Commentar zu dem bürgerlichen Gesetzbuche für das Königreich Sachsen und zu der damit in Verbindung stehenden Publicationsverordnung vom 2. Januar 1863; 2. Aufl.; Leipzig 1869 = Bearbeiter, in: Siebenhaar;

  – Erster Band; Die Publicationsverordnung, der allgemeine Theil und das Sachenrecht; Siebenhaar, Eduard / Siegmann, Georg (Bearbeiter);

  – Zweiter Band; Das Recht der Forderungen; Pöschmann, Karl Magnus (Bearbeiter).

Sieckmann, Jan-R.: Richtigkeit und Objektivität im Prinzipienmodell; in: ARSP; Bd. 83 (1997); S. 14 – 36.

– Regelmodelle und Prinzipienmodelle des Rechtssystems; Baden-Baden 1990 = Sieckmann, Regelmodelle und Prinzipienmodelle.

Sieg, Karl: Anmerkung zu: BGH – VersR 1994, S. 208 ff. (Urteil vom 10.3.1993 – XII ZR 253/91); in: VersR 1994; S. 210 f.

Siegmann, Matthias: Zur bereicherungsrechtlichen Rückabwicklung der Einziehung veruntreuter Schecks über das Konto eines Dritten; in: NJW 1999; S. 1163 f.

Siemes, Christiane: Gewinnabschöpfung bei Zwangskommerzialisierung der Persönlichkeit durch die Presse; in: AcP; Bd. 201 (2001); S. 202 – 231.

Siemsen, Hermann: Giebt es nach gemeinem Recht eine Bereicherungsklage gegen den durch specificatio, plantatio, avulsio oder commixtio nummorum Bereicherten?; Inauguraldiss. Erlangen 1897 = Siemsen, Bereicherungsklage bei specificatio.

Siep, Ludwig (Hrsg.): G. W. F. Hegel; Grundlinien der Philosophie des Rechts; Berlin 1997 = Siep, Philosophie des Rechts.

Sieper, Werner: Erörterungen über § 816 Abs. 1 des Bürgerlichen Gesetzbuches, insbesondere auch die dem Berechtigten gegenüber wirksame Verfügung eines Nichtberechtigten; Inauguraldiss. Göttingen 1930 = Sieper, Erörterungen über § 816 BGB.

Siméon, Pierre: Recht und Rechtsgang im Deutschen Reiche; Lehrbuch des Bürgerlichen Rechtes; Erste Hälfte; Allgemeiner Teil und Schuldrecht (nebst Handels- und Wechselrecht); 7. Aufl.; Berlin 1914 = Siméon, Bürgerliches Recht, Bd. 1.

Siméon, Pierre / *David*, Albert: Recht und Rechtsgang im Deutschen Reiche; Lehrbuch des Bürgerlichen Rechtes; Erste Hälfte; Allgemeiner Teil und Schuldrecht (nebst Handels- und Wechselrecht); 12./13. Aufl.; Berlin 1923 = Siméon/David, Bürgerliches Recht, Bd. 1.

Simon, Dieter: Zwischen Wissenschaft und Wissenschaftspolitik: Helmut Coing (28.2.1912 – 15.8.2000); in: NJW 2001; S. 1029 – 1032.

– Römisches Europarecht; in: RJ; Bd. 12 (1993); S. 315 – 321.

– (Hrsg.): Akten des 26. Deutschen Rechtshistorikertages; Frankfurt am Main, 22. bis 26. September 1986; Frankfurt a. M. 1987 = Dieter Simon, Akten des Rechtshistorikertages.

– Aufgaben der Rechtsgeschichte; in: RJ; Bd. 4 (1985); S. 265 – 268.

– (Hrsg.): Franz Wieacker; Ausgewählte Schriften; Band 1; Methodik der Rechtsgeschichte; Frankfurt a. M. 1983 = Wieacker, Ausgewählte Schriften, Bd. 1.

Simon, Hans: Die Geltendmachung des Verwendungsanspruches; Inauguraldiss. Erlangen 1897 = Hans Simon, Geltendmachung des Verwendungsanspruchs.

Simonius, August: Zur Frage einer einheitlichen „causa condictionis"; in: Festschrift Hans Lewald; Bei Vollendung des vierzigsten Amtsjahres als ordentlicher Professor im Oktober 1953; überreicht von seinen Freunden und Kollegen mit Unterstützung der Basler Juristischen Fakultät; Basel 1953; S. 161 - 174.

Simshäuser, Wilhelm: Zur Bedeutung des römischen Rechts in einer europäischen Rechtsordnung; in: Schlosser, Hans (Hrsg.); Bürgerliches Gesetzbuch 1896 - 1996; Ringvorlesung aus Anlaß des hundertjährigen Jubiläums der Verkündung des Gesetzes sowie des fünfundzwanzigjährigen Bestehens der Juristischen Fakultät der Universität Augsburg; Heidelberg 1997; S. 97 – 132 = Simshäuser, in: Schlosser, BGB.

– Windscheids Voraussetzungslehre rediviva; in: AcP; Bd. 172 (1972); S. 19 – 38.

– Zur Entwicklung des Verhältnisses von materiellem Recht und Prozeßrecht seit Savigny; Eine Untersuchung am Beispiel rechtsfremder Klagen; Bielefeld 1965 = Simshäuser, Materielles Recht und Prozeßrecht.

Singer, Reinhard: Selbstbestimmung und Verkehrsschutz im Recht der Willenserklärung; München 1995 = Singer, Selbstbestimmung und Verkehrsschutz.

Sintenis, Carl Friedrich Ferdinand: Das practische gemeine Civilrecht; Zweiter Band; Das Obligationenrecht; 3. Aufl.; Leipzig 1868 = Sintenis^3, Gemeines Zivilrecht, Bd. 2.

– Anleitung zum Studium des bürgerlichen Gesetzbuches für das Königreich Sachsen; Leipzig 1864 = Sintenis, Anleitung zum Studium.

– Das practische gemeine Civilrecht; Zweiter Band; Das Obligationenrecht; Leipzig 1847 = Sintenis, Gemeines Zivilrecht, Bd. 2.

Söllner, Alfred: Der Bereicherungsanspruch wegen Nichteintritts des mit der Leistung bezweckten Erfolges (§ 812 Abs. 1 S. 2, 2. Halbsatz BGB); in: AcP; Bd. 163 (1964); S. 20 – 45.

– Die causa im Kondiktionen- und Vertragsrecht des Mittelalters bei den Glossatoren, Kommentatoren und Kanonisten; in: ZRG Rom. Abt.; Bd. 67 (1960); S. 182 – 269.

Soergel, Hans-Theodor (Hrsg.): Bürgerliches Gesetzbuch nebst Einführungsgesetz; Unter Verwendung der gesamten Rechtsprechung und Rechtslehre; II. Band; Recht der

Schuldverhältnisse; Besonderer Teil; §§ 433–853; Erdsiek (Bearbeiter §§ 535–822); 8. Aufl.; Stuttgart / Köln 1952 = Erdsiek, in: Soergel[8].

Soergel, Hans-Theodor, *Lindemann*, Otto (Hrsg.): Bürgerliches Gesetzbuch nebst Einführungsgesetz; Unter Verwertung der gesamten Rechtsprechung und Rechtslehre; I. Band; Allgemeiner Teil; Recht der Schuldverhältnisse; Keßler (Bearbeiter §§ 812–822); 2. Aufl.; Berlin / Stuttgart u. a. 1923 = Keßler, in: Soergel/Lindemann[2].

Soergel, Hans-Theodor / *Siebert*, Walter (Hrsg.): Bürgerliches Gesetzbuch mit Einführungsgesetz und Nebengesetzen; Band 4; Schuldrecht III (§§ 705–853); Mühl, Otto (Bearbeiter §§ 812–822); 11. Aufl.; Stuttgart 1985 = Mühl, in: Soergel/Siebert[11].

– Bürgerliches Gesetzbuch; Mit Einführungsgesetz und Nebengesetzen; II. Band; Einzelne Schuldverhältnisse; §§ 433 bis 853; Mühl, Otto (Bearbeiter §§ 812–822); 9. Aufl.; Stuttgart 1962 = Mühl, in: Soergel/Siebert[9].

Sohm, Rudolph: Institutionen des römischen Rechts; 6. Aufl.; Leipzig 1896 = Sohm, Institutionen.

Sonnenberger, Hans Jürgen: Der Ruf unserer Zeit nach einer europäischen Ordnung des Zivilrechts; in: JZ 1998; S. 982 – 991.

Spickhoff, Andreas: Die Restkodifikation des Internationalen Privatrechts: Außervertragliches Schuld- und Sachenrecht; in: NJW 1999; S. 2209 – 2215.

Spyridakis, Johannes S.: Gedanken über einen allgemeinen privatrechtlichen Aufopferungsanspruch; in: Baur, Fritz / Larenz, Karl / Wieacker, Franz (Hrsg.); Beiträge zur europäischen Rechtsgeschichte und zum geltenden Zivilrecht; Festgabe für Johannes Sontis; München 1977; S. 241 – 251.

Stadler, Astrid: Gestaltungsfreiheit und Verkehrsschutz durch Abstraktion; Eine rechtsvergleichende Studie zur abstrakten und kausalen Gestaltung rechtsgeschäftlicher Zuwendungen anhand des deutschen, schweizerischen, österreichischen, französischen und US-amerikanischen Rechts; Tübingen 1996 = Stadler, Gestaltungsfreiheit und Verkehrsschutz.

Staffel: Voraussetzung und Zweck; in: SächsArch; Bd. 13 (1903); S. 497 – 516.

Stammler, Rudolf: Zur Lehre von der ungerechtfertigten Bereicherung nach dem Bürgerlichen Gesetzbuch; in: Festgabe der Juristischen Fakultät der Vereinigten Friedrichs-Universität Halle-Wittenberg für Hermann Fitting zum 27. Oktober 1902; Halle 1903; S. 131 – 168.

Stampe, Ernst: Grundriß der Wertbewegungslehre; Zur Einleitung in ein freirechtliches System der Schuldverhältnisse; Zweiter Teil; Tübingen 1919 = Stampe, Grundriß der Wertbewegungslehre, Bd. 2.

– Aus einem Freirechtslehrbuch; in: AcP; Bd. 107 (1911); S. 274 – 315.

Stathopoulos, Michael: Bereicherungsherausgabe oder Rückabwicklung im Bereicherungsrecht; in: Baur, Fritz / Larenz, Karl / Wieacker, Franz (Hrsg.); Beiträge zur europäischen Rechtsgeschichte und zum geltenden Zivilrecht; Festgabe für Johannes Sontis; München 1977; S. 203 – 239.

Staudinger, Ansgard: Das Gesetz zum Internationalen Privatrecht für außervertragliche Schuldverhältnisse und für Sachen v. 21.5.1999; in: DB 1999; S. 1589 – 1594.

Staudinger, Julius v. (ehem. Hrsg.): Kommentar zum Bürgerlichen Gesetzbuch mit Einführungsgesetz und Nebengesetzen; 13. Aufl. und weitere Neubearbeitungen = Bearbeiter, in: Julius v. Staudinger[13];

– Erstes Buch; Allgemeiner Teil; §§ 164–240; Peters, Frank (Bearbeiter §§ 194–225); Berlin 1995;

– Zweites Buch; Recht der Schuldverhältnisse; Einleitung zu §§ 241 ff.; §§ 241–243; Schmidt, Jürgen (Bearbeiter Einl. vor §§ 241 ff., §§ 241 f.); Berlin 1995;

– Zweites Buch; Recht der Schuldverhältnisse; §§ 328–361; Kaiser, Dagmar (Bearbeiterin §§ 346–361); Berlin 1995;

– Zweites Buch; Recht der Schuldverhältnisse; §§ 812–822; Lorenz, Werner (Bearbeiter); Berlin 1999;

– Drittes Buch; Sachenrecht; Einleitung zu §§ 854 ff.; §§ 854–882; Kutter, Hans-Dieter (Bearbeiter §§ 879–882); Berlin 1995;

– Drittes Buch; Sachenrecht; §§ 925–984; Anhang zu §§ 929 ff.: Sonderformen der Übereignung; Gursky, Karl-Heinz (Bearbeiter §§ 951–984); Berlin 1995;

– Drittes Buch; Sachenrecht; §§ 985–1011; Gursky, Karl-Heinz (Bearbeiter); Berlin 1999.

– (ehem. Hrsg.): Kommentar zum Bürgerlichen Gesetzbuch mit Einführungsgesetz und Nebengesetzen; II. Band; Recht der Schuldverhältnisse; 4. Teil; §§ 705–822; Seufert, Günther (Bearbeiter §§ 812–822); 10./11. Aufl.; Berlin 1975 = Seufert, in: Julius v. Staudinger$^{10/11}$.

– (ehem. Hrsg.): Kommentar zum Bürgerlichen Gesetzbuch und dem Einführungsgesetz; II. Band; Recht der Schuldverhältnisse; 3. Teil; Engelmann, Theodor / Keidel, Fritz (Bearbeiter §§ 812–822); 9. Aufl.; München / Berlin u. a. 1929 = Engelmann/Keidel, in: Julius v. Staudinger^{9}.

– (ehem. Hrsg.): Kommentar zum Bürgerlichen Gesetzbuch und dem Einführungsgesetz; II. Band; Recht der Schuldverhältnisse; b. Besonderer Teil; Engelmann, Theodor (Bearbeiter §§ 812–822); 2. Aufl.; München 1906 = Engelmann, in: Julius v. Staudinger^{2}.

Steffen, Erich: Schmerzensgeld bei Persönlichkeitsverletzung durch Medien; Ein Plädoyer gegen formelhafte Berechnungsmethoden bei der Geldentschädigung; in: NJW 1997; S. 10 – 14.

Steinbach, Friedrich: Die Ansprüche wegen Verwendungen nach dem Rechte des Bürgerlichen Gesetzbuchs; Inauguraldiss. Augsburg 1897 = Steinbach, Ansprüche wegen Verwendungen.

Stier-Somlo, Fritz / *Elster*, Alexander (Hrsg.): Handwörterbuch der Rechtswissenschaft; unter Mitberatung von Bumke, E. / Busch, L. / Ebermayer, L.; Endemann, Fr. / Heymann, E.; Strecker, O. / Unzner, K. v.; Sechster Band; Testament – Zwischenstreit; Berlin / Leipzig 1929 = Stier-Somlo/Elster, Handwörterbuch.

Stierle, Georg: Der Bereicherungsausgleich bei fehlerhaften Banküberweisungen; Frankfurt a. M. 1980 = Stierle, Fehlerhafte Banküberweisungen.

Stieve, Aloys: Der Gegenstand des Bereicherungsanspruchs nach dem Bürgerlichen Gesetzbuche; Inauguraldiss. Straßburg 1899 = Stieve, Gegenstand des Bereicherungsanspruchs.

Stolleis, Michael: Gesucht: Ein Leitbild der Juristenausbildung; in: NJW 2001; S. 200 – 202.

– (Hrsg.): Juristische Zeitgeschichte – Ein neues Fach?; Baden-Baden 1993 = Stolleis, Juristische Zeitgeschichte.

– Aufgaben der neueren Rechtsgeschichte oder: Hic sunt leones; in: RJ; Bd. 4 (1985); S. 251 – 264.

Stolte, Wilhelm: Der Leistungsbegriff: Ein Gespenst des Bereicherungsrechts?; in: JZ 1990; S. 220 – 226.

Stresemann, Christina: Bereicherungsrechtliche Rückabwicklung bei zur Unrecht vom Haftpflichtversicherer erbrachten Leistungen; Karlsruhe 1993 = Stresemann, Bereicherungsrechtliche Rückabwicklung.

Struve, Georg Adam: Iurisprudentia Romano-Germanica-Forensis; editio nova denuo revisa et a mendis expurgata; Francofurti ad Moenum MDCCLXXI = Struve, Iurisprudentia romano-germanica.

Struve, Georg Adam / *Müller*, Peter: Georgii Adami Struvii [...] Syntagma Iurisprudentiae, secundum ordinem Pandectarum concinnatum [...] cum additionibus Petri Mülleri [...] Pars Prima; Editio tertia; Francofurti et Lipsiae MDCCXXXVIII = Struve/Müller, Syntagma iurisprudentiae, Pars I.

Stryk, Samuel: Specimen Usus Moderni Pandectarum; Ad Libros V. Priores; Editio V. revisa et emendata; Halae Magdeburgicae MDCCXVII = Stryk, Specimen usus moderni pandectarum, Tomus I.

– Dissertationum Iuridicarum; Vol. 5; Lipsiae MDCIC = Stryk, Dissertationum Iuridicarum, Vol. 5.

Stubenrauch, Moriz v. (Hrsg.): Commentar zum österreichischen allgemeinen bürgerlichen Gesetzbuche; Schuster v. Bonnott, Max / Schreiber, Karl (Bearbeiter); 6. Aufl.; Zweiter Band; Wien 1894 = v. Bonnott/Schreiber, in: v. Stubenrauch.

Stück, Walter: Voraussetzungen, Inhalt und Umfang des Bereicherungsanspruches; Inauguraldiss. Jena 1913 = Stück, Bereicherungsanspruch.

Stürner, Rolf / *Heggen*, Marc: Der fehlgeschlagene Bau auf fremdem Boden – OLG Stuttgart, NJW-RR 1998, 1171; in: JuS 2000; S. 328 – 335.

Sturm, August: Die Form des Rechts; Ein Beitrag zur allgemeinen Lehre vom System des Bürgerlichen Gesetzbuchs und des internationalen Friedensrechts und ein Beitrag zur besonderen Lehre von der Bereicherungsklage; Hannover 1911 = Sturm, Form des Rechts.

Sumera, Rudolf: Das Problem der Bereicherungshaftung bei rechtswidrigen, schuldlosen Verletzungen des Rechts am eingerichteten und ausgeübten Gewerbebetrieb im Wettbewerb; Inauguraldiss. Frankfurt a. M. 1960 = Sumera, Bereicherungshaftung im Wettbewerb.

Thayssen, Fritz: Condictio und Bereicherungsanspruch (Ein Beitrag zur Lehre von der ungerechtfertigten Bereicherung in der Form der Interpretation von L. 2 D. de condictione sine causa 12, 7 und Beurteilung ihres Tatbestandes nach Bürgerlichem Gesetzbuch); Inauguraldiss. Göttingen 1905 = Thayssen, Condictio und Bereicherungsanspruch.

Thibaut, Anton Friedrich Justus: System des Pandekten-Rechts; Zweiter Band; 8. Aufl.; Jena 1834 = Thibaut[8], Pandektenrecht, Bd. 2.

– Versuche über einzelne Theile der Theorie des Rechts; 2. Aufl.; Zweyter Band; Jena 1817 = Thibaut, Versuche über Rechtstheorie; Bd. 2.

– System des Pandekten-Rechts; Zweyter Band; Jena 1803 = Thibaut, Pandektenrecht, Bd. 2.

Thibaut, Anton Friedrich Justus / *Buchholz*, Alexander August v.: System des Pandekten-Rechts; Erster Band; 9. Aufl.; Jena 1846 = Thibaut/v. Buchholz, Pandektenrecht, Bd. 1.

Thielmann, Georg: Gegen das Subsidiaritätsdogma im Bereicherungsrecht; in: AcP; Bd. 187 (1987); S. 23 – 59.

Tiedtke, Klaus: Sittenwidrigkeit der Bürgschaft eines nahen Angehörigen des Hauptschuldners bei krasser finanzieller Überforderung des Bürgen; in: NJW 1999; S. 1209 – 1213.

– Bereicherungsschuldner bei Sicherungsabtretung einer nur vermeintlich bestehenden Forderung; in: WM 1999; S. 517 – 521.

Tilmann, Winfried: Towards a European Civil Code; in: ZEuP; Bd. 5 (1997); S. 595 – 598.

Timme, Michael: Zu Chancen und Grenzen einer Europäischen Ordnung des Zivilrechts; in: ZRP 2000; S. 301 – 303.

Titze, Heinrich: Bürgerliches Recht; Recht der Schuldverhältnisse; 4. Aufl.; Berlin / Göttingen u. a. 1948 = Titze^4, Schuldrecht.

– Bürgerliches Recht; Recht der Schuldverhältnisse; 2. Aufl.; Berlin 1926 = Titze^2, Schuldrecht.

Toepper, Otto: Die Unmittelbarkeit der Vermögensverschiebung bei der ungerechtfertigten Bereicherung; Inauguraldiss. Frankfurt a. M. 1928 = Toepper, Unmittelbarkeit der Vermögensverschiebung.

Tonner, Martin: Sittenwidrigkeit von Ehegattenbürgschaften – BGH, NJW 1999, 58; in: JuS 2000; S. 17 – 22.

Tripp, Dietrich: Der Einfluß des naturwissenschaftlichen, philosophischen und historischen Positivismus auf die deutsche Rechtslehre im 19. Jahrhundert; Berlin 1983 = Tripp, Einfluß des Positivismus.

Türcke Robert / *Niedenführ* Konrad / *Winter* Paul: Das Bürgerliche Recht; Das Bürgerliche Gesetzbuch nebst Einführungsgesetz und Nebengesetzen, das preußische Ausführungsgesetz und sämtliche zivilrechtliche Reichs- und preußische Landesgesetze, mit Ausnahme der prozeßrechtlichen, mit den dazu ergangenen Erlassen, Verordnungen, Anweisungen; I. Band; 3. Aufl.; Berlin 1911 = Türcke/Niedenführ/Winter.

Tuhr, Andreas v.: Allgemeiner Teil des Schweizerischen Obligationenrechts; Erster Halbband; Wesen und Inhalt der Obligation. Entstehung aus Vertrag, unerlaubter Handlung und ungerechtfertigter Bereicherung; Tübingen 1924 = v. Tuhr, Allgemeiner Teil Obligationenrecht, Bd. 1.

– Der Allgemeine Teil des Deutschen Bürgerlichen Rechts; Zweiter Band; Zweite Hälfte; München / Leipzig 1918 = v. Tuhr, Allgemeiner Teil, Bd. II/2.

– Zur Lehre von der Anweisung; in: JherJb; Bd. 48 (1904); S. 1 – 62.

– De in rem verso; in: JherJb; Bd. 35 (1896); S. 431 – 450.

– Actio de in rem verso; zugleich ein Beitrag zur Lehre von der Geschäftsführung; Freiburg 1895 = v. Tuhr, Actio de in rem verso.

Ude: Von den Voraussetzungen der actio de in rem verso utilis; in: AcP; Bd. 50 (1867); S. 370 – 396.

Ullmann, Eike: Die Verschuldenshaftung und die Bereicherungshaftung des Verletzers im gewerblichen Rechtsschutz und Urheberrecht; in: GRUR 1978; S. 615 – 623.

Ulmer, Eugen: Akkreditiv und Anweisung; in: AcP; Bd. 126 (1926); S. 129 – 173; 257 – 312.

Unger, Joseph: System des österreichischen allgemeinen Privatrechts; Zweiter Band; 3. Aufl.; Leipzig 1868 = Joseph Unger, Österreichisches Privatrecht, Bd. 2.

– Der revidirte sächsische Entwurf und sein Verteidiger Dr. Carl Magnus Pöschmann, kön. Sächs. Oberappellationsrath; Eine Replik; Wien 1861 = Joseph Unger, Revidierter sächsischer Entwurf, Replik.

– Der revidirte Entwurf eines bürgerlichen Gesetzbuchs für das Königreich Sachsen; Leipzig 1861 = Joseph Unger, Revidierter Entwurf eines Sä-BGB.

– Der Entwurf eines bürgerlichen Gesetzbuches für das Königreich Sachsen mit besonderer Rücksicht auf das österreichische allgemeine bürgerliche Gesetzbuch; Allgemeiner Teil. – Dingliches Sachenrecht; Wien 1853 = Joseph Unger, Entwurf eines Sä-BGB.

Unterholzner, Karl August Dominikus: Quellenmäßige Zusammenstellung der Lehre des römischen Rechts von den Schuldverhältnissen mit Berücksichtigung der heutigen Anwendung; Huschke, E. (Hrsg.); Zweiter Band; Leipzig 1840 = Unterholzner, Schuldverhältnisse, Bd. 2.

– Entwurf zu einem Lehrgebäude des bei den Römern geltenden bürgerlichen Rechts; Breslau 1817 = Unterholzner, Entwurf.

Valett, Carl Julius Meno: Ausführliches Lehrbuch des praktischen Pandecten-Rechtes; insbesondere für akademische Vorlesungen; Leipzig 1828;

– Erster Band = Valett, Pandektenrecht, Bd. 1;

– Zweiter Band = Valett, Pandektenrecht, Bd. 2.

Vangerow, Karl Adolph v.: Lehrbuch der Pandekten;

– Erster Band; 7. Aufl.; Marburg / Leipzig 1863 = v. Vangerow, Pandekten, Bd. 1;

– Dritter Band; 7. Aufl.; Marburg / Leipzig 1869 = v. Vangerow, Pandekten, Bd. 3.

– Leitfaden für Pandekten-Vorlesungen; Dritter Band; Fünftes Buch: Die Obligationen; 3. Aufl.; Marburg / Leipzig 1849 = v. Vangerow, Pandektenvorlesungen, Bd. 3.

Vering, Friedrich H.: Geschichte und Pandekten des römischen und heutigen gemeinen Privatrechts; 5. Aufl.; Mainz 1887 = Vering, Geschichte und Pandekten.

Verse, Dirk A.: Verwendungen im Eigentümer-Besitzer-Verhältnis; Eine kritische Betrachtung aus historisch-rechtsvergleichender Sicht; Tübingen 1999 = Verse, Verwendungen im Eigentümer-Besitzer-Verhältnis.

Viehweg, Theodor: Topik und Jurisprudenz; Ein Beitrag zur rechtswissenschaftlichen Grundlagenforschung; 5. Aufl.; München 1974 = Viehweg, Topik und Jurisprudenz.

Vinnius, Arnold: In quatuor libros institutionum imperialium commentarius academicus et forensis; Gottlieb Heineccius; accedunt in hac novissima editione; Quastiones iuris selectae; Et praemittitur ex Editione Veneta Jacobi Gothofredi; Historia et Bibliotheca Iuris Civilis Romani; Tomus secundus; Venetiis; MDCCCIV = Vinnius/Heineccius, Institutionum imperialium commentarius, Tomus II.

Visser, Daniel: Das Recht der ungerechtfertigten Bereicherung; in: Feenstra, Robert / Zimmermann, Reinhard (Hrsg.); Das römisch-holländische Recht; Fortschritte des Zivilrechts im 17. und 18. Jahrhundert; Berlin 1992; S. 369 – 428 = Visser, in: Feenstra/Zimmermann, Römisch-holländisches Recht.

Voet, Johannes: Commentarius ad Pandectas;

- Tomus Primus, Continet duos et viginti libros priores [...]; Hagae-Comitum MDCCXXXV = Voet, Commentarius ad pandectas, Tomus I;
- Tomus Secundus; Continet octo et viginti libros posteriores [...] Hagae-Comitum MDCCXXXV = Voet, Commentarius ad pandectas; Tomus II.

Voigt, Moritz: Ueber die Condictiones ob causam und ueber causa und titulus im allgemeinen; Leipzig 1862 = Voigt, Condictiones ob causam.

Wacke, Andreas: Europäische Spruchweisheiten über das Schenken und ihr Wert als rechtshistorisches Argument; in: Zimmermann, Reinhard / Knütel, Rolf / Meincke, Jens Peter (Hrsg.); Rechtsgeschichte und Privatrechtsdogmatik; Hans Hermann Seiler zum 24. Dezember 1999; Heidelberg 1999; S. 325 – 369.

– Vorzüge und Nachteile des deutschen Bereicherungsrechts; in: Gesellschaft zur Förderung der wissenschaftlichen Zusammenarbeit mit der Universität Tel-Aviv e. V. (Hrsg.); Beiträge zum deutschen und israelischen Privatrecht; Deutsch-israelisches Juristensymposium Köln 1975; Köln 1977; S. 131 – 152 = Wacke, in: Beiträge zum Privatrecht.

Wächter, Carl Georg v.: Pandekten; II; Besonderer Theil; 1. Sachenrecht. 2. Obligationenrecht. 3. Familienrecht. 4. Erbrecht; v. Wächter, O. (Hrsg.); Leipzig 1881 = Carl Georg v. Wächter, Pandekten, Bd. 2.

– Der Entwurf eines bürgerlichen Gesetzbuches für das Königreich Sachsen; Ein Beitrag zur Beurtheilung desselben; Leipzig 1853 = Carl Georg v. Wächter, Entwurf eines Sä-BGB.

– Erörterungen aus dem Römischen, Deutschen und Württembergischen Privatrechte; Zweites Heft; Stuttgart 1846 = Carl Georg v. Wächter, Erörterungen, Bd. 2;
  - Eilfte Erörterung. Einfluß der Verschiedenheit der Klagen auf die Freiheit der richterlichen Behandlung; actiones stricti juris (condictiones) und bonae fidei; S. 43 – 125.

– Erörterungen aus dem Römischen, Deutschen und Württembergischen Privatrechte; Erstes Heft; Stuttgart 1845 = Carl Georg v. Wächter, Erörterungen, Bd. 1;
  - Erste Erörterung. Ueber Sachgesammtheiten (rerum universitates) überhaupt und in besonderer Beziehung zum Pfandrecht; S. 1 – 35.

– Dissertatio de condictio causa data causa non secuta in contractibus innominatis; Tubingae MDCCCXII = Carl Georg v. Wächter, Condictio causa data causa non secuta.

Waechter, Jobst Bernhard: Die Subsidiarität des Bereicherungsanspruchs; Inauguraldiss. Göttingen 1932 = Jobst Bernhard Waechter, Subsidiarität des Bereicherungsanspruchs.

Wagner, Gerhard: Geldersatz bei Persönlichkeitsverletzungen; in: ZEuP; Bd. 8 (2000); S. 200 – 228.

Wagner, Wolfgang: Archivangaben; Bibliothek des BGH; in: Dölemeyer, Barbara (Hrsg.); Repertorium ungedruckter Quellen zur Rechtsprechung; Deutschland 1800–1945; Zweiter Halbband; Frankfurt a. M. 1995; S. 1035 f. = Wolfgang Wagner, in: Dölemeyer, Repertorium ungedruckter Quellen, Bd. 2.

Walch: Plan zu Vorlesungen über die Institutionen des Römischen Rechts für seine Zuhörer; 2. Aufl.; Heidelberg 1816 = Walch, Institutionen.

Wallmann, Friederike: Die Geltung des Subsidiaritätsgrundsatzes im Bereicherungsrecht; Frankfurt a. M. / Berlin u. a. 1996 = Wallmann, Subsidiaritätsgrundsatz.

Warneyer, Otto: Das Bürgerliche Gesetzbuch für das Deutsche Reich; erläutert durch die Rechtsprechung und das neuere Schrifttum; nebst dem Einführungsgesetz, dem neuen Eherecht, dem neuen Testamentsgesetz und dem neuen Verschollenheitsgesetz; 9. Aufl.; Berlin 1940 = Warneyer^{9}.

– Kommentar zum Bürgerlichen Gesetzbuch für das Deutsche Reich; 2. Aufl.; Erster Band; Tübingen 1930 = Warneyer^{2}.

Warnkoenig, Leopold August: Juristische Enzyklopädie oder organische Darstellung der Rechtswissenschaft mit vorherrschender Rücksicht auf Deutschland; Zum Gebrauch bei Vorlesungen und zum Selbststudium; Erlangen 1853 = Warnkoenig, Juristische Enzyklopädie.

– Grundriß zu Pandekten-Vorlesungen mit Verweisungen auf die Lehrbücher von Thibaut, v. Wening-Ingenheim, Mühlenbruch und seine Commentarii juris romani privati; Freiburg 1837 = Warnkoenig, Grundriß.

– Bemerkungen über den Begriff der justa causa bei der Tradition; in: AcP; Bd. 6 (1831); S. 111 – 134.

– Commentarii Iuris Romani Privati, ad exemplum optimorum compendiorum a celeberrimis germaniae iurisconsultis compositorum adornati, in usum academicarum praelectionum studii privati; Tomus secundus; Leodii MDCCCXXIX = Warnkoenig, Commentarii, Tomus II.

Weber, Adolph Dieterich: Erläuterungen der Pandekten nach Hellfeld; Weber, August Wilhelm Ludwig (Hrsg.); Erster Theil; Leipzig 1820 = Adolph Dieterich Weber, Erläuterungen, Bd. 1.

– Systematische Entwicklung der Lehre von der natürlichen Verbindlichkeit und deren geschichtlichen Wirkung; Mit einer vorläufigen Berichtigung der gewöhnlichen Theorie der Verbindlichkeit überhaupt; 4. Aufl.; Schwerin / Wismar 1805 = Adolph Dieterich Weber, Natürliche Verbindlichkeit (Anm.: Die 5. Aufl., Leipzig 1825, ist nach dem „Vorbericht" nur korrigiert, aber nicht umgearbeitet).

Weber, Andreas: Der Bereicherungsausgleich nach irrtümlicher Eigenleistung auf fremde Schuld; Frankfurt a. M. 1992 = Andreas Weber, Irrtümliche Eigenleistung.

Weber, Ralph: Einige Gedanken zur Konkretisierung von Generalklauseln durch Fallgruppen; in: AcP; Bd. 192 (1992); S. 516 – 567.

Weber, Rolf H.: Gewinnherausgabe – Rechtsfigur zwischen Schadenersatz-, Geschäftsführung- und Bereicherungsrecht; in: ZSR; Bd. 133/I (1992); S. 333 – 366.

Weech, Friedrich v. (Hrsg.): Badische Biographiien [!]; Zweiter Theil; Heidelberg 1875 = v. Weech, Badische Biographien, Bd. 2.

Weimar, Peter: Zur Kausalität der Zuwendungen im römischen, französischen und schweizerischen Recht; in: Schmidlin, Bruno (Hrsg.); Vers un droit privé européen commun? – Skizzen zum gemeineuropäischen Privatrecht; Basel / Frankfurt a. M. 1994; S. 95 – 113 = Weimar, in: Schmidlin, Skizzen zum gemeineuropäischen Privatrecht.

Weir, Tony: Die Sprachen des europäischen Rechts – Eine skeptische Betrachtung; in: ZEuP; Bd. 3 (1995); S. 368 – 374.

Weishaupt, Arndt: Zur Geschäftsführung ohne Auftrag bei vertraglicher Pflichtbindung des Geschäftsführers; in: NJW 2000; S. 1002 f.

Weiske, Julius (Hrsg.): Rechtslexikon für Juristen aller teutschen Staaten enthaltend die gesammte Rechtswissenschaft;

– Erster Band; A – Bergrecht; Leipzig 1842 = Weiske, Rechtslexikon, Bd. 1;

– Zweiter Band; Bericht – Confiscation; Leipzig 1840 = Weiske, Rechtslexikon, Bd. 2.

Weitnauer, Hermann: Altes und Neues zur Leistungskondiktion; in: Bundesnotarkammer (Hrsg.); Festschrift für Helmut Schippel zum 65. Geburtstag; München 1996; S. 275 – 283.

– Nochmals: Zum causa-Problem im Zivilrecht; in: JZ 1985; S. 555 – 558.

– Zwischenbilanz im Bereicherungsrecht; – Zugleich eine Besprechung von Reuter/ Martinek, Ungerechtfertigte Bereicherung –; in: DB 1984; S. 2496 – 2501.

– Zweck und Rechtsgrund der Leistung; in: Juristische Fakultät der Universität Heidelberg (Hrsg.); Ungerechtfertigte Bereicherung; Grundlagen, Tendenzen, Perspektiven; Symposium der Juristischen Fakultät der Universität Heidelberg zum Gedenken an Professor Dr. iur. Detlef König LL. M.; * 10.6.1938 † 21.9.1981; Ordentlicher Professor der Rechte an der Universität Heidelberg; 15. und 16. April 1983; Heidelberg 1984; S. 25 – 56.

– Zum Stand von Rechtsprechung und Lehre zur Leistungskondiktion; in: NJW 1979; S. 2008 – 2013.

– Die Leistung; in: Ficker, Hans Claudius / König, Detlef / Kreuzer, Karl F. / Leser, Hans G. / Bieberstein, Wolfgang Frhr. Marschall v. / Schlechtriem, Peter (Hrsg.); Festschrift für Ernst v. Caemmerer zum 70. Geburtstag; Tübingen 1978; S. 255 – 293.

– Die bewußte und zweckgerichtete Vermehrung fremden Vermögens; in: NJW 1974; S. 1729 – 1734.

Welker, Gerhard: Bereicherungsausgleich wegen Zweckverfehlung?; Kritisches zu § 812 Abs. 1 S. 2 2. Alt. BGB; Zugleich ein Beitrag zur Struktur der Leistungskondiktion; Berlin 1974 = Welker, Bereicherungsausgleich wegen Zweckverfehlung.

Wellspacher, Moriz: Versio in rem; Eine Studie zu den Problemen der Rechtsentwicklung und Gesetzes-Interpretation auf Grundlage des österreichischen Rechtes; Wien 1900 = Wellspacher, Versio in rem.

Wendehorst, Christiane: Anspruch und Ausgleich; Theorie einer Vorteils- und Nachteilsausgleichung im Schuldrecht; Tübingen 1999 = Wendehorst, Anspruch und Ausgleich.

Wendt, Otto: Erwerb von einem Nichtberechtigten; in: AcP; Bd. 89 (1899); S. 1 – 84.

– Das allgemeine Anweisungsrecht; Jena 1895 = Wendt, Allgemeines Anweisungsrecht.

– Lehrbuch der Pandekten; Jena 1888 = Wendt, Pandekten.

Wengler, Friedrich Albert / *Brachmann*, H. A.: Das Bürgerliche Gesetzbuch für das Königreich Sachsen nach den hierzu ergangenen Entscheidungen der Spruchbehörden; Erster Band; Leipzig 1878 = Wengler/Brachmann.

Wening-Ingenheim, Johann Nepomuk v.: Lehrbuch des gemeinen Civilrechtes nach Heise's Grundriß eines Systems des gemeinen Civilrechtes zum Behuf von Pandecten-Vorlesungen; Erster Band; 3. Aufl.; München 1827 = v. Wening-Ingenheim[3], Gemeines Zivilrecht, Bd. 1.

– Lehrbuch des gemeinen Civilrechtes nach Heise's Grundriß eines Systems des gemeinen Civilrechtes zum Behuf von Pandecten-Vorlesungen; Zweiter Band; München 1823 = v. Wening-Ingenheim, Gemeines Zivilrecht, Bd. 2.

Wenner, Martin A.: Die Voraussetzungen des Anspruches aus ungerechtfertigter Bereicherung unter besonderer Berücksichtigung des Problems der Subsidiarität; Erkenntnis-kritische Würdigung im Rahmen der schweizerischen Lehre und Rechtsprechung; Zürich 1977 = Wenner, Ungerechtfertigte Bereicherung.

Wesel, Uwe: Bereicherungsrecht; in: NJW 1994; S. 2594 f.

Wesenberg, Gerhard / *Wesener*, Gunter: Neuere deutsche Privatrechtsgeschichte im Rahmen der europäischen Rechtsentwicklung; 4. Aufl.; Wien / Köln u. a. 1985 = Wesenberg/Wesener, Privatrechtsgeschichte.

Westenberg, Johannes Ortwin: Principia Iuris, secundum ordinem Digestorum, seu Pandectarum, in usum auditorum vulgata; Tomus I; Vindobonae MDCCLXIII = Westenberg, Principia iuris, Tomus I.

– De Causis Obligationum; Liber Singularis Seu Dissertationes IX; Harderovici 1704 = Westenberg, De causis obligationum.

Westerhoff, Rudolf: Die Elemente des Beweglichen Systems; Berlin 1991 = Westerhoff, Bewegliches System.

Westermann, Harm Peter: Die causa im französischen und deutschen Zivilrecht; Berlin 1967 = Harm Peter Westermann, Causa im Zivilrecht.

Westermann, Harry (Begründer): Sachenrecht; fortgeführt von Westermann, Harm-Peter / Gursky, Karl-Heinz / Eickmann, Dieter; 7. Aufl.; Heidelberg 1998 = Bearbeiter, in: Harry Westermann, Sachenrecht.

Weyl, Richard: Vorträge über das Bürgerliche Gesetzbuch für Praktiker; Erster Band; Einleitung; Allgemeiner Teil; Recht der Schuldverhältnisse; München 1898 = Weyl, Vorträge über das BGB, Bd. 1.

Whitty, Niall R.: Die Reform des schottischen Bereicherungsrechts; in: ZEuP; Bd. 3 (1995); S. 216 – 241.

Wieacker, Franz: Ausgewählte Schriften; Band 1; Methodik der Rechtsgeschichte; Simon, Dieter (Hrsg.); Frankfurt a. M. 1983 = Wieacker, in: Ausgewählte Schriften, Bd. 1;

  – Zur Methodik der Rechtsgeschichte; S. 27 – 49; aus: Strasser, Rudolf u. a. (Hrsg.); Festschrift für Fritz Schwind zum 65. Geburtstag; Wien 1978; S. 355 – 375;

– Notizen zur rechtshistorischen Hermeneutik; S. 84 – 102; aus: Notizen zur rechtshistorischen Hermeneutik; Göttingen 1963.

– Privatrechtsgeschichte der Neuzeit unter besonderer Berücksichtigung der deutschen Entwicklung; 2. Aufl.; Göttingen 1967 = Wieacker, Privatrechtsgeschichte.

Wiegand, Wolfgang: Back to the future?; in: RJ; Bd. 12 (1993); S. 277 – 284.

Wieling; Heinrich: Drittzahlung, Leistungsbegriff und fehlende Anweisung; in: JuS 1978; S. 801 – 810.

Wilburg, Walter: Zusammenspiel der Kräfte im Aufbau des Schuldrechts; in: AcP; Bd. 163 (1964); S. 346 – 379.

– Die Lehre von der ungerechtfertigten Bereicherung nach österreichischem und deutschem Recht; Kritik und Aufbau; Festschrift der Universität Graz 1933/34; Graz 1934 = Wilburg, Ungerechtfertigte Bereicherung.

Wilhelm, Jan: Die Kondiktion der Zahlung des Bürgen oder Garanten „auf erste Anforderung" im Vergleich zur Zession; in: NJW 1999; S. 3519 – 3526.

– Anmerkung zu: BGH – JZ 1995, S. 572 f. (Urteil v. 11.11.1994 – V ZR 116/93); in: JZ 1995; S. 573 – 576.

– „Upon the cases" bei der Leistungskondiktion in Dreiecksverhältnissen?; in: JZ 1994; S. 585 – 596.

– Die Zurechnung der Leistung bei Widerruf einer Anweisung, insbesondere eines Schecks; in: AcP; Bd. 175 (1975); S. 304 – 350.

– Das Merkmal „auf Kosten" als notwendiges Kriterium der Leistungskondiktion; in: JuS 1973; S. 1 – 9.

– Rechtsverletzung und Vermögensentscheidung als Grundlagen und Grenzen des Anspruchs aus ungerechtfertigter Bereicherung; Bonn 1973 = Jan Wilhelm, Rechtsverletzung und Vermögensentscheidung.

Windscheid, Bernhard: Die Voraussetzung; in: AcP; Bd. 78 (1892); S. 161 – 202.

– Die indirekte Vermögensleistung; in: Festgabe der Leipziger Juristenfakultät für Dr. jur. Otto Müller zum 14. Mai 1892; Leipzig 1892; S. 1 – 26.

– Lehrbuch des Pandektenrechts; Zweiter Band; 5. Aufl.; Zweite unveränderte Ausgabe; Frankfurt a. M. 1882 = Windscheid[5], Pandektenrecht, Bd. 2.

– Dekanatsrede zum Andenken an Dr. Christian Friedrich Kees; Zwei Fragen aus der Lehre von der Verpflichtung wegen ungerechtfertigter Bereicherung; gehalten am 13. Februar 1878 vormittags 12 Uhr = Windscheid, Zwei Fragen.

– Lehrbuch des Pandektenrechts; 3. Aufl., 2. Abdruck; Düsseldorf 1873;

  – Erster Band = Windscheid[3], Pandektenrecht, Bd. 1;

  – Zweiter Band = Windscheid[3], Pandektenrecht, Bd. 2.

– Rezension von: Hermann Witte, Die Bereicherungsklagen des gemeinen Rechts, Halle 1859; in: KritVj; Bd. 1 (1859); S. 115 – 127.

– Die Actio des römischen Civilrechts vom Standpunkte des heutigen Rechts; Düsseldorf 1856 = Windscheid, Actio des römischen Zivilrechts.

– Die Lehre des römischen Rechts von der Voraussetzung; Düsseldorf 1850 = Windscheid, Voraussetzung.

– Über das Recht des redlichen Besitzers an den Früchten; in: LindesZ; Bd. 4 N. F. (1847); S. 55 – 137.

– Zur Lehre des Code Napoleon von der Ungültigkeit der Rechtsgeschäfte; Düsseldorf 1847 = Windscheid, Lehre des Code Napoleon.

Windscheid, Bernhard / *Kipp*, Theodor: Lehrbuch des Pandektenrechts; Zweiter Band; 9. Aufl.; Frankfurt a. M. 1906 = Windscheid/Kipp, Pandektenrecht; Bd. 2.

Wirth, Hans F.: Die Rückabwicklung fehlgeschlagener Banküberweisungen; Nr. 10 der „Gelben Reihe“ 1975 = Wirth, Fehlgeschlagene Banküberweisungen.

Witte, Hermann: Zur Lehre von den Bereicherungsklagen; in: JherJb; Bd. 5 (1861); S. 88 – 124.

– Die Bereicherungsklagen des gemeinen Rechts; Halle 1859 = Witte, Bereicherungsklagen.

Wolf, Bruno (Hrsg.): Das Bürgerliche Gesetzbuch unter Berücksichtigung der gesamten Rechtsprechung der oberen Gerichte des Deutschen Reichs; ders. (Bearbeiter §§ 812–822); Halle 1908 = Bruno Wolf, in: ders.

Wolf, Christina: Drittleistung und Leistungsermittlung; Berlin 1995 = Christina Wolf, Drittleistung und Leistungsermittlung.

Wolf, Erik: Große Rechtsdenker der deutschen Geistesgeschichte; 4. Aufl.; Tübingen 1963 = Erik Wolf, Große Rechtsdenker.

Wolf, Ernst: Lehrbuch des Schuldrechts; Band 2; Besonderer Teil; 1. Aufl.; Köln / Berlin u. a. 1978 = Ernst Wolf, Schuldrecht, Bd. 2.

– Allgemeiner Teil des bürgerlichen Rechts; 2. Aufl.; Köln / Bonn u. a. 1976 = Ernst Wolf, Allgemeiner Teil.

– Zum Begriff des Schuldverhältnisses; in: Schwinge, Erich (Hrsg.); Festgabe für Heinrich Herrfahrdt; Marburg 1961; S. 197 – 212.

Wolf, Joachim: Der Stand der Bereicherungslehre und ihre Neubegründung; Köln / Berlin u. a. 1980 = Joachim Wolf, Stand der Bereicherungslehre.

Wolff, Christian: Gesammelte Werke; II. Abteilung; Lateinische Schriften; Band 18; Jus Naturale; Thomann, Marcel (Hrsg.); Hildesheim 1968; Nachdruck von Jus Naturale Halae Magdeburgicae MDCCXLII = Christian Wolff, Ius Naturale.

– Grundsätze des Natur- und Völkerrechts, worin alle Verbindlichkeit und alle Rechte in einem beständigen Zusammenhange hergeleitet werden; Halle 1754 = Christian Wolff, Grundsätze des Natur- und Völkerrechts.

Wolff, Hans Julius: Der Rechtshistoriker und die Privatrechtsdogmatik; in: Esser, Josef / Thieme, Hans (Hrsg.); Festschrift für Fritz von Hippel; Zum 70. Geburtstag; Tübingen 1967; S. 687 – 710.

Wolff, Lutz-Christian: Zuwendungsrisiko und Restitutionsinteresse; Struktur und Rückabwicklung von Zuwendungen, dargestellt am Beispiel von Synallagma und Leistungskondiktion; Berlin 1998 = Lutz-Christian Wolff, Zuwendungsrisiko und Restitutionsinteresse.

Wolffenstein, Siegfried: Das Wesen der condictio im römischen und heutigen bürgerlichen Recht; Inauguraldiss. Erlangen 1906 = Wolffenstein, Wesen der condictio.

Wollschläger, Christian: Das stoische Bereicherungsverbot in der römischen Rechtswissenschaft; in: Behrends, Okko / Diesselhorst, Malte / Voss, Wulf Eckart (Hrsg.);

Symposion aus Anlaß des 75. Geburtstages von Franz Wieacker; Ebelsbach 1985; S. 41 – 88.

– Die Geschäftsführung ohne Auftrag; Theorie und Rechtsprechung; Berlin 1976 = Wollschläger, Geschäftsführung ohne Auftrag.

Wulfert: Das sächsische bürgerliche Gesetzbuch und die zur Revision des Held'schen Entwurfs eingesetzte Commission; in: SächsArch; Bd. 1 (1891); S. 42 – 58.

Wuttke, Paul: Der Anspruch aus ungerechtfertigter Bereicherung bei mittelbarer Vermögensverschiebung und Versuch einer Ausdehnung dieses Anspruchs aus § 812 B.G.B.; Inauguraldiss. Breslau 1917 = Wuttke, Ungerechtfertigte Bereicherung.

Zajtay, Imre: Die Rezeption fremder Rechte und die Rechtsvergleichung; in: AcP; Bd. 156 (1957); S. 361 – 381.

Zeiller, Franz Anton v.: Commentar über das allgemeine bürgerliche Gesetzbuch für die gesammten Deutschen Erbländer der Oesterreichischen Monarchie; Vierter Band, sammt Register; Wien / Triest 1813 = v. Zeiller.

Zeiss, Walter: Leistungsverhältnis und Insolvenzrisiko bei irrtümlicher Tilgung fremder Schulden; in: AcP; Bd. 165 (1965); S. 332 – 347.

– Leistung, Zuwendungszweck und Erfüllung; in: JZ 1963; S. 7 – 10.

Zimmermann, Ernst: Aechte und unächte negotiorum gestio; Ein Beitrag zum römischen Obligationenrecht; Gießen 1872 = Ernst Zimmermann, Negotiorum gestio.

– Beiträge zur Theorie der condictio indebiti; Inauguraldiss. Gießen 1868 = Ernst Zimmermann, Theorie der condictio indebiti.

Zimmermann, Friedrich: Ueber den Beweis des Irrthums bei der condictio indebiti; in: AcP; Bd. 48 (1865); S. 60 – 79.

Zimmermann, Reinhard: Rezension von: David Ibbetson, A Historical Introduction to the Law of Obligations, Oxford 1999; in: JZ 2000; S. 778 f.

– Rechtsirrtum und richterliche Rechtsfortbildung; Entscheidung des House of Lords vom 29. Oktober 1998 (Kleinwort Benson Ltd. v. Lincoln City Council and other appeals); in: ZEuP; Bd. 7 (1999); S. 713 – 731.

– Heutiges Recht, Römisches Recht und heutiges Römisches Recht; Die Geschichte einer Emanzipation durch „Auseinanderdenken"; in: ders. / Knütel, Rolf / Meincke, Jens Peter (Hrsg.); Rechtsgeschichte und Privatrechtsdogmatik; Hans Hermann Seiler zum 24. Dezember 1999; Heidelberg 1999; S. 1 – 39.

– Historische Verbindungen zwischen civil law und common law; in: Müller-Graff, Peter-Christian (Hrsg.); Gemeinsames Privatrecht in der Europäischen Gemeinschaft; 2. Aufl.; Baden-Baden 1999; S. 103 – 125 = Reinhard Zimmermann, in: Müller-Graff, Gemeinsames Privatrecht.

– Savignys Vermächtnis; in: Caroni, Pio / Dilcher, Gerhard (Hrsg.); Norm und Tradition; Welche Geschichtlichkeit für die Rechtsgeschichte?; Frau norma e tradizione; Quale storicità per la storia giuridica?; Köln / Weimar u. a. 1998; S. 281 – 320 = Reinhard Zimmermann, in: Caroni/Dilcher, Norm und Tradition.

– Der europäische Charakter des englischen Rechts; historische Verbindungen zwischen civil law und common law; in: ZEuP; Bd. 1 (1993); S. 4 – 51.

– Das römisch-kanonische ius commune als Grundlage europäischer Rechtseinheit; in: JZ 1992; S. 8 – 20.

– Usus Hodernius Pandectarum; in: Schulze, Reiner (Hrsg.); Europäische Rechts- und Verfassungsgeschichte; Ergebnisse und Perspektiven der Forschung; Berlin 1991; S. 61 – 88 = Reinhard Zimmermann, in: Schulze, Europäische Geschichte.

Zimmermann, Reinhard / *Hellwege*, Phillip: „Error iuris non excusat" und das „law of restitution" – Zur Karriere einer gemeinrechtlichen Maxime in der Welt des common law; in: Hübner, Ulrich / Ebke, Werner F. (Hrsg.); Festschrift für Bernhard Großfeld zum 65. Geburtstag; Heidelberg 1999; S. 1367 – 1401.

Zimmermann, Roland: Die Bemühungen um eine Privatrechtskodifikation im Herzogtum Nassau 1806 – 1866; Inauguraldiss. Mainz 1987 = Roland Zimmermann, Privatrechtskodifikation Nassau.

Zippelius, Reinhold: Juristische Methodenlehre; 7. Aufl.; München 1999 = Zippelius, Methodenlehre.

– Rechtsphilosophie; 3. Aufl.; München 1994 = Zippelius, Rechtsphilosophie.

Zoglauer, Thomas: Einführung in die formale Logik für Philosophen; Göttingen 1997 = Zoglauer, Formale Logik.

Zweigert, Konrad / *Kötz*, Hein: Einführung in die Rechtsvergleichung auf dem Gebiete des Privatrechts; 3. Aufl.; Tübingen 1996 = Zweigert/Kötz[3], Rechtsvergleichung.

– Einführung in die Rechtsvergleichung auf dem Gebiete des Privatrechts; Band I: Grundlagen; Tübingen 1971 = Zweigert/Kötz, Rechtsvergleichung, Bd. 1.

II. Englische Literatur

1. Gedruckte Materialien

Cabinet Office: Recovering the Proceeds of Crime; A Performance and Innovation Unit Report – June 2000 = Cabinet Office, Rep. June 2000, Proceeds of Crime.

Clive, Eric: Restitution and Unjustified Enrichment; in: Hartkamp, Arthur / Hesselink, Martijn / Hondius, Ewoud / Joustra, Carla / du Perron, Edgar (Hrsg.); Towards a European Civil Code; 2. Aufl.; Ars Aequi Libri; Nijmwegen 1998; S. 383 – 396 = Hartkamp/Hesselink/Hondius/Joustra/du Perron[2], Towards a European Civil Code.

Law Commission of England and Wales: Illegal Transactions: The Effect of Illegality on Contracts and Trusts; No. 154; 1999 = Law Commission of England and Wales, No. 154 (1999), Illegal Transactions.

– Aggravated, Exemplary and Restitutionary Damages; No. 247; 1997 = Law Commission of England and Wales, No. 247 (1997), Aggravated, Exemplary and Restitutionary Damages.

Law Commission of New Zealand: Apportionment of Civil Liability; Report 47; 1998 = Law Commission of New Zealand, Rep. 47 (1998), Apportionment of Civil Liability.

Restatement of the Law of Restitution: Quasi Contracts and Constructive Trusts As Adopted and Promulgated by The American Law Institute at Washington D. C.; May 8, 1936; Volume 1; together with Reporters Notes by Warren A. Seavey and Austin W. Scott; American Law Institute Publishers; St. Paul 1937 = Restatement of the Law of Restitution, Vol. 1.

Restatement of the Law; Second; Restitution; Submitted by the Council to the Members of The American Law Institute for Discussion at the Sixtieth Annual Meeting on May 17, 18, 19, and 20, 1983; Tentative Draft No. 1; Subjects Covered: Proposed Outline and Introduction for Restatement; Chapter 1. Underlying Principles of Restitution; Chapter 2. Remedies; April 5, 1983; The Executive Office, The American Law Institute; Philadelphia 1983 = Second Restatement of The Law of Restitution, Vol. 1.

Scottish Law Commission: No. 169; Report on Unjustified Enrichment, Error of Law and Public Authority Receipts and Disbursements; Laid before Parliament by the Lord Advocate under section 3 (2) of the Law Commissions Act 1965; Ordered by the House of Commons to be printed 25 February 1999 = Scottish Law Commission, No. 169 (1999), Unjustified Enrichment.

– Discussion Paper No. 99; Judicial Abolition of the Error of Law Rule and its Aftermath; Appendix; Draft Rules on Unjustified Enrichment and Commentary (Note: This paper was prepared by Dr E M Clive for a seminar on 22 October 1994. The rules were framed to test the feasibility of a codification of Scots enrichment law. They represent Dr Clive's personal views and not necessarily those of the Scottish Law Commission.) = Scottish Law Commission, No. 99 (1994), Appendix.

2. Allgemeine Literatur

Alison, J. W. F.: A Continental Distinction in the Common Law; A Historical and Comparative Perspective on English Public Law; Oxford University Press; Erstdruck 1995; Neudruck Paperback Oxford 2001 = Alison, Continental Distinction.

Ames, James Barr: The History of Assumpsit; in: (1888–89) 2 HarvardLR 53 – 69.

Andrews, Neil: Civil Disgorgement of Wrongdoers' Gain: The Temptation to do Justice; in: Cornish, W. R. / Nolan, Richard / O'Sullivan, Janet / Virgo, Graham J. (Hrsg.); Restitution; Past, Present and Future; Essays in Honour of Gareth Jones; Hart Publishing; Oxford 1998; S. 155 – 162 = Andrews, in: Festschrift für Jones.

Antoniolli Deflorian, Luisa: Case Note; in: (2000) 8 EuRPL 364 – 383.

Atiyah, Patrick Selim: Essays on Contract; Clarendon Press; Erstdruck 1986; Neudruck Paperback Oxford 1990 = Atiyah, in: ders., Essays on Contract;

  – Contracts, Promises, and the Law of Obligations; S. 10 – 56;

  – Form and Substance in Contract Law; S. 93 – 120;

  – The Liberal Theory of Contract; S. 121 – 149.

– The Rise and Fall of Freedom of Contract; Clarendon Press; Oxford 1979 = Atiyah, Rise and Fall of Freedom of Contract.

Austin, John: Lectures on Jurisprudence or Philosophy of Positive Law; 5. Aufl.; Campbell, Robert (Hrsg.); Vol. II; London 1885 = Austin, Lectures on Jurisprudence, Vol. 2.

Baker, John Hamilton: Why the History of English Law has not been Finished; in: (2000) 59 CamLJ 62 – 84.

– The History of Quasi-Contract in English Law; in: Cornish, W. R. / Nolan, Richard / O'Sullivan, Janet / Virgo, Graham J. (Hrsg.); Restitution; Past, Present and Future;

Essays in Honour of Gareth Jones; Hart Publishing; Oxford 1998; S. 37 – 56 = Baker, in: Festschrift für Jones.

– The Use of Assumpsit for Restitutionary Money Claims 1600 – 1800; in: Schrage, Eltjo J. H. (Hrsg.); Unjust Enrichment; The Comparative Legal History of the Law of Restitution; Duncker & Humblot; Berlin 1995; S. 31 – 57 = Baker, in: Schrage, Unjust Enrichment.

– An Introduction to English Legal History; 3. Aufl.; Butterworths; London / Boston u. a. 1990 = Baker, English Legal History.

– The Legal Profession and the Common Law; Historical Essays; The Hambledon Press; London 1986 = Baker, Legal Profession.

Bamforth, Nicholas: Public Law; in: Birks, Peter Brian Herrenden / Rose, Francis Dennis (Hrsg.); Lessons of the Swaps Litigation; Mansfield Press, an imprint of LLP; London 2000; S. 46 – 61 = Bamforth, in: Birks/Rose, Lessons of the Swaps Litigation.

– Unconscionability as a vitiating factor; in: [1995] LMCLQ 538 – 560.

Bant, Elise: Questioning the Role of Unjust Enrichment; Rezension von: Joachim Dietrich, Restitution: A New Perspective, Sydney 1998; in: (1999) 28 UWALR 315 – 323.

– „Ignorance“ as a Ground of Restitution – Can it survive?; in: [1998] LMCLQ 18 – 22.

Barker, Kit: Bona Fide Purchase as a Defence to Unjust Enrichment Claims: A Concise Restatement; in: [1999] RLR 75 – 91.

– Rescuing Remedialism in Unjust Enrichment Law: Why Remedies are Right; in: (1998) 57 CamLJ 301 – 327.

– Unjust Enrichment: Containing the Beast; in: (1995) 15 OxJLS 457 – 475.

– After Change of Position: Good Faith Exchange in the Modern Law of Restitution; in: Birks, Peter Brian Herrenden (Hrsg.); Laundering and Tracing; Clarendon Press; Oxford 1995; S. 191 – 216 = Barker, in: Birks, Laundering and Tracing.

– Restitution and Third Parties; The Trident Beauty; in: [1994] LMCLQ 305 – 311.

– Restitution of Passenger Fare; The Mikhail Lermontov; in: [1993] LMCLQ 291 – 297.

Barker, Kit / *Smith*, Lionel D.: Unjust Enrichment; in: Hayton, David (Hrsg.); Law's Future(s); British Legal Developments in the 21st Century; Hart Publishing; Oxford / Portland 2000; S. 411 – 432 = Barker/Smith, in: Hayton, Law's Future(s).

Beale, Hugh G. (Hrsg.): Chitty on Contracts; Vol. I; General Principles; 28. Aufl.; Sweet & Maxwell; London 1999 = Chitty on Contracts, Vol. 1.

Beatson, Jack: Restitution and Contract: Non-Cumul?; in: [2000] 1 TIL 83 – 114.

– The Temptation of Elegance: Concurrence of Restitutionary and Contractual Claims; in: Swadling, William John / Jones, Gareth (Hrsg.); The Search for Principle; Essays in Honour of Lord Goff of Chieveley; Oxford University Press; Oxford 1999; S. 143 – 170 = Beatson, in: Festschrift für Lord Goff of Chieveley.

– Part Eight; Restitution; in: Beale, Hugh G. (Hrsg.); Chitty on Contracts; Vol. I; General Principles; 28. Aufl.; Sweet & Maxwell; London 1999 = Beatson, in: Chitty on Contracts, Vol. 1.

– Restitution in Canada: A Commentary; in: Cornish, W. R. / Nolan, Richard / O'Sullivan, Janet / Virgo, Graham J. (Hrsg.); Restitution; Past, Present and Future; Essays in Honour of Gareth Jones; Hart Publishing; Oxford 1998; S. 297 – 303 = Beatson, in: Festschrift für Jones.

– Anson's Law of Contract; 27. Aufl.; Oxford University Press; Oxford 1998 = Beatson, Anson's Law of Contract.

– Should There Be Legislative Development of the Law of Restitution?; in: Burrows, Andrew S. (Hrsg.); Essays on the Law of Restitution; Clarendon Press; Oxford 1991; S. 279 – 301 = Beatson, in: Burrows, Essays on Restitution.

– The Use and Abuse of Unjust Enrichment; Essays on the Law of Restitution; Clarendon Press; Oxford 1991 = Beatson, in: ders., Use and Abuse of Unjust Enrichment;
  – What Can Restitution Do For You?; S. 1 – 20;
  – Benefit, Reliance, and the Structure of Unjust Enrichment; S. 21 – 44;
  – Mistaken Payments in the Law of Restitution; S. 137 – 176;
  – The Nature of Waiver of Tort; S. 206 – 243.

Beatson, Jack / *Bishop*, W.: Mistaken Payments in the Law of Restitution; in: (1986) 36 UTorLJ 149 – 185.

Beatson, Jack / *Tolhurst*, G. J.: Debt, Damages and Restitution; in: (1998) 57 CamLJ 253 – 257.

Bennett, Howard N.: Attachment of Chattles to Land; in: Palmer, Norman / McKendrick, Ewan (Hrsg.); Interests in Goods; LLP; London / Hong Kong 1998; S. 267 – 299 = Bennett, in: Palmer/McKendrick, Interests in Goods.

Benson, Peter: The Basis of Corrective Justice and Its Relation to Distributive Justice; in: (1991–92) 77 IowaLR 515 – 624.

Bird, Joanna: Restitution's uncertain Progress; in: [1995] LMCLQ 308 – 313.

Birks, Peter Brian Herrenden: Unjust Enrichment and Wrongful Enrichment; in: (2001) TexasLR Symposium.

– Personal Property: Proprietary Rights and Remedies; in: (2000) 11 KCLJ 1 – 18.

– Rights, Wrongs, and Remedies; in: (2000) 20 OxJLS 1 – 37.

– At the Expense of the Claimant: Direct and Indirect Enrichment in English Law; in: (2000) OxUCLF 1.

– Recovering Value Transferred Under an Illegal Contract; in: [2000] 1 TIL 155 – 204.

– A Bank's Mistaken Payments: Two recent cases and their implications; in: (2000) 14 TLI 217 – 227.

– Three Kinds of Objection to Discretionary Remedialism; in: (2000) 29 UWALR 1 – 17.

– Private Law; in: ders. / Rose, Francis Dennis (Hrsg.); Lessons of the Swaps Litigation; Mansfield Press, an imprint of LLP; London 2000; S. 1 – 45 = Birks, in: ders./Rose, Lessons of the Swaps Litigation.

– Appendix 1; Restitution and Resulting Trusts; in: ders. / Rose, Francis Dennis (Hrsg.); Restitution and Equity; Volume One; Resulting Trusts and Equitable Compensation; Mansfield Press, an imprint of LLP; London 2000; S. 265 – 283 = Birks, in: ders./Rose, Restitution and Equity, Vol. 1.

– Annual Miegunyah Lecture: Equity, Conscience, and Unjust Enrichment; in: (1999) 23 MULR 1 – 29.

– The Law of Unjust Enrichment: A Millennial Resolution; in: [1999] SJLS 318 – 332.

– The Law of Restitution at the End of an Epoch; in: (1999) 28 UWALR 13 – 64.

– The Role of Fault in the Law of Unjust Enrichment; in: Swadling, William John / Jones, Gareth (Hrsg.); The Search for Principle; Essays in Honour of Lord Goff of Chieveley; Oxford University Press; Oxford 1999; S. 235 – 275 = Birks, in: Festschrift für Lord Goff of Chieveley.

– The end of the remedial constructive trust?; in: (1998) 12 TLI 202 – 215.

– The Burden on the Bank; in: Rose, Francis Dennis (Hrsg.); Restitution and Banking Law; Mansfield Press; Oxford 1998; S. 189 – 232 = Birks, in: Rose, Restitution and Banking Law.

– Misnomer; in: Cornish, W. R. / Nolan, Richard / O'Sullivan, Janet / Virgo, Graham J. (Hrsg.); Restitution; Past, Present and Future; Essays in Honour of Gareth Jones; Hart Publishing; Oxford 1998; S. 1 – 29 = Birks, in: Festschrift für Jones.

– Mixtures; in: Palmer, Norman / McKendrick, Ewan (Hrsg.); Interests in Goods; LLP; London / Hong Kong 1998; S. 227 – 249 = Birks, in: Palmer/McKendrick, Interests in Goods.

– Property and Unjust Enrichment: Categorical Truths; in: [1997] NZLR 623 – 667.

– On taking seriously the difference between tracing and claiming; in: (1997) 11 TLI 2 – 10.

– (Hrsg.): The Classification of Obligations; Clarendon Press; Oxford 1997 = Birks, Classification of Obligations;

  – Definition and Division: A Meditation on Institutes 3.13.; S. 1 – 35.

– Trusts Raised to Reverse Unjust Enrichment: The Westdeutsche Case; in: [1996] RLR 3 – 26.

– Equity in the Modern Law: An Exercise in Taxonomy; in: (1996) 26 UWALR 1 – 99.

– Failure of Consideration; in: Rose, Francis Dennis (Hrsg.); Consensus ad Idem; Essays in the Law of Contract in Honour of Guenter H. Treitel; Sweet & Maxwell; London 1996; S. 179 – 202 = Birks, in: Festschrift für Treitel.

– (Hrsg.): Wrongs and Remedies in the Twenty-First Century; Clarendon Press; Oxford 1996 = Birks, Wrongs and Remedies.

– Establishing a Proprietary Base; in: [1995] RLR 83 – 93.

– The Concept of a Civil Wrong; in: Owen, David G. (Hrsg.); Philosophical Foundations of Tort Law; Clarendon Press; Oxford 1995; S. 31 – 51 = Birks, in: Owen, Philosophical Foundations of Tort Law.

– Restitution for Wrongs; in: Schrage, Eltjo J. H. (Hrsg.); Unjust Enrichment; The Comparative Legal History of the Law of Restitution; Duncker & Humblot; Berlin 1995; S. 171 – 195 = Birks, in: Schrage, Unjust Enrichment.

– (Hrsg.): Laundering and Tracing; Clarendon Press; Oxford 1995 = Birks, Laundering and Tracing;

– Overview: Tracing, Claiming and Defences; S. 289 – 348.

– (Hrsg.): The Frontiers of Liability; Vol. 2; Oxford University Press; Oxford 1994 = Birks, Frontiers of Liability, Vol. 2;

– Proprietary Rights as Remedies; S. 214 – 223.

– Restitution: Dynamics of the Modern Law; in: (1993) 46 CLP 1 157 – 182.

– No Consideration: Restitution after void Contracts; in: (1993) 23 UWALR 195 – 234.

– The Condition of the English Law of Unjust Enrichment; in: (1992) ActJur 1 – 22.

– Restitution and Resulting Trusts; in: Goldstein, Stephen (Hrsg.); Equity and Contemporary Legal Developments; The Harry and Michael Sacher Institute for Legislative Research and Comparative Law; The Hebrew University of Jerusalem 1992; S. 335 – 373 = Birks, in: Goldstein, Equity.

– Civil Wrongs: A New World; in: Butterworths Lectures 1990-91; Butterworths; London 1992; S. 55 – 112.

– Restitution – The Future; The Federation Press; Sydney 1992 = Birks, Restitution – The Future.

– Rezension von: Peter D. Maddaugh / John D. McCamus, The Law of Restitution, Aurora 1990; in: (1991) 70 CBR 814 – 822.

– The English recognition of unjust enrichment; in: [1991] LMCLQ 473 – 507.

– In Defence of Free Acceptance; in: Burrows, Andrew S. (Hrsg.); Essays on the Law of Restitution; Clarendon Press; Oxford 1991; S. 105 – 146 = Birks, in: Burrows, Essays on Restitution.

– An Introduction to the Law of Restitution; Clarendon Press; Erstdruck 1985; Paperback mit Anhang Oxford 1989 = Birks, Introduction.

– Unjust enrichment – a reply to Mr Hedley; in: (1985) 5 LS 67 – 76.

– English and Roman Learning in Moses v. Macferlan; in: (1984) 37 CLP 1 – 28.

– Restitution and the Freedom of Contract; in: (1983) 36 CLP 141 – 162.

– Restitution and Wrongs; in: (1982) 35 CLP 53 – 76.

Birks, Peter Brian Herrenden / *McLeod*, Grant: The Implied Contract Theory of Quasi-Contract: Civilian Opinion in the Century before Blackstone; in: (1986) 6 OxJLS 46 – 85.

Birks, Peter Brian Herrenden / *Rose*, Francis Dennis (Hrsg.): Restitution and Equity; Volume One; Resulting Trusts and Equitable Compensation; Mansfield Press, an imprint of LLP; London 2000 = Birks/Rose, Restitution and Equity, Vol. 1.

– (Hrsg.): Lessons of the Swaps Litigation; Mansfield Press, an imprint of LLP; London 2000 = Birks/Rose, Lessons of the Swaps Litigation.

Birks, Peter Brian Herrenden / *Swadling*, William John: Restitution; in: [1999] All ER; Annual Review 312 – 326.

– Restitution; in: [1998] All ER; Annual Review 390 – 416.

– Restitution; in: [1997] All ER; Annual Review 385 – 407.

– Restitution; in: [1996] All ER; Annual Review 366 – 395.

Bix, Brian (Hrsg.): Analyzing Law: New Essays in Legal Theory; Clarendon Press; Oxford 1998 = Bix, Analyzing Law.

Blair, Roger D. / *Cotter*, Thomas F.: Rethinking Patent Damages; in: SSRN (Volltext).

Brazier, Margaret R. (Hrsg.): Clerk and Lindsell on Torts; 17. Aufl.; Sweet & Maxwell; London 1995 = Clerk&Lindsell on Torts.

Brice, Geoffrey: Maritime Law of Salvage; 3. Aufl.; Sweet & Maxwell; London 1999 = Brice, Law of Salvage.

Bridge, Michael: Restitution and Retrospective Law: Kleinwort Benson Ltd v Lincoln City Council; in: (1999) 14 JIBFL 5 – 10.

– Failed Contracts, Subrogation and Unjust Enrichment: Banque Financière de la Cité v. Parc (Battersea) Ltd; in: [1998] JBL 323 – 333.

Bryan, Michael: Recovering Misdirected Money from Banks: Ministerial Receipt at Law and in Equity; in: Rose, Francis Dennis (Hrsg.); Restitution and Banking Law; Mansfield Press; Oxford 1998; S. 161 – 188 = Bryan, in: Rose, Restitution and Banking Law.

Buckley, R. A.: Ch. 17; Trespass to Land and Dispossession; in: Brazier, Margaret R. (Hrsg.); Clerk and Lindsell on Torts; 17. Aufl.; Sweet & Maxwell; London 1995 = Buckley, in: Clerk&Lindsell on Torts.

Burrows, Andrew S.: Rezension von: Restitution, Past, Present and Future: Essays in Honour of Gareth Jones. Edited by W. R. Cornish, R. Nolan, J. O'Sullivan, and G. Virgo, Hart Publishing, Oxford 1998; in: (1999) 115 LQR 325 – 328.

– Reforming Non-Compensatory Damages; in: Swadling, William John / Jones, Gareth (Hrsg.); The Search for Principle; Essays in Honour of Lord Goff of Chieveley; Oxford University Press; Oxford 1999; S. 295 – 312 = Burrows, in: Festschrift für Lord Goff of Chieveley.

– Understanding the Law of Obligations; Essays on Contract, Tort and Restitution; Hart Publishing; Oxford 1998 = Burrows, in: ders., Understanding the Law of Obligations;

  – Dividing the Law of Obligations; S. 1 – 15;
  – Solving the Problem of Concurrent Liability; S. 16 – 33;
  – Postscript to Essay 2; S. 34 – 44;
  – Understanding the Law of Restitution: A Map Through the Thicket; S. 45 – 71;
  – Free Acceptance and the Law of Restitution; S. 72 – 98;
  – Restitution: Where do We Go From Here?; S. 99 – 119.

– Swaps and the Friction between Common Law and Equity; in: [1995] RLR 15 – 29.

– Restitution from Assignees (The Trident Beauty); in: [1994] RLR 52 – 56.

– Restitution of payments made under swap transactions; in: (1993) NLJ 480 – 482.

– The Law of Restitution; Butterworths; London / Dublin u. a. 1993 = Burrows, Law of Restitution.

– (Hrsg.): Essays on the Law of Restitution; Clarendon Press; Oxford 1991 = Burrows, Essays on Restitution.

Burrows, Andrew S. / *McKendrick*, Ewan: Cases and Materials on the Law of Restitution; Oxford University Press; Oxford 1997 = Burrows/McKendrick, Cases and Materials.

Butler, P. A.: Mistaken Payments, Change of Position and Restitution; in: Finn, Paul Desmond (Hrsg.); 2. Aufl.; unveränderter Nachdruck der Erstaufl. 1990; The Law Book Company; Sydney 1994; S. 87 – 137 = Butler, in: Finn, Essays on Restitution.

Cane, Peter: The Anatomy of Tort Law; Hart Publishing; Oxford 1997 = Cane, Anatomy of Tort Law.

– Exceptional Measures of Damages: A Search for Principles; in: Birks, Peter Brian Herrenden (Hrsg.); Wrongs and Remedies in the Twenty-First Century; Clarendon Press; Oxford 1996; S. 301 – 325 = Cane, in: Birks, Wrongs and Remedies.

Cartwright, John: Taking Stock of O'Brien; in: [1999] RLR 1 – 20.

Cato, Charles: Restitution in Australia and New Zealand; Cavendish Publishing; Sydney 1997 = Cato, Restitution.

Chambers, Robert: Constructive Trusts in Canada; in: (1999) 37 AlbertaLR 173 – 220.

– Resulting Trusts; Clarendon Press; Oxford 1997 = Chambers, Resulting Trusts.

Chen-Wishart, Mindy: Unjust Factors and the Restitutionary Response; in: (2000) 20 OxJLS 557 – 577.

– In Defence of Unjust Factors: a study of rescission for duress, fraud and exploitation; in: (2000) OxUCLF 2.

– Loss Sharing, Undue Influence and Manifest Disadvantage; in: (1994) 110 LQR 173 – 178.

Coase, Ronald Harry: The Problem of Social Cost; in: (1960) 3 JLE 1 – 44.

Cohen, Nili: Pre-Contractual Duties: Two Freedoms and the Contract to Negotiate; in: Friedmann, Daniel / Beatson, Jack (Hrsg.); Good Faith and Fault in Contract Law; Clarendon Press; Oxford 1995; Paperback 1997; S. 25 – 56 = Cohen, in: Friedmann/ Beatson, Good Faith and Fault.

Coleman, Allison: The Concept of Unjust Enrichment in English Law; in: (1979) 10 CambrianLR 8 – 19.

Coleman, Jules L.: The Practice of Principle; In Defence of a Pragmatist Approach to Legal Theory; Oxford University Press; Oxford 2001 = Jules L. Coleman, Practice of Principle.

– Second Thoughts and Other First Impressions; in: Bix, Brian (Hrsg.); Analyzing Law: New Essays in Legal Theory; Clarendon Press; Oxford 1998; S. 257 – 322 = Jules L. Coleman, in: Bix, Analyzing Law.

– Risks and Wrongs; Cambridge University Press; New York 1992 = Coleman, Risks and Wrongs.

– Property, Wrongfulness and the Duty to Compensate; in: (1987) 63 Chicago-KentLR 451 – 470.

– Corrective Justice and Wrongful Gain; in: (1982) 11 JLS 421 – 440.

Collins, Hugh: Classifications from Knowledge Systems; in: Birks, Peter Brian Herrenden (Hrsg.); The Classification of Obligations; Clarendon Press; Oxford 1997; S. 57 – 70 = Collins, in: Birks, Classification of Obligations.

Convery, Jane: Lord Goff's Swansong: Restitution, Mistake of Law, and the Retrospective Effect of Judicial Decisions; in: (1999) 3 EdinburghLR 202 – 217.

Cooke, Philip J. / *Oughton*, D. W.: The Common Law of Obligations; 2. Aufl.; Butterworths; London / Dublin u. a. 1993 = Cooke/Oughton, Common Law of Obligations.

Cooter, Robert / *Ulen*, Thomas: Law and Economics; 2. Aufl.; Addison-Wesley; Reading/Massachusetts u. a. 1997 = Cooter/Ulen, Law and Economics.

Coquillette, Daniel R.: The Civilian Writers of Doctors' Commons, London; The Centuries of Juristic Innovation in Comparative, Commercial and International Law; Duncker & Humblot; Berlin 1988 = Coquillette, Civilian Writers.

Cowan, David S.: Banks, Swaps, Restitution and Equity; Westdeutsche Landesbank Girozentrale v. Islington and Kleinwort Benson v. Sandwell; Kleinwort Benson v. South Tyneside; in: [1993] LMCLQ 300 – 306.

Dagan, Hanoch: Mistakes; demnächst in: (2001) TexasLR = SSRN (Volltext).

– Restitutionary Damages for Breach of Contract: An Exercise in Private Law Theory; in: [2000] 1 TIL 115 – 154.

– The Distributive Foundation of Corrective Justice; in: (1999) 98 MichiganLR 138 – 166.

– In Defense of the Good Samaritan; in: (1999) 97 MichiganLR 1152 – 1200.

– Unjust enrichment; A study of private law and public values; Cambridge University Press; Cambridge 1997 = Dagan, Unjust enrichment.

Dannemann, Gerhard: Unjust Enrichment by Transfer: Some Comparative Remarks; in: (2001) TexasLR Symposium.

– Illegality as Defence Against Unjust Enrichment Claims; in: (2000) OxUCLF 4.

– Restitution for Termination of Contract in German Law; in: Rose, Francis Dennis (Hrsg.); Failure of Contracts; Contractual, Restitutionary and Proprietary Consequences; Hart Publishing; Oxford 1997; S. 129 – 153 = Dannemann, in: Rose, Failure of Contracts.

Davenport, Philip / *Harris*, Christina: Unjust Enrichment; The Federation Press; Sydney 1997 = Davenport/Harris, Unjust Enrichment.

Davern, Raymond: Common Law Tracing, Profits and the Doctrine of Relation Back (Trustee of the Property of FC Jones & Sons (a firm) v Jones); in: [1997] RLR 92 – 96.

Dawson, John Philip: Erasable Enrichment in German Law; in: (1981) 61 BostonULR 271 – 314.

– The Self-Serving Intermeddler; in: (1973–74) 87 HarvardLR 1409 – 1458.

– Indirect Enrichment; in: Caemmerer, Ernst v. / Mentschikoff, Soia / Zweigert, Konrad (Hrsg.); Ius Privatum Gentium; Festschrift für Max Rheinstein zum 70. Geburtstag am 5. Juli 1969; Band II; Nationales und vergleichendes Privatrecht; Tübingen 1969; S. 789 – 818.

– The Altruistic Intermeddler; in: (1960–61) 74 HarvardLR 817 – 865; 1073 – 1129.

– Restitution or Damages?; in: (1959) 20 OhioSLJ 175 – 192.

– Unjust Enrichment; A Comparative Analysis; Little, Brown & Co.; Boston 1951 = Dawson, Unjust Enrichment.

Dickson, Brice: Unjust Enrichment Claims: A Comparative Overview; in: Swadling, William John (Hrsg.); The Limits of Restitutionary Claims: A Comparative Analysis; The United Kingdom National Committee of Comparative Law; London 1997; S. 1 – 35 = Dickson, in: Swadling, Limits of Restitutionary Claims.

– Unjust Enrichment Claims: A Comparative Overview; in: (1995) 54 CamLJ 100 – 126.

– The Law of Restitution in the Federal Republic of Germany; in: (1987) 36 ICLQ 751 – 787.

Dietrich, Joachim: Restitution: A New Perspective; The Federation Press; Sydney 1998 = Joachim Dietrich, Restitution.

Dörner, Heinrich: „Change of Position“ and „Wegfall der Bereicherung“; in: Swadling, William John (Hrsg.); The Limits of Restitutionary Claims: A Comparative Analysis; The United Kingdom National Committee of Comparative Law; London 1997; S. 64 – 78 = Dörner, in: Swadling, Limits of Restitutionary Claims.

Drobnig, Ulrich: Transfer of Property; in: Hartkamp, Arthur / Hesselink, Martijn / Hondius, Ewoud / Joustra, Carla / du Perron, Edgar (Hrsg.); Towards a European Civil Code; 2. Aufl.; Ars Aequi Libri; Nijmwegen 1998; S. 495 – 510 = Drobnig, in: Hartkamp/Hesselink/Hondius/Joustra/du Perron[2], Towards a European Civil Code.

Dworkin, Ronald: Law's Empire; Hart Publishing; Erstdruck 1986; Neudruck Oxford 1998 = Dworkin, Law's Empire.

– A Matter of Principle; Clarendon Press; Erstdruck 1985; Neudruck Oxford 1996 = Dworkin, Matter of Principle;

  – Is Wealth a Value?; S. 237 – 266;

  – Why Efficiency?; S. 267 – 289.

– Taking Rights Seriously; Harvard University Press; Cambridge/Massachusetts 1977 = Dworkin, Taking Rights Seriously.

Edward, David A. O.: The Role and Relevance of the Civil Law Tradition in the World of the European Court of Justice; in: Miller, David L. Carey / Zimmermann, Reinhard (Hrsg.); The Civilian Tradition and Scots Law; Aberdeen Quincentenary Essays; Duncker & Humblot; Berlin 1997; S. 309 – 320 = Edward, in: Miller/Zimmermann, Civilian Tradition and Scots Law.

Elkin-Koren, Niva / *Salzberger*, Eli: Towards an Economic Theory of Unjust Enrichment Law; demnächst in: IRLE = SSRN (Abstract).

Elman, Peter: Unjust Enrichment in Israel Law; in: (1968) 3 IsraelLR 526 – 561.

Englard, Izhak: International Encyclopedia of Comparative Law under the Auspices of the International Association of Legal Science; Volume X; Restitution – Unjust Enrichment and Negotiorum Gestio; Caemmerer, Ernst v. / Schlechtriem, Peter (Hrsg.); Chapter 5; Restitution of Benefits Conferred Without Obligation; Tübingen / Dordrecht u. a. 1991 = Englard, in: International Encyclopedia, Vol. 10, Ch. 5.

Evans, Simon: Rethinking Tracing and the Law of Restitution; in: (1999) 115 LQR 469 – 505.

Evans-Jones, Robin: Roman Law in Scotland and England and the Development of One Law for Britain; in: (1999) 115 LQR 605 – 630.

Evans-Jones, Robin / *Hellwege*, Phillip: Some Observations on the Taxonomy of Unjustified Enrichment in Scots Law; in: (1998) 2 EdinburghLR 180 – 217.

Ewald, William: Legal History and Comparative Law; in: ZEuP; Bd. 7 (1999); S. 553 – 559.

Feenstra, Robert: Grotius' Doctrine of Unjust Enrichment as a Source of Obligation: its Origin and its Influence in Roman-Dutch Law; in: Schrage, Eltjo J. H. (Hrsg.): Unjust Enrichment; The Comparative Legal History of the Law of Restitution; Duncker & Humblot; Berlin 1995; S. 197 – 236 = Feenstra, in: Schrage, Unjust Enrichment.

Finn, Paul Desmond (Hrsg.): Essays on Restitution; 2. Aufl.; unveränderter Nachdruck der Erstaufl. 1990; The Law Book Company; Sydney 1994 = Finn, Essays on Restitution.

Finnis, John Mitchell: The Fairy Tale's Moral; in: (1999) 115 LQR 170 – 175.

– Natural Law and Natural Rights; Clarendon Press; 8. Nachdruck mit Korrekturen; Oxford 1996 = Finnis, Natural Law and Natural Rights.

Fleming, John Gunther: The Law of Torts; 8. Aufl.; The Law Book Company; Sydney 1992 = Fleming, Law of Torts.

Fletcher, George Philip: Corrective Justice for Moderns; Rezension von: Jules L. Coleman, Risks and Wrongs, New York 1992; in: (1992–93) 106 HarvardLR 1658 – 1678.

Fox, David: Common Law Claims to Substituted Assets; in: [1999] RLR 55 – 74.

– The Transfer of Legal Title to Money; in: [1996] RLR 60 – 70.

Fridman, Gerald Henry Louis: Restitution; 2. Aufl.; Carswell Thomson Professional Publishing; Scarborough 1992 = Gerald Henry Louis Fridman, Restitution.

Fried, Charles: Contract as Promise; A Theory of Contractual Obligation; Harvard University Press; Cambridge/Massachusetts 1981 = Fried, Contract as Promise.

Friedmann, Daniel: Restitution for Wongs – The Measure of Recovery; in: (2001) TexasLR Symposium.

– Restitution for Wrongs: The Basis of Liability; in: Cornish, W. R. / Nolan, Richard / O'Sullivan, Janet / Virgo, Graham J. (Hrsg.); Restitution; Past, Present and Future; Essays in Honour of Gareth Jones; Hart Publishing; Oxford 1998; S. 133 – 154 = Daniel Friedmann, in: Festschrift für Jones.

– The Performance Interest in Contract Damages; in: (1995) 111 LQR 628 – 654.

– Valid, Voidable, Qualified, and Non-existing Obligations: An Alternative Perspective on the Law of Restitution; in: Burrows, Andrew S. (Hrsg.); Essays on the Law of Restitution; Clarendon Press; Oxford 1991; S. 247 – 278 = Daniel Friedmann, in: Burrows, Essays on Restitution.

– Restitutions of Benefits Obtained Through the Appropriation of Property or the Commission of a Wrong; in: (1980) 80 ColumbiaLR 504 – 558.

Friedmann, Daniel / *Beatson*, Jack (Hrsg.): Good Faith and Fault in Contract Law; Clarendon Press; Oxford 1995; Paperback 1997 = Friedmann/Beatson, Good Faith and Fault.

Friedmann, Daniel / *Cohen*, Nili: International Encyclopedia of Comparative Law under the Auspices of the International Association of Legal Science; Volume X; Restitution – Unjust Enrichment and Negotiorum Gestio; Caemmerer, Ernst v. / Schlechtriem, Peter (Hrsg.); Chapter 10; Payment of Another's Debt; Tübingen / Dordrecht u. a. 1991 = Friedmann/Cohen, in: International Encyclopedia, Vol. 10, Ch. 10.

– International Encyclopedia of Comparative Law under the Auspices of the International Association of Legal Science; Volume X; Restitution – Unjust Enrichment and Negotiorum Gestio; Caemmerer, Ernst v. / Schlechtriem, Peter (Hrsg.); Chapter 11; Adjustment Among Multiple Debtors; Tübingen / Dordrecht u. a. 1991 = Friedmann/Cohen, in: International Encyclopedia, Vol. 10, Ch. 11.

Friedmann, Wolfgang: The Principle of Unjust Enrichment in English Law; A Study in Comparative Law; in: (1938) 16 CBR 243 – 272.

Fuller, Lon L. / *Perdue*, William R.: The Reliance Interest in Contract Damages: 1; in: (1936–37) 46 YaleLJ 52 – 96.

Gallo, Paolo: Unjust Enrichment: A Comparative Analysis; in: (1992) 40 AmJCL 431 – 465.

Gambaro, A. / *Rabello*, A. M. (Hrsg.): Towards a New European Ius Commune; Essays on European, Italian and Israeli Law, in occasion of 50 years of the E. U. and of the State of Israel; The Harry and Michael Sacher Institute for Legislative Research and Comparative Law; The Hebrew University of Jerusalem 1999 = Gambaro/Rabello, European Ius Commune.

Garner, Michael: The Role of Subjective Benefit in the Law of Unjust Enrichment; in: (1990) 10 OxJLS 42 – 65.

Gergen, Mark P.: What Renders Enrichment Unjust?; in: (2001) TexasLR Symposium.

Getzler, Joshua: Patterns of Fusion; in: Birks, Peter Brian Herrenden (Hrsg.); The Classification of Obligations; Clarendon Press; Oxford 1997; S. 157 – 192 = Getzler, in: Birks, Classification of Obligations.

Gleeson, Simon: Personal Property Law; FT Law and Tax; London 1997 = Gleeson, Personal Property Law.

Goff, Robert Lionel Archibald Lord of Chieveley: Coming Together – the Future; in: Markesinis, Basil S. (Hrsg.); The Clifford Chance Millennium Lectures; The Coming Together of the Common Law and the Civil Law; Hart Publishing; Oxford / Portland 2000; S. 239 – 249 = Lord Goff of Chieveley, in: Markesinis, Millennium Lectures.

– Appendix: The Search for Principle; in: Swadling, William John / Jones, Gareth (Hrsg.); The Search for Principle; Essays in Honour of Lord Goff of Chieveley; Oxford University Press; Oxford 1999; S. 313 – 329 = Lord Goff of Chieveley, in: Festschrift für dens.

– The Future of the Law of Restitution; in: (1989) 12 SydneyLR 1 – 4.

Goff, Robert Lionel Archibald Lord of Chieveley / *Jones*, Gareth: The Law of Restitution; 5. Aufl.; Sweet & Maxwell; London 1998 = Lord Goff of Chieveley/Jones^5, Law of Restitution.

– The Law of Restitution; 4. Aufl.; Sweet & Maxwell; London 1993 = Lord Goff of Chieveley/Jones^4, Law of Restitution.

– The Law of Restitution; 3. Aufl.; Sweet & Maxwell; London 1986 = Lord Goff of Chieveley/Jones^3, Law of Restitution.

– The Law of Restitution; 2. Aufl.; Sweet & Maxwell; London 1978 = Lord Goff of Chieveley/Jones^2, Law of Restitution.

– The Law of Restitution; Sweet & Maxwell; London 1966 = Lord Goff of Chieveley/Jones, Law of Restitution.

Goldstein, Stephen (Hrsg.): Equity and Contemporary Legal Developments; The Harry and Michael Sacher Institute for Legislative Research and Comparative Law; The Hebrew University of Jerusalem 1992 = Goldstein, Equity.

Goode, Royston Miles: Propriety Restitutionary Claims; in: Cornish, W. R. / Nolan, Richard / O'Sullivan, Janet / Virgo, Graham J. (Hrsg.); Restitution; Past, Present and Future; Essays in Honour of Gareth Jones; Hart Publishing; Oxford 1998; S. 63 – 77 = Goode, in: Festschrift für Jones.

– Property and Unjust Enrichment; in: Burrows, Andrew S. (Hrsg.); Essays on the Law of Restitution; Clarendon Press; Oxford 1991; S. 215 – 246 = Goode, in: Burrows, Essays on Restitution.

– The Right to Trace and its Impact in Commercial Transactions – I; in: (1976) 92 LQR 360 – 401.

Gordley, James: The Purpose of Awarding Restitutionary Damages: A Reply to Professor Weinrib; in: [2000] 1 TIL 39 – 58.

– Tort Law in the Aristotelian Tradition; in: Owen, David G. (Hrsg.); Philosophical Foundations of Tort Law; Clarendon Press; Oxford 1995; S. 131 – 158 = Gordley, in: Owen, Philosophical Foundations of Tort Law.

Grantham, Ross B.: Doctrinal Bases for the Recognition of Proprietary Rights; in: (1996) 16 OxJLS 561 – 585.

Grantham, Ross B. / *Rickett*, Charles E. F.: Tracing and Property Rights: The categorical truth; in: (2000) 63 MLR 905 – 911.

– Enrichment and Restitution in New Zealand; Hart Publishing; Oxford / Portland 2000 = Grantham/Rickett, Enrichment and Restitution.

– Change of Position and Balancing the Equities (National Bank of New Zealand Ltd v Waitaki International Processing (NI) Ltd); in: [1999] RLR 158 – 163.

– Trust Money as an Unjust Enrichment: A Misconception; in: [1998] LMCLQ 514 – 519.

– Property and Unjust Enrichment: Categorical Truths or Unnecessary Complexity?; in: [1997] NZLR 668 – 685.

– Restitution, Property and Mistaken Payments (National Bank of New Zealand Ltd v Waitaki International Processing); in: [1997] RLR 83 – 89.

– Restitution, Property and Ignorance – A Reply to Mr Swadling; in: [1996] LMCLQ 463 – 466.

Graziadei, Michele: Comparative Law, Legal History, and the Holistic Approach to Legal Culture; in: ZEuP; Bd. 7 (1999); S. 531 – 543.

– Changing Images of the Law in XIX Century English Legal Thought (The Continental Impulse); in: Reimann, Mathias (Hrsg.); The Reception of Continental Ideas in the Common Law World 1820–1920; Duncker & Humblot; Berlin 1993; S. 115 – 164 = Graziadei, in: Reimann, Reception of Continental Ideas.

Grosskopf, Ofer: Protection of Competition Rules Via the Law of Restitution; in: (2001) TexasLR Symposium.

Grotius, Hugo: Inleidinge tot de Hollandsche rechtsgeleerdheid (Originaltitel); The Jurisprudence of Holland (Titel der Übersetzung); Lee, R. W. (Übersetzer); Vol. 1; Text, Translation and Notes; Clarendon Press; Oxford 1926 = Grotius, Inleidinge.

Gummow, W. M. C.: Unjust Enrichment, Restitution and Proprietary Remedies; in: Finn, Paul Desmond (Hrsg.); Essays on Restítution; 2. Aufl.; unveränderter Nachdruck der Erstaufl. 1990; The Law Book Company; Sydney 1994; S. 47 – 86 = Gummow, in: Finn, Essays on Restitution.

Gutteridge, Harold Cooke / *David*, R. J. A.: The Doctrine of Unjustified Enrichment; in: (1935) 5 CamLJ 204 – 229.

Hackney, Jeffrey: More than a trace of the old philosophy; in: Birks, Peter Brian Herrenden (Hrsg.); The Classification of Obligations; Clarendon Press; Oxford 1997; S. 123 – 155 = Hackney, in: Birks, Classification of Obligations.

– Understanding Equity and Trusts; Fontana Paperbacks; London 1987 = Hackney, Understanding Equity and Trusts.

Hallebeek, Jan: Developments in Mediaeval Roman Law; in: Schrage, Eltjo J. H. (Hrsg.); Unjust Enrichment; The Comparative Legal History of the Law of Restitution; Duncker & Humblot; Berlin 1995; S. 59 – 120 = Hallebeek, in: Schrage, Unjust Enrichment.

Halliwell, Margaret: Profits from Wrongdoing: Private and Public Law Perspectives; in: (1999) 62 MLR 271 – 280.

Halson, Roger: Rescission for Misrepresentation (Smith New Court v Scrimgeour Vickers); in: [1997] RLR 89 – 92.

Harris, James William (Hrsg.): Property Problems; From Genes to Pension Funds; Kluwer Law International; London / Den Haag 1997 = Harris, Property Problems.

Hart, Herbert Lionel Adolphus: The Concept of Law; Clarendon Press; 2. Aufl. 1994; Neudruck Paperback Oxford 1997 = Hart, Concept of Law.

Hartkamp, Arthur / *Hesselink*, Martijn / *Hondius*, Ewoud / *Joustra*, Carla / *du Perron*, Edgar (Hrsg.): Towards a European Civil Code; 2. Aufl.; Ars Aequi Libri; Nijmwegen 1998 = Hartkamp/Hesselink/Hondius/Joustra/du Perron², Towards a European Civil Code.

Hartkamp, Arthur / *Hesselink*, Martijn / *Hondius*, Ewoud / *du Perron*, Edgar / *Vranken*, J. B. M. (Hrsg.): Towards a European Civil Code; Nijmwegen 1994 = Hartkamp/Hesselink/Hondius/du Perron/Vranken, Towards a European Civil Code.

Hayton, David (Hrsg.): Law's Future(s); British Legal Developments in the 21st Century; Hart Publishing; Oxford / Portland 2000 = Hayton, Law's Future(s).

Hedley, Steve: „Very much the wrong people“: The House of Lords and publication of spy memories (A-G v Blake); in: [2000] 4 Web JCLI.

– Restitution – Mistake of Law – Reform in Haste, Repent at Leisure; in: (1999) 58 CamLJ 21 – 25.

– Work done in Anticipation of a Contract which does not Materialise: A Response; in: Cornish, W. R. / Nolan, Richard / O'Sullivan, Janet / Virgo, Graham J. (Hrsg.); Restitution; Past, Present and Future; Essays in Honour of Gareth Jones; Hart Publishing; Oxford 1998; S. 195 – 198 = Hedley, in: Festschrift für Jones.

– Ten questions for ‚unjust enrichment‘; in: [1997] 3 Web JCLI.

– Restitution: Contract's Twin?; in: Rose, Francis Dennis (Hrsg.); Failure of Contracts; Contractual, Restitutionary and Proprietary Consequences; Hart Publishing; Oxford 1997; S. 247 – 273 = Hedley, in: Rose, Failure of Contracts.

– „Unjust Enrichment"; in: (1995) 54 CamLJ 578 – 599.

– Contract, Tort and Restitution; or, On cutting the legal system down to size; in: (1988) 8 LS 137 – 171.

– Unjust enrichment as the basis of Restitution – an overworked concept; in: (1985) 5 LS 56 – 66.

Heller, Michael / *Serkin*, Christoph: Revaluing Restitution: Hanoch Dagan; From the Talmud to Postsocialism; in: (1999) 97 MichiganLR 1385 – 1412.

Hellwege, Phillip: The Scope of Application of Change of Position in the Law of Unjust Enrichment: A Comparative Study; in: [1999] RLR 92 – 117.

Heuston, Robert Francis Vere / *Buckley*, R. A.: Salmond and Heuston on the Law of Torts; 21. Aufl.; Sweet & Maxwell; London 1996 = Heuston/Buckley, Salmond& Heuston on Torts.

Higgins: The Transfer of Property under Illegal Transactions; in: (1962) 25 MLR 149 – 162.

Ho, Lusina: The Nature of Restitution – A Reply; in: (1996) 16 OxJLS 517 – 533.

Hogg, Martin A.: Lowlands to Low Country: Perspectives on the Scottish and Dutch Law of Unjustified Enrichment, in: (2001) Vol. 5.1 EJCL.

Holdsworth, William Searle: Unjustifiable Enrichment; in: (1939) 15 LQR 37 – 53.

Hondius, Ewoud: European Private Law – Survey 1998–2000; in: (2000) 8 EuRPL 385 – 416.

– Finding the Law and Harmonization of Private Law in Europe; in: Schulte-Nölke, Hans / Schulze, Reiner (Hrsg.); Europäische Rechtsangleichung und nationale Privatrechte; Baden-Baden 1999; S. 393 – 412 = Hondius, in: Schulte-Nölke/Schulze, Europäische Rechtsangleichung.

– Towards a European Civil Code; General Introduction; in: Hartkamp, Arthur / Hesselink, Martijn / Hondius, Ewoud / Joustra, Carla / du Perron, Edgar (Hrsg.); Towards a European Civil Code; 2. Aufl.; Ars Aequi Libri; Nijmwegen 1998; S. 3 – 20 = Hondius, in: Hartkamp/Hesselink/Hondius/Joustra/du Perron², Towards a European Civil Code.

Hood, Parker: Unjustified Enrichment in Scots Law: a Further Step Towards Rationalisation; in: (1998) 114 LQR 559 – 563.

Hooley, Richard / *O'Sullivan*, Janet: Undue Influence and Unconscionable Bargains; Credit Lyonnais Bank Nederland v. Burch; in: [1997] LMCLQ 17 – 25.

Hope, Edward W.: Officiousness; in: (1929–30) 15 CornellLQ 25 – 53.

Horder, Jeremy (Hrsg.): Oxford Essays in Jurisprudence; Fourth Series; Oxford University Press; Oxford 2000 = Horder, Oxford Essays.

Howe, Adrian: All Hail the Law of Restitution? – Fictioning New Truths in Family Home Property Disputes; in: (1997) 25 IJSL 263 – 282.

Huber, Peter K.: Mistaken Transfers and Profitable Infringement of Property Rights: An Economic Analysis; in: (1988–89) 49 LouisianaLR 71 – 109.

Hudson, Alastair: The Law of Finance; in: Birks, Peter Brian Herrenden / Rose, Francis Dennis (Hrsg.); Lessons of the Swaps Litigation; Mansfield Press, an imprint of LLP; London 2000; S. 62 – 83 = Hudson, in: Birks/Rose, Lessons of the Swaps Litigation.

– Swaps, Restitution and Trusts; Sweet & Maxwell; London 1999 = Hudson, Swaps, Restitution and Trusts.

Ibbetson, David J.: A Historical Introduction to the Law of Obligations; Oxford University Press; Erstdruck 1999; Neudruck Paperback Oxford 2001 = Ibbetson, Historical Introduction.

– Unjust Enrichment in England before 1600; in: Schrage, Eltjo J. H. (Hrsg.); Unjust Enrichment; The Comparative Legal History of the Law of Restitution; Duncker & Humblot; Berlin 1995; S. 121 – 148 = Ibbetson, in: Schrage, Unjust Enrichment.

Jackman, Ian McNeil: The Varieties of Restitution; The Federation Press; Sydney 1998 = Jackman, Varieties of Restitution.

– Restitution for Wrongs; in: (1989) 48 CamLJ 302 – 321.

Jaffey, Peter: Missing reliance; in: (2000) 63 MLR 918 – 928.

– Tracing, property and unjust enrichment; in: (2000) 14 TLI 194 – 199.

– The Nature and Scope of Restitution; Vitiated Transfers, Imputed Contracts and Disgorgement; Hart Publishing; Oxford / Portland 2000 = Jaffey, Restitution.

– The Restitutionary Conditional Transfer Analysis and the Death of Contract; in: (1998) 2 EdinburghLR 23 – 55.

– Failure of Consideration and Reliance in Contract (Stocznia Gdanska v Latvian Shipping); in: [1998] RLR 157 – 161.

– Restitutionary Damages and Disgorgement; in: [1995] RLR 30 – 48.

Jansen, Nils: Comment on Kleinwort Benson Ltd. v. Lincoln City Council; in: (2000) 8 EuRPL 336 – 342.

Jewell, Michael: Change of Position; in: Birks, Peter Brian Herrenden / Rose, Francis Dennis (Hrsg.); Lessons of the Swaps Litigation; Mansfield Press, an imprint of LLP; London 2000; S. 273 – 290 = Jewell, in: Birks/Rose, Lessons of the Swaps Litigation.

Johnston, David: Roman Law, Comparative Law and Legal History; in: ZEuP; Bd. 7 (1999); S. 560 – 569.

Jones, Gareth: Stripping a Criminal of the Profits of Crime; in: [2000] 1 TIL 59 – 82.

– Lord Goff's Contribution to the Law of Restitution; in: Swadling, William John / ders. (Hrsg.); The Search for Principle; Essays in Honour of Lord Goff of Chieveley; Oxford University Press; Oxford 1999; S. 207 – 233 = Jones, in: Festschrift für Lord Goff of Chieveley.

– The Role of Equity in the English Law of Restitution; in: Schrage, Eltjo J. H. (Hrsg.); Unjust Enrichment; The Comparative Legal History of the Law of Restitution; Duncker & Humblot; Berlin 1995; S. 149 – 169 = Jones, in: Schrage, Unjust Enrichment.

– A Topography of the Law of Restitution; in: Finn, Paul Desmond (Hrsg.); Essays on Restitution; 2. Aufl.; unveränderter Nachdruck der Erstaufl. 1990; The Law Book Company; Sydney 1994; S. 1 – 19 = Jones, in: Finn, Essays on Restitution.

– The Law of Restitution: The Past and the Future; in: Burrows, Andrew S. (Hrsg.); Essays on the Law of Restitution; Clarendon Press; Oxford 1991; S. 1 – 16 = Jones, in: Burrows, Essays on Restitution.

– Restitution in Public and Private Law; Sweet & Maxwell; London 1991 = Jones, Restitution in Public and Private Law.

Keener, William Albert: A Treatise on the Law of Quasi-Contracts; Baker, Voorhis & Co.; New York 1893 = Keener, Quasi-Contracts.

– A Selection of Cases on the Law of Quasi-Contracts; Baker, Voorhis & Co.;
  – Vol. I; New York 1888 = Keener, Selection of Cases, Vol. I;
  – Vol. II; New York 1889 = Keener, Selection of Cases, Vol. II.

Kennedy, Duncan: Cost-Benefit Analysis of Entitlement Problems: A Critique; in: (1981) 33 StanfordLR 387 – 445.

Klippert, George B.: Unjust Enrichment; Butterworths; Toronto 1983 = Klippert, Unjust Enrichment.

Koopmans, T.: Towards a European Civil Code?; in: (1997) 5 EuRPL 541 – 548.

Kramer, Matthew H.: In the Realm of Legal and Moral Philosophy; Critical Encounters; Macmillan Press; London 1999 = Matthew H. Kramer, Realm of Legal and Moral Philosophy;
  – Questions Raised and Questions Begged: Some Doubts about Ronald Dworkin's Approach to Law-and-Economics; S. 57 – 78;
  – A Coda to Coase; S. 101 – 111;
  – Of Aristotle and Ice Cream Cones: Reflections on Jules Coleman's Theory of Corrective Justice; S. 135 – 156.

Kramer, Matthew H. / *Simmonds*, Nigel E. / *Steiner*, Hillel: A Debate over Rights; Philosophical Enquiries; Clarendon Press; Oxford 1998 = Kramer/Simmonds/Steiner, Debate over Rights.

Krebs, Thomas: In Defence of Unjust Factors; in: (2000) OxUCLF 3.

– A German Contribution to English Enrichment Law; in: [1999] RLR 271 – 282.

Kull, Andrew: Restitution and the Noncontractual Transfer; in: (1996–97) 11 JLC 93 – 110.

– Rationalizing Restitution; in: (1995) 83 CaliforniaLR 1191 – 1242.

Langbein, John H.: The Later History of Restitution; in: Cornish, W. R. / Nolan, Richard / O'Sullivan, Janet / Virgo, Graham J. (Hrsg.); Restitution; Past, Present and Future; Essays in Honour of Gareth Jones; Hart Publishing; Oxford 1998; S. 57 – 62 = Langbein, in: Festschrift für Jones.

Laycock, Douglas: The Scope and Significance of Restitution; in: (1989) 67 TexasLR 1277 – 1293.

Levmore, Saul: Probabilistic Recoveries, Restitution, and Recurring Wrongs; in: (1990) 19 JLS 691 – 726.

– Explaining Restitution; in: (1985) 71 VirginiaLR 65 – 124.

Long, Robert A. Jr.: A Theory of Hypothetical Contract; in: (1984–85) 94 YaleLJ 415 – 434.

Luig, Klaus: The History of Roman Private Law and the Unification of European Law; in: ZEuP; Bd. 5 (1997); S. 405 – 427.

MacQueen, Hector L.: A Scottish Perspective on Kleinwort Benson v. Lincoln City Council; in: (2000) 8 EuRPL 352 – 357.

Maddaugh, Peter D. / *McCamus*, John D.: The Law of Restitution; Canada Law Book; Aurora 1990 = Maddaugh/McCamus, Law of Restitution.

Markesinis, Basil S.: Judicial Style and Judicial Reasoning in England and Germany; in: (2000) 59 CamLJ 294 – 309.

– (Hrsg.): The Clifford Chance Millennium Lectures; The Coming Together of the Common Law and the Civil Law; Hart Publishing; Oxford / Portland 2000 = Markesinis, Millennium Lectures.

– Why a code is not the best way to advance the cause of European legal unity; in: (1997) 5 EuRPL 519 – 524.

– Foreign Law and Comparative Methodology: a Subject and a Thesis; Hart Publishing; Oxford 1997 = Markesinis, Foreign Law and Comparative Methodology;

  – The Legacy of History on German Contract Law; S. 68 – 95.

Markesinis, Basil S. / *Lorenz*, Werner / *Dannemann*, Gerhard: The German Law of Obligations; Volume I; The Law of Contracts and Restitution: A Comparative Introduction; Clarendon Press; Oxford 1997 = Markesinis/Lorenz/Dannemann, German Law of Obligations; Vol. 1.

Martínez-Torrón, Javier: Anglo-American Law and Canon Law; Canonical Roots of the Common Law Tradition; Duncker & Humblot; Berlin 1998 = Martínez-Torrón Anglo-American and Canon Law.

Mason, Keith / *Carter*, John W.: Restitution Law in Australia; Butterworths; Sydney / Adelaide u. a. 1995 = Mason/Carter, Restitution Law.

Mattei, Ugo: The Issue of European Civil Codification and Legal Scholarship: Biases, Strategies and Developments, in: Gambaro, A. / Rabello, A. M. (Hrsg.); Towards a New European Ius Commune; Essays on European, Italian and Israeli Law, in occasion of 50 years of the E. U. and of the State of Israel; The Harry and Michael Sacher Institute for Legislative Research and Comparative Law; The Hebrew University of Jerusalem 1999; S. 149 – 168 = Mattei, in: Gambaro/Rabello, European Ius Commune.

Matthews, Paul: The Legal and Moral Limits of Common Law Tracing; in: Birks, Peter Brian Herrenden (Hrsg.); Laundering and Tracing; Clarendon Press; Oxford 1995; S. 23 – 72 = Matthews, in: Birks, Laundering and Tracing.

– Stopped Cheques and Restitution; in: [1982] JBL 281 – 288.

– Freedom, Unrequested Improvements and Lord Denning; in: (1981) 40 CamLJ 340 – 358.

– Money Paid Under Mistake of Fact; in: (1980) 130 NLJ 587 – 589.

McBride, Nicholas J.: On the Classification of Trusts; in: Birks, Peter Brian Herrenden / Rose, Francis Dennis (Hrsg.); Restitution and Equity; Volume One; Resulting Trusts and Equitable Compensation; Mansfield Press, an imprint of LLP; London 2000; S. 23 – 38 = McBride, in: Birks/Rose, Restitution and Equity, Vol. 1.

McBride, Nicholas J. / *McGrath*, Paul: The Nature of Restitution; in: (1995) 15 OxJLS 33 – 49.

McGregor, Harvey: Restitutionary Damages; in: Birks, Peter Brian Herrenden (Hrsg.); Wrongs and Remedies in the Twenty-First Century; Clarendon Press; Oxford 1996; S. 203 – 216 = McGregor, in: Birks, Wrongs and Remedies.

McInnes, Mitchell: The Canadian Principle of Unjust Enrichment: Comparative Insights into the Law of Restitution; in: (1999) 37 AlbertaLR 1 – 37.

– Review Article: Reflections on the Canadian Law of Unjust Enrichment: Lessons from Abroad; in: (1999) 78 CBR 416 – 444.

– Restitution, Unjust Enrichment and the Perfect Quadration Thesis; in: [1999] RLR 118 – 127.

– „At the Plaintiff's Expense“: Quantifying Restitutionary Relief; in: (1998) 57 CamLJ 472 – 480.

– Concurrent Liability in Tort and Contract: the Problem of Defining the Limits; in: (1996) 10 JCL 73 – 84.

– (Hrsg.): Restitution: Developments in Unjust Enrichment; LBC Information Services in association with Deakin Law School Legal Resources Project; Sydney 1996 = McInnes, Restitution;

  – The Structure and Challenges of Unjust Enrichment; S. 17 – 47.

McKendrick, Ewan: The Reason for Restitution; in: Birks, Peter Brian Herrenden / Rose, Francis Dennis (Hrsg.); Lessons of the Swaps Litigation; Mansfield Press, an imprint of LLP; London 2000; S. 84 – 112 = McKendrick, in: Birks/Rose, Lessons of the Swaps Litigation.

– Restitution and the Misuse of Chattels – The Need for a Principled Approach; in: Palmer, Norman / ders. (Hrsg.); Interests in Goods; LLP; London / Hong Kong 1998; S. 897 – 917 = McKendrick, in: Palmer/ders., Interests in Goods.

– Work Done in Anticipation of a Contract which does not Materialise; in: Cornish, W. R. / Nolan, Richard / O'Sullivan, Janet / Virgo, Graham J. (Hrsg.); Restitution; Past, Present and Future; Essays in Honour of Gareth Jones; Hart Publishing; Oxford 1998; S. 163 – 194 = McKendrick, in: Festschrift für Jones.

– Total Failure of Consideration and Counter-Restitution: Two Issues or One?; in: Birks, Peter Brian Herrenden (Hrsg.); Laundering and Tracing; Clarendon Press; Oxford 1995; S. 217 – 242 = McKendrick, in: Birks, Laundering and Tracing.

– Restitution of unlawfully demanded tax; in: [1993] LMCLQ 88 – 100.

– Restitution, Misdirected Funds and Change of Position; in: (1992) 55 MLR 377 – 386.

– Frustration, Restitution, and Loss Apportionment; in: Burrows, Andrew S. (Hrsg.); Essays on the Law of Restitution; Clarendon Press; Oxford 1991; S. 147 – 170 = McKendrick, in: Burrows, Essays on Restitution.

McMeel, Gerard: The Modern Law of Restitution; Blackstone Press; London 2000 = McMeel, Modern Law of Restitution.

Mead, Geoffrey: Free Acceptance: Some further Considerations; in: (1989) 105 LQR 460 – 467.

Meier, Sonja: Restitution After Executed Void Contracts; in: Birks, Peter Brian Herrenden / Rose, Francis Dennis (Hrsg.); Lessons of the Swaps Litigation; Mansfield

Press, an imprint of LLP; London 2000; S. 168 – 213 = Meier, in: Birks/Rose, Lessons of the Swaps Litigation.

– Mistaken Payments in Three-Party Situations: A German View of English Law; in: (1999) 58 CamLJ 567 – 603.

Meier, Sonja / *Zimmermann*, Reinhard: Judicial Developments of the Law, Error Iuris, and the Law of Unjustified Enrichment – A View from Germany; in:(1999) 115 LQR 556 – 565.

Miller, David L. Carey / *Zimmermann*, Reinhard (Hrsg.): The Civilian Tradition and Scots Law; Aberdeen Quincentenary Essays; Duncker & Humblot; Berlin 1997 = Miller/Zimmermann, Civilian Tradition and Scots Law.

Millett, Peter Sir: Restitution and Constructive Trusts; in: (1998) 114 LQR 399 – 418.

– Resulting Trusts; in: [1998] RLR 283 – 285.

– Restitution and Constructive Trusts; in: Cornish, W. R. / Nolan, Richard / O'Sullivan, Janet / Virgo, Graham J. (Hrsg.); Restitution; Past, Present and Future; Essays in Honour of Gareth Jones; Hart Publishing; Oxford 1998; S. 199 – 217 = Sir Millett, in: Festschrift für Jones.

Mitchell, Charles: The Law of Subrogation; Clarendon Press; Oxford 1994 = Mitchell, Law of Subrogation.

Morison, William Loutit: John Austin; Edward Arnold Ltd; London 1982 = Morison, John Austin.

Most, Glenn W.: Reading Raphael: The School of Athen and Its Pre-Text; in: (1996) 23 Critical Inquiry 145 – 182.

Muir, Garry A.: Unjust Sacrifice and the Officious Intervener; in: Finn, Paul Desmond (Hrsg.); Essays on Restitution; 2. Aufl.; unveränderter Nachdruck der Erstaufl. 1990; The Law Book Company; Sydney 1994; S. 297 – 351 = Muir, in: Finn, Essays on Restitution.

Neyers, Jason W.: The Inconsistencies of Aristotle's Theory of Corrective Justice; in: (1998) 11 CJLJ 311 – 328.

Nicholas, Barry: The French Law of Contract; 2. Aufl.; Clarendon Press; Oxford 1992 = Nicholas, French Law of Contract.

– The Louisiana Law of Unjustified Enrichment through the Act of the Person Enriched; in: [1991–92] 6–7 TulaneCLF 3 – 26.

– Unjustified Enrichment in the Civil Law and Louisiana Law; in: (1962) 36 TulaneLR 605 – 646.

Nolan, Richard C.: Change of Position; in: Birks, Peter Brian Herrenden (Hrsg.); Laundering and Tracing; Clarendon Press; Oxford 1995; S. 135 – 190 = Nolan, in: Birks, Laundering and Tracing.

Oakley, A. J.: Constructive Trusts; 3. Aufl.; Sweet & Maxwell; London 1997 = Oakley, Constructive Trusts.

O'Dell, Eoin: Incapacity; in: Birks, Peter Brian Herrenden / Rose, Francis Dennis (Hrsg.); Lessons of the Swaps Litigation; Mansfield Press, an imprint of LLP; London 2000; S. 113 – 167 = O'Dell, in: Birks/Rose, Lessons of the Swaps Litigation.

Olsen, Lena: Comments to Kleinwort Benson Ltd. v. Lincoln City Council and others; in: (2000) 8 EuRPL 343 – 347.

O'Sullivan, Janet: Rescission as a Self-Help Remedy: A Critical Analysis; in: (2000) 59 CamLJ 509 – 543.

– Undue Influence and Misrepresentation after O'Brien: Making Security Secure; in: Rose, Francis Dennis (Hrsg.); Restitution and Banking Law; Mansfield Press; Oxford 1998; S. 42 – 69 = O'Sullivan, in: Rose, Restitution and Banking Law.

Owen, David G. (Hrsg.): Philosophical Foundations of Tort Law; Clarendon Press; Oxford 1995 = Owen, Philosophical Foundations of Tort Law.

Palmer, George E.: International Encyclopedia of Comparative Law under the Auspices of the International Association of Legal Science; Volume X; Restitution – Unjust Enrichment and Negotiorum Gestio; Caemmerer, Ernst v. / Schlechtriem, Peter (Hrsg.); Chapter 3; History of Restitution in Anglo-American Law; Tübingen / Dordrecht u. a. 1989 = George E. Palmer, in: International Encyclopedia, Vol. 10, Ch. 3.

– The Law of Restitution; Volume I; Little, Brown and Company; Boston / Toronto 1978 = George E. Palmer, Law of Restitution, Vol. 1.

Palmer, Norman / *Hudson*, Anthony: Improving stolen Chattels; in: Palmer, Norman / McKendrick, Ewan (Hrsg.); Interests in Goods; LLP; London / Hong Kong 1998; S. 919 – 936 = Palmer/Hudson, in: Palmer/McKendrick, Interests in Goods.

Palmer, Norman / *McKendrick*, Ewan (Hrsg.): Interests in Goods; LLP; London / Hong Kong 1998 = Palmer/McKendrick, Interests in Goods.

Pearce, Robert A. / *Stevens*, John: The Law of Trusts and Equitable Obligations; 7. Aufl.; Butterworths; London / Edinburgh u. a. 1998 = Pearce/Stevens, Law of Trusts.

Penner, J. E.: Basic Obligations; in: Birks, Peter Brian Herrenden (Hrsg.); The Classification of Obligation; Clarendon Press; Oxford 1997; S. 91 – 122 = Penner, in: Birks, Classification of Obligation.

Perry, Stephen R.: On the Relationship Between Corrective and Distributive Justice; in: Horder, Jeremy (Hrsg.); Oxford Essays in Jurisprudence; Fourth Series; Oxford University Press; Oxford 2000; S. 237 – 263 = Perry, in: Horder, Oxford Essays.

Peters, Anne / *Schwenke*, Heiner: Comparative Law Beyond Post-modernism; in: (2000) 49 ICLQ 800 – 834.

Phang, Andrew: The Uses of Unconscionability; in: (1995) 111 LQR 559 – 562.

Picarda, Hubert: Contract and Tort; in: Birks, Peter Brian Herrenden / Rose, Francis Dennis (Hrsg.); Lessons of the Swaps Litigation; Mansfield Press, an imprint of LLP; London 2000; S. 214 – 232 = Picarda, in: Birks/Rose, Lessons of the Swaps Litigation.

Porat, Ariel: Questioning the Idea of Correlativity in Weinrib's Theory of Corrective Justice; in: [2001] 2 TIL 161 – 174.

Posch, Willibald: An Austrian Perspective; in: (2000) 8 EuRPL 358 – 364.

Posner, Richard Allen: Wealth Maximization and Tort Law: A Philosophical Inquiry; in: Owen, David G. (Hrsg.); Philosophical Foundations of Tort Law; Clarendon Press; Oxford 1995; S. 99 – 111 = Posner, in: Owen, Philosophical Foundations of Tort Law.

– The Concept of Corrective Justice in Recent Theories of Tort Law; in: (1981) 10 JLS 187 – 206.

Pufendorf, Samuel: De Iure Naturae et Gentium Libri Octo; Volume Two; The Translation of the Edition of 1688; By C. H. Oldfather and W. A. Oldfather; Clarendon Press and Humphrey Milford; Oxford / London 1934 = Pufendorf, De iure naturae et gentium.

Rafferty, Nicholas: Contracts Discharged Through Breach: Restitution for Services Rendered by the Innocent Party; in: (1999) 37 AlbertaLR 51 – 72.

Raz, Joseph: The Authority of Law: Essays on Law and Morality; Oxford University Press; Oxford 1979 = Raz, Authority of Law.

Reimann, Mathias (Hrsg.): The Reception of Continental Ideas in the Common Law World 1820–1920; Duncker & Humblot; Berlin 1993 = Reimann, Reception of Continental Ideas.

Reynolds, Francis Martin Baillie / *Graziadei*, Michele: Bowstead and Reynolds on Agency; 16. Aufl.; Sweet & Maxwell; London 1996 = Reynolds/Graziadei, Bowstead&Reynolds on Agency.

Rickett, Charles E. F. / *Grantham*, Ross B.: Resulting Trusts – the True Nature of the Failing Cases; in: (2000) 116 LQR 15 – 21.

– Resulting Trusts – A rather Limited Doctrine; in: Birks, Peter Brian Herrenden / Rose, Francis Dennis (Hrsg.); Restitution and Equity; Volume One; Resulting Trusts and Equitable Compensation; Mansfield Press, an imprint of LLP; London 2000; S. 39 – 59 = Rickett/Grantham, in: Birks/Rose, Restitution and Equity, Vol. 1.

Rogers, William Vaughan Horton: Winfield and Jolowicz on Tort; 15. Aufl.; Sweet & Maxwell; London 1998 = Rogers, Winfield&Jolowicz on Tort.

Rose, Francis Dennis (Hrsg.): Restitution and Banking Law; Mansfield Press; Oxford 1998 = Rose, Restitution and Banking Law.

– (Hrsg.): Failure of Contracts; Contractual, Restitutionary and Proprietary Consequences; Hart Publishing; Oxford 1997 = Rose, Failure of Contracts.

– Passing On; in: Birks, Peter Brian Herrenden (Hrsg.); Laundering and Tracing; Clarendon Press; Oxford 1995; S. 261 – 288 = Rose, in: Birks, Laundering and Tracing.

– Restitution for the Rescuer; in: (1989) 9 OxJLS 167 – 204.

Rotherham, Craig: Trust Property and Unjust Enrichment: Tracing into the Proceeds of Life Insurance Policies; in: (2000) 59 CamLJ 440 – 444.

– Restitution and Property Rites: Reason and Ritual in the Law of Properietary Remedies; in: [2000] 1 TIL 205 – 231.

– The Recovery of the Profits of Wrongdoing and Insolvency; When is Proprietary Relief Justified?; in: [1997] 1 CFILR 43 – 52.

Rudden, Bernard: Correspondence; in: (1990) 10 OxJLS 288.

Rückert, Joachim: The Unrecognized Legacy: Savigny's Influence on German Jurisprudence after 1900; in: (1989) 37 AmJCL 121 – 137.

Rumble, Wilfrid E.: The thought of John Austin: Jurisprudence, Colonial Reform, and the British Constitution; The Athlone Press; London 1985 = Rumble, The thought of John Austin.

Samek, R. A.: The Synthetic Approach and Unjustifiable Enrichment; in: (1977) 27 UTorLJ 335 – 363.

Samuel, Geoffrey: Can Gaius really be compared to Darwin?; in: (2000) 49 ICLQ 297 – 329.

Samuel, Geoffrey / *Rinkes*, Jac G. J.: The English Law of Obligations; in: Müller-Graff, Peter-Christian (Hrsg.); Gemeinsames Privatrecht in der Europäischen Gemeinschaft; 2. Aufl.; Baden-Baden 1999; S. 163 – 222 = Samuel/Rinkes, in: Müller-Graff, Gemeinsames Privatrecht.

Schlechtriem, Peter: Privacy, Publicity and Restitution of Wrongful Gains: Another New Economy?; in: (2001) OxUCLF 3.

Schrage, Eltjo J. H. (Hrsg.): Unjust Enrichment; The Comparative Legal History of the Law of Restitution; Duncker & Humblot; Berlin 1995 = Schrage, Unjust Enrichment.

– Restitution in the new Dutch Civil Code; in: [1994] RLR 208 – 221.

Schrage, Eltjo J. H. / *Nicholas*, Barry: Unjust Enrichment and the Law of Restitution: A Comparison; in: Schrage, Eltjo J. H. (Hrsg.); Unjust Enrichment; The Comparative Legal History of the Law of Restitution; Duncker & Humblot; Berlin 1995; S. 9 – 30 = Schrage/Nicholas, in: Schrage, Unjust Enrichment.

Schulz, Fritz: Classical Roman Law; Clarendon Press; Oxford 1951 = Fritz Schulz, Classical Roman Law.

Seavey, Warren A. / *Scott*, Austin W.: Restitution; in: (1938) 54 LQR 29 – 45.

Segal, Nick: Cross-border Security Enforcement, Restitution and Priorities; in: Rose, Francis Dennis (Hrsg.); Restitution and Banking Law; Mansfield Press; Oxford 1998; S. 99 – 134 = Nick Segal, in: Rose, Restitution and Banking Law.

Sharpe, Robert J. / *Waddams*, S. M.: Damages for lost opportunity to bargain; in: (1982) 2 OxJLS 290 – 297.

Sheehan, Duncan: What is a mistake?; in: (2000) 20 LS 538 – 565.

Sherwin, Emily: Restitution and Equity: An Analysis of the Principle of Unjust Enrichment; in: (2001) TexasLR Symposium.

Simester, Andrew: Unjust free acceptance; in: [1997] LMCLQ 103 – 128.

Simmonds, Nigel E.: Rights at the Cutting Edge; in: Kramer, Matthew H. / ders. / Steiner, Hille; A Debate over Rights; Philosophical Enquiries; Clarendon Press; Oxford 1998; S. 113 – 232 = Simmonds, in: Kramer/ders./Steiner, Debate over Rights.

– Central Issues in Jurisprudence; Justice, Law and Rights; Sweet & Maxwell; London 1986 = Simmonds, Central Issues in Jurisprudence.

Simpson, Edwin: On the Nature of Resulting Trusts: The Vandervell Litigation revisited; in: Birks, Peter Brian Herrenden / Rose, Francis Dennis (Hrsg.); Restitution and Equity; Volume One; Resulting Trusts and Equitable Compensation; Mansfield Press, an imprint of LLP; London 2000; S. 3 – 22 = Simpson, in: Birks/Rose, Restitution and Equity, Vol. 1.

Skelton, Andrew: Restitution and Contract; Mansfield Press; Oxford 1998 = Skelton, Restitution and Contract.

Smith, Henry: The Principle of Unjust Enrichment in English and German Law; in: (1997) 9 OtagoLR 144 – 171.

Smith, Lionel D.: Restitution: The Heart of Corrective Justice; in: (2001) TexasLR Symposium.

– Unjust Enrichment, Property, and the Structure of Trusts; in: (2000) 116 LQR 412 – 444.

– Property, Subsidiarity, and Unjust Enrichment, in: (2000) OxUCLF 6.

– The mystery of „juristic reason"; in: (2000) 12 SupremeCourtLR 211 – 244.

– Restitution for Mistake of Law (Kleinwort Benson Ltd v Lincoln City Council); in: [1999] RLR 148 – 158.

– Tracing and Electronic Funds Transfers; in: Rose, Francis D. (Hrsg.); Restitution and Banking Law; Mansfield Press; Oxford 1998; S. 120 – 134 = Lionel D. Smith, in: Rose, Restitution and Banking Law.

– The Law of Tracing; Clarendon Press; Oxford 1997 = Lionel D. Smith, Law of Tracing.

– The Province of the Law of Restitution; in: (1992) 71 CBR 672 – 699.

– Three-Party Restitution: A Critique of Birk's Theory of Interceptive Subtraction; in: (1991) 11 OxJLS 481 – 519.

Smith, Roger John: Property Law; 2. Aufl.; Longman; London 1998 = Roger John Smith, Property Law.

Smith, Stephen A.: Taking law seriously; in: (2000) 50 UTorLJ 241 – 259.

– Concurrent Liability in Contract and Unjust Enrichment: The Fundamental Breach Requirement; in: (1999) 115 LQR 245 – 264.

Smits, Jan M.: The Good Samaritan in European Private Law; On the Perils of Principles without a Programme and a Programme for the Future; Kluwer; Deventer 2000 = Smits, Good Samaritan.

– How to Take the Road Untravelled? European Private Law in the Making: A Review Essay; in: (1999) 6 MaasJEuCL 25 – 46.

Stapleton, Jane: A New Seascape for Obligations; in: Birks, Peter Brian Herrenden (Hrsg.); The Classification of Obligations; Clarendon Press; Oxford 1997; S. 193 – 231 = Stapleton, in: Birks, Classification of Obligations.

Stein, Peter: A comment on Mathias Reimann's Article „Who is afraid of the Civil Law?"; in: ZNR; Bd. 22 (2000); S. 255 f.

Stevens, David / *Neyers*, Jason W.: What's Wrong with Restitution?; in: (1999) 37 AlbertaLR 221 – 270.

Stevens, John: Contract, Unjustified Enrichment and Concurrent Liability: A Scots Perspective – A Comment; in: Rose, Francis Dennis (Hrsg.); Failure of Contracts; Contractual, Restitutionary and Proprietary Consequences; Hart Publishing; Oxford 1997; S. 225 – 230 = John Stevens, in: Rose, Failure of Contracts.

– Restitution or Property? Priority and Title to Shares in the Conflict of Laws; in: (1996) 69 MLR 741 – 746.

Stevens, Robert: Restitution: Contract's Twin? – A Comment; in: Rose, Francis Dennis (Hrsg.); Failure of Contracts; Contractual, Restitutionary and Proprietary Consequences; Hart Publishing; Oxford 1997; S. 275 – 283 = Robert Stevens, in: Rose, Failure of Contracts.

Stewart, William J.: The Law of Restitution in Scotland; being mainly a study of the personal obligation to redress unjust enrichment; W. Green / Sweet & Maxwell; Edinburgh 1992 = Stewart, Law of Restitution in Scotland.

Stoljar, Samuel J.: The Law of Quasi-Contract; 2. Aufl.; The Law Book Company; Sydney 1989 = Stoljar, Law of Quasi-Contract.

– Unjust Enrichment and Unjust Sacrifice; in: (1987) 50 MLR 603 – 613.

– International Encyclopedia of Comparative Law under the Auspices of the International Association of Legal Science; Volume X; Restitution – Unjust Enrichment and Negotiorum Gestio; Caemmerer, Ernst v. / Schlechtriem, Peter (Hrsg.); Chapter 17; Negotiorum Gestio; Tübingen / Den Haag u. a. 1984 = Stoljar, in: International Encyclopedia, Vol. 10, Ch. 17.

Sutton, R. J.: What Should be Done for Mistaken Improvers?; in: Finn, Paul Desmond (Hrsg.); Essays on Restitution; 2. Aufl.; unveränderter Nachdruck der Erstaufl. 1990; The Law Book Company; Sydney 1994; S. 241 – 296 = Sutton, in: Finn, Essays on Restitution.

– Mistaken Payments: An inner Logic infringed?; in: (1987) 37 UTorLJ 389 – 412.

– F W Guest Memorial Lecture; Unjust Enrichment; in: (1981) 5 OtagoLR 187 – 207.

Swadling, William John: The Role of Illegality in the English Law of Unjust Enrichment; in: (2000) OxUCLF 5.

– A Hard Look at Hodgson v Marks, in: Birks, Peter Brian Herrenden / Rose, Francis Dennis (Hrsg.); Restitution and Equity; Volume One; Resulting Trusts and Equitable Compensation; Mansfield Press, an imprint of LLP; London 2000; S. 61 – 75 = Swadling, in: Birks/Rose, Restitution and Equity, Vol. 1.

– Appendix 2; A New Role for Resulting Trusts?; in: Birks, Peter Brian Herrenden / Rose, Francis Dennis (Hrsg.); Restitution and Equity; Volume One; Resulting Trusts and Equitable Compensation; Mansfield Press, an imprint of LLP; London 2000; S. 285 – 302 = Swadling, in: Birks/Rose, Restitution and Equity, Vol. 1.

– The Law of Property; in: Birks, Peter Brian Herrenden / Rose, Francis Dennis (Hrsg.); Lessons of the Swaps Litigation; Mansfield Press, an imprint of LLP; London 2000; S. 242 – 272 = Swadling, in: Birks/Rose, Lessons of the Swaps Litigation.

– The Myth of Phillips v Homfray; in: ders. / Jones, Gareth (Hrsg.); The Search for Principle; Essays in Honour of Lord Goff of Chieveley; Oxford University Press; Oxford 1999; S. 277 – 294 = Swadling, in: Festschrift für Lord Goff of Chieveley.

– Property and conscience; in: (1998) 12 TLI 228 – 239.

– What is the Law of Restitution About? Four Categorical Errors; in: Cornish, W. R. / Nolan, Richard / O'Sullivan, Janet / Virgo, Graham J. (Hrsg.); Restitution; Past, Present and Future; Essays in Honour of Gareth Jones; Hart Publishing; Oxford 1998; S. 331 – 337 = Swadling, in: Festschrift für Jones.

– Property and Unjust Enrichment; in: Harris, J. W. (Hrsg.); Property Problems; From Genes to Pension Funds; Kluwer Law International; London / Den Haag u. a. 1997; S. 130 – 145 = Swadling, in: Harris, Property Problems.

– (Hrsg.): The Limits of Restitutionary Claims: A Comparative Analysis; The United Kingdom National Committee of Comparative Law; London 1997 = Swadling, Limits of Restitutionary Claims;

– Restitution and Bona Fide Purchase; S. 79 – 105.

– A Claim in Restitution?; in: [1996] LMCLQ 63 – 66.

– A New Role for Resulting Trusts; in: (1996) 16 LS 110 – 131.

– Restitution; in: [1995] All ER; Annual Review 438 – 458.

– The Nature of Ministerial Receipt; in: Birks, Peter Brian Herrenden (Hrsg.); Laundering and Tracing; Clarendon Press; Oxford 1995; S. 243 – 260 = Swadling, in: Birks, Laundering and Tracing.

– Restitution; in: [1994] All ER; Annual Review 349 – 369.

– Restitution for No Consideration (Westdeutsche Landesbank v Islington LBC); in: [1994] RLR 73 – 85.

– Restitution and Unjust Enrichment; in: Hartkamp, Arthur / Hesselink, Martijn / Hondius, Ewoud / du Perron, Edgar / Vranken, J. B. M. (Hrsg.); Towards a European Civil Code; Nijmwegen 1994; S. 267 – 283 = Swadling, in: Hartkamp/Hesselink/Hondius/du Perron/Vranken, Towards a European Civil Code.

– Restitution; in: [1993] All ER; Annual Review 363 – 373.

– The Law of Restitution; in: [1992] All ER; Annual Review 255 – 284.

Templeman, Lord / *Krishnan*, Vickneswaren: Obligations: Contracts law; Old Bailey Press; London 1997 = Lord Templeman/Krishnan, Contracts law.

Tetley, William: Mixed Jurisdictions: Common Law v. Civil Law (Codified and Uncodified); in: (2000) 60 LouisianaLR 677 – 738

Tettenborn, Andrew: Misnomer – a Response to Professor Birks; in: Cornish, W. R. / Nolan, Richard / O'Sullivan, Janet / Virgo, Graham J. (Hrsg.); Restitution; Past, Present and Future; Essays in Honour of Gareth Jones; Hart Publishing; Oxford 1998; S. 31 – 36 = Tettenborn, in: Festschrift für Jones.

– Conversion, Tort and Restitution; in: Palmer, Norman / McKendrick, Ewan (Hrsg.); Interests in Goods; LLP; London / Hong Kong 1998; S. 825 – 836 = Tettenborn, in: Palmer/McKendrick, Interests in Goods.

– Lawful Receipt – A Justifying Factor?; in: [1997] RLR 1 – 12.

– The Law of Restitution in England and Ireland; 2. Aufl.; Cavendish Publishing; London 1996 = Tettenborn, Law of Restitution.

– Ch. 13; Wrongful interference with goods; in: Brazier, Margaret R. (Hrsg.); Clerk and Lindsell on Torts; 17. Aufl.; Sweet & Maxwell; London 1995 = Tettenborn, in: Clerk&Lindsell on Torts.

Tolhurst, G. J.: Assignment, Equities, The Trident Beauty and Restitution; in: (1999) 58 CamLJ 546 – 566.

Treitel, Guenter Heinz: Remedies for Breach of Contract; A Comparative Account; Clarendon Press; Oxford 1988 = Treitel, Breach of Contract.

Twining, William: Globalization and Comparative Law; in: (1999) 6 MaasJEuCL 217 – 243.

Unger, Roberto Mangabeira: The Critical Legal Studies Movement; in: (1982–83) 96 HarvardLR 561 – 675.

Verse, Dirk A.: Improvements and Enrichment: A Comparative Analysis; in: [1998] RLR 85 – 103.

Vicente e Cunha, Carolina: House of Lords (opinions of the Lords of Appeal for Judgement in the case Kleinwort Benson Ltd. v. Lincoln City Council and Others) – 29 October 1998; in: (2000) 8 EuRPL 348 – 351.

Virgo, Graham J.: Rezension von: W. Swadling / G. Jones, The Search for Principle: Essays in Honour of Lord Goff of Chieveley, Oxford 1999; in: (2000) 116 LQR 678 – 681.

– Recent Developments in Restitution of Mistaken Payments; in: (1999) 58 CamLJ 478 – 481.

– Unpacking Proprietary Restitutionary Claims; Box v Barclays Bank; in: [1999] 3 CFILR 119 – 125.

– The Principles of the Law of Restitution; Oxford University Press; Oxford 1999 = Virgo, Principles of the Law of Restitution.

– Clarifying Restitution for Wrongs; (Attorney-General v Blake); in: [1998] RLR 118 – 126.

– What is the Law of Restitution About?; in: Cornish, W. R. / Nolan, Richard / O'Sullivan, Janet / ders. (Hrsg.); Restitution; Past, Present and Future; Essays in Honour of Gareth Jones; Hart Publishing; Oxford 1998; S. 305 – 329 = Virgo, in: Festschrift für Jones.

– The Effect of Illegality on Claims for Restitution in English Law; in: Swadling, William John (Hrsg.); Limits of Restitutionary Claims; The United Kingdom National Committee of Comparative Law; London 1997; S. 141 – 185 = Virgo, in: Swadling, Limits of Restitutionary Claims.

– Reconstructing the law of restitution (Macmillan Inc v Bishopsgate Investment Trust plc (No 3)); in: (1996) 10 TLI 20 – 25.

– Striking the balance in the law of restitution; in: [1995] LMCLQ 362 – 371.

Visser, Daniel: Unjustified Enrichment; in: Zimmermann, Reinhard / ders. (Hrsg.); Southern Cross; Civil Law and Common Law in South Africa; Clarendon Press; Oxford 1996; S. 523 – 555 = Visser, in: Zimmermann/ders., Southern Cross.

– Rethinking Unjustified Enrichment: A Perspective of the Competition between Contractual and Enrichment Remedies; in: (1992) ActJur 203 – 236.

Vrisakis, Aleco / *Carter*, John W.: Restitution of Payments Made Under Contracts Prohibited by Statute; in: (2000) 15 JCL 228 – 241.

Waddams, S. M.: Restitution As Part of Contract Law; in: Burrows, Andrew S. (Hrsg.); Essays on the Law of Restitution; Clarendon Press; Oxford 1991; S. 197 – 213 = Waddams, in: Burrows, Essays on Restitution.

Walter, Philip / *Harris*, James: Claims to the Possession of Land: The Law and Practice; 3. Aufl.; Tolley Publishing Company; Croydon 1996 = Walter/Harris, Claims to Possession of Land.

Watson, Alan: Legal Transplants; An Approach to Comparative Law; Scottish Academic Press; Edinburgh 1974 = Watson, Legal Transplants.

Watts, Peter: Property and „Unjust Enrichment“: Cognate Conservators; in: [1998] NZLR 151 – 162.

– Does a subcontractor have restitutionary rights against the employer?; in: [1995] LMCLQ 398 – 403.

– Restitution – A Property Principle and a Services Principle; in: [1995] RLR 49 – 82.

Weinrib, Ernest Joseph: Correlativity, Personality, and the Emerging Consensus on Corrective Justice; in: [2001] 2 TIL 107 – 159.

– Restitutionary Damages as Corrective Justice; in: [2000] 1 TIL 1 – 38.

– The Idea of Private Law; Harvard University Press; Cambridge/Massachusetts 1995 = Weinrib, Idea of Private Law.

Whitty, Niall R.: Indirect Enrichment in Scots Law; in: [1994] JurReview 200 – 229; 239 – 282.

Williams, Glanville: Mistake in the Law of Theft; in: (1977) 36 CamLJ 62 – 85.

Winfield, Percy Henry: The American Restatement of the Law of Restitution; in: (1938) 54 LQR 529 – 542.

Winkel, Laurens: Mistake of Law: English and Roman Comparison; in: Swadling, William John (Hrsg.); Limits of Restitutionary Claims: A Comparative Analysis; The United Kingdom National Committee of Comparative Law; London 1997; S. 244 – 256 = Winkel, in: Swadling, Limits of Restitutionary Claims.

Wonnell, Christopher T.: Replacing the Unitary Principle of Unjust Enrichment; in: (1996) 45 EmoryLJ 153 – 220.

Worthington, Sarah: Reconsidering Disgorgement for Wrongs; in: (1999) 62 MLR 218 – 240.

– Proprietary Interests in Commercial Transactions; Clarendon Press; Oxford 1996 = Worthington, Proprietary Interests.

Wright: Rezension von: Restatement of the Law of Restitution, St. Paul, American Law Institute Publishers 1937; in: (1937–38) 51 HarvardLR 369 – 383.

Wright, David: Professor Birks and the Demise of the Remedial Constructive Trust; in: [1999] RLR 128 – 136.

Wright, Richard W.: Right, Justice and Tort Law; in: Owen, David G. (Hrsg.); Philosophical Foundations of Tort Law; Clarendon Press; Oxford 1995; S. 159 – 182 = Richard W. Wright, in: Owen, Philosophical Foundations of Tort Law.

– Substantive Corrective Justice; in: (1991–92) 77 IowaLR 625 – 711.

Yee, Wan Wai: Restitution for Wrongs; in: [1998] SJLS 299 – 330.

Zimmermann, Reinhard: Clarendon Law Lectures; Roman Law, Contemporary Law, European Law; The Civilian Tradition Today; Oxford University Press; Oxford 2001 = Reinhard Zimmermann, European Law.

– Roman Law and European Legal Unity; in: Hartkamp, Arthur / Hesselink, Martijn / Hondius, Ewoud / Joustra, Carla / du Perron, Edgar (Hrsg.); Towards a European Civil Code; 2. Aufl.; Ars Aequi Libri; Nijmwegen 1998; S. 21 – 40 = Hartkamp/Hesselink/Hondius/Joustra/du Perron², Towards a European Civil Code.

– Restitution after Termination for Breach of Contract in German Law; in: [1997] RLR 13 – 26.

– The Civil Law in European Codes; in: Miller, David L. Carey / ders. (Hrsg.); The Civilian Tradition and Scots Law; Aberdeen Quincentenary Essays; Duncker & Humblot; Berlin 1997; S. 259 – 293 = Reinhard Zimmermann, in: Miller/ders., Civilian Tradition and Scots Law.

– Savigny's Legacy; Legal History, Comparative Law, and the Emergence of a European Legal Science; in: (1996) 112 LQR 576 – 606.

– The Law of Obligations; Roman Foundations of the Civilian Tradition; Clarendon Press; Erstdruck 1990/92; Neudruck Paperback Oxford 1996 = Reinhard Zimmermann, Law of Obligations.

– Unjustified Enrichment: The Modern Civilian Approach; in: (1995) 15 OxJLS 403 – 429.

– A road through the enrichment-forest? Experiences with a general enrichment action; in: (1985) 18 CILJSA 1 – 20.

Zimmermann, Reinhard / *Jansen*, Nils: Quieta Movere; Interpretative Change in a Codified System; in: The Law of Obligations; Essays in Celebration of John Fleming; Cane, Peter / Stapleton, Jane (Hrsg.); Clarendon Press; Oxford 1998; S. 285 – 315 = Zimmermann/Jansen, in: Festschrift für Fleming.

Zimmermann, Reinhard / *du Plessis*, Jacques: Basic Features of the German Law of Unjustified Enrichment; in: [1994] RLR 14 – 43.

Zimmermann, Reinhard / *Visser*, Daniel (Hrsg.): Southern Cross; Civil Law and Common Law in South Africa; Clarendon Press; Oxford 1996 = Zimmermann/Visser, Southern Cross.

Zülch, Carsten: Bona Fide Purchase, Property and Restitution: Lipkin Gorman v. Karpnale in German Law; in: Swadling, William John (Hrsg.); The Limits of Restitutionary Claims: A Comparative Analysis; The United Kingdom National Committee of Comparative Law; London 1997; S. 106 – 140 = Zülch, in: Swadling, Limits of Restitutionary Claims.

Zyl, D. H. van: Unauthorised Payment and Unjust Enrichment in Banking Law; in: Rose, Francis Dennis (Hrsg.); Restitution and Banking Law; Mansfield Press; Oxford 1998; S. 1 – 26 = van Zyl, in: Rose, Restitution and Banking Law.

Anhang

Anmerkung: Im folgenden werden nähere Daten zu den benutzten Vorlesungsnachschriften, Gesetzesmaterialien und Rara wiedergegeben. Es sind, falls möglich, jeweils der Fundort, Signatur und Angaben zu Bandanzahl, Paginierung und Originaltitel angeführt. Das Zeichen „|" steht für eine neue Zeile, „||" für eine neue unpaginierte Seite. Numerierte Seiten oder Blätter sind in eckigen Klammern angeführt. Zitiert werden die Handschriften im Haupttext mit dem Schema, auf dem die Überschriften zu den jeweiligen Autographen basieren, ergänzt durch Bandangaben.

Daneben werden bei v. Savignys Vorlesungsnachschriften Pandekten 1818/19 (RG anonym), Pandekten 1827/28 (Göriz) und Institutionen um 1837 (Jasper) Textpassagen zu den Kondiktionen aufgeführt. Weiterhin sind Teile der Materialien zum Sächsischen Bürgerlichen Gesetzbuch und zum Reichsgericht abgedruckt. Mit Punkten unterstrichene Zeilen sind im Original in roter Tinte abgefaßt. Die einzelnen Ausschnitte sollen keine kritische Edition sein: Die Originalorthographie ist beibehalten, Abkürzungen werden soweit als dienlich bis auf die Originaltitel aufgelöst, der Zeilenumbruch verändert, die Absatzformatierung aber beibehalten. Der unterschiedliche Schreibstil von normalem Text und römischen Zitaten wurde ebenfalls vereinheitlicht.

I. Rara

Heise, Privatexemplar von Heise², Gemeines Zivilrecht

Niedersächs. SUB Göttingen; Sig. 8° Cod. Ms. jurid. 62ª; 1 Bd., mit durchgehenden Änderungen und Nachträgen Heises zur Vorbereitung der 3. Aufl. 1819.

v. Savigny, Privatexemplar von Heise², Gemeines Zivilrecht

UB Marburg; Sig. Ms. 925/2002 [olim Mat. 30]; Bögen in Kapsel, mit durchgehenden Anmerkungen v. Savignys.

II. Handschriften

Bekker, Pandektennachschrift 1881/82 (Wurzmann)

UB Heidelberg; Sig. Hdb. Hs. 1593; 1 Bd., paginiert. Originaltitel: „Pandekten I. Theil| Vorlesungen bei Herrn Geheimrat Bekker,| W 18 R 18 S.| Angefangen den 25 October 1881,|Beendet " März 1882,|L. Wurzmann|stud. iur."

Bekker, Pandektennachschrift 1882/83 (Karl Mittermaier)

Universität Heidelberg, Institut für geschichtliche Rechtswissenschaft; Sig. R 1777, 1; 1 Bd., paginiert. Originaltitel: „Karl Mittermaier| Pandekten.| vorgetragen von| Geh. Hofrath Bekker.|W. 18. R. 82/83 S."

Bekker, Institutionennachschrift 1892 (Heidelberg anonym)

UB Heidelberg; Sig. Hdb. Hs. 3479; 1 Bd., unpaginiert. Originaltitel: „Institutionen des römischen Rechts.|Sommersemester 1892.| Heidelberg.| Docent: Geh. Hofrat Prof. Dr. Bekker."

v. Bethmann-Hollweg, Institutionennachschrift 1827/28 (Hinschius)

UB der HU Berlin; Sig. Hdschr. Koll. 121; 1 Bd., paginiert. Originaltitel: „Institutionen| des| römischen Rechts| nach dem Vortrage des| Prof. Bethmann-Hollweg.| Berlin Hinschius.|1827/28 studiosus juris."

v. Bethmann-Hollweg, Pandektennachschrift 1838/39 (Frankfurt a. M. anonym)

Universität Frankfurt a. M., Institut für Rechtsgeschichte; Sig. IX 1328; 1 Bd., paginiert. Originaltitel: „Pandekten.|(Mit Ausschluß des Erbrechts.)|Vorgetragen im Winterhalbjahr 1838–39.| von dem Prof. z. ord., August Bethmann-Hollweg,| an der Universität Bonn."

Bluhme, Institutionennachschrift ab 1829 (RG anonym)

BGH Karlsruhe – Reichsgerichtsbibliothek; Sig. B 1184; 1 Bd., unpaginiert. Originaltitel: „Institutionen des römischen Privatrechts| nach| Professor Bluhme." Anmerkung: Ohne Jahresangabe. Nach Bluhmes Grundriß des Pandektenrechts, 1. Aufl., der im Bereich der Kondiktionen mit der Nachschrift übereinstimmt, könnte die Nachschrift inhaltlich aus der Zeit von 1829 bis 1843 stammen.

Bruns, Pandektennachschrift um 1870 (Rudolf Leonhard)

BGH Karlsruhe – Reichsgerichtsbibliothek; Sig. B 1613/4; 1 Bd., paginiert. Originaltitel: „Pandektenvorlesungen| von| H. Professor G. Bruns.| Zweites Buch:| Besonderer Theil." Anmerkung: Keine Datierung, aber mit Bleistift ist „um 1870" vermerkt. Als Autor ist auf der Einbandinnenseite „Rudolf Leonhard" ausgewiesen.

Bruns, Pandektennachschrift 1872/73 (Syring)

BGH Karlsruhe – Reichsgerichtsbibliothek; Sig. B 1614; 1 Bd., paginiert. Originaltitel: „Pandekten|bei|H. Prof. Bruns.|Berlin 1872/73 Paul Syring,|stud. iur. et. cam."

Degenkolb, Institutionennachschrift 1883 (Tübingen anonym)

UB Tübingen; Sig. Mh II 299[b]; 1 Bd., paginiert. Originaltitel: „(Degenkolb) [Heinrich]| Institutionen und Rechtsgeschichte.| [SS 1883]". Anmerkung: Die Angaben in Klammern wurden nachträglich hinzugefügt.

Degenkolb, Pandektennachschrift 1883/84 (Sprinkhardt)

UB der HU Berlin; Sig. Hdschr. Koll. 151; 1 Bd., paginiert. Originaltitel: „[...] Vorlesung über das| Obligationen-Recht| der Pandekten von| Prof. Dr. Degenkolb| Tübingen W.S. 1883/84. [...] von Prof. Dr. Degenkolb,|[...] K. Sprinkhardt."

Deurer, Institutionennachschrift 1841/42 (Moessner)

UB Heidelberg; Sig. Hdb. Hs. 1271; 1 Bd., paginiert. Originaltitel: „Moessner, stud jur. 1841/42 bei Deurer".

Dollmann, Institutionennachschrift 1836 (Mackwirth)

UB Heidelberg; Sig. Hdb. Hs. 3724, 10; 1 Bd., unpaginiert. Originaltitel: „Institutionen| des| Römischen Rechts|vorgetragen von|Dr. Dollmann im Sommersemester 1836| aufgeschrieben von|S. Mackwirth."

Eck, Pandektennachschrift 1885/86 (v. Reck)

UB Heidelberg; Sig. Hdb. Hs. 1527; 1 Bd., paginiert. Originaltitel: „Pandekten Heinrich von Reck 1885/86| vorgetragen von| Prof. E. Eck.| II. Band (Obligationenrecht)| Berlin|WS 1885/86".

v. Gneist, Pandektennachschrift 1856/57 (Hübler)

UB der HU Berlin; Sig. Hdschr. Koll. 26; 2 Bände, foliiert, Kondiktionen in Bd. 1. Originaltitel: [Bd. 1] „Pandecten|von| Prof. R. Gneist.| W.S. 1856/57. Univ. Berol. lit." Anmerkung: Prof. Dr. Hübler ist als Verfasser durch eine Namensmarkierung auf der Seite nach dem Buchdeckel ausgewiesen.

Göschen, Institutionennachschrift 1833/34 (Dedekind)

Niedersächs. SUB Göttingen; Sig. 4° Cod. Ms. jurid. $62^{x/2}$; 1 Bd., paginiert. Originaltitel: „Institutionen|des|römischen Rechts|vorgetragen vom Gh Hofrath|Goeschen.|Michaelis 1833 bis Ostern 1834|F.C.L. Dedekind|stud. juris goettingensis".

Göschen, Obligationennachschrift 1834 (Dedekind)

Niedersächs. SUB Göttingen; Sig. 4° Cod. Ms. jurid. $62^{x/4}$; 1 Bd., paginiert. Originaltitel: „Obligationenrecht|vorgetragen vom Herrn Hofrath Goeschen|von Ostern 1834. bis Michaelis 1834.|F. C. L. Dedekind|stud. jur. goettingensis".

Heise, Manuskript Pandekten

Niedersächs. SUB Göttingen; Sig. 8° Cod. Ms. jurid. 62: 10; Blätter in 22 Faszikeln; Fasz. 10 (217 Blatt) enthält das Buch 3, Kapitel 7 (Obligationen auf ein Zurückgeben).

Heise, Ergänzungen zum Manuskript Pandekten

Niedersächs. SUB Göttingen; Sig. 8° Cod. Ms. jurid. 62^{f}; Blätter in Faszikel, 1 Dissertation eingelegt, unpaginiert.

Heise, Pandektennachschrift um 1815 (Rinck)

Niedersächs. SUB Göttingen; Sig. 4° Cod. Ms. jurid. 52^{bd}; 5 Bände, paginiert, Kondiktionen in Bd. 3. Originaltitel: [Bd. 3] „Arnold Heise: Vorlesung üb. d. System d. Pandecten,| ausgearb. v. Carl Rinck, Göttingen ca. 1815 [nächste S.] III. Buch.| Obligationen-Recht."

Hofacker, Pandekten 1786 (Griesinger)

UB Tübingen; Sig. Mh II 27; ehemals 5 Bände, noch 3 erhalten (I. Personenrecht, II. Sachenrecht, V.), unpaginiert. Originaltitel: [Bd. 1] „Vorlesungen|über die Pandecten| nach H. Pr. Hofackers Vortrag.|L. F. Griesinger.|Vom Herbst 86 –|Personenrecht|Erstes Heft."

Huber, Nachschrift Schweizerisches Privatrecht 1910 (Kinkelin)

Universität Zürich, Forschungsstelle für Rechtsgeschichte; Sig. 5.2. / 2; 1 Bd., teilweise paginiert. Originaltitel: „Schweizerisches Privat-|recht.|Sachenrecht und Obligationenrecht.| Nach Vorlesungen| von| Prof. Dr. Eugen Huber.| Bern.| S.S. 1910". Anmerkung: Als Nachschreiber ist auf dem zweiten Blatt nach dem vorderen Einband Caesar Kinkelin ausgewiesen. Unter Signatur 5.2. / 1 existiert vom WS 1909/10 ein Kollegheft zu den übrigen Materien des Privatrechts.

Huber, Nachschrift Schweizerisches Obligationenrecht (Oftinger)

Universität Zürich, Forschungsstelle für Rechtsgeschichte; keine Sig.; 2 Bände, paginiert, Bereicherungsrecht in Bd. 1. Originaltitel: [Bd. 1] „Schweizerisches Obligatio-| nenrecht.| 1. Teil. (OR mit Aus-| schluss des Handels- &| Wechselrechts.)| Prof. Eugen Huber.|Bern." Anmerkung: Als Nachschreiber ist auf dem ersten Blatt nach dem vorderen Einband mit Bleistift „Oftinger" vermerkt.

Karlowa, Institutionennachschrift 1884/85 (v. Reck)

UB Heidelberg; Sig. Hdb. Hs. 1532; 1 Bd., teilweise paginiert. Originaltitel: „H. von Reck| stud. iuris|W 18 R 84/85|Karlowa|Institutionen des römischen Rechts."

v. Keller, Pandektennachschrift 1848/49 (Berlin anonym)

STB Berlin; Sig. Ms. germ. oct. 959; 1 Bd., paginiert. Originaltitel: [Buchrücken] „Pandecten|nach|Keller.|Winter 1848–49."

Kierulff, Pandektennachschrift 1832 (Hensen)

BGH Karlsruhe – Reichsgerichtsbibliothek; Sig. B 5565; 1 Bd., paginiert. Originaltitel: „Pandekten vorgetragen von| Dr. Kierulff.| niedergeschrieben von| A W G Hensen. Sommersemester 1832."

Kierulff, Institutionennachschrift 1832/33 (Waitz)

STB Berlin; Sig. Ms. germ. qu. 1076, 1; 1 Bd., paginiert. Originaltitel: „Institutionen und Geschichte| des Römischen Rechts| vorgetragen von| Dr. Kierulff| Kiel im Wintersemester 1832/33|Georg Waitz stud. jur. aus Flensburg [...]".

Mackeldey, Pandektennachschrift 1824/25 (Osterrath)

Niedersächs. SUB Göttingen; Sig. 4° Cod. Ms. jurid. 52[I]; 2 Bände, paginiert, Kondiktionen in Bd. 2. Originaltitel: [Bd. 2] „Der zweite oder|besondere Theil|der Pandecten; von Dr. F. Mackeldey| vorgetragen zu|Bonn im Wintersemester 1824/25| geschrieben von|H Osterrath stud. cam. aus|Arnesberg."

v. Mandry, Pandektennachschrift 1883 (Seckel)

UB der HU Berlin; Sig. Hdschr. Koll. 156; 3 Bände, paginiert, Kondiktionen in Bd. 3 (II/2 nach Originalzählung). Originaltitel: [Bd. II/2] „Pandekten I./II. Vermögensrecht.| 2. Obligationenrecht.| Prof. Dr. v. Mandry| Tübingen| S.S. 83 Emil Seckel| 15 St. stud. iur."

Marezoll, Pandektennachschrift 1848/49 (Graessner)

UB der HU Berlin; Sig. Hdschr. Koll. 294; 1 Bd., paginiert. Originaltitel: „Pandecten| nach dem Vortrage des Herrn| Prof. Marezoll.| Anh. Monogr.: Besitz| n. röm. R.| Alfr Graessner.|1848/49. Lips."

Mayer, Institutionennachschrift 1838/39 (Belser)

UB Tübingen; Sig. Mh II 23; 1 Bd., paginiert. Originaltitel: „Institutionen des Römischen Rechts.| Vorgetragen| von Professor Dr Mayer in| Tübingen| im Wintersemester 1838/39.|C: Belser."

Mayer, Institutionennachschrift 1842 (v. Sarwey)

UB Tübingen; Sig. Mh II 24; 1 Bd., paginiert. Originaltitel: „Institutionen| des römischen Rechts.| vorg. v. Pr. Dr. Majer im Sommersemester| 1842| geschr. z. Tübingen von|Otto Sarwey."

Mayer, Pandektennachschrift 1842/43 (v. Sarwey)

UB Tübingen; Sig. Mh II 21; 2 Bände, paginiert, Kondiktionen in Bd. 1. Originaltitel: [Bd. 1] „Vorlesung| über| die Pandekten.| gehalten| von| Prof. Dr. Majer| im| Winter- u. Sommersemester 1842/43|O. Sarwey j. Stud.“

Meyer, Pandektennachschrift 1809 (v. Tiesenhausen)

UB der HU Berlin; Sig. Hdschr. Koll. 12; 1 Bd., paginiert. Originaltitel: „Die| Pandekten| gelesen von Meyer, im Winterhalbjahr, 1809.| [Ausgearb. von C. v. Tiesenhausen]“. Anmerkung: Die letzte Titelzeile wurde nachträglich mit Bleistift eingefügt. Auf dem Buchrücken ist zu lesen: „Tiesenhausen, Ausarbeitung. nach Meyers Vorlesungen üb. d. Pandekten 1809“.

Mühlenbruch, Pandektennachschrift 1835 (v. Dewitz)

STB Berlin; Sig. Ms. germ. qu. 2231; 1 Bd., paginiert. Originaltitel: „Pandecten|bei dem Herrn Geh. Justiz-Rath| Mühlenbruch im Wintersemester| 1834/35 nachgeschrieben von|Goettingen Ostern|1835 TvDewitz.“

Pernice, Pandektennachschrift 1886/87 (Blanck)

UB der HU Berlin; Sig. Hdschr. Koll. 265; 2 Bände, unpaginiert, Kondiktionen in Bd. 2. Originaltitel: [Bd. 2] „Prof. Geheimrath Pernice's|Vorlesungen über|Pandektenrecht| Zweiter Theil.| Berlin| Wintersemester 1886–87| nachgeschrieben| von|Friedrich Blanck.“

Puchta, Pandektennachschrift 1842/43 (Planck)

Niedersächs. SUB Göttingen; Sig. Cod. Ms. G. Planck 14:6; 1 Bd., paginiert. Originaltitel: „Pandecten im Wintersemester 1842/43| bei Herrn Prof. Puchta gehört.| G Planck.“

Rudorff, Pandektennachschrift 1833 (Waitz)

STB Berlin; Sig. Ms. germ. qu. 1076, 2; 1 Bd., paginiert. Originaltitel: „Pandecten| Vorgetragen von|Herr Prof. Rudorff.|Berlin SommerSemester 1833.|Georg Waitz stud. jur. aus|Flensburg [...]“.

Rudorff, Institutionennachschrift 1868/69 (Berlin anonym)

STB Berlin; Sig. Ms. germ. qu. 2083; 1 Bd., paginiert. Originaltitel: „Institutionen und Alterthü-| mer des römischen Rechts| vorgetragen von| Profe Dr. Rudorff| W.S. 1868/69.“

v. Savigny, Materialien zum Obligationenrecht

UB Marburg; Sig. Ms. 925/18 [olim Mat. 7]; neu foliiert. Bibliothekstitel: „Obligationenrecht. Band I und II. Materialien.“

v. Savigny, Manuskript Institutionen 1803/04

UB Marburg; Sig. Ms. 925/36 [olim M 14]; neu foliiert, in der Mappe Methodologie, Marburg 1802–1841/42 (Ms. 925/36), Fasz. IV, Bl. 101–154. Originaltitel: „Institutionen,|Winter 1803.“

v. Savigny, Adversaria ab 1808

UB Marburg; Sig. Ms. 925/46, 3; paginiert, Bd. 3 der Adversaria (nach partieller Kopie). Originaltitel: „Adversaria|Tom. 3.|Angefangen|im Januar|1808.“

v. Savigny, Manuskript Institutionen 1808/09

UB Marburg; Sig. Ms. 925/36 [olim M 14]; neu foliiert, in der Mappe Methodologie, Marburg 1802–1841/42 (Ms. 925/36), Fasz. V, Bl. 155–171. Bibliothekstitel: „Institutionen,|Winter 1808."

v. Savigny, Manuskript Berliner Institutionen 1810/11–1841

UB Marburg; Sig. Ms. 925/39 [olim M 11]; neu foliiert, 3 Vorlesungsmanuskripte, Bl. 1–28: Vorlesungsconspectus; Bl. 1–229: Institutionen Berlin 1810/11–1841; Bl. 230–248: Rechtsaltertümer [...]. Bibliothekstitel: „Berliner Institutionen, Berlin 1810–1841".

v. Savigny, Manuskript Pandekten 1809–1841/42

UB Marburg; Sig. Ms. 925/37 [olim M 8, M 19, M 7 e, M 7 f]; neu foliiert.

I. Konvolut [olim M 8]:

Bl. 1–30: Vorlesungsconspectus
Bl. 31: Titel: Pandekten nach Heise's Grundriß, Heidelberg 1807 [...]
Bl. 1–426: Pandekten, Buch I und II

III. Konvolut [olim M 7 e]:

Bl. 575–876: Pandekten, Buch III (Obligationenrecht: B. Specieller Theil).

v. Savigny, Obligationennachschrift 1803/04 (Jakob Grimm)

STB Berlin; Sig. Ms. germ. qu. 963.2; paginiert (nach komplettem Mikrofilm). Originaltitel: „K. Fr. von Savigny|Vorlesungen über das Obligationenrecht.|vom 8. Nov. 1803 bis d. 14. Febr. 1804.|Jakob Ludwig Karl Grimm."

v. Savigny, Obligationennachschrift 1803/04 (Wilhelm Grimm)

STB Berlin; Sig. Ms. germ. qu. 963a.2; paginiert (nach komplettem Mikrofilm). Originaltitel: „K. Fr. von Savigny|Vorlesungen über das Obligationenrecht.|vom 8. Nov. 1803. bis 14. Febr. 1804.|Wilhelm Karl Grimm."

v. Savigny, Institutionennachschrift 1803/04 (Jakob Grimm)

STB Berlin; Sig. Ms. germ. qu. 963; 1 Bd., paginiert. Originaltitel: „Friedrich Karl von Savigny| Dokt. und auserord. Professor zu Marburg.| Vorlesungen| über die justinianeischen Instituzionen.|vom 7 Nov: 1803 bis 3 März 1804."

v. Savigny, Institutionennachschrift 1803/04 (Wilhelm Grimm)

STB Berlin; Sig. Ms. germ. qu. 963a; 1 Bd., paginiert. Originaltitel: „Friedrich Karl von Savigny| Dokt. und auserord. Professor zu Marburg| Vorlesungen| über die justinianeischen Instituzionen|vom 7. Nov. 1803 bis 3. März 1804."

v. Savigny, Institutionennachschrift 1811/12 (Reinert)

Bayerischer Landtag, Maximilianeum München; Sig. jur. 217; 1 Bd., unpaginiert, Zählung nach Faszikeln. Originaltitel: [erste S.] „J. B. Reinert." [erste S. vor Fasz. 2] „Institutionen [...] v. Savigny." Anmerkung: Nach freundlicher Auskunft der Bibliothek des Maximilianeums ist auf Fasz. 44, Bl. 3r vermerkt: „angefangen den 21t. October 1811", „Beendigt den 16. März 1812."

v. Savigny, Institutionennachschrift 1814 (Gerhard)

Gesamthochschule Kassel, Landesbibliothek und Murhardsche Bibliothek der Stadt Kassel; Sig. 4° Ms. iur. 40; 1 Bd., paginiert (nach komplettem Mikrofilm). Originaltitel: „Geschichte des römischen Rechts|und Institutionen|von Savigny.|E. Gerhard Berlin 1814".

v. Savigny, Institutionennachschrift 1814 (Homeyer)

STB Berlin; Sig. Ms. germ. qu. 1172; 1 Bd., paginiert. Originaltitel: „Antiquitäten, Geschichte|und|Institutionen|des Römischen Rechts.|Nach dem Vortrag des Professors| v. Savigny im Sommerhalbjahr|1814.|v.|C. G. Homeyer."

v. Savigny, Pandektennachschrift 1814/15 (Homeyer)

STB Berlin; Sig. Ms. germ. qu. 1173; 1 Bd., paginiert. Originaltitel: „Pandekten.|Nach dem Vortrage| des Professors v. Savigny| im Winterhalbjahr| 1814/15.| von| C. G. Homeyer."

v. Savigny, Pandektennachschrift 1816/17 (Rostock anonym)

UB Rostock; Sig. Mss. jur. 78^{a}; paginiert (nach partiellem Printerauszug). Originaltitel: „Pandecten,|oder systematischer Vortrag des römi. Rechts|mit Bezug auf die Veränderungen, welche es|durch das kanonische und deutsche Recht erlitt.|nach dem Vortrage|des Herrn Professor von Savigny.|Berlin, im Winter 1816/17".

v. Savigny, Pandektennachschrift 1818/19 (Bluhme)

ULB Bonn; Sig. S 786 (263^{V} d); paginiert (nach partiellem Printerauszug). Bibliothekstitel: „Savigny's Pandecten." Anmerkung: Der freundlichen Auskunft der Universitäts- und Landesbibliothek Bonn zufolge ist die Nachschrift nach den Seiten 5 und 655 („F. Bl. d. 5 Nov. 1818." bzw. „d. 27 März 1819.") auf das Wintersemester 1818/19 zu datieren. „Bluhme" wird manchmal auch „Blume" geschrieben, siehe v. Stintzing/Landsberg, Geschichte der Rechtswissenschaft, Bd. III/2, Noten, S. 127.

v. Savigny, Pandektennachschrift 1818/19 (C. Ulrich)

ZB Zürich – Kantonsbibliothek; Sig. Ms Z IV 604; 1 Bd., paginiert (ein weiterer unter Sig. Ms Z IV 604a). Originaltitel: „Vorlesungen über die Pandecten|gehalten|während des Wintercurses 1818–1819 in 12 wöchentl-|lichen Stunden|auf der Universität zu Berlin|von|F. C. v. Savigny, Prof. ord.|Erster Theil|Angefangen den 5ten November 1818|C. Ulrich aus Zürich, stud. jur."

v. Savigny, Pandektennachschrift 1818/19 (David Ulrich)

ZB Zürich – Kantonsbibliothek; Sig. Ms Z IV 308; 1 Bd., paginiert. Originaltitel: „Herrn von Savigny's| Vorlesungen| über die Pandekten.| gehalten im Wintersemester 1818–19. in Berlin [...]|Dav. Ulrich, Stud. iur. [...]".

v. Savigny, Pandektennachschrift 1818/19 (v. Zschüschen)

UB Mainz, Dauerleihgabe Stadtbibliothek Mainz; Sig. Ms 54; 1 Bd., paginiert. Originaltitel: „Pandecten,| nach dem Vortrage des Staatsraths| v. Savigny.| F. v. Zschüschen| Berlin den 2ten November|1818."

v. Savigny, Pandektennachschrift 1818/19 (RG anonym)

BGH Karlsruhe – Reichsgerichtsbibliothek; Sig. B 8518; 3 Bände, Kondiktionen in Bd. 2, teilweise paginiert, ansonsten nach Nummern alle acht Seiten. Originaltitel: „Pandecten bei von Savigny|Berlin 1818–19". Anmerkung: Die Titelzeile „Berlin 1818–19" ist nachträglich mit Bleistift in derselben Handschrift wie die neuere Signatur der Reichsgerichtsbibliothek eingefügt. Wer den Eintrag vornahm, ließ sich nicht ermitteln. Im Vergleich mit dem Wortlaut der Nachschrift Bluhme aus demselben Jahr erscheint die Jahresangabe hinreichend plausibel. Im originalen Karteikasten

Nr. 185 der Reichsgerichtsbibliothek und auf dem Rückenschild von Bd. 1 wird fälschlicherweise das Datum „1819–20“ vermerkt, das mit v. Savignys Conspectus nicht in Einklang zu bringen ist.

Textausschnitt:

[Nº 109]

Siebentes Kapitel

Obligationen auf ein Zurückgeben

I. Aus unerlaubten Handlungen

A. Condictio furtiva

§ 229 Der Begriff findet sich in

1 § 3 h.t.[1]
§ 1 J.[2] (Ganz dieselbe Stelle)

Dazu gehört

1 Eine bewegliche Sache. Anfangs war hierüber Controverse, doch später ward dies festgesetzt.

2 contrectatio eine körperliche Behandlung der Sache.

l 25 pr h.t.[3] ||

Die Form dieser Contrectatio ist gleich. Gewaltsamer Raub ist gleichfalls ein furtum. Eine Eintheilung hierauf gegründet ist 1 f. manifestum und 2 f. nec manifestum, nur wichtig, in Hinsicht des poenalen Theiles

§ 3 J.[4] l 3–8 ht.[5]

Ersterer, wo der Dieb ertappt wird auf der That.

3. Damit muß verbunden sein eine Rechtsverletzung (hiervon nachher)

4 Muß das Ganze mit einem dolus, und zwar auch mit einem animus lucri faciendi verbunden sein.

a Diebstahl ist ausgeschlossen, wenn ich des andern Einwilligung voraussetze

l 46 § 7 h.t.[6]

b. Doch braucht der lucrum nicht immer eigener

l 55 § 1 ht.[7]

zu sein, ich kann auch für einen Fremden stehlen,[8]

---

[1] *Paulus*, D. 47, 2, 1, 3.
[2] Inst. 4, 1, 1.
[3] *Ulpianus*, D. 47, 2, 25 pr.
[4] Inst. 4, 1, 3.
[5] D. 47, 2, 3–8.
[6] *Ulpianus*, D. 47, 2, 46, 7.

α. Hier kann der eine der Diebeshehler sein. ope & consilio furtum factum ist dafür ein alter Kunstausdruck, in Hinsicht der Strafe macht dies keinen Unterschied.

§ 11. J. h.t.[9]

β. Es können sich aber mehrere unterstützen. Dann sind alle Diebe. ||

χ. Endlich, wenn einer dem andern unschuldigen zu Gunsten stiehlt, so ist der Stehlende natürlich auch[10] Dieb

3 Es muß eine Rechtsverletzung da seyn, jemand als Bestohlener betrachtet werden. Hat der andre eingewilligt, so ist keine Rechtsverletzung da, obwohl der andre diese zu begehen

l. 46 § 8 D. h.t.[11]

dachte.

Welches Recht muß aber verletzt sein? Darauf gründet sich folgende Eintheilung. Es giebt eine 1ˣ furtum rei. 2.ˣ furtum possessionis. 3ˣ furtum usus.

1ˣ. furtum rei ist Verletzung des Eigenthums einer Sache die sich der Dieb anmaßt.

Gegenwärtiger Besitz des Eigenthums ist nicht nöthig. Aber noch mehr: wenn dem Diebe wieder gestohlen wird, so ist auch dieser Diebstahl ein furtum rei. Der Dominus rei hat gegen beide condiction

1. 77 § 1 ht.[12]

2 furtum possessionis heißt Verletzung eines dinglichen Rechtes aus dem Eigenthum durch Diebstahl. Wer also dem ususfructuar die Sache stiehlt begeht ein furtum possessionis, gewöhnlich wird [Nº 110]damit ein furtum rei verbunden sein, doch nicht nothwendig, so nicht wenn der Herr die verpfändete Sache stiehlt

1 19 § 5 ht.[13]
20. § 1 ht.[14]
46. § 3 ht.[15]

74 ht.[16]
§ 10 und 14 J. ht.[17]

---

[7] *Gaius*, D. 47, 2, 55, 1. Anmerkung: Im Original ist „l. 54 § 1" vermerkt, doch stimmt diese Quellenangabe nicht mehr mit der CCC-Ausgabe von *Mommsen/Krüger* überein.

[8] Randbemerkung: Species enim lucri est ex alieno largiri et benificii debitorem sibi adquirere.

[9] Inst. 4, 1, 11.

[10] Randbemerkung: allein.

[11] *Ulpianus*, D. 47, 2, 46, 8.

[12] *Pomponius*, D. 47, 2, 77, 1. Anmerkung: Im Original ist „l. 76 § 1" vermerkt, doch stimmt diese Quellenangabe nicht mehr mit der CCC-Ausgabe von *Mommsen/Krüger* überein.

[13] *Ulpianus*, D. 47, 2, 19, 5.

[14] *Paulus*, D. 47, 2, 20, 1.

[15] *Ulpianus*, D. 47, 2, 46, 3.

3 furtum usus ist eine widerrechtliche contrectatio, nicht begriffen in den 2 ersten Arten. So, wenn der Pfandgläubiger das Pfand heimlich gebraucht: zum Gebrauch ward es ihm nicht gegeben. Eben so wenn ich ein Pfand länger, als mir bewilligt gebrauche.

l. 40. 54. pr h.t.[18]
27. § 3 h.t.[19]
§ 6 J.[20]

Was sind die Wirkungen?

1. Privatrechtliche

a. Die Sache wird eine res furtiva. Dies gilt vom furtum rei und possessionis ||und selbst ||bei letzterem nicht, wenn der Eigenthümer Dieb ist

l 49 de usurpat.[21]
l. 20 § 1. h.t.[22] ||

b. Es entstehen 2 verschiedene Obligationen.

α Eine auf Wiedergabe, condictio furti

β Eine auf Strafe, die in die actio furti.

2 Criminalwirkung: Im ältesten Recht hatte jedes furtum eine Behandlung entweder nach dem Criminalrecht oder privatrechtlich. Im spätern Recht war bloß von Privatstrafen die Rede. Dann kehrte man zurück. und jetzt gelten nur öffentliche Klagen.

A. Condictio furtiva

§ 230 Dieß ist die Klage auf die Wiedergabe der Sache, oder ihres Werthes. Mann sollte glauben, dieß sey eine obligatio ex delicto, das ist aber nicht der Fall, sondern es ist eine condictio delicti occasione, man fordert die Sache zurück, weil sie der andre ohne Recht und aequitas besitzt.

Bedingungen

1 Beklagter ist der Dieb selbst.

l 22 pr de pigner. aet[23]
12 § 2 und l. 16 h.t.[24]

---

16 *Iavolenus*, D. 47, 2, 74.

17 Inst. 4, 1, 10 und 14.

18 *Paulus*, D. 47, 2, 40 und *Gaius*, D. 47, 2, 55 pr. Anmerkung: Im Original ist „l. 54 pr." vermerkt, doch stimmt diese Quellenangabe nicht mehr mit der CCC-Ausgabe von *Mommsen/Krüger* überein.

19 *Ulpianus*, D. 47, 2, 27, 3.

20 Inst. 4, 1, 6.

21 *Labeo*, D. 41, 3, 49.

22 *Paulus*, D. 47, 2, 20, 1.

23 *Ulpianus*, D. 13, 7, 22 pr.

Diese Obligatio geht auf den Erben und Succesoren, nicht aber auf den bloßen Gehilfen.||

Dies ist ganz consequent.

l 7 § 2. l 9 und 6.[25]

2 Wer ist der Kläger? Jeder Bestohlene ohne Unterschied.

l 22 pr de pigner aet[26]
l 12 § 2 h.t.[27]

So ist creditor vor allen andern der Eigenthümer. – Verlier' ich daher mein Eigenthum, so verlier ich auch diese condictio.

l. 10 § 2 und 3[28]
l. 1 ht.[29]

In furtiva re soli domino condictio competit könnte man mißverstehen. Doch es ist gewiß, daß jeder ususfructuar pp sie hat. Die Stelle heißt also: man hat nur so lange die condictio als das Eigenthum währt. – Die Römer finden etwas sonderbares hierin. Wer nämlich sein Eigenthum einmal schon verloren hat, hat die condictio, das ist Regel. Aber hier steht es ganz anders, ganz anomalisch, denn ich habe nicht das Eigenthum verloren; doch sagen sie, diese Anomalie sey in odio furti.||

Zweck der Klage

1 Die Sache soll wiedergegeben werden.

2. Den Werth ganz oder theilweise bei Verlust oder Detterioration.

l. 8 pr § 1[30]

3 Das ganze indirecte Interesse

l 3. 8 § 2. 12. § 2.[31]

Aufhebung der Klage.

1 Sobald das Interesse aufhört. Daher:

a. Wenn ich die Sache, oder den Werth wieder erlangt. Nun ist der aequitas genügt

b. Ich habe die Condictio auch dann, wenn der Dieb nicht mehr die Sache besitzt.

---

[24] *Ulpianus*, D. 13, 1, 12, 2; *Pomponius*, D. 13, 1, 16.

[25] *Ulpianus*, D. 13, 1, 7, 2; 13, 1, 9; 13, 1, 6.

[26] *Ulpianus*, D. 13, 7, 22 pr.

[27] *Ulpianus*, D. 13, 1, 12, 2.

[28] *Pomponius*, D. 13, 1, 10, 2 und 3.

[29] *Ulpianus*, D. 13, 1, 1.

[30] *Ulpianus*, D. 13, 1, 8 pr. und 1.

[31] *Paulus*, D. 13, 1, 3; *Ulpianus*, D. 13, 1, 8, 2; 13, 1, 12, 2.

c Ebenso geht die condictio gegen die Erben. Jeder Dieb ist in mora, und muß daher für casuellen Untergang einstehen. Die mora wird purgirt, wenn der Dieb die

Nº 289 ad Savigny

Sache angiebt.

Nº 290 ad Savigny

Nº 291 dito.

B. Actio quod metus causa

[...Text ausgelassen...]

C. Restitution des abgezwungenen Besitzes

[...Text ausgelassen...]

[Nº 111]

D. Condictio ob turpem causam.

Allgemeine Einleitung.

Jetzt kommen wir zu einer Reihe von eigenen Obligationen. Wenn etwas aus meinem Vermögen oder Besitz, in eines andern Vermögen oder Besitz, gekommen ist, so kann ich dies zurückfordern aus dem Contract, oder auch aus bloßer aequitas. – Nun wird vorausgesetzt, daß durch meinen Willen etwas an einen andern gekommen, datum ob [Nº 112]causam, wegen eines bestimmten juristischen Grundes, in der Absicht, daß juristisch etwas hervorgebracht werde. Dem entgegengesetzt ist die Donatio, animus Donandi; denn dadurch entsteht kein Rechtsverhältniß zwischen mir und ihm.

Diese causa ist ferner entweder eine causa turpis darauf geht die condictio ob turpem causam oder honesta. Letztere ist entweder praesens oder futura – Auf ersteren Fall, auf die causa honesta praesens, bezieht sich die condictio sine causa, und in ihr indebiti, auf den Letztern die condictio ob causam datorum. Doch haben die Juristen die condictionen nicht genau unterschieden, weil sie alle, die turpis ausgenommen, gleiche Natur haben.

Doch dies Dare in Datum ob causam heißt auch Obligationen geben oder mich liberiren; nicht nur Eigentum geben. Was ist nun das Gemeinsame aller ||condictionen, auch der condictio beim Darlehn, und bei der furtiva condictio? Das Gemeinsame ist, daß etwas aus meinem Vermögen in eines andern gekommen. Die condictio furtiva ist nun freilich ganz anomalisch in odio furum. Eine condictio bleibt besonders über, nehmlich die aus der Stipulatio (s. institutionen). Hier bei der Stipulatio kann nichts anomalisch angenommen werden. Nun ist ja aber auch die Stipulatio hervorgegangen aus dem alten nexum, das auf die [!] Darlehnsform beruhte. Dieser Hergang ist ganz einfach, und so ist die condictio certi zu rechtfertigen. – In den Pandecten findet sich noch eine sonderbare; die condictio triticiaria. Es gab noch andre Darlehn als mit barem Geld, und gewiß sehr früh bei den Römern auch Korndarlehn, auf welches sich diese condictio beziehet.

D. Condictio ob turpem causam.

Die Wirkung auf den Vertrag haben ||wir abgehandelt. Wie aber, wenn etwas schon gegeben ist? Man muß unterscheiden, ob:

1 Der Geber Vorwurfs frei ist, oder

2 ob ihn ein Tadel trifft.

l 1 pr. h.t.[32]

1 Hier ist Regel: Man braucht unsere Condictio auf Wiederforderung, selbst, wenn man das ganze Rechtsverhältniß kannte, und sogar, wenn die causa secuta ist; dies ist das Anomalische. Dahin wird gerechnet, wenn jemand sich eine schuldige Handlung bezahlen läßt; so zum Beispiel der Richter.

l 1 § 2. ht.[33]
2 pr § 1. ht.[34]
4 § 2[35]

Zweiter Fall. Der Geber ist nicht vorwurfsfrei, das Unsittliche liegt auf Seiten des Gebers; oder auf beiden Seiten. Regel: Es kann gar nichts zurück gefordert werden. Die Sache ist unwürdig, das Richteramt in Bewegung zu ||setzen, weil beide gleich schuldig gehandelt haben. Der häufigste Fall ist der der Bestechung.

l. 3 l. 8. l. 4 pr § 1.[36]

II. Aus andern Gründen.

A. Condictio ob causam datorum.

Diese heißt auch de condictione causa data causa non secuta (hier muß gleich anfangs ein Schreibfehler dagewesen seyn.)

§ 239.240. 1 Es muß etwas gegeben sein.

l 4. l. 10. ht.[37]
1 § 1: 2 de cond. sine causa.[38]

Es fragt sich: Gelten diese Condictionen, wo die Leistung nicht in dare sondern in facere besteht. Dies ließe sich nun denken mittelst des früher erwähnten allgemeinen Ausgleichungsmittel, mittelst Geld. Und so steht dies auch wirklich der richtigern Meinung nach.

l 26 § 12 de cond. indeb.[39]
l. 65 § 7 et.[40]

Die regelmäßigen condictionen haben gleiche ||allgemeine Regeln; darum gilt dies für alle. Eine entgegengesetzte Stelle:

l 25 pr de pr verbis.[41]

---

[32] *Paulus*, D. 12, 5, 1 pr.

[33] *Paulus*, D. 12, 5, 1, 2.

[34] *Ulpianus*, D. 12, 5, 2 pr. und 1.

[35] *Ulpianus*, D. 12, 5, 4, 2.

[36] *Paulus*, D. 12, 5, 3; 12, 5, 8; *Ulpianus*, D. 12, 5, 4 pr. und 1.

[37] *Ulpianus*, D. 12, 4, 4; *Iavolenus*, D. 12, 4, 10.

[38] *Ulpianus*, D. 12, 7, 1, 1 und 2.

[39] *Ulpianus*, D. 12, 6, 26, 12.

[40] *Paulus*, D. 12, 6, 65, 7.

spricht gar nicht von der condiction, sondern sagt nur, man habe nicht eine actio praescriptis verbis auf die Gegenleistung; dies ist aber eine ganz davon verschiedene Behauptung.

2 ob causam. Dafür:

l. 3 § 7 h.t.[42]
7. C. ht.[43]

Diese Causa muß hier gedacht sein, als eine futura, ich gebe etwas, damit künftig etwas juristisch hervorgehe. Ferner muß eine honesta causa sein, und endlich eine causa non secuta; d. h.:

l. 1 pr. h.t.[44]
1 § 1. De cond. ob turpem.[45]

Der juristisch bezweckte Erfolg muß nicht statt finden.

Anwendungen:

1 Die Anwendung auf den Innominat Contract. Hier gebe ich obligandi causa.||

Hierdurch wird etwas Künftiges bezweckt. Gesetzt er weigert sich zu geben, so wird eben diese condictio gebraucht werden können.

2 Gleichfalls ein wichtiger Fall ist: Wenn ein Eheversprechen vorgekommen ist, und die Frau eine dos giebt, so ist die causa futura. Gesetzt nun die Ehe verschlägt sich, so ist die condictio ob causam datorum begründet.

3 Wenn ich durch die Stipulatio dem andern Geld verspreche, weil ich ein Gelddarlehn von ihm erwarte, und er giebt mir nun das Darlehn nicht, so kann ich durch die condictio stipulationis fordern. Ebenso, wenn ich einen Schuldschein gegeben habe.

B. Condictio indebiti

Gebe ich etwas in einer bestimmten Absicht, die sich auf etwas Gegenwärtiges oder Vergangenes bezieht, ist im allgemeinen die condictio sine causa begründet; ein besondrer wichtiger Fall ist die condictio indebiti. Hier ||glaube ich Schuldner zu seyn, und gebe solvendi causa. Also ist die Rede von indebite errore solutum.

Bedingungen.

1 Indebitum. Es ist gleich, ob gar keine Obligatio da ist, ob eine da war, oder einmal aufgehört hat. Es kann ipso jure ein indebitum seyn; dahin gehören jene Fälle, oder auch ein indebitum per exceptionem. – Zahl' ich das, was unter einer Bedingung versprochen ist, und die Obligatio ist noch in pendenti, so hab ich indebitum gezahlt; denn jetzt war in der That noch gar keine Obligatio da.

---

[41] *Marcianus*, D. 19, 5, 25 pr.
[42] *Ulpianus*, D. 12, 4, 3, 7.
[43] *Diocletianus/Maximianus*, C. 4, 6, 7.
[44] *Ulpianus*, D. 12, 4, 1 pr.
[45] *Paulus*, D. 12, 5, 1, 1.

l 16. pr. h.t.[46]

Auch bei dem indebitum per exceptionem gilt die condictio. So ist es gleich, ob das indebitum ipso jure, oder per exceptionem indebitum ist.

l 40 pr. ht.[47]
26 § 7 65 § 1 ht.[48]
38 § 3 ht.[49]

In allen andern Fällen ist kein indebitum ||anzunehmen, so

1 Bei der obligatio ex die. zahlt er auch vor dem dies, so ist dies kein indebitum. Nach der Regel: dies non suspendit.

l 10 und 56 h.t.[50]

2 Wenn das, was anfangs indebitum war, aus einem Rechtsgrund debitum geworden ist. zum Beispiel durch eine res judicata oder durch eine transactio

l 2 C. de. compens.[51]
1 C ht.[52]
65 § 1. h.t.[53]

3. Ein dritter Fall ist, naturalis obligatio schließt alle Anwendung unserer condictio aus. Hier wird das aus Irrthum gezahlte nicht zurückgefordert.

N° 299 ad Savigny

Der Jurist sagt: Er kann nicht condiciren, weil er durch seine That die Schuld anerkannt.

Dieser Satz gilt, wenn die Schuld gleich anfangs naturalis war, oder nachher wurde.

[N° 113] N° 300 ad Savigny

Dies ist der Fall beim S.C. vellejand[..] und allen Regelmäßigen Fällen. ubi vero in odium ejius pp. bezieht sich allein auf den Fall der S.C. Macedonianum, und muß nicht allgemein, in das folgende eher als ein nur erläuterndes Beispiel genommen werden. Dies ist der einzige Fall, dem man diesen Character zuschreiben kann. Die obligatio S. C. macedonianum zerstört nicht das Naturale.

l 19 pr ht.[54]

Eine fernere Erläuterung dieser Regel ist die: Wenn ich Geld schuldig geworden bin, und 30 Jahre vergangen sind, dann aber von mir das Geld gezahlt wird, so hab' ich keine condictio, denn die naturalis obligatio bleibt, obwohl die Klage selbst verjährt ist. Eben-

46 *Pomponius*, D. 12, 6, 16 pr.
47 *Marcianus*, D. 12, 6, 40 pr.
48 *Ulpianus*, D. 12, 6, 26, 7; *Paulus*, D. 12, 6, 65, 1.
49 *Africanus*, D. 12, 6, 38, 3.
50 *Paulus*, D. 12, 6, 10; *Papinianus*, D. 12, 6, 56.
51 *Antoninus*, C. 4, 31, 2.
52 *Severus*, C. 4, 5, 1.
53 *Paulus*, D. 12, 6, 65, 1.
54 *Pomponius*, D. 12, 6, 19 pr.

so verhält es sich bei der res judicata. Und doch ist hier die exceptio nicht gegeben in odium ejus cui debetur, ||so daß also in der eben angeführten Stelle kein allgemeines Prinzip ausgesprochen ist.

N 222 ad Savigny

N 223 ad Savigny

b Es kann ein subjectives indebitum dasein.

No. 301. ad Sav.

l. 19 § 1 ht.[55]

c Wenn eine Schuld zwischen gleichen Personen versprochen es aber nicht dieselbe Schuld ist.

l [...] l de errore calculi[56]
18 § 3 de dolo.[57]

Das heißt: Wenn debitum und solutum hinsichtlich des Objects differiren.

Positive Ausnahmen:

1 Die Zinszahlung. Dies stand so im alten Rechte; das neure hob dies auf.

l 26 pr § 1 und 2 ht.[58]
18 de usuris.[59]

2 Eine im neuern Rechte noch bleibende unerklärliche Ausnahme ist: Es giebt einige ||Fälle, wo durch das Läugnen des Beklagten dieser, wenn er überwiesen wird, mehr zahlen muß. In allen diesen Fällen findet höchst sonderbar keine condictio statt.

l 4 C. ht.[60]
§ 7 J de oblig. quasi ex contr.[61]

Hier wird nicht vorausgezahlt: Man wäre es schuldig gewesen; oder hab es nicht aus Irrthum gezahlt.

2 Zweite Bedingung. Es muß sein ein indebitum solutum; und die Zahlung muß an sich gültig sein. Gleich ist es, ob es ein wirkliches solutum oder eine datio in solutum ist.

l 53. 46. 40 § 2. ht.[62]

Nicht blos die in datio in solutum, sondern die novatio wird ganz consequenterweise auch hieher gehören.

3 error. es mußte sein ein indebitum solutum errore. Der Grund ist sehr einfach
cf 302 ad Savigny

---

[55] *Pomponius*, D. 12, 6, 19, 1.
[56] *Diocletianus*, C. 2, 5, 1.
[57] *Paulus*, D. 4, 3, 18, 3.
[58] *Ulpianus*, D. 12, 6, 26 pr., 1 und 2.
[59] *Philippus*, C 4, 32, 18.
[60] *Diocletianus/Maximianus*, C. 4, 5, 4.
[61] Inst. 3, 27, 7.
[62] *Proculus*, D. 12, 6, 53; *Iavolenus*, D. 12, 6, 46; *Marcianus*, D. 12, 6, 40, 2.

Der einfache Grund ist, wenn ich mit ||dem Bewußtsein der Nichtschuld jemand etwas gebe, so ist dies ipso jure, ipsare donatio

l 1 § 1 ht.[63]

§ 1 J. qu modis. re[64]

Wie aber, wenn ich zweifelhaft bin? Dann habe ich allerdings die condictio indebiti.

l 11 C ht.[65]

Zu untersuchen ist noch, wer den Beweis zu führen hat. Hier gilt die ganz abweichende anomale Regel, daß das inde-

l 25 de probat.[66]

bitum vom Kläger bewiesen werden soll; so muß der Gegner hier etwas negatives beweisen.

Ausnahmen.

1 Wenn der Beklagte den Empfang des Geldes überhaupt zu erst geleugnet hat.

2 Wenn der Kläger ein solcher ist, bei dem Muthmaßung statt findet, daß er errore gegeben habe – Denn allgemeine Präsumtion ist, worauf ||die anomale Regel gegründet daß niemand sein Geld wegwirft.–

a Minderjährigen

b Frauen

c Soldaten

d Bauern.

Ueberhaupt Personen, die mit Ihren Geschäften nicht umgehen können.–

Diese Anomalie im Beweise ist eine Eigenthümlichkeit der indebiti condictio und paßt nicht auf die andern condictionen, namentlich nicht bei der condictio ob causam datorum. Denn in den andern Fällen gilt gar nicht die obige Präsumtion, weshalb dieser Satz festgestellt ward.

Habe ich dem andern etwas abgekauft, und ich habe mehr bezahlt als ich schuldig war, muß ich den Beweiß führen? Allerdings. Habe ich aber eine ganze lange Lieferung übernommen, und gleich anfangs ist mir eine bestimmte ||Summe versprochen für bestimmt zu liefernde Sachen, und am Ende will mein Gegner gegen mich klagen auf Herausgebung von 2000 rf., weil ich unsozial zu wenig geleistet, so hat er hier die condictio ob causam datorum und nicht er den Beweis des indebitum sondern ich des Debitum zu führen. Von der Dritten Bedingung es muß ein errore solutum indebitum seyn. Giebt es wichtige Ausnahmen. Grund war: Wer nicht irrig zahlt, schenkt, daraus erklärt sich:

---

63 *Ulpianus*, D. 12, 6, 1, 1.

64 Inst. 3, 14, 1.

65 *Iustinianus*, C. 4, 5, 11.

66 *Paulus*, D. 22, 3, 25.

1 Der Fall, wo die Schenkung als Schenkung ungültig sein würde. Wer nicht über sein Vermögen schalten darf, kann nicht schenken, also condiciren.

N° 304 ad Savigny

Wenn der Pupill eine Wahrnschuld abgezahlt, findet nicht condictio statt.

2 Wenn die Schenkung als Schenkung verboten ist; so die Schenkung über 500 solidi: daher findet condictio statt ||für das Uebrige.

3 condictio findet statt bei dem im Spiele bezahlten Gelde.

Bei wucherlichen Zinsen. Wer mehr Zinsen versprochen hat, als das Gesetz erlaubt, und zahlt diese, so kann er sie vindiciren.

Unsere Juristen nehmen noch viele Ausnahmen an, und sagen, wo die obligatio an sich eine verbotene ist, kann auch das errore datum condicirt werden. Andre schränken dies ein auf den Fall, wo die obligatio etwas Gesetzwidriges oder Schändliches bewirkt, und sagen, dann könnte immer condicirt werden.

Der erste Fall wäre: Jemand hat mich bewogen durch Betrug, 1000 zu versprechen; zahl ich irrig, so hab ich die condictio; so steht dies nach den Quellen, hab ich aber den dolus erfahren, und zahle nun, so kann ich gewiß nicht ||condiciren.

Habe ich etwas aus einem unerlaubten Rechtsgrund versprochen, und zahle dann wissentlich, so ist die condictio indebiti gar nicht anzuwenden, weil hier die causa turpis ist, aber die Regeln der condictio ob turpem causam gerade auf das Gegentheil führen.

§ 242 Verbindlichkeiten.

1 Was zu geben ist, ergiebt sich aus dem, was früher hingegeben war.

Außerdem sollen aber auch accessionen gegeben werden, die gezogenen Früchte.

Ist die Sache nicht mehr in seinem Vermögen, so soll er als mala fide possessor mir das Interesse zahlen, als bona fide possessor aber nur das, um was er reicher geworden.

l. 65 § 8. 26. § 12.[67]

2 Wer ist in dieser obligatio creditor?

a Der es hingegeben hat.

b In dessen Namen es gegeben ist, nicht der, [N° 114.]welcher es für ihn wirklich hingiebt. Es ist gleich, ob er mit seinem, oder meinem Geld zahlt.

l. 6 C. h.t.[68]
l. 6 § 3[69]

3 Wer ist der wahre Schuldner?

a Der der empfangen hat, oder

b der für den empfangen worden ist; nicht das Instrument des Empfängers.

---

[67] *Paulus*, D. 12, 6, 65, 8 und *Ulpianus*, D. 12, 6, 26, 12.

[68] *Diocletianus/Maximianus*, C. 4, 5, 6.

[69] *Paulus*, D. 12, 6, 6, 3.

C. Condictio sine causa

§ 243 Sie ist das Abstractum der condictio indebiti: Sie gilt in allen Fällen sobald ich aus Irrthum gebe.

l 6 de cond. ob turp. caus.[70]

Daher ist es gleichgültig, ob die Handlung eine auf einem Irrthum beruhende oder injusta ist.[71]

z. B. ich gebe den Schuldschein auf ein praesens debitum, und die Schuld wird abbezahlt. – Nun kann ich den Schuldschein condiciren: / redit ad injustam ||causam / Er besitzt ihn sine causa. Ebenso, wenn aus einem contract eine Sache prästirt wird, und dann der Eigenthümer wieder sein Eigenthum verlangt, so besitzt er das Prästirte von nun an sine causa. Deshalb kann ihm das pretium condicirt werden

l 1 § 3. l 2 ht[72]
l 2 und 4 C. ht[73]

Diese Condictio sine causa ist unconsequenterweise weit über ihre Grenzen, über das Dare ausgedehnt. In allen Fällen wo jemand durch den Besitz meiner Sache bleibend reicher geworden ist, ohne einen eigentlichen Rechtsgrund zu haben, soll sie gelten.

Hauptstellen:[74]

l 23 De rebus creditis[75]
3 C. ht.[76]
1 § 3 D[77]

§ 244: Davon ist schon gesprochen worden bei der condictio indebiti. Dies bezieht sich auf die ganz unrichtige Meinung.

D. Verbindlichkeit aus Empfangscheinen bei Darlehen und Dos

[...Text ausgelassen...]

70 *Ulpianus*, D. 12, 5, 6.

71 Randbemerkung: l 1 § 3 ht; constat id demum posse condici alicui quod vel non ex justa causa ad eum pervenit, vel redit ad non iustam causam.

72 *Ulpianus*, D. 12, 7, 1, 3 und 12, 7, 2.

73 *Diocletianus/Maximianus*, C. 4, 9, 2 und 4.

74 Randbemerkung: So muß der mala fide possessor meines Landgutes mir mittelst der condictio die fructus consumtus herrausgeben, obwohl ich ihm diese [...].

75 *Africanus*, D. 12, 1, 23: betrifft die condictio pretii.

76 *Diocletianus/Maximianus*, C. 4, 9, 3: Fruchtkonsumtion durch Bösgläubigen.

77 *Ulpianus*, D. 12, 7, 1, 3: allgemeine Formel, Text siehe Fn. 71.

v. Savigny, Institutionennachschrift 1819 (C. Ulrich)

ZB Zürich – Kantonsbibliothek; Sig. Ms Z IV 626; 1 Bd., paginiert. Originaltitel: „Vorlesungen|über Röm. Rechtsgeschichte u. Institut.|gehalten|während des Sommer-Curses 1819 in wö-|chentlichen Stunden|auf der Universität zu Berlin|von|F. C. v. Savigny, Prof. ord.|[...] C. Ulrich aus Zürich, stud. jur."

v. Savigny, Institutionennachschrift 1819 (David Ulrich)

ZB Zürich – Kantonsbibliothek; Sig. Ms Z IV 307; 1 Bd., paginiert. Originaltitel: „Herrn von Savignys'|Vorlesungen|über Alterthümer, Geschichte u. Institu-|tionen des Römischen Rechts.|gehalten im Sommersemester 1819. in Berlin. [...]|Dav. Ulrich, Stud.iur. [...]"

v. Savigny, Institutionennachschrift ab 1819 (Berlin anonym)

STB Berlin; Sig. Ms. germ. oct. 1209; 1 Bd., paginiert; Anmerkung: Kein Titel, daher weder genaue Datierung noch Nachschreiber bekannt. Da die parallele Pandektennachschrift frühestens im Sommersemester 1820 entstanden sein kann, wird die Institutionennachschrift ab 1819 datiert.

v. Savigny, Pandektennachschrift ab 1820 (Berlin anonym)

STB Berlin; Sig. Ms. germ. oct. 1210; 1 Bd., paginiert. Anmerkung: Kein Titel, daher weder Nachschreiber noch Jahr bekannt. Dem Aufbau von Buch 3, Kapitel 7 folgend, stammt die Handschrift aus dem Zeitraum zwischen 1820 und ca. 1838/39, da den Kondiktionen ein Allgemeiner Teil vorangestellt und noch nicht die Haltung der Nachschriften 1840/41 eingenommen wird.

v. Savigny, Pandektennachschrift ab 1820 (Halle anonym)

ULB Sachsen-Anhalt (Halle); Sig. 8 A 19; 1 Bd., foliiert. Anmerkung: Nur Titel auf Buchrücken „Pandekten nach Savigny", daher weder Nachschreiber noch Jahr bekannt. Dem Aufbau von Buch 3, Kapitel 7 zu entnehmen, stammt die Handschrift aus dem Zeitraum zwischen 1820 und ca. 1838/39, da den Kondiktionen ein Allgemeiner Teil vorangestellt ist und noch nicht die Haltung der Nachschriften 1840/41 eingenommen wird.

v. Savigny, Institutionennachschrift 1820/21 (Kraut)

Niedersächs. SUB Göttingen; Sig. 4° Cod. Ms. jurid. 22^{h}; 1 Bd., paginiert. Originaltitel: „von Savigny's| Institutionen, Rechtsgeschichte| und| Antiquitäten.| Winter. 1820/21.|Wilh. Th. Kraut".

v. Savigny, Institutionennachschrift 1820/21 (Ferdinand Meyer)

ZB Zürich – Kantonsbibliothek; Sig. Nachlaß Conrad Ferdinand Meyer Nr. 384 (CFM 384); 1 Bd., paginiert. Originaltitel: „Institutionen|und|Geschichte|des Römischen Rechtes,|privatim vorgetragen|von|Prof. [...] von Savigny.|Berlin im Winterhalbjahr|1820–1821." Anmerkung: Die Nachschrift stammt zwar aus dem Nachlaß von Conrad Ferdinand Meyer (1825–1898), angesichts der Lebensdaten Meyers (Geburt 1825) wurde die Nachschrift jedoch höchstwahrscheinlich von seinem Vater Ferdinand Meyer (1799–1840) angefertigt.

v. Savigny, Pandektennachschrift 1821/22 (Fontenay)

STB Berlin; Sig. Ms. germ. qu. 2016; 2 Bände, paginiert, Kondiktionen im Bd. 2. Originaltitel: [Bd. 2] „Pandekten II.|vorgetragen von|Professor von Savigny|nach Heise's Grundriss|Berlin im Wintersem. 1821/22|C. A. L. Fontenay."

v. Savigny, Pandektennachschrift um 1821/22 (RG anonym)

BGH Karlsruhe – Reichsgerichtsbibliothek; Sig. B 8519 = Katalog der Bibliothek des Reichsgerichts, Bd. 2, Sp. 122; 1 Bd., teilweise paginiert. Originaltitel: „Savigny's Vorlesungen|über Pandecten.|Das Heft stammt wohl aus dem|Jahre 1821; das gleichzeitig angebot.|Institutionenheft nach Savigny|trug das Datum: Winter-Semester|1820/21. [...]" Anmerkung: Der Titel ab „Das Heft..." ist nachträglich hinzugefügt worden. Die Jahresangabe 1821 erscheint jedoch nicht hinreichend sicher: In der Regel wurden die Institutionen vor den Pandekten besucht; allerdings war die erste Pandektenvorlesung nach der Institutionenvorlesung 1820/21 das Wintersemester 1821/22. Die Nachschrift könnte daher vom Wintersemester 1821/22 stammen (siehe bereits Rückert, in: ZRG Rom. Abt. 104 (1987), S. 666 (671)).

v. Savigny, Pandektennachschrift 1822/23 (Deiters)

ULB Bonn; Sig. S 2916[d]; paginiert (nach partiellem Printerauszug). Bibliothekstitel: „Savigny, Friedrich Karl von: Pandekten. T. 2. Berlin, WS 1822/23, Vorlesungsnachschrift von Peter Franz Deiters".

v. Savigny, Pandektennachschrift 1822/23 (v. Rönne)

UB der FU Berlin; Sig. 44/73/215464; paginiert (nach partiellem Mikrofilm). Originaltitel: „Pandekten,|vorgetragen|vom Herrn Professor von Savigny|Berlin. Winter 1822/3|L. von Rönne.|II."

v. Savigny, Pandektennachschrift ab 1822/23 (v. Bassewitz)

UB Rostock; Sig. Mss. jur. 78; paginiert (nach partiellem Printerauszug). Originaltitel: „Pandecten|nach|Savigny.|v Bassewitz [...]". Anmerkung: Der freundlichen Auskunft der Universitätsbibliothek Rostock zufolge handelt es sich um den Nachschreiber August Friedrich v. Bassewitz (1801–1878). Die Angabe im Handschriftenkatalog lautete ursprünglich „Göttingen ca. 1821/22". v. Bassewitz immatrikulierte sich am 30. April 1820 in Göttingen; bis 1821/22 muß er in Göttingen studiert haben, da von ihm eine Nachschrift „Kirchenrecht nach Hofrat Eichhorn, Göttingen im Winter 1821/22" erhalten ist. Eine Nachschrift zu v. Savignys Erbrechtsvorlesung trägt den Vermerk „Sommer 1822". Nach freundlicher Auskunft des Universitätsarchivs der HU Berlin war ein Friedrich Wilhelm v. Bassewitz vom 24.2.1823–24.3.1825 an der Juristischen Fakultät der Friedrich-Wilhelms-Universität zu Berlin immatrikuliert. Ob es sich dabei um dieselbe Person wie August Friedrich v. Bassewitz handelt, ist ungewiß. Mit einiger Sicherheit läßt sich nur schätzen, daß das Kollegheft ab 1822/23 entstanden ist.

v. Savigny, Institutionennachschrift 1823 (Deiters)

ULB Bonn; Sig. S 2916[a]; paginiert (nach partiellem Printerauszug). Originaltitel: „Institutionen u. Geschichte|des Röm. Rechts|vom|Herrn G.O.R.R. Prof. v. Savigny.|P. F. Deiters, Stud. jur.|Berlin. 1823 /: im Sommer./".

v. Savigny, Institutionennachschrift 1823 (v. Kehler)

Thüringische ULB Jena; Sig. Ms. Prov. q. 158; 1 Bd., paginiert (nach komplettem Mikrofilm). Originaltitel: „Geschichte, Institutionen und Alterthümer| des römischen Rechts| nach [Friedrich Karl] v. Savigny| Im Sommer 1823.| [Nachschrift von H. v. Kehler]". Anmerkung: Die Angaben in Klammer wurden erst später hinzugefügt.

v. Savigny, Institutionennachschrift 1823 (v. Rönne)

UB der FU Berlin; Sig. 44/73/215452; paginiert (nach partiellem Mikrofilm). Originaltitel: „Institutionen und Geschichte|des|Römischen Rechts.|vorgetragen|vom Herrn Professor von Savigny.|Berlin im Sommer 1823|II. L. von Rönne".

v. Savigny, Pandektennachschrift 1824/25 (Potthoff)

Freies Deutsches Hochstift Frankfurt a. M.; Sig. Hs-Bd. 88; 1 Bd., paginiert. Originaltitel: „Pandecten| vom| [...] Professor von Savigny.| Wintersemester 1824 bis 25.| E. Potthof. stud. jur.|Berlin, 25ter Octbr. 1824."

v. Savigny, Institutionennachschrift 1825 (Garnn)

Thüringische ULB Jena; Sig. Ms. Prov. q. 178; 1 Bd., paginiert (nach komplettem Mikrofilm). Originaltitel: „Institutionen und Rechtsgeschichte.| Nach den Vorträgen des Herrn|Geheimen Raths Friedrich Karl v. Savigny,|ordentl Prof. d. R.|Sommersemester 1825.|[...] Theod. Garnn [...]".

v. Savigny, Institutionennachschrift 1825 (Berlin anonym)

UB der HU Berlin; Sig. Hdschr. Koll. 138; 1 Bd., paginiert. Originaltitel: „Geschichte, |Antiquitaeten|und|Institutionen|des|Römischen Rechts|nach Savigny.|im Sommer Semester 1825."

v. Savigny, Pandektennachschrift 1825/26 (Berlin anonym)

UB der HU Berlin; Sig. Hdschr. Koll. 142; 1 Bd., paginiert. Originaltitel: „Pandecten| nach|Savigny|im Winter Semester 1825–1826".

v. Savigny, Institutionennachschrift 1826 (v. Garczynski)

STB Berlin; Sig. Hdschr. 346; 1 Bd., foliiert. Originaltitel: „Institutionen des Röm. Rechts|von Savigny|gehört im SommSem. 1826.|v. StvGarczynski".

v. Savigny, Pandektennachschrift um 1826/27 (Osterrath)

Niedersächs. SUB Göttingen; Sig. 8° Cod. Ms. jurid. 52^{e}; 1 Bd., paginiert. Originaltitel: „Savigny: Pandekten". Anmerkung: Die Nachschrift weist keinen Nachschreiber aus, der Vergleich mit Mackeldey, Pandektennachschrift 1824/25 (Osterrath) läßt aber den Schluß zu, daß Heinrich Philipp Osterrath auch dieses Kollegheft anfertigte. Die Staats- und Universitätsbibliothek gibt ebenfalls an, die Handschrift stamme von H. P. Osterrath, wahrscheinlich aus dem Sommersemester 1827. Rückert, Idealismus, Jurisprudenz und Politik, S. 63, datiert auf das Wintersemester 1826/27. Nach freundlicher Auskunft des Universitätsarchivs der HU Berlin studierte Heinrich (Philipp) Osterrath an der Juristischen Fakultät der Friedrich-Wilhelms-Universität zu Berlin vom 21.10.1826 bis 26.2.1827 (Abgangszeugnis) unter der Matrikel-Nr. 838/16 R. Daher dürfte Rückerts Datierung auf das Wintersemester 1826/27 am ehesten zutreffen. Zweifel verbleiben aber, weil im Conspectus des Pandektenmanuskripts das Wintersemester 1826/27 übergangen wird.

v. Savigny, Pandektennachschrift um 1827/28 (Göriz)

UB Marburg; Sig. Ms. 1007; 1 Bd., paginiert. Originaltitel: „C. Göriz|Pandecten|von Savigny." Anmerkung: Rückert, Idealismus, Jurisprudenz und Politik, S. 63, datiert auf das Wintersemester 1827/28, die Universitätsbibliothek Marburg um 1830. Avenarius, Savignys Lehre vom intertemporalen Privatrecht, S. 14, Fn. 26, stuft die Nachschrift frühestens ab Wintersemester 1829/30 ein. Eine Anfrage an das Universitätsarchiv der HU Berlin über einen „C. Göriz" verlief ergebnislos.

Textausschnitt:

[313]

Capitel VII|Obligationen,|welche auf ein Zurückgeben gehen.

I., Depositum.

[...Text ausgelassen...][315][...]

II., Lehre|von den Condictionen.[78]

Eine Reihe von Obligationen wurde mit Condictionen verfolgt, andere mit Actionen; die Condiction, die strengere Rechtsverfolgung des ältern Prozeßes setzt voraus: es muß die Obligation so entstanden seyn, daß ursprünglich etwas aus dem einen Vermögen in des andern gekommen ist, was wiedergegeben werden soll. Dieses Moment kann ebenso gut bei einem Vertrag, als bei einem andern Entstehungs Grund einer Obligation zutreffen. Wo das Uebergehen in das fremde Vermögen vorhanden ist, da ist das starke Mittel der Vindication nicht mehr möglich; es tritt daher ein anderes strenges Mittel, zu seinem Vermögen zu gelangen, die Condiction ein. Es ist diß einmal beim mutuum, und bei der symbolischen Nachbildung des mutuum der Stipulatio, dann aber bei einer Reihe von Obligationen, die [316]nicht durch Vertrag entstehen. Es ist diß das datum ex causa. Es muß hier um eines juristischen Zwecks willen (also z. B. nicht aus Dankbarkeit etc.) etwas gegeben seyn. Ist nun die causa wahr, so kann nie zurückgefordert werden; ist aber in der causa etwas Falsches, Irriges, so ist Zurückforderung mittelst Condiction am Platz. Das, was übergeben wird, kann jedes Recht seyn, ein dingliches oder eine Obligation. Selbst eine Arbeit kann unter dieses datum gehören, indem sie in der Regel sich auf Geldwerth wird reduciren lassen.

Die Unterscheidung der Condictionen hat mehr für theoretische Uebersicht werth, und wird von den Römern nicht sehr premirt.

Die causa kann seyn eine futura, oder praesens oder praeterita. Die erste condictio heißt ob causam datorum auch causa data, causa non secuta; die zweite die condictio indebiti, wenn nemlich die causa eine causa solvendi ist, ist diß nicht die allgemeine condictio sine causa. Dieß die regelmäßigen Condictionen.

2. Ausnahmen: condictio ob turpem causam beruht auf ganz abweichenden Regeln; ebenso die condictio furtiva.[317]

Das furtum hat unter andern Folgen die condictio furtiva. Der Begriff von furtum ist in den Rechtsquellen bei der actio furti abgehandelt.

Furtum est contrectatio rei fraudulosa lucri faciendi gratia, vel ipsius rei vel etiam usus ejus possessionisve. Die Sache muß eine bewegliche seyn. Contrectatio ist das körperliche Berühren und Bewegen der Sache. Unter furtum ist auch der Raub inbegriffen. Unterschied zwischen furtum manifestum und nec manifestum. Nothwendig ist dolus und gewinnsüchtige Absicht. Endlich muß in all dem Bisherigen eine wirkliche Rechts Ver-

[78] Verzichtet wurde hier auf die am Rand des Hefts vermerkten Gesetzesstellen. Sie können dem oben abgedruckten Auszug aus der Handschrift der RG-Bibliothek entnommen werden.

letzung seyn, (z. B. die genommene Sache darf nicht dem, der sie entwendete, gehören). Der gewöhnliche Fall ist, daß das Eigenthum dadurch verletzt wird; es kann aber auch blos ein dingliches Recht verletzt werden, wobei sowohl der Eigenthümer als der dinglich Berechtigte bestohlen wird, oder der Eigenthümer selbst die possessio nimmt. Der 3te Fall ist der, da der bloße Gebrauch unrechtmäßig an sich gerissen wird. In der citirten Stelle kann rei vel etiam etc. nicht mit contrectatio zusammen gestellt werden; wie [318]sollte im usus contrectirt werden? Sondern mit lucri, so daß in den spätern Worten das Object dieses Gewinns aufgestellt ist. Indem die Juristen in ihrer Definition das erste rei aus lassen, haben sie allerdings diese Erklärung erschwert.

Die Folgen des furtum fallen nach römischem Recht theils ins Criminalrecht, wohin sie bei uns allein fallen, theils ins Privatrecht.

1.) Eine res furtiva ist usucapions-fähig. Es ist diß beim furtum rei, possessionis mit Ausnahme des Falls, der der Eigenthümer die possess. stielt.

2.) Außerdem entspringen aus dem furtum 2. Klagen

a., auf die Rückgabe der gestohlenen Sache

b., auf eine Geldstrafe; die actio furti siehe unten. Die condictio furtiva ist die Klage des Bestohlenen gegen den Dieb auf Ersatz. Anomalisch bei dieser condictio ist

1.) daß kein datum vorhanden ist.

2.) daß juristisch gar nichts aus einem Vermögen in das andere übergegangen ist; daß danach eine condictio gegeben wird, geschieht ex odio furum. Diese condictio ist aber nicht ex delicto; denn sie gründet sich auf die aequitas, daß die gestohlene Sache doch nicht bei dem Dieb bleiben solle. Das ältere Recht [319]dachte sich wohl mit der actio furti das Interesse des Bestohlenen vollkommen befriedigt; jene Rücksicht der Billigkeit, daß der Dieb doch nicht seines Diebstahls sich freuen solle, erzeugte die condictio. Weil sie keine actio ex delicto ist, geht sie auch gegen die Erben, nicht blos soweit diese reicher geworden sind; aber nicht, wie die actio furti, gegen Rathgeber und Gehülfen des Diebs.

Kläger ist der Bestohlene. Wenn in andern Stellen gesagt ist, der dominus könne die Klage anstellen, so ist damit gesagt, wenn wie gew. der Eigenthümer der Bestohlene sey könne er nicht mehr klagen, wenn er das Eigenthum nicht mehr habe; nemlich wegen freiwilliger Veräusserung des Eigenthums, nicht etwa wegen Untergangs der Sache etc. Die condictio geht vor allem auf Rückgabe der Sache wenn sie noch vorhanden ist, nebst der Vergütung alles Interesses. Ist die Sache nicht mehr da, so muß das Interesse, und hier auch das indirecta vergütet werden. Sobald auf andere Weise der Bestohlene seine Sache wieder [320]bekommen hat, sey es auch ohne Zuthun des Diebs, so hört die Klage auf. Durch den Verlust oder Untergang der Sache hört aber die Klage nicht auf. Es erklärt sich dieß durch den Grundsatz, nach welchem der Dieb beständig in mora ist. Wer aber in mora ist, hat auch den Zufall zu tragen. Darum geht diese Folge auch auf den Erben über.

Condictio ob turpem causam ist die andere Ausnahme von den übrigen Condictionen. Sie tritt ein, wenn etwas aus schändlichem Grund gegeben wird. Die Schändlichkeit ist,

1.) auf Seiten des Gebers, dann hat dieser nie eine Condiction auf Rückforderung, wenn auch alle Bedingungen einer Condiction zusammen kommen.

Ist 2.) Auf Seiten des Empfängers die Schändlichkeit, so hat der Geber eine Condiction, die aber anomalisch behandelt wird. Es kommt hier nichts darauf an, ob die causa eine vera oder falsa ist, ob der Zweck, weswegen das Geld gegeben wurde, erreicht wurde oder nicht; es kann mit der condictio ob turpem causam repetirt werden. Dieß die anomalische Condictionen.[321]

Condictio ob causam datorum welche auch causa data causa non secuta heißt. Es ist hier eine causa futura, welche noch nicht secuta ist. Es gehört dahin der Fall der Innominats Contracte, wo (hier kommt noch das jus poenitendi hinzu) das Gegebene condicirt werden kann, so lange der andere nicht erfüllt hat; der Fall, da eine dos gegeben ist, und die Ehe nicht folgt; und andere.

Condictio sine causa tritt ein, wenn wegen einer causa praesens oder praeterita gegeben ist, die sich als falsa zeigt. (Ein besonders wichtiger Fall ist dann die condictio indebiti). Ob die causa falsch wegen eines factischen oder rechtlichen Irrthums, ist ganz gleichgültig (die Ueberschrift: de condictione ob turpem causam sive ob injustam causam wirft 2. verschiedene Fälle zusammen; das zweite ist die condictio sine causa). Unter diese condictio sine causa gehört eine Reihe von Fällen, da z. B. ein Miether für eine gestohlene Sache dem Vermiether Ersatz geleistet hat, dieser aber [322]dann durch die condictio furtiva, die actio furti sein Interesse befriedigt erhalten hat. Der Miether condicirt hier mit der condictio sine causa das Gegebene; denn die actio locati ist nicht zur Bereicherung gegeben.

Die condictio sine causa wird hie und da von den Juristen als allgemeiner Lückenbüßer gebraucht, wo eigentlich nicht alle Bedingungen der condictio vorkommen. Ein solcher Fall ist: A. ist im Besitz meines Pfands befindlich; er verschenkt es an B.; dieser verkauft das Pfand, man weiß aber nicht wo es zu finden ist. Hier darf ich doch von B. das fordern, um was er reicher geworden ist, und zwar mit der condictio sine causa. Aehnlich ist der Fall des m. f. possessor, der aber nicht mehr im Besitz ist; die fructus consumti werden von diesem mala fide possessor mit der condictio sine causa repetirt.

Eine besondere Art der condictio sine causa ist die condictio indebiti. Die causa ist hier eine causa solvendi, die irrige Meinung, man habe etwas zu zahlen. Die 3. Bedingungen sind:

a., indebitum; dieses kann auf jede Weise statt finden, entweder überhaupt keine Obligation aus factischen oder aus Rechtsgründen (sey es ipso jure oder per exceptionem) oder zwischen diesen Personen keine Obligation oder in Bezug auf diesen Gegenstand keine Obligation. [323]Es ist also ein indebitum, wenn gezahlt wird, was sub conditione zu zahlen war, aber nicht was ex die; was aber auch nur naturaliter schuldig ist, kann nicht als indebitum, (wenn nicht zwischen diesen Personen eine Obligation besteht, oder nicht in Bezug auf diesen Gegenstand wenigstens nicht auf diese Quantität.

b., solutio. Die Zahlung muß an sich gültig seyn, mag sie übrigens mittelbar (z. B. in solutum datio, novatio, compensatio) oder unmittelbar geschehen seyn.

c., Irrthum. Wußte der Zahlende, daß er ein indebitum zahlt, so wird Schenkung angenommen; zweifelt man, ob man schuldig sey, zahlt aber doch, so ist diß dem Irrthum gleich. Der Irrthum muß ein factischer seyn; der juristische Irrthum begründet keine Condiction.

Die Regel über die Beweislast ist die:

Der Kläger muß beweisen, daß er [!] ein indebitum war, daß er im Irrthum war. Läßt eben der Kläger durch seine Persönlichkeit auf Geschäftsunerfahrenheit schließen, als Minderjährige, Frauen, Soldaten, Bauern und wer sich als ausgezeichnet [324]dumm oder nachläßig ausweisen kann, so ist er von der Beweislast frei. Ausserdem aber, wenn die solutio durch Ausstellung eines Schuldscheins geschah, fragt sich, ob darin die causa debendi ausgedrückt ist, oder nicht. Im letztern Fall muß der Gegner beweisen, daß eine causa vorhanden war.

Man nennt dieß indiscreta cautio.

1.) Ausnahme zum Nachtheil des Klägers.

a.) Im alten Recht soll eine condictio indebiti nie auf Zinsen angestellt werden; warum weiß man nicht. Im neuern Recht ist dieß aufgehoben.

b.) Es giebt einige Fälle, wo der Beklagte, das leugnet, das doppelte zu leisten hat – lis infitiando crescit – In allen diesen Fällen ist die condictio schlechthin ausgeschlossen; warum, weiß man nicht.

2.) Ausnahme zum Vortheil des Klägers.

In einigen Fällen kann auch das wissentlich Gegebene condicirt werden; nemlich:

a.) Bei einer Schenkung über 500. Soldi ohne Insinuation.

b.) Eine wissentlich bezahlte Nichtschuld kann zurückgefordert werden.[325]

Zinsen gegen die Wucher Gesetze dürfen, auch wenn sie wissentlich gegeben sind, zurück gefordert werden. Aus diesen Ausnahmen abstrahirte man den Satz: jede Schuld, die aus Rechtsregeln ungültig ist, kann auch, wenn wissentlich gezahlt ist, zurück gefordert werden. Diese Abstraction ist aber durchaus grundlos; in jenen einzelnen Fällen ist immer ein spezieller Grund.

Wirkung der condictio indebiti. ist die Rückgabe des Gegebenen.

Der Zurückforderer ist der wahre Geber; der wahre Empfänger ist der Beklagte.

III. Lehre von pecunia non numerata.

[...Text ausgelassen...]

v. Savigny, Institutionennachschrift 1828 (Seyer)

Bayerische STB München; Sig. Cod. germ 7397; 1 Bd., paginiert. Originaltitel: „Geschichte und Institutionen|des römischen Recht's nach dem|Vortrage des Herrn Professor| v. Savigny.| ausgearbeitet|von|Seyer.“ Anmerkung: Nach freundlicher Auskunft der Bayerischen Staatsbibliothek stammt die undatierte Nachschrift wohl vom Sommersemester 1828, da Seyer nach Angaben des Archivs der HU Berlin zu dieser Zeit die Institutionen v. Savignys besucht haben soll.

v. Savigny, Institutionennachschrift 1828 (Berlin anonym)

STB Berlin; Sig. Ms. germ. qu. 1932; 1 Bd., paginiert. Originaltitel: „Institutionen|des Römischen Rechts nach v Savigny.|Sommersemester 1828.“

v. Savigny, Pandektennachschrift 1828/29 (v. Bomsdorff)

STB Berlin; Sig. Ms. germ. fol. 1463; 1 Bd., paginiert. Originaltitel: „Pandecten|nach| dem Vortrage des H. Professor v. Savigny|ausgearbeitet von|Berlin. H. v. Bomsdorff. stud.j.|1828–29."

v. Savigny, Pandektennachschrift 1828/29 (v. Varnbüler)

UB Marburg; Sig. Ms. 969; 7 Bände, paginiert, Kondiktionen in Bd. 6. Originaltitel: „v. Varnbüler|Pandekten|nach Savigny." Anmerkung: Friedrich Gottlob Karl v. Varnbüler (nur mit dem Vornamen „Karl" immatrikuliert) studierte, von Tübingen kommend, vom 25.10.1828 (Immatrikulationsdatum) bis zum 19.8.1829 (Abgangszeugnis) unter der Matrikel-Nr. 102 des 19. Rektorats an der Juristischen Fakultät der Friedrich-Wilhelms-Universität zu Berlin. Aus seinen Vorlesungsbögen ergibt sich, daß v. Varnbüler folgende Vorlesungen bei v. Savigny besuchte: Wintersemester 1828–29: Pandekten (Nr. 44 der Zuhörerliste), Sommersemester 1829: Institutionen und Altertümer (Nr. 14 der Zuhörerliste). Damit dürften die Pandekten v. Varnbüler nach freundlicher Auskunft des Universitätsarchivs der HU Berlin auf das Wintersemester 1828/29 zu datieren sein.

v. Savigny, Institutionennachschrift 1829 (Buddenberg)

BGH Karlsruhe – Reichsgerichtsbibliothek; Sig. B 8521 = Katalog der Bibliothek des Reichsgerichts, Bd. 2, Sp. 120; 1 Bd., paginiert. Originaltitel: „Institutionen und Alterthümer|des Römischen Rechts,|nach Herrn Professor F. C. von Savigny|Berlin, Sommersemester 1829.|August Buddenberg."

v. Savigny, Institutionennachschrift 1829 (Hinschius)

UB der HU Berlin; Sig. Hdschr. Koll. 139; 2 Bände, paginiert, Kondiktionen in Bd. 2. Originaltitel: [Bd. 2] „Institutionen und Alterthümer| des| Römischen Rechts| nach dem Vortrage| des| Professor Dr. von Savigny.| Zweiter Theil| Berlin im Sommer 1829 Hinschius|Berolinensis|stud. juris".

v. Savigny, Pandektennachschrift 1829/30 (Hinschius)

UB der HU Berlin; Sig. Hdschr. Koll. 155; 1 Bd., paginiert. Originaltitel: [S. 201] „Von den|Obligationen.|Fünftes bis eilftes Kapitel, enthaltend|Einzelne Obligationen". Anmerkung: S. 631 am Ende: „Geschlossen dh von Savigny den 2ten April 1830."

v. Savigny, Institutionennachschrift 1830 (v. Thile)

Anhaltische Landesbücherei Dessau; Sig. Thil. 1863, 1864; 2 Bände, paginiert (nach Katalogangaben und Mikrofilm). Bibliothekstitel: „Thiliana (Hermann von Thile), Savigny, Friedrich Carl von, Institutionen und Antiquitäten des römischen Rechts, nach F. C. v. Savigny, Berlin, Sommersemester 1830".

v. Savigny, Pandektennachschrift 1830/31 (v. Thile)

Anhaltische Landesbücherei Dessau; Sig. Thil. 1865; 1 Bd., paginiert (nach Katalogangaben und Mikrofilm). Bibliothekstitel: „Thiliana (Hermann von Thile), Savigny, Friedrich Carl von, Pandekten des gemeinen Civilrechts, nach F. C. v. Savigny, Berlin Wintersemester 1830/31".

v. Savigny, Pandektennachschrift 1830/31 (v. Welser)

Privatbesitz München; 1 Bd., paginiert. Originaltitel: „Pandekten-Vorlesungen|des|H. Geh.Rth. von Savigny|Berlin im Wintersemester 1830/31." Anmerkung: Nachgetragen ist auf dem Titelblatt „J. M. von Welser, 1808–1875".

v. Savigny, Pandektennachschrift 1831/32 (Feltzdorff)

STB Berlin; Sig. Hdschr. 451; 1 Bd., paginiert. Originaltitel: „Pandecten|nach| Savigny|ausgearbeitet von B. Feltzdorff|im Wintersemester|von 1831/32."

v. Savigny, Institutionennachschrift 1832 (Jahncke)

UB der HU Berlin; Sig. Hdschr. Koll. 98; 1 Bd., paginiert. Originaltitel: „Institutionen| und| Römische Rechts-Alterthümer| nach| dem Vortrage| des Herrn Professor von Savigny|im|SommerSemester.|1832". Anmerkung: Der Verfasser ergibt sich aus der Widmung: „aus dem Nachlaß seines Schwiegervaters des Geh. Justizrats Heinrich Jahncke (✝ 2. September 1894 zu Berlin.)"

v. Savigny, Pandektennachschrift 1832/33 (Jahncke)

UB der HU Berlin; Sig. Hdschr. Koll. 99; 1 Bd., paginiert. Originaltitel: „Pandecten| nach|dem Vortrage|des Herrn Professor von Savigny|im|Winter-Semester|1832–1833". Anmerkung: Der Verfasser ergibt sich aus der Widmung: „aus dem Nachlaß seines Schwiegervaters des Geh. Justizrats Heinrich Jahncke (✝ 2. September 1894 zu Berlin.)"

v. Savigny, Institutionennachschrift 1833 (Johannes Roth)

Universität Zürich, Forschungsstelle für Rechtsgeschichte; Sig. 2.2. / 1; 1 Bd., unpaginiert. Originaltitel: [S. 1] „Joh. Roth st. jur. Schweizer|Institutionen des|Römischen Rechts.|Rechtsgeschichte". Anmerkung: Keine Jahresangabe. Die Nachschrift könnte im Semester vor der parallelen Pandektennachschrift entstanden sein, also im Sommersemester 1833, da die Hörer gewöhnlich die Institutionen im Semester vor den Pandekten besuchten.

v. Savigny, Pandektennachschrift 1833/34 (Johannes Roth)

Universität Zürich, Forschungsstelle für Rechtsgeschichte; Sig. 2.4. / 1; 1 Bd., paginiert. Originaltitel: „Pandecten|nach|von Savygni|Wintersemester 1833". Anmerkung: Eingeklebt ist ein Merkblatt, aus dem hervorgedacht, daß die Nachschrift von Johannes Roth stammt.

v. Savigny, Institutionennachschrift 1836 (Heren)

Ludwig-Maximilians-Universität München, Leopold-Wenger-Institut, Germanistische Abteilung; Sig. Ms 255; 1 Bd., paginiert. Originaltitel: „Institutionen und Alterthümer| des Römischen Rechts.| Vorgetragen vom Prof. v. Savigny.| Berlin| Sommer Sem. 36.|Heren."

v. Savigny, Pandektennachschrift 1836/37 (Heren)

Ludwig-Maximilians-Universität München, Leopold-Wenger-Institut, Germanistische Abteilung; Sig. Ms 256; 1 Bd., paginiert. Originaltitel: „Pandecten-Recht|nach|Professor von Savigny.|Berlin Heren|Winter Semester 36/37".

v. Savigny, Institutionennachschrift um 1837 (Jasper)

UB der HU Berlin; Sig. Hdschr. Koll. 2; 1 Bd., paginiert. Originaltitel: „Institutionen| des|Römischen Rechts,|in|Verbindung mit der römischen Rechtsgeschichte|und den Rechtsantiquitäten. vorgetragen|von|Savigny,|ordentl. Professor der Rechte zu Berlin.| etw 1837". Anmerkung: Auf der ersten Seite oben rechts steht „C. F. Jasper" gedruckt. Ob das der Nachschreiber war, bleibt allerdings ungewiß.

Textausschnitt:

[237]

Die Condictionen haben das Gemeinsam, daß Eigenthum aufgeopfert ist von dem, dem die condictio zusteht. Dies leidet nur bei der condictio furtiva eine Ausnahme, welches aber auch die römischen Juristen selbst als eine Inconsequenz in odium furum erklären. Nun aber begründen die Stipulationen auch in der Regel eine condictio, eine Ausnahme wie bei der condictio furtiva ist nicht anzunehmen, aber alles erklärt sich, wenn wir die Stipulation ursprünglich als ein imaginäres Darlehn, was ja das nexum war, betrachten. Denn beim Darlehn geht ja Eigenthum über, und auch entspringt ja eine condictio aus dem Darlehn.

[...Text ausgelassen...][248]

Cap. 6

Obligationen aus Verletzungen. [...Text ausgelassen...]

1. Furtum. [249]

Die Wirkungen des furti sind mannigfach:

[...Text ausgelassen...]

Obligationen, und zwar a, die Obligation zur Wiedergabe, darauf geht die condictio furtiva, die blos auf Rückgabe des entzogenen Vermögensstücks geht oder aufs Interesse, auf Ersatz des Schadens, den der Dieb durch Entziehung unseres Vermögensstücks uns verursacht hat. Oben ist gesagt, condictiones würden durch Aufopferung eines Vermögensrechts zum Besten eines Andern begründet. Das ist nun nicht bei der condictio furtiva der Fall, denn der Diebstahl entzieht ja kein Eigenthum, aber sie ist auch Anomalie, wie die Römer selbst anerkennen, odium furum introducta est, heißt es in den Gesetzen. Die condictio furtiva entspringt nicht ex delicto; keine condictio überhaupt entspringt aus einem Delict; es ist keine Delictsobligation, sondern sie beruht blos auf dem Grundsatz: Daß es billiger sei, daß die gestohlene Sache nicht beim Diebe sondern beim Eigenthümer sei. Die condictio furtiva entspringt ex aequitate occassione maleficis.

[...Text ausgelassen...][255]

Cap. 7

Variae causarum figurae.

D.h. Obligationen, die weder aus Verträgen noch Verletzungen entstehen, aber entweder mit dem einen oder andern verwandt sind. Dahin gehört vor allem eine Anzahl Condictionen. Condictionen sind persönliche Klagen, wobei der Kläger besonders im Proceß bevortheilt war. Ihr Gemeinsames ist Aufopferung von Eigenthum von Seiten des Klägers zum Besten der Beklagten. Wie damit die condictio furtiva und condictio ex stipulatu zu vereinigen sind, ist schon vorgekommen beim furtum und bei den Verbalcontracten. – Nur wo der Kläger früher das Eigenthum seiner Sache gehabt hat, kann eine condictio stattfinden. Die condictio gründet sich also auf etwas gehabtes, aber verlornes Eigenthum. Nun giebt es eine Reihe persönlicher Obligationen, wo sich dieses findet, worin Obligation auf Rückgabe stattfindet, ohne Vertrag, daher ist es ein quasi Contract.

Es kann etwas ob causam datum sein, das datum mag nun ein wirkliches dare, oder liberare, oder obligare sein. Causa bedeutet hier nur einen juristischen Grund, daß eine juristische Wirkung beabsichtigt worden, andere Motive sind hier nicht darunter enthalten; es muß ferner freiwillig gegeben sein, und ohne Contract auf Wiedergabe, denn sonst ist Realcontract. Die causa kann sein eine causa praeterita oder futura. Wenn nun die causa futura nicht eintritt, so hat man ein Rückforderungsrecht, eine condictio ob causam datorum. Neuere sagen: condictio causa data causa non secuta, dies ist aber nicht gut, und beruht nur auf der wahrscheinlich falschen Rubrik eines Pandectentitels. Diese condictio findet statt beim Innominatcontract, zur Geltendmachung des jus repetendi oder poenitendi, mag es als eine Reue oder an der Stelle der Ersatzforderung vorkommen. Bei der causa praeterita, dieselbe irrig ist oder es wenigstens wird, findet eine condictio auf Rückgabe statt, die condictio sine causa heißt. Ein Beispiel der aufhörenden causa ist: Wenn ich meine Schuld bezahle, aber der Creditor die Handschrift oder das Pfand behält, so kann ich sine causa condiciren; eben so wenn ich in der Meinung etwas schuldig zu sein zahle, so kann ich condiciren, aber hier hat die condictio sine causa einen besonderen Namen, nemlich condictio indebiti. Indebitum ist aber nur, was auch nicht einmal naturaliter debitirt wird, und hier zeigt sich die oben angegebene Wirkung der obligatio naturalis, die soluti retentio, welche gleichbedeutend ist mit Ausschließung der condictio indebiti. Zur Begründung der condictio indebiti ist also erforderlich, daß solvendi animo gegeben werde, daß die Schuld nicht existire und daß aus Irrthum gezahlt worden. Zahle ich [256]wissentlich eine Nichtschuld, so gilt das als Schenkung, mit einigen Ausnahmen.

1) Schenke ich mehr als 500 solidos ohne Insinuation, so kann ich das Mehrere condiciren.

2) Zahle ich ungesetzliche Zinsen, selbst wissentlich, so kann ich das Mehrere condiciren.

Ueberall gilt hier dieselbe Condiction, die zwar verschiedene Namen führt, was aber gleichgültig ist.

Ueberall wo man eine condictio hat, hat man auch eine exceptio doli. Habe ich indebiti eine Stipulation eingegangen, so kann ich sie condiciren, aber wird daraus geklagt, so habe ich eine exceptio doli.

Hier ist überall eine causa honesta vorausgesetzt. Ganz besonders steht es, wenn eine turpis causa vorhanden ist. Hier unterscheidet man, ob die turpitudo blos beim Empfänger oder blos beim Geber oder bei beiden ist. Im ersten Fall kann immer condicirt werden, wenn auch kein Irrthum vorhanden ist und wenn auch die causa erfüllt ist. In den beiden letztern Fällen findet aber nie eine Condiction statt, da kann nichts wiedergefordert werden.

[...Text ausgelassen...]

v. Savigny, Institutionennachschrift um 1837 (Frankfurt a. M. anonym)

Stadt- und Universitätsbibliothek Frankfurt a. M.; Sig. Hs Rothschild 4°4; 1 Bd., paginiert. Anmerkung: Kein Titel, Avenarius, Savignys Lehre vom intertemporalen Privatrecht, S. 14, Fn. 28, ordnet die Nachschrift aufgrund eines Schriftvergleichs mit der Pandektennachschrift 1837/38 (anonym), Hs Rothschild 4°3, auf das Sommersemester 1837 ein; Rückert, Idealismus, Jurisprudenz und Politik, S. 64, auf etwa 1836.

v. Savigny, Pandektennachschrift 1837/38 (v. Harbou)

UB der HU Berlin; Sig. Hdschr. Koll. 1; 2 Bände, paginiert, Kondiktionen in Bd. 2. Originaltitel: [Bd. 2] „Zweiter Band der Pandekten| nach dem Vortrage des GhRaths

Prof. v. Savigny|ObligationenRecht|und|FamilienRecht|Andreas von Harbou|Stud. jur. aus Kopenhagen|Berlin, Wintersemester 1837/38".

v. Savigny, Pandektennachschrift 1837/38 (Steinann)

BGH Karlsruhe – Reichsgerichtsbibliothek; Sig. B 8520 = Katalog der Bibliothek des Reichsgerichts, Bd. 1, Sp. 94; 1 Bd., unpaginiert. Originaltitel: „C. Steinann| Pandecten.|vorgetragen|von|Professor von Savigny.|Von Michaelis 1837 bis Ostern 1838."

v. Savigny, Pandektennachschrift 1837/38 (Frankfurt a. M. anonym)

Stadt- und Universitätsbibliothek Frankfurt a. M.; Sig. Hs Rothschild 4°3; 1 Bd., paginiert. Originaltitel: [S. 1] „Pandecten| vorgetragen| vom| Geheimen Revisions-Rath| Herrn v. Savigny|im|Winter-Semester 1837/38|in Berlin."

v. Savigny, Institutionennachschrift 1838 (Frankfurt a. M. anonym)

Stadt- und Universitätsbibliothek Frankfurt a. M.; Sig. Hs Rothschild 4°11; 1 Bd., foliiert. Originaltitel: „Institutionen und Alterthümer des Römischen Rechts| [...] vorgetragen von Herrn Professor von Savigny.|Berlin Sommersemester 1838. [...]"

v. Savigny, Pandektennachschrift 1838/39 (Leipzig unbekannt)

Universität Leipzig, Juristenfakultät, Privatbesitz Prof. Dr. Kern; paginiert, nur Fragment. Anmerkung: Weitere Daten über die Handschrift wurden nicht mitgeteilt.

v. Savigny, Institutionennachschrift bis 1839 (Pohle)

LB Mecklenburg-Vorpommern Schwerin; Sig. Ee B IV 160; paginiert (nach partiellem Printerauszug). Originaltitel: [Deckblatt] „Ex bibliotheca|Caroli Pohle utr. jur. cand.|Rostockii II a.N. Febr. MDCCCXLI." [Seite 1] „Institutionen|des Römischen Rechts|Rechts Geschichte". Anmerkung: Die Jahresangabe „Februar 1841" bezieht sich auf die Bibliothek Karl Pohles, nicht jedoch auf die tatsächliche Entstehung der Nachschrift. Die Datierung des Kollegheftes bleibt daher ungesichert. Mit einiger Sicherheit läßt sich nur schätzen, daß die Nachschrift spätestens im Sommersemester 1839 entstanden sein kann.

v. Savigny, Institutionennachschrift 1840 (v. Gröning)

UB Marburg; Sig. Ms. 925/40 [olim M 20]; 1 Bd., paginiert. Originaltitel: „Alb. vGröning| Sommersemester 1840.| Institutionen und Alterthümer des|Röm. Rechts|bei Prof. vSavigny".

v. Savigny, Pandektennachschrift 1840/41 (v. Gröning)

UB Marburg; Sig. Ms. 925/38 [olim M 21]; 1 Bd., paginiert. Originaltitel: „Alb. vGröning|Berlin 1840/41".

v. Savigny, Pandektennachschrift 1840/41 (Kuckuck)

Ludwig-Maximilians-Universität München, Leopold-Wenger-Institut, Romanistische Abteilung; Sig. A VII 156; 1 Bd., paginiert. Originaltitel: „Pandecten.|Nach dem Vortrage des Herrn| Professor v. Savigny| Berlin von| Winter-Semester| 1840/1841. W. A. Kuckuck,|stud. jur".

v. Savigny, Pandektennachschrift 1841/42 (v. Goethe)

Thüringer ULB Jena; Sig. Ms. G. B. q. 47; 1 Bd., foliiert. Originaltitel: „Pandecten.| nach den freien Vortraegen des Prof. von Savigny.| nachgeschrieben von Wolfgang Maximilian von Goethe.|Berlin. Winter-Semester 1841./42."

Schmidt, Institutionennachschrift 1878 (RG anonym)

BGH Karlsruhe – Reichsgerichtsbibliothek; Sig. B 8699; 1 Bd., paginiert. Bibliothekstitel: „Institutionen und äussere römische|Rechtsgeschichte.|Vorlesung SS 1878| von Adolf Schmidt|Leipzig".

Schweppe, Pandektennachschrift 1811 (Göttingen anonym)

Niedersächs. SUB Göttingen; Sig. 4° Cod. Ms. jurid. 52ʳ; 1 Bd., paginiert; Originaltitel: [auf Buchrücken] „Pandecten| nach| Schweppe" [S. 566] „geschlossen den 14 September|1811."

Thibaut, Institutionennachschrift 1816 (Abegg)

UB Heidelberg; Sig. Hdb. Hs. 1354; 1 Bd., unpaginiert. Originaltitel: „Thibaut: |Vorlesungen ueber Institutionen und Geschichte des|roemischen Rechtes im|Sommersemester 1816.|Heidelberg.|Jul. Fried. Abegg".

Thibaut, Pandektennachschrift 1816/17 (Abegg)

UB Heidelberg; Sig. Hdb. Hs. 1353; 1 Bd., unpaginiert. Originaltitel: „Thibaut's|Vorlesungen ueber|Pandekten|nach dessen System des Pandekten-Rechts:|II. Band|Heidelberg Winterhalbjahr 1816/17.|Abegg".

Thibaut, Institutionennachschrift 1833 (Ammann)

BGH Karlsruhe – Reichsgerichtsbibliothek; Sig. B 9615/2; 1 Bd., unpaginiert. Originaltitel: „Institutionen und Geschichte| des römischen Rechts,| als Einleitung in die Pandekten| vorgetragen|von Herrn Geh Rath, Prof. Dr. Thibaut.| Heidelberg, Sommercurs 1833.|R. Ammann".

Thibaut, Pandektennachschrift 1838/39 (Demmer)

UB Heidelberg; Sig. Hdb. Hs. 1041/1042; 2 Bände, davon der erste paginiert. Originaltitel: [Bd. 1] „Zusätze zu Thibaut's Pandektensystem|I. Theil| vorgetragen von Geheimrath Thibaut|Theodor Demmer Stud. jur.|Heidelberg, Winter 1838/9."

Valett, Institutionennachschrift 1838/39 (Mertens)

Niedersächs. SUB Göttingen; Sig. 4° Cod. Ms. jurid. 56ᶠ; 1 Bd., paginiert. Originaltitel: „Römische Institutionen|verbunden mit|der Geschichte des Röm. Privatrechts| Göttingen, im vorgetragen vom|Winterhalbjahr 1838/39. Gh Assessor Dr. Valett|nachgeschrieben von|W Mertens".

v. Vangerow, Institutionennachschrift 1864 (Carl Schulz)

BGH Karlsruhe – Reichsgerichtsbibliothek; Sig. B 9938; 1 Bd., paginiert. Originaltitel: „Carl Schulz.|stud. jur.| [Seite 1] Heidelberg, Sommersemester 1864|C. Schulz.| Institutionen.| des| römischen Rechts| mit Hinweisung auf Marezoll.| Vorlesungen von Vangerow."

v. Vangerow, Pandektennachschrift 1864/65 (Carl Schulz)

BGH Karlsruhe – Reichsgerichtsbibliothek; Sig. B 9940; 1 Bd., paginiert (weitere Teile vorhanden, zur Zeit der Einsichtnahme im Sommer 1998 jedoch verpackt). Originaltitel: „Vorlesungen|über|Pandekten|mit Einschluß des Erbrechts IV. Das Erbrecht.| nach seinem Lehrbuch V. Die Obligationen.|von|Vangerow.|Heidelberg, Wint. Sem. 1864/65|Carl Schulz. stud. jur.|Hd".

v. Wächter, Institutionennachschrift 1828 (Niethammer)

UB Tübingen; Sig. Mh II 349; 1 Bd., foliiert. Originaltitel: „Institutionen| des| Römischen Rechts|nach Mackeldey's Lehrbuch, 7.ᵉ Ausg. 1827.|vorgetragen|von|Professor, Carl Georg Waechter|im|Sommer-Semester 1828.|Carl Adolph Niethammer,|jur. stud. zu Tübingen."

v. Wächter, Pandektennachschrift 1828/29 (Niethammer)

UB Tübingen; Sig. Mh II 350; 2 Bände, foliiert, Kondiktionen in Bd. 2. Originaltitel: [Bd. 2] „Pandecten| nach v. Wening Ingenheim, Lehrbuch v. 1827.| vorgetragen| von| Professor Carl Georg Waechter| im Wintersemester 1828/29.| Carl Adolph Niethammer|jur. stud. zu Tübingen."

v. Wächter, Pandektennachschrift 1849/50 (Riecke)

UB Tübingen; Sig. Mh II 12; 2 Bände, paginiert, Kondiktionen in Bd. 2. Originaltitel: [Bd. 1] „Pandecten,| mit Ausnahme des Familien- und| Erbrechts.| nach Vangerows Leitfaden [...] [Bd. 2] Pandecten|von|Dr. Karl Georg Wächter|Kanzler [...]|II.|Besonderer Theil.|A., Obligationenrecht.|Tübingen, Wintersemester 1849/50. Karl Riecke| 26. Januar 1850 – cam. stud."

v. Wächter, Pandektennachschrift 1868 (Richter)

UB der HU Berlin; Sig. Hdschr. Koll. 113; 1 Bd., paginiert; nach Karteikarten keine weiteren Bände vorhanden. Originaltitel: „II Pars Pandectarum:|1) Obligationenrecht von Prof. v. Wächter|nach Arndts: § 201–363. Seite 1–231|2) Erbrecht von Prof. Müller.| § 1–42. Seite 1–157.| nachgeschrieben| Leipzig Sommersemester 1868. durch| Albert Richter stud. iur."

Waldeck, Pandektennachschrift 1813/14 (List)

Niedersächs. SUB Göttingen; Sig. 4° Cod. Ms. jurid. 62^{ia}:1; 1 Bd., paginiert. Originaltitel: „Pandecten|Vorgetragen|vom|Hofrath Waldeck|Im Winterhalbjahre 1813|Erster Theil|(L. 1–20.)|Angefangen am 26. Oct 1813|Geendigt am 1. April 1814. A S. List."

Weis, Pandektennachschrift 1795/96 (v. Savigny)

UB Marburg; Sig. Ms. 925/25; 2 Bände, paginiert, Kondiktionen in Bd. 1. Originaltitel: [Bd. 1] „Pandecten,|vorgetragen|von|Professor|Weis|im Winter|1795."

Windscheid, Manuskript Pandekten

Niedersächs. SUB Göttingen; Sig. Cod. Ms. B. Windscheid 4:4; foliierte Blätter in 11 Faszikeln.

Fasz. 1 – 6, 3: Pandektenvorlesung

1: Allgemeiner Teil, §§ 1–11, Bl. 4–32
2: Personenrecht, Allgemeiner Teil (?), §§ 25–55, Bl. 83–118
3: Sachenrecht, §§ 73–83, 86–126, Bl. 159–180, 183–238
4: Obligationenrecht, §§ 127–254, Bl. 239–450
4 Fasz.: 4, 1 – 4, 3; 4, 4: enthält das Recht der ungerechtfertigten Bereicherung
5: Familienrecht, §§ 257–277, Bl. 1–48
6: Erbrecht: §§ 278–357 (mit Lücken), Bl. 48a–185, 200–202
3 Fasz.: 6, 1 – 6, 3

Windscheid, Manuskript Institutionen

Niedersächs. SUB Göttingen; Sig. Cod. Ms. B. Windscheid 11:2; Blätter in 3 Faszikeln.

Fasz. 11, 1 – 11, 3: Institutionenvorlesung

11, 1: Bl. 1–9, 141–192 (nach Randzählung)
11, 2: Bl. 193–245, enthält die Kondiktionen
11, 3: Bl. 246–299

Anmerkung: Auf Bl. 199v sind Jahresangaben zu Vorlesungen vermerkt: 1858–1861, 1863–1868, 1871–1881, 1884–1888, ebenso auf Bl. 245v: 1871–1880, 1884–1890, 1892.

Windscheid, Institutionennachschrift 1878 (Nüscheler)

Universität Zürich, Forschungsstelle für Rechtsgeschichte; Sig.: keine; 1 Bd., paginiert. Originaltitel: „Institutionen des Römischen Rechts nebst| äußerer Rechts-Geschichte.|gelesen|an der Universität Leipzig im|Sommer-Semester 1878.|von|Geheimer Rath Professor Dr. jur. B. Windscheid|Conrad Nüscheler|cand. jur."

Windscheid, Pandektennachschrift 1878/79–79 (Nüscheler)

Universität Zürich, Forschungsstelle für Rechtsgeschichte; Sig.: keine; 2 Bände, paginiert, Kondiktionen in Bd. 1. Originaltitel: [Bd. 1] „Pandecten. I. Theil.|gelesen| an der Universität Leipzig im|Winter-Semester 1878/79|von|Geheimer Rath Professor Dr. B. Windscheid.|Conrad Nüscheler.|cand. jur." Anmerkung: Windscheid las den Allgemeinen Teil, Sachenrecht und Obligationenrecht im Wintersemester, Familien- und Erbrecht im darauffolgenden Sommersemester.

Windscheid, Pandektennachschrift 1883/84–84 (Seckel)

UB der HU Berlin; Sig. Hdschr. Koll. 182; 2 Bände, paginiert, Kondiktionen in Bd. 1. Originaltitel: [Bd. 1] „Pandekten I. Theil.| Allgemeiner Theil.| Prof. Dr. Windscheid.| W.S. 83/84. E. Seckel. [...]"

III. Übersicht der Nachschriften zu Savigny

Semester	Pandekten und Obligationen	Institutionen
WS 1803/04	Jakob und Wilhelm Grimm	Jakob und Wilhelm Grimm
WS 1811/12		Reinert
SS 1814		Gerhard Homeyer
WS 1814/15	Homeyer	
WS 1816/17	Rostock anonym	
WS 1818/19	Bluhme C. Ulrich David Ulrich v. Zschüschen RG anonym	
SS 1819		C. Ulrich David Ulrich Berlin anonym (ab 1819?)
SS 1820	Berlin anonym (ab 1820?) Halle anonym (ab 1820?)	
WS 1820/21		Kraut Ferdinand Meyer
WS 1821/22	Fontenay RG anonym (?)	
WS 1822/23	v. Bassewitz (?) Deiters v. Rönne	
SS 1823		Deiters v. Kehler v. Rönne
WS 1824/25	Bonn anonym Potthoff	
SS 1825		Garnn Berlin anonym
WS 1825/26	Berlin anonym	
SS 1826		v. Garczynski
WS 1826/27	Osterrath (?)	
WS 1827/28	Göriz (?)	
SS 1828		Seyer Berlin anonym
WS 1828/29	v. Varnbüler	

Semester	Pandekten und Obligationen	Institutionen
SS 1829		Buddenberg Hinschius
WS 1829/30	v. Bomsdorff Hinschius	
SS 1830		Thile
WS 1830/31	v. Thile v. Welser	
WS 1831/32	Feltzdorff	
SS 1832		Jahncke
WS 1832/33	Jahncke	
SS 1833		Johannes Roth (?)
WS 1833/34	Johannes Roth	
SS 1836		Heren
WS 1836/37	Heren	
SS 1837		Jasper (?) Frankfurt a. M. anonym (?)
WS 1837/38	v. Harbou Steinann Frankfurt a. M. anonym	
SS 1838		Frankfurt a. M. anonym
WS 1838/39	Leipzig unbekannt	
SS 1839		Pohle (?)
SS 1840		v. Gröning
WS 1840/41	v. Gröning Kuckuck	
WS 1841/42	v. Goethe	

Anmerkung: Nachschriften mit „?“ haben keine gesicherte Datierung oder lassen den Nachschreiber nicht eindeutig erkennen. Manuskripte und Vorlesungen zur Methodenlehre, die drei Landrechtsnachschriften des Jahres 1824 und die anonyme Pandektennachschrift 1824/25 sind im Literaturverzeichnis in Buchform unter „Friedrich Carl v. Savigny“ verzeichnet.

IV. Übersicht der Nachschriften zu anderen Dozenten

Jahr	Pandekten und Obligationenr.	Institutionen
1785–1789	Hofacker 1786 (Griesinger)	
1795–1799	Weis 1795/96 (v. Savigny)	
1805–1809	Meyer 1809 (v. Tiesenhausen)	
1810–1814	Schweppe 1811 (Göttingen ano.) Waldeck 1813/14 (List)	
1815–1819	Heise um 1815 (Rinck) Thibaut 1816/17 (Abegg)	Thibaut 1816 (Abegg)
1820–1824	Mackeldey 1824/25 (Osterrath)	
1825–1829	v. Wächter 1828/29 (Niethammer)	v. Bethmann-Hollweg 1827/28 (Hinschius) v. Wächter 1828 (Niethammer) Bluhme ab1829 (RG anonym)
1830–1834	Kierulff 1832 (Hensen) Rudorff 1833 (Waitz) Göschen 1834 (Dedekind)	Kierulff 1832/33 (Waitz) Thibaut 1833 (Ammann) Göschen 1833/34 (Dedekind)
1835–1839	Mühlenbruch 1835 (v. Dewitz) v. Bethmann-Hollweg 1838/39 (Frankfurt a. M. anonym) Thibaut 1838/39 (Demmer)	Dollmann 1836 (Mackwirth) Mayer 1838/39 (Belser) Valett 1838/39 (Mertens)
1840–1844	Mayer 1842/43 (v. Sarwey) Puchta 1842/43 (Planck)	Deurer 1841/42 (Moessner) Mayer 1842 (v. Sarwey)
1845–1849	v. Keller 1848/49 (Berlin ano.) Marezoll 1848/49 (Graessner) v. Wächter 1849/50 (Riecke)	
1855–1859	v. Gneist 1856/57 (Hübler)	
1860–1864	v. Vangerow 1864/65 (C. Schulz)	v. Vangerow 1864 (C. Schulz)
1865–1869	v. Wächter 1868 (Richter)	Rudorff 1868/69 (Berlin anonym)
1870–1874	Bruns um 1870 (R. Leonhard) Bruns 1872/73 (Syring)	
1875–1879	Windscheid 1878/79–79 (Nüsch.)	K. A. Schmidt 1878 (RG ano.) Windscheid 1878 (Nüscheler)
1880–1884	Bekker 1881/82 (Wurzmann) Bekker 1882/83 (K. Mittermaier) v. Mandry 1883 (Seckel) Degenkolb 1883/84 (Sprinkhardt) Windscheid 1883/84–84 (Seckel)	Degenkolb 1883 (Tübingen ano.) Karlowa 1884/85 (v. Reck)
1885–1889	Eck 1885/86 (v. Reck) Pernice 1886/87 (Blanck)	
1890–1894		Bekker 1892 (anonym)

V. Materialien zum Sächsischen BGB

1. Vorschläge und Vorlagen

a) Sachenrecht

Standort: Sächsisches Hauptstaatsarchiv Dresden, Sig. Oberappellationsgericht Nr. 756.

Originaltitel:

„RC. Nr. 3.|Acten|der Commission|zu Revision des Entwurfs|eines|bürgerlich. Gesetzbuchs|für das Königreich Sachsen.|Vota zu dem Entwurfe und Beila-|gen zu den Protocollen|enthaltend.|Vol. III. 1856.|zum weiten Theile|des Entwurfs."

Inhalt:

Bl. 1–144: „Bemerkungen zum Entwurfe eines bürgerlichen Gesetzbuches von Dr. H Marschner" (Inhalt: Eigentum (Bl. 1 ff.), Pfandrecht (Bl. 55 ff.), Dienstbarkeiten (Bl. 96 ff.)). **Bl. 145–147:** „Bemerkungen des Herrn Commissars des Königl. Finanz-Ministerii zu einigen Paragraphen des zweiten Theils des Entwurfs" (Inhalt: §§ 279, 280, 286, 287, 307, 323, 338, 375, 388 Sä-BGB E 1852). **Bl. 148–150:** „Bemerkungen zu dem Entwurfe eines bürgerlichen Gesetzbuchs für das Königreich Sachsen. Vom Vice-Präsidenten Dr. Schneider" (Inhalt: §§ 270–306 Sä-BGB E 1852). **Bl. 151–157:** „Bemerkungen zu §. 270–584. des Entwurfs eines Zivilgesetzbuchs, das Sachenrecht enthaltend von Dr. Hänel." **Bl. 158–166:** „Bemerkungen zu dem Entwurfe eines Bürgerlichen Gesetzbuchs. II Theil. der Herrn Commissarii des Königlichen Ministeriums des Innern." **Bl. 167 f.:** weitere Bemerkungen. **Bl. 169 f.:** Bemerkungen Heerwarts. **Bl. 171–245:** „Bemerkungen des Präsidenten Ortloff zu Jena zur ersten Abtheilung im zweiten Theile des bürgerlichen Gesetzbuchs von dem Eigenthum." (Inhalt: neben Eigentum (Bl. 171 ff.) auch Pfandrecht (Bl. 195 ff.) und Dienstbarkeiten (Bl. 225 ff.)). **Bl. 246–251:** Bemerk. v. Langenns. **Bl. 252–259:** „Oberste Grundsätze". **Bl. 260 f.:** Bemerkungen. **Bl. 262 f.:** Bemerkungen zur „Ersitzung pro herede". **Bl. 264–292:** „Bemerkungen zum Zweiten Theil des Entwurfs pp Sachenrecht." (Nachträglich angemerkt: „Sintenis" und „Fassungsvorschläge anstatt des Entwurfs pp" sowie „Bemerkungen zum ersten Abschnitt. Vom Miteigenthum." **Bl. 293–296:** „Bemerkungen zu §. 198. ff. des Entwurfs, der Lehre von der Ersitzung." und „Fassungsvorschläge" zur Ersitzung (Nachträglich angemerkt: „von Herrn pp Präsident Sintenis?"). **Bl. 297–363:** „Bemerkungen zum Entwurf eines bürgerlichen Gesetzbuchs II. Theil (Sachenrecht) I^{tes} Heft. Geheimer Justizrath Heerwart zu Eisenach." (Inhalt: Eigentum (Bl. 297 ff.), Pfandrecht (Bl. 320 ff.) und Dienstbarkeiten (Bl. 352 ff.)). **Bl. 364–476:** „Bemerkungen des Geheimen Justizraths Gross zu den §§ 157–168 des Entwurfs eines bürgerlichen Gesetzbuchs für das Königreich Sachsen. Von dem „Rechtsbesitze", „Besitz der Dienstbarkeiten" (Inhalt: im weiteren Bemerkungen zu Eigentum (Bl. 366 ff.), Dienstbarkeiten (Bl. 403 ff.), Pfandrecht (Bl. 437 ff.), §§ 144–154 (Bl. 468 ff.) und 257–267 Sä-BGB E 1852 (Bl. 474 ff.)).

Textausschnitt:

[1r]

Bemerkungen|zum|Entwurfe eines bürgerlichen Gesetzbuches|von| Dr. G Marschner.|Theil II.|Das Sachenrecht.|Erste Abtheilung.| Von dem Eigenthume.

[...Text ausgelassen...][19v]

Zu den §§. 296.–298.[1]

Der in diesen Paragraphen enthaltenen speciellen Verweisungen bedarf es wohl nicht, vielmehr wird es genügen, an geeigneter Stelle auszusprechen, daß Ansprüche,[20r] welche sich auf Schadenersatz oder Erstattung des in fremden Nutzen Verwendeten bei Gelegenheit des Eigenthumserwerbs durch Zuwachs ergeben, nach den allgemeinen Bestimmungen über die Verpflichtung zum Schadenersatz und die Verwendung in fremden Nutzen zu beurtheilen sind.

[...Text ausgelassen...][151r]

Eingegangen den 21. October 1856.[2]

Bemerkungen|zu §. 270–587. des Entwurfs des| Civilgesetzbuchs, das Sachenrecht enthaltend,|von Dr. Hänel.

[...Text ausgelassen...][151v]

zu §. 296.

Dieser §. ist undeutlich gefaßt. Für den ersten Fall, wenn der Vermengende pp. redlicher Besitzer war, fehlt der Gegensatz, wie es gegen einen unredlichen Besitzer gehalten werden soll. Auch sucht man nach den Worten: „wegen dieses Erwerbs allein", vergeblich nach einer Bestimmung, welches andere Erforderniß hinzuzutreten habe, um zum Ersatze des Verlusts zu verpflichten. Daher wäre wohl §. 296. mit §. 298 zu verschmelzen.

zu §. 299.[3]

---

[1] § 296 („Ob die Erwerbung einer fremden Sache durch einen solchen Zuwachs an sich zur Vergütung verpflichtet."):

> „Erwirbt Jemand durch Vereinigung, Vermischung oder Vermengung als Eigenthümer der Hauptsache die als deren Zubehör zu betrachtende Sache des Anderen, so ist er, wenn er redlicher Besitzer dieser letzteren war, deshalb allein dem Anderen nicht zu einem Ersatze des Verlusts, wenn aber der Andere auf sein Verlangen ihm erst seine Sache mit der Hauptsache heraus geben muß, nach den Bestimmungen in §§ 146, 147, 153 zur Vergütung gehalten."

§ 297 Sä-BGB E 1852:

> „Wenn die vereinigten Sachen an einen dritten Besitzer gekommen sind, so ist dieser wegen eines solchen Zuwachses an sich in der Regel zu einer Vergütung weder berechtigt noch verpflichtet."

§ 298 („Entschädigungsverbindlichkeit wegen Verschuldung eines durch einen solchen Zuwachs dem Anderen entstehenden Verlusts.") Sä-BGB E 1852:

> „Ob und wieweit Jemand, welcher durch seine Vereinigung, Vermengung oder Vermischung einem Anderen Verlust zugezogen hat, dafür zu haften habe, ist nach den allgemeinen Bestimmungen über die Ersatzpflicht zu beurtheilen."

[2] Nachträglich in anderer Schrift vermerkt.

[3] § 299 („Von der Umgestaltung einer Sache.") Sä-BGB E 1852:

> „Verändert Jemand die bewegliche Sache eines Anderen oder verwandelt er sie in eine andere, so erlangt er dadurch kein Eigenthum an ihr, außer wenn der Werth seiner Arbeit den Werth, welchen der Stoff zu der Zeit der Veränderung oder Umwandlung hatte, überstieg. War der Werth der Arbeit und des Stoffes gleich, so entsteht für die Betheiligten ein Miteigenthum, für jeden zur Hälfte."

Hier führt die Unterscheidung, ob der Werth der Arbeit den Werth des Stoffes übersteige, zu Unzuträglichkeiten, und ist dem gemeinen Rechte fremd. Natürlicher ist wohl folgendes:

War der Specificant in gutem Glauben, so erwirbt er die Sache unbedingt, er braucht den Werth des Stoffes nur so weit zu ersetzen, als er dadurch bereichert worden ist. Der unredliche Specificant aber erwirbt die Sache nur, sofern er dem Eigenthümer des Stoffes den vollen Werth desselben ersetzt. Kann er dieß nicht, so ist er dem Letzteren die Sache zu überlassen schuldig, und dieser vergütet ihm den Werth der Arbeit, so fern er durch diese bereichert wird.

[...Text ausgelassen...][153r]

zu §. 367.[4]

Die ständischen Deputationsbriefe geben nicht an, warum auf der 2ten Zeile das Wort „erloschen" gestrichen worden ist. Die ursprüngliche Fassung erscheint natürlicher.

Nach diesem §. sind nunmehr §. 144–154.[5] einzuschalten [...Text ausgelassen...][171r]

Eingegangen den 27. Octob. 1856.[6]

**Bemerkungen|des|Präsidenten Ortloff zu Jena|zur|
ersten Abtheilung im zweiten Theile|des bürgerlichen Gesetzbuchs|
von dem Eigenthum.|Erster Abschnitt.**

[176v]

3. Neugestaltung einer Sache.

[...Text ausgelassen...][177r]

§. 23.

Der Erwerber der fremden Sache hat, soweit er durch den Erwerb bereichert ist, den vorigen Eigenthümer zu entschädigen, vorbehältlich einer weitergehenden Entschädigungspflicht, soferne dazu ein besonderer Rechtsgrund vorhanden ist.

Das Letztere ist der Fall, wenn die fremde Sache wissentlich specificirt worden ist.

---

[4] § 367 („Von der Herausgabe der fremden Sache.") Sä-BGB E 1852:

„Wenn eine Sache an den Eigenthümer herausgegeben werden muß, so erlöschen alle von dem Besitzer darauf eingeräumte Rechte."

[5] § 144 („II. im Falle der Besitzer zur Herausgabe der Sache genöthigt ist. 1) Rechte und Pflichten des redlichen Besitzers.") Sä-BGB E 1852:

„Ein redlicher Besitzer kann die Sache ohne Verantwortung benutzen, veräußern, verbrauchen oder vertilgen."

§ 146 Sä-BGB E 1852:

„Hat der redliche Besitzer eine Sache entweder einen nothwendigen Aufwand, welcher auf die Erhaltung der Substanz derselben fortwirkt, oder einen solchen nützlichen Aufwand gemacht, wodurch die Nutzungen fortdauernd vermehrt werden; so gebührt ihm der Ersatz nach dem gegenwärtigen Werthe, insoweit er den wirklich gemachten Aufwand nicht übersteigt."

[6] Nachträglich in anderer Schrift vermerkt.

[177v]

4. Vermischung und Verbindung von Sachen.

§. 24.

Werden Sachen verschiedener Eigenthümer mit einander vermischt oder vermengt, gleichwohl auf welche Weise oder durch wen dieses geschieht, so entsteht, falls sie nicht wieder getrennt werden können, und falls nicht eine Neugestaltung vorliegt, wobei die Vorschrift des §. 22. entscheidet, oder eine Uebereinkunft der Eigenthümer etwas anderes bestimmt, ein Miteigenthum für jeden Eigenthümer an dem Ganzen nach Verhältniß des Werthes der ihm ursprünglich allein gehörigen Sache.

§. 25.

Eine Trennbarkeit der mehreren Sachen ist nur dann anzunehmen, wenn sie sämtlich und ohne Werthsverminderung in ihren ursprünglichen wesentlichen Bestand wieder hergestellt werden können, und der dazu erforderliche Aufwand den vierten Theil des Werthes des Ganzen nicht übersteigt. Geldstücke derselben Sorte und [178r]Getreide sind als untrennbar anzusehen.

§. 26.

Wird eine unbewegliche Sache mit einer anderen solchen Sache dergestalt verbunden, daß sie überhaupt oder nicht unversehrt wieder von derselben getrennt werden kann, so erwirbt der Eigenthümer der Hauptsache das Eigenthum an der Nebensache. Als Hauptsache gilt diejenige, welche für sich und ohne die andere bestehen kann, und als Nebensache diejenige, welche durch die Verbindlichkeit ihre Selbstständigkeit verloren hat, oder zu der anderen bestimmt erscheint. Im zweifelhaften Fall wird diejenige Sache, welche einen höheren Werth hat, als Hauptsache angenommen.

§. 27.

Wer durch die Verbindung Eigenthum erwirbt ist nach den Regeln in §. 23. zur Entschädigung verpflichtet.

[...Text ausgelassen...][187r]

Fortsetzung der Bemerkungen|des|Präsidenten Ortloff zu Jena|zur Abtheilung| von dem Eigenthum|Sechster (fünfter) Abschnitt.|Von den rechtlichen Wirkungen| des Eigenthums.

Werden die §§. 353–355 in dem ersten Abschnitt untergebracht, so bleiben die §§. 356–367 übrig, womit die ausgesetzten §§. 144–154 zu verbinden sind, und das Ganze wird eine andere Ueberschrift, von der gerichtlichen Verfolgung des Eigenthums, oder vom Schutz des Eigenthums erhalten müssen.

Vielleicht geben die nachfolgend entworfenen §§. einen Anhaltepunkt zu der nothwendigen anderweiten Redaction des Abschnitts.

[...Text ausgelassen...][190r]

4. Gegenleistungen des Klägers.

§. 16.

Nothwendige Verwendungen auf die Sache kann jeder Inhaber derselben von dem Kläger bei der Eigenthumskla[190v]ge ersetzt verlangen. Als nothwendige Verwendung gilt auch der von dem Inhaber bei dem Erwerb der Sache gezahlte Preiß, wenn den Umständen nach angenommen werden kann, daß durch seinen Erwerb dem Kläger die Verfolgung seines Eigenthums möglich geblieben ist.

§. 17.

In anderen Fällen kann der Beklagte den für die Sache gezahlten Preiß nicht ersetzt verlangen, ausgenommen, wenn er die Sache auf einer Messe oder einem Markt, bei einer öffentlichen Versteigerung oder in einem öffentlichen Kaufladen erworben hat, und ihm der Kläger den Erwerb in bösem Glauben nicht nachweisen kann.

§. 18.

Nützliche Verwendungen auf die Sache kann der Inhaber derselben insoweit ersetzt verlangen, als der Werth der Sache zur Zeit ihrer Herausgabe dadurch noch erhöht ist, vorausgesetzt daß ihm nicht nachgewiesen werden kann, daß er [191r]unredlicher Besitzer ist. Der unredliche Besitzer, und bei willkührlichen Verwendungen jeder Besitzer, hat nur das Recht, das was durch die Verwendung hervorgebracht wurde, auf eigene Kosten von der Sache wegzunehmen, soweit es ohne deren Beschädigung geschehen kann. Der Eigenthümer kann die Wegnahme abwenden, wenn er den Werth erstattet, welchen die wegzunehmende Einrichtung im Fall sie weggenommen worden wäre, gehabt haben würde.

§. 19.

Der Eigenthümer kann gegen die Verwendungen, deren Erstattung ihm obliegt, den Werth der Früchte in Aufrechnung bringen, welche der Beklagte von der Sache erhoben und bei der Eigenthumsklage dem Kläger nicht zu erstatten hat.

§. 20.

Die Erstattung der Verwendungen kann sowohl durch eine Einrede gegen die Eigenthumsklage als mittelst besonde[191v]rer Klage verfolgt werden.

[...Text ausgelassen...][264r]

Bemerkungen|zum Zweiten Theil des Entwurfs pp.|„Sachenrecht“.[7]

[...Text ausgelassen...][271v]

Zu §. 296–298.

Ich kann den für §. 296. in den Motiven aufgestellten Gesichtspunkt nicht für den richtigen anerkennen; m. E. ist hier das gemeine Recht herzustellen, welches nach der Person des Adjungenten und seiner bona oder mala fides mehrfach unterscheidet.

S. Fassungsvorschläge §. 296–98.

[...Text ausgelassen...][276r]

Der mit §. 353. beginnende sechste Abschnitt würde mit Rücksicht auf die Bemerk. zu §. 270. die Ueberschrift [276v]erhalten müssen: „von der gerichtlichen Verfolgung des Eigenthums“, und mit §. 356. beginnen.

M. E. ist der Inhalt der §§. 358–367. mit Rücksicht auf die Bemerkungen zu früheren §§. und die darauf in neuer Fassung vorgeschlagenen §. 270a. § 279a., und 347 und 48. zu verändern. Den Beschlüssen zu §. 144 ff. gemäß ist ferner hier eine Ergänzung über die Herausgabe je nach vorwaltenden bona oder mala fides des Beklagten nothwendig.

[...Text ausgelassen...][277r]

---

[7] Von *Sintenis*, siehe Bl. 276v.

Fassungsvorschläge|anstatt des Entwurfs pp.

[...Text ausgelassen...][279v]

§. 296. (Entwurf §. 296.)

Aenderung,

Insofern in den Fällen der beiden §§. 294. und 294a. der Eigenthümer einer Hauptsache Eigenthümer der mit ihr verbundenen Nebensache wird, hat er, wenn er selbst die Veranlassung dazu gegeben hat, falls er die Nebensache in gutem Glauben besaß, ihrem Eigenthümer deren Werth, falls er sie aber als fremde kannte, vollen Schadensersatz zu leisten.

§. 297. (Entwurf §. 297.)

Aenderung.

Ist die Veranlassung vom Eigenthümer der Nebensache ausgegangen, so kann er, wenn er die Hauptsache in gutem Glauben besitzt, den Werth der Neben[280r]sache von dem sie erwerbenden Eigenthümer der Hauptsache nur mittelst Rückhaltungsrechts Einredeweise fordern, wenn er aber die Sache als fremde kannte, nur dann, und soweit, als die Verbindung seiner mit der fremden Sache unter den Begriff des nothwendigen Aufwandes tritt.

§. 298. (Entwurf §. 298.)

Aenderung.

Ist die Veranlassung durch einen Unfall herbeigeführt worden, so findet für den sein Eigenthum Verlierenden kein Anspruch auf-Ersatz statt; wenn von einem Dritten, so haftet ihm letzterer nach den Regeln vom Schadensersatz.

[...Text ausgelassen...][286v]

§. 367. (Entwurf §. 146.)

Die auf die Sache geschehenen nothwendigen Verwendungen kann jeder Beklagte ohne Unterschied vom Kläger ersetzt verlangen; der redliche Besitzer auch die nützlichen, jedoch nur so weit sie nicht durch die ihm zu Theil gewordenen Nutzungen aufgewogen werden, und der Werth der Sache zur Zeit der Herausgabe dadurch noch als erhöht erscheint.[287r]Doch kann die Entschädigungssumme niemals die wirklich gezahlten Auslagen übersteigen.

[...Text ausgelassen...][297r]

Bemerkungen|zum|Entwurf eines bürgerlichen Gesetzbuches|II Theil|(Sachenrecht)|I[tes] Hefft.|von|Geheimer Justizrath Heerwart|zu Eisenach

[...Text ausgelassen...][299v]

Zu § 296.

Warum der Eigenthümer der Hauptsache, der wenn auch in gutem Glauben, damit eine andere Sache verbunden hat, und dadurch deren Eigenthümer geworden ist, nicht dem Eigen[300r]thümer der letztern wenigstens so viel, als der Werth der Hauptsache dadurch gestiegen ist, vergüten solle, das ist doch nicht abzusehen. Die Berufung in den Motiven auf das dem redlichen Besitzer zustehende Recht der gänzlichen Vernichtung schlägt nicht durch, weil Vernichtung und Vermischung wesentlich verschieden sind. Warum soll sich der Eine mit dem Schaden des Andern offenbar bereichern? Und warum soll diese Bereicherung gerade da statt finden, wenn der Gewinnende selbst die Verbindung bewirkt hat, während er nach dem Schluß des § zur Vergütung verpflichtet ist, wenn der Eigenthümer der Nebensache es thut? Ein triftiger Grund des Unterschieds ist nicht abzusehen.

Es scheint überhaupt aber der ganze § die zwei Fälle zum Gegenstand zu haben, wenn

a, der Eigenthümer der Hauptsache die fremde Nebensache in gutem Glauben mit jener verband, oder

b, der Besitzer der fremden Hauptsache seine Nebensache mit jener vereinigte.

Die Fälle aber, wo ein Dritter die Verbindung bewirkte, oder die Sache eines Dritten als Nebensache mit einer andern verbunden wurde, sind nicht bedacht.

[...Text ausgelassen...][366r]

Bemerkungen|zu dem Entwurfe eines bürgerlichen|
Gesetzbuchs für das Königreich Sachsen|
vom Geheimen Justiz– und Appellationsrath|Gross.|Theil II. Sachenrecht.|
Abt. I Von dem Eigenthum §. 270–433.

[...Text ausgelassen...][375v]

Zu § 294–298.

1., Sollte es nicht gut sein, hier mehr zu specificiren, und die verschiedenen Fälle mehr auseinander zu halten, auch Bestimmungen über Entschädigung, gleich bei den einzelnen Fällen mit aufzunehmen?

[...Text ausgelassen...][389v]

In Folge früherer Beschlüsse werden die §. 144–154 – mut. mut. in dem vorliegenden Abschnitte ihre geeignete Stelle finden. [...Text ausgelassen...]

b) Besonderes Schuldrecht

Standort: Sächsisches Hauptstaatsarchiv Dresden; Sig. Oberappellationsgericht Nr. 757.

Originaltitel:

„RC. Nr. 3.|Acten|der Commission zu Revision des Entwurfs|eines|bürgerlich. Gesetzbuchs|für das Königreich Sachsen,|Vota zu dem Entwurfe und Bei-|lagen zu den Protocollen|enthaltend|Vol. IV. 1857.|Zum dritten Theile|des Entwurfs."

Inhalt:

Bl. 414–480: „Bemerkungen zum Entwurf eines bürgerlichen Gesetzbuchs III. Theil Recht der Forderungen 6te Abtheilung. Besondere Arten der Verträge. § 1030–1387 vom Geheimen Justizrath Heerwart." **Bl. 481 f.**: Allgemeine Vorbemerkung Siebenhaars zu seinem Entwurf Schuldrecht Besonderer Teil. **Bl. 483–664:** „Zweite Abtheilung, Von einzelnen Forderungen" (Entwurf Siebenhaars zum Schuldrecht Besonderer Teil). **Bl. 665:** Sintenis' Vorbemerkung zu den nachfolgenden Bemerkungen. Seine Ausführungen sind eng an sein Pandektenlehrbuch, Bd. 2, § 109, angelehnt. **Bl. 666–678:** Sintenis' Bemerkungen zu den §§ 1–53 des Siebenhaar'schen Entwurfs zum Schuldrecht Besonderer Teil. **Bl. 679:** Sintenis' Vorbemerkung zum nachfolgenden Fassungsvorschlag. **Bl. 680–684:** „Fassungsvorschläge an Stelle der vom Herrn Referenten proponirten §§ 13–44. und 47.–53. vom Oberlandesgerichtspräsidenten Dr. Sintenis in Dessau."

Textausschnitt:

[481r]Indem ich der geehrten Commission die nachstehende Vorlage mit der Bitte, solche dem Vortrage des speciellen Theiles der Obligationen zu Grunde legen zu dürfen, überreiche; habe ich nur wenige Bemerkungen beizufügen.

Zuvörderst läßt sich wohl nicht mit Grunde bezweifeln, daß irgend eine schriftliche Unterlage unbedingt nothwendig ist, wenn die Erwarthungen nicht zu sehr auseinander gehen und sich zu sehr in die Länge ziehen sollen. Der Entwurf kann aber in seiner gegenwärtigen Gestalt für die zur nächsten Sitzung ausgesetzten Lehren nicht zur Grundlage genommen werden, weil erstens eine ziemliche Anzahl von Lehren, welche in dem Entwurfe im allgemeinen Theile der Obligationen behandelt werden, z. B. der Pfandvertrag, die Geschäftsführung ohne Auftrag, die sämmtlichen Condictionen und Delictsobligationen, in der letzten Session zum speciellen Theile verwiesen worden sind,

[...Text ausgelassen...][483r]

Zweite Abteilung,|Von einzelnen Forderungen,|Erster Abschnitt.| Forderungen aus Verträgen und vertragsähnlichen Verhältnissen.

I., Selbstständige Forderungen.

[...Text ausgelassen...][488v]

2., Forderung wegen bezahlter Nichtschuld.

(Entwurf §. 990–1000.).[489r]

§. 13.

Hat Jemand einen Gegenstand bestimmten Werthes auf einen Andern zu dem Zwecke übertragen, daß dadurch eine Forderung erfüllt werden soll, so hat er, wenn die Forderung nicht besteht und die Erfüllung aus einem entschuldbaren Irrthum erfolgt ist, das Recht, den hingegebenen Gegenstand von dem Empfänger zurückzufordern.

§. 14.

Eine Forderung besteht nicht, wenn sie entweder überhaupt, oder doch wenigstens in der Richtung und in dem Umfange, wie sie erfüllt wurde, von An[489v]fang nicht zu Stande gekommen, oder in Folge später eingetretener Thatsachen wieder aufgehoben oder entkräftet worden, oder deren wirksame Geltendmachung nur deßwillen ausgeschlossen ist, weil dem Verpflichteten eine Einrede zu Gebote steht, durch welche er die Forderung rechtlich zu entkräften vermag.

§. 15.

(Entwurf §. 993. am Schluß.)

Erfüllung einer Forderung vor deren Verfallzeit giebt das Recht der Rückforderung nicht, gleichviel ob die Forderung vom Anfange an eine betagte war oder durch einen Stundungsvertrag diese Eigenschaft [490r]erlangte und gleichviel ob die Verfallzeit eine im Voraus bestimmte ist oder zwar deren Eintritt gewiß, jedoch die Zeit dieses Eintrittes ungewiß ist.

§. 16.

(Entwurf §. 993. zu Anfang.)

Erfüllung einer von einer Bedingung oder von einer dieser gleichstehenden ungewissen Zeitbestimmung abhängigen Forderung ist, so lange die Bedingung oder die ungewisse Zeitbestimmung nicht eingetreten ist, Zahlung einer Nichtschuld.

§. 17.

Der unterlassene Ge[490v]brauch eines bloßen Rückbehaltungsrechtes ist nicht als Zahlung einer Nichtschuld zu betrachten.

§. 18.

(Entwurf §. 991.)

Ein Schuldner, welcher, ungeachtet er durch ein ungerechtes Urtheil freigesprochen oder ungeachtet die Verjährung eingetreten ist, eine Forderung erfüllt, hat das Recht der Rückforderung wegen Nichtschuld nicht.

§. 19.

Selbst wenn die Forderung, zu deren Erfüllung etwas geleistet worden ist, nicht besteht, kann die Rückforderung ausge[491r]schlossen sein, wenn die Leistung die Erfüllung einer Anstandspflicht bezweckt hat. Die Zahlung von Zinsen von einem schuldigen Hauptstamme ist aber nicht als Erfüllung einer Anstandspflicht anzusehen.

§. 20.

Zahlung einer Nichtschuld ist jede Leistung, welche zum Zwecke der vermeintlichen Forderung erfolgt, es sei als eigentlicher Gegenstand der Forderung, oder als dessen Werth, oder Ueberlassung an Zahlungsstatt, es bestehe das Geleistete in dem Eigenthume einer Sache, in dem Rechte an einer Sache, in dem bloßen [491v]Besitze, in dem Gebrauche einer Sache, in der Uebertragung einer Forderung oder in der Ausführung einer Arbeit, es geschehe die Leistung unmittelbar zum Zwecke der Zahlung oder durch Vermittelung eines andern Rechtsgeschäftes, insbesondere durch Vertrag, durch Aufgeben eines Rechtes an einer Sache, durch Erlaß einer Forderung, durch Uebernahme einer Schuld, durch Ausstellung eines Schuldscheines, durch Bestellung eines Pfandrechtes.

§. 21.

Das Recht der Rückforderung wegen Zahlung einer Nichtschuld setzt voraus, daß der Zahlende sich in [492r]einem entschuldbaren Irrthume über das Vorhandensein der Schuld befunden hat, doch kann dieser auch in einem Rechtsirrthume bestehen. Es genügt bloßer Zweifel, wenn nicht Verzicht auf die Bestreitung der Schuld oder die Absicht, sich darüber zu vergleichen, vorliegt. Ist die Zahlung in dem Bewußtsein, daß die Schuld nicht besteht, erfolgt, so ist die Rückforderung ausgeschlossen; die Absicht, zurückzufordern ist blos dann zu beachten, wenn dem Vorbehalt der Zurückforderung dem Zahlungsempfänger gegenüber erklärt worden ist.[492v]

§. 22.

Zahlung einer Schuld an einen Andern, als den Berechtigten, ist Zahlung einer Nichtschuld. Zahlung der Schuld eines Andern in der irrthümlichen Meinung, selbst Schuldner zu sein, ist Zahlung einer Nichtschuld. Zahlung in dem Namen eines Andern, welcher Schuldner ist, enthält eine Zahlung einer Nichtschuld nicht. Hat Jemand auf den Namen eines Andern mit dessen Geheiß oder Genehmigung eine Nichtschuld bezahlt, so hat nicht er, sondern derjenige, in dessen Namen er die Zahlung leistete, das Recht, das Gezahlte zurückzufordern. Hat Jemand in der irrigen Meinung, einem Andern etwas schuldig [493r]zu sein, in dessen Namen und auf dessen Geheiß einem Dritten gezahlt, so hat er das Recht der Rückforderung des Gezahlten gegen denjenigen, in dessen Namen er zahlte, es müßte denn auch die Forderung des Dritten nicht bestehen, oder solche auf einer Schenkung desjenigen beruhen, in dessen Namen gezahlt wurde, welchenfalls der Zahlende das Recht der Rückforderung unmittelbar gegen den Dritten hat.

§. 23.

(Entwurf §. 997.)

Hat ein Schuldner, welcher bei einer wahlweisen Forderung die Wahl zwischen den mehreren schuldigen [493v]Gegenständen hatte, irrthümlicher Weise alle Gegenstände geleistet, so steht ihm das Recht zu, den Gegenstand zu wählen, welchen er zurückfordern will.

§. 24.

Hat ein Schuldner, welcher nur eine ihrer Gattung nach bestimmte Sache zu leisten hatte, eine dem Stück nach bestimmte Sache in der irrigen Meinung, daß er diese schuldig sei, geleistet, so kann er solche gegen Erfüllung seiner ihm obliegenden Verbindlichkeit zurückfordern.

§. 25.

(Entwurf §. 995.:)

Der Anspruch auf Rückforderung des auf eine Nicht[494r]schuld Bezahlten geht auf den geleisteten Gegenstand selbst oder den Werth, welchen dieser zur Zeit der Leistung gezahlt hat, bei Geld ist die gezahlte Summe, bei andern vertretbaren Sachen die geleistete Menge von gleicher Gattung und Beschaffenheit, bei Besitz dieser selbst nebst den durch solchen erlangten Besitzvortheilen, bei geleisteten Diensten so viel, als derjenige, welchem die Dienste geleistet worden sind, dafür zu geben gehabt hätte, bei Gestattung einer Wohnung soviel, als derjenige, welcher die Wohnung gehabt hat, für eine solche zu zahlen gehabt hätte, zu[494v]rückzugeben. Ist eine dem Stücke nach bestimmte Sache Gegenstand der Rückforderung, so ist diese von dem Empfänger nebst Zuwachs und gezogenen Nutzungen zurückzugeben, ausgenommen wenn die Rückgabe der Sache in Folge eines Zufalles, welcher deren Untergang herbeigeführt hat, oder in Folge einer Handlung, welche der Empfänger zu einer Zeit vorgenommen, wo er um die Nichtschuld noch nicht wußte, unmöglich geworden ist, indem in diesen Fällen blos die von der Sache gezogenen Nutzungen und wenn die Unmöglichkeit der Rückgabe der Sache in einer Veräußerung derselben von Seiten des Em[495r]pfängers ihren Grund hat, die in Folge der Veränderung gewonnenen Vortheile, herauszugeben sind. Hat derjenige, welcher die Nichtschuld gezahlt, sich zu diesem Ende verbindlich gemacht, so kann er Befreiung von der übernommenen Verbindlichkeit und Rückgabe der darüber ausgestellten Schuldverschreibungen oder sonstigen Sicherungsmittel verlangen. Hat er dem Empfänger die Leistung einer diesem obliegenden Sicherheitsbestellung oder eine andere Verbindlichkeit erlassen oder eine Forderung abgetreten, so geht der Anspruch auf die unterbliebene Sicherheitsbestellung oder auf Erfüllung [495v]der erlassenen Verbindlichkeit oder auf Rückgewährung der abgetretenen Forderung.

§. 26.

(Entwurf §. 999.)

Derjenige, welcher eine Zahlung aus dem Grunde zurückfordert, weil er sie nicht schuldig gewesen, hat den Beweis zu führen, daß die Forderung, rücksichtlich deren er zahlte, nicht besteht und er sich im Irrthum über dieselbe befunden hat. Doch ist, wenn der Gegentheil den Empfang der Zahlung, welche als Nichtschuld zurückgefordert wird, vor Gericht ableugnet, und die Zahlung bewiesen wird, der Irrthum nicht besonders [496r]zu beweisen, sondern so lange zu vermuthen, bis der Gegentheil beweist, daß eine Schuld oder wissentlich eine Nichtschuld bezahlt worden ist.

3., Rückforderung des unter Voraussetzung eines bestimmten künftigen Erfolges Gegebenen.

§. 27.

(Entwurf §. 1000.)

Wer etwas unter Voraussetzung eines bestimmten künftigen Erfolges gegeben hat, kann, wenn dieser Erfolg nicht eintritt, das Gegebene von dem Empfänger zurückfordern.[496v]

§. 28.

Eine Rückforderung aus diesem Grunde hat nicht statt, wenn nicht eine Veräußerung statt gefunden hat, wenn nicht eine Sache oder doch wenigstens ein sachlicher Werth aus dem Vermögen des Einen in das Vermögen des Andern übertragen worden ist, sei es Eigenthum an einer Sache, oder ein Recht an einer Sache, oder bloßer Besitz, oder eine solche bestehende oder erst zu diesem Zwecke hergestellte Forderung, oder eine Handlung, welche eine Schätzung zuläßt.

§. 29.

Die Voraussetzung, we[497r]gen derer die Hingabe erfolgt, muß ein erst künftiges Ereigniß betreffen, zu der Hingabe in einem äußerlich erkennbaren ursachlichen Zusammenhange stehen und eine solche Beschaffenheit haben, daß die Hingabe nicht unter den Gesichtspunct einer Schenkung fällt. Sie kann ein von dem Willen des Empfängers, oder des Gebers selbst, oder eines Dritten abhängiges, aber auch ein von menschlicher Willkühr unabhängiges Ereigniß sein, darin bestehen, daß etwas geschieht oder auch nicht geschieht, die Bestimmung haben, daß unmittelbar durch die Hingabe ein von [497v] gewissen anderen Thatsachen, Vorgängen und Ereignissen abhängiger bestimmter Erfolg erreicht werden soll, oder dahin gehen, daß der Empfänger das Erhaltene in einer bestimmten Weise verwenden soll, oder endlich den Zweck verfolgen, daß der Empfänger zu einer äußerlich selbstständigen Leistung bestimmt werden soll, ohne daß diese Leistung zu der Hingabe in einem Verhältnisse der Gegenleistung steht.

§. 30.

Das Recht zur Rückforderung des Gegebenen entsteht in dem Augenblicke, wo sich der Wegfall der [498r]Voraussetzung entscheidet, welche die Hingabe ursachlich hervorgerufen hat. Es ist in der Regel gleich, ob der Grund des Wegfalles der Voraussetzung in einer Verschuldung des Empfängers oder in einem Zufalle oder in einer Verhinderung von Seiten des Gebers liegt. Besteht jedoch die Voraussetzung in einer dem Empfänger auferlegten selbstständigen Leistung, so ist die Rückforderung bis zum Beweise des Gegentheiles ausgeschlossen, wenn ihm dieselbe ohne seine Verschuldung unmöglich geworden ist.

§. 31.

Wegen bloßer Sinnesän[498v]derung des Gebers ist die Rückforderung nur dann zulässig, wenn der Inhalt der in der Voraussetzung ausgesprochenen Willenserklärung den Eintritt des durch die Hingabe bezweckten Erfolges von der Willkühr des Gebers abhängig macht, wie dieß insbesondere überall dann der Fall ist, wenn das Verhältniß zwischen dem Geber und Empfänger ein Auftrag oder dem Auftrage ähnlich ist.

§. 32.

Der Empfänger ist verpflichtet, das zu dem bestimmten Zwecke Erhaltene sammt Zuwachs und gezogenen Nutzungen [499r]zurückzugeben. Hat er in den Fällen, wo ihn eine bestimmte Art der Verwendung des Erhaltenen oder eine selbstständige Leistung zur Pflicht gemacht worden ist, zur Erfüllung des vorgeschriebenen Erfolges bereits etwas verwendet, oder in Folge der beabsichtigten Ausführung des ihm ertheilten Auftrages einen Verlust gehabt, so hat er das Recht, das ihm Gegebene um den Betrag desjenigen zu mindern, was er in dieser Beziehung aufgewendet oder verloren hat.

§. 33.

Die Art, wie die Rückerstattung des Gegebenen [499v]zu erfolgen hat und der Umfang, in welchem dieß der Fall ist, ist nach den in §. 25. aufgestellten Grundsätzen zu beurtheilen, ausgenommen daß, wenn der Empfänger die Rückerstattung der ihm dem Stücke nach bestimmten Sache durch von ihm getroffenen Verfügungen unmöglich gemacht hat, derselbe auf Vergütung des vollen Werths der Sache belangt werden kann, er mag die Verfügungen vor oder nach dem Wegfalle des bei der Hingabe vorausgesetzten Erfolges getroffen haben und daß, wenn er den Gegenstand veräußert hat, nach der Wahl des Gebers Herausgabe des von ihm dafür gelösten Preises [500r]oder Herausgabe der Sache selbst gefordert werden kann.

§. 34.

Der Zurückfordernde hat, soweit ihm dieß bestritten wird, nicht nur den Inhalt der Voraussetzung, sowie den Umstand zu beweisen, daß er seine Leistung, dem Empfänger erkennbar, von deren Eintritte abhängig gemacht habe, sondern auch, daß dieselbe nicht in der dadurch bestimmten Weise eingetreten sei. Von dem Beweise des zuletzt erwähnten Umstandes nur dann befreit [!], wenn sich aus dem erwiesenen Inhalte des Leistungsgeschäftes und der ihr zu [500v]Grunde liegenden Voraussetzung ergiebt, daß ihm das Recht zustand, den Eintritt der Voraussetzung selbst willkührlich zu hindern.

4., Rückforderung wegen unsittlichen oder unehrenhaften Grundes.

§. 35.

Ist etwas gegeben worden, damit ein künftiger unsittlicher oder unehrenhafter Erfolg eintreten soll, so kann der Geber, dafern nicht auch das Geben aus jenem Grunde eine Unsittlichkeit oder Unehrenhaftigkeit enthält, das Gegebene von dem Empfänger zurückfor[501r]dern.

§. 36.

Eine Rückforderung des Gegebenen aus diesem Grunde findet insbesondere statt, wenn etwas gegeben worden ist, damit der Empfänger eine gegen die Gesetze oder guten Sitten verstoßende Handlung nicht verübt oder eine Handlung vornimmt, zu welcher er schon ohnedem rechtlich verbunden ist. Das Nehmen eines Lohnes für die Entdeckung und Anzeige eines Verbrechens ist aber nicht für unsittlich oder unehrenhaft anzusehen, ausgenommen wenn derjenige, welcher das Verbrechen verübt oder daran Theil ge[501v]nommen, den Lohn erhalten hat.

§. 37.

Eine Unsittlichkeit oder Unehrenhaftigkeit auf Seiten des Gebers ist in allen Fällen anzunehmen, wo in der Absicht, eine gegen die Gesetze oder guten Sitten verstoßende

Handlung zu befördern oder zu verdecken, oder den Empfänger zu einer solchen Handlung zu verleiten, gegeben worden ist, insbesondere auch, wenn ein Verbrecher dafür etwas giebt, daß sein Verbrechen nicht angezeigt oder entdeckt werden soll.

§. 38.

Für die Beurtheilung der [502r]Zulässigkeit der Rückforderung wegen unsittlichen oder unehrenhaften Grundes ist es gleich ob der Erfolg, wegen dessen gegeben worden, eingetreten oder nicht eingetreten ist.

§. 39.

Für die Verbindlichkeit des Empfängers zur Rückgabe des Erhaltenen sind die Grundsätze in §. 33 ebenfalls maaßgebend.

5., Rückforderung wegen unrechten Grundes.

§. 40.

Hat Jemand durch eine rechtswidrige Handlung einen Vermögensvortheil erlangt, so kann derje[502v]nige, welcher dadurch einen Vermögensverlust erlitten hat, das auf diese Weise Verlorene von ihm zurückfordern. Inhalt und Umfang dieses Rückforderungsrechtes ist nach den §. 33. angegebenen Grundsätzen zu beurtheilen.

6., Rückforderung wegen Mangels jeden Grundes.

§. 41.

Ist entweder gleich Anfangs ohne einen rechtsgenügenden Grund, oder zwar wegen eines Grundes, aber wegen eines solchen, welcher später weggefallen ist, etwas ge[503r] geben worden, so hat der Geber das Recht, das Gegebene von dem Empfänger zurückzufordern.

§. 42.

Dem Geber fehlt es gleich Anfangs an einem hinreichenden Grunde, wenn aus einem verbotenen Vertrage oder zu einem rechtlich unmöglichen Zwecke, oder von einer Person, welche nicht frei über ihr Vermögen verfügen darf, etwas gegeben worden ist.

§. 43.

Ein Anfangs vorhanden gewesener Zweck ist als weggefallen zu betrachten, wenn nur zu einem vorübergehenden [503v]Zwecke, insbesondere ein Draufgeld bis der Vertragsgegenstand übergeben, ein Schuldschein, bis gezahlt, ein Schadensersatz, bis das Verlorene wiedergefunden, eine Menge, bis der Nießbrauch erloschen ist, gegeben wird und der Zweck vorüber ist.

§. 44.

Auf die Rückforderung wegen Mangels jeden Grundes leiden die Vorschriften in §. 33. Anwendung.

7., Forderung wegen Verwendung in den Nutzen und wegen Bereicherung.

(Entwurf §. 760-769.)[504r]

§. 45.

Hat Jemand mit einem Stellvertreter eines Andern ein Rechtsgeschäft geschlossen, in Folge dessen er dem Stellvertreter einen Gegenstand überlassen hat, welcher in den Nutzen des von diesem Vertretenen verwendet worden ist, so ist er berechtigt, den Werth, welchen der Gegenstand zur Zeit der Verwendung in den Nutzen des Vertretenen gehabt hat, von diesem zu fordern.

§. 46.

Die Verwendung in den Nutzen setzt voraus, daß der Stellvertreter nicht selbst einen Anspruch [504v]an den Vertretenen wegen der Verwendung hat; es genügt aber, wenn diese Voraussetzung vorhanden ist, die bloße Verwendung in den Nutzen des Vertretenen und es bedarf des Nachweises einer Bereicherung des Letzteren nicht.

§. 47.

Der Anspruch wegen Bereicherung ist gegründet, wenn der Eine mit dem Schaden des Andern bereichert worden ist.

§. 48.

Bereicherung ist eine solche Vermehrung des Vermögens einer Person, welche nicht eine rechtliche [505r]oder erwartete Folge eines von ihr geschlossenen Rechtsgeschäftes ist, sondern in einem sonst eingetretenen, nicht von ihr herbeigeführten Umstand ihren Grund hat.

§. 49.

Schaden ist Verminderung des Vermögens einer Person in Folge eines solchen Umstandes.

§. 50.

Die Bereicherung des Einen muß zu dem Schaden des Andern in dem Verhältnisse stehen, daß diese aus jenem hervorgegangen ist und es muß dieses Verhältniß entweder überhaupt nicht aus einem zwischen den Be[505v]theiligten geschlossenen Rechtsgeschäfte entsprungen, oder doch wenigstens das Rechtsverhältniß, in Folge dessen die Veränderung der beiderseitigen Vermögensmassen herbeigeführt worden ist, durch einen dazwischen getretenen, den Rechtsgrund thatsächlich aufhebenden Umstand vereitelt worden sein.

§. 51.

Derjenige, mit dessen Schaden das Vermögen eines Andern vermehrt worden ist, hat wider diesen einen Anspruch blos in soweit, als eine Bereicherung statt gefunden hat. Dasjenige, was dieser von dem ihm zuge[506r]fallenen Vortheile ohne absichtliche Verschuldung hat aufgehen lassen, verzehrt, verschenkt oder verloren, überhaupt in dem guten Glauben, daß er sein Vermögen verwalte, verbraucht hat, ist nicht zu erstatten.

§. 52.

Ob und in wie weit eine Bereicherung statt gefunden habe, ist nach der Zeit zu bestimmen, wo die Ladung auf die wegen widerrechtlicher Bereicherung angestellten Klage dem Beklagten behändigt worden ist.

§. 53.

Der Kläger hat zu be[506v]weisen, daß der Beklagte im Besitze dessen sei, was er als widerrechtlichen Vortheil heraus geben soll. Bestand jedoch der Vortheil in einer Sache, welche der Beklagte in Geld oder in eine andere Sache umgesetzt, so ist von dem Kläger blos diese Thatsache zu beweisen und es hat in diesem Falle der Beklagte den empfangenen Werth zu erstatten, wenn er nicht darzuthun vermag, daß er ihn verloren, verzehrt oder verschenkt habe.

[...Text ausgelassen...][666r]

Bemerkungen|zu den Fassungsvorschlägen zum Recht der Forderungen|
vom Herrn Oberapp. Rath Siebenhaar.|
Vom Oberlandesgerichts Präsidenten Dr. Sintenis in Dessau.

[...Text ausgelassen...][669r]

Bemerkungen

zu § 13 – § 53.

I. Allgemeines

Diese Parthie ist jeden Falls eine der schwierigsten für die Codification, im Besondern die die Condictionenlehre betreffende.

Ich könnte mich, wenige ausgenommen mit dem Inhalt der meisten §§ an sich, und jeden einzeln, beziehungsweise in seiner engern Verbindung betrachtet, als Ausdruck rechtlicher Wahrheiten, einverstanden erklären, nicht aber

1, mit demselben als Stoff von §§. eines Gesetzbuchs,

2, mit den dafür eingenommenen, rsp. für die künftige Doctrin danach gegebenen, Gesichtspunkten, und

3, mit der Reihenfolge.

Denn ad 1, ist zu viel Doctrinäres aufgenommen, zu viel Ausführung [669v]der Grundsätze, (bis in die Casuistik hinein) und zu viele selbstverständliche Consequenzen.

ad 2., Fehlt es eigentlich an einem gemeinsamen Gesichtspunkt, während der wahre, (nach der Doctrin, die ich für richtig erkenne) d. i. die Bereicherung, am Ende, § 47. ff. in einer Isolirtheit erscheint, wonach man eine, dadurch allein bedingte, besondere Obligationsart (noch dazu in engster formeller Verbindung mit der in rem versio) als indizirt betrachten muß.

ad 3., dieser m. E. vorhandene Mangel hängt mit dem vorhergehenden Punkte zusammen, wie ich sogleich weiter ausführen werde. Die sämmtlichen von §§ 13–44. enthaltenen Forderungsverhältnisse werden von der neuern Theorie als Fälle des „Gebens ohne Grund" bezeichnet. [670r]Der Hauptgesichtspunkt für diese ist die Rückgängigmachung einer Bereicherung durch Erwerb aus eines Andern Vermögen, die dieser nicht (wie bei der Schenkung oder gegenseitigen Geschäften) beabsichtigt hat.

Eine solche ist auf sehr mannigfache Weise möglich. Dazu gehört allerdings auch eine Classe von Fällen, (mein Civilrecht Bd II. S. 536.) von denen sich etwa vermuthen läßt, daß sie von § 47. an gemeint sein sollen. Doch bin ich dessen nicht sicher, vielmehr scheint die Bereicherung hier einerseits in einer Allgemeinheit des Ursprungs aufzutreten, die sie als Obligationsgrund nach richtiger Theorie nicht hat; andererseits als etwas

Neues, Besonderes im Gegensatz zu den vorangehenden Nummern, 2–6 (§ 13–44) während sie für die unter diesen begriffenen Fälle [670v]doch auch vorausgesetzt werden muß. Dies muß zu Misverständnissen führen. Um so mehr, als die richtige Beschränkung, welche in § 51. enthalten ist, (nur daß Z. T. anstatt: „stattgefunden hat," es heißen muß „nach statt findet," m. a. W. „der Andere noch hat", daher: „Haben ohne Grund") für die Fälle des indebiti sine caussa etc., also der § 13 ff. mit geringen Ausnahmen auch gilt.

Zwar fehlt diese Beschränkung in dem Hauptparagraphen 25.– auf den bei den folgenden Fällen stets zurückgewiesen wird. Ich kann mir jedoch nicht denken, daß sie ausgeschlossen sein soll; (wegen etwaiger Annahme der entgegengesetzten Meinung erlaube ich mir auf mein Civilrecht Bd II. S. 533 Anm.[101)] zu verweisen;) sie aus § 47. ff. [671r]aber als für jene Fälle mitverstanden schließen zu lassen, das scheint mir nicht einmal mit Sicherheit geschehen zu können. Es scheint mir zweckmäßig, um sicher zu gehen, folgende

Uebersicht und Disposition des gemeinrechtlichen Materials dieses Rechtstheils

hier aufzustellen. Wenn ich dabei meinem Buche, das gemeine Civilrecht, Bd II. § 109. folge, so bitte ich, mir dies der Kürze halber zu gestatten. Wie leicht hier Irrungen möglich und Meinungsverschiedenheiten berechtigt sind, ist Niemand anzuerkennen bereitwilliger, wie ich, weshalb es wohl keiner Verwahrung bedarf, daß mir dies nicht als eine Eitelkeit ausgelegt werde. Ich werde das Material mit Bemerkungen begleiten, die alle [671v]auf den Zweck der Codification desselben berechnet sind.

1.

Es giebt eine Anzahl von Obligationen, entstanden aus der Bereicherung durch Erwerb aus eines Andern Vermögen, die dieser nicht, wie bei Liberalitätshandlungen und Geschäften die einen Austausch von Leistungen betreffen, beabsichtigt hat, – welche die Rückgängigmachung der Bereicherung bezwecken, weil der Erwerber ohne Grund hat.[8]

2.

Zur Abgränzung von anderen Rechtsverhältnissen ist zu bemerken:

1.,[9] wo rei vindicatio möglich ist, kann keine Obligation dieser Art entstanden sein.

Ausnahme: wenn sich Jemand durch Delict der Sache eines Andern bemächtigt s. Nr. 5 IV.

Modification: utilis rei vindicatio neben der Obligation in zweideutigen Fällen.

2.,[10] Es kommen Obligationen dieser Art vor, die nicht selbstständig, sondern nur in Verbindung mit anderen Obligationen entstehen, also mit den Klagen aus diesen coincidiren.

[672r]3.

Alle Obligationen dieser Art gruppiren sich unter vier Klassen

Die I[te] begreift solche Fälle, wenn ein Schuldner kraft eines bestehenden Vertragsverhältnisses eine Sache des Gläubigers in Händen hat, und sich durch deren Zerstörung bereichert,[11]

---

[8] Randbemerkung von *Sintenis*: Civ. R. Bd. II. S. 516; Ist nur doctrinär.

[9] Randbemerkung von *Sintenis*: Ebendas.; Ist nur doctrinär; das. S. 517. Anm.[9)10)].

[10] Randbemerkung von *Sintenis*: das. Anm.[14)]; Können als unpractisch rsp. entbehrlich übergangen werden.

Die II^te begreift die Fälle der Bereicherung durch Uebergabe (Leistung) sine caussa, indebiti, caussa data caussa non secuta, und et turpi caussa.

Die III^te begreift die Fälle der ohne Uebergabe, nur durch Umstände und Zufall, eingetretenen Bereicherung.

Die IV^te die Fälle, in denen ein Delict Grund zu der Bereicherung gegeben hat.[12]

4.

Mit der bona oder mala fides des Empfängers in diesen vier Classen verhält es sich so:[13]

Für die erste Classe erledigt sich die Frage danach (s. vorher ad I.).

Für die zweite Classe ist beim indebitum stets bona fides vorausgesetzt, weil sonst der Fall [672v]in die vierte Classe fiele; bei den übrigen Arten, sine caussa etc. kann die bona fides des Empfängers nicht in Frage kommen.[14]

Für die dritte Classe kann je nach Umständen sowohl bona fides vorausgesetzt sein, weil sonst eine andere Obligation entstehen würde, theils mala fides, weil ohne dies keine Obligation entstehen würde, theils auf die Ueberzeugung nichts ankommen.[15]

Die vierte endlich setzt stets mala fides voraus, rsp. der Entstehung in mala fide gehört in diese Classe, obschon auch hier nur die Bereicherung der Entstehungsgrund dieser Obligation ist.

5.

Weitere Ausführung der drei nach Nr. 3 übrigen Classen:

II. Classe.

Voraussetzung: Hingabe einer Sache, oder Zuwendung eines Vermögensrechts oder Objects, mit der Absicht, die volle rechtliche Wirkung der Uebergabe eintreten zu lassen, aus Irrthum über die Existenz des Grundes, oder seines Wegfalls.[16]

[673r]

Vier Arten von Fällen:[17]

a. sine caussa

b. indebitum

c. caussa data causa non secuta

d. turpis caussa

Inhalt dieser Obligationen ist im Allgemeinen das Gegebene oder Geleistete,[18]

---

[11] Randbemerkung von *Sintenis*: Civ. R. S. 519: Kann als practisch bedeutungslos auf sich beruhen, indem dann die Contractsklage ausreicht.

[12] Randbemerkung von *Sintenis* zu II., III. und IV.: Dies ist das eigentliche Material für die Codification.

[13] Randbemerkung von *Sintenis*: das. S. 518. 528.

[14] Randbemerkung von *Sintenis*: Deshalb bedarf es keiner ausdrücklichen Erwähnung in dem betreffenden §.

[15] Randbemerkung von *Sintenis*: das. S. 519. und 536.; zu Nr. 5 III.

[16] Randbemerkung von *Sintenis*: das. 520.

[17] Randbemerkung von *Sintenis*: das. S. 521. 522. 528. 530.

[18] Randbemerkung von *Sintenis*: das. S. 531.

aber wegen der nothwendigen Uebereinstimmung der Obligation mit ihrem Grunde, d. i. dem Haben (ohne Grund), haftet der Schuldner nur soweit er hat, d. h. bereichert ist.[19]

Anm. Hierbei kommen in Betracht: der Uebergang und die Verschlechterung der Sache; Taxwerth bei doloser Vernichtung oder Veräußerung; Verwendungen.

Diese Grundsätze gelten

bei a. und b. bis dahin, wo mora eintritt.

bei c. soweit Zufall oder der Geber den Eintritt des Erfolgs vereitelt; wenn Schuld des Empfängers, so ist die ungeschmälerte Rückleistung des Gegebenen [673v]das Wenigste, was er gewähren muß.[20]

bei d ist stets das Gegebene vollständig zu leisten.

Vermittelung dieser Obligationen durch und für dritte Personen.[21]

III. Classe.[22]

Entstehungsgrund: Handlungen des werdenden Schuldners und zufällige Ereignisse.

Gegenstand der Rückgabe ist regelmäßig das, was der Schuldner noch hat, d. i. die Bereicherung; aus besonderen Gründen der Betrag des Erworbenen.

IV. Classe.

Entstehungsgrund: Delicte jeder Art gegen Jemandes Vermögen, mag der Schuldner dadurch (1.,) nur zu etwas gekommen sein, oder (2) durch einen dem Andern (Gläubiger) zugefügten Schaden sich Vortheil gestiftet haben.[23]

Zwar können hier ad (1) die rei vindicatio, und ad (2) die actio, legis Aquiliae angestellt werden.

Das Eigenthümliche ad (1) ist aber die Concurrenz beider Klagen, als ein für den Thäter beabsichtigter Nachtheil.[24] Außerdem ist die (eventuell solidarische) [674r]Obligation ihrem Inhalt nach darin eigenthümlich, daß auch Besitz, Detention und Rechte Gegenstand der Forderung sein können. Inhalt: Der entzogene Gegenstand cum omni caussa, oder sein voller Werth. (Mora von Anfang an; Keine Verwendungen zu ersetzen.)

Das Eigenthümliche ad (2) besteht im Unterschied des durch beide Klagen zu erreichenden Erfolges (Bereicherung, voller Ersatz.)[25]

---

[19] Randbemerkung von *Sintenis*: S. 532.

[20] Randbemerkung von *Sintenis*: das. S. 534.

[21] Randbemerkung von *Sintenis*: S. 534. 535.

[22] Randbemerkung von *Sintenis*: das. S. 536–38.

[23] Randbemerkung von *Sintenis*: das. S. 539. Anm.[124)]; Es ist fraglich, ob es practische Fälle der Art giebt.

[24] Randbemerkung von *Sintenis*: Soweit die rei vindicatio angestellt werden kann ist eine practische Verschiedenheit nicht erkennbar, nur bei geschehenem Verbrauch und Verzehren ist auf die obligatio zu recurriren, soweit nicht dolo malo possidere [...] damit zusammentrifft.

[25] Randbemerkung von *Sintenis*: S. das. Anm.[133)]; Ohne practische Bedeutung, da der Gläubiger nicht das minus wollen wird, er nur dieses auch durch die actio legis aquiliae fordern kann.

II.

Specielle Bemerkungen zu den §. 13–53. nach Maßgabe des Vorstehenden.

zu § 15.

Es fragt sich, ob dieser §. nicht schon aus einer allgemeinen Bestimmung der Regeln von der Erfüllungszeit folgt, und daher hier in Wegfall zu bringen sei?

zu § 17.

Als selbstverständlich zu streichen.[674v]

zu §§ 18. und 19.

Mit dem Inhalt dieser beiden §§. bin ich für das gemeine Recht zwar einverstanden, insofern in dessen hier obligationes naturales in Betracht kommen, wird die Aufnahme der §§. davon abhängen, ob solche für das Gesetzbuch anerkannt werden, und ob eventuell sich nicht dafür bei den allgemeinen Sätzen von diesen ein geeigneterer Ort dazu findet, indem sie denn hier und als eine doctrinäre Anwendung des Grundsatzes erscheinen.

zu § 20.

Der § ist zu streichen; er enthält nur Anwendungen der Regel, die sich durch den Begriff der „Leistung" oder des „Hingegebenen" zum Behuf der Erfüllung einer Obligation, und mit Rücksicht auf die Möglichkeit des Inhalts und Gegenstandes dieser nothwendig von selbst ergeben.[675r]

zu § 21.

Der erste Absatz ist, als in § 13. gelegen, zu streichen.

Der zweite Absatz, sowie was im ersten vom Rechtsirrthum gesagt ist, kann dem § 13. angeknüpft werden.

zu § 22.

Allein der erste Satz ist aufzunehmen. Der zweite („Zahlung in dem Namen" pp) ist eine doctrinäre Consequenz und daher zu streichen. Vielleicht könnte eine Bezugnahme auf die Stellvertretung zweckmäßig sein.

Der dritte („hat Jemand" bis „in dessen Namen er zahlte") ist ebenfalls zu streichen, denn hier wird die Zahlung durch das Geheiß characterisirt, welches ein ausschließliches Verhältniß zwischen dem Zahlenden und dem, der ihn dazu beauftragt, herstellt.

Endlich die Ausnahme am Schluß („es [675v]müßte denn pp") worauf heißt sie, und warum soll hier nicht das durch das „Geheiß" constituirte Verhältniß prävaliren?

zu § 25.

Hier muß ich

1., principiell insofern widersprechen, als die Beschränkung auf die Bereicherung – was der Schuldner von dem Empfangenen noch hat – m. E. aufgenommen werden muß.

Es ist ferner

2., die Regel kürzer und allgemeiner zu fassen, die Anwendung auf die Verschiedenartigkeit des Empfangenen als doctrinär zu vermeiden.

Der mora oder mala fides superveniens braucht ad 1, m. E. keine besondere Erwähnung zu geschehen, da sich der Einfluß beider wie auch [676r]jede Obligation aus allgemeinen Grundsätzen von selbst versteht.

zu §. 27.

Es scheint hier eine etwas vollständigere Fassung nöthig, namentlich unter Beisicht auf die Verbindung des Zwecks mit dem Erfolge und des „Geleisteten“ mit dem „Gegebenen“.

zu § 28 und 29.

Beide sind zu streichen, da sie nur weitere Ausführungen des Hauptgrundsatzes in verschiedenen Anwendungen desselben enthalten.

zu § 30.

Der erste Absatz ist zu streichen. Die Bezeichnung des Anfangspunktes ist überflüssig, und aus § 27. selbstverständlich.

Der zweite Satz („Es ist in der Regel pp) ist als unbedingte Regel hinzustellen, nur bezüglich des Anfangs der Rückleistung kommt [676v]eine Verschiedenheit hiernach vor, s. zu § 33.

Der dritte Satz betrifft Fälle, die ganz unter die allgemeinen Bestimmungen von den Verträgen, gehören, und hier unerwähnt bleiben müssen. Denn die obligatio caussa data etc. hat im heutigen Recht ein viel engeres Gebiet, als nach römischem (S. mein Civilrecht Bd. II. S. 528. 529. Anm.62) und 64)).

zu § 31.

Ist zu streichen. Das hier Gesagte fällt einerseits unter die allgemeinen Bestimmungen von den Verträgen. Andererseits ist der Satz nach Römischem Recht nicht richtig; s. z. B. [...]l 3. de cond. caussa data etc.

zu § 32.

Ist zu streichen.

Der erste Satz wegen der Bemerkung sub 1 zu § 25. und des [677r]Anfangs-Satzes des folgenden §. Der zweite Satz fällt unter die allgemeine Bestimmungen von den Verträgen; s. 3. Bem. zu § 30.

zu § 33.

M. E. ist dieser § in der siebenten Zeile so fort zu setzen:

> „zu beurtheilen wenn der Geber oder der Zufall den Erfolg vereitelt hat; ist dies aber durch Schuld des Empfängers geschehen, so ist er zur ungeschmälerten Rückleistung und außerdem zum Ersatz des erweislichen Schadens verpflichtet“.

Mit dem Ueberrest „ausgenommen“ pp kann ich nicht einverstanden sein.

zu § 34.

Zu streichen, als selbstverständlich und processualisch.[677v]

zu § 35.

Unrichtige Fassung oder Auffassung. Nicht auf einen „künftigen unsittlichen oder unehrenhaften Erfolg“ kommt es an, sondern: „auf etwas um eines künftigen Erfolges willen unsittlicher Weise Empfangenes“. Der § scheint eine Nachbildung des § 343. in Arndts Pandekten, dessen pure Annahme (nach Abstreifung des Römischen) an seiner Statt zu empfehlen ist; also so:[26]

---

[26] *Arndts v. Arnesberg*, Pandekten, § 343 (S. 526).

„Was Jemand um eines künftigen Erfolges willen unsittlicher Weise empfangen hat, kann der Geber, Falls nicht auch das Geben aus jenem Grund eine Unsittlichkeit war, zurückfordern, gleichviel ob jener Erfolg eingetreten ist, oder nicht."[678r]

zu § 36.

Diese allerdings richtigen Sätze sind eigentlich doch nur Erklärungen, und ist mir fraglich, ob sie in ein Gesetzbuch gehören:

Uebrigens würde S. 30 Zeile 1. hinter „rechtlich" zu wiederholen sein, „oder moralisch".

zu § 37.

Gilt die erste Bemerkung zum vorigen §.

zu § 38.

Versteht sich von selbst, und kann mit ein paar Worten dem § 35. angefügt werden. (S. Arndts Fassung)

zu § 39.

Es ist, wegen der Bemerkung zu § 25. und 33. eine andere Fassung nöthig.

Etwa:

„Der Empfänger ist verpflichtet, Alles, was er empfangen hat, unverkürzt, und als vom Empfang an sich im Verzuge befindend, zurückzuzahlen."[678v]

zu § 40.

Durch die Ueberschrift dieses § scheint einmal der höchst streitige Gegensatz zwischen der turpis und injusta causa Ausdruck zu erhalten, (s. mein Civilrecht Bd. II S. 530 Anm. [71]) und andererseits die Classen III. und IV. der vorhergegebenen: „Uebersicht des Materials" getroffen werden zu sollen. Das Erstere ist zu widerrathen. Bezüglich des Letztern bemerkte ich, daß dann die zufällige Erlangung eines Vermögensvortheils fehlt, soweit diese nicht in § 51. getroffen sein soll. Jeden Falls liegen hier für die Formulirung Schwierigkeiten vor, wenn man nicht unentbehrliches Rechtsmaterial aufgeben, oder mehr mit zu begreifen Anlaß geben will, als beabsichtigt sein kann, namentlich wegen der theils scheinbaren, theils wirkliche Concurrenz mit der rei vindicatio und actio legis Aquiliae.

§ 47–53.

1. Allgemeine Bemerkungen

[...Text ausgelassen...][680r]

Fassungsvorschläge
an Stelle der vom Herrn Referenten proponirten §§ 13–44. und 47.–53.
vom Oberlandesgerichts Präsidenten Dr. Sintenis in Dessau.

II. Rückforderung aus grundloser Bereicherung.

1. des ohne jeden Grund Gegebenen.

§ 1. (Sieb § 41–44)

Wer Eigenthum, oder sonst Etwas aus seinem Vermögen auf einen Andern übertragen, oder diesem zugewendet hat, kann, wenn dazu kein rechtlicher Grund bestand, oder der bestandene Grund wieder weggefallen ist, oder wenn der vorausgesetzte Grund rechtlicher Gültigkeit ermangelt, das Gegebene oder Geleistete vom Empfänger zurückfordern, soweit er es noch hat, oder dadurch bereichert worden ist.

§. 2. (Sieb § 25.)

Gegenstand der Zurückgabe sind bei vertretbaren Regeln die empfangenen Summen in gleicher Art und Güte, andere Sachen in Natur, und zwar deren Eigenthum oder Besitz, je nachdem dieser oder jenes übertragen worden, und mit der Hauptsache der Zubehör.

[680v]Hat die Leistung Rechte oder Rechtsverhältnisse betroffen, so ist das frühere Verhältniß wiederherzustellen, und wenn persönliche Dienstleistungen, Gebrauch von Sachen und dergleichen, so ist der angemessene Ersatz ihres Werthes zu gewähren.

§. 3. (Sieb § 47–52.)

Bereicherung wird angenommen, soweit der Gesammtbetrag des Vermögens des Empfängers durch das Empfangene zur Zeit der Rückforderung noch vermehrt ist, sei es dadurch, daß er es selbst noch ganz oder theilweise hat, oder daß er es verzehrt, verbraucht, etwas Anderes dafür erworben, oder Ausgaben damit bestritten, und so die eigenen Mittel gespaart hat. Für Dienstleistungen und den Gebrauch von Sachen wird nicht deren objectiver Werth veranschlagt, sondern der Betrag, welchen der Schuldner zu seinen Bedürfnissen aufgewendet haben würde und dadurch erspaart hat.

§ 4.

Bei der Herausgabe von Sachen kann der Schuldner die darauf geschehenen nöthigen und nützlichen Verwendungen in Abzug bringen.

§. 5.

Hat der Schuldner von der Sachlage unterrichtet, doloser Weise den empfangenen Gegenstand, oder was er noch davon hat, vernichtet oder veräußert, so hat er dessen Werth zu erstatten.[681r]

2. der bezahlten Nichtschuld.

§ 6. (Sieb §. 13. 21.)

Wer in einem entschuldbaren Irrthum über die Leistung einer an sich rechtlich möglichen Obligation das vermeintlich Schuldige zahlt, oder sonst Befriedigung leistet, der kann das Gegebene zurückfordern, soweit es der Empfänger noch hat, oder dadurch bereichert ist.

§ 7. (Sieb § 14.)

Es ist einerlei, ob die Obligation gar nicht entstanden und wirksam gewesen, oder nach ihrer Entstehung erloschen, oder nur eine persönliche Einrede dagegen erwachsen gewesen ist.

§. 8. (Sieb §. 21.)

Schwanken und Zweifel, in welchen die Leistung geschah, steht dem Irrthum gleich, sobald jene nicht als ein Vergleich über eine ungewisse Schuld angesehen werden kann. Wissentliche Leistung einer Nichtschuld ist eine Schenkung.

§ 9. (Sieb §§. 14. 16. 22. Anf.)

Dieselbe Rückforderung findet statt, wenn zwar eine Schuld, aber nicht bezüglich des irrig geleisteten Gegenstandes, oder nicht in dem Umfange und der Modalität der Leistung bestand, sowie dann, wenn die Letztere an eine unrichtige Person oder in der Meinung, man sei selbst Schuldner, während dies ein Anderer war, und endlich dann, wenn [681v]eine bedingte, oder von einer der Bedingung gleichstehenden ungewissen Zeitbestimmung abhängige, Schuld vor Eintritt der Bedingung oder des Zeitpunktes oder ohne die Sicherheitsbestellung, gegen welche die Leistung nur zu geschehen brauchte, erfüllt worden ist.

§. 10. (Sieb § 15.)

Erfüllung einer Forderung vor deren Verfallzeit berechtigt nicht zur Rückforderung.

§ 11. (Sieb §. 18.)

Ein Schuldner, welcher durch ein ungerechtes Urtheil freigesprochen ist, oder die Verjährung für sich hat, und dennoch die Forderung erfüllt, ist nicht zur Rückforderung wegen gezahlter Nichtschuld berechtigt.

§ 12. (Sieb §. 19.)

Auch wenn eine Forderung, zu deren Erfüllung Etwas irrig geleistet worden, nicht besteht, ist die Rückforderung ausgeschlossen, sobald damit eine Anstandspflicht erfüllt worden ist.

§ 13. (Sieb §. 23.)

Der Schuldner eines, nach seiner Wahl, von mehreren schuldigen Gegenständen, welcher irrthümlich alle geleistet hat, hat bei der Rückforderung ebenfalls die Wahl.[682r]

§ 14. (Sieb §. 24.)

Hat ein Schuldner, welcher nur eine ihrer Gattung nach bestimmte Sache zu leisten hatte, eine dem Stück nach bestimmte Sache in der irrigen Meinung, diese schuldig zu sein, geleistet, so kann er dieselbe gegen Erfüllung der ihm obliegenden Verbindlichkeit zurückfordern.

§ 15. (Sieb §. 25.)

Für die Zurückgabe gelten die in §. 2. – §.5. enthaltenen Bestimmungen.

<u>Beweis in diesem Fall.</u>

§ 16. (Sieb § 26.)

Wer eine Leistung als nicht schuldig zurückfordert, hat, außer der Leistung, die Nichtschuld und die Veranlassungsgründe seines Irrthums bezüglich derselben zu beweisen.

Wenn jedoch der Verklagte auch den Empfang selbst ableugnet, und dessen überwiesen wird, so wird der gedachte Beweis des Klägers durch Vermuthung ergänzt, bis der Gegner die Existenz der Schuld oder die Wissentlichkeit der Zahlung einer Nichtschuld auf Seiten des Klägers beweiset.

§. 17.

Zu Gunsten solcher Personen, die in Geschäften und Rechtssachen keine Kenntniß und Erfahrung besitzen, oder denen sonst [682v]eine Beschränktheit und Unerfahrenheit zu statten kommt, z. B. Minderjährigen und Frauen, findet insofern eine ähnliche Ausnahme statt, als sie überhaupt nichts weiter als die Zahlung zu beweisen haben.

§. 18.

Immer fällt der Beweis aller §. 16. gedachten Voraussetzungen auf den Kläger, wenn er nur behauptet, mehr bezahlt zu haben, als er schuldig gewesen sei, oder, daß eine bestandene Obligation erloschen oder durch eine Exception aufgehoben gewesen sei.

3. des wegen vorausgesetzten und nicht eingetretenen Erfolges Gegebenen.

§ 19. (Sieb § 27.)

Wer, abgesehen von Vertragsverhältnissen, einem Andern etwas unter Voraussetzung eines bestimmten künftigen Zwecks und Erfolges gegeben oder geleistet hat, kann, wenn dieser ausbleibt, das Gegebene oder Geleistete zurückfordern.

§ 20. (Sieb § 30.)

Es ist einerlei, ob der Erfolg durch Zufall, oder durch eine vom Geber, oder vom Empfänger ausgehende Veranlassung ausbleibt.

§ 21. (Sieb § 33.)

Für die Zurückgabe gelten die in §. 2. – § 5. enthaltenen Bestimmungen, ausgenommen wenn der Erfolg durch den [683r]Empfänger ausbleibt, in diesem Fall hat er das Empfangene unverkürzt herauszugeben.

4. des aus unsittlichen Gründen Gegebenen.

§ 22. (Sieb § 35.)

Was jemand um eines künftigen Erfolges willen unsittlicher Weise empfangen hat, kann der Geber, falls nicht auch das Geben aus jenem Grunde ein unsittliches war, zurückfordern, gleichviel, ob der Erfolg eingetreten ist, oder nicht.

§ 23. (Sieb § 36.)

Die Rückforderung des Gegebenen aus diesem Grunde findet namentlich statt, wenn etwas gegeben worden, um den Empfänger zu einer rechtlich oder durch die guten Sitten schon gebotenen Handlung zu veranlassen, oder um ihn von einer an sich schon gleichergestalt verbotenen Handlung abzuhalten. Das Annehmen eines Lohnes für Entdekkung und Anzeige eines Verbrechens ist nicht für unsittlich anzusehen, ausgenommen wenn der, welcher das Verbrechen verübt, der daran Theil genommen, den Lohn erhalten soll.

§ 24. (Sieb § 37.)

Eine Unsittlichkeit auf Seiten des Gebers ist überall anzunehmen, wo in der Absicht, eine gegen die Gesetze oder die guten Sitten verstoßende Handlung zu befördern oder [683v]zu verdecken, oder den Empfänger zu einer solchen zu verleiten, gegeben worden ist, insbesondere auch, wenn Jemand dafür etwas giebt, daß sein Verbrechen nicht angezeigt oder entdeckt werde.

§. 25. (Sieb § 39.)

Der Empfänger ist verpflichtet, alles Empfangene unverkürzt, und als vom Empfang an in Verzug befindlich zurückzugeben; er hat keinen Anspruch aus Verwendungen.

5. im Fall einer ohne Uebergabe des Verlierenden entstandene Bereicherung.

§ 26. (Sieb § 40.)

Wer durch Zufall, oder eigene, an sich ihn nicht weiter verpflichtende Handlungen aus dem Vermögen eines Andern zu dessen Nachtheil Vortheile zieht, oder auf dessen Kosten etwas erwirbt, ist zum Ersatz dessen, um was er dadurch bereichert worden, verpflichtet; der Besitzer einer fruchttragenden Sache im schlechten Glauben hat jedoch die verzehrten und verbrauchten Früchte vollständig zu ersetzen.

6. im Fall der Bereicherung durch eigene, verbotene Handlungen.

§ 27. (Sieb § 40?)

Wer sich durch eine verbotene Handlung gewaltsam [684r]oder heimlich in den Besitz fremder Sachen gesetzt, oder, wenn ihm solche irriger Weise gegeben worden, wissentlich, daß sie ihm nicht zukommen, angenommen hat, ist dadurch zu deren Zurückgabe, beziehungsweise zur Wiedereinräumung des Besitzes oder der Detention, sammt allem Zubehör, oder zum Ersatz des vollen Werths, oder dessen, was aus dem Gegenstand geworden oder gemacht worden, verpflichtet.

§ 28.

Der Schuldner wird in diesen Fällen als von Anfang an in Verzug befindlich betrachtet, und hat keinen Anspruch aus Verwendungen.

2. Protokolle der Revisionskommission

Standort 1:

Sächsische Landesbibliothek Dresden; Sig. Hist. Sax. K. 35c;

8 Bände, Bd. 1: Sitzung 1–23; 2: 24–57; 3: 58–78; 4: 79–101; 5: 102–147; 6: 148–181; 7: 182–205; 8: 230–245; Sitzung 206–229 fehlt.

Standort 2:

Bundesgerichtshof Karlsruhe – Reichsgerichtsbibliothek, Sig. KU 4629;

10 Bände; Bd. 1: Sitzung 1–23; 2: 24–57; 3: 58–78; 4: 79–101; 5: 102–147; 6: 182–205; 7: 206–229; 8: 230–245; 9: Registerband; 10: Ergänzungen zu den Protocollen No 1 – No 33 der Revisions-Commission um 1895; Sitzung 148–181 fehlt, obwohl im Katalog der Reichsgerichtsbibliothek, Bd. 2 (1892), Sp. 584, vermerkt.

Unter der Signatur KU 1516 enthält die Reichsgerichtsbibliothek zusätzlich eine Ausgabe des Gesetzbuches nach der 1. Lesung mit den Änderungen der 2. Lesung.

Weitere Nachweise bei Ahcin, Entstehung des Sä-BGB, S. 192, Fn. 1; Schubert, in: ZRG Germ. Abt., Bd. 114 (1997), S. 628 (628).

a) Lesung 1, Kommissionssitzung 18

[1]XVIII.

Anwesend|sämmtliche Herren Mitglieder der Commission mit Ausnahme|des Herrn Geheimen Kriegsrath Richter,|des Herrn Geheimen Legationsrath Grünler,|des Herrn Geheimen Regierungsrath Schmalz,|und des Regierungsrath Susemihl.

Dresden, den 17ten Juni 1856.

[...Text ausgelassen...][8]

Uebrigens kam man überein, daß die Berathung über §. 144.–154. bis zur Lehre vom Eigenthum, nicht minder die Berathung über die Lehre vom Rechtsbesitz vorläufig ausgesetzt, und die nächste Sitzung sich zunächst mit §. 155. und 156. zu beschäftigen, und so dann zur Lehre von der Klagenverjährung überzugehen haben werde.

b) Lesung 1, Kommissionssitzung 36

[1]XXXVI.

Anwesend|sämmtliche Herren Mitglieder der Commission mit Ausnahme|des Herrn Geheimen Kirchenrath Dr. von Zobel,|des Herrn Geheimen Kriegsrath Richter,|des Herrn Geheimen Legationsrath Grünler|und des Herrn Geheimen Regierungsrath Schmalz.

Dresden, am 11ten November 1856.

[...Text ausgelassen...][25]

Anlangend die in den

§§. 296. – 298.

des Entwurfs

besprochene Entschädigungsverbindlichkeit des durch Accession Gewinnenden gegen dadurch Verlierenden, so berieth man zunächst die Frage, ob überhaupt die Aufstellung bezüglicher Grundsätze am gegenwärtigen Orte zu erfolgen habe. Der verneinenden Meinung waren Herr pp. D. Ortloff, welcher nur dem von ihm im §. 27. seiner Vorschläge in Verbindung mit §. 23. derselben vorgetragenen allgemeinen Satze, daß der Gewinnende, insoweit er durch [26]den Erwerb bereichert worden, den Verlierenden zu entschädigen habe, dafern nicht ein besonderer Rechtsgrund für eine weiter gehende Verpflichtung vorhanden sei, hier eine Stelle angewiesen wissen wollte, und Herr p Dr. Marschner, indem Beide die Verweisung des Details in das Obligationenrecht aus dem Grunde beantragten, weil für Fälle der vorliegenden Art nur die Lehre vom damnum injuria datum und von der versio in rem, oder auch von der negotiorum gestio, so wie der Satz, casum sentit dominus maasgebend seien. Die bejahende Ansicht vertheidigten die Herren p. Dr. Sintenis, dessen schriftliche Fassungsvorschläge das Detail der Sache umfaßten, p. Dr. Hänel, p. D. Schneider. Diesen trat der Herr Vorsitzende bei, indem er darauf aufmerksam machte, daß, insofern die Lehre von der Accession streng genommen, auf einer Beugung [27]des Eigenthums beruhe, mit dieser Lehre die von der dem Verlierenden gebührenden Entschädigung im engsten Zusammenhange stehe, übrigens aber, in Uebereinstimmung mit Herrn p. Dr. Schneider die Beibehaltung der römischrechtlichen Principien bevorwortete. Schließlich trat man dem Vorschlage des Herrn Referenten bei, den einzelnen hierher gehörigen Verhältnissen, und zwar unter Zugrundelegung der vom Herrn p. Dr. Sintenis proponirten §. 296. flgd. eine Besprechung zu widmen, woraus sich dann ergeben werde, ob ? und was ? hier zur Erwähnung gelangen solle.

Anlangend nun den vom Herrn p. Dr. Sintenis in seinem

§. 296.

aufgestellten Satz, daß, wenn der Erwerber der Nebensache dieselbe bona fide besessen habe, er dem Eigenthümer deren Werth zu erstatten gehal[28]ten sein solle, so war, wie die Abstimmung ergab, die Commission, mit alleinigem Ausschluß der Herrn p D. Sintenis und p. von König, der vom Herrn p. Dr. Hänel in seinen schriftlichen Bemerkungen zu §. 299. gelegentlich der Specification vertheidigten Ansicht, daß in diesem Falle die Entschädigungsverbindlichkeit nicht über die Grenzen des quanto locupletior factus est auszudehnen sei, da wie der Herr Referent bemerkte, dabei nur in Frage kommen könne, wie weit die fremde /: Neben-:/ Sache durch den Act der Verbindung mit der Hauptsache in den Nutzen des Erwerbers verwendet worden sei. Dagegen war man mit dem Schlußsatze, wonach mala fides des Erwerbers den Anspruch auf vollen Schadenersatz begründe, einverstanden.

Zu dem vom Herrn p. D. Sintenis vorgeschlagenen

§. 297.[29]

trug Herr p. Dr. Heerwart darauf an, daß der Entschädigungsberechtigte seinen dies fallsigen Anspruch nicht blos durch ein auf exceptio doli hinauslaufendes Retentionsrecht, wie nach römischem Rechte, sondern durch ein selbstständiges Klagerecht zu verfolgen berechtigt werde. Es ward dieser Antrag von den Herren p. Dr. Sintenis, p. Dr. Marschner, p. Dr. Schneider, und dem Herrn Referenten unterstützt, welche, gleich dem Herrn Vorsitzenden bemerkten, daß es als eine lediglich auf dem Formelwesen des Römischen Rechtes beruhende Eigenthümlichkeit dieses Rechtes zu betrachten sei, wenn darin im vorliegenden Falle nur eine Exception, und nicht, wie in ähnlichen Fällen, eine actio in factum gegeben werde. Es ward von keiner Seite Widerspruch gegen den Antrag erhoben.

Anlangend die Modalität der Entschädigung, auf welche der Eigenthümer der [30]Nebensache, dafern er die Vereinigung mit der Hauptsache bona fide vorgenommen, Anspruch habe, war man in Conformität mit dem zu §. 296. gefassten Beschlusse, auf die Bemerkung des Herrn Referenten, daß auf den Moment, wo die Herausgabe an den Erwerber des ganzen erfolge, zu sehen, und daher auch hier nur der Gesichtspunct der bewirkten Bereicherung des Letzteren maaßgebend sei, darüber einverstanden, daß der Erwerber nur soviel zu vergüten habe, quanto locupletior er werde. Im Uebrigen fand es Billigung, daß im Falle der mala fides, ein Entschädigungsanspruch des Eigentümers der Nebensache nur insoweit begründet sei, als die von ihm vorgenommene Vereinigung der Sachen unter den Begriff des nothwendigen Aufwandes falle.

Soviel den in dem vom Herrn p. Dr. Sintenis in seinem

§. 298.[31]

berührten Fall, daß die Vereinigung verschiedenen Eigenthümern zugehöriger Sachen durch Zufall herbeigeführt worden, anlangt, vereinigte man sich auf Antrag des Herrn Referenten, gegen die Meinung des Herrn p. Dr. Sintenis, daß hier ein Anspruch auf Entschädigung nicht zu statuiren sei, dahin, einen solchen dem verlierenden Theile, jedoch nur insoweit, als der Andere durch die Erwerbung des ganzen bereichert werde, zuzubilligen. Die im Schlußsatze getroffene Bestimmung, daß, wenn ein Dritter zur Vereinigung Veranlassung gegeben habe, dieser nach den Regeln vom Schadenersatz hafte, ward einstimmig als ins Obligationenrecht gehörig bezeichnet. Die Fassung der so eben berathenen §§. 296.–298. nach den getroffenen Beschlüssen überließ man der Redactionscommission.

[...Text ausgelassen...]

c) Lesung 1, Kommissionssitzung 50

[1]L.

Anwesend|sämmtliche Herren Mitglieder der Commission mit Ausnahme|des Herrn Geheimen Kirchenrath Dr. von Zobel,|des Herrn Geheimen Kriegsrath Richter,|des Herrn Geheimen Legationsrath Grünler,|des Herrn Geheimen Regierungsrath Schmalz|und des Herrn Kriegsrath Teucher.

Dresden, den 13ten December 1856.

Nach Eröffnung der Sitzung durch Seine Excellenz den Herrn Vorsitzenden, setzte der Herr Referent, Herr Geheimer Rath Dr. Held, den Vortrag [2]fort, indem er die Frage über die Verbindlichkeit des Eigenthümers, dem Inhaber die auf die vindicirte Sache verwendeten impensas utiles zu erstatten, wovon Herr p. Dr. Ortloff in den von ihm vorgeschlagenen §§. 18. 19. und Herr p Dr. Sintenis in seinem §. 367. handeln, zur Berathung stellte,

Herr p. Dr. Schneider wies hier zunächst auf die im gemeinen Rechte enthaltene Modification der Erstattungsverbindlichkeit hin, wonach der Inhaber die Erstattung der impensae utiles vom Eigenthümer nur dann verlangen kann, wenn dieselben den Verhältnissen des Eigenthümers angemessen sind, und mithin deren Ersatz die Sache dem Kläger nicht zu kostbar macht, – und bemerkte, daß diese Modification weder durch §. 18. des Herrn p. Dr. Ortloff, welcher für die Ersatzpflicht nur insofern eine /: objective :/ Beschränkung kennt, als er voraussetzt,

> daß der Werth der Sache zur Zeit [3]der Herausgabe durch den gemachten nützlichen Aufwand noch erhöht sei,

noch durch §. 146. des Entwurfs, welcher will, daß der nützliche Aufwand von der Art sei,

> daß dadurch die Nutzungen fortdauernd vermehrt werden,

noch endlich durch §. 367. des Herrn p. Dr. Sintenis, welcher dieselbe /: objective :/ Beschränkung, wie Herr p. Dr. Ortloff, aufstellt, und derselben eine ander weite hinzufügt, nämlich

> daß die Entschädigungssumme, niemals die wirklich gehabten Auslagen übersteigen dürfe,

getroffen werde, gleichwohl aber zu wichtig sei, als daß sie im Gesetzbuche übergangen werden dürfte.

Ferner gedachte Herr p. Dr. Schneider eines vom Herrn Appellationsrath von Weber zu §. 98. so wie zu §. 145. 146. 153. des Entwurfs schriftlich gestellten Antrags auf Treffung einer Bestimmung, daß dem Inhaber, gleichviel ob er bonae oder malae fidei possessor sei, der Aufwand auf die Nutzungen, insoweit er letztere noch nicht erhoben, also [4]mit der Sache selbst herauszugeben habe, zu ersetzen sei. Er machte diesen Antrag zu dem seinigen, und wies zu dessen Unterstützung darauf hin, daß, wenn das Grundstück zu dem Zeitpunkte, wo dasselbe vom Inhaber restituirt werde, vollkommen bestellt sei, der dadurch im Betreff der Früchte, welche ihre einstige Existenz dieser Bestellung verdanken, gemachte Aufwand, unbezweifelt zu den necessariis impensis gehören, deren Erstattung dem Eigenthümer, wenn man ihn nicht damno alterius locupletior werden lassen wolle, nicht erspart werden dürfe.

[...Text ausgelassen...][19]

Nicht minder ward der vom Herrn Dr. Ortloff in seinem §. 20. vorgetragene Satz:

> daß die Erstattung der Verwendungen sowohl durch eine Einrede gegen [20]die Eigenthumsklage als mittelst besonderer Klage verfolgt werden könne,

auf vom Herrn Vorsitzenden veranstaltete Umfrage angenommen.

[...Text ausgelassen...]

d) Lesung 1, Kommissionssitzung 149

[1]CXLIX.

Anwesend die Herren:|Oberappellationsgerichts-Präsident Dr. von Langenn, Exc.|Oberappellationsger.-Präsident Dr. Ortloff,|Geheimer Justizrath Dr. Heerwart,|Oberappellationsgerichts Präsid. von Criegern,|Geheimer Rath, Oberappellationsrath Dr. Marschner, |Geheimer Finanzrath Dr. Glöckner,|Oberappellationsrath Siebenhaar|Oberappellationsrath von König,|und Appellationsgerichts-Vice-Präsident Dr. Schneider

Dresden, den 26. August 1858.

[...Text ausgelassen...][20]

Man ging hierauf zur Lehre von der

Forderung wegen bezahlter Nichtschuld –

[21]/: Nr 2 der Vorlage :/ über und überließ es zu

§. 13.

dem Ermessen der Redactionscommission, ob in dem hier vorgetragenen Satze,

> daß wer einen Gegenstand bestimmten Werthes auf einen Andern zu dem Zwecke übertragen hat, daß dadurch eine Forderung erfüllt werden soll, wenn die Forderung nicht besteht, und die Erfüllung aus einem entschuldbaren Irrthum erfolgt ist, das Recht hat, den hingegebenen Gegenstand von dem Empfänger zurückzufordern –

dem Ausdrucke

> bestimmten Werthes

dieser

vermögensrechtlichen Werthes

zu substituiren, und von der, in das Specielle dieser Lehre zu verweisenden Be[22]zugnahme auf Entschuldbarkeit des Irrthums abzusehen, überhaupt aber der Paragraph kürzer und so, daß alle Fälle der Rückforderung einer Nichtschuld darunter begriffen seien, etwa dahin:

> Wer einem Andern leistet, wozu er nicht verbunden ist, kann es vom Empfänger zurückfordern, wenn er in der irrigen Meinung war, dazu verbunden zu sein –

zu fassen sei.

Anlangend die in den folgenden Paragraphen enthaltene weitere Ausführung dieser Materie, so ward die Frage, ob nicht die Hauptmomente, worauf es bei der Rückforderung einer Nichtschuld ankomme: Weggabe aus dem Seinigen, Nichtexistenz einer Verbindlichkeit, und dies fallsiger Irrthum, in dieser Reihen[23]folge zu behandeln und deshalb §. 20. voranzustellen, dann §. 14.–19. 23. 24 folgen zu lassen, und daran §. 21. zu knüpfen sei, bis nach Durchsprechung der einzelnen Paragraphen verschoben.

Die Sache selbst betreffend, so ward der in

§. 14.

vorgetragene Satz,

> eine Forderung bestehe nicht, wenn sie entweder überhaupt oder doch wenigstens in der Richtung und in dem Umfange, wie sie erfüllt, würde –

durch welche Fassung, wie der Herr Referent bemerkte, darauf, daß eine Leistung auch nur theilweise indebite bewirkt worden sein könne, hingewiesen werden sollte –

> von Anfang nicht zu Stand gekommen oder in Folge spä[24]ter eingetretener Thatsachen wieder aufgehoben oder entkräftet worden oder deren wirksame Geltendmachung um deswillen ausgeschlossen ist, weil dem Verpflichteten eine Einrede zu Gebote steht, durch welche er die Forderung rechtlich zu entkräften vermag –

im Wesentlichen nicht angefochten.

Das Wort „rechtlich" ward vom Herrn Referenten selbst als überflüssig bezeichnet. Eine, die in der Vorlage enthaltene Hinweisung auf die doppelte Modalität, durch welche eine Forderung wieder aufgehoben sein könne, nämlich ipso jure und ope exceptionis, absichtlich vermeidende, abgekürzte Fassung:

> Rückforderung findet nur statt, wenn der Leistende nicht zur Leistung verpflichtet war, [25]gleichviel, ob von Anfang an keine Verbindlichkeit zur Leistung bestand, oder die bestehende Verbindlichkeit schon erloschen war –

ward der Beachtung der Redactions-Commission empfohlen, und dabei bemerkt, daß durch dieselbe zugleich ein Bedenken sich erledige, welches gegen den letzten Satz insofern erhoben werden könne, als dem bestehenden Rechte nach die condictio indebiti dadurch nicht ausgeschlossen werde, daß der Kläger ein ihm gegen den Beklagten zuständiges Compensationsrecht geltend zu machen unterlassen hat.

Uebrigens beschloß man, hier noch auszusprechen, daß es eine nothwendige Bedingung für die Zuständigkeit der condictio indebiti sei, daß das, was ursprünglich zur Zeit der Leistung ein indebitum gewesen, nicht später debitum geworden sei. [26]Anlangend die

§§. 15. 16.

von denen §. 15. die Rückforderung dann ausschließt,

wenn die Erfüllung der Forderung vor deren Verfallzeit erfolgt, gleichviel ob die Forderung vom Anfange an eine betagte war oder durch einen Stundungsvertrag diese Eigenschaft erlangte und gleichviel ob die Verfallzeit eine im Voraus bestimmte ist oder zwar deren Eintritt gewiß, jedoch die Zeit dieses Eintritts ungewiß ist –

dagegen §. 16. die Rückforderung des Geleisteten als Nichtschuld gestattet,

wenn die Erfüllung einer von einer Bedingung oder von einer dieser gleichstehenden ungewissen Zeitbestimmung abhängigen Forderung vor Eintritt der Bedingung oder ungewissen Zeitbestimmung bewirkt worden ist –

so ward die mehrseitig als [27]wünschenswert betrachtete Kombination beider Paragraphen in den alle darin erwähnten Specialitäten übergehenden Satz,

daß bei vorzeitiger Leistung nichts zurückgefordert werden kann, wohl aber wenn die Forderung bedingt war –

der Redactionscommission überwiesen.

Daß, wie

§. 17.

besagt,

der unterlassene Gebrauch eines bloßen Rückhaltungsrechts nicht als Zahlung einer Nichtschuld zu betrachten ist –

ward vom Herrn Referenten selbst als aus der Natur des Retentionsrechts sich ergebend bezeichnet, und daher dieser Satz in Wegfall gebracht. [28]

Aus

§. 18.

behielt man den auf früheren Beschlüssen beruhenden Satz bei,

daß ein Schuldner, welcher zahlte, ungeachtet die Verjährung eingetreten ist, das Recht der Rückforderung wegen Nichtschuld nicht hat –

fand dagegen nicht angemessen, die allerdings im gemeinen Recht begründete, gleiche Bestimmung hinsichtlich eines Schuldners, welcher gezahlt hat, ungeachtet er durch ein ungerechtes Urtheil freigesprochen worden, in das Gesetzbuch aufzunehmen.

Anlangend

§. 19.

so verkannte man zwar das Gewicht der moralischen Gründe nicht, welche für den aus dem gemeinen Rechte hier aufgenommen [29]Satz,

daß, wenn die Forderung, zu deren Erfüllung etwas gegeben worden, nicht besteht, die Rückforderung ausgeschlossen sein kann, wenn die Leistung die Erfüllung einer Anstandspflicht bezweckt hat –

sprechen, sah jedoch mit Rücksicht auf den, für das Bedürfniß der Praxis allzuschwankenden Begriff von Anstands- oder Pietätspflichten, von Beibehaltung des Satzes ab. Da es mit Streichung desselben der Bestimmung nicht weiter bedurfte, daß die Zahlung von Zinsen von einem schuldigen Hauptstamme als Anstandspflicht nicht zu betrachten sei, so sah man auch von Aufnahme des 2ten Satzes ab, und es gelangte hiernach §. 19. seinen ganzen Inhalte nach in Wegfall.

Ob übrigens die Condiction wegen indebite gezahlter Zinsen einer kur[30]zen – dreijährigen – Verjährung zu unterwerfen sei, beschloß man am Schluße der ganzen Lehre in Erwägung zu ziehen.

Wegen

§. 20.,

wonach

Zahlung einer Nichtschuld jede Leistung ist, welche zum Zwecke der vermeintlichen Forderung erfolgt, es sei als eigentlicher Gegenstand der Forderung oder als dessen Werth oder als Ueberlassung an Zahlungs statt, es bestehe das Geleistete in dem Eigenthume einer Sache, in dem Rechte an einer Sache, in dem bloßen Besitze, in dem Gebrauche einer Sache, in der Uebertragung einer Forderung oder in der Ausführung einer Arbeit, es geschehe die Leistung unmittelbar zum Zwecke der Zahlung oder durch Vermittlung eines anderen Rechtsgeschäftes, insbesondere durch Vertrag, durch [31]Aufgeben eines Rechtes an einer Sache, durch Erlaß einer Forderung, durch Uebernahme einer Schuld, durch Ausstellung eines Schuldscheines, durch Bestellung eines Pfandrechtes –

war im Materiellen nichts eingewandt, dagegen aber der Redactions-Commission überlassen, ob etwa eine kürzere Fassung zu ermitteln sei.

Anlangend

§. 21.

so war man, was den ersten Satz betrifft,

wonach das Recht der Rückforderung wegen Zahlung einer Nichtschuld voraussetzt, daß der Zahlende sich in einem entschuldbaren Irrthume über das Vorhandensein der Schuld befunden hat, dieser aber in einem Rechtsirrthum bestehen kann –

zuvörderst gegen das votum des Herrn pp Dr. Schneider, darüber [32]einverstanden, daß der Rechtsirrthum nicht schon an für sich geeignet erachtet werden könne, die condictio indebiti auszuschließen. Dagegen nahm man, wiewohl gegen das votum des Herrn pp Dr. Marschner, welcher überhaupt die Entschuldbarkeit des Irrthums in der vorliegenden Beziehung nicht für erforderlich betrachtete, im Hinblick auf §. 91. 92. des neu redigirten Entwurfs, an, daß der error iuris ein entschuldbarer sein müßte, wenn er dem Condicenten zu statten kommen solle, und es ward, um dies, und daß sonach die Entschuldbarkeit als allgemeines Erforderniß eines jeden Irrthums, welcher zur condictio indebiti berechtigen soll, anzusehen sei, deutlicher hervorzuheben, die Wendung:

pp befunden hat, gleichviel ob dieser ein Rechtsirrthum ist –

vorgeschlagen und der Redacti[33]ons-Commission überwiesen.

Die Frage, ob es der im 2ten Satze enthaltenen Bestimmung,

daß auch ein bloßer Zweifel genüge, wenn nicht Verzicht auf die Bestreitung der Schuld oder die Absicht, sich darüber zu vergleichen vorliegt –

bedürfe, so wie die Berathung des übrigen Theiles des Paragraphen ward der nächsten Sitzung überwiesen, und ist übrigens zu bemerken, daß Herr pp Dr. Glöckner sich am Votiren nicht betheiligt hat.

e) Lesung 1, Kommissionssitzung 150

[1]CL.

Anwesend die Herren:|Oberappellationsgerichtspräsident Dr. von Langenn, Exc.|Oberappellationsgerichtspräsident Dr. Ortloff,|Geheimer Justizrath Dr. Heerwart,|Appellationsger. Präsident von Criegern,|Geh. Rath, Oberappellat. Rath. Dr. Marschner,|Geheimer Finanzrath Dr. Glöckner,|Oberappellationsrath Siebenhaar|Oberappellationsrath von König|und Appellationsgerichts-Vice-Präsident Dr. Schneider

Dresden, den 27sten August 1858.

Nach Eröffnung der Session durch Seine Excellenz den Herrn Vorsitzenden setzte man die [2]Berathung über

§. 21. der Vorlage

fort, indem man zum 2ten Satze in Erwägung zog, ob auch schon bloßer Zweifel über das Vorhandensein einer Schuld dem Irrthum rücksichtlich der Berechtigung zu condictio indebiti gleich zustellen sei. Nach Besprechung der Sache ward nun zwar diese Frage von der Majorität, gegen die vota der Herren pp Dr. Ortloff, pp Dr. Heerwart und pp Dr. Marschner bejaht, und im Materiellen auch die Richtigkeit der in der Vorlage bemerkten Ausnahmen anerkannt, jedoch, was die letzteren betrifft, der Redactionscommission die Ermittelung einer allgemeineren Fassung empfohlen, wonach die Anstellung der Condiction denn ausgeschlossen er[3]scheint, wenn die im Zustande des Zweifels geschehene Leistung in der Absicht bewirkt wurde, um dadurch einen Rechtsstreit zu vermeiden.

Anlangend

den 3ten Satz,

so ward nicht bestritten,

> daß, wenn die Zahlung in dem Bewußtsein, die Schuld bestehe nicht, erfolgt, die Rückforderung ausgeschlossen sei.

Man sah hierbei, gegen die vota der Herren pp Dr. Ortloff und pp Dr. Heerwart, davon ab, nach dem Vorgange des Hessischen Entwurfs §. 645. diesen Fall als Schenkung zu bezeichnen, und beizufügen, daß solchenfalls Zurückforderung nur insoweit statt findet, als die Schenkung selbst widerrufen werden könne, theils wie es zweifelhaft schien, [4]ob der Begriff der Schenkung auf alle hierher gehörigen Fälle anwendbar sei, theils weil man es überhaupt nicht für angemessen erachtete, Sätze, welche mit der Lehre von der Schenkung in Verbindung stehen, hier einzumischen. Dem so eben aus gehobenen Satze der Vorlage schloß man als Ausnahme von der Regel den Fall an,

> wenn ein Vorbehalt der Zurückforderung dem Zahlungsempfänger gegenüber bei der Leistung erklärt worden ist –

und nahm in dieser Fassung den Schlußsatz der Vorlage an.

Aus

§. 22.

fanden die beiden ersten Sätze,

denen zufolge es als Zahlung einer Nichtschuld zu betrachten ist, wenn die Zahlung an einen [5]Andern als den Berechtigten erfolgt, und wenn man die Schuld eines Andern bezahlt, in der Meinung selbst Schuldner zu sein,

keinen Widerspruch, es ward jedoch, was die Bezeichnung:

„Berechtigter"

anlangt, welche man nicht für stringent genug erachtete, eine den Satz mit §. 699. des neurevidirten Entwurfs in Einklang bringende Fassung gewünscht, deren Ermittelung der Redactions-Commission überlassen blieb. Daß die im Namen eines Andern, welcher Schuldner ist, geleistete Zahlung, als Zahlung einer Nichtschuld nicht zu betrachten sei, fand man zu erwähnen nicht nöthig, und ließ sonach den 3ten Satz ausfallen.

Dasselbe geschah, weil man für Beurtheilung sol[6]cher Fälle der Zahlung einer Nichtschuld, bei welchen ein Mandat, eine Stellvertretung concurrirt, schon die Vorschriften über diese Rechtsverhältnisse ausreichend fand, hinsichtlich des 4ten Satzes,

wonach, wenn Jemand auf den Namen eines andern mit dessen Geheiß oder Genehmigung eine Nichtschuld bezahlt, nicht er, sondern derjenige, in dessen Namen er die Zahlung leistete, das Recht hat, das Bezahlte zurückzufordern.

Aus demselben Grunde beschloß man den 5ten Satz,

wonach, wer in der irrigen Meinung, einem Andern etwas schuldig zu sein, in dessen Namen und auf dessen Geheiß einem Dritten gezahlt hat, das Recht der Zurückforderung gegen denjenigen hat, in dessen Namen er zahlte, wegen seiner Beziehung auf Stellvertretungsverhält[7]nisse auszuscheiden,

und im Wesentlichen nur soviel auszusprechen,

daß, wer die Schuld eines Anderen, in der irrigen Meinung, dazu verbunden zu sein, zahlt, ein Rückforderungsrecht nur gegen denjenigen hat, für den er zahlte, nicht aber die condictio indebiti gegen den Empfänger.

Die in der Vorlage erwähnten Fälle, in welchen ausnahmsweise dem Zahlenden ein Rückforderungsrecht unmittelbar gegen den Dritten, welchem er für einen Andern zahlte, zugesprochen wird, wenn nämlich die Forderung des Dritten nicht besteht, oder wenn sie auf einer Schenkung desjenigen beruht, für welchen gezahlt ward, beschloß man mit Stillschweigen zu übergehen.

Uebrigens überließ man es dem Ermessen der Re[8]dactions-Commission, ob im vorliegenden Paragraphen unter den Fällen der Nichtschuld, auch der einer bloßen indebite übernommenen Verbindlichkeit aufzuführen sei.

Anlangend diejenigen Fälle, in welchen der Begriff der Nichtschuld sich nicht darin, daß überhaupt kein Schuldverhältniß vorhanden ist, sondern in der Modalität der Erfüllung einer an sich wirklich bestehenden Schuld ausspricht, wovon

§§. 23. 24

handeln, so beschloß man den darin nicht ausgedrückten Fall,

wenn statt des geschuldeten Gegenstands ein anderer geleistet wird, voranzustellen,

und die übrigen in der Vorlage enthaltenen Fälle in folgender Ordnung zu erwähnen:

wenn der Schuldner, welcher nur eine ihrer Gattung nach bestimmte Sache zu leisten hatte, eine dem Stücke nach [9]bestimmte Sache, in der Meinung, diese schuldig zu sein, geleistet hat, wenn der Schuldner bei einer alternativen Forderung, den einen der Gegenstände in der irrigen Meinung leistete, daß er gerade diesen zu leisten verbunden sei, und

wenn der Schuldner, dem bei einer wahlweisen Forderung die Wahl zwischen den mehreren schuldigen Gegenständen zusteht, irrthümlicher Weise alle Gegenstände geleistet hat.

Man überließ es dem Ermessen der Redactionscommission, ob diese Fälle – nebst der Angabe, was in einem jeden derselben der Empfänger, dem Geber, beziehentlich der Geber selbst dem Empfänger, um das indebite Gegebene zurückzuerhalten, zu leisten habe – in einen Paragraphen zusammen zu fassen, oder in zwei zu vertheilen seien.

Ue[10]brigens beurtheilte man nach den von diesen Kategorieen geltenden Sätzen auch den Fall, wenn Jemand Fungiblien in besserer Qualität, als er sie schuldig war, geliefert hat.

Die Aufnahme von §. 996. des gedruckten Entwurfs, nach welchem, wer für den ganzen Betrag einer zum größeren Theile richtigen Schuld eine Sache an Zahlungsstatt gegeben hat, nicht Rückgabe der Sache selbst, sondern nur Ersatz des Zuvielbezahlten verlangen kann, ward, wegen der Schwierigkeit, das Verhältniß des gegebenen Objects zur Größe der Schuld zu ermitteln, eben so wie die Aufnahme der im hessischen Entwurfe enthaltenen Bestimmungen über den Fall, wenn von Correalschuldnern indebite gezahlt worden ist, abgelehnt.[11]

Anlangend die im

§. 25.

behandelte Frage, über dasjenige, was der Beklagte in Folge der gegen ihn durchgeführten condictio indebiti zu gewähren hat, so kam zuerst in Erwägung, ob wie vom Herrn pp Dr. Sintenis in seinen neuerlichen schriftlichen Bemerkungen beantragt worden, und als dem gemeinen Rechte entsprechend bezeichnet ward, als Princip auszusprechen sei, daß der Beklagte, der sich in bona befunden, nur soviel, als er sich zur Zeit der Anstellung der Klage durch das indebite solutum reicher befinde, oder daß er schlechthin, was er indebite erhalten, zu restituiren für verbunden zu achten sei.

Nach ausführlicher Besprechung der Sache, wobei Herr pp Dr. Schneider die der Vorlage zu Grunde liegende [12]letztere Meinung, welcher auch Herr pp Dr. Marschner beitrat, vertheidigte, indem er auf die von mehreren neueren Rechtslehrern vertheidigte Ansicht hinwies, daß der Satz, der Beklagte habe blos soviel quantum locupletior factus est, zu restituiren, nicht blos, wie irrthümlicher Weise angenommen zu werden pflege, eine Beschränkung, sondern in gewisser Beziehung auch eine Erweiterung seiner ursprünglichen, in der Natur der Sache liegenden Verbindlichkeit, eben das oder soviel zurückzugeben, was er, beziehendlich wieviel er indebite empfangen habe, enthalte, während Herr pp Dr. Ortloff sich für die entgegengesetzte Meinung erklärte, vereinigte man sich dahin, die von den zuerstgenannten zwei Herren [13]Mitgliedern für richtiger erkannte Ansicht zum leitenden Princip zu erheben, und die sich nach Beschaffenheit der Fälle nöthig machenden, auf nur beschränkter Anwendung des Satzes, daß der Beklagte nur soviel, als um wieviel er bereichert worden, herauszugeben schuldig, beruhenden Modification bei den verschiedenen Kategorieen von Gegenständen, auf deren Restitution der Anspruch gerichtet sein kann, aufzunehmen.

Unter diesen, auch in der Vorlage aufgeführten Kategorieen kam zuvörderst die Restitution einer indebite geleisteten

Species

in Frage.

Man sprach hierbei aus, daß der Empfänger, [14]welcher sich in gutem Glauben befunden, die Sache, wenn er sie noch inne hat, mit Zuwachs und Zubehörungen zurückzugeben habe, von dieser Verbindlichkeit aber durch zufälligen Verlust der Sache befreit werde; daß er, wenn er die Sache veräußert, und weniger, als sie werth gewesen, dafür erhalten habe, nur dieses Wenigere, wenn er aber mehr aus der Veräußerung gelößt, den ganzen Erlös dem Condicenten zu gewähren verbunden sei. Was den letzteren Fall anbelangt, so dissentirte der Herr Referent, indem er, wenn der Erlös den wahren Werth übersteigt, den Beklagten nur zur Gewährung des wahren Werthes der Sache für verbunden angesehen wissen wollte. Im Falle der Beklagte die Sache /: bona fide :/ consumirt habe, achtete man densel[15]ben zur Herausgabe des Werthes, den sie zur Zeit der indebite geschehenen Hingabe gehabt, für verbunden, gegen welche Ansicht die Herren pp Dr. Marschner und pp Dr. Schneider, welche, wenn eine indebite gegebene Species eine verzehrbare Sache sei, nach deren bona fide geschehenen Consumtion, den Beklagten frei von jeder Restitutionspflicht erachtet wissen wollten, dissentirten.

Den Anspruch des Beklagten auf Ersatz der auf die herauszugebende Species gemachten Verwendungen beurtheilte man nach den Regeln von der Eigenthümerklage.

Den Beklagten, der sich in mala fide befand, unterwarf man hinsichtlich der Restitutionspflicht in allen Beziehungen den von der Entwendung geltenden, ihn unter andern auch zum vollen Schadenser[16]satze verpflichtenden Grundsätzen. Herr pp Dr. Heerwart beantragte hierbei, daß die besonderen Leistungen dessen, der sich wissentlich eine Nichtschuld zahlen läßt, nicht bei §. 396. der Vorlage, sondern in einem besonderen Paragraphen nach §. 33. bestimmt werden, da der §. 396. gegebene Begriff der Entwendung auf den wissentlichen Empfang einer Nichtschuld in keiner Weise passe, auch Niemand die fraglichen Bestimmungen dort suchen werde.

In Fällen, wo

Geld oder andere vertretbare Sachen

den Gegenstand der Restitution ausmachen, achtete man den Beklagten zur Restitution des tantum verbunden; zur Restitution von Zinsen nur dann, wenn er selbst dergleichen von der indebite empfangenen Summe gezogen. Den zu[17]fälligen Untergang von dergleichen Sachen betrachtete man nur unter der Voraussetzung für einen Befreiungsgrund von der Restitution, wenn der Beklagte in Folge dieses Zufalls weder die Sachen selbst noch deren Werth hat, nicht aber auch dann, wenn der Zufall zwar die Sache, z. B. in den Händen eines Dritten, nicht aber den im Vermögen des Empfängers /: des Beklagten :/ befindlichen Werth betroffen hat.

Zu Fällen, wo

der Gebrauch einer Sache, die Ueberlassung einer Wohnung oder Dienstleistungen

den Gegenstand des indebitum bilden, ward die Verbindlichkeit des Beklagten auf diejenige Summe festgestellt, welche er selbst, dafern er sich den Gebrauch, die Wohnung oder die Dienste aus eigenen Mitteln verschafft hätte, dafür gezahlt haben würde, mithin auf [18]den subjectiven Werth des Gebrauches, der Wohnung, oder der Dienste. Es dissentiren in dieser Beziehung die Herren pp Dr. Ortloff, pp von Criegern und pp Dr. Marschner, welche den Werth, den das Gewährte oder Geleistete an sich habe – den objectiven Werth – restituirt wissen wollten.

In Fällen, wo

Schuldverschreibungen und Quittungen

indebite ausgestellt worden, erachtete man den Empfänger zur Rückgabe der ausgestellten Quittungen und Schuldverschreibungen verbunden.

Wenn endlich Jemand indebite dem Empfänger

> die Existenz einer diesem obliegenden Sicherheitsbestellung oder eine andere Verbindlichkeit erlassen, oder [19]eine Forderung abgetreten,

so bezeichnete man als den Anspruch des Condicenten: die Leistung der unterbliebenen Sicherheitsbestellung, die Erfüllung der erlassenen Verbindlichkeit, beziehendlich die Rückgewährung der abgetretenen Forderung.

Uebrigens beschloß man, wie bei den Bestimmungen über eine indebite geleistete Species, so auch in allen anderen genannten Fällen den in mala fide befindlichen /: schon nach gemeinem Rechte der condictio furtiva unterliegenden :/ Empfänger nach den von der Entwendung geltenden Grundsätzen zu beurtheilen.

Von Erwähnung einer indebite geschehenen Ueberlassung des

> Besitzes,[20]

deren die Vorlage ebenfalls gedenkte, sah man ab, weil besondere Wirkungen, welche nicht schon mit einer oder der andern der vorstehend angegebenen Kategorieen des indebitum verbunden wären, diesem Falle nicht beigelegt werden könnten.

Die Fassung der beschlossenen Sätze und deren für angemessen befundene Einreihung unter besondere Paragraphen überließ man der Redactions-Commission.

Anlangend die Beweisfrage bei der condictio indebiti, von welcher

> §. 26.

Handelt, so war man darüber einverstanden,

> daß derjenige, welcher eine Zahlung aus dem Grunde zu[21]rückfordert, weil er sie nicht schuldig gewesen, den Beweis zu führen hat, daß die Forderung, rücksichtlich deren er zahlte, nicht bestehe.

Dagegen sprachen sich die Herren pp Dr. Ortloff, pp Dr. Heerwart, pp von Criegern, pp Dr. Marschner und p von König, mithin die Majorität, gegen den weiteren Satz der Vorlage aus, daß der Condicent, wenn er, indebite solutum esse, bewiesen habe, auch noch, daß er sich dabei in Irrthum befunden, beweisen müsse; vielmehr sei derselbe solchenfalls ebenfalls zu präsumiren.

Der weitere Satz,

> daß, wenn der Gegentheil den Empfang der Zahlung, welche als Nichtschuld gefordert wird, vor Gericht ableugnet, und die Zahlung bewiesen wird, der Irrthum nicht besonders zu beweisen, sondern so lange zu vermuthen ist, bis der Gegentheil [22]die wissentlich erfolgte Zahlung beweist –

fand keinen Widerspruch. Dagegen ward bestritten, ob der geführte Beweis der vor Gericht geleugneten Zahlung zugleich eine Präsumtion dafür, daß indebite gezahlt worden, begründe. Es ward jedoch diese Frage durch die aus dem Herrn Vorsitzenden, und den Herren pp Dr. Ortloff, pp Dr. Heerwart, pp von Criegern und pp von König bestehende Majorität bejahend entschieden.

Durch die für sachgemäß erachtete Aufnahme dieser Beschlüsse war zugleich der Antrag des Herrn pp Dr. Marschner, die so eben bemerkten Strafen des Leugnens aus dem Civilgesetzbuche in die Gerichtsordnung zu verweisen, abgelehnt.

Man erachtete übrigens, gegen das votum der [23]Herren pp Dr. Heerwart und pp Dr. Schneider, diese Strafen nicht blos gegen den Leugnenden selbst, sondern auch gegen dessen Erben anwendbar.

Die Erwähnung sogenannter personae exceptae z. B. Frauen, Minderjährige, welchen, als Klägern, das Vorrecht zustehe, in Fällen, wo sonst der Beweis, daß indebite gezahlt worden, dem Kläger obliegt, vom Beklagten den Beweis, debitum solutum esse, zu erwarten, lehnte man ab, indem man ein derartiges privilegium nicht weiter anerkannte.

Endlich beschloß man noch, in Ansehung der wegen indebite gezahlten /: an sich erlaubten, vergl. §. 691. des neuredigirten Entwurfs :/ Zinsen anzustellenden Rückforderungsklage, eine von Zeit der jedesmal erfolgten Zahlung der einzelnen Zinsbeträge an zu rechnend [24]dreißigjährige Verjährungszeit festzusetzen:

Man wandte sich hirnächst zur Lehre von der

Rückforderung des unter Voraussetzung eines bestimmten künftigen Erfolges Gegebenen.

/: Nr. 3 der Vorlage :/

Die im

§. 27.

gegebene Characterisirung der condictio ob causam datorum, wonach,

wer etwas unter Voraussetzung eines bestimmten künftigen Erfolgs gegeben hat, wenn dieser Erfolg nicht eintritt, das Gegebene von dem Empfänger zurückfordern kann –

ward zwar im Allgemeinen genehmigt.

Das Einzelne anlangend, beschloß man jedoch, zwischen die Worte:

„unter Voraussetzung“[25]

diese,

der ausdrücklichen oder aus der Natur des vorliegenden Verhältnißes sich ergebenden einzuschalten,

indem namentlich die letztere, wie der Herr Referent bemerkte, durch den 1sten Satz von §. 29. angedeutete Modalität diejenige sei, welche am häufigsten eintrete. Ferner erachtete man das Prädicat des Erfolgs

bestimmt

für überflüssig, überließ es demnächst der Erwägung der Redactions-Commission, ob nicht für das Wort

„Erfolg“

selbst ein anderes, etwa: „Ereigniß“ wie in §. 29., oder „Umstand“, welches die hier gemeinte Eventualität passender bezeichne, auszumitteln sein möchte, fand – in der durch den Herrn Vorsitzenden und die Herren [26]pp Dr. Ortloff, pp Dr. Heerwart, pp Dr. Marschner und pp Dr. Schneider gebildeten Majorität – angemessen, mittelst eines, zur Wahl der Redactions-Commission gestellten Ausdruck darauf hinzuweisen, daß die causa futura auch honesta sein müßte, und wünschte den Worten

das Gegebene

diese

das Geleistete

substituirt. Endlich erachtete man für sachgemäß, daß außer dem Falle, wo etwas ob causam gegeben /: geleistet :/ wird, auch der Fall eines ob causam erfolgten

Erlasses einer Verbindlichkeit,

deren Wiederherstellung der Erlassende causa non secuta verlangen kann, erwähnt wird.

Anlangend[27]

§. 28.

fand man, statt der hier erfolgten, vom Herrn Referenten deswegen, um auf die im Verhältniß zur condictio indebiti weit engeren Gränzen der condictio ob causam datorum hinzuweisen, für nöthig erachteten, an sich als richtig anerkannten, Aufzählung der Gegenstände der condictio ob causam datorum, wonach dieselbe nur unter der Voraussetzung Platz ergreift,

wenn eine Veräußerung statt gefunden, wenn eine Sache oder doch wenigstens ein sachlicher Werth aus dem Vermögen des Einen in das Vermögen des Andern übertragen worden, sei es Eigenthum an einer Sache, oder ein Recht an einer Sache, oder bloßer Besitz, oder eine schon bestehende, oder erst zu diesem Zweck hergestellte Forderung, [28]oder eine Handlung, welche eine Schützung zuläßt –

eine bloße Verweisung auf die condictio indebiti, etwa in dieser, das Wesentliche enthaltenden Weise:

Als Vermögensverminderung, wegen deren die hier fragliche Condiction statt findet, gilt das, was dieser halb bei der Rückforderung einer Nichtschuld bemerkt worden,

ausreichend.

Zu

§. 29.

beschloß man aus dem 1sten Satze, der derselbe durch das in §. 27. aufzunehmende Material insoweit bereits erschöpft sei, nur die Bestimmung,

daß die Voraussetzung wegen deren die Hingabe erfolgte, nicht so beschaffen sein darf, daß sie unter den [29]Gesichtspunkt einer Schenkung fällt,

beizubehalten:

Im Uebrigen war man zwar mit den nachfolgenden Sätzen,

daß die Voraussetzung ein von dem Willen des Empfängers oder des Gebers selbst oder eines Dritten abhängiges, oder auch ein von menschlicher Willkühr unabhängiges Ereigniß sein kann,

daß sie darin bestehen kann, daß etwas geschieht, oder auch nicht geschieht,

daß sie die Bestimmung haben kann, daß unmittelbar durch die Hingabe ein von gewissen anderen Thatsachen, Vorgängen und Ereignissen abhängiger bestimmter Erfolg erreicht werden soll,

daß sie dahin gehen kann, daß der Empfänger [30]das Erhaltene in einer bestimmten Weise verwenden solle,

daß sie endlich den Zweck verfolgen kann, daß der Empfänger zu einer äusserlich selbstständigen Leistung bestimmt werden soll, ohne daß diese Leistung zu der Hingabe in einem Verhältnisse der Gegenleistung steht –

im Materiellen einverstanden, fand jedoch sachgemäß, die Bedeutung der letzten Worte

„ohne daß diese Leistung“ pp

erkennbarer durch die Wendung darzustellen,

> daß eine Hingabe nicht in Folge eines verpflichtenden Schuldverhältnisses geschehen sein dürfe –

und überließ es im Uebrigen dem Ermessen der Redactions-Commission, zu erwägen, ob nicht die vorstehenden Specialitäten in einer kürzeren Fass[31]ung dargestellt werden möchten.

Anlangend

§. 30.

so war man mit dem 1ten Satze,

> daß das Recht zur Rückforderung des Geleisteten in dem Augenblicke entsteht, wo sich der Wegfall der Voraussetzung entscheidet, welche die Hingabe ursachlich hervorgerufen hat –

einverstanden, brachte jedoch die Worte

> „welche die Hingabe" pp

in Wegfall. Was die folgenden Sätze betrifft, daß es in der Regel gleich

> sei, ob der Grund des Wegfalls der Voraussetzung in einer Verschuldung des Empfängers oder in einem Zufalle, oder in einer Verhinderung von Seiten des Gebers liegt –

> daß jedoch, wenn die Voraussetzung in einer dem Em[32]pfänger auferlegten selbstständigen Leistung besteht, die Rückforderung bis zum Beweiße des Gegentheils ausgeschlossen ist, wenn ihm dieselbe ohne seine Verschuldung unmöglich geworden ist –

so war man zwar im Materiellen mit denselben einverstanden, sprach sich jedoch mehrseitig dafür aus, daß der Fall, wenn der Eintritt der Voraussetzung durch den Geber verhindert wird, zum folgenden Paragraphen genommen, hier aber noch der Satz,

> daß, wenn der Eintritt der Voraussetzung von Anfang an unmöglich war, dies nur dann zur Rückforderung ermächtige, wenn der Geber davon keine Kenntniß hatte –

Erwähnung finden möchte.

Ueberdies beschloß man den Ausfall der Worte:[33]

> bis zum Beweise des Gegentheils

im letzten Satze.

Der im

§. 31.

vorgetragene Satz,

> daß wegen bloßer Sinnesänderung des Gebers die Rückforderung nur dann zulässig ist, wenn der Inhalt der in der Voraussetzung ausgesprochenen Willenserklärung den Eintritt des durch die Hingabe bezweckten Erfolges von der Willkühr des Gebers abhängig macht, wie dies insbesondere überall dann der Fall sei, wenn das Verhältniß zwischen dem Geber und Empfänger ein Auftrag oder dem Auftrage ähnlich ist –

war gegen das votum des Herrn pp Dr. Marschner, welcher dem Geber die Sinnesänderung, so lange er nicht auf solche verzichtet, unbeschränkt zugestanden wissen wollte, im Prin[34]cipe angenommen; demnächst aber, mit Rücksicht auf das bezüglich zu §. 30. erhobene desideratum, erweitert, und folgende Fassung für sachgemäß erachtet.

> Verhindert der Geber das Ereigniß, so kann er nicht zurückfordern, ausgenommen, wenn aus den Umständen des einzelnen Falles sich ergiebt, daß ihm das Recht zustehen solle, den Eintritt des Ereignißes willkührlich zu hindern.

Die in den

§§. 32. 33.

über die bei der condictio ob causam datorum dem Beklagten obliegende Restitutionspflicht enthaltenen Bestimmungen anlangend, so beschloß man, sich deshalb mit einer Verweisung auf die dieserhalb rücksichtlich der condictio indebiti gefaßten Beschlüße [35]zu begnügen, insbesondere auch die im §. 33. aufgestellten Fälle, in welchen eine Modification der diesfalls bei der Rückforderung einer Nichtschuld geltenden Grundsätzen Platz ergreift, nämlich,

> wenn der Empfänger die Rückerstattung der ihm dem Stücke nach bestimmten Sache durch von ihm, gleichviel ob von oder nach dem Wegfalle des bei der Hingabe vorausgesetzten Erfolgs, getroffene Verfügungen unmöglich gemacht hat, welchen Falles er auf Vergütung des vollen Werthes der Sache belangt werden kann, und wenn er den Gegenstand veräussert hat, welchen Falles er nach der Wahl des Gebers den von ihm gelösten Preis oder die Sache selbst herauszugeben hat –

unerwähnt zu lassen.

Dagegen fand man, im Betreff der Ansprüche des Be[36]klagten auf Restitution der impensae, die Aufnahme der im §. 32. diesfalls enthaltenen, im Materiellen ohne Widerspruch gebliebenen Vorschrift:

> daß der Empfänger, wenn er in Fällen, wo ihm eine bestimmte Art der Verwendung des Erhaltenen oder einer selbstständigen Leistung zur Pflicht gemacht worden, zur Erfüllung des vorgeschriebenen Erfolgs bereits etwas verwendet, oder in Folge der beabsichtigten Ausführung des ihm ertheilten Auftrags einen Verlust gehabt, das Recht hat, das ihm Gegebene um den Betrag desjenigen zu mindern, was er in dieser Beziehung aufgewendet oder verloren hat –

sachgemäß. Die in

§. 34.[37]

enthaltene Bestimmung,

> daß der Condicent, soweit es ihm bestritten wird, nicht nur den Inhalt der Voraussetzung, so wie den Umstand zu beweisen hat, daß er seine Leistung, dem Empfänger erkennbar, von deren Eintritte abhängig gemacht habe, sondern auch, daß dieselbe nicht in der dadurch bestimmten Weise eingetreten sei –

so wie

> daß er von dem Beweise des zuletzt erwähnten Umstandes nur dann befreit ist, wenn sich aus dem erwiesenen Inhalte des Leistungsgeschäfts und der ihm zu Grunde liegenden Voraussetzung ergiebt, daß ihm das Recht zustand, den Eintritt der Voraussetzung selbst willkürlich zu hindern –

fand man, weil sie eine Entscheidung vielfach bestrittener Fragen enthalte, gegen das votum des Herrn [38]pp Dr. Ortloff, welcher diese Sätze schon nach allgemeinen Principien für selbstverständlich erachtete, und des Herrn pp Dr. Marschner, welcher dieselben zwar ebenfalls als richtig anerkannte, jedoch als rein processualische betrachtete, zur Aufnahme in das Gesetzbuch geeignet.

Im Betreff der Darstellung der Lehre von der

Rückforderung wegen unsittlichen oder unehrenhaften Grundes

– Nr. 4 der Vorlage –

überließ man es zunächst der Erwägung der Redactions-Commission, ob nicht dieselbe mit der Lehre von der Rückforderung wegen unrechten Grundes zu vereinigen sei, obwohl ein Unterschied insofern obwalte, [39]als die turpis causa stets eine futura, die injusta causa eine praeterita sei.

Anlangend

§. 35.

so legte man der Berathung die hierzu vom Herrn Referenten empfohlene, vom Herrn pp Dr. Sintenis vorgeschlagene Fassung:

> Was Jemand um eines künftigen Erfolgs willen unsittlicher Weise empfangen hat, kann der Geber, falls nicht auch das Geben aus jenem Grunde ein unsittliches war, zurückfordern, gleichviel ob der Erfolg eingetreten ist oder nicht –

zum Grunde. Man genehmigte diesen Satz, fand jedoch sachgemäß, den Fall, wo die turpitudo auf Seiten des Gebers ist, in Verbindung mit dem, wo Geber und Empfänger in turpitudine versi[40]ren, in einem besonderen Paragraphen, als § 36^b zu erwähnen, und dabei, daß in beiden Fällen keine Rückforderung statt findet, zu bestimmen. – Uebrigens ward der Redactions-Commission überlassen zu erwägen, ob nicht dem Worte:

> Erfolg

dieses:

> Umstand

oder ein ähnliches Wort zu substituiren sei.

Zum

> 1sten Satze

von

§. 36.

wonach

> eine Rückforderung des Gegebenen aus diesem Grunde /: propter turpitudinem accipientis :/ ins besondere dann stattfindet, wenn etwas gegeben worden ist, damit der Empfänger [41]eine gegen die Gesetze oder gute Sitten verstoßende Handlung nicht verübt, oder eine Handlung vornimmt, zu welcher er schon ohnedem rechtlich verbunden ist –

Kam zuvörderst die Angemessenheit desselben zu §. 887. flgd. des neu redigirten Entwurfs in Frage. Da die Ansichten über diesen Gegenstand nicht sofort zu vereinigen waren, so beschloß man denselben zu einer besonderen Berathung auszusetzen.

Der vom Herrn pp Dr. Heerwart gestellte, vom Herrn pp Dr. Marschner, so wie vom Herrn Referenten unterstützte Antrag, die Bedeutung des Wortes

> rechtlich

durch Vorsetzung der Worte:

> vermöge seines Amtes

zu beschränken, blieb in der Minorität.

Der 2te Satz, [42]wonach

> das Nehmen eines Lohnes für die Entdeckung und Anzeige eines Verbrechens nicht für unsittlich oder unehrenhaft anzusehen ist, ausgenommen, wenn derjenige, welcher das Verbrechen verübt oder daran Theil genommen, den Lohn erhalten hat –

fand keinen Widerspruch.

Ebenso genehmigte man die im

§. 37.

enthaltene Bestimmung,

> daß eine Unsittlichkeit oder Unehrenhaftigkeit auf Seiten des Gebers in allen Fällen anzunehmen ist, wo in der Absicht, eine gegen die Gesetze oder guten Sitten verstoßende Handlung zu befördern oder zu verdecken, oder den Empfänger zu verleiten, gegeben worden ist, insbesondere auch, wenn ein Verbrecher dafür etwas [43]giebt, daß sein Verbrechen nicht angezeigt oder entdeckt werden soll.

Die im

§. 38.

enthaltene Bestimmung, da für die Zulässigkeit der in Rede stehenden Condiction darauf nichts ankomme ob der Erfolg, wegen dessen gegeben worden, eingetreten ist, oder nicht, ward als bereits durch §. 35. gedeckt, in Wegfall gebracht dagegen

§. 39.

welcher besagt,

> daß für die Verbindlichkeit des Empfängers zur Rückgabe des Erhaltenen die Grundsätze im §. 33. ebenfalls maasgebend sind –

unter Berücksichtigung der zu §§. 32.33. gefaßten Beschlüsse genehmigt. Uebrigens ist zu bemerken, daß Herr pp Dr. Glöckner [44]am Votiren sich nicht beteiligt hat.

f) Lesung 1, Kommissionssitzung 151

[1]CLI.

Anwesend die Herren:|Oberappellationsger. Präsident Dr. von Langenn, Exc.|Oberappellationsger. Präs. Dr. Ortloff,|Geheimer Justizrath Dr. Heerwart,|Appellationsger. Präsident von Criegern,|Geheimer Rath, Oberappellationsrath Dr. Marschner,|Geheimer Finanzrath Dr. Glöckner,|Oberappellationsrath Siebenhaar,|Oberappellationsrath von König|und Appellationsgerichts-Vice-Präsident Dr. Schneider.

Dresden, den 31sten August 1858.

Nachdem Seine Excellenz der Herr Vorsitzende die Session [2]mit der Bemerkung eröffnet hatte, daß er dem ihm mehrseitig geäußerten Wunsche, daß nächsten Dienstag von dem Vortrage über die vom Königlichen Finanzministerium in Betreff der Geldleistungen gemachte Vorlage noch abgesehen werden möge, statt gegeben habe, und daher den Weg, an welchem dieser Gegenstand auf die Tagesordnung zu bringen sei, den Herren Commissionsmitgliedern seiner Zeit bekannt machen werde, ward, bei Fortsetzung der Berathung, in Frage gestellt, ob nicht zu den in der Vorlage behandelten Fällen der condictio ob turpem causam, in welchen etwas Hingegebenes zurückgefordert werde, der davon verschiedene Fall, wo etwas turpiter nur versprochen worden, nachzutragen und dabei auszu[3]sprechen sei, daß der Promissar, deshalb kein Forderungsrecht habe. Es fand jedoch die Majorität, gegen die vota des Herrn Vorsitzenden und der Herren pp Dr. Ortloff und pp von König, die Aufnahme eines derartigen Satzes deshalb entbehrlich, weil derselbe schon durch die Schlußbestimmung des §. 803. des neuredigirten Entwurfs getroffen werde.

Dagegen genehmigte man, daß zu

§. 37.

der Fall nachgetragen werde, wenn Jemandem etwas gegeben wird, damit er eine Handlung unterlasse, zu deren Unterlassung er ohnedem verpflichtet ist, und überließ es dem Ermessen der Redactionscommission, ob wie in dem umgekehrten, im §. 36. er[4]-wähnten Falle, wenn etwas gegeben worden, damit der Empfänger eine Handlung vornehme, zu welcher er ohnedem verpflichtet ist, die fragliche Verpflichtung des Empfängers als eine

„ohnedem rechtlich begründete"

zu bezeichnen sei. Herr pp Dr. Marschner dissentirte gegen die Aufnahme dieses Satzes überhaupt, indem er es für selbstverständlich betrachtete, daß sich in dem fraglichen Falle eine turpitudo dantis an den Tag lege.

Endlich war man einstimmig der Ansicht, daß der Ausdruck

unehrenhaft

sowohl in der in Rede stehenden Rubrik, als in den zu derselben gehörenden Paragraphen vermieden werde.

[5]Anlangend die Lehre von der

Rückforderung wegen unrechten Grundes

/: Nr. 5 der Vorlage :/ so ward, was zunächst dieses rubrum betrifft, der Redactions-Commission überlassen, einen anderen Ausdruck für

„unrechten"

zu ermitteln, und hiernächst zu

§. 40.

wonach, – Satz 1 –

> wenn Jemand durch eine rechtswidrige Handlung einen Vermögensvortheil erlangt, derjenige, welcher dadurch einen Vermögensverlust erlitten hat, das auf diese Weise Verlorene zurückfordern kann –

ebenfalls der Redactions-[6]Commission die Ermittelung einer Fassung überlassen, welche schärfer hervorhebe, daß die rechtswidrige Handlung eben von Demjenigen unternommen worden sein mußte, welcher dadurch auf Kosten des Andern einen Gewinn gemacht hat, etwa in dieser Maaße:

Hat Jemand durch Ausübung einer rechtswidrigen Handlung pp

Anlangend die Frage, welche Handlungen unter den als „rechtswidrig" prädicirten zu verstehen seien, so ward darauf hingewiesen, daß mit Rücksicht auf den Zweck der condictio ex injusta causa, eben nur das Verlorene wieder zu erlangen, solche strafbare Handlungen, welche die Verpflichtung zu vollem Schadensersatz im Gefolge haben,

[7]unter dieser Kategorie nicht in Betracht kommen, wie denn fragliche Condiction nach ihrer, wie angegeben, beschränkten Tendenz, nur als eine aushülfliche Klage für solche Fälle, für welche nicht ein günstigeres Rechtsmittel gegeben ist, anzusehen sei. Als dergleichen hierher gehörige Fälle wurden insbesondere erwähnt, wenn Jemand aus einem auf Zahlung wucherlicher Zinsen gerichteten Vertrage, oder aus einem abgezwungenen Versprechen etwas geleistet habe. Gegen die hierauf von der Commission im Materiellen und salva redactionis beschlossene Annahme des Paragraphen erklärte Herr pp Dr. Heerwart, welchem der Begriff „rechtswidrige Handlung" zu vag erschien, als daß [8]dieselbe zur Grundlage einer besonderen Klage gemacht werden könnte, da entweder ein Verbrechen oder eine turpis causa oder eine causa civiliter reprobata in Frage, im ersteren Falle aber die unten im 5ten Abschnitt abgehandelten Delictsklagen, im zweiten Falle die condictio ex turpi causa, im letzteren, wenn errore geleistet worden, die condictio indebiti gegeben außerdem aber eine donatio anzunehmen sei, seinen Dissens, und war der Meinung, daß der ganze Paragraph wegbleiben könne.

Der 2te Satz, wonach

> Inhalt und Umfang dieses Rückforderungsrechts nach den im §. 33. angegebenen Grundsätzen zu beurtheilen ist –[9]

ward als eine Zurückverweisung auf die Grundsätze von der Condictio indebiti, und die darnach zu machende Unterscheidung, je nachdem der Empfänger sich in bona oder mala fide befunden, genehmigt.

Uebrigens ward nunmehr definitiv beschlossen, die Grundsätze über die condictio ex injusta causa mit denen über die condictio ex turpi causa gemeinschaftlich unter der Rubrik:

> Rückforderung wegen unrechtlichen oder unsittlichen Grundes

– salva redactione im Betreff des Wortes „unrechten" – und zwar in der Weise vorzutragen, daß dabei die turpis causa auch als praeterita aufgefaßt werde.

Anlangend die Lehre von der[10]

Rückforderung wegen Mangels jeden Grundes

– No. 6 der Vorlage – so ward

§ 41.

wonach,

> wenn entweder gleich Anfangs ohne einen rechtsgenügenden Grund oder zwar wegen eines Grundes, aber wegen eines solchen, welcher später weggefallen ist –

wofür der Herr Referent folgende Fassung vorschlug:

> > „oder zu einem blos vorübergehenden, wieder weggefallenen Zwecke"–

> etwas gegeben worden, der Geber das Recht hat, das Gegebene von dem Empfänger zurückzufordern –

im Wesentlichen und salva redactione angenommen.

Man beschloß hiernächst zu

§§ 42. 43.

[11]der ersten der im §. 41. erwähnten Kategorieen, im Wesentlichen in Uebereinstimmung mit der Vorlage, diejenigen Fälle, wenn ein Grund zur Leistung überhaupt factisch nicht vorhanden war, wenn aus einem nichtigen Geschäfte etwas geleistet worden, und

wenn der Zweck, zu welchem etwas geleistet worden, rechtlich unmöglich ist, zuzuweisen – /: §. 42. :/, unter der zweiten Kategorie aber zunächst im Allgemeinen des Falles, wenn die früher vorhandene causa später weggefallen ist, zu gedenken und dann hinzuzufügen, daß insbesondere hierher gehöre, wenn aus einem anfechtbaren Geschäfte etwas geleistet worden, und – worauf die Vorlage in den Worten:

ein Schadensersatz, bis das Verlorene wiedergefunden,

hinweist – wenn die Verbindlichkeit zur Rückerstattung eines geleisteten Scha[12]densersatzes dadurch begründet ist, daß der Empfänger den betreffenden Gegenstand wieder erlangt hat / §. 43. /

In Bezug auf die dieser letzteren Kategorie angehörigen Fälle beschloß man nur soviel auszusprechen, daß die condictio angestellt werden könne, sobald die Anfechtung des Geschäfts, aus welchem die Leistung statt gefunden, wirksam geworden ist; die Ausnahme, wenn ein anfechtbares Geschäft wissentlich erfüllt worden, glaubte man im Hinblick auf §. 103. des neuredigirten Entwurfs mit Stillschweigen übergehen zu können. Die in der Vorlage §. 43. sonst noch aufgeführten Specialitäten, daß ein Draufgeld, wenn der Vertragsgegenstand übergeben, ein Schuldschein, wenn gezahlt worden, und eine zum Nießbrauche gegebene Menge, wenn der Nießbrauch er[13]loschen ist, mit der condictio sine causa zurückgefordert werden könne, ließ man unerwähnt, weil in diesen Fällen die Rückforderung ebensowohl durch ein nichtiges, als durch ein anfechtbares Geschäft bedingt sein könne.

Anlangend die Lehre von der

Forderung wegen Verwendung in den Nutzen und wegen Bereicherung

/: Nr. 7 der Vorlage :/

so erfolgte zunächst, was die versio in rem betrifft, eine ausführliche Besprechung über die allgemeinen Voraussetzungen, unter welchen der Mitcontrahent eines Stellvertreters gegen den Vertretenen einen Anspruch auf das, was aus dem Contracte in des Vertretenen Nutzen verwendet worden, habe, in [14]welcher Beziehung der Herr Vorsitzende, im Anschluß an das Historische über diese Lehre, die rechtliche oder auch factische Unmöglichkeit, in welcher sich der Dritte befinde, von seinem Mitcontrahenten Erstattung dessen, was dieser aus dem Geschäfte von ihm erhalten, wodurch aber zugleich ein Anderer Nutzen gezogen, zu erlangen, erwähnte, Herr pp Dr. Marschner im Allgemeinen schon in dem Satze, daß Niemand mit dem Schaden des Andern sich bereichern dürfe, Erklärungsgrund für die Verbindlichkeit ex in rem verso fand, Herr pp Dr. Schneider endlich ebenso wie der Herr Referent für erforderlich achtete, daß der Vertreter einen Anspruch gegen den Vertretenen wegen dessen, was den Gegenstand der actio in rem verso des Dritten bildet, haben [15]müsse, wobei jedoch voraus gesetzt werden müsse, daß er denselben nicht selbst geltendmache. Unter diesen Ansichten ward von der Mehrzahl die erste und die dritte, welche man als im Wesentlichen zusammentreffend betrachtete, adoptirt.

Demnächst unterschied man, um die Stellung zu ermitteln, welche den auf eine Nutzverwendung gegründeten Ansprüchen des Mitcontrahenten eines Stellvertreters gegen den Vertretenen im Rechtssysteme einzuräumen sei, in welcher Weise der Stellvertreter – sei es ein freiwilliger /: negotiorum gestor oder Mandatar :/ oder ein gesetzlicher Vertreter – bei Abschluß des Geschäftes, aus welchem ein Anspruch gegen den Vertretenen erhoben werden soll, aufgetreten sei,

Was zuerst den Fall betrifft, wo der [16]Vertretene blos suo nomine gehandelt hat, so nahm man an, daß, wenn der Vertreter das, was er aus dem Geschäft mit dem Dritten erlangte, dem Vertretenen überlassen hat, hierdurch der Vertrag zwischen dem Vertreter und dem Dritten auch dem Vertretenen gegenüber insoweit Gültigkeit gewinne, daß der Dritte soviel, um wie viel der Vertretene aus dem Geschäfte bereichert worden, von diesem condiciren könne. Man faßte jedoch diesen Fall als eine Modification des im §. 808 des neu redigirten Entwurfs erwähnten Verhältnisses auf, und beschloß denselben in einer zur Zeit noch vorbehaltenen Redaction dort einzuschalten.

Den zweiten Fall anlangend wenn der Stellvertreter innerhalb des Kreises seiner Befugnisse gehandelt hat, so war man [17]darüber einverstanden, daß von einem Anspruche ex versione in rem nicht die Rede sein könne, indem hier für den Mitcontrahenten des Vertreters die gewöhnliche Contractsklage gegen den Vertretenen begründet sei.

Den dritten Fall endlich, wenn der Stellvertreter zwar als solcher auftrat, aber seine Befugnisse überschritt, betrachtete man als einen solchen, wo allerdings, wenn der Vertretene das Geschäft nicht genehmigt, dem Mitcontrahenten des Vertreters das Recht der Zurückforderung dessen, was aus dem Geschäfte in den Nutzen des Vertretenen verwendet worden, gegen den Letzteren unzweifelhaft zustehe, für dieses Recht aber nicht den Gesichtspunct der versio in rem, sondern den der condictio [18]sine causa maaßgebend, und daher diesen Fall durch die Grundsätze über die letztgedachte Lehre gedeckt.

Wie durch diese Beschlüsse die in der Vorlage

§§. 45. 46.

enthaltenen besonderen Vorschriften über die versio in rem in Wegfall gelangten, so fand ein Gleiches hinsichtlich der ebendaselbst

§§. 47.–53.

aufgestellten Sätze über die Bereicherung statt, da man den Begriff derselben an und für sich allein, nicht im Allgemeinen, sondern nur in speciellen Fällen als einen ausreichenden Grund für Ansprüche dessen erachtete, welcher einen Schaden erlitten, daß aus seinem Vermögen [19]dasjenige eines Andern einen Zuwachs erhalten; wie denn auch der Herr Referent bemerkte, daß er die gedachten Paragraphen nur für den Fall der Commission vorgelegt habe, wenn, gegen seine eigne Ansicht, das Princip der Bereicherung schon an sich und im Allgemeinen als ein, den Bereicherten zur Herausgabe des Gewonnenen verpflichtendes Moment angesehen werden sollte.

Von specieller Aufzählung der Fälle, in welchen, daß eine Bereicherung statt gefunden, anzunehmen sei, sah man ab, da es sich dabei nur um quaestiones facti handle, dagegen beschloß man die im

§. 48.

angedeuteten Verhältnisse, in welchen die als [20]Bereicherung prädicirte Vermehrung des Vermögens einer Person nicht eine rechtliche oder erwartete Folge eines von ihr geschlossenen Rechtsgeschäfts ist, sondern in einem sonst eingetretenen nicht von ihr herbeigeführten Umstand ihren Grund hat, – wofür man den Fall rechnete, wenn Jemands Eigenthum durch Naturereignisse auf des Andern Grund und Boden gestellt worden, oder ein Stellvertreter ohne alle Befugniß aus des Principals Vermögen etwas weggab und der Inhaber /: Empfänger :/ sich der Herausgabe weigert, – bei der condictio sine causa, unter welcher bloß solche Fälle bisher erwähnt seien, wo durch eine Hingabe die Klage begründet worden, nachträglich aufzuführen, und daß solchenfalls [21]ein Zurückforderungsrecht begründet sei, auszusprechen. Daß, wenn die Sache selbst noch vorhanden, dieselbe vindicirt werden könne, wollte man nicht besonders erwähnen.

Hiernach erledigten sich auch die im §. 53. ertheilten besonderen Vorschriften über die Beweislast. Uebrigens wies der Herr Vorsitzende noch darauf hin, daß allenthalben, wo

Sätze, die mit den jetzt formell aus dem Systeme herausgewiesenen Lehren zusammenhängen, aufgestellt würden, die Wirkung, welche das Römische Recht mit den bekannten Worten, ut duret versum, verbinde, in der Fassung angedeutet werde.

Man wendetet sich hiernächst zur Lehre von der Schenkung

[...Text bis zum Sitzungsende ausgelassen...]

g) Lesung 2, Kommissionssitzung 239

[1]CCXXXIX.

Anwesend die Herren|Oberappellationsgerichts-Präsident Dr. von Langenn, Excell|Oberappellationsger. Präsident Dr. Ortloff,|Geheimer Justizrath Dr. Heerwart,|Oberappellationsgerichts-Präsident von Criegern,|Geheimer Rath, Oberappell. Rath Dr. Marschner,|Appellationsgerichts-Präsident Dr. Schneider,|Geheimer Finanzrath Dr. Glöckner| Geheimer Justizrath Siebenhaar|Oberappellationsrath von König|und Geheimer Kriegsrath Teucher.

Dresden, den 8ten Mai 1860.

[...Text ausgelassen...][42]

Die Unterabtheilungen der Rubrik:

Vierter Abschnitt.

Forderungen aus verschiedenen Gründen.

wurden mit Römischen [43]statt mit deutschen Ziffern bezeichnet.

§. 1517. behielt die Fassung des Entwurfs.

Zu §. 1518. setzte man: „gleich" statt: „einerlei"

Die §§. 1519.–1524. fanden in den Fassungen des Entwurfs Annahme.

Zu §§. 1525. 1526. setzte man: „Vorschriften" statt: „Grundsätze"

Die §§. 1527. – 1531. wurden in den Fassungen des Entwurfs genehmigt.

[44]In § 1532. strich man das Wort „vorliegenden"

Die §§. 1533.–1535. behielten die Fassung des Entwurfs.

Zu §. 1536. setzte man: „Vorschriften" statt: „Grundsätzen" und citirte: §§. 1524–1529.

Zu §. 1537. – Satz 1 – wurden auf Antrag des Herrn pp D. Schneider, um die im Eingange von §. 1532. ersichtlichen Alternativen zu treffen, die Worte „er" „gemacht hat" und „daß" gestrichen.[45]

Die §§. 1538.–1543. fanden in der Fassung des Entwurfs Annahme.

Es ward übrigens bemerkt, daß es außer den in §. 1539. erwähnten Fällen keine gebe, in welchen turpitudo folius accipientis vorhanden sei, und daher die in Antrag gekommene exemplificative Fassung des Paragraphen abgelehnt.

Zu §. 1544. setzte man: „Vorschriften" statt: „Grundsätze" und citirte: „1524.–1529.

Die §§. 1545.–1547. behielten die Fassung des Entwurfs.

Der Antrag des Herrn pp Dr. Heerwart, das Rückforderungsrecht bezüglich des zu einem unmöglichen [46]Zwecke Geleisteten bei der condictio sine causa von der Unbekanntschaft des Leistenden mit der Unmöglichkeit des Zweckes in ähnlicher Weise wie bei der condictio ob causam datorum bei §. 1534. Satz 4. abhängig zu machen, ward abgelehnt, weil es bei der condictio sine causa eben nur darauf ankomme, zu bestimmen, welche Folgen die Thatsache des Gebens – an sich und objectiv betrachtet – habe, wobei die Scientia oder ignorantia des Gebers als ein das Wesen des auf Rückforderung gerichteten Anspruchs gar nicht berührendes Moment erscheine, daher aber auch processualisch, wenn sich der Beklagte /: Empfänger ./ auf Kenntniß des Klägers von der Unmöglichkeit des Zweckes beziehe, und aus diesem Grunde eine Schenkung behaupte, die Geltendmachung [47]dieses subjectiven Moments in das Gebiet der Ecxceptionen gehöre.

Zu §. 1548. setzte man: „in §§. 1545.–1547." statt: „der vorstehenden §§." und „Vorschriften" statt: „Grundsätze"

Das Citat ward in dieser Maaße bewirkt: „§§. 1524.–1529."

[...Text bis zum Sitzungsende ausgelassen...]

3. Protokolle der Redaktionskommission

Standort: Sächsische Landesbibliothek Dresden; Sig. Hist. Sax. K. 35b

5 Bände, Bd. 1: Sitzung 1–15, 2: 16–52, 3: 53–61, 4: 62–72, 5: 73–83.

Anmerkung: Ein Exemplar befand sich in der Reichsgerichtsbibliothek unter der Signatur KU 4630 (?), es ist aber heute nicht mehr am Bundesgerichtshof in den Beständen des Reichsgerichts zu finden; vgl. den Katalog der Reichsgerichtsbibliothek, Bd. 2 (1892), Sp. 584 f.

a) Kommissionssitzung 50

L.,

Anwesend die Mitglieder der Redactions-Commission, Herren:|Oberappellationsgerichts-Präsident pp Dr. von Langenn, Excellenz, Vorsitzender,|Oberappellationsgerichts-Präsident Dr. Ortloff,|Geheimer Rath, Oberappellationsrath Dr. Marschner,|Oberappellationsrath Siebenhaar, Referent,|Appellationsgerichts-Vicepräsident Dr. Schneider.

Dresden, den 16. November 1858. [...Text ausgelassen...]

Anlangend

2., die Rückforderung wegen Leistung einer Nichtschuld,||

so wählte man, um anzudeuten, daß der Begriff des indebitum nicht auf den Fall der Erfüllung einer – vermeintlichen – Forderung beschränkt sei, sondern auch auf Leistungen außerhalb obligatorischer Verhältnisse Anwendung leide, zu

§. 15.

folgende Fassung:

Wer einem Andern etwas leistet, was er zu leisten nicht schuldig war, kann das Geleistete von dem Empfänger zurückfordern, wenn er in der irrigen Meinung stand, zu der Leistung verpflichtet ||zu sein.

Die nachfolgenden drei Paragraphen wurden in folgender Redaction:[27]

§. 16.

Es ist einerlei, ob der Empfänger überhaupt nicht auf die Leistung berechtigt oder ob sein Recht auf dieselbe vor der Zeit wieder erloschen war. Wird der Empfänger nach erfolgter Leistung auf dieselbe noch berechtigt, so kann das Geleistete nicht von ihm zurückgefordert werden.

§. 17.

Bei blos vorzeitigen Leist||ungen findet keine Rückforderung statt, wohl aber wenn bedingte Verpflichtungen vor Eintritt der Bedingung erfüllt werden.

§. 18.

Wer eine verjährte Forderung erfüllt, kann das Geleistete nicht zurückfordern.

angenommen.

Darüber, ob und inwieweit es der im

§. 19.

enthaltenen Exemplification von Gegenständen, deren unter der im §. 15. enthal||tenen Voraussetzung erfolgte Leistung den Anspruch auf Rückforderung begründet, bedürfe, oder ob dieselbe durch §§. 23. flgd. verüberflüssigt werde, behielt man sich die Entschließung bis zur Berathung dieser Paragraphen vor.

Die über den die Zulässigkeit der condictio indebiti bedingenden Irrthum in das Gesetzbuch aufzunehmenden Sätze redigirte man zu

§. 20.

folgendergestalt:

Die Rückforderung setzt ||voraus, daß der Leistende sich in einem entschuldbaren Irrthum über das Vorhandensein der Verbindlichkeit befunden hat, gleichviel ob der Irrthum Thatsachen oder Rechtssätze betrifft. Dem Irrthume steht der Zweifel gleich, wenn nicht Verzicht auf die Leistung der Verbindlichkeit oder die Absicht sich zu vergleichen vorliegt.

Daß Erfüllung einer Schuld in dem Bewußtsein, dieselbe bestehe nicht, die Rückforderung ausschließt, ausgenommen, wenn letztere bei der Leistung dem Empfänger gegenüber vorbehalten wor||den, fand man sowohl was die Regel als was die Ausnahme betrifft, selbstverständlich, und sah daher – insoweit von dem Beschluß der Revisions-Commission im Prot. CL. S. 3 flgd. abweichend – von Aufnahme dieses Satzes in das Gesetzbuch ab.

§. 21.

erhielt folgende Redaction:

Eine Rückforderung findet auch statt, wenn Jemand an einen Andern, als den Berechtigten leistet in der irrigen Meinung, daß der Andere der Berechtigte sei, ingleichen wenn Jemand, ||der nicht verpflichtet ist, die einem Andern obliegende Lei-

---

[27] Randbemerkung: cf. Prot. CL.

stung bewirkt in der irrigen Meinung, selbst der Verpflichtete zu sein. Wer jedoch im Namen des Verpflichteten etwas leistet, in der irrigen Meinung, hierzu verpflichtet zu sein, kann das Geleistete nur von demjenigen, in dessen Namen er leistete, zurückfordern.

Man fand angemessen, auch in dem im 1sten Satze an die Spitze gestellten Falle das Rückforderungsrecht an die Voraussetzung eines Irrthums in Ansehung der Person des Berechtigten zu knüpfen, ||um dem außerdem möglichen Mißverständnisse vorzubeugen, es könne eine Leistung, wenn sie an einen Andern, als den Berechtigten unter Verhältnissen, in welchen nach dem 2ten Satze von §. 699. die Wirkungen der Erfüllung eintreten, bewirkt worden, auch ohne Berufung auf error condicirt werden.

§. 22.

war in folgender Redaction angenommen:[28]

Hat Jemand statt des Gegenstandes der Schuld einen andern, oder statt ||einer blos der Gattung nach geschuldeten Sache eine dem Stücke nach bestimmte Sache, oder bei einer wahlweisen Verbindlichkeit einen der geschuldeten Gegenstände in der Meinung, gerade diesen schuldig zu sein, geleistet, so ist er berechtigt, das Geleistete gegen Erfüllung seiner Verbindlichkeit zurückzufordern. Hat Jemand bei einer Verbindlichkeit, bei welcher ihm die Wahl zwischen mehreren Gegenständen zukommt, alle oder mehrere wahlweise geschuldete Gegenstände geleistet, so steht ihm das Recht zu, die Gegenstände zu wählen, welche er zurückfordern ||will.

Herr pp Dr. Marschner wünschte, was den letzten Satz anlangt, das dem Leistenden zuzusprechende Recht dahin bestimmt,

daß ihm die Wahl zustehe, welche Gegenstände er überlassen, und welche dagegen er zurückfordern will,

Man fand jedoch das hiermit angedeutete Sachverhältniß durch die adoptirte Fassung der Vorlage ohnehin schon mitgetroffen.

§. 23.

war folgendergestalt ||redigirt:

Der Anspruch wegen Leistung einer Nichtschuld geht auf Rückgabe desjenigen, was ohne Verbindlichkeit geleistet worden ist.

Anlangend die in den §§. 24. flgd. enthaltenen Bestimmungen darüber, was nach Verschiedenheit der Verhältnisse vom Empfänger eines indebitum zurückzugeben sei, so beschloß man den Fall, wenn der Empfänger sich in bösem Glauben befand – §. 29. – in einer noch festzustellenden Fassung voranzustellen, und in §§. 24. flgd. ||den Gegensatz ausdrücklich hervorzuheben. Was nun den Fall der bona fides des Empfängers anlangt, so nahm man an, daß, abgesehen davon, daß bei Fungiblien an die Stelle des geleisteten Stückes das tantundem tritt, hinsichtlich der Frage, ob und was zu restituiren sei, völlig gleiche Grundsätze, möge eine species oder eine quantitas indebiti geleistet worden sein, und daher insbesondere, wenn die eine oder die andre vom Empfänger veräußert oder verzehrt worden, nur der Gesichtspunct der noch fortdauernden Bereicherung des Empfängers ||für die Verbindlichkeit des Letzteren als maaßgebend betrachtet worden könne. Man fand für diese Gleichstellung individuell bestimmter und vertretbarer Sachen die Hinweisung darauf, daß es sich bei der Rückforderung um „zum Eigenthum hingegebene Sachen" handele, als den bezeichnenden Ausdruck. Hierauf ward, und zwar, da man

---

[28] Randbemerkung: cf. Prot. CL.

der Ansicht war, daß es, aus dem angenommenen Gesichtspunkt der Bereicherung einer besonderen Bestimmung, daß der Empfänger zur Entrichtung von Zinsen blos soweit, als er ||dergleichen gezogen, verbunden sei, nicht bedürfe, unter Wegfall von §. 25., dem

§. 24.

folgende Fassung:

Sind zum Eigenthum hingegebene Sachen Gegenstand der Rückforderung, so hat der Empfänger in gutem Glauben dasjenige sammt Zuwachs zurückzugeben, was er noch hat. Zufälligen Untergang der Sache befreit ihn von der Verbindlichkeit zur Rückgabe. Hat er die Sachen veräußert oder verzehrt, so haftet er für den Betrag, um welchen er zur Zeit der Rückforderung bereichert ist. Rücksichtlich ||der Verbindlichkeit zur Erstattung der aus der Sache gezogenen Früchte, ingleichen des Rechtes auf Ersatz der auf die Sache gemachten Verwendungen kommen die Grundsätze bei der Eigenthumsklage in Anwendung. –

gegeben.

b) Kommissionssitzung 51

LI.,

Anwesend|die Mitglieder der Redactions-Commission, Herren:|Oberappellationsgerichts-Präsident Dr. von Langenn, Excellenz, Vorsitzender,|Oberappellationsgerichts-Präsident Dr. Ortloff,|Geheimer Rath, Oberappellationsrath Dr. Marschner,|Oberappellationsrath Siebenhaar, Referent, und|Appellationsgerichts-Vice-Präsident Dr. Schneider.

Dresden, den 18. November 1858.

[...Text ausgelassen...]

Man setzte hierauf die Berathung über die Restitutions||verbindlichkeit dessen, der eine Leistung indebite empfangen, fort, und gab, um schärfer hervorzuheben, daß mir das durch den Genuß des Gebrauchs oder der Dienste wirklich „Ersparte" – soviel als für ein wirkliches Bedürfniß in dem Maaße, als dessen Befriedigung erheischte, ex propriis verwendet worden sein würde – zurückzuerstatten sei, dem

§. 26.

folgende Fassung:[29]

Wurde der Gebrauch einer Sache überlassen oder ||wurden Dienste geleistet, so kann nur im Falle eines Bedürfnisses des Empfängers und nur soviel, als er seinem Bedürfnisse entsprechend für den Gebrauch oder die Dienstleistungen aufgewendet haben würde, erstattet verlangt werden.

§. 28.

welchen man dem §. 27 voranzustellen angemessen fand, erhielt folgende Redaction:

[29] Randbemerkung: cf. Prot. CL.

Bei Bestellung von Rechten an Sachen und Uebernahme von Verbindlichkeiten kann Befreiung von dem Rechte oder der Verbindlichkeit und Rück||gabe der darüber ausgestellten Urkunden oder sonstiger Sicherungsmittel verlangt werden.

Herrn pp Dr. Marschner war der Ansicht, daß es neben den „Urkunden" nicht noch der Erwähnung „sonstiger Sicherungsmittel" z. B. Bürgen, Pfänder, bedürfe, weil das Erforderliche schon durch die Worte: „Befreiung von dem Rechte oder Verbindlichkeit" gedeckt sei.

§. 27.

war folgendergestalt gefaßt:||

Wurde ein Anspruch aufgegeben, so ist das frühere Rechtsverhältniß wieder herzustellen. Quittungen, welche ertheilt wurden, sind zurückzugeben.

§. 29.,

welchen man, wie bereits in der letzten Sitzung vorbehalten worden, hinter §. 24. zu versetzen beschloß, erhielt folgende, dieser Umstellung entsprechende Redaction:

Befindet sich der Empfänger in bösem Glauben, so kommen die Grundsätze von der Entwendung ||zur Anwendung.

§. 30.

ward in der Fassung der Vorlage:

Die Klage auf Rückerstattung gezahlter nichtschuldiger Zinsen verjährt in drei Jahren von Zeit der Zahlung an.

angenommen.

Die in

§. 31.

enthaltenen Bestimmungen über die Beweislast bei der condictio indebiti redigirte man folgender||gestalt:[30]

Wenn der wegen Leistung einer Nichtschuld belangte Beklagte die Leistung ableugnet, so hat der Kläger blos diese zu beweisen und es wird, wenn sie dargethan ist, das Nichtbestehen eines Rechtes auf die Leistung und Irrthum bei derselben so lange vermuthet, bis der Beklagte das Gegentheil darthut. Gesteht der Beklagte die Leistung zu, so hat der Kläger das Nichtbestehen des Rechts auf dieselbe zu beweisen, der Irrthum wird bis zum Beweise des Gegentheils vermuthet.

Was||

3. die Rückforderung des unter Voraussetzung eines künftigen Ereignisses Geleisteten

anlangt, so beschloß man fortan die causa nicht durch „Erfolg" oder „Umstand" sondern durch den Ausdruck „Ereigniß" zu bezeichnen.

§. 32.

erhielt folgende Redaction:

[30] Randbemerkung: cf. Prot. CL.

Hat Jemand etwas geleistet unter der ausdrücklich erklärten oder aus den vorliegenden Verhältnissen sich erge||benden Voraussetzung eines künftigen Ereignisses, so kann er, wenn das Ereigniß nicht eintritt, das Geleistete von dem Empfänger zurückfordern.

Daß die causa eine honesta sein müsse erachtete man, weil der tenor der folgenden Paragraphen dies von selbst ausreichend erkennen lasse, besonderer Erwähnung bei Characterisirung der condictio ob causam datorum nicht bedürftig.

Für unnöthig erachtete man auszusprechen, daß als Vermögensverminderung, ||wegen deren die condictio causa data causa non secuta statt habe, jede der im §. 19. angegebenen Leistungen gelte, weil theils die dort für Fälle der condictio indebiti aufgeführte Exemplification, somit überhaupt die einzelnen Punkte geeignet erscheinen, Gegenstand besonderer Bestimmungen zu werden, was man hinsichtlich der Ueberlassung des bloßen Besitzes nicht anerkannte, wie man nun definitiv beschloß, als durch die zu §§. 23. flgd. ertheilten Vorschriften verüber||flüssigt, in Wegfall zu bringen sei, theils aber auch der fragliche Satz durch die im Eingange von §. 37. geschehene Bezugnahme auf die Sätze über die condictio indebiti sich als entbehrlich darstellt. – Man beschloß daher §. 33. zu streichen.

§. 34.

ward folgendergestalt:

Die Hingabe darf weder in Folge eines verpflichtenden Schuldverhältnisses geschehen sein, noch unter den Gesichtspunkt einer Schenkung ||fallen.

und

§. 35.

in dieser Maaße:

Das Recht der Rückforderung des Geleisteten entsteht in dem Augenblick, wo sich der Nichteintritt des Ereignisses entscheidet. Es ist gleich, ob der Grund des Nichteintrittes des Ereignisses in einer Verschuldung des Empfängers oder in einem Zufall liegt. Besteht die Voraussetzung in einer von dem Empfänger zu bewirkenden Gegenleistung, so ist die Rückforderung ausge||schlossen, wenn ihm dieselbe ohne seine Verschuldung unmöglich wird. War das vorausgesetzte Ereigniß von Anfang an unmöglich, so findet eine Rückforderung nur dann statt, wenn der Geber die Unmöglichkeit nicht kannte.

redigirt.

Was den 3. Satz anlangt, so kam in Frage, ob die Worte „von dem – Gegenleistung" der auch für die Fassung unbedingt maaßgebenden Rücksicht auf die wesentliche Verschiedenheit der hier in Rede stehen||den Rechtsverhältnisse von zweiseitigen Verträgen, in gleichem Maaße, wie die von der Vorlage gebrauchte Wendung „dem Empfänger auferlegten selbstständigen Leistung" entsprächen. Man erachtete jedoch dieses Bedenken durch den die Einseitigkeit der fraglichen Verhältnisse ausreichend bekundenden Inhalt der folgenden Paragraphen für gehoben.

§. 36.

ward in dieser Maaße:[31]

[31] Randbemerkung: cf. Prot. CL.

Hat der Geber den Eintritt des Ereignisses ||verhindert, so kann er das Geleistete nicht zurückfordern, ausgenommen, wenn aus den Umständen des einzelnen Falles erhellt, daß ihm das Recht zustehen solle, den Eintritt des Ereignisses willkührlich zu verhindern.

und

§. 37.

folgendergestalt:[32]

Die Verbindlichkeit des Empfängers zur Rückerstattung des wegen eines künftigen Ereignisses Geleisteten ist nach den Grundsätzen in §§. 23. flg. zu beurtheilen. Hat der Empfänger in den ||Fällen, wo ihm eine bestimmte Zeit der Verwendung des Erhaltenen oder eine Gegenleistung zur Pflicht gemacht worden ist, etwas aufgewendet oder einen Verlust gehabt, so ist er berechtigt, das Empfangene um den Betrag des Aufwandes oder Verlustes zu mindern.

redigirt.

Die im

§. 38.

enthaltenen Bestimmungen über die Beweislast bei der condictio ob causam faßte man in folgenden Satz:[33]||

Der Rückfordernde hat zu beweisen, daß er seine Leistung von dem Eintritte des Ereignisses abhängig gemacht hat, und daß dasselbe nicht eingetreten ist. Von dem Beweise des letzteren Umstandes ist er befreit, wenn ihm nach der Natur des einzelnen Falles das Recht zusteht, den Eintritt des Ereignisses selbst willkührlich zu verhindern.

Anlangend

4, die Rückforderung wegen unsittlichen oder unrechtlichen Grundes,

so vertheilte man die in §. 39. enthaltenen Sätze in 3. Para||graphen, welche man folgendergestalt redigirte:

§. 39.

Was Jemand um eines künftigen Ereignisses willen unsittlicher Weise empfangen hat, kann der Geber, fall nicht auch das Geben eine Unsittlichkeit enthält, zurückfordern, gleichviel ob das Ereigniß eingetreten ist oder nicht.

§. 39. b.

Eine Unsittlichkeit auf Seiten des Empfängers ist anzunehmen, wenn er etwas erhält, damit er eine gegen die Gesetze oder ||guten Sitten verstoßende Handlung nicht verübe, oder eine Handlung vornehme, zu welcher er ohnehin rechtlich verpflichtet ist.

§. 39. c.

Das Nehmen eines Lohnes für die Entdeckung und Anzeige eines Verbrechens ist nicht für unsittlich zu halten, ausgenommen wenn derjenige den Lohn erhält, welcher das Verbrechen verübt oder an demselben Theil genommen hat.

---

32 Randbemerkung: cf. Prot. CL.

33 Randbemerkung: cf. Prot. CL.

Was den Ausnahmefall betrifft, so verkannte man zwar nicht, daß Staatsbehörden, wenn von ihnen die ||Aussetzung einer Prämie für Entdeckung und Anzeige eines Verbrechens ausgeht, allerdings unbedenklich dem sich selbst anzeigenden Thäter oder Theilnehmer die Verabreichung der Prämie versagen können, dagegen aber dann in eine etwas zweideutige Lage kommen, wenn sie die an den Anzeigenden, dessen Theilnahme erst später an den Tag kommt, bereits verabfolgte Prämie zurückfordern wollen. Man entschied sich jedoch schließlich, wiewohl unter Dissens des Herrn pp Dr. Marschner, für die Ansicht, daß der ||einigermaaßn widrige Schein, welcher solchenfalls die zurückfordernde Behörde treffe, der Stellung der Letzteren dem Verbrecher gegenüber verschwinde, und daher den Wegfall einer im öffentlichen Interesse so nothwendigen Bestimmung, wie die in Frage befangene, keineswegs rechtfertigen würde.

Die im §. 40. enthaltenen Sätze wurden in 2. Paragraphen, welche man folgendergestalt redigirte:

§. 40.

Fällt sowohl dem Em||pfänger als dem Geber oder dem Geber allein eine Unsittlichkeit zur Last, so ist die Rückforderung ausgeschlossen.

§. 40 [b].

Eine Unsittlichkeit auf Seiten des Gebers ist vorhanden, wenn er etwas leistet, um den Empfänger zur Vornahme einer gegen die Gesetze oder guten Sitten verstoßende Handlung oder zur Unterlassung einer Handlung, zu welcher derselbe rechtlich verbunden ist, verleiten oder um gesetzwidrige oder unsittliche Handlungen zu befördern oder zu verdecken, insbesondere wenn ||ein Verbrecher dafür etwas giebt, daß sein Verbrechen nicht angezeigt oder entdeckt werden soll.

ertheilt.

§. 41.

erhielt folgende Fassung:

Hat Jemand in Folge einer von ihm begangenen rechtswidrigen Handlung aus dem Vermögen eines Andern etwas erhalten, so kann der Letztere das Geleistete zurückfordern.

Man wählte diese Wendung um anzudeuten, daß hier nicht ||solche rechtswidrigen Handlungen, die einen unmittelbar mit der That zusammenhängenden, einen Bestandtheil der That selbst bildenden Erwerb begründen, wie z. B. Entwendung, sondern solche gemeint seien, bei denen erst durch einen weiteren, die Folge der rechtswidrigen Handlung bildenden Act von dem Anderen empfangen wird, z. B. in Folge eines erzwungenen Vertrags etwas erlangt wird, oder wucherliche Zinsen genommen wurden.

Uebrigens fand man nicht erforderlich, besonders auszusprechen, daß die Condiction dann ||ausgeschlossen sein, wenn den, der aus seinem Vermögen etwas hingegeben hat, ein gleicher Vorwurf der Rechtswidrigkeit trifft.

§. 42.

ward in der Fassung der Vorlage:

Auf die Rückforderung wegen unsittlichen oder unrechtlichen Grundes finden die Grundsätze §. 23. flgd. Anwendung.

angenommen.

Zu 5., Rückforderung wegen ||Mangels jeden Grundes,

erhielt

§. 43.

folgende Fassung:

Ist etwas ohne irgend einen Grund oder aus einem nichtigen oder durch Anfechtung aufgehobenen Geschäfte oder zu einem unmöglichen Zwecke geleistet worden, so hat der Geber das Recht, das Geleistete von dem Empfänger zurückzufordern.

Die von Herrn pp Dr. Marschner gewünschte Einschaltung des Wortes „rechtsgenügenden" zwischen „einen Grund" ||im Eingange des Paragraphen ward abgelehnt, weil damit aus dem Gebiete der lediglich als ein aushülfliches Rechtsmittel zu betrachtenden condictio sine causa in das der anderen Condictionen gegriffen werden würde.

§. 44.

ward in der Fassung der Vorlage:

Ein gleiches Recht der Rückforderung hat derjenige, welcher zu einem vorübergehenden und wieder weggefallenen Zwecke etwas geleistet hat. Insbesondere ist derjenige, ||welcher für eine ihm anvertraute und bei ihm verlorengegangene Sache dem Andern Schadenersatz geleistet hat, zur Rückforderung so weit berechtigt, als der Schaden später weggefallen ist.

angenommen und als

§. 44.[b]

der Satz:

Derjenige, aus dessen Vermögen ein Anderer etwas durch Zufall erhalten oder ein Stellvertreter ohne Grund etwas geleistet hat, ist zur Rückforderung berechtigt.

eingeschaltet, weil man ||in Verhältnissen dieser Art das Rückforderungsrecht schon durch die ohne Grund geschehene Hingabe der Sache ausreichend begründet, nicht aber hierzu eine Beziehung auf das Eigenthum nothwendig fand.

§. 45.

ward in dieser Maaße:

Auf die Rückforderung in den Fällen der vorstehenden §§. finden die Grundsätze §. 23. flgd. Anwendung,

redigirt.

Der bei Besprechung der aus der Reihe be||sonders aufzuführender Rechtsverhältnisse gestrichenen Forderung wegen Nutzverwendung und Bereicherung zur Ergänzung der Lehre von der

Stellvertretung

beschlossene Satz – vgl. Prot. CLI. S. 13 fg. – ward als

§. 801.[b]

in der Fassung der Vorlage:

Hat ein Stellvertreter in seinem Namen gehandelt, und das, was er aus dem mit dem Dritten geschlossenen Rechtsgeschäfte erhalten, in den Nutzen des von ihm Vertretenen ||verwendet, so hat der Dritte an den Vertretenen einen Anspruch auf Ersatz des Werthes, welchen das in dessen Nutzen Verwendete zur Zeit der Verwendung gehabt hat.

angenommen.

VI. Unveröffentlichte Materialien des Reichsgerichts

1. Nachschlagewerk

Bundesgerichtshof Karlsruhe – Reichsgerichtsbibliothek; keine einheitliche Signatur. Kein offizieller Bibliothekstitel, allgemein „Nachschlagewerk des Reichsgerichts“ genannt.

Benutzt wurden die Exemplare am Hauptstandort der Reichsgerichtsbibliothek in Karlsruhe, an dem auch die „Sammlung sämtlicher Erkenntnisse“ untergebracht ist. Nach der Übersicht vom August 1999 befinden sich am Standort etwa 175 Einheiten zusammengebundener Hefte, die nach Rechtsgebieten und Paragraphen geordnet sind. Es scheinen zwei Ausgaben zu existieren:

Die eine enthält in zwei Spalten zur jeweiligen Norm Literatur und Rechtsprechungsnachweise aller Gerichte, nicht nur des Reichsgerichts. Diese Sammlung ist jedoch nach einigen Jahren abgebrochen worden.

Die andere Ausgabe, welche im vorliegenden Zusammenhang entscheidend ist, enthält nach Normen geordnet nur Nachweise der Rechtsprechung des Reichsgerichts, allerdings nach Übersicht des Verfassers durchgehend bis mindestens 1943.

Für den Zeitraum vor 1900 läßt sich kein Nachschlagewerk nachweisen. In der Bibliothek existiert unter der Sig. A 12032 allein die „Sammlung sämtlicher Erkenntnisse des Reichsgerichts, I.–VII. Zivilsenate, Präjudizien, 1. Der einzelnen Zivilsenate Bl. 1.–7., 2. Der vereinigten Zivilsenate 1880–1925“. Das schmale Heft enthält nur wenige prozessuale Entscheidungen.

2. Sammlung sämtlicher Erkenntnisse

BGH Karlsruhe – Reichsgerichtsbibliothek; Sig. A 12030; Originaltitel: Sammlung säm(m)tlicher Erkenntnisse des Reichsgerichts. Anmerkung: Etwa 1.100 Bände in Zivilsachen von 1879 bis 1945. Die Urteile sind nach Senaten und Entscheidungsdatum zumeist für je ein Quartal gebunden.

Bd.: II. ZS., 1887, 2. Quartal

Urteil: Nr. 11, 19.4.1887 – Rep. II. 416/87

[1]

Im Namen des Reichs.

In Sachen des Möbelhändlers Franz Th. zu Viersen, Klägers und Revisionsklägers, |vertreten durch den Rechtsanwalt Le. in Leipzig,

wider

die Eheleute Kaufmann Mathias Lü. jr. und Anna geb. Jo. zu Viersen, Beklagte und Revisionsbeklagte,|vertreten durch den Rechtsanwalt Cr. in Leipzig,

hat das Reichsgericht, zweiter Civilsenat, auf die mündliche Verhandlung vom 13. April 1887 unter Mitwirkung:

des Präsidenten Dr. Bingner,

und der Reichsgerichtsräthe Wielandt, Wulfert, Dr. Dreyer, Iser, Dr. Petersen und Rospatt,

für Recht erkannt:

das Urtheil des zweiten Civil-Senats des Königlich Preußischen Oberlandes Gerichts zu Cöln vom 25. September 1886 wird aufgehoben, und die Sache zur anderweitigen Verhandlung und Entscheidung an das Berufungsgericht zurückverwiesen; die Entscheidung über die Kosten der Revisionsinstanz bleibt dem künftigen Urtheil vorbehalten.

Von Rechts Wegen.

Thatbestand.

In einem Vorprozesse hatte der Möbelhändler Franz Th. zu Viersen gegen die Eheleute Kaufmann Matthias Lü. jr. den Kaufpreis einer Reihe von Hauseinrichtungs-Gegenständen im Betrage von 5109 M. 41 Pf. eingeklagt, gestützt darauf, daß die Beklagten letztere bei ihm bestellt und geliefert erhalten hätten. Seitens der Beklagten wurde das thatsächliche Fundament der Klage bestritten, mit der Behauptung, daß die sämmtlichen Gegenstände von ihnen bei dem Schreiner Mo. zu Viersen bestellt und durch Lieferung auch geliefert worden seien.[2]

Nachdem durch das Urtheil zweiter Instanz die Entscheidung von einem Eide des Klägers abhängig gemacht war, der wesentlich die Bestellung der fraglichen Gegenstände durch die Beklagten betraf, und Kläger bezüglich derselben geschworen hatte, daß nur ein Theil der Mobilien von den Beklagten selbst, der Rest aber von Mo. mit der Erklärung bestellt worden, daß er für die Beklagten und in deren Auftrage bestelle, – ist die erhobene Klage bezüglich dieses letzteren Theiles der Mobilien durch rechtskräftiges Endurtheil abgewiesen worden, indem das Oberlandesgericht annahm, daß durch den in Betreff dieses letzteren Punktes nicht aufgegebenen Eid nicht festgestellt sei und auch nicht habe festgestellt werden können, daß die Beklagte dem Mo. in der That den angeblichen Auftrag ertheilt hätten.

Th. hat demnächst nach fruchtloser vorgängiger Aufforderung die gegenwärtige Klage erhoben mit dem Auftrage, die Beklagten zur Herausgabe der fraglichen Mobilien – bezüglich deren die frühere Klage abgewiesen worden – eventuell zur Zahlung der näher angegebenen Preise im Gesammtbetrage von 3088 M. 66 Pf. nebst Prozeß-Zinsen zu verurtheilen. Zur Begründung ist geltend gemacht, daß der Kläger den Beklagten jene Gegenstände in der Ueberzeugung, daß sie dieselben bei ihm für ihre Rechnung hätten bestellen lassen, geliefert habe, daß also die Beklagten, welche diese Bestellung bestritten, ohne Titel und Recht im Besitze der Mobilien sich befänden, letztere daher herauszugeben oder zu bezahlen verpflichtet seien.

Seitens der Beklagten ist die Abweisung der Klage beantragt. Sie seien – so wird im Wesentlichen ausgeführt,– auf Grund des mit Mo. geschlossenen Kaufvertrags, also mit Fug und Recht in dem Besitze der fraglichen Gegenstände, für welche sie erwiesenermaßen dem Mo. Zahlung geleistet hätten. Ein Auftrag an Mo., die Sachen für sie bei dem Kläger zu bestellen, sei nicht ertheilt, von Mo. auch eine Erklärung in diesem Sinne nicht gemacht worden. Der Kläger, welcher sich in einem Irrthum gar nicht befunden, habe in Ausführung des Auftrages von Mo. liefern wollen und geliefert, und so sei die Lieferung von Seiten des Mo. durch Vermittlung des Klägers geschehen.

Das Königliche Landgericht Düsseldorf hat in seinem Urtheile vom 4. Oktober 1884, auf dessen Thatbestand und Gründe Bezug zu nehmen die erhobene Klage abgewiesen [...]. [...] In den Gründen führt das Oberlandesgericht aus, daß wenn auch die Behauptung des Klägers, Mo. habe die fraglichen Möbel im Namen [3]und angeblichen Auftrage der Beklagten bestellt, und er in Folge dessen sie letzteren zugewandt, als richtig feststände, die erhobene Klage doch der rechtlichen Begründung entbehren würde.

„Kläger bestreitet nicht, daß die Beklagten mit Mo. den von ihnen behaupteten Vertrag gethätigt, die hier fraglichen auf Veranlassung des Mo. durch den Kläger ihnen übersandten Möbel als im Auftrag des Mo. geliefert in Empfang genommen und den Kaufpreis an Mo. bezahlt haben. Damit ist aber, wie der erste Richter zutreffend ausführt, der rechtsgültige Erwerb der Sachen durch die Beklagten außer Zweifel gestellt. Nach Artikel 2279 des Bürgerlichen Gesetzbuches bedarf es hierzu nicht des Kaufpreises, daß Mo. Eigenthümer der verkauften Sachen gewesen.

„Dafür nun, daß Beklagte dessen ungeachtet zur Herausgabe der Mobilien oder des Werthes an Kläger verpflichtet sein sollten, fehlt es an jedem Rechtsgrunde. Daß Kläger als frühere Eigenthümer vindiciren kann, behauptet er selbst nicht, er macht aber als Rechtsgrund die ungerechtfertigte Bereicherung der Beklagten zu seinem Nachtheile geltend. Es liegt indessen auf der Hand, daß nicht schon deshalb ein Anspruch bestehen kann, weil ein im Vermögen des Einen befindlicher Gegenstand ohne Aequivalent aus dem Vermögen des Anderen gekommen ist. Kläger beruft sich nun aber wesentlich darauf, daß lediglich der Irrthum über ein Vertragsverhältniß mit den Beklagten ihn zur Hingabe der Sachen veranlaßt habe, während die Beklagten in der irrigen Meinung gewesen seien, er Th. liefere für Mo., daß es also an einer Willensübereinstimmung und somit an einer causa für den Vermögenserwerb der Beklagten fehle.

„Bei dieser Ausführung ist aber übersehen, daß Beklagte überhaupt nicht mit Kläger contrahirt haben, daß also der Irrthum auf seiner Seite sie nicht berühren kann. Anders würde die Sache liegen, wenn Beklagte nur auf Grund eines mit dem Kläger gethätigten Vertrages hätten Eigenthümer werden können. Ein Fall des Artikels 1131 des Bürgerlichen Gesetzbuchs, wobei eine Rückforderung des auf Grund des hinfälligen Vertrages Geleisteten stattfindet, liegt nicht vor.

Endlich wird nicht artikulirt, daß der Irrthum auf Seite des Klägers durch den Beklagten verursacht sei, und kann somit der Grund des Anspruches auch nicht in einer zum Schadensersatz verpflichtenden Handlung der Beklagten gefunden werden." [...][4][...]

Entscheidungsgründe.

Das Berufungs-Urtheil konnte, sowie es begründet ist, nicht aufrecht erhalten werden.

Das Oberlandesgericht stellt bei seiner Beurtheilung den Satz an die Spitze, daß auch wenn stattfände, daß die fraglichen Mobilien Gegenstände im Namen und angeblichen Auftrage der Beklagten bei dem Kläger bestellt und in Folge dessen letzteren von ihm geliefert worden, die erhobene Klage doch der rechtlichen Begründung entbehren würde. Diesem Satze fehlt aber die erforderliche Unterlage.

Zutreffend geht allerdings das Oberlandesgericht davon aus, daß durch den Umstand allein, daß Jemand aus dem Vermögen eines Dritten bereichert ist, ein Rechtsanspruch gegen denselben nicht begründet wird. Die ältere Theorie, welche auf den Ausspruch der Römischen Quellen: „Natura aequum esse neminem cum alterius detrimento fieri locupletiorem sich stützend annahm, daß die bloße Thatsache der Bereicherung eine Klage erzeuge, ist allseitig aufgegeben und die Rechts-Auffassung anerkannt, daß nur dann, wenn es sich um eine ungerechtfertigte Bereicherung handelt, ein Geben sine causa vorliegt, eine Rückforderungsklage – Condiction – gegeben ist. „Constat, id demum posse condici alicui, quod vel non ex justa causa ad eum pervenit, vel redit ad non justam causam" l. 1. §. 3. D. 12, 7. Windscheid Band II §. 421 und die Citate. Dieser Grundsatz hat unbedenklich auch für das Rheinisch-französische Recht Geltung.

Das Oberlandesgericht nimmt nun an, daß da unbestritten bezüglich der Lieferung des fraglichen Mobiliars Seitens der Beklagten mit dem Schreinermeister Mo. contrahirt worden, da dieselben auch die ihnen vom Kläger übersandten Gegenstände als im Auftrage des Mo. geliefert in Empfang genommen und an letzteren Zahlung geleistet hätten, damit der rechtsgültige Erwerb der Beklagten feststehe und die erhobene Klage ausgeschlossen erscheine. Diese Annahme entbehrt jedoch einer ausreichenden Begründung.

Nach dem, was das Oberlandesgericht voraussetzt, hat der Kläger die in Rede stehenden Mobilien in der Meinung, daß sie im Auftrage der Beklagten bei ihm bestellt seien, an letztere geliefert, während die Beklagten, welche einen solchen Auftrag bestritten, ihrer Behauptung nach angenommen haben, daß die Lieferung für Rechnung des Mo., ihres Contrahenten, durch den Kläger als Mittelsperson desselben geschehe. Ueber die causa des Erwerbes der Beklagten bestand also eine Willens-Uebereinstimmung zwischen den Parteien nicht. Das Oberlandesgericht [5]erwägt nun, daß der Irrthum des Klägers, welcher mit den Beklagten überhaupt nicht contrahirt habe, diese letzteren gar nicht berühren könne, und ein Fall des Art. 1131 des Code civil, wobei eine Rückforderung des auf Grund des hinfälligen Vertrages Geleisteten stattfinde, nicht vorliege. Diese Erwägung beruht aber ersichtlich auf der rechtsirrthümlichen Anschauung, daß die erhobene Klage eine auf vertraglicher Grundlage zwischen den Parteien beruhende Bereicherung voraussetze, während die Condiktion doch grundsätzlich überhaupt überall da, wo Jemand – auch abgesehen von einer solchen Grundlage – aus fremdem Vermögen ohne Rechtsgrund bereichert ist, Platz greift. Von diesem rechtlichen Gesichtspunkte war daher bei der Beurtheilung auszugehen.

Hierbei ist noch ein Punkt hervorzuheben. Dem Kläger liegt der Vertheidigung der Beklagten gegenüber der Beweis ob, daß er denselben die fraglichen Gegenstände im eigenen Namen und für eigene Rechnung geliefert hat, indem sie, wenn diese von ihnen bestrittene Thatsache feststeht, ohne den von ihnen behaupteten Rechtsgrund im Besitze derselben sich befinden. Unbestritten sind nun allerdings die in Rede stehenden Mobilien den Beklagte vom Kläger überliefert worden; diese Thatsache findet aber auch in den Behauptungen der letzteren ihre volle Erklärung, und es kommt darauf an, daß dieselbe durch die begleitenden Umstände einen für die Klage erheblichen Charakter erhält. Es liegt nun zugleich die Annahme nahe, daß der Kläger seiner Auffassung des Verhältnisses auch den Beklagten gegenüber durch mündliche oder schriftliche Äußerungen, Zusendungen von Rechnungen u. s. w. Ausdruck gegeben habe. War das aber der Fall, so lag es den Beklagten ob, mit ihrem abweichenden Standpunkte gegen den Kläger hervorzutreten, was dann zur Aufklärung der Sache geführt haben würde. Schwiegen sie dagegen und behielten die überlieferten Gegenstände im Besitze, so mußte das als eine Annahme gelten. Von dem angedeuteten Gesichtspunkte ist nun bisher in der Sache nicht verhandelt, eine solche Verhandlung auch vom Oberlandesgerichte nicht angeregt. Ebensowenig, wie bezüglich jener Umstände, welche für den Charakter der Ueberlieferung der Möbel von Bedeutung sein könnten, steht auch über Zeit und Umstände der von den Beklagten an Mo. geleisteten Zahlung irgend etwas näheres fest. So fehlt es auch an einer erschöpfenden Erörterung der Sache, und konnte deshalb nach dem Ausgeführten das Berufungsurtheil nicht aufrecht erhalten werden.

Somit war wie geschehen auf Aufhebung des letzteren und Zurückverweisung der Sache unter dem entsprechenden Vorbehalte bezüglich der Kosten der Revisions-Instanz zu erkennen.[6]

Bei einer wiederholten Prüfung der Sache, könnte die Frage der Anwendung des Art. 1377 des Code civil zur Sprache kommen und es würde dabei in Betracht zu ziehen sein, ob die Vorschrift des zweiten Absatzes desselben sich hier zu Gunsten der Beklagten verwerthen lasse.

gez. Dr. Bingner. Wielandt. Wulfert. Dr. Dreyer|Iser. Dr. Petersen. Rospatt.

Verkündet in der öffentlichen Sitzung des Reichsgerichts, Zweiten Civil-Senats, vom 19. April 1887.

gez. Schrader, Aktuar|als Gerichtsschreiber.

Bd.: II. ZS., 1910, 4. Quartal

Urteil: Nr. 39, 28.10.1910 – Rep. II. 19/10

[1]

Im Namen des Reichs.

In Sachen

1. des Kaufmanns Karl Di. zu München,|2. des Reallehrers Dr. Hans Wo. zu Weiden, |Beklagten und Revisionsklägers,|Prozeßbevollmächtigter: Rechtsanwalt Justizrat Ze. in Leipzig,

wider

den Kaufmann Louis Da. in Krotoschin,|Kläger und Revisionsbeklagten,|Prozeßbevollmächtigter: Rechtsanwalt Dr. Ga. in Leipzig,

hat das Reichsgericht, II. Zivilsenat,
auf die mündliche Verhandlung vom 28. Oktober 1910 unter Mitwirkung:

des Präsidenten Meyn

und der Reichsgerichtsräte Dr Peez, Henderichs, Dr. Heydweiller, Reiff, sowie der Oberlandesgerichtsräte Dr. Lobe und Dr. Meyer

für Recht erkannt:

Die von dem Beklagten zu 2 gegen das Urteil des IV. Zivilsenats des Königlich Bayerischen Oberlandesgerichts zu München vom 9. Dezember 1909 eingelegte Revision wird zurückgewiesen; die durch diese Revision entstandenen Kosten der Revisionsinstanz werden dem Beklagten zu 2 auferlegt.

Von Rechts wegen.

[2]

Tatbestand.

Durch Vertrag vom 6. Mai 1905 kaufte der Kläger von dem Beklagten zu 2, der bei den Vertragsverhandlungen und beim Abschluß des Vertrags durch den Beklagten zu 1 als Bevollmächtigten vertreten war, die Heilanstalt Elektron in München für 60000 M. Die Anstalt wurde dem Beklagten am 1. Mai 1905 übergeben und seitdem von dem Sohn desselben, Dr. Da., verwaltet. Auf den Kaufpreis wurden 40000 M gezahlt und zwar

30000 M an den Beklagten zu 1 als Bevollmächtigten des Beklagten zu 2 und 10000 M an Justizrat Me. als Zessionar des Beklagten zu 2 auf Grund Zession des letzteren vom März 1906. Nachdem der Kläger durch Schreiben vom 6. September 1906 den Kaufvertrag wegen arglistiger Täuschung angefochten hatte, erhob er im Oktober 1906 Klage auf Feststellung der Nichtigkeit des Vertrages und Verurteilung der Beklagten als Gesamtschuldner zur Zahlung von 40000 M nebst 4 % Zinsen seit 7. September 1906. Er behauptete: In einem Schreiben vom 13. März 1905 habe Beklagter zu 1 ihm mitgeteilt, daß die damals 3 ½ Jahre existierende Heilanstalt im ersten Jahre 10000 M, im zweiten Jahre 20000 M Nutzen, im dritten Jahre aus inzwischen beseitigten Gründen nur 2000 M Reinnutzen gebracht habe. Beim Kaufbeschluß habe Beklagter zu 1 ausdrücklich erklärt, daß auf die vorgenannten Briefe für die beiden ersten Jahre angegebenen 10000 und 20000 M Reinnutzen seien. Erst im August 1906 habe er feststellen können, daß in den 3 ersten Geschäftsjahren überhaupt nichts verdient, vielmehr mit Schulden gearbeitet sei. Im Laufe des Rechtsstreites stützte Kläger die Anfechtung weiter noch auf die Behauptung, daß Beklagter zu 1 beim Kaufabschluß eine Aufstellung über die Inventurwerte der Heilanstalt vorgelegt habe, welche die Werte in einer Gesamtsumme von 61100 M mit dem Zusatz: „nach der neuesten Inventur noch einige tausend Mark mehr" aufgeführt habe, und von welcher Beklagter zu 1 erklärt habe, daß sie mit der Inventur vom 1. Dezember 1904 übereinstimme. Auf Grund der dem Beklagten zu 1 erst im Laufe des Rechtsstreites herausgegebenen Inventurbücher habe sich aber ergeben, daß die Inventur vom 1. Dezember 1904 um mindestens 10000 M niedrigere Werte enthalten habe.– Das Landgericht erkannte nach dem Klageantrage. Die Berufung des Beklagten wurde zurückgewiesen.– [...][3][...]

Entscheidungsgründe.

Der Prozeßbevollmächtigte der Beklagten und Revisionskläger hat beantragt, daß Beklagter zu 1 sich schon zur Zeit der Klageerhebung in einem die seine Willensbestimmung ausschließenden Zustande krankhafter Störung der Geistestätigkeit befunden habe und hierfür Zeugen- und Sachverständigenbeweis angetreten, dessen Erhebung mit Rücksicht auf § 104 des Bürgerlichen Gesetzbuchs, § 56 der Zivilprozeßordnung beschlossen ist. Durch die hierdurch noch ausstehende Entscheidung über die Revision des Beklagten zu 1 wird aber diejenige des Beklagten zur 2 nicht berührt. Diese konnte einen Erfolg nicht haben.

Der Berufungsrichter erachtet die vom Kläger zur Begründung der Anfechtung wegen arglistiger Täuschung behauptete Tatsachen für erwiesen, hält auch für dargetan, daß Beklagter zu 1 die darin enthaltenen unrichtigen Angaben über die Rentabilität und den Wert der Heilanstalt in Kenntnis der Unrichtigkeit gemacht habe und daß Kläger hierdurch zum Vertragsabschluß bestimmt sei. Er stellt deshalb fest, daß der Kläger durch arglistige Täuschung des Beklagten zu 1 zum Abschluß des Vertrags bestimmt worden sei. (§ 123 des Bürgerlichen Gesetzbuchs). Nicht gerechtfertigt ist die Behauptung der Revision des Beklagten zu 2, daß dem Berufungsrichter bei dieser im übrigen irrtumsfreien Feststellung ein Verstoß gegen § 286 der Zivilprozeßordnung zum Vorwurf zu machen sei, insbesondere lassen die hierauf abzielenden Ausführungen der Revision einen solchen Verstoß nicht erkennen. Der Berufungsrichter hat die Glaubwürdigkeit des Zeugen Dr. Da. auf Grund eingehender Würdigung der Sachlage bejaht und hierbei auch die von der Revision geltend gemachten Umstände bereits berücksichtigt, die unter Beweis gestellten Behauptungen aber ohne rechtlichen Verstoß für nicht mehr erheblich angesehen. Ein Anlaß, über den Unterschied von Inventur- und en bloc-Kauf sich bestimmt schlüssig zu machen, war durch die Sachlage nicht gegeben, da nur in Frage stand, ob Beklagter zu 1 durch die beim Vertragsschluß vorgelegte und nach seiner Angabe mit der Inventur vom 1. Dezember 1904 übereinstimmende Aufstellung arglistig getäuscht habe. Unerheblich ist, ob vom Beklagten zu 1 bei den Vertragsverhandlungen gedacht ist, die Reklamekosten seien Aktivposten, oder ob von ihm erklärt ist, sie seien als solche zu buchen; denn sie sind auch in der vom Berufungsrichter seiner Feststellung zu Grunde gelegten Schillingerschen Inven[4]turberechnung zu Gunsten des Beklagten zu 2 berücksichtigt. Ohne rechtlichen Verstoß konnte ferner der Berufungsrichter als bedeutungslos ansehen, daß Kläger Kaufmann ist und das Hauptbuch hätte einsehen können, denn aus dem Hauptbuch war, wie sich aus dem Schillingerschen Gutachten ergibt, die Nichtübereinstimmung der Aufstellung mit dem Inventurbuch nicht ohne weiteres zu ersehen. Die von dem Beklagten zu 2 während seiner Besitzzeit jährlich aus dem Geschäft entnommenen 5500 M sind bei der Gewinnberechnung mit Recht unberücksichtigt gelassen, weil sich eine Ersparnis derselben für den Kläger nur durch den Umstand ergab, daß der Sohn des Klägers Arzt war.

Der Berufungsrichter stellt sodann einwandfrei fest, daß der Kläger die Anfechtung dem Beklagten zu 2 rechtzeitig erklärt hat (§ 124 des Bürgerlichen Gesetzbuchs) und daß auch eine nachträgliche Bestätigung im Sinne des § 144 des Bürgerlichen Gesetzbuchs in der an den Zessionar erfolgten Zahlung vom 15. Juli 1906 mit Rücksicht auf die vom Kläger erst später erlangte Kenntnis von dem Anfechtungsgrunde nicht erblickt werden könne, und nimmt zutreffend an, daß Kläger auf Grund der von dem Beklagten zu 1 verübten arglistigen Täuschung nach § 123 Abs. 1 des Bürgerlichen Gesetzbuchs gegenüber dem Beklagten zu 2 für anfechtungsberechtigt zu erachten ist. Denn Beklagter zu 1 war als Bevollmächtigter nicht Dritter im Sinne des § 123 Abs. 2 des Bürgerlichen Gesetzbuchs. (Vgl. Reichsgerichts-Entscheidungen Band 72 Seite 133 ff.). Für den gegebenen Fall können auch gegen die vom Berufungsrichter zugelassene Anfechtung nicht, wie die Revision meint, daraus rechtliche Bedenken entnommen werden, daß Kläger berechtigt gewesen wäre, die Wandelungsklage, deren übrige Voraussetzungen als gegeben unterstellt, zu erheben.

Hierauf erweist sich die von den Vorinstanzen gegenüber dem Beklagten zu 2 festgestellte Nichtigkeit des Vertrages vom 6. Mai 1905, da auch die von der Revision bemängelte Zulässigkeit der Feststellungsklage vom Berufungsrichter aus den besonderen Umständen des gegebenen Falles genügend begründet ist (Reichsgerichts-Entscheidungen Band 61 Seite 355) als irrtumsfrei.

Die Leistungsklage ist gegenüber dem Beklagten zu 2 auf Grund der ungerechtfertigten Bereicherung (§ 812 des Bürgerlichen Gesetzbuchs) für gerechtfertigt erachtet und ferner eine Gesamtschuldnerschaft mit dem aus § 826, 823 Abs. 2 des Bürgerlichen Gesetzbuchs zur Zahlung derselben Summe für verpflichtet erklärten Be[5]klagten zu 1 als gegeben angesehen. Die Annahme eines Gesamtschuldverhältnisses wird von der Revision zu Unrecht in Zweifel gezogen; sie war aus § 421 des Bürgerlichen Gesetzbuchs begründet. Die Revision des Beklagten zu 2 bemängelt weiter die Feststellung der ungerechtfertigten Bereicherung, indem sie ausführt: Tatsächlich habe Beklagter zu 2 von den gezahlten 40000 M nichts erhalten. Der Berufungsrichter hätte aber, bevor eine Feststellung der ungerechtfertigten Bereicherung möglich gewesen wäre, die Beziehungen zwischen den beiden Beklagten und zwischen diesen und dem Zessionar Me. aufklären müssen. Dieser Angriff kann einen Erfolg nicht haben. Der Berufungsrichter geht in Übereinstimmung mit dem Parteivorbringen davon aus, daß der Kläger auf Grund des nichtigen Vertrages 30000 M zu Händen des Beklagten zu 1 als Bevollmächtigten des Beklagten zu 2 und weitere 10000 M an Me. als Zessionar des Beklagten zu 2 gezahlt habe, und nimmt an, daß hiernach der Beklagte zu 2 zunächst als in Höhe von 40000 M ungerechtfertigt bereichert zu gelten habe. Diese Annahme kann einem rechtlichen Bedenken nicht unterliegen. Hatte aber Beklagter zu 2 zunächst in Höhe der 40000 M als bereichert zu gelten, so wäre es Sache des Beklagten zu 2 gewesen, darzulegen und zu beweisen, daß er gleichwohl nicht bereichert sei. (Vgl. Reichsgerichts-Entscheidungen Band 44 Seite 144, Band 65 Seite 298). An einer hierfür ausreichenden Darlegung hat es der Beklagte zu 2 nach dem Tatbestande des Berufungsurteils fehlen lassen. Es kann daher auch in der Verurteilung des Beklagten zu 2 zur Zahlung der 40000 M auf Grund des § 812 des Bürgerlichen Gesetzbuchs ein Rechtsirrtum nicht erblickt werden. Unerheblich ist bei dieser Sach- und Rechtslage, ob die weitere Annahme des Berufungsrichters gerechtfertigt war, daß die 40000 M auch tatsächlich als zur Tilgung der Schuld des Beklagten zu 2 aus der früheren Übernahme der Anstalt von dem Beklagten zu 1 verwendet gelten müßten.

gez. Meyn. Peez. Henderichs. Heydweiller.|Reiff. Lobe. Meyer.

Das Urteil ist in der öffentlichen Sitzung vom 28. Oktober 1910 verkündet und in das am 7. November 1910 ausgehängte [6]Verzeichnis eingetragen.

gez. Franzen,|Sekretariatsassistent|des Gerichtsschreibers.

Register

I. Personenregister

II. Ortsregister

III. Gesetzesregister

1. Deutschland

a) Gesamtstaat

b) Baden

c) Bayern

d) Hessen

e) Preußen

f) Sachsen

2. Europa

3. Frankreich

4. Italien

5. Neuseeland

6. Niederlande

7. *Österreich*

8. *Rom/Byzanz*

9. Schweiz

10. Vereinigtes Königreich

11. Vereinigte Staaten von Amerika

IV. Fallregister

1. Australien

2. Kanada

3. Neuseeland

4. Südafrika

5. Vereinigtes Königreich

V. Sachregister